# Lexikon des Sozial- und Gesundheitswesens

Herausgegeben von
Professor Dr. Rudolph Bauer

G – O

R. Oldenbourg Verlag München Wien

Die Deutsche Bibliothek — CIP-Einheitsaufnahme

**Lexikon des Sozial- und Gesundheitswesens** / hrsg. von
Rudolph Bauer. — München ; Wien : Oldenbourg.
  ISBN 3-486-21227-3
NE: Bauer, Rudolph [Hrsg.]

G – O. – 1992

© 1992 R. Oldenbourg Verlag GmbH, München

Das Werk einschließlich aller Abbildungen ist urheberrechtlich geschützt. Jede Verwertung außerhalb der Grenzen des Urheberrechtsgesetzes ist ohne Zustimmung des Verlages unzulässig und strafbar. Das gilt insbesondere für Vervielfältigungen, Übersetzungen, Mikroverfilmungen und die Einspeicherung und Bearbeitung in elektronischen Systemen.

Gesamtherstellung: R. Oldenbourg Graphische Betriebe GmbH, München

ISBN 3-486-21227-3

# Inhalt

Benutzungshinweise . . . . . . . . . . . . . . . . . . . VII
Vorwort . . . . . . . . . . . . . . . . . . . . . . . . . . . . . IX
Verzeichnis der Autorinnen und Autoren   XI
Abkürzungen . . . . . . . . . . . . . . . . . . . . . . . . XIX
Stichwörter . . . . . . . . . . . . . . . . . . . . . . . . . 725

# Benutzungshinweise

## I. Allgemeines

Das Lexikon informiert und orientiert über sämtliche Bereiche des Sozial- und Gesundheitswesens in der Bundesrepublik Deutschland und im deutschsprachigen Raum.

Die in das Lexikon aufgenommenen Stichwörter umfassen folgende Kategorien: 1. Fachbegriffe aus Praxis, Geschichte und Wissenschaft; 2. die Bezeichnungen von Institutionen und Organisationen sowie (falls vorhanden) die gebräuchlichen Abkürzungen derselben; 3. die Namen von Personen, die in der Geschichte des deutschen Sozial- und Gesundheitswesens von Bedeutung sind.

Das mit der Herausgabe des Lexikons verfolgte Ziel ist die Erschließung des aktuellen Wissens-, Diskussions- und Forschungsstandes zum Zeitpunkt seiner Erstellung 1989/90. Damit soll eine Grundlage geschaffen werden zur Aneignung der Zusammenhänge sowie zur praktischen und wissenschaftlichen Fortentwicklung der Sozial- und Gesundheitsarbeit im Rahmen der internationalen, der europäischen und der deutschen Sozial- und Gesundheitspolitik.

Da die Orientierung über die aktuellen Erscheinungen und Vorgänge und das Abschätzen künftiger Entwicklungslinien in sämtlichen Bereichen des Sozial- und Gesundheitswesens die Kenntnis seiner historischen Wurzeln, seiner Bedingungen und Akteure voraussetzt, wurde sowohl bei der Auswahl einzelner Stichwörter als auch bei der Bearbeitung eines Teils der Abhandlungen der geschichtliche Zugang gewählt.

Soweit die Entwicklung des Sozial- und Gesundheitswesens einen Prozeß von sich ständig erneuernder Aktualität darstellt, verhilft das Lexikon zu einem besseren Verständnis dieser Vorgänge und Veränderungen. Es ersetzt aber nicht das Sammeln und Sichten weiterer Informationen (aus wissenschaftlichen Neuerscheinungen, Presse, Politik, Gesetzgebung und Rechtsprechung), die zusätzliche Beschäftigung und die Auseinandersetzung damit.

## II. Behandlung der Stichwörter und ihre Anordnung

1. Die Stichwörter (Sachartikel und Verweisstichwörter) sind **halbfett** gedruckt.
2. Die Anordnung des Wörterverzeichnisses ist alphabetisch. Die Umlaute ä, ö, ü und äu werden wie die Buchstabenfolge ae, oe, ue bzw. aeu behandelt und entsprechend eingeordnet.
   Beispiel:
   Advocacy Planning
   Ärzte
   ...
   AFET
3. Bei Stichwörtern, die aus mehreren Worten bestehen, erfolgt die Einordnung entsprechend dem ersten Wort und dem/den darauf folgenden Wort(en).

Beispiel:
Ärztliche Ausbildung (nicht: Ausbildung, ärztliche)
bzw.:
Arbeitsgemeinschaft der ...
Arbeitsgemeinschaft deutscher ...
Arbeitsgemeinschaft für Entwicklungshilfe
Arbeitsgemeinschaft für Erziehungshilfe

## III. Abkürzungen

1. Für das jeweilige Stichwort wird eine Abkürzung verwendet. Diese entspricht entweder der gebräuchlichen Kurzform.
   Beispiel: Anonyme Alkoholiker (AA)
   Oder sie besteht – wenn keine Kurzform üblich ist – aus dem Anfangsbuchstaben (ohne Punkt).
   Beispiel: Abenteuerspielplatz (A)
   Bei Stichwörtern mit mehreren Worten gilt der Anfangsbuchstabe des ersten Wortes.
   Beispiel: Ärztliche Ausbildung (Ä)
2. Innerhalb der Beiträge benutzte, zusätzliche Abkürzungen mit dem Anfangsbuchstaben bzw. der Kurzform werden nach dem entsprechenden Wort bei seiner ersten Verwendung im Text eingeführt.
3. Weitere Abkürzungen, die nicht für den betreffenden Sachartikel typisch, sondern allgemeiner Art sind, erläutert das Abkürzungsverzeichnis (siehe S. XIX ff.).
4. Am Ende der Sachartikel erscheinen unter der Abkürzung „L." Literaturangaben, die eine Weiterarbeit erleichtern. („W." verweist auf Werkausgaben.)
5. Die Abkürzung „A." verweist auf eine Anschrift, unter der zusätzliche und aktuelle Informationen angefordert werden können.

## IV. Zeichen

1. Einfache Querverweise (→) dienen zum Auffinden weiterer Stichwörter, die zusätzliche Informationen enthalten und/oder die es im Zusammenhang des betreffenden Sachartikels erlauben, das Studium des Gegenstandes zu vertiefen, zu ergänzen oder weiterzuführen. Querverweise werden in einem Sachartikel nur einmal – und zwar in der Regel bei der ersten Verwendung – vorgenommen. Wenn Querverweise bei Personennamen auftreten, stehen sie meist beim Vornamen, betreffen aber den Nachnamen.
   Beispiele:
   → Hygiene; siehe unter „Hygiene"
   → Franz Adickes; siehe unter „Adickes, Franz"
2. Einfache Querverweise nach beiden Richtungen (↔) betreffen einen Sachartikel, der den entsprechenden Gegenbegriff abhandelt.
3. Doppelte Querverweise (⇒) betreffen den Sachartikel unter einem synonym verwendeten Stichwort.
4. Das Gleichheitszeichen (=) betrifft eine Definition oder Erläuterung.

# Vorwort

Die Benutzung dieses Lexikons soll den informativen Zugang zum aktuellen Sozial- und Gesundheitswesen ermöglichen. Beide Bereiche sind heute fachlich und professionell getrennt. Sie beziehen sich jedoch auf dieselben gesellschaftlichen Strukturen und gehen auf gemeinsame geschichtliche Zusammenhänge zurück. Diese aufzuzeigen ist – in interdisziplinärer Absicht – eines der Anliegen des Lexikons.

Die Bereiche des Sozial- und Gesundheitswesens werden in ihrer Differenziertheit und ihrer komplexen Verknüpfung dargestellt und erschlossen. Im Rahmen des Sozialwesens behandelt das Lexikon neben den Systemen der Sozialen Sicherung und der Sozialhilfe z. B. Fragen der Planung und des Datenschutzes, soziale Probleme und Risiken, juristische ebenso wie pädagogische Sanktionen und Interventionen, ferner die Jugendhilfe und den schulischen Bereich, Erwachsenenbildung und Sozialpädagogik, Studium und Methoden sowie Felder wie die Alten-, Migranten-, Behinderten- und Rehabilitationsarbeit. Letztere stellt eine der Brücken dar zum Gesundheitswesen, dessen Erörterung u. a. Fragen der Gesundheitsaufklärung, der Ernährung, des Gesundheitsverständnisses, der Pflege, des Krankenhaus- und Apothekenwesens, der Pharmazie, der allgemeinen Medizin, der ärztlichen Ausbildung und der Standespolitik umfaßt.

Entsprechend breit ist das Spektrum der im Lexikon vertretenen Fachdisziplinen. Das wissenschaftliche Panorama reicht – um nur eine Auswahl zu nennen – von der Soziologie bis zur Pharmazie, von der Stadtforschung über das Wohnungs- und Genossenschaftswesen zur Sozialhygiene, von den Rechtswissenschaften und der Kriminologie hin zur Medizingeschichte, von den Politik- und Verwaltungs- zu den Wirtschaftswissenschaften, von der Frauenforschung zur Pädagogik, von der Informatik und der Psychologie zur Theologie und Philosophie, von einzelwissenschaftlichen Übersichten hin zu vergleichenden Analysen.

Die Autorinnen und Autoren des Lexikons kommen zu einem Großteil aus Wissenschaft, Forschung und Lehre. Ein weiterer Teil arbeitet in den beruflichen Feldern von Verwaltung, Justiz, Medizin, Krankenpflege, Schule, Sozialarbeit, bei Wohlfahrtsverbänden, Gewerkschaften und anderen Organisationen. Mit ihrer Gewinnung zur Mitarbeit war intendiert, wissenschaftlich-theoretische ebenso wie praktisch-berufliche Positionen und Fragestellungen zueinander in Beziehung zu bringen und die unterschiedlichen Zugangsweisen und Perspektiven miteinander zu vermitteln.

Das Lexikon vereint deshalb den Wissensstoff eines Fachlexikons (genau besehen: mehrerer Fachlexika) mit den Informationen eines biographischen Wörterbuches und den Angaben eines Handbuches zu den Institutionen und Organisationen des Sozial- und Gesundheitswesens. Mit der Kombination von Fach-, biographischem und Organisationslexikon ist beabsichtigt, die Sichtbeschränkungen aufzuheben, in denen wissenschaftliche und praxisrelevante Fachterminologien, Institutionswissen und Organisationskenntnisse sowie der Blick auf die handelnden Akteure gewöhnlich jeweils befangen sind.

Schließlich verbindet das Lexikon eine auf die Gegenwart bezogene Darstellung des Sozial- und Gesundheitswesens einerseits mit geschichtlichem Hintergrundwissen und andrerseits mit Überlegungen zu ihrer Kritik und zu den zukünftigen Entwicklungsperspektiven. Diese Vorgehensweise orientiert nicht nur über die Verhältnisse in der Bundesrepublik, sondern sie berücksichtigt z. T. auch die übrigen deutschsprachigen Länder sowie den Prozeß der europäischen Einigung und ferner die internationalen Zusammenhänge.

Das Lexikon wendet sich fächerübergreifend an interdisziplinär interessierte und arbeitende Wissenschaftlerinnen und Wissenschaftler derjenigen Disziplinen, die sich direkt oder mittelbar auf einzelne Bereiche oder die Gesamtheit des Sozial- und Gesundheitswesens beziehen. Die Sachbeiträge sind allerdings vor allem für Studierende und für die im Sozial- und Gesundheitswesen praktisch Arbeitenden geschrieben worden. Darüber hinaus soll das Lexikon allen interessierten und besonders den mit der Nachrichtenvermittlung und Meinungsbildung beruflich befaßten Benutzerinnen und Benutzern – Politikern, Journalisten, Lehrern – eine zuverlässige Material- und Informationsquelle sein. Schließlich hoffe ich mit dem Lexikon auch diejenigen zu erreichen, die Adressaten des Sozial- und Gesundheitswesens sind, Patienten und sog. Klienten, um sie über ihre Situation und ihre Rechte aufzuklären.

Zu danken ist das Zustandekommen des Lexikons dem Verlag und vor allem den mehr als 300 Autorinnen und Autoren, die die Beiträge verfaßt haben. Um sie zur Mitarbeit zu gewinnen, konnte ich auf Arbeits- und Diskussionszusammenhänge zurückgreifen, die durch folgende wissenschaftliche Vereinigungen repräsentiert werden: den Arbeitskreis Lokale Politikforschung der Deutschen Vereinigung für Politische Wissenschaft, das Forschungsinstitut für Gesellschaftspolitik und beratende Sozialwissenschaft e.V., die Sektionen für Sozialpolitik sowie für Stadt- und Regionalsoziologie der Deutschen Gesellschaft für Soziologie und die Theorie-AG der Sektion Sozialpädagogik der Deutschen Gesellschaft für Erziehungswissenschaften.

Bei der Vermittlung von Autorinnen und Autoren waren mir außerdem zwei Kollegen behilflich, denen ich hier danken möchte: Prof. Dr. Wolfgang Jantzen für den Bereich der Behindertenpädagogik und Prof. Dr. Dr. Alf Trojan für den medizinischen und Gesundheitsbereich. Frau Heike Ehrig, die als Wissenschaftliche Mitarbeiterin – ebenso wie Roland Popp – während einiger Monate in dankenswerter Weise an der Vorbereitung des Lexikons beteiligt war, hat sich besonders um die Gewinnung von Autorinnen verdient gemacht, die – trotz der Mehrfachbelastung von Frauen, wenn sie als Wissenschaftlerinnen arbeiten – in verhältnismäßig großer Zahl zur Mitarbeit bereit waren, wofür ich ihnen sehr danke.

Mein herzlicher Dank an alle – genannt und ungenannt – schließt ein besonderes Dankeschön ein an die Kollegen der Wissenschaftlichen Einheit „Lokale Sozialpolitik und Wohlfahrtsverbände", Prof. Dr. Jürgen Blandow und Prof. Dr. Max Wambach, ferner an die studentischen Hilfskräfte Sabine Jäger und Peter Hermann sowie an die Verwaltung des Fachbereichs 12 der Universität Bremen, Frau Anje Jöhnk, Frau Karin Klefeker und Herrn Hartmut Meyer. Sie haben die Arbeit am Lexikon auf vielfältige Weise unterstützt und zum Gelingen mit beigetragen. Für die hilfreiche Unterstützung bei den abschließenden Korrekturarbeiten gilt mein Dank besonders Miriam Landthaler und Norbert Leba.

Dank schulde ich nicht zuletzt all denjenigen, mit denen ich privat und in Freundschaft verbunden bin. Obwohl die Arbeit am Lexikon auf ihre Kosten gegangen ist, zeigten sie Verständnis und Geduld. Das fertige „Werk" sei ein Dank an sie, aber auch an jene Studentinnen und Studenten, die mich motiviert haben, ihnen eine enzyklopädische Arbeitshilfe an die Hand zu geben. Dafür, daß der Oldenbourg Verlag die Idee des Lexikons von Anbeginn unterstützt hat und die Veröffentlichung besorgte, danke ich ganz außerordentlich.

Für Kritik und dienliche Hinweise zur Verbesserung des Lexikons bin ich allen, die es benutzen, dankbar.

Rudolph Bauer

# Verzeichnis der Autorinnen und Autoren

Dr. Ingeborg Altstaedt-Kriwet, Universität Hannover
Dr. Arne Andersen, Universität Bremen
Ass. Prof. Dr. Helmut K. Anheier, Rutgers University, New Brunswick/New Jersey, USA; The Johns Hopkins University, Baltimore/Maryland, USA

Prof. Mag. Dr. Christoph Badelt, Wirtschaftsuniversität Wien, Österreich
Dr. Gerhard Bäcker, Wirtschafts- und Sozialwissenschaftliches Institut des Deutschen Gewerkschaftsbundes, Düsseldorf
Prof. Dr. Hilde von Balluseck, Hochschule für Sozialarbeit und Sozialpädagogik, Berlin
Joachim von Baross, Dipl.-Soz., stellv. Geschäftsführer, Pro Familia Deutsche Gesellschaft für Sexualberatung und Familienplanung e.v., Bundesverband, Frankfurt/Main
Prof. Dr. Rudolph Bauer, Universität Bremen
Dr. Wolfgang Becker, Dipl.-Soz., Internationales Institut für Empirische Sozialökonomie, Stadtbergen; Universität Augsburg
Dr. Jens Beiderwieden, Hochschule für Sozialarbeit und Sozialpädagogik, Berlin
Dr. med. Herbert Beims, Arzt für Kinderheilkunde, Bremen
Prof. Dr. Nando Belardi, Fachhochschule Köln
Dr. med. Hanswilhelm Beil, Hamburg
Kurt Berlinger, Bundesanstalt für Arbeit, Nürnberg
Hanspeter Berner, Sonderschullehrer, Bremen
Prof. Dr. Hans Bertram, Deutsches Jugendinstitut e.V., München
Dr. phil. Johanna Beyer, Dipl.-Soz., Dozentin für Medizinsoziologie, München
Prof. Dr. Jürgen Blandow, Universität Bremen
Ingrid Blanken, Dipl.-Soz.Wiss., Universität Bremen
Dr. Ingrid Böhm, Dipl.-Psych., Universität München
Sonja Böpple, Dipl.-Beh.Päd., Sprachtherapeutin, Bremen
Dr. med. Dieter Borgers, Institut für Dokumentation und Information, Sozialmedizin und öffentliches Gesundheitswesen (IDIS), Bielefeld
Susanne Brabänder, Juristin, Bremen
Prof. Dr. Hans-Jochen Brauns, Deutscher Paritätischer Wohlfahrtsverband e.V., Landesverband Berlin
Christian Brinkmann, Dipl.-Soz., Institut für Arbeitsmarkt und Berufsforschung der Bundesanstalt für Arbeit, Nürnberg
Prof. Dr. Dorothea Brockmann, Universität Bremen
PD Dr. Rainer Brödel, Freie Universität Berlin; Akademischer Rat an der Universität Hannover
Dr. Almuth Bruder-Bezzel, Dipl.-Psych. und Psychoanalytikerin, Berlin
Georg Brzoska, „Mannege – Information und Beratung für Männer e.V.", Berlin
Dr. Gerhard Buck, Sozialwissenschaftler, Progreß-Institut für Wirtschaftsforschung, Bremen; Institut für Stadtforschung und Strukturpolitik, Berlin
Prof. Dr. Inge Buck, Hochschule Bremen, Fachbereich Sozialwesen
PD Dr. Ferdinand Buer, Universität Münster; Pädagogisches Seminar der Universität Göttingen

Prof. Dr. Wolfram Burisch, Universität Gesamthochschule Kassel; Universität für Bildungswissenschaften, Klagenfurt, Österreich
Heiner Busch, Dipl.-Pol., Freie Universität Berlin
Volker Busch-Geertsema, Dipl.-Soz.Wiss., Universität Bremen

Dr. Karl August Chassé, Universität Trier
Dr. rer. pol. Harald Clade, Deutsches Ärzteblatt, Köln
Henry Cordes, Dipl.-Pol., Universität der Bundeswehr, Hamburg
Prof. Dr. med. Wolf Crefeld, Arzt für Psychiatrie, Psychotherapie; Evangelische Fachhochschule Rheinland-Westfalen-Lippe, Bochum
Dr. phil. Gabriele Czarnowski, Berlin

Gabi Daum, Behindertenpädagogin, Universität Bremen
Ref. jur. Theresia Degener, L.L.M., Frankfurt/Main
Dr. rer. pol. Klaus Deimer, Dipl. oec., Akademischer Rat, Universität Augsburg
PD Dr. Bernd Dewe, Universität Osnabrück; Assistent an der Erziehungswissenschaftlichen Hochschule Landau
Dr. Elisabeth Dickmann, Universität Bremen
Prof. Dr. jur. Dr. phil. Lutz Dietze, Universität Bremen
Marion Dobner, Juristin, Angestelltenkammer Bremen
Gerold Dommermuth, Lehrer im Bereich Zweiter Bildungsweg und in der Weiterbildung (Filmanalyse), Neu-Isenburg
Prof. Dr. Martin Doehlemann, Hochschule Münster

Prof. Dr. Heinrich Ebel, Westfälische Wilhelms-Universität Münster
Dr. Michael N. Ebertz, Universität Konstanz
Dr. Herbert Effinger, Universität Bremen
Dr. Detlev Ehrig, Dipl.-Volkswirt, Universität Bremen
Heike Ehrig, Dipl.-Soz.Päd., Universität Bremen
Dr. Torsten Eichler, Zentrum für Europäische Rechtspolitik an der Universität Bremen
Dr. med. Hermann Elgeti, Arzt für Psychiatrie, Psychotherapie, Medizinische Hochschule Hannover
Dr. Marlene Ellerkamp, Historikerin, Zentrum für Sozialpolitik an der Universität Bremen
Prof. Dr. Hans Dietrich Engelhardt, Hochschule München
Prof. Dr. Werner Wilhelm Engelhard, Universität zu Köln
PD Dr. sc. oec. Yvonne Erdmann, Humboldt-Universität, Berlin

Prof. Dr. Johannes Feest, Universität Bremen
Prof. Dr. Wilfried Ferchhoff, Universität Bielefeld
Prof. Dr. phil. Georg Feuser, Universität Bremen
Manfred Fiedler, Ruhr-Universität Bochum
Anita Flacke, Dipl.-Päd., Landesinstitut Sozialforschungsstelle, Dortmund
Dr. Uwe Flick, Technische Universität Berlin
Gabi Flösser, Dipl.-Päd., Universität Bielefeld
Thomas P. Forth, Dipl.-Soz.Wiss., Universität Gesamthochschule Duisburg
Prof. Dr. Walter Friedländer†, Universität of California, Berkeley, USA
Ulrike Fritsche, Rechtsanwältin, Bremen
Dr. Manfred Fuchs, Stadtdirektor, Aachen
Walter Fuchs-Stratmann, Sozialwissenschaftliches Institut der Evangelischen Kirche in Deutschland, Bochum

Dr. Manfred Fuhrich, Referatsleiter, Bundesforschungsanstalt für Landeskunde und Raumordnung, Bonn
Margot Fuhrmann, Dipl.-Soz.Päd., Frauenhaus Augsburg
PD Dr. Albrecht Funk, Freie Universität Berlin

Dr. Hans Gängler, Universität Dortmund
Prof. Dr. Detlef Garz, Universität Oldenburg
Dr. Hans-Peter Gatzweiler, Bundesforschungsanstalt für Landeskunde und Raumordnung, Bonn
Bernd Geilen, Dipl.-Kfm., Universität zu Köln
Dr. Heiko Geiling, Universität Hannover
Dr. Jürgen Gerhards, Wissenschaftszentrum Berlin für Sozialplanung
Prof. Dr. Dr. Wolfgang Gernert, Universität Gesamthochschule Essen; Landesrat für das Landesjugendamt Westfalen-Lippe, Münster
Dr. phil. Manfred Gerspach, Dipl.-Päd., Heilpädagoge, Johann-Wolfgang-Goethe-Universität; Hochschule Frankfurt/Main
Dr. Friedrich Gerstenberger, Universität Bremen
Prof. Dr. Hermann Giesecke, Georg-August-Universität Göttingen
PD Dr. Regine Gildemeister, Universität Erlangen-Nürnberg; Gesamthochschule Kassel Universität
Prof. Dr. Dietlinde Gipser, Universität Hannover
Hartmut Glänzel, Studienrat, Berlin
Dr. rer. nat. Gerd Glaeske, Pharmakologische Beratungsdienste der Allgemeinen Ortskrankenkasse für den Kreis Mettmann, Velbert
Dr. Gerd Göckenjan, Universität Bremen
Magda Grehl-Börger, Dipl.-Volkswirtin, Senator für Soziales und Jugend der Freien Hansestadt Bremen
Prof. Dr. Siegfried Grubitzsch, Universität Oldenburg
Prof. Dr. Dieter Grunow, Universität Gesamthochschule Duisburg
Dr. Elke Gurlit, Zentrum für Europäische Sozialpolitik, Bremen; Freie Universität Berlin

Gerhard Hafner, „Mannege – Information und Beratung für Männer e.V.", Berlin
Dr. Regine Halter, Generalsekretärin, Deutscher Werkbund e.V., Frankfurt/Main
Prof. Dr. Franz Hamburger, Johannes-Gutenberg-Universität Mainz
Dr. Eckhard Hansen, Dipl.-Soz.Päd., Gesamthochschule Kassel Universität; Universität Bremen
Dr. Friedhart Hegner, Geschäftsführer, Institut für Sozialplanung, Management und Verwaltung, Berlin und Bielefeld
Klaus Hehl, M.A., Dipl.-Soz., Deutscher Paritätischer Wohlfahrtsverband Bayern e.V., München
Dr. phil. Hubert Heinelt, Universität Hannover
Sabine Heinke, Rechtsanwältin und Lehrbeauftragte an der Fachhochschule Ostfriesland, Emden
Dr. Jürgen Heinrichs, Starnberger Institut zur Erforschung globaler Strukturen, Entwicklungen und Krisen e.V.; Redakteur des „pro familia magazin", Frankfurt/Main
Prof. Dr. Wolfgang Heinz, Universität Konstanz
Dr. Michael Heisig, Dipl.-Soz.Päd., Universität Bremen
Michael Heister, Dipl.-Volksw., Universität zu Köln
Dr. phil. Cornelia Helfferich, Albert-Ludwigs-Universität Freiburg i.B.
Dr. Elvira Helmer, Universität Hannover
Dipl. rer. soc. Achim Henkel, Ruhr-Universität Bochum

Dr. Heinrich Henkel, Geschäftsführer, Forschungsinstitut für Gesellschaftspolitik und beratende Sozialwissenschaften e.V.; Universität Göttingen
Prof. Dr. Philipp Herder-Dorneich, Universität zu Köln
Prof. Dr. Ulrich Herrmann, Universität Tübingen
Dr. phil. Gunter Herzog, Dipl.-Psych., Bremer Institut für Präventionsforschung und Sozialmedizin (BIPS)
Dr. Josef Hilbert, Wissenschaftszentrum Nordrhein-Westfalen, Gelsenkirchen
Dr. Helmut Hildebrandt, Werkstatt Gesundheit e.V., Hamburg
Prof. Dr. med. Dr. phil. Dr. rer. soc. Georg Hörmann, Universität Bamberg
Eberhard Hoffmann, Assessor, Studentenwerk Hamburg
Dr. Dr. Joachim S. Hohmann, Dozent, Hünfeld
Dr. Ulrich Holste, Diakonisches Werk Bremen e.V.
Axel Holtz, Sonderschullehrer, Ulm
Prof. Dr. Günther Holzapfel, Universität Bremen
Dr. Ulrich Hoppe, AOK-Landesverband Westfalen-Lippe, Witten-Stockum
Harry Hubert, Dipl.-Päd., Ausländerjugendgerichtshelfer, Arbeiterwohlfahrt, Bezirksverband Hessen Süd e.V., Frankfurt/Main
Jörg Hutter, Dipl.-Soz., Universität Bremen

Stephan-Georg Idel, Universität Osnabrück

Monika Jaeckel, Dipl.-Soz., Wiss.Referentin für Frauen- und Familienforschung, Deutsches Jugendinstitut e.V., München
Bernd Jaenicke, Dipl.-Pol., Dipl.-Soz.Päd., Intergovernmental Committee for Migration (ICM), Verbindungsstelle bei der Regierung der Bundesrepublik, Bonn
Prof. Dr. Wolfgang Jantzen, Universität Bremen
Dr. Dieter Jaufmann, Dipl. oec., Internationales Institut für Empirische Sozialökonomie (INIFES), Stadtbergen
Dr. Erwin Jordan, Institut für soziale Arbeit e.V., Münster
Prof. Dr. Dieter H. Jütting, Universität Gesamthochschule Paderborn

Dr. Astrid Kaiser, Grundschullehrerin, Bielefeld
Dr. med. Bernd Kalvelage, Facharzt für innere Medizin, Hamburg
Prof. Dr. phil. Maria Eleonora Karsten, Fernuniversität Hagen; Universität Lüneburg
Gerda Kaufmann, Lehrerin für Krankenpflege, Universität Osnabrück
Prof. Dr. Heidrun Kaupen-Haas, Universität Hamburg
Prof. Dr. Annelie Keil, Universität Bremen
Prof. Dr. Karl-Dieter Keim, Universität Bamberg
Raimund Kesel, Dipl.-Biologe, Geschäftsführender Vorstand der Gesundheitsakademie e.V., Bremen
Hannes Kiebel, Sozialarbeiter, Evangelische Fachhochschule Rheinland-Westfalen-Lippe, Bochum
Angela Kinzer, M.A., Soziologin, Frauentherapiezentrum, Bremen
Ellen Kirner, Deutsches Institut für Wirtschaftsforschung, Berlin
Dr. rer. pol. Ernst Kistler, Dipl. oec., Projektgruppenleiter, Internationales Institut für Empirische Sozialökonomie, Stadtbergen
Manfred Knaust, Dipl.-Soz.Päd., Referat für Kulturelle Breitenarbeit beim Senator für Bildung, Wissenschaft und Kunst der Freien Hansestadt Bremen
Prof. Dr. Rolf Knieper, Universität Bremen
Ludwig Knoblach, Dipl.-Geogr., Sozialwissenschaftliches Institut der Bundeswehr, München
Jutta Koberg, Geschäftsführerin, Bund Deutscher Hebammen e.V., Karlsruhe

Prof. Dr. phil. Friedrich Koch, Universität Hamburg
Günter Koch, Dipl.-Soz.Päd., Vormundschaft/Pflegschaft für Erwachsene, Hamburg
Prof. Dr. Günter Köhler, Evangelische Hochschule für Sozialpädagogik, Berlin
Dr. phil. Karlheinz König, Dipl.-Ing., Oberstudienrat und Akademischer Rat, Universität Erlangen
Dr. Hans-Joachim von Kondratowitz, Deutsches Zentrum für Altersfragen e.V., Berlin
Thomas Kosicki, Dipl.-Beh.Päd., Sonderschullehrer, Bremen
Dr. Jürgen Krämer, Georg-August-Universität Göttingen
Dr. Klaus Kraimer, Universität Osnabrück
Prof. Dr. David Kramer, The German Marshall Fund of the United States, Bonn
Günter Krauß, Sozialpädagogisches Institut Berlin
Dr. Marianne Krüll, Dipl.-Soz., Rheinisch-Westfälische Universität Bonn
Prof. Dr. Hans-Günter Krüsselberg, Dipl.-Volksw., Philipps-Universität Marburg
Dr. Andreas Kruse, Ruprecht-Karls-Universität Heidelberg
Jürgen Kühl, Dipl.-Volksw., Wissenschaftlicher Direktor, Institut für Arbeitsmarkt- und Berufsforschung der Bundesanstalt für Arbeit, Nürnberg
Prof. Dr. Dietrich Kühn, Fachhochschule Münster
Hans-Hermann Kuhls, M.A., Deutsches Zentralinstitut für soziale Fragen, Berlin
Dr. Annemarie Kuhn, Eberhard-Karls-Universität Tübingen
Dr. Diethard Kuhne, Dipl.-Psych., Akademischer Rat, Bergische Universität Gesamthochschule Wuppertal
Angela Kuhnhard, Dipl.-Soz.Päd., Beratungsstelle „Schattenriß e.V.", Bremen
Dr. Joachim Kutscher, Universität Hannover

Dr. Margarete Landenberger, Ludwig-Maximilians-Universität München
Dr. Hans Langnickel, Lehrbeauftragter, Fachhochschule Düsseldorf
Willehad Lanwer, Bremen
Dr. Konrad Leube, Deutsches Jugendinstitut e.V., München
Gundula Lösch-Sieveking, Dipl.-Päd., Universität Bremen
Dr. jur. Ulrich Lohmann, Wissenschaftlicher Referent, Max-Planck-Institut für ausländisches und internationales Sozialrecht, München
Alfred L. Lorenz, Dipl.-Psych., Kinder- und Jugendpsychiatrie im Zentralkrankenhaus Bremen-Ost, Personalrat und Mitglied im Bundesabteilungsvorstand „Psychiatrie und Rehabilitation" der ÖTV
Prof. Dr. Walter Lorenz, University College Cork, Department of Social Theory and Institutions, Ireland

Prof. Dr. Udo Maas, Fachhochschule für Sozialwesen, Mannheim
Roland Maier, Akademischer Direktor, Johann-Gutenberg-Universität Mainz
Marion Malzahn, Senat der Freien und Hansestadt Hamburg, Leitstelle für die Gleichstellung der Frau
Cornelia Mansfeld, Dipl.-Soz., Bremer Frauenwoche e.V.
Peter Marx, Universität Gesamthochschule Essen
Karin Meendermann, Werne
Prof. Dr. Karl-Heinz Menzen, Katholische Fachhochschule Freiburg
Dr. Joachim Merchel, Dipl.-Päd., Abteilungsleiter, Deutscher Paritätischer Wohlfahrtsverband e.V., Landesverband Nordrhein-Westfalen, Düsseldorf
Prof. Dr. Johannes Merkel, Universität Bremen
Prof. Dr. Johanna M. Meskill, City University, New York, USA
Heike Meyer, Behindertenpädagogin, Universität Bremen
Ulrich Meyer, Westfälische Wilhelms-Universität Münster
Dr. Elisabeth Meyer-Renschhausen, Berlin

Prof. Dr. Petra Millhoffer, Universität Bremen
Dr. Dietrich Milles, Universität Bremen
Prof. Dr. C. Wolfgang Müller, Technische Universität Berlin
Prof. Dr. Rainer Müller, Universität Bremen
Prof. Dr. Siegfried Müller, Universität Tübingen
Prof. Dr. Hildegard Müller-Kohlenberg, Universität Osnabrück
Dr. Christian Mürner, Hamburg
Prof. Dr. Axel Murswieck, Universität Heidelberg

Prof. Dr. Wolf-Dieter Narr, Freie Universität Berlin
Dr. Rainer Neef, Georg-August-Universität Göttingen
Prof. Dr. Kurt Nemitz, Präsident der Landeszentralbank in Bremen
Dr. Dieter Neubert, Johannes-Gutenberg-Universität Mainz
Dr. Klaus Neuhoff, Stifterverband für die Deutsche Wissenschaft, Essen
Prof. Dr. Lothar Neumann, Ruhr-Universität Bochum
PD Dr. Christian Niemeyer, Technische Universität Berlin
PD Dr. Hans Nokielski, Universität Gesamthochschule Essen; Universität Konstanz

Prof. Dieter Oelschlägel, Universität Duisburg Gesamthochschule
Michael Opielka, Dipl.-Päd., Institut für Sozialökologie, Hennef
Prof. Dr. Hubert Oppl, Katholische Fachhochschule, Benediktbeuern
Prof. Dr. Friedrich Ortmann, Gesamthochschule Kassel Universität
Dr. Monika Ortmann, Freie Universität Berlin
Prof. Dr. Ilona Ostner, Zentrum für Sozialpolitik an der Universität Bremen
Prof. Dr. Hans-Uwe Otto, Universität Bielefeld

Prof. Dr. Eckhard Pankoke, Universität Gesamthochschule Essen
PD Dr. Michael Parmentier, Ernst-August-Universität Göttingen
Dipl. rer. soc. Andreas Pastowski, Ruhr-Universität Bochum
Prof. Dr. Helge Peters, Universität Oldenburg
Prof. Dr. Friedemann Pfäfflin, Universität Hamburg
Prof. Dr. Hans Pfaffenberger, Universität Trier
Gerhard Pfannendörfer, Geschäftsführender Redakteur, Blätter der Wohlfahrtspflege, Stuttgart
Roland Popp, Dipl.-Soz.Wiss., Universität Bremen; Universität Oldenburg
Regina Pramann, Frauenbeauftragte der Stadt Lemgo
Dr. Gerald Prein, Universität Essen Gesamthochschule
Prof. Dr. Rolf Prim, Schlier
Jürgen Puskeppeleit, Fernuniversität Hagen

Edelgart Quensel, Pro Familia, Bremen

Dr. Ursula Rabe-Kleeberg, Sfb 186, Universität Bremen
Dr. Uwe Franz Raven, Wissenschaftliches Institut der Ärzte Deutschlands, Bonn
Bernd Rehling, Hörgeschädigtenlehrer, Hilgermissen
Prof. Dr. Christoph Reichard, Fachhochschule für Verwaltung und Rechtspflege, Berlin
Dr. Erwin Reichmann-Rohr, freier Autor, Bremen
Dr. Karsten Reinecke, Universität Hannover
Prof. Dr. Günter Rexilius, Bergische Universität Gesamthochschule Wuppertal
Prof. Dr. Jürgen Reyer, Eberhard-Karls-Universität Tübingen
Erika Richter, M.A., Universität Bielefeld
Ass. Dr. Joachim Rieß, Universität Bremen

Dr. Hans-Günter Ritz, Dipl.-Soz., Behörde für Arbeit, Gesundheit und Soziales der Freien und Hansestadt Hamburg
Christa Rödel, Dipl.-Psych., Notruf für vergewaltigte Frauen e.v., Bremen
Gabriele Rolf, Deutsches Institut für Wirtschaftsforschung, Berlin
Hajo Romahn, Ruhr-Universität Bochum
Prof. Dr. Birgit Rommelspacher, Fachhochschule für Sozialarbeit und Sozialpädagogik, Berlin
Dr. Christiane Rothmaler, Verein zur Erforschung der nationalsozialistischen Gesundheits- und Sozialpolitik e.v., Hamburg
Klaus-Bernhard Roy, Technische Universität Carola Wilhelmina, Braunschweig

Peter Sabo, Gesundheitspädagoge und freier Journalist, Gesellschaft für angewandte Jugend- und Gesundheitsforschung e.v., Mainz
Dr. rer. soc. Günter Sander, Johannes-Gutenberg-Universität Mainz
Ulrike Sander, Psychol. Beraterin und Lehrerin, Notruf für vergewaltigte Frauen e.V., Bremen
Bernhard Santel, M.A., Westfälische Wilhelms-Universität Münster
Dr. Klaus Schaper, Ruhr-Universität Bochum
Jörg M. Scharff, Dipl.-Psych., Psychoanalytiker, Kronberg
Dr. Werner Schefold, Dipl.-Soziologe, Wissenschaftlicher Referent, Deutsches Jugendinstitut, München
Henner Schellschmidt, Dipl.-Vw. (sozw. R.), Universität zu Köln
Prof. Dr. Dieter Schimanke, Universität der Bundeswehr Hamburg
Eva-Maria Schindler, Dipl.-Sozialarbeiterin (FH), Bremen
Prof. Dr. Gerd Schirrmacher, Fachhochschule Fulda
Prof. Dr. Christiane Schmerl, Universität Bielefeld
Dr. Josef Schmid, M.A., Ruhr-Universität Bochum
Dr. rer. pol. Dorothea Schmidt, Universität Bremen
Hans-Udo Schneider, Dipl.-Psych., Universität Bremen
Peter Schnur, Dipl.-Volkswirt, Institut für Arbeitsmarkt- und Berufsforschung der Bundesanstalt für Arbeit, Nürnberg
Dr. Jürg Schoch, Evangelisches Lehrerseminar an der Universität Zürich, Schweiz
Ulrich von Schoenebeck, M.A., Rechtsreferent, Deutscher Mieterbund e.V., Köln
Ingrid Schubert, Apothekerin, Gütersloh
Dr. Jutta Schulke-Vandre, Universität Bremen
Dr. Bernd Schulte, Max-Planck-Institut für ausländisches und internationales Sozialrecht, München
Dr. Frank Schulz-Nieswandt, Universität Regensburg
Dr. Hermann Joachim Schulze, Institut für Arbeitsmarkt- und Berufsforschung der Bundesanstalt für Arbeit, Nürnberg
Apl. Prof. Dr. Gerhard Schusser, Universität Osnabrück
Prof. Dr. rer. pol. Wolfgang Seibel, Mag. rer. publ., Universität Konstanz
Reiner Selbach, Dipl.-Kfm., Universität zu Köln
Dr. Peter Selling, Universität Bremen
Udo Sierck, Hamburg
Prof. Dr. Klaus Sieveking, Zentrum für Europäische Sozialpolitik an der Universität Bremen
Prof. Dr. Gerlinda Smaus, Universität des Saarlandes, Saarbrücken
Magdalena Specht, Rechtsanwältin, Bremen
Dr. Ulrich Stascheit, Fachhochschule Frankfurt/Main
Dr. Werner Steffan, Dipl.-Sozialwirt, Fachbereichsleiter, Nürnberg
Anne-Dore Stein, Dipl.-Soz.Päd., Behindertenpädagogin, Universität Bremen

Prof. Dr. Wilhelm Steinmüller, Universität Bremen
Dipl.-Soz.-Päd. Norbert Störmer, Fortbildungsreferent, Neuerkeröder Anstalten, Wolfenbüttel
Gisela Störmer-Eichholz, Sozialarbeiterin, Supervisorin, Wolfenbüttel
Dr. Heino Stöver, Dipl.-Soz.Wiss., Universität Bremen
Roland Stöver, Dipl.-Soz., Universität Bremen
Monika Strahl, Dipl.-Soz.Wiss. Selbstbestimmt leben e.V., Bremen
Dr. phil. Frank Strikker, Unternehmensberater und Trainer, Bielefeld
Prof. Dr. Wendelin Strubelt, Direktor, Bundesforschungsanstalt für Landeskunde und Raumordnung, Bonn
Andreas Strunk, Dipl.-Ing., Sozialplaner, Bremen
Jörg Stürzebecher, Deutscher Werkbund e.V., Frankfurt/Main
Prof. Dr. Heinz Sünker, M.A., Universität Bielefeld

Dr. Carmen Tatschmurat, Universität München
Dr. med. Klaus-Dieter Thomann, Orthopäde und Rheumatologe, Frankfurt/Main
Dr. Elke Thoss, Pro Familia Bundesverband e.V., Frankfurt/Main
Prof. Dr. Dietrich Thränhardt, Westfälische Wilhelms-Universität Münster; Universität Tokyo
Angela Timm, Dipl.-Soz.Päd., Bremen
Prof. Dr. Margarete Tjaden-Steinhauer, Gesamthochschule Kassel Universität
Prof. Dr. Peter Trenk-Hinterberger, Universität Gesamthochschule Siegen
Prof. Dr. med. Dr. phil. Alf Trojan, Universität Hamburg
Ulrike Tschirschnitz, Sonderschullehrerin, Bremen

PD Dr. Georg Vobruba, Hamburger Institut für Sozialforschung; Institut für Soziologie der Universität Kiel
Ulrich Voelkel, Behindertenpädagoge, Bremen

Dr. rer. oec. Gert Wagner, Wissenschaftlicher Leiter, Deutsches Institut für Wirtschaftsforschung, Berlin
Dr. rer. pol. Christian Wahl, Dipl.-Soz.Wiss., Bereichsleiter, Bundesverband Lebenshilfe für geistig Behinderte e.V., Marburg
Dr. Uwe-Jens Walther, Bundesforschungsanstalt für Landeskunde und Raumordnung, Bonn
Prof. Dr. Max Wambach, Universität Bremen
PD Dr. med. Hans-Erik Wander, Onkologische Praxis, Göttingen
Ursula Watermann, Dipl.-Päd., Bremen
Dr. Falco Werkentin, Freie Universität Berlin
Ludger Weß, Biologe, Hamburger Stiftung für Sozialgeschichte des 20. Jahrhunderts
Prof. Dr. Joachim Wieler-Loewen, MSW, Evangelische Fachhochschule Darmstadt
Bea Wildt, Dipl.-Psych., Gesamtschullehrerin, Bielefeld
Dr. med. Rudolf Wilhelm, Berlin
PD Dr. Dr. Michael Winkler, Universität Erlangen-Nürnberg, Erlangen
Prof. Dr. iur. Gerhard W. Wittkämper, Westfälische Wilhelms-Universität Münster
Dr. Norbert Wohlfahrt, Universität Duisburg

Prof. Dr. Hartwig Zander, Johann-Wolfgang-Goethe-Universität Frankfurt am Main
Dr. Karl-Heinz Ziessow, Oldenburg
Prof. Dr. Jochen Zimmer, Universität Gesamthochschule Duisburg
Stefan Zowislo, M.A., Wissenschaftlicher Mitarbeiter beim Deutschen Bundestag, Bonn
Dr. Hans Zygowski, Dipl.-Psych., Wissenschaftlicher Assistent, Universität Bielefeld

# Abkürzungen

## A

| | |
|---|---|
| A. | Anschrift, Adresse |
| a.a.O. | am angegebenen Ort |
| AAppO | Approbationsordnung für Apotheker |
| Abb. | Abbildung |
| Abk. | Abkürzung(en) |
| ABM | Arbeitsbeschaffungsmaßnahme |
| Abs. | Absatz |
| Abt. | Abteilung |
| AEK | Angestellten-Ersatzkassen |
| ÄndG | Änderungsgesetz |
| AFG | Arbeitsförderungsgesetz |
| AG | Aktiengesellschaft (siehe Kontext) |
| AG | Amtsgericht (siehe Kontext) |
| AG | Arbeitsgemeinschaft (siehe Kontext) |
| AG | Ausführungsgesetz (siehe Kontext) |
| AGBSHG | Ausführungsgesetz zum Bundessozialhilfegesetz |
| allg. | allgemein |
| am., amerik. | amerikanisch |
| AMG | Arzneimittelgesetz |
| amtl. | amtlich |
| Anm. | Anmerkung(en) |
| AO | Abgabenordnung |
| ApoG | Apotheker(/en)gesetz |
| ArbGG | Arbeitsgerichtsgesetz |
| Art. | Artikel |
| Aufl. | Auflage |
| AVG | Angestelltenversicherungsgesetz |
| Az. | Aktenzeichen |

## B

| | |
|---|---|
| BAföG | Bundesausbildungsförderungsgesetz |
| BAG | Bundesarbeitsgemeinschaft |
| BAG, BAGFW | Bundesarbeitsgemeinschaft der Freien Wohlfahrtspflege |
| BApoO | Bundesaspothekerordnung |
| BauGB | Baugesetzbuch |
| BBauG | Bundesbaugesetz |
| Bd. | Band |
| Bde. | Bände |
| BerHG | Gesetz über Rechtsberatung und Vertretung für Bürger mit geringem Einkommen (Beratungshilfegesetz) |
| bes. | besonders |
| BGA | Bundesgesundheitsamt |

| | |
|---|---|
| BGB | Bürgerliches Gesetzbuch |
| BGBl. | Bundesgesetzblatt |
| BH, BHO | Bundeshaushaltsordnung |
| BImSchG | Bundesimmissionsschutzgesetz |
| BKA | Bundeskriminalamt |
| BKVO | Berufskrankheitenverordnung |
| BM | Bundesminister(ium) |
| BMA | Bundesminister(ium) für Arbeit und Sozialordnung |
| BMBW | Bundesminister(ium) für Bildung und Wissenschaft |
| BMFT | Bundesminister(ium) für Forschung und Technologie |
| BMJ | Bundesminister(ium) für Justiz |
| BMJFG, BMJFFG | Bundesminister(ium) für Jugend, Familie (, Frauen) und Gesundheit |
| BNatSchG | Bundesnaturschutzgesetz |
| BPflV | Bundespflegesatzverordnung |
| BR | Bundesrepublik Deutschland |
| BRat | Bundesrat |
| BReg. | Bundesregierung |
| brit. | britisch |
| BSG | Bundessozialgericht |
| BSeuchG | Bundesseuchengesetz |
| BSHG | Bundessozialhilfegesetz |
| BSP | Bruttosozialprodukt |
| bspw. | beispielsweise |
| BT | Bundestag |
| BT-Drs. | Bundestags-Drucksache |
| BTG | Betreuungsgesetz |
| BV | Berechnungsverordnung (II. BV = zweite BV) |
| BVerfGE | Sammlung der Entscheidungen des Bundesverfassungsgerichts, Band, Seite |
| BVG | Bundesversorgungsgesetz |
| BZgA | Bundeszentrale für gesundheitliche Aufkärung |
| bzw. | beziehungsweise |

## C

| | |
|---|---|
| ca. | circa |
| CDU | Christlich-Demokratische Union |
| CSU | Christlich-Soziale Union |
| christl. | christlich |

## D

| | |
|---|---|
| d. h. | das heißt |
| DAC | Development Assistance Committee |
| DBT | Deutscher Bundestag |
| DDR | Deutsche Demokratische Republik |
| dergl. | dergleichen |
| ders. | derselbe (Autor) |
| DEVO/DÜVO | (2.) Datenerfassungs- bzw. Datenübermittlungsverordnung |
| Dir. | Direktor |
| dies. | dieselbe (Autorin) |
| diess. | dieselben (AutorInnen) |
| Diss. | Dissertation |

| | |
|---|---|
| DNVP | Deutsch-Nationale Volkspartei |
| Dr. | Doktor (Titel) |
| Drs. | Drucksache |
| dt. | deutsch |
| Dt. | Deutschland |
| DV | Deutscher Verein für öffentliche und private Fürsorge |
| DVO | Durchführungsverordnung |
| DVV | Deutscher Volkshochschul-Verband |

# E

| | |
|---|---|
| E. | Europa |
| e.V. | eingetragener Verein |
| E-BDSG | Bundesdatenschutzgesetz – Regierungsentwurf |
| EDV | Elektronische Datenverarbeitung |
| EG | Europäische Gemeinschaft(en) |
| EGBGB | Einführungsgesetz zum Bürgerlichen Gesetzbuch |
| eGmbH | eingetragene Genossenschaft mit beschränkter Haftung |
| EheG | Ehegesetz |
| ehem. | ehemalig |
| EheRG | Gesetz zur Reform des Ehe- und Familienrechts |
| einschl. | einschließlich |
| engl. | englisch |
| entspr. | entsprechend(es) |
| erw. | erweitert |
| Erw. | Erwachsene |
| etc. | et cetera, und so weiter |
| europ. | europäisch |
| ev. | evangelisch |
| evtl. | eventuell |
| EVS | Einkommens- und Verbraucherstichprobe |
| evtl. | eventuell |
| exkl. | exklusiv |

# F

| | |
|---|---|
| f. | folgende (Seite) |
| FDP | Freie Demokratische Partei |
| ff. | folgende (Seiten, Jahre) |
| FGG | Gesetz über die Angelegenheiten der freiwilligen Gerichtsbarkeit |
| frz. | französisch |
| FrEntzG | Gesetz über das gerichtliche Verfahren bei Freiheitsentziehung |
| FZ | Finanzielle Zusammenarbeit |

# G

| | |
|---|---|
| geb. | geboren |
| GeschlKrG | Gesetz zur Bekämpfung von Geschlechtskrankheiten |
| gem. | gemäß |
| GES | Gesetz zur Einführung des Sozialversicherungsausweises |
| gest. | gestorben |
| GewO | Gewerbeordnung |
| GG | Grundgesetz der Bundesrepublik Deutschland |

| | |
|---|---|
| ggf. | gegebenenfalls |
| gGmbH | gemeinnützige Gesellschaft mit beschränkter Haftung |
| GjS | Gesetz über die Verbreitung jugendgefährdender Schriften |
| GKV | Gesetzliche Krankenversicherung |
| GOÄ | Gebührenordnung der Ärzte |
| GOZ | Gebührenordnung der Zahnärzte |
| gr., griech. | griechisch |
| GRG | Gesetz zur Strukturreform im Gesundheitswesen (Gesundheits-Reformgesetz) |
| GVG | Gesetz über die Vereinheitlichung des Gesundheitswesens |
| GVV | Gesellschaft für Verbreitung von Volksbildung |

## H

| | |
|---|---|
| H. | Heft |
| HdStW | Handwörterbuch der Staatswissenschaften |
| HdWW | Handwörterbuch der Wirtschaftswissenschaften |
| HEZG | Hinterbliebenenrenten- und Erziehungszeitengesetz |
| hg. | herausgegeben (von …) |
| Hg. | Herausgeberin, Herausgeber, HerausgeberInnen |
| HGB | Handelsgesetzbuch |
| hist. | historisch |

## I

| | |
|---|---|
| i. A. (v.) | im Alter (von) |
| i. a. S. | im allgemeinen Sinn |
| i. d. F. | in der Fassung |
| i. d. R. | in der Regel |
| i. e. | im einzelnen |
| i. e. S. | im engeren Sinn, im eigentlichen Sinn |
| i. f. | im folgenden |
| i. S. | im Sinn |
| i. S. v. | im Sinn von |
| i. w. | im wesentlichen |
| i. w. S. | im weiteren (weitesten) Sinn |
| inkl. | inklusiv |
| insb. | insbesondere |
| int. | international |
| ital. | italienisch |

## J

| | |
|---|---|
| J. | Jahr/Lebensjahr |
| Jg. | Jahrgang |
| Jgdl. | Jugendliche(r) |
| JGG | Jugendgerichtsgesetz |
| Jh. | Jahrhundert |
| JÖSchG | Gesetz zum Schutz der Jugend in der Öffentlichkeit |
| Jugendl. | Jugendliche(r) |
| JWG | Jugendwohlfahrtsgesetz |

## K

| | |
|---|---|
| Kap. | Kapitel |
| Kfz | Kraftfahrzeug |
| KHBV | Krankenhausbetriebsverordnung |
| KHG | Krankenhausfinanzierungsgesetz |
| KJHG | Kinder- und Jugendhilfegesetz |
| Komm. | Kommentar |
| KPD | Kommunistische Partei Deutschlands |
| KrPflAPrV | Krankenpflegeausbildungs- und Prüfungsverordnung, Ausbildungs- und Prüfungsverordnung über die Berufe in der Krankenpflege |
| KrPflG | Krankenpflegegesetz, Gesetz über die Berufe in der Krankenpflege |
| KV | Kassenärztliche Vereinigung |
| KVK | Krankenversicherungskarte |

## L

| | |
|---|---|
| L. | Literatur |
| LÄK | Landesärztekammer |
| lat. | lateinisch |
| LDC | Least Developed Countries |
| LHO | Landeshaushaltsordnung |
| LKA | Landeskriminalamt |
| LKÄ | Länderkriminalämter |
| LSG | Landessozialgericht |
| lt. | laut, gemäß, entsprechend |
| LV | Landesverband |

## M

| | |
|---|---|
| M | Mark |
| m. a. W. | mit anderen Worten |
| MA | Mittelalter |
| med. | medizinisch |
| Med. | Medizin |
| Mill. | Million(en) |
| Mio. | Million(en) |
| Mrd. | Milliarde(n) |
| MSAC | Most Seriously Affected Countries |
| mtl. | monatlich |
| MwSt. | Mehrwertsteuer |

## N

| | |
|---|---|
| n. F. | neue Fassung |
| ND, NDV | Nachrichtendienst des Deutschen Vereins für öffentliche und private Fürsorge |
| nhd. | neuhochdeutsch |
| Nr. | Nummer |
| ns | nationalsozialistisch |
| NS | Nationalsozialismus |
| NS- | Nazi-, Nationalsozialistisch |

## O

| | |
|---|---|
| o. | ohne |
| o. a. | oben angegeben(es) |
| o. ä. | oder ähnliche(s) |
| o. g. | oben genannt(e) |
| o. J. | ohne (Erscheinungs-)Jahr |
| o. O. | ohne Ort(sangabe) |
| ODA | Official Development Assistance |
| OECD | Organization for Economic Cooperation and Development |
| österr. | österreichisch |
| OKK | Ortskrankenkassen |
| OVG | Oberverwaltungsgericht |

## P

| | |
|---|---|
| p. c. | post conceptionem, nach der Empfängnis |
| p. a. | per annum, jährlich |
| päd. | pädagogisch |
| prot. | protestantisch |

## R

| | |
|---|---|
| RBerG | Rechtsberatungsgesetz |
| rd. | rund |
| ref. | reformiert |
| Reg. | Regierung |
| resp. | respektive, beziehungsweise |
| RFV | Reichsfürsorgepflichtverordnung |
| RGBl. | Reichsgesetzblatt |
| RJWG | Reichsjugendwohlfahrtsgesetz |
| RVN | Rentenversicherungsnummer |
| RVO | Reichsversicherungsordnung |

## S

| | |
|---|---|
| s. | siehe |
| S. | Satz (siehe Kontext) |
| S. | Seite (siehe Kontext |
| s. o. | siehe oben |
| s. u. | siehe unten |
| SchwbG | Schwerbehindertengesetz (Gesetz zur Sicherung der Eingliederung Schwerbehinderter in Arbeit, Beruf und Gesellschaft) |
| SGB I | Erstes Buch des Sozialgesetzbuches – Sozialgesetzbuch Allgemeiner Teil |
| SGB IV | Viertes Buch des Sozialgesetzbuches (Gemeinsame Vorschriften für die Sozialversicherung) |
| SGB V | Fünftes Buch des Sozialgesetzbuches (Gesetzliche Krankenversicherung) |
| SGB X | Zehntes Buch des Sozialgesetzbuches (Verwaltungsverfahren, Schutz der Sozialdaten, Zusammenarbeit der Leistungsträger und ihre Beziehungen zu Dritten) |
| SGG | Sozialgerichtsgesetz |
| skand. | skandinavisch |

| | |
|---|---|
| sog. | sogenannt |
| Sp. | Spalte |
| SPD | Sozialdemokratische Partei Deutschlands |
| StBauFG | Städtebauförderungsgesetz |
| StGB | Strafgesetzbuch |
| StPO | Strafprozeßordnung |
| StVG | Straßenverkehrsgesetz |
| StVollzG | Strafvollzugsgesetz |
| SVK | Sozialversicherungskarte, -ausweis |

## T

| | |
|---|---|
| theor. | theoretisch |
| therap. | therapeutisch |
| TZ | Technische Zusammenarbeit |

## U

| | |
|---|---|
| u. | und |
| u. a. | unter anderem, unter anderen |
| u. a. (O.) | und andere (Verlags-)Orte (bei Literaturangaben) |
| u. ä. | und ähnliche(s) |
| u. U. | unter Umständen |
| u. v. m. | und vieles mehr |
| überarb. | überarbeitet |
| UNCTAD | United Nations Conference on Trade and Development |
| urspr. | ursprünglich |
| USPD | Unabhängige Sozialdemokratische Partei Deutschlands |
| usw. | und so weiter |

## V

| | |
|---|---|
| v. | von, vom |
| v. a. | vor allem |
| v. Chr. | vor Christus |
| v. u. Z. | vor unserer Zeitrechnung |
| Verf. | Verfasserin, Verfasser |
| vgl. | vergleiche |
| vH | von Hundert, Prozent |
| VHS | Volkshochschule |
| VormG | Vormundschaftsgericht |
| vs, vs. | versus, gegenüber, im Vergleich zu |

## W

| | |
|---|---|
| W. | Werke |
| wg. | wegen |
| WHO | World Health Organization, Weltgesundheitsorganisation |
| wiss., wissensch. | wissenschaftlich |
| WoBauG | Wohnungsbaugesetz (II. WoBauG = zweites WoBauG) |
| WoBindG | Wohnungsbindungsgesetz |
| WoGG | Wohngeldgesetz |

## Z

| | |
|---|---|
| Z. | Zeitschrift |
| z. B. | zum Beispiel |
| z. T. | zum Teil |
| z. Z. | zur Zeit |
| ZPO | Zivilprozeßordnung |

**G – O**

## Galen, Clemens August Graf von

G (1878–1946) war Mitglied der Zentrumspartei und kath. Geistlicher in Berlin und Münster, wo er 1933 zum Bischof, 1945 zum Kardinal ernannt wurde. Als Bischof sprach er sich öffentlich gegen das NS-Euthanasieprogramm aus (→ Eugenik; → Euthanasie).

## Ganzheitlichkeit

Die Idee der G prägt die Geschichte der Philosophie als Suche nach Sinnstrukturen, als Sinn-Hermeneutik: Wie ist das Verhältnis von Teil und Ganzem zu erfassen? Zwei grundlegend verschiedene Antworten wurden gegeben: die *quantitative* Antwort beginnt beim Teil und bestimmt das Ganze als die Summe seiner Teile, während die *qualitative* Betrachtung eine Andersartigkeit des Ganzen annimmt. Der Philosoph und Logiker Gotthard Günther (1900–1984) unterschied zwischen einer „zweiwertigen", linearen „Aristotelischen" Logik, die die westliche Geistesgeschichte und die Naturwissenschaften bis heute bestimmt, und einer „mehrwertigen" Logik, die der Komplexität des Seins angemessen sei.

Günthers Versuche einer Formalisierung der dialektischen „mehrwertigen" Logik in der Tradition Hegels („Das Wahre ist das Ganze") werden erst langsam rezipiert. Sie stehen in einer geistigen Genossenschaft mit anderen Traditionen einer ganzheitlichen Weltbetrachtung, wie sie in den letzten Jahrzehnten insb. durch die neuen Erkenntnisse der Neurochirurgie und Gehirnforschung (Karl H. Pribram) und der Quantenphysik (Werner Heisenberg, David Bohm) angeregt wurden. Die Konvergenz dieser naturwissenschaftlichen Bewegung mit spirituellen Traditionen – hervorzuheben sind der Hua-yen- und Zen-Buddhismus (D. T. Suzuki) sowie die westliche Mystik in einem Verständnis von G als dialektische „Integration-durch-Differenzierung" (J. Heinrichs) – unterscheidet sich fundamental von einem „holistischen" Ganzheitsverständnis, das auf Homologie-Schlüssen – meist zwischen Organismus und Gesellschaft – basiert.

In den Humanwissenschaften dieses Jh. spielt G eine bedeutende Rolle, insb. in der → Psychologie und in deren Gefolge in der → Pädagogik als Zielvorstellung des „Integralen" (C. G. Jung), in der Medizin als Einheit von Leib und Seele (Psychosomatik Viktor von Weizsäkkers), aber auch in den Sozialwissenschaften, in denen ein unklares Verständnis von G in besonderem Maße dominiert.

Während „Holisten" die G im Verhältnis von Teil und Ganzem häufig verabsolutieren, geht ein „individualistischer" Denkansatz vom Einzelnen bzw. vom Teil aus, auf den sich alle größeren Entitäten mehr oder weniger vollständig reduzieren ließen. „Holistisches" Denken in der Politik kann die Unterordnung des Einzelnen unter die Ganzheit (des Staates, der Volksgemeinschaft, gar der Rasse) rechtfertigen; „individualistisches" Denken sieht demgegenüber jede über-individuelle → Institutionalisierung nur aus individuellen Handlungen zusammengesetzt.

Beiden – extremen – Polen lassen sich prominente zeitgenössische Sozialphilosophien zuordnen. Explizit „holistische" Muster finden wir bei Vorläufern der kybernetischen → Systemtheorie wie Adolf Meyer-Abich, Othmar Spann und nicht zuletzt im „ordo-"Denken des Rechtskonservativismus. Aber auch – zumindest nominell dialektische – kritische Theorien dachten Gesellschaft von ihrer „Totalität" her (Horkheimer, Lefevbre u. a.). Demgegenüber gehen der kritische Rationalismus Karl R. Poppers, in seinem Gefolge der moderne „methodologische Individualismus" und seine sozial- und politiktheoretischen Anwendung in teils neuen Schulen der Wohlfahrtsökonomie („Social

Choice"), der Soziologie („Rational Choice") und der Politikwissenschaft („Ökonomische Theorie der Politik") – mit je „linken" und „konservativen" Vertretern – von einem radikal auf Nutzenmaximierung kalkulierenden Individuum aus. Man versucht, von diesem „homo oeconomicus" aus – v. a. mit Hilfe der „Spieltheorie" – auch komplexere soziale Handlungsstrategien zu rekonstruieren. Der „Positivismusstreit" in der dt. Soziologie, die Kontroversen zwischen Handlungs- und Systemtheoretikern usf. lassen sich fast durchweg auf den „Glaubensstreit" – Teil oder Ganzheit als Bezugspunkt des Denkens? – zurückführen.

Die Konjunktur der Rede von „G" in der Managementlehre und in populär vereinfachenden Schriften des „New Age" reduziert häufig die Komplexität der Wirklichkeit um den Menschen als reflexionsfähige und zur Freiheit bestimmte Person und erleichtert schließlich das Plädoyer „zweiwertiger" Theoriestrategien und Handlungsoptionen für einen reduktionistischen Pragmatismus (Popper: „Inkrementalismus"/ „Stückwerktechnologie"). Eine dialektische, „mehrwertige" Konzeption von G im sozialen Feld wird demgegenüber systematisch die Beziehungen des Menschen zu anderen Subjekten sowie die Umweltbeziehungen des Sozialen betrachten: zum physischen Raum, zur Kunst, zur geistigen Welt (→ Sozialökologie).

L.: Acham, K., Teil und Ganzes, Differenzierung und Homogenität; in: Ders./ Schulze, Teil und Ganzes; München, 1990. Chang, Garma C. C.: Die buddhistische Lehre von der Ganzheit des Seins; Bern u.a., 1989. Günther, Gotthard: Beiträge zur Grundlegung einer operationsfähigen Dialektik. 2. Band. Wirklichkeit als Polykontexturalität; Hamburg, 1979. Hegel, Georg Wilhelm Friedrich: Phänomenologie des Geistes; Hamburg, 1988 (1807). Heinrich, Walter: Die Ganzheit von Wirtschaft, Staat und Gesellschaft; Berlin, 1977. Heinrichs, Johannes: Reflexion als soziales System; Bonn, 1976. Opielka, M., Einige Grundfragen sozialökologischer Theorie und Politik; in: Sociologia Internationalis, 1990/1, 57–85. Phillips, D.C.: Holistic Thought in Social Science; Stanford, 1976. Szmatka, J., Holism, Individualism, Reductionism; in: International Sociology, 1989/2, 169–186. Ulrich/Probst: Anleitung zum ganzheitlichen Denken und Handeln. Ein Brevier für Führungskräfte; Bern, Stuttgart, 1988. Wengler, Bernd: Das Menschenbild bei Alfred Adler, Wilhelm Griesinger und Rudolf Virchow. Ursprünge eines ganzheitlichen Paradigmas in der Medizin; Frankfurt, New York, 1989. Wilber, Ken (Hg.): Das holographische Weltbild; Bern u.a., ²1988.

Michael Opielka

**Garantiertes Grundeinkommen**
Unter dem G wird ein periodisch durch eine staatliche Instanz auszuzahlender Geldbetrag verstanden, auf den alle Mitglieder einer Gesellschaft ein an keine weiteren Bedingungen geknüpftes Recht haben. Ein G im Sinne dieser Definition ist zur Zeit (1989) nirgendwo verwirklicht. Die Diskussion um Notwendigkeit, Wünschbarkeit und Möglichkeit eines G ist jedoch alt. Sie hat die sozialpolitische Praxis immer wieder beeinflußt und die Einführung von Elementen einer →sozialen Grundsicherung gefördert.

Die Idee, allen Mitgliedern einer Gesellschaft das materielle Auskommen durch Sach- oder Geldleistungen zu garantieren, findet sich schon in Morus' „Utopia" (1517), in Campanellas „Sonnenstaat" (1623) und in Bacons „Neu-Atlantis" (1638). Auch in der jüngeren Vergangenheit hat die Idee einer allgemeinen materiellen Existenzsicherungsgarantie als konstitutives Element in utopische Gesellschaftsentwürfe Eingang gefunden. Am einflußreichsten war Bellamys „Rückblick aus dem Jahr 2000 auf 1887" (1887), ein Buch, das in über zwanzig Sprachen übersetzt wurde.

Die ersten Konzepte zu einem G, die mit wissenschaftlichem Anspruch vorgelegt wurden, waren „Ein Blick in den Zukunftsstaat. Produktion und Konsum im Sozialstaat" (1898) von Atlanticus (Pseudonym für Karl Ballod) und „Die allgemeine Nährpflicht als Lösung der sozialen Frage" (1912) von Josef Popper-Lynkeus: Letzteres Werk hat zahlreiche Neuauflagen erlebt und beeinflußt die Diskussion um ein G bis in die Gegenwart. Die in den meisten nationalen → Systemen sozialer Sicherung enthaltenen Elemente einer sozialen Grundsicherung unterscheiden sich von einem G prinzipiell darin, daß sie nicht allen, die sie in Anspruch nehmen wollen, bedingungslos zur Verfügung stehen, sondern daß der Zugang zu ihnen an bestimmte Voraussetzungen (Anwartschaftszeiten, Arbeitsbereitschaft, Bedürftigkeit) geknüpft ist.

Die neuere Diskussion um ein G befaßt sich zentral mit der Frage der Vereinbarkeit von verallgemeinerter materieller Existenzsicherung (ohne Nachweis von Bedürftigkeit und/oder Arbeitsbereitschaft) und Arbeitsanreizen. → Negative Einkommensteuer und Sozialdividende – die beiden technischen Realisierungsformen eines G – versuchen diese Vereinbarkeit dadurch herzustellen, daß sie Grundeinkommens- und Erwerbseinkommensbestandteile für die/den Einzelne/n kombinierbar machen. Materielle Existenzsicherheit wird durch den bedingungslos garantierten Grundbetrag gewährleistet. Der Arbeitsanreiz wird dadurch erhalten, daß bei Arbeitsaufnahme der garantierte Grundbetrag nur um einen Teil des Erwerbseinkommens verringert wird. Sozialdividende und negative Einkommensteuer unterscheiden sich darin, daß bei ersterer stets der volle Grundbetrag ausgezahlt und dann gemeinsam mit dem gesamten sonstigen Einkommen positiv besteuert wird, bei letzterer dagegen gleich nur der entsprechend der Negativsteuerrate verringerte Grundbetrag zur Auszahlung kommt.

In den 60er und 70er Jahren wurden in den USA vier Großexperimente mit negativen Einkommensteuern durchgeführt. Eines ihrer wesentlichen Ergebnisse war, daß die Möglichkeit, auf ein solches arbeitsmarktexternes Einkommen zurückgreifen zu können, die Arbeitsbereitschaft nur geringfügig minderte.

Wesentliche Anstöße hat die Diskussion um ein G in den letzten Jahren aus dem offenkundigen Versagen einer Politik der Steigerung der Nachfrage nach Arbeitskraft und/oder der Senkung des Angebots an Arbeitskraft zwecks Wiederherstellung von Vollbeschäftigung erhalten. Ein weiterer Impuls rührt von der zunehmenden Entstandardisierung von Arbeits- und Lebensformen her, welche den Normalitätsannahmen, auf denen die gegenwärtigen Systeme sozialer Sicherung beruhen, immer weniger entsprechen und daher das problemgerechte Funktionieren dieser lohnarbeitszentrierten und ehezentrierten →Sozialpolitik in Frage stellen (→Lohnarbeitszentrierung). Schließlich spielt für einige Vorschläge zu einem G die Erwartung eine Rolle, damit Deregulierungsvorhaben, die aus Gründen ökonomischer Effizienz erstrebenswert erscheinen, sozialverträglich gestaltbar und damit leichter durchsetzbar zu machen. Dieser Diskussionsstrang verbindet die Diskussion um ein G mit der Frage nach dem ökonomischen Nutzen sozialstaatlicher Sicherung im allgemeinen und nach Möglichkeiten der Förderung kleiner (alternativer) Unternehmen im besonderen.

Eine der Hauptschwierigkeiten in der gegenwärtigen G-diskussion liegt in der weltanschaulichen Mehrdeutigkeit der Idee. Sie wurzelt sowohl in anarchistischen (Kropotkin; →Anarchismus), in sozialreformerischen (Popper-Lynkeus) und in neoliberalen (Fiedman) Denktraditionen. Diese Mehrdeutigkeit hat den Befürworter/inne/n eines G früher und heute die Gegnerschaft insb. der Vertreter eines traditionellen →Sozialismus eingebracht. Folge ist, daß das G als Ge-

genprojekt zu einer Politik der Wiederherstellung von Vollbeschäftigung verstanden wird; daß die im gesellschaftlichen Status quo verankerten politisch maßgeblichen Institutionen und Interessengruppen die Idee eines G überwiegend als gegen sie gerichtete Forderung von und für →Randgruppen interpretieren; daß die Perspektive auf eine Gesellschaft mit verallgemeinerter materieller Existenzsicherheit als Konkurrenzentwurf zu einer Gesellschaft mit hoher Wertschätzung von →Erwerbsarbeit aufgefaßt wird.

Möglicherweise sind diese Entgegensetzungen jedoch nur noch die Ausläufer der historischen Konkurrenz zwischen →„Recht auf Arbeit" und „Recht auf Einkommen". Es gibt in jüngster Zeit Anzeichen dafür, daß diese Entgegensetzungen abbaubar sind: Vermehrt werden Kombinationen aus Arbeitszeitpolitik und Grundeinkommen zur Lösung von Beschäftigungs- und Existenzsicherungsproblemen diskutiert. Einzelne Gewerkschaften in zahlreichen Nationen nehmen Grundeinkommens- oder Grundsicherungsvorschläge in ihre Forderungskataloge auf. Und es gewinnt die Einsicht an Boden, daß der Wert, den die/der Einzelne der Arbeit zubilligt, gerade auf der Basis eines G zur Geltung gebracht werden kann.

L.: Opielka/Vobruba (Hg.): Das G. Entwicklung und Perspektiven einer Forderung; Frankfurt, 1986. Vobruba, Georg: Arbeiten und Essen. Politik an den Grenzen des Arbeitsmarkts; Wien, 1989.

Georg Vobruba

## Gastarbeiter
→Arbeitsimmigranten, →Migration

## Gaupp, Robert Eugen
G gilt als einer der Patriarchen der dt. →Psychiatrie zwischen Weimarer Republik und Faschismus. Geboren am 3.10.1870 als Sohn eines hohen Verwaltungsbeamten in Neuenbürg im Schwarzwald, beginnt er nach dem Besuch des humanistischen Gymnasiums in Stuttgart ab 1888 mit dem Medizinstudium in Tübingen, Genf und Straßburg. Nach erfolgtem Staatsexamen und der Promotion über die „Fraktur des Talus" tritt er auf Empfehlung seines Freundes K. Bonhoeffer 1894 in die Breslauer Nervenklinik bei C. Wernicke als Assistent ein. 1897 wird er Oberarzt in der württ. Heilanstalt Zwiefalten bei J. L. A. Koch, kehrt jedoch drei Monate später nach Breslau zurück, wo er ab 1898 als Hilfsarzt bei der schlesischen Landesversicherungsanstalt fungiert und sich schließlich 1899 als Nervenarzt niederläßt. 1900 holt ihn →E. Kraepelin als Assistenzarzt an die Heidelberger Klinik, wo G sich 1901 mit einer Arbeit über die „Dipsomanie" habilitiert. 1904 geht er mit Kraepelin nach München; 1906 erfolgt sein Ruf nach Tübingen, wo er bis 1936 als Ordinarius für Psychiatrie und Leiter der Universitätsnervenklinik tätig ist. Nach dem Kriege übernimmt er bis 1948 die Leitung des Dezernats für Wohlfahrts- und Gesundheitswesen der Stadt Stuttgart, wo er am 30.8.1953 auch stirbt. G ist Herausgeber des „Centralblatts für Nervenheilkunde und Psychiatrie", Mitherausgeber der „Zeitschrift für die gesamte Neurologie und Psychiatrie" und Ehrenmitglied der „American Association of Psychiatry" sowie der „Gesellschaft deutscher Neurologen und Psychiater". Sein wissenschaftliches Werk umfaßt mehrere hundert Arbeiten.

G's Ruhm als Psychiater stützt sich v.a. auf die von ihm vorangetriebene psychodynamische Betrachtungsweise in der Paranoialehre, die ihr Hauptaugenmerk auf die „einfühlbare", d.h. psychologisch nachvollziehbare Wahnentwicklung legt und bes. in seinen jahrzehntelangen Studien zum „Fall Wagner" (1914ff.) zum Ausdruck kommt.

Eingedenk der Auffassung, daß auch in der Psychiatrie „Verhütung" besser sei als Heilung, entwickelt G daneben jedoch ein starkes, bisher aber weitgehend unerforschtes bevölkerungspolitisches Engagement, was ihn schon frühzeitig, vornehmlich in seinen unzähligen öffentlichen Vorträgen, als einen zutiefst im Sozialdarwinismus (→Biologismus) verankerten, ordnungsstaatlich orientierten Entartungstheoretiker ausweist. So hat er bereits um 1900 die wichtigste eugenische Literatur der Zeit (Schallmayer, →Ploetz etc.) rezipiert und für seine Zwecke vereinnahmt, beklagt dementsprechend den Mangel an einer umfassenden wissenschaftlichen Genealogie und plädiert für ein neues Kulturideal, das die Verantwortung für die zukünftigen Generationen in den Mittelpunkt stellt. 1907 definiert er die Aufgabe des →Arztes als die eines „Mitverwalters der öffentlichen Angelegenheiten" – ein Terminus, der, verbunden mit der ständigen Diffamierung des Unfall- und Sozialversicherungswesens, exakt den Inhalt seiner gutachterlichen Tätigkeiten bei der Abwehr sog. „Rentenquerulanten" wiedergibt. Im 1. Weltkrieg stellt G sich dann vollends in den Dienst des imperialistischen Staates und ist eine der zentralen Figuren bei der Denunziation vermeintlicher „Kriegsneurotiker" als „konstitutionelle Psychopathen", deren „Kriegsverwendungsfähigkeit" mit allen (auch den brutalsten) Mitteln wiederherzustellen sei.

Nach der Novemberrevolution, die G als den „nervösen Zusammenbruch einer verirrten Volksseele" deutet, und aufgrund der in den Nachkriegsjahren immer krasser zutage tretenden Probleme von →Armut, Krankheit und Verwahrlosung, ist G schnell wieder bei denjenigen Teilen der bürgerlichen Intelligenz zu finden, die mit Hilfe sozialhygienischer Eingriffe den „Volksorganismus" von allem „Faulen" und „Minderwertigen" reinigen wollen. So macht er sich dann auch 1920 zu einem wichtigen Fürsprecher der Idee der Lebensvernichtung Binding–Hochescher Prägung (→Hoche) und bekennt, daß ihm schon 1916 die Sorgfalt in der Pflege angeblich „wertloser" und unheilbarer Patienten zunehmend schwerer geworden sei. In der Folgezeit gehört er schließlich zu den Hauptvertretern des Sterilisierungsgedankens in Dt. und hat durch seine zahlreichen Referate in der Öffentlichkeit und vor Kollegen und nicht zuletzt durch seine Begründung und Unterstützung des „Antrags der württ. Ärztekammer an die württ. Staatsregierung zum Zwecke der Förderung eugenischer Maßnahmen" vom 27.11.1932 zur Vorbereitung des →„Gesetzes zur Verhütung erbkranken Nachwuchses (GzVeN)" beigetragen.

Auch nach seiner Emeritierung ist G nicht untätig; so hält er zwischen 1936 und 1939 noch Vorlesungen für Hörer aller Fakultäten zum Thema „Probleme der Entartung von Mensch und Volk", und nur fünf Monate nach Beginn des 2. Weltkrieges steht G erneut bereit, um vor Sanitätsoffizieren über seine Erfahrungen mit „Kriegsneurosen" zu berichten.

G hat in hohem Maße schulbildend gewirkt; aus seiner Klinik stammen u. a. der Konstitutionsanthropologe E. Kretschmer und der Schichttheoretiker und „Erbpsychiater" H. F. Hoffmann, beide wesentlich an der Ausgestaltung psychiatrischer Diagnostik im Sinne der Rassenhygiene (→Eugenik) beteiligt, sowie die beiden „Euthanasie"-Gutachter →C. G. W. Villinger und F. Mauz und schließlich der „Zigeunerforscher" und Hauptverantwortliche für den Genozid an Sinti und Roma →R. Ritter. Nach 1945 hat G sowohl bei der „Entnazifizierung" des GzVeN-Kommentators →E. Rüdin als auch bei der seiner Schüler aktiv mitgeholfen.

L. (über biographische Details, bei aller Vorsicht und Kritik an den dort vorgenommenen Wertungen und Einschätzungen): Krauß, P., G (1870–1953). Persönlichkeit und wissenschaftliche Leistung; in: Schulte/Tölle, Wahn; Stuttgart, 1972. Mauz, F., G; in: Kolle, Große Nervenärzte, Bd. 2; Stuttgart, 1959.

Ulrich Voelkel

**Gayette, Jeanne M. von**
(1817–1895) →Heilpflege- und Erziehungsinstitut

## Gebärstreik

Die G-debatte von 1913, die zu erregten öffentlichen Auseinandersetzungen führte, ist ideengeschichtlich in die seit Robert Malthus immer wieder geführte Diskussion über die Alternative „Quantität oder Qualität des Bevölkerungswachstums" einzuordnen. In ihr trafen kurz vor Beginn des 1. Weltkriegs noch einmal die äußerst kontroversen Auffassungen der Konservativen, Klerikalen, Liberalen und Sozialdemokraten in der Bevölkerungsfrage aufeinander, wobei die scharfen Auseinandersetzungen innerhalb der SPD besondere Beachtung fanden.

Ausgelöst wurde die Kontroverse, als der sozialdemokratische Arzt und Gesundheitspolitiker →Julius Moses und sein Kollege, der Berliner Stadtverordnete Dr. Alfred Bernstein, 1912 begannen, in öffentlichen Versammlungen den Frauen ihr Recht am eigenen Leib klarzumachen, und die Anwendung empfängnisverhütender Mittel empfahlen. In einer Verfügung vom 25. November 1912 ordnete der Berliner Polizeipräsident Traugott von Jagow unter Hinweis auf Vorträge von Moses und →Magnus Hirschfeld an, „im Interesse der Sittlichkeit die Veranstaltung von öffentlichen Vorträgen über Angelegenheiten des Geschlechtslebens" nur noch dann zuzulassen, wenn „diese Vorträge ausschließlich vor erwachsenen männlichen Personen stattfinden, und daß dabei alles unterbleibt, was geeignet ist, sittlichen Anstoß zu erregen, insbesondere dabei keinerlei Fragestellung und -beantwortung über geschlechtliche Angelegenheiten stattfindet". In einer Denkschrift der Obersten Heeresleitung wurde darauf aufmerksam gemacht, daß – um eine ausreichende Rekrutierung sicherzustellen – der im G zum Ausdruck kommenden kinderunlustigen Bewegung mit allen Mitteln entgegengetreten werden müsse.

Öffentlichkeitswirksam wurde die Kontroverse aber erst dadurch, daß sich auch die Parteileitung der SPD mit Schärfe gegen den G aussprach, und zwar mit der ebenfalls auf die Quantität abstellenden Begründung, daß es im Klassenkampf auf die Masse der Klassenkämpfer ankomme. In einer öffentlichen Versammlung versuchten schließlich →Klara Zetkin und Rosa Luxemburg, der G-kampagne durch ein Machtwort ein Ende zu setzen. Als jedoch Moses, von den Berliner Arbeiterfrauen als Diskussionsredner „mit stürmischem Beifall" begrüßt, weiterhin bei seinen Thesen blieb und unter Zustimmung der Versammlung darauf hinwies, daß der große Kinderreichtum im Arbeiterhause in den meisten Fällen die Quelle von Not und Elend sei und die Geburtenregelung als ein wirksames Mittel für den Kulturaufstieg des Proletariats angesehen werden müsse, konnte sich die Parteileitung nicht durchsetzen. Franz Pfemfert kommentierte diese Debatte in seiner Wochenschrift „Die Aktion" mit der Bemerkung, die Gegner von Moses in der Parteileitung seien durch die Massen zur Besinnung gebracht worden.

Über die Beweggründe für die G-kampagne hat sich Moses in einer programmatischen Erklärung 1913 wie folgt geäußert: der G wolle natürlich nicht dem Proletariat die völlige Einstellung der Kindererzeugung empfehlen, sondern ihm das Verantwortungsgefühl in bezug auf die schrankenlose Kindererzeugung schärfen. Es sollten nicht mehr Kinder in die Welt gesetzt werden, als man in Zeiten schlechter wirtschaftlicher Verhältnisse ernähren und erziehen könne. Bei der Beurteilung der G-debatte muß sicher auch berücksichtigt werden, daß sie nicht von dogmatisch ausgerichteten Theoretikern, sondern von praktizierenden Ärzten ausgelöst wurde, die zu ihrer Aktion aus der unmittelbaren Erfahrung des Alltags bewogen wurden. Auslösendes Moment war die soziale und humanitäre Verpflichtung des Arztes im Sinne des jungen →Virchow, an die sich Moses und andere sozialistische Ärzte gebunden fühlten.

L.: Nemitz, K., Julius Moses und die G-debatte 1913; in: Jahrbuch des Instituts für deutsche Geschichte der Universität Tel Aviv, II, 1973, 321–335. Nadav, Daniel: Julius Moses und die Politik der Sozialhygiene in Deutschland; Gerlingen, 1985.

Kurt Nemitz

## Gebera
⇒ Gesellschaft für Betriebswirtschaftliche Beratung mbH

## Gebrauchsarbeit
G ist ebenso wie →Bedarfsarbeit eine zweckgerichtete und mit Mühe verbundene Aktivität der Bedarfsdeckung. Anders als bei der →Erwerbsarbeit wird als Gegenleistung für die G kein monetäres Entgelt bezogen. Somit wird auch der Wert der geleisteten G nicht in Geldgrößen gemessen; sie hat also keinen monetären Tauschwert, und ihre Ergebnisse (Produkte) werden nicht als Waren mit einem Marktpreis gehandelt. Vielmehr ist die G ein Element der Eigenbedarfsdeckung oder →Selbstversorgung, und ihre Ergebnisse gehen entweder gar nicht in Austauschbeziehungen oder lediglich in den Naturalientausch ein.

L.: Riese, H., Arbeit; in: von Eynern, Wörterbuch zur politischen Ökonomie; Opladen, 1973.

Friedhart Hegner

## Gebrechlichkeitspflegschaft
Bundesweit nehmen die G zu. Die →Pflegschaft wird häufig anstelle der →Vormundschaft als „milderes" Mittel angewandt. Diese Rechtspraxis ist nicht unbedenklich, fehlen bei der Anordnung einer Pflegschaft (P) doch die relativ strengen Verfahrensgarantien wie bei der Vormundschaft.

Fallbeispiel: Die 78jährige Frau D. ist nach einem Schlaganfall nicht mehr in der Lage, zu gehen und zu schreiben. Sie kann daher ihre finanziellen und ähnliche Angelegenheit nicht mehr selbst regeln und hatte aus diesem Grund bereits einer Bekannten Generalvollmacht erteilt. Da sie den Verdacht des Mißbrauchs hegt, widerruft sie die Vollmacht. Die Sozialarbeiterin der Altenhilfe des zuständigen Sozialamts beantragt beim Amtsgericht die Einrichtung einer G. Frau D. gibt ihr Einverständnis. Das Vormundschaftsgericht beschließt eine Pflegschaft mit Wirkungskreis „Vermögensangelegenheiten".

Nach § 1910 (3) BGB kann eine G auch gegen den Willen des Pfleglings eingerichtet werden, wenn eine Verständigung mit ihm nicht möglich ist. Nicht erlaubt sind „Totalpflegschaften" wegen geistiger Gebrechen (kämen sie doch der →Entmündigung gleich). In der Praxis kommt es zu regional unterschiedlichen und nicht immer unbedenklichen Wirkungskreiskombinationen, z. B. Aufenthaltsbestimmung, Wohnungsauflösung, Vermögenssorge und/oder Heilbehandlung, wodurch die Aufgabe des Pflegers erschwert wird. Häufig werden P eingerichtet ohne vorherige Anhörung durch das Amtsgericht. Über 80% der G werden von Einzelpersonen (Einzelpfleger) geführt; daneben sind Vereins- und Behördenpfleger (Verwaltungsbeamte, Sozialpädagogen) tätig. Wie bei der Vormundschaft handelt es sich um ein öffentliches →Ehrenamt.

In weiten Kreisen der Bevölkerung und teils auch bei Sozial- und Gesundheitsämtern, Krankenhäusern u. a. bestehen unklare Vorstellungen zur G. Der Pfleger hat weder Kranken- oder Körperpflege noch Haushaltspflege direkt zu leisten. Er ist kein unmittelbarer Betreuer. Der Pfleger hat ggf. die →Haushaltshilfe zu organisieren und die Bezahlung zu klären. Er ist wie ein Bevollmächtigter beauftragt, vermögensrechtliche Angelegenheiten (z. B. Rentenantrag stellen, Mietzahlungen erledigen) oder bestimmte persönliche Dinge zu regeln. Eine zwangsweise Unterbringung des Pfleglings ist nicht zulässig, solange der Pflegling nicht geschäftsunfähig ist. Bei Entscheidungen in Unterbringungssachen wird die nach Landesrecht zuständige Behörde tätig. Die G erlischt mit der Aufhebung (§ 1920 BGB). Sie endet auch bei Wegfall des Einrichtungsgrundes oder mit der Erledigung der Angelegenheit (§ 1919 BGB).

## Gebührenordnung

Die Regelung der G erfolgt ab 1.1.1992 im Rahmen des Betreuungsgesetzes (→ Betreuung).
L.: → Vormundschaft.

Günter Koch

## Gebührenordnung
→ Abrechnungsmanipulation, → Honorierungssysteme

## Geburtenbeschränkung
→ Familienplanung

## Geburtenkontrolle
→ Familienplanung

## Geburtshilfe
→ Hebamme

## Gefährdete
(trad.); → Gefährdung

## Gefährdetenfürsorge
(trad.); → Gefährdetenhilfe, → Gefährdung

## Gefährdetenhilfe

G bezeichnet trad. das Hilfeangebot (Beratungsstellen, vorübergehende Unterkunftsmöglichkeiten – z. B. in Frauenhäusern –, → Streetwork, etc.) freier und öffentlicher Träger für Personengruppen (z. B. → Alleinstehende Wohnungslose, Trebegänger, Drogen- und/oder Alkoholabhängige, Mißhandelte), die aufgrund bestimmter Lebensbedingungen und/oder Persönlichkeitsstrukturen offensichtlich gefährdet oder einer potentiellen Gefährdung ausgesetzt sind (→ Hilfe zur Überwindung besonderer sozialer Schwierigkeiten). Welches Verhalten in einer Gesellschaft als gefährdet angesehen wird, ist u. a. von der gesellschaftlichen Norm abhängig (→ Gefährdung).

Bernd Jaenicke

## Gefährdetenpolizei
→ Sittenpolizei

## Gefährdung

1. Obwohl zwischen einem allgemeinen, pädagogischen, sozialwissenschaftlichen, rechtlichen und „fürsorgewissenschaftlichen" Sprachgebrauch zu unterscheiden ist, ist dem G-begriff in jeder Form sowohl sein unbestimmter Charakter als auch seine schillernde Stellung zwischen einem transitiven und intransitiven Gebrauch eigen. Gefährdende Momente lassen sich in beliebiger Zahl ausmachen – von der G des Menschen durch Kulturverfall über die Umweltgefährdung oder die Gefährdung der Jugend durch Spielautomaten bis zur sittlichen Gefährdung des ‚leichten Mädchens'. Die mit dem Begriff Apostrophierten werden gleichermaßen sowohl als durch etwas oder durch andere Personen Gefährdete betrachtet, als auch selbst als Personen, die etwas, sich selbst oder andere gefährden, als Personen also, von denen eine Gefahr ausgeht. Wegen der Gefahr politischen Mißbrauchs, seiner Leerformelhaftigkeit und seines stigmatisierenden Charakters wurde der G-begriff aus Wohlfahrtswesen und -recht inzwischen weitgehend eliminiert.

2. In historischer Sicht lassen sich, was den Gebrauch des Begriffs im Wohlfahrtswesen betrifft, zwei Stränge verfolgen. Er entfaltete sich zum einen als ein am „Kindeswohl" orientierter, sozialpädagogischer Begriff in Jugendfürsorge und → Jugendhilfe, → Jugendschutz und → Familienrecht, zum anderen als ein an ordnungspolitischem, polizeilichem und fürsorgerischem Denken, an der „Nacherziehung" und → „Bewahrung" Erwachsener orientierter, repressiver Begriff. Im ersteren Sinn hat Mollenhauer (1979), ohne den ideologischen Charakter, die Relativität und die Mißbrauchsgefahr zu verschweigen, vorgeschlagen, von G im sozialpädagogischen Sinne nur dann zu sprechen, wenn es einem Kind oder Jugendlichen aufgrund physischer, entwicklungsbedingter, sozialer und familiärer Probleme bzw. aufgrund der in der Öffentlichkeit oder in der Struktur der Gesellschaft vorfindlichen Behinderungen unmöglich (gemacht) ist, „Autonomie und Initiative" – verstanden als Indiz für psycho-soziale Gesundheit und als pädagogisch-anthropologischer Grundgehalt der Idee von → Erziehung – zu entwickeln und zu erhalten.

In das Kreuzfeuer der Kritik geriet der Begriff innerhalb der Jugendhilfe v. a., weil das, was nur handlungsleitende Idee sein könnte, über Rechtsprechung und Kommentierung sich zu einem diskrimierenden Begriff verfestigte: als rechtliche Legitimation für die Freiwillige Erziehungshilfe, für die Anordnung der →Fürsorgeerziehung und für die Beschneidung des Rechts der →elterlichen Sorge (im letzteren Falle seit der Familienrechtsreform aus dem Jahr 1977 vom Schuldvorwurf gegenüber den Eltern befreit und nur noch als „objektiver Gefährdungstatbestand" rechtsfähig). Einen Fortbestand hat der G-begriff im „Gesetz zum Schutz der Jugend in der Öffentlichkeit" und im „Gesetz über die Verbreitung jugendgefährdender Schriften" gefunden, nach denen Jgl. von „gefährdeten Orten", an denen ihnen „eine sittliche Gefahr oder Verwahrlosung droht", bzw. von Schriften, die sie „sittlich zu gefährden" bedrohen, abzuhalten sind.

3. In der Tradition des polizeilich-fürsorgerischen Denkens der „Gefährdetenfürsorge" wurde weit früher als in der jugendfürsorgerischen Tradition jener eben genannte Grad der Verfestigung erreicht, obwohl auch hier ursprünglich am menschlichen „Wohl" orientierte Motive eine Rolle gespielt haben mögen. Als „Gefährdete" in einem essentialistischen, das „Wesen" der Person kennzeichnenden Sinne wurden seit Anfang des 19. Jh. primär „sittlich-sexuell gefährdete" Frauen, Prostituierte und „Infektionsträger" (gemeint sind geschlechtskranke Frauen) betrachtet und zu ihrer Erziehung, Zucht und Bestrafung die ersten Einrichtungen der „Gefährdetenfürsorge" eingerichtet. Gefährdetenfürsorge (GF), schreibt Ellen Scheuner 1930, umfaßt „vorbeugende und heilende Hilfsmaßnahmen, vorwiegend erzieherischer Art für die auf sittlich-sexuellem Gebiet von Gefahr bedrohten Menschen über 18 oder 20 Jahren, die aus eigener Kraft diesen Versuchen keinen ausreichenden Widerstand entgegensetzen können, sie sogar vielfach herbeiführen" (zit. nach Handbuch 1938, 142). Die ersten Bestrebungen der praktischen GF stehen im Kontext der Erziehungs- und Rettungsbewegungen der beiden großen Konfessionen gegenüber den im „Sumpf des Elends und des Lasters versinkenden Volksangehörigen". Auf evangelischer Seite hatte Theodor →Fliedner (1800–1864) anläßlich einer „Kollektenreise" durch England die Idee heimgebracht, weiblichen Gefängnisinsassen nach ihrer Entlassung Unterkunftsmöglichkeiten zu bieten, und diese Idee einer prophylaktischen Maßnahme zur Fürsorgearbeit bei der →Polizei erweitert. In der offen sog. „Magdalenenarbeit", von beiden Konfessionen getragen, bemühten sich Kirchen und Polizei arbeitsteilig – hier seelsorgerische und fürsorgerische Arbeit, dort ordnungspolitische Maßregelungen – um die sittenpolizeilich (→Sittenpolizei) erfaßten Mädchen und Frauen. Aus dieser Arbeit entwickelte sich zunächst die von Polizeiassistentinnen durchgeführte Polizeifürsorge (erstmalig in Stuttgart 1903), die ihrerseits Vorläufer der weiblichen Polizei einerseits, der Pflegeheime andererseits wurde. Pflegeämter, auch Frauenhilfsstellen genannt, waren vorwiegend in Form freiwilliger kommunaler Einrichtungen der Selbstverwaltung als Aufnahmestellen für die gefährdeten Frauen entstanden. Sie arbeiteten eng mit den Polizeibehörden zusammen. Das erste Pflegeamt entstand 1917 in Altona (jetzt Hamburger Bezirk); 1933 gab es bereits 80 Pflegeämter, die im Faschismus als Stätten der „offenen Asozialenfürsorge" für Frauen weiterexistierten; in der Nachkriegszeit blieben sie vereinzelt bis 1967 bestehen.

Parallel zur Entwicklung der offenen Arbeit, die sich schon in den 20er Jahren zunehmend auch auf Männer erstreckte, d. h. jene, die man nicht erst im Faschismus „asozial" oder „gemeinschaftsfremd" nannte, also z. B. →Obdachlose, Bettler, Alkoholiker, „Nährpflichtsäumige" und „Arbeitsscheue", entstand die geschlossene GF. Das erste „Magdalenenstift", eine →totale Institution mit strenger Zucht, entstand 1821 in Hamburg. Die Anstalten der geschlossenen GF entwickelten sich teils zu Fürsorgeerziehungsanstalten für schulentlassene Mädchen, teils zu „Zufluchtsstätten" für Frauen, teils zu Bewahrungsheimen (→Bewahrung) oder →Arbeitshäusern, in denen Frauen und Männer manchmal mit richterlichem Beschluß (häufig auch ohne) ggf. lebenslänglich verwahrt wurden.

4. Auch in der jungen BR riß die Diskussion um die Gefährdeten und ihre zwangsweise Unterbringung in Arbeitshäusern, →„Trinkerheilanstalten" u.ä. nicht ab; sie gipfelte in der Aufnahme eines Gefährdungs-Paragraphen in das BSHG (→Bundessozialhilfegesetz) von 1961, in dem G in der Tradition von Asozialitäts-Definitionen als „Mangel an innerer Festigkeit" definiert und die zwangsweise Unterbringung solcher Personen, die sich nicht freiwillig in eine Anstalt begeben wollten, vorgesehen war. Knoop/Fichtner (Kommentar zum BSHG 1971, 414) kommentierten die Betroffenen als Personen, die auf der Basis von „Mängeln im Willens-, Trieb- oder Gefühlsleben oder Beeinträchtigungen der Verstandestätigkeit" eine „ungeordnete Lebensführung (unsittlicher Lebenswandel, Alkohol- und Drogenmißbrauch, Arbeitsscheu, Verschwendungen, i.d.R. Nichtseßhaftigkeit, körperliche Verschmutzung)" führen. Die Bestimmung des BSHG wurde durch das Bundesverfassungsgericht mit der Begründung, es sei nicht Aufgabe des Staates, seine Bürger zu erziehen und zu bessern, 1967 aufgehoben. Seit dem 3. Änderungsgesetz zum BSHG (1974) gibt es für G keine Legaldefinition mehr; die Gefährdeten wurden in „Personen, bei denen besondere soziale Schwierigkeiten der Teilnahme am Leben in der Gemeinschaft entgegenstehen" (§ 72 BSGH), transformiert und ihnen →„Hilfen zur Überwindung besonderer sozialer Schwierigkeiten" (subsidiär gegenüber anderen Bestimmungen des BSHG) eingeräumt. Trotz der terminologischen Glättung und trotz der Begründung des Gesetzgebers, es sei Zweck der Regelung, all jenen Personen Hilfe zu gewähren, die „den steigenden Anforderungen der modernen Industriegesellschaft aus eigener Kraft nicht gerecht werden können" (amtl. Begründung; BT-Drs. 7/308), galt und gilt vielen der § 72 noch als „Asozialen-Paragraph" (was auch zur heftigen Kritik an dem Plan führte, mißhandelte Frauen in →Frauenhäusern dem § 72 zu unterstellen). Erst in jüngster Zeit, in der →alleinstehende Wohnungslose oder aus →Gefängnissen und →psychiatrischen Anstalten Entlassene nicht mehr ausschließlich und quasi automatisch diskriminierenden Prozeduren und Unterbringungen unterworfen werden, läßt sich die Bestimmung auch im Interesse der Betroffenen, z.B. für die Bereitstellung von Wohnung und Arbeit, nutzen (Birk 1984).

5. Die ideologische Belastung des G-begriffs und die im Namen der Gefährdetenhilfe vollzogene Repression zwischen Zwangszuführung und Tötung hat es notwendig gemacht, den Begriff als Legalbegriff und Eingriffsgrund zu eliminieren. Damit sind, im Sinne Mollenhauers, entwicklungs-, gesundheits- und seelisch gefährdende Momente im Leben der Menschen, insbesondere jener, die Klientel der →Sozialarbeit sind, nicht eliminiert. Ohne den parteilichen Impuls, Menschen, insb. auch Kinder, vor den Gefahren zu schützen, die sie in Staat und Gesellschaft, in Familien, pädagogischen und sozialpädagogischen Institutionen bedrohen, ist sozialpädagogisches und wohlfahrtspolitisches Handeln schwerlich zu begründen. Entscheidender als die Schelte des Begriffs ist es dann, das selbst eine Gefährdung bildende Definitionsmonopol von Staat und moralischen Agenten zu brechen und Menschen darin zu unterstützen, die sie bedrohenden Gefährdungen zu identifizieren und sich ihrer selbsttätig und in kollektiven Aktionen zu erwehren. Diverse soziale Bewegungen (z.B. →Ökologie-, →Friedens-, →Frauenbewegung) und Initiativgruppen (z.B.

→Gesundheitsselbsthilfegruppen) haben diesen Weg in den letzten Jahren aktiv beschritten.

L.: Art. „Gefährdetenfürsorge"; in: Handbuch der Wohlfahrtspflege, hg. von Althaus, H./Betcke, W.; Berlin, 3. Aufl., 1938. Birk, Ulrich-Arthur, u. a.: Hilfen nach § 72 BSHG im Spannungsfeld zwischen Rechtsanwendung und Restriktionen; Frankfurt/M. (ISS), 1984. Mollenhauer, Klaus: Einführung in die Sozialpädagogik; Weinheim, 7. Aufl., 1979.

Jürgen Blandow

**Gefängnis**

G i. w. S. sind Gebäude, die dazu dienen, die Bewegungsfreiheit der darin untergebrachten Menschen gegen deren Willen mehr oder weniger stark einzuschränken und die Inhaftierten auf diese Weise von der übrigen Gesellschaft zu isolieren. In einem engeren Sinne wird das Wort G im Zusammenhang mit strafrichterlich angeordnetem Freiheitsentzug gebraucht (→Justizvollzug), wobei die Einsperrung zur Strafe (→Strafvollzug), zur Prävention künftiger Straftaten (→Maßregelvollzug) oder zur Sicherung eines laufenden Strafverfahrens (→Untersuchungshaft) erfolgen kann. Als mindestens „gefängnisartig" (Goffman) müssen jedoch auch andere geschlossene Institutionen (→Konzentrationslager, Kriegsgefangenenlager, geschlossene Abteilungen →Psychiatrischer Anstalten, geschlossene Erziehungsheime, Quarantänestationen bei Seuchen etc.) bezeichnet werden.

Da G i.e.S. ist eine neuzeitliche Institution. Das Wort „gefangenis" bezeichnete ursprünglich einzelne abschließbare Räume (zumeist in Stadttürmen und Befestigungsanlagen), die v. a. der Erpressung von Geld (Schuldtürme) oder der Verwahrung eines Verdächtigen bis zur Gerichtsverhandlung (i. S. der heutigen →Untersuchungshaft) und nur ausnahmsweise der Bestrafung dienten. Erst mit der Ablösung der Leibes- und Lebensstrafen als dominante Sanktionsform durch die Freiheitsstrafe wurden ganze Gebäudekomplexe nur für den Zweck der Einsperrung von Menschen (vor und nach ihrer Verurteilung) erforderlich. Zunächst bediente man sich säkularisierter Klöster (→Säkularisierung) und ehemaliger Festungen; erst im 19. und 20. Jh. kam es in großem Stile zum Bau eigens für diesen Zweck konzipierter G.

Das moderne G-wesen entstand im späten 16. Jh. in Form der „bridewells" in England bzw. der „tuchthuizen" in den Niederlanden und der ihrem Beispiel folgenden Zuchthäuser in Kopenhagen (1605), Bremen (1608), Antwerpen (1612), Lübeck (1613), Hamburg (1918), Lyon und Madrid (1622), Stockholm (1624) und Brüssel (1625) etc. Diese Institutionen waren in erster Linie dazu bestimmt, Bettler, Landstreicher und andere Müßiggänger zur Zwangsarbeit heranzuziehen. Damit löste das G ältere Formen der Leibesstrafe und der Verbannung ab. Inwieweit dieser Wandel ökonomische Hintergründe hat, ist umstritten. Während Rusche/Kirchheimer das kapitalistische Profitmotiv der Zuchthausgründer hervorheben, hat neuere historische Forschung ergeben, daß auch die frühen Zuchthäuser nicht gewinnbringend gearbeitet haben, sondern durch →Lotterien und staatliche Subventionen erhalten werden mußten.

G sind (neben Kasernen, Altersheimen, Klöstern und Internaten) ein besonders markantes Beispiel für die soziologische Kategorie der →„totalen Institution" (Goffman). Zu den zentralen Merkmalen solcher Institutionen gehört es, daß „alle Angelegenheiten des Lebens ... an ein und derselben Stelle, unter ein und derselben Autorität" stattfinden, ferner, daß eine fundamentale Trennung zwischen einer großen gemanagten →Gruppe auf deren einen Seite und dem weniger zahlreichen Anstaltspersonal auf der anderen Seite besteht. Als Reaktion auf die in einer totalen Institution herrschenden Zwänge entwickeln die Gefangenen typische Überlebensstrategien, darunter auch Formen der Insassensubkultur (→Subkultur).

Das G war nicht von Anfang an eine „eingeschlechtliche Institution" (Stöckle-Niklas). Die Geschlechtertrennung ist vor allem im 19.Jh. durchgeführt worden und hat sich bis heute weitgehend erhalten. Ansätze zu „cocorrections" oder gemischt-geschlechtlichem Vollzug erweisen sich im G wegen der zahlenmäßigen Unterlegenheit der Frauen (ca. 3%) als schwerer durchzusetzen, als es die Koedukation im Schulwesen war (→Frauenstrafvollzug).

G werden sowohl unter dem Gesichtspunkt ihrer kriminalpolitischen Notwendigkeit (→Kriminalpolitik) als auch unter dem ihrer menschenrechtlichen Zulässigkeit (→Menschenrechte) in Frage gestellt. Daraus wird die Forderung abgeleitet, weniger Gebrauch von der Freiheitsstrafe zu machen (Reduktionismus) oder ganz auf sie zu verzichten (→Abolitionismus). Die Reduktion der G ist heute ein Bestandteil der offiziellen Politik vieler Industriestaaten und auch des Europarates geworden. Die Abolitionisten stellen demgegenüber eine radikale →soziale Bewegung dar, die sich international v.a. in den Kongressen der International Conference of Prison Abolition manifestiert.

Der Legitimitätsverlust der G-institution hat zur Erfindung und Benutzung funktionaler Äquivalente zum Freiheitsentzug in G i.e.S. geführt. Diese „Alternativen zum Gefängnis" reichen von bloßen Umetikettierungen („geschlossenes Erziehungsheim"; „geschlossene Abteilung der Psychiatrie", „Entziehungsanstalt", „Maßregelkrankenhaus" etc.) zur Benutzung völlig neuer Technologien (z.B. „tagging", d.h. die Verwendung elektronischer Arm- bzw. Fußbänder, zumeist in Verbindung mit Hausarrest). Derartige Alternativen zum G sehen sich grundsätzlich der gleichen kriminalpolitischen und menschenrechtlichen Kritik ausgesetzt, wie die G-Institution selbst. Hinzukommt das Argument, daß es sich in der Praxis nicht um (das G abbauende) Alternativen, sondern um Kontrollausweitungen handle.

L.: Foucault, Michel: Überwachen und Strafen. Die Geburt des Gefängnisses; Frankfurt, 1977. Goffman, Erving: Asyle. Über die soziale Situation psychiatrischer Patienten und anderer Insassen; Frankfurt, 1973. Mathiesen, Thomas: Gefängnislogik. Über alte und neue Rechtfertigungsversuche; Bielefeld, 1989. Spierenburg, Pieter: The Prison Experience. The Evolution of Incaraceration in the Early Modern Period; London, 1990. Stöckle-Niklas, Claudia: Das Gefängnis – eine eingeschlechtliche Institution; Bonn, 1989.

Johannes Feest

## Gefängnisfürsorge
→Gefangenenfürsorge

## Gefangenenbildung
G bezeichnet das im →Behandlungsvollzug angebotene Programm zur Aus- und →Weiterbildung für Straffällige: Fortsetzung der Schulausbildung bei Schulpflichtigen; Nachholen von Schulabschlüssen (mit externer Prüfung); Durchführung von Lehr- und Anlernberufen. Neben den Haftanstalten sind die Arbeitsämter und die Innungen an der Organisation beteiligt.

Wo →Bildung nicht nur i.S.v. Unterrichten und Lehren verstanden wird, sondern auch i.S.v. Lernen, i.S. des Erlernens sozial verantwortlicher Lebensweise, dort müßten auch andere Bildungsangebote (z.B. Kurse an →Volkshochschulen, „Anonyme Alkoholiker"-Kurse, Sprachkurse für In- und Ausländer, Kurse der bildenden Künste etc.) in das Programm der G aufgenommen werden. Angebote dieser Art sind wegen den damit oft verbundenen Vollzugslockerungen (Ausgang, Urlaub, Freigang) die Ausnahme.

Bernd Jaenicke

## Gefangenenfürsorge
Begriff aus der Entstehungsgeschichte der →Sozialarbeit mit Straffälligen, der seit dem Inkrafttreten des Strafvollzugsgesetzes (StVollzG) am 1.1.77 aus pädagogischen Gründen nicht mehr verwen-

det werden sollte bzw. wird (→ Behandlungsvollzug, → Strafvollzug).

Bernd Jaenicke

**Gefühle**
→ Emotionen

**Gegenkultur**

G (auch: „Subkultur") bezeichnet eine größere Personengruppe, die sich in ihren Werten, Normen, Bedürfnissen, Wünschen, Institutionen und Objektivationen in einem wesentlichen Ausmaße von jenen der Gesamtgesellschaft unterscheidet. Ausgehend von einem Kulturbegriff, der auf die Gesamtheit alles von Menschen gemachten, d. h. nicht biologischen, sich bezieht, stellen G oder → Subkulturen (S) die „bestimmte Negation" (Herbert Marcuse) dar.

Da die gesamtgesellschaftlichen Normen etc., auf welch unterschiedliche Art auch immer, vom jeweiligen Establishment (C. W. Mills) gesetzt worden sind – die jeweilige „kompakte Majorität" (Henrik Ibsen, Theodor W. Adorno) paßt sich an diese mehr oder weniger an –, sind G seit mehreren Jahrtausenden nachweisbar. Dabei handelt es sich einerseits um Personengruppen, die von Establishment und kompakter Majorität ausgegrenzt, „stigmatisiert" (Erving Goffman) worden sind, und die eigene Vergesellschaftungsformen für sich entwickeln müssen, um zu überleben („unfreiwillige S", z. B. Bewohner von Obdachlosensiedlungen, → alleinstehende Wohnungslose, → ethnische Minderheiten). Andererseits handelt es sich um Personengruppen, die ihre Arbeits- und Lebenszusammenhänge wenigstens teilweise verändert haben (eine vollständige Nicht-Integration kann nie stattfinden), um gesellschaftliche Veränderungen zu erstreben („freiwillige S", z. B. → Studentenbewegung, Hippies, Provos). Dabei sind die Übergänge fließend: Im Sinne eines „Stigmamanagements" (Goffman) nehmen manche „unfreiwillige S" ihr Stigma auf sich, um sich so als „freiwillige S" zu definieren, was auch schon in der selbst angenommenen Bezeichnung sprachlich zum Ausdruck kommt (→ Krüppelgruppen, Irrenoffensive, Schwule, Graue Panther, Junkie-Bund ...). Zum anderen sind manche „freiwillig-subkulturellen" Absichten altersspezifisch beschränkt (Halbstarke, Mods, Rocker, Punks ...), sofern nicht gesamtgesellschaftliche Sanktionen diese zu „unfreiwilligen S" umdefinieren.

Zwar sind die geschichtsübergreifenden Strukturen des Entstehens von G und S und deren Wechselverhältnis zu Establishment und kompakter Majorität relativ umfassend erforscht (→ Integration, Desintegration, Repression, → Politisierung, Vermittlungsrolle von Drehpunktpersonen und Drehpunktinstitutionen, die gleichzeitig mit den G bzw. mit dem Establishment und/oder der kompakten Majorität in Interaktion stehen). Auch hat sich zunehmend ein Teil der Sozialwissenschaften den →„sozialen Bewegungen" zugewandt – d. h. Agglomerationen aus verschiedenen G, S und Teilkulturen (Gruppen, die ebenfalls, jedoch in geringerem Ausmaße, von zentralen Normen abweichen) sowie Drehpunktpersonen, die ebenfalls gesellschaftliche Veränderungen erstreben (→ Friedens-, → Ökologie-, → Frauenbewegung). Weniger Aussagen gibt es über das je spezifische historische Zustandekommen von G und S. Am plausibelsten erscheint hierbei die These des Centre for Contemporary Cultural Studies in Birmingham: G entstehen aus den differenzierten Lebenszusammenhängen der abhängigen Klassenströmungen (etwa Punks aus hoffnungsarmen erwerbslosen Jugendlichen oder Mods aus in Ausbildung befindlichen subalternen Lohnarbeitenden, die durch ihren „Stil" ihre Lage zu kompensieren neigen) – was nicht heißt, daß sich die Klassenströmungslage im Zuge von Differenzierungs- und Integrationsprozessen nicht auch verändern kann (z. B. die Teilung der Punks in erwerbslose Pogo-Punks und in intellektuell-bohèmische Dada-Punks).

Selten ist es den G gelungen, ihre Existenz auf Dauer zu stellen; sie ist so gut wie immer eine Gratwanderung zwischen Integration und Nichtintegration. Am ehesten ist die Erhaltung ihrer Existenz religiös orientierten G gelungen; etwa den Juden im Schtetl oder den Hutterischen Gemeinschaften in den USA, oder jenen, die mittels eigenständiger Normen eine auch jahrhundertelang andauernde Verfolgungssituation zu überleben imstande waren, wie die →Sinti/Roma. Neurdings gibt es Tendenzen, gerade in der Flüchtigkeit und Dezentrierung der G und S einen emanzipatorischen Wert zu sehen – Tendenzen, deren Paradoxie (wird das Bestehen von S zur gesamtgesellschaftlichen Norm?) hier nicht erörtert werden kann („multikulturelle Gesellschaft"; „Patchwork der Minderheiten" – Lyotard).

L.: Clarke, John, u.a.: Gegenkultur als Widerstand; Frankfurt/M., 1979. Hollstein, Walter: Der Untergrund; Neuwied, Berlin, 1969. Schwendter, Rolf: Theorie der Subkultur, 3. Aufl.; Frankfurt/M., 1978.

Rolf Schwendter

**Gegenseitige Hilfe**
→ Hilfe

**Geheimhaltung**
Eine Pflicht zur G der den Fachkräften bei ihrer Aufgabenerledigung zur Kenntnis gelangenden Informationen über andere Menschen kann sich ergeben aus dem Datenschutzrecht, aus dem Verwaltungsverfahrensrecht, aus dem Strafrecht und aus dem Arbeits- und Dienstrecht. Die jeweils geschützten Rechtsgüter sind beim →Datenschutzrecht die informationelle Selbstbestimmung des einzelnen, bei der strafrechtlichen →Schweigepflicht nach § 203 Abs. 1 und 3 StGB darüber hinaus das allgemeine Vertrauen in die Verschwiegenheit bestimmter Berufsgruppen, z. B. Ärzte, staatl. anerk. Berufspsychologen, Mitarbeiter in Beratungsstellen, staatl. anerk. Sozialarbeiter/Sozialpädagogen. Mit der gesetzlichen Regelung des →Sozialdatenschutzes durch das SGB I und X hat die wesentlich schwächer ausgestaltete Pflicht zur G im →Verwaltungsverfahren (§ 30 BVerwVfG sowie dementsprechend die VerwVfG der Länder), strafrechtlich sanktioniert durch § 203 Abs. 2 StGB, für den sozialen Bereich an Bedeutung verloren. Das Arbeits- und Dienstrecht begründet eine das G-interesse des Dienstherrn bzw. Arbeitgebers schützende Pflicht zur G, die sog. Amtsverschwiegenheit (§ 61 BBG sowie dementsprechend die Beamtengesetze der Länder; § 9 BAT). Die verschiedenen Regelungen können im Einzelfall miteinander kollidieren bzw. sich überlagern.

L.: Kühnel, Reiner, u. a.: Dienstrecht für die soziale Arbeit; Weinheim, Basel, 1985. Roscher, Falk, Arbeits- und Dienstrecht der Sozialarbeiter und Sozialpädagogen; in: Maas, Udo (Hg.), Sozialarbeit und Sozialverwaltung; München, Basel, 1985. Schönke/Schröder: Strafgesetzbuch, Kommentar, 23. Auflage; München, 1988, § 203.

Udo Maas

**Gehobene Fürsorge**
→ Reichsgrundsätze über Voraussetzung, Art und Maß der öffentlichen Fürsorge

**Gehörlosenpädagogik**
*Historischer Abriß.* Die Hörgeschädigtenpädagogik kann auf eine über 200jährige Tradition zurückblicken und ist eine der ältesten Fachrichtungen innerhalb der →Behindertenpädagogik. Gleichwohl kam die Erkenntnis, daß auch Taubstumme bildungsfähig sind, sehr spät. Die ersten Bildungsbemühungen richteten sich daher auf taubstumme Kinder Adliger, die ihre Erbfolge durch den Nachweis der Zurechnungsfähigkeit ihres Kindes absichern wollten. Dies waren vereinzelte pädagogische Aktionen, über Jahrhunderte und verschiedene Länder verstreut. Eine systematische Beschulung setzte dann vor etwa 200 Jahren ein. Im Jahre 1771 wurde in Paris das erste Taubstummeninstitut vom

Abbé de l'Epée gegründet, 1778 in Leipzig die erste deutsche Taubstummenanstalt von Samuel Heinicke. Wenngleich ihre Intentionen im wesentlichen gleich waren – die Seele des Taubstummen zu erretten und ihm ein adäquates Leben in der hörenden Gesellschaft zu ermöglichen –, so waren ihre Methoden doch völlig gegensätzlich. De l'Epée setzte auf die Gebärdensprache der Gehörlosen und benutzte sie systematisch im Unterricht, während Heinicke Gebärden verdammte und die Taubstummen Sprechen und Absehen vom Munde lehrte. Zwischen beiden entspann sich ein heißer Disput, der – mit Variationen – in unverminderter Härte bis heute fortgesetzt wird. Die gegensätzlichen Richtungen im Methodenstreit wurden als Manualismus und Oralismus gekennzeichnet oder auch als Französische Methode und als Deutsche Methode. Ein vorläufiger Schlußstrich wurde 1880 in Mailand unter den Methodenstreit gezogen. Auf dem internationalen Kongreß der Taubstummenlehrer wurde die weltweite Einführung des puren Oralismus beschlossen – wenngleich mit dubiosen und undemokratischen Verfahrensweisen.

*Gegenwärtige Tendenzen.* Erst in den 70er Jahren unseres Jh. flammte der Disput erneut auf. Die Oralisten hatten ihre Position im wesentlichen beibehalten, während ihre Gegner die *Totale Kommunikation* propagierten. Sie wollten neben Artikulation und Absehen auch Gebärden (lautsprachbegleitende Gebärden und die Gebärdensprache der Gehörlosen) und das Fingeralphabet einsetzen. Totale Kommunikation wurde als Philosophie verstanden. Sie hob hervor, daß der Gehörlose das Recht hat, alles zu verstehen und in allen seinen Äußerungen verstanden zu werden. In den Vereinigten Staaten wurde die Totale Kommunikation zu einer Massenbewegung, die die Mehrheit der vormals oralen Schulen erfaßte. Nun mußten die Anhänger oraler Methoden sich Innovationen zuwenden. Sie verengten ihre methodischen Möglichkeiten noch weiter, indem sie bewußt auf das Absehen und systematischen Artikulationsunterricht verzichteten. Unisensorisch (mit nur einem Sinnesorgan, dem Ohr!) soll der Gehörlose hören und sprechen lernen. Als Voraussetzung wird der Einsatz modernster Hörgeräte angesehen. Aber auch im Lager der Gebärdenbefürworter ist die Entwicklung nicht stehen geblieben. Es gibt Kritik an der Totalen Kommunikation, und eine Hinwendung zu einem echten Bilingualismus ist der neueste Trend. Gebärden- und Lautsprache sollen voneinander getrennt eingesetzt werden.

*Hintergründe.* Gehörlose Kinder haben im Normalfall hörende Eltern. Diese Eltern leiden nicht nur unter dem anfänglichen Schock, ein behindertes Kind zu haben. Das Kind wird sein Leben lang anders kommunizieren als die Eltern, und es wird in die Gehörlosengemeinschaft eingegliedert werden – und nicht in die hörende Gemeinschaft seiner Eltern. Diese Fakten sind für Eltern schwer zu akzeptieren. Der Wunsch, ein sprechendes Kind zu haben, ist stärker als die Einsicht in die Realitäten. Entsprechend wenden sie sich Pädagogen zu, die die Kompensation der Defekte versprechen und das Kind einem Quasi-Hörenden machen wollen. Maßstab dieser *defektorientierten Pädagogik* ist also die Normalität. Anhänger der Gebärdensprachbewegung gehen jedoch davon aus, daß Gehörlose nicht nur als →Behinderte, sondern gleichzeitig als *linguistische Minorität* zu sehen sind. Im Gegensatz zu allen anderen Behindertengruppen wird ihre Behinderung in der Gemeinschaft eliminiert; d. h. untereinander sind Gehörlose dank ihrer Gebärdensprache nicht mehr kommunikativ behindert. Entspannte Kommunikation ist ihnen aber auch nur dort möglich. Deshalb haben Gehörlosenvereine auch alle Bestrebungen, sie zu liquidieren, überstanden. Gebärdenbefürworter akzeptieren die positive Andersartigkeit Gehörloser. Sie erkennen die Grenzen oraler Bildungsbemühungen – nur wenige Gehörlose sind lautsprachlich begabt – und bemühen sich, Gehörlose auf ein Leben in zwei Welten vorzubereiten. Entscheidend ist dabei die Anerkennung der Gebärdensprache als vollwertige Sprache. Während die Oralisten dem Gehörlosen die Last der Kommunikation mit Hörenden allein aufbürden, sehen Gebärdenbefürworter auch hier realistische Grenzen (nur ca. 30% der Sprachlaute lassen sich vom Mund ablesen) und plädieren für den Einsatz von *Gebärdensprachdolmetschern.*

Oralisten waren die ersten, die sich für *schulische → Integration* Gehörloser einsetzten. Da sie ausschließlich auf die Welt der Hörenden ausgerichtet sind und ihre Schüler ausrichten, ist dieser Schritt nur konsequent. Gebärdenbefürworter sehen dagegen die faktische Isolation, in die einzelne, anders kommunizierende Kinder geraten. Sie empfinden eine schulische Integration als einen inhumanen Akt, gerichtet gegen eine Minorität und ihre Sprache. Denn wenn Gehörlose untereinander keinen Kontakt haben, werden ihre Gemeinschaft, ihre Sprache und Kultur zerstört.

Alle methodischen und bildungspolitischen Auseinandersetzungen sind nur vor dem Hintergrund zu verstehen, daß *Hörende die → Pädagogik und Politik für (oder gegen) Gehörlose* machen, vom Anfang klerikal-karitativer Bestrebungen bis hin zu allen heute vorhandenen Richtungen. Gehörlose Lehrer, die als Subjekte Einfluß nehmen konnten, unterlagen seit 1880 einem Berufsverbot. Dennoch ist eindeutig festzustellen, daß die überwiegende Mehrheit der Gehörlosen für den kombinierten Einsatz von Lautsprache und Gebärde eintritt. Gehörlose selbst stehen nicht vor der Wahl, die eine oder andere Haltung einzunehmen (defektorientiert oder Akzeptanz der Andersartigkeit). Diese Entscheidung fällen nur Hörende – für sich und für ihre Objekte. Hier wird deutlich, daß G auch immer Machtkampf und politische Auseinandersetzung ist.

Bernd Rehling

**Geisteskrankheit**

Die psychiatrische Literatur in der ersten Hälfte des 19. Jh. gebrauchte den Terminus „G" i. a. S. synonym mit „Irresein" oder „Wahnsinn". Griesinger schränkte die Begriffsverwendung 1845 auf endogene, nicht durch erkennbare äußere Ursachen bedingte psychische Störungen ein, ohne damit eine terminologische Festlegung durchzusetzen. In der danach einsetzenden Differenzierung der psychiatrischen Diagnostik und Begrifflichkeit setzte sich das Wort als Bezeichnung für Psychosen weitgehend durch; allerdings wurde es durch die Entfaltung der Psychosenlehre seit → Kraepelin von dem Begriff „Psychose" etwas zurückgedrängt, ohne ganz aus der Fachterminologie zu schwinden. Jaspers wollte aus phänomenologischer Sicht die „uneinfühlbaren" G von den „Gemütskrankheiten" unterscheiden, die er als „einfühlbar" betrachtete; unter Gemütskrankheiten verstand er neben den Neurosen auch die manisch-depressiven Psychosen, so daß in dieser Terminologie G weitgehend mit der Schizophrenie zusammenfällt.

In modernen Lehrbüchern der → Psychiatrie taucht der Begriff häufig nicht mehr auf, oder er wird ausdrücklich verworfen. Umgangssprachlich ist das Wort noch lexikalisch im Sinne von „Psychose" üblich, bisweilen auch allgemein für „psychische Störung", etwa als Übersetzung des amerikanischen „mental illness".

Im juristischen Sprachgebrauch schließt der Begriff alle krankhaften seelischen Störungen ein, die eine Minderung der Einsichtfähigkeit und normalen Willensbildung begründen (§ 20 StGB) bzw. die Fähigkeit einer Person einschränken, ihre Angelegenheiten zu besorgen (§ 6 BGB). Hier sind also, anders als in der psychiatrischen Begriffsverwendung, exogene und endogene Psychosen, angeborene Schwachsinnszustände und sonstige Störungen des Willens-, Gefühls- und Trieblebens miteinbezogen. Aus diesem Grund erheben Juristen oft Bedenken gegen eine Ausfüllung des juristischen mit dem medizinischen Krankheitsbegriff (→ Krankheit als Rechtsbegriff). Als quantitativ geringere Ausprägung von G wurde 1933 in die Rechtslehre der Terminus „Geistesschwäche" eingeführt. Im Strafrecht erfolgte keine nähere Abgrenzung zur G, weil sich keine unterschiedlichen Rechtsfolgen ergeben. Im Zivilrecht gilt als geisteskrank, wer intelligenzmäßig einem Kind bis zu 7 Jahren gleichsteht; Geistesschwäche wird bei einem Intelligenzstand angenommen, der einem über 7jährigen Jugendlichen entspricht.

Unterbringungsrechtlich gilt das Vorliegen einer G oder Geistesschwäche allein noch nicht als Unterbringungsgrund, solange keine „polizeiwidrige Situation" (etwa die Sicherheit oder Wahrscheinlichkeit einer Selbst- bzw. Fremdgefährdung) vorliegt. Es gilt als nachgewiesen, daß von geisteskranken Menschen in der Regel keine erhöhte Gefahr ausgeht.

L.: Baumann, Jürgen: Unterbringungsrecht; Tübingen, 1966. Dörner/Plog: Irren ist menschlich; Rehburg-Loccum, 1984. Griesinger, Wilhelm: Die Pathologie und Therapie der psychischen Krankheiten; Stuttgart, 1845. Jaspers, Karl: Allgemeine Psychopathologie; Heidelberg, 1913 (9. Aufl. 1973).

Gunter Herzog

### Geistig Behinderte

Als G werden Personen dann klassifiziert, wenn sie den historisch veränderlichen *gesellschaften Minimalvorstellungen* hinsichtlich ihrer Lern- und Leistungsfähigkeit sowie der zu erwartenden Produktivität, d. h. ihrer Verwertbarkeit im Arbeitsprozeß „in Relation zu ihrem spezifischen Bedarf an Erziehung und Bildung, an allgemeiner und spezieller Therapie wie an körperlicher und sozialer Versorgung" (Feuser 1981, 127), *nicht entsprechen.*

Diese statusdiagnostische Erfassung, gestützt auf die Unterstellung einer psychometrisch objektiv meßbaren, erheblich verminderten Intelligenzleistung, ausgedrückt in sog. Intelligenzquotienten (IQ), wobei die obere Grenze der geistigen Behinderung (gB) willkürlich auf die Ränge zwischen 55 und 60 festgelegt wurde, war zudem bis in die 60er Jahre verbunden mit dem Postulat weitgehender *Bildungsunfähigkeit,* also mit der Vorenthaltung der dem einzelnen Individuum entsprechenden pädagogischen und therapeutischen Hilfen. Damit erweist sich die stigmatisierende Zuschreibung einer gB wie das Zustandekommen bestimmter in diesem Zusammenhang für symptomatisch und wesenstypisch gehaltener Verhaltensweisen bzw. ebensolcher Merkmale der Persönlichkeitsentwicklung, wie sie Bach (1979) bspw. mit geringem Lerntempo, Orientierung auf direkte Bedürfnisbefriedigung, punktueller Aufmerksamkeit, geringer Spontanität faßt, als ein individualisiertes, primär soziales Phänomen. Nicht die auf der biologischen Ebene zu konstatierende (hirn-)organisch-genetische Beeinträchtigung dieser Menschen, der vermeintliche Defekt, definiert, was als gB gilt. Sie wird vielmehr erst dann manifest, wenn sie sich in der beschriebenen Weise, i. S. einer negativen *Kosten/Nutzen-Bilanzierung,* in den sozial-ökonomischen Kontext vermittelt. Demzufolge ist sie als Ergebnis eines spezifischen Wechselwirkungsprozesses zwischen Biologischem und Sozialem dergestalt aufzufassen, daß, wer als G und damit *im allgemeinen gesellschaftlichen Arbeitsprozeß als extrem gemindert oder gar nicht einsetzbar* gilt, zugleich sozial aus seinen regulären Lebens- und Lernzusammenhängen ausgeschlossen und damit auf die denkbar schlechtesten individuellen Entwicklungsbedingungen verwiesen wird. Womit sich die über den Einzelnen verhängte Diagnose durch die ihm in der Folge zugewiesenen ‚Entwicklungsbegrenzungen' immer wieder selbst bestätigt und somit zu legitimieren scheint.

Diese elementare, vorwiegend soziologische Fassung des *Terminus* gB weist ihn klar als *(in bezug auf die gesellschaftshistorischen Verhältnisse)* relativ aus, wie dies auch für seine historischen Vorläufer (Kretinismus; Schwachsinnigkeit bzw. Oligophrenie; Debilität, Imbezillität, →Idiotie) als geltend angenommen werden muß.

Über Jahrhunderte waren die G im Sinne der vorangehend skizzierten Wirkmechanismen *Gegenstand des gesellschaftlichen Aus- und institutionellen Einschlusses oder gar der Vernichtung.* In Abhängigkeit vom ökonomischen Standard einer Gesellschaft wie ihrer einzelnen Mitglieder und dem in ihr bzw. in einzelnen Gesellschaftsschichten dominierenden ideologischen Bewußtsein, erfuhren die jeweils ergriffenen Maßnahmen unterschiedliche Begründungen und modifizierten ihr Gepräge. So erstreckt sich z. B. die vom *äußeren Erscheinungsbild* – einem Kriterium, das noch heute den Umgang vieler mit den G bestimmt – geleitete Auffassung vom sog. Kretin (dem mißgestalteten Schwachsinnigen, als vom Dämon besessenen – mit den entsprechend verheerenden Konsequenzen der extremen *Isolation* und *Ermordung* dieser Menschen) von den frühen Kulturen bis in das lutherische Verständnis (15./16. Jh.). Luther hielt die ‚Idioten' für vom Teufel untergeschobene, seelenlose Wechselbälge und empfahl, sie zu ertränken. Im Sinne einer historischen, dieser Strömung widerstreitenden Parallele sind Tendenzen caritativer Bemühungen um die Versorgung der sog. Blöd- und Schwachsinnigen hervorzuheben, die ihren Höhepunkt unter Karl dem Großen erreichen. Auch in den folgenden Jh. gehen von dieser christlich-caritativen Bewegung immer wieder Initiativen zur Verbesserung primär äußerer Faktoren der *lebensunwürdigen Existenzbedingungen* der Betroffenen, die ihr Dasein vorwiegend in Armenasylen und →Irrenanstalten fristen müssen, aus. All diese Anstrengungen sind allerdings eindeutig dadurch charakterisiert, daß sie den Erhalt der als menschenverachtend einzustufenden Grundstrukturen des sozialen Ausschlusses und der isolierenden Gettoisierung sichern, statt diese zu überwinden.

Die Notwendigkeit einer pädagogischen Förderung kam erst sehr spät in den Blick. Noch im 19. Jh. proklammierten die Psychiater Esquirol und Pinel anhand ihrer Forschungsergebnisse zum Kretinismus das bis heute präsente, bereits erwähnte Dogma der Bildungsunfähigkeit dieser Menschen, dem durch Einflüsse der Franz. Revolution und der →Aufklärung die Grundlegung eines allgemeinen Rechtes auf Bildung entgegengesetzt wurde. Im Zuge eines solchermaßen veränderten Verständnisses kam es dann auch zur Entwicklung erster päd.-therap. Konzepte, z. B. durch den franz. Arzt →Itard (1774–1838), sowie weiterhin zur Gründung von ersten, überwiegend anstaltsgebundenen →Hilfsschulen (→Geistigbehindertenpädagogik, →Geistigbehindertenschulen). Aufkommendes biologistisches, eugenisches, sozialdarwinistisches und lebensphilosophisches Gedankengut, wie es sich heute erneut in Positionen und Bestrebungen aus dem Bereich der Humangenetik findet, drängte die positiven Einflüsse zurück, die begannen, das Mensch- und Subjektsein eines beeinträchtigten Individuums wie seine prinzipielle Entwicklungsfähigkeit und damit Bildbarkeit zu betonen. Die menschenverachtende Grundstruktur dieser theoretischen Auffassungen gipfelte in den Sterilisations- und Euthanasiemaßnahmen des Hitler-Faschismus (→„lebensunwertes Leben"). Einige Jahre nach Kriegsende waren es dann auch wesentlich die Vorstöße der Elternvereinigung →„Bundesverband Lebenshilfe", die aus dem für G verbliebenen Elend zum Aufbau eines den Belangen der Betroffenen Rechnung tragenden Netzes an →Frühförderungsmaßnahmen, Sonderkindergärten, Sonderschulen und →Werkstätten für (erwachsene) Behinderte führten. Die Separierung und Besonderung der als G Klassifizierten wurde allerdings auch durch diese Initiativen nicht aufgehoben und besteht von daher bis heute fort. Dies, obgleich auf der Basis einer basalen, allgemeinen, kindzentrierten Pädagogik und entwicklungslogischen Didaktik, wie sie dem von Feuser entwickelten Integrationskonzept zugrunde liegt, eine gemeinsame Erziehung und Bildung aller Menschen, ohne Ausschluß nach Art und Schweregrad einer →Behinderung, umsetzbar wäre (→Integration Behinderter).

L.: Bach, H. (Hg.): Handbuch der Sonderpädagogik, Band 5, Pädagogik der Geistigbehinderten; Berlin, 1979. Feuser, G.: Beiträge zur Geistigbehindertenpädagogik; Solms-Oberbiel, 1981. Feuser, G./Bohl, G., Geistige Behinderung; in: Reichmann, E. (Hg.): Handbuch der kritischen und materialistischen Behindertenpädagogik und ihrer Nebenwissenschaften; Solms-Oberbiel, 1984, 249–260.

Georg Feuser, Heike Meyer

### Geistigbehindertenpädagogik

Nach 1945 ist sowohl die vor dem Hitler-Regime aufgebaute ‚Infrastruktur' eines institutionalisierten Bildungs- und Erziehungssystems für →Geistig Behinderte (gB) (→Geistigbehindertenschulen) weitgehend zerstört, als auch eine durch ein humanes-demokratisches Menschenbild getragene Denktradition, in der die gB nicht als eine negative, „lebensunwerte" und damit zu vernichtende, in jedem Fall aber einer pädagogischen Investition unwürdige wie unzugängliche Variante menschlichen Seins erscheint. Vor diesem Hintergrund erfolgt, legitimiert durch eine weitgehende Übernahme des § 11 des Reichsschulpflichtgesetzes, keine Beschulung gB. Ein *Versorgungsnotstand mit den Folgen weitgehender* →*Verelendung* dieses Personenkreises herrscht demzufolge vor.

Erst die Vorstöße der Elternvereinigung →„Bundesverband Lebenshilfe für das geistig behinderte Kind e. V." führen aus dieser Misere heraus zur Etablierung von Maßnahmen der →Frühförderung, zum Aufbau von Tagesbildungsstätten, aus denen später die Schulen für gB (→Geistigbehindertenschulen) als letzter geschaffener Sonderschultyp hervorgehen, sowie zur Gründung von →Werkstätten für Behinderte.

Auffassungen →Séguins (1812–1880), die Weiterentwicklungen des Itardschen Ansatzes einer physiologischen Erziehungsmethode darstellen (→Itard), welche von der ‚Einheit des Menschen' ausgehen, der in seiner Gesamtheit, von seinen Fähigkeiten und nicht von seinen Defekten her zu begreifen ist, sowie von der ‚Einheit des Menschen in der Menschheit', die den Ausschluß des einzelnen Individuums aus der sozialen Gemeinschaft und damit die Vorenthaltung weitgehender Möglichkeiten der Selbstaneignung sowie der tätigen Auseinandersetzung mit der personellen und dringlichen Umwelt als erheblich entwicklungsbeeinträchtigend ausweisen, werden nicht aufgegriffen. Ebenso unberücksichtigt bleibt im Rahmen der Neubegründung des gesamten sonderpädagogischen Bereichs in der Nachkriegszeit seine Forderung hinsichtlich der ‚Wiederherstellung der Einheit der zusammenhanglos gewordenen Mittel und Werkzeuge der Erziehung', durch die die Notwendigkeit der Basalität und Allgemeinheit einer alle menschlichen Seinsformen umschließenden →Pädagogik betont wird. Somit wäre jedwede Form der Besonderung im päd. Bereich, die Spezifizierung der Fähigkeiten und Fertigkeiten der Pädagogen und der Therapeuten zu erübrigen.

Die G geht hingegen mit Bach (1979, 3) von einer „besonderen, pädagogischen Bedarfslage" der gB aus, die, wie er (1979, 4) es formuliert, durch eine „weitgehende ... quantitative und qualitative Eingeengtheit des Lernfeldes" gekennzeichnet ist, und versucht, den für extrem verlangsamt, verflacht und zeitlich begrenzt gehaltenen Lernprozessen durch ein in Quantität und Qualität *reduziertes Bildungsangebot* (pädagogischer Reduktionismus) zu entsprechen. Doch auch auf dieser Grundlage hält man nur geistigbehinderte Schüler bestimmter Intelligenzgrade für schulbildungsfähig, selektiert also nochmals in der bereits segregierten Gruppe. Die Formulierung von Einschulungsvoraussetzungen für die Schule für Geistigbehinderte/Praktisch Bildbare/Bildungsschwache (Sonderschule) erscheint von daher notwendig. Die sog. Schwerstbehinderten werden mit dieser administrativen Grundlegung zunächst gänzlich vom Schulbesuch ausgeschlossen. Später faßt man sie dann in Sondergruppen an der Sonderschule für gB zusammen. Um diese isolierende und segregierende Praxis und damit den Ausschluß der gB aus ihren regulären Lebens- und Lernzusammenhänge grundsätzlich zu überwinden und so die Verhältnisse zu normalisieren, kann nur eine Denktradition, wie sie bei Itard, Seguin u. a. entwickelt ist, aufgegriffen und weitergedacht werden, wie dies in der Konzeption einer allgemeinen, integrativen Pädagogik durch Feuser (→ Integration Behinderter) geschehen ist. Auf der Basis einer darin grundgelegten, entwicklungspsychologisch fundierten Individualisierung und konsequenten Binnendifferenzierung kann es so gelingen, daß alle Kinder, in Kooperation miteinander, bezogen auf ihr jeweiliges Entwicklungsniveau an und mit einem gemeinsamen Gegenstand spielen, lernen und arbeiten.

L.: Bach, H. (Hg.): Handbuch der Sonderpädagogik, Band 5, Pädagogik der Geistigbehinderten; Berlin, 1979. Feuser, G.: Beiträge zur G; Solms-Oberbiel, 1981. Feuser, G./Bohl, G., Geistige Behinderung; in: Reichmann, E. (Hg.): Handbuch der kritischen und materialistischen Behindertenpädagogik und ihrer Nebenwissenschaften; Solms-Oberbiel, 1984, 249–260.

Georg Feuser, Heike Meyer

## Geistigbehindertenschulen

Der erst 1962 mit der Albert-Griesinger-Schule in Hessen beginnende Auf- und Ausbau von G als zuletzt eingeführter Sonderschultyp markiert eine Etappe in der Durchsetzung des Grundrechts auf → Erziehung und → Bildung für so bezeichnete geistigbehinderte Menschen (→ Geistig Behinderte), denen aufgrund des zugeschriebenen Dogmas der Bildungsunfähigkeit die „Selbstverwirklichung in sozialer Integration" (Empfehlungen 1977) auch weiterhin überwiegend vorenthalten wurde. Die Formulierung von Aufnahme- und damit Selektionskriterien (z. B. Fortbewegungsfähigkeit, Fähigkeit zum Kontakt mit dem Gruppenerzieher und Zusammensein mit anderen Schülern, Erreichung der Sauberkeit) als zu erfüllende Minimalleistungsfähigkeit spiegelt die auch heute noch ungebrochene Auffassung wider, daß in Erziehung und Bildung von Menschen mit geistiger → Behinderung nach Maßgabe der zu erwartenden ökonomischen Verwertbarkeit ihrer Arbeitskraft investiert wird.

Schon im Altertum und MA wird die Vorenthaltung der Fürsorgepflicht aus der sozial-ökonomischen Brauchbarkeit des Menschen für den → Staat abgeleitet; die „Untüchtigen" werden entsprechend beseitigt (Platon, Hippokrates). Die bereits 1533 von P. Jordan und Anfang des 17. Jh. von J. A. Comenius mit der ‚Didactica magna' geforderte Unterrichtung *aller* und gerade der schwachbegabten Kinder, wird erst im 19. Jh. mit der humanistisch/christlich motivierten Gründung von zunehmend unter medizinischer Leitung stehenden, privaten Anstalten für Blödsinnige (G. Guggenmoos 1816; K. Haldenwang 1835; v.a.: J. Guggenbühl 1841; K. F. Kern 1842; J. → Georgens und H. Deinhardt als Begründern der → Heilpädagogik als Sondergebiet der allgemeinen → Pädagogik u. a.), die bis Ende des 18. Jh. in → Gefängnissen, Narren-, → Arbeits- und später → Irrenhäusern untergebracht waren, durchgesetzt.

Auch die mit der → Industrialisierung eingeführte allgemeine Schulpflicht und die Ende des 19. Jh. entstehenden → Hilfsschulen führen aufgrund von Leistungsdifferenzierung nur zum weiteren Ausschluß der von Stötzner (1898) als „geistig tot" bezeichneten Blödsinnigen. Außer den Anstaltshilfsschulen entstehen ab 1910 Vorklassen, -stufen oder Vorbereitungsklassen für nichthilfsschulfähige Kinder sowie später Sammelklassen an Hilfsschulen (Fuchs), die die letzte Stufe vor Zuschreibung der Bildungsfähigkeit mit Ausschluß aus der →Schule darstellen. Die bereits 1920 von Binding und →Hoche geforderte „Freigabe der Vernichtung →lebensunwerten Lebens" wird von der Mehrheit der Hilfsschullehrer und durch die 1938 im §11 des Reichsschulpflichtgesetzes festgelegte Wiederausschulung der Bildungsunfähigen vorbereitet und aktiv umgesetzt.

Ungebrochen wird auch nach Kriegsende unter Bezug auf o. g. Gesetz den jetzt als geistigbehindert bezeichneten Kindern die Schulfähigkeit abgesprochen. Systematische Förderung wird erst 1958 mit Gründung der Elternvereinigung →„Lebenshilfe für das geistig behinderte Kind e. V." und über die mit dem BSHG (→Bundessozialhilfegesetz) 1962 eingeführte Eingliederungshilfe für „Personen, deren geistige Kräfte schwach entwickelt sind" (→Behindertenrecht) und darauf folgendem Aufbau von außerschulischen Sondereinrichtungen (→Geistigbehindertenpädagogik) gewährt. In der Folge müssen die Schulgesetze zunehmend so verändert werden, daß bislang als schulunfähig geltende Kinder in speziellen Klassen an Sonderschulen unterrichtet werden. Es entsteht die Schule für Geistigbehinderte/Praktisch Bildbare/Bildungsschwache (Sonderschule). Doch nicht einmal das dort vorgesehene reduzierte Bildungsangebot ist gesichert. Sog. Schwerstbehinderte werden weiterhin nicht aufgenommen, ausgeschult oder in der G in speziellen Klassen besondert.

Als historisch notwendige Entwicklung sind G heute mit vorliegenden Erfahrungen der gemeinsamen Erziehung und Bildung aller Kinder ohne Ausschluß auf der Grundlage einer allgemeinen, basalen, kindzentrierten Pädagogik (→Integration Behinderter) schrittweise zu erübrigen.

L.: Feuser, G.: Beiträge zur Geistigbehindertenpädagogik; Solms-Oberbiel 1981. Feuser, G./Bohl, G., Geistige Behinderung; in: E. Reichmann (Hg.): Handbuch der Behindertenpädagogik; Solms-Oberbiel, 1984, 249–269. Meyer, H., Geistigbehindertenpädagogik; in: Solarova (Hg.), Geschichte der Sonderpädagogik; Stuttgart, Berlin, Köln, Mainz, 1983, 84–119.

Georg Feuser, Anne Stein

**Geistige Mütterlichkeit**
Der Ausdruck stammt von Henriette Schrader-Breymann, der Begründerin des Pestalozzi-Fröbel-Hauses in Berlin, die ihn 1868 in einem Aufsatz „Zur Frauenfrage" gebrauchte. Der Verwendungszusammenhang steht in der Tradition der sog. „vergleichenden Geschlechterpsychologie", mit der v. a. Männer mit hohem begrifflichen Aufwand zu beweisen suchten, daß die Fähigkeiten der Frauen – ihr „Geschlechtscharakter" – „von Natur" aus auf die Privatsphäre von Haushalt und →Familie angelegt seien, während dem „Geschlechtscharakter" des Mannes die Sphäre des Öffentlichen entspreche.

G war ein wichtiger strategischer Begriff in der gemäßigten bürgerlichen →Frauenbewegung zur Politisierung von →Familie und Privatsphäre sowie zur Herstellung einer Frauenöffentlichkeit. Er hatte bis in die Zeit der Weimarer Republik hinein programmatische Kraft, wurde aber dann von den Nationalsozialistinnen und -sozialisten funktionalisiert und pervertiert. Der Leitgedanke, der in dem Ausdruck G steckt, zielte auf die Überwindung der einseitigen patriarchalischen Funktionalisierung der Frau für (physische) Mutterschaft und Haushalt. (Geistige) Mütterlichkeit als geschlechtsspezifische Fähigkeit der Frau dürfe nicht auf die engen Grenzen von Haushalt und Familie beschränkt bleiben, sondern benötige zu ihrer vollen Entfaltung ebenso den weiteren gesellschaftlichen Raum. Dieser wiederum sei – so die Programmatik – in Zukunft mehr und mehr auf das Wirksamwerden von G angewiesen.

An dieser Stelle deuten sich die Konturen einer eigenen gesellschaftspolitischen Konzeption an: G steht für Menschlichkeit gegen die Herrschaft der Technik und des kalten Nutzendenkens, für →Ganzheitlichkeit gegen zweckrationale Zerstückelung, für (Frauen-)Öffentlichkeit und Solidarität gegen familiale Isolierung und Einsperrung. G steht aber nicht zuletzt auch für eine gleichberechtigte weibliche →Identität, die ihren eigenen Beitrag zur gesellschaftlich-kulturellen Höherentwicklung („Kulturaufgabe des Weibes") leisten könne – eines Beitrags, zu dem die Männer prinzipiell nicht in der Lage seien. Diese gesellschaftspolitischen Konturen und viele der damit verbundenen Fragen lassen sich in der Programmatik und den Diskussionen auch der heutigen Frauenbewegung aufweisen.

Als Betätigungsfeld und Aktionsraum boten sich für die →Vereine und Organisationen der alten Frauenbewegung v. a. die konkreten Erscheinungsweisen der „sozialen Frage" an, insb. also die Bereiche der Kinder-, Jugend-, Armen- und Krankenfürsorge. Die vereinsförmig organisierte G hat hier im Rahmen der bürgerlichen Frauenbewegung einen wichtigen Beitrag geleistet, der sie gleichrangig neben die Vereinswohltätigkeit anderer Trägerfraktionen – etwa der Inneren Mission (→Diakonisches Werk) – stellt. In unmittelbarer Beziehung dazu stehen die Forderungen und Aktivitäten der bürgerlichen Frauenbewegung im Hinblick auf die Reform und den Ausbau der Mädchenbildung und des Mädchenschulwesens (→Organisierte Mütterlichkeit).

Die heutige theoretische Bestimmung der →Sozialarbeit als Reproduktionsarbeit läßt sich in diesen Zusammenhängen historisch-empirisch herleiten: G, „erweiterte Mütterlichkeit" oder „organisierte Mütterlichkeit" richteten sich auf die Reproduktionsdefizite v. a. der Unterschichthaushalte. Sowohl früher wie auch in der heutigen historischen Reflexion ist das Konzept der G nicht unumstritten. Die Kritik versucht, den konservativen Charakter dieses Konzeptes herauszustellen und auch die G letztlich als männliche Rollenansinnung zu entlarven. Eine historisch aufgeklärtere und differenziertere Sichtweise erkennt in diesem Konzept einen Versuch zur Lösung einer zentralen Frage moderner Frauenbewegungen – der doppelten Frage nämlich, wie feministische Leitbilder (→Feminismus) einerseits hinreichend offen formuliert werden können, um traditionelle Rollenmuster auch tatsächlich überschreiten und überwinden zu können, wie sie aber andererseits auch genügend konkret gehalten werden können, um weibliche Identitätsbildung in jeweils spezifischen historischen Situationen zu ermöglichen.

L.: Peters, D.: Mütterlichkeit im Kaiserreich. Die bürgerliche Frauenbewegung und der soziale Beruf der Frau; Bielefeld, 1984. Sachße, Chr.: Mütterlichkeit als Beruf. Sozialarbeit, Sozialreform und Frauenbewegung 1871–1929; Frankfurt/M., 1986. Stoehr, I., „Organisierte Mütterlichkeit". Zur Politik der deutschen Frauenbewegung um 1900; in: Hausen, K. (Hg.): Frauen suchen ihre Geschichte. Historische Studien zum 19. und 20. Jahrhundert; München, 1983, 221–249.

Jürgen Reyer

## Geldleistungen

G sind eine Form der Sozialhilfe (→Bundessozialhilfegesetz) neben der persönlichen Hilfe (→Soziale Dienstleistung) und der →Sachleistung. Eine G liegt dann vor, wenn dem Hilfeempfänger oder demjenigen, der den Hilfeempfänger betreut, als Hilfe ein Geldbetrag ausgezahlt wird. G können in besonderen Fällen auch in Form eines Darlehens gewährt werden. Nach dem SGB I (§ 47) sollen G, sofern nicht ausdrücklich etwas anderes bestimmt ist, kostenfrei auf das Konto des Empfängers bei einem Geldinstitut überwiesen oder, wenn der Empfänger es verlangt, kostenfrei an seinen Wohnsitz übermittelt werden.

Manfred Fuchs

**Gemeindenahe Psychiatrie**
→ Sozialpsychiatrie

**Gemeindeordnungen**
→ Kommunalpolitik 1

**Gemeindepflegestation**
⇒ Sozialstation

**Gemeindepsychiatrie**
→ Sozialpsychiatrie

**Gemeindepsychologie**
G geht auf die Partizipation kritischer Psychologinnen aus dem klinisch-psychologischen Umfeld an den Reformbewegungen der 60er und 70er Jahre zurück. G entstand aus einer Kritik an der herkömmlichen psychologischen Praxis mit ihrem individualisierenden Zugang auf psychosoziale Probleme und an ihrer Mittelschichtorientierung. Aus dieser Kritik entwickelten sich u. a. in den USA, GB, den Niederlanden und der BR gemeindeorientierte Reformansätze. Gemeinde umfaßt im hier gemeinten Sinn die materiellen, ökologischen, sozialen und psychischen Umgebungsbedingungen eines Subjekts, seine alltäglichen Lebensbedingungen und die subjektive Wahrnehmung seiner Lebenswelt. G fragt nach materiellen, sozialen und psychischen Ressourcen von Personen und Kontexten, die wahrzunehmen, zu fördern oder zu schaffen sind. Psychische Probleme werden als Antworten auf psychosoziale Belastungen und als Lösungsversuche im Spannungsfeld zwischen individuellen Bedürfnissen und gesellschaftlichen Widersprüchen gesehen.

Arbeitsprinzipien und Ziele der G sind:
• Gemeindenähe: Zuständigkeit einer psychosozialen Einrichtung für einen bestimmten regionalen Bereich, zeitliche und organisatorische Erreichbarkeit, → Bürgernähe und alltagsbezogene Arbeitsformen, Bedürfnisorientierung (→ Bedürfnis), Modus des Zugehens statt der traditionellen „Komm-Struktur"; • Prävention: Wahrnehmung und Förderung von Ressourcen und Überwindung belastender sozialer Strukturen (→ Prävention); • Hilfe zur → Selbsthilfe bzw. Empowerment: Angebote, die der Übernahme von Eigenverantwortung und → Selbstorganisation förderlich sind; • Arbeit in interdisziplinären Teams, um den komplexen Alltagsbedingungen der Menschen gerecht werden zu können; • Netzwerkförderung (→ Netzwerke) als Schaffung von Gelegenheitsstrukturen für soziale Initiativen in einer durch soziale Veränderungen und soziale Freisetzungsprozesse charakterisierten Gesellschaft. Nachdem anfängliche Reformen der → psychosozialen Versorgung stark an die prosperierende Wohlfahrtsstaatlichkeit gebunden waren, werden heute örtliche Initiativen zumeist nur begrenzt im Rahmen → lokaler Sozialpolitik unterstützt (z. B. durch Selbsthilfefonds).

G stellt keine eigene psychologische Disziplin dar (→ Psychologie), sondern einen Blickwinkel, der bei der Analyse psychosozialer Probleme, beim Aufbau bestimmter Praxisformen und Forschungsmethoden und bei der Auswahl von Theorien und Handlungen zum Tragen kommt.

L.: Cramer, M./Keupp, H./Stark, W., G; in: Frey, D./Graf, K./Hoyos, D./Stahlberg, D. (Hg.): Angewandte Psychologie; München, 1988, 391–404. Keupp, H./Rerrich, D.: Psychosoziale Praxis, Ein Handbuch in Schlüsselbegriffen; München, Wien, Baltimore, 1982.

Ingrid Böhm

**Gemeiner Kasten**
⇒ Armenkasten

**Gemeinnützige und zusätzliche Arbeit**
Nach den Bestimmungen des → Bundessozialhilfegesetzes soll der Sozialhilfeträger für Hilfesuchende, die auf dem freien Markt keine → Erwerbsarbeit finden können, nach Möglichkeit selbst Arbeitsgelegenheiten schaffen (§ 19). Dies wird i. d. R. nur in der Form von G ge-

schehen können. Gemeinnützig ist eine Arbeit, wenn sie dem öffentlichen Wohl dient, d. h., wenn durch sie ausschließlich und unmittelbar die Allgemeinheit gefördert wird, und die Arbeit nicht privaten, erwerbswirtschaftlichen Zwecken dient. Es handelt sich v. a. um Arbeiten im öffentlichen Bereich, z. B. Unterhaltung von Grünanlagen und Spielplätzen oder Arbeiten bei freigemeinnützigen Vereinigungen (→ Wohlfahrtsverbände), z. B. Pflege in Altenheimen.

Nach dem BSHG kann einem Hilfesuchenden, wenn er Gelegenheit zu G erhält, statt des üblichen Arbeitsentgeltes →Hilfe zum Lebensunterhalt zuzüglich einer angemessenen Entschädigung für Mehraufwendungen gewährt werden.

L.: Deutscher Verein: G in der Sozialarbeit – Bericht über die Fachtagung des Deutschen Vereins; Frankfurt/M., 1983. Hartmann, H., G durch Sozialhilfeempfänger; in: NDV 1985, 153–159. Trenk-Hinterberger, Die Hilfe zur Arbeit nach §§ 19, 20 BSHG im Gefüge des Arbeits- und Sozialversicherungsrechts; in: NDV 1987, 405–418.

Manfred Fuchs

## Gemeinnützige Gesellschaft mit beschränkter Haftung (gGmbH)
→Gemeinnützigkeit, →Gesellschaft mit beschränkter Haftung

## Gemeinnützigkeit
I.

Gemeinnützige Körperschaften, →Vereine, →Stiftungen, aber auch Gesellschaften mit beschränkter Haftung (→GmbH), Aktiengesellschaften und →Genossenschaften, genießen eine Reihe von Steuervergünstigungen (Körperschaftssteuerbefreiung, geringeren Umsatzsteuersatz, Spendenbegünstigung). Das G-recht ist daher präziser das Recht der Steuerbegünstigung, das im Abschnitt „Steuerbegünstigte Zwecke" der Abgabenordnung (AO) geregelt wird. Die Prüfung und Überwachung, ob eine Körperschaft die Voraussetzungen der steuerbegünstigten Zwecke verfolgt, fällt daher in die Zuständigkeit der Finanzämter. Die Anforderungen an das Vorliegen der Voraussetzungen der G bzw. Steuerbegünstigung werden streng gehandhabt.

Gemeinnützige Zwecke werden nach der AO (§ 52 Abs. 1 AO) verfolgt, wenn die Tätigkeit der Körperschaft darauf gerichtet ist, die Allgemeinheit auf materiellem, geistigem oder sittlichem Gebiet sowie zu mildtätigen oder kirchlichen Zwecken (§§ 53, 54) selbstlos zu fördern. Als Förderung der Allgemeinheit werden anerkannt: die Förderung von Wissenschaft und Forschung, →Bildung und →Erziehung, Kunst und →Kultur, der Religion, der Völkerverständigung, der →Entwicklungshilfe, des Umwelt-, Landschafts- und Denkmalschutzes, des Heimatgedankens oder der →Jugendhilfe, der →Altenhilfe, des öffentlichen →Gesundheitswesen, des Wohlfahrtswesens (→Wohlfahrtsverbände), des →Sports u. ä. Die Körperschaft muß den gemeinnützigen Zweck in der Satzung verankern und diesem ausschließlich dienen und ihn selbst verwirklichen. Verfolgt eine Körperschaft neben dem steuerbegünstigten Zweck auch andere, nicht steuerbegünstigte Zwecke, ist das Gebot der Ausschließlichkeit verletzt. Mit der Förderung der Allgemeinheit und dem Grundsatz der Selbstlosigkeit dürfen keine eigenwirtschaftlichen Ziele verfolgt werden (etwa Einnahmeerzielung). Mitgliedern der gemeinnützigen Organisation dürfen keine Gewinnanteile und in ihrer Eigenschaft als Mitglied keine sonstigen Zuwendungen aus den Mitteln der Organisation gemacht werden. Das Vermögen einer als gemeinnützig anerkannten Körperschaft darf bei Auflösung oder Wegfall des gemeinnützigen Zwecks nur für steuerbegünstigte Zwecke verwendet werden, was in aller Regel durch Übertragung des Vermögens auf eine andere gemeinnützige Körperschaft erfolgt.

II.

(1) Neben den in der AO genannten „steuerbegünstigten Zwecken" gibt es im Einkommens- und Körperschafts-

steuerrecht sowie im Erbschaft- und Schenkungsteuerrecht weitere Zwecke, die wie die „steuerbegünstigten Zwecke" auf der Einnahmen- oder – meistens – auf der Ausgabenseite zu gewissen vorteilhaften Wirkungen für den Steuerzahler oder die solche Zwecke verfolgenden Organisationen führen. Auf dem – rechtlich umstrittenen – Verordnungswege (EStR Ziff. 111) werden schließlich „ausnahmsweise" Zuwendungen an solche Organisationen steuerlich begünstigt (sowohl beim Geber als auch beim Empfänger), die vielleicht öffentliche Zwecke, aber keine eindeutig gemeinnützigen Zwecke verfolgen. Und im Rahmen des Steuerreformgesetzes 1990 (Vereinsförderungsgesetz) sind nun auch eher private (z. B. vereinsmäßig betriebene Hobbies) oder gesellschaftliche Zwecke (z. B. Brauchtumspflege in Vereinen) als – beschränkt – steuerbegünstigt anerkannt worden. Damit hat die → Ordnungspolitik im Steuerrecht vollends abgedankt, hat politischem Druck aus ‚der → Gesellschaft' nachgegeben und die res publica zum Spielball unterschiedlichster Interessen werden lassen.

In diesem Zusammenhang ist jedoch auch darauf hinzuweisen, daß die in den verschiedenen Rechtskreisen jeweils gebrauchten Begriffe in sich nicht stimmig sind. So versteht das Steuerrecht beispielsweise unter „kirchlichen Zwecken" etwas anderes (engeres, d. h. kultisches) als das Zivilrecht oder das öffentliche Recht. Das Steuerrecht definiert anderweitig an sich eindeutige Begriffe gelegentlich deutlich enger; das deshalb, um die Besteuerungsgrundlage bei den Privaten nicht auszuhöhlen.

(2) Das Gemeinnützigkeitsrecht ist, über seinen steuerrechtlichen Inhalt hinaus, Teil staatlicher Ordnungspolitik. Es handelt sich, je nach Breite und Tiefe des Begünstigungsrahmens, um → Sozial-, Kultur-, Wissenschafts-, Sportpolitik usw. Streng genommen kann es sich daher bei den Inhalten von ‚G' nur um ‚öffentliche Zwecke' handeln, die eine Nähe zu den ‚staatlichen Aufgaben' des Grundgesetzes und zu den ‚öffentlichen Interessen' des BGB haben. – Natürlich können die steuerbegünstigten (gemeinnützigen) Zwecke nicht die ganze Bandbreite staatlicher Aufgaben abdecken. Dort wo der → Staat hoheitlich handelt, d. h. sein Machtmonopol zur Wahrnehmung gesetzlicher Aufgaben einsetzt, endet das Mandat für gemeinnütziges Tätigwerden der Bürger und ihrer Organisationen. Allerdings gibt es hier eine gewisse Bandbreite, eher restriktive oder doch großzügige Regelungen, d. h. Begünstigungen, zu gewähren. Zudem wachsen aus Gesellschaft und Staat immer wieder neue Aufgaben als solche von öffentlichem Interesse zu, während bestehende heutzutage kaum noch obsolet werden (so bspw. doch geschehen mit dem Auslaufen des Wohnungsgemeinnützigkeitsgesetzes/WGG zum 31.12.1989, wodurch das Gut ‚Wohnung' in seiner Gänze zu einem Marktgut wurde; → Wohnungsfrage).

(3) Nach der ökonomischen Theorie werden unter dem Begriff ‚G' bestimmte Güter aus ‚politischen' Überlegungen vom „Markt" genommen und zu öffentlichen Gütern erklärt. Allerdings gelingt das nicht umfassend – was überwiegend auch gar nicht beabsichtigt ist. So existiert denn ein und dasselbe Gut (in seiner Mehrzahl) sowohl als Marktgut wie auch (minderheitlich) als Sozialgut. Ein solches öffentliches Gut ist allerdings hinsichtlich seiner ökonomischen Verwertbarkeit beschränkt; es unterliegt einer Sozialbindung. Wenn sich der Staat nicht als alleiniger Träger von bestimmten öffentlichen (langlebigen) Gütern (z. B. Kunstwerke, Wohnungen, Denkmale, Schulen etc.) gerieren will, müssen Institutionen im Recht geschaffen werden, die bei privater Führung und Finanzierung, aber unter Aufsicht des Staates diese Funktion erfüllen (Entprivatisierung). Der Ökonom sieht in ihnen Dienstleistungseinheiten, d. h. Einzelwirtschaften im tertiären Sektor. Sie müssen, anders als die Institutionen des Wirtschaftsverkehrs, von ihrer raison d'être her eher auf lange Dauer und in-

nere Stabilität angelegt sein. Gläubigerschutz-Aspekte und sonstige Vorkehrungen bezüglich des Im-Risiko-des-Marktes-Stehens spielen bei ihnen keine Rolle. An den in ihnen versammelten Werten darf kein privates Eigentum erworben werden. Als solche Not-for-Profit-Institutionen (→ Nonprofit Organisationen) hält das dt. Recht traditionellerweise den Idealverein (der aber auch rein privaten Anliegen dienen kann, den → Verein und die → Stiftung vor. Ihre von Vertragsjuristen ausgebaute große Flexibilität hat in den letzten zwei Jahrzehnten die ursprünglich für den überschaubaren, finanziell beschränkteren Handelsverkehr entwickelte GmbH (in der Form der gGmbH – „g" für gemeinnützig) hinzutreten lassen. – Auf staatlicher Seite müssen übrigens vergleichbare Institutionen im Recht geschaffen werden, um die anstehenden Aufgaben der Kulturpflege, → Sozialarbeit, Wissenschaft und Forschung etc. abgesondert vom Hoheits- und sonstigen (zuteilenden, steuernden und interventionistischen) Verwaltungsbereich kompetent und in relativer Autonomie zu bewältigen.

‚G' zielt also primär als öffentliches → Steuerungsinstrument auf Verhaltensänderungen beim Menschen. Mit seiner Hilfe sollen bestimmte, gesellschaftlich und staatlich erwünschte Handlungen (überwiegend in der Form von materiellen Transfers) ökonomisch rechenbar gemacht werden (z. B. durch Anreize zum → Spenden und Stiften). Zur Abrundung bedarf es dann insb. in Gesellschaften vom Typ der demokratisch verfaßten, pluralistischen und offenen Industrie- oder Post-Industrie-Gesellschaft auch einer entwickelten und differenzierten institutionellen Komponente, um dieses andere Verhalten immer wieder neu einzuüben. Bei dem ‚anderen Verhalten' handelt es sich um extra-ökonomische Antriebe, wie z. B. das Prinzip der Entsagung oder des Teilens materiellen Reichtums, der sozialen und → politischen Gerechtigkeit, der → Partizipation, der Brüderlichkeit und Mitmenschlichkeit. Sie alle tragen nicht unerheblich zur Sicherung des inneren Friedens in Gesellschaft und Staat bei.

(4) Nach modernem Staatsverständnis gibt es heute kein Primat ‚der Gesellschaft' mehr. Der Staat des GG z. B. versteht sich nicht nur als ein demokratischer → Rechtsstaat, sondern auch als ein → Sozial- und Kulturstaat. Er ist damit Leistungs- und Interventionsstaat und sticht – schon kraft Organisationsgewalt und Finanzausstattung – die einzelnen Bürger bei deren freier Entfaltung ihrer → Persönlichkeit sowie das Leistungspotential der von diesen gebildeten Vereine und Gesellschaften aus. Der Staat ist – theoretisch – mehr denn je erster Vertreter des Gemeinwohls, Schiedsrichter im ökonomischen oder anderweitigen Streit der unterschiedlichsten Interessen in ‚der Gesellschaft': parens patriae. In dieser Eigenschaft bestimmt er, wieviel Konkurrenz um die Erfüllung öffentlicher Aufgaben durch Private er zuläßt und durch steuerliche Privilegien oder andere Subventionen fördert. Es handelt sich hierbei zwar um eine Umkehr des Bildes vom Primat der Gesellschaft, in der jeder seines Glückes Schmied ist, und die nach dem → Subsidiaritätsprinzip nur solche Aufgaben an übergeordnete Instanzen abtritt, die sie, aus welchen Gründen auch immer, nicht zufriedenstellend bewältigen kann. Das Hineinwandern gesellschaftlicher Gruppierungen mit ihren Spezialinteressen in den modernen (Leistungs-)Staat hat weitgehend dazu geführt, daß ‚die Gesellschaft' von diesem Weltbild, wenn es denn je Wirklichkeit war, Abstand genommen hat. Vielfältig ist heute zu beobachten, daß organisierte Interessengruppen sich den Staat dienstbar machen und die Ausbeutung anderer über seine Umverteilungsmaschinerie zu betreiben versuchen. Der →,Dritte Sektor' (USA: Independent Sector; GB: Voluntary Sector) der G und Freiwilligkeit, des Teilens und der Mitmenschlichkeit erscheint dagegen so etwas wie zum Aussterben verurteiltes Relikt aus vergangenen Tagen. Interessanterweise ist

er das nicht. In vielen Ländern ist wachsendes Interesse am Prinzip ‚der G' zu beobachten. Allenthalben sind Reformbemühungen, d.h. Maßnahmen zur Stimulierung dieses Sektors zu verzeichnen.

(5) Mit dem – ausdifferenzierten – G-recht betreibt der moderne Staat eine neue Form von Ordnungspolitik. Es geht nicht mehr nur um Ver- und Gebote, die in offenen und pluralistischen Systemen nur noch unzureichend auf ihre Einhaltung hin zu kontrollieren sind, sondern um subtilere Mittel der Steuerung vornehmlich ökonomischen Verhaltens, der Erzeugung des Konsenses der Bürger mit ‚ihrem' politischen und gesellschaftlichen System. Dazu gehören in jüngster Zeit weltweit Steuersenkungen ebenso wie Instrumente zur ‚Verführung' der Wirtschaftsbürger zum erwünschten ökonomischen Verhalten (durch Subventionen oder Steuererleichterungen). Die Abzugsmöglichkeiten für Spenden und für die Hergabe von Vermögen zur Erstausstattung einer Stiftung sowie für spätere Zustiftungen gehören zu letzterer Kategorie. Freiwillige, persönlich erbrachte Dienstleistungen (→ Freiwilligenarbeit) werden dagegen kaum steuerlich ‚belohnt', wohl mangels ausreichender Kontrollmechanismen. Sie müssen erst in Zahlungsströme umgewandelt werden, um ein vergleichbares ökonomisches Ergebnis zu bewirken (Dienstleistung gegen Entgelt, auf das dann gegen Spendenbescheinigung zugunsten der gemeinnützigen Organisation verzichtet wird).

(6) Dabei sind einer beliebigen Ausweitung eines solchen Instrumentariums der ‚Verführung' allerdings Schranken durch die jeweilige Mentalität einer Bevölkerung gesetzt; es ist dies letztlich eine Frage der Wertschätzung privater oder öffentlicher Tugenden in ‚der Gesellschaft'. Werden im Erziehungssystem, aber auch im öffentlichen Leben solche Werte geschätzt, die den einzelnen in Verantwortung für das gesellschaftliche Ganze stellen und er/sie sich

dieser Aufgaben auch nicht entzieht, ja – sie sogar sucht, so geht damit auf staatlicher Seite parallel ein großzügig ausgestaltetes System der G einher. Dieses Vorverständnis trennt die angelsächsische (charity-)Welt von der kontinentaleuropäischen Welt der G oder d'utilité publique. Dort ist ‚charity' immer noch zuerst eine Veranstaltung der Gesellschaft, hier mehr eine des Staates. Und in der Tat stammt – nicht nur in Dt. – die Idee des Gemeinnutzes aus der Welt der Staatsphilosophie und des Staatsrechts, haftet ihr also etwas Obrigkeitsstaatliches an. Es bedarf also noch etlicher Überzeugungsarbeit sowie der Erziehung dahin, daß ‚mündige Bürger' aus eigenem Antrieb in ‚der G' eine Ausdrucksform ihrer Selbstverwirklichung sehen.

L.: Märkle, R. W.: Der Verein im Zivil- und Steuerrecht; Hannover, 1987. Rader, J.: ABC der G; Herne/Berlin, 1987.
Torsten Eichler (I.), Klaus Neuhoff (II.)

### Gemeinschaft

Der Begriff „G" kennzeichnet eine Form sozialer Verbundenheit, die durch affektive und solidarische Beziehungen und Bindungen der Mitglieder gekennzeichnet ist, die sich wechselseitig nach persönlichen Qualitäten und Sympathien bewerten. Ihr Zusammenhalt beruht auf dem Engagement der ganzen Person, nicht auf spezifisch ausdifferenzierten Rollen. Entscheidend ist das *Gefühl* der Zusammengehörigkeit, der *Erlebnischarakter* dieser Art Verbundenheit (→ Emotionen). Ein Definitionsmerkmal von G – und damit auch ein Unterscheidungskriterium gegenüber der → Gruppe – ist die Qualität des quasi-natürlich Gewachsenen.

Regine Gildemeister

### Gemeinschaftssozialrecht

= Sozialrecht der EG; → Internationales Sozialrecht IV

### Gemeinwesenarbeit (GWA)

Der GWA-Begriff ist vieldeutig und wird in vielfacher Hinsicht verwendet. Nach dem 2. Weltkrieg wurde er in der

## Gemeinwesenarbeit (GWA)

BR synonym mit „Gemeinschaftsplanung", „Organisation der Wohlfahrtsarbeit im Gemeinwesen" etc. verwendet. Inzwischen hat er sich weitgehend durchgesetzt, ohne allerdings seine Mehrdeutigkeit verloren zu haben. Er wird hier zunächst als eine *professionelle* Arbeitsform (im Unterschied zu → Bürgerinitiativen etc.) definiert, die sich auf ein Gemeinwesen (Stadtteil, Institution etc.) richtet. Um zu einer präziseren Bestimmung zu kommen, ist es erforderlich, die Geschichte der GWA in Dt. nachzuzeichnen.

*I. Zur Geschichte der GWA.* In Dt. kann sich die GWA auf die Traditionslinien der Settlementarbeit (→ Nachbarschaftsheim) berufen. In England überschritten junge Akademiker und Studenten die Grenzen der Universität, zunächst aus humanitären und religiösen Motiven und beeindruckt von den gesellschaftlichen Verhältnissen ihrer Zeit. 1867 zog Edward Dennison in ein Armenviertel Ost-Londons, 1875 folgte Arnold Toynbee. 1884 wurden die ersten Settlements, Toynbee Hall und Oxford House, gegründet. Die Settler trafen auf die von der → Industrialisierung ausgelöste soziale Situation in den Arbeiterquartieren: Die Arbeitszeit betrug damals 10 Stunden bei Männern, Frauen und Kindern. Die Lohnhöhe deckte knapp die Existenzgrundlage ab. Wohn-, Gesundheits- und Bildungswesen waren total unterentwickelt.

Die Settler hatten erkannt, daß sozialpolitische und bildungspolitische Unterprivilegierung einander bedingten. Sie lehnten → Almosen ab, ebenso jede Bevormundung, jeden Klassendünkel. Sie wollten die Hilfebedürftigen durch → Bildung, Organisation und Gemeinschaftsarbeit erziehen, ihnen Wege zur → Selbsthilfe weisen und Verständnis zwischen Besitzenden und Besitzlosen wecken. Dem englischen Vorbild folgend, gründete Stanton Coit, Universitätsdozent, 1886 eine entsprechende Einrichtung in New York. Hull-House in Chicago, South-End-House in Boston und viele andere folgten.

1901 wurde unter direktem Einfluß der Settlementbewegung von Walter Claasen das Volksheim Hamburg gegründet, das eine für die → Nachbarschaftsheimbewegung eher untypische Entwicklung nahm; es orientierte sich (auch noch in der Nachkriegszeit) an sozialistischen Positionen. – 1911 zog der Theologe und ehemalige Pfarrer an der Hofkirche in Potsdam, Siegmund-Schultze, mit seiner Familie und wenigen Freunden in den Berliner Osten, wo die Arbeiter wohnten. Zu seinen Beweggründen sagte er: „Die innere Zerrissenheit unseres Volkes ließ uns keine Ruhe, daß wir in dem großen Krieg zwischen Arbeiterbevölkerung und sogenannten herrschenden Klassen ohne unser Zutun Partei waren, ja daß wir gegen unseren Willen und den des Evangeliums auf die Seite der Reichen gegen die Armen gestoßen wurden, war für uns unerträglich. Bedeutete die Kluft zwischen Arbeitern und Gebildeten zugleich eine Abschneidung der Arbeiterschaft von allen Quellen der Kraft, die uns durch die Erfahrungen unsers Lebens bekannt waren ... Erst wenn zwischen ihnen und uns wieder eine soziale Arbeitsgemeinschaft gegründet ist, wird ihnen ein Zugang zu dem inneren Leben des deutschen Volkes geöffnet sein."

Die Idee der Klassenversöhnung, die der Initiative Siegmund-Schultzes zugrunde lag, zeigte sich auch in der Satzung der von ihm gegründeten „Sozialen Arbeitsgemeinschaft Berlin Ost" (SAG). Dort heißt es im §2, die SAG strebe an, „persönliche Freundschaft zwischen Angehörigen der verschiedenen Volksklassen zu fördern und auf Grund der großen, allen Volksangehörigen gemeinsamen Aufgabe für das Volksganze, für wahrhaftigen Frieden zwischen den verschiedenen Volksklassen, politischen Parteien und religiösen Bekenntnissen zu wirken".

Die Settler der SAG planten zu diesem Zweck: Kinder- und Jugendarbeit;

## Gemeinwesenarbeit (GWA)

Gründung eines Ferienvereins; ein Kaffeehaus, um der Trunksucht von Jugendlichen und Erwachsenen entgegenzuwirken; Bildungs- und Kulturveranstaltungen; Untersuchungsarbeit in sozialpolitischer Absicht. Tatsächlich wurden nach der Gründung folgende Arbeiten aufgenommen: Knabenclubs, →Jugendgerichtshilfe, Männerabende und →Rechtsberatung. Hinzu kam bald die „Kaffeeklappe", den heutigen Teestuben vergleichbar. Nach 1920 entstanden weitere Arbeitsgemeinschaften und Volksheime in allen Teilen Deutschlands, die sich 1925 zur „Deutschen Vereinigung der Nachbarschaftssiedlungen" zusammenschlossen.

Die – auch in den Satzungen der SAG festgeschriebenen – Merkmale der Arbeit der Settler zeigen deutlich, daß man mit gutem Recht von Vorläufern der GWA sprechen kann: konsequente Quartiersorientierung; Errichtung von Gemeinwesenzentren (Volkshäusern); Aktivierung der →Nachbarschaft; Versuch einer theoretischen Klärung ihrer stadtteilorientierten Arbeit. Die SAG sucht, „gemeinsam mit der Nachbarschaft, die Ursachen der geistigen und wirtschaftlichen Not festzustellen und nach Möglichkeit an ihrer Beseitigung mitzuwirken" (Satzung 1928, zit. nach Grünberg 1990, 329).

Die Geschichte der GWA in der BR ist eng gekoppelt an die Sozial- und Wirtschaftsgeschichte. Die erste Phase der GWA-Entwicklung bis Mitte der 60er Jahre war wesentlich geprägt vom „Wirtschaftswunder". Es war die Phase des Umbruchs von der Ehrenamtlichkeit (→Ehrenamt) der unmittelbaren Nachkriegszeit zur →Professionalisierung. In den Zusammenhang dieser Verberuflichungstendenzen gehört auch die GWA. Der erste Titel zur GWA erschien in einer Soziologenzeitschrift 1951 und war ein Bericht über amerikanische Methoden der Gemeinschaftshilfe. GWA war Import aus den USA und den Niederlanden. Importeure waren die Lehrenden der Schulen für Sozialarbeit. Sie brachten GWA-Kenntnisse im Rahmen des Re-education-Programmes der Alliierten (→Umerziehung) von ihren Studienreisen mit. Mit der Adaption der GWA aus den Niederlanden und den USA wurde auch ein harmonistisches Gesellschaftsverständnis übernommen, das Widersprüche und gesellschaftliche Konflikte weitgehend ausklammerte. GWA hatte die Aufgabe, noch nicht erkannte Defizite des Gemeinwesens ins Bewußtsein zu bringen und zu beheben. Dafür sollten die Hilfsquellen des Gemeinwesens erschlossen werden. Praktische Projekte aus dieser Zeit sind nicht/ kaum bekannt.

Ausgelöst durch die Krisenerscheinungen 1966 kann für die 2. Hälfte der 60er Jahre eine plötzlich ansteigende Aktivität von praktischer GWA beobachtet werden. Drei Gründe sind dafür maßgeblich: 1. Öffentliche und private Träger →sozialer Dienstleistungen konnten den immer größer werdenden Bedarf nicht mehr mit den bisherigen Mitteln decken; weder materiell, noch methodisch reichte das vorhandene Instrumentarium aus, der Not zu begegnen. 2. Im Zusammenhang mit der Systemkonkurrenz zur DDR, mehr aber noch wegen der wachsenden Widerstandsbereitschaft in der Bevölkerung, entstanden zusätzliche Legitimationsnotwendigkeiten in Staat und Kommunen. 3. Die Sozialarbeiter – Prellbock zwischen erhöhter Leistungsnachfrage und verstärkten Leistungsdefiziten →sozialer Dienste – verlangten nach neuen professionellen Strategien.

Zunächst waren es kirchliche und freie Träger, die in Obdachlosensiedlungen unter dem Motto „Hilfe zur Selbsthilfe" mit GWA begannen. Etwas später faßte die GWA auch in Neubausiedlungen Fuß. Die Initiative ging hier oft von Kommunalverwaltungen aus. Die Kirchen begannen GWA in Neubausiedlungen als Gemeindeaufbau oder mit einem Verständnis von gesellschaftlicher →Diakonie. Gegen Ende der 60er Jahre wurde GWA auch für Sanierungsgebiet konzipiert, nicht selten als Umsetzungsmethode für „wegsanierte" Bürger. – Methodisch waren diese Ansätze eher pragmatisch orientiert: Aktivierende Befragung und die Bildung von „Intergruppen" waren das grundlegende Instrumentarium annähernd jeden GWA-Projekts jener Zeit.

Ende der 60er/Anfang der 70er Jahre übte die →Studentenbewegung (Politisierung der Wissenschaft; Praxis- und Projektorientierung; Kinderladenbewegung etc.) wesentlichen Einfluß auf die Entwicklung der GWA aus: Gemeinwesenarbeiter begannen, sich als Berufsgruppe zu organisieren (in einer „Sektion Gemeinwesenarbeit") und die GWA als die berufspolitische Alternative zur einzelfallorientierten →Sozialarbeit zu sehen. Damit begann auch eine eigenständige dt. GWA-Rezeption und -Diskussion. Diese wurden von der Victor-Gollancz-Stiftung gebündelt und weiterentwickelt (ausführlich: Müller 1988, 123–139).

Es war die Zeit der großen Projekte, die unter Mitarbeit von Studenten entstanden und oft von ihnen initiiert wurden: Osdorfer Born in Hamburg, Märkisches Viertel in Berlin, Bockenheim in Frankfurt u. a. Das Instrumentarium der GWA wurde durch Elemente der Sozialwissenschaften (Handlungsforschung) und der studentischen Politik (Go-in; Stadtteilzeitungen etc.) erweitert. Probleme wurden in gesamtgesellschaftliche Verursachungszusammenhänge gestellt.

Im Verlauf der Rücknahme der bildungs- und sozialpolitischen Reformen seit Mitte der 70er Jahre (Ölkrise; →Berufsverbote) ist das Verschwinden vieler, v. a. der großen Projekte zu beobachten: „GWA, insbes. in ihrer aggressiven, konfliktorientierten Form, hatte die Reformpolitik der späten 60er und frühen 70er Jahre provokativ und zuverlässig begleitet. Wirtschaftskrise und nachlassende Experimentierfreude von Gemeinden und Verbänden, Berufsverbote und Einschränkungen im Sozial- und Bildungsbereich begannen nun wieder zu greifen und (vielleicht allzu rasch) eine allgemeine Mutlosigkeit zu verbreiten" (Müller 1988, 131). GWA – als Methode (vorläufig) out – habe als Struktur- und Arbeitsprinzip der Sozialarbeit überlebt.

Diese Einsicht stammt aus zwei Entwicklungen, die noch nicht abgeschlossen sind: 1. GWA als in sich geschlossenes Arbeitsfeld und als „Dritte Methode" der Sozialarbeit (→Methoden der Sozialarbeit) hat an Bedeutung erheblich verloren, sowohl in der Lehre als auch in der Praxis. Jedoch haben sich die Elemente dessen, was GWA meint (lokale Orientierung, Koordination, Vernetzung, Betroffenenaktivierung) in den Gesamtbereich der sozialen Arbeit ausgedehnt und bieten dort Ansätze für neue Orientierungen. 2. Der Einfluß der neuen →sozialen Bewegungen hat das Bewußtsein für den Lebensraum und seine Bedeutung ebenso geschärft, wie das für eine „Politik in der ersten Person". Friedens-, Umwelt-, Frauen-, Selbsthilfebewegung gaben der GWA neue Impulse.

*II. Zum gegenwärtigen Stand der GWA.* Die Entwicklung ist widersprüchlich: hier fallen GWA-Ansätze kommunalen Sparprogrammen zum Opfer, dort sind sie Ergebnisse derselben. Hier werden sie als potentielle Unruhestifter argwöhnisch beäugt, dort als Hoffnungsträger kommunaler Sozial- und Kulturpolitik begrüßt. Auch die Selbsteinschätzung von GWA-Projekten ist sehr unterschiedlich: hier verstehen sie sich als selbstbewußte Bewohnerorganisierung, dort als Produktionsstätte nützlicher Dienstleistungen, woanders als Modernisierungsschub für in Routine erstarrte Institutionen, und nicht selten als letzte Möglichkeit der Sozialarbeit, professionelles Selbstverständnis zu realisieren.

Will man eine Schneise in die ‚Unübersichtlichkeit' schlagen, dann empfiehlt es sich, GWA-Aktivitäten wie folgt zu ordnen: (a) alte und neue Stadtteilprojekte in den traditionellen Gebieten (Obdachlosenquartiere, Neubausiedlungen, Sanierungsgebiete) – aber auch zunehmend in „klassischen" Arbeiterquartieren, die sich in Richtung „Armutsviertel" bewegen, und im ländlichen Raum; (b) GWA in weiteren Feldern sozialer Arbeit (u. a. Neustrukturierung sozialer Dienste, Altenhilfe, Erziehungsberatung, Kindergarten, Jugendarbeit (→streetwork) etc.); (c) GWA in anderen gesellschaftlichen Bereichen, so in der kommunalen →soziokulturellen Arbeit, im Schulwesen (Öffnung der Schule, Nachbarschaftsschule), in der stadtteilnahen →Erwachsenenbildung, in der Gesundheitsversorgung und selbst in der kommunalen und regionalen Wirtschaftsförderung.

*III. Zur Theorieentwicklung in der GWA.*
Soweit man überhaupt von einer Theorie-Entwicklung der GWA sprechen kann, wird diese durch zwei wesentliche Trends gekennzeichnet: Entwicklung der „Dritten Methode" der Sozialarbeit zum Arbeitsprinzip GWA; Entwicklung lebensweltlicher Konzepte für die GWA. In der Literatur (Wendt 1989 u. v. a.) wird davon ausgegangen, daß sich die Auffassung eines Arbeitsprinzips GWA in der Diskussion durchgesetzt hat (obwohl dieses Konzept noch ausgefüllt und weiterentwickelt werden muß).

Der Gedanke eines Arbeitsprinzips ist nicht neu. Er tauchte bereits in den Diskussionen der GWA-Lehrgänge der Victor-Gollancz-Stiftung 1972–1974 auf: als „Ökologischer Ansatz", als Ansatz einer stadtteilbezogenen, problemorientierten, kooperativen und methodenintegrativen Form kommunaler Fürsorge. Im Weiterdenken wurde das Arbeitsprinzip ausführlicher formuliert bei Boulet/Krauss/Oelschlägel (1980). Dabei wird ‚Arbeitsprinzip' verstanden als eine Grundorientierung, Sichtweise, Herangehensweise an →soziale Probleme – wo auch immer im Bereich sozialer Berufsarbeit in einem weit verstandenen Sinn. Die Merkmale eines solchen Arbeitsprinzips – und damit hat, wer will, auch eine Definition von GWA – sind die folgenden:

1. Das Arbeitsprinzip GWA erkennt, erklärt und bearbeitet, soweit das möglich ist, die sozialen Probleme in ihrer historischen und gesellschaftlichen Dimension; zu diesem Zweck werden Theorien integriert, die aus unterschiedlichen wissenschaftlichen Disziplinen stammen (Sozialwissenschaften, Politische Ökonomie, Kritische Psychologie u. a.). Dies macht auch sorgfältige Analysen notwendig (Stadtteilgeschichte, Stadtteilanalyse, Geschichte sozialer Probleme im regionalen Kontext etc.). Damit will das Arbeitsprinzip GWA Werkzeug sein für die theoretische Klärung praktischer Zusammenhänge.

2. Das Arbeitsprinzip GWA gibt aufgrund dieser Erkenntnisse die Aufsplitterung in methodische Bereiche auf und integriert die Methoden der Sozialarbeit/Sozialpädagogik, der Sozialforschung und des politischen Handelns in Strategien professionellen Handelns in sozialen Feldern.

3. Mit seinen Analysen und Strategien bezieht sich das Arbeitsprinzip GWA auf ein „Gemeinwesen", d. h. auf den Ort (und das ist zumeist eine sozialräumliche Einheit: Quartier, Institution ...), wo Menschen samt ihren Problemen aufzufinden sind. Wesentlich ist dabei die ganzheitliche Betrachtungsweise (→Ganzheitlichkeit). Es geht um die Lebensverhältnisse, Lebensformen und -zusammenhänge der Menschen, auch so, wie diese selbst sie sehen (Lebensweltorientierung; →Lebenslage).

4. Das Arbeitsprinzip GWA sieht seinen zentralen Aspekt in der Aktivierung der Menschen in ihrer Lebenswelt. Sie sollen zu Subjekten politisch aktiven Handelns und Lernens werden und zunehmend Kontrolle über ihre Lebensverhältnisse gewinnen. Dazu sollen sie v. a. in gemeinsamen Aktionen der Problembearbeitung bis hin zum Widerstand Kompetenzerfahrungen machen.

Dieses Arbeitsprinzip enthält gleichzeitig empirische Aspekte (wie GWA ist) und normative (wie GWA sein soll). Als

Ziel gilt: „GWA muß Beiträge zur tendenziellen Aufhebung und Überwindung von Entfremdung leisten, also die Selbstbestimmung handelnder Subjekte ermöglichen. Damit ist GWA Befreiungsarbeit insofern, als sie die unmittelbaren Wünsche und Probleme der Menschen ernst nimmt, zu veränderndem Handeln unter Berücksichtigung der politisch-historischen Möglichkeiten motiviert und Einsicht in die strukturellen Bedingungen von Konflikten vermittelt" (Oelschlägel 1983, 111).

Folgerichtig hat GWA als handlungsleitendes Prinzip für soziale Arbeit: a. die Herstellung von Handlungszusammenhängen zu betreiben, innerhalb derer Menschen eine solidarische, genußreiche Lebenspraxis entwickeln und politisch handeln lernen, besonders wenn sie aufgrund ihrer Lebensbedingungen und Lebensgeschichte nur schwer dazu in der Lage sind; b. Anleitung zur Aneignung zu sein, indem eben diese Menschen lernen, die Entfremdung zu sich selbst in ihrer eigenen Geschichte aufzuarbeiten, durch schöpferische Tätigkeiten abzubauen und zu neuem Selbstbewußtsein zu gelangen. Diese allgemeinen Grundsätze müssen für die jeweilige Praxis, das jeweilige Vorhaben konkretisiert werden.

Die konzeptionelle Diskussion der GWA hat in den letzten Jahren verstärkt zu einer Integration von Lebensweltkonzepten in den GWA geführt, wobei es eine Reihe konkurrierender Ansätze gibt (Milieuarbeit; Stadtteilbezogene Soziale Arbeit; Netzwerkkonzepte). Gemeinsam ist diesen Konzepten: 1. der Versuch der Vermittlung zwischen Makro- und Mikroebene, d. h. zwischen Gesellschaft und Individuum; 2. die Abkehr von einem reinen Defizitkonzept, das ausschließlich von den Problemen der Menschen ausgeht, und die Hinwendung zu einem Ressourcenkonzept, das die Bedeutung der Lebenswelt als Horizont und Ressource für die Bewältigung der Lebensaufgaben, die sich den Menschen stellen, in den Mittelpunkt stellt; 3. die Betonung der Interpretationsleistung des handelnden Subjekts zur Erklärung und Erfassung der Lebenswelt; und damit 4. eine vorsichtige Zurückhaltung bei der Bestimmung der Aufgaben der Professionellen in der GWA.

Allerdings stehen alle diese Konzepte mehr oder weniger in der Gefahr der Entpolitisierung, soweit sie sich auf die unmittelbare Lebenswelt beschränken und die gesamtgesellschaftlichen Bedingungen, die in die Lebenswelt hineinagieren und ihren Horizont markieren, nicht in eine politische, meist kommunalpolitische Strategie mit einbeziehen.

L.: Boulet/Krauss/Oelschlägel: GWA. Eine Grundlegung; Bielefeld, 1980. Buck, Gerhard: GWA und kommunale Sozialplanung – Untersuchung zur sozialpolitischen Funktion und historischen Entwicklung eines Handlungsfeldes der Sozialarbeit; Berlin, 1982. Ebbe/Friese: Milieuarbeit. Grundlagen präventiver Sozialarbeit im lokalen Gemeinwesen; Stuttgart, 1989. Grünberg, Wolfgang (Hg.): Friedrich Siegmund-Schultze. Friedenskirche, Kaffeeklappe und die ökumenische Vision. Texte 1910–1969; München, 1990. Institut für Stadtteilbezogene Soziale Arbeit und Beratung (ISSAB): Zwischen Sozialarbeit und Selbsthilfe. Stadtteilbezogene Soziale Arbeit als Handlungsansatz in beruflicher Praxis und studentischer Ausbildung; Essen, 1989. Kraus, Hertha, Amerikanische Methoden der Gemeinschaftshilfe – Community Organization for social welfare; in: Soziale Welt 1951/2, 184–192. Müller, C. Wolfgang: Wie Helfen zum Beruf wurde. Bd. 2: Eine Methodengeschichte der Sozialarbeit 1945–1985; Weinheim, Basel, 1988. Oelschlägel, Dieter, Gemeinsenarbeit 1983 – Entwicklungen und Perspektiven angesichts der Krise; in: Soziale Arbeit 1983/3, 105–119. Wendt, Wolf Rainer: GWA. Ein Kapitel zu ihrer Entwicklung und zu ihrem gegenwärtigen Stand; in: Ebbe/Friese, 1–34.

Dieter Oelschlägel

## Gemeinwirtschaft

*1. Definition.* Im Gegensatz zu älteren – v. a. marxistischen und reformsozialistischen – Lehren versteht man heute unter G vorwiegend nicht mehr gesamtwirtschaftliche Ordnungsideen bzw. Ideen einer Sozialisierung zentraler Funktionsbereiche des Kapitalismus (wie Finanzsektor, Wohnungssektor etc.), sondern eine Einzelwirtschaftslehre und -praxis. G umfaßt i. d. S. und in Abgrenzung zur rechtlich enger spezifizierten →„Gemeinnützigkeit": (a) öffentliche Unternehmen; (b) freigemeinwirtschaftliche Unternehmen, dabei (b.a) →Genossenschaften älteren Typs sowie neuere, genossenschaftsähnliche Selbsthilfebetriebe (→Selbsthilfeökonomie), (b.b) widmungswirtschaftliche Unternehmen (die der nicht-erwerbswirtschaftlichen Deckung fremden Bedarfs dienen); (c) öffentlich gebundene Unternehmen.

*2. Wirkungs- und Funktionslehre.* G wird teleologisch aus dem „öffentlichen Interesse" abgeleitet, das nur kritizistisch – d. h. bekenntnismäßig durch Einführung und Offenlegung von Gestaltungszielen (Hypothesen über Gemeinwohlvorstellungen) – begründet werden kann, also weder ahistorisch-apriori (idealistisch) noch individualistisch-empirisch (rationalistisch durch Rekurs auf subjektive Präferenzen der Bürger). Das „öffentliche Interesse" der G wird durch die Bestimmung des „institutionellen Sinns" der Einzelwirtschaft konkretisiert. Dieser Sinn definiert sich über die Bestimmung der G als Instrument der Wirtschafts- und →Sozialpolitik (Instrumentalfunktion). Fragen der Trägerschaft und der Rechtsform sind eher von funktionaler Bedeutung hinsichtlich der Zielrealisierung. G kann z. B. (betriebswirtschaftspolitisch) dienen: der Verteilungspolitik (mittels Preis- und Tarifpolitik); der Konjunktur-, Beschäftigungs-, Strukturpolitik (mittels Investitionen, Beschaffung, Personalpolitik); der „merit wants"-Politik (mittels Angebots- und Produktpolitik) usw. Grundsätzlich dient die G aber der – politisch definierten – Bedarfsdeckung, die sich allokativ und distributiv von der Marktlogik (nicht-hinterfragte Präferenzen, gegebene Ausgangsverteilung, resultierende Allokationsstruktur) unterscheidet. I. d. S. ist umstritten, ob G Fremdkörper oder Lückenbüßer, Fundament (Infrastruktur) oder Konfliktproduzent in der Erwerbswirtschaft ist.

*3. Probleme:* (a) G unterliegt oftmals der Transformationstendenz (Sinnverlust und Funktionswandel durch Anpassungsdruck an die kapitalistische Umwelt). (b) G bedarf durchaus der externen wie auch internen demokratischen Kontrolle (Aufsicht und →Mitbestimmung) sowie des Verbraucherschutzes. Das wird man realistisch einschätzen müssen. (c) G unterliegt zunehmendem (Re-)Privatisierungsdruck. Dabei wird allerdings weitgehend von der spezifischen Bedeutung des „Dienstgedankens" der G – als Nicht-Markt-Produktion im Bereich „wohlverstandener" sozialer Präferenzen, Güter oder Leistungen – abstrahiert. Die G hat auch an Stärke verloren, da – in der Öffentlichkeit ebenso wie in Politik und Wissenschaft – die Wirtschaft bzw. die Wirtschaftswissenschaft zuwenig als sozialethisches Gebiet bzw. als „Moralwissenschaft" verstanden wird.

L.: Eichhorn, Peter (Hg.): Aufgaben öffentlicher und gemeinwirtschaftlicher Unternehmen im Wandel; Baden-Baden, 1983. Oettle, Karl (Hg.): Öffentliche Güter und öffentliche Unternehmen; Baden-Baden, 1984. Thiemeyer, T., G; in: Albers/Born/Dürr u. a., Handwörterbuch der Wirtschaftswissenschaft, Bd. 3; Stuttgart – New York/Tübingen/Göttingen – Zürich, 1981. Thiemeyer, Theo (Hg.): Öffentliche Unternehmen und ökonomische Theorie; Baden-Baden, 1987.

Frank Schulz-Nieswandt

## Generative Reproduktionsrisiken

Der Ausdruck „G" bezieht sich auf Problem- und Risikobereiche (→Risiko) der menschlichen Fortpflanzung; als Begriff im Rahmen einer Wissenschaft von der Sozialen Arbeit ist mit ihm die Frage verbunden, wie und warum Problem- und Risikobereiche der menschlichen Fortpflanzung Anteile Sozialer Arbeit auf sich gezogen haben.

Die generative Reproduktion, allgemein der bio-soziale Prozeß des Fortpflanzungsgeschehens also, ist neben der sozialisatorischen (Pflege, Aufzucht, Erziehung, Bildung), der subsistentiellen (Sicherung des psycho-physischen Lebensunterhaltes) und der sozial-kulturellen Reproduktion (Sicherung und Verbesserung des sozialen Status) ein zentraler Reproduktionsbereich für den einzelnen wie für die Gesamtgesellschaft. Nicht nur durchdringen sich in ihm individuelle und gesellschaftliche Interessen an der Fortpflanzung – in ihm stoßen sie auch konträr aufeinander; denn ein zentrales Strukturproblem der generativen Reproduktion besteht darin, daß die gesellschaftliche Reproduktion auf dem Wege der menschlichen Fortpflanzung abhängig ist vom generativen Verhalten der fortpflanzungsfähigen Frauen und Männer. Konfliktpotentiale entstehen in dem Maße, wie die individuellen Interessen an Kindern nicht deckungsgleich sind mit den gesellschaftlichen Interessen an Nachwuchs. – Risiken im generativen Bereich lassen sich systematisch nach der individuellen Seite und nach der gesellschaftlichen Seite hin unterscheiden:

Auf der individuellen Seite sind es die Problemlagen, die für die einzelnen Reproduzenten mit der Erzeugung gesellschaftlichen Nachwuchses verbunden sind. Dabei hat die bisherige Realität gezeigt, daß G v.a. Risiken für Frauen sind. Dies betrifft nicht nur die unmittelbar leibgebundenen Problem- und Gefährdungslagen, sondern hängt auch damit zusammen, daß Frauen keine uneingeschränkte generative Selbstbestimmung zugestanden wird (z. B. §-218-Problematik). Andere Risiken erwachsen daraus, daß die Interessen, Bedürfnisse und Motive, die Erwartungen und Einstellungen und schließlich die Entscheidungen und das konkrete generative Verhalten der einzelnen Menschen, sich für ein Kind zu entscheiden, auf vielfältige Weise mit den anderen Reproduktionsbereichen – Sozialisation, Subsistenz, Statuserhalt – zusammenhängen. Daraus erklärt sich z. B., daß im 19. Jh. die Menschen der modernen industriekapitalistischen Gesellschaften allmählich begannen, ihre Kinderzahl zu beschränken.

Auf der gesellschaftlichen Seite sind es die tatsächlichen oder – aufgrund bestimmter Interessen – als solche wahrgenommenen und definierten quantitativen und/oder qualitativen Problemlagen, die mit der → Bevölkerungsentwicklung verbunden gesehen werden und bevölkerungspolitische Steuerungsversuche und Interventionen hervorrufen können. Dies setzt das Vorhandensein bestimmter Institutionen voraus, deren Aufgabe es ist, die Bevölkerungsentwicklung zu beobachten und zu analysieren (z. B. Bevölkerungsstatistik, Bevölkerungswissenschaft), um sie gegebenenfalls planvollen bevölkerungspolitischen Interventionen zu unterwerfen.

Wenn sich nun die individuelle Wahrnehmung und Definition der G auf der einen Seite und die bevölkerungspolitische (und/oder -wissenschaftliche) Wahrnehmung und Definition der G auf der anderen Seite nicht decken, zeigt sich das allgemeine Problem jeglicher Bevölkerungspolitik: Es besteht darin, wie sie die individuellen Reproduzenten dazu veranlassen kann, ihr generatives Verhalten an gesamtgesellschaftlichen Reproduktionsinteressen auszurichten; denn die demographischen Entwicklungen, die als Risiko empfunden werden, können letztlich nur durch Beeinflussung des generativen Verhaltens der einzelnen Menschen gesteuert werden. So kann die Reduzierung der Kinderzahl durch eine genügend hohe Anzahl individueller Reproduzenten zu einem Geburten- und Bevölkerungsrückgang führen, was auf der gesellschaftlichen Seite als risikohafte Entwicklung wahrgenommen werden kann, wie z. B. in den industrie-kapitalistischen Ländern seit dem

Ende des 19. Jh. Das gleiche kann für den umgekehrten Fall eintreten, wenn „Kinderreichtum" zu einer Bevölkerungsexpansion führt wie in den europäischen Ländern des 18. und 19. Jh. oder in den Ländern der →Dritten Welt.

Der Komplexität des Gegenstandsbereiches entspricht es, daß er das Interesse verschiedener Wissenschaften mit ihren jeweils spezifischen Fragestellungen und Forschungsmethoden auf sich gezogen hat. Dies sind v. a. die Bevölkerungswissenschaft und -soziologie, die →Sozialgeschichte und Historische →Demographie, die →Sexualwissenschaft, diverse medizinische und biologische Teildisziplinen, wie z. B. Vererbungslehre und Humangenetik, sowie die →Frauenforschung im Rahmen der alten und neuen Frauenbewegung.

Nun stellt die Herausbildung eines wissenschaftlichen Interesses an der generativen Reproduktion nur einen, wenn auch wichtigen Aspekt im Rahmen eines umfassenden Rationalisierungsprozesses der menschlichen Fortpflanzung dar – eines Prozesses, der in seinen wesentlichen Zügen seinen Ausgang im 18. Jh. nimmt. Weitere zentrale Aspekte dieses Prozesses sind die allmähliche Lockerung der Beziehungen zwischen der Fortpflanzungsfunktion einerseits und libidinösen und erotischen Bedürfnissen andererseits, die Herausbildung der Idee der generativen Selbstbestimmung im Rahmen der alten und neuen →Frauenbewegung und die Entwicklung des Begriffs und des Instrumentariums einer sozialtechnokratischen Bevölkerungspolitik.

In historisch-systematischer Perspektive zeigt sich, daß Fürsorge und Soziale Arbeit auf vielfältige Weise auf G bezogen sind. Dabei lassen sich systematisch zwei Bezugsrichtungen unterscheiden, die sich aus der Zwiespältigkeit Sozialer Arbeit ergeben: Auf der einen Seite der Klientenbezug (Hilfe, personenbezogene Fürsorglichkeit), auf der anderen Seite die Systemfunktion Soziale Arbeit (Kontrolle, systemstabilisierende Fürsorge).

Im 18. Jh. kommen Bevölkerungspolitik und -wissenschaft auf ihren modernen Begriff. Der Ausdruck „Bevölkerung" – aktivisch als „Peuplierung" oder „Volksreichmachung" – gewinnt seinen expliziten Sinn in der Bevölkerungspolitik des absolutistischen Staates mit seiner auf Menschenmaterial angewiesenen merkantilistischen Wirtschaftspolitik. In der sog. älteren deutschen Verwaltungslehre – der →„Policeywissenschaft" – liegen die Fragen der „Armenpolicey" und der „Bevölkerungspolicey" eng beieinander. Im 19. Jh. wird die Diskussion um die Massenarmut (→„Pauperismus") und die „sociale Frage" ganz im Zeichen von Übervölkerungstheorien geführt. Besonders einflußreich war die ökonomische Bevölkerungstheorie des Engländers Thomas Robert Malthus (1766–1834). Ihr zufolge waren die Armen an ihrer →Armut selbst schuld, da sie im Verhältnis zu ihren Reproduktionsmöglichkeiten zu viele Kinder in die Welt setzten. Armenfürsorge sollte nur restriktiv gewährt werden, um die Armen nicht zur „Vielkinderei" anzureizen. In Dt. wird mit vielfältigen Heiratsbeschränkungen bis in die 2. Hälfte des 19. Jh. hinein versucht, arme Menschen von der generativen Reproduktion auszuschließen, um so die Armenkassen zu entlasten. Eine der Folgen war eine weit überdurchschnittliche Rate an unehelichen Kindern und „wilden Ehen". Die Heiratsbeschränkungen stellen einen frühen Versuch dar, Armut auf der biologisch-generativen Ebene mit bevölkerungspolitischen Mitteln zu bekämpfen.

Als geburtenfördernder Steuerungsversuch des Staates entsteht mit dem Geburtenrückgang gegen Ende des 19. Jh. eine Schwangeren-, Wöchnerinnen- und Säuglingsfürsorge mit versicherungsförmiger und (subsidiär) fürsorgeförmiger Absicherung („Wochenhilfe", „Familienwochenhilfe", „Wochenfürsorge", „Stillgeld"). Auch andere Bestimmungen und Regelungen können in diesem Zusammenhang gesehen werden, so die strafrechtliche Handhabung des Schwangerschaftsabbruches nach § 218 des Reichsstrafgesetzbuches oder die Übertragung von Fürsorgeaufgaben für Mutter und Kind an das →Jugendamt nach dem Reichsjugendwohlfahrtsgesetz von 1922.

Der in den bürgerlichen Schichten früher, in den Arbeiterschichten später einsetzende Geburtenrückgang wird aus der bevölkerungspolitischen Perspektive des Staates und verwandter Interessengruppen als →„Gebärstreik" interpretiert. Dies geschah nicht zuletzt mit Blick auf die Aktivitäten neomalthusianischer Vereinigungen, welche die Geburtenkontrolle und -beschränkung propagierten und Aufklärung über empfängnisverhütende Methoden betrieben. In Dt. war dies v.a. der 1905 gegründete →„Bund für Mutterschutz und Sexualreform", der zahlreiche Ehe- und Sexualberatungsstellen unterhielt.

Neben den quantitativ ausgerichteten pronatalistischen Steuerungsversuchen setzten Ende des 19. Jh. im Gefolge des Sozialdarwinismus (→Biologismus) auch qualitativ ausgerichtete Steuerungsversuche in Gestalt einer eugenischen bzw. rassenhygienischen Bevölkerungspolitik ein. Nicht die Vermehrung aller Bevölkerungsschichten war das Ziel, sondern nur jener Schichten, die von ihrer Erbausstattung her als besonders hochwertig galten (z. B. die Beamten oder solche, die im Wirtschafts- und Arbeitsprozeß erfolgreich waren; sog. „positive →Eugenik/Rassenhygiene"); andererseits wurde angenommen, daß zu den sozialen Randschichten hin die Erbausstattung immer „minderwertiger" und „lebensunwerter" werde (→lebensunwertes Leben). Diese Schichten sollten von der Fortpflanzung ausgeschlossen werden durch eugenische Eheberatung, Austausch von Heiratszeugnissen, Asylierung und freiwillige oder zwangsweise Sterilisierung aus eugenischer Indikation (sog. „negative Eugenik/Rassenhygiene"). Neben den Heiratsbeschränkungen im 19. Jh. ist dies ein weiterer Versuch, Armut und soziale Mißstände biologistisch zu erklären und auf der generativen Ebene zu lösen. Er endete in der nationalsozialistischen Terrorherrschaft mit Zwangssterilisierung, Züchtungsprogrammen (→„Lebensborn e. V.") und →Euthanasie.

Auch gegenwärtig ist die Soziale Arbeit in das Spannungsfeld von individuellen und gesellschaftlichen Reproduktionsrisiken eingebunden. So im Hinblick auf den Geburten- und Bevölkerungsrückgang und die damit verbundenen Verschiebungen im Bevölkerungsaufbau oder im Hinblick auf die Ehe- und Sexualberatung von →„Pro Familia – Deutsche Gesellschaft für Sexualberatung und Familienplanung e.V."; schließlich zeichnen sich auf dem Gebiete der →Reproduktionsmedizin und Humangenetik (→Humangenetische Beratungsstellen) Entwicklungen ab, die wiederum zu einer biologistischen Definition sozialer Mißstände und Probleme hinführen können.

L.: Beck-Gernsheim, Elisabeth: Vom Geburtenrückgang zur Neuen Mütterlichkeit? Über private und politische Interessen am Kind; Frankfurt/Main, 1984. Der Kinderwunsch in der modernen Industriegesellschaft. Dokumentation von der Jahrestagung 1979 der Deutschen Gesellschaft für Bevölkerungswissenschaft e.V., Schriftenreihe des Bundesministers für Jugend, Familie und Gesundheit, Bd. 81; Stuttgart, Berlin, Köln, Mainz, 1980. Urdze/Rerrich: Frauenalltag und Kinderwunsch. Motive von Müttern für oder gegen ein zweites Kind; Frankfurt/Main, New York, 1981.

Jürgen Reyer

**Genetik**
→Eugenik

**Genforschung**
G ist ein Bestandteil der Biotechnologieforschung. Neueste Erkenntnisse und Methoden der Physik, Chemie, Biologie

und Mikroelektronik beeinflussen die G. Als Grundlagenforschung liefert sie Kenntnisse über Vererbungsvorgänge, insb. zur Aufklärung über das Genom als Gesamtheit aller Erbanlagen des Menschen.

1952/53, ca. 100 Jahre nach der Vererbungslehre von Gregor Mendel, entdeckten amerik. Wissenschaftler, Crick und Watson, die Struktur der Erbanlage. Ende der 70er Jahre waren gentechnische Forschungsergebnisse im medizinischen Bereich anwendungsreif. Ein europäisches Forschungsprogramm soll die Aufklärung der menschlichen Erbanlagen vorantreiben, analog zu Forschungsprogrammen der USA und Japan. Schwerpunkte der G liegen: im medizinischen Bereich in der Erforschung und Entwicklung von Medikamenten und Impfstoffen; im landwirtschaftlichen Bereich in der Erforschung und Entwicklung von Nutzpflanzen mit anderen Eigenschaften; im Umweltbereich in der Erforschung und Entwicklung von Bakterien, die Umweltgifte abbauen sollen; im militärischen Bereich in der Erforschung und Entwicklung von biologischen Waffen und Impfstoffen.

Von 1978 bis 1986 registrierte die Zentrale Kommission für Biologische Sicherheit, zuständig für Sicherheitsfragen in der →Gentechnologie, 1271 gentechnische Forschungsvorhaben. Sie wurden an 85 wissenschaftlichen Einrichtungen durchgeführt.

Der Bereich der Grundlagenforschung erfordert große finanzielle Aufwendungen, die in der BR großteils von staatlichen Institutionen aufgebracht werden. Die staatliche Förderung setzte Anfang der 70er Jahre ein. Daneben sind in der BR z. Z. u. a. die Firmen Bayer AG, Boehringer Mannheim, Hoechst, Merck und BASF AG an gentechnologischen Forschungen und Entwicklungen führend beteiligt. Tragende Säulen der Forschungsstrukturen sind: (1.) die Großforschungseinrichtungen, (2.) die Genzentren, (3.) themenbezogene Verbundforschung an Universitäten und Max-Planck-Instituten.

1. Die staatlichen Großforschungseinrichtungen, gegründet 1972, konzentrieren gewaltige materielle und personelle Mittel. Sie führen fachübergreifende Projekte an einem Ort durch. Der Bund finanziert 90%. Die Arbeitsgemeinschaft der Großforschungseinrichtungen (AGF) schloß 1986 13 Großforschungseinrichtungen zusammen. Im Unterschied zu anderen Ländern hat die BReg. kein eigenes G-programm entwickelt. G ist im Programm der BReg. „Angewandte Biologie und Biotechnologie" integriert. Über Umfang und Inhalt der G in der BR können nur wenige Angaben gemacht werden.

2. Genzentren sind Verbundforschungseinrichtungen von Bund, Ländern, Universitäten, Wissenschaftsverbänden und Chemiekonzernen: die BASF und Merck kooperieren mit der Universität in Heidelberg; die Bayer AG kooperiert mit dem Genzentrum in Köln; Schering arbeitet mit dem Genzentrum Berlin zusammen; Hoechst und Wacker kooperieren mit dem Genzentrum an der Universität München. Im Mittelpunkt steht die Verwertung der Forschungsergebnisse für die Chemieindustrie. Durch Mittelvergabe, den Einfluß auf politischer Ebene und personelle Verflechtung in universitären Gremien haben die Chemiekonzerne Einfluß auf die Forschungsinhalte. Die staatlichen Förderbeiträge erreichen jährlich 18 Mio. DM für die Genzentren (Stand 1986). Die Industrie beteiligt sich mit 3 Mio. DM pro Jahr.

3. 38 Universitäten und 15 Max-Planck-Institute besitzen gentechnologische Arbeitsgruppen. Dort findet anwendungsorientierte Grundlagenforschung statt. So wurden 1985 30 universitäre Forschungsthemen unter Leitung von BASF AG, Bayer AG, Boehringer Mannheim und Degussa in drei Projekten zusammengeführt. Die Finanzierung erfolgte über das →Bundesministerium für Forschung und Technologie. Weitere For-

schungseinrichtungen sind die industrieeigenen Labors, Bundesanstalten und die Forschungsgemeinschaften (Deutsche Forschungsgemeinschaft (DFG) und die Max-Planck-Gesellschaft). Die DFG als die größte Wissenschaftsorganisation in der BR förderte 1985 u.a. 214 gentechnologisch orientierte Vorhaben der Grundlagenforschung mit ca. 89 Mio. DM.

Durch Konzentration und Koordination von Forschungsmitteln ist die G in der BR eine verwertungsorientierte Forschung. Chemiekonzerne und ein ganzer Wissenschaftsbereich werden durch staatliche Programme finanziell unterstützt. Voraussetzung der G sind die verbrauchende und damit zerstörende Forschung an Embryonen sowie medizinische Experimente an Frauen (zur Gewinnung von Embryonen oder befruchtungsfähigen Eiern).

L.: Scheller, R., Beitrag; in: Thurau, Gentechnik – Wer kontrolliert die Industrie?; Frankfurt/Main, 1989. Deutscher Bundestag, Referat für Öffentlichkeitsarbeit: Chancen und Risiken der Gentechnologie; Bonn, 1987.

Ursula Watermann

**Genomanalyse**
→ Präventivmedizin III. 5

**Genossenschaft**
1. Im *juristischen Sinn* ist eine G eine Vereinigung „von nicht geschlossener Mitgliederzahl, welche die Förderung des Erwerbs oder der Wirtschaft ihrer Mitglieder mittels gemeinschaftlichen Geschäftsbetriebes (oder mittels Kreditgewährung) bezwecken" (§ 1 Gen.Ges. v. 20.5.1898). Die G ist juristische Person; als Kaufmann im Sinne des Handelsrechts führt sie eine Firma. Sie entsteht durch Eintragung im G-register. Geschäftsführung und Vertretung liegen beim Vorstand, der, wie der Aufsichtsrat, von der Generalversammlung gewählt wird. Zweck der G ist nicht die Erzielung von Gewinn, sondern die unmittelbare Förderung der Mitglieder durch den Geschäftsbetrieb der G. Das G-recht stellt daher mehr auf die persönliche Bindung der Mitglieder ab, weniger auf die kapitalmäßige Beteiligung. Das zeigt sich in dem Abstimmungsprinzip „Ein Mann – eine Stimme" in der Generalversammlung, unabhängig von der Zahl der Geschäftsanteile.

2. Im *ökonomischen Sinn* stellen G einen spezifischen Unternehmenstyp dar, der auf einem freiwilligen, solidarischen Zusammenschluß von Gruppen zur wirtschaftlichen Förderung seiner Mitglieder beruht. Dazu müssen sie nicht als G im o.g. juristischen Sinn verfaßt sein; auch andere Formen, wie z.B. e.V. (→Vereine), AG, GmbH & Co.KG sind möglich. Man kann vier Bereiche unterscheiden: (a.) Haushalts-G (v.a. Konsum- und Wohnungs-G); (b.) Vertriebs-G (v.a. landwirtschaftl. und gewerbl. G); (c.) Produktiv-G (v.a. bauwirtsch. und industr. G); (d.) Voll-G (v.a. Siedlungs- und Agrar-G wie die →Kibbuzim in Israel). – G in diesem engeren (ökonomischen) Sinn sind im Kontext der europäischen →Industrialisierung entstanden (→Genossenschaftsbewegung). Während die Produktiv-G in den Industrieländern erst im Rahmen der Alternativökonomie (→Selbsthilfeökonomie) wieder an Bedeutung gewinnen, sind die Haushalts- wie auch die Vertriebs-G nach wie vor sowohl in den Industrie- wie den Entwicklungsländern (→Dritte Welt) von großem Gewicht (→Genossenschaftswesen).

3. Im *soziologischen Sinn* sind G auf solidarischer →Selbsthilfe beruhende Zusammenschlüsse von →Gruppen zu gemeinsamer →Selbstversorgung. Kennzeichnend ist der kooperative Vergesellschaftungsmodus im Gegensatz zu einem individualistischen, der Gesellschaftlichkeit durch Tausch zum Vorteil von einzelnen herstellt, oder einem kollektivistischen, der Gesellschaftlichkeit autoritär erzwingt. Dieser Modus ist neben den beiden anderen auch heute von gesellschaftlicher Relevanz.

Ferdinand Buer

## Genossenschaftsbewegung

Die G im engeren ökonomischen und juristischen Sinn ist ein Produkt des industriellen Zeitalters. Sie entstand aus unterschiedlichen →Lebenslagen verschiedener Bevölkerungsschichten und umfaßt zahlreiche gesellschaftspolitische Strömungen und organisatorische Formen (vgl. Faust 1977). Der genossenschaftliche Vergesellschaftungsmodus der Kooperation ist aber so alt wie die Menschheit und ist in der Menschheitsgeschichte immer wieder anzutreffen (→Genossenschaftswesen).

### 1. Vorgeschichte

Evolutionsforscher wie Darwin und Kropotkin, Soziologen wie Tönnies und Vierkandt, Genossenschaftstheoretiker wie v. Gierke und Seraphim haben den Modus der Kooperation, gegenseitigen Selbsthilfe (Mutualismus) bzw. Gemeinschaftlichkeit als ein Grundmuster der Vergesellschaftung nicht nur der Menschheit, teilweise auch der Tierwelt beschrieben. In der Frühgeschichte der Menschheit spielten verwandtschaftliche Bindungen genossenschaftlicher Art wie Familie, Sippe, Stamm eine große Rolle. Das Wort „Genosse" wurde von den Germanen eingeführt und bezeichnet die gemeinsame Nutznießung einer Sache, insb. die allgemeine Nutzung einer Weide für das Vieh (Allmende, Mark). Die Dorfgemeinden des MA waren weitgehend genossenschaftlich gestaltet. In den Städten beherrschen ständische Genossenschaften das Arbeitsleben (→Zünfte, Gilden, Hansen, Dombauhütten, Gewerke). Religiöse Gruppen schlossen sich zu →Orden, Ordenskongregationen und Kommunen zusammen (z. B. Wiedertäufer, Hutterische Brüder, Quäker). Mit der Durchsetzung der →bürgerlichen Gesellschaft lösen sich die ständischen Assoziationen (= Vereinigungen) auf und werden durch Korporationen ersetzt. Die Ausdifferenzierung der Vergesellschaftung führt zu einer Polarisierung gesellschaftlichen Lebens in die bürgerliche Kleinfamilie (→Familie) und den bürgerlichen Zentralstaat (→Staat), die alle dazwischenliegenden Gesellungsformen schwächt oder gar auflöst. In dieser gesellschaftlichen Lücke entfaltet sich die G im engeren Sinn. Für die Klassen, die nicht über das nötige Kapital zur Existenzsicherung verfügen, werden Zusammenschlüsse mit dem Ziel der wirtschaftlichen →Selbstversorgung notwendig.

### 2. Geschichte

*2.1. Ideengeschichte.* Die Geschichte der G ist stark geprägt von Personen, die nicht nur umfassende genossenschaftliche Ideen und Projekte entworfen haben. Sie haben sie häufig auch mit großem publizistischen Aufwand propagiert und oftmals ihre Erprobung selbst organisiert (vgl. Faust 1977). Dabei gehören diese Pioniere aber durchaus unterschiedlichen gesellschaftlichen Strömungen an:

*a. Sozialismus:* Bei den *Frühsozialisten* Claude Saint-Simon (1760–1825), Philippe Buchez (1776–1860), Charles Fourier (1772–1837), Louis Blanc (1811–1882) und Robert Owen (1771–1858) stand die Idee der Produktivgenossenschaften wie auch der Siedlungsgenossenschaft im Zentrum. Bei den *anarchistischen Sozialisten* (→Anarchismus) Pierre Proudhon (1809–1865), Petr Kropotkin (1842–1921), Gustav Landauer (1870–1919) und Martin Buber (1878–1965) wird die Idee einer genossenschaftlich gestalteten Gemeinschaft in den Vordergrund gestellt (vgl. Buber 1985). In der *Sozialdemokratie* werden durch →Lassalle (1825–1864) Produktivgenossenschaften mit staatlicher Unterstützung propagiert. →Marx (1818–1883) und →Engels (1820–1895) dagegen sehen in den Genosssenschaften nur eine unzureichende Kompromißlösung in den Auseinandersetzungen um eine sozialistische Gesellschaft. Seit →Bernstein (1850–1932) und →Max Adler (1873–1937) wird in der Sozialdemokratie den Genossenschaften aber ein wichtiger Stellenwert in der sozialen Umgestaltung der kapitaldominierten Gesellschaftsordnung eingeräumt.

*b. Christentum:* Das Gebot praktischer Nächstenliebe hat in dem kommunitären Leben in christlichen Gemeinschaften wie auch in der Unterstützung der Genossenschaftsidee bei →v. Ketteler (1811–1877) und →Kolping (1813–1865) sowie in den →Sozialenzykliken der Päpste seinen Ausdruck gefunden. Aus diesem Geist des Tatchristentums sind die Ideen und Aktivitäten →Raiffeisens (1818–1888) zu verstehen, dem Pionier des landwirtschaftlichen Genossenschaftswesens. Auch das Engagement des Konservativen →Viktor Aimé Huber (1800–1869) ist diesem Gedankengut verpflichtet.

c. *Liberalismus:* Sein bedeutendster Vertreter war →Schulze-Delitzsch (1808–1883), der die Genossenschaften als Selbsthilfeorganisationen im kapitalistischen System betrachtete. Sein Wirken bezog sich vor allem auf das gewerbliche Genossenschaftswesen.

*2.2. Sozialgeschichte.* Mit der sich im 19. Jh. durchsetzenden kapitalistischen Produktionsweise geraten kapitalschwache Schichten in der Landwirtschaft wie im Kleingewerbe in wirtschaftliche Schwierigkeiten, die sie v. a. mit Hilfe von Kredit-, Bezugs- und Absatzgenossenschaften zu beheben suchen. In der sich bildenden Arbeiterschaft (→Arbeiter) können Produktivgenossenschaften die Hoffnung auf selbstbestimmte Arbeitsplätze nur in den seltensten Fällen erfüllen. Vor allem Konsum- und Wohnungsgenossenschaften werden dann neben den Arbeiterparteien und Gewerkschaften die dritte Säule der →Arbeiterbewegung (vgl. Novy/Prinz 1985). Aus diesem Geist der solidarischen →Selbsthilfe werden in der Arbeiterschaft auch selbstverwaltete Sterbe- und Krankenkassen gegründet, die erst durch das Sozialversicherungswesen im Gefolge der staatlichen →Sozialpolitik in die Marginalität gedrängt wurden (vgl. Rodenstein 1978). Träger der Unfallversicherung sind noch heute →Berufsgenossenschaften. Die Idee kommunitären Zusammenlebens in eigenen Siedlungen wird um die Jahrhundertwende v. a. in Kreisen der Bohème, der →Jugend- und der →Lebensreformbewegung propagiert (vgl. Linse 1983). Die Kibbuzbewegung in Israel ist vor diesem Hintergrund zu interpretieren (→Genossenschaftswesen).

*3. Gegenwart und Zukunft*
Die heutigen Bezugs- und Absatzgenossenschaften der „alten" G sind, sofern sie überhaupt gesellschaftsverändernde Ziele verfolgten, in die sie umgebende kapitaldominierte Ökonomie integriert. Ihre Entwicklung bestätigt das „Transformationsgesetz", das Franz Oppenheimer schon 1896 formuliert hatte. Allerdings haben die Kibbuzim bewiesen, daß Genossenschaften unter bestimmten Bedingungen durchaus einen hohen Lebensstandard für ihre Mitglieder erreichen und zugleich an ihren Prinzipien und Idealen festhalten können. Die heutige Renaissance der G in der →Selbstversorgungswirtschaft, als (→lokale) Beschäftigungsinitiativen, in →Selbsthilfegruppen, →Alternativprojekten und alternativen Kommunen zeigt, daß der genossenschaftliche Vergesellschaftungsmodus immer noch von hoher Bedeutung ist.

L.: Buber, M.: Pfade in Utopia; Heidelberg, 1985. Faust, H.: Geschichte der G; Frankfurt a. M., 1977. Linse, U. (Hg.): Zurück, o Mensch, zur Mutter Erde. Landkommunen in Deutschland 1890–1933; München, 1983. Novy/Prinz: Illustrierte Geschichte der Gemeinwirtschaft; Berlin, 1985. Rodenstein, M., Arbeiterselbsthilfe, Arbeiterselbstverwaltung und staatliche Krankenversicherungspolitik in Deutschland; in: Guldimann/Rodenstein/Rödel/Stille, Sozialpolitik als soziale Kontrolle, Frankfurt a. M., 1978.

Ferdinand Buer

**Genossenschaftswesen**
*1. Das gegenwärtige Interesse*
Idee und Wirklichkeit des G stehen heute zwar nicht im Zentrum der öffentlichen Diskussion. Sie spielen aber in allen aktuellen gesellschaftspolitischen Diskursen eine nicht unbedeutende, allerdings oft erst aufzudeckende Rolle. Da das G angetreten ist, das Eigeninter-

esse auf freiwilliger Basis mit dem Gemeininteresse zu verbinden, nimmt es einen wichtigen Stellenwert ein in der Rede vom „dritten Weg" zwischen dem Staatssozialismus des Ostens und dem Kapitalismus des Westens. Wenn der bürgerlichen Industriegesellschaft die Arbeit ausgeht, wenn immer weitere Bevölkerungskreise in relative →Armut absinken, wenn in der Bevölkerung mehr Wert auf selbstbestimmte Lebensqualität gelegt wird, wenn das Sozialsystem in finanzielle, strukturelle und legitimatorische Krisen geraten ist, dann sind wieder die Antworten gefragt, die das G entworfen und erprobt hat (vgl. Hettlage 1983; 1987).

*2. Wissenschaftliche Zugänge*
Neben der Rechtswissenschaft hat sich v. a. die Wirtschaftswissenschaft der Analyse des G angenommen (vgl. Aschhoff/Henningsen 1985; Engelhardt 1985). Diese Beiträge konstatieren zwar noch die gesellschaftspolitische Bedeutung des G, verlieren sich aber häufig in Detailuntersuchungen interner Probleme der Genossenschaftswirtschaft bzw. der Integration dieses Unternehmenstyps in die Marktwirtschaft. Eine Ausnahme stellen die Arbeiten von Klaus Novy v. a. zu den Wohnungs- und Baugenossenschaften dar (vgl. Novy/ Hombach/Karthaus/Bimberg/Mersmann/Schepers 1985). In der Soziologie war das G einmal von großem Interesse (z.B. bei Vierkandt); es wird aber heute nur noch von wenigen Autoren untersucht (vgl. Hettlage 1987). Im Marxismus war das Thema von untergeordneter Bedeutung, im anarchistischen Denken hat es dagegen immer eine große Rolle gespielt (→Genossenschaftsbewegung). Seit die Geschichtswissenschaft die Alltagskultur entdeckt hat, werden auch von ihr wichtige Beiträge zur Genossenschaftsgeschichte vorgelegt (vgl. Novy/Hombach/Karthaus / Bimberg / Mersmann / Schepers 1985). Auch in der wissenschaftlichen Sozialpolitik wird das G als Organisationsprinzip der →Selbsthilfegruppen und -organisationen im Sozial- und Gesundheitswesen wiederentdeckt (vgl. Thiemeyer 1981; Hettlage 1983). Insgesamt kann man sagen, daß die wissenschaftliche Beschäftigung mit dem G zugenommen hat; sie ist aber noch sehr disparat. Immerhin haben diese Wissenschaften ideelle Merkmale herausgearbeitet, die das G im Industriezeitalter kennzeichnen, unabhängig von seinen jeweiligen Erscheinungsformen.

*3. Merkmale des G*
*Motiv:* Bei Gesellschaftsschichten, die über wenig oder kein Kapital verfügen, also in der Arbeiterschaft, dem Kleingewerbe und der Landwirtschaft, geht es in Zeiten wirtschaftlicher Krisen darum, Arbeitsplätze bzw. Kredit zu beschaffen und Marktvorteile zu nutzen, um so die tatsächliche oder zu befürchtende Notlage abzuwenden.
*Kraft:* Angesichts unzureichender Eigen- und →Fremdhilfe setzen diese Gruppen auf die Vorteile solidarischer →Selbsthilfe, auf die Macht der Kooperation. Innerhalb dieser Solidargemeinschaft gilt: Einer für alle, alle für einen. Eigeninitiative und Gemeingeist werden in dem Zusammenschluß zur gegenseitigen Hilfe (Mutualismus) miteinander verbunden.
*Reichweite:* Die Einzelgenossenschaft ist prinzipiell offen für alle von der gleichen Notlage Betroffenen. Die Grenze ist aber erreicht, wenn der Bekanntheitsgrad zwischen den Genossen sinkt und Überschaubarkeit nicht mehr gegeben ist. Denn Dezentralität soll die Nähe zu den Betroffenen gewährleisten.
*Prinzipien:* (a) *Basisdemokratie:* Jeder Betroffene hat eine Stimme, um in der Vollversammlung (Generalversammlung) über alle Angelegenheiten der Genossenschaft abzustimmen. Egalität, freiwillige Mitgliedschaft und autonome Selbstverwaltung sind kennzeichnend. Gesellschaftliche Herrschaft soll damit ausgeschaltet werden. (b) *Identität:* Die Mitglieder einer Genossenschaft sind zugleich Subjekt und Objekt des gemeinsamen Unternehmens: Bei Haushaltsgenossenschaften sind sie zugleich Anbieter und Kunden, bei Vertriebsgenossen-

schaften zugleich Produzenten und Lieferanten, bei Produktivgenossenschaften zugleich Arbeitgeber und Arbeitnehmer. Gesellschaftliche Spaltung soll damit reduziert werden. (c) *Gebrauchswertorientierung:* Der Zweck der Genossenschaft richtet sich direkt auf die Befriedigung der Mitgliederbedürfnisse (→ Bedürfnis). Sie will dienen, nicht verdienen. Damit richtet sie sich gegen die Tauschwertorientierung bzw. das Profitprinzip der kapitalistischen Ökonomie.

*Rahmen:* Genossenschaften innerhalb einer kapitaldominierten Gesellschaftsformation neigen immer zur Anpassung an diese Umwelt: Sie sind daher ständig vom Zerfall bedroht. Zur Abwehr gegen diese Gefahr schließen sie sich häufig zusammen, allerdings zumeist im Rahmen der Gesellschaftsschicht, aus der ihre Mitglieder stammen. So waren die Arbeitergenossenschaften zusammen mit anderen Klassenorganisationen (Parteien, Gewerkschaften, Versicherungen; → Arbeiterbewegung) zentraler Bestandteil der Arbeiterkultur (vgl. Novy/ Hombach / Karthaus / Bimberg / Mersmann/Schepers 1985). Eine weitere Möglichkeit, der Anpassung entgegenzuwirken, ist die Konstitution einer Vollgenossenschaft in einer abgegrenzten Region.

*Utopie:* Trotz unterschiedlicher ideologischer Ausrichtung der verschiedenen Strömungen innerhalb des G ist es getragen von einer gemeinsamen Utopie, der zufolge das gesellschaftliche Zusammenleben und -arbeiten nach genossenschaftlichen Prinzipien gestaltet werden soll (vgl. Engelhardt 1985, 116ff.). Das Festhalten bzw. das Aufgeben dieser Utopie einer kooperativen Gesellschaft kennzeichnet heute den Grad der Integration des G in die sie umgebende Gesellschaftsformation.

*4. Begriffsklärungen*

Das Wort → Genossenschaft meint seit dem 17. Jh. eine „Personenvereinigung zu gemeinschaftlichem Geschäftsbetrieb". Das Wort „Genosse" kommt von „genießen" = „nutznießen" und bezeichnet schon bei den Germanen einen Menschen, der mit einem anderen die Nutznießung einer Sache gemeinsam hat, oder aber denjenigen, der dasselbe Vieh auf der gleichen Weide hat. Dem Begriff „Genossenschaft" entsprechen in anderen Sprachen die Termini: „cooperatio" (lat.), „coopérative" (franz.), „cooperacion" (span.), „cooperacione" (ital.), „co-operation" (engl. bzw. amerik.), „kooperativa" (schwed.). Auch im Deutschen wird gelegentlich der Terminus der „Kooperative" benutzt. Neben dieser Bedeutung der Genossenschaft i. e. S., als einem Zusammenschluß von Gruppen zur wirtschaftlichen Förderung der Beteiligten, meint der Begriff i. w. S. eine auf Solidarität, Fraternität, Mutualismus, Kommunität, Gemeinschaftlichkeit, Kooperation beruhende Assoziation (= Vereinigung) von Menschen in der gleichen Lage zur Durchsetzung ihrer gemeinsamen, existentiellen Interessen. In diesem weiteren soziologischen Sinn sind viele Gemeinschaften (z. B. → Orden, Familienhaushalte, Kommunen (z.B. religiöse Sekten), Kollektive, → Vereine und Bruderschaften (z. B. Schützenvereine), aber auch → Alternativprojekte, → Selbsthilfegruppen und → Bürgerinitiativen nach genossenschaftlichen Prinzipien gestaltet. Das G umfaßt also nicht nur die Zusammenschlüsse, die sich im juristischen bzw. ökonomischen Sinn so definieren, sondern auch viele weitere Gruppierungen der Gesellschaft. Der genossenschaftliche Vergesellschaftungsmodus durchzieht somit alle Bereiche sozialen Zusammenlebens. Kennzeichnend für die danach gestalteten Sozialformen sind die o. g. Merkmale, die allerdings in unterschiedlicher Ausprägung in Erscheinung treten.

*5. Das „alte" G*

Das „alte" G hat sich mit seinen vielfältigen Formen im industriellen Zeitalter herausgebildet und stellt heute noch einen bedeutenden Wirtschaftsfaktor dar (vgl. Aschhoff/Henningsen 1985); in der ganzen Welt umfaßt es ca. drei

Viertel Mio. Genossenschaften mit 360 Mio. Mitgliedern. Es kann in vier Bereiche unterteilt werden:

(a) *Haushalts- oder Bezugsgenossenschaften:* Hierher gehören v. a. Konsum- und Wohnungsgenossenschaften, die die Beschaffung von preiswerten Gütern in der gewünschten Qualität zur Verbesserung der Reproduktionsmöglichkeiten der Mitglieder gewährleisten sollen. Aber auch die gemeinsame Beschaffung von Produktionsgütern, die Gewährung von Krediten oder die Leistung von Diensten zur Entlastung des eigenen Betriebs sind zu diesem Bereich des G zu rechnen. (b) *Vertriebs- oder Absatzgenossenschaften:* Hierher gehören v. a. landwirtschaftliche Genossenschaften (z. B. Molkerei-, Viehverwertungs-, Winzergenossenschaften), Fischverwertungsgenossenschaften und Absatzgenossenschaften der Handwerker und des Einzelhandels. – Die beiden Genossenschaftsformen (a) und (b) dienen der Förderung und Unterstützung schon vorhandener Betriebe bzw. Haushalte. Sie werden daher auch als Hilfs-, Ergänzungs- oder Fördergenossenschaften bezeichnet. Im Gegensatz dazu stehen die (c) *Produktivgenossenschaften:* Hierzu sind v. a. Bau-, Fischerei-, Schiffahrts- sowie Industriegenossenschaften zu rechnen. Ihre Mitglieder sind sowohl Teilhaber am Kapital und an der Leitung des Genossenschaftsbetriebs als auch Mitarbeiter. Diese Genossenschaftsform ist in ihrer Geschichte starken Konjunkturen unterworfen gewesen. (d) *Vollgenossenschaften:* Im Unterschied zu den o. g. selektiven Genossenschaften umfassen sie das gesamte Leben ihrer Mitglieder. Sie stellen eine Mischung aus Produktivgenossenschaft und Siedlungsgenossenschaft dar. Dazu gehören vor allem Sektensiedlungen (religiöse Kommunen), ferner Kolchosen und Volkskommunen sowie größere Kolonien (Templer-Kolonien, Mormonen-Staat in Utah/USA, „Jesuiten-Staat" in Paraguay). Das bekannteste Beispiel sind die → *Kibbuzim* in Israel.

Da die selektiven Genossenschaften eng mit der sie umgebenden Gesellschaft verflochten sind, konnten sie zumeist den genossenschaftlichen Vergesellschaftungsmodus nicht durchhalten. Herrschaft des Managements, Spaltung zwischen Experten und einfachen Mitgliedern, Orientierung an wirtschaftlicher Effizienz, unüberschaubare Betriebsgrößen, Auflösung gegenkultureller Milieus haben weitgehend eine Abkehr von den ursprünglichen Motiven und utopischen Idealen bewirkt. In verarmten Ländern der → Dritten Welt jedoch, die in vielerlei Hinsicht am Anfang des Industrialisierungsprozesses stehen, sind sie durchaus von gesellschaftsreformerischer Bedeutung.

*6. Das „neue" G*
*6.1. Selbstverwaltungswirtschaft:* Angesichts der noch anhaltenden sozio-ökonomischen Strukturkrise in den westlichen Industriegesellschaften ist eine neue → Genossenschaftsbewegung entstanden, die Arbeit in Selbstverwaltung schaffen will. In dieser Alternativ- und → Selbsthilfeökonomie spielen Produktivgenossenschaften wieder eine wichtige Rolle (vgl. Bierbaum/Riege 1985).
*6.2.* → *Alternativprojekte:* Zu den Themen Umwelt, Kultur, Bildung, Gesundheit, Soziales sind in den letzten Jahren viele Initiativen und Projekte gegründet worden, denen es weniger um die → Selbstversorgung geht, als um eine kooperative, selbstbestimmte Gestaltung wichtiger Lebensbereiche. In diesen → Netzwerken ist der genossenschaftliche Vergesellschaftungsmodus deutlich zu erkennen (vgl. Hollstein/Penth 1980; Runge/Vilmar 1988).
*6.3.* → *Selbsthilfegruppen und -organisationen:* Diese Gruppen und Organisationen sind gerade zu den Themen Gesundheit und Soziales entstanden, da die Eigenhilfe bei sozialen und gesundheitlichen Problemen nicht ausreichte, v. a. aber der → Fremdhilfe des Sozial- und Gesundheitswesens als mangelhaft, ja oftmals geradezu als belastend und krankmachend erlebt wurde. Gerade die kooperative Bearbeitungform der soli-

darischen Selbsthilfe soll die autoritär-hierarchische Betreuungsmentalität des Medizin- und Sozialsystems kompensieren bzw. angreifbar machen (vgl. Hettlage 1983; Runge/Vilmar 1988).

7. *Die Bedeutung des G für die Zukunftsgestaltung:* Angesichts der schon eingeleiteten ökologischen Katastrophe kann sich die Menschheit die Systemkonkurrenz zwischen Ost und West sowie die Ausbeutung des Südens durch den Norden nicht mehr leisten, wenn sie überhaupt noch Verantwortung für die Welt übernehmen will. Ideen und Erfahrungen des G können anregen, diese Probleme kooperativ anzugehen. Selbst wenn die zu erwartende Katastrophe nicht mehr verhindert werden kann, so kann sie doch gemeinsam reguliert werden. Der notwendige Umbau der östlichen wie westlichen Gesellschaftsformationen und die Einbeziehung der Dritten Welt läßt auch die Bearbeitungsformen sozialer und gesundheitlicher Probleme nicht unberührt. Ja gerade in diesen kleinen Bereichen, wo die Relevanz genossenschaftlichen Denkens und Handelns vielen Betroffenen deutlich geworden ist, können Initiativen von unten mit großer gesellschaftspolitischer Wirkung entstehen.

L.: Aschhoff/Henningsen: Das deutsche G; Frankfurt a. M., 1985. Bierbaum/Riege: Die neue Genossenschaftsbewegung; Hamburg, 1985. Engelhardt, W. W.: Allgemeine Ideengeschichte des G; Darmstadt, 1985. Hettlage, R., Genossenschaftsmodell als Alternative; in: Koslowski/Kreuzer (Hg.): Chancen und Grenzen des Sozialstaats; Tübingen, 1983. Hettlage, R.: Genossenschaftstheorie und Partizipationsdiskussion; Göttingen, 1987. Hollstein/Penth: Alternativ-Projekte; Reinbek, 1980. Novy/Hombach / Karthaus / Bimberg / Mersmann/Schepers: Anders leben. Geschichte und Zukunft der Genossenschaftskultur; Berlin, 1985. Runge/Vilmar: Handbuch Selbsthilfe. Frankfurt a. M., 1988. Thiemeyer, Th., Selbsthilfe und Selbsthilfebetriebe in ökonomischer Sicht; in: Badura/v. Ferber (Hg.): Selbsthilfe und Selbstorganisation im Gesundheitswesen; München, 1981.

Ferdinand Buer

**Gentechnologie**

Die G muß im Kontext der modernen Biotechnologie gesehen werden, deren Verfahren teilweise auf anderen Techniken der Veränderung von Erbinformationen beruhen (Chromosomentransfer, Zellfusion etc.), zum Teil aber auch auf traditionellen Bioverfahrenstechniken wie Gährung oder Fermentierung. Als G im eigentlichen Sinne bezeichnet man „die Gesamtheit der Methoden zur Charakterisierung und Isolierung von genetischem Material, zur Bildung neuer Kombinationen genetischen Materials sowie zur Wiedereinführung und Vermehrung des neukombinierten Erbmaterials in anderer biologischer Umgebung" (Deutscher Bundestag 1987, 7). Während die Vererbungslehre als wissenschaftliche Disziplin bereits Anfang des 19. Jh. entsteht (Mendelsche Gesetze), wird der Aufbau der Desoxyribonukleinsäure (DNS) erst in der Mitte dieses Jahrhunderts erforscht. Seit Gelingen des ersten gentechnischen Experiments im Jahre 1972 verbreitern sich Möglichkeiten und reale sowie potentielle Anwendungsfelder, bspw. in der Tier- und Pflanzenproduktion, im Bereich des →Umweltschutzes, der Rohstoffproduktion und -verarbeitung sowie in vielen Feldern des Gesundheitswesens, in steigendem Maße. Gentechnologische Verfahren stellen dabei eine zunächst anwendungsunspezifische Grundlage dar, die in diesen unterschiedlichen gesellschaftlichen Bereichen zu tiefgreifenden Veränderungen führen wird.

Im Bereich des Gesundheitswesens liegt heute der bedeutsamste Sektor der Anwendung gentechnologischer Verfahren in der Herstellung von therapeutischen Substanzen, die bislang nicht oder nur in geringer Menge und unter großem Aufwand hergestellt werden konnten. Bereits seit 1982 wird Humaninsulin produziert. Darüber hinaus werden gentechnologische Verfahren u.a. bei der Produktion von Interferonen, Blutgerinnungsfaktoren, monoklonalen Antikörpern und Impfstoffen verwandt. Im Bereich der Diagnostik besteht die Möglichkeit, mittels DNS-Sonden und monoklonaler Antikörper Krankheitserreger zu identifizieren und nachzuweisen.

Ein weiteres Anwendungsfeld gentechnologischer Verfahren im Bereich des Gesundheitswesens liegt in der Genomanalyse. Hier eröffnen sich Möglichkeiten der peri- und pränatalen Diagnose von Gendefekten, die teilweise schwere Gesundheitsschäden nach sich ziehen können, sowie der genetischen Beratung in bezug auf →Erbkrankheiten. Insb. im Falle von systematischen Reihenuntersuchungen (z.B. Neugeborenenscreening) zeigt sich jedoch die Problematik solcher Verfahren, da bislang Gendefekte zwar zum Teil diagnostiziert, nicht aber behandelt werden können. Hoffnungen auf die schnelle Erschließung neuer Therapieformen durch die Entwicklung von Verfahren zur Behebung von Gendefekten haben sich bislang zerschlagen. Es wird versucht, fehlende oder Krankheiten auslösende Gene beim Menschen zu ersetzen. Zur Zeit wird daran gearbeitet, monogen bedingte Erbkrankheiten, wie Immun-Mangel-Syndrome, durch Gentherapie zu heilen.

Gerade im Umfeld von Genomanalyse und →Gentherapie werden die möglichen Überschneidungspunkte von G und neuer →Reproduktionsmedizin deutlich. Möglichkeiten des Zugriffs auf menschliche Gene, wie sie in Fällen extrakorporaler Befruchtung (In-vitro-Fertilisation) gegeben sind, bergen bei einer weiteren Perfektionierung der Techniken die Gefahr einer gezielten „Züchtung" von Menschen in sich. Schon heute ist die Selektion befruchteter Zellen auf der Grundlage gentechnologischer Analyseverfahren möglich. Hier zeigt sich die zumindest potentielle Nähe der Rationalität der G zu den eugenischen Ideologien der faschistischen Rassen- und Erbgesundheitstheorie (→Eugenik/Rassenhygiene).

Die Notwendigkeit weitergehender Forschung im Bereich der G und die möglichen gesellschaftlichen und ökologischen Auswirkungen dieser Verfahren werden kontrovers diskutiert. Kritiker der G rekrutieren sich dabei aus sehr unterschiedlichen gesellschaftlichen Gruppen, wie z.B. den Kirchen oder der Ökologie- und →Frauenbewegung. Ihre Kritik setzt auf verschiedenen Ebenen an: Die ökologischen Gefahren für die Biosphäre, die insb. durch die – gewollte oder ungewollte – Freisetzung gentechnologisch veränderter Organismen gegeben sind, bilden dabei einen wesentlichen Punkt der Kritik, da Entwicklung und Reaktion lebender Zellen außerhalb von Laboratoriumsbedingungen grundsätzlich unvorhersehbar sind und somit unkontrollierbar werden können. Aus ethischer Sicht wird die Frage gestellt, ob die Benutzung von Lebewesen als Objekte von Manipulationen überhaupt legitimierbar ist. Darüber hinaus wenden einige dieser Kritiker aus gesellschaftstheoretischer Sicht ein, daß die Propagierung und Verbreitung der G im Bereich der Humangenetik mit gesellschaftlichen Entwicklungsmodellen verbunden sind, die die Gefahr beinhalten, daß nicht mehr soziale Bildungs- und Emanzipationsprozesse als Grundlage gesellschaftlicher Veränderung begriffen werden, sondern eugenische Verfahren i.w.S. Dies würde insb. in den Arbeitsfeldern des Sozial- und Erziehungswesens zu einer radikalen Umgewichtung der Zielsetzungen führen.

Um die möglichen Risiken der G zu beschränken, gibt es u.a. in der BR von seiten des Gesetzgebers Bestrebungen, rechtliche Kontrollbestimmungen zu schaffen und bestehende Richtlinien zu vereinheitlichen. Dies führte zur Bildung einer entsprechenden Enquete-Kommission und zur Vorlage eines Gesetzentwurfs zur Regelung von Fragen der Gentechnik.

L.: Bundesrat, Drucksache 387/89 vom 11.8.89, Gesetzentwurf der Bundesregierung: Entwurf eines Gesetzes zur Regelung von Fragen der Gentechnik. Deutscher Bundestag (Hg.), Chancen und Risiken der G; in: Zur Sache 87, 1; Bonn, 1987. Fremuth, W. (Hg.): Das manipulierte Leben. Pflanze–Tier–Mensch: Die Gentechnik entläßt ihre Kinder; Köln, 1988.

Anita Flacke, Gerald Prein

# Gentherapie

G ist die Korrektur krankheitsbedingter Erbanlagen. Eine defekte Erbanlage wird durch eine funktionsfähige ersetzt. Es wird unterschieden zwischen der Somatischen Gentherapie (S) und der Keimbahn-Gentherapie (K).

Die S wird an Körperzellen durchgeführt; dem Menschen werden Körperzellen mit der defekten Erbanlage entnommen und gesunde Erbanlagen mit gentechnologischen Methoden (→ Gentechnologie) in die Körperzellen eingeschleust. Die gentechnisch veränderten Zellen werden in den Körper des Menschen zurückgebracht. Technisch setzen Wissenschaftler die S der Organverpflanzung gleich und befürworten sie. Die Voraussetzung für eine S erfüllen bislang (Stand 1990) zwei Zelltypen des menschlichen und tierischen Organismus: die Hautzellen und die Stammzellen des Knochenmarks, aus denen sich rote und weiße Blutkörperchen entwickeln. Die Wirkungen bei der S bleiben auf den behandelten Menschen begrenzt. Der erste Versuch an Menschen erfolgte Anfang der 70er Jahre in Köln. 1988 wurde bei der zuständigen Behörde in den USA der erste offizielle gentechnische Menschenversuch beantragt. Probleme auf biologischer Ebene gibt es zur Zeit u.a. folgende: 1. Das Einschleusen des genetischen Materials kann nicht kontrolliert werden. 2. Es können plötzliche Veränderungen in der Erbanlage der Zellen auftreten. 3. Erbanlagen können zur falschen Zeit am falschen Ort aktiviert werden. 4. Es ist ungewiß, wie stabil die Einbindung des neuen Erbmaterials ist. 5. Gentechnisch veränderte Viren als Überträgersysteme für die neuen Erbanlagen garantieren keine Sicherheit; sie haben in Tierexperimenten Krankheiten ausgelöst. 6. Es besteht die Gefahr, daß die gentechnisch veränderten Zellen vom Körper abgestoßen werden.

Im Gegensatz zur S wird bei der K das Ergebnis an die nachfolgenden Generationen weitergegeben. Der Eingriff wird an Zellen der Keimbahn vorgenommen; das sind Geschlechtszellen von Samen- und Eizellen, die nach der Befruchtung den entwicklungsfähigen Keim darstellen. Die Wissenschaftler benutzen für die K befruchtete Eizellen in einem frühen Entwicklungsstadium. Vorstellbar sind auch Eingriffe an weiblichen und männlichen Geschlechtszellen. Mit einer hauchdünnen Nadel durchstechen Wissenschaftler die Zellwände der befruchteten Eizelle und füllen das Innere mit einer Flüssigkeit, in der sich die neuen Erbanlagen befinden. Wenn sich die neuen Erbanlagen in das Erbgut der Zelle eingefügt haben, werden sie bei jeder Zellteilung weitergegeben. Die Techniken der K wurden wie der S in Tierexperimenten entwickelt. Menschliches Wachstumshormon haben Wissenschaftler erfolgreich in Schafe und Schweine eingeschleust. Die ersten Experimente an Menschen wurden offiziell in den USA Ende 1989 an Krebspatienten durchgeführt. 1990 folgte ein weiteres Experiment. Mit der K hoffen Wissenschaftler, auch Krankheiten behandeln zu können, die den Grundstoffwechsel jeder Zelle betreffen und sich einer S entziehen. Dazu zählen Zivilisationskrankheiten wie Herz-Kreislauf-Erkrankungen, Krebs, Rheuma, psychische Erkrankungen u.a. Wissenschaftler erwägen auch die Korrektur von Erbanlagen, die lediglich eine Veranlagung zu einer Krankheit beinhalten, deren Ausbruch bedingt ist durch vielfältige Faktoren. Auch die gentechnische Veränderung der als normal eingestuften biologischen Veranlagung wird im Sinne einer medizinischen Vorbeugung gegen z.B.

Viruserkrankungen in Betracht gezogen. Probleme der K sehen Wissenschaftler u. a. in folgenden Punkten: 1. Es überleben mit den derzeitigen Methoden die wenigsten befruchteten Eizellen. 2. Eine Veränderung oder Ausschaltung von Erbanlagen durch das Einschleusen neuer Erbanlagen ist möglich. 3. Ein gezieltes Einschleusen neuer Erbanlagen ist nicht möglich. 4. Mögliche schädliche Folgewirkungen werden über die Geschlechtszellen an die nachfolgenden Generationen weitergegeben.

Voraussetzung der K sind zerstörende Experimente an Embryonen. Es existiert ein komplexes Wechselspiel zwischen Erbanlagen und innerer wie äußerer Umwelt. Eine genaue Zuordnung auslösender Faktoren für eine Krankheit ist schwer festzulegen. Die klare Zuordnung: genetische Abweichung = Krankheit, ist nur bei einem Bruchteil der →Erbkrankheiten gegeben. Mit der K ist eine Bewertung der Erbanlagen in normale, anormale, gute und schlechte notwendig. Damit ist der Weg in eine neue →Eugenik („Erbguthygiene") geebnet. Hinzu kommt, daß mit der technischen Möglichkeit der Korrektur von Erbanlagen das wissenschaftliche und technische Potential für die Menschenzüchtung gegeben ist. Die K ist zur Zeit als moralisch nicht vertretbar in der BR verboten. In wissenschaftlichen Gremien wird sie als eine Möglichkeit der sogenannten ‚Heilung' angesehen.

L.: Deutscher Bundestag, Referat Öffentlichkeitsarbeit: Chancen und Risiken der Gentechnologie; Bonn, 1987. Van den Daele, Wolfgang: Mensch nach Maß; München, 1985. Weidenbach/Tappeser: Der achte Tag der Schöpfung; Köln, 1989.

Ursula Watermann

**George, Alfred**
⇒ Alfred Korach

**Georgens, Jan D.**
(1823–1886), →Heilpflege- und Erziehungsinstitut

**Geplante Elternschaft**
→ Familienplanung

**Geriatrie**
Lehre von den Erkrankungen beim älteren Menschen und von den medizinischen Möglichkeiten ihrer Feststellung, Vorbeugung und Behandlung. Geriatrische Kenntnisse sind insb. in der Altenpflege (→Altenarbeit) bzw. bei der Arbeit in geriatrischen Kliniken oder klinischen Abteilungen für G erforderlich.

L.: Brocklehurst, J. H./Hanley, T./Martin, M.: G für Studenten; Darmstadt, 1980. Hauss, W. H./Oberwittler, W. (Hg.): G in der Praxis; Berlin, Heidelberg, New York, 1975. Lang, E. (Hg.): G; Stuttgart, 1976.

**Gerichtsmedizin**
⇒ Forensische Medizin

**Germond, Louis**
G (1796–1868) begann 1842 in der frz. Schweiz mit der Gründung eines Diakonissenwerks (→Orden 4), unterstützte 1844 die Gründung des Berner Diakonissenhauses und wurde 1848 ausgewiesen.

**Gerontologie**
(auch: Alternsforschung); →Altern, →Alterskompetenz, →Gerontologische Forschung.

**Gerontologische Forschung**
Die G befaßt sich mit der Frage des →Alterns und der Alternsprozesse, mit dem Problem der →Alterskompetenz und mit den Umwelten älterer Menschen. Hinsichtlich letzterer zeigen die Befunde der G, daß ältere Menschen bei hoher Kompetenz in der Lage sind, in sehr verschiedenartigen Umwelten zu leben, während bei eingeschränkter Kompetenz die Abhängigkeit von der (a) räumlichen und (b) sozialen Umwelt erheblich zunimmt. Ist der ältere Mensch aufgrund von körperlichen Einschränkungen in seiner Mobilität behindert, so benötigt er spezifische Hilfen in seiner Umwelt, die die eingeschränkten Funktionen zumindest teilweise kompensieren können (vgl. Lawton 1989).

(a) Die optimale Gestaltung der *räumlichen Umwelt* ist von der individuellen Kompetenz des älteren Menschen abhängig. Häufig leben ältere Menschen in Wohnungen, deren sanitäre Ausstattung unzureichend ist, die zahlreiche Barrieren enthalten (wie z. B. Stufen, Räume mit geringer Bewegungsfläche, kleine Eingänge) und in denen keine Hilfsmittel (z. B. Handläufe, Haltegriffe, Hebevorrichtung, behindertengerechte Einrichtung) installiert sind. Neben der Wohnung ist auch das Wohnumfeld zu berücksichtigen. Ältere Menschen wünschen sich ein Wohnumfeld, in dem sie Geschäfte, Kultur- und Begegnungsstätten sowie Behörden leicht erreichen können. Darüber hinaus möchten sie so zentral wohnen, daß sie an den Ereignissen in ihrem Umfeld partizipieren und Kontakte ohne große Schwierigkeiten aufrechterhalten können.

Neben der objektiven Wohnsituation ist die subjektive Deutung des Wohnumfeldes zu beachten (vgl. Graumann 1988). Die Person ordnet der Wohnung sowie den Gegenständen in der Wohnung spezifische Bedeutungen zu; sie nimmt das Wohnumfeld vor dem Hintergrund ihres individuellen Erfahrungshorizontes wahr. So werden objektiv bestehende Wohnungsmängel von älteren Menschen häufig nicht als solche gedeutet, sei es, weil sie die gegenwärtige Wohnsituation mit den Wohnverhältnissen vergleichen, die in ihrer Biographie bestanden haben und die erheblich belastender gewesen sind, sei es, weil sie sich an diese Mängel angepaßt haben und eine Veränderung nicht mehr in Erwägung ziehen möchten. Manche lehnen Veränderungen innerhalb der Wohnung oder den Umzug in eine andere Wohnung ab, da schon mehrere Generationen in dieser Wohnung gelebt haben und die Kontinuität möglichst lange aufrechterhalten werden soll.

*(b) Soziale Umwelt:* Der größte Teil der älteren Menschen legt Wert auf das unabhängige Wohnen; das Zusammenwohnen mit den Kindern wird abgelehnt, weil es die Möglichkeiten zu einem selbstverantwortlichen Leben einschränkt. Trotz des unabhängigen Haushalts pflegen ältere Menschen zu ihren Kindern regelmäßige Beziehungen; sie schätzen diese Beziehungen als bedeutsam ein. In der G werden diese Beziehungsmuster mit „innerer Nähe bei äußerer Distanz" sowie mit „Intimität, aber auf Abstand" umschrieben. Nicht nur die Beziehungen zu der Familie, sondern auch zu Freunden, Bekannten und Nachbarn (→informelle Sphäre) sind für die Lebensqualität sowie für die Kompetenz im Alter von großer Bedeutung. Außerfamiliäre Beziehungen beruhen in besonderem Maße auf Freiwilligkeit und erlebter innerer Nähe; sie nehmen aus diesem Grunde eine zentrale Stellung im Erleben älterer Menschen ein (vgl. Lawton et al. 1986; Lehr/Minnemann 1987).

Mit der Frage, inwiefern soziale Beziehungen die Kompetenz im Alter fördern, beschäftigen sich v.a. Untersuchungen zu den sozialen →Netzwerken bzw. zur sozialen Unterstützung im Alter. Fruchtbare Beziehungen zu anderen Menschen vermitteln das Gefühl der *Zugehörigkeit* und des *Gebraucht-Werdens;* dieses Gefühl (→Emotionen) gibt der Person Selbstvertrauen und Sicherheit und wirkt sich dadurch positiv auf die Leistungsfähigkeit aus. Das Eingebundensein in ein soziales Netzwerk sowie die Möglichkeit, Unterstützung zu empfangen *und zu geben,* fördert die Auseinandersetzung mit Belastungssituationen. Zwei zentrale Hypothesen werden in den Beiträgen der G zur sozialen Unterstützung diskutiert: Unterstützende Beziehungen tragen zum Wohlbefinden und damit zu einer höheren Streßresistenz der Person bei („main-effect"). Unterstützende Beziehungen stellen eine Hilfe bei der Auseinandersetzung mit Belastungen dar; die Person entwickelt in Belastungssituationen weniger Streßsymptome („buffering-effect") (vgl. Markides/Cooper 1989; Schwarzer/Leppin 1989).

Die Analyse sozialer Beziehungen im Alter wurde zu Beginn der G auf der Grundlage von rollentheoretischen Konzepten vorgenommen; dabei wurden v. a. Aktivität, Engagement, Zufriedenheit und Belastung in den verschiedenen inner- und außerfamiliären Rollen untersucht. Heute steht die Analyse der sozialen Netzwerke älterer Menschen sowie der sozialen Unterstützung im Alter im Vordergrund (siehe z. B. Antonucci 1985). Aus den zahlreichen Arbeiten zu den sozialen Beziehungen im Alter geht übereinstimmend hervor, daß ältere Menschen nicht als „passiver Teil" dieser Beziehungen angesehen werden dürfen, sondern daß sie sowohl im innerfamiliären als auch im außerfamiliären Netzwerk eine verantwortliche Stellung einnehmen. Ein „Funktionsverlust" älterer Menschen innerhalb der →Familie oder der →Gesellschaft läßt sich empirisch nicht belegen.

L.: Antonucci, T. C., Personal characteristics, social support, and social behavior; in: Binstock/Shanas (eds.), Handbook of aging and the social sciences, 2nd ed.; New York, 1985, 94–128. Graumann, C. F., Phänomenologische Psychologie; in: Asanger/Wenninger (Hg.), Handwörterbuch Psychologie; Weinheim, 1988, 538–546. Lawton, P., Behavior-relevant ecological factors; in: Schaie/Schooler (eds.), Social structure and aging: Psychological processes; Hillsdale, 1989, 57–93. Lehr, U./Minnemann, E., Veränderung von Quantität und Qualität sozialer Kontakte vom 7. bis 9. Lebensjahrzehnt; in: Lehr/Thomae (Hg.), Formen seelischen Alterns; Stuttgart, 1987, 80–91. Markides, K. S./Cooper, C. L. (eds.): Aging, stress and health; New York, 1989. Schwarzer, R./Leppin, A.: Sozialer Rückhalt und Gesundheit; Göttingen, 1989.

Andreas Kruse

## Geschlecht

In allen uns bekannten Gesellschaften ist das G, hier vergleichbar dem Alter oder der ethnischen Zugehörigkeit, ein mit der Geburt feststehender, zugewiesener, durch individuelles Zutun nicht wesentlich veränderbarer Bezugspunkt für die Zuweisung von sozialem Status und Prestige, für soziale Teilhabe also und die Ausgestaltung der Beziehungen zwischen Frauen (F) und Männern (M). Die G-beziehung ist universell; sie prägt das gesamte soziale und kulturelle Leben einer →Gesellschaft und konstituiert Formen und Inhalte alltäglichen Handelns und Verhaltens. Als eine zentrale Dimension sozialer Strukturierung wird G inzwischen systematisch in Untersuchungen der Bedingungen und des Wandels sozialer Ungleichheit berücksichtigt.

Die Universalität der geschlechtlichen Differenzierung wird immer noch häufig auf biologische Unterschiede zurückgeführt. Dies entspricht allerdings einer Verkehrung: Die – biologisch betrachtet – sehr wenigen natürlichen Unterschiede zwischen den G werden sozial fixiert, gegenüber den zahlreichen Gemeinsamkeiten übertrieben und zum Ausgangspunkt für eine weitgehende Durchregelung oder soziale Normierung von (dann) als typisch „weiblich" (w) oder „männlich" (m) zu geltenden und auszuagierenden Verhaltensweisen genommen. Solche Standardisierungen der (dann) G-„charaktere" lassen sich folglich sehr viel mehr aus den Gestaltungsprinzipien der jeweiligen geschlechtsdifferenzierenden Gesellschaft, als aus faktischen natürlichen Unterschieden erklären. Sie stellen immer nur einen winzigen Ausschnitt aus der fast unbeschränkten Vielfalt und Variabilität des Geschlechtlichen wie auch des Menschlichen dar.

Die Tendenz, G-unterschiede biologisch zu begründen und v. a. den F eine geringere Differenziertheit, daher Ganzheit und in der Folge größere Nähe zum „Leben" zuzuschreiben, ist ein Produkt des späten 18. und des 19. Jh. und des mit ihm verbundenen sozioökonomischen Wandels. Man kann auch von einer Gegenbewegung gegen gesellschaftliche Tendenzen der Verallgemeinerung, Angleichung einerseits und Vereinzelung und Individualisierung andererseits sprechen. Die unversöhnliche Polarisierung der G-rollen entsteht zur gleichen Zeit wie der Ruf nach Freiheit, Gleichheit, Brüderlichkeit. Die sich seit dem 18. Jh. in Europa durchsetzende neue Produktionsweise, die kapitalistische Warenproduktion oder Marktwirtschaft, zerstörte die bis dahin in der traditionellen →Familienökonomik, z. B. im „ganzen Haus" der Bauern, Handwerker, Ackerbürger und kleinen Kaufleute, übliche Balance in der Aufteilung von Zuständigkeiten zwischen den G. Sie verfestigte statt dessen geschlechtsspezifische Zuweisungen, die sich vom Prinzip der „unmittelbaren Ergänzung aller verfügbaren Kräfte" (Barbara Duden/Karin Hausen) ablösten und nun zu quasi natürlichen Eigenschaften von F bzw. M wurden. Die Umwandlung der traditionellen →geschlechtsspezifischen Arbeitsteilung zwischen M und F von jener sinnvollen Ergänzung getrennter (aber gleichwertiger, weil für die Existenzsicherung unmittelbar sichtbar gleich notwendiger) Bereiche nun in die Über- bzw. Unterordnung des allein „produktiven" m und bloß „reproduktiven" w Bereichs, in m →Erwerbsarbeit und w →Hausarbeit, machte die Abhängigkeit der Erwerbsarbeit von der Hausarbeit und folglich auch die Leistungen der F in diesem Bereich unsichtbar. Sie entmachtete F und entwertete ihre Leistungen. An die „Gattin" und „Mutter" konnten sich nun Mythen und Sehnsüchte aller Art heften. In diesem Prozeß wurden F ohne Rücksicht auf die verbreitete Tatsache, daß sie immer noch für den Lebensunterhalt, für den eigenen und den ihrer →Familie, arbeiteten, zu „Nichtarbeitenden" und zu „Schutzbedürftigen", und M wurden zu „Alleinverdienern" oder „-ernährern" und „Beschützern" definiert. Deshalb konnte „F" das G bezeichnen, das „nicht existiert", das keinen logischen und symbolischen Ort jenseits seiner Beziehung zu etwas anderem, dem Mann oder dem Kind, hat.

Im Prozeß der →Modernisierung differenzierte sich zunächst das m G bzw. die m Statusrolle: Der M ist jetzt nicht mehr alles in einem unter einem Dach, also Hausherr, Wirt, Vater, Ehemann im „ganzen Haus", sondern wechselt nun täglich und zeit seines Lebens zwischen verschiedenen Rollen, die ihn jeweils unterschiedlichsten Verhaltenszumutungen und -orientierungen aussetzen. Das w G bzw. die w Statusrolle blieb dagegen bis in die jüngste Zeit in allen modernen Gesellschaften weniger differenziert: F werden vorab, also unabhängig von jeder Empirie, durch Politiken aller Art zu „Müttern" und teils auch noch zu „Ehefrauen", also als zumindest phasenweise Versorgte und zu Versorgende definiert. Die westlichen Indstriegesellschaften unterscheiden sich im Ausmaß, in dem sie F „Individualität", unabhängig vom Tochter-, Mutter- oder Ehestatus (→Ehe), zugestehen. Zwar hat der soziale Differenzierungsprozeß inzwischen auch die w Statusrolle erfaßt. Damit wird auch das Leben von F differenzierter. Aber dies bedeutet nicht, daß sich die G derart angleichen, daß es kaum mehr gerechtfertigt erscheint, von G und →Geschlechterpolitik zu sprechen. Die beobachtete Individualisierung von F „vom Dasein für andere zum Anspruch auf ein Stück eigenes Leben" (Elisabeth Beck-Gensheim) und die Vervielfältigung von F-leben einer Generation im Vergleich zu früheren F-generationen ist empirisch v. a. eine Vielfalt, eingegrenzt auf die Welt der F und damit v. a. auch eine Vervielfältigung der Ungleichheit zwischen F. Gleicher sind sich die G nicht (bzw. nur marginal, v. a. am oberen „sozialen Rand") geworden.

Ilona Ostner

**Geschlechterpolitik**
Politik und politische Maßnahmen bewegen sich in einer nach →Geschlecht differenzierten und differenzierenden →Sozialstruktur. Jede vermeintlich geschlechtsneutrale Politik oder Maßnahme kann daher in ihrer Mitwirkung

bei der Herstellung von Geschlechterverhältnissen bzw. in ihren Wirkungen auf deren Beibehaltung oder Veränderung untersucht werden. In diesem Sinne ist jede Politik G, wenn auch teils unbeabsichtigte. Sie kann ausdrücklich auf Herstellung, Erhaltung oder Veränderung bestimmter Geschlechterverhältnisse, also „intentional" ausgerichtet, ihre Wirkungen können latent und manifest, kurz- und langfristig sein. Die systematische Berücksichtigung von Geschlecht ermöglicht eine umfassendere und zutreffendere Perspektive auf Grundlagen und Wirkungen von Politik und Fragen politischer Ethik allgemein, auf das Leben von Frauen (F) und Männern (M) und die Beziehungen zwischen beiden Geschlechtern im besonderen.

Dies gilt insb. für die →Sozialpolitik. Sie ist und wirkt als G, indem sie intentional, gezielt und planmäßig das Geschlechterverhältnis reguliert. Seit etwa 100 Jahren stützt die dt. Sozialpolitik die →Erwerbsarbeit (vorrangig im „Normalarbeitsverhältnis", d.h. als kontinuierliche, qualifizierte Berufstätigkeit) als *männlichen* Weg der Existenzsicherung, und für F (parallel zum Normalarbeitsverhältnis) die →Familie, den familiären Unterhalt. Die →Arbeiter(innen)schutzpolitik half eine →geschlechtsspezifische Arbeitsteilung festzuschreiben, in der die am →Arbeitsmarkt wegen ihrer Bindung an →Hausarbeit und Familie nur bedingt verfügbaren F „ihre" M für eine kontinuierliche Erwerbsbeteiligung frei halten (sollen). F galten von da an und bis in die jüngste Zeit als geringer verfügbar und über →Ehe und Familie alimentiert. Diese Bestimmung verringert bis heute Zugangs-, Bleibe- und Aufstiegschancen von F am Arbeitsmarkt, drückt auf das Entgelt und macht dadurch F immer wieder abhängig von abgeleiteten Versorgungsformen.

Sozialpolitik und →Sozialstaat haben seit mehr als einem Jh. in Dt. „Normalitäten" und Erwartungen an das angemessene F- bzw. M-, Arbeits- und Familienleben mithergestellt. Derartige Vorstellungen wurden institutionalisiert, allmählich von den Bürgern, von M wie F aller sozialen Schichten verinnerlicht und dadurch handlungsleitend. Der Frankfurter Sozialpolitiker →Karl Flesch hatte zu Beginn dieses Jahrhunderts die leitende Normalitätsvorstellung in etwa wie folgt formuliert: Drei Säulen der Existenzsicherung kennt die moderne Industriegesellschaft: das Eigentum, den Arbeitsvertrag und die Familie. Alle Gesellschaftsmitglieder, ob jung oder alt, gesund oder krank, M oder F, seien dadurch abgesichert – als Produktionsmittelbesitzer, als Erwerbstätige mit erwerbsabhängigen Ansprüchen auf Sicherung im Fall von Alter, Krankheit, Unfall, Erwerbslosigkeit, sowie als Angehörige einer Erwerbstätigen- oder Eigentümer-Familie. Die sich durchsetzende Erwerbsgesellschaft, die Vermehrung und die →Humanisierung der Erwerbsarbeitsplätze ließen darauf hoffen, daß diese Zentrierung der Existenzsicherung auf Erwerbsarbeit hielt; daß deshalb auch nur in Einzelfällen, nur in individuellen Notlagen, nur punktuell, also nur vorübergehend und kurzfristig Notleidenden jenseits des Arbeitsmarktes als nun vorherrschendem Zuweisungs- und -teilungsprinzip geholfen werden mußte.

Die Erwerbsarbeit ist zur vorherrschenden Form der Existenzsicherung geworden. Dies hat jedoch nie bedeutet, daß auch alle Erwerbsfähigen in Erwerbstätige verwandelt wurden, v.a. nicht in Dt.: Entstehung, Geschichte und Wirkungsweise von Sozialstaat und Sozialpolitik verweisen darauf, daß in einer modernen Erwerbsgesellschaft bestimmte Bedarfe, bestimmte Leistungen und damit verbunden auch bestimmte Personengruppen nur sehr bedingt oder gar nicht „erwerbsfähig" sind; daß sie also besser „vom Markt genommen" bzw. dort nur „geschützt" – was auch heißen kann: nur unter restriktiven Bedingungen – zugelassen werden sollen oder können. Sozialstaat und Sozialpolitik entwickelten sich also in engem Zusammenhang mit der modernen kapitalistischen Gesellschaft westlicher Prägung. Ihr Ziel ist es bis heute, diejenigen zu schützen bzw. denjenigen zu helfen, die in einer Erwerbsgesellschaft in ihrer Handlungsfähigkeit eingeschränkt und dadurch besonders von Ausbeutung betroffen waren: Kinder, Kranke, Alte, →Behinderte – und auch Frauen als normale Betreuerinnen dieser Gruppen. Sozialstaat und Sozialpolitik sind niemals angetreten, den „Markt" systematisch außer Kraft zu setzen. Die Entwicklung verlief eher umgekehrt: Indem bestimmte Güter, Dienste, Leistungen aus dem Marktgeschehen ausgeklammert wurden und noch werden, soll(te) eine Wettbewerbs- oder Erwerbs- oder Marktgesellschaft um so besser, störungsfreier usw. funktionieren können.

Darum auch war bis in die Gegenwart Erwerbsarbeit ohne ihr Komplement, ihre andere Seite, die Familie, undenkbar. Sie machte die Erwerbsgezwungenen oder -willigen überhaupt erst zu Erwerbsfähigen, indem sie ihnen den Rükken frei hielt von den Wechselfällen menschlichen Lebens, seiner Bedürftigkeit und Hinfälligkeit. Die Frage, was sozial gerecht ist, machte vor den Türen von Haushalt und Familie halt. Sie schien hinter diesen gut aufgehoben, galt →Ehe doch seit Hegel als Individuum, das mit einer Stimme („einer für alle") gleichermaßen solidarisch sprach. In der Familie gelten alle unterschiedslos gleich als Nutznießer. (Diese Fiktion ist durch die →Frauenbewegung, aber auch durch Ergebnisse empirischer Armutsforschung brüchig geworden.) Erst die Familie und die dort – meist von F – jenseits von Markt und Staat geleistete Arbeit machte und macht immer noch die M am Arbeitsmarkt so dauerhaft verfügbar, daß sich eine unternehmerische Investition in seine Arbeitskraft, in seine Aus- und Fortbildung und folglich seine längerfristige Beschäftigung auszahlte. Ehe und →eheähnliche Gemeinschaften sind nach wie vor eine wichtige Stütze in der Bewältigung alltäglicher Erwerbszwänge. Die Kontinuität der männlichen Beschäftigung wiederum verschafft(e) „seiner" Familie oder Partnerbeziehung ein kontinuierliches Einkommen und im Laufe dieses Jh. auch ein Auskommen, auch wenn die Unterhaltsverpflichtung der M noch zu Beginn dieses Jh. oft durch Recht und Sanktion gesichert oder erzwungen werden mußte. In einem gewissen Sinn und ganz allgemein betrachtet hat der Sozialstaat die Familie humanisiert, sie zunehmend „befreit" für die (für sie nun konstitutive) Aufgabe emotionaler Bedürfnisbefriedigung. Ihr Mittelpunkt war die Frau, die zunächst nur da ist und v. a. bleibt. Für dieses Dasein und Bleiben wurde sie staatlich subventioniert, noch nicht für eigens auszuweisende – folglich der Erwerbsarbeit doch irgendwie vergleichbar zu simulierende – Leistungen. Deshalb auch war die Unterhaltspflicht des Ehemannes kein wirtschaftliches Entgelt für die hauswirtschaftliche oder sonst eine Leistung der Frau. Sie galt dem Status der Ehefrau, nicht der Hausfrau oder Betreuerin der Kinder oder anderer Hilfsbedürftiger. Der Ehemann unterhielt die Ehefrau standesgemäß, er bezahlte nicht seine Frau als Hausfrau. Bedacht war somit das bloße Dasein jenseits und vorab jeder Leistung und Gerechtigkeitsfrage, das Dasein und Bleiben, das die männliche Erwerbsfähigkeit und später die der Kinder ermöglichen sollte.

Die dt. Sozialpolitik wirkt als G durch die in ihr angelegte Doppelstrategie: Sie forciert auf der einen Seite die kapitalistische Wettbewerbswirtschaft, deren kontinuierliche Weiterentwicklung und Anpassungsfähigkeit („Produktivität" also), indem sie andererseits gleichzeitig vorhandene und entstehende →soziale Probleme und Konflikte v. a. durch Geldleistungen an die weniger „produktiven" Individuen, in geringerem Maße aber durch die Bereitstellung von Diensten zu kompensieren sucht. Sie wirkt also eher ausgrenzend und kompensierend als integrierend und egalisierend, ist eher transfer- als dienstleistungsintensiv; folglich ist der Sozialstaat eher Kompensator und weniger Beschäftiger

777

von Dienstleistenden. Die Logik der G ist wirksam, insoweit sie tendenziell bis heute die Idee einer Verallgemeinerung der Lebensführung des Beamten für alle „Normalarbeiter" verfolgt: deren umfassende und krisenfeste Absicherung, die eben auch die Möglichkeit einschließt, eine nichterwerbstätige Frau angemessen unterhalten zu können. Diese Sozialpolitik, auch in der Form der Steuer- und Bildungspolitik, hat bislang eine „Modernisierung" der weiblichen Statusrolle erfolgreich verhindert. Der Status von F wurde bisher nicht grundsätzlich verändert, sondern nur geöffnet für mehr (sich teilweise widersprechende) Funktionen und in diesem Prozeß der Flexibilisierung rationalisiert, d.h. in unterschiedliche, für die Gesellschaft notwendige, nützliche, also öffentlich anzuerkennende, und in private, sozial vermeintlich irrelevante Funktionen zerlegt: in Betreuungsfunktionen für Kinder und Alte einerseits, die von der Gesellschaft nur kostspielig erbracht werden könnten, und die privaten Leistungen für Ehemänner und Partner, die die Gesellschaft nichts mehr angehen sollen.

Die Prämissen der dt. Sozialpolitik als G sind in den letzten Jahren offensichtlich ins Wanken geraten. So erweist sich die Unterstellung, alle Erwerbswilligen könnten weitgehend durch eigene Erwerbsarbeit ihre Existenz sichern, als Fiktion. Auch die Prämissen von Familie sind nicht länger haltbar; um zu tragen, setzt „Familie" Stabilität und Solidarität z.B. im Umgang mit den Ressourcen, bei ihrer Verteilung usw. voraus. Beides ist aber kontingent, d.h. kann nur erhofft, kaum erwartet und schon gar nicht politisch oder sonstwie hergestellt werden. Und die Vereinzelung von F in einzelnen Haushalten hat nicht verhindern können, daß Hausarbeitsleistungen an denen der Erwerbsarbeit gemessen werden. Selbst noch der Forderung nach „Lohn für die Hausarbeit" oder die nach einer Anerkennung der häuslichen Betreuung folgt der Logik, daß nur zählt, was meßbar/vergleichbar Geld einbringt. Der Status der Ehe- und Hausfrau ist unter Rechtfertigungsdruck geraten: Das Zuhausebleiben gewinnt einen sozial anerkannten Status, der in der BR dann auch minimale Ansprüche – nun von Frauen, nicht mehr von Ehen und Familien – an den Sozialstaat nach sich zieht. Dieser neue Status gilt allerdings nur als „vorübergehender" von nur zeitweiligen Betreuerinnen. In den übrigen Zeiten drohen F zunehmend „zwischen Unterhalt und Lohn hindurchzufallen" und „sozial überflüssig" zu sein. In dem Maße, wie F ihre Existenz eigenständiger sichern wollen, stoßen sie auf die brüchigen Sozialstaatsprämissen und treffen sie auf das Dilemma moderner Erwerbsgesellschaften: Der Sozialstaat interveniert in einer Marktgesellschaft. Er modifiziert das Marktgeschehen allerdings nur und setzt es nicht außer Kraft; er versucht, kapitalismus-, also auch geschlechtsspezifische Ungleichheit zu begrenzen, jedoch nicht abzuschaffen.

Sozialpolitik als G kann auch als eine Antwort auf das Problem verstanden werden, daß besondere Abhängigkeiten in einer Marktgesellschaft die Gefahr beinhalten, besonders ausgebeutet zu werden. (Schwangere und Mütter z.B. sind am Arbeitsmarkt besonders ausbeutbar. Dadurch geraten sie in eine Situation der Handlungs-, weil Entscheidungsunfähigkeit; sie haben keine Optionen, also keine vernünftigen Chancen, aus einer geschlossenen Situation hinaus zu optieren.) Sozialpolitik wirkt selbst als G in dem Sinn, daß durch bestimmte Maßnahmen bzw. durch Ansprüche an den Sozialstaat Hilfe angeboten wird, um aus ausweisloser Abhängigkeit herauskommen zu können. So ist die Sozialhilfe für eine →Alleinerziehende oder eine geschlagene Frau (→Gewalt gegen Frauen) – anders als möglicherweise für M – eine Option und ein Fortschritt; sie bedeutet für diese Frauen u.U. einen Zugewinn an Selbstkontrolle und nicht nur eine neue, wenn auch anders geartete Fremdkontrolle, v.a. dann, wenn das Ende der Sozialhilfe „karriere" rasch absehbar ist. Sozialpolitik bleibt intentionale G, weil sie nie angetreten ist, die kapitalistische Marktökonomie und mit ihr das spezifisch moderne Geschlechterverhältnis abzuschaffen, sondern eher umgekehrt: Sie hilft, die Marktökonomie u. a. durch kontinuierliche Rekonstruktion, Erneuerung und zeitgemäßeren Umbau des Geschlechterverhältnisses zu stabilisieren.

L.: Duden / Hausen, Gesellschaftliche Arbeit – geschlechtsspezifische Arbeitsteilung; in: Kuhn / Schneider (Hg.), Frauen in der Geschichte; Düsseldorf, 1979, 11–33. Gerhard/Schwarzer/Slupik (Hg.): Auf Kosten der Frauen. Frauenrechte im Sozialstaat; Weinheim, Basel, 1988. Okin, S. M: Justice, Gender, and the Family; New York, 1989. Ostner, I., Der Sozialstaat – eine Verabredung gegen Frauen?; in: Blätter der Wohlfahrtspflege, 137. Jg. (1990), H. 1, 14–17.

Ilona Ostner

**Geschlechtskompensatorische Erziehung**

Unter G wird ein Ansatz verstanden, die qualitativen Schwerpunkte und Stärken, die aus der →geschlechtsspezifischen Sozialisation des einen →Geschlechts resultieren und bei denen das andere Geschlecht Defizite aufweist, die eine Verarmung von persönlichen Entwicklungsmöglichkeiten und eine Behinderung gleichberechtigter gesellschaftlicher Entfaltung bedeuten, dem anderen Geschlecht durch verstärkte und gezielte pädagogische Bemühungen auch zu vermitteln. G unter Bedingungen offener, anregungsreicher Schulumwelt (→Schule) steht im Gegensatz zur rigiden Zielorientierung von Androgynitätskonzepten. Das Prinzip der G bedeutet, daß angesichts geschlechtspolarer gesellschaftlicher Konstruktion Jungen und Mädchen veranlaßt werden, sich gegenseitig anzuregen. Hierzu sind wiederum auch kommunikative Organisationsformen erforderlich, in denen Jungen und Mädchen gemeinsam lernen. Dabei ist es didaktisch als Gegengewicht zu bisher androzentristisch dominierten Lerninhalten (→Koedukation) auch unerläßlich, daß der weibliche Lebenszusammenhang mit all seinen konstitutiven Strukturen und (Erfahrungs-)Prozessen gerade den Jungen als Lernanregung angeboten wird und gleichberechtigt Allgemeinbildung ausmacht.

Astrid Kaiser

**Geschlechtskrankheiten**

Im Zusammenhang ihres Auftretens regelt das 1953 verabschiedete Gesetz zur Bekämpfung von G die gesundheitsfürsorgerischen Maßnahmen, hygienischen Kontrollen und ärztlichen Behandlungsvorschriften gegenüber Geschlechtskranken. Zur Feststellung, Untersuchung und Beratung von Personen mit G sowie zur Sicherung ihrer Behandlung werden vom jeweils zuständigen →Gesundheitsamt Beratungsstellen der Geschlechtskrankenfürsorge eingerichtet.

**Geschlechtsspezifische Arbeitsteilung**

G meint die Teilung der gesellschaftlich notwendigen Arbeit zwischen Frauen und Männern. Damit einher geht in heutigen Industriegesellschaften immer auch eine asymmetrische und hierarchische Strukturierung des Geschlechterverhältnisses. Zu unterscheiden ist (1.) die Trennung zwischen entlohnter Arbeit und nichtentlohnter Privatarbeit rund um die Familie (→Hausarbeit); innerhalb der Erwerbstätigkeit (2.) die vertikale und (3.) die horizontale Arbeitsteilung. Schließlich gewinnt (4.) auch die Verkopplung von G und internationaler Arbeitsteilung zunehmend an Bedeutung.

1. Hausarbeit und Erwerbsarbeit sind in vieler Hinsicht komplementär; die eine ist ohne die andere nicht denkbar. Moderne Industriegesellschaften basieren darauf, daß die alltägliche Sorge für die Bedürfnisse der erwerbstätigen Familienmitglieder, der Kinder und zunehmend auch wieder der Alten und Kranken in nichtentlohnter Form geleistet wird. Die →geschlechtsspezifische Sozialisation sorgte bisher dafür, daß durch die Fähigkeit der Frau, Kinder zu

gebären, auch die Zuweisung der Reproduktion i. w. S. von Generation zu Generation an die Frau weitergegeben wurde. Noch heute haben Frauen (und nur sie) die Möglichkeit, sich als Lebensperspektive für die →Familie und gegen den Beruf zu entscheiden – eine Entscheidung, die im Falle von Trennung oder Tod des Partners höchst prekäre Folgen für die eigene Versorgung haben kann. Die in den letzten 100 Jahren zunehmende Eroberung des Erwerbsarbeitssektors durch die Frauen (→Frauenerwerbsarbeit), die im Verlauf der →Modernisierung sich verändernden Funktionen der →Familie sowie sinkende Kinderzahlen lassen es fraglich erscheinen, ob die Zuschreibung „Männerwelt: Beruf" vs. „Frauenwelt: Familie" weiterhin Gültigkeit haben wird.

2. Die Zuständigkeit der Frau für Haus und Familie hat Konsequenzen beim Eintritt in die →Erwerbsarbeit. In nahezu allen Bereichen finden sich Frauen überproportional häufig in den unteren bis mittleren Hierarchiestufen bzw. in den Randsegmenten des →Arbeitsmarktes. Die Vorstellung, daß der Arbeitsmarkt nach Geschlechtern getrennt („segmentiert") ist, baut auf der Analyse auf, daß sowohl auf dem gesamtgesellschaftlichen – externen – Arbeitsmarkt, als auch auf den betrieblichen – internen – Arbeitsmärkten in hierarchischer Anordnung verschiedene Segmente zu unterscheiden sind. Von Bedeutung für die G ist die duale Teilung des Arbeitsmarktes in Märkte für stabile Stammarbeitsplätze einerseits und instabile Randarbeitsplätze andrerseits. Auf den Stammarbeitsplätzen finden sich Personen mit lebenslanger Erwerbsbiographie und abgeschlossener Berufsausbildung, die zeitlich voll verfügbar sind. Diese werden auch als Potential für innerbetriebliche →Weiterbildung angesehen und von den →Gewerkschaften angemessen vertreten. Prototyp ist der männliche Facharbeiter. Auf den Randarbeitsplätzen werden flexibel einsetzbare, kurzfristig anlernbare Arbeitskräfte eingestellt – hier finden sich überdurchschnittlich viele Frauen.

Der Prozeß, durch den sich dies herstellt, ist ein doppelter: Auf der einen Seite sehen noch immer viele Frauen selbst ihre Erwerbstätigkeit als zeitlich befristet an und verfolgen daher ihr berufliches Fortkommen nicht konsequent genug. Auf der anderen Seite wird jeder einzelnen Frau diskontinuierliches Arbeitsmarktverhalten unterstellt: Jede Frau im gebärfähigen Alter wird als potentielle Mutter betrachtet, in die zu investieren nicht lohnt. Daher wird sie eher für kurzfristig erlernbare und leicht ersetzbare Tätigkeiten herangezogen. Am oberen Ende der Hierarchie, in den Spitzenpositionen von Politik, Wirtschaft und Wissenschaft, sind derzeit ca. 2–3% Frauen zu finden. Um dies zu ändern, verfolgen Frauengruppen konsequent eine Politik der „Einmischung", fordern Quotierung der verfügbaren Positionen (→Quotenregelung), bilden Frauennetzwerke und bieten Kurse verschiedenster Art an, die Frauen Mut machen sollen, sich in Männerdomänen zu begeben. Gleichzeitig wird auch der Preis für Karriere benannt: Aufgrund der bestehenden G ist es in der Regel der Verzicht auf Kinder, oft auch auf eine dauerhafte Partnerschaft.

3. Daneben existiert eine horizontale Arbeitsteilung dergestalt, daß bestimmte Berufe nahezu ausschließlich von Männern bzw. Frauen ausgeübt werden. Die Konzentration auf reine →Frauenberufe (Friseurin, Arzt-/Zahnarzthelferin gehören immer noch zu den zehn beliebtesten Ausbildungsberufen) besteht weiterhin fort, hat aber stark abgenommen. Frauen drängen heute v. a. in Berufsfelder im kaufmännischen Bereich.

4. Von besonderer Bedeutung ist die spezifische Verkoppelung von internationaler Arbeitsteilung und G. In zunehmendem Maße verlegen Unternehmen ihre Produktionsstätten in Länder der →Dritten Welt. Die Herstellung von Luxusgütern aller Art, Textilien, Elektronikteilen in Kleinbetrieben oder Heim-

industrie sowie von landwirtschaftlichen Erzeugnissen (Kaffee, Tee, Reis, Früchte) basiert dabei zum überwiegenden Teil auf der Arbeit der Frauen. Hier wiederholt sich mit zeitlicher Verschiebung die alte Interessenkoalition: Der Horizont der Frauen ist durch die Konzentration auf die Familie begrenzt, gleichzeitig ist es zum Überleben ihrer Kinder unabdingbar, daß sie jede angebotene Arbeit annehmen. Für die Firmen sind sie aufgrund ihrer Familienorientierung billiger und flexibel einsetzbar.

Insgesamt gesehen verliert die G also keineswegs an Bedeutung, wenn sie auch in den Industrienationen unter Legitimationsdruck geraten ist. → Frauenbewegung und → Frauenforschung haben die Unhaltbarkeit biologischer Argumentation für die Aufrechterhaltung der G nachgewiesen. Die Frauen selbst haben Handlungsspielräume erobert, neue Verantwortungen in der Erwerbsarbeit sowie in der Politik übernommen; die sog. „weibliche Normalbiographie", das Drei-Phasen-Modell (Berufsausbildung, Familienphase, Wiedereinstieg in den Beruf), gehört weitgehend der Vergangenheit an. Durch die Befreiung aus vielen traditionellen Bestimmungen der Geschlechtsrolle (→ Geschlecht) konnte freilich der entscheidende Aspekt der G nicht aufgelöst werden: Die alleinige Verantwortung der Frauen für die private Haus- und Erziehungsarbeit. Solange jedoch die Frage der Vereinbarkeit von Beruf und Kindererziehung sich nicht auch für Männer in gleicher Weise wie für Frauen stellt, werden dringend notwendige flankierende Maßnahmen (Kindergartenplätze, Ganztagsschulen etc.) weiterhin nur höchst zögerlich ergriffen werden. Dadurch wiederum ist es Frauen weiterhin nur unter erschwerten Bedingungen möglich, ihre Interessen in Parteien und Gewerkschaften angemessen zu vertreten.

L.: Beck-Gernsheim, Elisabeth: Der geschlechtsspezifische Arbeitsmarkt; Frankfurt/M., 1976. Dies.: Das halbierte Leben. Männerwelt Beruf – Frauenwelt Familie; Frankfurt/M., 1980. Dies., Karriere: Wie hoch ist der Preis?; in: Altvater, Elmar u.a., Arbeit 2000; Hamburg, 1985, 132–142. Diezinger/Jurczyk/Tatschmurat, Kleine und große Experimente – Die Neuen Frauen; in: Deutsches Jugendinstitut (Hg.), Wie geht's der Familie?; München, 1988, 133–144. Mies, Maria: Patriarchat und Kapital; Zürich, 1989. Sengenberger, Werner (Hg.): Der gespaltene Arbeitsmarkt; Frankfurt/M., 1978. Tatschmurat, Carmen: Geschlechtsspezifische Arbeitsmarktstrukturen und weiblicher Lebenszusammenhang (Studienbrief, Fernuniversität Hagen); Hagen, 1990.

Carmen Tatschmurat

**Geschlechtsspezifische Sozialisation**
Erstaunlicherweise ist G als Thema in der Sozialwissenschaft und der Psychologie relativ neu. Zwar stellt Sigmund Freuds → Psychoanalyse eine erste Theorie der G dar, die in den Wissenschaften vom Menschen auch weite Verbreitung gefunden hat, doch sind seine Vorstellungen über männliche und weibliche → Sexualität eher Anlaß zu kritischer Auseinandersetzung gewesen, als daß sie zur Grundlage moderner Theorien der G geworden sind (vgl. Chodorow; Gilligan; Mitchell; Hagemann-White). Eine andere Wurzel mit sehr weit reichenden Auswirkungen auf heutige Theorien der G waren die kulturanthropologischen Studien Ruth Benedicts und Margaret Meads über Geschlechtsrollen in verschiedenen Kulturen, die eine scharfe Kritik an herkömmlichen Formen der G in der europäisch-amerikanischen Gesellschaft enthielten. Diese Ansätze wurden jedoch erst in den 60er und 70er Jahren aufgegriffen und gezielt zum Thema sozialwissenschaftlicher Betrachtung gemacht. Vor Beginn der → Frauenbewegung wurde G allerdings vorwiegend unter dem Aspekt des individuellen Lernens oder der familiären Prägung beschrieben.

In den USA wurde durch die begriffliche Trennung von „Gender" (soziale

Geschlechtszugehörigkeit, Geschlechtsrolle) und „Sex" (biologisch/physische Geschlechtsunterschiede und -funktionen) auf die Bedeutung der G aufmerksam gemacht. Damit wurde eine grundsätzliche Kritik an den Gender-Beziehungen in patriarchalischen Gesellschaften möglich. Vor allem konnte nun der Erwerb der Gender-Rollen im Prozeß der kindlichen →Sozialisation sichtbar gemacht werden. Deutliche Unterschiede wurden bei der Behandlung von männlichen bzw. weiblichen Säuglingen beobachtet (Scheu; Belotti; vgl. die Übersicht bei Bilden). Im Kleinkindalter werden Kinder nicht nur zu gender-spezifischem Spielen angeregt, es werden ihnen auch deutlich unterschiedliche Erwartungen bezüglich ihres Verhaltens entgegengebracht. Dabei gehen Eltern und später auch die Erziehungspersonen meist davon aus, daß die Verhaltensunterschiede im Kind liegen, und nehmen nicht wahr, wie ihre gender-spezifischen Erwartungen das jeweilige Verhalten des Kindes steuern. Doch selbst der bewußte Versuch, eine gender-neutrale Sozialisation, bspw. bei den eigenen Kindern, zu verwirklichen, scheitert in einer patriarchalischen Gesellschaft, da die alltäglichen Erfahrungen jedem Kind die fundamentalen Gender-Gegensätze vor Augen führen (Bilden; Hagemann-White; Grabrucker).

Besondere Beachtung hat die G im Zusammenhang mit der Entwicklung der weiblichen und männlichen Sexualität gefunden, wobei v.a. der Aspekt der →sexuellen Gewalt gegen Mädchen im Mittelpunkt stand (Kavemann/Lohstöter). Vereinzelt finden sich auch Arbeiten aus Männersicht, in denen die eigene Sozialisation zur Männlichkeit kritisch beleuchtet wird (Pilgrim).

Forschung und Theoriebildung im Bereich der G geschehen generell vor dem Hintergrund eines Bestrebens, die bestehenden Gender-Rollen so zu verändern, daß mehr Gleichheit zwischen den Geschlechtern erreicht wird.

L.: Becker-Schmidt/Knapp: Geschlechtertrennung – Geschlechterdifferenz; Bonn, 1987. Belotti, Elena Gianini: Was geschieht mit kleinen Mädchen? Ein Beitrag zur rollenspezifischen Sozialisation; München, 1975 (Orig. ital.: Dalla Parte delle Bambine; 1973). Benedict, Ruth: Urformen der Kultur; Reinbek, 1955 (Orig. amerik.: Patterns of Culture; 1934). Bilden, Helga, Geschlechtsspezifische Sozialisation; in: Hurrelmann/Ulrich (Hg.), Handbuch der Sozialisationsforschung; Weinheim, Basel, 1980. Chodorow, Nancy: Das Erbe der Mütter. Psychoanalyse und Soziologie der Geschlechter; München, 1985 (Orig. amerik.: The Reproduction of Mothering; San Francisco, 1978). Dinnerstein, Dorothy: Das Arrangement der Geschlechter; Stuttgart, 1979 (Orig. amerik.: The Mermaid and the Minotaur; New York, 1976). Freud, Sigmund: Gesammelte Werke. Insbes. Vorlesungen und Neue Folge der Vorlesungen zur Einführung in die Psychoanalyse, Bd. 1 der Studienausgabe; Frankfurt, 1969–75. Gilligan, Carol: Die andere Stimme. Lebenskonflikte und Moral der Frau; München, Zürich, 1984 (Orig. amerik.: In a Different Voice; Cambridge, 1982). Grabrukker, Marianne: „Typisch Mädchen ..." Prägung in den ersten drei Lebensjahren. Ein Tagebuch; Frankfurt, 1985. Hagemann-White, Carol: Sozialisation: Weiblich – männlich; Opladen, 1984. Dies.: Frauenbewegung und Psychoanalyse; Basel, Frankfurt, 1979. Kavemann/Lohstöter: Väter als Täter; Hamburg, 1984. Krüll, Marianne: Die Geburt ist nicht der Anfang. Die ersten Kapitel unseres Lebens – neu erzählt; Stuttgart, 1989. Mead, Margaret: Mann und Weib; Reinbek, 1958 (Orig. amerik.: Male and Female; 1950). Mitchell, Juliet, Psychoanalyse und Feminismus. Freud, Reich, Laing und die Frauenbewegung; Frankfurt, 1976 (Orig. engl.: Psychoanalysis and Feminism; New York, 1973). Pilgrim, Volker Elis: Manifest für den freien Mann; München, 1978. Schenk, Herrad: Geschlechtsrollenwandel und Sexismus. Zur Sozialpsychologie geschlechtsspezifischen Verhaltens; Weinheim, Basel, 1979. Scheu, Ursula: Wir werden nicht als Mädchen geboren – Wir werden dazu gemacht. Zur frühkindlichen Erziehung in unserer Gesellschaft; Frankfurt, 1977.

Marianne Krüll

**Geschlechtsumwandlung**
→Transsexualität

**Geschlechtszugehörigkeit**
→Transsexualität

**geschlossen**
⇒ stationär

**Geschützte Werkstätten**
→Beschützende Werkstätten, →Werkstätten für Behinderte

**Gesellenvereine**
→Kolping

**Gesellschaft**
„Die" G, insb. die moderne, ist in ihrer Totalität nicht zu fassen. So machen sich die G-mitglieder (einschl. der G-wissenschaftler) unterschiedliche, vereinfachende *Bilder* von der G – Gesellschaftsbilder, um deren annähernde „Richtigkeit" gestritten wird. (Ich sehe in diesem Beitrag ab von der Begriffsbedeutung i. S. einer ggf. organisierten und rechtsförmigen Zweckvereinigung wie z. B. Reise-G, G zur Rettung bedrohter Tier- und Pflanzenarten, Aktien-G, →Gesellschaft mit beschränkter Haftung; oder Gesellligkeit – „gerne in G sein".) Ich wende mich dem diffusen Phänomen G zu, das unsere Erfahrungswelt weithin zu bestimmen und gleichzeitig zu überschreiten scheint; denn eigentlich leben wir nicht in „der" G, sondern in bestimmten →Gruppen, →Nachbarschaften oder →Organisationen.

G läßt sich allg. umschreiben, z. B. als umfassendes System menschlichen Zusammenlebens oder als ein mehr oder minder stabiles Gefüge von direkten und indirekten Wechselbeziehungen zur Verfolgung individueller und/oder gemeinsamer Bedürfnisse und Bestrebungen. Auch lassen sich einige, z. T. umstrittene Grundmerkmale von G aufzählen: eine hinreichend große, altersmäßig und geschlechtlich gemischte Bevölkerung mit territorialem Bezug, bestimmter Produktionsweise, politischer Ordnung und einer wie auch immer gemeinsamen →Kultur (Sprache, Werte, Geschichtsbewußtsein).

G stellt ein mehr oder minder übersichtliches Bild aus vielen interaktiven Einzelheiten dar, die in einen abstrakten Hintergrund (Wirtschaft, Recht, Politik, Kultur) verfließen. Im folgenden werden zunächst einige Arten von G-bildern umrissen, wie sie – z. T. von früher nachwirkend – sich heute in den Köpfen von G-mitgliedern (und Soziologen) finden lassen.

I. G-bilder
*1. Ausschließende G-bilder,* wie sie in früheren Zeiten vielfach vertreten wurden, gehen davon aus, daß G aus den kulturell und politisch tonangebenden Kreisen besteht: die „höfische G" oder die G der ökonomisch und rechtlich freien Bürger. Diese G wurde als „gesittete", zivilisierte und herrschaftsbefugte von den „einfachen Leuten" (zu denen teilweise auch die Frauen gerechnet wurden) abgehoben. In den Ausdrücken „gute G", „high society" oder „gesellschaftliches Ereignis" klingen noch Erinnerungen an ausschließende G-bilder an.

*2. „Konservative" G-bilder.* Im 19. Jh. wurden zwei entgegengesetzte wissenschaftliche Sichtweisen von der „Natur" der G und des Menschen hervorgebracht, die bis heute nachwirken und hier stark vereinfacht einander gegenübergestellt werden. Diese entgegengesetzten G-vorstellungen, die bis heute viele Zwischentönungen enthalten, gehen einher mit unterschiedlichen *sozialpolitischen* Einschätzungen. So sieht etwa der englische Soziologe Herbert Spencer (1820–1903) sozialstaatliche Maßnahmen für die Armen und Kranken, Witwen und Waisen als schädlich oder unnütz an; denn er begreift die

Entwicklung der G und ihrer Untergliederungen in Analogie zur Evolution der Organismen und glaubt im „Überleben der Tauglichsten" das Fortschrittsprinzip der natürlichen Auslese zu erkennen. Wer nicht selbst emporkommt, sich nicht aus eigener Kraft zu versorgen oder Vorsorge zu treffen vermag, ist mit weniger Fähigkeiten ausgestattet. Er kann deshalb keine staatliche Unterstützung, die ja nutzlos wäre, erwarten, sondern nur barmherzige →Gaben. Die konservative →Sozialpolitik, die den Tüchtigen zum Wohle aller freie Bahn schaffen will, ist bis heute oft taktisch ausgerichtet: So wenige wohlfahrtsstaatliche Leistungen wie möglich, weil sie sich ja nicht „auszahlen", und so viele wie nötig, um Unruhen zu vermeiden. Der Gedanke, daß die Milderung der →Armut mit dem Herrschaftssystem versöhnt und das Risiko einer proletarischen →Revolution herabsetzt, ist altbekannt.

*3. „Progressive" G-bilder.* Was die Konservativen hofften, das befürchteten die radikalen Verfechter der progressiven Sichtweisen: daß das Proletariat (→Arbeiterklasse), durch →Almosen betört, seine sog. historische Mission aus den Augen verlieren könnte; nach →Marx und →Engels bestand diese darin, die bürgerlich-privatkapitalistischen Produktionsverhältnisse und die Klassengesellschaft durch Vergesellschaftung der Produktionsmittel zu überwinden, die planmäßige Lenkung der Produktion zu übernehmen (→Sozialismus) und langfristig, nach einer Übergangsphase der „Diktatur des Proletariats" zur Bekämpfung bürgerlicher Überbleibsel, den Kommunismus zu verwirklichen, in dem auch der →Staat „abstirbt". – Die Befürworter großzügiger sozialstaatlicher Leistungen finden sich bis heute am ehesten unter den Vertretern gemäßigter progressiver Vorstellungen. Sie halten den Kapitalismus in gewisser Weise für zähmbar und die besitzbürgerliche Gesellschaft für reformierbar und reformbedürftig, und sie bekunden Skepsis gegenüber den Versprechungen der klassenlosen, kommunistischen Gesellschaft.

II. Typologien von G
Es ist im →Alltag, in Politik und Wissenschaft gebräuchlich, Gesellschaften mit gewissen Attributen vereinfachend zu kennzeichnen und voneinander abzuheben. Dabei können, je nach Standort und Betrachtungsweise, ganz unterschiedliche Merkmale hervorgehoben werden – sei es beim Vergleich von raum-zeitlich getrennten, sei es bei ein und derselben G. So steht z. B. bei der Gegenüberstellung von Agrar- und Industrie-G die Art des wirtschaftlichen Produzierens im Vordergrund; bei der von kapitalistischer und sozialistischer G die jeweilige Eigentumsordnung an Produktionsmitteln. Bei den sog. primitiven, relativ kleinen G kommen neben der Wirtschaftsweise (geringe, segmentäre Arbeitsteilung; geringe Spezialisierung) auch kulturelle Eigenarten in den Blick (Schriftlosigkeit, Dominanz des Verwandtschaftssystems, Verhaltensritualismus und -traditionalismus, Naturreligionen).

Die modernen westlichen G erfahren in ihrer Vielschichtigkeit eine Vielzahl von z. T. widersprüchlichen Kennzeichnungen: Massen-, Arbeits-, Mittelstands-, Wohlstands-, Konsum-, Wegwerf-Dienstleistungs- oder Freizeit-G. Und wenn wir von „modernen" G reden, denken wir an „vormoderne" und möglicherweise auch an „postmoderne". Die Begriffe „Informationsgesellschaft" und „Risikogesellschaft" stehen für zwei (einander nicht unbedingt ausschließende) Sichtweisen moderner G.

1. In der *Informations-G* wird Information, die von wissenschaftlichem Theoriewissen über administrative Datensammlungen bis zu den Auslassungen der Massenmedien reicht, zu einem „Grundstoff". Dieser Stoff, zu dessen Erzeugung, Verarbeitung und Verwendung sich die technologischen Möglichkeiten immer mehr erweitern, wirkt auf dreierlei Weise: a) als Produktionsfaktor: starkes Anwachsen des („vierten")

Produktionssektors der Informationsökonomie, -technologie und -verwaltung, Vordringen von Großforschung und Spitzentechnologie; b) als Konsumgut, vielfach in Bildform: neue (Unterhaltungs-)Medien; c) als Kontrollmittel: umfassende maschinenlesbare Dateien.

Die kaum ermeßliche Effizienzzunahme von Informations-, Energie- und Produktionstechnologien beschleunigt die gesellschaftlichen Veränderungsprozesse in ihrer zunehmenden Informationshaltigkeit und -abhängigkeit. Wohin die Entwicklung führt und mit welchen Nebenwirkungen und Folgelasten sie verbunden ist, läßt sich immer schwieriger einschätzen. Diese Unbestimmtheiten und Störanfälligkeiten führen einerseits zur Ausdehnung von staatlichen Tätigkeiten (→Staat) und →Bürokratien (Ausbau von rechtlichen, politischen, militärischen und →polizeilichen Informationssystemen) sowie von privatwirtschaftlichen, durchrationalisierten Großorganisationen. Dabei beruht das wachsende Kontrollpotential von Staat und privaten Konzernen weniger auf einem systematischen Theoriewissen als auf einem Datenwissen von einfacher Art und riesigen Mengen. Insofern ist eher die Verdatung als die Verwissenschaftlichung ein Hauptmerkmal der Informations-G.

2. Risiko-G. Die Unbestimmtheiten und Fragwürdigkeiten der rasanten gesellschaftlichen Entwicklungen und die Gefahren des Mißbrauchs staatlichen und privatwirtschaftlichen Datenwissens rufen Gegenbewegungen hervor, die eine umfassende →Partizipation an gesellschaftlichen Interpretations- und Entscheidungsprozessen einfordern und das Recht auf informationelle Selbstbestimmung. Hebt die Theorie der Informations-G also die Änderungen des Wissensumfangs, der Wissensarten, -verteilung und -ordnung („Datenpool") hervor, so betont die der „Risiko-G" die neuartige Vergesellschaftung der Natur(zerstörungen) und die Entgrenzung von Naturwissenschaft und Politik. Die „moderne" Natur und ihre →Risiken (Schmutz, Gift und Müll in Erde, Wasser, Atmosphäre; kerntechnische Gefährdungen und gentechnische Versuchungen) sind die geschichtlichen „Kunstprodukte" der Menschen, vorrangig der Naturwissenschaften und ihrer Anwendungen. Heute treffen die Wissenschaften auf ihre eigene, „die zweite zivilisatorische Schöpfung" mit all ihren „selbstverschuldeten" Gefahren. Die gefährdete oder zerstörte Natur wird zur *Innen*ausstattung der zivilisierten Welt. Es wird weniger die Naturbeherrschung als die Beherrschung der Naturbeherrschung zum Problem. Die Zerstörungen der →Umwelt und weitere Gefährdungslagen verweisen auf das Versagen einer wissenschaftlich-technischen Rationalität, die in ihrer sachlichen Beschränktheit und ökonomischen Einseitigkeit die Nebenfolgen ihres Tuns für die G nicht abschätzen konnte, wollte oder durfte. Dadurch verlieren diese Rationalität und die ihr huldigenden Wissenschaften tendenziell an Glaubwürdigkeit und Legitimität.

L.: Beck, Ulrich: Risiko-G. Auf dem Weg in eine andere Moderne; Frankfurt/M., 1986. Bell, Daniel: Die nachindustrielle G; Frankfurt/M., New York, 1975. Berger, Peter L./Luckmann, Thomas: Die gesellschaftliche Konstruktion der Wirklichkeit; Frankfurt/M., 1969. Habermas, Jürgen, Können komplexe G eine vernünftige Identität ausbilden?; in: Zur Rekonstruktion des Historischen Materialismus; Frankfurt/M., 1976. Otto, Peter/Sonntag, Philipp: Wege in die Informations-G; München, 1985. Ritsert, Jürgen: G. Einführung in den Grundbegriff der Soziologie; Frankfurt/M., New York, 1988. Tenbruck,Friedrich H., G und Gesellschaften: Gesellschaftstypen; in: Bellebaum, Alfred (Hg.), Wissen im Überblick: Die moderne G; Freiburg, 1972. Touraine, Allain: Die postindustrielle G; Frankfurt/M., 1972.

Martin Doehlemann

**Gesellschaft für Betriebswirtschaftliche Beratung mbH (GEBERA)**

GEBERA ist ein Gutachten- und Beratungsinstitut auf dem Gebiet des →Gesundheits- und Krankenhauswesens. Das Institut wurde 1976 in der Rechtsform einer GmbH gegründet, deren Gesellschafter und Aufsichtsratsvorsitzender, Sieben, Ordinarius für Betriebswirtschaftslehre und Direktor des Seminars für Allgemeine Betriebswirtschaftslehre und Wirtschaftsprüfung an der Universität Köln ist. Bereits zu Beginn ihrer Beratungs- und Gutachtertätigkeit hat sich die GEBERA auf die Beratung von Organisationen und Verbänden der niedergelassenen Ärzte, deren Institute, von Krankenhäusern und Krankenkassenverbänden konzentriert. Seit mehreren Jahren sind Gutachteraufträge für Länder- und Bundesministerien ebenso hinzugetreten wie praxisorientierte Schulungen und Kurse für angehende Verwaltungsleiter und Aufbau-Trainingsprogramme für praktizierende Krankenhausmanager.

Bei der Krankenhausberatung, -forschung und -ausbildung konzentriert sich GEBERA auf Themen wie: Aufbau- und Ablauforganisation von Krankenhäusern; Entwicklung und Einführung von betriebswirtschaftlichen Führungsinstrumenten und leistungsfähigen Konzepten der Materialwirtschaft; Einführung und Weiterentwicklung der Kosten- und Leistungsrechnung als Betriebsführungssystem; Umsetzung der internen Budgetierung; Durchführung eines externen Controlling; Personalberatung und Durchführung von Wirtschaftlichkeitsprüfungen.

Für das Bundesarbeitsministerium sind folgende Projekte bearbeitet worden bzw. in Arbeit: Leitfaden über Einsatz der Kosten- und Leistungsrechnung nach §9 der KHBV für Analysen und Entscheidungen im Krankenhaus; Vereinbarung von Sonderentgelten nach §6 BPflV; Vergleichbarkeit von Krankenhäusern; Begleitforschung zur Bundespflegesatzverordnung (vergeben im Herbst 1987 zusammen mit dem →Deutschen Krankenhausinstitut und dem →Wissenschaftlichen Institut der Ortskrankenkassen).

Im Rahmen der Ausbildung werden Krankenhausseminare und Fachtagungen zur Fortbildung über Fragen des Krankenhauswesens (Rechnungswesen; Finanzierung; Leistungs- und Kostenrechnung; Wirtschaftlichkeitsprüfung; Budgetierung) veranstaltet. Leistungsangebote im Bereich niedergelassener Ärzte sind: Kostenstrukturanalysen; Wertermittlung von Arztpraxen; Analysen im Auftrag von Berufsverbänden der niedergelassenen Ärzte. GEBERA führt ebenfalls Organisationsanalysen und betriebswirtschaftliche Untersuchungen in Einrichtungen für psychisch Kranke, Epileptiker und geistig Behinderte durch (z. B. für die Bodelschwinghschen Anstalten in Bethel; →Bodelschwingh).

A.: GEBERA, Aachener Straße 1120, 5000 Köln 40.

Harald Clade

**Gesellschaft für Konsum-, Markt- und Absatzforschung e. V. (GfK)**

Die GfK verfügt seit mehr als zehn Jahren über eine eigenständige Fachabteilung in der empirischen Gesundheitsforschung. Diese Abteilung ressortiert bei einer Tochterfirma der GfK-Gruppe, der GfK-Marktforschung GmbH & Co. KG in Nürnberg.

Die GfK-Gruppe ist mit eigenen Instituten und Institutsbeteiligungen in 16 Ländern Europas, in den USA, Japan und in Hongkong vertreten. In der Nürnberger Institutszentrale arbeiten 900 festangestellte Mitarbeiter, weltweit sind es mehr als 1400. In der BR sind mit dem Institut mehr als 3000 Interviewer vertraglich verbunden. 1987 wurden allein mehr als 600 000 Interviews bundesweit abgewickelt. Die 1934 gegründete GfK-Gruppe ist die älteste und größte Einrichtung der →Demoskopie und der Marktforschung in der BR. Zur Abteilung „Gesundheitsforschung" gehören zwölf fest angestellte Mitarbeiter, die über einen für medizinische und phar-

## Gesellschaft für Organisationsentwicklung

makologische Projekte spezialisierten Interviewerstab verfügen. Dem Team gehören Ärzte, Betriebswirte, Psychologen, Soziologen und Ernährungswissenschaftler an.

Zu den Auftraggebern zählen renommierte pharmazeutische Firmen, Hersteller der Medizintechnik, die Krankenkassen, Behörden aus Bund und Ländern und die Hochschulen. Schwerpunkte der Marktforschungsstudien sind: Konzepttests, Markteintrittsstudien, Akzeptanzstudien, Potentialschätzungen, Expertenratings sowie Längs- und Querschnittsanalysen. Die regelmäßigen Zielgruppen der empirischen Erhebungen sind u. a. Krankenhausärzte, niedergelassene Ärzte, Apotheker, Inhaber von Reformhäusern, Heilpraktiker und Patienten.

Bislang konzentrierte sich die GfK-Marktforschung auf folgende Produktpalette: medizinisch-technische Geräte, Reagenzien, Diagnostika, Einwegmaterialien, rezeptpflichtige Präparate, Implantate, Produkte der Selbstmedikation, Heil- und Hilfsmittel, Dienstleistungen im Gesundheitswesen sowie sozial- und gesundheitspolitisch relevante Fragen des Gesundheits- und Krankheitsverhaltens der Bevölkerung. Weitere Schwerpunkte bilden die Bereiche Ernährungs- und Sozialforschung. Ein eigenes Institut für klinische Prüfungen ist angegliedert.

Methodisch bewegt sich die GfK auf dem Feld der Tiefeninterviews über videogestützte Handhabungs- und Geschmackstests, Mehrthemenuntersuchungen bis hin zu Repräsentativbefragungen bei den Angehörigen der Gesundheitsberufe und Patienten. Jährlich werden rund 110 Projekte unterschiedlicher Größenordnung abgewickelt.

A.: GfK-Marktforschung GmbH & Co. KG, Abt. Gesundheitsforschung, Burgschmitstr. 2, 8500 Nürnberg 1.

Harald Clade

## Gesellschaft mit beschränkter Haftung (GmbH)

### Gesellschaft für Organisationsentwicklung und Beratung im Gesundheitswesen
⇒ I & D

### Gesellschaft für Systemberatung im Gesundheitswesen mbH (GSbG)

Zu den aufstrebenden Instituten, die gutachtlich und beratend im Gesundheits- und Krankenhauswesen der BR tätig sind, zählt die Mitte 1985 in Kiel gegründete GSbG. Sie hat sich auf eine praxisbezogene Beratung der Auftraggeber (Krankenhausträger, Krankenkassen, Verbände) spezialisiert; die Projektbegleitung und Beratung „vor Ort" sowie Systemanalysen aufgrund von Betriebsbegehungen und der Sichtung, Analyse und Bewertung des empirischen Befundes stehen im Vordergrund.

Die GSbG befaßt sich u. a. mit folgenden Projekten: Krankenhausfinanzierung über leistungsadäquate Entgeltsysteme; Budgetierung unter besonderer Berücksichtigung von Fallspektren; Krankenhausplanung; Organisation und Controlling im Krankenhaus; Kapazitätsbedarf für Ausbildung, Forschung und Lehre in Universitätskliniken; Struktur einer pflegerischen Versorgung älterer Menschen; Versorgungsstufen stationär-ambulant; Dezentralisierung der Psychiatrie und Effizienzanalysen im Arznei-, Heil- und Hilfsmittelbereich. Kooperationspartner sind die →Weltgesundheitsorganisation, die Robert-Bosch-Stiftung; das Land Schleswig-Holstein, die →Medizinisch Pharmazeutische Studiengesellschaft, →Krankenkassen, deren Verbände, und Krankenhausträger.

A.: GSbG, Lindenallee 21, 2300 Kiel.

Harald Clade

### Gesellschaft für Wirtschafts- und Sozialwissenschaft
→Verein für Sozialpolitik

### Gesellschaft mit beschränkter Haftung (GmbH)

Mit dem GmbH-Gesetz (GmbHG) von 1892 war die Absicht verbunden, eine Aktiengesellschaft (AG) des kleinen Mannes zu schaffen. Als ‚kleine Schwester' der AG gehört sie zur Familie der Kapitalgesellschaften und stellt mit über 200 000 Gesellschaften 99% derselben. Die ‚große Schwester' AG verfügt dafür über mehr als die Hälfte des gesamten Nominalkapitals aller Kapitalgesellschaften.

Die GmbH kann zu jedem gesetzlich zulässigen Zweck gegründet werden. Zur Gründung ist ein Stammkapital in Höhe von DM 50 000 aufzubringen (§ 5 I GmbHG). Die Haftung der GmbH ist auf das Gesellschaftsvermögen beschränkt. Die Gesellschafter sind mit Einlagen auf das in Teile zerlegte Stammkapital beteiligt, ohne persönlich für die Gesellschaftsschulden zu haften. Die Gesamtheit der Gesellschafter ist in der Gesellschafterversammlung das oberste Willensbildungsorgan der GmbH. Jede 100 DM gewähren dem Gesellschafter in der Gesellschafterversammlung eine Stimme. Die Stimmkraft nach Höhe der Beteiligung kann durch andere Stimmodalitäten, so z. B. pro Person eine Stimme, ersetzt und vom Kapital gelöst werden. Neben dem Organ der Gesellschafterversammlung sieht das GmbHG zwingend die Bestellung eines oder mehrerer Geschäftsführer vor. Den Geschäftsführern obliegt die Vertretung der GmbH im gerichtlichen und außergerichtlichen Rechtsverkehr. Nur der Geschäftsführer kann für die GmbH Verträge abschließen und andere rechtsverbindliche Handlungen im Namen der GmbH tätigen.

Mit Erreichen einer bestimmten Beschäftigtenzahl unterliegt die GmbH den verschiedenen Gesetzen zur →Mitbestimmung und ist zur Bestellung eines Aufsichtsrates verpflichtet, in dem eine Beteiligung der Arbeitnehmer vorgeschrieben wird. Der Aufsichtsrat ist das zur Bestellung bzw. Abberufung des Vorstandes bzw. der Geschäftsführung und das zu seiner Überwachung bestimmte Organ. Nach § 77 Betriebsverfassungsgesetz von 1952 ist in einer GmbH mit mehr als 500 Arbeitnehmern ein Aufsichtsrat zu bilden, der zu einem Drittel aus Vertretern der Arbeitnehmer bestehen muß. Im Montanbereich (Eisen und Kohle) ist in Betrieben mit mehr als 1000 Arbeitnehmern ein Aufsichtsrat zu bestellen, der sich aus mindestens 5 Vertretern der Anteilseigner und 5 Arbeitnehmervertretern zusammensetzt. Beide Gruppen haben mehrheitlich ein sog. neutrales Mitglied hinzuzuwählen. Das Mitbestimmungsgesetz von 1976 schreibt für GmbHs, die nicht dem Montanbereich angehören und mehr als 20 000 Arbeitnehmer beschäftigen, einen Aufsichtsrat vor, dem 6 Vertreter der Anteilseigner und 6 Vertreter der Arbeitnehmer angehören. Unter den Arbeitnehmervertretern muß sich ein leitender Angestellter befinden. Wie der →Verein oder andere körperschaftsrechtliche Organisationsformen, kann auch die GmbH als gemeinnützige Gesellschaft anerkannt werden und entsprechende Steuererleichterungen genießen (→Gemeinnützigkeit).

L.: Baumbach, A./Hueck, A.: GmbH-Gesetz, Kurz-Kommentar; München, 1988. Hueck, G.: Gesellschaftsrecht. Ein Studienbuch; München, 1983. Waldner, W./Wölfel, E.: So gründe und führe ich eine GmbH; München, 1989. Kittner, M./Fuchs, H./Zachert, U./Köstler, R.: Arbeitnehmervertreter im Aufsichtsrat, Bd. 1 und 2; Köln, 1987.

Torsten Eichler

**Gesellschaftlicher Wandel**
→Sozialer Wandel

**Gesellschaftsanalyse**
G ist die empirisch orientierte Überprüfung von allgemeinen Gesellschaftstheorien (→Gesellschaft). Sie untersucht die Bedingungen des sozialstrukturellen Wandels in verschiedenen Politikfeldern und die daraus resultierenden Veränderungen für die Lebensbedingungen der Menschen. Im sozialpolitischen Kontext ist ihr daran gelegen, die Ambivalenzen und Paradoxien von wohlfahrtsstaatlichen Leistungen aufzuzeigen. Insofern ist sie ein Stück →,,Politikberatung", wobei sie sich jedoch an den Lebensin-

## Gesellschaftspolitik

teressen der von staatlicher →Sozialpolitik Betroffenen zu orientieren hat.

Roland Popp

**Gesellschaftspolitik**

Unter G versteht man die vielfältigen Funktionsaufgaben, die der moderne →Staat in den verschiedenen Politik-Bereichen zu bewältigen hat. G ist der begriffliche Ausdruck für die Zusammenfassung der verschiedenen Teil-Politiken, z. B. der Sozial-, Umwelt-, Rechts-, Wirtschafts- oder Bildungspolitik. G ist somit die Zusammenschau und die strategische Abstimmung von einzelnen Politikfeldern. Probleme ergeben sich immer dann, wenn die in den verschiedenen Politikfeldern formulierten Zielperspektiven nicht übereinstimmen oder sich widersprechen. So gehört die Konfliktschlichtung zwischen Sozial- und Wirtschaftspolitik, oder auch zwischen Umwelt- und Wirtschaftspolitik zu den „klassischen" gesellschaftspolitischen Staatsaufgaben.

Über lange Zeit war mit G die Hoffnung verbunden, daß der moderne „Daseins-Vorsorgestaat" gesellschaftliche Problemlagen interventionistisch zu bewältigen vermag. G ist insofern Ausdruck für die Dynamik des →sozialen Wandels, da alle möglichen Problemlagen irgendwann zum Thema der G gemacht werden können – sofern es gelingt, diese in den öffentlichen politischen Diskurs einzuführen. G bleibt aber zugleich illusionär, weil sie v. a. strategische Problembewältigung und -ausgleich von divergierenden Interessen und Gesellschaftskonzeptionen ist. Je nach politischem Standpunkt wird man von einer konservativen, liberalen, sozialdemokratischen, sozialistischen oder ökologischen G sprechen können. In allen diesen Varianten werden unterschiedliche Gesellschaftsdiagnosen und Problemlösungsvorschläge gegeben.

L.: Achinger, Hans: Sozialpolitik als G. Von der Arbeiterfrage zum Wohlfahrtsstaat; Frankfurt/M., 1979. Ortlieb/Lösch, Art. „G"; in: Staatslexikon, Bd. 2; Freiburg, Basel, Wien, 1985, 978–985. Reithofer, Hans: Die ausgleichende Gesellschaft. Strategien der Zukunftsbewältigung; Wien, 1978.

Roland Popp

**Gesellschaftssteuerung**

→Systemtheorie

**Gesetz über die Vereinheitlichung des Gesundheitswesens (GVG)**

L.: Labisch, A./Tennstedt, F.: Der Weg zum „GVG" vom 3. Juli 1934. Entwicklungslinien und Momente des staatlichen Gesundheitswesens in Dt., hg. von der Akademie für öffentliches Gesundheitswesen in Düsseldorf, 2 Teile; Düsseldorf, 1985.

**Gesetz zur Verhütung erbkranken Nachwuchses (GzVeN)**

Als eines der ersten und wichtigsten nationalsozialistischen Gesetze wurde am 14.7.1933 das GzVeN (RGBl. I, Nr. 86, S. 529) verabschiedet. Es trat am 1.1.1934 in Kraft. Gedacht war es als ein Instrument zur sozial-, gesundheits- und bevölkerungspolitischen „Flurbereinigung" in der dt. Bevölkerung.

Die Gründe für die rasche Verabschiedung liegen nur z. T. in der politischen →Gleichschaltung des Deutschen Reiches; wesentlicher waren die inhaltlichen, juristischen und ideologischen Vorbereitungen des Gesetzes in der Weimarer Republik, v. a. durch Medizin und Justiz, aber auch durch die Theologie bzw. die öffentliche und private Wohlfahrtspflege. Der entscheidende Gesetzesentwurf lag bereits 1932 vor.

Das GzVeN erfüllte die Forderungen „moderner" und „fortschrittlicher" Sozialpolitiker und Sozialhygieniker *aller* Parteien mit dem Ziel der Reduzierung der Sozialkosten und einer gesellschaftlichen „Sanierung". Ihnen gingen im 19. Jh., im Zuge der „Vernaturwissenschaftlichung" der Medizin, eugenische und bevölkerungspolitische Bestrebungen voraus. Mit der Verschärfung sozialer Krisen des auslaufenden 19. und des beginnenden 20. Jh. (Hungerrevolten, Arbeiteraufstände, →Gebärstreikbewegung u. ä.) war die →Eugenik mit all ihren – auch tödlichen – Varianten die Antwort der wissenschaftlichen und sozialen Eliten auf diese sozialen Prozesse. Zunächst sollte das Subproletariat („Lumpenproletariat"), als „erbminderwertig, asozial, schwachsinnig, trunksüchtig, kriminell, arbeitsscheu, triebhaft und schwächlich" diagnostiziert, vom Industrieproletariat der organisierten Arbeiterschaft abgespalten werden. Durch die Institutionalisierung der Rassenhygiene Anfang des 20. Jh. verwissenschaftlichte die Eugenik diese Selektion endgültig: Ins Visier gerieten schließlich alle „Therapie- und Erziehungsresistenten"; der Wille zum Heilen schlug in ihrem Falle um in einen Willen zum Vernichten. Der legalistische Weg des GzVeN diente somit der „Endlösung der sozialen Frage".

„Legal" wurden im Deutschen Reich (in den Grenzen von 1937) vermutlich 300 000–400 000 Menschen unfruchtbar gemacht, zum weitaus überwiegenden Teil gegen ihren Willen. Unbekannt ist die Zahl derer, die in Anstalten, Gefängnissen und KZs ohne „legale" Grundlage sterilisiert wurden. Ebenso wenig wissen wir über die Zahl der Menschen, die in den besetzten Ländern, v. a. ab 1941 in Polen, durch eine Variante des GzVeN, die „Schutzangehörigenerbpflegeverordnung", das gleiche Schicksal erlitten.

Vordergründig argumentierte das Gesetz mit „erblichen" psychiatrisch-neurologischen Diagnosen bzw. körperlichen Fehlbildungen. Allerdings war zum damaligen Zeitpunkt für keines der „sterilisationswürdigen" Krankheitsbilder ein eindeutiger Erbgang nachgewiesen. Anhand des Kommentars zum GzVeN von 1934 und 1936 (Autoren: →Ruttke, →Gütt und →Rüdin) ist nachzuvollziehen, mit welcher Argumentationsakrobatik die Rassehygieniker, Bevölkerungspolitiker und Sozialtechniker diese wissenschaftliche Lücke zu schließen versuchten, um den eigentlichen Terror gegen die Bevölkerung, der sich hinter dem Gesetz verbarg, zu legitimieren. Die „Erblichkeitsdiagnostik" war eine rein soziale Diagnostik, die sich gegen die sozialen Unterschichten, die Auffälligen und nicht Funktionierenden richtete. Betroffen waren v. a. die un- oder angelernten LohnarbeiterInnen, die aus größeren Familien in überwiegend desolaten wirtschaftlichen Verhältnissen stammten, eine ungenügende Schulbildung erhalten hatten und durch Inanspruchnahme öffentlicher Fürsorgeunterstützungen „den Staatshaushalt belasteten". Es waren die chronisch Kranken, die körperlich, geistig und seelisch →Behinderten in den Anstalten, es waren diejenigen, die an den Rändern der Gesellschaft lebten und sich sozial nicht anpaßten oder gar straffällig wurden (hier griff besonders die Diagnose „moralischer Schwachsinn"). Unter bes. hartnäckiger Verfolgung durch die →Fürsorge hatten die Prostituierten (→Prostitution) zu leiden. In der Regel nicht betroffen waren dagegen fachlich Ausgebildete, die in Lohn und Brot standen und sozial eingeordnet lebten. Nur ganz vereinzelt gerieten auch Angehörige höherer sozialer Schichten in das Netz der Erbjustiz.

Bei den Amtsgerichten entstanden 1934 „Erbgesundheitsober-" und „Erbgesundheitsgerichte" („EOG" und „EGG") mit mehreren Kammern, vor denen sich die „Erbkranken" zu verantworten hatten. Zunächst ging, wie vom Gesetz vorgesehen, bei den Hauptgesundheitsämtern eine Flut von Anzeigen wegen Verdachtes einer Erbkrankheit ein. Sie kam aus den Kliniken, den großen Anstalten, aus den Heimen und Anstalten der Fürsorgebehörden, aus den Arbeitsämtern, den Gefängnissen, von den Trinkervereinigungen und Krüppelverbänden, von den Wehrersatzämtern ebenso wie von den niedergelassenen Ärzten. Als sich der Verfolgungs- und Ausgrenzungscharakter des Gesetzes herauskristallisierte, hielten sich später gerade die niedergelassenen Ärzte bei den Anzeigen zurück, da sie um den Ruf ihrer Praxis besorgt waren und den Verlust ihrer Patienten fürchteten.

Analog zu den niedergelassenen Ärzten zogen sich später allmählich auch die ärztlichen Anstaltsleiter aus der Antragstellung zurück und überließen sie dem jeweiligen →Amtsarzt – zum einen, weil die meisten Anstaltsinsassen bereits sterilisiert waren, zum anderen aber, weil die Anstalten und ihre Ärzte öffentlich in Verruf geraten waren. Mit der Stellung des Antrages wurde das Sterilisationsverfahren vor dem „EGG" eröffnet. Trotz massiver Propaganda für das GzVeN gerieten die „EGG"-Verfahren schnell in den Geruch von Strafverfahren. Bis 1936 konnten die zur Sterilisation Verurteilten im Beschwerdeverfahren noch ärztliche Gegengutachter ihrer Wahl zur Hilfe holen. Dann unterband der Reichsärzteführer →Gerhard Wagner diese Möglichkeit, da sie Sand im Getriebe der Verfahren bedeutete. Jetzt war es den beschwerdeführenden Frauen und Männern nur noch möglich, sich von solchen Obergutachtern untersuchen zu lassen, die das „EGG" billigte. Auch durch die dem „EGG" zustehende Möglichkeit, Rechtsbeistände zurückzuweisen, konnten Widersprüche und Wiederaufnahmeanträge unterbunden werden. Das „EOG" entschied allerdings in der Regel ebenso für eine Unfruchtbarmachung wie die Unter-Instanz.

Waren die rechtlichen Möglichkeiten, eine Sterilisation zu verhindern, ausgeschöpft, blieb den Betroffenen nur noch die Alternative, sich in ihr Schicksal zu ergeben oder weiterhin Widerstand zu leisten. Vielfach wurden sie zur Fahndung im Reichskriminalblatt ausgeschrieben oder von der Polizei der Klinik zugeführt. In den meisten Fällen jedoch verliefen die Verfahren ohne viel Aufhebens, da sich die Kinder, Frauen und Männer ihrer Ohnmacht gegenüber dem Staat bewußt waren.

„Rasse und Erblichkeit wurden zur Leerformel gemacht, unter die alles Beliebige in gerade erwünschtem Umfang subsumiert und der Vernichtung zugeführt werden konnte" (Dörner). Sozialpolitisches Ziel des NS-Staates war die Reduzierung bzw. die Umverteilung der Sozialausgaben von den „Minderwertigen" auf würdigere „Volksgenossen". Herausragende Rassehygieniker wie →Fritz Lenz oder Ernst Rüdin forderten bereits 1935 die Ausdehnung des Gesetzes auf einen immer größeren Personenkreis, „der zwar gesellschaftsfähig, für den die Erbkrankheit aber eine Last und ein Hemmnis für Arbeit und Freude am Dasein war". Anvisiert war die „fortlaufende Ausschaltung der erbunwerten Ballastexistenzen und fortlaufende Ausfüllung der dadurch entstandenen Volkslücke, was ja gleichzeitig neue Verdienst- und Existenzmöglichkeiten für die Erbgesunden und Erbbegabten bedeutet".

L.: Bock, Gisela: Zwangssterilisation im Nationalsozialismus. Studien zur Rassenpolitik und Frauenpolitik; Opladen, 1986. Dörner, Klaus (Hg.): Gestern minderwertig – heute gleichwertig? Eine Dokumentation des Menschenrechtskampfes um die öffentliche Anerkennung im Dritten Reich wegen seelischer, geistiger und sozialer Behinderung zwangssterilisierten und ermordeten Bürger und ihrer Familien als Unrechtsopfer und NS-Verfolgte, Bd. 1 und 2; Gütersloh, 1985, 1986. Dyer, Doris: Rassenhygiene und Wohlfahrtspflege. Zur Entstehung eines sozialdemokratischen Machtdispositivs in Österreich bis 1934; Frankfurt/Main, New York, 1988. Ebbinghaus, Angelika, u. a. (Hg.): Heilen und Vernichten im Mustergau Hamburg. Gesundheits- und Sozialpolitik im Dritten Reich; Hamburg, 1984. Götz, Aly/Roth, Karl Heinz: Die restlose Erfassung. Volkszählen, Identifizieren, Aussondern im Nationalsozialismus; Berlin, 1984. Kröner, Peter: Die Eugenik in Deutschland von 1891 bis 1934; Münster (Diss.), 1980. Roth, Karl Heinz (Hg.): Erfassung zur Vernichtung. Von der Sozialhygiene zum Gesetz über die Sterbehilfe; Berlin, 1984.

Christiane Rothmaler

## Gesetzliche Krankenversicherung
→ Krankenversicherung

## Gesetzliche Rentenversicherung (GRV)

Die GRV umfaßt in der BR die Arbeiterrentenversicherung (ArV), die Angestelltenversicherung (AnV) und die Knappschaft (KnV) (für eine detaillierte Abgrenzung: → Altersvorsorge)

Für ArV und AnV gelten die gleichen gesetzlichen Grundlagen; entsprechend sind die Beitragssätze und die Rentenleistungen gleich. Die Aufteilung nach Arbeitern und Angestellten ist historisch gewachsen (vgl. Lampert 1980, 2. Teil), da bei Einführung der → Sozialversicherung nur gewerbliche Arbeiter in die Invalidenversicherung – wie die ArV bis zur Rentenreform 1957 genannt wurde – einbezogen waren (im Jahre 1889). Die AnV wurde dagegen erst im Jahre 1911 konstituiert. Noch heute sind ArV und AnV unterschiedlich organisiert: Die ArV besteht aus 18 sog. Landesversicherungsanstalten, während die AnV zentral von der Bundesversicherungsanstalt (Berlin) verwaltet wird; hinzu kommen als eigenständige Träger die Bundesbahn-Versicherungsanstalt (Frankfurt), die Seekasse (Hamburg) sowie die Bundesknappschaft (Bochum). Die → Künstlersozialkasse (Wilhelmshaven) ist kein Sozialversicherungsträger.

Die knappschaftliche Versicherung, die neben der → Altersvorsorge auch für die Krankheitsvorsorge zuständig ist, hat völlig andere historische Wurzeln als die ArV und AnV. Die KnV entstand aus den Bergbauzünften; mit dem preußischen Knappschaftsgesetz wurden die Knappschaftsvereine Zwangseinrichtungen mit Selbstverwaltung. Aufgrund der hohen Erwerbsunfähigkeitsrisiken im Bergbau sind sowohl die Beitragssätze als auch die Leistungen der KnV höher als die der AnV und ArV. Die Bedeutung der KnV geht aufgrund der sich verringernden Bedeutung des Bergbaus entsprechend zurück. Aus ökonomischer Sicht sind in der KnV die Grundsätze der GRV und ein betriebliches Zusatzversorgungssystem integriert (Bifunktionalität). Da es sich um ein gesetzlich verankertes Zusatzversorgungssystem handelt, können in Grenzfällen allerdings Wettbewerbsnachteile entstehen, wenn ein konkurrierendes Unternehmen aufgrund seiner überwiegenden Geschäftstätigkeit nicht dem System der KnV unterworfen ist und damit spürbar niedrigere Abgaben für die Sozialversicherung leistet.

Für die Träger der GRV besteht eine sog. → Selbstverwaltung, die von den Versicherten und den Arbeitgebern, die den sog. Arbeitgeberzuschuß in Höhe der Hälfte des Gesamtbeitrages leisten (bei der KnV zu drei Fünfteln), paritätisch besetzt wird. Die Selbstverwaltung kann heute im wesentlichen nur noch über die Durchführung der → Rehabilitationsmaßnahmen bestimmen. Die Beitragszahlungen und Rentenleistungen sind bundesweit einheitlich geregelt. Aus ökonomischer Sicht ist auch die große Rolle der Arbeitgeber in der Selbstverwaltung nur noch schwer zu rechtfertigen, da die Zahllast des Arbeitgeberzuschusses weitgehend auf die Preise vor- und/oder auf die Löhne „rückgewälzt" wird.

Die größte Bedeutung dürfte das System der Selbstverwaltung dadurch erlangen, indem es dafür sorgt, daß in der politischen Diskussion über die Gestaltung der GRV neben den Parteien und den Ministerialbürokratien noch eine dritte Stimme mitredet, die – nach Auffassung des Verfassers – nicht von den politisch besetzten Selbstverwaltungsgremien, sondern im wesentlichen von den Verwaltungsbeamten und -angestellten der Rentenversicherung bestimmt wird, die sich – ähnlich wie die monolithisch der Geldwertstabilität verpflichtete Bundesbank – nur einem einzigen Ziel besonders verpflichtet fühlen: der finanziellen Stabilität der Rentenversicherung, und die sozialpolitischen Ziele eher in den Hintergrund stellen als Parteien und Ministerialbürokratien. Insgesamt ergibt sich durch diese balance-of-power ein – in bezug auf den sozialpolitisch bedeutsamen Vertrauensschutz in die Verläßlichkeit der Renten – hohes Maß an Verstetigung der Rentenversicherungspolitik. Dieses Maß an Stetigkeit könnte von der unmittelbaren, von der Regierungsmehrheit abhängigen Bundesanstalt für Renten wahrscheinlich nicht erreicht werden. Die historisch gewachsene Zersplitterung der Selbstverwaltung in mehr als ein Dutzend Landesversicherungsanstalten dürfte allerdings ökonomisch ineffizient sein.

L.: Bäcker/Bispinck/Hofemann/Naegele: Einführung in die Sozialpolitik, Bd. II; Köln, 1989. Kolb, R., GRV; in: Sachverständigenkommission Alterssicherungssysteme: Darstellung der Alterssicherungssysteme und der Besteuerung von Alterseinkommen, Gutachten der Sachverständigenkommission vom 19. November 1983, Berichtsband 2, veröffentlicht durch die Bundesregierung – Der Bundesminister für Arbeit und Sozialordnung; Bonn, 1983.

Gert Wagner

## Gesinde

Der Ausdruck „G" bezeichnete ursprünglich allg. die Dienerschaft, später die – i.d.R. unverheirateten – landwirtschaftlichen Arbeitskräfte (Mägde und Knechte), welche im Kreis der bäuerlichen → Familie lebten.

## Gestalttherapie

„G ist ein tiefenpsychologisch fundiertes Verfahren der Psycho-, Sozio- und Leibtherapie, das psychoanalytisches und phänomenologisches Gedankengut zu einem Ansatz dialogischer und ganzheitlicher Behandlung verbindet. Durch Zentrierung auf leibliches Erleben, emotionalen Ausdruck und kognitive Einsichtsprozesse soll ein integriertes Selbst erhalten, entwickelt und – wo erforderlich – wiederhergestellt werden." (Petzold, 1984, 5.) Der Berliner Psychiater und Psychoanalytiker *Friedrich Salomon Perls* (1893–1970), seine Frau, die Gestaltpsychologin und Psychoanalytikerin *Lore Perls* geb. Posner (1906–1990), und der amerikanische Sozialphilosoph und Gesellschaftskritiker *Paul Goodman* (1911–1972) gelten als die Begründer.

Die G hat kein einheitliches Theoriegebäude zur Grundlage. Die Konzeptionen der G wurden im Laufe von mehreren Jahrzehnten eher eklektisch aus zeitbedingten geistigen und sozialen Einflüssen sowie praktischen therapeutischen Erfahrungen zusammengefügt. In geistiger Hinsicht ist F. Perls (P.) beeinflußt vom Theater (*M. Reinhardt*) und dem expressionistischen Schriftsteller *S. Friedländer* wie auch dem Anarchisten *G. Landauer.* Über seine spätere Ehefrau Lore Posner fand P. einen oberflächlichen Zugang zur Gestaltpsychologie. Während seiner dritten Analyse bei → Reich lernte P. das Zusammenspiel von Psyche und Körper kennen. Vor allem die Funktion der Muskulatur als Panzer beeindruckte ihn. Weitere psychoanalytische Ausbilder von P. waren *P. Federn* und *H. Deutsch.* Als Jude und politischer Oppositioneller mußte P. mit seiner Familie 1933 über Amsterdam nach Südafrika (hier war er zeitweise Lehranalytiker) emigrieren und lebte seit 1946 in den USA. Dort schloß das Ehepaar, unterstützt von *K. Horney* und *E. Fromm* einer Gruppe von Neo-Psychoanalytikern um *Sullivan* an. Die dt. Psychiaterausbildung wurde in den USA nicht anerkannt. Die Unzufriedenheit mit den eigenen Analysen, eine Abweisung durch Freud (1936), Zweifel und Kritik an der psychoanalytischen Theorie und Praxis führten 1942 zu einer inneren Distanzierung. In diesem Jahr entsteht „Das Ich, der Hunger und die Aggression" (dt. 1985). Das Buch bildet den Übergang von der orthodoxen → Psychoanalyse zur Gestalt-Methode. Die therapeutischen Techniken sind weiterhin tiefenpsychologisch; allerdings nicht mehr starr ans Setting der Psychoanalyse gebunden. Theoretisch wollte sich P. grundsätzlich und stärker von der Psychoanalyse abgrenzen. Er versuchte seinen Ansatz zuerst „Konzentrationstherapie" zu nennen; zeitweise war auch der Begriff „Existenztherapie" im Gespräch, ebenso „Theorie und Technik der Persönlichkeitsintegration". Gegen den Widerstand seiner Frau setzte sich P. 1950/51 mit seinem Vorschlag „Gestalttherapie" durch. Vermutlich erhoffte er sich mehr Popularität für seine neue Therapieform durch Namensanleihe bei der damals in den USA sehr bekannten universitären Gestaltpsychologie. Die G ist aber nicht die Therapieform der Gestaltpsychologie (nur H. J. Walter versucht einen solchen Ansatz zu konstruieren). Die Gestaltpsychologie ist deswegen ein häufig überschätztes Theorieelement der G; stärker ist der theoretische und praktische Einfluß der Psychoanalyse.

Über Lore Perls kommen viele philosophische Einflüsse zur G: *Existenzialismus* (*Kierkegaard, Nietzsche, Tillich, Buber*) und *Phänomenologie* (*Husserl*). Schon früh lernte sie auch körperbezogene Verfahren wie *Eurhythmie* und die *Feldenkrais-Methode* kennen. Ihr Einfluß und der von Goodman wird immer noch unterschätzt. Goodman war geprägt vom amerikanischen *Pragmatismus* (*Dewey, Mead*); er war Autor, Bürgerrechtler, Pazifist, Anarchist und radikaler Demokrat. G sollte für ihn auch ein Mittel zur sozialen Reform sein. Als er seine politischen Vorstellungen im Rahmen einer sich immer mehr professionalisierenden G nicht mehr verwirklichen konnte, zog er sich von der G zurück. – Mit der Veröffentlichung von „Gestalt-Therapie" (1951; dt. 1979) kam der Durchbruch. Seit 1966 wurde G, auch im Zuge der weltweiten Studenten- und Protestbewegung, populär.

Die G gehört zu den Verfahren der *Humanistischen → Psychologie/Psychotherapie*. Im Zentrum steht ein optimistisches Menschenbild und die Vorstellung, daß der menschliche Organismus nach Bedürfnisregulierung, Wachstum und Gleichgewicht (*Homöostase*) strebt. Von der *Gestaltpsychologie*, einem Ansatz, der Wahrnehmungen unter ganzheitlichen Aspekten untersucht, wurden die folgenden „Gestaltgesetze" übernommen, die für P. gleichzeitig eine Gegenposition zur dualistischen Triebtheorie der Psychoanalyse sein sollten:

1. Prinzip der Ganzheitlichkeit: Das Ganze ist mehr und anders als die Summe seiner Teile. Die Gestalt, als ganzheitliches Strukturgebilde, ist selber ein nicht reduzierbares Phänomen. Für P. ist der Mensch durch seine Sozialisationsdefizite gespalten; er hat seine Ganzheit und Integrität verloren. (Die stärkste Spaltung war seiner Meinung nach die zwischen Körper und Geist.) Diese Spaltungen bewirken „offene Gestalten", unerledigte Situationen. 2. Gestalten heben sich in der Gestaltpsychologie als prägnante, gegliederte und deutlich erkennbare „Figuren" von einem unstrukturierten „Grund" (Hintergrund) ab. Experimentell kann man das anhand der Kipp-Figuren der Gestaltpsychologie nachweisen. P. hat dieses Gestalt-Prinzip zur Begründung seiner Neurosen-Theorie genommen. Im gesunden Zustand ist das Verhältnis zwischen Figur und Grund ein Prozeß dauernden Vortretens und Zurückweichens. 3. Die Tendenz zur Bildung „guter Gestalten" meint u. a., daß Traumata oder unerledigte Situationen (unfinished business) nach ihrer Bewältigung suchen. Von hier auch ergeben sich Verbindungen zum Wachstumskonzept und der organismischen Selbstregulierung der G. Diese Ansätze aus der Gestaltpsychologie müssen in Zusammenhang zu *Goldsteins* Organismuskonzept und dem 1926 erschienenen Buch „Holismus und Evolution" (holos = ganz) von *Smuts* gesehen werden. Danach besteht die Welt nicht aus Atomen, sondern aus organischen Ganzheiten.

Aus diesen verschiedenen Theorien ergibt sich folgendes Verständnis vom *Organismus*: Die Organismus-Umwelt-Beziehung ist ein strukturiertes, dynamisches Ganzes. Der Organismus kann in die Lage versetzt werden, seine Bedürfnisse selbst zu regulieren (organismische Selbstregulation). Das menschliche Leben ist ein Übergang von Bedürfnisspannung zum Versuch der Bedürfnisbefriedigung. Bei seiner starken Abgrenzung zur (seinerzeit) biologistischen Psychoanalyse formulierte P.: „Wir schieben die Triebtheorie beiseite und betrachten den Organismus einfach als ein System, das im Gleichgewicht ist und das ordentlich funktionieren muß." Damit versteht sich die G als integrativen und ganzheitlichen Ansatz, anders als die Psychoanalyse. Allerdings geriet P. damit selber in wissenschaftlich fragwürdige Konstruktionen, indem er den Menschen mit einer Maschine verglich: „Wenn wir leben, verbrauchen wir Energie und brauchen sie auch, um die Maschine in Gang zu halten. Dieser Vorgang des Austausches heißt Stoffwechsel" (1974, 23). Die G versteht das menschliche Leben als Abfolge ständig neu auftauchender Gestalten (Ganzheiten, Strukturen), die danach drängen, abgeschlossen zu werden. Die ursprüngliche Fähigkeit zur Selbstregulation ist bei vielen Menschen gestört. Die G will durch Kontakt des Organismus mit seinem Umfeld die Störungen beheben, denn Störungen sind bei der G immer Störungen im Kontaktprozeß von Organismus und Umfeld.

Ziel der G ist es, abgespaltene Teile des Selbst zu integrieren, Kontaktstörungen zur Umwelt und eigene Blockaden im Erleben und Handeln bewußt zu machen, um Selbstheilungspotentiale, Selbstregulierung und Wachstumsmöglichkeiten freizusetzen. In therapeutisch-praktischer Hinsicht hat die G folgende Prinzipien und Techniken von anderen Konzepten übernommen: von *Buber* das Verständnis der „Ich-Du-Beziehung" als persönliche Begegnung; vom *Taoismus* und *Zen-Buddhismus* Prinzipien der Bewußtheit (awareness) für alles, was in und um das Individuum herum geschieht; in Verbindung damit das „Hier- und Jetzt"-Prinzip der klassischen →Gruppendynamik. Theoretisieren sowie sprechen „über" (aboutism) ist – wie in der Gruppendynamik – verpönt. Nicht das „Warum" sondern das „Wie" und „Was" stehen im Vordergrund. „Was tust du", „was möchtest du", „was fühlst du", „was vermeidest du", „was erwartest du" sind zentrale Fragen im Therapieprozeß. Das dualistische Kausaldenken der Psychoanalyse ist einem phänomenologischen Prozeßdenken gewichen. Im Vordergrund steht die lebendige dialogische Beziehung zwischen Therapeut und Klient.

Techniken, Regeln und Spiele sollten in der G nur Hilfscharakter haben und kein Selbstzweck sein: Traumarbeit, Körperwahrnehmung, Identifizierung mit eigenen, abgespaltenen Anteilen bzw. abwesenden Personen, Projektionstechniken und andere körperorientierte Ansätze lassen sich auf die Einflüsse von *W. Reich, Gindler, Selver* und *I. Rolf* zurückführen. Von *Morenos* Psychodrama hat P. u. a. übernommen das *Rollenspiel*, den Rollentausch, den imaginären Dialog mit einer abwesenden Person, die auf den „leeren Stuhl" gesetzt wird. Diese vielfältigen Techniken mit z. T. verblüffenden Erfolgen erlauben es, in der G sehr schnell in die Tiefe zu gehen. Problematisch ist, daß diese Methoden auch von weniger verantwortungsbewußten Therapeuten unreflektiert als bloße Techniken verwendet und sozusagen dem Menschen „aufgesetzt" werden können.

Dem Abstinenzverhalten in der Psychoanalyse setzt die G ein Begegnungskonzept, einen experimentellen Stil entgegen. Populär wurde die G in der Zeit der Protest- und Alternativbewegung der 1970er Jahre durch die Betonung von Leiblichkeit, direktem emotionalen Ausdruck und der Erlaubnis, „frei zu sein". Der klassische G-Stil ist stark von P. geprägt und eigentlich nur für psychisch stabile Menschen zum Zwecke begegnungsorientierter kurzer Selbsterfahrung, wie in der Gruppendynamik, geeignet („Westküstenstil"). Er ist „nicht nützlich in der Arbeit mit stark gestörten Patienten und völlig unbrauchbar mit dem *Schizophrenen* und *Paranoiker*. Fritz Perls wußte dies sehr genau und überging einfach Workshop-Teilnehmer, bei denen er schizoide oder paranoide Störungen vermutete" (L. Perls, in: F. Perls 1980, 256). Gleiches gilt für Ich-Strukturschwäche (*Borderline*-Phänomene). Diese Vermeidung langfristiger Verantwortlichkeit für psychisch kranke Menschen haben L. Perls und P. Goodman nicht nachvollzogen. Sie und andere haben die G auch für die klinische *Psychotherapie* fortentwickelt (vereinfacht: „Ostküstenstil").

Menschenbild, Persönlichkeitstheorie und Krankheitsverständnis der klassischen G sind fragwürdig bzw. vorwissenschaftlich. Die Methoden und Techniken der G eignen sich gut für Selbsterfahrung und Therapie von „normalen" neurotischen Lebensproblemen. Die Vorteile der klassischen G liegen in den vielen kreativen und unorthodoxen Möglichkeiten sowie der leichten Arbeit am Kontakt. In der Arbeit mit schwer gestörten und früh geschädigten Patienten darf die G nur in modifizierter Form angewendet werden, etwa als tiefenpsychologisch fundierte oder psychoanalytische Therapie. Das gilt auch für Klienten, die sich in Beratungsstellen und Suchtkliniken befinden. In der BR wurde die G zu Anfang der 1970er Jahre von Hilarion *Petzold* eingeführt. Hierbei wurde die klassische G i. S. eines Verfahrens unter anderen (modifizierte *Psychoanalyse*, *Leib-* und *Bewegungstherapie* u.a.) als →Integrative Therapie („europäischer Stil") angewendet. Die Integrative Therapie ist heute in der BR von den Ausbildungskapazitäten her verbreiteter als die klassische G.

Für die meisten Angehörigen →helfender Berufe im Sozial- und Gesundheitswesen ist aus Kosten- und Statusgründen eine Ausbildung im Bereich der Psychoanalyse nicht möglich, da diese den Ärzten und Diplom-Psychologen vorbehalten ist. Deswegen hat sich die Gestalttherapie/Integrative Therapie neben der *Gesprächstherapie* zur drittgrößten Therapierichtung entwickelt. Für die Sozialberufe ist sie vielleicht die wichtigste Therapierichtung überhaupt.

L.: Blankertz, Stefan: Kritischer Pragmatismus. Zur Soziologie Paul Goodmans; Wetzlar, 1983. Bünte-Ludwig, C., Integrative Therapie; in: Petzold, Hilarion (Hg.), Wege zum Menschen, Bd.1; Paderborn, 1984. Perls / Hefferline / Goodman: G, 2 Bde.: Stuttgart, 1979. Perls, Frederick S.: G in Aktion; Stuttgart, 1974. Ders.: Gestalt, Wachstum, Integration, hg. von Hilarion Petzold; Paderborn, 1980. Ders.: Gestalt-Wahrnehmung; Frankfurt, 1981. Ders.: Grundlagen der G. Einführung und Sitzungsprotokolle; München, 1982. Ders.: Das Ich, der Hunger und die Aggression; Stuttgart, 1985. Petzold, Hilarion, Die G von Fritz Perls, Lore Perls und Paul Goodman; in: Integrative Therapie, 1/2, 1984. Petzold, H./Sieper, J., Integrative Therapie und G am Fritz Perls Institut; in: Gestalt und Integration, Mitteilungsblatt der DGGK, 1/1988. Polster, Erving und Miriam: G; Frankfurt, 1983. Walter, Hans-Jürgen: Gestalttheorie und Psychotherapie; Darmstadt, 1977. Zinker, Joseph: G als kreativer Prozeß; Paderborn, 1984.
Z.: Gestalttherapie. Zeitschrift der Deutschen Vereinigung für Gestalttherapie (DVG) (Edition Humanistische Psychologie); Köln. Integrative Therapie, Zeitschrift für Verfahren Humanistischer Psychologie und Pädagogik (Junfermann); Paderborn.

Nando Belardi

**Gesunde Ernährung**
→ Ernährung

**Gesunde Städte**
⇒ Healthy Cities

**Gesundheit**
→ Gesundheitsbegriff

**Gesundheit [als Rechtsbegriff]**
*1. Verfassungsrechtliche Bedeutung.* „Jeder", lautet Art. 2, Abs. 2 Grundgesetz (GG), „hat das Recht auf Leben und körperliche Unversehrtheit." Der Begriff „körperliche Unversehrtheit" ist somit der weitergehende. Er muß zudem auf den nachfolgenden Satz: „Die Frei-

heit der Person ist unverletzlich" ebenso bezogen werden wie auf das sogenannte ‚Auffang-Grundrecht' Art. 2, Abs. 1 GG: „Jeder hat das Recht auf die freie Entfaltung seiner Persönlichkeit, soweit er nicht die Rechte anderer verletzt und nicht gegen die verfassungsmäßige Ordnung oder das Sittengesetz verstößt." Wie jede andere Grundrechtsbestimmung auch, ist Art. 2, Abs. 2, Satz 1 GG stets am Maßstab des Prinzips Menschenwürde (Art. 1, Abs. 1 GG) zu messen.

Bei materialer Grundrechtsprüfung bedeutet dies, daß bei allen G-fragen zunächst bei Art. 2, Abs. 2, Satz 1 anzusetzen ist, ehe die damit in Zusammenhang stehenden weiteren verfassungsrechtlichen Aspekte heranzuziehen sind. Das „Leitbild des gesunden Menschen" bedeutet *nicht* die Benachteiligung oder gar Diskreditierung von Kranken, sondern im Gegenteil sind alle rechtlichen Bestimmungen und insb. die Anspruchsgrundlagen so auszulegen, daß in präventiver wie kurativer Hinsicht dem G-schutz Vorrang gebührt (vgl. Schmitt, W. in: Medizinrecht 1985, 53 ff., und Dietze L. in: Medizinrecht 1987, 16 ff.). Dieser Feststellung kommt praktisch größte Bedeutung wegen Art. 2, Abs. 2, Satz 3 zu: „In diese Rechte darf nur auf Grund eines Gesetzes eingegriffen werden." (Dazu unten 3.)

*2. Einzelheiten.* Träger der →Grundrechte auf Leben, körperliche Unversehrtheit und G ist jeder Mensch. Daraus ergibt sich für den →Staat, der ja selbst kein Träger von Grundrechten ist, sondern solche im Einklang mit allgemeinen Rechtsgütern zu schützen hat, daß er einerseits verpflichtet ist, aktiv G-schutz zu betreiben, und andererseits die Menschen vor den rechtswidrigen Eingriffen seitens Dritter zu bewahren hat. Demgemäß sind selbst Heileingriffe tatbestandsmäßig Körperverletzungen und müssen durch einen unrechtsausschließenden Grund – insbesondere die Einwilligung des Kranken – gerechtfertigt sein. Eine Zwangsheilung aus versicherungs-, versorgungs- oder fürsorgerechtlichen Aspekten ist verfassungswidrig. Die Sterilisierung (Unfruchtbarmachung) ist stets ein Eingriff in die körperliche Unversehrtheit; verfassungsrechtlich ist zumindest strittig, ob die gegenwärtige Praxis, →Geistigbehinderte zu sterilisieren, trotz vorliegender Einwilligung der Erziehungsberechtigten statthaft ist. Zumindest geben Umfang wie Verfahrensweise zu schweren Bedenken Anlaß. Bedenkt man ferner, daß einerseits immer nur unter engen Voraussetzungen und nur auf eindeutiger gesetzlicher Grundlage Eingriffe in die körperliche Unversehrtheit zulässig sind (Beispiele: der gesetzliche Impfzwang; die Pflicht, beim Verdacht auf eine alkoholbedingte Straftat eine Blutentnahme zu dulden), und daß andererseits die verfassungsmäßige Garantie der persönlichen Freiheit nicht Dritte dazu berechtigt, den Einzelnen vor sich selbst zu schützen, dürfte das Risiko, Geistigbehinderte würden wahrscheinlich behinderten Nachwuchs bekommen, für sich genommen *nicht* ausreichen, um eine Sterilisierung zu verantworten.

*3. Zum Vorbehalt des Gesetzes.* Nach Art. 80, Abs. 1, Satz 2 GG, der analog auch für die Landesgesetzgebung gilt, müssen bei Gesetzen, die in Grundrechte eingreifen, Inhalt, Zweck und Ausmaß des gesetzlichen Eingriffs vorab bestimmt werden oder – z. B. durch langjährige Übung – bestimmbar sein. Im Interesse eines hohen Gemeinschaftsgutes – z. B. der Volksgesundheit – ist ein die freie Entscheidung bzw. die körperliche Unversehrtheit beeinträchtigendes Gesetz aber zulässig.

Die Krux ist nun, daß nicht einmal die Gesetze, die speziell den G-schutz zum Gegenstand haben, sich ihm ausschließlich widmen; in anderen Gesetzen von hoher gesundheitsrechtlicher Relevanz (z. B. den Umweltschutzgesetzen, den Bestimmungen des →Lebensmittelrechts) spielt als Rechtsgut die G nur u. a. eine Rolle. Hinzu kommt, daß die untergesetzlichen Rechtsverordnungen und Verwaltungsvorschriften, technische Anweisungen etc. sehr häufig den hohen Anforderungen nicht genügen, wie sie Rechtsprechung und Lehre zum Gesetzesvorbehalt entwickelt haben: Welche Rechtsfrage von wesentlicher Bedeutung ist, hängt immer von der Bedeutung des Grundrechtes (abstrakte Prüfung der Ausgangsfrage) und den Umständen des Einzelfalles (sog. Prinzip der Einzelfallgerechtigkeit) ab. (Vgl. BVerfGe 47, S. 46 ff. [S. 79 f.]).

Für die praktische Auslegung ist daher die sog. Wechselwirkungstheorie des Bundesverfassungsgerichts (BVerfGe 7, S. 198 ff. (S. 207 f.)) wichtig: Da gemäß Art. 1, Abs. 3 die Grundrechte *unmittelbar* gelten, ist bei abstrakter Betrachtung die grundrechtseinschränkende Norm im Lichte des einzuschränkenden Grundrechts zu sehen und von vornherein auf dieser abstrakten Ebene restriktiv zu interpretieren. Das bedeutet, daß schon von der Ausgangslage her sehr hohe allgemeine Rechtsgüter für die Einschränkung des Grundrechts auf G sprechen müssen (daher der Begriff Wechselwirkung). Entsprechendes gilt dann auf der Stufe der praktischen Prüfung. Zweifel gehen bei der Auslegung zu Lasten dessen, der das freiheitliche Grundrecht einschränken will.

Der Gesetzesvorbehalt rechtfertigt dem Grunde nach Restriktionen und Kontrollen der ärztlichen Heilberufe über das bisher bestehende Maß hinaus ebenso wie die der Gesundheitsindustrie. →Gesundheitsrecht

L.: Jarass, Hans D. / Pieroth, Bodo: Grundgesetz für die Bundesrepublik Deutschland; 1989. Hermes, Georg: Das Grundrecht auf Schutz von Leben und G; 1987.

Lutz Dietze

**Gesundheitsamt**
Das G als Institution des öffentlichen Gesundheitsdienstes beruht auf dem in der Zeit des Nationalsozialismus verabschiedeten →„Gesetz über die Vereinheitlichung des Gesundheitswesens" vom 3. 6. 1934 (einschließlich 3 konkretisierenden Durchführungsverordnungen aus dem Jahre 1935). In der BR ist der öffentliche Gesundheitsdienst in Struktur und Aufgaben im wesentlichen fortgeführt worden. Bis heute gelten diese gesetzlichen Grundlagen (in der jeweils bereinigten Fassung des Landesrechts) in den Ländern Bremen, Baden-Württemberg, Hamburg, Hessen, Niedersachsen, Nordrhein-Westfalen, Rheinland-Pfalz und Saarland fast ohne gesetzliche Weiterentwicklungen fort. Trotz intensiver Diskussionen seit Ende der 40er Jahre über die Ablösung bzw. Reform des Vereinheitlichungsgesetzes wurden bisher nur in den Ländern Schleswig-Holstein (1979), Berlin (1980) und Bayern (1986) Landesgesundheitsdienstgesetze verabschiedet. Die in der NS-Zeit verstaatlichten G wurden in einer Reihe von Bundesländern kommunalisiert, so in Berlin, Bremen, Hamburg, Hessen, Schleswig-Holstein, Nordrhein-Westfalen und Niedersachsen (hier zunächst nur teilweise, ab 1. 1. 1978 für das ganze Land). In Bayern, Baden-Württemberg, Rheinland-Pfalz und Saarland blieben die G staatliche Sonderbehörden.

Die kommunalisierten G bilden einen Teil der kommunalen →Sozialverwaltung; sie gehören neben dem →Jugendamt und →Sozialamt zu den „klassischen" Ämtern des Dezernates „Soziales" der Gemeinde- und Kreisverwaltungen und sind örtliche Träger der Gesundheitshilfe. Die Aufgaben des G lassen sich in 5 Hauptbereichen zusammenfassen: 1. Medizinalaufsicht über Berufe und Einrichtungen des →Gesundheitswesens; 2. Aufgaben der Gesundheitshygiene (→Hygiene) und des →Gesundheitsschutzes, 3. Aufgaben der →Gesundheitsförderung und -vorsorge (→Prävention) sowie der Gesundheitshilfe; 4. gutachterliche Aufgaben; 5. Aufgaben der →Epidemiologie und Gesundheitsplanung (→Sozialplanung). – Diese Aufgaben können in 2 große Teilgebiete aufgespalten werden: den mehr polizeilich-kontrollierenden Gesundheitsschutz und die mehr gesundheitsfürsorgerischen Hilfen und Beratungen für behinderte, psychisch und chronisch kranke Menschen.

Die Vorläufer des kommunalen G waren Fürsorgestellen für Säuglinge, Schwangere, Tuberkulosekranke. Bekannt geworden ist eine erste (angestellte) Stadtarztstelle 1873 in Stuttgart (auch: →Armenarzt); Fürsorgestellen entwickelten sich etwa um 1900 in vielen Großstädten (z. B. Säuglingsfürsorgestellen in München und Berlin 1905, Schulgesundheitsfürsorgestellen 1890 in Leipzig und 1879 in Wiesbaden, Tuberkulosefürsorgestellen 1899 in Halle und Berlin). Die große gesundheitliche Notlage im Nachgang zur →Industrialisierung, die →Wohnungsfrage und die hohe Säuglings- und Tuberkulosesterblichkeit zwangen die Großstädte zum Aufbau einer eigenen Gesundheitsfürsorge, die sich auf die Risiken konzentrierte, die von der gesetzlichen →Krankenversicherung des Lohnarbeiters nicht gedeckt wurden. Besonders gefährdete Zielgruppen waren Säuglinge, Kleinkinder, Schüler, Schwangere, Wöchnerinnen.

Um die Jahrhundertwende zeichnete sich ein Dualismus des öffentlichen Gesundheitswesens in Preußen ab: (a.) die staatliche Gesundheitsaufsicht nach dem Kreisarztgesetz von 1899 durch den Kreisarzt; (b.) die kommunale Gesundheitsfürsorge der großen Industriestädte durch den Kommunalarzt.

Der *Kreisarzt* (Vorgänger: Kreisphysicus) hatte traditionell die staatliche Gesundheitsaufsicht wahrzunehmen und war unmittelbar dem Regierungspräsidenten unterstellt. Er erfüllte 4 Aufgaben: Medizinalaufsicht, Sanitätsaufsicht, sozialhygienische Aufgaben (wie z. B. Schulgesundheitspflege, Fürsorge für Mutter und Kind) sowie gerichts- und vertrauensärztliche Gutachtertätigkeit. Die gesundheitsfürsorgerischen/sozialhygienischen Aufgaben überschnitten sich mit den Aufgaben des Kommunalarztes. Als Staatsbeamte konzentrierten sich die Kreisärzte auf ordnungspolitische, polizeiliche und gerichtsärztliche Aufgaben, also mehr auf beobachtende, autoritative und reaktive Tätigkeiten. Die Kreisärzte waren meist politisch konservativ eingestellt.

Die kommunale Gesundheitspflege durch die *Kommunalärzte* war eher der städtischen Wohlfahrtspflege benachbart als der staatlichen →Polizei; sie entstand aus der sozialen Betroffenheit und in Reaktion auf gesundheitliche Notlagen der Arbeitsbevölkerung im Arbeits-, Ernährungs- und Wohnbereich. Die angestellten Kommunalärzte waren eher dem sozialliberalen →Bürgertum verbunden und wurden oft auf Druck von Arbeitervertretern in den Stadtparlamenten eingestellt (→Arbeiterbewegung). Insgesamt entwickelte sich die kommunale Gesundheitsfürsorge sehr uneinheitlich. Dies galt auch für das Niveau der →ärztlichen Ausbildung und ihrer Hilfskräfte. In fast allen Fürsorgestellen wurden nach der Jahrhundertwende junge Frauen des Bürgertums als Pflegerinnen/Fürsorgerinnen eingesetzt.

Vor dem 1. Weltkrieg kam es nur zu relativ wenigen Gründungen von (alle Fürsorgestellen umfassenden) städtischen G. Die große Zahl der Neugründungen lag zwischen 1919 und 1929. Von den 1929 vorhandenen 64 G stammten 4 aus der Zeit vor 1918. In der Weimarer Zeit blieb es bei dem Anfang des Jh. sich abzeichnenden Dualismus zwischen Kreisarzt und Kommunalarzt. Die konservativen, preußisch-staatlichen Kreisärzte kämpften für eine Stärkung des staatlichen Einflusses durch Schaffung eines Einheitsmedizinalbeamten in Gestalt des →Amtsarztes als Leiter eines staatlichen, verwaltungsrechtlich selbständigen G. Der →Deutsche Gemeindetag als Vertretung der Großstädte setzte sich für eine →Kommunalisierung der kreisärztlichen Funktion in kommunalen G ein. Die damals bestehenden kommunalen G waren meist als Abteilungen des Wohlfahrtsamtes (→Sozialamt) organisiert. Es kam zu laufenden Grenzstreitigkeiten mit den anderen Abteilungen des Wohlfahrtsam-

tes, nämlich mit dem Unterstützungsamt und dem →Jugendamt.
In der Zeit des Nationalsozialismus wurde die Stellung des G weitgehend aufgewertet. Ab 1934/35 dominierte das G alle anderen Ämter der Wohlfahrtspflege. Dieses Vordringen basierte auf der NS-Ideologie des Volksganzen, der Volksgemeinschaft und der Volksgesundheit, die sich in der „erbgesunden und arischen" Familie manifestierte. Die als unwürdig eingestufte Gruppe der „wertlosen, asozialen, geisteskranken" Menschen (→lebensunwertes Leben) wurde ausgegliedert bis hin zur „Ausmerzung". Das G erhielt mit einer Abteilung für nationalsozialistische Erbund Rassenpflege (→Eugenik) zusätzliche Kompetenzen und wurde reichseinheitlich als staatliches Amt verankert: 1934 wurde das „Gesetz über die Vereinheitlichung des Gesundheitswesens" verabschiedet. Hiernach wurde der Dualismus zu Gunsten der neu zu schaffenden staatlichen G, geführt vom hauptamtlichen staatlichen Einheitsmedizinalbeamten – dem →Amtsarzt –, beendet. Die staatlichen Medizinalbeamten sollten nunmehr Aufgaben staatlicher Gesundheitsaufsicht, kommunaler Gesundheitsfürsorge sowie Erb- und Rassenpflege als reichseinheitliche Pflichtaufgaben erfüllen. Einige wenige kommunale G blieben als Ausnahme bestehen. Die Stellung des Amtsarztes wurde besonders hervorgehoben (Führerprinzip). Im Rahmen der Erb- und Rassenpflege erhielt das G vielfältige Aufgaben, wie z.B. Annahme von Sterilisierungsanzeigen, Erbwertuntersuchungen, Aufstellen von Sippentafeln und die Vorbereitung der →Euthanasie (→T4). In ländlichen Gebieten wurde die Familienfürsorge als Außendienst aller Ämter dem G eingegliedert – eine Regelung, die bis heute in einigen Städten und Kreisen weiterbesteht.
Nach 1945 waren die Besatzungsmächte daran interessiert, daß das G als unterste Instanz des öffentlichen Gesundheitsdienstes arbeitsfähig blieb, um mögliche Seuchen und die katastrophale Gesundheits- und Ernährungssituation Nachkriegsdeutschlands in den Griff zu bekommen. Die Amtsärzte durften daher meist, trotz NS-Parteizugehörigkeit, weiterarbeiten. Die Kommunalisierungsdebatte der 20er Jahre lebte wieder auf und führte zu der oben berichteten Regelung.

In den 50er/60er Jahren trat nach Abschluß der erfolgreichen Kriegsfolgenbewältigung ein fortschreitender Funktionsverlust des öffentlichen Gesundheitsdienstes ein. Folgende Ursachen für den Funktionsverlust lassen sich erkennen: Die erforderliche Auseinandersetzung um die Rolle der Amtsärzte in der NS-Zeit blieb aus; die Frontstellung zwischen Amtsärzten und niedergelassenen Ärzten wurde zugunsten der niedergelassenen Ärzte (→ärztliche Niederlassungsfreiheit) entschieden; der öffentliche Gesundheitsdienst verlor eine Reihe von gesundheitsfürsorgerischen Aufgaben. Auch die Zuordnung der sozialarbeiterischen Außendienste (→Familienhilfe) wurde immer mehr in Frage gestellt. Anfang der 50er Jahre gehörte noch die Mehrzahl der Fürsorgerinnen zum G. Sie konnten zu Hilfsdiensten für den Arzt herangezogen werden, z.B. für Schreibarbeiten. Bei der zusätzlich besonders betonten →Hierarchie im G ist es verständlich, daß die Sozialarbeiter in den 60er Jahren ungern im G arbeiteten. Erst nach einer organisatorischen Reform, die den Sozialarbeitern mehr Entscheidungsspielräume und die Möglichkeit der Teamarbeit einräumte, wurden die →sozialen Dienste im G ausgebaut. Heute spielen die sozial-psychiatrischen Dienste (→Sozialpsychiatrie), der sozialmedizinische Dienst im Bereich Eheberatung (→Partnerberatung), →Familienplanung und →Gesundheitserziehung ebenso wie die Beratung von Alkoholkranken (→Alkoholikerhilfe), Behinderten und die AIDS-Prophylaxe (→AIDS) eine wichtige Rolle.

In den letzten Jahren ist eine intensive Diskussion über den Standort des heutigen G entbrannt. Die Beibehaltung des

G als Träger staatlichen Handelns im Gesundheitswesen ist kaum bestritten. Die Grenzziehung zu anderen Sektoren und die Diskussion eines abgesicherten Aufgabenbestandes fehlt noch. Eine in Zukunft an Bedeutung gewinnende Entwicklungsrichtung zeigt die Übernahme des gesundheitlichen →Umweltschutzes auf Bezirksebene im G. In Hamburg wurde schon 1986 das G umorganisiert und umbenannt in „Gesundheits- und Umweltamt"; auch Aufgaben der Bau- und Planungsämter wurden dem G übertragen, ein Umweltkataster auf EDV-Basis wird erarbeitet.

L.: Labisch, A., Entwicklungslinien des öffentlichen Gesundheitsdienstes in Deutschland; in: Öffentliches Gesundheitswesen 44, 1982, 745 ff. Labisch, A./Tennstedt, F., 50 Jahre „Gesetz über die Vereinheitlichung des Gesundheitswesens"; in: Soziale Sicherheit, 33. Jg. 1984, H.7, 193 ff. Müller/Laaser/Kröger/Murza, Zur Weiterentwicklung des öffentlichen Gesundheitsdienstes – Wertung der gesundheitspolitischen und wissenschaftlichen Literatur; in: Öffentliches Gesundheitswesen 50, 1988, 303 ff.

Dietrich Kühn

## Gesundheitsaufklärung
→Gesundheitserziehung

## Gesundheitsaufsicht
→Amtsarzt

## Gesundheitsbegriff

Mit dem G werden existentielle Lebenszustände bezeichnet und diese einem positiven Werturteil unterstellt. Als Gemeinsames fast aller Definitionen des G und damit als abstrakteste Bestimmung läßt sich folgendes feststellen: Gesundheit ist eine unbestimmte Wertidee.

Die Bemühungen um den G können in drei Gruppen von Motiven oder Interessenorientierungen unterschieden werden: 1. Gesundheit ist eine Wertaussage; 2. Gesundheit dient als Abgrenzungskonzept; 3. Gesundheit wird in Funktionsaussagen gefaßt. In der Regel mischen sich diese Motive zu vielfältigen Deutungsfigurationen.

1. „Gesundheit" oder „gesund" als Wertaussagen zu fassen, ist die üblichste und auch umgangssprachliche Begriffsverwendung. Der G kann hier Metapher für alle möglichen positiven, hochgeschätzten psycho-physischen und sozialen Umstände und Konstellationen sein: Gesundheit als das schlechthin Gute. Die konsequenteste und bekannteste Definition in dieser Hinsicht ist die Formel der →Weltgesundheitsorganisation (WHO): „Gesundheit ist der Zustand des völligen körperlichen, geistigen und sozialen Wohlbefindens". Hier werden nicht Inhalte oder Begriffssubstrate bestimmt, was als Wertaussage auch möglich ist, sondern Zusammenhänge hergestellt und die Generalforderung gestellt, Lebensumstände zu optimieren. Der G hier ist also der abstrakte, in Utopien hineinreichende Maßstab für die Qualität der individuellen und gesellschaftlichen Lebensumstände. Als Wertaussage gibt es eine Anzahl von Definitionen wie z.B. Gesundheit als „umfassende Lebenskompetenz" oder als „vitales Fähigkeitsgefühl". All diesen Bemühungen gemeinsam ist der Stellenwert, der Gesundheit zugewiesen wird. Sie dient als ein Symbol für den Wunsch nach einem besseren Leben. Die Definition des G als Wertaussage kann auch positivierende Gehalte haben. Solche Intentionen sind leitend, wenn Gesundheit als „das höchste Gut", „der höchste Wert", gelegentlich als der „absolute Richtwert" der →Gesellschaft deklariert wird. Auch Forderungen nach einem „Recht auf Gesundheit", die u.U. durch „Pflichten zur Gesundheit" begleitet werden, positivieren, indem sie den G an das Handeln oder Nichthandeln von Institutionen und das Aushandeln von Politikzielen binden. Typische Bildungen dieses Positivierungsinteresses sind Bezeichnungen wie: →Gesundheitswesen, →Gesundheitspolitik, →Gesundheitsökonomik, denn hier geht es regelmäßig in z.T. sehr reduktivem Sinn um Krankenversorgung.

2. Der G als Abgrenzungskonzept ist eng mit →Krankheit verknüpft. Die Definition: „Gesundheit ist die Abwesenheit von Krankheit", ist landläufig und alt. Gesundheit negativ, durch die Abgrenzung von einem Gegenteil, zu definieren, kann zunächst als leichter operationalisierbar erscheinen, zieht aber tatsächlich vielfältige Unklarheiten nach sich. Solch eine Definition schafft eine fiktive Schnittstelle zwischen Gesundheit und →Krankheit, die sich konzeptionell schlecht begründen läßt, weil es sich bei den zu bezeichnenden Umständen immer um Leben in einem breiten Deutungsfeld handelt. Dieses Deutungsfeld ist aber, jenseits der Selbstdeutungen der Betroffenen, durch die verschiedenen Berufe in der Krankenversorgung umkämpft: So kann z. B. festgestellt werden, daß durch die starke Therapiefixierung immer mehr „Krankheitsepisoden" produziert werden, Befindlichkeiten aufgegriffen werden, die bislang im Normalitätsbereich lagen, also noch nicht als „krank" galten. Außer durch die Entwicklung der ärztlichen Sichten und Interessen, verschiebt sich die Unterscheidung von Gesundheit und Krankheit auch durch den zunehmenden Einfluß der →Psychologie in der Krankenversorgung. Auf der Ebene semantischer Politik beklagen z. B. verschiedene Psychologenschulen die Expansion des medizinisch-klinischen Paradigmas und halten dafür, daß auch Krankheitsepisoden zur Gesundheit gehören, u. U. geradezu Ausdruck eines Gesundheitswillens seien, aber auch für sie sind solche Episoden behandlungs- bzw. begleitungsbedürftig. Expansiv ausgedehnt wird der Bereich der behandlungsbedürftigen Körper-Geist-Zustände auch durch den Ausbau der verhaltensorientierten Krankheitsprävention, in die v. a. die psychologische Profession einströmt. In dem Unterscheidungsmuster von „krank" und „gesund" handelt es sich bei der →Prävention um die Identifizierung des Pathologischen in der Region des Gesunden selbst. Es ist nicht ohne Ironie, daß die Psychologie hier dem alten Ärztespott in die Hände arbeitet, daß nämlich „gesunde" Menschen nur nicht vollständig diagnostiziert seien.

3. Die Bemühungen darum, Funktionsaussagen zu machen, resultieren aus dem Bedürfnis nach Konkretion; u. U. sollen die Abgrenzungen zu „Krankheit" auch verwissenschaftlicht und die Wertaussagen objektiviert werden. In den traditionellen Definitionsbemühungen steht Funktionsfähigkeit im Vordergrund: Gesundheit *ist* Funktionsfähigkeit des Körpers, seine Fähigkeit zu allen natürlichen Verrichtungen (Grimm's Wörterbuch). Diese Definitionsrichtung bleibt bei variierenden Akzentuierungen im folgenden erhalten: „Gesundheit ist das harmonische Gleichgewicht im Bau und in den Funktionen des Organismus und im seelischen Erleben"; „Gesundheit ist das funktionale Optimum der Organisation des Lebens"; „Gesundheit ist das Leben im Schweigen der Organe". All diese Bemühungen kommen auf unterschiedliche Weise substantiell nur zu der Feststellung, daß ein hochintegriertes System störungsfrei funktioniert. Eine Konkretion darüber hinaus wird nicht erreicht. – Kritisch an den neueren Definitionen dieser Richtung sind weniger die Scheinkonkretionen; denn „harmonisches Gleichgewicht", „funktionales Optimum", „das Schweigen", d. h. das Nichtauffälligwerden des Körpers, sind selbst definitionsbedürftige Metaphern. Wichtig ist, daß Zustände im Schwebezustand beschrieben werden, die in ihrer Störungsanfälligkeit auf die notwendige Intervention von Experten verweisen. Hier wird nicht das Gute an sich (= 1.) oder das schlechtweg Andere (= 2.) bezeichnet, sondern direkt die Deutungsmacht der Experten aufgerufen. Die Funktionsaussagen sind unvollständige, auf das Hinzutreten von Experten zugeschnittene Definitionen.

4. Die kritische Würdigung der Versuche, den G zu definieren, sieht sich immer wieder auf die Unmöglichkeit verwiesen, ein allgemeinstes Substrat zu

finden. Diese Feststellung ist nicht neu, hat aber immer nur zu neuen Definitionsversuchen veranlaßt. Hier steht nur ein Ausweg zur Verfügung: Es ist sinnvoll, den G zu historisieren. Man wird dann untersuchen, in welchen sozialen, politischen, psycho-physischen Diskursen Gesundheit als Wert, als Ziel, als Legitimation usw. fungiert. Gesundheit „an sich" wird bedeutungslos und geht auf in historische Deutungsreihen und Folgen von Politikzielen usw. Sie wird eine Thematisierungsform historisch-spezifischer Probleme. Damit wird Gesundheit kommunikationstheoretisch als Diskurskonstrukt aufgefaßt, das z.B. überhaupt kein Substrat haben kann, weil es nur als Idee und nur innerhalb des Diskurses besteht. Der historisierte G stellt die Aufgabe, zu untersuchen, welche semantischen Politiken mit dieser Wort – richtiger: dieser Worthülse – möglich sind.

Im Sinne der Historisierung können folgende Stichworte gegeben werden: Für die Entstehung des G in der Antike ist die Entstehung eigener Kulturformen und der Herausbildung von eigenen Professionen der für Gesundheit bzw. Krankheit Zuständigen konstitutiv. Die Wissensbestände der Kunst der Gesunderhaltung, die klassische →Diätetik und der Kunst der Krankheitsheilung, waren zwar nicht auf einzelne Professionen oder überhaupt auf eine Profession beschränkt, wurden aber im Zuge der →Professionalisierung der Medizin seit der frühen Neuzeit von dieser systematisiert, kontinuiert und entwickelt. Gesundheit und Krankheit sind also systematisch Anknüpfungstermini an Deutungshorizont, Tätigkeitsspektrum und Erfolgsmöglichkeiten dieser, je existierenden Heilkundigen. Zugleich sind Gesundheit und Krankheit Körper- und Geist-Deutungen, die sich in dem je gültigen gesellschaftlichen Kontext und dem übergreifenden Weltbild verorten.

Gesundheit kann für eine Kriegergesellschaft das Bedeutungsäquivalent von Waffenfähigkeit sein, in einer transzendenzorientierten, theologischen kann ein solches fehlen oder, in der Bedeutung der Geringschätzung des Körpers, sogar als Negativkonzept dienen. Gesundheit kann, wie in der langen Serie der Pesttraktate seit dem 14. Jh., nur einfach die Intention sein, Infektionskrankheiten zu überleben, und sie kann, wie in den Gesundheitstraktaten der →Aufklärung bis um 1800, das bürgerlich-selbstbewußte Programm des Selbstdenkens und Selbsttuns (auch und zuerst in den physisch-psychischen Lebensbereichen) ausdrücken. Gesundheit ist Arbeitsfähigkeit unter industriellen und Lohnarbeitsbedingungen (→Erwerbsarbeit), und sie ist vielleicht das Bedeutungsäquivalent von Genußfähigkeit unter postindustriellen Lebensumständen.

Zumindest seit der Aufklärung ist Gesundheit bis heute ein Lernprogramm der Selbstbeobachtung. Auf die Gesundheit zu achten heißt, Körpersignale erspüren, diese sorgfältig beobachten und sie zum richtigen Zeitpunkt einem guten Experten vortragen. Es heißt, in einen permanenten Kommunikationsprozeß einzutreten, fiktiven und realen Ärzten Rechenschaft abzulegen. Gesundheit ist demnach ein Lernprogramm, die Vorschule der Krankheit (→Gesundheitslehren; →Öffentliche Gesundheitspflege).

L.: Canguilhem, G.: Das Normale und das Pathologische; München, 1974. Fischer, A.: Geschichte des deutschen Gesundheitswesens; Berlin, 1933 (Nachdruck: Hildesheim 1968). Gesundheit, Kursbuch 88; Berlin, 1987. Göckenjan, G.: Kurieren und Staat machen. Gesundheit und Medizin in der bürgerlichen Welt; Frankfurt, 1985. Hufeland, Ch. W.: Makrobiotik oder die Kunst das menschliche Leben zu verlängern; München, 1978 (zuerst: 1798). Kudlien, F.: Der Beginn des medizinischen Denkens bei den Griechen; Zürich, Stuttgart, 1967. Labisch, A./Tennstedt, F.: Der Weg zum „Gesetz über die Vereinheitlichung des Gesundheitswesens" vom 3. Juli 1934; Düsseldorf, 1985. Labisch, A., Die Wiederaneignung der Gesundheit. Zur sozialen Funktion des G; in: Argument Sonderband 113; Berlin, 1984. O'Neill: Gesundheit 2000 – Krise und Hoffnung; Berlin, 1984. Rotschuh, K. (Hg.): Was ist Krankheit? Erscheinung, Erklärung, Sinngebung; Darmstadt, 1975.

Gerd Göckenjan

## Gesundheitsberichterstattung
Teilbereich der →Sozialberichterstattung in der BR

## Gesundheitsbewegung
→Gesundheitsladen

## Gesundheitserziehung
*Präventivmedizin als paradigmatischer Rahmen für G.* Gesundheit als Gegenbegriff zu →Krankheit und Sterblichkeit konnte in dem Maße zum Gegenstand spezifischer erzieherischer Einflußnahme gemacht werden, wie es der aufblühenden Medizinalwissenschaft des 19.Jh. gelang, biologische, chemische und physikalische Noxen als „Erreger" pathogenetischer Prozesse dingfest zu machen. Gesundheitserzieherische Ansätze zur Regelung des Gesundheitsverhaltens der breiten Bevölkerung waren dementsprechend auf das Ausschalten von Erregern – z.B. durch gewohnheitsmäßiges Waschen der Hände vor der Nahrungsaufnahme, Hygienemaßnahmen bei der Wundversorgung oder vorbeugende Schutzimpfungen – sowie auf eine Stärkung körperlicher Widerstandskräfte – z.B. durch Abhärtung und Leibesübungen – gerichtet. Einen verstärkenden Schub erhielten Ansätze der G durch epidemiologische Forschungsergebnisse (→Epidemiologie) und die darauf aufbauende Entwicklung des sog. Risikofaktorenmodells (→Risikofaktorenmedizin). Mit Hilfe korrelationsstatistischer Verfahren konnten für die Pathogenese von →Zivilisationskrankheiten eine Reihe von Verhaltensweisen ermittelt werden, die mit hoher Wahrscheinlichkeit als krankheitsverursachend anzusehen sind. Durch zahlreiche epidemiologische Studien belegte Faktoren krankmachenden Risikoverhaltens (Risikofaktoren; →Risiko) sind im Falle der Herz-Kreislauf-Erkrankungen: Zigarettenrauchen, Hypertonie, Hypercholesterinämie, Übergewicht, Bewegungsmangel und übermäßiger Streß. Individuellem Risikoverhalten versuchte man mit einer ähnlichen Verfahrenslogik wie bei der Bekämpfung biologischer, chemischer und physikalischer Noxen gesundheitserzieherisch entgegenzutreten – in erster Linie durch Aufstellung und sanktionierende Kontrolle neuer Verhaltensnormen und durch Vermittlung von Kenntnissen und Appellen, sich diesen entsprechend „vernünftig" zu verhalten. Obgleich neuere großangelegte Versuche, massenhaft angelegtes Risikoverhalten in bewußtes, der Selbstkontrolle unterliegendes Gesundheitsverhalten zu verändern, durchaus konstatieren, daß sozialstrukturelle Bedingungen wie Arbeit, Arbeitslosigkeit, soziale Schicht, Migration, Geschlechtsrollen sowie Umwelteinflüsse auf das Entstehen von Krankheit einwirken, wird die Lösung dieser sozial folgenreichen Aufgabe letztendlich dem Individuum zugeschrieben.

G in dieser Tradition ist als Teilgebiet der vorsorge- und prophylaxeorientierten →Präventivmedizin zu verstehen. Je nach dem Zeitpunkt des vorbeugenden Eingreifens innerhalb der „Patientenkarriere" wird von Maßnahmen der primären, sekundären und tertiären →Prävention gesprochen. Da in allen Bereichen der Prävention erzieherische Prozesse ablaufen, läge es nahe, von primärer, sekundärer und tertiärer G zu sprechen (vgl. Kressin 1987[2]). Abgesehen davon, daß schon eine Grenzziehung zwischen den drei genannten Bereichen der Prävention und damit auch eine bereichspezifische Zuordnung von präventiven Maßnahmen problematisch ist, erschwert eine solche Begriffsbildung eine trennscharfe Unterscheidung von erzieherischem und therapeutischem Handeln. Während im Bereich der Primärprävention genuin erzieherisches Handeln – mit dem Ziel, gesundheitliche Probleme a priori zu verhindern – im

Vordergrund steht, werden die beiden anderen Bereiche der Prävention mehr von therapeutischem Handeln bestimmt. Zurecht wird im Bereich tertiärer Prävention von „Gesundheitstraining" im Sinne eines praktischen Einübens und Trainierens notwendig gewordener neuer Verhaltensweisen gesprochen (Kijanski 1989). Gesundheitstraining ist ebenso therapeutisches Handeln wie gezielte verhaltensmodifikatorische Ansätze zur sekundären Prävention bereits manifest gewordener Risikofaktoren (z. B. Raucherentwöhnung bei akut Herzinfarktgefährdeten). Die in der Wirksamkeitsdiskussion präventiver Maßnahmen zu wenig beachtete Unterscheidung in erzieherisches und therapeutisches Handeln ist m. E. ein wesentlicher Faktor dafür, daß lange Zeit – nicht zuletzt infolge der Einbettung im präventivmedizinischen Paradigma – kein tragfähiger erziehungstheoretischer Ansatz im Gesundheitsbereich entwickelt werden konnte. Ein zweiter wesentlicher, auf die Einbettung von G im präventivmedizinischen Paradigma zurückführender Kritikpunkt ist, daß Prävention in erster Linie als individualisierte Gesundheitsvorsorge verstanden und betrieben wird.

*Strategien und Methoden der G.* Die allgemeine Tendenz zur „Erziehungsmüdigkeit", v. a. aber das Odium von Bevormundung und tendenzieller Erfolglosigkeit, haben den Begriff G diskreditiert. Dennoch ist er in der bisherigen Diskussion der am häufigsten gebrauchte Oberbegriff für unterschiedlichste Strategien und Methoden zur Verbesserung der Gesundheit. Das generelle Ziel fast aller gesundheitserzieherischen Strategien ist die Veränderung individuellen Verhaltens. Diese Veränderung hoffte man in erster Linie mit massenkommunikativen Präventionsstrategien zu erreichen. Unter dem Stichwort *Gesundheitsaufklärung* sollten mit Hilfe von Plakaten, Aufklebern, Werbeannoncen, Zeitungs-, Rundfunk-, Fernsehberichten, Ausstellungen sowie Massenveranstaltungen etc. (→ Aufklärungskampagnen) Aufmerksamkeit und Interesse erzeugt und gleichzeitig gesundheitsspezifisches Wissen verbreitet werden. Im Gegensatz zu dieser weitgehend anonymen, adressatenunspezifischen Strategie setzen personale Strategien wie *Gesundheitsberatung* und *gesundheitserzieherische Programme* für bestimmte Zielgruppen (z. B. Curricula für Kindergärten und Schulen) ein bereits gewecktes bzw. latentes Bedürfnis von Einzelnen oder Gruppen voraus, die selbst oder stellvertretend für Dritte spezifischen Rat erhalten wollen. Maßnahmen im Rahmen personaler Strategien zielen unmittelbar auf Einstellungs- und Verhaltensänderung beim Adressaten. Von diesen personalen Strategien werden strukturelle Strategien (strukturelle Prävention) zur *Verbesserung allgemeiner Bedingungen von Gesundheit* unterschieden. Hier wären Maßnahmen zu nennen, die auf eine Veränderung oder Beseitigung gesundheitsgefährdender Zustände in Wohn-, Arbeits- und allgemeiner →Umwelt ausgerichtet sind. Zwar werden Intensität und Reichweite aller präventiven Strategien vordergründig durch gesundheitspolitische Rahmenbedingungen bestimmt, aber – und dies gilt in besonderem Maße für strukturelle Strategien – diese Rahmenbedingungen werden letztendlich von eher restriktiven Einflüssen der Wirtschafts- und →Gesellschaftspolitik determiniert.

Unter methodischen Gesichtspunkten wurde die gesundheitsgerechte Veränderung individuellen Verhaltens auf dem Wege der Erforschung von Einstellungsfaktoren und Verhaltensmotiven zu erreichen versucht. In der Folge dieser Forschung erlangte insb. das sog. Health Belief Model (HBM) eine herausragende Bedeutung (Rosenstock 1974). Dieses ging davon aus, daß die wahrgenommene Gefährlichkeit einer Krankheit, die Einschätzung der eigenen Gefährdung sowie der wahrgenommene Nutzen und die als gering einzuschätzenden persönlichen Kosten einer Verhaltensänderung die Bereitschaft für eine tatsächliche Verhaltensänderung bestimmen. Der diesem Modell impliziten Unterstellung eines frei und rational entscheidenden Subjekts entsprach auf der anderen Seite eine Tendenz des „blaming the victim" im Falle nicht gesundheitsgerechten Verhaltens und sich einstellender Krankheit. In Verbindung mit einer allgemein gültig angesehenen Informationsmangelhypothese führte dieses verhaltenspsychologistische Denken zu einer lange Zeit dominanten erziehungstheoretischen Position, die G als „Beeinflussung und Lenkung von Einstellungen und Verhaltensweisen, die die Gesundheit betreffen", definiert. Dieser Definition gemäß beinhaltete G „die Vermittlung von Wissen zwischen Körpervorgängen und Lebensweise, die Vermittlung von Hinweisen darauf, daß Gesundheit für unser Leben von wesentlichem Wert ist, (...) die Vermittlung konkreter Vorschläge für gesunde Lebensführung, (...) die Verstärkung des Wunsches, Einstellungen und Verhaltensweisen aufzubauen, die auf das gewünschte Ziel Gesundheit hin ausgerichtet sind" (Schabacker 1980, 10).

Für das tendenzielle Scheitern von G in Form individuell ausgerichteter massenpädagogischer Programme und verhaltensmodifikatorischer Ansätze machen Horn und seine Mitarbeiter (Horn 1983; Horn/Beier/Kraft-Krumm 1984) lebensgeschichtlich begründete, nicht ohne weiteres zugängliche Widerstände gegen G verantwortlich. Die Kritik bisheriger Praxis der G nimmt Bezug auf die Erkenntnis, daß es offensichtlich wenig nutzt, „die Vernunft eines risikofreien Verhaltens gegen die Unvernunft des Risikoverhaltens zu stellen" (Horn/Beier/Kraft-Krumm 1984, 25). Es muß vielmehr versucht werden, den von Gesellschaft und Subjekt wechselseitig konstituierten Sinn gesundheitlichen Risikoverhaltens zu rekonstruieren. Vor dem Hintergrund einer gesellschaftskritisch motivierten → Psychoanalyse können Gesundheit und Krankheit als Resultate unterschiedlichen Umgangs mit psychosozialen Konflikten betrachtet werden. Das zumeist unbewußte Inkaufnehmen von gesundheitlichen Risiken z. B. infolge extensiven Gebrauchs legalisierter → Drogen (Nikotin, Alkohol) ist dann im Sinne einer – scheinbar konfliktlösenden – Kompromißbildung zu verstehen. Resultat dieser subjektiven Bearbeitung eines Konflikts (z. B. Auseinandersetzung mit permanentem Arbeitsstreß) ist ein doppelter „Krankheitsgewinn". Gesundheitsriskantes Verhalten, z. B. Alkoholgenuß, schafft zunächst einmal Entlastung dadurch, daß es gelingt, den problematischen Konfliktgehalt dem Bewußtsein fernzuhalten (= primärer Krankheitsgewinn). Zeitigt eine derart vollzogene permanente Konfliktstillegung eine manifeste Erkrankung, werden soziale Gratifikationen (die Übernahme der Krankenrolle schafft vorübergehende Vorzüge der Entlastung und Zuwendung) sozusagen als sekundärer Krankheitsgewinn eingehandelt. Gesundheitserzieherische Versuche, gegen diese, hinter dem Rücken der Subjekte wirkende Strukturlogik gesundheitsriskanten Handelns mit vordergründig rationalen Appellen und Programmen anzukämpfen, müssen den Widerstand der betroffenen Subjekte hervorrufen. „G möchte ihnen (..) ja – aus ihrer Sicht – etwas wegnehmen, ohne Ersatz bzw. eine angemessene Kompensation anzubieten" (Horn/Beier/Kraft-Krumm 1984, 26). Das Ansprechen der vielen lebensgeschichtlich bedingten Kompromisse wird zudem → Angst nicht nur um jene selbstzerstörerischen „Gewinne", sondern auch davor, der Komplexität der widerstreitenden Kräfte offen und schutzlos ausgeliefert zu sein, auslösen.

Einen gangbaren Weg zur Auflösung der Notwendigkeit subjektiver Kompromißbildung und daraus resultierender Widerstände gegen G deutet die in der Ottawa-Charta zur → *Gesundheitsförderung* der WHO (KrV 3/88 Dok.-Nr.: 042.0/043.2/580.0) festgeschriebene Absicht an, „allen Menschen ein höheres Maß an Selbstbestimmung über ihre Lebensumstände und ihre Umwelt zu ermöglichen und sie damit zur Stärkung ihrer Gesundheit zu befähigen". Gesundheitsförderung nimmt hier ausdrücklich Bezug auf Lebensbedingungen und gesellschaftliche Voraussetzungen von Gesundheit, impliziert aber auch ein kompetent handlungs- und entscheidungsfähiges Subjekt. Da sich letzteres in der lebensgeschichtlichen Auseinandersetzung mit der sozialen und materialen Umwelt herausbildet, kann im Prozeß der →Sozialisation auch das Paradigma der Entwicklung von Gesundheit gesehen werden.

*Der Sozialisierungsprozeß als paradigmatischer Rahmen für G.* Der Begriff Sozialisation bezeichnet den „Prozeß der Entstehung und Entwicklung der →Persönlichkeit in wechselseitiger Abhängigkeit von der gesellschaftlich vermittelten sozialen und materiellen Umwelt" (Geulen/Hurrelmann 1980, 51). Dieser Prozeß kann als Entwicklung eines Ensembles von unterschiedlichen Kompetenzen näher beschrieben werden. Am Anfang dieses Prozesses werden grundlegende sensorische (Schmecken, Fühlen, Sehen), motorische (körperliche Beweglichkeit), interaktive (Perspektivenübernahme, Kontaktaufnahme), intellektuelle (Informationsverarbeitung, Wissensspeicherung) und affektive (Gefühlsempfindungen, Empathie) Fähigkeiten und Fertigkeiten erworben und durch organische Reifungsprozesse und Anregungen der sozialen und dinglichen Umwelt soweit angereichert und ausdifferenziert, daß sie als kognitive, moralische, sprachliche, interaktive, emotionale und ästhetische Kompetenzen bezeichnet werden können (vgl. Hurrelmann 1988, 94). Solche universell aus allen Lebensläufen rekonstruierbare Kompetenzen sind handlungsgenerierende Orientierungs- und Regelsysteme, die je nach subjektspezifischem Entwicklungsniveau qualitativ unterschiedliche Handlungsperformanzen zulassen. Ziel der Persönlichkeitsentwicklung ist die einer Entwicklungslogik folgende optimale Entfaltung der unter dem Sammelbegriff Handlungskompetenz aggregierten Teilkompetenzen. Aus den Handlungsperformanzen ablesbare Entwicklungsdefizite können zum Gegenstand einer spezifischen Form pädagogischer →Intervention gemacht werden. Dabei geht es – allgemein gesprochen – um die Zurverfügungstellung einer entwicklungsstimulierenden Lernwelt, die den potentiell Entwicklungsfähigen nicht zum Objekt von Lernprozessen macht. Diese Lernwelt konstituiert sich in Familie, Schule und Beruf in Form spezifischer Person/Umwelt-Interaktionen anhand konkreter Probleme der alltäglichen Lebenswelt. Zwar ist in jeder dieser Person/Umwelt-Interaktionen eine strukturelle Differenz zwischen „mit Kompetenz ausgestatteter Person" („Erzieher") und „Kompetenz entwickelnder Person" („Zögling") eingelassen. Im Gegensatz zu autoritativen Lernsituationen ist diese jedoch von vornherein auf Selbstauflösung angelegt. Letztere wird v. a. dadurch ermöglicht, daß der eine Kompetenz entwickelnden Person gestattet wird, so zu handeln, als verfüge sie schon über das höher entwickelte Orientierungs- und Regelsystem. Ob „gelernt" wurde, kontrolliert das Subjekt selbst, indem es ohne Zwang die Folgen seines Handelns und das darin implizite Lösungsmuster mit den diskursiv erörterten Lösungsmustern des „Erziehers" vergleicht. Im Falle des Erkennens einer negativen Differenz kann es dann zu selbstbestimmten Konsequenzen in Form von Strukturtransformationen – also tatsächlicher Entwicklung von Handlungskompetenz – kommen.

Das in dieser knappen Skizze sozialisatorischer Entwicklung von Handlungskompetenz dargestellte Modell des „Lernens" ist für Gesundheitsförderung im Sinne der Ottawa-Charta von doppelter Bedeutung. Zum einen ist es unmittelbar einleuchtend, daß nur ein mit hinreichend entwickelter Handlungskompetenz ausgestattetes Subjekt selbstbestimmt über seine Lebensumstände und seine Umwelt urteilen und verfügen kann. In diesem Sinne wäre die Gestaltung strukturtransformativer Lernwelten ein erfolgversprechender Weg, Menschen zur Stärkung ihrer Gesundheit zu befähigen. Hierbei ist u. a. auch an ein vom Subjekt ausgehendes Ausloten von Anpassungsnotwendigkeit an und Verweigern von gesundheitsgefährdenden Anforderungen – speziell der Arbeitswelt – zu denken. Da die Gestaltung solcher Lernwelten auf konkrete Probleme der alltäglichen Lebensvollzüge in Familie, Schule und Beruf Bezug nimmt, ist zum anderen – im Sinne einer konkreten Utopie – zu erwarten, daß diese realitätsnahe Bearbeitung sozialer Problembereiche nicht ohne strukturtransformative Wirkung, auch für die angesprochenen gesellschaftlichen Institutionen, bleiben kann. Entwicklung persönlicher Handlungskompetenz und dabei stattfindende diskursive Auseinandersetzungen mit den Bedingungen der sozialen Lebenswelt schaffen so den notwendigen Druck für gesundheitsfördernde strukturverändernde Maßnahmen, wie sie in der bisherigen Diskussion mit dem Begriff „strukturelle Prävention" bezeichnet wurden.

Entwicklung von Handlungskompetenz zur Wahrung gesundheitsfördernder Interessen hat über die bereits angesprochene Konstitution einer entwicklungsstimulierenden Lernwelt hinausgehende, i. e. S. methodische Implikationen und Konsequenzen, die am Beispiel der Horn'schen „Widerstände gegen G" erläutert werden können. Für eine Minderheit, die sich stets von (massenmedialen) *Aufklärungskampagnen* ansprechen, d. h. „vernünftig" aufklären lassen wird (vgl. Horn/Beier/Kraft-Krumm 1984, 24), kann entweder von einer zufälligen konfliktfreien Lebenssituation ausgegangen werden, oder es kann eine bereits hinreichend entwickelte Handlungskompetenz unterstellt werden, die es dem Individuum ermöglicht, selbstbestimmt seine Lebensweise (lifestyle) gesundheitsgerecht zu gestalten. Eine offenbar relevante Mehrheit organisiert jedoch – zumeist unbewußt – ihr Handeln gemäß dem oben dargestellten Modell des Widerstands gegen gesundheitserzieherische Aufklärung. Im Sinne einer vorbeugenden – nicht instrumentalistisch mißzuverstehenden – Strategie zur Verhinderung zukünftiger Widerstände, wäre hier eine → *Erziehung* zu fordern, deren erklärtes Ziel es ist, ein mit optimal entwickelten Kompetenzen ausgestattetes, autonom handlungsfähiges Subjekt, hervorzubringen (Kohlberg/Mayer 1972; Oevermann 1976). So gesehene „pädagogische Intervention" in Familie, Schule und Beruf dient einer gesundheitsfördernden Absicht, insofern die angestrebte Entwicklung generativer Handlungsstrukturen eine Person zur effektiven und gestalterischen Auseinandersetzung mit konkreten Lebenssituationen und den darin eingelassenen sozio-ökologischen Bedingungen befähigen soll. *Beratung* zur Vermeidung bzw. Auflösung von gesundheitsgefährdenden Kompromißbildungen geht hingegen von einem tendenziell mit Handlungskompetenz ausgestatteten Subjekt aus. Eine grundsätzliche Entscheidungs- und argumentative Konfliktfähigkeit voraussetzend, werden konkrete Ereignisse der Lebenspraxis mit dem zu Beratenden diskursiv erörtert. Ziel dieses beratenden Diskurses ist eine auf zukünftige lebenspraktische Probleme bezogene Stärkung individueller und kollektiver Handlungsautonomie (letztere ist insb. bei strukturellen Veränderungen der Lebensbedingungen z. B. in der Arbeitswelt notwendig). Professionelle Berater haben dabei die Aufgabe, Hilfe zur → *Selbsthilfe* zu vermitteln, indem sie bspw. versuchen, zurückgebliebene oder verschüttete Kompetenzen von Jugendlichen freizusetzen und zu entfalten (vgl. Hurrelmann 1989, 183). Bereits manifest gewordene Widerstände infolge permanent vollzogener Konfliktstillegung können auf Dauer nur im Rahmen einer *Therapie* (therapeutische Intervention) aufgebrochen werden. Anders als bei Beratungssituationen müssen hier gewissermaßen Kompetenzen des Subjektes gewissermaßen reanimiert und wieder- bzw. neuaufgebaut werden. Dazu bedarf es einer ausdrücklichen Legitimation durch den → Klienten, indem dieser – durch unerträglich gewordenen Leidensdruck genötigt – dem Therapeuten einen Teil seiner lebenspraktischen Autonomie temporär überträgt. In gemeinsamer Arbeit entwickelt der Therapeut – stellvertretend für den Klienten – auf dessen defizitäre Lebenspraxis bezogene Deutungsmuster. Kann der Klient ein angebotenes Deutungsmuster als für seine Lebenspraxis relevant akzeptieren, ist die Basis für Selbstaufklärung und Selbstverantwortung geschaffen. Therapeutische Intervention kann sich in einer beratenden Funktion nach oben beschriebenem Muster auflösen.

Der traditionelle Begriff G läßt sich – wie gezeigt – im Rahmen einer sozialisationstheoretischen Konzeption neu fassen. Es geht um die Entwicklung personaler Handlungskompetenz zur Wahrung gesundheitsfördernder Interessen. Massenmediale *Aufklärungskampagnen* dienen der Gesundheitsförderung nach wie vor zur Verbreitung von inhaltlichen Wissensbeständen für Personen mit weitgehend entwickelter Handlungskompetenz. *Erziehung* im Sinne der Gesundheitsförderung der WHO intendiert die Entwicklung generativer Handlungsstrukturen zur kompetenten gestalterischen Auseinandersetzung mit konkreten Lebenssituationen. *Beratung* beabsichtigt die Stärkung individueller und kollektiver Handlungsautonomie durch Freisetzung und Entfaltung verschütteter bzw. zurückgebliebener Kompetenzen. Gesundheitsfördernde *Therapie* dient der Schaffung der Voraussetzung für Selbstverantwortung und Handlungsautonomie.

L.: Geulen/Hurrelmann, Zur Programmatik einer umfassenden Sozialisationstheorie; in: Hurrelmann/Ulrich (Hg.), Handbuch der Sozialisationsforschung; Weinheim, Basel, 1980. Horn, K., Gesundheitserziehung im Verhältnis zu anderen sozialisatorischen Einflüssen. Grenzen individueller Problemlösungsmöglichkeiten; in: Bundeszentrale für gesundheitliche Aufklärung (Hg.), Europäische Monographien zur Forschung in der Gesundheitserziehung 5; Köln, 1983. Horn/Beier/Kraft-Krumm: Gesundheitsverhalten und Krankheitsgewinn. Zur Logik von Widerständen gegen gesundheitliche Aufklärung; Opladen, 1984. Hurrelmann, K.: Sozialisation und Gesundheit; Weinheim, München, 1988. Kijanski, H., Gesundheitstraining in der Rehabilitation; in: Prävention 1989/4, 99–103. Kohlberg/Mayer, Development as the Aim of Education; in: Harvard Educational Review 1972, 449–496. Kressin, U.: Primäre G in der Bundesrepublik Deutschland; Konstanz, 1987[2]. Oevermann, U., Programmatische Überlegungen zu einer Theorie der Bildungsprozesse und zur Strategie der Sozialisationsforschung; in: Hurrelmann, K. (Hg.), Sozialisation und Lebenslauf; Reinbeck, 1976. Rosenstock, J. M., The health belief model and preventive health behavior; in: Health Education Monographs, 1974/2, 354–386. Schabacker, M. E.: G in der Praxis; Stuttgart, 1980. Schipperges, H., Geschichte und Gliederung der G; in: Blohmke, M., u.a. (Hg.), Handbuch der Sozialmedizin, Bd.2; Stuttgart, 1977.

Uwe Raven

**Gesundheitsförderung**

G bezeichnet in erster Linie ein Aktionsprogramm und weniger einen wissenschaftlichen Begriff. Das Programm G wurde Anfang der 80er Jahre v. a. im Zusammenhang des Europa-Büros der →Weltgesundheitsorganisation (WHO) entwickelt und hat seitdem vielfältigen Eingang in Politik und Praxis gefunden.

Prinzipien der G sind: Sie umfaßt die gesamte Bevölkerung in ihren alltäglichen Lebenszusammenhängen und nicht ausschließlich Risikogruppen. – G zielt darauf ab, die Bedingungen und Ursachen von Gesundheit zu beeinflussen. – G verbindet unterschiedliche, aber einander ergänzende Maßnahmen oder Ansätze incl. Information, Erziehung, Gesetzgebung, steuerliche Maßnahmen, organisatorische Regelungen, gemeindenahe Veränderungen sowie spontane Schritte gegen Gesundheitsgefährdungen. – G bemüht sich besonders um eine konkrete und wirkungsvolle Beteiligung der Öffentlichkeit. – G ist primär eine Aufgabe im Gesundheits- und Sozialbereich und keine medizinische Dienstleistung.

Im November 1986 wurde von über zweihundert Vertretern aus einer großen Anzahl verschiedener Länder die sog. Ottawa-Charta zur G einstimmig verabschiedet. Hierin wurden folgende Handlungsbereiche festgelegt: Gesundheitsförderliche Lebenswelten schaffen; gesundheitsbezogene Gemeinschaftsaktionen unterstützen; persönliche Kompetenzen entwickeln; die Gesundheitsdienste neu orientieren. Diese Handlungsbereiche sollen zusammen genommen dazu dienen, eine „gesundheitsfördernde Gesamtpolitik (healthy public policy)" zu entwickeln. Als Arbeitsprinzipien werden genannt: Interessen vertreten, befähigen und ermöglichen, vermitteln und vernetzen.

Von seiten der WHO werden auch die grundlegenden politischen und ethischen Schwierigkeiten benannt, auf die die Umsetzung der Aktionsstrategie stößt: 1. G birgt in sich die Gefahr, daß von manchen Gesundheit als höchstes Lebensziel mißverstanden wird („Gesundheitsfanatismus"). 2. Programme zur G können sich zuweilen in ungeeigneter Weise auf Individuen ausrichten, statt ökonomische oder soziale Probleme mit anzugehen. 3. Viele relevante Gesundheitsinformationen bleiben der Bevölkerung möglicherweise verschlossen, da sie zu wenig Rücksicht auf ihre Erwartungen, Vorstellungen und Handlungsspielräume nehmen. 4. Es besteht die Gefahr, daß einzelne Berufsgruppen die G zu ihrer Domäne und zu einem Spezialgebiet unter Ausschluß anderer Berufsgruppen und →Laien erklärt.

Es hat sich gezeigt, daß das Etikett der G vielfach aufgegriffen wurde, ohne traditionelle Inhalte der →Prävention und →Gesundheitserziehung an den Handlungsbereichen und Arbeitsprinzipien der G auszurichten. Durch den § 20 des SGB V („Gesundheitsreformgesetz") wurde in der BR die G zur Aufgabe der →Krankenkassen gemacht. Die Umsetzung dieses gesetzlichen Auftrages beginnt erst zögernd und läßt sich derzeit nicht beurteilen. Von seiten des Europabüros der WHO wurde das „Gesündere Städte"-Projekt (→Healthy Cities) initiiert, um G auf der lokalen Ebene zu verankern und umzusetzen.

L.: G. Eine Diskussionsgrundlage über Konzept und Prinzipien. Kurzbericht der Arbeitsgruppentagung zum Thema Konzepte und Prinzipien der G; ICT/HSR 602 (m01), Europa-Büro der WHO, Kopenhagen, September 1984. Ottawa-Charta zur G. Arbeitspapier der Weltgesundheitsorganisation; Kopenhagen, 1986. Stark, Wolfgang (Hg.): Lebensweltbezogene Prävention und G, Konzepte und Strategien für die psychosoziale Praxis; Freiburg/Brsg., 1989.

Alf Trojan

**Gesundheitsfürsorge**
→Fürsorge, →Öffentliche Gesundheitspflege

**Gesundheitsindustrie**
I. d. R. werden mit dem Begriff „G" jene Unternehmen der →pharmazeutischen Industrie, der →Medizintechnik, des Maschinen- und Fahrzeugbaus, der optischen Industrie, der Textilindustrie, des →Medizinischen Baumarktes, der Lebensmittelindustrie (→Ernährung) und des privaten Versicherungs- und Bankgewerbes (→Versicherung) zusammengefaßt, die ihre Gewinne teilweise oder ganz durch Produktion und Verkauf gesundheitsrelevanter Waren und Dienstleistungen realisieren. Während es sich dabei einerseits um Zweige und Unternehmen handelt, die traditionell mehr oder weniger ausschließlich für den →Gesundheitssektor produzieren, wie etwa die chemische und Pharmaindustrie, die medizinische Geräteindustrie und das Krankenhausausrüstungsgewerbe, drängen in neuerer Zeit Bran-

chen und Unternehmen auf den →Gesundheitsmarkt, für die sich erst im Zusammenhang mit dem wissenschaftlich-technischen Fortschritt und mit den Veränderungen im Morbiditätsgeschehen Möglichkeiten zur Profitrealisierung eröffnen. – Das verbindende Kriterium für die Kategorie „G" ist die Gemeinsamkeit des Marktes.

Yvonne Erdmann

**Gesundheitsinitiativen**
→Gesundheitsladen

**Gesundheitsladen**
Der erste G entstand 1978 in Berlin. In der Folge und als eine Auswirkung der →Studentenbewegung fanden sich kritische MedizinerInnen und andere im →Gesundheitswesen arbeitende Berufsgruppen zu einer „Selbsthilfegruppe für im Gesundheitswesen Beschäftigte" zusammen und organisierten sich in einem Verein, der sich „Medizinisches Informations- und Kommunikationszentrum Berlin e. V." nannte. Im Mittelpunkt der inhaltlichen Arbeit stand die Beschäftigung mit der eigenen Berufspraxis und dem Zustand des Gesundheitswesens, die Entwicklung von Alternativen sowie die kritische Auseinandersetzung mit der Geschichte der Medizin, v. a. mit der NS-Vergangenheit und ihrem teilweise bruchlosen Hineinwirken bis in die heute herrschende Medizin.

Erster öffentlichkeitswirksamer Höhepunkt der Arbeit des Berliner G war der →Gesundheitstag im Mai 1980 in Berlin, eine Gegenveranstaltung zum Deutschen Ärztetag (→Ärztekammern), wo sich die v. a. motivierte Gesundheitsbewegung erstmals zusammenfand. Noch vor Mai 1980 wurden weitere G gegründet (in Bremen, München Frankfurt/M.), ebenso anschließend, z. B. in Hamburg, wo der 2. Gesundheitstag stattfand (Oktober 1981). In vielen Städten der BR folgte die Gründung von G und Gesundheitsinitiativen – u. a. in Kiel, Lübeck, Oldenburg, Verden/Aller, Hannover, Bielefeld, Osnabrück, Münster, Göttingen, Duisburg, Dortmund, Köln, Bonn, Kassel, Mainz – Wiesbaden, Mannheim – Ludwigshafen, Homburg/Saar, Karlsruhe, Tübingen, Freiburg, Nürnberg; auch in Wien/Österreich –, die sich als G-Bewegung verstanden und regelmäßig Treffen durchführten, um sich über ihre politischen Ziele und deren Umsetzung im G-Alltag auszutauschen sowie gemeinsame Aktivitäten zu planen. Darüberhinaus wurde ein „Infodienst der G" herausgegeben, welcher ebenso dem internen wie dem öffentlichkeitswirksamen Austausch über die Inhalte der G-Arbeit, als auch der Vorbereitung der i. d. R. themenzentrierten G-Treffen diente.

Im Juni 1983 wurde vom Münchner G ein regionaler bayerischer Gesundheitstag durchgeführt, im Oktober 1984 der 3. (vom Bremer G), und 1987 der 4. Gesundheitstag in Kassel. Bereits 1984 war die G-Bewegung zusammengeschrumpft auf die sich hauptsächlich politisch-kritisch verstehenden und tatsächlich als Informations- und Kommunikationszentren arbeitenden G. Viele G und Gesundheitsinitiativen, die sich mehr auf die Alternativmedizin konzentrierten und nach Wegen zu anderen Körper- und Seelenheilmethoden suchten, waren wieder auseinandergegangen. Auch die Patientenarbeit im Vorfeld ärztlicher Praxis (Patientenberatung), die in einigen G Schwerpunkt war, wurde mit dem Einstieg der jeweiligen ÄrztInnen in ihren Beruf eingestellt oder von den G losgelöst und professionalisiert (Ausnahme: München). Die Selbsthilfe-Bewegung (→Selbsthilfe) – eines der zentralen Themen des Hamburger Gesundheitstages – hatte sich ebenfalls rasch professionalisiert (→Kontakt- und Informationsstellen für Selbsthilfeinitiativen) und von den politischen Ideen der G entfernt (Ausnahmen: München und Bremen).

Kernthemen der noch bestehenden G sind (1990) in Berlin: 3. Welt (Cobrisa), Arbeit und Gesundheit (BILAG); in Hamburg: Arbeit und Gesundheit („Gegengift"); in Bremen: Selbsthilfearbeit,

Kommunale Gesundheitspolitik; in Hannover: Stadtteilarbeit, Humanes Sterben; in München: Selbsthilfezentrum, Patientenberatung u. a.; in Frankfurt: Arbeit und Gesundheit (IFAF); in Köln: Patientenberatung (Aufbauphase); alle mit gelegentlichen Veranstaltungen zu weiteren Gesundheitsthemen.

In der Erkenntnis, daß sich mit der Ausweitung und Differenzierung →sozialer Bewegungen der Kern gemeinsamer Erfahrungen und Einsichten verdünnt und daß in der Vielfalt der Erhalt des Gemeinsamen einer besonderen Anstrengung bedarf, wurde 1988 die „GesundheitsAkademie – Forum für sozialökologische Gesundheitspolitik und Lebenskultur e. V." mit Sitz und Geschäftsstelle in Bremen gegründet. Hauptzielsetzung ist die kontinuierliche Fortführung der Arbeit der G und der Ideen der Gesundheitstage („permanenter Gesundheitstag").

L.: BILAG – Berliner Infoladen für Arbeit und Gesundheit im Berliner G (Hg.): BILAG-Briefe. Bremer G e. V. (Hg.): Infodienst der G; Nr. 14 (Apr. 84) bis Nr. 30 (Sept. 88). Bremer G e. V. (Hg.): Sonderheft Gesundheitsakademie; Bremen, 1988. Dr. med. Mabuse e. V. (Hg.): Dr. med. Mabuse. Zeitschrift im Gesundheitswesen. Nr. 1 (1976) bis 63 (1990); Frankfurt/M. Gesundheits-Akademie – Forum für sozialökologische Gesundheitspolitik und Lebenskultur e. V. (Hg.): Von der Gesundheitsbewegung zur GesundheitsAkademie, Faltblatt; Bremen, 1989. G Berlin e. V. (Hg.): Cobrisa informiert. Gesundheitsbrigaden International. G Hamburg e. V. (Hg.): Infodienst der G; Nr. 1 (März 82) bis Nr. 12/13 (Jan. 84). Verein Arbeit & Gesundheit e. V. Hamburg (Hg.): Gegengift; Nr. 1 (1986) bis 12/13 (Nov. 1989). – Der G München e. V und der G Berlin e. V. geben unregelmäßig Rundbriefe zu ihrer Arbeit heraus.

Raimund Kesel

## Gesundheitslehren

G, also Systeme, mit deren Hilfe Wohlbefinden, v. a. Lebensverlängerung, erreicht und Erkrankungen vermieden werden sollen, sind Kulturbestandteil aller Hochzivilisationen. G und Heilkundesysteme sind ursprünglich kaum voneinander getrennt. Erst mit der Entwicklung der naturwissenschaftlich orientierten Medizin, etwa seit Mitte des 19. Jh., trennt sich die Heilkunde systematisch ab, und die traditionellen G werden zu schöngeistiger „Lyrik" oder schlicht als Nonsens herabgewürdigt. Allerdings werden durch die Absorbtion bakteriologischer Sichten seit 1890 Teile der G zur →Hygiene umgestaltet und so in veränderter Form fortgesetzt. Ähnliches trifft für andere Teilbereiche zu, wie z. B. für die Ernährungs-, Bewegungs-, Rhythmuslehren und die Lehren zur Bedeutung der →Umwelt, die erst „verwissenschaftlicht" oder, im Fall der →Ökologie, durch eine politische Bewegung wieder Bedeutung gewannen.

G sind immer schichten- oder klassenspezifisch. Die europäische Tradition der antiken Hippokratischen →Diätetik, die Vorbild ist für eine ganzheitliche Geist/Körper- und Individuum/Umwelt-bezogene G, ist bezogen auf die wohlhabenden gesellschaftlichen Oberschichten. Galen (129–199) spricht das auch aus, wenn er feststellt, daß seine Gesundheitsregeln nur von Personen eingehalten werden können, die frei von allen Verpflichtungen sind; Arbeit z. B. muß durch die notwendigerweise einseitige Belastung schädigen. Es ist die Innovation des →Bürgertums seit der Mitte des 18. Jh., diese Traditionen neu um das Gravitationszentrum Berufstätigkeit organisiert zu haben: Die Diätetik der medizinischen Aufklärung, wie sie von Hufeland (1762–1836) abschließend formuliert wird, hat den Zweck, dem Bürger lebenslange Tätigkeit in Beruf und Öffentlichkeit zu ermöglichen, und Arbeit (aber nicht etwa Lohnarbeit) ist das wichtigste diätetische Mittel zu diesem Ziel.

Dabei entspricht den elaborierten, oberschichtaffirmativen, auf Nützlichkeit orientierten G eine auf den Einzelnen bezogene Perspektive. Diese bleibt bestehen, obgleich der natürlichen Umgebung sowie den Klima- und Witterungsbedingungen seit der hippokratischen Diätetik eine sehr große gesundheitliche Bedeutung zugemessen wird. „Natur" bzw. →Umwelt ist in dieser anthropozentrischen Tradition das dem Menschen entgegengesetzte, u.U. feindliche Prinzip, oder aber schlicht Ressource, die benutzt und den entsprechenden Bedarfslagen unterworfen werden muß. Die Argumentationsfigur „Gesundheit" beinhaltet eine systematisch individualisierende Sichtweise der Lebens- und Umwelten und läuft daher fast immer auf Praktiken der individuellen Gesundheitspflege hinaus.

Allen G der europäischen Tradition liegt eine Philosophie der Herstellung oder Gewährleistung von Ballancezuständen zugrunde. Der richtige Ausgleich von Gegensätzen, in denen das körperlich-geistige Leben stattfinde, ist intendiert: im Wachen und Schlafen, in Bewegung und Ruhe, bei Hunger und Durst, Essen und Trinken, in der Gemütsbewegung und der Gemütsruhe, in der Mischung und Bewegung von Körpersäften und Ausscheidungen, insb. im Geschlechtsakt. Mäßigung in allen Bereichen, bestimmte Enthaltsamkeits- und Reinigungspraktiken, Körperübungen und Speisegebote haben den Zweck, solche Ballancen herzustellen. Die Praktiken selbst variieren z.T. sehr stark, je nach sozialem und historischem Kontext, und sind kaum allgemein darzustellen.

Das philosophische, transzendierende Band all dieser Aufmerksamkeitsbereiche ist im Laufe des 19.Jh. verloren gegangen. Seitdem dominieren populärwissenschaftliche Zusammenfassungen (Hausschatz-Bücher), bzw. sind Einzelbereiche „geistlos" weiterentwickelt worden (→Sport, Schlankheitsdiät, kosmetische Körperpflege usw., und die entsprechende Ratgeberliteratur). Allerdings hat es seither auch immer wieder Gesundheitsbewegungen gegeben, deren Teilnehmer Teile komplexer G zu ihrem Lebensstil gemacht haben. Auch die große Attraktivität, die fernöstliche Systeme ausüben, verweist auf den Transzendenzbedarf hinter dem üblichen Arsenal gesundheitsdienlicher Praktiken.

L.: →Gesundheitsbegriff

Gerd Göckenjan

**Gesundheitsmarkt**

A. Insoweit es um die Verteilung der im Sozialbudget erfaßten und ausgewiesenen Mittel im Rahmen der →Gesundheitspolitik geht, ist es berechtigt, von einem – weitgehend staatlich regulierten – G zu sprechen.

Die Besonderheiten dieses Marktes gegenüber anderen Teilmärkten ergeben sich aus dem Mit-, aber auch Gegeneinander verschiedener Regulierungsmechanismen: 1. aus der staatlichen und öffentlich-rechtlichen Finanzierung (→Finanzpolitik) der Haushalte von Bund, Ländern, Gemeinden und →Krankenkassen; dabei wird die Erhaltung der Zersplitterung des Krankenkassensystems bewußt zur Stärkung der überwiegend privaten Anbieterseite genutzt; 2. aus dem Leistungs- und Angebotsmonopol des ambulanten und stationären Sektors, dessen institutionelle Verselbständigung zu Lasten der Patienten, aber zum Vorteil der Anbieterseite beibehalten wurde; 3. aus dem Leistungs- und Angebotsmonopol der →Gesundheitsindustrie, deren Realisierung von Gewinnen weitgehend von der Übereinstimmung mit den ökonomischen Interessen der Ärzteschaft (→Arzt) abhängig ist.

B. Neben diesem G i.e.S., der sich im Kampf um die Verteilung gesellschaftlicher Konsumtionsfonds (→kollektive Konsumtion) herausgebildet hat, ist ein G i.w.S. als Bestandteil der individuellen Konsumtion entstanden. Die Befriedigung des Bedürfnisses nach Schutz, Erhaltung und Wiederherstellung der →Gesundheit ist für die Angehörigen der sozial und ökonomisch privilegierten Klassen und Schichten Teil ihrer individuellen Konsumtion, die mit zunehmender sozialer Differenzierung mit Hilfe der privaten →Krankenversicherung ebenfalls einen tendenziell wachsenden gesellschaftlichen Charakter annimmt. Mit der Ausweitung des gesetzlichen Versicherungsschutzes und der Verschärfung der Konkurrenz zwischen den privaten Versicherungsanstalten verlor der Privatpatient als Adressat und Statusfigur für die Einkommensstrategie bestimmter Ärztegruppen relativ an Gewicht.

Dagegen orientieren sich verstärkt Teile der →Gesundheitsindustrie, insb. die →pharmazeutische Industrie, die Lebensmittel-, Getränke- und Genußmittelindustrie, die Freizeitindustrie (→Freizeit), in der Regel im Bündnis mit Teilen der niedergelassenen Ärzte (→ärztliche Niederlassungsfreiheit), mit Hilfe der Marketing-Strategie auf den Massenkonsum. Aus objektivierbaren Zusammenhängen von „Sauberkeit – Gesundheit", „Körperpflege – Gesundheit", „Kleidung – Gesundheit", „Ernährung – Gesundheit", „Erholung – Gesundheit", „Wohnen – Gesundheit", „Sport – Gesundheit", „Leistung – Gesundheit", aber auch aus spezifischen Schutzerfordernissen verschiedener Altersstadien vom Säuglings- bis zum Rentenalter, aus geschlechts-, berufs-, arbeits- und altersbedingten Belastungsfaktoren wurden Gebrauchseigenschaften oder Wirkungen von Erzeugnissen entwickelt, die den Konsumenten gesundheitsförderliche Effekte für alle →Lebenslagen versprechen.

Die Gesundheit wird für die kapitalistisch-industriellen Produktions- und Marktverhältnisse in doppeltem Sinne zur Quelle von Gewinnen: Einerseits beeinträchtigen und zerstören die Produktionsverhältnisse Gesundheit und Leben der Nachfrager nach der Ware „Gesundheit". Andererseits profitieren die Anbieter auf dem G von den zur Erhaltung und Wiederherstellung der Gesundheit notwendigen Einrichtungen, Waren und Leistungen.

Yvonne Erdmann

## Gesundheitsökonomik

*Begriffsentstehung:* Die Bezeichnung „G" wurde zu Beginn der 70er Jahre in Übersetzung des anglo-amerik. Begriffs „Health Economics" geläufig. Bahnbrechend für die systematische, in der Tradition der neoklassischen Modellanalyse weitgehend verharrende Health Economics war ein grundlegender Problemaufriß von *Arrow* (1963). In der dt. gesundheitspolitischen Fachdiskussion dominierte die ökonomische Fragestellung zunächst nicht. Die Untersuchungen aus den 60er Jahren standen in der Tradition einer Lehre von der →Sozialpolitik, die fachübergreifend, sozialwissenschaftlich interdisziplinär ausgerichtet war. Mit der Durchsetzung des Begriffs „G" ging die Emanzipation wirtschaftswissenschaftlichen Denkens einher, das in der Folgezeit immer dominanter wurde und integrative Ansätze zurückdrängte. Diese Entwicklung wurde indirekt gefördert durch die Kostenexpansion im →Gesundheitswesen. Von einer Ausrichtung der Forschungsschwerpunkte auf ökonomische Fragen i.e.S. erwarteten auch Gesundheitspolitiker effiziente Instrumente zur Kosteneindämmung. Es kam zu einem „Boom" gesundheitsökonomischer Forschung in der 2. Hälfte der 70er Jahre, der in den 80er Jahren, wohl aufgrund relativ geringer Gesamterträge und erheblich nachlassender Grenzerträge langsam abebbte. Die G gliederte sich, analog der ökonomischen Tradition, in einen betriebs- und einen volkswirtschaftlichen Teil.

*G – die betriebswirtschaftliche Seite:* Objekte betriebswirtschaftlicher Analysen sind die Institutionen des Gesundheitswesens, die betrieblichen Charakter besitzen. Das sind v.a. (kassen-)ärztliche Praxen, →Krankenhäuser, Ambulatorien, aber auch die →Krankenkassen. Unter Berücksichtigung der spezifischen Eigenart dieser „Betriebe" läßt sich das Arsenal betriebswirtschaftlicher Methoden daraufhin überprüfen, ob und inwieweit eine sinnvolle Anwendung möglich ist. So sind *Ziel-* und *Organisations-*

analysen, *Investitions-* und *Finanzierungs*planung, ein aussagefähiges *betriebliches Rechnungswesen* unverzichtbare Instrumente zur rationalen und kostensparenden Betriebsführung. Wichtiges Instrument zur Aufdeckung von betrieblichen Ineffizienzen gerade in Betrieben, die keinem wesentlichen Wettbewerb ausgesetzt sind (Krankenhäuser), ist der *Betriebsvergleich*. Ambitiöser sind neue ökonometrische Modelle, die mittels regressionsanalytischer Verfahren eine *Krankenhauskostenfunktion* aller Krankenhäuser der BR unter Berücksichtigung des jeweiligen Patientenspektrums schätzen (Breyer/Paffrath/Preuß/Schmidt 1987). So lassen sich u. a. Normkosten – durchschnittliche Kosten in vergleichbaren Krankenhäusern – berechnen, die wiederum als Grundlage für Pflegesatzverhandlungen (→Pflegesatz) dienen können, die auf marktwirtschaftliche Gewinn- und Verlustanreize zum Zwecke der Produktivitätssteigerung abzielen. Aus gemeinwirtschaftlicher Sicht ist allerdings die Anwendbarkeit der für private, gewinnorientierte Betriebe entwickelten Analyseverfahren auf öffentliche und freigemeinnützige Unternehmen in jedem Fall kritisch zu überprüfen. Die öffentliche Regulierung der Finanzierung allein erfordert im Fall der Krankenhäuser eine angepaßte Betriebswirtschaftslehre (Eichhorn 1963). Vor allem aber die besondere gemeinnützige Zielsetzung (→Gemeinnützigkeit), der die meisten Institutionen unseres Gesundheitswesens ihrer gesellschaftspolitischen Konzeption nach verpflichtet sind, setzt nach Thiemeyer (1975) eine spezifische, auf die Bedürfnisse öffentlich-gemeinnütziger Unternehmen und Institutionen angewandte Betriebswirtschaftslehre voraus. Angesichts negativer Erfahrungen mit gemeinwirtschaftlichen Unternehmen gewinnt die Gegenposition, die gerade in der Verstärkung wettbewerblicher Anreize eine verbesserte Betriebsführung erwartet, immer mehr an Gewicht. Danach führen z. B. die derzeitigen Krankenhausfinanzierungskonzepte (→Krankenhausfinanzierung), die Selbstkostendeckung und Verlustausgleich durch die öffentlichen Haushalte beinhalten, zu einer kostentreibenden Wirtschaftsführung. Gefordert werden leistungsorientierte Vergütungssysteme, die die Krankenhäuser einem Wettbewerb aussetzen, indem Gewinne entstehen können und bei unwirtschaftlicher Betriebsführung und Verlusten kostensenkende Anpassungsmaßnahmen erforderlich werden. Aus gemeinwirtschaftlicher Sicht entsteht damit die Gefahr einer Selektion von Patienten, Krankheitsfällen und gewinnversprechenden Fachabteilungen („Rosinenpicken"). Kostenintensive Pflegeleistungen könnten (weiter) zurückgefahren werden, und so kann eine bedarfsgerechte Versorgungsstruktur verfehlt werden.

*G – die volkswirtschaftliche Seite:* Im richtungsweisenden Aufsatz von Arrow (1963) tauchten schon die wesentlichen Argumente auf, die in der Folgezeit die gesundheitsökonomische Diskussion beherrschen sollten. Besonderheiten der Gesundheitsgüter und ihrer Allokation und Verteilung (Kollektivgutprobleme, Unvorhersehbarkeit des individuellen Bedarfs) führen nach Arrow zu unbefriedigenden Ergebnissen bei der Versorgung über Märkte *(→ Marktversagen)* und begründen staatliche Eingriffe in Form einer Pflichtversicherung gegen Krankheitsrisiken für alle Staatsbürger. Dies mußte gerade in den USA mit einem überwiegend privatwirtschaftlichen Gesundheitssystem und dominierender liberal(istisch)er Ökonomenschaft heftige Gegenwehr hervorrufen. Versorgungsstaatliche Experimente wurden als ineffizient, nachfrageprovozierend und damit kostenexplosiv abgelehnt *(→ Staatsversagen).* Die teilweisen positiven Erfahrungen mit dem versorgungsstaatlichen National Health Service in Großbritannien, der sich als weit weniger kostenexpansiv erwies als alle anderen westlichen Gesundheitssysteme und der zudem eine relativ egalitäre Verteilung der medizinischen Leistungen garantierte, führten hier zu kontroversen

Stellungnahmen der britischen Ökonomen. Die Diskussion konzentrierte sich dann auf Ineffizienzen von privaten und öffentlichen Krankenversicherungssystemen. Meinungsbildend war hier der Beitrag von Pauly (1971) zum sog. „moral hazard"-Problem. Unter Versicherungsbedingungen wird diesem Theorem zufolge jeder nutzenmaximierende Versicherte (neoklassisches „homo oeconomicus"-Modell) seine Nachfrage ausdehnen, da er keine direkten Kosten zu tragen hat und sein erwarteter Beitragsanstieg vernachlässigbar gering ist. Da jedoch die Mehrzahl sich so verhält, steigt die Gesamtnachfrage; in der Folge steigen die Kosten und damit zwangsläufig die Beiträge. Dies wiederum führt zu steigender Inanspruchnahme, weil man einen entsprechenden Gegenwert für seine gestiegene Beitragszahlung verlangt. Damit ist der Teufelskreis steigenden Anspruchsdenkens unter Versicherungsbedingungen geschlossen. Sich selbst verstärkende Kostensteigerungen sind vorprogrammiert. Dies gilt allerdings nicht nur für Pflicht-, sondern auch für freiwillige private → Krankenversicherungen. Die an sich für liberale Ökonomen zunächst optimal erscheinende Lösung des Problems der Risikovorsorge über private Versicherungsmärkte besitzt dann schwerwiegende Mängel, wenn ein „moral hazard"-Verhalten relativ leicht möglich ist und individuelle Vorteile verspricht. Eine Selbstbeteiligung der Versicherten an den durch ihre Inanspruchnahme verursachten Kosten soll die Lösung bringen. Als optimale Lösung werden in neoklassischen Modelanalysen sog. Wahltarife präferiert, bei denen der Einzelne aus einem Angebot abgestufter prozentualer Selbstbehalte den ihm genehmen Tarif aussuchen kann. Diese mit Hilfe der Theorie der Kollektivgüter und strategischer Spiele („Gefangenendilemma") modellanalytisch unterfütterten Ergebnisse verstärkten in der gesundheitspolitischen Diskussion die Position der Verfechter von Selbstbeteiligungsarrangements auch in der dt. Gesetzlichen Krankenversicherung (GKV). Dies mußte Vertreter eines integrativen sozialwissenschaftlichen Analysenansatzes herausfordern (Thiemeyer 1981). Empirisch fundierte Untersuchungen zeigen: Geringe Selbstbehalte haben keine nennenswerten nachfragereduzierenden Effekte. Höhere Selbstbehalte sind gesundheitspolitisch bedenklich, da sie insb. sozial Schwächere von einem notwendigen Arztbesuch abhalten können. Damit kollidieren sie mit dem im Bereich der Gesundheitsversorgung weithin akzeptierten Bedarfsprinzip. Anfängliche Kosteneinsparungen in der Startphase von Selbstbeteiligungsprogrammen sind nicht von Dauer. Internationale Vergleiche zeigen, daß die langfristige Kostenexpansion in Systemen mit ausgeprägten Selbstbeteiligungsformen (USA) trotz der teilweisen Ausgrenzung von Unterschichten keineswegs geringer ist. Daraus werden folgende Erkenntnisse abgeleitet: Selbstbeteiligung kann allenfalls für bestimmte Arten medizinischer Leistungen eine Lösung sein; die Ursachen für die Kostenexpansion sind vielfältiger und nur z.T. auf Überkonsumtionsphänomene zurückzuführen. In der Wissenschaft herrscht keine Einigkeit über die relative Bedeutung der im folgenden kurz skizzierten Ursachenkomplexe der Kostensteigerung.

*Strukturelle Defizite des GKV-Systems:* Die Kontrolle der Inanspruchnahme medizinischer Leistungen von der Anbieterseite (Kassenärzte; → Arzt), wie sie in der GKV vorgesehen ist, versagt, weil die Einkommensinteressen der Ärzte, die nach Einzelleistungen honoriert werden, auf eine möglichst hohe Inanspruchnahme gerichtet sind („moral hazard" der Kontrolleure). Da die Ärzte aufgrund ihrer Fachkompetenz die eigentliche Entscheidung über die Behandlung treffen, bestimmen sie gleichzeitig über Nachfrage und Angebot. Leistungsausweitung (Polypragnasie) ist die Folge. Konfliktfähige Ärzteverbände (→Ärztliche Berufsverbände) verstärken noch die Dominanz der Anbieterseite. Die GKV-subventionierte →Pharmazeutische Industrie ist damit ebenfalls keiner nennenswerten Kontrolle von der Nachfrageseite her ausgesetzt. Lösungen dieser strukturellen Defizite werden zum einen in einer gesetzlichen Stärkung der Verhandlungsposition der GKV-Kassen (Selbstverwaltungs-Gegenmachtmodell) bzw. in einer systemtheoretisch durchgestylten Mehrebenensteuerung des Gesundheitssystems gesehen, bei der Markt-, verbandliche und staatliche Steuerungselemente besser aufeinander abzustimmen wären (Herder-Dorneich 1980). G wird hier als Anwendungsfall einer Nicht-Markt- oder →Verbandsökonomik verstanden, die sich methodisch und inhaltlich auf die sog. Neue (bürgerliche) Politische Ökonomie bezieht. Das ökonomische Verhaltensmodell von rational ihren Nutzen bzw. Gewinn maximierenden Individuen wird hier auf politische und verbandliche Fragestellungen angewandt und tritt so in Konkurrenz zu den bisher in diesen Fachgebieten dominierenden sozialwissenschaftlichen Theorien.

*Kostenintensive Produktionsprozesse im Gesundheitswesen:* Gesundheitsökonomische Studien weisen den Krankenhaussektor als kostenträchtigsten Bereich auf. Zwei Effekte verstärken sich hier: Zum einen führt der Trend zur immer üppigeren Ausstattung mit →Medizintechnik zu hohen Investitionskosten; gleichzeitig führt die dazu notwendige Fachbedienung zu steigenden Kosten beim Technischen Personal. Hier und noch verstärkt im Pflegebereich wirkt sich das sog. *Kostenkrankheitsproblem* sozialer Dienste immer einschneidender aus.

*Steigender Medizin- und Pflegebedarf im Alter:* Potenziert wird das Problem durch die Veränderung im Altersaufbau der Bevölkerung, die zu einem steigenden Bedarf an Gesundheits- und Pflegeleistungen führt. Die →Sozialen Dienste werden zunehmend benötigt und zunehmend unbezahlbar, weil die Produktivitätsentwicklung hier deutlich hinter den Zuwachsraten in anderen Sektoren zurückbleibt. Steigen die Einkommen der Pflegekräfte jedoch in etwa parallel mit den Löhnen in der Industrie – alles andere wäre sozial ungerecht und wird von den zuständigen →Gewerkschaften entsprechend abgelehnt –, dann steigen die Lohnstückkosten bei den Sozialen Diensten von Tarifrunde zu Tarifrunde an. Deutliche Krisenerscheinungen sind heute schon unübersehbar: eine dauernde Überlastung des →Krankenhauspersonals wegen mangelhafter, weil von den Krankenhäusern nicht mehr über die Kassen finanzierbarer Personalausstattung, obwohl die Einkommen in diesem Bereich nur verzögert der allgemeinen Lohnentwicklung folgen.

*Sozialmedizinische Defizite und mangelhafte Vorbeugung:* Sozialmediziner werfen der heutigen Medizin ihre einseitige naturwissenschaftliche Orientierung vor, weil sie die →Krankheit als individuelle organische oder seelische Störung versteht. Die eigentlichen Krankheitsursachen (wie z. B. Belastungen in der Arbeitswelt, Veränderungen in der natürlichen und sozialen →Umwelt, daraus resultierendes Fehlverhalten wie Bewegungsmangel, Fehlernährung und Abhängigkeiten von Genußgiften) werden hier ausgeblendet. Dieser Vorwurf trifft auch eine neoklassische, auf den „homo oeconomicus"-Modell basierende G, die nicht nach diesen sozialen Rahmenbedingungen individuellen Verhaltens fragt. Ökonometrische Analysen in den USA zeigen, daß die realen Mehrausgaben für Medizin in den letzten Jahren kaum noch meßbare Verbesserungen bei Gesundheitsindikatoren wie altersstrukturbereinigte Morbiditätsraten (→Morbidität) hervorriefen, während →Aufklärungskampagnen in Fragen gesundheitlicher Bildung, die zu Verhaltensänderungen führen sollen, einen höheren Ertrag versprechen. Vor übertriebenen Erwartungen ist auch hier zu warnen. Die Sozialmedizin hat insgesamt noch immer kein überzeugendes therapeutisches Konzept zur Verhaltensbeeinflussung (→Präventivmedizin).

Als Ergebnis der gesundheitsökonomischen Diskussion um das Kostenproblem läßt sich festhalten, daß der neoklassische Erklärungsansatz sicher zu kurz greift. Es zeigt sich zudem, daß eine nachhaltige Kostendämpfung nicht nur schwierig, sondern auch sozialpolitisch problematisch ist, wenn man den Altersaufbau der Gesellschaft berücksichtigt, das Bedarfsprinzip in diesem Versorgungsbereich akzeptieren will und den hohen Stellenwert bedenkt, den die Bevölkerung dem Gesundheitswesen offensichtlich einräumt (Superiorität der Gesundheitsgüter). Vor allem jedoch ist das „Kostenkrankheitsproblem" der Personalkosten im Gesundheitswesen noch völlig ungelöst.

Internationale Systemvergleiche zeigen, daß nur die Gesundheitssysteme, die eine öffentliche Versorgung mit strikter Budgetlimitierung praktizieren (Großbritannien, ehem. DDR u. a.), deutlich geringere Kostenentwicklungen, die im Rahmen der allgemeinen Einkommensentwicklung gehalten werden können, aufweisen. Dies wird jedoch mit erheblichen qualitativen und quantitativen Versorgungsengpässen erkauft. Warteschlangen, Überlastung des Personals, Abwanderung – soweit möglich – von Ärzten aufgrund zu geringen Einkommens und von Patienten in private Versicherungen sind die Folgen, so daß dies keine ernsthafte Alternative zum bundesdeutschen System ist.

Nach wie vor stehen ordnungstheoretische Fragen nach Vor- und Nachteilen marktmäßiger, gemeinnütziger oder öffentlicher Versorgung im Vordergrund der gesundheitsökonomischen Diskussion. Eng verbunden bleibt damit die Frage nach den Ursachen der Kostenexpansion. Hier existiert eine Vielzahl von Analysen zu den einzelnen Sektoren des Gesundheitssystems (Ambulanter Sektor, Krankenhaussektor, Arzneimittelsektor). Außerdem werden viele Modelle der neoklassischen Ökonomik auf den Bereich der G angewandt. Zum Teil geschieht dies mit eher mäßigem Erkenntnisgewinn, wie z. B. im Fall der Produktionsfunktionen, Nutzen- und Nachfragefunktionen, der Wohlfahrtstheorie und der Investitionstheorie, die medizinische Leistungen als Investition in menschliches Humanvermögen beschreibt. Andere Anwendungsfälle sind dagegen verhältnismäßig erfolgreich und unumstritten. Dies gilt etwa für die *Kosten/Nutzen-Analyse* ( → Erfolgskontrolle), die zur Folgeabschätzung gesundheitspolitischer Programme eingesetzt wird. Beispiele dafür sind Cost/benefit-Analysen zur Krebsvorsorge und zum Methadon-Drogenersatzprogramm.

*Fazit und Ausblick zur Rolle der G:* Neben einigen Irrwegen und wenig ertragreichen Anwendungsversuchen, deren Erkenntniswert sich in ökonomischer Begriffsübertragung erschöpfte, hat die G auch interessante und wegweisende Beiträge geliefert. Dies gilt v. a. für internationale Ordnungs- und Systemvergleiche, → Dienstleistungsökonomik, Analysen zur Dynamik ärztlicher Einkommen, für die Krankenhauswirtschaft u. a. m. Die weitere Entwicklung wird allerdings nur dann ertragreich sein, wenn man ideologischen Ballast abwirft. Die Dominanz neoklassischer Modelle dient zumeist auch der Rechtfertigung marktwirtschaftlicher Regelungen im Gesundheitswesen. Die Beachtung des im gesundheitspolitischen Bereich von allen relevanten Gruppen akzeptierten Bedarfsprinzips führt zu Zielkonflikten. Nur über gemischte Versorgungssysteme (Markt, Versicherung, verbandliche und öffentliche → Steuerung) sind akzeptable Kompromisse möglich. Eine Öffnung zur Nicht-Markt-Ökonomik, v. a. aber eine interdisziplinäre Zusammenarbeit mit anderen Sozialwissenschaften wie → Medizinsoziologie, Sozialpolitik, → Sozialrecht und Sozialpsychologie ist daher dringend angeraten.

L.: Arrow, K. J., Uncertainty and the Welfare Economics of Medical Care; in: American Economic Review, 53, 1963, 941–973. Eichhorn, S.: Krankenhaus-Betriebslehre, Bd. I, 3. Aufl.; Stuttgart, 1975. Herder-Dorneich, Ph.: G. Systemsteuerung im Gesundheitswesen; Stuttgart, 1980. Henke/Reinhardt: Steuerung im Gesundheitswesen, Beiträge zur Gesundheitsökonomie, Bd. 4; Gerlingen, 1983. Paffrath/Breyer/Preuß/Schmidt: Die Krankenhaus-Kostenfunktion; Bonn, 1987. Pfaff, M., Steuerungsinstrumente in der GKV – Das Beispiel der Kostensteuerung; in: Wido (Hg.), Strukturfragen im Gesundheitswesen in der Bundesrepublik Deutschland; Bonn, 1983. Pauly, M. V.: Medical Care at Public Expense, A Study in Applied Welfare Economics; New York, 1971. Schaper, K.: Kollektivgutprobleme einer bedarfsgerechten Inanspruchnahme medizinischer Leistungen; Frankfurt, 1978. Thiemeyer, Th.: Wirtschaftslehre öffentlicher Betriebe; Reinbek, 1975. Ders., Ansatzpunkte einer G aus unternehmensmorphologischer Sicht; in: Beiträge zur Gesundheitsökonomie, Bd. 1: Wege zur Gesundheitsökonomie I; Gerlingen, 1981, 112–135.

Klaus Schaper

## Gesundheitspolitik
*1. Begriffe, Ziele, Träger*
Unter G versteht man alle Maßnahmen zur Gesundheitsversorgung der Bevölkerung, die sich auf die Gesundheitsvorsorge, die Krankheitsbehandlung und die Krankheitsfolgen beziehen. In ihrer jeweiligen organisatorischen, rechtlichen und finanziellen Ausformung, wie sie hauptsächlich durch die Krankenversicherungsgesetzgebung erfolgt, bestimmen sie die Struktur des →Gesundheitswesens.

Die Ziele der G lassen sich nach drei Ebenen unterscheiden. 1. Auf der gesellschaftlichen Ebene steht das Solidaritätsprinzip im Vordergrund; im Bedarfsfall soll jeder Bürger unabhängig von Einkommen und sozialem Status Anspruch auf die notwendige Gesundheitsversorgung haben. 2. Auf der medizinischen Ebene geht es um die bestmögliche Qualität der Gesundheitsversorgung unter Wahrung der menschlichen Würde und Freiheit. 3. Auf der ökonomischen Ebene geht es um die kostengünstige Versorgung mit Gütern und Diensten. Die verfügbaren finanziellen Mittel sollen nicht nur effektiv, sondern auch effizient verwendet werden. Diese Ziele stehen im Konflikt miteinander. Ihnen wird von den einzelnen Akteuren im Gesundheitssektor aufgrund verschiedener Interessenlagen eine unterschiedliche Priorität eingeräumt. Der Versuch, diese Ziele gleichzeitig zu verwirklichen, bestimmt die Konflikt- und Konsensprozesse der G.

Die Ausgestaltung dieser Ziele erfolgt v. a. durch die Bundesgesetzgebung. Daher sind die politisch-parlamentarischen Institutionen auf Bundesebene, insb. die jeweiligen Bundesregierungen, die wichtigsten Adressaten und Entscheidungsträger der G. Sowohl bei der Politikformulierung, als auch bei der Durchführung von Gesetzen und Programmen wirken aber noch eine Vielzahl anderer Akteure mit. Sie sind teilweise gleichzeitig Träger und Organe des Gesundheitswesens. Hierzu gehören die Parteien, die Länder und Kommunen (→kommunale Gesundheitspolitik), die gesetzliche und private →Krankenversicherung und die freien gemeinnützigen Organisationen (→Freie Träger); ferner die Interessenverbände, die in der ambulanten und stationären Versorgung, der Arzneimittelversorgung (→Apotheken) und bei den →sozialen Diensten tätig sind.

*2. Organisatorische und sozialökonomische Rahmenbedingungen*
Die organisatorischen Grundlagen des Gesundheitswesens werden im wesentlichen durch die Gesetzliche →Krankenversicherung (GKV) vorgegeben. Ihre Vorschriften legen fest, wer die Gesundheitsleistungen in welcher Höhe finanziert, wer sie in welchem Umfang in Anspruch nehmen kann, wer sie mit welchen Kompetenzen verwaltet, wie die Anbieter von medizinischen Leistungen (→Arzt, →Krankenhaus, Medizinalberufe, Industrie) auf Umfang und Qualität der Versorgung Einfluß nehmen kön-

nen und in welcher Weise auf veränderte Entwicklungen reagiert werden kann. G ist daher in den meisten Fällen immer gleichzeitig Krankenversicherungspolitik. Die GKV beruht auf den Grundpfeilern der Versicherungspflicht (→Versicherung), des Rechts auf →Versorgung und der →Selbstverwaltung.

Rund 90% der Bevölkerung sind in den Versicherungsschutz der GKV einbezogen. Es bestehen acht verschiedene Kassenarten mit regionaler, berufsständischer oder branchenspezifischer Ausrichtung. Von den 1165 selbständigen, in Verbänden organisierten Kassen als Träger der GKV erfüllt allein die *Allgemeine Ortskrankenkasse* (AOK) mit ihrer regionalen Gliederung in 270 Kassen den Anspruch eines Universalversicherers für alle Bevölkerungsgruppen. 40% der Bevölkerung sind bei ihr versichert. Sie hat zwar weiterhin den größten Mitgliederbestand, aber der Trend zur Angestelltengesellschaft setzt sie einer zunehmenden Mitgliederkonkurrenz gegenüber anderen Kassenarten, insb. den →Ersatzkassen, aus.

Diese organisatorische Vielfalt stellt das Ergebnis historisch gewachsener Strukturen dar, die bereits im Kaiserreich (Krankenversicherungsgesetz 1883) angelegt wurden und im Grundmuster bis heute erhalten geblieben sind. Über die Hälfte der Gesundheitsleistungen wird von der GKV erbracht. Etwa 15% kommen von Arbeitgeberseite in Form von Entgeltfortzahlungen bei Arbeitsunfähigkeit oder Arbeitsunfall, und rund 10% von der →Gesetzlichen Rentenversicherung (Rehabilitationsmaßnahmen, sowie Berufs- und Erwerbsunfähigkeitsrenten). Der Rest verteilt sich auf verschiedene Institutionen, insb. auf die Sozialhilfe (→Bundessozialhilfegesetz), Unfallversicherung und Beihilfen im öffentlichen Dienst.

Die Finanzierung der GKV erfolgt über Beiträge und nicht aus Steuergeldern. Da die Kassen nach dem Umlageverfahren arbeiten, d. h. nur geringe Reserven bilden dürfen, müssen sie ihre Finanzen durch relativ häufige Änderungen der Beitragssätze in Ordnung halten. Jede Kasse hat entsprechend ihrer Finanzlage den Beitrag in eigener Verantwortung festzulegen, so daß sich die Sätze zwischen den einzelnen Kassen sehr unterscheiden und regional stark streuen. Die Höchst- und Niedrigstwerte schwanken in einer Breite von mehr als 100 Prozent. Die Organisationsform der Kasse in der GKV ist die Körperschaft des →öffentlichen Rechts mit →Selbstverwaltung. Die Kassen sind also nicht in die unmittelbare staatliche Verwaltung eingegliedert, sondern verwalten sich selbst. Der Staat hat demgemäß kein unmittelbares Weisungsrecht, sondern lediglich die Rechtsaufsicht darüber, ob Gesetze und genehmigte Satzungen eingehalten werden. Da der Staat aber durch Gesetze im Wege der Gestaltung der Reichsversicherungsordnung (RVO) in umfangreicher Weise (Festlegung des Personenkreises der Versicherten, der Versicherungs- und Beitragsbemessungsgrenze, sowie Einfluß auf die Leistungsgestaltung und die Preisfestlegungen) die Grundlagen der Selbstverwaltung bestimmt und diese Interventionsform stark ausgeweitet hat, wird die Gefahr eines weiteren Abbaus des gesundheitspolitischen Gestaltungsspielraums der Kassen beschworen. Neben der gesetzgebungspolitischen Einengung des Handlungsspielraums tritt die Restriktion der Selbstverwaltungsorganisation selbst. Die Entscheidungsgremien sind aus Vertretern der Arbeitgeber und Arbeitnehmer paritätisch besetzt. Bei den Kassen werden nur die Vertreterversammlungen der Versicherten gewählt. Mittelbar werden dann alle weiteren Organe gewählt, so bei den RVO-Kassen insb. noch die Landes- und Bundesverbände. Da diese einen großen Teil der Kompetenzen der einzelnen Krankenkassen übernommen haben bzw. vom Gesetzgeber zugeteilt erhielten, wird die unmittelbare Legitimationsbasis unterbrochen.

Den gesetzlichen Krankenkassen, die den Versicherungsschutz wahrnehmen und bei der Bereitstellung der medizinischen Leistungen für eine bedarfsgerechte und medizinisch vollwertige Versorgung mitwirken, stehen die Anbieter von Gesundheitsleistungen gegenüber. In der ambulanten Versorgung sind dies die niedergelassenen Ärzte, in der stationären Versorgung die Krankenhausträger und in der Arznei- und Heilmittelversorgung die Industrieunternehmen (→ Gesundheitsindustrie). Alle drei Bereiche sind verbandsmäßig organisiert und treten den Kassen als selbstverwaltete oder autonome Verhandlungspartner gegenüber. Während für den ambulanten und stationären Bereich durch das Kassen- und Vertragsrecht und das Krankenhausfinanzierungsgesetz das Interaktionsmuster rechtlich geregelt ist, gilt das nicht für die industriellen Produktanbieter, die lediglich über die Konzertierte Aktion in das Verhandlungssystem eingebunden sind. Hinsichtlich der Gleichheit der Verhandlungspartner wird immer wieder insb. auf die Monopolstellung für die Angebotsdisposition durch die Ärzte und deren Verbände verwiesen. Neben der Vielfalt von ca. 70 freien Verbänden gibt es die öffentlich-rechtlichen Körperschaften mit Zwangsmitgliedschaft und Selbstverwaltung. Es sind dies die Landesärztekammern (→ Ärztekammern), die vor allem berufs- und standespolitische Aufgaben wahrnehmen, und die kassenärztlichen Vereinigungen, die die ökonomischen Interessen der Ärzte vertreten (→ Ärztliche Berufsverbände). Die Machtungleichgewichte zwischen → Krankenkassen und Anbietern sind nicht nur bezüglich der Finanzierungsprobleme, sondern auch für die Ausnutzung des von der gesetzlichen Normierung vorgegebenen Gestaltungsspielraums für eine bedarfs- und qualitätsorientierte Versorgung relevant.

Die Nachkriegsentwicklung war neben der organisatorischen Wiederherstellung des gegliederten Krankenkassensystems durch die kontinuierliche Ausdehnung des Versichertenkreises und des Leistungsumfangs gekennzeichnet. Durch den Ausbau der Sach- und Geldleistungen (→ Krankengeld) entwickelte sich die GKV weitgehend zu einer Vollversicherung. Seit Mitte der 70er Jahre, ausgelöst durch den ungebremsten Anstieg der Gesundheitskosten, beschäftigt sich die G mit den Auswirkungen sozioökonomischer und politischer Determinanten auf die Inanspruchnahme und das Angebot von Gesundheitsleistungen sowie auf die Qualität der Gesundheitsversorgung. Problemfelder sind die Überversorgung (Ärzte und Krankenhäuser), der medizinisch-technische Fortschritt (Expansion technischer Leistungen), der Morbiditätswandel (Krankheitsartenstruktur), demographische und schichtspezifische Merkmale der Inanspruchnahme (Bezieher niederer Einkommen, alte Menschen, Rentner, Frauen und chronisch Kranke), die Überalterung der Bevölkerung, das Ungleichgewicht zwischen → Prävention und Kuration und die mangelhafte Verzahnung von ambulanter und stationärer Versorgung. Schließlich geht es um die Strukturen und Regelungsmechanismen der GKV, so v. a. die mangelnde Transparenz der Finanzierungs- und Vergütungssysteme (Einzelleistungsvergütung und Form der Krankenhausfinanzierung) sowie um den durch den fehlenden Risikoausgleich (Grundlohnsumme, Alters- und Geschlechtsstruktur, Anzahl der Mitversicherten) bestehenden, verzerrenden und ausgabentreibenden Wettbewerb zwischen den verschiedenen Kassenarten. Die gesundheitspolitische Diskussion ist bis heute weitgehend auf die Bedeutung dieser Determinanten für die Beitragsentwicklung der GKV und die Ausgabenentwicklung fixiert. Im Mittelpunkt steht die Frage, ob und wie das gleiche Versorgungsniveau und die gleiche Versorgungsqualität mit weniger Ressourcenaufwand erreicht werden kann.

*3. Steuerungssysteme*
Die Bewältigung des Zielkonflikts zwischen gesellschaftspolitischen, medizinischen und ökonomischen Orientierungen in der Gesundheitsversorgung kann

über die Steuerungsmedien Staat, Markt und Verhandlungen erfolgen. Im bestehenden Gesundheitssystem finden sich staatliche (etwa Krankenhaus und kassenärztliche Bedarfsplanung), marktbezogene (etwa Selbstbeteiligung und Freiberuflichkeit) und verhandlungsbezogene (etwa Konzertierte Aktion) →Steuerungsinstrumente. In der gesundheitspolitischen und wissenschaftlichen Diskussion besteht Einigkeit darüber, daß das Gemisch dieser verschiedenen Steuerungsinstrumente weder die Fehlallokation von Ressourcen verhindern konnte, noch die Anpassungsfähigkeit an sozioökonomische und medizinische Veränderungen ausreichend gewährleisten konnte. Unterschiedlich werden die daraus zu ziehenden Konsequenzen beurteilt. Auf der einen Seite werden mehr staatliche Eingriffe, und auf der anderen Seite ein verstärkter Einbau marktwirtschaftlicher Elemente befürwortet. Hierbei wird allerdings weder eine Verstaatlichung des Gesundheitswesens, noch ein reines Marktsystem gefordert. Steuerungspolitische Entscheidungen, ob in Richtung mehr Wettbewerb oder mehr staatliche Regulierung, sind an konkurrierende gesundheitspolitische Wertvorstellungen und Ordnungsentwürfe gekoppelt. Diese normative und ideologische Einbindung kann verständlich machen, daß bisherige Reformen bis hin zum Gesundheitsreformgesetz (GRG) von 1989 weder an der bestehenden Struktur des Versorgungssystems, noch an der Praxis der Verwendung gemischter Steuerungsinstrumente grundlegend etwas verändert haben.

*4. Perspektiven*
Die G seit dem Kostendämpfungsgesetz von 1977 bis zum GRG von 1989 war primär auf eine finanzielle Steuerung der Kosten- und Ausgabenentwicklung ausgerichtet. Es war eine Politik zur Beitragsstabilität. Ziel war es, die Effizienz der Versorgung durch Beschränkungen der Leistungserbringung und -inanspruchnahme zu erhöhen. Dabei ist es in den oben erwähnten Problemfeldern kaum zu einer Gestaltung aufgezeigter Mängel gekommen. Die Notwendigkeit, das medizinische Versorgungssystem besser auf die durch die →Morbidität und die Erwartungen der Patienten bestimmten Bedürfnisse abzustimmen, bleibt bestehen.

Eine Verzahnung von Ausgaben- und Aufgabenpolitik im Sinne der Aufstellung längerfristiger Ziele und Prioritäten ist bis heute nicht gelungen. Zwei Gegebenheiten werden dafür verantwortlich gemacht. Zum einen fehlt es an Informationen, die eine Beurteilung der Leistungsfähigkeit der Gesundheitsversorgung erlauben würden. Gefordert wird daher der Aufbau einer umfassenden →Gesundheitsberichterstattung. Zum anderen verhindern die Vielfalt an Leistungserbringern und Krankenkassen sowie die Zersplitterung der Entscheidungskompetenzen eine politische Gesamtkoordination und -verantwortung. Gefordert wird daher eine stärker integrierte →Steuerung des Gesundheitswesens.

L.: Deutscher Bundestag: Zwischenbericht der Enquete-Kommission „Strukturreform der gesetzlichen Krankenversicherung" vom 31. Oktober 1988; Drucksache 11/3267. Gäfgen, Gérard (Hg.): Neokorporatismus im Gesundheitswesen; Baden-Baden, 1988. Hokkerts, Hans Günter: Sozialpolitische Entscheidungen im Nachkriegsdeutschland; Stuttgart, 1980. Murswieck, Axel, Politische Steuerung des Gesundheitswesens; in: von Beyme/Schmidt (Hg.), Politik in der Bundesrepublik; Opladen, 1989. Sachverständigenrat für die Konzertierte Aktion im Gesundheitswesen: Jahresgutachten 1987. Medizinische und ökonomische Orientierung; Baden-Baden, 1987. Sachverständigenrat für die Konzertierte Aktion im Gesundheitswesen: Jahresgutachten 1988. Medizinische und ökonomische Orientierung; Baden-Baden, 1988. Sachverständigenrat für die Konzertierte Aktion im Gesundheitswesen: Jahresgutachten 1989. Qualität, Wirtschaftlichkeit und Perspektiven der Gesundheitsversorgung; Baden-Baden, 1989. Schmidt/Jahn/Scharf (Hg.): Der solidarischen Gesundheitssicherung die Zukunft. Bürgernähe, Arbeitnehmer und Patientenorientierung statt Anbieterdominanz. Band 1: Grundmängel, Grundanforderungen, Reformperspektiven; Düsseldorf, 1987. Thiemeyer, Thomas, Gesundheitswesen I: Gesundheitspolitik; in: Handwörterbuch der Wirtschaftswissenschaften, Bd. 3; Stuttgart, Tübingen, Göttingen, 1981. von Ferber/Reinhardt/Schaefer/Thiemeyer (Hg.): Kosten und Effizienz im Gesundheitswesen; München, 1985.

Axel Murswieck

## Gesundheitsrecht [allgemein]

*1. Einführung*

Die hervorragende verfassungsrechtliche Bedeutung des Rechts auf →Gesundheit und das „Leitbild vom gesunden Menschen" hat im →System sozialer Sicherung zu einem sehr ausdifferenzierten und unübersichtlichen G geführt und v. a. zu einer Kostenexplosion, deren Umfang und Tempo durch die G-reform 1989 (dazu unten 3.) nur kurzfristig hat eingedämmt werden können. Der Gesundheitszustand der Bevölkerung ist im allgemeinen nicht gut. Mehr als zwei Drittel aller Arbeitnehmer erreichen nicht das vom Gesetzgeber für normal veranschlagte Rentenalter. Andererseits ist die medizinische Versorgung nicht so schlecht, als daß nicht mit einer verlängerten Lebenserwartung zu rechnen wäre. Der Normalzustand ist füglich, daß jeder zeitweilig oder dauernd mit gesundheitlichen Beeinträchtigungen, die behandlungsbedürftig sind, leben muß. Dies liegt einmal daran, daß die Umweltbelastungen außerordentlich zugenommen haben; ferner dürfte sich als hauptsächlicher Grund für die gesundheitliche Belastung neben den gestiegenen Anforderungen in der Arbeitswelt (und das bei verkürzter Arbeitszeit) die persönliche und risikoreiche Lebensführung erweisen. Das Gesundheitsbewußtsein der Bürger ist im allgemeinen sehr hoch; Kenntnisse über ein gesundheits-

gemäße Lebensführung (das ist die griechische Ursprungsbedeutung des Wortes „Diät") sind es nicht. Schließlich sei noch als gesundheitsbeeinträchtigender Faktor die ärztliche Überversorgung in den hochentwickelten Industrienationen genannt. Die Zahl der →Ärzte vermehrt die Zahl der Patienten und umgekehrt.

Grob – aber hoffentlich nicht unzulässig – verallgemeinernd läßt sich sagen, daß das G (als Sammelbegriff für alle Rechtsnormen, die die Wiederherstellung oder Erhaltung der Gesundheit zum Ziel haben) in nur engen Bereichen eine Steuerungsfunktion besitzt, da diese Rechtsnormen zumindest auch den Erhaltungs- und Entwicklungsinteressen derer dienen, für die das ausreichende Vorhandensein Kranker und von →Krankheit bedrohter Menschen berufsnotwendig ist.

Hier ist es nicht annähernd möglich, die zahlreichen EG-rechtlichen Bestimmungen, Bundes- und Landesgesetze, ergänzenden Rechtsverordnungen, Verwaltungsvorschriften, Satzungen und Anstaltsordnungen von Einrichtungen des →Gesundheitswesens, Muster von Behandlungsverträgen etc. aufzuzählen, die zum Kernbereich des G zu zählen sind. Außerdem haben zahlreiche weitere Bestimmungen zumindest indirekt auch Gesundheit als Schutzgut zum Inhalt. Der folgende Versuch einer Systematisierung ist daher fragmentarisch:

– Da das G dem Grunde nach auch Maßnahmen der →Prävention umfaßt, sind zunächst Vorschriften über die Heilbehandlung wegen Krankheit zu nennen (vgl. Krause 1984, 40 ff.). Hervorgehoben sei das Zweite Buch der RVO über die →Krankenversicherung. (Weit mehr als 90 % der Bevölkerung sind krankenversichert.)

– Eine Reihe von Gesetzen und Verordnungen haben als Schutzgut die „Volksgesundheit", z. B. das →Bundes-Seuchengesetz, die Verordnung über die Berichtspflicht für positive HIV-Bestätigungstests (Laborberichtsverordnung), das Betäubungsmittelgesetz (BtMG), die

Berufskrankheiten-Verordnung; vgl. die Gesetzessammlung von Dietz (1990). Diese Bestimmungen, wie auch weitere, etwa die des Mutterschutzgesetzes, des →Jugendwohlfahrtsgesetzes oder der Landesgesetze über Hilfen und Schutzmaßnahmen bei psychischen Krankheiten (PsychKG), dienen immer auch dem individuellen Rechtsgüterschutz. Soweit, um die Gefährdung Dritter bzw. die Selbstgefährdung zu verhüten, zeitweilige oder dauernde Maßnahmen eine relative oder völlige →Isolation notwendig machen, sind die hierzu berechtigenden Normen stets restriktiv (eng) auszulegen (→Gesundheit).

– Eine Reihe von Rechtsgebieten enthalten zumindest auch Zielvorstellungen zum Schutz der Gesundheit. Erwähnt seien das →Lebensmittelrecht, das Straßenverkehrsrecht, Bestimmungen über die Arbeit der technischen Überwachungsvereine etc.

– Zu nennen ist ferner das Recht der Heilberufe sowie das →Arzneimittelrecht und das →Apothekenrecht; bei näherer Betrachtung zeigt sich, daß es in diesen Rechtsmaterien nicht allein um das Schutzgut „Gesundheit" geht.

– Dies ist erst recht nicht der Fall bei Bestimmungen des →Umweltschutzes und beim Gefahrstoffrecht, bei dem eindeutig wirtschaftsrechtliche Vorstellungen den konkreten rechtlichen Hauptzweck bilden.

– Verwaltungs- und arbeitsrechtliche Bestimmungen über den →Datenschutz haben ebenso wie die Bundes- und Landesdatenschutzgesetze konkrete Bedeutung für das G, das sich im übrigen

– mit wichtigen Materien des →Sozial- und →Rehabilitationsrechts sowie des Strafrechts überschneidet.

*2. Hervorzuhebende Einzelheiten*
a) Vertragsfreiheit. Nach dem Prinzip der Höchstpersönlichkeit und Freiwilligkeit der Gesundheitsvor- und -fürsorge sind, unbeschadet einer etwaigen gesetzlichen Krankenversicherungspflicht, die Behandlungsverträge normale bürgerlich-rechtliche Verträge, bei denen die Vertragspartner sich über Inhalt, Umfang von Leistung und Gegenleistung einig werden müssen. Bei Minderjährigen und rechtlich gleich- oder ähnlich-gestellten Personen bedarf es in der Regel der Einwilligung der Erziehungsberechtigten bzw. des gesetzlichen Vertreters.

b) Krankenhausrecht. Bei der Aufnahme in ein →Krankenhaus ist maßgeblich, ob es sich hierbei um eine private Einrichtung oder eine Krankenanstalt handelt. Die Rechtsinhalte des Beratungs-, Untersuchungs- oder Behandlungs-Verhältnisses sind jeweils gleich. Der wichtigste Unterschied liegt darin, daß bei privatrechtlichen Beziehungen zum Krankenhaus bei anfolgenden Rechtsstreitigkeiten der Patient beweisen muß, daß er falsch behandelt worden ist, während in Krankenanstalten nach dem Verwaltungsverfahrensgesetz, der Verwaltungsgerichtsordnung oder dem Sozialgerichtsgesetz die Erforschung des Sachverhalts „von Amts wegen" betrieben wird.

c) Arzt-Recht. Während hinsichtlich der ärztlichen →Schweigepflicht relative Rechtsklarheit herrscht (den →Ärzten steht bekanntlich ein Zeugnisverweigerungsrecht zu), ist in Lehre und Rechtsprechung strittig, wie groß der Umfang der dem Patienten geschuldeten Aufklärungs- und Beratungspflichten ist, v.a. im Hinblick auf Behandlungsrisiken und Spätfolgen (→Nutzerkontrolle). Es ist bislang noch nicht gelungen, aus der Fülle der Arzthaftungsprozesse ein dem Schutzgut „Entscheidungsfreiheit des Patienten" angemessenes Strukturprinzip zu entwickeln, so daß sich der Eindruck nicht vermeiden läßt, mit Rücksicht auf die persönliche Haftung des verantwortlichen Arztes bzw. auf die zu Schadensersatz verpflichtete Einrichtung oder Versicherung werde gewissermaßen ‚ergebnis-orientiert' entschieden; obwohl die ursprünglich weitverbreitete Scheu (auch der Staatsanwälte), Mediziner anzuklagen, allmählich im Schwinden begriffen ist, sind doch im Vergleich zu anderen Staaten (v. a. den USA) die für Gesundheitsschäden geleisteten Entschädigungssummen lächerlich gering.

d) Heilbehandlungsrecht. Eine Besonderheit des dt. Rechts liegt darin, das es zur Entscheidungsfreiheit der Patienten gehört, ob sie sich einem Vertreter der sog. Schul-Medizin oder einer alternativen Behandlungsmethode anvertrauen sollen. (Bekanntlich wurde die → Homöopathie in Dt. begründet.) Eine dt. Spezialität ist ferner der Beruf des Heilpraktikers aufgrund des → Heilpraktikergesetzes von 1939. Eine spezifische Fachkunde ist nicht erforderlich, nur die Erlaubnis der Ausübung (Unterfall der Gewerbefreiheit!). Dies führt kurioserweise dazu, daß ein Diplom-Psychologe, der nicht zugleich Arzt oder Heilpraktiker ist, selbst dann keinen gültigen Heilbehandlungsvertrag mit dem Patienten schließen kann, wenn er aufgrund seiner beruflichen Vorbildung eine psychische Erkrankung heilen könnte. Als Vertrag über Lebenshilfe und -beratung kann jener hingegen gültig sein, er ist im versicherungsrechtlichen Sinne aber nicht beihilfe- oder erstattungsfähig.

e) Zu zwangsweisen Schutz- und Heilmaßnahmen. Psychisch Kranke und Suchtkranke können nach besonderen Landesgesetzen über die Unterbringung gegen ihren Willen (→ Zwang) in besonderen Anstalten untergebracht oder fürsorglich aufgenommen bzw. zurückgehalten werden, wenn sie „unterbringungsbedürftig" sind. Da eine Unterbringung in der Regel eine Freiheitsentziehung darstellt, darf sie nur angeordnet und aufrechterhalten werden, wenn „überwiegende Belange des Allgemeinwohls" dies zwingend erfordern. Hier ist insb. der Grundsatz der Verhältnismäßigkeit (eine Norm von Verfassungsrang!) zu beachten. Dies ist im Hinblick darauf, daß der Übergang von störenden Verhaltensauffälligkeiten zu psychischen Erkrankungen fließend und lediglich abweichendes oder sogar abnormes Verhalten noch nicht behandlungsbedürftig ist, außerordentlich wichtig. Erforderlich ist in der Regel die sofortige Entscheidung des Amtsgerichts auf schriftlichen Antrag einer unteren Verwaltungsbehörde oder der Anstalt für psychisch Kranke. Das Recht auf Gehör darf dem Betroffenen vor Gericht nicht versagt werden (Art. 103, Abs. 1 GG). – Nicht selten wird es vorkommen, daß die Anstaltsärzte, wenn der Betroffene seine Einweisungs- und Behandlungsbedürftigkeit (ggf. heftig) verneint, dies als Uneinsichtigkeit in den eigenen Krankheitszustand deuten. Erweist sich hingegen der Betroffene als einsichtsfähig und beantragt freiwillig Behandlung und Verbleib, kann er auch bei der nächsten sich bietenden Gelegenheit diesen freiwillig geschlossenen Betreuungs- und Behandlungsvertrag mit sofortiger Wirkung kündigen; d. h. er verschwindet einfach.

f) Rechtsethische Fragen. Rechtsfragen der In-vitro-Fertilisation (→ Reproduktionsmedizin) sind derzeit zu einem Gutteil noch strittig (vgl. Narr 1987, 219ff.). Ob und inwieweit die bisherige Rechtspraxis bei Fragen des → Schwangerschaftsabbruchs aufrechterhalten bleibt oder modifiziert werden muß, ist derzeit (März 1990) Gegenstand verschiedener Rechtsverfahren. Für Rechtsfragen der → Genforschung liegen bislang nur (ziemlich fragwürdige) Regierungs-Entwürfe vor.

*3. Zur Gesundheitsreform.*
Verschiedene Kostendämpfungsgesetze haben seit 1981 dazu geführt, daß nichtärztliche, also therapeutische oder kurende Heil- und Nachbehandlungen sowie Vorsorgemaßnahmen zugunsten einer erhöhten Arzneimittelverschreibung und der sog. „Apparate-Medizin' zurückgedrängt worden sind. Durch die G-reform, wie sie zum 1. Januar 1989 in Kraft getreten ist, sind Kosteneinsparungen eingetreten, weil in verstärktem Maße und im Grunde entgegen dem Versicherungsprinzip die Kranken angehalten worden sind, sich an den Kosten der Heilbehandlung zu beteiligen. Kostendämpfend hat sich ferner das Prin-

zip ausgewirkt, wonach gewisse Höchstpreise bei der Verschreibung von Medikamenten nicht überschritten werden dürfen und von mehreren gleichartigen Medikamenten jenes zu verabreichen ist, das am preisgünstigsten angeboten wird. Durch die Rechtsprechung des Europäischen Gerichtshofs ist dies bereits als rechtens bestätigt worden.

Die Fachleute sind – bei unterschiedlichen Auffassungen im einzelnen – überwiegend der Auffassung, daß die Kostenexplosion im Gesundheitswesen nur etwas aufgehalten worden ist; die Strukturen und damit die wesentlichen Besitzstände insbesondere von Pharma-Industrie, Ärzteschaft und Krankenhaus-Betreibern sind im Prinzip unverändert geblieben. Stellt man in Rechnung, daß das besonders sanierungsbedürftige Gesundheitswesen der DDR reformiert werden wird, kann kein Zweifel daran bestehen, daß spätestens 1993 wieder eine „große" G-reform in Angriff genommen werden muß.

L.: Der Bundesminister für Arbeit und Sozialordnung (Hg.): Die Gesundheitsreform, 5. Aufl.; 1989. Der Bundesminister für Jugend, Familie, Frauen und Gesundheit/Der Minister für Arbeit, Gesundheit und Soziales des Landes Nordrhein-Westfalen/Deutsches Institut für medizinische Dokumentation und Information: Dokumentation Gefährdung durch Alkohol, Rauchen, Drogen, Arzneimittel; 1971. Deutsch, Erwin: Arztrecht und Arzneimittelrecht; 1983. Dietz, Ottmar: G, Textausgabe, 2. Aufl.; 1990. Francke, Robert/Hart, Dieter/Prigge, Rolf: Probleme des Gesundheitssystems und Arbeitnehmerinteressen; Bremen, 1987. Krause, Peter: Sozialgesetze, Textausgabe, 2. Aufl.; 1984. Medizin-Mensch-Gesellschaft, Bd. 11, Heft 3, August 1986. Narr, Helmut: Arzt-Patient-Krankenhaus; 1987. Sichrovsky, Peter: Krankheit auf Rezept. Die Praktiken der Praxisärzte; 1984. Stober, Rolf: Wichtige Umweltgesetze für die Wirtschaft, Textausgabe;

1989. Ströer, Heinz: Meine soziale Krankenversicherung, 5. Aufl.; 1989.

Lutz Dietze

**Gesundheitsreform**
→Gesundheitsrecht 3

**Gesundheitsselbsthilfegruppen**
Der Begriff G versucht, einen besonderen Teil des Spektrums der →Selbsthilfegruppen (S) zu bezeichnen. Er hat sich als wenig brauchbar erwiesen. I. e. S. sind darunter „krankheitsbezogene" S zu verstehen, d. h. solche Gruppen, die sich unter der Überschrift eines bestimmten Krankheitsbildes zusammengefunden haben. I. w. S. sind jedoch eigentlich „gesundheitsrelevante" S damit gemeint. Diese lassen sich unterteilen in (vgl. Kickbusch / Trojan 1981): (a) krankheitsbezogene Zusammenschlüsse, in denen es primär um die Besserung und Bewältigung bzw. →Rehabilitation von →Krankheiten geht; (b) lebensproblembezogene Zusammenschlüsse, in denen es um die Besserung und Bewältigung von primär psychischen und/oder sozialen Lebensproblemen geht; (c) versorgungsbezogene Zusammenschlüsse, in denen es um die Beeinflussung des Versorgungssystems oder seiner rechtlichen Voraussetzungen und um die Durchsetzung von Patientenrechten geht; (d) Umweltschutz-Zusammenschlüsse, die der Verhütung von Krankheiten durch besseren Schutz vor Umweltgefahren dienen wollen; (e) Gegenkulturzusammenschlüsse, die der sogenannten Alternativ-Szene zuzurechnen sind und oft ausdrücklich das Ziel eines gesünderen Lebens propagieren und praktizieren, z. B. in (therapeutischen) →Wohngemeinschaften, Landkommunen oder Arbeitskollektiven.

Die generelle Problematik des Begriffes liegt darin, daß jeder einzelne Bestandteil – d. h. →Gesundheit, →Selbsthilfe und →Gruppe – unterschiedlich weit oder eng definiert werden kann. Die Übergänge zwischen den einzelnen gesundheitsrelevanten Zusammenschlüssen sind fließend. In der →Selbsthilfeförderung hat sich daher zu Recht die Einstellung durchgesetzt, daß S nicht entsprechend politisch-administrativen Fachressorts (z. B. Gesundheit) unterstützt werden können.

L.: Kickbusch/Trojan (Hg.): Gemeinsam sind wir stärker! Selbsthilfegruppen und Gesundheit; Frankfurt/M., 1981
Alf Trojan

## Gesundheitsstatistik

Die G i. e. S. beinhaltet jenen Teil der staatlichen Statistik, welcher sich mit Gesundheitszustand, →Krankheiten und dem →Gesundheitswesen im allgemeinen befaßt. In der BR werden diese Statistiken von den Statistischen Landesämtern geführt und im Statistischen Bundesamt zusammengefaßt. Als G i. w. S. werden alle routinemäßigen Datensammlungen bezeichnet, die sich auf Krankheiten oder das Gesundheitswesen beziehen. Diese statistischen Quellen sind weit umfangreicher als die amtlichstaatliche G. Alle Einrichtungen, Verbände und Körperschaften des Gesundheitswesens, von den →Ärztekammern, →Krankenkassen, →Krankenhäusern bis zum →Deutschen Roten Kreuz, ebenso wie die der Versorgungsverwaltung und Brillenindustrie führen relevante statistische Aufzeichnungen. Die G ist daher genauso komplex und differenziert wie das Gesundheitswesen.

Besonders relevante Teilbereiche der G sind: die →Vitalstatistiken, die →Morbiditätsstatistik, das →Krankheitsregister und die allgemeine Statistik im Gesundheitswesen. Letztere dient u. a. der Dokumentation von Tätigkeiten (z. B. Kuren, Pflegefälle, Krankenwageneinsätze, bakterielle Lebensmitteluntersuchungen usw.). Deshalb reicht die allgemeine Statistik des Gesundheitswesens von der Personalstatistik (niedergelassene Ärzte, Krankenhauspersonal usw.) über die Einrichtungsstatistik bis zur Impfstatistik und Statistik der krankheitsbedingten Frühberentungen usw.

Umfangreichere Sammelwerke zu Gesundheitsstatistiken sind die regelmäßig erscheinenden Bände des Bundesministeriums für Jugend, Frauen, Familie und Gesundheit „Daten des Gesundheitswesens", die Berichte des Statistischen Bundesamtes und die Landesgesundheitsberichte der Bundesländer.

Dieter Borgers

## Gesundheitstag

Der 1. G wurde vom „Medizinischen Informations- und Kommunikationszentrum →Gesundheitsladen Berlin e. V." vorbereitet und vom 14.–18. 5. 1980 in Berlin durchgeführt. Als Gegenveranstaltung zum Deutschen Ärztetag (→Ärztekammern) sollte der G in der kritischen Auseinandersetzung mit der Medizin neue Impulse setzen (Aufarbeitung der NS-Vergangenheit der Medizin und der Wurzeln der herrschenden Medizin; Auseinandersetzung mit dem eigenen Berufsbild und dem Helferbewußtsein; Entwicklung von alternativen Heilmethoden und ihre Einbeziehung in die Berufspraxis). Das Programm umfaßte 236 Veranstaltungen, die von über 10 000 BesucherInnen besucht wurden.

Das Programm des 2. bundesweiten G vom 30. 9.–4. 10. 1981 in Hamburg mit 15 000 BesucherInnen umfaßte 598 Veranstaltungen und spiegelte damit die Vielfalt der Gesundheitsbewegung wider. Themenschwerpunkte waren: „Unterdrückt und abgeschoben" (Frauen, Männer, Drogen, Behinderte, Psychiatrie, Knast, Ausländer, Alte Menschen); „Gesundheitsbewegung und Politik" (Auftakt der Friedensbewegung im Gesundheitswesen/Ärzte gegen den Atomkrieg); „Alte und neue Heilsysteme"; „Selbsthilfe und Widerstand". Einige der Themenschwerpunkte wurden in einer Dokumentation zusammengefaßt. Im Anschluß an den G wurden in vielen Städten Gesundheitsläden und -initiativen gegründet. Da die kaum mehr zu überblickende Vielfalt zur Beliebigkeit und politischen Konsequenzlosigkeit führen konnte, wurde darüber nachgedacht, künftig kleiner, regionaler und themenzentrierter zu arbeiten. Vom 16.–19. Juni 1983 wurde daraufhin ein bayerischer G in München durchgeführt.

Schwerpunkte der 91 Veranstaltungen waren die Themenbereiche „Gesundheitspolitik" sowie „Stationäre und Ambulante Versorgung". Die Ergebnisse wurden in einer Dokumentation des Gesundheitsladens München zusammengestellt.

1984 wurde vom Bremer Gesundheitsladen der Versuch unternommen, die vielfältigen Teile der Gesundheitsbewegung noch einmal zusammenzurufen und Akzente einer politisch orientierten Gesundheitsarbeit herauszuheben. Das Programm des 3. bundesweiten G in Bremen vom 1.–7. Oktober 1984 umfasste 671 Veranstaltungen. Inhaltliche Schwerpunkte waren folgende Themenbereiche: „Die Alltägliche Gesundheit" (von der Ganzheitsmedizin bis zur Sexualität); „Vom Sozialstaat zur Pflicht zur Gesundheit" (Gesundheit unter dem Blickwinkel von Verhaltenskontrolle, Bezahlbarkeit, technischer Planung; Gesundheit für alle bis zum Jahre 2000 – Die WHO-Regionalstrategie); „Aufstand aus dem Abseits" (Psychiatrie, Behinderte, Schwule, Knast, Drogen). Obwohl ca. 8000 Menschen den Bremer G besuchten, blieb bei den OrganisatorInnen ein Beliebigkeitsgefühl zurück. Eine Dokumentation konnte nicht erstellt werden. Dennoch war 1984 die Idee geboren worden, einen weiteren G in Kassel durchzuführen. Der „Verein Gesundheit & Ökologie e.V." wurde gegründet und eine mit hessischen (rot-grünen) Staats- und ABM-Geldern finanzierte Gruppe machte sich an die Organisation.

Der Kasseler G wurde vom 27.–31. Mai 1987 durchgeführt. Das Programm umfasste 611 Veranstaltungen mit folgenden thematischen Schwerpunkten: „Wer verwaltet wen, wie, wohin?" (von Euthanasie und Sterbehilfe über AIDS, Knast, Alter, Krankenversicherung, Selbsthilfe bis zur Ärzteopposition); „Menschlicher Alltag" (Arbeit und Gesundheit, Umwelt und Gesundheit); „Angriff auf die Gesundheit" (Von der Dritten Welt bis zur Technologiekritik).

Sowohl die Programm- als auch die Organisationsstruktur dieses G spiegelten die inzwischen eingetretene Beliebigkeit der Gesundheitsbewegung wider. Die Zusammenführung gelang nicht mehr, Akzente wurden eher im negativen Sinne gesetzt durch die unsensible Behandlung des Euthanasie-Themas.

Um die Möglichkeiten einer politischen Akzentsetzung im Gesundheitsbereich aufrechtzuerhalten, wurde auf mehreren Perspektiv-Treffen der Gesundheitsläden die Idee des „Permanenten Gesundheitstages" und das Modell der „Gesundheits-Akademie" entworfen und konkretisiert. 1988 wurde der Verein „Gesundheits-Akademie – Forum für sozial-ökologische Gesundheitspolitik und Lebenskultur e.V." gegründet.

L.: *Dokumentation zum G Berlin 1980:* Bd.1: Baader/Schultz (Hg.), Medizin im Nationalsozialismus, Tabuisierte Vergangenheit – ungebrochene Tradition?; Bd.2: Lenz/Haag (Hg.), Befreiung zur Gesundheit, Der Kampf gegen Krankheit und Unterdrückung in der Dritten Welt: Grenzen und Perspektiven der Gesundheitsarbeit; Bd.3: Unsere tägliche Gesundheit. Industriegesellschaft und Krankheit; Bd.4: Bankrott der Gesundheitsindustrie, Kritik des bestehenden medizinischen Versorgungssystems; Bd.5: Selbstbestimmung in der Offensive, Frauenbewegung, Selbsthilfe und Patientenrechte; Bd.6: Versuche gegen die Hilflosigkeit, Ansätze einer neuen Praxis für die helfenden Berufe; Bd.7: Rebellion gegen das Valiumzeitalter, Wurzeln und Perspektiven der Gesundheitsbewegung (alle Verlagsgesellschaft Gesundheit, Berlin West, 1980). – *Dokumentation zum G Hamburg 1981:* Wunder/Sierck (Hg.): Sie nennen es Fürsorge. Behinderte zwischen Vernichtung und Widerstand; Berlin, 1982. Gesundheitsladen Hamburg e.V. (Hg.): Ruhe oder Chaos, Technologie politischer Unterdrückung; Hamburg, 1982. Gesundheitsladen München e.V. (Hg.): Neue Wege aus dem kranken Gesundheitswesen. Dokumentation Bayerischer Gesundheitstag 1983; Großhesselohe, 1984. Heider/Schwendter/Weiß (Hg.): Politik der Seele, Reader zum Gesundheitstag Kassel 1987; München, 1989.

Raimund Kesel

## Gesundheitsverständnis

*1. G im Wandel.* Dominant ist derzeit ein G, das auf der Wahrnehmung des Körpers als einem Instrument beruht. Die Frage, was →Gesundheit sei, taucht überhaupt erst auf, wenn Störungen auftreten, die mit einer Leistungsminderung verbunden sind. Der Einbruch der modernen Naturwissenschaft hat zu einem G geführt, in dem von der komplexen Idee der Gesundheit nur noch wenig übrig bleibt.

Marianne Rodenstein spricht von drei Rationalisierungsschüben, die das G seit der Neuzeit durchgemacht hat und die Schritt für Schritt Prinzipien entfaltet haben, die in neuer Mischung und Betonung unserem gegenwärtigen G den Boden bereitet haben (→Gesundheitslehren). So bekam mit dem Geltungsverlust des religiösen Weltbildes im Übergang vom MA zur Neuzeit das Konzept einer gesunden Lebensweise den Sinn einer Alltagsmoral. Im Rahmen eines umfassenden Konzepts der Diätetik wurde eine Lebenshaltung gefordert, die nicht nur eine disziplinierte →Persönlichkeit voraussetzte, sondern den Menschen auch an seine natürlichen Lebensbedingungen binden, ihm das sinnerfüllte Leben zur persönlichen Aufgabe machen wollte.

Die →Aufklärung hoffte auf die Akzeptanz der Vernunft, die jeden ganz natürlich dazu veranlaßt, gesund zu leben, wenn er denn länger leben will. Maßhalten, Sauberkeit, Disziplin und Beherrschung sind Gesundheitstugenden, die ganz offensichtlich die Herstellung disziplinierter Arbeits- und Wehrkraft erleichterten. Modern ausgedrückt: das Konzept der Risikofaktoren, des riskanten Gesundheitsverhaltens (→Risiko) war auch dem absolutistischen →Staat schon bekannt. Auch er war an guten Soldaten und gesunden, arbeitsamen Untertanen interessiert, und zur Herstellung disziplinierter Arbeits- und Wehrkraft mußte die →Gesellschaft in ihrer ganzen Breite von der Idee der Gesundheit erfaßt werden. Bei der Durchsetzung der Disziplinierung des Lebens (→Sozialdisziplinierung) war die Angst vor →Krankheit ein guter Helfer. Die Lebensweise schien der Weg zu sein, über den man die Gefährdung der Gesundheit auf vernünftige Weise beeinflussen konnte.

Technischer Fortschritt und Erfolg in der →Medizin sowie die immense Ausdehnung der →Pharmazeutischen Industrie mit ihrer Vorstellung, daß es letztlich für jedes Problem eine Pille gibt, sind die Grundlage für die sich in den 40er und 50er Jahren des 20. Jh. bildende Vorstellung, daß jede Krankheit bei rechtzeitiger Symptomwahrnehmung und frühzeitiger therapeutischer →Intervention prinzipiell heilbar sei. Risikofaktoren sind die neuen „Krankheitserreger", nach denen bei der Bekämpfung der →Zivilisationskrankheiten gefahndet wird. Symptom(e) ist jetzt das problematische Verhalten der Menschen, und sind nicht etwa die Verhältnisse, aus denen Gesundheitsgefährdungen hervorgehen.

In diesem G ist letztlich der Mensch selbst zum Risikofaktor geworden, der in seiner Rolle als individueller Versager und potentielle/r Patient/in, als „Krankengut" und Kostenfaktor überwacht, kontrolliert und behandelt werden muß. Gesundheit und Krankheit erscheinen so als meßbare, objektivierbare Zustände, aus denen das selbstbestimmte Subjekt – als Unsicherheitsfaktor für Definitionsversuche und Verallgemeinerung – entlassen und in denen gleichzeitig und konsequent der Zusammenhang von individueller und kollektiver Lebensgeschichte zerrissen wurde: Ursachen, Hintergründe und Lebensverhältnisse werden auf diese Weise verbannt. Damit ist gleichzeitig auch der gesellschaftliche Verursachungszusammenhang des Leidens zum Verschwinden gebracht worden. Gesundheit und Krankheit verkümmern in dieser Art von abgrenzenden Definitionsversuchen zu abstrakten Normen, die die Stelle des Lebens einnehmen (Basaglia) und in denen sich der Mensch nicht mehr als in einer auch von ihm gestalteten Welt wiedererkennt.

Wie die Arbeit, so sind auch Gesundheit und Krankheit als „Arbeit am Selbst" Prozesse zwischen Mensch, Natur und →Umwelt – Prozesse, worin der Mensch seinen Stoffwechsel mit der Natur durch seine Eigenart vermittelt, regelt und kontrolliert (Marx). Der Prozeß der Enteignung der Gesundheit als Dienstverpflichtung der einzelnen Subjekte zu einer staatlich und öffentlich verordneten Gesundheit der →Normalität, oder die Subsumierung der Komplexität von Krankheit unter die eindimensionale professionelle Gewalt der Medizin, sind Teil eines Entfremdungs- und Enteignungsprozesses, der bis an die Wurzeln der Menschlichkeit und des Lebendigen geht (→Entfremdung).

*2. Gesundheit als Funktionsweise des Lebendigen.* „Die Gesundheit des Menschen ist eben nicht ein Kapital, das man aufzehren kann, sondern sie ist überhaupt nur dort vorhanden, wo sie in jedem Augenblick des Lebens erzeugt wird. Wird sie nicht erzeugt, dann ist der Mensch bereits krank" (V. von Weizsäcker 1950). Gesundheit ist Gestaltung und Bewegung (Heraklit), ein Prozeß der Anpassung, der Aufnahmebereitschaft und des Austauschs (zur Lippe 1978). Sie beinhaltet die Fähigkeit, sich auf ein wechselndes Milieu einzustellen (Illich 1981) und sich in Lust und Schmerz gleichermaßen lebendig zu fühlen, nicht nur erfolgreich die Realität zu bestehen, sondern diesen Erfolg auch zu genießen (Portmann). Sie ist ein Zustand körperlichen, geistigen und sozialen Wohlbefindens (→Weltgesundheitsorganisation), und in einer kranken Welt ist Gesundheit eine Unwahrheit (von Weizsäcker).

Gesundheit als kultureller und politischer, individueller und kollektiver Lebensentwurf (Basaglia) ist überall da gefährdet, wo Menschen daran gehindert werden, über ihr eigenes Leben zu bestimmen, leibhaftig und selbstverantwortlich, selbstorganisatorisch und in tätiger Auseinandersetzung mit der sie umgebenden Welt. Gesundheit ist kein Ideal, schon gar nicht das einzige und höchste Gut, sondern der eine Pol in der Spannungsbeziehung der Pole, zwischen denen sich das Leben wie zwischen Geburt und Tod in jedem Augenblick bewegt. Gesundheit und Krankheit haben eine Darstellungsfunktion (v. Weizäker). Gesundheit ist, als „Identität im Werden" (zur Lippe) und als Fähigkeit zur Gestaltung, Ausdruck von Lebenskompetenz und gleichzeitig die Bereitschaft zur ständigen Auseinandersetzung des Menschen mit sich und anderen, mit Natur und →Gesellschaft.

Die Wirklichkeit einer Gesundheit oder Krankheit ist ein vielschichtiges Gewebe, in dem die körperliche, geistige, seelische, soziale und spirituelle Dimension der menschlichen Existenz auf dem Hintergrund der Lebens- und Arbeitsbedingungen einer Gesellschaft historisch immer wieder neu verknüpft werden. Die dabei wirkenden Prinzipien sind die Funktionsweisen des Lebendigen (Reich 1976), ein Systembild des Lebens, das seine Wahrheit und Vernunft aus der Vernunft des Organismus als einer Vernunft der universalen Ordnung des Lebendigen begründet (Jantsch, Kükelhaus). In diesem Sinne ist Gesundheit ein „Organisationsmuster", dessen Stabilität so lange gewährleistet ist, wie seine Funktionsprinzipien Gültigkeit haben. Gesundheit als Ausdruck des Lebendigen ist die Manifestation von Prozessen, in denen die Dynamik der →*Selbstorganisation* zum Ausdruck kommt. Kommen Fluktuation, Rhythmus und Pulsation als Strukturmerkmale dieser Selbstregulationsprozesse zum Erliegen, so ist der Weg in die Krankheit gebahnt. Der Versuch, die rhythmische Dynamik im gesellschaftlichen Takt festzunageln und das Prinzip der Selbstorganisation mittels Disziplinierung und Körperdressur der gesellschaftlichen Verfügungsgewalt zu unterstellen, ist eine individuelle wie auch kollektive Gefährdung der Bedingungen für Gesundheit auf allen Ebenen: körperlich, geistig, seelisch und sozial.

*3. Gesundheit als Selbsterkenntnis und Selbstgestaltung.* Was folgt daraus für ein neues G? *Somatisch* ist Gesundheit der Zustand der lebendigen Auseinandersetzung und freien Pulsation der beiden polaren vegetativen Funktionskräfte von Anspannung und Entspannung in unserem Körper, die Fähigkeit zur Wechselwirkung der Potenzen sowie zur Entwicklung und Stärkung der gegensätzlichen Kräfte der vegetativen Dynamik im Kontext „vegetativer Ökonomie" (Reich, Sroka).

Das adäquate Umsetzen von emotionaler Erregung in die vielfältigen Formen des menschlichen Gefühlsausdrucks (→Emotionen) ist ein Zeichen *seelischer Gesundheit.* Sie ist die Fähigkeit, in allen Lebenssituationen mit sich selbst und anderen in Kontakt zu treten, die Fähigkeit zum Umgang mit den Gegensätzen, und sie ist der Genuß von Selbstverwirklichung, die Freude an der Möglichkeit der Selbregulation, die Freiheit von →Angst, wo keine Gefahr ist und ein tiefes Gefühl von Wohlbefinden und Kraft auch dann, wenn man mit Schwierigkeiten zu kämpfen hat.

Die *geistige Dimension* der Gesundheit verweist auf den Zusammenhang von Fühlen und Denken; sie stellt das Denken nicht in den Dienst der Abwehr gegen das Lebendige. Denken steht im Dienst der „Öffnung zur Welt", der Suche nach Erkenntnis, der Bewußtwerdung, der Auseinandersetzung, nicht im Dienste von Erstarrung, Dogmatismus, Vorurteilen und Abgrenzungen um jeden Preis.

Beweglichkeit, Kontakt, Selbstorganisation, Austausch und Hinwendung zu sich selbst und anderen ist auch Grundlage der *sozialen Dimension* der Gesundheit. Sozialität ist eine natürliche Eigenschaft lebendiger Menschen, wenn diese ihre →Bedürfnisse, ungehindert durch gesellschaftliche und eigene Blockaden, in Verbindung mit der Umwelt entfalten, austauschen und regulieren in einem rhythmischen Prozeß von Hinwendung und Distanz, Anstrengung und Ruhe, Geben und Nehmen, Privatem und Öffentlichem (→öffentlich).

L.: Illich, Ivan: Die Nemesis der Medizin; Reinbek, 1981. Keil, Annelie: Gezeiten. Leben zwischen Gesundheit und Krankheit; Kassel, 1988. Dies., Rekonstruktion von Gesundheit aus Leidensbildern; in: Scholz/Schubert, Körpererfahrung; Reinbek, 1982. Lippe, Rudolf zur: Am eigenen Leibe – zur Ökonomie des Lebens; Frankfurt, 1978. Ders.: Sinnenbewußtsein; Reinbek, 1987. Reich, Wilhelm: Ausgewählte Schriften. Eine Einführung in die Orgonomie; Köln, 1976. Ders.: Charakteranalyse; Frankfurt, 1970. Uexküll, Thure von: Lehrbuch der psychomatischen Medizin; München, 1986. Weizsäcker, Viktor v.: Der Gestaltkreis; Stuttgart, 1973. Ders.: Diesseits und Jenseits der Medizin; Stuttgart, 1950.

Annelie Keil

**Gesundheitsverwaltung**
→Gesundheitsamt

**Gesundheitsvorsorge**
→Prävention

**Gesundheitswesen**
Häufig wird das Medizinsystem mit dem G gleichgesetzt. Dies ist jedoch falsch und der derzeitigen Vorherrschaft der ambulanten und stationären medizinischen Versorgung bereits erkrankter Menschen geschuldet. Historisch betrachtet ist nämlich zu fragen, wann und unter welchen Bedingungen Personen, Gruppen oder gesellschaftliche bzw. staatliche Organisationen Probleme als gesundheitlich relevant betrachten und mit welchen Maßnahmen sie darauf reagieren (Labisch 1987).

Das Definitions- und Handlungsmonopol der →Medizin bei der gesellschaftlichen und staatlichen Gesundheitssicherung kam erst dann zustande, als in Folge der →Industrialisierung das Risiko →Krankheit als Massenphänomen auftrat und die Arbeitsfähigkeit als Basis der industriellen Produktion gefährdete. Im Rahmen sozialstaatlicher Regulierungen seit der 2. Hälfte des vorigen Jh. (1883 Krankenversicherung, 1884 Unfallversicherung, 1889 Rentenversicherung) gewinnt die Medizin die dominierende Funktion über den Zugang zu Leistungen der Sozialversicherungen (→Professionalisierung). Ihr wird zugleich der Anspruch zugestanden, Krankheiten heilen und →Gesundheit wieder herstellen zu können. Die Medizin wird somit, indem sie vorgibt über Krankheit/Gesundheit entscheiden zu können, zur offiziellen Instanz, welche über die Sinnwelt „Gesundheit" herrscht. Indem die Medizin diese offizielle Machtstellung erhält, werden angestammte alternative Sinn- und Handlungswelten des individuellen und kollektiven, d. h. des je spezifischen kulturellen Umgangs mit Erkrankung, Leiden, Gebären, Sterben und Gesundheit marginalisiert bzw. zum Verschwinden gebracht. In der aktuellen Auseinandersetzung um die Gesundheitssicherung bzw. Krankenversorgung wird diese problematische Entwicklung offenkundig. Das Medizinsystem hat sich gegenüber den massenhaften chronischen →Zivilisationskrankheiten als wenig effektiv und effizient erwiesen. Reformoptionen betonen deshalb neben anderen wichtigen Punkten die Bedeutung von Laienpotential (→Laien), die lokalen bzw. regionalen Ressourcen der Gesundheitssicherung und die regulatorische Stärkung intermediärer Instanzen insbesondere der →Krankenversicherung (→Intermediarität).

Starke Impulse hat die gesundheitspolitische Debatte durch programmatische Erklärungen der →Weltgesundheitsorganisation (WHO) bekommen. 1978 wurde in Alma Ata die Erklärung zu „Primary health care" veröffentlicht. Sie basiert auf vier Grundprinzipien: 1. Zwischen Gesundheitsbedürfnissen, den damit verbundenen Aufgaben und den einzelnen Betreuungsfunktionen innerhalb der Gesundheitsversorgung muß eine enge Beziehung bestehen. 2. Die →Gemeinschaft muß an der Gesundheitssicherung beteiligt werden. 3. Die Gesundheitssicherung muß so wirksam und effizient wie möglich erbracht werden. 4. Primary health care ist kein isolierter, eigenständiger Ansatz zur Gesundheitssicherung, sondern der „bürgernäheste" (→Bürgernähe), in der Gemeinde verankerte Teil eines integrierten und umfassenden Gesundheitssicherungssystems.

1980 publizierte das Europäische Regionalkomitee der WHO die Strategie „Gesundheit für alle bis zum Jahre 2000". In diesem Dokument werden 38 Einzelziele formuliert und folgende sechs Schwerpunkte angesprochen: 1. Abbau der sozialen Ungleichheit vor Krankheit und Tod; 2. Vermittlung eines positiven →Gesundheitsbegriffs, Betonung der Förderung von Gesundheit und Verhütung von Krankheit; 3. aktive Beteiligung einer gut informierten und motivierten Bevölkerung; 4. koordiniertes Handeln sämtlicher Sektoren in Staat und Gesellschaft; 5. Aufbau einer primären Gesundheitsversorgung (primary health care); 6. internationale Zusammenarbeit, um z. B. die ökologischen Krisen zu meistern (WHO 1980).

1986 wurde in Ottawa die Charta für Gesundheitsförderung verabschiedet. Die Prinzipien der →Gesundheitsförderung werden in drei Begriffen zusammengefaßt: Befähigung zu Gesundheit (enabling), Vertretung von Interessen der Gesundheit (advocating) und Vermittlung im Sinne der Gesundheit (mediating). In einer koordinierten Strategie sollen diese Prinzipien in untereinander verknüpften Verhandlungsfeldern umgesetzt werden. Dabei werden folgende Ziele angestrebt: Gesunde öffentliche Politik (healthy public policy), verstärktes gemeinsames soziales Handeln, Schaffung unterstützender Umwelt (social support), Entwicklung persönlicher Fähigkeiten, Reorganisation der Gesundheitsdienste (Milz 1989, 39).

In der BR hat sich der „Sachverständigenrat für die konzertierte Aktion im G" in Gutachten seit 1987 zur Situation des G geäußert. Er stellt fest, daß eine über die einzelnen Versorgungsbereiche hinausgehende Betrachtung des G derzeit nur in Ansätzen und bruchstückhaft besteht. Es fehle an klaren konzeptionellen Vorstellungen über die gesamte Gesundheitsversorgung, ihre Teilbereiche sowie deren Verzahnung untereinander (Sachverständigenrat 1987, 145).

Als Ziele einer Gesundheitsversorgung werden genannt: Bedarfsgerechtigkeit, Einkommensunabhängigkeit, hohe Qualität und →Wirtschaftlichkeit. Zur Einschätzung dieser Ziele und ihrer Verwirklichung wird eine →Gesundheitsberichterstattung mit folgenden unverzichtbaren Bestandteilen gefordert: →Bevölkerungsentwicklung (Demographie), auch gesondert für die Versicherten in der GKV; Gesundheitsstand (Morbidität, Mortalität); Angebot an Gesundheitseinrichtungen bzw. Leistungen (Kapazität); Inanspruchnahme von Gesundheitseinrichtungen bzw. -leistungen (Nutzung); finanzielle Situation im Gesundheitswesen (Finanzlage); Krankenversicherungsschutz (Versichertenstatus) einschließlich darauf basierender Modellrechnungen zur Abschätzung von Entwicklungstendenzen. Es wird ausdrücklich festgestellt, daß auch die besten Orientierungsdaten von Politik und Selbstverwaltung in Gemeinde und insbes. Krankenkassen die verantwortliche Setzung von Prioritäten erforderten.

Mit der Gesundheitssicherung hat sich – angesichts der veränderten gesundheitsrelevanten Arbeits- und Lebensverhältnisse, gewandelter Lebensstile in der modernen Industrie- und Dienstleistungsgesellschaft, den vorherrschenden chronischen Krankheiten und zunehmender Pflegebedürftigkeit sowie gewandelter Bedürfnisse von Bürgern und Patienten – auch eine Kommission beim DGB-Bundesvorstand beschäftigt (Schmidt/Jahn/Scharf 1988). Der Bericht dieser Kommission bietet eine Gesamtschau auf die Problemlandschaft des G, stellt die Wechselwirkung von Strukturmängeln, Steuerungsdefiziten und Fehlorientierung auf die Qualität, Wirksamkeit und Wirtschaftlichkeit von Maßnahmen und Leistungen im G in den Vordergrund und formuliert folgende Leitlinien für eine Reformpolitik:

1. Prinzipien solidarischer Gesundheitssicherung. *Gesundheitspolitik als Lebenslagepolitik in einer Gesamtverantwortung:* Kein Lebensbereich und kein Teilbereich der Politik – bezogen z. B. auf Arbeit, Bildung, Verkehr, Umwelt – ist unbedeutend für Gesundheit im Sinne von Risikopotential einerseits und Gestaltungsnotwendigkeit andererseits. – *Solidarität:* Dieses Prinzip läßt sich historisch aus den Wurzeln des sozialen Sicherungssystems und dem Menschenbild des GG ableiten. Es ist ein sozialpolitisches Verteilungs- und Organisationsprinzip zur Absicherung wichtiger Lebensrisiken wie z. B. der Krankheit. Leistungen werden nach Bedarf (Sachleistungsprinzip in der sozialen Krankenversicherung) beansprucht und durch Beiträge bzw. Abgabe nach Einkommen finanziert. – *Mitwirkung:* Als grundgesetzlich verankertes Prinzip der demokratischen Verfassung ist Mitwirkung auch sachlich geboten, da Gesundheitsvorsorge, Krankheitsbewältigung, Pflege und Rehabilitation der aktiven Beteiligung der Betroffenen und ihres sozialen Umfeldes bedürfen. Professionen wie die Ärzte haben es nicht nur mit passiven, entmündigten Patienten zu tun. Hierdurch ist unter anderem die Selbstverwaltung in den Sozialversicherungen als sozialpolitische Mitbestimmung legitimiert. Die →Selbsthilfe in Eigenverantwortung bei Vorrang der kleinen Netze, wie z. B. Familien und Nachbarschaft, macht professionelle Dienste und sozialstaatliche Leistungen nicht entbehrlich. Zur Entfaltung der Selbsthilfe müssen im System der Gesundheitssicherung Räume geschaffen und Res-

sourcen zur Verfügung gestellt werden. – *Bürgernähe:* Dieses Prinzip meint, daß Gesundheits- und soziale Dienste im engen Lebensbereich erreichbar sein müssen und an die vielfältigen und vielschichtigen Bedürfnisse nach Beratung, Vorsorge medizinischer und psychosozialer Versorgung sowie Pflege angepaßt sein müssen. Kriterien der oben genannten primären Versorgung (primary health care) sind hier zu realisieren. – *Vorsorgeorientierung:* Vorsorge greift gestaltend in die vielfältigen Lebenslagen ein. Als Lebenslagenpolitik (→ Lebenslage) gilt dieses Prinzip für alle relevanten Teilpolitiken (z. B. bezogen auf Arbeit, Verkehr, Technologie u. a.). Macht- und Interessenstrukturen sowie eingefahrene Denk- und Verhaltensweisen werden dadurch in Frage gestellt. Vorsorge meint nicht nur Krankheitsverhütung, erst recht nicht nur Krankheitsfrüherkennung durch Ärzte, sondern stellt auf die menschengerechte, sozial- und umweltverträgliche Gestaltung der Person-Umwelt-Beziehung ab. Insb. ist hier die Arbeits- und Technikgestaltung von zentraler Bedeutung. Gesundheitförderung gemäß der Ottawa-Erklärung ist hier gefragt. – *Patientenorientierung:* Die Anbieterdominanz der Ärzte, der Pharmaindustrie und der Krankenhausträger hat die Versicherten- und Patienteninteressen weitgehend verdrängt. Konsumentenohnmacht stellt davon die Kehrseite dar. Dieser Grundsatz verlangt, daß z. B. Patienten nicht nur als zu behandelnde, sondern als handelnde zu beachten und zu integrieren sind. Dies setzt eine Korrektur der biomedizinischen Sichtweise der Medizin voraus.

2. Krankheiten verhüten – Gesundheit fördern. – Der Bericht plädiert für eine Umorientierung der Gesundheitssicherung und veranschaulicht dies exemplarisch an den bereits vorhandenen Erfahrungsbereichen Arbeits-, Umwelt- und Konsumentenschutz. Es wird auf die Stellung des kommunalen (öffentlichen) Gesundheitsdienstes eingegangen, sowie die Funktion der sozialen Krankenversicherung in diesem Zusammenhang debattiert. Auf die Bedeutung der informellen und formellen persönlichen → Netzwerke wie Familie, Nachbarschaft, Arbeitswelt, Vereinsleben wird eingegangen. Es wird ein Brückenschlag zwischen diesen Netzen und den formellen staatlichen und intermediären Institutionen wie der Krankenkasse gefordert. Defizite, Grenzen und Möglichkeiten der Präventivmedizin werden erörtert. Zusammenfassend wird ein integriertes Gesundheitsberichtswesen mit dem Kern der Routinedaten der GKV und der Aufbau einer sozialen Infrastruktur für ein koordiniertes und kooperatives Vorsorgesystem gefordert.

3. Qualität und Kontinuität der medizinischen Versorgung sichern, verbessern und strukturell neuordnen. – Vor dem Hintergrund des Versagens der Medizin gegenüber den Volkskrankheiten (Erkrankungen des rheumatischen Formenkreises, Herz-Kreislauf-Erkrankungen, Erkrankungen der Atemwege und Krebs) werden strukturelle Maßnahmen gefordert, um Integration, Kontinuität, Kooperation und Kommunikation bei der Krankenversorgung im ambulanten und stationären Bereich sicherzustellen. Qualitätssicherung und -kontrolle sowie die unbedingt notwendige Umorientierung und Verbesserung der ärztlichen Aus-, Weiter- und Fortbildung wird erörtert.

4. Lücken der Versorgung psychisch Kranker und Pflegebedürftiger schließen. – Auch hier werden die Probleme der Qualität und der Integration ambulanter, häuslicher, teilstationärer und stationärer Versorgungssysteme angesprochen. Ein besonderes Kapitel ist der → Rehabilitation gewidmet.

5. Forschung, Lehre und Ausbildung vorsorge- und patientenorientiert ausrichten und ausbauen. – Forschungsdefizite werden für den Bereich der Sozialepidemiologie, Medizin-Soziologie, Arbeits- und Umweltmedizin sowie bei der Qualitätssicherung medizinisch-ärztlicher Leistungen festgestellt. Für die Berufe im G werden Ziele und Leitlinien

wie Ganzheitlichkeit, Vorsorgedenken, Beratungsorientierung, Kooperationsfähigkeit, Praxisbezug und Durchlässigkeit der Ausbildungsgänge angegeben.

Um die ökonomische Mächtigkeit sowie Strukturmomente des G zu veranschaulichen, informieren die folgenden Tabellen über Ausgaben nach Leistungsart und Trägern.

**Ausgaben für Gesundheit nach Leistungsarten (1987)**

| Leistungsart | Mio. DM |
|---|---|
| Gesundheitsdienste | 4 630 |
| Gesundheitsvorsorge und Früherkennung | 2 042 |
| Mutterschaftsbeihilfe | 1 612 |
| Maßnahmen zur Pflege | 8 173 |
| Ambulante Behandlung | 46 131 |
| Stationäre Behandlung | 56 111 |
| Stationäre Kurbehandlung | 7 684 |
| Arzneien, Heil- und Hilfsmittel | 35 212 |
| Zahnersatz | 10 286 |
| Berufliche Rehabilitation | 7 561 |
| Soziale Rehabilitation | 608 |
| Entgeltfortzahlung | 29 880 |
| Sonst. Einkommensleistungen im Krankheitsfall | 12 845 |
| Berufs- und Erwerbsunfähigkeitsrenten | 21 661 |
| Sonstige Krankheitsfolgeleistungen | 414 |
| Ausbildung von medizinischem Personal, medizinische Forschung an Hochschulen | 4 138 |
| Forschung außerhalb von Hochschulen | 510 |
| Nicht aufteilbare Ausgaben | 11 354 |
| Insgesamt | 260 852 |

**Ausgaben für Gesundheit nach Ausgabenträgern (1987)**

| Ausgabenträger | Mio. DM |
|---|---|
| Öffentliche Haushalte | 34 002 |
| Gesetzliche Krankenversicherung | 122 199 |
| Rentenversicherung | 20 020 |
| Gesetzliche Unfallversicherung | 8 260 |
| Private Krankenversicherung | 13 468 |
| Arbeitgeber | 43 231 |
| Private Haushalte | 19 672 |
| Insgesamt | 260 852 |

L.: Bundesminister für Jugend, Familie und Gesundheit (Hg.): Daten des G; Bonn, 1989. Deutscher Bundestag: Endbericht der Enquete-Kommission. Strukturreform der Gesetzlichen Krankenversicherung; Drs. 11/6380 vom 12.2.1990. Labisch, A.: Medizinische Versorgung ohne Konzept; Kassel, 1982. Ders., Problemsicht, Problemdefinition und Problemlösungsmuster der Gesundheitssicherung durch Staat, Kommunen und primäre Gemeinschaften; in: Kaufmann, F.-X. (Hg.), Staat, intermediäre Instanzen und Selbsthilfe; München, 1987, 91–118. Milz, H., Gesundheitsförderung – von der Vision zum Handeln; in: Badura, B., u.a. (Hg.), Zukunftsaufgabe Gesundheitsförderung; Stuttgart, 1989, 27–41. Sachverständigenrat für die konzertierte Aktion im G: Jahresgutachten 1988. Medizinische und ökonomische Orientierung; Baden-Baden, 1987 und 1988. Schmidt, A./Jahn, E./Scharf, B. (Hg.): Der solidarischen Gesundheitssicherung die Zukunft; Köln, 1988. WHO, Regionalbüro für Europa: Einzelziele für „Gesundheit 2000"; Kopenhagen, 1985.

Rainer Müller

**Gesundheitswissenschaft**

G meint Theorie und anwendungsbezogenes Wissen zu →Gesundheitsschutz, →Prävention und →Gesundheitsförderung. Der Begriff wird in den letzten Jahren zunehmend benutzt, um eine neue Synthese und Orientierung von Aspekten der Human- und Naturwissenschaften auf das praktische Ziel gesunder Lebensbedingungen und gesellschaftlicher Entwicklung in Richtung →Gesundheit zu erreichen. Vorbild ist dabei die anglo-amerikanische „Public-Health" als an den Universitäten institutionalisiertes Fach (Schools of Public Health) und als Praxisbereich eines erweiterten öffentlichen Gesundheitswesens. Im Deutschen wurde der Begriff z.B. von Gottstein und Teleky im Vorwort des Handbuchs der sozialen Hygiene (1925) vorgeschlagen, konnte sich jedoch im Unterschied zu Begriffen wie →Sozialhygiene, →Gesundheitspflege, →Sozialmedizin und →Prävention nicht durchsetzen.

Wenn in einer verengten Sichtweise das Objekt von Medizin primär →Krankheiten und ihre Heilung sind, wäre eine komplementäre G mit der Erhaltung und Entwicklung von Gesundheit beschäftigt. Die Interdisziplinarität des Fachs ergibt sich aus den unterschiedlichen Dimensionen und Determinanten von Gesundheit: ihren biologischen Grundlagen, den spezifischen Ursachen von Krankheiten, dem Entwicklungsstand der Therapie, der gesellschaftlichen Produktion und Regulierung von Gesundheitsrisiken sowie der Organisation und Politik des →Gesundheitswesens.

Der Beitrag der klassischen Disziplinen und Wissenschaften zu einer G ist vielfältig. In der vorhandenen Tradition und Praxis von Public Health fallen darunter folgende Spezialisierungen: →Präventivmedizin, Gesundheitsvor- und -fürsorge, →Hygiene, →Epidemiologie, →Medizinsoziologie, Methodik (Biostatistik, Studiendesign), Gesundheitsstatistik, →Psychologie und Gesundheitsverhalten, Organisation des Gesundheitswesens, →Arbeitsmedizin, →Toxikologie, Strukturfragen im Gesundheitswesen, →Gesundheitsökonomik, →Anthropologie, gemeindebezogene Versorgung (→Sozialpsychiatrie usw.). Die Vielfältigkeit dieser theoretischen und praktischen Dimensionen bedingt, daß eine G auf fast alle allgemeinen Kategorien von Realität verweist. Im engeren Sinne umfaßt sie als gesellschaftliche Praxis den öffentlichen Gesundheitsdienst. Dies meint mehr als nur die Tätigkeit des →Gesundheitsamtes, sondern die aller Institutionen und Bereiche, welche unmittelbar gesundheitsbezogen in der Gesellschaft existieren.

Die Herausbildung eines entwickelten und differenzierten Gesundheitswesens sowie eines ausgebauten technischen, persönlichen und sozialen Gesundheitsschutzes erfordert eine neue historische Synthese von Präventionspolitik und Gesundheitsförderungspraxis, die von einer entsprechenden G angeleitet wird. Diese geht über den traditionellen, an Hygiene und Toxikologie orientierten Ansatz hinaus. Die im sozialen Feld vorherrschende staatliche Fürsorgetradition ist dem Entwicklungsstand von Lebensweise und Aufgaben des →Sozialstaates nicht mehr adäquat. Die von der →Weltgesundheitsorganisation formulierte Praxis einer G steht unter folgenden Leitvorstellungen:

1. G verweist auf die Notwendigkeit, in der Zukunft nicht mehr nur die Behandlung von Kranken, sondern die Erhaltung der Gesundheit in den Vordergrund zu stellen. Dies ist wegen der Problematik einer →Medikalisierung des Alltagslebens durch eine biologisch-naturwissenschaftlich orientierte Medizin relevant. 2. G verweist auf die Tatsache, daß zur Erhaltung von Gesundheit Anstrengungen und Wissensgrundlagen erforderlich sind, die weit über das bestehende medizinische Versorgungssystem und das biomedizinische Denken hinausgehen. 3. G unterstreicht in diesem Zusammenhang die Bedeutung einer verstärkten Ausrichtung der technischen und politisch-wirtschaftlichen Entwicklung auf Gesundheit. Die Kompetenz und die Handlungsspielräume von Menschen müssen erhöht werden. 4. Vorbild für die Idee der G ist die Annahme, daß Gesundheit und Krankheit wesentlich durch gesundheitsschädigende oder gesundheitsfördernde soziale und technische Umwelten beeinflußt werden. 5. Grundlegend für die Integration in ein Fach G ist ein →Menschenbild, das den Gesundheitsschutz als ganzheitliches Anliegen betrachtet. Die Wechselwirkungen zwischen somatischen, psychischen und sozialen Prozessen stehen im Mittelpunkt.

Die Lehr- und Forschungsbereiche einer G sind auf die schon genannten Fächer verteilt. Eine organisatorische und konzeptionelle Zusammenfassung in einem Studiengang im Sinne der anglo-amerikanischen Public-Health-Tradition wurde erstmalig in der BR im Jahre 1989 an der Universität Bielefeld begonnen.

L.: Borgers, Dieter: Epidemiologie und G; Berlin, 1989.

Dieter Borgers

## GEW
⇒ Gewerkschaft Erziehung und Wissenschaft

## Gewalt

Im Begriff der G verschmelzen in einer eigensinnigen Weise strukturelle wie individuelle Bedingungen und Bestimmungen von Handlungen, die auf die Aufgabe einer Analyse von G-zusammenhang zwischen Sozialstruktur und subjektiver Struktur (Horn 1974, 69) verweisen, und die weiter deutlich machen, daß die Rekonstruktion je besonderer Handlungslogiken auf den bislang häufig auch immer gewaltförmig vermittelten Zusammenhang von →Gesellschaft zu beziehen ist – nicht zuletzt um Individualisierungen und Psychologisierungen zu vermeiden (Narr 1974, 21 ff.).

Ausgangspunkt für alles Reden über G ist (1.) eine Weltsituation, die sich zum einen dadurch kennzeichnen läßt, daß Menschen in sehr unterschiedlicher Betroffenheit Zeugen langwährender Kriege in verschiedenen Regionen der Erde sind, daß damit einhergehend Waffenproduktion und Waffenhandel solche Ausmaße angenommen haben, wie sie in der Geschichte der Menschheit noch unbekannt waren. In einer Situation, „in der täglich die Massenmedien von Bürgerkrieg, politischen Morden und Bombenterror berichten, ist die G ein ebenso bedrängend nahes wie theoretisch schwer faßbares Phänomen. Verwirrend ist der dissonante Chor derer, die definieren, was G sei, die prinzipiell oder mit Vorbehalt für oder gegen G votieren. Die Flut der Literatur spiegelt die Hilflosigkeit angesichts der Unausweichlichkeit des Problems" (Lienemann 1982, 7). – Dieser allgemeine Erfahrungshintergrund verbindet sich (2.) mit Auseinandersetzungen um zentrale gesellschaftliche Entwicklungsprobleme, die infolge ihrer Intensität und Relevanz für die je auch individuell gestaltbaren Lebenschancen und -perspektiven häufig auch auf den G-begriff Bezug nehmen: In diesem Kontext handelt es sich um Diskussionen zum G-monopol des →Staates, Demokratietheorie, Neue →Soziale Bewegungen, G gegen Sachen, Grenzen des Mehrheitsprinzips (vgl. Heitmeyer/Möller/Sünker 1989). Eine weitere Ebene, auf der Betroffenheit, sinnliche Erfahrung und gesellschaftliche Vermittlungsprozesse von G verknüpft sind, findet sich (3.) in Diskussionen zu →G gegen Frauen, gegen Kinder (→Kindermißhandlung), gegen Alte, in Familien – G-phänomene, deren Bearbeitung u. a. professionell und institutionalisiert in →Frauenhäusern und Kinderschutzzentren gesucht wird (vgl. Honig 1986).

Auch wenn aufgrund der vorgestellten Situationen Differenzierungen im G-begriff als notwendig und sinnvoll erachtet werden, stellt sich die Frage nach der Möglichkeit einer systematischen Bestimmung eines Ausgangspunktes in der G-diskussion. Hier bietet sich die G-definition von J. Galtung an: „Gewalt liegt dann vor, wenn Menschen so beeinflußt werden, daß ihre aktuelle somatische und geistige Verwirklichung geringer ist als ihre potentielle Verwirklichung" (1975, 9). In Abgrenzung zu einem eng gefaßten Begriff von G, der in persönlicher G-anwendung sein Zentrum hat, plädiert Galtung in einer häufig übersehenen differenzierten Weise für einen erweiterten Begriff von G, der dann zu der Formulierung von der „strukturellen G" führt. Galtungs Überlegungen verkörpern einen Ansatz zur G-diskussion, in der Fragen der sozialen Gerechtigkeit einer →Gesellschaft mit der nach der Potentialität der Menschen, damit deren Subjekthaftigkeit, verknüpft werden, um das Verhältnis zwischen Individuum und Gesellschaft in systematischer Weise für eine Gegenwartsanalyse und Zukunftsdiagnose bestimmen zu können.

In gewisser Weise komplementär dazu liegt mit der Arbeit von N. Elias „Über den Prozeß der Zivilisation" ein Beitrag zur Erklärung von G-förmigkeit in Verhältnissen, Individuen und deren Handlungen vor, der historisch-systematisch die Entwicklung gesellschaftlicher Verhältnisse, die Modellierung und Regulierung von Individuen sowie die Formen und Gehalte von G-förmigkeit in ihrer Vermitteltheit aufzuschlüsseln sucht. Auf der Folie einer triebtheoretischen Argumentation, innerhalb derer die Beziehungen zwischen dem Affektgefüge des Menschen und schichtspezifischen Lebensnotwendigkeiten untersucht werden (Elias 1976, I, 263 ff.), entfaltet Elias eine Fragestellung, die die Organisierung der Gesellschaft als Verstaatlichung, die damit einhergehende Monopolisierung bzw. Zentralisierung von Abgaben sowie von körperlicher G innerhalb immer stärker expandierender Gebiete mit der „Zivilisierung", d. h. der Modellierung und Regulierung von Handlungen und Verhalten, aufeinander bezieht. Anhand historischen Materials, das Aufschluß über die Lebensweisen von Menschen, Formen des Zusammenlebens und der darin eingebundenen G-problematik gibt, stellt Elias seine Entwicklungstheorie von Zivilisation vor: „Von den frühesten Zeiten der abendländischen Geschichte bis zur Gegenwart differenzieren sich die gesellschaftlichen Funktionen unter einem starken Konkurrenzdruck mehr und mehr. Je mehr sie sich differenzieren, desto größer wird die Zahl der Funktionen und damit der Menschen, von denen der Einzelne bei allen seinen Verrichtungen, bei den simpelsten und alltäglichsten ebenso, wie bei den komplizierteren und selteneren, beständig abhängt. Das Verhalten von immer mehr Menschen muß aufeinander abgestimmt, das Gewebe der Aktionen immer genauer und straffer durchorganisiert sein, damit die einzelne Handlung darin ihre gesellschaftliche Funktion erfüllt. Der Einzelne wird gezwungen, sein Verhalten immer differenzierter, immer gleichmäßiger und stabiler zu regulieren" (Elias 1976, II, 316 f.).

Richtungsentscheidend für den Einzelnen ist innerhalb dieses Zivilisationsprozesses, ohne daß damit die Frage über den Anstieg einer allgemeinen Friedensfähigkeit entschieden wäre, eine Entwicklung, die Elias ausgehend von seinen Untersuchungen „über Wandlungen der Angriffslust" mit der These vom „Gesellschaftlichen Zwang zum Selbstzwang" (→Zwang) benennt. Im Mittelpunkt dieser Entwicklung steht dabei die mit der Entstehung von Staatlichkeit einhergehende Monopolisierung von G, die „befriedete Räume, gesellschaftliche Felder, die von Gewalttaten normalerweise frei sind" (Elias 1976, II, 320), garantieren soll. Weil Elias im Rahmen seiner historischen Analyse die Reduzierung gewaltförmigen – einzelmenschlichen – Handelns in seiner Interpretation an die Heraussetzung des staatlichen G-monopols und die Differenzierung gesellschaftlicher Funktionen, an Modellierung und Regulierung der Menschen anbindet, endet er in einer geradezu objektivistischen Sicht der historischen Entwicklung, derzufolge „die differenziertere und stabilere Regelung des Verhaltens den einzelnen Menschen von klein auf mehr und mehr als ein Automatismus angezüchtet wird, als Selbstzwang, dessen er sich nicht erwehren kann, selbst wenn er es in seinem Bewußtsein will" (Elias 1976, II, 317). Damit bleibt die Aufgabe, dem Automatismus von Prozessen der →Sozialisation eine Perspektive von realer Zivilisierung, gelungenen Beziehungsformen und verwirklichter Subjektivität entgegenzusetzen, die nach einer qualitativen Ausfüllung von „Glück" und „Freiheit" verlangen (vgl. Elias 1976, II, 443 ff.).

Dieser – implizit bildungstheoretischen (→Bildungstheorien) – Perspektive hat sich W. Benjamin in seinem Essay „Zur Kritik der G" angenommen. Sein Aufweis des Instrumentalcharakters von G führt ihn zu der Frage nach der Möglichkeit einer gewaltlosen Beilegung von Konflikten. Seine Antwort für eine Darstellung von Verhältnissen zwischen Privatpersonen lautet: „Gewaltlose Einigung findet sich überall, wo die Kultur des Herzens den Menschen reine Mittel der Übereinkunft an die Hand gegeben hat. ... Herzenshöflichkeit, Neigung,

Friedensliebe, Vertrauen und was sich sonst hier noch nennen ließe, sind deren subjektive Voraussetzungen" (Benjamin 1966, 54). Für ihn ist die „Unterredung, als eine Technik ziviler Übereinkunft", das tiefgreifendste Beispiel, weil hierin deutlich wird, „daß es eine in dem Grade gewaltlose Sphäre menschlicher Übereinkunft gibt, daß sie der G vollständig unzugänglich ist: die eigentliche Sphäre der ‚Verständigung', die Sprache" (Benjamin 1966, 55).

Die „Kultur des Herzens", die in Pascals „Raison du Coeur" ihr Komplement hat, verweist darauf, daß Benjamin der Entsprechung von instrumenteller Rationalität und dem Instrumentalcharakter von G (deren Folge für die gesamte Geschichte – v.a. für die →bürgerliche Gesellschaft – im Begriff der „strukturellen G" nach den Erfahrungen dieses Jh. abschätzbar wird) mit der Kategorie der „Verständigung" nicht das postmoderne „Andere der Vernunft" gegenüberstellt, sondern die vollentfaltete Vernunft, die in gewaltloser Übereinkunft ihr Fundament findet. Eingeführt und einzuholen ist damit, was sich bildungstheoretisch mit dem Aufweis der dialogischen Struktur von Bildungsprozessen und Bildungsverhältnissen, die ihren Focus im Begriff der wechselseitigen Anerkennung haben, füllen läßt und was zugleich den Grund abgibt für eine Kritik an allen Formen von physischer, psychischer und struktureller G.

L.: Benjamin, Walter, Zur Kritik der G; in: Ders., Angelus Novus. Ausgewählte Schriften II; Frankfurt, 1966. Elias, Norbert: Über den Prozeß der Zivilisation, 2 Bde.; Frankfurt, 1976, Galtung, Johann: Strukturelle G. Beiträge zur Friedens- und Konfliktforschung; Reinbek, 1975. Heitmeyer/Möller/Sünker (Hg.): Jugend – Staat – G. Politische Sozialisation von Jugendlichen, Jugendpolitik und politische Bildung; Weinheim, 1989. Honig, Michael-Sebastian: Verhäuslichte G; Frankfurt, 1986. Horn, K., Gesellschaftliche Produktion von G; in: Rammstedt, Gewaltverhältnisse und die Ohnmacht der Kritik; Frankfurt, 1974. Lienemann, Wolfgang: G und G-verzicht. Studien zur abendländischen Vorgeschichte der gegenwärtigen Wahrnehmung von G; München, 1982. Narr, W.-D., G und Legitimität; in: Rammstedt, a.a.O.

Heinz Sünker

## Gewalt gegen Frauen

Gewalt gegen Frauen (GgF) ist Ausdruck der geschlechtshierarchischen und arbeitsteiligen Organisation der patriarchalen →Gesellschaft. Deren sozio-ökonomische Struktur basiert auf einem an einer idealtypischen Männlichkeitsnorm orientierten Denk- und Handlungsschema, das ein grundlegendes Machtgefälle zwischen Männern und Frauen manifestiert. Der Mann allein gilt als Träger legitimierter Macht. Zur ideologischen Absicherung dieses Systems wurde ein Frauenbild entworfen, das Frauen als passive, rational unfähige und hilfebedürftige Geschöpfe beschreibt, sie als Männern prinzipell unterlegen definiert. Es wurde eine soziale Konstruktion von Weiblichkeit entwickelt, die Frauen auf eine untergeordnete, abhängige und ohnmächtige Rolle im Bereich des öffentlichen Lebens und der →Erwerbsarbeit festlegt. Parallel dazu findet im privaten Bereich eine Überhöhung zugeschriebener omnipotenter weiblicher, reproduktiv-emotionaler Fähigkeiten statt. GgF ist zum einen zur Absicherung dieser gesellschaftlichen Rangordnung nötig, zum anderen zwangsläufige Auswirkung des sexistischen Verständnisses (→Sexismus) von patriarchaler *Herrschaft im Alltag*. Sie beginnt dort, wo Frauen aufgrund ihrer Geschlechtszugehörigkeit (→Geschlecht) in der Herausbildung eines eigenen Willens und selbstbestimmten Handelns behindert werden; sie bezieht sich auf alle Lebensbereiche und verletzt gewaltsam die physische und psychische Integrität von Frauen, ihre →Autonomie, zerstört ihren (Selbst-)Respekt und ihre Würde.

*1. Geschlechtshierarchische Machtverteilung.* Basis der geschlechtsspezifischen

Machtverhältnisse ist die *strukturelle → Gewalt*. Sie bezeichnet nach Galtung die ungleiche Verteilung von gesellschaftlicher Macht und Lebenschancen: in einer patriarchalen Gesellschaft resultiert daraus die systemimmanente Chancenungleichheit zwischen den Geschlechtern. Prägende Voraussetzung für deren legitimatorische Absicherung und Verwirklichung ist die →geschlechtsspezifische Sozialisation, die Kinder von Beginn an auf die jeweiligen Lebensentwürfe zurichtet. Durch die →geschlechtsspezifische Arbeitsteilung werden Frauen auf die sozial gering geachtete häusliche Reproduktionsarbeit (→Hausarbeit) festgelegt. In der Erwerbsarbeit sind sie überwiegend in den schlecht bezahlten Jobs vertreten, trotz gleicher oder auch besserer Qualifikation finden sich kaum Frauen in leitenden Positionen. Sie sind aus den gesellschaftspolitisch einflußreichen Funktionen weitgehend ausgeschlossen. Die Forderung von Frauen nach angemessener Teilhabe – wie z. B. durch →Frauenförderung und →Quotenregelung – ist ein Kampf um soziale Macht und Anerkennung. Die gesellschaftliche Ordnung ist also *prinzipiell* gewaltförmig gegenüber Frauen, sie verhindert Chancengleichheit und die Möglichkeit zur Entwicklung alternativer, von der zugeschriebenen Rolle abweichender Lebensmodelle. Frauen sind als Objekte und Ergänzung im männlichen Alltag und Herrschaftsgefüge vorgesehen – und sollen es bleiben. GgF ist somit zunächst kein individuelles Problem einer spezifischen Täter-Opfer-Beziehung, sondern alltägliche Realität *jeder* Frau.

2. *Gewalt in der Familie.* Das gesellschaftliche Macht-/Ohnmacht-Gefälle findet eine bruchlose Fortsetzung im Privaten. Der Mann in seiner Rollenzuweisung als Ernährer der →Familie leitet daraus Herrschaftsbefugnisse und Verfügungsgewalt gegenüber „seiner" Frau ab. Ökonomische Krisen und soziale Veränderungen bringen demgegenüber das traditionelle Männerbild ins Wanken – wie etwa durch Erwerbslosigkeit, zunehmende Dominanz geistiger gegenüber körperlicher Arbeit, Flexibilisierung und erhöhten psychischen Streß. Diesem drohenden Kompetenzverlust zugeschriebener männlicher Zuständigkeit steht der weibliche psycho-soziale Arbeitsbereich unverändert gegenüber, der in solchen Umbruchsituationen zwangsläufig zur Überforderung der ausgleichenden Funktion von Frauen führt. Die häusliche Rollenverteilung und reproduktive Balance wird gestört. Durch außerhäusliche Veränderungen bewirktes zusätzliches Konfliktpotential, soziales Leiden, findet in patriarchalen Gesellschaften seine öffentlich nicht sanktionierte Kompensation in familiärer Gewalt. *Physische und psychische Mißhandlung* sind die drastischsten Mittel zur Durchsetzung männlicher Machtansprüche und zum privatisierten Abreagieren sozialer Frustrationen. Untersuchungen belegen, daß jede dritte bis zweite Frau von ihrem Lebens„partner" geprügelt und drangsaliert wird. Gewalttätigkeit läßt sich in allen sozialen Schichten und Altersgruppen nachweisen. Den mißhandelnden Männern fehlt dabei oft jegliches Unrechtsbewußtsein, da sie ihre (Ehe-)Frauen als persönliches Eigentum begreifen, über das ausschließlich sie befinden können. Familienangehörige, Nachbarn oder Passanten mischen sich in die „Privatangelegenheit" nicht ein, und →Polizei und Justizbehörden werden nach geltender Rechtsauffassung erst bei schwerer Körperverletzung oder nachweisbaren Tötungsversuchen tätig. Die soziale, politische und juristische Bewertung direkter Gewalttätigkeit gegen Frauen als ‚privater Ehekrach' liefert Frauen männlicher Aggression geradezu aus; sie zementiert die Herrschaftsanmaßung von Männern auch in der Familie, sich Frauen gefügig zu machen und fügsam zu erhalten. Erst als von der →Frauenbewegung die Einrichtung von →Frauenhäusern durchgesetzt wurde, entstand für mißhandelte Frauen eine Möglichkeit, sich dem gewaltsamen Zugriff nicht nur individuell, sondern auch sozial

sichtbar zu entziehen. Die Unantastbarkeit männlicher Machtfülle in der patriarchalen Familienstruktur wird darüber hinaus dadurch belegt, daß Vergewaltigung in der Ehe bisher nur als sexuelle Nötigung oder Körperverletzung verfolgt wird (→ Vergewaltigung). Die Vernetzung gesellschaftlicher und privater Herrschaft mit der Befriedigung männlicher → Sexualität wirkt sich in besonderem Maße verhängnisvoll aus bei → *sexueller Gewalt gegen Mädchen*. Diese Übergriffe erfolgen zum weitaus größten Teil im nächsten privaten Umfeld; die Familie übersieht das „Unvorstellbare". Die betroffenen Mädchen haben die Täter – Väter, Onkel, Brüder, Freunde der Familie, Nachbarn – als Autoritätspersonen widerspruchslos zu respektieren gelernt, sind so der Mißbrauchssituation oft lange Jahre ausgesetzt und tragen schwere psychische Schäden davon.

*3. Außerfamiliale Gewalt.* Sexuelle Gewalt spiegelt in vielen Facetten den patriarchal definierten Objektcharakter von Frauen wider. Zwangsheterosexualität als gesellschaftliche Norm zwingt Frauen zum Zusammenleben mit einem Mann, wollen sie nicht zu diskriminierten Außenseitern werden. Weibliches Lebensmuster beinhaltet, reproduktive Arbeit zu leisten und Kinder zu gebären. Als Instrument, dieses Ordnungssystem zu stabilisieren, sind auch die *§§ 218 ff. StGB* zu verstehen, mit denen Frauen die Kontrolle über ihre eigenen reproduktiv-generativen Potenzen verweigert wird. Mit den Methoden der modernen → *Gentechnologie und* → *Reproduktionsmedizin* wird ein weiterer Zugriff auf die „natürliche Ressource" weiblicher Gebärfähigkeit etabliert. *Vergewaltigung* demonstriert überdeutlich den Objektstatus von Frauen: Sie werden gegen ihren Willen benutzt, als Gegenstand männlicher Machtausübung und Befriedigung gedemütigt, das Selbstbestimmungsrecht über ihren Körper wird ihnen mit brutaler Gewalt genommen. → *Prostitution und Pornographie* sind die logische Folge eines Verständnisses von Frauen als Ware. Männliches Sexualitätsbewußtsein reduziert Frauen auf deren Körper als ausschließliches Instrument zum eigenen Lustkonsum. Es ist kaum ein Zufall, daß in pornographischen Darstellungen Frauen nicht nur passiv, sondern oft auch gefesselt und in Situationen von Mißhandlung, Demütigung und Folter gezeigt werden – Unterwerfung als Prinzip männlicher Befriedigung. Frauen haben auch in der käuflichen Sexualität uneingeschränkt den Wünschen der Kunden zu dienen – eine Konstellation, in der ihre Ansprüche auf Wahrung ihrer weiblichen Würde keinen Platz mehr haben. Der seit den 70er Jahren florierende → Sextourismus und moderne Frauenhandel sind weitere Ausdrucksformen der repressiven und frauenverachtenden Form gesellschaftlich gebilligter Sexualmoral.

*4. Alltägliche Gewalt.* Ihre Wahrnehmung als bloße Objekte männlicher Machtansprüche, Frustrationsabfuhr und sexueller Phantasien erleben Frauen tagtäglich. Auf der Straße „angemacht" zu werden, gehört zu den gewohnten Alltagserfahrungen im weiblichen Leben. → *Sexuelle Belästigung* am Arbeitsplatz wurde erst in jüngster Zeit wissenschaftlich untersucht. Frauen ungefragt zu berühren, auf Busen, Po oder Beine zu starren, Zoten zu erzählen, Hinterherpfeifen, unerwünschte Annäherungsversuche u. a. m. bis hin zum Versprechen beruflicher Förderung bei sexueller Willfährigkeit – das ist ganz „normales" Alltagsverhalten von Männern. Daß dies von ihnen selbst nicht als Verletzung weiblicher → Autonomie, als Grenzüberschreitung, als Nichtachten des Willens von Frauen verstanden wird, unterstreicht den vermeintlich selbstverständlichen Anspruch von Männern auf Dominanz und Verfügungsrechte. Der männlich sexualisierte Blick auf Frauen als Standard ist im Alltag überall präsent: Die Sprache ist männlich, in der Werbung werden möglichst nackte Frauen zur Umsatzsteigerung beliebiger Produkte benutzt; in den Medien, in Liedern und Witzen werden Frauen als aufreizendes Sexualobjekt, als gehorsames Dummchen, als böse Schwiegermutter oder als braves Hausmütterchen mißbraucht. Sie werden als Persönlichkeiten zerstückelt und auf die Funktionen gebrauchsgerecht zugeschnitten, die ihnen die patriarchale Ordnung zuweist.

Restriktive Alltagserfahrungen von Frauen sind Teil der hierarchischen Struktur und sozialen Organisation. Das Gefühl von Verletztheit wird als unberechtigt suggeriert und so individualisiert; selbst bei massiven Gewalttätigkeiten, wie bspw. bei Vergewaltigung oder Mißhandlung, suchen betroffene Frauen die Schuld bei sich. Sie fühlen sich verantwortlich und vermuten in ihrem eigenen Verhalten den Auslöser der Gewalt. Die allgegenwärtige Bedrohung macht Vorsicht, Zurückhaltung und Selbstbeschränkung zu ständigen Begleitern des weiblichen Lebens. Schon die – sehr wohl realistische – Antizipation möglicher Übergriffe verengt den Lebensspielraum, die Bewegungsfreiheit, die Alltagsgestaltung, die Entwicklung von Selbstvertrauen bei Frauen erheblich und verfestigt ihr subjektives Bewußtsein von Unterlegenheit, Schwäche und Ausgeliefertsein. Die omnipräsente Gewalt als zentralen und strukturellen Bestandteil des weiblichen Lebenszusammenhangs in der patriarchalen Ordnung zu durchschauen, setzt die Analyse der gesellschaftlichen Machtverhältnisse voraus.

Widerstand leisten bedeutet jedoch, gegen die erlernte Rolle zu opponieren, die Frauen als geduldige und fügsame sowie zugleich als sozial allkompetente und omniverantwortliche Wesen begreift und formt. Diese Normen haben Frauen verinnerlicht, und sie müssen erst ihre Erziehung zur Passivität und Unselbständigkeit begreifen, ihre eigene Lebensgeschichte kritisch hinterfragen, bis das Aufbrechen des gesellschaftlichen Bewußtseins, des bisher „Normalen" möglich wird. Die Überwindung des weiblichen Identitätsdiktats (→Identität) kann erst die Voraussetzung schaffen für das Verdrängen männlicher Herrschaftsanmaßung und Gewalttätigkeit.

Eine Veränderung der Geschlechterhierarchie erfordert ebenso eine kritische Reflexion über den aktiven Anteil von Frauen an deren Bestehen und Überdauern. Das Verweigern weiblichen rollenkonformen und systemstabilisierenden Mittuns ist wesentlicher Bestandteil für Strategien zur Abschaffung patriarchaler Vorherrschaft. Selbstbestimmung und Chancengleichheit, Achtung und Respekt einzufordern und zu verwirklichen, heißt für Frauen das Herausbilden von – dem weiblichen Geschlechtsstereotyp widersprechenden – Eigenschaften und Fähigkeiten; es verlangt, sich alltäglich in Widerspruch zum zugewiesenen Rollenmuster zu begeben.

L.: Arbeitskreis „Sexuelle Gewalt" beim Komitee für Grundrechte und Demokratie (Hg.): Gewaltverhältnisse; Sensbachtal, 1987. Diess.: Die ganz gewöhnliche Gewalt in der Ehe; Reinbek, 1978. Benard/Schlaffer: Der Mann auf der Straße; Reinbek, 1980. Galtung, Johan: Strukturelle Gewalt; Reinbek, 1975.

Heike Ehrig

**Gewalt gegen Kinder**
→ Kindesmißhandlung

**Gewalt in der Familie**
→ Gewalt gegen Frauen 2

**Gewerbeärztlicher Dienst**
Der G ist Teil des Arbeitsschutzsystems, das sich historisch als Zusammenspiel von Regelungen der →Gewerbordnung (v. a. Gewerbeaufsicht) und der →Sozialversicherung (v. a. →Berufsgenossenschaften) entwickelte. Arbeitsschutz umfaßt alle rechtlichen, organisatorischen, technischen und medizinischen Maßnahmen, die zum Schutz der Arbeitnehmer (→Arbeiterschutz) gegen Gefahren für Leben und Gesundheit, zur Sicherung ihrer körperlichen und geistigen Unversehrtheit getroffen werden müssen. Verstärkt umfaßt Arbeitsschutz nicht nur die Abwehr von Gefahren, Schäden, Belästigungen, vermeidbaren

Belastungen, sondern die Schaffung menschengerechter Arbeitsplätze, Arbeitsabläufe und Arbeitsbedingungen. In § 120 GewO sind die Grundlagen des Arbeitsschutzes, und in § 139 b sind die Aufgaben der Aufsichtsbehörden geregelt. Zu diesen Aufsichtsbehörden zählt der G, allerdings in einer besonderen Weise.

Der G ist staatlicherseits für den medizinischen Arbeitsschutz zuständig. Der Staatliche Gewerbearzt nimmt nicht nur Arbeitsschutzaufgaben im gewerblichen Bereich wahr, sondern auch im Bergbau und in anderen Bereichen, die z. B. vom Chemikaliengesetz, Gerätesicherheitsgesetz und vielen anderen Vorschriften erfaßt werden.

Der G untersteht der Dienst- und Fachaufsicht der Landesbehörden. Die Organisation des G ist in den einzelnen Bundesländern unterschiedlich geregelt. Das arbeitsmedizinische Aufgabengebiet ist branchenübergreifend und überregional. Die bundesweit etwa 100 Gewerbeärztinnen und -ärzte haben ihre Dienststellen jeweils meist am Ort der Landesregierung, auch des Regierungspräsidiums, in der Regel in einer Universitätsstadt. Die Bezeichnung der Dienststelle, die organisatorische Eingliederung sowie die personelle, apparative und etatmäßige Ausstattung weisen je nach Bundesland sehr große Unterschiede auf.

Seit der ersten Anstellung von Gewerbeärzten Anfang dieses Jahrhunderts haben die Staatlichen Gewerbeärzte bis heute im Grunde die gleichen Aufgabenstellungen: Beratung und Unterstützung der Arbeitsschutzbehörden; Weiterung des arbeitsmedizinischen und gewerbehygienischen Wissens; heute stehen die Begutachtung der Berufskrankheitsfälle, die Beratung der Gewerbeaufsicht (auch der Bergaufsicht), der Träger der gesetzlichen →Unfallversicherung sowie anderer Institutionen (z. B. auch der Tarifvertragspartner) im Vordergrund. Weitere Aufgaben sind die Qualifizierung der nach dem ASiG zu bestellenden Werksärzte, die Ermächtigung für gesetzlich vorgeschriebene Untersuchungen, aber auch Informations-, Vortrags- und Lehrtätigkeit sowie aktive Mitarbeit in den verschiedensten Ausschüssen, die sich mit Fragen des Arbeitsschutzes direkt oder indirekt befassen. Darüber hinaus arbeitet der Staatliche Gewerbearzt in DIN-Ausschüssen (z. B. Beleuchtung, Klima, Lärm), VDI-Ausschüssen und BG-Ausschüssen mit.

§ 139 b der Gewerbordnung überträgt den Gewerbeaufsichtsbeamten, über die Einhaltung der Regelungen zu wachen, wie sie die Gewerbeordnung seit der ersten Fassung in Preußen 1845 vorsieht. Problematisch waren konkret Frauen- und →Kinderarbeit (aus demographischen Gesichtspunkten) sowie Arbeitszeiten oder Sonntagsruhe (aus ordnungspolitischen Gesichtspunkten). Als Kern der regelungsbedürftigen Verhältnisse erwiesen sich die Unfälle, weil hier öffentliche Aufmerksamkeit zusammenfiel mit technischen Überlegungen: einerseits war nach dem Prinzip der Reibungslosigkeit jeder Unfall eine zu vermeidende Betriebsstörung, andererseits mußte auch mit dem Faktor Arbeit (den Fertigkeiten und Erfahrungen der Arbeiter) wirtschaftlich umgegangen werden.

Der G entwickelte sich im Zusammenhang der Gewerbeaufsicht. In der Gewerbeaufsicht waren Fabrikinspektoren zunächst mit der preuß. Verordnung von 1853 fakultativ und mit der Novelle der Gewerbeordnung 1878 (§ 139 b GewO) dann obligatorisch tätig. Anders als in England handelte es sich jedoch weniger um eine kontrollierende als um eine beratende Aufgabenstellung. Vor allem setzte die Arbeitsschutzgesetzgebung auf die technischen Möglichkeiten, „Gefahren für Leben und Gesundheit der Arbeiter" zu erkennen und zu minimieren. Erst um die Wende zum 20. Jh. wuchs im Zusammenhang der nationalen und internationalen Sozialreformbewegungen die Einsicht, daß die Wahrnehmung der Gesundheitsrisiken in gewerblichen Betrieben und die Überwachung der Bestimmungen des Gesundheitsschutzes für Arbeitnehmer eine spezielle medizinische Kompetenz erfordern.

Die Unterstellung der Gewerbeordnung, durch Auflistung konzessions- und revisionspflichtiger Anlagen und durch Anstellung von Fabrikinspektoren (Gewerbeaufsichtsbeamten) die Gesundheitsgefährdungen kontrollieren zu können, war von Beginn an eine Mischung aus Illusion und Legitimation – je nach Sichtweite mehr das eine oder das andere. Zunächst wurde nur eine begrenzte Zahl der Betriebe insgesamt aufgelistet; dann kam die Konzessionspflicht nach Erteilung derselben eher einem Freibrief für rücksichtsloses Entwicklung gleich; schließlich konnten selbst die revisionspflichtigen Betriebe nur ganz ausschnittweise kontrolliert werden (ca. 15% zweimal im Jahr). Trotz der wenigen Revisionen wurden regelmäßig außerordentlich viele Verstöße registriert – hier v. a. gegen die Regelung der Beschäftigung von Frauen, Jugendlichen und Kindern. Experten hielten bereits zu Beginn der Weimarer Republik „eine hinreichende Überwachung" der Betriebe und der Schutzmaßnahmen für „undurchführbar" (Th. Sommerfeld).

Diese Verhältnisse drängten zu zwei Überlegungen: entweder eine andere, griffigere gesetzliche Regelung zu finden, oder Ausweitung der Gewerbeaufsicht. Der zweiten Richtung ging es darum, daß staatliche Kompetenz den privatwirtschaftlichen Entwicklungen nachkommt. Hier gab es drei Bestrebungen: es sollten erstens weibliche Gewerbeaufsichtsbeamtinnen, zweitens Arbeiter einbezogen und drittens Ärzte angestellt werden. Von diesen blieb wesentlich die Anstellung von Ärzten (→ Landesgewerbearzt) als sichtbares Zeichen für den Ausbau der Gewerbeaufsicht, für adäquate behördliche Kompetenz, für staatliche Fürsorge.

Der staatliche G in Dt. war während der Weimarer Republik beispielhaft. Während der Zeit des Nationalsozialismus kam es dann zu einer Entwicklung, die dazu führte, daß der staatliche Gesundheitsschutz für Arbeiter 1947 als oftmals lückenhaft, rudimentär und ineffektiv beschrieben wurde – so festgestellt in dem „Report on industrial hygiene in the Western zones of occupied Germany" des amerik. Arztes Irving R. Tabershaw. Die Ärzte in der Gewerbeaufsicht, stellte der Report fest, seien zu stark auf naturwissenschaftlich-medizinische und rechtlich-gutachterliche Probleme orientiert und hätten kein Konzept, bei dem ihre Tätigkeit in übergeordnete Ziele der öffentlichen Gesundheitspflege eingeordnet ist.

Nach der 3. Berufskrankheitenverordnung (12. 5. 1925 1. BKVO; 11. 2. 1929 2. BKVO; 16. 12. 1936 3. BKVO) wurden die Landesgewerbeärzte in das Verfahren zur Anerkennung einer → Berufskrankheit (damit sie wie ein Unfall entschädigt werden kann, d. h. der Betroffene bessere Leistungen erhält) eingeschaltet. Seitdem macht die Bearbeitung der Gutachten, die dem Landesgewerbearzt vorgelegt werden müssen, den Löwenanteil der Arbeit aus. Daß sich Staatliche Gewerbeärzte den Stempel „unbedenklich" für solche Fälle herstellen ließen, verringert vielleicht ihren Arbeitsaufwand, nicht aber ihre Verantwortlichkeit.

In der BR gab es 1989 in allen Ländern G-stellen (in NRW je eine für die ehemaligen Provinzen Nordrhein und Westfalen in Düsseldorf und Bochum). Sie sind in der Regel der staatlichen Gewerbeaufsicht angegliedert und versehen ihre Tätigkeit auf der Grundlage des § 139 b der Gewerbeordnung sowie länderspezifischer (aber weitgehend an die preußische vom 19. 4. 1922 angeglichener) Dienstanweisungen. (Auch in der DDR war die gewerbeärztliche Organisation mit der Bildung von Arbeitssanitätsinspektionen in das Ministerium für das Gesundheitswesen übernommen.)

Die Aufgabe der staatlichen Gewerbeärzte besteht dem Papier nach hauptsächlich in der Beratung und Unterstützung der allgemeinen Gewerbeaufsicht, der Vertiefung arbeitsmedizinischen Wissens und der Verbesserung hygienischer Maßnahmen. In der Praxis nimmt die Stellungnahme zu den Fällen von Berufskrankheiten, die den →Berufsgenossenschaften (BG) gemeldet werden, den weitaus größten Teil in Anspruch. Die beratende Funktion, insb. das Verhältnis zu den →Betriebsärzten, leidet darunter; die gewerbepathologische Kompetenz steht unter Druck, und ein aussagekräftiges Berichtswesen kann nicht aufgebaut werden. Es ist jedoch die Frage, ob die drohende Inkompetenz und Ineffektivität des G große Bestürzung hervorruft. Wahrscheinlich nicht bei den BG, nicht bei Behörden, vielleicht bei →Gewerkschaften, nicht bei den →ärztlichen Berufsverbänden (die auf ‚Betriebsärzte', nicht auf ‚Staat' setzen).

Die Staatlichen Gewerbeärzte, unter dem Vorsitz von Prof. Dr. Theodor Peters in der Vereinigung deutscher Staatlicher Gewerbeärzte e.V. zusammengeschlossen, erwarten heute von Veränderungen in ihrer Einrichtung eher Verschlechterungen. Das Verhältnis zur Gewerbeaufsicht, lange Jahrzehnte der zentrale Konfliktpunkt, erscheint heute unproblematisch; schwieriger ist der behördliche Umgang im Rahmen der jeweils zuständigen Ministerien oder Senatorischen Stellen (für Umwelt, Gesundheit, Soziales, Arbeit). Die Dienststellen bemängeln die Ausstattung mit qualifizierten Ärzten (die in „die Industrie" abwandern) und fordern eine „Beseitigung des Kompetenz-Wirrwarrs" durch eine „rechtlich abgesicherte Rangfolge der Aufgaben".

Leider gibt es in den G-stellen kaum ein exaktes Berichtswesen, etwa ausführliche Betriebskarteien, Belastungskataster, regelmäßige Reihenuntersuchungen in Branchen und Regionen, Auswertung der Routinedaten der Sozialversicherungsträger etc. Da auch die →Arbeitsmedizin im Rahmen der →ärztlichen Ausbildung bis heute keine Bedeutung erhalten hat, fehlen für eine Ausdehnung der Tätigkeiten des G fachliche und personelle Kapazitäten.

L.: Bau (Hg.): Arbeitsschutzsystem, 5 Bde.; Dortmund, 1980. Buck-Heilig, L.: Die Gewerbeaufsicht; Opladen, 1989. Bocks, W.: Die badische Fabrikinspektion; Freiburg, 1978. Poerschke, S.: Die Entwicklung der Gewerbeaufsicht in Deutschland; Jena, 1911. Simons, R.: Staatliche Gewerbeaufsicht und gewerbliche Berufsgenossenschaften; Frankfurt/M., 1984. Sommerfeld, Th.: Der Gewerbearzt; Jena, 1905.

Dietrich Milles

### Gewerbehygiene

Der Begriff „G" stammt aus dem wilhelminischen Kaiserreich und war noch in der Weimarer Republik geläufig. Er wird heute mit Arbeitshygiene (Brockhaus 1987) oder →Arbeitsmedizin (Handbuch der gesamten Arbeitsmedizin 1961) gleichgesetzt. Am treffendsten dürfte heute der angelsächsische Begriff „occupational health" (Arbeitsgesundheit) sein.

Eine Definition von 1914 ordnete die G dem Gebiet der sozialen →Hygiene zu. Sie beschäftigte sich mit dem Einfluß der beruflichen Tätigkeit auf die Gesundheit. Dabei umfaßte sie sowohl medizinische →Prävention, Behandlung und Heilung, als auch technisch-präventive Möglichkeiten, Arbeitsplätze umzugestalten, um Gesundheitsgefährdungen zu mindern oder auszuschließen.

Der Zusammenhang von Arbeit und →Krankheit war schon lange vor der industriellen Revolution bekannt. Der italienische Mediziner Bernhardino Ramazzini (1633–1714) systematisierte in seinem Werk „De morbis artificium" erstmals arbeitsmedizinische Erkenntnisse. Die zunehmende →Industrialisierung mit ihren zahlreichen Arbeitsunfällen und Vergiftungen thematisierte das Verhältnis von Arbeit und Krankheit erneut. In der 1848er Revolution bildete sich um den Mediziner Salomon Neumann der Gesundheitspflegeverein der Berliner Bezirks der dt. Arbeiterverbrüderung, der sich zur Aufgabe stellte, eine „vernünftige Gesundheitspflege ins Leben zu rufen, welche den gerechten und vernünftigen Ansprüchen der Arbeiter genügen soll". Diese einmalig gebliebene Zusammenarbeit von Betroffenen und Ärzten wurde 1850 durch die preußische Reaktion verboten.

Da das öffentliche Interesse an diesem Problemfeld gering war, bemühte sich der Breslauer Arzt Ludwig Hirt (1844–1907) mit einem epochalen vierbändigen Werk, „Die Krankheit der Arbeiter" (Breslau 1871–1879), darauf aufmerksam zu machen. Während jedoch die allgemeine Hygiene im Rahmen der medizinischen Wissenschaft – nicht zuletzt durch →Max von Pettenkofer – Anerkennung und als Lehrfach Eingang in die Universitäten fand, blieb die G randständig. Daran änderte sich nichts durch die Einstellung von Betriebs- bzw. Werksärzten, die zunächst von der chemischen Industrie (bei BASF ab 1866) freiwillig beschäftigt wurden. Sie dienten dazu, durch Einstellungs- und Tauglichkeitsuntersuchungen Schwache und Kranke auszusondern. Ihr Ziel war die Individualisierung der Krankheitsursachen und die Selektion. Nicht mehr der Arbeitsprozeß war für berufsbedingte Erkrankungen verantwortlich, sondern die jeweilige persönliche Prädisposition.

Seit Mitte des 19. Jh. versuchten staatliche Fabrikinspektoren, sich um den „Schutz der Arbeiter gegen Gefahren für Leben und Gesundheit" zu kümmern. Die ab 1878 obligatorische Einrichtung blieb jedoch im wesentlichen beratend tätig, direkte Kompetenzen oder Eingriffsmöglichkeiten besaß sie nicht. Obwohl Ärzte und Sozialreformer die Anstellung von Medizinern in der Gewerbeaufsicht forderten, war erst 1909 Franz Koelsch (1876–1970) als erster →Landesgewerbearzt in Bayern tätig. In den 20er Jahren folgte die Ausweitung des landesgewerbeärztlichen Dienstes auf andere dt. Länder (Preußen, Sachsen etc.). Zu Recht stellte Koelsch fest, daß „von einer ‚organisierten' G vor 1900 nicht gesprochen" werden konnte.

1908 wurde in Frankfurt das „Institut für G" und 1922 unter Einfluß der chemischen Industrie die „Deutsche Gesellschaft für G" gegründet. Letztere wurde 1936 in „Deutsche Gesellschaft für Arbeitsschutz" umbenannt. Die Bezeichnung „Arbeitsmedizin" wurde 1929 bei einer Internationalen Konferenz in Lyon als internationaler Begriff eingeführt. Sie umfaßt Pathologie, Physiologie, Klinik und Hygiene der menschlichen Arbeit einschließlich der Begutachtung und Versicherung der Berufskrankheiten. Obwohl insb. die Chemieindustrie an der Arbeitsmedizin interessiert war – allerdings vorrangig, um die Risiken ihrer Produktion zu individualisieren –, blieb die Arbeitsmedizin im Rahmen der medizinischen Fachgebiete peripher. Der erste Lehrstuhl für Arbeitsmedizin wurde 1966 in Erlangen eingerichtet.

Heutige Auseinandersetzungen um das Verhältnis von Krankheit und Arbeit beschäftigen sich weniger mit gewerbehygienischen Fragestellungen, als vielmehr mit juristischen Problemen. Nach einer Umfrage 1978 beschäftigten sich die meisten Landesgewerbeärzte größtenteils mit medizinischer Begutachtung. Zentrales Thema sind dabei die in § 551 der →Reichsversicherungsordnung (RVO) definierten Berufskrankheiten. Die gewerbehygienische Tradition, die an die der Sozialhygieniker anschloß, ist heute zugunsten der →Gutachtermedizin, der Unterordnung der G unter (unfall-)versicherungsrechtliche Aspekte, zurückgedrängt worden.

L.: Baader, Ernst W. (Hg.): Handbuch der gesamten Arbeitsmedizin, 5 Bde.; Berlin, München, Wien, 1961–1963. Milles/Müller (Hg.): Berufsarbeit und Krankheit; Frankfurt, New York, 1985. Müller/Milles: Beiträge zur Geschichte der Arbeiterkrankheiten und der Arbeitsmedizin in Deutschland; Dortmund, 1984.

Arne Andersen

## Gewerbeordnung

Der ökonomische Liberalismus, der entscheidend vom engl. Volkswirtschaftler Adam Smith (1723–1790) geprägt wurde, forderte die Beseitigung aller Hindernisse, die der freien Entfaltung der Wirtschaft im Wege standen. Die preußischen Gewerbereformen des Staatskanzlers Karl August von Hardenberg führten 1810/1811 die Gewerbefreiheit ein. Die →Zünfte verloren ihren Charakter als Zwangskorporationen; jeder konnte sich nach Erwerb eines Gewerbescheines selbständig machen. Der Staat sollte sich im Wirtschaftsleben betont Zurückhaltung auferlegen. Die Gewerbefreiheit wird als Kernstück der privaten Wirtschaftsfreiheit postuliert.

Die Industrialisierung zeigte jedoch ihre Grenzen: Rauch und Abwässer führten in der Umgebung der emittierenden Fabriken zu Protesten, explodierende Dampfkessel erforderten Regelungen. Ab 1831 waren Dampfkessel und Dampfmaschinen in Preußen genehmigungspflichtig. Die schrankenlose Ausbeutung rief 1828 sogar die preußische Generalität auf den Plan, denn in den meisten Industriebezirken stellten sich viele der zu musternden Rekruten als zu schwächlich heraus, so daß die notwendige Rekrutenzahl nicht mehr aufgebracht werden konnte. Ein Regulativ von 1839 verbot die →Kinderarbeit unter neun Jahren, für Jugendliche bis 16 wurde der zehnstündige Arbeitstag sowie ein Verbot der Nacht- und Sonntagsarbeit festgelegt. Ein erstes „Umweltgesetz" 1843 gestattete es bestimmten Fabriken nicht mehr, ihr Schmutzwasser in einen Fluß einzuleiten, wenn dadurch die Umgebung ihres Trinkwassers beraubt würde. Es zeigte sich ein Regelungsbedarf für das Betreiben von Gewerben, zumal in Preußen dreierlei Recht galt: im Westen sorgte das französische bzw. rheinische und westfälische Recht für eine vollständige Gewerbefreiheit; in der Provinz Sachsen blieb die alte Zunftverfassung in Kraft; lediglich in den Ostprovinzen hatten die Hardenbergschen Reformen Gültigkeit.

Die 1845 erlassene „Allgemeine G" machte die modifizierte Gewerbefreiheit zu gesamtstaatlichem Recht. Sie sah in § 26 eine Beschränkung der gewerblichen Tätigkeit vor. Danach mußten Betriebe, die „für die Besitzer oder Bewohner der benachbarten Grundstücke, oder für das Publikum überhaupt erhebliche Nachtheile, Gefahren oder Belästigungen" bedeuteten, staatlicherseits genehmigt werden. Der Bevölkerung sollte so eine gesetzliche Basis zum Schutz gegen die unangenehmen Begleiterscheinungen der →Industrialisierung geboten werden. Damit konnte die G von 1845 als ein erstes Immissionsschutzgesetz gelten. Auf justiziable Gesundheitsbelange der Beschäftigten ging das Gesetz nicht ein. Es forderte lediglich in § 13 vom Unternehmer die „gebührende Rücksichtnahme auf Gesundheit und Sittlichkeit" der ArbeiterInnen. Neben der formulierten Freizügigkeit sollte die G angesichts der Furcht des preußischen Staates vor Aktionen der Arbeiterschaft – der Weberaufstand in Schlesien 1844 wirkte noch nach – zu deren Disziplinierung und Reglementierung dienen. Dazu enthielt sie ein Streik- und Koalitionsverbot. Die erlaubten Hilfskassen der Arbeiter als Sozialversicherungseinrichtungen erschienen als das „Zuckerbrot", sie deuteten aber schon die Entwicklung der →Sozialversicherung als Ersatz für konsequenten →Arbeiterschutz an. Seit Erlaß der G des Norddeutschen Bundes von 1869 beruhte der staatliche Gefahrenschutz auf nunmehr drei Säulen: dem Genehmigungsgebot für bestimmte gewerbliche Anlagen (§§ 16–21), das in entscheidenden Punkten wörtlich der preußischen G von 1845 entsprach; der Dampfkesselüberwachung (§ 24); und dem erstmals formulierten Gesundheitsschutz für ArbeiterInnen. Die Formulierungen von §§ 16ff. blieben bis in unsere Tage fast unverändert in Kraft; erst die G-novelle von 1959 und dann die Herausnahme der entsprechenden §§ der G und deren Umwandlung zu Teilen des Bundesimmissionsschutzgesetzes (BImSchG) von

1974 brachte eine erste Erweiterung über den reinen „Nachbarschaftsschutz" hinaus und bedeutete einen Schritt in Richtung auf gesetzlichen →Umweltschutz – mehr allerdings auch nicht.

Die Genehmigungsbescheide für industrielle Anlagen im 19. Jh. verlangten häufig gegen Emissionen Nachrüstungen, die „dem Stand der Technik" entsprachen. Damit waren diejenigen Verfahren gemeint, die üblich und gebräuchlich, und damit auch wirtschaftlich, nicht hingegen diejenigen, die technisch möglich waren. Im Gegenteil, neue Verfahren konnten sich häufig deshalb nicht durchsetzen, weil sie als nicht allgemein erprobt bezeichnet wurden. Allgemein erprobt wiederum wurden sie nicht, weil ihre Einführung Kosten verursacht hätte. Selbst in Fällen, wo praktische Erfahrungen bestanden und der Nachweis erbracht war, daß neu entwickelte Verfahren technisch beherrschbar sind, bestimmte sich der Stand der Technik weiterhin nach der gängigen Praxis, wie unbefriedigend und überholt sie auch immer war. Die Novellierung von 1959 schrieb diesen Tatbestand juristisch fest. Danach konnten nachträgliche Anordnungen zum Immissionsschutz erlassen werden, wenn sie „nach dem jeweiligen Stand der Technik erfüllbar und für Anlagen dieser Art wirtschaftlich vertretbar" (§ 25) sind. Das BImSchG von 1974 konnte zwar auch die Anwendung neuer Techniken fordern, die noch nicht im industriellen Maßstab erprobt waren, gleichwohl blieben diese administrativen Anforderungen weiterhin an die „wirtschaftliche Vertretbarkeit" und ab 1985 an den Grundsatz der Verhältnismäßigkeit gekoppelt. Durch zahlreiche Verordnungen (TA Luft, Großfeuerungsanlagenverordnung, etc.) versuchte die BReg. jeweils ex post Grenzwerte für Belastungen durch schädliche Gase und Stoffe festzuschreiben.

Lediglich ein einziger Paragraph in der G von 1869 war der →Gewerbehygiene gewidmet. Im § 107 (später § 120) hieß es: „Jeder Gewerbeunternehmer ist verbunden, auf seine Kosten alle diejenigen Einrichtungen herzustellen und zu unterhalten, welche mit Rücksicht auf die besondere Beschaffenheit des Gewerbebetriebes und der Betriebsstätte zu thunlichster Sicherung der Arbeiter gegen Gefahr für Leben und Gesundheit nothwendig sind." Damit blieb das Gesetz weit hinter den zeitgenössischen Erwartungen zurück. Weder stellte es ein Instrumentarium bereit, das es erlaubt hätte, angesichts der Massenunfälle auf privaten Steinkohlegruben 1868/69 sowie anderer Arbeitsunfälle in die Arbeitsverhältnisse der Fabriken zu intervenieren, noch ging es auf die Forderungen der →Arbeiterbewegung ein, einen gesetzlichen Arbeitsschutz, Arbeitszeitbeschränkungen, Kinderarbeitsverbot und Sonntagsruhe festzuschreiben. Erst die Novellierung der G von 1891 schrieb entsprechende Arbeitsschutzrechte fest. Der neuformulierte § 120 prägte die bis heute gültige Formel: „Soweit es die Natur des Betriebes erlaubt." Damit war kein effektiver Arbeitsschutz durchzusetzen, Gewerbehygiene hatte hinter Profitgesichtspunkten zurückzustehen. Der bekannteste Kommentator zur G, Robert von Landmann, schrieb 1907 zum § 120: „Gewisse Betriebsarten würden, wenn man in den Ansprüchen in Bezug auf den Schutz der Arbeiter zu weit gehen wollte, entweder technisch oder wirtschaftlich unmöglich werden. Da es aber nicht die Absicht des Gesetzgebers sein kann, die Industrie lahm zu legen, vielmehr gerade im Interesse der Arbeiter der Fortbestand der Industrie erwünscht ist, darf man an die Arbeitgeber keine Anforderungen stellen, welche technisch oder wirtschaftlich der Natur des Betriebes widersprechen, d. h. denselben unmöglich machen oder seinen Fortbestand gefährden oder Kosten verursachen, welche zu dem Nutzen der Schutzeinrichtung nicht in angemessenem Verhältnis stehen." Der kompensatorische Arbeitsschutz, wie ihn die →Unfallversicherung und die RVO vorsah, erhielt Vorrang bis heute. Das zeigt sich an einem aktuellen Kommentar zum § 120: „Das Gesetz geht zu Recht davon aus, daß in vielen Fällen ein absolut gefahrloser Betrieb nicht möglich ist. Es sind somit Schutzmaßnahmen nicht erforderlich, die technisch nicht möglich oder wirtschaftlich in keinem angemessenen Verhältnis zum Nutzen stehen... § 120 a verpflichtet den Gewerbeunternehmer nicht, erlaubte Arbeiten, auch wenn sie gesundheitsgefährdend sind, zu unterlassen oder zeitlich zu begrenzen." (Sieg/Leifermann/Tettinger: Gewerbeordnung; Bochum, 1988[5], 391.)

L.: Andersen/Ott, Risikoperzeption im Industrialisierungszeitalter am Beispiel des Hüttenwesens; in: Archiv für Sozialgeschichte, Bd. 28, 1988, 75–109. Pensky, Angelika: Schutz der Arbeiter vor Gefahren für Leben und Gesundheit; Dortmund, 1987. Wolf, Rainer: Der Stand der Technik; Opladen, 1986.

Arne Andersen

**Gewerkschaft Erziehung und Wissenschaft (GEW)**

Die GEW ist eine von 16 Einzelgewerkschaften des →Deutschen Gewerkschaftsbundes (DGB). Mit etwa 185 000 Mitgliedern (1989) ist sie die größte organisierte Interessenvertretung der im Bereich von Erziehung, Bildung und Wissenschaft in der BR Beschäftigten. Nahezu 80% der Mitglieder unterrichten an allgemeinbildenden Schulen, die restlichen arbeiten als Sozialpädagogen, Hochschulangehörige, in der Erwachsenenbildung oder sind Studierende. Etwa 10% aller Mitglieder sind pensioniert, ebensoviele arbeitslos. Drei von vier Mitgliedern sind Beamte, die anderen Angestellte; 54% sind Frauen, und fast 60% sind jünger als 45 Jahre.

Analog zu den Bundesländern ist die GEW in 11 Landesverbände gegliedert (Stand: 1989), die jeweils wieder unterteilt sind in Bezirks-, Kreis- und Ortsbzw. Stadtverbände; darüber hinaus existieren am Arbeitsplatz Schule Betriebsgruppen. Neben der regionalen gibt es eine fachbezogene Gliederung: die jeweils besonderen Aufgaben und Probleme der einzelnen Sektoren des Bildungswesens werden in insgesamt 14 Fachgruppenausschüssen thematisiert (z. B. „Sozialpädagogische Berufe", „Hochschule und Forschung", „Erwachsenenbildung", „Gesamtschulen" etc.). Die Fachgruppenstruktur soll darüber hinaus sicherstellen, daß bei der zahlenmäßigen Dominanz der Lehrerinnen und Lehrer die Interessen der Beschäftigten auch aus anderen Bereichen angemessen berücksichtigt werden.

Schwerpunkte der GEW-Arbeit sind die allgemeine →Bildungspolitik, insb. die Schulpolitik, und die Vertretung der materiellen Interessen der Mitglieder gegenüber dem Arbeitgeber Staat sowie, in zunehmendem Maße, auch gegenüber privaten Arbeitgebern. Dabei geht es v.a. um die Arbeitsbedingungen und die Bezahlung. Zur Wahrnehmung der materiellen Interessen zählt auch der Rechtsschutz in dienstlichen Angelegenheiten, der allen Mitgliedern im Bedarfsfall zusteht.

Die programmatischen Vorstellungen der GEW zu →Erziehung und →Bildung gehen aus von einem Bildungsbegriff, der die allseitige Entwicklung der menschlichen Fähigkeiten und Talente in einem ständigen Prozeß der Auseinandersetzung mit jeweils neuen Gegebenheiten beinhaltet. Bildung ist damit nicht einseitig auf die Qualifikation der Heranwachsenden für zukünftige →Erwerbsarbeit ausgerichtet, sondern ebenso auf →Freizeit, →Familie und das politisch-soziale Feld. Aus dieser grundsätzlichen Programmatik leitet die GEW konkrete Vorschläge und Forderungen zur Verbesserung der nach ihrer Ansicht reformbedürftigen Bildungsinstitutionen und -konzepte ab und entwickelt ihrerseits Konzepte „konkreter Utopie", etwa ein konsequent stufengegliedertes Schulwesen, in dem Grundschule, Gesamtschule und Sekundarstufen-II-Schule hintereinandergeschaltet ein integriertes System bilden und jeweils von Schülerinnen und Schülern unterschiedlicher kultureller und sozialer Herkunft und unterschiedlicher Neigungen und Interessen besucht werden. Neben den pädagogischen Motiven werden dabei die gesellschaftspolitischen Intentionen für besonders wichtig gehalten. Anstelle des in Sonderschule, Hauptschule, Realschule, Gymnasium und Gesamtschule zergliederten gegenwärtigen Systems für die 10- bis 16jährigen mit den Funktionen Teilung, Auslese und Ausgliederung fordert die GEW die Gesamtschule als einzige Schulform der Sekundarstufe I. In der Sekundarstufe II soll die bestehende Trennung von Gymnasial- und beruflicher Bildung durch eine Integration beider Bildungsgänge überwunden werden, um damit die nach wie vor existierenden Privilegien und Ausgrenzungen zu vermindern, die mit dem Absolvieren der jeweiligen Bildungsgänge verbunden sind. Mit solchen Vorstellungen grenzt sich die GEW bildungs- und gesellschaftspolitisch deutlich ab von verschiedenen Standesorganisationen, etwa dem Philologenverband, dem Verband Bildung und Erziehung und dem Deutschen Lehrerverband, die dem →Deutschen Beamtenbund (DBB) angehören.

Die Vertretung der materiellen Interessen ihrer beamteten Mitglieder (→Bürokratie 2) ist für die GEW schwieriger als für jene Gewerkschaften, deren Mitglieder Arbeiter und Angestellte sind. Denn diese handeln die Arbeitsbedingungen mit dem Tarifgegner, den Arbeitgebern, in zeitlich begrenzten Verträgen aus; sie können gegen Verletzungen klagen und gegebenenfalls streiken. Die Arbeitsbedingungen der Beamten sind dagegen in Gesetzen festgeschrieben, gegen die sie nicht klagen können; auch ein Streikrecht steht ihnen in der BR nach vorherrschender juristischer Auffassung nicht zu. (Trotzdem gab es in jüngster Vergangenheit – 1988/89 – in den Bundesländern Hessen, Hamburg und Bremen „illegale" Warnstreiks der GEW. Damit sollte die Forderung untermauert werden, auch den Lehrern die für alle anderen Beamten bereits realisierten Arbeitszeitverkürzungen im öffentlichen Dienst zuzugestehen.) Nach dem Bundesbeamtengesetz haben allein die sogenannten Spitzenorganisationen DGB und DBB ein Recht auf Anhörung, wenn Bestimmungen, die die Beamten betreffen, vom Gesetzgeber neu geregelt werden. Spitzenorganisation der GEW ist der DGB; federführend für die Interessenwahrnehmung der in den DGB-Gewerkschaften organisierten Beamten ist die →Gewerkschaft Öffentliche Dienste, Transport und Verkehr (ÖTV), mit der die GEW eng kooperiert.

Die Angestellten in der GEW, derzeit mehr als ein Viertel aller Mitglieder, sind in ihren Aktionsmöglichkeiten nicht in dieser Weise eingeschränkt. SozialpädagogInnen und in der Erwachsenenbildung Beschäftigte regeln über ihre Spitzenorganisation DGB ihre Arbeitsbedingungen und Bezahlung in Tarifverträgen, und sie können, ganz legal, streiken. Die Mehrheit der GEW-Angestellten arbeitet allerdings im Schuldienst; deren Arbeitszeit und Urlaub sind tarifvertraglich geregelt, entsprechen jedoch den Bestimmungen der beamteten Kollegen. Wie im Falle der Beamten arbeitet die GEW auch bei der Wahrnehmung der materiellen Interessen der Angestellten eng mit der ÖTV zusammen.

Das Verhältnis der GEW zur Gewerkschaftsbewegung, die Zugehörigkeit zum DGB und die damit verbundenen wechselseitigen Ansprüche und Erwartungen sind ambivalent. Pädagogen sind im allgemeinen „individuelle Kopfarbeiter". Anders als Beschäftigte in Behörden und Betrieben, die kollektive Arbeitsformen als Normalität und die Notwendigkeit gemeinsamen solidarischen Handelns in Konfliktsituationen erfahren, üben Lehrerinnen und Lehrer ihren Beruf weitgehend isoliert als Einzelpersonen aus. Daraus resultiert eine gewisse Skepsis gegenüber berufsbezogenen Großorganisationen. Auch eines der Grundmotive gewerkschaftlichen Zusammenschlusses, sich nur gemeinsam als abhängig Beschäftigte gegen Unternehmerwillkür erfolgreich wehren zu können, ist für Lehrer als Beamte mit sicherem Arbeitsplatz, festem, relativ hohem Einkommen und dem sog. Treuegelöbnis gegenüber dem →Staat nicht unmittelbar nachvollziehbar. Die gewerkschaftliche Orientierung und Zugehörigkeit zum DGB, seit der GEW-Gründung 1949 von ihren Repräsentanten nie in Frage gestellt, ist daher auch nach wie vor an der „Basis" nicht ganz unumstritten. Die Bereitschaft von Lehrerinnen und Lehrern, sich gewerkschaftlich zu organisieren bzw. Mitglied zu bleiben, ist denn auch eher abhängig von der erfolgreichen Wahrnehmung berufsständischer materieller Interessen durch die GEW und wird erst in zweiter Linie von der Attraktivität bildungspolitischer Programmatik oder der abstrakten Überlegung geleitet, Gewerkschaftsmitglied zu sein. (Ob und inwieweit die klassischen Motive, sich gewerkschaftlich zu organisieren, heute durch die Veränderungen in der Arbeitswelt und entsprechende Verhaltensweisen und Mentalitäten nicht auch für die Industriearbeiter oder die „neuen Angestellten" in Industriebetrieben teilweise brüchig geworden sind, soll dahingestellt bleiben.)

Die Entwicklung der GEW in den zurückliegenden 20 Jahren ist eng verknüpft mit den Veränderungen des bildungs- und gesellschaftspolitischen Klimas. In der kurzen Phase der (Bildungs-)Reformeuphorie zu Beginn der 70er Jahre profitierte die GEW von der überproportionalen Zunahme der Lehrerneueinstellungen: die Mitgliederzahl stieg auf 200000 im Jahre 1980. Auch in der Mitgliederstruktur gab es markante Verschiebungen. Als Folge der allgemeinen Politisierung der Studentenschaft, bes. in den Geistes- und Sozialwissenschaften, entschieden sich neben den traditionell auf die GEW orientierten Grund- und Hauptschullehrer nun auch vermehrt Berufsanfänger anderer Schularten bewußt für die Gewerkschaft: Real- und BerufschullehrerInnen, v. a. aber GymnasiallehrerInnen, die bis dahin, wenn sie sich organisierten, gleichsam automatisch Mitglied in der dem jeweiligen Schultyp entsprechenden Standesorganisation geworden waren. Ebenso schlossen sich Angehörige aus jenen Sektoren des Bildungs- und Erziehungswesens der GEW an, die bisher kaum organisiert waren: Beschäftigte aus den Bereichen →Sozialpädagogik, →Erwachsenenbildung und Hochschule.

Spätestens seit dem Scheitern der Bildungsreform Mitte der 70er Jahre spielten Erziehung und Bildung im politischen Prioritätenkatalog wieder eine untergeordnete Rolle. Lehrerstellen wurden mit dem Hinweis auf die sinkenden Schülerzahlen reduziert; ausgebildete Lehrerinnen und Lehrer erhielten statt der üblichen vollen Planstellen Teilzeit- und Angestelltenarbeitsverträge. Die große Mehrheit der jungen LehrerInnen konnte ihre erworbene pädagogische Qualifikation jedoch gar nicht praktisch anwenden: von 1977 bis 1988 stieg die Zahl der mit zweitem Staatsexamen abgelehnten BewerberInnen in der BR von 3000 auf 87000 an.

Diese Entwicklung hatte auch Folgen für die Struktur der GEW: Der Anteil der Arbeitslosen und der Angestellten erhöhte sich beträchtlich – jedes 4. Mitglied arbeitet heute im Angestelltenverhältnis in der Schule, als Erzieherin oder in der Erwachsenenbildung. Die GEW reagierte darauf mit der Institutionalisierung von Angestellten-Ausschüssen und Sekretariaten für arbeitslose Lehrer. 1986 richtete sie außerdem auf Bundes- und Länderebene ein besonderes Referat „Jugendhilfe und Sozialarbeit" ein. Ein wichtiger Grund für die Entscheidung, sich intensiver mit den spezifischen Problemen der Beschäftigten dieses Bereichs zu befassen, dürfte die Masse potentieller Mitglieder sein: nur 2% (etwa 6000) der in der BR in diesem Sektor Arbeitenden sind in der GEW organisiert. Obwohl eine Mitgliederwerbung und -betreuung wegen der hohen Fluktuation der Beschäftigten und kleiner Betriebseinheiten – Kindergarten, Behinderten-Wohngruppe usw. – schwierig ist, bemüht sich die GEW in jüngster Zeit intensiver als bisher um dieses Potential, indem sie lokale Arbeitsgruppen einrichtet und ihre Rolle in den tarifpolitischen Auseinandersetzungen öffentlichkeitswirksamer hervorhebt. Einzige Konkurrentin in diesem Bereich ist kurioserweise die „Brudergewerkschaft" ÖTV. Sie hat immerhin rund 9% (etwa 27000) der SozialpädagogInnen in der BR organisiert und kann sich, weil sie die gewerkschaftliche Tarifkommission leitet, besser als die GEW als erfolgreiche Vertreterin gerade der materiellen Interessen dieser Berufsgruppen profilieren. Da es zwischen ÖTV und GEW keine verbindlichen Absprachen darüber gibt, wer in welchem Bereich wen organisieren soll und darf, kommt es in diesem Punkt unvermeidlich zu Interessenkollisionen.

L.: GEW: Bildung verwirklichen. Positionen und Perspektiven gewerkschaftlicher Bildungspolitik; Frankfurt a. M., 1989. Körfgen, Peter: Der Aufklärung verpflichtet. Eine Geschichte der GEW; Weinheim, 1986. Kopitzsch, Wolfgang: GEW 1947 – 1975. Grundzüge ihrer Geschichte; Heidelberg, 1983.

Karsten Reinecke

## Gewerkschaft Öffentliche Dienste, Transport und Verkehr (ÖTV)

Die ÖTV ist mit 1219986 (32,2% weiblich) die zweitstärkste Einzelgewerkschaft im →Deutschen Gewerkschaftsbund (Stand: 1988). Ihr Organisationsbereich ist wohl der am vielfältigsten von allen bundesdeutschen Gewerkschaften. Er umfaßt den gesamten öffentlichen Dienst, Kirchen und kirchliche Einrichtungen. Speditionen und Nahverkehrsbetriebe, Hafenbetriebe und Seeschiffe, Energiewirtschaft einschl. der Kernkraftwerke – bis hin zum Frisörhandwerk. Die praktische Arbeit wird entsprechend in 8 Abteilungen organisiert: Bund; Länder; Gemeinden; Sozialversicherung und Arbeitsverwaltung; Gesundheitswesen/Kirchen/Soziale Einrichtungen; Energie- und Wasserversorgung; Nahverkehr; Transport und Verkehr. In der ÖTV sind Arbeiter (48%), Angestellte (45%) und Beamte (7%) organisiert. Auch bei den Beamten ist die ÖTV heute die größte Interessenvertretung.

Im Bereich des →Gesundheitswesens gibt es 190171 ÖTV-Mitglieder, mehr als die Hälfte davon in den Krankenhäusern ( →Krankenhauspersonal). In den Ämtern der Sozial- und Jugendhilfe sind es 27864; in kulturellen Einrichtungen und Schulen 29459. Der Anteil von Frauen an den Organisierten liegt im Bereich des Sozial- und Gesundheitswesen mit ca. 70% deutlich über dem Durchschnitt.

Die ÖTV hat ihren Sitz in Stuttgart. Satzungsgemäß ist dies provisorisch: „Die ÖTV wird ihren Sitz in Berlin, der Hauptstadt Deutschlands haben. Der vorläufige Sitz ist Stuttgart." Es gibt 12 Bezirke, deren Grenzen nicht immer mit denen von Bundesländern übereinstimmen. Die praktische Arbeit geschieht in 147 Kreisverwaltungen; die Bezirke sind mehr für „politische" Probleme zuständig. In Hamburg und Berlin gibt es nur Bezirksverwaltungen, die auch die praktische Arbeit in den Betrieben machen. Bislang ist die Organisation der ÖTV nicht konsequent nach dem Betriebs- und Vertrauensleuteprinzip aufgebaut. Erst in den letzten Jahren wurde damit begonnen, die Betriebsgruppen zu den grundlegenden Einheiten der Organisation zu machen und das System betrieblicher Vertrauensleute einzuführen. Im allg. fällt dies der ÖTV nicht leicht, da die von der Basis gewählten Vertrauensleute gerade in einer so großen und auf den Konsens unterschiedlichster gesellschaftlicher Kräfte – die Spanne reicht vom Betriebsratsvorsitzenden des Kernkraftwerks mit Dienstwagen und Chauffeur bis zur befristet beschäftigten Erzieherin in einem Stadtteilprojekt – bedachten Organisation vom zentralistischen Apparat oft als störend und zu eigenständig gesehen werden.

Die Wahlen zu den Organen geschehen auf Mitgliederversammlungen: die dort gewählten Kreisdelegierten wählen wiederum Bezirksdelegierte, diese die Delegierten zum Gewerkschaftstag. Da aber auch Personengruppenausschüsse, die über Betriebsvertrauensleute-Sitzungen beschickt werden können, delegieren, und da die Vertrauensleute von den Kreisverwaltungen bestätigt werden müssen (dies wurde 1990 erstmalig gerichtlich als undemokratisch gerügt), gibt es eine vielfältige Verschachtelung, die dazu führt, daß auf dem Gewerkschaftstag ein erheblicher Teil der Delegierten hauptamtlich bei der ÖTV beschäftigt ist.

Die Betriebsgruppen der ÖTV sind so eingerichtet, daß sie weitgehend der Organisation nach Betriebsbereichen entsprechen (z. B. Krankenhäuser; Rettungsdienst und Wohlfahrtspflege; Kirchliche Einrichtungen; Gesundheitsdienste; Einrichtungen der Sozial- u. Jugendhilfe; Psychiatrie und Rehabilitation). Aufbauend auf den Betriebsgruppen, den Vertrauensleuten und der betrieblichen Vertrauensleuteleitung gibt es die Abteilungsstruktur (s. o. 8 Bereiche), die auch auf Kreis-, Bezirks- und Bundesebene besteht. Daneben gibt es die Personengruppenausschüsse auf Kreis-, Bezirks- und Bundesebene für Arbeiter, Angestellte, Beamte, Frauen und Jugend. Diese komplexe Struktur, in der sich eigentlich nur die Hauptamtlichen und langjährige ehrenamtliche Funktionäre auskennen, ist für die Mitglieder kaum transparent. Für viele aktive Mitglieder gilt der Apparat als verselbständigt. Sie konzentrieren sich deshalb gerade im Gesundheits- und Sozialbereich auf die Betriebsgruppenarbeit.

Schwerpunkt des gewerkschaftlichen Wirkens der ÖTV ist die Tarifpolitik. Die ÖTV schließt praktisch für alle Angestellten und Arbeiter im öffentlichen Dienst und in anderen Einrichtungen im Gesundheits- und Sozialwesen Tarifverträge ab. Das große Tarifwerk ist der Bundesangestelltentarifvertrag (BAT), der für Bund, Länder und Gemeinden unmittelbar Geltung hat und in anderen Einrichtungen oft direkt oder einzelarbeitsvertraglich übernommen wird. Mit anderen großen Arbeitgebern (etwa der →Arbeiterwohlfahrt) bestehen eigene Tarifverträge ähnlichen Inhalts wie der BAT. (Der Manteltarifvertrag der Arbeiter im Öffentlichen Dienst ist ebenfalls am BAT angelehnt.) Mit den kirchlichen Einrichtungen (→Diakonisches Werk, →Deutscher Caritasverband) konnte die ÖTV (mit einer Ausnahme: der ev. Nordelbischen Kirche) bisher keine Tarifverträge abschließen. Die Kirchen propagieren den „Dritten Weg" (→Mitarbeitervertretung): Bei Nichtgeltung des Betriebsverfassungsgesetzes und bei Ablehnung eines Tarifvertrages schaffen sie kircheneigenes Recht mit „Mitarbeitervertretungsordnung" und „Arbeitsvertraglichen Richtlinien" (MVO und AVR). Letztere entsprechen weitgehend dem BAT (in den Vergütungen i.d.R. auf den Pfennig genau). Trotz Widerständen der Leitungen ist die ÖTV im kirchlichen Bereich sehr erfolgreich: Mitgliederzuwachs 38% in 4 Jahren.

In Tarifauseinandersetzungen hat die ÖTV in letzter Zeit zunehmend auch Beschäftigte aus dem Sozial- und Gesundheitswesen zu Arbeitskampfmaßnahmen aufgerufen. Die Kampf- und sogar Streikbereitschaft ist inzwischen auch in Krankenhäusern, Altersheimen und Kindergärten festzustellen. 1989 ist es zu ausgedehnten Warnstreikaktionen in bundesdeutschen Krankenhäusern gekommen. Dabei erwies sich die ÖTV vor Ort als kampfkräftiger als es ihre Mitgliederstärke vermuten ließ. Der Organisationsgrad übersteigt nämlich auch in großen Krankenhäusern nur in Ausnahmefällen 50%; in der Regel liegt er zwischen 10 und 30%. (Der Hafen oder Metall-Großbetriebe kennen andere Zahlen: hier sind oft über 90% gewerkschaftlich organisiert.) Allerdings haben innerhalb der ÖTV die Bereiche Gesundheit und Soziales die größten Mitgliederzuwächse: im Zeitraum von 1984–1987 20% in der Hauptabteilung Gesundheitswesen, 27% in der Abteilung Sozial- und Jugendhilfe (gesamter ÖTV-Zuwachs: 2,9%). – Neben Unterstützung bei Arbeitskampf und Streik gewährt die ÖTV ihren Mitgliedern Rechtsschutz, leistet umfangreiche Bildungsarbeit, unterstützt gewählte Betriebs- und Personalräte und Mitarbeitervertretungen.

Die sozialpolitische Zielsetzung der ÖTV lautet: „Erhalt und Ausbau der kollektiven, auf dem Solidarprinzip beruhenden Systeme der sozialen Sicherung"; diese „müssen vorrangig dazu dienen, die Arbeitnehmer und ihre Familien gegen die Folgen der verschiedenen Lebensrisiken wie Krankheit, Unfall, Invalidität, Pflegebedürftigkeit sowie Arbeitslosigkeit zu schützen und im Alter zu sichern" (Gewerkschaftstag 1988). Im Gesundheitswesen verlangt die ÖTV Strukturreformen, die den öffentlichen Bereich stärken, die strikte Trennung von ambulanter (niedergelassene Ärzte) und stationärer (Krankenhäuser) Behandlung aufheben, der →Prävention Vorrang geben und gemeindenahe Versorgung, insb. in der Psychiatrie, vorantreiben (→Sozialpsychiatrie). In letzter Zeit hat die ÖTV v. a. gegen den →Pflegenotstand (Personalmangel, unzureichende Betreuung) in Krankenhäusern und Altersheimen mobil gemacht. Für den Sozialbereich wird in der Diskussion „Zukunft durch öffentliche Dienste" mehr →Bürgernähe gefordert. Im Bereich der Altenpolitik wird eine bessere Pflege, nicht aber eindeutig eine Pflegeversicherung gefordert, da diese die Anstaltsunterbringung alter Leute anstelle gemeindenaher Hilfen verstärken könnte.

Die ÖTV wurde im September 1947 in der britischen Zone gegründet, im Januar 1949 fand in Stuttgart die Gründung für die Westzonen und Westberlin statt. Sie schloß sich der Internationale des Öffentlichen Dienstes an. Die Vorläuferorganisationen der ÖTV liegen bei verschiedenen Gewerkschaften im Bereich der Transport- und Verkehrarbeiter einerseits und der Gemeinde- und Staatsdiener andererseits. 1897 wurde der Zentralverband der Handels-, Transport- und Verkehrarbeiter Deutschlands gegründet. Etwa zur gleichen Zeit entstand der Verband der Gemeinde- und Staatsarbeiter. 1929 wurde durch Zusammenschluß der „Gesamtverband der Arbeitnehmer der öffentlichen Betriebe und des Personen- und Warenverkehrs" (zusammen ca. 700000 Mitglieder) gegründet. 1933 wurde dieser Zentralverband, wie die anderen Gewerkschaften auch, durch die Nazis verboten. Bei Neugründung 1949 hatte die ÖTV wieder ca. 700000 Mitglieder.

A.: ÖTV, Theodor-Heuss-Straße 2, 7000 Stuttgart 1, T. (0711) 20971

L.: Furtwängler, F. J.: ÖTV. Die Geschichte einer Gewerkschaft; Stuttgart, 1962. Gewerkschaft ÖTV: Beschlüsse des 11. Gewerkschaftstages; Hamburg, 1988; Stuttgart, 1989. Gewerkschaft ÖTV: Geschäftsbericht 1984–1987; Stuttgart, o.J. Gewerkschaft ÖTV: Handbuch für Vertrauensleute der Gewerkschaft ÖTV, Teil 1: Satzungen, Richtlinien; Stuttgart, 1987. Kittner, M.: Gewerkschaftsjahrbuch 1989; Köln, 1989.

Alfred L. Lorenz

**Gewerkschaften**

Der Begriff G leitet sich zum einen von den mittelalterlichen Gewerken, den Produktions- und Eigentumsgemeinschaften (communitates) gleichberechtigter, mit gleichen Anteilen ausgestatteter und gemeinsam produzierender Genossen her. Eine andere Traditionslinie geht von den →Bruderschaften der Handwerksgesellen (Gesellen-Logen) aus, die mit ihren Selbst-Hilfeeinrichtungen Vorläufer gewerkschaftlicher Fachverbände (z. B. der Buchdrucker, Zigarrenarbeiter) waren. Die modernen G sind untrennbar mit der gesellschaftlichen Entwicklung zum Industriekapitalismus verbunden und verfolgten das Ziel, die Konkurrenz der abhängig Beschäftigten untereinander aufzuheben, Lohn- und Arbeitsbedingungen zu verbessern und damit die Erhaltung der Arbeitskraft als einziger Einkommensquelle zu schützen. Bei der Entwicklung der G zu Großorganisationen bildeten sich in den europäischen und nordamerikanischen Ländern unterschiedliche Organisationsformen und -typen, Agitations- und Kampfformen sowie eine verschiedenartige Reichweite gesellschaftspolitischer Zielsetzung heraus.

Die Voraussetzung zur Bildung von G besteht in der Gewährung der →,,Koalitionsfreiheit", die durch die →Arbeiterbewegung erst politisch erkämpft werden mußte. In England wurde das Koalitionsrecht bereits 1824, in Frankreich 1884 durchgesetzt. In den USA wurden die letzten Beschränkungen erst in der Zeit des ,,New deal" (1935) aufgehoben.

In Dt. prägten lange Zeit noch geheime Bruderschaften der Handwerksgesellen das Bild. Zwar entstanden im Revolutionsjahr 1848/49 erste gewerkschaftliche Zusammenschlüsse im Rahmen breiter Streikbewegungen, die jedoch bald unterdrückt wurden ( →Arbeiterverbrüderung). Nach Aufhebung der Koalitionsverbote (1861 in Sachsen, 1869 im Norddt. Bund, 1871 im Reich) entwickelten sich ab 1860 die gewerkschaftlichen Fachverbände in enger Wechselbeziehung mit den politischen Aktivitäten des von →Ferdinand Lassalle gegr. ,,Allgemeinen Deutschen Arbeitervereins", der liberalen ,,Preußischen Fortschrittspartei" und der ,,Sozialdemokratischen Arbeiterpartei" (SDAP). Das ,,Gesetz gegen die gemeingefährlichen Bestrebungen der Sozialdemokratie" (Sozialistengesetz) verhinderte den für 1878 geplanten allgemeinen sozialistischen Gewerkschaftskongreß. Unter dem ,,Sozialistengesetz" wurden 17 gewerkschaftliche Zentralverbände und 1220 lokale Berufsorganisationen aufgelöst. Nach seiner Aufhebung (1890) war der Weg frei für den Zusammenschluß in der ,,Generalkommission der G Deutschlands", die 1913 etwa 2,5 Mio. Mitglieder zählte. Daneben bildeten sich christliche G mit rd. 350000 Mitgliedern und die liberalen Hirsch-Dunckerschen Gewerkvereine mit rd. 120000 Mitgliedern (→Duncker, →Hirsch).

Gegen Ende des 19.Jh. verschärften sich die Auseinandersetzungen innerhalb und zwischen den Richtungs-G. Während die ,,freien" G und die SPD über das Wechselverhältnis von Partei- und Gewerkschaftspolitik stritten (Primat der Partei, Massenstreikdebatte), kam es zwischen christlichen G und der kath. Kirche zum Konflikt über die Legitimität christl. G-Vertretungen. Letztere konnten sich durchsetzen und verzeichneten eine rasche Mitgliederentwicklung.

Beim Ausbruch des 1. Weltkriegs wurden auch breite Teile der G-bewegung vom Nationalismus ergriffen. Es kam zur ,,Burgfriedenspolitik": Streiks wurden vermieden, Lohnforderungen im Namen des ,,nationalen Interesses" nicht mehr gestellt. Die G beteiligten sich an der →Kriegswohlfahrtspflege und am Ausbau des Wehrwirtschaftssystems. Als Gegenleistung erhielten sie von den politischen Parteien Anerkennung in der Form paritätischer Beteiligung an Arbeitsnachweisen, Schlichtungsstellen und kriegswirtschaftlichen Ausschüssen. Die neuen Kooperationsformen führten zum Abkommen über die ,,Zentrale Arbeitsgemeinschaft" vom 15.11.1918, welches die volle →Koalitionsfreiheit, die Einführung des Achtstundentags, die Arbeitsplatzgarantie für entlassene Soldaten und die paritätische Besetzung aller wichtigen Gremien mit sich brachte.

In den revolutionären Auseinandersetzungen der Jahre 1919/20 bezogen die G offene Frontstellung gegen die Rätebewegung und unterstützten die Mehrheitssozialisten. Der 1920 konstituierte ,,Allgemeine Deutsche Gewerkschaftsbund" (ADGB) unternahm erste Schritte zur Umwandlung der angeschlossenen Einzel-G von Berufsorganisationen in Industrie-G, und er entwickelte Vorstellungen zur Wirtschaftsdemokratie. Die Wirtschaftskrise der 20er Jahre ließ jedoch diese Überlegungen

855

als untergeordnet erscheinen und drängte die G in die sozialpolitische Defensive. Nahezu widerstandslos kapitulierten die G vor der nationalsozialistischen Machtergreifung. Am 2.5.1933 wurden von den Nazis die G-häuser besetzt, zahllose Funktionäre und Mitglieder in Konzentrationslager (→Schutzhaft) verschleppt. An die Stelle der G trat die nach dem Führerprinzip organisierte →„Deutsche Arbeitsfront" (DAF). Die erkämpften Rechte und Institutionen der G wurden beseitigt, gewerkschaftlicher Widerstand war nur illegal oder aus der Emigration möglich.

Nach 1945 organisierten sich die G unter der Perspektive, daß neben der unmittelbaren Interessenvertretung auch wirtschaftsdemokratische Ziele erreicht werden sollten. Der →„Deutsche Gewerkschaftsbund" (DGB) wurde 1949 als Einheitsgewerkschaft gegründet. 1959 erfolgte die Gründung der „Deutschen Angestellten-Gewerkschaft", 1955 bzw. 1959 die des „Deutschen Beamtenbundes" und des „Christlichen Gewerkschaftsbundes Deutschlands". Die Politik der G – insb. des DGB – war von Ambivalenzen geprägt. Auf der einen Seite zeigt sich die Neigung zur Sozialpartnerschaft („konzertierte Aktion"; →Korporatismus) mit den Unternehmen, zur bedingungslosen Staatstreue sowie zur Zurückstellung von Beschäftigteninteressen zugunsten des volkswirtschaftlichen Gemeinwohls (z. B. Lohnverzicht). Auf der anderen Seite nahm der DGB explizit Stellung gegen die „Notstandsgesetze" und revidierte seine vorbehaltlose Unterstützung der Kernenergie und der Rüstungswirtschaft (→Friedensbewegung).

L.: Bergmann, J., u.a.: G in der BR; Frankfurt/M., 1976. Schmidt, E.: Ordnungsfaktor oder Gegenmacht? Die politische Rolle der G; Frankfurt/M., 1971. Zoll, R.: Der Doppelcharakter der G; Frankfurt/M., 1976.

Roland Popp

### Gewöhnlicher Aufenthalt

Den G hat jemand dort, wo er den Mittelpunkt seiner Lebensbeziehung begründet hat. Dazu gehört, daß er sich an einem Ort nicht nur vorübergehend oder besuchsweise aufhält. Die Dauer des Aufenthaltes ist unerheblich. Der G kann bereits mit dem Zuzug begründet werden, wenn der ernsthafte Wille besteht, nicht nur vorübergehend am Aufenthaltsort zu bleiben.

Der Begriff des G wurde 1914 zum ersten Mal in einigen Landesfürsorgegesetzen eingeführt und als Zuständigkeitsregelung in der →Reichsfürsorgeverordnung verankert. Der G ersetzte das bis dahin geltende Prinzip des →Unterstützungswohnsitzes. Der G spielt im Sozialhilferecht noch in einigen Fällen der Kostenerstattung (z. B. Kosten für den Aufenthalt in einer Anstalt) eine Rolle.

Manfred Fuchs

### GfK
⇒Gesellschaft für Konsum-, Markt- und Absatzforschung e. V.

### gGmbH
= gemeinnützige Gesellschaft mit beschränkter Haftung; →Gemeinnützigkeit, →Gesellschaft mit beschränkter Haftung

### Gierke, Anna von
G (1874–1943) war von 1908 bis zum Machtantritt der Nationalsozialisten 1933 Vorsitzende des Vereins Jugendheim Berlin-Charlottenburg, Direktorin des Sozialpädagogischen Seminars und Leiterin des Verbandes dt. Kinderhorte.

### Gilden
Urspr. kultisch-religiöse Vereinigungen (gotisch: gild = Opfer, gemeinsames Mahl, Bruderschaft), die im Laufe der hist. Entwicklung Schutzfunktionen für ihre Mitglieder und deren Angehörige übernahmen. Der urspr. freie Zugang zu den G wurde gegen Ende des 11. Jh. durch Bräuche und Vorbedingungen geregelt. Das so entstandene G-recht trug zur Entwicklung des späteren Stadtrechts im MA bei. G gelten als Vorläufer des →Genossenschaftswesens und der

→Versicherung. Zu unterscheiden sind religiöse G (vielf. als „Bruderschaften" bezeichnet), handwerkliche G (→Zünfte) und Kaufmanns-G (Hanse). Die Bedeutung der G, denen in der städtischen Ständegesellschaft des MA wichtige wirtschaftliche und soziale Funktionen zukamen, schwächte sich im 16./17.Jh. ab.

L.: Schwinekörper (Hg.): G und Zünfte. Kaufmännische und gewerbliche Genossenschaften im frühen und hohen Mittelalter; 1985.

## GKV
= Gesetzliche Krankenversicherung; →Krankenversicherung

## Glaube und Schönheit
→Bund Deutscher Mädel

## Gleichberechtigung
→Gleichstellungsstellen, →Grundrechte

## Gleichschaltung
Nationalsozialistische Bezeichnung für die organisatorische Festlegung aller Bereiche des öffentlichen Lebens auf die NS-Weltanschauung. Im März/April 1933 erlassene Gesetze zur G der Länder sicherten der NSDAP die Macht in den einzelnen Landesregierungen. Sie bildeten die Vorstufe für die Abschaffung der Hoheitsrechte der Länder sowie für die Zentralisierung von Länderkompetenzen auf das Reich. Es folgte die G von Interessenverbänden, Vereinen und sonstigen Organisationen. Im Bereich der Landwirtschaft wurde der „Reichsnährstand" zentrale NS-Organisation. In kultureller Hinsicht sorgte die „Reichskulturkammer" für die ideologische Ausrichtung. Die Jugendorganisationen wurden zugunsten der →Hitler-Jugend aufgelöst. Ein für das Regime bedeutender Akt der G war die Auflösung der →Gewerkschaften und der Arbeitgeberverbände, der die Zusammenfassung von Arbeitnehmern und Arbeitgebern in der →„Deutschen Arbeitsfront" folgte, was einer Zerschlagung traditioneller Gewerkschaftsrechte gleichkam. Der Begriff der G suggerierte das Vorhandensein einer nationalsozialistischen Gleichförmigkeit, die so nie existierte. Bekannte Interessenkonflikte wurden nunmehr unter Ausschluß der Öffentlichkeit innerhalb der neuen NS-Organisationen ausgetragen; hinter den Kulissen des „Führerstaates" kam es zu heftigen Macht- und Kompetenzkämpfen. Zahlreiche, schon zur Weimarer Zeit bestehende Vereine erfaßte die Politik der G zunächst nur am Rande. Sie wurden den NS-Massenorganisationen, wie etwa der →Nationalsozialistischen Volkswohlfahrt (NSV) oder der →NS-Frauenschaft, zunächst korporativ angeschlossen und diesen erst später unmittelbar unterstellt, nicht jedoch aufgelöst. Akte der G konnten sogar einen rein repräsentativen Charakter haben. So standen den Spitzenorganisationen der Freien, öffentlichen und parteiamtlichen Wohlfahrtspflege unter der Leitung der NSV, ohne daß die NS-Wohlfahrtsorganisation eine direkte Aufsichts-, respektive Anweisungsbefugnis gegenüber den Organisationen der öffentlichen und kirchlichen Fürsorge erhielt. Weitaus konsequenter erfolgte dagegen die G in den ab 1938 an das Deutsche Reich angegliederten Gebieten, so in Österreich und im Sudetenland.

Eckhard Hansen

## Gleichstellungsstellen
*Entstehung.* Es ist v.a. der Parlamentarierin Elisabeth Selbert (SPD) zu verdanken, daß der Grundsatz der Gleichberechtigung 1949 in das Grundgesetz aufgenommen wurde. Die neue →Frauenbewegung machte am Ende der 60er und in den 70er Jahren öffentlich, daß Gleichberechtigung bislang jedoch weder rechtlich noch im Alltag hergestellt war. Die Forderungen der Frauen, denen sich die Grünen und später auch Teile der SPD anschlossen, mündeten schließlich in die Einrichtung von G. Diese G oder Frauenbüros sollen aufdecken, an welchen Punkten Frauen in der BR benachteiligt sind, und Vorschläge zur Beseitigung dieser Benachteiligung machen. Angesiedelt sind sie

meist als Stabsstellen beim Bund (seit 79), bei den Ländern (erstes Land: NRW seit 75; letztes Land: Bremen seit 82) und den Gemeinden. Auch größere Betriebe der Privatwirtschaft sind inzwischen dazu übergegangen, Frauenbeauftragte einzustellen. Als erste kommunale Gleichstellungsbeauftrage trat Lie Selter 1982 in Köln ihren Dienst an. Inzwischen (1989) gibt es im gesamten Bundesgebiet ca. 500 G, allein ca. 150 davon in NRW. Bisher ist NRW das einzige Bundesland, das die Einrichtung von G als Kann-Bestimmung in seiner Gemeindeordnung festgeschrieben hat (seit 84).

*Status und Ausstattung.* Die direkte Zuordnung zum Gemeindedirektor entspricht der Querschnittsfunktion einer G und ermöglicht ein von der Ämterhierarchie unabhängiges Eingreifen in Fällen von direkter oder struktureller Frauenbenachteiligung. Andererseits bedeutet diese direkte Zuordnung aber auch eine Abhängigkeit vom Wohlwollen bzw. der Offenheit des Gemeindedirektors für Gleichstellungsfragen. Weitere Faktoren, die die Effektivität eines Frauenbüros bestimmen, sind Stundenzahl, Vergütung, Etat und Kompetenzen. Das derzeitige Spektrum in der BR reicht von ½ Stelle nach BAT V bis zur Leitung eines eigenen Frauenamtes mit zwölf Mitarbeiterinnen und Bezahlung nach BAT I. Da es keine einheitliche Dienstanweisung für Frauenbeauftragte gibt, ist es meist ihre erste Aufgabe, um Kompetenzen zu kämpfen. Als wichtig für eine wirksame Arbeit sind von der Bundesarbeitsgemeinschaft der G die folgenden Rechte herausgestellt worden: Initiativ-, Veto-, Akteneinsichtsrecht, Recht auf eigenständige Öffentlichkeitsarbeit und Mitzeichnungsrecht bei Personal- und Organisationsangelegenheiten sowie die Teilnahme an der Dezernatskonferenz. Real scheitert die Durchsetzung dieser Kompetenzen jedoch zumeist an einer patriarchalen Haltung der Gemeindedirektoren.

*Aufgaben.* Kontakte zu Frauenorganisationen und die Verankerung im politischen Bereich sind *Grundlagen* für die Arbeit der G. Dazu gehört die Bildung einer Lobby bzw. eines →Netzwerkes bei den Frauen, aber auch bei den für Frauenfragen offenen Männern in der Kommunalpolitik. Zu diesem Zweck sind bei einigen G Kommissionen oder Ausschüsse eingerichtet worden.

Die Aufgaben eines Frauenbüros *innerhalb einer Verwaltung* sind: Begleitung von Bewerbungsverfahren unter Gleichstellungsgesichtspunkten; Teilnahme am Personalausschuß; Aufstellung von Frauenförderplänen und Kontrolle der Einhaltung dieser Vereinbarungen; Teilnahme an den Stellenplanberatungen und an den Dezernats- und Amtsleitungskonferenzen; Sprechstunden für Verwaltungsfrauen; die Konzeption von Weiterbildungsmaßnahmen. In NRW existiert seit 1.12.89 ein Frauenförderungsgesetz, dem zufolge Frauen im öffentlichen Dienst bei gleicher Qualifikation bevorzugt werden sollen. Diese Regelung beruht auf dem Benda-Gutachten, das 86 im Auftrag der Hamburger Leitstelle erstellt worden ist. Das Rechtsgutachten sieht eine Pflicht der Länder, auf eine reale Gleichstellung der Frauen hinzuwirken, und bezeichnet die Schaffung von Gesetzen zur Verwirklichung der Gleichstellung als verfassungsgemäß. Es gehört ebenfalls zum Tätigkeitsbereich einer G in NRW, die Einhaltung des Frauenfördergesetzes zu kontrollieren.

*Außerhalb der Verwaltung* sind die Tätigkeiten der einzelnen Frauenbüros je nach Schwerpunkten verschieden gelagert. Sie liegen, z. B. im Weiterbildungsbereich, in der Organisation von Qualifizierungsmaßnahmen für arbeitslose Frauen, von Wiedereingliederungsmaßnahmen sowie von Rhetorik-, Selbstbehauptungs- und Selbstverteidigungskursen. Ein weiterer Schwerpunkt ist die Kultur- und →Öffentlichkeitsarbeit, bspw. die Organisation von Frauenkulturwochen unter Beteiligung aller am Ort ansässigen Frauengruppen. Einen dritten Tätigkeitsbereich stellt die Mädchenarbeit (→Jugendarbeit) dar, z.B.

die Durchführung von Berufswahlprogrammen, die auf eine Erweiterung des Spektrums an Ausbildungsberufen ausgerichtet sind. Das Thema →„Gewalt gegen Frauen" bildet einen weiteren Arbeitsbereich der Frauenbüros. So sind Studien zum Mobilitätsverhalten von Frauen in der Dunkelheit erstellt, Frauenparkplätze geschaffen oder durch Kontakte zur Kripo und zu →Frauenhäusern Faltblätter mit Informationen zum Thema Gewalt und →Vergewaltigung herausgegeben worden. Aspekte wie →Sexueller Mißbrauch und Anmache in Büros und Betrieben gehören zu den Themen, die einer starken Tabuisierung unterliegen und deswegen auf einen bes. starken, teilweise irrationalen Männerwiderstand stoßen. Andere Frauenbüros befassen sich mit dem Bereich der Stadtplanung, oder sie kritisieren Sprache unter feministischen Gesichtspunkten und machen Vorschläge zu einem Sprachgebrauch, der Frauen als Subjekte wahrnimmt und berücksichtigt. Als Schwerpunkt sei noch die Durchführung von Einzelberatungen genannt, in denen Punkte wie Diskriminierung am Arbeitsplatz, Benachteiligung beim Bezug von Sozialhilfe, Scheidungsfragen etc. angesprochen werden. Die Frauenbeauftragten sehen ihre Hauptaufgabe aber nicht in der sozialen Beratungstätigkeit, sondern in der politischen Funktion, Foreninteressen zu artikulieren und durchzusetzen.

L.: Haibach/Immenkötter/Rühmkorf u. a.: Frauen sind nicht zweite Klasse; Hamburg, 1986. VSA. Institut Frau und Gesellschaft (Hannover), Heft 3: Themenschwerpunkt Kommunale G; Bielefeld, 1987. Weg/Stein (Hg.): Macht macht Frauen stark; Hamburg, 1988.

Regina Pramann

**GmbH**
⇒ Gesellschaft mit beschränkter Haftung

**Gmeiner, Hermann**
G, „Bauernsohn aus dem Bregenzer Wald", gründete 1949, als Medizinstudent, den Verein „SOS-Kinderdorf". Das erste Kinderdorfhaus, eine Alternative zur trad. Waisenanstalt (→Waisen), wird 1950 in Imst/Österreich gebaut. 1959 existieren bereits 10 SOS-Kinderdörfer mit 100 Familien und 1000 Kindern. Es folgen die Gründungen des Dachverbandes „SOS-Kinderdorf International" (1961), des „G Fonds Deutschland e. V." (1963) und der „G-Akademie" (1981). 1984 beträgt die Zahl der Kinderdörfer in 76 Ländern 471; dem Dachverband sind 111 Kinderdorfvereine angeschlossen.

L.: Reinprecht, Hansheinz: Abenteuer Nächstenliebe. Die Geschichte Hermann Gmeiners und der SOS-Kinderdörfer; Wien, 1984.

**Gnauck-Kühne, Elisabeth**
G (* 1850) kommt aus einer Juristenfamilie, besuchte ein Lehrerinnenseminar, gründet ein Töchterinstitut in Blankenburg am Harz, heiratet Ende der 1880er Jahre nach Berlin, wird nach drei Jahren geschieden und schließt sich der →Frauenbewegung an. Sie beschäftigt sich mit der Arbeiterinnenfrage, studiert bei →Gustav Schmoller, arbeitet 1893 in einer Berliner Kartonagenfabrik, hält 1895 ein Hauptreferat auf dem 6. Evangelisch-Sozialen Kongreß in Erfurt, wird Vorsitzende der Berliner Evangelisch-Sozialen Frauengruppe, unterstützt 1896 den Streik der Berliner Konfektionsarbeiterinnen, wird als Demagogin attackiert, die „den evangelischen Namen zur Beschönigung umstürzlerischer Zwecke mißbraucht", tritt 1900 vom „kahlen Armenhaus" und der „eisigen Kälte des Protestantismus" über zum Katholizismus, wird Mitbegründerin des Kath. Deutschen Frauenbundes und veröffentlicht 1901 als ihr Hauptwerk „Die dt. Frau um die Jahrhundertwende".

L.: Simon, Helene: G. Eine Pilgerfahrt, 2 Bde.; Mönchen-Gladbach, 1928. Dauzenrotz, E. (Hg.): Ausgewählte Schriften zur Frauenbewegung und Frauenbildung; Regensburg, 1964.

**Goetze, Sophie**
G hat mit der – ursprünglich in der „Deutschen Zeitschrift für Wohlfahrtspflege" erschienenen – „Bibliographie der Wohlfahrtspflege" von 1925–44 (erneut hg. von Leibfried, S./Hofmann, A./Tennstedt, F.; Bremen, 1981) Bemühungen fortgeführt, die mit der durch den Bibliothekar des „Juridisch-Politischen Lese-Vereins" in Wien, Josef Stammhammer, angeregten „Bibliographie zur Sozialpolitik" (1896; 1912) einsetzten und durch → Emil Münsterbergs „Bibliographie des Armenwesens" (Berlin, 1900; 1902; 1906) eine Fortsetzung fanden. Die regelmäßige Erstellung einer Bibliographie des Wohlfahrtswesens und ihre Veröffentlichung in der Zeitschrift „Soziale Arbeit" besorgt seit 1952 das → Deutsche Zentralinstitut für soziale Fragen. Eine „Bibliographie zur Sozialarbeit/Sozialpädagogik" erscheint in der „Sozialwissenschaftlichen Literatur Rundschau" (K. Böllert KT Vlg., PF 1406, 4800 Bielefeld 1).

**Goldmann, Franz**
1895–1970; Studium der Medizin; 1920 Approbation und Promotion; nach einer vielseitigen Ausbildung im klinischen und praktisch-ärztlichen Bereich ab 1922 in der Berliner Gesundheitsverwaltung tätig; ab 1926 zusätzliche Dozententätigkeit an der Verwaltungsschule Deutscher Krankenkassen und an der Werner-Schule des → Deutschen Roten Kreuzes, später an der Akademie für soziale und pädagogische Frauenarbeit und an der Wohlfahrtsschule der → Arbeiterwohlfahrt; 1929 Magistratsobermedizinalrat und Übertritt als Oberregierungsrat und Dezernent für Gesundheitsfürsorge in das Reichsinnenministerium; 1931 zusätzlich als Lehrkraft an der Sozialhygienischen Akademie Charlottenburg; 1932 Habilitation und Privatdozent für Sozialhygiene an der Universität Berlin; 1933 Entlassung aus dem Reichsdienst, „da Sie nach ihrer bisherigen politischen Tätigkeit nicht die Gewähr dafür bieten, daß Sie jederzeit für den nationalsozialistischen Staat eintreten"; Emigration in die Schweiz und ärztliche Privatpraxis in Genf; 1937 Emigration in die USA; dort an der Yale University in New Haven, Conn.; 1947–58 an der Harvard University in Boston/Mass.

L.: Labisch/Tennstedt: Der Weg zum „Gesetz über die Vereinheitlichung des Gesundheitswesens" vom 3. Juli 1934, Teil 2; Düsseldorf, 1985, 413 ff.

**Goldstein, Kurt**
G (1878–1965) studierte u. a. Medizin bei → Wernicke in Breslau. 1914 gründete er das Institut zur Erforschung der Folgeerscheinungen von Hirnverletzungen in Frankfurt a. M. Ferner leitete er ein Hirnverletztenlazarett. 1919 wurde er Professor für Neurologie in Frankfurt. G war Gründungsmitglied der Zeitung „Psychologische Forschung" (1922–33) und der Internationalen Gesellschaft für Psychotherapie (1927). Als aktives Mitglied des Vereins sozialistischer Ärzte (→ Ärzteopposition) spielte er in der Auseinandersetzung mit der Militärpsychiatrie und der größtenteils konservativen Ärztebewegung in der Weimarer Republik eine wesentliche Rolle. 1933 wurde er wegen seiner jüdischen Abstammung, den von ihm vertretenen wissenschaftlichen Inhalten und seiner politischen Einstellung von den Nationalsozialisten in Berlin verhaftet. Er mußte dann nach Amsterdam emigrieren und 1935 nach New York. In den USA wurde G zum Professor für Neurologie und zum Dozenten für Psychophatologie an die Universität in Columbia berufen.

G gilt als der bedeutendste u. bekannteste Neuropsychologe der Weimarer Republik. Er versuchte, die klassischen Ideen der Lokalisation bestimmter Funktionen in begrenzten Abschnitten des Gehirns zu überwinden und mit einem ganzheitlichen Herangehen an den Menschen in Einklang zu bringen. Seine Forschungen wirkten in den Bereich der → Psychologie hinein und hatten Anteil an Lösungsversuchen des Leib-Seele-Problems im Rahmen eines gestaltpsychologisch orientierten Ansatzes. G ging davon aus, daß der Organismus bei Störungen immer als psycho-physische Einheit reagiert. G kann deswegen und insb. durch sein Buch „Der Aufbau des Organismus" als Begründer einer psychosomatischen Neurologie angesehen werden. Dies schloß differenzierte Ausführungen zu Streß, Furcht und →Angst mit ein. Kernpunkt seiner Auffassung der höheren kortikalen Funktionen war in psychologischer Hinsicht die Unterscheidung von abstrakter und konkreter Einstellung im Verhalten; durch Hirnstörungen wird, unabhängig vom Störungsort, v. a. auch die abstrakte Einstellung geschädigt. Diese Unterscheidung beeinflußte u. a. die Theoriebildung zur geistigen →Behinderung in den USA, ferner wurde sie zur Begründung des Konzepts der MCD (Minimal Cerebral Dysfunktion) herangezogen. Auf ihrer Basis entwickelte G diagnostische Verfahren zur Bestimmung von geistigen Entwicklungsstufen und deren Beeinträchtigung. Er forderte die Einrichtung von Werkstätten in Kliniken, in denen die Möglichkeiten für eine Wiedereingliederung Hirnverletzter ins Arbeitsleben überprüft und vorbereitet werden sollte. In der DDR wurden seine Forschungen von seinem ehemaligen Mitarbeiter Egon Weigl fortgeführt.

W.: Der Aufbau des Organismus, Einführung in die Biologie unter besonderer Berücksichtigung der Erfahrungen am kranken Menschen; Haag, Martinus Nijhoff, 1934.

Sonja Böpple

## Goßner, Johann Evangelista

G (1773–1859), bayerischer Bauernsohn, studierte Theologie und wurde kath. Priester. 1819 wegen „evangelistischer Predigten" abgesetzt, war er bis zu seinem Übertritt zur ev. Kirche 1829 wandernder Evangelist, wurde dann Prediger in Berlin und gründete 1833 einen Männer- sowie einen Frauenkrankenverein, aus dem 1837 das Elisabeth-Krankenhaus hervorging.

L.: Holsten, W.: G; 1949.

## Graffiti

G ist der Oberbegriff für eine Vielfalt unterschiedlicher Formen von Inschriften, Zeichen, Symbolen und Bildern, die heute zumeist von jungen Menschen produziert werden. Man findet sie fast überall: an Wänden, Bäumen, Brücken, Felsen, Aussichtstürmen, Lastwagen, Untergrundbahnen, Zügen, auf Parkbänken und Schultischen, in Gefängnissen, Kerkern, Karzern, Kirchen, Bahnhöfen, Toiletten, Schulen, Katakomben, Universitäten und Bordellen. Sie werden geritzt, gezeichnet, gemalt und gesprüht, ergänzt, verändert und wieder entfernt.

G sind keine Erscheinungen der Moderne oder gar des 20. Jh. Sie existieren, wenn man die Höhlenzeichnungen nicht zu ihnen zählt – was sinnvoll ist –, seit mindestens 2000 Jahren. Davon zeugen zum einen eine Reihe von Berichten aus dieser Zeit und zum anderen eine Vielzahl noch vorhandener antiker G in Griechenland, Italien und Ägypten. Allein in den römischen Katakomben befinden sich 500 000–700 000 G, von denen allerdings viele von Besuchern der unterirdischen Grab- und Zufluchtsstätten im MA und der Neuzeit angebracht wurden. Eine wahre Fundgrube für die an der Rekonstruktion des Alltagslebens interessierten Historiker ist die römische Stadt Pompeii. Hier findet man eine große Vielzahl von Zeichen, Symbolen und Textgattungen: schmähende Kritzeleien, obszöne Zeichnungen und Sprüche, werbende und deklamatorische Inschriften, Wahlaufrufe und Ankündigungen, Schandbilder und Anpreisungen von Dienstleistungen, Proteste gegen politische Zustände und Verächtlichmachungen der Herrschenden. Auch die Behörden nutzten die Wände für ihre öffentlichen Bekanntmachungen und Aufrufe, die allerdings ausschließlich gemalt waren und von den Archäologen – im Gegensatz zu dem geritzten Graffito – als Dipinto bezeichnet werden. Diese Differenzierung spielt heute keine Rolle mehr. Geritzt wird nur noch selten, und der Kohlestift ist dem Filzstift und der Sprühdose gewichen.

Neben den spontanen und expressiven Markierungen bestimmen seit einigen Jahren kunstvolle und unverwechselbare „Meisterbilder" (Pieces) die Szene, die vorwiegend an Wände, Züge und Untergrundbahnen gesprüht werden. Pieces sind eine Synthese von Schrift (zumeist ein Wort in dekorativ gestalteter Ornamentschrift), Bild (oft aus Comics übernommen), Symbolen und Zeichen (Pfeile, Sterne), die von den wirklichkeitsgetreu gemalten, oft meterlangen Mauerbildern (Mural-G) zu unterscheiden sind. Die Murals sind bereits in den 30er Jahren in den USA entstanden. Sie werden gemalt und entstehen im allgemeinen legal, oft auch als Auftragsarbeit.

Der bevorzugte Ort der G-produktion ist immer noch die öffentliche Toilette. Die Latrinalia oder Toiletten-G haben eine lange und ungebrochene Tradition. Es sind nach wie vor insb. obszöne Wünsche, sexuelle Offerten und politische Verhältnisse kritisierende und kommentierende Äußerungen, die sich an den vier Wänden befinden. Die Geschichte der Latrinalia ist verbunden mit den vergeblichen Versuchen der Obrigkeit, diese frühe Form der Herstellung einer nicht zensierbaren Öffentlichkeit zu unterbinden. Die Anonymität des geschützten Raumes ist das „Klima", in dem die Latrinalia sich erst entfalten können. Hier werden die Zwänge einer gesellschaftlich sanktionierten Kommunikation aufgebrochen. Hier kann jeder ungehemmt seinen Gedanken und seinen verborgenen Wünschen Ausdruck verleihen, ohne sich verantworten zu müssen. Hier können sich alle, im doppelten Sinne des Wortes, in Ruhe ausdrücken und ihre Spuren hinterlassen. Die (Toiletten-)Wände sind eine Fundgrube für eine noch nicht hinreichend erforschte Dimension des Alltagslebens. Denn: G vermittelt nicht nur Einblicke über die, die sie produzieren, sondern auch über die gesellschaftlichen Verhältnisse, in denen diese Menschen leben.

G sind der Spiegel einer verborgenen Kultur. Manches zeigt sich in diesem Spiegel eindeutig und deutlich, anderes dagegen nur angedeutet, chiffriert, symbolhaft und widersprüchlich. Die Entzifferung dieser kulturell vermittelten Spuren des alltäglichen Lebens ist methodisch aufwendig und theoretisch anspruchsvoll. Eine Forschungstradition, wie sie in den USA mit der Arbeit von Read 1935 begründet wurde, und die in zahlreichen Studien den Zusammenhang von Triebunterdrückung und G-Produktion aufzeigt, existiert in der BR nicht.

L.: Abel/Buckley: The handwriting on the wall; Westport, London, 1977. Kreuzer, Peter: Das G-Lexikon; München, 1986. Müller, S. (Hg.): G. Tätowierte Wände; Bielefeld, 1985. Read, Allen W.: Lexical evidence from folk epigraphy in Western North Amerika; Paris, 1935.

Siegfried Müller

## Griesinger, Wilhelm

Geb. 1817 in Stuttgart – gest. 1868 in Berlin; Studium der Medizin in Tübingen und Zürich; 1838 Promotion; von Paris nach Dt. zurückgekehrt, 1839 Niederlassung am Bodensee, 1840 Assistenzarzt in Winnental; 1843 Assistent an der Medizinischen Klinik in Tübingen; 1847 a.o. Prof. und Ruf nach Kiel; 1850 Direktor der Medizinischen Schule in Kairo; 1852 Rückkehr nach Europa; 1854 Leitung der Medizinischen Klinik in Tübingen; 1864 Ruf nach Berlin als Direktor der Irrenklinik. G gilt als Vertreter der physiologischen Richtung in der → Psychiatrie, der, ausgehend von einer energetischen Physiologie, die sensualistische Psychologie → Herbarts integrierte und in einer Neuropathologie mit Betonung des anatomischen Gedankens endete.

L.: Leibbrand/Wettley: Der Wahnsinn; Freiburg, München, 1961.

## Groß, Walter

Geb. am 2.10.1904 in Kassel, gest. 1945 durch Suizid; Dr. med.; Arzt und Prof.

für Rassenkunde (→Eugenik); Mitglied des Reichstages.

G, NSDAP-Mitglied seit 1925, wurde 1932 Mitglied der Reichsleitung des Nationalsozialistischen Deutschen Ärztebundes und stieg 1933 zum Hauptverantwortlichen für die Rassen- und Bevölkerungspolitik der NSDAP auf: als Mitglied im Stab der Stellvertreter des Führers erhielt er den Auftrag, Schulung und Propaganda auf dem Gebiet der Rassen- und Bevölkerungspolitik zu überwachen und zu vereinheitlichen. Ebenfalls 1933 wurde er Leiter des Aufklärungsamtes für Bevölkerungspolitik und Rassenpflege und behielt diese Funktion, als dieses 1934 in Rassenpolitisches Amt und 1939 in Hauptamt für Rassenpolitik der NSDAP umbenannt wurde.

1935 habilitierte G in Berlin und wurde 1938 zum Honorarprofessor ernannt. Er bekleidete zahlreiche Funktionen als Berater und Koordinator in rassen- und bevölkerungspolitischen Fragen: u.a. war er Mitglied im Reichsausschuß zum Schutze des deutschen Blutes, im →Sachverständigenbeirat für Bevölkerungs- und Rassenpolitik, im Kuratorium des Kaiser Wilhelm-Instituts für Anthropologie, menschliche Erblehre und Eugenik und Mitherausgeber des Archivs für Rassen- und Gesellschaftsbiologie. Unter seiner Leitung führte das Rassenpolitische Amt, das seit 1933 für Schulungen in Rassenkunde und Erbpflege zuständig war und sämtliches Aufklärungs- und Schulungsmaterial zu diesem Thema zu genehmigen hatte, allein in den ersten vier Jahren seines Bestehens über 64000 öffentliche Veranstaltungen und Schulungswochen durch. Beteiligt waren G und das Rassenpolitische Amt an der Vorbereitung und Formulierung der Sterilisationsgesetzgebung, an einer geheimen Aktion gegen die „Rheinlandbastarde", bei der ca. 400 Kinder mit einem schwarzen Elternteil sterilisiert wurden, und an den Nürnberger Rassegesetzen. Ferner bekannte sich G zu einer „biologischen Lösung der →Judenfrage". Neben seinem Eintreten für die Sterilisierung aller „jüdischen Mischlinge" propagierte er 1941 in einem Referat auf der Frankfurter Tagung des „Instituts zur Erforschung der Judenfrage", der „jüdische Volkstod" sei Ziel der „nötigen Gesamtlösung der Judenfrage". 1942 wurde er Chef der Abteilung Naturwissenschaften im Amt Rosenberg.

G war genauer Beobachter der Entwicklung auf dem Gebiet der Rassenkunde und Genetik und bemühte sich, die NS-Ideologie mit diesen Erkenntnissen in Übereinstimmung zu bringen. 1944 trat er als Autor einer Denkschrift „Zur Frage des unehelichen Kindes" hervor, in der er sich mit verschiedenen Vorschlägen zur Steigerung der Kinderzahl durch Förderung außerehelicher Geburten auseinandersetzte.

Ludger Weß

### Grosz, Georges

G (* 1893) schuf sozialkritische Lithographien (→Sozialkritik), in denen er das Grauen des 1. Weltkriegs, das Elend der Nachkriegszeit und die ‚feine Gesellschaft' der Weimarer Republik dokumentiert.

### Grotjahn, Alfred

1869–1931; Vater Landarzt; 1896 ärztliche Praxis in Berlin; 1905 Initiierung des „Vereins für soziale Medizin, Hygiene und Medizinalstatistik in Berlin"; gescheiterter Versuch →Gustav Schmollers, G an der Med. Fakultät der Berliner Universität zu habilitieren; 1912 Veröffentlichung der „Sozialen Pathologie", Habilitation, Privatdozent und Abteilungsvorsteher am Hygienischen Institut der Universität Berlin; 1915 Leiter der Abt. Sozialhygiene des Medizinalamtes der Stadt Berlin; 1919 Übernahme der ärztlichen Leitung des Berliner Heimstättenamtes, Eintritt in die SPD und in den Verein sozialdemokratischer Ärzte; 1920 durch den preuß. Kultusminister und gegen den Willen der Fakultät zum o. Prof. für Sozialhygiene ernannt; 1921–24 Mitglied des Reichstages; Entwurf eines gesundheitspolitischen Programms, das der SPD-Parteitag einstimmig beschließt; gegen eine erneute Kandidatur von G, Befürworter des §218 StGB und der Strafbarkeit der Abtreibung, wendet sich →Julius Moses; 1925–28 Mitarbeit bei der hygienischen Sektion des Völkerbundes in Genf; 1927–28 Dekan der Medizinischen Fakultät Berlin.

L.: Tutzke, Dietrich: G; Leipzig, 1979.

## Gruber, Max von

1853–1927; Studium der Medizin und Promotion in Wien; weitere Ausbildung in München; in Wien 1882 Habilitation im Fach →Hygiene; 1884 a. o. Prof. der Hygiene in Graz; 1887 a. o. Prof. und Dir. des Hygienischen Instituts in Wien; 1902 Ruf nach München; 1910–22 Vorsitzender der Deutschen Gesellschaft für Rassenhygiene (→Eugenik/Rassenhygiene). G hatte Anteil an der Sanitätsgesetzgebung in Österreich und Bayern, befaßte sich mit Fragen der Assanierung der Städte, der Schulhygiene und Gesundheitserziehung; war als Bakteriologe und Immunitätsforscher tätig in der Bekämpfung der Volkskrankheiten Typhus und Cholera.

## Grundeinkommen

→Garantiertes Grundeinkommen

## Grundrechte

In allgemeiner und umfassender Weise lassen sich G definieren als „elementare normative oder normähnliche Aussagen über die Stellung des Menschen im Gemeinwesen" (*Zacher*). Diese Begriffsbestimmung ist bewußt weit gefaßt und schließt sowohl G ein, die als *subjektive Rechte* ausgestaltet sind, d. h. dem einzelnen ein durchsetzbares Recht gegenüber dem Gemeinwesen (→Staat) verleihen, als auch solche, die dem Berechtigten keine Rechtsmacht verleihen, seine Rechte durchzusetzen; sie erfaßt gleichermaßen *Abwehrrechte, Freiheitsrechte, Gleichheitsrechte, Verfahrensrechte, Teilhaberrechte, wirtschaftliche, kulturelle und soziale G*. Bestand und Rang von G sind naturgemäß abhängig von der Bedeutung, die den G allgemein in der jeweiligen Staats- und Rechtsordnung zukommt. Hier bestehen fundamentale Unterschiede zwischen einzelnen Rechtsordnungen, etwa den G nach dem Grundgesetz der BR, den G in der (ungeschriebenen) Verfassung des Vereinigten Königreichs, den G der Europäischen Sozialcharta des Europarates oder den G der Arbeitnehmer im Sinne der „Gemeinschaftscharta der sozialen G der Arbeitnehmer" der →Europäischen Gemeinschaften aus dem Jahre 1989. Auch die den Bestand von Einrichtungen gewährleisteten *„institutionellen Garantien"* werden als G bezeichnet (z. B. →*Ehe,* →*Familie, Eigentum, Erbrecht*). Die Rechtsqualität der G ist höchst unterschiedlich und reicht vom unverbindlichen Programmsatz mit v. a. deklamatorischer und proklamatorischer Bedeutung (wie z. B. die „Erklärung" der G der Arbeitnehmer auf EG-Ebene) bis zu unmittelbar geltenden subjektiven öffentlichen Rechten des einzelnen.

Das *Grundgesetz* (GG) für die BR hat die *Würde des Menschen* als Ziel und Rechtfertigung staatlichen Handelns an die Spitze der Verfassung gestellt („Die Würde des Menschen ist unantastbar. Sie zu achten und zu schützen ist Verpflichtung aller staatlichen Gewalt"; Art. 1 Abs. 1 GG). Zugleich bekennt sich das dt. Volk zu den „unverletzlichen und unveräußerlichen →Menschenrechten" als Grundlage jeder menschlichen Gemeinschaft (Art. 1 Abs. 2 GG), wobei das Grundgesetz seinem Selbstverständnis nach diese Rechte nicht positiviert, d. h. als Verfassungsrechte schafft, sondern sie als vorgegeben annimmt und damit ihre vorstaatliche und „überpositive" Geltung anerkennt. Die G des Grundgesetzes binden Gesetzgebung, vollziehende Gewalt und Rechtsprechung. Sie sind, im Falle ihrer Beeinträchtigung, Grundlage von Rechten des einzelnen gegen den Staat auf Einhaltung der verfassungsrechtlichen Freiheiten, Garantien u. a. So sollen etwa die *freie Entfaltung der Persönlichkeit,* das *Recht auf Leben und körperliche Unversehrtheit* (Art. 2 GG), die *Glaubens-, Gewissens- und Bekenntnisfreiheit* (Art. 4 GG), die

*Meinungsfreiheit* (Art. 5 GG), die *Unverletzlichkeit der Wohnung* (Art. 13 GG), das *Eigentumsrecht* (Art. 14 GG) und die „grundrechtsähnlichen" Justiz(grund)rechte (z. B. Art. 103 GG) dem einzelnen einen vor staatlicher → Intervention geschützten Raum individueller Lebensgestaltung gewährleisten.

Aufgabe dieser *Abwehrrechte* war und ist es, der öffentlichen Gewalt Schranken gegenüber der Freiheit des einzelnen aufzuerlegen. Insoweit sind die G v. a. subjektive Rechte des einzelnen. Sie sind jedoch zugleich Bestandteil des objektiven Verfassungsrechts und bilden einen „Ordnungs- und Schutzzusammenhang", aus dem sich ein verfassungsrechtlicher Rahmen für das gesellschaftliche Leben i. w. S. und damit auch für die Lebensverhältnisse des einzelnen ergibt. Auf Privatrechtsverhältnisse unmittelbar wirken die G allerdings lediglich ausnahmsweise ein (so mit der → *Koalitionsfreiheit* des Art. 9 Abs. 3 GG), im übrigen mittelbar insoweit, als die in den G zum Ausdruck gelangenden Wertentscheidungen des Verfassungsgebers als Bestandteil des Verfassungsrechts im vorstehend bezeichneten Sinne auch die Auslegung des einfachen Rechts beeinflussen.

Als *Teilhaberrechte* verbriefen die G demgegenüber die Mitwirkung des einzelnen an politischen Entscheidungen, z. B. das aktive und passive *Wahlrecht* (Art. 38 GG), sowie Rechte gegenüber der Leistungsverwaltung des → Sozialstaats, z. B. das *Recht auf berufliche Betätigung* und das *Recht auf Bildung*. In diesem Zusammenhang ist für das Grundgesetz – im Gegensatz zur Verfassung anderer Länder –, aber auch gegenüber der vorstehend erwähnten, allerdings im wesentlichen rechtlich wenig relevanten und v. a. politisch bedeutsamen Gemeinschaftscharta der EG, die weitgehende *„Abstinenz"* gegenüber sozialen Grundrechten (z. B. → Recht auf Arbeit, Recht auf sozialen Schutz, Recht auf ein Mindesteinkommen) charakteristisch. Zugleich werden jedoch Gewährleistungen, die anderswo Bestandteil expliziter sozialer G sind, in der BR als Teilaspekt anderer rechtlicher Verbriefungen geschützt. So wird etwa das sozio-ökonomische → Existenzminimum als Bestandteil der Menschenwürde durch Art. 1 GG geschützt (und die Bestimmung des § 1 Abs. 2 S. 2 BSHG, welche die Aufgabe der Sozialhilfe festschreibt, nimmt ausdrücklich auf die Menschenwürde Bezug). Da die sozialen Grundrechte sich als Rechte des einzelnen gegenüber dem Staat auf Leistungen begreifen lassen, ist ihre Effektivierung vom Vorhandensein des dafür notwendigen „sozialen Substrats" abhängig, verlangt m. a. W. staatliches Handeln und insb. den Einsatz finanzieller „Verteilungsmasse".

Von besonderer Bedeutung ist in diesem Zusammenhang der *Gleichheitssatz* (Art. 3 Abs. 1 GG), der auch den Gesetzgeber auf das Gebot der Gleichheit verpflichtet und es ihm untersagt, wesentlich Gleiches ungleich und wesentlich Ungleiches gleich zu behandeln, sofern nicht eine sachliche Rechtfertigung für die unterschiedliche Behandlung gegeben ist (Willkürverbot). Der Gleichheitssatz hat überall dort Bedeutung, wo den Trägern staatlicher Gewalt ein Beurteilungs- oder Entscheidungsspielraum und insb. ein Ermessen bei der Ausführung und Anwendung der Gesetze zusteht. Aus diesem Grunde kann die → Verwaltung auch nicht ohne sachlichen Grund von den von ihr selbst erlassenen Verwaltungsvorschriften, z. B. was die Gewährung von Sozialleistungen angeht, abweichen (Selbstbindung der Verwaltung durch Verwaltungsvorschriften). Eine Sonderregelung gegenüber dem allgemeinen Gleichheitssatz (Art. 3 Abs. 1 GG) stellt die *Gleichberechtigung von Mann und Frau* (Art. 3 Abs. 2 GG) dar.

Von der *Grundrechtsfähigkeit* als der Fähigkeit einer Person, Träger von G zu sein (die für einige G – z. B. die *Versammlungsfreiheit* (Art. 8 GG), die *Vereinigungsfreiheit* (Art. 9 Abs. 1 GG), die → *Freizügigkeit* (Art. 11 GG), die *Berufs-*

*freiheit* (Art. 12 GG) – den Deutschen vorbehalten ist), ist die *G-mündigkeit* zu unterscheiden, d. h. die Fähigkeit natürlicher Personen, G selbständig ausüben zu dürfen. Während die G-mündigkeit in Bezug auf Kinder und Jugendliche diskutiert wird, steht die G-fähigkeit aller natürlichen Personen außer Zweifel. So sind auch kranke und alte Menschen (z. B. psychisch Kranke) in gleichem Maße wie Gesunde Träger von G, auch wenn ein Eingriff in ihre Freiheit – z. B. in ihr Recht auf körperliche Unversehrtheit – durch Gesetz und aufgrund eines Gesetzes zulässig ist; der Gesetzgeber ist – unter im GG näher beschriebenen Voraussetzungen – befugt, G einzuschränken. Die Träger der vollziehenden Gewalt bedürfen zu grundrechtseinschränkenden Maßnahmen der Ermächtigung durch den Gesetzgeber, der berufen ist, Inhalt und Grenzen der G dort zu bestimmen, wo es ihm zugestanden wird, Schranken zu setzen oder Regelungen zu treffen.

Bernd Schulte

## Grundrente

Im Gegensatz zum Ziel der →*Lebensstandardsicherung,* das die →gesetzliche Rentenversicherung und die anderen Altersversorgungssysteme in der BR verfolgen, haben die verschiedenen Vorschläge zur Einführung einer G das Ziel, eine Mindestsicherung für alle nicht (mehr) erwerbsfähigen Bürger zu gewährleisten.

Eine G ist eine auf die Tatbestände Alter und Invalidität (Erwerbsunfähigkeit) bezogene Variante einer allgemeinen →*Grundversorgung.* Eine G würde jedem Wohnbürger ab einem bestimmten Lebensalter bzw. bei Invalidität zustehen. Durch eine G soll →Armut im Alter grundsätzlich vermieden werden; dies ist durch die gegenwärtigen Systeme der →Altersvorsorge nicht gewährleistet (vgl. für einen entsprechenden Reformvorschlag im Rahmen der bestehenden Altersvorsorgesysteme das →Voll „Eigenständige" System). Eine G allein kann allerdings keine Lebensstandardsicherung für mittlere und höhere Einkommen gewährleisten. Es ist eine entsprechende Zusatzvorsorge notwendig, die obligatorisch sein kann (wie die Grünen vorschlagen) oder auf privater Basis erfolgen könnte (wie von Teilen der CDU vorgeschlagen wird). Da eine G jedem Staatsbürger zusteht, soll sie aus Steuermitteln finanziert werden.

Von konservativen Parteien wird mit einer G angestrebt, daß der Staat ein nur relativ niedriges Versorgungsniveau garantiert, um darüberhinaus der privaten Vorsorge viel Spielraum zu belassen (vgl. einen engagierten, aber gleichwohl abgewogenen Überblick von Engels 1988). Von eher linken Parteien (in der BR z. B. von der Bundestagsfraktion Die Grünen) wird mit einer G in erster Linie eine allgemeine Armutsvermeidung im Alter angestrebt. Linke Befürworter einer G setzen das Rentenniveau daher im allgemeinen höher an als konservative Befürworter.

Das Ziel der konservativen Neoliberalen ist es, die Bedeutung privater Vorsorge durch die Rückführung der →Sozialversicherung auf das Niveau einer Grundsicherung (etwa Sozialhilfe) zu vergrößern. Dieses Ziel ist allein deshalb problematisch, da es nach den historischen Erfahrungen relativ wahrscheinlich ist, daß die Bezieher niedriger Einkommen nicht in ausreichender Höhe sparen können oder wollen, weil sie ihren aktuellen Konsum höher bewerten werden als den künftigen Konsum, für den sie vorsorgen müßten. Niedrigeinkommensbezieher werden bei einem G-system oft im Alter als einzige Einkommensquelle auf die G angewiesen sein. Durch diesen Effekt kann die Einkommensverteilung im Alter bei einem G-system insgesamt ungleicher sein als bei einem System der Rentenversicherung, welches nach dem *Lebensstandardprinzip* konstruiert ist. Wird eine Rentenversicherung durch eine →bedarfsabhängige Grundsicherung ergänzt, lassen sich die Ziele einer →Mindestversorgung und der Lebensstandardsicherung miteinander verbinden.

Eine G ist auf den ersten Blick in dem Sinne bedarfsgerecht, daß sie Armut im Alter vermeidet. Dies gilt jedoch nicht für alle denkbaren Fälle, da es Lebensrisiken gibt, die einen erhöhten Bedarf konstituieren (z. B. Behinderungen), insb. für den bereits relativ häufigen Fall der →Pflegebedürftigkeit im Alter. Dann bedarf eine G einer Zusatzleistung. Schwierig ist bei den G-vorschlägen auch die Versorgung bei Erwerbsunfähigkeit. Es ist aus dem Ausland bekannt, daß in bestimmten Fällen, in denen der Bedarf über das normale Mindestmaß hinausgeht, bei G-systemen keineswegs mehr Effektivität als bei Versicherungssystemen gegeben ist. Auch bei G-systemen gibt es deshalb eine ausdifferenzierte →Sozialgerichtsbarkeit.

Die G der sozialpolitischen Diskussion darf nicht mit der G in der ökonomischen Literatur verwechselt werden. Die G, die insb. bei den ökonomischen Klassikern diskutiert wird, ist die Pacht für ein Grundstück (*Rente*).

L.: Engels, W., Zur Begründung und zur Utopie des Wohlfahrtsstaates; in: Rolf/Spahn/Wagner (Hg.), Sozialvertrag und Sicherung; Frankfurt, New York, 1988, 321–338. Opielka, M.: Die G diskutieren!; Essen, 1990.

Ellen Kirner, Gert Wagner

**Grundsicherung**
→Soziale Grundsicherung

**Grundversorgung**
Eine soziale G verfolgt zwei Ziele: Zum einen eine „flächendeckende" Versorgung für alle Personen einer Gesellschaft; zum anderen sollen Möglichkeiten zur individuellen Vorsorge gegeben werden. Im politischen Raum wird der Versorgungsaspekt für alle von linken Parteien betont, während der individuelle Spielraum für Vorsorge von konservativen Parteien angestrebt wird. Das Instrument der G ist also für sehr unterschiedliche Zielvorstellungen nutzbar. Die G steht im Gegensatz zum Prinzip der →Lebensstandardsicherung (vgl. →Grundrente, →Mindestversorgung).

Das Ziel einer G für alle Bürger einer Gesellschaft bereitet bei starken Wanderungsbewegungen gewisse Probleme. Im Bereich des →Gesundheitswesens ist eine G auch dann noch relativ leicht zu verwirklichen, wenn man sich entschließt, daß eine gesundheitsbezogene G jeder Person zukommt, die sich auf dem eigenen Staatsgebiet aufhält und der die Mindestversorgung nicht im Ausland gewährt wird. Im Bereich der →Altersvorsorge, auch bei einer Arbeitslosensicherung, ist eine G bei starken Wanderungsbewegungen schwieriger, da es u. U. zu gezielten Einwanderungen kommen könnte, wenn ein Staat eine generelle G gewährt. Temporäre Grenzübertritte sind aufgrund der Leistungen des Gesundheitswesens denkbar; so sind schwangere Grenzgängerinnen z. B. zwischen Mexiko und den USA bekannt, da in den Vereinigten Staaten kostenlose Geburtshilfe geleistet werden muß.

Im Zusammenhang mit der Diskussion um eine →Mindestrente wird in der BR die Frage diskutiert, ob eine solche „Versicherungsleistung" im Rahmen der europäischen Integration auch ins Ausland gezahlt werden müßte. Dann könnte ein schwer kalkulierbares Finanzierungsvolumen entstehen, wenn ausländische Arbeitnehmer, die nur kurz in der BR tätig waren, in ihren Heimatländern eine volle bundesdeutsche →Mindestrente gezahlt bekommen müßten.

Gert Wagner

**Gruppe**
= in der Alltags- und Wissenschaftssprache oft unscharf, jedenfalls nicht übereinstimmend gebrauchte Sammelbezeichnung für soziale Kollektive und Aggregate bzw. Sozialkategorien. Dabei kann der Umfang von G von der kleinsten sozialen Einheit (Paar, Dyade) über größeren Abstammungs- oder Verwandtschaftssozietäten (vgl. ‚G-totemismus'

von Sippe und Clan) und diverse organisierte Zusammenschlüsse (vgl. ärztliche ‚G-praxen'; ‚G 47'; →Verbände und Parteien als ‚Interessen-G') – auch Sekundär-G (im Gegensatz zu den bes. sozialisationsrelevanten Primär-G) genannt – bis hin zu Volk, Nation und Gesamtgesellschaft (vgl. ‚G-absolutismus' für Ethnozentrismus ‚nationaler G'; ‚G-mord' für Genozid) reichen und selbst Aggregate oder Sozialkategorien einschließen, also eine Anzahl von Personen, die ein Merkmal gemeinsam haben (z. B. ‚befragt wurde für die G der Sozialhilfeempfänger'; Stand als ‚geschlossene G', Klasse als ‚offene G'). Auch als Kompositum anderer fachwissenschaftlicher Struktur- und Kulturbegriffe (z. B. ‚Rand-'; ‚Status-'; ‚Bezugs-' bzw. ‚Orientierungs-G') verliert der Ausdruck G an Profil.

An Schärfe gewinnt er, wenn er – wie in der Regel in der neueren Soziologie – analytisch auf solche sozialen Mikro-Einheiten bezogen wird, deren Teilnehmer – auch aufgrund ihrer noch überschaubaren Zahl (vgl. dagegen ‚Menge'; ‚Masse') – ‚face-to-face' miteinander (freilich auch gegeneinander) interagieren, und zwar nicht nur temporär und flüchtig, sondern wiederholt, regelmäßig bzw. relativ dauerhaft, wobei der Zweck – und damit auch die Verhaltens- und Normstruktur – dieser Beziehung durchaus vielschichtig und flüssig gehalten sein, auch wechseln kann. Die Verschränkung der somit genannten drei Grundmerkmale (Unmittelbarkeit, Dauerhaftigkeit, Diffusität) macht die strukturelle Eigentümlichkeit und die spezielle Prozeß- und (‚Intra- wie Inter-G-') Konflikt-Dynamik (→‚Gruppendynamik') – auch die Stärken wie Schwächen an Attraktivität (‚G-valenz', ‚G-kohäsion'), Einfluß (‚G-druck'), Leistungskraft (‚G-effektivität') und Stabilität (‚G-' oder ‚Wir-Bewußtsein') – dieser Sozialbeziehung aus, in der deshalb soziales Handeln, Verhalten und Erleben typischerweise anderen Regel- und Gesetzmäßigkeiten folgt als in sozialen Einheiten, die diese Merkmalskombination einer G nicht aufweisen.

Das Merkmal der Unmittelbarkeit teilt die G mit einem anderen Typus sozialer Beziehungen, den losen ‚Interaktionszusammenhängen', auch ‚einfache Sozialsysteme' genannt (Wartende in den Wartezimmern, Gaffende an der Unfallstelle, Fahrende in den Aufzügen, Flanierende in den Einkaufspassagen), die nach oder schon im Verlauf der Interaktion auch wieder zergehen. In der →Psychologie werden manchmal solche Interaktionsabläufe – auch experimentell hergestellt – bereits als G bezeichnet (vgl. Shaw: ,,A group is defined as two or more persons who are interacting with one another in such a manner that each person influences and is influenced by each other person"), obwohl ihnen das Merkmal der Dauerhaftigkeit abgeht, das G ihrerseits mit sozialen Gebilden vom Typus der →‚Organisation' verbindet. Deren Mechanismen zur zweckspezifischen Ausrichtung und sachzentrierten Disziplinierung von Sozialbeziehungen heben Organisationen jedoch wieder von G ab, und sie sollen gerade Diffusität einschränken und zurückdrängen. G weisen deshalb auch nur selten – mit Ausnahme v. a. der →Familie (als ‚G besonderer Art') – personenunabhängige ‚normative Differenzierungen', ‚positionelle Verfestigungen' und ‚Verrollungen' auf, wenn sich auch Muster von Verhaltenstypisierungen und Erwartungsstandardisierungen (z. B. G-Clown, Ideenproduzent, Prügelknabe) auskristallisieren. Solche ‚G-figuren' (H. Popitz) sind – die noch stark personengebunden – Vorformen sozialer Verrollungen. Wenn G letztere oft auch zurückzudrängen suchen, lassen sie sich jedoch unter bestimmten – inneren und äußeren – Umweltbedingungen manchmal ebensowenig vermeiden wie Formalisierungs- und Hierarchisierungsprozesse. Damit beschreiten G den Weg der Organisationsbildung, wobei sich selten ‚sozial-strukturelle Zwitter' entstehen, die gegensätzliche Strukturmomente, eben G- und Organisationsmerkmale

(‚organisationelle G' wie z. B. kleinere →Vereine, Kinder- und Jugendbanden) miteinander in Einklang bringen müssen.

Wie klassische empirische Studien zeigen, kommen aber auch Organisationen (→Betriebe, →Verwaltungen, aber auch →‚totale Institutionen') selten völlig ohne die Duldung und Zulassung von unmittelbaren, personal getönten Kontakten und Dauerbeziehungen (‚informelle Kontakte', ‚informelle G') aus. Sie werden geduldet, sofern sie der Steigerung der Flexibilität und Reagibilität oder zur Ausbalancierung formeller Rigorismen und Repressionen, jedenfalls den Interessen der Organisation bzw. ihrer Nutznießer dienlich sind. Um ihren Zwecken (effektiver und effizienter) Rechnung zu tragen, führen Organisationen auch artifiziell G-bildungen herbei (z. B. sozio-, psycho- und physio-therapeutische G; Schulklassen; Jugend-G; Sportmannschaften; Planungsteams), womit sie freilich – in unterschiedlichem Grad – deren Diffusität reduzieren (‚organisierte G'; ‚instrumentelle G'; ‚formelle G'). Die damit genutzte dauerhafte Unmittelbarkeit der Wahrnehmung der Interaktionspartner setzt – ‚positive' und ‚negative' – Gefühle (z. B. Sympathie, Antipathie, Liebe, Treue, Haß, Indifferenz, Neid, Eifersucht, Mißgunst, Ressentiment; →Emotionen), Verhaltens- und Handlungsressourcen (Takt, Vertrauen, soziale Nähe bis hin zur körperlichen Berührung) frei und induziert zugleich – wichtig z. B. für bestimmte (Selbst-)Beobachtungs- und Lernprozesse – direkte, direkt kontrollierbare und kaum unkontrolliert unterbrechbare Rückkoppelungsschleifen (Mimik, Gestik, Scham). Fremd- und selbstaktiv erfuhr deshalb die Sozialform der G – auch als Kontrapunkt gegen gesamtgesellschaftliche Entheimatungs- und Anonymisierungstendenzen und gegen die Labilisierung von identitätsbehauptenden ‚Primär-' bzw. ‚Intim-G' – gerade im Sozial- und Gesundheitswesen eine Aufwertung (z. B. →Selbsthilfe-G als Sonderfall ‚symbiotischer G', die – im Unterschied zu ‚konsensuellen G' – als Basis des Zusammenhalts – primär die wechselseitige Bedürfnisbefriedigung ihrer Teilnehmer haben; G in der →Psychiatrie, z. B. zur Suchttherapie; ‚G-arbeit' in der →Jugend- und →Sozialarbeit; ferner →Familientherapie; Psycho- und Soziodrama als spezielle Methoden der →G-psychotherapie; →autogenes Training). Dabei wird die G freilich nicht selten auch romantisch-ideologisch befrachtet (→‚Gemeinschaft') und überlastet mit ‚gruppenselig' überzogenen Erwartungen. Denn G als Sozialformen eigener Art – und erst recht ganz konkrete historische G-bildungen (etwa Gleichaltrigen-G mit ihrer jeweiligen ‚G-kultur') – sind strukturell und kulturell weder repräsentativ für soziales Zusammenleben überhaupt, noch sind sie allein einer gesunden Ich-Entwicklung förderlich, die vielmehr auch der – von ‚reinen' G ausgesparten – „Konfrontation zwischen Ich und Rolle" (H. P. Bahrdt) bedarf.

L.: Bahrdt, Hans Paul, Gruppenseligkeit und Gruppenideologie; in: Merkur 34/1980, H.2, 122–135. Neidhardt, Friedhelm (Hg.): Gruppensoziologie; Kölner Zeitschrift für Soziologie und Sozialpsychologie 1983/Sonderheft 25. Schäfers, Bernhard (Hg.): Einführung in die Gruppensoziologie. Geschichte. Theorien. Analysen; Heidelberg, 1980.

Michael N. Ebertz

**Gruppenarbeit**
Im Begriff ‚G' werden unterschiedliche Phänomene zusammengefaßt. G bedeutet einmal, daß ursprünglich individuell erbrachte Leistungen in Arbeitsgruppen hervorgebracht werden. Dabei können sich die Einzelkräfte addieren, die Definition des ‚eigentlichen Problems' kann beschleunigt werden, auftauchende Fehler bei der Arbeit können schneller erkannt und beseitigt werden (Leistungsvorteile von Arbeitsgruppen nach Hofstätter 1986). G bedeutet zum anderen, daß ursprünglich kollektiv erbrachte Leistungen an unterschiedliche Arbeitsgruppen dezentral delegiert werden. Die

Arbeitsgruppen können konkurrierend oder komplementär tätig werden. In beiden Fällen ist die ‚kleine überschaubare Gruppe' eine intermediäre Instanz zwischen Individuum und gesellschaftlichen Großgebilden (→ Intermediarität). Deshalb ist sie für Hofstätter eine der wichtigsten menschlichen Errungenschaften seit der Erfindung des Rades und ein Gegengewicht gegen die kulturkritische Sicht auf ‚Masse' und ‚Vermassung' in der Tradition Le Bons und Ortega y Gassets.

Seit den 30er Jahren des 20. Jh. sind Gruppen (→ Gruppe) und ihr Verhalten ein bevorzugter Forschungsgegenstand der Sozialpsychologie, der Arbeitspsychologie und der Erziehungswissenschaft, insb. im anglo-amerikanischen Sprachgebiet, aber zunehmend auch in Dt. Für Arbeitsverhalten und Arbeitsleistung im Industriebetrieb waren die ‚Hawthorne Experimente' erkenntnisträchtig, mit denen in den 30er Jahren nachgewiesen werden konnte, daß die Arbeitsproduktivität von Industriearbeitern nicht vorrangig von physikalischen Rahmenbedingungen (wie Luft, Beleuchtung, Pausen) abhing, sondern von Gruppenklima und Gruppennormen (Roethlisberger/Dickson 1939). Das war das Ende des Taylorismus.

Für das Lernen Jugendlicher in Gruppen waren die ‚Führungsstil-Experimente' der Kurt-Lewin-Schüler Lippitt und White von Bedeutung, durch die nachgewiesen werden konnte, daß Lernleistung und Sozialverhalten amerikanischer Jungen im Zeltlager durch unterschiedliche ‚Führungsstile' ihrer erwachsenen Gruppenleiter erkennbar geprägt wurden. ‚Autokratisch' geführte Gruppen reagierten mit Rückzug, Unterwerfung und Vereinzelung oder Aggression, ‚laissez faire' geführte Gruppen reagierten dysfunktional, ‚demokratisch' geleitete Gruppen zeigten integratives Sozialverhalten und gleichmäßig gute Lernleistungen (Lippitt/White 1939). Durch die berühmten Zeltlagerexperimente von Sherif und Sherif konnte nachgewiesen werden, daß Freundschaft und Feindschaft zwischen Gruppen Jugendlicher, die sich vorher nicht kannten, durch die Variable ‚Verknappung von Ressourcen' experimentell manipuliert werden konnten (Sherif/Sherif 1961).

Unabhängig von den Ergebnissen empirischer Sozialforschung ist die Gruppe als Medium sozialen Lernens in der bürgerlichen (ab 1896) und der proletarischen (ab 1904) → Jugendbewegung entdeckt und genutzt worden. Der ‚Wandervogel', die ‚Freideutsche Jugend', verschiedene regionale Studentenbünde und die zu Großorganisationen zusammengeschlossenen Vereinigungen der → Arbeiterjugendbewegung entdeckten jeweils auf ihre Weise die ‚Gruppe' als Medium für identitätsstiftende soziale Lernprozesse, für markante Einstellungs- und Verhaltensänderungen und als Medium der Selbsterziehung (Meißnerformel 1913). Dabei wurden schichtspezifische Besonderungen deutlich: bürgerliche Jugendgruppen blieben klein und überschaubar und reagierten abweisend auf Jugendliche, die nicht ‚ihren Stallgeruch' hatten; in der Arbeiterjugendbewegung hingegen war der Zusammenschluß zu überregionalen Vereinigungen ein Gebot der Strategie des Klassenkampfes und drängte persönliche Animositäten und Antipathien in den Hintergrund.

In den 50er Jahren wurden die Erfahrungen der dt. Jugendbewegung, angereichert durch Ergebnisse der amerikanischen Kleingruppenforschung und durch die Erfahrungen des ‚recreation movement' wieder in der BR heimisch (Haus Schwalbach; → Gisela Konopka) und avancierten zu einer der drei klassischen → Methoden der Sozialen Arbeit als ‚Gruppenpädagogik' neben → ‚sozialer Einzelhilfe' und → ‚Gemeinwesenarbeit'.

Gruppenpädagogik ist seither ein didaktisches Arrangement beim Umgang professioneller erwachsener Pädagogen mit Gruppen von Kindern, Jugendlichen oder Erwachsenen, die sich freiwillig für bestimmte Vorhaben (meist in der Freizeit) zusammengeschlossen haben. Durch die Professionalität der Gruppenleitung unterscheidet sich Gruppenpädagogik begrifflich von G, die mit Hilfe unausgebildeter Leiter betrieben werden kann. Dabei sind die leitenden Prinzipien des Umgangs mit den Gruppenmitgliedern vergleichsweise präzise beschrieben: Anfangen, wo die Gruppe steht und sich mit ihr in Bewegung setzen; besser mit den Stärken der Gruppenmitglieder arbeiten als mit ihren Schwächen; deshalb auch nicht das Gruppenverhalten durch die traditionellen Instrumente von Lob und Tadel steuern, sondern durch eine kluge Auswahl des Gruppenprogramms und durch die Selbsteinschätzung der Gruppenmitglieder; nicht Konkurrenzverhalten ermutigen, sondern Kooperation und Sensibilität für die anderen; keine unnötigen Grenzen setzen, aber unvermeidliche Grenzen fruchtbar machen; sich als Gruppenleiter überflüssig machen.

Diese menschenfreundlichen Prinzipien zeigten in der Praxis positive Wirkungen, aber sie stießen auch auf Widerstände und Grenzen. Bei aller ‚Klientenzentrierung' basierte G auf einer erfolgreichen ‚Vorsozialisierung' der einzelnen Gruppenmitglieder, die ihnen die Zugehörigkeit zu einer letztlich doch erwachsenenbestimmten Gruppe erstrebenswert sein ließ. Zum anderen zeigte sich G hilflos gegenüber dem Phänomen des ‚Außenseiters', der die Gruppe, der er angehörte, nicht als seine ‚Bezugsgruppe' akzeptierte. Es wurde nicht begriffen, daß solche ‚Außenseiter' nicht einfach ‚Außenseiter', sondern gleichzeitig ‚Insider' einer anderen (möglicherweise nur imaginierten) Gruppe waren, deren Werte und Normen zu denen der Gruppe, der sie angehörten, im Widerstreit standen.

In den 50er Jahren wurde Gruppenpädagogik in den USA und in England zur →‚Gruppendynamik' weiterentwickelt (Spangenberg 1969). Dabei ging es weniger um handlungsorientierte didaktische Strategien, sondern um ein reflexives Verfahren, durch das sich einzelne (erwachsene) Gruppenmitglieder über die Genese ihres sozialen Verhaltens bei Kindheits- und Jugend-Erlebnissen in ihrer Ursprungsfamilie Bewußtsein verschaffen sollten (Brocher 1967). Ursprünglich war dieses reflexive Verfahren entwicklungspsychologisch und psychoanalytisch orientiert. Im Laufe der Zeit traten im Hier-und-Jetzt verwurzelte Strategien in den Vordergrund und veränderten das zunächst auf Aufklärung gerichtete therapeutische Konzept zu einem Medium emotionaler Selbst-Gratifikation (Müller/Oelschlägel 1975).

Eine Sonderform gruppendynamischer Selbstreflexion ist die Zusammenarbeit von Ärzten in sogenannten ‚Balint-Gruppen'. M. Balint geht davon aus, daß wirksame ärztliche Tätigkeit berücksichtigen muß, daß die Person des →Arztes eine wichtige Variable darstellt, um die Mitarbeit von Patienten zu stimulieren oder zu blockieren, um den Krankheitsverlauf hemmend oder fördernd zu beeinflussen, um die Lebenskräfte von Patienten zu unterstützen oder zu dämpfen: Der Arzt selbst ist eine Droge (Balint 1965). Ein Bewußtsein von dieser Wirkung seiner Person erfährt der Arzt in der Regel nicht im Dialog mit dem Patienten (‚Stumme Medizin'), sondern muß dafür in einer eigenen Form der G (‚Balint-Gruppen') sensibilisiert werden.

L.: Balint, M.: Der Arzt, sein Patient und die Krankheit; Stuttgart, ³1965. Brocher, Tobias: Gruppendynamik und Erwachsenenbildung; Braunschweig, 1967. Hofstätter, Peter R.: Gruppendynamik. Kritik der Massenpsychologie; Reinbek, 1986. Konopka, Gisela: Soziale G: ein helfender Prozess; Weinheim, 1968 ff. (engl. Original 1963). Lippitt R./White, R. K., Führungsstile und Gruppenleben – Eine experimentelle Studie; in: Eleanor E. Maccoby et. al. (eds.), Readings in Social Psychology; New York, ³1958,

496–510. Müller, C. Wolfgang: Gruppenpädagogik. Auswahl aus Schriften und Dokumenten; Weinheim, ⁴1987. Ders.: Wie Helfen zum Beruf wurde. Eine Methodengeschichte der Sozialarbeit (1945–1985), Band 2; Weinheim, 1988. Müller, C. W./Oelschlägel, D., Gruppendynamik und Emanzipation; in: Günter Hartfiel (Hg.), Emanzipation: Ideologischer Fetisch oder reale Chance?; Opladen, 1975, 301–324. Roethlisberger, F. W./Dickson, W. J.: Management and the worker; Cambridge, 1939. Schiller, Heinrich: Gruppenpädagogik als Methode der Sozialarbeit; Wiesbaden, 1963. Haus Schwalbach: Gruppenpädagogik. Auswahl aus den Schwalbacher Blättern; Wiesbaden, 1959; – Neue Auswahl aus den Schwalbacher Blättern; Wiesbaden, 1965; – Auswahl 4 in 2 Bänden; Wiesbaden 1978. Sherif, Muzafer/Carolyn, W.: Intergroup Conflict and Cooperation; University of Oklahoma, 1961. Spangenberg, Kurt: Chancen der Gruppenpädagogik; Weinheim, 1969.

C. Wolfgang Müller

## Gruppendynamik

Unter G i. w. S. versteht man alle wissenschaftlich abgesicherten Erkenntnisse der Kleingruppenforschung. Das ist die Lehre von den Gesetzmäßigkeiten vorbewußter und unbewußter Prozesse in Gruppen. Hiermit sind natürliche (z. B. Familie) und künstliche (z. B. Arbeitsgruppen) gemeint. Der aus Dt. in die USA emigrierte Gestaltpsychologe Kurt Lewin (1880–1947) hat den Begriff G zur Bezeichnung des wissenschaftlichen Studiums der Prozesse in Kleingruppen schon in den 1930er Jahren eingeführt. Hierbei ist auch die mehr oder minder bewußte Dynamik der Gefühle und Beziehungen gemeint, die sich in jeder →Gruppe entwickelt. Insofern existiert in jeder Gruppe naturwüchsig eine G. Lewin steht auch für die Definition von G i. e. S. Dabei handelt es sich um die gezielte Verwendung von wissenschaftlichen Erkenntnissen mittels einer Reihe praktischer Methoden und Techniken, um Mitglieder einer Kleingruppe zu mehr Selbstreflexion und Verhaltensänderung innerhalb des aktuellen Gruppenprozesses zu verhelfen. Nach ihrer Entdeckung 1946 in den USA kam die G i. e. S. 1963 in die BR. 1966 begannen *Sensitivity*-Seminare. Ein Jahr später wurde die Sektion Gruppendynamik im →Deutschen Arbeitskreis für Gruppenpsychotherapie und Gruppendynamik *(DAGG)* gegründet; die Ausbildung von Gruppendynamik-Trainern hatte begonnen. Seit den 1970er Jahren haben sich verschiedene Richtungen gruppendynamischer Selbsterfahrung entwickelt, die teilweise aus den bekannten klassischen Therapieschulen stammen. Das Sensitivitäts-Training ist eine Variante der klassischen Trainings-Gruppe (T-Group). Hierbei soll es in der Kleingruppe zu Einsichten in eigene und fremde Gefühle, Wahrnehmungen, Motive und Verhaltensweisen kommen. Die Hauptmethode, um diese Sensibilisierung zu fördern, ist das Feed-Back, das über die erstrebte Rückkoppelung zu einer Korrektur eingeschliffener Verhaltensweisen führen soll.

Eine weitere Variante der G sind *Encounter*-(Kontakt-)Gruppen, die ihre theoretischen Bezüge auch in *Rogers* Therapierichtung haben. Hierbei sollen durch Übungen und direkten Kontakt persönliche Nähe und starke Gefühle erlebt werden. Viele Encountergruppen sind eigentlich ein fragwürdiger Therapieersatz gewesen. Die ursprüngliche Absicht, positive und demokratische Impulse in die Gesellschaft hineinzutragen, ist hierbei schwer erkennbar. Die Übertragung (Transfer) von Encounter-Erfahrungen auf den →Alltag fällt oft schwer. Psychisch labile Menschen können dann im →Alltag in eine Krise geraten. Klassische T-Gruppe und das Sensitivity-Training sind in den letzten Jahren mehr in den Hintergrund der G-Szene geraten.

Seit 1970 kennt man noch die gruppendynamischen *Organisations-Laboratorien*. Nicht mehr eine Kleingruppe (3–12

Personen), sondern eine Großgruppe von ca. 50 Personen, die sich zeitweise in mehrere Kleingruppen aufteilen kann, ist nun Gegenstand von G. Gruppenprozesse, die sich alltäglich in Industriebetrieben, der Verwaltung, in Bildungs-, Sozial- und Gesundheitseinrichtungen abspielen, können hier wie im Labor direkt erlebt werden. Beim Organisationstraining geht es eher um Erkennen und Verändern von Macht, Vertrauen, Kontrolle, Informationen und Kompetenz. Organisationstraining- und die daraus hervorgegangene → *Institutionsberatung* wurden zum Anstoß für Verbesserungen von Effektivität und *Human Relations* in vielen Großeinrichtungen. Oft werden dabei aus dem allgemeinen Erfahrungsbereich der G stammende Plan- und Rollenspiele zur Untersuchung von Entscheidungsprozessen verwendet. Vor allem in Einrichtungen mit verschiedenen durch Ausbildung und Status klar getrennten Berufsgruppen (z.B. im → *Krankenhaus*) haben diese Verfahren viele Veränderungen bewirkt (vgl. *Fürstenau*). Nahezu alle psychotherapeutischen Richtungen haben inzwischen gruppendynamische Varianten (Selbsterfahrungsgruppen), auch zum Kennenlernen ihrer Therapieschwerpunkte, entwickelt.

Eine Besonderheit unter den gruppendynamischen Richtungen stellt die *Themenzentrierte Inter*aktion (TZI) von R. *Cohn* dar. Die TZI bezweckt eine Synthese zwischen Lernen an einer Sache (Thema) und der Persönlichkeitsentwicklung in einer Gruppe. Es soll eine Balance gefunden werden zwischen dem „Ich" des Individuums, seinen Gefühlen und Lernstörungen, dem „Wir" der Gruppe und dem „Thema", das die Gruppe zu bewältigen hat. Mit Hilfe von Kommunikationsregeln können Lernstörungen erkannt und in der Gruppe behoben werden. TZI eignet sich für Veranstaltungen mit Sachthemen, z.B. in der → *Erwachsenenbildung* und der → *Sozialpädagogik*.

Aus der psychoanalytischen → Gruppentherapie und der klassischen G hat sich die analytische G entwickelt. Interpretationshintergrund sind Theoriemodelle der → Psychoanalyse. In Abgrenzung zur Gruppentherapie werden die Prozesse und *Deutungen* eher im „Hier und Jetzt" gehalten; die G ist zeitlich begrenzter; ihr Ziel ist es, Erkenntnisse, Hilfen und Veränderungsmöglichkeiten für den Alltag zu liefern. Auf fixierte Gefühle und Verhaltensweisen (z. B. notorische *Übertragungen*, wie sie in der Gruppentherapie bearbeitet werden) kann nicht in diesem Ausmaß Rücksicht genommen werden. Die Unterschiede zwischen G und Gruppentherapie sind jedoch nicht absolut, sondern relativ. G hat eine andere, eher alltags- und berufsbezogene Zielsetzung, deswegen ein entsprechend modifiziertes Setting, und sie beabsichtigt, methodisch weniger in die Tiefe (Regression/Tiefung) zu gehen. Von *Benne* stammt die Aussage, daß G „Therapie für Normale" sein könne. G wendet sich also an den durchschnittlich belastbaren „Normalneurotiker" und nicht an psychisch kranke Menschen.

Von den gruppendynamischen Techniken und Methoden ist die Entdeckung des Feed-Back die bekannteste. Spezielle Regeln können die Fähigkeiten, Rückmeldung zu geben und zu empfangen, fördern. Damit kann die soziale Selbst- und Fremdwahrnehmung optimiert werden; Menschen können sich besser verständigen, und Beziehungen innerhalb der Gruppe werden klarer. Hierbei leisten die Trainer Hilfestellung, wie z. B. beim Scharfeinstellen von Verhaltensweisen, dem *Focussieren* (Focus = Brennpunkt). Typische, vom einzelnen eingenommene Verhaltensweisen und Rollenaspekte werden überdeutlich hervorgehoben. Das „Hier- und Jetzt"-Prinzip („Hier- und Jetzt"-Deutungen) der G soll auch zeigen, daß soziales Lernen nur konkret in der Gegenwart geschieht. Ein Reden „über" (Vergangenheit, Zukunft, Abstraktionen u.a.) ist verpönt und wird auf seine Bedeutung (Angstbewältigung, Ablenkung usw.) für das „Hier und Jetzt" der Gruppensituation hinterfragt. Das „Hier- und Jetzt"-Prinzip bedeutet nicht, daß Theorie in der G grundsätzlich abgelehnt wird; man will nur den Stellenwert von Theorie in der Selbsterfahrungssituation hinterfragen. In vielen G-Veranstaltungen werden neben den T-Gruppen spezielle Theorie-Seminare angeboten, in welchen das vorher Erlebte in Form einer Prozeßreflexion auch theoretisch reflektiert werden kann. Ferner haben eine Fülle von gruppendynamischen Techniken und Methoden Eingang in *Sozialpädagogik* und *Erwachsenenbildung* gefunden: das Paarinterview zum gegenseitigen persönlichen Kennenlernen in neuen Gruppen, *Rollenspiele*, Übungen zur Wahrnehmung, zum Feed-Back, Entscheidungen, Beratungssituationen in Gruppen, wie auch die Vorbereitung auf die Rückkehr in den Alltag nach der Gruppenerfahrung (vgl. Antons). Auch Praxisberatung, Praxisanleitung und →*Supervision* ist ohne G undenkbar. In Großinstitutionen werden Formen der →Organisations- und Institutionsberatung angewendet.

Schon in den Anfängen der G existierte der Anspruch, demokratische Werte zu verwirklichen und zur Humanisierung der →Gesellschaft beizutragen. In den 1970er Jahren kam es zu Kontroversen, ob G nur eine Sozialtechnologie, ein „Spiel ohne Folgen", oder wirklich emanzipatorisch sein könne. Inzwischen sind diese Kontroversen abgeklungen. G ist an Hochschulen, in der Aus- und →Weiterbildung etabliert und stärker berufsbezogen. Die Hauptabnehmer, die heutige Generation der pädagogischen und →helfenden Berufe („*Sinn*sucher-Berufe"), haben sich beim gegenwärtigen →„*Psycho*-Boom" eher den aus dem Bereich der Humanistischen →Psychologie (Gestalttherapie, Integrative Therapie, Körpertherapien u.a.) stammenden Selbsterfahrungsangeboten zugewendet, ohne daß die G und ihre Ergebnisse dabei an Bedeutung verloren hätten. Denn diese hat in den letzten Jahren nicht nur das gruppendynamische Training fortentwickelt, sondern sich auch gegenwärtigen sozialen Fragen (Arbeitslosigkeit, Frieden, →Frauenbewegung u.a.) gewidmet und diese bei ihren Gruppenangeboten berücksichtigt.

L.: Antons, Klaus: Praxis der G. Übungen und Techniken; Göttingen, 1974. Bion, W.R.: Erfahrungen in Gruppen und andere Schriften; Stuttgart, 1971. Bradford, L.P./Gibb, J.R./Benne, K.D. (Hg.): Gruppentraining, T-Gruppentheorie und Laboratoriumsmethode; Stuttgart, 1972. Brocher, Tobias: G und Erwachsenenbildung; Braunschweig, 1967. Ders./Kutter, Peter (Hg): Entwicklung der G; Darmstadt, 1985. Cohn, Ruth: Von der Psychoanalyse zur Themenzentrierten Interaktionellen Methode; Stuttgart, 1976. Fürstenau, Peter: Zur Theorie psychoanalytischer Praxis; Stuttgart, 1979. Hartley, Eugene L./Hartley, Ruth E.: Die Grundlagen der Sozialpsychologie; Berlin, 1955. Heigel-Evers, Annelise (Hg): Lewin und die Folgen; München, 1977. Hofstätter, Peter: G; Reinbek, 1968. Homans, George Caspar: Theorie der sozialen Gruppe; Köln, Opladen, 1968. Horn, Klaus (Hg): G und der „subjektive" Faktor; Frankfurt, 1972. Petzold, H./Frühmann, R. (Hg): Modelle der Gruppe, 2 Bde.; Paderborn, 1986. Slater, Philip E.: Mikrokosmos. Eine Studie über G; Frankfurt, 1970.

Z.: G, Zeitschrift für angewandte Sozialwissenschaft; Opladen. Gruppenpsychotherapie und G, Beiträge zur Sozialpsychologie und therapeutischen Praxis; Göttingen. Integrative Therapie, Zeitschrift für Verfahren Humanistischer Psychologie und Pädagogik; Paderborn.

Nando Belardi

**Gruppenpädagogik**
→Gruppenarbeit

**Gruppenpsychotherapie**
Unter G versteht man Behandlungsmethoden, bei welchen mit Hilfe von Therapeuten die Mitglieder einer →Gruppe die tiefenpsychologischen Motive ihrer Gefühle (→Emotionen), Beziehungen

und Sozialkontakte erkennen und zur Leidensverminderung und Verbesserung ihrer Lebenssituation außerhalb der Gruppe verändern lernen. Die Therapiegruppe dient hierbei als Modell und Lernfeld. Völkerkundliche Forschungen haben gezeigt, daß es gruppenbezogene Heilformen schon in den Frühzeiten der Menschheitsgeschichte gibt. Diese haben meistens ein religiös-magisches Bezugssystem. Vorläufer heutiger G waren suggestiv-repressive Formen der →Gruppenarbeit seit der Jahrhundertwende, bei welchen die Patienten durch Überredung, Ablenkung, Belehrung oder Verdrängung von ihren Problemen geheilt werden sollten. Es handelte sich meistens um Einzelbehandlungen in und vor Gruppen. Die moderne G hat seit Beginn dieses Jh. drei Entwicklungslinien:

1. Versuche, die Erkenntnisse der → *Psychoanalyse* auf die Gruppenarbeit zu übertragen; *Slavson* begann 1934 mit der analytischen Therapie von Einzelpersonen in der Gruppe. Vor allem seelisch gestörte Kinder und Jugendliche sollten durch Aktivitätsgruppen (Malen, Spielen, Kreativität) zu positiven Gemeinschaftserlebnissen geführt werden. Der Psychiater und Psychoanalytiker *Schilder* arbeitete schon vor 1933 mit therapeutischen Gruppen. *Bion* experimentierte seit 1943 mit führerlosen Gruppen. M. *Jones* erprobte für alle in der Psychiatrie Tätigen ein Gruppenkonzept („*Psychiatrische Gemeinschaft*").

2. Die sozialpsychologische *Kleingruppenforschung* und → *Gruppendynamik*, *Cooleys* Beschreibung der Primärgruppe, *Sherifs* und *Whytes* Gruppenuntersuchungen mit Jugendlichen und die Entdeckung der Gruppendynamik durch *Lewin* und seine Mitarbeiter haben der G wissenschaftliche Grundlagen geliefert.

3. Unabhängig von diesen beiden Richtungen entstand als weitere Form der G seit 1920 *Morenos Psychodrama*. Es ist eine Therapie des einzelnen in der Gruppe. Es geht um Re-Inszenierung ehemals krankmachender Familienszenen vor der Gruppe durch *Rollenspiel* im Stegreif und *Abreaktion (Katharsis)*. Morenos Motto war: „Handeln ist besser als Reden."

Warum Psychotherapie in der Gruppe? Die anthropologisch-tiefenpsychologische Begründung lautet, daß die Menschen stärker durch Gruppen als durch Einzelpersonen geprägt sind. Da jeder Mensch mehreren Gruppen angehört, existieren auf der Erde mehr Gruppen als Individuen. Die Menschen sind Gruppenmenschen; ihre ersten Gruppenerfahrungen entstammen der Herkunftsfamilie und prägen lebenslang. Da stabile, überschaubare und eindeutige Gruppen durch die moderne Lebensweise (→Industrialisierung, soziale Mobilität, Kleinfamilie, Zunahme unvollständiger Familien) immer seltener werden, kann ein großer Nachholbedarf an positiver Gruppenerfahrung angenommen werden. Hinzu kommt noch ein Effektivitätsaspekt: G erreicht mehr Personen zur gleichen Zeit und ist in vielen psychosozialen Einrichtungen die einzige Möglichkeit, auch schwer gestörte und sozioökonomisch benachteiligte Patienten zu erreichen.

Bei der G spielt der äußere Rahmen (Setting) eine große Rolle. Wichtig ist die Kleinheit und Einheit der Gruppe (3–25 Pers.); optimal sind Gruppengrößen von 6–12 Menschen. Es muß Blick- und Körperkontakt (face-to-face) möglich sein. Aus diesem Grunde ergibt sich die Sitzordnung der Kreisform. Regelmäßiges Erscheinen, Diskretion nach außen, Offenheit nach innen, Klarheit von Zielen und Rollen sind Grundbedingung. All das sind Elemente eines informellen Gruppenvertrages, der eine Abgrenzung nach außen hin (Gruppengrenze) und damit Schutz und Entwicklungsmöglichkeiten im Inneren gewähren soll.

G kann als Therapie der Gruppe als Ganzes (z. B. bei der *Gruppenanalyse*) oder als Therapie des einzelnen in der

Gruppe (z. B. Psychodrama) aufgefaßt werden. →Integrative Therapie und →Gestalttherapie versuchen beide Möglichkeiten zu kombinieren. Bei der offenen Gruppe kann jederzeit die Mitgliedschaft wechseln, was eine geringe Verbindlichkeit zur Folge hat. Die geschlossene Gruppe startet und endet für alle Teilnehmer gleichzeitig; das ist bspw. in vielen Suchtkliniken der Fall. Die Patienten befinden sich dort für mehrere Monate und beginnen als geschlossene Kleingruppe. Eine solche Therapiegruppe kann ein- bis zweimal wöchentlich für 90 Minuten tagen. In Kliniken werden zusätzlich noch themenzentrierte Sitzungen (z. B. über Alltagsbewältigung, Suchtfragen, Familien- und Berufsprobleme) angeboten, sowie Arbeits- und Beschäftigungstherapie. Dieses Setting, oft auch um Stationsversammlung und Großgruppen erweitert, ist für die Klinik am besten geeignet. Ein Kompromiß zwischen den beiden Gruppenformen der offenen und geschlossenen Gruppe bildet die halbgeschlossene Gruppe (slow open group). Hierbei läuft die Gruppe als solche unbegrenzt; die einzelnen Mitglieder schließen sich ihr verabredungsgemäß an oder verlassen sie. Halbgeschlossene Gruppen findet man v. a. in der freien Praxis und in Beratungsstellen.

Nahezu alle bekannten Richtungen der Einzelpsychotherapie haben auch gruppenbezogene Arbeitsformen entwickelt. Am wichtigsten sind dabei die tiefenpsychologisch orientierten Richtungen der G. Diese haben viele Anstöße von →*Freuds Psychoanalyse* erhalten: Alle Menschen übertragen frühere Gefühle und Szenen aus ihrer Herkunftsfamilie auf spätere Lebenssituationen. Wenn derartige Übertragungen stark vorherrschen, das Selbstbefinden und den sozialen Kontakt mit anderen Menschen stark stören, kann G hilfreich sein. Die Therapiegruppe hat kein anderes Thema als die Gruppenmitglieder, ihre Befindlichkeit, Ängste, Phantasien, vergangene Szenen und andere Gefühlsreaktionen. Die im Alltagskontakt vorherrschende manifeste (offensichtliche) Ebene der *Kommunikation (Inhaltsebene)* tritt in der Therapiegruppe in den Hintergrund; die latente (verborgene), vom *Unbewußten* geprägte Ebene der *Affekte (Beziehungsebene)* steht stattdessen im Vordergrund des Gruppengeschehens. So bietet die Therapiegruppe durch die vielen Mitglieder mehrfache Möglichkeiten der *Übertragungen*.

Wissenschaftliche Beiträge zur Entwicklung der G: Grundsätzlich gilt, daß man die Gruppe nach dem Billard-Modell verstehen kann; jede Äußerung eines Gruppenmitgliedes ist ein Anstoß für die anderen. W. R. Bion beschreibt den Gruppenprozeß als *Abwehr*prozeß. Er geht davon aus, daß die Gruppe sich zuerst in einer Abhängigkeit erlebt, dann in einer Kampf-Flucht-Situation, und daß man sich danach real und in der Phantasie mit Paarbildung beschäftigt. Von *Ezriel* (1957) stammt der Begriff der Gruppenspannung: Hinter einem vordergründigen Thema steht noch ein unbewußtes, gemeinsames Gruppenproblem oder eine gemeinsame Gruppenphantasie; in den unbewußten Befürchtungen der Gruppenmitglieder spielen gewünschte und gemiedene Beziehungen eine große Rolle. Bedeutende Beiträge zur G kommen seit 1949 von S. H. *Foulkes,* der von der *Psychoanalyse* und der *Gestaltpsychologie* beeinflußt war. Er betont die Bedeutung jeder Äußerung in der Gruppe als Übertragung im Rahmen der Gruppe als Ganzes. Alle Beziehungen in der Therapiegruppe beruhen seiner Meinung nach auf Übertragungen. Damit wiederholen die Gruppenmitglieder biographisch alte, nicht überwundene, unbewußte Konflikte in der Gruppe in ihren Beziehungen zu den anderen Gruppenmitgliedern. Diese dienen dabei als Identifikations- und Projektionspersonen. Dadurch, daß man erkennen kann, daß die anderen auch Konflikte haben, kommt es zur Spiegelreaktion in der Gruppe; man kann die Schwierigkeiten der anderen leichter erkennen als die eigenen. Insofern ist jeder Patient ein Co-Therapeut für den anderen. Die Gruppe als Ganzes ist für Foulkes ebenso wie für W. *Schindler* das Symbol des *Mutter-Imagos*. Eine Sichtweise der Gruppenanalyse ist es, daß alle Äußerungen auf die Gruppe als Ganzes (und nicht nur auf einzelne Personen) bezogen werden. Die Äußerungen und Konflikte, welche die einzelnen vorstellen, sind andererseits wiederum Ausdruck und Reinszenierungen von deren Ursprungsrollen und -konflikten aus den jeweiligen Herkunftsfamilien. Dadurch bilden sich Familienkonflikte ab. So werden in jeder (Therapie-)Gruppe soziale Rollen eingenommen, die durch familiäre Vorerfahrungen und aktuelle Sozialbeziehungen in dieser Gruppe geprägt sind.

Slavson nannte als Rollentypen den Konformisten und Devianten. Von Lewin stammen klassische Untersuchungen über Auswirkung des Führungsstils auf das Gruppenklima. *Krech* u. a. haben insgesamt 14 Rollenmöglichkeiten in Gruppen benannt. *R. Schindler* beschreibt ein vereinfachtes Modell für Rollenpositionen in Gruppen; es gibt einen Hauptakteur und Gruppenrepräsentanten (Alpha-Position), daneben einen Sachkenner ohne Führungsanspruch (Beta), die Mehrzahl der Gruppenmitglieder (Gamma) identifiziert sich mit Alpha, in der Omega-Rolle befinden sich Außenseiter und Sündenböcke.

Eine andere Sichtweise in der G ist die der Gruppenprozesse. Aus der Lewin-Schule stammt die idealtypische Beschreibung der Gruppenprozesse in Verlaufsphasen: Freezing (Auftauen), Changing (Veränderung) und Refreezing (Festigung des neuen Verhaltens). Mit Variationen findet man derartige Phaseneinteilungen nahezu in der gesamten Gruppenliteratur.

Je nach den Anforderungen können verschiedene Schwerpunkte bei der G gesetzt werden. Beim personenzentrierten Arbeiten beschäftigt sich der Therapeut mit einem Gruppenmitglied, während die anderen innerlich beteiligte Zuschauer sind. Am Ende einer solchen Einzelarbeit sollen die passiven Mitglieder ihre eigene Betroffenheit mitteilen (*Sharing*) oder ihre Beobachtungen in die Gruppe geben (*Feed-Back*). Gruppengerichtet ist die G, wenn das Thema eines Gruppenmitgliedes für andere große Bedeutung hat; dieses können die Therapeuten dann auf die Gruppe als Ganzes beziehen. Gruppenzentriertes Arbeiten findet eher auf der gruppendynamischen Ebene statt; die Gruppenmitglieder setzten sich mit sich selber in der Gegenwart auseinander. Wenn ein bestimmtes inhaltliches Thema in den Vordergrund rückt, spricht man von themenzentrierter Gruppenarbeit.

Hauptaufgabe der Gruppentherapeuten ist es, Aufbau, Erhalt und Entwicklung der Gruppe zu fördern. Sie sind Ermöglicher (Facilitator) für Gruppenprozesse, oder Katalysator in dem Sinne, daß vorhandene Prozesse verstärkt und verdeutlicht werden. Die Beziehungen des Therapeuten zu den Teilnehmern und die der Teilnehmer untereinander sind das wichtigste Element der G. Je nach der Therapierichtung variieren diese Verhaltensmöglichkeiten der Therapeuten. Gruppenanalytiker nehmen eine der Einzelanalyse ähnliche beziehungsabstinente Haltung ein, um Übertragungs- und *Projektions*prozesse bei den Teilnehmern erkennen und deuten zu können. Bei den Therapierichtungen der *Humanistischen Psychologie (Gestalttherapie / Integrative Therapie / Gesprächstherapie* u. a.) steht ein eher beziehungsorientierter Leitungsstil im Vordergrund. Das ist v. a. bei schwergestörten und psychiatrischen Patienten sinnvoll, weil hier die abstinente Haltung unangebracht ist. Für alle Richtungen der G gilt, daß Übertragungsprozesse und nachholende *Sozialisationserfahrungen* im Mittelpunkt stehen. Erfolgreiche Gruppentherapeuten verfügen über ein hohes Maß an emotionaler Wärme, Echtheit und Klarheit – Heilfaktoren, die noch vor der jeweiligen therapeutischen Richtung rangieren. Deswegen kann nicht allgemein festgestellt werden, welche Therapierichtung die „bessere" sei, sondern eher, ob Menschen für ein spezielles Therapie-Setting zueinander „passen".

Da in der G die *freie Assoziation* des Einzelpatienten wie in der klassischen Psychoanalyse nicht möglich ist, wird sie in der Gruppenanalyse ersetzt durch die freie Gruppenassoziation. Die Beziehungen der Patienten untereinander und zum Therapeuten werden als Übertragungen behandelt und sind deswegen zum Zwecke der Heilung ein Gegenstand von *Interpretation, Deutung* und *Analyse*. Bei der G der Humanistischen Psychologie dagegen werden Übertragungsprozesse nicht künstlich forciert; man erhält das unbewußte Material über Phantasie-Übungen, Kreativität, Bewegung oder mediale Arbeiten. Wichtig ist bei beiden Vorgehensweisen, daß die Ich-Kontrolle herabgesetzt werden kann: „Loose your mind and come to your senses", lautet ein Schlüsselsatz von F. *Perls*; alle tiefenpsychologisch orientierten therapeutischen Richtungen sind sich darin einig, daß grundlegende Strukturveränderungen vorwiegend über Rückkehr zu früheren Gefühlen und Szenen stattfinden (Regression/Tiefung).

Die G bietet eine vielfältigere Übertragungs- und Beziehungsmöglichkeit als die Einzeltherapie. Sie ist mehrperspektivisch und eine „Bühne in der Gegenwart", auf der Szenen der Vergangenheit wieder aktuell und möglicherweise bewältigt werden *(Petzold/Schneewind)*. Die G ist für die meisten psychischen Erkrankungen geeignet. Bei der Zusammenstellung der Mitglieder sollte man auf Homogenität bei den sozialen Herkunftsmilieus und auf Heterogenität der psychischen Störungen achten. Je größer der Abstand zwischen den polaren Typen, desto höher ist das therapeutische Heilpotential der Gruppe. Je nach Institution und Zielgruppe können die Möglichkeiten der G variiert werden. Bei der Aktivitätsgruppentherapie mit Kindern und Jugendlichen stehen Themen wie Abhängigkeit und Ablösung von den Eltern im Vordergrund; hier kann man Medien (Spielen, Malen, Bewegung) einsetzen. G in der freien Praxis mit verbal durchschnittlich ausgestatteten Angehörigen der Mittelklasse wird anders aussehen, als G in einer Klinik mit sozioökonomisch benachteiligten und sprachlich eingeschränkten Alkoholkranken ( → Alkoholiker). Entsprechende Variationen sind auch nötig bei anderen Zielgruppen (Drogenabhängige, Gefängnisinsassen oder alte Menschen).

Die Frage, ob Einzel- oder Gruppentherapie sinnvoller sein kann, ist oft durch den finanziellen und personellen Rahmen vorentschieden. Grundsätzlich bezieht G mehr die Breite des aktuellen Lebensspektrums (bei Berücksichtigung der biographischen Ursachen) ein. In der Einzeltherapie fehlt die Auseinandersetzung mit anderen Menschen, dagegen können mehr Themen aus der eigenen Biographie und tiefere Regressionen im Vordergrund stehen. Beide Verfahren können nach Absprache miteinander kombiniert werden. G ist billiger und bei vorherrschendem Mangel an Therapieplätzen effizienter. Auch können Gruppenmitglieder als „Co-Therapeuten" eventuell vorhandene Fähigkeitsdefizite der Gruppentherapeuten mildern.

Wie und weshalb heilt G? Allgemein wirksame Faktoren sind die Rückkehr *(Regression)* zu früheren Gefühlen und Szenen des Erlebens mit dem Zwecke der Veränderung in Gegenwart und Zukunft (bei Ich-starken Personen), die Abreaktion von Gefühlen, die Einsicht, daß eigene Anteile in andere projiziert werden, und die Wandlung (Neu-Lernen und Neu-Verhalten). Weitere in der G-forschung festgestellte Heilfaktoren sind, zu lernen, wie man (negative/positive) Gefühle anderen gegenüber äußern und diese sich anhören kann. Ferner: Feed-Back zu geben und zu erhalten; das Entdecken und Akzeptieren früher unbekannter Teile des eigenen Selbst. Von großer helfender Wirkung ist auch die Tatsache, daß nach einer Selbstoffenbarung ein befürchteter negativer Affekt der anderen nicht eingetreten ist, wie auch die Erkenntnis, daß andere Menschen auch Fehler und Schwächen haben. Nach Forschungsergebnissen beträgt die optimale Verweildauer in der G 18 bis 24 Monate.

L.: Argelander, Hermann: Gruppenprozesse. Wege zur Anwendung der Psychoanalyse in Behandlung, Lehre und Forschung; Reinbek, 1972. Battegay, Raymond: Der Mensch in der Gruppe, 3 Bde.; Bern, 1967ff. Foulkes, S. H.: Gruppenanalytische Psychotherapie; München, 1974. Ders.: Praxis der Gruppenanalytischen Psychotherapie; München, Basel, 1978. Heigl-Evers, Annelise: Konzepte der analytischen G; Göttingen, 1980. Dies. (Hg.): Lewin und die Folgen; München, 1977. Kutter, Peter (Hg.): Methoden und Theorien der G; Stuttgart, 1980. Moreno, J. L.: G und Psychodrama; Stuttgart, 1973. Petzold, Hilarion/Frühmann, Renate (Hg): Modelle der Gruppe in Psychotherapie und psycho-sozialer Arbeit, 2 Bde.; Paderborn, 1986. Schindler, Walter: Die analytische Gruppentherapie nach dem Familienmodell; München, 1980. Slavson, S. R.: Analytische Gruppentherapie; Frankfurt, 1977. Yalom, Irvin D.: G; München, 1974.

Z.: G und Gruppendynamik, Beiträge zur Sozialpsychologie und therapeutischen Praxis; Göttingen. Gruppendynamik, Zeitschrift für angewandte Sozialwissenschaft; Opladen. Integrative Therapie, Zeitschrift für Verfahren Humanistischer Psychologie und Pädagogik; Paderborn.

Nando Belardi

**GSbG**
⇒ Gesellschaft für Systemberatung im Gesundheitswesen mbH

**Günther, Hans Friedrich Karl**
Prof. Dr. phil., 1891–1968. G, alias Ludwig Winter, alias Heinrich Ackermann (in Publikationen nach 1945), war vor 1930 Schriftsteller, Autor rassistischer und antisemitischer Bücher; Ausbildung als Germanist; Betätigung als Rassenkundler; Veröffentlichungen mit Emil Fischer. 1930 o.Prof. in Jena, berufen durch →Wilhelm Frick, 1934 o.Prof. in Berlin, 1935 Direktor der Anstalt für Rassenkunde, Völkerbiologie und ländliche Soziologie, 1939 o.Prof. in Freiburg, 1945 suspendiert mit Pensionsrechten, nach 1945 Neuauflagen rassistischer Schriften in rechtsradikalen Verlagen, z.T. wohlwollend besprochen durch ehemalige Kollegen, Gründungsmitglied der Northern League. (→Sachverständigenbeirat für Bevölkerungs- und Rassenpolitik)

Heidrun Kaupen-Haas

**Gütt, Arthur H.**
Dr. med., 1891–49; 1919–1925 prakt. Arzt, dann Medizinalrat, 1933 Medizinaldirektor im Reichsinnenministerium, später Chef des SS-Amtes (→SS) für Bevölkerungspolitik und Erbgesundheitspflege beim Stab Himmlers, Leiter der Staatsmedizinischen Akademie in Berlin. Beteiligt an der Neuordnung des Gesundheitswesens und an sämtlichen rassenhygienischen und bevölkerungspolitischen Gesetzen vor 1939 (→Sachverständigenbeirat für Bevölkerungs- und Rassenpolitik).

Heidrun Kaupen-Haas

**Gutachten**
In modernen Gesellschaften muß über soziale Ansprüche und Leistungen entschieden werden. G stellen ein Instrument dar, auf der Grundlage wissenschaftlicher Sichtweisen und mithilfe speziell qualifizierter Experten dem gesellschaftlichen Bedürfnis zu entsprechen, solche Entscheidungen zu formulieren und zu legitimieren sowie das Entscheidungsverfahren zu regulieren.

Im Wechselspiel zwischen der Verpflichtung des Einzelnen durch die →Gesellschaft und den Ansprüchen des Einzelnen an die Gesellschaft scheinen unabhängige Positionen, die jeweils dem fortgeschrittenen und gesicherten Wissensstand verpflichtet sind, einer behördlichen Willkür ebenso entgegenzustehen wie individueller Asozialität. Durch expertliches Urteil getragene Entscheidungen sollen Vertrauen schaffen und einklagbare Regelungen ermöglichen. Seit etwa Mitte des 19.Jh. begründen z.B. auch Arbeitgeber oder gesellschaftliche Institutionen, in die eine Person Aufnahme begehrt, ihre Aufnahme- und Ablehnungsentscheidungen in wachsendem Maße nicht mehr mit ihrer eigenen Meinung, sondern mit fremden G.

Die sozial- und gesundheitspolitischen Anforderungen an G beziehen sich auf „bestimmbare", „sichere" Zusammenhänge von Risikolagen (→ Risiko), zweifelsfreier Wahrnehmung und Beurteilung durch Experten. Der Wissenschaft kommt hierbei die zentrale Rolle zu. Sie erfüllt die tragende Rolle, indem sie sich „von einer ‚ganzheitlichen' Erkenntnis ‚an und für sich' zu einer partikulären, jedoch präziseren, zweckhaften, d. h. handlungsbezogenen Erkenntnis" fortgewegt und somit den „fundamentalen Wandel im Welt- und Selbstverständnis des Menschen" begleitet (F.-X. Kaufmann), der mit der →Aufklärung beginnt und mit dem Siegeszug der Technik einhergeht. Dieser Wandel und die damit verbundene Rolle der Wissenschaft trafen historisch auf die Ausdifferenzierung der →Sozialpolitik zu objektiv beschriebenen und gesetzlich festgelegten Rechtsansprüchen, und sie trugen ihren Teil dazu bei, das System der →Sozialversicherung als verfestigte und generalisierende Erwartungsstruktur zu institutionalisieren.

Dietrich Milles

**Gutachtermedizin**

Die G entfaltete sich parallel zur Entwicklung des Systems der →Sozialversicherung und ist wie diese ein wirksames Instrument zur Integration der →Arbeiterbewegung und zur gesellschaftlichen Inklusion.

Durch die Sozialversicherung wurde das ärztliche Urteil (→Arzt) in den wichtigen Entscheidungen über ‚Gesundheit' maßgebend, und damit wurde die Sozialversicherung auch zur materiellen und institutionellen Basis der beispiellosen →Professionalisierung der Ärzteschaft gegen Ende des 19.Jh. Über die Beurteilung der Menschen, ihrer Biologie und ihrer Sozialität wurden Normalitätsvorstellungen und Normalisierungen formuliert und durchgesetzt. Auch wenn relativ früh erkannt wurde, daß die Sozialversicherungsgesetze auf „bestimmten Fiktionen" beruhen, so trugen doch gerade diese zu der stabilisierenden und steuernden Rolle der Sozialversicherung in der gesellschaftlichen Verfassung bei.

Die wichtigste Normalitätsunterstellung ist die vom „gesunden Arbeiter", der nur „aus irgendwelchen Gründen, die mit seiner Beschäftigung gar nichts zu tun haben, eines Tages ein Krankheitsfall" wird, der wiederum „durch ärztliches Eingreifen mit den ‚notwendigen Heilmitteln und sonstigen therapeutischen Behelfen' beseitigt werden kann". Aus dieser Fiktion folgt unter anderem, „daß ein Arzt die durch einen Krankheitsfall verursachte Erwerbsunfähigkeit mit Sicherheit feststellen könne" (M. Sternberg).

Die medizinische Begutachtung hat sich über die Jahrzehnte beispielhaft am Versicherungsfall, v.a. der →Unfallversicherung, entwickelt. Im Urteil darüber, ob Versicherungsleistungen angemessen sind und Krankschreibungen berechtigt in Anspruch genommen werden, also im gutachterlichen Dispens von der Erwerbsnotwendigkeit, kultiviert die Ärzteschaft Verhaltens- und Sichtweisen, auf die der Arzt als Therapeut nicht angewiesen war und auch nicht ist.

Während der Arzt als Therapeut durchaus ganzheitlich in Betracht ziehen mag, in welcher Lebenssituation und sozialen Lage sich ein Erkrankter befindet, und die Konsequenzen seiner ärztlichen Maßnahmen und Entscheidungen für den betroffenen Patienten und seine Umgebung zu berücksichtigen hat, muß er als Gutachter davon gerade absehen. Die G hat demnach in zweierlei Weise

Ansprüche abzuwehren: (a) Der Umfang der Problemlagen muß auf den versicherungsrechtlich vordefinierten Teil reduziert werden. (b) Die sozialen Ansprüche müssen von der leistungserbringenden Institution her bewertet werden.

Das restriktive Strickmuster, in das die begutachtenden Ärzte gerieten, formulierte das Reichsversicherungsamt 1906 in der Aufforderung, „im dringenden Interesse der Arbeiterschaft selbst wie des Volksganzen", „alle verfügbaren Mittel anzuwenden, um ungerechtfertigten Einflüssen der Begehrlichkeit auf die Rentenbewilligung nach Möglichkeit entgegen zu treten". Ansonsten würde „mit Notwendigkeit" eine „Erschlaffung der Arbeitsfreudigkeit und des sittlichen Verantwortlichkeitsgefühls in den Kreisen der nicht mehr voll erwerbsfähigen Versicherten" und gleichzeitig eine „Schädigung des Volkskraft" eintreten" (Amtliche Nachrichten RVA, 1907). Die Ärzte wurden als diejenigen angesehen, die als erste mit den Erscheinungen von „Begehrlichkeit" konfrontiert würden und die auch Ansprüche an „normale" Arbeitsfähigkeit konkretisieren könnten.

Das Wechselspiel zwischen →Kranken- und →Unfallversicherung erlaubte es, die gesundheitlichen Risiken auf die Arbeitsunfähigkeit zu reduzieren und die medizinische Begutachtung im Grunde auf die Beurteilung der Arbeitsunfähigkeit zu beschränken. Dies erschwerte v. a. im Zuständigkeitsbereich der Unfallversicherung den Rückschluß auf →Haftung, präventive Intervention (→Prävention) und Gestaltung. Die Entwicklung des von den Folgen für den „Patienten" absehenden, prüfenden „gutachterlichen" Blicks vollzog sich sehr allmählich und gegen vordem unbezweifelte Selbstverständlichkeiten: Bezeichnenderweise erschien anfangs die ärztliche Rolle als Prüfungsinstanz im Rahmen der Krankenversicherung noch problematisch, weil die Krankenversicherung den ärztlichen Heilauftrag gewährleisten sollte, also ein Vertrauensverhältnis zwischen Arzt und Patient unterstellte. Der Ansprüche prüfende ärztliche Blick entwickelte sich zuerst bei der Unfallversicherung und ihrem Ableger, der Berufskrankheiten-Entschädigung (→Berufskrankheiten).

Medizinische Gutachtertätigkeit wird im Bereich der Unfallversicherung von Fachärzten wahrgenommen; spezielle Gutachten werden erstellt seit der 2. Hälfte des 19. Jh. von Post- und Bahnärzten, seit Beginn dieses Jh. von staatlichen Gewerbeärzten (→Gewerbeärztlicher Dienst) und seit Mitte dieses Jh. von Arbeitsamtsärzten qua Amt, von niedergelassenen Ärzten mit Blick auf das Einkommen und von Fabrikärzten in unmittelbarer Anstellung. In einer längeren historischen Auseinandersetzung konnte die ärztliche Profession durchsetzen, daß eine konkurrierende Begutachtung anstelle „beamteter" Kompetenz in gutachterlichen Streitigkeiten walten sollte. Die ärztliche Profession wollte den Zugang zur Existenzsicherung offen halten und den Zugang für Kontrollinstanzen verschließen.

Gleichwohl wurde die G gerade in Berufskrankheitenfällen und -verfahren von der Jahrhundertwende an geprägt und entwickelt von sozial engagierten Ärzten wie Louis Lewin oder Ludwig Teleky. Sie hatten die Vorstellung, medizinisches Wissen zu sammeln, abzuklären und zugleich für die betroffenen Arbeitnehmer sowie für präventive Maßnahmen nutzbar zu machen. Einzelne Fälle (etwa Bruchleiden oder Vergiftungen, von traumatischen Neurosen ganz zu schweigen), die in dem Verfahren bis (später) hinauf zum Senat für Berufskrankheiten beim Reichsversicherungsamt verhandelt werden mußten, boten die Gelegenheit, den Forschungsstand und kontroverse Sichtweisen auszuhandeln. Im Ergebnis wurde das „gesicherte" arbeitsmedizinische Wissen fest- und fortgeschrieben. Dabei bezogen sich alle Parteien – und zwar diejenigen, die Betroffene an den Möglichkeiten von Medizin und Sozialleistungen partizipieren lassen wollten, ebenso wie diejenigen, die eine Arbeitsverweigerungsvermutung unterstellten und Simulanten ausfindig machen wollten – auf natürliche, biologische Konstanten: auf Konstitution und Lebensphase (Alter) des Arbeitnehmers; d.h. es wird nachgeprüft, ob eine bestimmte Gesundheitsbeeinträchtigung oder -schädigung als anlage- oder alterbedingt anzusehen ist oder nicht.

Es wird immer wieder hervorgehoben, daß der Arzt in allen Fällen, in denen es um die Verteilung gesellschaftlicher Lasten geht, nur zu begutachten und nicht zu entscheiden hat. Genauere Untersuchungen zeigen jedoch, daß selbst innerhalb der →Sozialgerichtsbarkeit das →Gutachten des Arztes ausschlaggebend ist, da der Richter kaum eine eigene Urteilsbasis in den meist komplizierten Sachfragen besitzt. Lediglich bei zwei konkurrierenden ärztlichen Gutachten besteht ein Entscheidungsspielraum, der meist zu Gunsten des angesehneren oder von einer Institution bestellten Arztes ausgefüllt wird.

Begutachtung findet in typischen Standardsituationen statt. In dieser agieren mit verschiedenen Interessen: 1. Proband, Klient, Bewerber, Patient, Arbeitnehmer; 2. Gutachter, Experte; 3. Auftraggeber oder Adressat, der aufgrund eines Gutachtens entscheidet; 4. Öffentlichkeit, Gesellschaft, Staat, Institution, die Rahmen und Verfahren der Begutachtung regeln.

Insbesondere die Interessen des Entscheidungsträgers, der das Gutachten verlangt, verändern die Situation der Begutachtung gegenüber derjenigen einer Behandlung. Diese Unterscheidung hat weitreichende Konsequenzen für das Verhalten der anderen Beteiligten: Auch wenn sie letztlich die entscheidenden Argumente bereitstellen, sind Gutachter bzw. Experte lediglich „Gehilfen" von Entscheidungsträgern; sie haben fachspezifische Würdigungen vorzunehmen: (a) pflichtgemäß (d.h. fremdbestimmt, im Einklang mit berufsfremden und konträren Einstellungen, Normen und Verfahrensvorschriften); (b) nach bestem Wissen und Gewissen (d.h. Sachverstand im engsten Sinne); (c) ohne Ansehen der Person und Sache (d.h. unter Vernachlässigung möglicherweise wesentlicher Kontextbedingungen).

Ärzte charakterisieren im überspitzten Bild die Unterschiede zwischen Behandlungs- und Begutachtungssituation als „Samaritertyp" des behandelnden und „Jägertyp" des begutachtenden Arztes. Zu diesem sowohl qualitativ wie quantitativ wichtigen Feld der Begutachtungssituation gibt es keine nennenswerten Forschungen, obwohl zu einzelnen Begutachtungsfragen viel veröffentlicht wurde. Spezifische, auf ein Körperorgan und auf die physiologische Funktion orientierte bzw. juristische Fragestellungen dominieren. Das Handeln des Begutachters hingegen wird ebensowenig soziologisch und psychologisch bewertet wie die Beziehung zwischen sachverständigem Urteil des medizinischen Gutachters, Verwaltung und Richter. Wenig beachtet wird auch die „soziale Funktion von Gutachten, die nicht einen gerechten Ausgleich zwischen Individuum und Gemeinschaft finden muß, sondern auch dem schwachen und machtlosen Menschen, der begutachtet wird, eine Hilfe in einer schwierigen und ungewissen Situation geben soll" (M. Pflanz 1977).

Im November 1976 führte eine sozialmedizinische Tagung in Hannover zu einer kritischen Bestandsaufnahme der G. Auch heute noch kann sie die Problemwahrnehmung in der aktuellen Forschung angemessen kennzeichnen: 1. Die Ärzte werden als Gutachter oft überfordert und mißbraucht, wenn ihnen die Feststellung von Sachverhalten abverlangt wird, zu deren ursächlichen Zusammenhängen und Tragweiten sie kein entsprechendes Urteil abgeben können. 2. Vielschichtige Probleme, wie etwa die Beurteilung der „Leistungsfähigkeit im Erwerbsleben", sind objektiv kaum zu fassen, sollen aber an Maßstäben „gemessen" werden, die der realen

Arbeitswelt in der heutigen Industriegesellschaft kaum noch entsprechen. 3. Unsere Gesellschaft führt infolge überkomplexer Strukturen und uneinheitlicher Begrifflichkeit zu ständig zunehmender Spezialisierung unter den Gutachtern, was dem Charakter der zu beurteilenden Fälle immer weniger entspricht. 4. Als Gutachter verliert der Arzt das Vertrauensverhältnis zu dem Patienten und wird zum Anwalt der Versicherungsinstitution und zum Hüter der Staatsfinanzen, wobei die „finanzielle Abhängigkeit" vom Auftraggeber wächst, auch wenn die Gutachter dem Probanden gegenüber nicht mehr so ablehnend wie früher eingestellt sind. 5. „Medizinische Gutachten können dazu beitragen, sozialen Frieden herzustellen, Konflikte zu umgehen und das soziale Ordnungsgefüge des Staates zu erhalten." 6. Die Struktur des Systems der →Sozialversicherung läßt bei Betroffenen Mißverständnisse über ihre Ansprüche entstehen. 7. Medizinische Gutachten werden unnötig eingeholt und sollen „Alibifunktionen" erfüllen, wodurch dem Gutachten und den Gutachtern eine ungebührliche Rolle im Rahmen der sozialen Sicherung zufällt. 8. „Lücken auf dem Gebiet der Sozialleistungen und Versagen der Sozialpolitik werden durch Abschieben des Problems in den medizinischen Bereich verschleiert." (M. Pflanz 1977)

Diese, auf vielfältiger praktischer Erfahrung beruhende kritische Einschätzung der G hat bis heute kaum Resonanz gefunden. Ein wichtiger Grund hierfür ist darin zu sehen, daß die damalige, auf Veränderung drängende Diskussion wesentlich auf die Rationalisierung der Begutachtung bezogen war, die historisch gewachsenen und institutionell verfestigten Strukturen der Sozialversicherung und v.a. deren normalisierende Funktion allerdings bei weitem unterschätzte.

L.: Fritze, E. (Hg.): Die ärztliche Begutachtung, 2. Aufl.; Darmstadt, 1986. Gumbrecht, F., u.a.: Lehrbuch der Arbeiter-Versicherungsmedizin; Leipzig, 1913. Hartmann., H.A. / Haubel, R. (Hg.): Psychologische Begutachtung; München u.a., 1984. Marx, H.H.: Medizinische Begutachtung; Stuttgart, 1978. Pflanz, M.: Die soziale Dimension in der Medizin; Stuttgart, 1975. Schäfer, H./Blohmke, M.: Sozialmedizin; Stuttgart, 1978. Verband Deutscher Rentenversicherungsträger (Hg.): Leitfaden für die sozialmedizinische Begutachtung in der gesetzlichen Rentenversicherung, 4. Aufl.; Stuttgart, New York, 1986.

Dietrich Milles

**Guttempler-Orden**
⇨ Deutscher Guttempler Orden (GO)

# H

## Haas, Wilhelm

H (1839–1913) trat nach dem Studium der Rechtswissenschaften in Gießen (1857–61) in den hessischen Staatsdienst und gründete 1872 zusammen mit Karl von Langsdorff in Friedberg einen Landwirtschaftlichen Konsumverein (→Genossenschaften). 1873 initiierte er den „Verband hessischer landwirtschaftlicher Konsumvereine", dessen Präsident er wurde. 1890 erfolgte der Zusammenschluß dieses Verbandes mit dem 1879 gegründeten „Verband landwirtschaftlicher Kreditgenossenschaften" und dem 1889 entstandenen „Verband der hessischen Molkereigenossenschaften" zum „Verband der hessischen landwirtschaftlichen Genossenschaften", dem H ebenfalls als Präsident vorstand. H war 1883 Mitbegründer der aus 10 Verbänden und 10 Einzelgenossenschaften gebildeten „Vereinigung der dt. landwirtschaftlichen Genossenschaften" (ab 1890: „Allg. Verband der landwirtschaftlichen Genossenschaften des dt. Reiches"; ab 1903: „Reichsverband der dt. Landwirtschaftlichen Genossenschaften"). 1900 schied H aus dem Staatsdienst aus, um sich ausschließlich der Verbandstätigkeit zu widmen.

L.: Faust, Helmut: Geschichte der Genossenschaftsbewegung; Frankfurt/Main, 1965, 317ff.

## Haedenkamp, Karl

1889–1955; Studium der Medizin; Sanitätsoffizier im 1. Weltkrieg; 1922 Generalsekretär des →Hartmann-Bundes; 1923–39 Schriftleiter der „Ärztlichen Mitteilungen"; 1924–28 Reichstagsabgeordneter der DNVP; Mitglied des Reichsausschusses der Ärzte und Krankenkassen; 1929 „Ständiger Beauftragter der Spitzenverbände der dt. Ärzteschaft"; 1933 Mitglied der NSDAP; Leiter der Auslandsabteilung der Reichsärztekammer; Zerwürfnis mit →Conti in Fragen der Standespolitik; 1939 Marineoberstabsarzt.

„Nach 1945 hervorragender Anteil am Wiederaufbau der Kammerorganisation zunächst in der brit. Zone, dann im gesamten westdt. Bereich und hier auch am Wiederaufbau der Arbeitsgemeinschaft der Kassenärztlichen Vereinigungen, später an der Zusammenfassung aller ärztlichen Organisationen im Präsidium des Deutschen Ärztetages, dessen geschäftsführender Präsident er wurde. Vorübergehend auch Hauptgeschäftsführer der kassenärztlichen Organisation. Auch an der Wiedergründung des Hartmannbundes im Jahre 1949 nahm H Anteil. Als Hauptgeschäftsführer der Arbeitsgemeinschaft der westdeutschen Ärztekammer, als 2. Vorsitzender der Gesellschaft für Versicherungswissenschaft und -gestaltung, als Mitglied des beim Bundesarbeitsministerium gebildeten Beirates für die Neuordnung der sozialen Leistungen hat H in den Jahren von 1945 bis 1955 maßgeblichen Einfluß auf die Ausgestaltung des Kassenarztrechts gehabt, in dem das 1930/32 entwickelte Modell festgeschrieben wurde." (Labisch/Tennstedt 1985, 425f.) (→Ärztliche Berufsverbände, →Hartmann-Bund.)

## Hämatologie

= Lehre von den physiologischen und pathophysiologischen Eigenschaften des Blutes und seiner Bildungsstätten in Knochenmark, Milz und Lymphsystem. Die H ist ein in der BR seit 1976 mit Teilgebietsbezeichnung versehenes Gebiet der Inneren Medizin (zweijährige zusätzliche Weiterbildung), welches sich aufgrund eines explosionsartigen Zuwachses an neuen Erkenntnissen und laborchemischen Möglichkeiten zu einem Spezialfach von großer klinischer Bedeutung mit engen Beziehungen zu praktisch allen medizinischen Fachgebieten entwickelt hat. Folgerichtig sind inzwischen in allen größeren Kliniken entsprechende Fachabteilungen entstanden.

Das klassische Kernstück der H ist nach wie vor die seit 100 Jahren weitgehend unverändert bestehende Zytomorphologie, denn trotz fortgeschrittener Mechanisierung der Medizin ist es noch nicht gelungen, die richtige Deutung und exakte Unterscheidung von Blut- und Knochenmarkzellen durch ein zuverlässiges Registriergerät zu ermöglichen, welches die entscheidende Mitwirkung des Untersuchers entbehrlich macht. Bei der überwiegenden Mehrzahl der Bluterkrankungen muß die Diagnose noch mikroskopisch gestellt werden. Dennoch ist nicht zu übersehen, daß neu entwikkelte biochemische, immunologische und klinische Tests stetig an Bedeutung gewinnen.

Entsprechend der Entwicklung in anderen Teilbereichen der Medizin haben auch die Anforderungen an die H außerordentlich zugenommen. Bes. erwähnt seien: die Rheologie (Fließeigenschaft des Blutes) in Verbindung mit der modernen Anästhesie; Hämostaseologie (Lehre von der Blutstillung); hämatologische Störungen infolge organfremder Erkrankungen; H der Neugeborenen (Perinatalmedizin); Knochenmarkstransplantation und die zytostatische Therapie bösartiger Bluterkrankungen im Kindes- und Erwachsenenalter.

Die Entwicklung von der zunächst rein statischen zur dynamischen Betrachtungsweise des Blutes und der Bestandteile desselben sowie die explosionsartige Wissensvermehrung innerhalb der letzten drei Jahrzehnte haben zu einer Spezialisierung der H geführt. Die Aufzählung der Interessengebiete der H – z. B. Biochemie, Blutparasiten, Elektronenmikroskopie, Physiologie und Pathologie der einzelnen Blutzellen, Genetik und Zytogenetik, Hämatodiagnostik, Hämatopharmakologie, Hämostaseologie, Immun-H, Klinische H, Lymphologie, Pädiatrische H, Populations-H, Radio-H und Isotopentechnik, Transfusion und Transplantation, Zyto- und Histochemie, Zyto- und Histologie (Morphologie) oder Zytokinetik – verdeutlicht die auf das Teilgebiet H einwirkenden zentrifugalen Kräfte.

Nachdem sich die H um die Jahrhundertwende zu formieren begonnen hatte, wurde 1937 die Deutsche Gesellschaft für H gegründet. 1954 verselbständigte sich das erste Teilgebiet mit der Gründung der ‚Deutschen Gesellschaft für Bluttransfusionen' (inzwischen einschließlich immunhämatologischer Diagnostik). Seit 1956 existiert die inzwischen umbenannte ‚Deutsche Gesellschaft für Thrombose- und Hämostaseforschung'. Ein weiterer ständiger Konflikt besteht in der Infragestellung der Weiterexistenz des hämatologischen Fachlabors. Weitaus existentieller erwies sich die in den 70er Jahren sich anbahnende Auseinandersetzung über die Zuständigkeit für die systemische onkologische Therapie. seit sich 1976 die Arbeitsgemeinschaft für internistische Onkologie (AIO) der Deutschen Krebsgesellschaft konstituierte. Mit Recht kann die H für sich in Anspruch nehmen, daß die moderne zytostatische Therapie bösartiger Tumore ihren Ausgang von der H, insb. der ‚Pädiatrischen Onkologie' genommen hat, ohne deren Erfahrungen und Kenntnisse die Behandlung bösartiger Bluterkrankungen und solider Tumore der Erwachsenen nicht denkbar wäre. Um diesen Ansprüchen Nachdruck zu verleihen, nahm die ‚Deutsche Gesellschaft für H' 1977 die Zusatzbezeichnung ‚Onkologie' in ihren Namen auf. Ferner wurde die Zeitschrift ‚Onkologie' als zusätzliches Publikationsorgan herausgegeben, und die Verleihung des Czerny-Preises für onkologische Arbeiten wurde in Aussicht genommen.

In den letzten Jahren sehr ernsthaft betriebene Bemühungen, die Teilgebiete H und →Onkologie zusammenzufassen, wurden von der Deutschen →Ärztekammer bisher ebenso zurückgewiesen wie der Vorschlag zur Schaffung des Teilgebietes ‚Onkologie'. Als Kompromiß gründete sich im Oktober 1978 die erweiterte ‚Sektion H und Internistische

Onkologie im Berufsverband Deutscher Internisten', in der die Deutsche Krebsgesellschaft und die Deutsche Gesellschaft für H und Onkologie paritätisch vertreten sind. Aufgrund unterschiedlicher Entwicklungen in den westeuropäischen Nachbarländern ist mit einer Neufassung nach Öffnung des europäischen Binnenmarktes zu rechnen.

L.: Begemann/Begemann: Praktische H; Stuttgart, 1989. Kleihauer, Enno: H; Berlin, 1978.

Hans-Erik Wander

## Härter, Franz

H (1797–1874), 1829 luth. Pfarrer in Straßburg und ab 1831 Erweckungsprediger, gründete 1836 mit Konfirmandinnen den „Armen Dienerinnenverein". 1839 segnete er zehn der „Dienerinnen" zum Diakonissenamt ein (→Orden 4) und eröffnete 1842 eine Diakonissenanstalt.

## Häusliche Krankenpflege
→Hauspflegedienste

## Häusliche Pflege
→Pflegebedürftigkeit, →Hauspflegedienste

## Haftpflichtversicherung
→Haftung

## Haftung

Unter H wurde zu Beginn des 19. Jh. die moralische Verpflichtung (Bürgschaft oder Gewährleistung) verstanden, für die Folgen des eigenen Tuns einzustehen. Dies stellte gewissermaßen einen Grundkonsens bürgerlichen Lebens dar, der die Autonomie des bürgerlichen Subjektes wirksam werden ließ.

Im Rahmen des Bürgerlichen Rechts (→Bürgerliches Gesetzbuch) sollte die Haftpflicht einen solchermaßen verschuldeten Schaden ausgleichen und dabei auch eine Verhaltenssteuerung bewirken. Öffentlicher Regelungsbedarf – über die Ebene des einfachen Vertrages zwischen zwei Bürger hinaus – entstand, als Massenunglücke (v. a. im Bergbau) und umfangreichere Bedrohungen durch industrielle Produktion (v. a. durch Dampfmaschinen) einen qualitativ neuen Umgang mit Risiken (→Risiko) verlangten. Die Frage war, wie mit verschuldeten, aber statistisch unvermeidbar mit dem Aufschwung der Industrie (→Industrialisierung) einhergehenden Unfällen umzugehen sei. In den Debatten über das Haftpflichtgesetz, das als Sondergesetz vor einer allgemeinen Reform des Bürgerlichen Rechts speziell den Schadensausgleich und die Erhaltenssteuerung in der Industrialisierung regeln sollte und als erste Gesetzesmaßnahme des Deutschen Kaiserreichs angegangen wurde, wurde argumentiert, daß derjenige, der den Gewinn aus Unternehmen zieht, auch für nötige Gefahrenbeherrschung und gegebenenfalls für Schadensausgleich zu sorgen habe. Tatsächlich aber dominierte die Auffassung, daß eine Gefährdungshaftung die Initiative der Unternehmer „allmählich ertöten" würde und die Arbeitnehmer eine gewisse Risikospanne mit dem freiwillig abgeschlossenen Arbeitsvertrag zu akzeptieren hätten. So brachte das Gesetz 1871 schließlich nur für den Betrieb von Eisenbahnen eine Regelung, die von einer allgemeinen Gefährdung auf die H der Unternehmer schloß, während für Bergwerke und Fabriken nur ein Verschulden der Unternehmer die Haftpflicht begründete.

Das Haftpflichtgesetz bürdete allerdings dem verletzten Arbeiter die Pflicht auf, den Kausalzusammenhang zwischen eingetretenem Schaden und arbeitsbedingten Ursachen zu beweisen. Der Beweis war angesichts der Abhängigkeiten schwer zu führen. Der Unfall wurde zum Paradigma für industrielle Risiken: die bürgerlich-rechtliche Verschuldenshaftung blieb für den Arbeitgeber bestehen, ihre verhaltenssteuernde Wirkung jedoch eingegrenzt. Per definitionem „plötzliche und von außen kommende" Ereignisse schlossen einen ganzen Bereich von Risiken und Schädigungen aus, die der Eigenverantwortlichkeit der Individuen zugerechnet wurden. Dieser ganze Bereich wuchs in den ersten Jahren des Kaiserreichs zusammen mit

Streikbewegungen und schwerer Wirtschaftskrise enorm an und bekam gesellschaftliche Relevanz.

Zugleich wirkte die Tatsache, daß eine Regelung der H die Versicherung der Haftpflichtigen voraussetzt. Ein großer Zuwachs an →Versicherungen stellte die Basis für ein großangelegtes gesellschaftspolitisches Risikomanagement, wie es schließlich mit den Sozialversicherungsgesetzen (→Sozialversicherung) zu Beginn der 1880er Jahre etabliert wurde. Unmittelbarer Anstoß hierfür war die massive Kritik an den Unzulänglichkeiten des Haftpflichtgesetzes, die nicht allein von Sozialdemokraten, sondern auch von Liberalen oder Versicherungsfachleuten vorgebracht wurde.

Eine Auseinandersetzung zwischen Positionen, die auf das Versicherungsprinzip und genossenschaftliche Organisationsformen (→Genossenschaften) bzw. auf Schutzmaßnahmen und staatliche Kontrollen setzten, wurde gesellschaftspolitisch zugunsten der →Unfallversicherung entschieden. Zugleich wurde eine Regulierung →industrieller Pathogenität aufgebaut, wonach die Risiken, die mit H und ursächlicher Problematik verbunden waren, in die Unfallversicherung fallen, wo die Kompensationen eingetretener Schäden ebenso restriktiv geprüft werden wie abzuleitende Schutzmaßnahmen. Die nicht anerkannten Risiken und Schädigungen werden demgegenüber ohne weitere Prüfung ursächlicher Zusammenhänge von der →Krankenversicherung kompensiert und repariert. So organisierte das Konstruktionsprinzip der Sozialversicherung eine Vergesellschaftung der Risiken in einer Kombination von Vergesellschaftung der H (Ablösung unternehmerischer Haftpflicht durch die →Berufsgenossenschaften) und Vergesellschaftung der Nachteile (Versicherungsschutz statt →Prävention).

Für die H blieb lediglich die Anerkennung, daß das Verschuldensmodell zweier gleichwertiger Vertragspartner für den Bereich der industriellen Risiken nicht taugt. Der elsässische Abgeordnete Winterer erklärte in den Reichstagsdebatten zum Unfallversicherungsgesetz: „Ich begreife nicht, wie man dem Arbeiter, der wegen seines Unterhalts genötigt ist, sich diesen Gefahren auszusetzen, noch die Versicherungslast auferlegen kann." Unbenommen war jedoch die alleinige Verknüpfung der H mit irgendeiner Form der Versicherung und die Nachordnung der verhaltenssteuernden Dimension.

Die H-frage wird heute in einer neuen Schärfe aufgeworfen. Zu fragen ist, ob das Risikomanagement auf der Basis des Versicherungsprinzips (→Versicherung) noch ausreicht, den gesellschaftlichen Umgang mit den neueren Risiken zu organisieren.

L.: Ogorek, R.: Untersuchungen zur Entwicklung der Gefährdungs-H im 19. Jahrhundert; Frankfurt/M., 1975. Preuß, U. K.: Zur Internalisierung des subjektiven Rechts; Frankfurt/M., 1979. Verein für Socialpolitik (Hg.): Die Haftpflichtfrage; Leipzig, 1880.

Dietrich Milles

**Hagen, Wilhelm**
1893–1982; Teilnehmer am 1. Weltkrieg; dadurch unterbrochenes Medizinstudium in Erlangen (Burschenschaft „Germania"); nach 1918 Studium in München und Freiburg; 1920 Staatsexamen und Promotion über „Hygienische Volksbelehrung"; in der Gesundheitsfürsorge tätig, zuletzt 1925–33 Stadtmedizinalrat in Frankfurt/Main; aus politischen Gründen entlassen; 1934–41 Arztpraxis in Augsburg; 1941–43 Amtsarzt zur Seuchenbekämpfung in Warschau; Entlassung wegen seines Eintretens für eine menschenwürdige Behandlung der Polen; 1944–45 Hygieniker in der Armee; 1945–48 Arztpraxis in Augsburg; 1948 Hilfsarzt im Bayer. Staatsministerium des Innern; 1949 Habilitation; 1950 Ministerialrat im Bundesministerium des Innern (Ref. Sozialhygiene/Gesundheitsfürsorge); 1952 Honorar-Prof. der Universität Bonn; 1956–58 Präsident des →Bundesgesundheitsam-

tes; Autor einer Autobiographie: „Auftrag und Wirklichkeit. Sozialarzt im 20.Jh." (München-Gräfelfing 1978).
L.: Akademie für öffentliches Gesundheitswesen (Hg.): 60 Jahre Gesundheitsfürsorge. Ausgewählte Aufsätze von H zu seinem 85. Geburtstag; Düsseldorf, 1978.

### Hahnemann, Samuel
H (geb. 1755 in Meißen, gest. 1843 in Paris) war Arzt und Zeitgenosse des →Mesmerismus. Er schuf mit seinem therapeutischen Konzept der technischminimalen Dosierung die Grundlagen der →Homöopathie und publizierte diese im „Organon der Heilkunst" (1810; 6.Aufl. 1921).
L.: Schwabe, W. (Hg.): Deutsches homöopathisches Arzneibuch, 3. Aufl.; 1934 (Neudruck 1950).

### Haindorf, Alexander
H (1782–1862) studierte in Würzburg, Bamberg und Heidelberg Medizin und veröffentlichte 1811 „Versuche einer Pathologie und Therapie der Gemüts- und Geisteskrankheiten". In seinen therapeutischen Ausführungen spielten Galvanismus und Magnetismus (→Mesmerismus) eine erhebliche Rolle. H lehrte in Münster neben medizinischen Fächern auch →Psychiatrie. 1926 stiftete er einen „Verein zur sittlichen Erziehung der Juden".

### Handlungskompetenz
→Alterskompetenz, →Laienkompetenz, →Professionelle Sozialisation

### Hanselmann, Heinrich
Das Lebens- und Wirkungszentrum von H (geb. 15.9.1885; gest. 29.2.1960) war Zürich. Hier promovierte er 1911 im Hauptfach Psychologie und war von 1918–23 Zentralsekretär der schweizerischen Stiftung „Pro Juventute". Er zählte 1924 zu den Mitbegründern des Heilpädagogischen Seminars Zürich und übernahm dessen Leitung sowie gleichzeitig diejenige des dazugehörigen „Landeserziehungsheims für Schwererziehbare und Entwicklungsgehemmte" in Albisbrunn. 1931 wurde H zum a.o. Professor für →Heilpädagogik der Universität Zürich gewählt und bekleidete damit die erste Professur dieser Art in Europa. H ist die Leitfigur der „Schweizer Heilpädagogik", wie man sie zuweilen nennt. Seit 1927 führte H im Zentrum Zürichs ein privates Büro für „Erziehungs- und Eheberatung".

H's Hauptwerk „Einführung in die Heilpädagogik" erschien 1930 erstmals, in 9.Auflage 1976 letztmals. Es gilt m.E. als eines der (etwas unterschätzten) wegweisenden Bücher in bezug auf die Durchsetzung des Faches. 1941 veröffentlichte H die ergänzenden „Grundlinien zu einer Theorie der Sondererziehung (Heilpädagogik)". Neben seinen wissenschaftlichen verfaßte H auch einige populäre Schriften, wie z.B. „Vom Umgang mit sich selbst" (1931) oder „Vom Sinn des Leidens" (1934), sogar einen wahrscheinlich autobiografisch gefärbten Roman (1931). Zudem arbeitete er regelmäßig für schweizerische Illustrierten wie das „Blatt für alle". Nicht zuletzt durch solche vielfältigen, grenzüberschreitenden Aktivitäten kritisierte H die „Inselhaftigkeit der Heilpädagogik".

Die Aktualität H's liegt im Zusammenhang der Begriffe Entwicklung und →Behinderung. Zwar ist sein „Zentralbegriff" der „Entwicklungshemmung" problematisch, aber mit der Diskussion von Entwicklungsmöglichkeiten brachte H neue Perspektiven und Zweifel auf. Das betraf auch den Namen des Faches. Man habe einzusehen, „daß *das Wort Heil-Pädagogik keine ganz zutreffende Bezeichnung* dessen ist, was es meint. Denn Heilen ist Sache des →Arztes, →Pädagogik Sache des Erziehers. Wir werden aber bald erfahren, daß es sich bei der Mehrzahl der Fälle um ein medizinisches Heilen im Sinne der Herstellung der Vollentwicklungsfähigkeit durch restlose Beseitigung der Ursachen der Entwicklungshemmung gar nicht handeln kann." Dementsprechend forderte H ein (ambivalentes) „Bekenntnis zum Defekt".

Pädagogik erhält bei H einen ethischen Auftrag, der nicht von der wissenschaftlichen Herangehensweise getrennt werden kann. Sie steht also genau im „Schnittpunkt" dieser Auseinandersetzung. Auch wenn H postulierte, daß „Geschichte am ehesten durch Geschichte überwunden" werden könne, bleibt bei ihm am Schluß die These von der „Gotteskindschaft" voraussetzungslos und unkritisch stehen.

L.: Jantzen, Wolfgang, Erkenntnis und Mystifikation der Realität. Ein wissenschaftstheoretischer Vergleich der Heilpädagogik H's mit der seiner vermeintlichen Nachfolger; in: Bürli, Alois (Hg.), Sonderpädagogische Theoriebildung – Vergleichende Sonderpädagogik; Luzern, 1977. Mürner, Christian: Die Pädagogik von H. Zum Verhältnis von Entwicklung und Behinderung; Luzern, 1985.

Christian Mürner

### Hartfield, John

H, der nach der NS-Machtergreifung 1933 in die USA emigrieren mußte, war zur Zeit der Weimarer Republik Mitarbeiter der von →Willi Münzenberg herausgegebenen „Arbeiter Illustrierten Zeitung" (A-I-Z), für die er die Fotomontage als Mittel der Agitationskunst entwickelte (→Sozialfotografie).

L.: Herzfelde, Wieland: H. Leben und Werk, 2. Aufl.; Dresden, 1970. Siepmann, Eckard: Montage: H. Vom Club Dada zur Arbeiter Illustrierten Zeitung; Berlin, 1977.

### Hartmann-Bund

Der „Verband der Ärzte Deutschlands e.V.", neugegründet 1949 in Hamburg, geht zurück auf den 1900 von Dr. Hermann Hartmann (1863–1922) aus Leipzig ins Leben gerufenen „Leipziger-Verband der Ärzte Deutschlands zur Wahrung ihrer wirtschaftlichen Interessen", ab 1924 „H" genannt.

*Mitgliederstand* 1989 (1): 35000 freiwillige Einzelmitglieder. Korporative Mitgliedschaft: Zentralverband der Ärzte für Naturheilverfahren; Bundesverband der Deutschen Ärzte für Naturheilverfahren; Ärztliche Gesellschaft für Physiotherapie; Kneipp-Ärztebund; Hufeland-Gesellschaft für Gesamtmedizin; Berufsverband der Deutschen Ärzte für Kinder- und Jugendpsychiatrie e.V. Jährliche Einnahmen (1987): 9,4 Mio. DM; 75% davon Mitgliedsbeiträge. Finanzrücklagen (1988): 700000 DM. Zeitung: „Der Deutsche Arzt".

Der H versteht sich als „Selbsthilfeorganisation der Deutschen Ärzte". *Aufgaben* laut Satzung (2) sind: „die Wahrung der beruflichen, wirtschaftlichen und sozialen Interessen der in ihm zusammengeschlossenen Ärzte aller Berufs- und Fachgruppen" (→Arzt). Der Verband tritt unter anderem ein für: – Verbesserung der Gesundheitssicherung der einzelnen Menschen und des Volkes entsprechend den Fortschritten der medizinischen Wissenschaft; – die Unabhängigkeit und Freiberuflichkeit des Arztes; – die freie Arztwahl und die Vertragsfreiheit; – eine gerechte und angemessene Vergütung der ärztlichen Leistung; – die Sicherung des ärztlichen Einflusses in allen der Gesundheitspflege dienenden Einrichtungen; – die Freiheit der ärztlichen Niederlassung (→ärztliche Niederlassungsfreiheit).

*Vereinsorgane* sind: 1. der geschäftsführende Vorstand (Vorsitzender seit 1989 Dr. med. Hans-Jürgen Thomas; bis zu 2 Stellvertreter und 6 Beisitzer); 2. der Gesamtvorstand (geschäftsführender Vorstand, Vorsitzende der 12 Landesverbände sowie 1 Delegierter pro 2000 Mitglieder der Landesverbände, 2 Vertreter der korporativen Mitglieder, 2 Vertreter der Arbeitskreise); 3. die Hauptversammlung (Delegierte der Landesverbände und stimmberechtigte Vertreter der korporativen Mitglieder).

*Beschlüsse* der Jahreshauptversammlung 1989: 1. Schrittweise Aufhebung des Sachleistungsprinzips (Kosten der ärztlichen Behandlung und aller Heil- und Hilfsmittel werden ausschließlich aus den Krankenkassenbeiträgen der Mitglieder bezahlt, keine Kosten für die Patienten im Krankheitsfall) im ambulanten Bereich zugunsten einer nachträglichen Kostenerstattung bei Selbstbeteiligung des Versicherten. 2. Überstundenbezahlung bzw. Freizeitausgleich für Assistenzärzte im Krankenhaus. 3. Gesundheitsberatung und Krankheitsfrüherkennung sollen nicht durch die →Krankenkassen, sondern allein durch die niedergelassenen Kassenärzte erfolgen; Vergütung dieser Leistungen außerhalb der kassenärztlichen Gesamtvergütung (die durch →Wirtschaftlichkeitsprüfungen begrenzt und kontrolliert wird). 4. „Therapiefreiheit", d.h. Kostenerstattung durch die →Krankenkassen auch für nicht-schulmedizinische Behandlungsverfahren nach Ermessen des Arztes. 5. Begrüßung des „Katastrophenschutzergänzungsgesetzes" (→Katastrophenmedizin). 6. Forderung zur Einhaltung des →Datenschutzes und Einwilligung des Patienten bei der Erhebung und Weitergabe personenbezogener Daten. 7. Anhebung des Honorars für Schutzimpfungen.

*Geschichte:* Das Auftreten des Leipziger Verbands 1900 als Gegengründung zum seit 1872 bestehenden „Ärztevereinsbund", einem von Honoratioren geführten Zusammenschluß →ärztlicher Berufsverbände, markiert eine einschneidende Wende des ärztlichen Selbstverständnisses. Die ökonomischen Aspekte der Medizin und die ärztliche Honorarfrage (→Honorierungssysteme) treten erst seit der Einführung der gesetzlichen →Krankenversicherung (GKV) 1883 in den Vordergrund der gesundheitspolitischen Diskussion: Ärztliche Leistungen müssen seitdem standarisiert und unter ökonomischen Gesichtspunkten erbracht werden; individuelle Bedürfnisse der Kranken treten hinter Kostenkalkulationen der Krankenkassen zurück; Kranksein wird für die Sozialversicherten zu einer öffentlichen Angelegenheit, die durch institutionelle Regelungen organisiert werden muß; Ärzte werden zu Treuhändern rasch wachsender kollektiver Ressourcen und verlangen seitdem bis heute im „Kampf gegen die Kassen" ihren „gerechten Anteil". Hartmann sagt dazu 1900 (3): „Bis jetzt haben wir Ärzte bei unseren Kämpfen nur immer auf die Standeswürde und Standesehre gepocht – ich sage Ihnen, Geld, Geld ist die Hauptsache."

Der im Stil moderner Großinteressenverbände arbeitende Leipziger-Verein löst innerärztlich Proteste aus, die eine Profanisierung des ärztlichen Selbstverständnisses befürchten und in dem Vorwurf der „Organisationsklaverei" gipfeln: die Politik des H ziele darauf, „die gesamte Ärzteschaft in den Panzer einer terroristischen Organisation zu schmieden" (3). Der Leipziger-Verein wird schnell zu einer schlagkräftigen Organisation (1913 sind 75% der Ärzte Mitglieder). Sein Kampf richtet sich einerseits gegen die Monopolstellung der Krankenkassen, ihren Sicherstellungsauftrag und ihre Macht, (Pauschal-)Honorare festzusetzen. Der Verein fordert eine Einzelleistungsvergütung und wendet sich gegen die „Kurierfreiheit", d.h. die Beteiligung sog. „Kurpfuscher" (Homöopathen, Naturärzte) an der Behandlung der Versicherten. Er fordert zwar „freie Arztwahl" und versteht darunter die pauschale Zulassung aller, einem regionalen Ärzteverband angehörenden und akademisch ausgebildeten Ärzte sowie die Aufhebung des Vertragsmonopols der Kassen. Kampfmittel sind kartellähnliche regionale Zusammenschlüsse, um den Kassen keine Möglichkeit zu geben, Konkurrenz um Kassenarztsitze zur Honorarminderung zu benutzen. Wer sich diesen Absprachen entzieht und etwa eine vom Verband „gesperrte" Kassenstelle annimmt, gilt „moralisch als toter Mann" (3).

Nach zunächst rein regionalen Auseinandersetzungen mit den Kassen wird zum 1.1.1914 vom Leipziger-Verein reichsweit zur Kündigung aller Kassenverträge aufgerufen. Der Verband verfügt über eine Streikkasse von 1 Mio. Goldmark; der mögliche Zusammenbruch der GKV wird bewußt einkalkuliert. Dennoch kommt es noch vor Streikbeginn zu einer Einigung, dem Berliner Abkommen vom 23.12.1913, das jedoch die wesentlichen Forderungen des Vereins nicht berücksichtigt. Im Dez. 1923 beginnt, nach Ablauf des Berliner Abkommens und fehlender Einigung der Verhandlungsparteien, ein großer Ärztestreik, der z.B. in Berlin bis Juni 1924 andauert. Die Regierung erläßt 2 Notverordnungen; die Arzt/Kassen-Beziehung wird zur „öffentlich-rechtlichen Angelegenheit", Ärztestreiks werden damit für illegal erklärt, und die Ärzteschaft wird in die „Gemeinwohlpflichtigkeit" der GKV förmlich eingebunden. Die Kassen erhalten das Recht, Ambulatorien, Polikliniken und Beratungsstellen einzurichten. Der Leipziger-Verein verliert damit seinen bis dahin bestehenden Einfluß auf die Mehrheit der Ärzteschaft; er wird zur Standesorganisation der in eigener Praxis niedergelassenen Ärzte.

In der Zeit des Faschismus werden die meisten standespolitischen Forderungen der Ärzteschaft und des H erfüllt. Die Machtfrage zwischen Ärzten und Kassen wird endgültig zugunsten der Ärzte entschieden. Bereits 1933 übernimmt die „Kassenärztliche Vereinigung Deutschlands" als Körperschaft des Öffentlichen Rechts alle bisherigen Aufgaben des H. Ärzte sind darin gleichberechtigt neben den Kassen vertreten. Die →Gleichschaltung der ärztlichen Organisationen und des H mit dem „Nationalsozialistischen Deutschen Ärztebund" wird allgemein begrüßt. Hitler ernennt → G. Wagner zum Reichsärzteführer. Dieser löst 1934/35 den H und den „Deutschen Ärztevereinsbund" ohne nennenswerten Widerstand auf. Die Vermögen beider Vereine gehen an die Rechtsnachfolgerin, die „Reichsärztekammer", die 1936 gegründet wird. Damit sind die meisten der lange geforderten Prinzipien für die ständische Organisation der dt. Ärzteschaft erreicht: reichseinheitliche Zwangsmitgliedschaft mit der „Kassenärztlichen Vereinigung Deutschlands" als besonderer Abteilung der „Reichsärztekammer", Gewerbefreiheit und Arzttum als freier Beruf, eigene Gerichtsbarkeit und Führerprinzip.

Ein dominant-obrigkeitliches und ständisches Denken sowie der Mangel an gesamtgesellschaftlicher Verantwortung, wie er sich im Kampf gegen die Kassen äußerte, werden heute als Ursache dafür angesehen, daß sich die Medizin nahezu kongruent in die faschistische Ideologie einpassen ließ (3, 4, 5).

L.: 1. Stobrawa, Franz F.: Die ärztlichen Organisationen – Entstehung und Struktur; Düsseldorf, 1989. 2. Satzung des Hartmann-Bunds. 3. Göckenjan, G., Nicht länger Lohnsklaven und Pfennigkulis. Zur Entwicklung der Monopolstellung der niedergelassenen Ärzte; in: Deppe/Friedrich/Müller (Hg.), Medizin und Gesellschaft, Jahrbuch 1; Frankfurt, 1987. 4. Deppe, Hans Ulrich: Krankheit ist ohne Politik nicht heilbar; Frankfurt, 1987. 5. Bader/Schulz (Hg.): Medizin und Nationalsozialismus, Dokumentation des Gesundheitstages, Band 1; Berlin, 1980.

A.: H, Godesberger Allee 54, 5300 Bonn 2.

Bernd Kalvelage

**Haschisch**
→ Cannabis

**Hauptamt für Volkswohlfahrt (HAfVW)**
1933 errichtet die Oberste Leitung der NSDAP ein Amt für Volkswohlfahrt, dem durch Verfügung des Stabsleiters der Politischen Organisation der NSDAP vom 17.11.33 die →Nationalsozialistische Volkswohlfahrt (NSV) unterstellt wird. Die im Juni 1932 in Berlin als Verein eingetragene NSV – hervorgegangen aus einem Hilfswerk der NSDAP für notleidende, insb. stellungslos gewordene Mitglieder und für die Pflege verwundeter SA-Männer – war zuvor im November 1932 der Hauptabteilung III (Sozialabteilung) der NSDAP, Gau Groß-Berlin, angegliedert worden und wurde mit der Auflösung dieser Hauptabteilung Anfang 1933 bis

zum 17.11.33 kurze Zeit selbständig. Ein Jahr später, am 16.11.34, wird das für die NSV zuständige Amt für Volkswohlfahrt durch Anordnung des Reichsorganisationsleiters der NSDAP zum HAfVW der Partei-Reichsleitung für alle deren Dienststellen, Gliederungen und angeschlossenen Verbände erhoben. Aufgrund der Verordnung zur Durchführung des Gesetzes zur Sicherung der Einheit von Partei und Staat vom 29.3.35 ist die NSV ein der NSDAP „angeschlossener Verband" mit eigener Rechtspersönlichkeit und eigenem Vermögen unter der Finanzaufsicht des Reichsschatzmeisters der NSDAP. Auf diese Weise ist sie in ein parteirechtliches Verhältnis zur NSDAP gebracht. Der Stellvertreter des Führers erläßt am 5.10.36 eine Anordnung über die Zuständigkeit des HAfVW, betont die Verantwortung des Leiters für die gesamte Freie Wohlfahrtspflege und seine Verantwortlichkeit für die wohlfahrtspflegerische Arbeit, die von Gliederungen und angeschlossenen Verbänden des NSDAP geleistet wird. Am 22.8.44 verfügt Hitler, die NSV sei „Träger und Repräsentant der Volkspflege".

Das HAfVW als Dienststelle der Reichsleitung der Partei und mit der Eigenschaft einer öffentlichen Behörde, aber ohne eigene Rechtspersönlichkeit, hat u.a. die Aufgabe, den Verein NSV e.V. zu betreuen. Der der NSDAP angeschlossene Verband NSV e.V. (mit rechtlicher Selbständigkeit, jedoch ohne Behördeneigenschaft) ist mit der Aufgabe betraut, die Mittel für die Ziele der nationalsozialistischen Wohlfahrtspflege aufzubringen, die vermögensrechtlichen Angelegenheiten zu übernehmen und das Vermögen unter Aufsicht des Reichsschatzmeisters der NSDAP zu verwalten. Die weltanschauliche Befehls- und Disziplinargewalt über das HAfVW ist dem Stellvertreter des Führers übertragen; organisatorisch untersteht das HAfVW dem Reichsorganisationsleiter der NSDAP. Der Anschluß der NSV an die Partei ist dadurch gesichert, daß sich die Vereinsorganisation eng an die Parteiorganisation anlehnt. Der Vorsitzende der NSV ist zugleich Leiter des HAfVW. Ebenso ist das Verhältnis in der weiteren Gliederung.

Die Inhaber von Ämtern bei den betreuten Verbänden führen in dieser Eigenschaft – im Unterschied zu den „politischen Leitern" der Partei – die Bezeichnung „Walter" des betreuten Verbandes. Da beim HAfVW und der NSV zwischen dem Amt in der Partei und dem Amt im angeschlossenen Verband Personalunion besteht, sind die Amtsträger sowohl „politische Leiter" der Partei als auch „Walter" des angeschlossenen Verbandes. Der Hauptamtsleiter des HAfVW in der NSDAP ist als solcher „politischer Leiter" der NSDAP und zugleich „Reichswalter" der NSV e.V. (d.h. 1. Vorsitzender des Vereins NSV e.V.). Dies gilt entsprechend in den Gauen, Kreisen und Ortsgruppen.

Das HAfVW lehnt sich im vertikalen und horizontalen Aufbau an die Organisation der NSDAP an, und die Ämter werden entsprechend den Hoheitsgebieten (Reich, Gau, Kreis, Ortsgruppe) geführt: das HAfVW bei der Reichsleitung der NSDAP, ein Amt für Volkswohlfahrt bei den Gauleitungen wie auch bei den Kreis- und Ortsgruppenleitungen. Es gibt 1939 40 Gauamtsleitungen, 798 Kreisamtsleitungen und 23313 Ortsgruppenleitungen und Stützpunkte.

Das HAfVW hat – nach Aufgaben eingeteilt – fünf Ämter (1939): Organisationsamt; Amt Finanzverwaltung; Amt Wohlfahrtspflege und Jugendhilfe; Amt Volksgesundheit; Amt Werbung und Schulung. Diesen Ämtern entsprechen auch die fünf Abteilungen der „Reichswaltung NS-Volkswohlfahrt e.V." Die Ämter sind unterteilt in Hauptstellen, Stellen und Hilfsstellen. Die Gau-, Kreis- und Ortsgruppenamtsleitungen gliedern sich entsprechend in fünf Abteilungen, die in Unterabteilungen bzw. Sachgebiete unterteilt sind. – Wegen der „Schlüssel"-Bedeutung des Amtes für Wohlfahrtspflege und Jugendhilfe ist dessen Gliederung in zehn Hauptstellen

## Hauptamt für Volkswohlfahrt (HAfVW)

beispielhaft aufgeführt: Allgemeine Wohlfahrtspflege; Anstalts- und Sonderfürsorge; Familienhilfe und Wohnungsfürsorge; Jugendhilfe; Erholungspflege; Forschung und Archiv; Wohlfahrts- und Fürsorgerecht; Rechtsverwaltung und Versicherung; Schwesternwesen; Bittgesuche.

Die Aufteilung des HAfVW in Ämter wandelt sich im Laufe der Jahre entsprechend den politischen Umständen. Z. B. lautet die Einteilung aus dem Jahre 1943: Amt Organisation; Amt Wohlfahrtspflege und Jugendhilfe; Amt Werbung und Schulung; Amt Finanzverwaltung; Amt Gesundheit; NS-Reichsbund Deutscher Schwestern; – und 1944: Stabsamt; Organisationsamt; Amt Finanzverwaltung; Amt Wohlfahrtspflege und Jugendhilfe; Amt Gesundheit; Amt Werbung und Schulung; Personalamt; Amt Schwesternwesen; Jugendamt; Dienststelle für Rassenpflege (wahrgenommen durch den Beauftragten des Rassenpolitischen Amtes der NSDAP, seit 1.9.44).

Der Leiter des HAfVW, →Erich Hilgenfeldt, ist in Personalunion Reichswalter der NSV und auch Reichsbeauftragter für das →Winterhilfswerk (WHV). Gleichzeitig ist er Reichsbeauftragter für die Erfassung und Verwaltung der Küchen- und Nahrungsmittelabfälle im Rahmen des „Ernährungshilfswerkes des Deutschen Volkes" (EHW). Das EHW ist eine Maßnahme des Vierjahresplans und dient der Erfassung bisher nicht verwerteter Küchen- und Nahrungsmittelabfälle für die zusätzliche Mast von jährlich rund einer Million Schweine.

Dem HAfVW obliegt ferner die Aufsicht über die NS-Schwesternschaft und den Reichsbund der Freien Schwestern. Am 21.4.42 werden der „Reichsbund der Freien Schwestern und Pflegerinnen" und die „NS-Schwesternschaft" zum „NS-Reichsbund Deutscher Schwestern" zusammengeschlossen. Dieser „Reichsbund" trägt die Merkmale eines „angeschlossenen Verbandes" der NSDAP, ist aber als solcher nicht selbständig, sondern Teil der NSV.

Aufgrund des Erlasses vom 3.5.33 unterstellte das HAfVW Selbsthilfeverbände seiner Betreuung. Unter Selbsthilfeverbänden werden Organisationen verstanden, in denen körperlich und sozial Behinderte ihre eigenen Interessenvertretungen hatten: Reichsdeutscher Blindenverband; Reichsbund der Schwerhörigen; Reichsverband der Gehörlosen Deutschlands; Reichsverband für Gehörlosenwohlfahrt; Reichsbund der Deutschen Kapital- und Kleinrentner.

In ähnlicher Weise werden dem HAfVW auch folgende andere Verbände und Vereine der Freien Wohlfahrtspflege unmittelbar unterstellt: Reichsverband der gemeinnützigen Kranken- und Pflegeanstalten; Vereinigung für den Fürsorgedienst im Krankenhaus; die →Heilsarmee; Deutsche Zentrale für freie Jugendwohlfahrt; Deutsche Jugendversicherungs-Hilfe; Reichsverband Deutscher Jugendheimstätten; Gemeinnütziger Verein für Jugenderholungsheime; Reichsverband für Gerichtshilfe; Gefangenen- und Entlassungsfürsorge; Freie Schwestern; Archiv für Wohlfahrtspflege (→Deutsches Zentralinstitut für soziale Fragen); →Deutscher Verein für öffentliche und private Fürsorge (Gleichschaltung bis 1935; ab 1937 Mitarbeit im „Reichszusammenschluß für öffentliche und freie Wohlfahrtspflege und Jugendhilfe" als wissenschaftliche Forschungsstelle).

Mitte Mai 1933 wird der als „marxistische Vereinigung" bezeichnete „Hauptausschuß für →Arbeiterwohlfahrt" verboten, ebenfalls die der KPD zuzurechnende →„Rote Hilfe" und →„Internationale Arbeiterhilfe"; die „Christliche Arbeiterhilfe" wird aufgelöst. Der →„Deutsche Paritätische Wohlfahrtsverband" wird im Juli 1933 zunächst korporatives Mitglied der NSV und im Juli 1934 liquidiert. Die „Zentralwohlfahrtsstelle der deutschen Juden" wird veranlaßt, ihre Tätigkeit auf die jüdische

Fürsorge und auf die Durchführung der „Jüdischen Winterhilfe" zu beschränken; sie wird 1939 zwangsaufgelöst (→Jüdische Wohlfahrtspflege).

Am 25.7.33 werden durch Verfügung des Reichs- und Preußischen Ministers des Innern sowie des Reichs- und Preußischen Ministers für Arbeit nur noch vier Verbände als Spitzenverbände der freien Wohlfahrtspflege anerkannt: die NSV, der Zentralausschuß für die Innere Mission der deutschen evangelischen Kirche (→Diakonisches Werk), der →Deutsche Caritasverband und das →Deutsche Rote Kreuz. Diese schließen sich am 27.7.33 zur kollegialen „Reichsgemeinschaft der freien Wohlfahrtspflege Deutschlands" zusammen. Bereits am 24.3.34 wird die NS-geführte „Arbeitsgemeinschaft der Spitzenverbände der Freien Wohlfahrtspflege" gegründet; ihre Konstituierung ist der erste Schritt zu der vom HAfVW erstrebten Vereinheitlichung. Die 1924 gegründete „Deutsche Liga der Freien Wohlfahrtspflege" wird aufgehoben. Die „Reichsgemeinschaft" von 1933 wird im Juni 1934 liquidiert.

Am 22.1.36 erfolgt der „Reichszusammenschluß für öffentliche und freie Wohlfahrtspflege und Jugendhilfe" zwischen dem →Deutschen Gemeindetag und dem HAfVW. Zum Vorsitzenden dieses „Reichszusammenschlusses" wird vom Reichs- und Preußischen Minister des Innern der Leiter des HAfVW berufen; das HAfVW vertritt in diesem Zusammenschluß die „Arbeitsgemeinschaft der Spitzenverbände der Freien Wohlfahrtspflege"; diese „Arbeitsgemeinschaft" wird im März 1940 vom Leiter des HAfVW aufgelöst.

Im Juni 1937 wird an der Universität Berlin ein „Sozialwissenschaftliches Institut für Volkswohlfahrtspflege" gegründet, dessen Leitung das HAfVW hat. Der Schulung und Unterrichtung der Mitarbeiter/innen dient ein eigenes Wohlfahrtsarchiv und als eigene Zeitschrift des HAfVW der „NS-Volksdienst". An der Herausgabe weiterer Fachzeitschriften ist das HAfVW maßgeblich beteiligt. – Als Institut der „Hohen Schule" wird mit dem Sommersemester 1943 das „Institut für nationalsozialistische Volkspflege" mit Sitz in Marburg bei Beteiligung des HAfVW errichtet.

Das Wirken des HAfVW beschränkt sich keineswegs auf die Volkswohlfahrtspflege im Deutschen Reich, es ist vom Wirkungsbereich her expansiv, Teilstück der Eroberungspolitik. Hitler läßt am 3.6.40 den Leiter des HAfVW, Hilgenfeldt, jetzt Oberbefehlsleiter, in sein Hauptquartier einfliegen und betraut ihn persönlich mit der Aufgabe, den Einsatz der NSV in den besetzten Gebieten zu organisieren und zu leiten.

In der Endphase des Regimes sucht der HAfVW eine enge Verbindung zur →SS. Dies liegt ideologisch wie machtpolitisch in der Konsequenz der Zielrichtung, die 1933 begonnen wurde: „Das Recht an die Gemeinschaft kann nie größer sein als die Pflicht gegenüber der Gemeinschaft" (Hilgenfeldt).

Am 10.10.45 werden die NSV, das WHW und der NS-Reichsbund Deutscher Schwestern durch das Gesetz Nr. 2 des Alliierten Kontrollrats für Dt. zusammen mit den anderen Gliederungen und angeschlossenen Verbänden der NSDAP sowie diese selbst für ungesetzlich erklärt und aufgelöst.

L.: Althaus, Hermann: Nationalsozialistische Volkswohlfahrt. Wesen, Aufgaben, Aufbau; Berlin, 4. überarb. Aufl., 1939. Bundesarchiv Koblenz, NS 37/1001 (Rundschreiben). Deutsche Wohlfahrtspflege, hg. von H.-G. Ballarin, H. Rößler, G. Roestel (Wordels Dauernde Gesetzessammlungen); Leipzig, o.J. Geschichte der NSV Teil I; anonymes Manuskript (Masch.Schr., Durchsch.) mit der Angabe „4. Ausfertigung", vermutlich ab 1938 entstanden (Bundesarchiv Koblenz, NS 26/262). Hilgenfeldt, Erich: Idee der nationalsozialistischen Wohlfahrtspflege; München, Berlin, 1937. Linde, Franz/Zimmerle, Ludwig (Hg.): Fürsorge des Staates, Fürsorge der Partei. Sammlung der gesamten Fürsorgevorschriften mit eingehenden Erläuterungen; München, Berlin, 2. Aufl. der 5. Ergänzungslieferung, Februar 1943. Störmer, Hellmuth: Das rechtliche Verhältnis der NS-Volkswohlfahrt und des Winterhilfswerkes zu den Betreuten im Vergleiche zur öffentlichen Wohlfahrtspflege; Berlin, 1940. Vorländer, Herwart: Die NSV. Darstellung und Dokumentation einer nationalsozialistischen Organisation; Boppard am Rhein, 1988.

Hannes Kiebel

### Hauptfürsorgestellen

H führen zusammen mit der →Bundesanstalt für Arbeit das Schwerbehindertengesetz (SchwbG) durch. Sie sind u. a. zuständig für die Durchführung des Kündigungsschutzes für Schwerbehinderte, die Verwaltung der Ausgleichsabgabe (→Schwerbehindertenrecht) und die begleitende Hilfe im Arbeits- und Berufsleben (vgl. SchwbG § 31). Die begleitende Hilfe wird aus der Ausgleichsabgabe finanziert. Einzelheiten regelt das SchwbG und die Schwerbehinderten-Ausgleichsabgabeverordnung (SchwbAV). Die Abgrenzung der Aufgaben der H zu den Reha-Trägern, insb. der →Bundesanstalt für Arbeit, ist oft im Einzelfall schwierig. Die historischen Ursprünge der H gehen auf die Politik zur Kriegsfolgenbewältigung nach dem ersten Weltkrieg zurück (→Kriegswohlfahrtspflege). Ihr Instrumentarium stellt dementsprechend eine Mischung aus hoheitlicher und Dienstleistungsverwaltung dar. Die H sind Ländersache. Sie arbeiten zusammen in einer →Arbeitsgemeinschaft der Deutschen H.

A.: Landschaftsverband Westfalen-Lippe, Hauptfürsorgestelle, Warendorfer Str. 16, 4400 Münster; T. (0251) 591-1.
L.: Arbeitsgemeinschaft Deutscher Hauptfürsorgestellen (Hg.): Jahresberichte (jährlich zu beziehen über die Arbeitsgemeinschaft Deutscher Hauptfürsorgestellen). Ritz, H.-G., H in der Rehabilitationspolitik; in: Runde/Heinze (Hg.), Chancengleichheit für Behinderte; Darmstadt, 1979. Ders., Ausgleichsabgabe als Mittel der Schwerbehindertenpolitik; in: Soziale Arbeit, H. 10–11/1989, 403–406.

Hans-Günther Ritz

### Hauptmann, Gerhart

H (1862–1946) ist Autor des 1892 aufgeführten Bühnenstücks „Die Weber" und erhielt 1912 den Nobelpreis für Literatur. Mit der Darstellung des Elends der Heimarbeiter und ihres ergebnislosen Aufstands im „Weber"-Drama trug H mit bei zur sozialkritischen Fortentwicklung des literarischen Naturalismus (→Sozialkritik).

L.: Behl, C. F./Voigt, A.: Chronik von H's Leben und Schaffen; 1957.

### Hausarbeit

H ist ein relativ junger Begriff und wird heute in der politischen und wissenschaftlichen Diskussion zunehmend durch den der →Haushaltsproduktion verdrängt. Im zweibändigen „Illustrierten Konversationslexikon der Frau", 1900 im Oldenbourg Verlag (Berlin) erschienen und von führenden Frauen der bürgerlichen →Frauenbewegung dieser Zeit verfaßt, kommt statt H der Begriff „Hauswirtschaft" vor. Er soll das „ganze Werden und Erhalten menschlicher Wohnungen mit ihren Einrichtungen und die Ernährung und Wohlfahrt der menschlichen Familie" umfassen, zielt also auf H i. e. S.: z. B. auf Kochen, Waschen, Aufräumen und Putzen. Von Haus*frauen*arbeit beginnt man in einer Zeit zu sprechen, als das „ganze Haus", die Haushaltsfamilie, allmählich aufhörte, gemeinsame Existenzgrundlage, in diesem Sinne „Hauswirtschaft", von Mann, Frau, Kindern, im Haus lebenden Angehörigen und →Gesinde zu sein. In diesem Prozeß verengte sich der Haushalt allmählich auf die Vater/Mutter/Kind-Familie. Auf diese bezog sich nun H; für sie blieb die Hausfrau zu Hause. Der männlichen →Erwerbsarbeit außer Haus sollte die weibliche H ergänzend entsprechen; durch ihre Ar-

-beit hatte die Hausfrau die Befriedigung der →Bedürfnisse der →Familie zur Kultur zu erheben. H wurde in erster Linie Arbeit für andere: für den erwerbstätigen Mann und die Kinder. Seit der „H-debatte" der 1920er Jahre ist „H" in den alltäglichen Sprachgebrauch eingegangen.

Die Frauenbewegungen haben den Begriff immer wieder politisch gewendet, um dem weiblichen →Geschlecht einen logischen und symbolischen Ort in der →Gesellschaft, der Welt des Mannes, zu- und seine „gesellschaftliche Nützlichkeit" nachzuweisen. H gewinnt diese strategische Bedeutung für eine politische, soziale und ökonomische ‚Verortung' von Frauen um so mehr, wie Alternativen, z.B. in Form einer dem Mann vergleichbare(re)n Integration in die Erwerbsarbeit, nicht, nur wenig oder nur diskontinuierlich zur Verfügung stehen. Dies trifft bis heute auf die dt. Situation zu. Deshalb entschieden sich Hausfrauenvereine, -bewegung und einzelne (Haus-)Frauen angesichts der technologischen Möglichkeiten der Vereinfachung und Verringerung der H in den 20er Jahren für den Einbau von Einzeltechnologien in einzelne Familienhaushalte und *nicht* für eine Vergesellschaftung der H bzw. des Haushaltes (z.B. in Form von Einküchenhäusern; Großhäusern; Zentralküchen, -wäschereien). Diese historische Entscheidung ist bis heute nur wenig zurückgenommen, betrachtet man den hohen Anteil von im Haushalt – meist von Frauen – erbrachten H-leistungen. Dies hat gleichzeitig H mehr als je zuvor zur weiblichen Arbeit werden lassen, also eine hochsegregierende, →geschlechtsspezifische Arbeitsteilung fest- und bis heute fortgeschrieben. Die „Lohn für die H"-Forderung der Frauenbewegung der 1960er und 70er Jahre versuchte, diese Festlegung von Frauen politisch zu deren Vorteil zu wenden: „Lohnarbeit", insb. die typisch weibliche, „macht (auch) nicht frei!", hieß es damals. Deshalb sollte die gesellschaftlich nützliche, aber unbezahlte H, die den Mann, v.a. falls er Vater sein will, überhaupt erst unabhängig und frei verfügbar am →Arbeitsmarkt macht, durch Geld gesellschaftlich anerkannt werden.

In der neueren feministischen Debatte (→Feminismus) soll „H" den *Arbeitscharakter* der Tätigkeit im Haushalt betonen und dabei zugleich H als vermischtes, gering differenziertes Tun kritisch gegen die funktional hochgradig differenzierte und meist zergliederte Erwerbsarbeit abgrenzen: Anders als markt-, also erwerbsmäßige Tätigkeiten ist H relativ konstant auf konkrete, vertraute Personen bezogen, kennt deren Eigenheiten. Dies gibt der Person, die hauptsächlich und längere Zeit für andere sorgt, „Versorgungsmacht", die allerdings, z.B. im Fall von Scheidung, nicht in einen anderen Haushalt „mitgenommen" werden kann. Die →Frauenforschung begreift H als Einheit von materiellem und emotional-zuwendendem Tun, also immer als →„Beziehungsarbeit". So enthält z.B. jedes Putzen immer zugleich eine Mitteilung über die Beziehung dessen, der putzt, zu den anderen Haushaltsmitgliedern und ist oft von den Arbeitenden auch ausdrücklich als Kommunikation, Zuwendung, als Beziehungsversicherung und -vergewisserung gemeint. Die Zeitstruktur der H folgt so weit wie möglich derjenigen der (meist) immer wiederkehrenden, leiblich-seelischen Bedürfnisse, ist also eher zyklisch als linear. Der Haushalt ist der Idee nach eine auf Reziprozität basierende Solidargemeinschaft. Über den Zugang zu seinen Leistungen entscheidet nicht individuelles Vermögen gleich welcher Art, sondern allein die Zugehörigkeit. Derartige Merkmale erklären die emotionale (→Emotionen) und symbolische Bedeutung der H und ihren Beitrag für Wohlbefinden, aber auch deren Geringschätzung. So galt der Haushaltsbereich z.B. in der Antike als Sphäre, die den Lebensnotwendigkeiten, dem individuellen Überleben wie dem Fortbestehen der Gattung diente. Der moderne Markt und die Warenwelt als neuzeitliche Institute des Bedarfsausgleichs haben die Verknüpfung von Haushalt bzw. H mit Bedürftigkeit, Not und Notwendigkeit eher verstärkt denn abgeschafft, sie v. a. ver„heim"licht.

H ist bei Aristoteles Sorge des Leibes für den Leib, in diesem Sinn „Arbeiten", und zu unterscheiden von „Herstellen" oder „Handeln". Die Sorge schafft überwiegend Vergängliches; das Resultat ihrer Mühe überdauert diese nur um ein Geringes. Obwohl lebenserhaltend, ist die Sorge ohnmächtig, kann sie doch die Vergänglichkeit nicht aufhalten. Aber sie geht in ihrer Dringlichkeit vor und schafft einen Überschuß, die menschliche Freiheit, das Leben jenseits von Notdurft zu gestalten. Freiheit von der Notwendigkeit verbürgt so Menschsein. Da aber Bedürftigkeit und Abhängigkeit, sichtbar in der Leiblichkeit, eine existenzielle Grunderfahrung der Menschen bleiben, können sie frei werden, indem sie andere unterwerfen, überreden usw., die Notdurft des Lebens ganz oder teilweise für sie zu tragen. Diese anderen können auch Maschinen sein; sie schaffen jedoch weder die Notdurft noch die Sorge ab, erleichtern sie vielleicht. Dabei wird die Logik der H verändert, z. B. in Richtung auf eine Funktionsentmischung.

Bei vielen Völkern gilt und galt alles, was mit Not, → Krankheit und Tod zusammenhängt, als Tabu. „Tabu" scheint das zu sein, was an die eigene Ohnmacht erinnert und somit die Selbstliebe kränken könnte. „Tabu" sind v. a. die leiblichen Erscheinungen der Notdurft, die Exkremente, oder auch die Ausscheidungsorgane, die Symbole menschlicher Unvollkommenheit. Mit ihnen hat die H zu tun. Vor allem die handanlegende, schmutzbeseitigende H ist Arbeit von Frauen und wird dies wegen ihrer meist schwächeren Verhandlungsposition in der → Ehe auch in Zukunft bleiben. Sind Angehörige zu pflegen, dann helfen Männer am meisten beim Heben und am wenigsten beim Waschen oder beim Wechseln schmutziger Wäsche oder Windeln. Für Männer existieren starke Tabus, derartige Tätigkeiten zu übernehmen. Ihre Beteiligung an der H ist punktuell und situativ (gelegentliches Spielen mit dem Kind), also selten auf wiederkehrende Bedürfnisse bezogen, meist geräteorientiert (Reparaturen), daher oft auch spektakulär, also sichtbar. Tabus haben auch die Funktion, soziale Ordnung durch Differenzierung herzustellen. Sie tragen noch heute dazu bei, Menschen als „männliches Geschlecht" gegen das „weibliche" abzugrenzen und auf diese Weise Geschlechtsidentitäten herzustellen.

L.: Bock/Duden, Arbeit aus Liebe – Liebe als Arbeit. Zur Entstehung der Hausarbeit im Kapitalismus; in: Frauen und Wissenschaft (Beiträge der Berliner Sommeruniversität für Frauen, Juli 1976); Berlin, 1977, 118–199. Schmidt-Waldherr, H.: Emanzipation durch Professionalisierung?; Frankfurt, 1987. Tornieporth, G. (Hg.): Arbeitsplatz Haushalt: Zur Theorie und Ökologie der Hausarbeit; Berlin, 1988.

Ilona Ostner

**Hausarme**
→ Armenkasten

**Hausarzt**
→ Allgemeinmedizin

**Hausbesetzungen**
„Wenn sich die Öffentlichkeit für uns interessiert, dann nicht deshalb, weil wir sie als Menschen interessieren, sondern weil wir Krawalle machen. Wir sind interessant, weil das als Skandal zu verbraten ist. Unsere wirklichen Interessen, was Wohnung und so weiter angeht, die haben wir schon vor Jahren formuliert in Bittbriefen und Resolutionen, haben damals noch Gespräche mit der Stadtverwaltung und irgendwelchen Parteifunktionären geführt, und das hat die Öffentlichkeit nicht interessiert, sondern wir sind immer wieder eingemacht worden. Und dann haben wir eben angefangen, Häuser zu besetzen ..." In dieser Selbstaussage eines Göttinger Hausbe-

setzers (1) wird deutlich, daß H komplexe Widerstandshandlungen sind, die junge Menschen wählen, um ihren Protest anzumelden. Dieser Prozeß kann unterschiedliche Aspekte haben: Ausdruck des →Wertewandels; Enttäuschung über die unmittelbaren Folgen von Wohnungsnot (→Wohnungsfrage); Artikulation von Staatsverdrossenheit; Konsequenzen des eigenen Medienbewußtseins; Bereitschaft, als →Gruppe gemeinsame Erfahrungen zu machen. H als Widerstandshandeln ist eine Empörung der Betroffenen im Konflikt zwischen erlebter Aussichtslosigkeit, Grundbedürfnisse (→Bedürfnis) im Zusammenhang mit Wohnen zu befriedigen, und der tagtäglichen Beobachtung, daß mit Wohnungen Geld verdient wird. Die Aussichtslosigkeit ist individuelle Armutserfahrung; die Beobachtung gestattet einen Blick in die Welt der Besitzenden. In dieser Spannung muß es zu Protest kommen.

Im Umgang mit H zeigt sich die Qualität kommunaler Politik (→Kommunalpolitik). Vor allem in Holland werden H als legitimes Mittel der Gemeinwesenentwicklung akzeptiert (2). Dies hängt mit der holländischen Tradition der →Gemeinwesenarbeit einerseits zusammen und andererseits mit entsprechender Rechtsprechung. So urteilte am 02.02.1971 der Hoge Raad, daß die Besetzung eines leerstehenden Hauses keinen Hausfriedensbruch darstellt, weil die entsprechende strafrechtliche Bestimmung nicht das Eigentum eines Gebäudes schützt, sondern das Haus- und Wohnrecht dessen, der dort wohnt. Wenn ein Haus unbewohnt ist, kann auch kein Haus- und Wohnrecht geschützt werden. Insofern kann ein unbewohntes Haus besetzt werden, ohne daß Hausfriedensbruch begangen wird. In der BR hingegen erfüllt eine Hausbesetzung in der Regel den Straftatbestand des Hausfriedensbruches (§ 123 StGB). Das Rechtssystem der BR stärkt im Zweifelsfall eher die Position der Besitzenden, als die der Armen.

Historisch kam es immer wieder zu Häuserkämpfen (3) und zum Widerstand von Bewohnern gegen Flächensanierungen (→Stadterneuerung), die preiswerten Wohnraum vom Markt nehmen. Oft resultierten aus diesen „Straßenschlachtungen" (4) H. In aufgeklärten kommunalen Parlamenten wurden integrative Strategien erarbeitet; um nicht mit Pönalisierung auf H reagieren zu müssen, wurden Beteiligungsmodelle entwickelt, die den Besetzern garantieren, eine Form des Wohnens zu entwickeln, die ihren Vorstellungen entspricht (5). Im Rahmen solcher Partizipationsprozesse (→Partizipation) sind Besetzer in aller Regel auch bereit und in der Lage, an der Herrichtung des besetzten Gebäudes selbst zu arbeiten. Inzwischen existieren Beratungsinstitutionen, die solche Modelle praktisch erprobt haben und an ihrer Übertragbarkeit arbeiten (6). Sie können dort eingesetzt werden, wo Hausbesetzer verhandlungsbereit sind.

L.: (1) Aust/Rosenbladt (Hg.): Haussetzer; Hamburg, 1981. (2) Reckmann, Piet: Soziale Aktion; Stein/Nürnberg, 1971. (3) Häuserkämpfe, 1872, 1920, 1945, 1982; Berlin, 1981. (4) Hoffmann-Axthelm, Dieter: Straßenschlachtung; Berlin, 1984. (5) Sonnewald/Raabe-Zimmermann: Die „Berliner Linie" und die Hausbesetzer-Szene; Berlin, 1983. (6) Sozialpädagogisches Institut (Hg.): Stadterneuerung und Soziale Arbeit; Berlin, 1986.

Andreas Strunk

**Hausbesuch**
Als H wird in der Sozialen Arbeit das Tätigwerden des Sozialarbeiters in der Wohnung des →Klienten bezeichnet. Der H kann verschiedenen Zwecken dienen. Ist er vom Klienten erwünscht und fachlich geboten, so fördert er die Gestaltung der →Hilfe, weil der Klient in seiner vertrauten Umgebung bleibt. Problematisch ist der vom Klienten nicht erwünschte H. Den Fachkräften der Sozialarbeit ist der Zutritt zur Wohnung des Klienten gegen dessen Willen nur gestattet, wenn dafür eine gesetzli-

che Ermächtigung vorliegt. Diese *wurde* z. B. durch § 58 JWG (→ Kinder- und Jugendhilfegesetz) für den Erziehungsbeistand und durch § 33 JWG zum Schutz von Pflegekindern (→ Pflegekinderwesen) begründet. Dem Schutz des Kindeswohls wird hier vom Gesetzgeber, gestützt auf die verfassungsrechtliche Grundlage, ausdrücklich Vorrang eingeräumt vor dem Grundrecht auf Unverletzlichkeit der Wohnung (Art. 13 GG).

Die nach dem Sozialgesetzbuch zur Ermittlung der Leistungsvoraussetzungen bestehenden Mitwirkungspflichten des Leistungsberechtigten (§§ 60 ff SGB I) enthalten keine Pflicht, einen H zu dulden, so daß auch die Leistung nicht verweigert werden kann, wenn der Zutritt zur Wohnung verwehrt wird. Dennoch verlangen Sozialämter (→ Sozialamt) häufig unter Berufung auf ihre Pflicht zur Bedarfsfeststellung und unter Androhung der Leistungsverweigerung den Zutritt zur Wohnung des Sozialhilfesuchenden. Dies ist nur dann ausnahmsweise zulässig, wenn von der Natur der Sache her ein H das einzig mögliche Mittel ist, um durch Augenschein den Bedarf festzustellen. Meist genügt es, statt eines H andere Beweismittel zu benützen. Jedenfalls ist die Behörde verpflichtet, den Grundsatz der Verhältnismäßigkeit zu beachten.

L.: Hess. VGH 1985; in: NDV 1986, 219 ff. Onderka, Klaus/Schade, H., Der H; in: Sozial Extra, 9/1985, 16 ff. OVG NW 1989; in: ZfSH/SGB 1989, 303 ff. Ruback, Christel, Der H; in: NDV 1985, 50 ff.

Udo Maas

## Haushaltshilfe

Leistung der gesetzlichen → Krankenversicherung bzw. der anderen Träger von → Rehabilitationsmaßnahmen zur Versorgung des Haushalts eines Versicherten bzw. Rehabilitanden während des Aufenthalts in einem Krankenhaus, einer Entbindungsanstalt, einer Kur- oder anderen Rehabilitationseinrichtung. Voraussetzung ist, daß kein anderer Haushaltsangehöriger den Haushalt führen kann und daß im Haushalt mind. ein Kind unter 8 Jahren oder ein behindertes, auf Hilfe angewiesenes Kind lebt. Die Organisation der H erfolgt über die Krankenversicherung bzw. – wenn diese nicht über entsprechende Kräfte verfügt – durch vertraglich gewonnene Träger (→ Sozialstation, → Wohlfahrtsverbände), die → Hauspflegedienste vermitteln.

## Haushaltsplan
→ Mittelbewirtschaftung

## Haushaltsproduktion

Der Begriff „H", vielfach synonym mit → „Eigenarbeit", verdrängt in der politischen und wissenschaftlichen Diskussion zunehmend den der → „Hausarbeit". In neuer Begrifflichkeit wird die Funktion von Hausarbeit für die individuelle und gesellschaftliche Wohlfahrtsproduktion wiederentdeckt: Angesichts von → Markt- und → Staatsversagen soll auf im Haushalt vorhandene Eigenarbeitspotentiale verwiesen, sollen diese gestützt und weiter angeregt werden, um derart der Nachfrage nach mehr markt-, v. a. aber staatlichen Angeboten entgegenzuarbeiten. H umfaßt zunächst alle güter- und personenbezogenen Leistungen, die ohne ein monetäres Entgelt von den Mitgliedern eines Haushalts für sich selbst oder für andere Mitglieder erbracht werden. Zur H zählen also Leistungen *für* Haushaltsmitglieder und, anders als zur Hausarbeit, auch Unterstützungsleistungen *zwischen* Haushalten. Diese Definition erfaßt nicht nur mehr, sondern v. a. auch männliche Haushaltsleistungen unabhängig davon, wie und wie häufig diese vorkommen. Der Begriff ist so zugeschnitten, daß das Bild reger, vernetzter Haushaltsaktivitäten (→ Netzwerk) jenseits von Markt und Staat entsteht. Im Blickpunkt stehen v. a. die Leistungen, die auch ausgelagert, also von Dritten für den Haushalt erbracht werden können und den Ausführenden im Haushalt keinen unmittelbaren Nutzen bringen, also nicht dem eigenen Konsum oder der persönlichen

Regeneration dienen. Auslagerungseignung und Nutzenstiftung grenzen H oder Eigenarbeit von →Freizeit und Hausarbeit für persönliche Bedürfnisse ab. Gesellschaftlich anerkannt und in der →Sozialversicherung minimal berücksichtigt wird zukünftig nur die meist von Frauen geleistete Betreuung von Hilfsbedürftigen, von Kindern und alten Menschen. Hausarbeit der Frau, die hilft, die eigene Arbeitsfähigkeit oder die des dann für die →Erwerbsarbeit freier verfügbaren, weil vom Alltagskram freigehaltenen Ehemannes (→Ehe), zu erhalten, gilt dann mehr denn je als Privatsache und bleibt ver„heim"licht.

L.: Glatzer/Berger-Schmitt (Hg.): Haushaltsproduktion und Netzwerkhilfe; Frankfurt, New York, 1986.

Ilona Ostner

## Haushaltsüberwachungsliste
→Mittelbewirtschaftung

## Hauspflegedienste

Die Betreuung oder Pflege eines Hilfebedürftigen in der gewohnten Umgebung entspricht dem Grundsatz, Hilfe möglichst familiengerecht und außerhalb von →Heimen und Anstalten zu gewähren. In vielen Fällen reicht die Hilfe durch eigene Familienangehörige, Bekannte oder Nachbarn nicht aus, sondern muß durch geschulte Kräfte, die Haus- und Familienpflegern/innen, geleistet werden. Diese sind meistens angestellte oder ehrenamtliche Helfer (→Ehrenamt, →Freiwilligenarbeit) besonderer H, die i.d.R. den →Wohlfahrtsverbänden angegliedert sind. Neben den Aufgaben der häuslichen Kranken-, Wochen- und Säuglingspflege und der Haushaltsführung sollen Hauspflegerinnen auch pädagogisch-psychologische Hilfen leisten.

H erbringen Leistungen im Rahmen verschiedener Arten der →Hilfe in besonderen Lebenslagen, z.B. der Hilfe zur Weiterführung des Haushalts, der →Krankenhilfe, der →Hilfe für werdende Mütter und Wöchnerinnen, der →Hilfe zur Pflege. Auch die →Krankenkassen und andere Sozialleistungsträger bedienen sich der H.

Manfred Fuchs

## Hauswirtschaft
→Hausarbeit; →Selbsthilfeökonomie

## HealthEcon AG

Die 1981 in der Rechtsform einer Aktiengesellschaft schweizerischen Rechts gegründete H zählt zu den Beratungsgesellschaften für „interdisziplinäre und internationale Problemlösungen im Gesundheitswesen". Das Institut ist inzwischen nicht nur in der Schweiz, sondern auch in der BR und im europäischen Ausland beratend und gutachtlich tätig. Es unterhält Korrespondenz-Adressen in Großbritannien, in Japan und in den USA.

In den letzten Jahren konzentrierte sich H auf Entwicklungs- und Strategiefragen, vorwiegend unter medizinisch-ökonomischen Aspekten. Zusammen mit anderen Wissenschaftlern und Industriefirmen (so u.a. mit Boehringer Ingelheim GmbH) gestalteten und organisierten H-Mitarbeiter wissenschaftliche Symposien im Zusammenhang mit Kosten-Nutzen-Analysen auf dem Pharmamarkt und im Hinblick auf den Einsatz von Generika (= Fertigarzneimittel ohne geschützte Bezeichnung). Gutachten wurden u.a. zu folgenden Themen erstellt: Wettbewerbsanalyse europäischer Pharmamärkte; Nutzenanalyse von Herzambulatorien und Intensivpflegestationen; Computerisierung medizinischer Aufzeichnungen in Entwicklungsländern; Preispolitik; Registrierung von Arzneimitteln; Analyse von Preiskontrollsystemen; Marketing- und Werbestrategien im Arzneimittelbereich; Pharma-Referentenausbildung; Wirtschaftliche Beurteilung von Präventionsprogrammen; Feststellung des sozio-ökonomischen Status in verschiedenen Gesellschaften.

H kooperiert mit der Internationalen Gesellschaft für Gesundheitsökonomie, Frankfurt/Main. Die Mitarbeiter des Instituts, zumeist aus der Industrie kommend, haben sich auf in der Industrie bewährte Managementtechniken spezialisiert. Bisherige Beratungsaktivitäten umfassen folgende Gebiete: Wirksamkeit und wirtschaftliche Folgen von politischen Maßnahmen und Programmen im →Gesundheitswesen (→Prävention, Selbstbeteiligung); Prognosen von Entwicklungstendenzen; Analyse von Reaktionen auf erkennbare Entwicklungstendenzen im Gesundheitswesen („Ärzteschwemme", Geburtenrückgang, alternative Therapieformen; Verschreibungsgewohnheiten der Ärzte); Kriterien der Preis-, Prämien- und Honorargestaltung; Analyse und Wirtschaftlichkeitsvergleiche von Krankenhäusern, Praxen, Verwaltungen und →Versicherungen; Analyse von Marktentwicklungen und Konzipierung angepaßter Marketingstrategien; Wirtschaftlichkeitsbeurteilungen medizinischer Entscheidungen (Arzneimittel, Dienstleistungen); Bedarfsentwicklung und Planung für regionale Projekte; internationale Systemvergleiche; Konzepte zur Versorgung in →Entwicklungsländern.

In einer Eigendarstellung nennt H als Auftraggeber: die Industrie (→Pharmazeutische Industrie, andere Leistungsträger im Gesundheitswesen), →Verbände, Körperschaften, Ministerien, Heilberufe, Krankenanstalten, private und gesetzliche Versicherungen, Konsumenten-Organisationen, Patientenvereinigungen und die →Medien.

A.: HealthEcon AG, Augustinergasse 20, Postf. 1510, CH 4051 Basel.

Harald Clade

## Healthy Cities

„H" (dt. „Gesunde Städte", gelegentlich auch „Gesündere Städte") ist ein Aktionsprojekt des europäischen Büros der →Weltgesundheitsorganisation (WHO). Die erste Bekanntmachung des Konzepts erfolgte 1985. Sowohl international als auch im Bereich der BR stieß das Projekt auf breites Interesse von Einzelpersonen, →Bürgerinitiativen, Wissenschaftlern und Städten.

Die Koordinationsstelle und das Projektsekretariat ist bei der WHO angesiedelt. Es besteht ein internationales Städte-Netzwerk von aktuell 30 Städten (darunter Liverpool, Mailand, Rennes, Zagreb; im deutschsprachigen Bereich: Bremen, Düsseldorf, München, Wien). Aufnahmekriterium ist die Bereitschaft zum Engagement für Gesundheit im Sinne des Konzepts der →„Gesundheitsförderung" und die mittels einer Deklaration der →kommunalen Selbstverwaltung ausgedrückte Selbstverpflichtung zur Unterstützung der Idee. Jährliche Arbeitstagungen und Kongresse dienen dem Erfahrungsaustausch, der Evaluation und Erfolgskontrolle sowie der Verbreitung der Idee über die beteiligten Städte hinaus.

Aufgrund des großen Interesses gibt es – über das mit der WHO verbundene internationale →Netzwerk hinaus – noch sich selbst koordinierende nationale oder sprachenorientierte Städte-Netzwerke, so u. a. im frankophonen Raum, in Großbritannien und in der BR. Nach mehreren Treffen hat sich am 5. Juni 1989 in Frankfurt ein offizielles Städte-Netzwerk konstituiert, bestehend u. a. aus Bremen, Essen, Frankfurt, Gießen, Göttingen, Hamburg, Mainz, München, Nürnberg, Reinbek, Saarbrücken, Kreis Unna.

1980 formulierten die in der WHO zusammengeschlossenen 33 europäischen Staaten eine gemeinsame gesundheitspolitische Strategie (*„Gesundheit für Alle bis zum Jahr 2000"*), die dazu führen soll, „allen Menschen ein besseres Maß an Gesundheitsmöglichkeiten zu geben, um damit ihr jeweils höchstmöglichstes Potential in Hinblick auf ein sozial und wirtschaftlich produktives Leben verwirklichen zu können". Diesem Programm hat auch die BReg. zugestimmt. Eine Weiterentwicklung der Strategie, die sich insb. der Grundproblematik der Um- und Durchsetzung annimmt, findet sich in einer Konzeption, die von einer speziellen Abteilung der WHO seit 1984 unter dem Namen *„Gesundheitsförde-*

*rung"* (engl. „Health Promotion") gefördert worden ist. Ihr internationaler Durchbruch drückt sich aus in der sog. *„Ottawa Charta zur Gesundheitsförderung"* vom Nov. 1986. Wie in der „Gesundheit für alle"-Strategie wird auch hier die Bedeutung gesellschaftlicher Voraussetzungen von →Gesundheit (saubere →Umwelt, soziale Gerechtigkeit, angemessene Wohn- und Arbeitsbedingungen usw.) betont. Die Ottawa-Charta fordert auf zu einer →Gesundheitspolitik, die aktiv bei den Ursachen von Kränkungen und →Krankheiten eingreift im Sinne der Entwicklung einer gesundheitsfördernden Gesamtpolitik. Regional zielt sie auf die Schaffung gesundheitsförderlicher Lebenswelten und ruft auf zu einer Neuorientierung der Gesundheitsdienste, bei der die Kranken nicht patronisiert, sondern in ihren Rechten und kulturell unterschiedlichen Bedürfnissen respektiert werden.

Als sozialen Ort für eine Verwirklichung einer solchen neuen Art von öffentlicher Gesundheitspolitik wird von der zuständigen Abteilung der WHO die →Stadt bzw. die Region angesehen, in der die Menschen leben und wo die Probleme von industriellem Wandel, Veränderungen in der Familienstruktur, neue Lebensstile, Hoffnung und Hoffnungslosigkeit sichtbar zum Ausdruck kommen. Im Gegensatz zu den Auswüchsen des selektiven und normativen Denkens im Faschismus, wo unter dem Stichwort „Gesundheit", z.T. auch „gesunde Stadt", die „Reinheit" der Rasse (→Eugenik), die Unterordnung der Vielgestaltigkeit von Leben unter eine einheitliche Gestaltung von privatem wie öffentlichem Leben erzwungen wurde, setzt die WHO auf ökologische und kulturelle Vielfalt, auf die Diskussion zwischen den verschiedenen Interessensgruppen und auf die Förderung statt der Erzwingung von Gesundheit. Die WHO-*Arbeitsdefinition* einer „gesunden Stadt" lautet deshalb: *„Eine gesunde Stadt verbessert kontinuierlich die physischen und sozialen Lebensbedingungen und fördert die Entfaltung gemeinschaftlicher Aktions- und Unterstützungsformen; beides mit dem Ziel, die Menschen zur wechselseitigen Unterstützung in allen* →*Lebenslagen zu befähigen und ihnen damit die maximale Entfaltung ihrer Anlagen zu ermöglichen."*

L.: Hildebrandt/Trojan: Gesündere Städte – kommunale Gesundheitsförderung. Materialien und Ideen zum „H"-Projekt; Hamburg, 1987. Kickbusch, Ilona, Öffentliche Gesundheit; in: Blanke/Evers/Wollmann (Hg.), Die Zweite Stadt, Leviathan-Sonderheft 7; Opladen, 1986. Werkstatt Gesundheit: Gesündere Zukunft für Hamburg. Dokumentation einer Fachtagung und Beschreibung des Hamburger Projekts; Hamburg, 1989.

A.: Gesunde Städte Sekretariat, BAGS, Tesdorpfstr. 8, 2000 Hamburg 13.

Helmut Hildebrandt

**Hebamme**

*1. Der Begriff.* Die Wurzel des Wortes „H" ist das altdeutsche ‚hevianna', dessen Sinn ‚die Hebende' ist. Diese Bezeichnung wird seit dem 8.Jh. im Oberdeutschen am häufigsten verwendet. Sie bezieht sich auf den rechtlich-religiösen Akt, in dessen Verlauf die Geburtshelferin auf Geheiß des Kindesvaters das Neugeborene ihm überreichte. Nahm er es an, durfte das Kind am Leben bleiben und war anerkannt. Das Wort „H" nimmt also Bezug auf diese rituale Handlung und nicht auf die „Ammentätigkeit".

*2. Die Aufgaben der H* waren in der Geschichte jeweils abhängig von der gesellschaftlichen Einstellung und →Moral. Da das Leben eines Neugeborenen vor dem MA noch wenig bedeutete, hatte das zur Folge, daß das Leben der Mutter in schwierigen Situationen Vorrang erhielt. Im MA setzte sich unter dem Einfluß der Kirche die Vorstellung durch, die Seele eines Kindes müsse zu Gott geführt werden; das Neugeborene sollte lebend zur Welt kommen, damit es getauft werden konnte. Dies war aber oft nur möglich, indem das Leben der Mutter aufgegeben wurde. (So gab es damals schon Eingriffe wie den Kaiserschnitt.) Überliefertes und selbsterfahrenes Wissen in der Pflege und Heilkunde gaben im Laufe der Zeit der H eine gewisse gesellschaftliche Stellung, die zwar anerkannt, trotzdem aber auch sehr anfällig war und schnell ins Gegenteil umschlagen konnte, wenn z. B. ein mißgebildetes Kind geboren wurde. Dieser ambivalente Status, verbunden mit neuen bevölkerungspolitischen Interessen der Herrschenden, machten die H als Trägerin von Verhütungs- und Abtreibungswissen („weise Frauen") zum Opfer von Hexenprozessen.

Heute haben sich mit der technologischen Entwicklung in der Medizin die Aufgaben der H wesentlich gewandelt. Hohe Anforderungen, auch in der Vor- und Nachsorge, setzen eine qualifizierte und vielseitige Ausbildung voraus, die insgesamt 3 Jahre nach einer mindestens zehnjährigen Schulzeit beträgt. Der Beruf der H hat sich zu einem angesehenen und anerkannten Beruf entwickelt. Daß er auch für jüngere Frauen attraktiv ist, zeigt sich in der Entwicklung der Altersstruktur. Waren 1980 noch 21% der freiberuflichen Hebammen zwischen 40 und 50, und sogar 43% zwischen 51 und 60 Jahre alt, so sieht die Struktur heute folgendermaßen aus: ca. 24% sind unter 30, 33% zwischen 31 und 40, nur noch 16% sind zwischen 41 und 50 und ca. 14% zwischen 51 und 60 Jahre alt.

*3. Die Beschäftigungsverhältnisse und Tätigkeitsfelder* untergliedern sich wie folgt: *(a) Angestellte H:* Ihr Tätigkeitsfeld sind meistens die *Kreißsäle* im →Krankenhaus (Aufgaben: u. a. Vorbereitung der Kreißenden; geburtshilfliche Untersuchungen; *Ultraschall-Diagnostik;* Blutentnahme; Betreuung nach psychologischen und pflegerischen Bedürfnissen; Wehenkontrolle; Hilfeleistung bei der Geburt; Assistenz bei operativer Geburtsbeendigung; die Untersuchung und Betreuung des Kindes). Sie arbeiten selbstverantwortlich, und bei Bedarf leisten sie dem →Arzt alle erforderliche Hilfe. *(b) Freiberufliche H:* Sie hat die Aufgabe, die werdende Mutter während der Schwangerschaft zu beraten und zu betreuen sowie auf die Geburt vorzubereiten. Sie kann eine normale Entbindung verantwortlich ohne Arzt durchführen. In den ersten 10 Tagen nach der Geburt übernimmt sie die Überwachung des Wochenbettverlaufs und die Versorgung des Neugeborenen. Freiberufliche H können auch in Krankenhäusern als Beleg-H arbeiten.

Aufstiegsmöglichkeiten gibt es bis zur *Leitenden H,* die eine geburtshilfliche Abteilung führt (Aufgaben: Planung, Organisation und Kontrolle aller ihr unterstellten Bereiche; Führung und Einstellung des Personals; Zusammenarbeit mit der Pflegedienstleitung), und zur *Unterrichts-H* nach einer Fortbildung (ihre Aufgabe ist es u. a., in den H-lehranstalten Lehrpläne zu erstellen, den theoretischen Teil im Unterricht und den praktischen Teil in den geburtshilflichen Abteilungen durchzuführen; außerdem die Vorbereitung, Durchführung und Beurteilung von Prüfungen und Prüfungsergebnissen).

*4. Standesvertretung.* Bis in das 19. Jh. verfügten die H über keine Standesvertretung. Erst dann organisierten sie sich in Berufsgruppen, um ihre Interessen zu vertreten. Initiatorin war Olga Gebauer in Berlin. Sie erkannte die Stärke eines gemeinschaftlichen Handelns und die Notwendigkeit der sozialen Sicherung für jede einzelne H. Sie gründet auch die „Berliner H-Zeitung" (später: „Deutsche H-Zeitung"). Es folgten zahlreiche regional gegründete H-vereine, die Gründung der „Vereinigung Deutscher H" und Delegiertentagungen. Der 1. Internationae H-kongreß und der 3. Allgemeine Deutsche H-tag fanden im Jahr 1900 statt. Schwerpunktthemen waren damals: Gültige H-gebühren in den verschiedenen Ländern und eine Desinfektionsordnung.

Bis 1933 erkämpfte die Vereinigung viele Rechte, so z. B. die Einbeziehung der freipraktizierenden H in die Angestelltenversicherung. Sie kämpfte aber auch für eine längere und bessere Ausbildung, die zur damaligen Zeit je nach Land in 3–9 Monaten absolviert wurde. Während der Zeit des Nationalsozialismus wurden die Verbände aufgelöst und der „Reichsarbeitsgemeinschaft der Berufe im sozialen und ärztlichen Dienst" (RAG) unterstellt. 1938 wurde das Reichshebammengesetz erlassen. Die H-tätigkeit wurde als selbständiger Beruf anerkannt und die Hinzuziehung einer H bei jeder Geburt wurde Pflicht. In H-lehranstalten wurden die Schülerinnen nun in 6 Monaten kostenlos ausgebildet.

Nach dem 2. Weltkrieg begann der Wiederaufbau der Verbände. 1949 wurde die „Arbeitsgemeinschaft Deutsche H" gegründet, der auch die angestellten H angegliedert wurden. 1954 wurde diese Arbeitsgemeinschaft umbenannt in →„Bund Deutscher H e.V. (BDH)". Der 1. Deutsche H-kongreß nach dem Krieg fand erst 1971 statt.

Die H sind über die einzelnen Landesverbände im BDH zusammengefaßt, der mit der Wahrung ihrer Interessen in vielen Bereichen betraut ist. Sowohl Fragen der Qualität der Ausbildung, des Tarifrechts, der Arbeitssituation und der Öffentlichkeit, als auch Beratung und Unterstützung in rechtlichen Fragen gehören zu den Aufgaben des Verbandes, der derzeit etwa 6500 Mitglieder zählt, die sich zu 59% aus angestellten H, zu 29% aus freiberuflichen H und zu 12% aus passiven Mitgliedern zusammensetzen. Ein Erfahrungsaustausch innerhalb der einzelnen Länder der EG sowie internationale Kontakte geben dem Berufsstand der H über ihren Verband eine zukunftsorientierte Perspektive.

Jutta Koberg

## Heck, Bruno
1962–68 Bundesfamilienminister.

L.: Familienpolitik 1962–68; in: Haensch, Dietrich, Repressive Familienpolitik; Reinbek, 1969, 122–150.

## Heilanstalten
→ Idiotenanstalt

## Heilbehandlungsrecht
→ Gesundheitsrecht 2.d

## Heilerziehungspfleger
→ Irrenwärter

## Heilgymnastik
→ Krankengymnastik

## Heilkundesysteme
→ Gesundheitslehren

## Heilpädagogik
H (auch: Sonderpädagogik) ist die Wissenschaft von der Arbeit mit behinderten und benachteiligten Kindern und Jugendlichen, die in unterschiedlicher Hinsicht als beeinträchtigt gelten. Wir unterscheiden gemeinhin sechs große Gruppen: die Körperbehinderten, die Sinnesbehinderten, die Sprachgestörten, die Geistigbehinderten, die Lernbehinderten und die Verhaltensgestörten (vgl. Reiser u.a. 1974). Die H befaßt sich mit der Interaktion von Pädagogen mit diesen Kindern und Jugendlichen, und insofern ist sie als sozialwissenschaftliche Disziplin ausgewiesen, die das *„Dialogische"* einer professionellen Beziehung *„unter so erschwerten Bedingungen"* interessiert (vgl. Iben 1989).

Buber sieht die Ganzheit des Menschen im Dialog aufgehoben – *„Ich werde am Du"*, heißt es bei ihm –, und mit der Hereinnahme dieser humanistischen Grundposition ist ein wichtiger Wertewandel innerhalb der H markiert. Nicht länger schauen wir auf den →Behinderten als eine organisch und also individuell geschädigte Person, deren Defekt wir als einmalig und unumkehrbar feststehend begreifen und, so gut es geht, zu kompensieren suchen. Wir beschäftigen uns jetzt mit dem Behinderten als einem Menschen, der zu einem bestimmten historischen Moment in eine bestimmte Gesellschaftsform hineingeboren ist, und es darf uns nicht entgehen, wie die Erwartungen und Interessen dieser →Gesellschaft beschaffen sind, die ihm – bewußt wie unbewußt – entgegengebracht werden. Nicht länger soll seine →Behinderung, gemessen an einer Leistungsnorm, der selbst die Nichtbehinderten nicht immer und jederzeit standzuhalten vermögen, auf ihre potentielle Überwindbarkeit hin taxiert werden. Vielmehr wollen wir überlegen, welche Fördermöglichkeiten nötig erscheinen, pädagogische Fortschritte zu erzielen, die vom Kind aus und nicht von einem abstrakten Lernziel her plausibel sind (vgl. Gerspach 1988, 215 ff.).

Dazu müssen wir uns dem konkreten Beziehungsfeld des Behinderten zuwenden, um seine Bedürfnisse und Nöte verstehen zu lernen. Dabei zeigt sich, daß es nicht die bestehende organische Beeinträchtigung ist, die dem behinderten Kind zum Problem wird. Vielmehr erlebt es die zwiespältigen Reaktionen von Mutter und Vater auf seine ‚Unvollständigkeit'. Nicht die originäre Schädigung als solche bewirkt die Eigencharakteristik eines Behinderten, *„sondern die tiefe Enttäuschung der Eltern über ein Kind, das ihre Erwartungen nie wird erfüllen können"* (vgl. Leber 1979, 70). Eine Behinderung kann zwar durch eine biologische Normabweichung bedingt sein, ihre Bedeutung gewinnt sie aber erst im Zusammenleben mit anderen Menschen und unter den jeweiligen gesellschaftlichen Verhältnissen.

Insofern handelt es sich bei der H um zweierlei. Einmal sind wir vor die Aufgabe gestellt, die Gesellschaftsbezogenheit des Spektrums einer Behinderung auszuleuchten, und da fällt auf, wie im Rahmen sozio-ökonomischer Marktmechanismen die Gruppe der Behinderten als potentieller Teil einer bei Bedarf auf Abruf stehenden *„industriellen Reservearmee"* fungiert (vgl. Preuss-Lausitz 1981, 21). Weil der Gebrauchswert ihrer Ware Arbeitskraft eingeschränkt ist, werden ihre Ausbildungskosten gering zu halten gesucht, womit die Güte ihrer Qualifikation gemeinhin schlechter ist, als die ihrer nichtbehinderten Altersgenossen (vgl. Jantzen 1973, 1986; Probst 1978; Reiser u. a. 1974).

In diesem Zusammenhang wird auch deutlich, daß ein allgemeiner Oberbegriff ‚Behinderung' nicht wirklich taugt. Die Beeinträchtigung eines geistigbehinderten Kindes ist anders begründet und wird seine Lebens- und Berufschancen anders beeinflussen, als dies bei einem sozial deprivierten Lernbehinderten oder Verhaltensgestörten der Fall ist. Die Orientierung an einem Begriff, der auf die Pädagogik der Körper- und Sinnesbehinderten zugeschnitten ist, hat wesentlich zur Fehleinschätzung der gesellschaftlich verursachten Behinderungen beigetragen und die heilpädagogischen Förderkonzepte über Gebühr begrenzt (vgl. Reiser u. a. 1974, 11).

Auf der anderen Seite geht es darum, die Bedeutung einer Behinderung zu lesen auf dem Hintergrund der genannten problematischen frühen Sozialisationserfahrungen. Wir müssen lernen zu verstehen, *„wie der Bildungsprozeß gestört wird und wie erworbene Behinderung entsteht, aber auch, welcher Sinn ihr im biographischen und situativen Kontext zukommt, ja was das Subjekt mit der Behinderung auf einer imaginären Ebene – in chiffrierter Form – über sich und das Beziehungsgefüge, in dem es lebt, sagen möchte"* (Leber 1977, 81).

In der Interaktion mit dem Heilpädagogen wird das betroffene Kind seine nicht bewältigten Konfliktthemen, die sich um seine Behinderung ranken, in verschleierter Gestalt reproduzieren. Wenn wir die Zusammenhänge richtig wahrzunehmen gelernt haben, wird für uns die Problematik der frühen Eltern-Kind-Beziehung darin dennoch klar widerscheinen. Eltern sind durch die originäre Behinderung ihres Kindes in Gefahr, die damit erlittene Kränkung an das Kind weiterzugeben. Meist geschieht dies in unbewußter Form: Sie ziehen sich entweder von ihm zurück oder wenden sich ihm in übertriebener Weise zu, um auf diese Weise ihre Ablehnung, die nicht sein darf, vor sich selbst und anderen zu verbergen (vgl. Leber 1979, 69f.). Das Kind aber nimmt die Spuren dieser ihm entgegengebrachten Gefühle (→ Emotionenn) in sich auf, die es hinfort prägen werden.

Es bleibt dann in einer Ambivalenz zwischen der innigen Suche nach einem Menschen, der endlich alle nicht erfüllten Bedürfnisse befriedigen soll, und dem Haß auf die real nie befriedigenden frühen Bezugspersonen befangen, und diese Ambivalenz trifft häufig gerade den Heilpädagogen. Er ist demnach gehalten, die Beziehungsarrangements, die das behinderte oder gestörte Kind mit ihm einzugehen sucht, zu verstehen auf dem Hintergrund von dessen frühkindlicher → Sozialisation. Er muß aber auch wahrnehmen, was bei ihm selbst an *„infantilen Wünschen und Konflikten"* ausgelöst wird (vgl. Leber 1977, 83), um der damit verbundenen *„Beziehungsfalle"* zu entgehen, eigene frühe Interaktionsstrukturen abzurufen oder dem kindlichen Beziehungspartner tatsächlich die Imagination vermitteln zu wollen, man sei die lang ersehnte Figur und imstande, den geäußerten frühkindlichen Bedürfnissen nachzukommen (vgl. Leber 1979, 71). Eine gute und tragfähige Beziehung, aus der heraus emanzipative (Fort-)Schritte möglich werden, kann nur entstehen, wenn der Heilpädagoge erfaßt, was sein Interaktionspartner von ihm will, in welch frühe *„Szene"* er hineingezogen werden soll und welche infantilen Wünsche er hier und jetzt erfüllen soll (vgl. Leber 1977, 83).

Allein aus der Wahrnehmung der unbewußten Anteile des professionellen Dialogs ergeben sich daher für den Heilpädagogen angemessene Handlungskompetenzen für den Umgang mit den Betroffenen. Insofern auch sei einem althergebrachten Vorurteil begegnet, H vorrangig aufs *„Tun"* zu beschränken (vgl. Gröschke 1989, 49). Sie ist *nicht* auf ein unmittelbar handlungsbezogenes Erfordernis zu reduzieren, will man nicht den Fehler begehen, einen Pragmatismus zu konzipieren, ohne noch seine Sinnhaftigkeit zu klären und die latenten Sinnzusammenhänge (im biographischen Kontext) aufzudecken. So bemängelt Kobi, der Begründer anthropologisch-personaler Konzepte, zu Recht, daß inzwischen primär ein Tun und kein Philosophieren mehr ist (vgl. 1985, 282).

Wenn wir unsere Förderkonzepte so gestalten sollen, daß jenseits eines rein utilitaristischen Vorverständnisses ein dialogisches Prinzip zu konstituieren ist und eine → Pädagogik ‚vom Kind aus' wieder möglich wird, muß jede handlungsfixierte Zielvorgabe suspekt erscheinen: *„Verstehen (ist) nicht nur Voraussetzung für sinnvolles pädagogisches Handeln (...), sondern (kann) selbst schon als solches begriffen werden"* (Leber 1989, 31). Der Heilpädagoge läßt sich also eher selbstreflexiv in auf die Beziehung mit dem Behinderten, als daß er ihm handelnd-eingreifend begegnet. Auf diesem Wege wird der Dialog zu einem *„fördernden Dialog"*, der dem behinderten oder sozial benachteiligten Kind dazu verhelfen mag, *„sich aus festgefahrenen verinnerlichten Beziehungsstrukturen zu befreien"* (Leber 1979, 60; 1988, 41ff.). Anders formuliert: Das dialogische Prinzip kommt in der H als *„fördernder Dialog"* zum Tragen, der zu Tage *„fördert"*, was an (unbewußten) Implikationen im subjektiven Erlebnisfigur ‚Behinderung' enthalten ist (vgl. Leber 1988, 42).

Aufs ganze gesehen ist der Stellenwert der (gesellschaftlichen) objektiven Strukturen um den Stellenwert der (individuellen) subjektiven Strukturen zu erweitern, und dieser Zusammenhang läßt sich erschließen auf dem Wege einer hermeneutischen Sinnexplikation. Damit wird H zu einer hermeneutisch wie kritisch zu lesenden Analyse beschädigter individueller Struktur (vgl. Lorenzer 1977, 9; 1973, 136; 1974, 153 ff.: Habermas 1973, 204 ff.). Die Frage nach der reflektierenden Sinnexplikation einer Behinderung oder Störung ist ihre grundlegende, die sich auf eine gesellschaftlich orientierte Theoriebildung ebenso bezieht, wie auf die gelebte Beziehung im heilpädagogischen Praxisfeld.

L.: Bleidick, Ulrich (Hg.): Handbuch der Sonderpädagogik, Bd. 1: Theorie der Behindertenpädagogik; Berlin, 1985. Buber, Martin, Das Problem des Menschen (1947); in: Dialogisches Leben; Zürich, 1947. Gerspach, Manfred: Mut zur Dummheit; Frankfurt, 1988. Ders.: Einführung in die H; Frankfurt, 1989. Gröschke, Dieter: Praxiskonzepte der H; München, Basel, 1989. Habermas, Jürgen: Erkenntnis und Interesse; Frankfurt, 1973. Iben, Gerd (Hg.): Das Dialogische in der H; Mainz, 1988. Jantzen, Wolfgang, Theorien zur H; in: Das Argument 80, 1973, 152–169. Ders.: Abbild und Tätigkeit. Studien zur Entwicklung des Psychischen; Solms-Oberbiel, 1986. Kobi, Emil E., Personorientierte Modelle in der H; in: Bleidick 1985, 273–294. Leber, Aloys, Psychoanalytische Aspekte einer heilpädagogischen Theorie; in: Bürli, A. (Hg.), Sonderpädagogische Theoriebildung, Vergleichende Sonderpädagogik; Luzern, 1977, 81–91. Ders., H – was soll sie heilen?; in: Schneeberger, F. (Hg.), Erziehungserschwernisse; Luzern 1979, 59–77. Ders., Zur Begründung des fördernden Dialogs in der psychoanalytischen H; in: Iben 1988, 41–61. Lorenzer, Alfred: Sprachzerstörung und Rekonstruktion; Frankfurt, 1973. Möckel, Andreas: Geschichte der H; Stuttgart, 1988. Preuss-Lausitz, Ulf: Fördern ohne Sonderschule; Weinheim, Basel, 1981. Probst, Holger (Hg.): Kritische Behindertenpädagogik in Theorie und Praxis; Solms-Oberbiel, 1978. Reiser/Aab/Pfeifer/Rockemer: Sonderschule zwischen Ideologie und Wirklichkeit; München, 1974. Speck, Otto: System H; München, Basel, 1988.

Manfred Gerspach

## Heilpflanzen
→ Naturheilverfahren, → Volksmedizin

## Heilpflege- und Erziehungsinstitut

„H" ist der Name einer 1856/57 eröffneten Bildungseinrichtung, deren pädagogisches Konzept geprägt war von Ideen, wie sie während der 1848er Revolution in Dt. vertreten wurden. Die Entstehung des H geht zurück auf drei Initiatoren, die, um der Unterdrückung und Verfolgung in Dt. zu entgehen, nach Österreich übergesiedelt waren und das H in der Nähe von Wien errichteten: Jeanne M. von Gayette (vG), Jan D. Georgens (G) und Heinrich M. Deinhardt (D) sowie ihre Mitarbeiter.

*1. Allgemeine und allseitige Bildung und die Bildungsfähigkeit behinderter Menschen.* Jeder Mensch – ob krank oder gesund, geistesschwach oder durchschnittlich, Junge oder Mädchen, reich oder arm – benötigt eine angemessene → Bildung. Mit diesem Satz wird anschaulich der auf Gleichheit orientierende Kerngehalt einer → Pädagogik verdeutlicht, deren Ansprüche und Realisierungsversuche begründet werden müssen aus der in der dt. Geschichte seltenen Verbindung zu einer Revolutionsepoche. Gemeint ist die 1848er Revolution des → Bürgertums, die bekanntlich scheitert. Während der hierauf folgenden Zeit wurden Reformäußerungen unterdrückt und Reformer verfolgt. G (1823–1886) und D (1821–1880), beide Pädagogen (gleichwohl weder fachliche Spezialisten, noch Inhaber fester Berufsstellungen), sowie vG (1817–1895), eine sich auch mit pädagogischen Fragen beschäftigende Schriftstellerin, waren in der Hoffnung auf demokratische Eingriffsmöglichkeiten nach Österreich übergesiedelt. Sie hatten zusammengefunden in der Gemeinsamkeit wegweisender bildungstheoretischer Grundsätze einer der → Aufklärung verpflichteten Pädagogik. Hierzu gehörten: die Idee vom Erziehungsberuf als Menschheits- und Lebensberuf; → Erziehung und Belehrung als Mittelpunkt des politischen Kampfes; eine tatsachenorientierte Pädagogik; eine allseitig bildende → Schule des „ganzen" Volkes; eine selbsttätige Lehr- und Lerntätigkeit anhand realistischer

Unterrichtsstoffe und produktiver Arbeit; die entwickelte Individualität eines jeden Menschen als Bedingung für eine humane →„Integration" in die Gemeinschaft u.a.m. Sie eröffneten in den Jahren 1856/57 nahe bei Wien ein privates „H", größtenteils für adelige und bürgerliche Kinder nebst einigen Freiplätzen für bedürftige Kinder.

Dergleichen Bemühungen um den Aufbau einer pädagogischen Musteranstalt durchziehen die gesamte neuere Erziehungsgeschichte und waren keineswegs ungewöhnlich. Das Unternehmen „H" erwies sich jedoch aus einigen Gründen als bedeutsam: Es wurde in der deutschsprachigen Kultur- und Bildungsgeschichte für ein Jahrhundert der letzte „Rettungsort" für einen auf Gleichheit und (Selbst-)Tätigkeit bezogenen Bildungsversuch. Ungewöhnlich war auch die in solchen Experimenten bis heute Ausnahme gebliebene gleichberechtigte Teilnahme einer Frau. Des weiteren umfaßten die allgemeinbildenden Einrichtungen neben den „Gesundheitsabteilungen" (Säuglingsklasse; allgemeine Schule; Lehrlingsschule) eine „Abteilung" für behinderte Kinder („Heilpfleglinge"), um deren Bildung sich Ärzte und Pädagogen in arbeitsteiliger Handlungsgemeinschaft bemühten, wobei am Vorrang der pädagogischen Einwirkungen mittels verschiedenster Tätigkeiten (weiterentwickelte Fröbelsche Spielgaben, produktive gebrauchswertschaffende Schulgartenarbeit usw.) gegenüber dem medizinischen Tun keinerlei Zweifel bestanden. Das Mit- und Nebeneinander von behinderten und nichtbehinderten Kindern in einer Epoche der beginnenden Aussonderungen belegt die beispielhafte und aktuelle Fernwirkung dieses Bildungsexperiments.

*2. „Pädagogische Notfälle" und die Theorie der „Heilpädagogik".* Dieser Bildungsversuch erhielt eine bedeutsam gebliebene theoretische Grundlegung. Unter dem (mißverständlichen) Titel „Heilpädagogik" (1861; 1863) wurden als deren Adressaten alle aus ökonomischem Elend, sozialer →Armut, unzulänglichem Bildungswesen, körperlichen Gebrechen usw. stammenden Kinder als „pädagogische Notfälle" zusammengefaßt. Als ihre Aufgabe habe Pädagogik, verstanden als demokratisches Bewegungsmoment, wenngleich überschätzt in ihrer gesellschaftsreformerischen Bedeutung, sich zu beteiligen am Kampf gegen die Gestaltungen der Not, des Leidens, der „Entartungen". Verlangt wird demgemäß die Reformierung der zeitgenössischen Erziehungseinrichtungen. „Nützlichster Zweig" und kritische Instanz ist die in den „Notzuständen" proletarisierter Lebensverhältnisse gründende „Heilpädagogik", die sich der „Einfachheit" abstrakter Gesundheits- und Bildungsforderungen verweigert. Ihre Wahrheit und Wirksamkeit findet sich erst in der Verschränkung von reformerischem Praxisbezug und – auf Beobachtung, Experiment usw. beruhenden – Grund- und Fachwissenschaften (so finden sich erste Ansätze zur Kinderforschung). Praktische Tätigkeit und theoretische Erklärungen werden wiederum durch die Zusammenhänge einer →Anthropologie „aufgehoben", welche Kenntnisse zur Natur des Menschen, wozu vornehmlich dessen Erziehungsbedürftigkeit gehört, bereitstellt.

Mit ihrer sich jeder Aussonderung verweigernden „Heilaufgabe", im Schnittpunkt der allgemeinen Pädagogik, der Medizin und der verschiedenartigsten „Wohltätigkeitsbestrebungen", verpflichtet „Heilpädagogik" auch den →Staat. In idealistischer Bestimmung, d.h. unter Vorwegnahme sozialstaatlicher Forderungen, soll dessen Tätigkeit mittels vorbeugender Maßnahmen zur Beseitigung sozialer Mißstände, mittels Beiträgen zur Verbesserung der Volksbildungs- und Gesundheitseinrichtungen usw. das einige und geeinigte Interesse der unterschiedlichen Gesellschaftsgruppen ausmachen. Sämtliche Bemühungen von Pädagogik und Staat sind in Richtung humaner Normalität (Gesundheitsstärkung; förderliche Bildungsaktivitäten; gemeinsame Erziehung von „gestörten und nichtgestörten" Menschen; Entwicklung der Arbeits- und Berufskraft usw.) zu gestalten. Deren Maß wird in der „Heilpädagogik" als „Heilungs- und Besserungswissenschaft" in einer für die damalige Zeit subtilen Problembewußtheit erörtert.

*3. Begründung und Gestaltung, Widersprüche und Konflikte.* Wer verfaßte die „Heilpädagogik"? Wer leistete die praktisch-pädagogische Arbeit? Wer sicherte die kargen Mittel für den Broterwerb? Diese Fragen haben in der Forschung über das H den Schwerpunkt oft einseitig auf die Einzelpersönlichkeit von G gelegt. Indem sie sich auf das Individuum konzentrieren, lassen sie eine gruppenbiographische Darstellung und Erklärung außer acht. Auch der sinnvollere Hinweis auf Arbeitsteilung bleibt dem Problem der Gruppentätigkeit gegenüber unangemessen.

Was belegen also die deshalb unzureichenden und mehrdeutigen bisherigen Quellenauskünfte? 1. Die bei D anzutreffende, bislang unaufgearbeitete intime Kennerschaft der Hegelschen Philosophie als der fortgeschrittensten Gestalt des klassisch-bürgerlichen Denkens, sowie seine aus der „dialektischen Methode" gezogenen nonkonformistischen und radikaldemokratischen Schlußfolgerungen, die in gegenstandsspezifischer Umwandlung in die „Heilpädagogik" vermittelt wurden: es gibt keine dauerhaften und unveränderlichen Erscheinungen; Tätigkeit und Bewegung sind die Ursache aller Höherentwicklung; die Welt kann und soll durch menschliche Vernunft gestaltet werden usw. 2. Die vielfältigen pädagogischen Befähigungen von G, der als Lehrer, Leiter und Gründer verschiedenartigster Bildungseinrichtungen (höhere Mädchenschulen, Kindergärten, Informationsreise in →Idiotenanstalten usw.) über ein hohes Maß an praktischen Erfahrungen verfügte und der sich – im Gegensatz zu D und G – an der Bildung der behinderten Kinder beteiligte und hierzu erste theoretische Ansätze formulierte. 3. Die intellektuellen Leistungen von vG, die sich durch Überlegungen zum kindlichen Spiel und zur weiblichen Handarbeit, durch eine dichterische Fassung der Geschichte der Erziehungsanstalt, durch Textneudichtungen bekannter Volksliedmelodien usw. einbrachte. 4. Die Klein- und Hintergrundarbeit der ersten Ehefrau von G, die als ehemalige Kellnerin die Hausökonomie der Anstalt aufrechthielt. 5. Die Rolle der Mitarbeiter(innen) – Lehrer, Ärzte, Erzieherinnen –, die hier nicht näher charakterisiert werden kann.

Wichtiger indessen sind Fragen nach den gemeinsamen Anstrengungen, „Fortschrittliches" aufzubauen, nach der unterschiedlichen „Radikalität", nach dem „Steckenbleiben" dieser tätigkeitsorientierten Pädagogik in Ansätzen oder Programmatiken. Da waren (1.) sachliche Gegensätze, persönliche Streitigkeiten, schließlich der Bruch und sogar Schmähschriften zwischen G und D (letzterer verließ 1861 die Einrichtung). Offensichtlich reichte die allgemeine Gemeinsamkeit in der National- und Arbeitspädagogik (so der Fröbelschen Kindergartenpädagogik; →Fröbel) für keine weitere Verständigung und Zusammenarbeit. D's Ordnungsvorstellungen waren mitgeprägt durch seine aktive Teilnahme an der Revolution und durch die Erfahrungen von Berufsausübungsverboten. G hatte während der Revolution eine Mädchenschule geleitet, sich aber auch für die Verbreitung der Kindergartenerziehung eingesetzt, was unter den nachrevolutionären Verhältnissen nicht ungefährlich war. (2.) Des weiteren bewirkten wohl mangelnde organisatorische Erfahrung und ausgeprägter Idealismus eine gewisse Naivität gegenüber praktischen Erfordernissen: D verfügte nur über Kenntnisse aus Privatunterrichtung; vG hatte ausschließlich literarische Darstellungen zur Welt der Mädchen und zum Leben der Familie vorgelegt; G war als „rastloser Projektemacher" von einem kaum begonnenen zum nächsten Experiment geeilt und vermochte nicht, sich auf die Verwirklichung eines Projekts zu konzentrieren. (3.) Es mangelte den Betreibern an geschäftsmäßigem Handeln; staatliche Unterstützung fehlte, geringe Privatkredite milderten kaum die finanziellen Nöte. Gewichtiger war jedoch (4.) die Gleichgültigkeit der sich mit Bildungs- und Fürsorgeproblemen beschäftigenden österr. Öffentlichkeit. So konnte, abgesehen von einigen persönlichen Förderern, keine wichtige Interessengruppe an das pädagogische Werk des H gebunden werden. Erst dieser objektive Zusammenhang erlaubt uns eine wirklichkeitsnahe Aufarbeitung der Kooperationsmöglichkeiten der Reformer des H mit Wissenschaft, Wohlfahrtseinrichtungen und Staatsorganen.

Aus dem Festhalten an Befreiungsinhalten ergaben sich insgesamt die Unwägbarkeiten, Brüche, Sprünge und Vielseitigkeiten in den Lebensläufen und Experimenten der drei Reformer: 1. D, der bereits als Student „radikale" Schriften zur Neugestaltung der Volksschule im Interesse der „unteren Stände" verfaßt hatte und dessen nachherige Gedanken zu einer arbeitsorientierten Pädagogik kühne Vorgriffe auf polytechnische Bildung enthalten, erhielt als „entschiedener Kritiker des Bestehenden" kein festes pädagogisches Berufsamt und mußte – aufgrund seiner zwangsweisen Entlassungen als Lehrer an Wiener Schulen – sein Dasein mit Stundengeben fristen. 2. G, dessen weitgespannte pädagogische Interessen von der Kindergarten- und Familienerziehung bis zur Mädchenbildung und Berufsschulpädagogik reichten, wechselte oftmals Einrichtungen und Tätigkeiten; und er betrieb in reichhaltigem Ausmaß Publizistik und pädagogische Schriftstellerei als ihm verbleibendes wesentliches Artikulationsmittel für seine Bildungsforderungen (Sicherstellung sozial erträglicher Familienverhältnisse der proletarisierten Klassen; Fortentwicklung der Volksschule durch auf Selbsttätigkeit beruhenden arbeitsorientierten Methodiken). 3. Innerhalb ihrer Besonderheit als Berufsschriftstellerin gab vG v. a. seit Mitte der 1850er Jahre verschiedene Zeitschriften zur Pädagogik und → Frauenfrage heraus; sie verfaßte Sachbücher zu Spieltätigkeiten (→ Spielpädagogik) und zur Gesprächskultur, schrieb kulturhistorische Romane und kämpfte in der Frauenrechtsbewegung für Arbeits- und Berufstätigkeit des weiblichen Geschlechts (→ Frauenbewegung).

*(4) Tätigkeit und Vernunft: Perspektiven des Scheiterns.* Aus diesen sozialhistorisch begründbaren, individualbiografischen Tatbeständen einer „anormalen" Lebens- und Berufsführung erklärt sich auch das „heilpädagogische" Werk und Wirken, dessen Scheitern nicht den Temperamenten und Charakteren der Reformer, sondern den rückschrittlichen Verhältnissen nach der 1848er Revolution geschuldet ist. Bevor in der bürgerlichen Pädagogik der Anspruch für das Allen-Gemeinsame und All-Seitige aufgegeben wurde, und bevor ihr bis dahin einheitliches Gesamtgebiet in eine Vielzahl einander gleichgültiger Teilgebiete zerfiel, wobei das „Abnorme" und „Gestörte" in besondere Einrichtungen ausgegrenzt wurde (während in der Medizin das Gesellschaftliche aus den Erklärungen herausgelassen wurde) – bevor dies der Fall war, faßten diese späten und verpäteten Aufklärer, ohne Anschluß an die sich entwickelnde → Arbeiterbewegung, den Tätigkeits- und Vernunftbegriff der klassischen dt. Philosophie und Pädagogik nochmals zusammen: und zwar als Grundsatz der Volkserziehung (→ Volksbildung) schlechthin und unter Anwendung desselben auf neu sich herausbildende sozial- und behindertenpädagogische Tatbestände.

Mit diesem historischen Verdienst mußten sie im Volksbildungs- und Fürsorgewesen vereinsamen. So wurde ihre Einrichtung im Jahre 1865 endgültig geschlossen, und das fortdauernde „Kapitel" der Aussonderungsgeschichte ging über sie hinweg. Forschungen zur inneren Struktur, Inhaltslogik und Methodik ihres gemeinsamen Werkes und Wirkens fehlen; das ist kein Zufall. Als „Vorläufer" wurden sie von Ideologen der Schwachsinnigenfürsorge, der Sonderpädagogik usw. vereinnahmt und in ihren eigentlichen Bemühungen unkenntlich gemacht, tätigkeitsbezogene Problemformulierungen vereinseitigt und „integrative" Lösungsvorschläge verfälscht. Was gilt: G, D und vG haben aus der thematischen Begeisterung ihres Dilletantismus heraus Werk und Fach demokratisch vorangebracht. Trotz ihrer idealistischen theoretischen Spekulationen und ihrer unzulänglichen praktischen Eingriffe wurden mit dem H Anstöße in der humanen Aufhebung der „Anormalität" und „Aussonderung" gegeben, die bis heute nur ansatzweise verwirklicht sind.

L.: Georgens, Jan D./Gayette, Jeanne M. von/Deinhardt, Heinrich M.: Medicinisch-pädagogisches Jahrbuch für das Jahr 1858. 1. Bd.; Wien, 1858. Georgens, Jan D./Deinhardt, Heinrich M.: Die Heilpädagogik mit besonderer Berücksichtigung der Idiotie und der Idiotenanstalten. Bd. 1: Zwölf Vorträge zur Einleitung und Begründung einer heilpädagogischen Gesamtwissenschaft; Leipzig, 1861. Diess.: Die Heilpädagogik mit besonderer Berücksichtigung der Idiotie und der Idiotenanstalten. Bd. 2: Zwölf Vorträge über die Idiotie und die Idiotenerziehung in ihrem Verhältnis zu den übrigen Zweigen der Heilpädagogik und zu der Gesundenerziehung; Leipzig, 1863.

Erwin Reichmann-Rohr

## Heilpraktikergesetz (HPG)

Das HPG vom 17. 2. 1939 regelt die heilkundliche Tätigkeit von Personen, die keine Bestallung als Arzt besitzen. Ausübung der Heilkunde ist „jede berufs- oder gewerbsmäßig vorgenommene Tätigkeit zur Feststellung, Heilung oder Linderung von Krankheiten, Leiden oder Körperschäden bei Menschen, auch wenn sie im Dienste von anderen ausgeübt wird" (HPG §1).

Es existieren Heilpraktikerverbände und private Fachschulen, die teilweise in Verbindung mit diesen Verbänden stehen und auf die Prüfung beim → Gesundheitsamt vorbereiten. Dringend erforderlich wäre der Zwang zu einer praxisorientierten Ausbildung für alle Heilpraktiker (HP), denn ein Schulbesuch ist nicht vorgeschrieben. Vielmehr erteilt das Gesundheitsamt die Anerkennung als HP, wenn Bewerber das 25. Lebensjahr vollendet haben, die dt. Staatsangehörigkeit besitzen und mindestens eine abgeschlossene Hauptschulausbildung nachweisen können.

Die Anerkennung als HP wird nach einer positiven Überprüfung der Kenntnisse und Fähigkeiten des Antragstellers ausgesprochen. Diese Überprüfung ist keine Fachprüfung, sondern erstreckt sich darauf festzustellen, ob der Bewerber so viele heilkundliche Kenntnisse und Fähigkeiten besitzt, daß er nicht zu einer Gefahr für die Volksgesundheit wird. Dabei legt die Prüfungskommission besonderen Wert auf Wissen über die Vorschriften zur Verhütung und Bekämpfung übertragbarer Krankheiten und der gesetzlichen Grenzen der Tätigkeit als HP.

HP stehen in der jahrhundertelangen Tradition der Volks- und → Naturheilkunde. Infolge des gesteigerten Gesundheitsbewußtseins und der Skepsis gegenüber der Schulmedizin hat das Interesse an HP-Leistungen zugenommen. Die HP gehören zu den freien Berufen und bedienen sich – im Gegensatz zu den meisten Medizinern – der Naturheilverfahren, → Homöopathie, Akupunktur und Chiropraktik. Von 1970 bis 1987 hat sich die Zahl der Praxen von HP auf 7300 nahezu vervierfacht. Demgegenüber bestehen 62 000 Arztpraxen.

Auch die Ausübung der → Psychotherapie gehört nach § 1 HPG zur Heilkunde. Deswegen benötigen Psychotherapeuten, die weder Ärzte noch HP sind, die Erlaubnis des Gesundheitsamtes nach § 1 HPG. Die derzeit etwa 5000 klinisch tätigen Diplom-Psychologen besaßen jahrelang nicht die Erlaubnis, heilkundlich-psychotherapeutisch tätig zu sein, auch wenn sie über eine mehrjährige psychotherapeutische Zusatzausbildung verfügten und die größte Berufsgruppe in der psychotherapeutischen Versorgung der Bevölkerung darstellen. Um die Tätigkeit dieser Berufsgruppe zu entkriminalisieren, hat das Bundesverwaltungsgericht mit Urteil vom 10.2.1983 eine juristische Hintertür geöffnet: Diplom-Psychologen dürfen die psychotherapeutische Heilkunde ausüben, wenn sie eine Genehmigung nach dem HPG beim zuständigen Gesundheitsamt erhalten. Die verschiedenen Bundesländer haben das sehr unterschiedlich geregelt. Bspw. muß ein Diplom-Psychologe in NRW, um legal Psychotherapie ausüben zu dürfen, etwa 700 Stunden therapeutische Weiterbildung nach dem Studienabschluß nachweisen; in Bayern ist keine derartige Qualifizierung notwendig.

Nicht rechtlich abgesichert sind die vielen anderen, im Psychotherapiesektor ebenfalls seit Jahren qualifiziert tätigen Berufsgruppen (Sozialarbeiter, Sozialpädagogen, Pädagogen, Theologen, Pflegekräfte u. a.). Aufgrund fehlender Lobby dieser Berufsgruppen und infolge des Desinteresses des Gesetzgebers, den Bereich der Psychotherapie grundlegend zu ordnen, gibt es Berufgruppen, die Psychotherapie ausüben dürfen, ohne dafür qualifiziert zu sein (die meisten Ärzte, Diplom-Psychologen und Heilpraktiker), während andererseits Personen mit psychotherapeutischen Qualifikationen die Ausübung der psychotherapeutischen Heilkunde verboten ist, weil sie nicht diesen privilegierten Berufsgruppen angehören. Für psychotherapeutisch tätige Personen aus dem Bereich der Sozial- und Gesundheitsberufe, die weder Arzt, Diplom-Psychologe noch Heilpraktiker sind, gibt es nur zwei Möglichkeiten, rechtlich abgesichert Psychotherapie ausüben zu dürfen: a) die HP-Prüfung oder b) unter Verantwortung und Kontrolle eines Arztes, eines HP oder einer nach § 1 HPG zur Psychotherapie zugelassenen Person als Heilhilfsperson zu arbeiten. In Österreich ist ein Gesetz in Kraft getreten, das auch Sozialarbeiter/-pädagogen und Dipl.-Pädagogen zur Psychotherapie zuläßt, wenn diese eine entsprechend anerkannte Ausbildung haben. Auch in Italien dürfen neuerdings Sozialberufler mit Zusatzausbildung Psychotherapie ausüben.

Nando Belardi

**Heilsarmee**
= Internationale christliche Missionsbewegung mit besonderem Engagement im Sozialbereich. Trägerin zahlreicher sozialer Institutionen in aller Welt.

Ursprungsort und bis heute Sitz des internationalen Hauptquartiers der H (Salvation Army) ist London. Aus der im Osten der Stadt von dem Methodistenprediger William Booth (1829–1912) und seiner Frau Catherine (1829–1890) 1865 gegründeten Zeltmission entwickelte sich eine militärisch organisierte und straff geführte religiöse Erweckungsbewegung, die sich ab 1878 „Salvation Army" nannte. Als „General" und „Mutter der Heilsarmee" gaben W. und C. Booth der Organisation ihr wesentliches Gepräge und sorgten für die rasche Verbreitung, zunächst in Großbritannien und ab 1880 in zahlreichen Ländern der Erde.

Besondere Zielgruppe der H waren von Beginn an die armen und verelendeten Schichten der Gesellschaft. Aus der Erkenntnis, daß das Hauptziel der religiösen Erweckung dieser Menschen nicht zu erreichen sei, bevor nicht zunächst ihre schlimmsten materiellen Existenznöte gelindert werden, verband die H bald das evangelisierende mit der sozialen „Rettungs"-Arbeit. Von Suppenküchen über Slumposten, Nachtasyle, „Rettungshäuser" für „gefallene Mädchen" und Arbeitsheime bis zur „farm colony" auf dem Lande entstanden in kurzer Zeit eine Reihe von sozialen Einrichtungen der H. Ihre Aktivitäten richteten sich insb. auf Strafentlassene, Prostituierte, Alkoholiker, Wohnungs- und Arbeitslose und die Bewohner der Elendsviertel.

Sowohl der Sprachgebrauch als auch das Auftreten und die Organisationsform der H tragen bis heute militärische Züge. Die „Heilsoldaten" („Salutisten") der „geistigen Streitmacht" tragen Uniformen, sind in „Korps" (Gemeinden) und „Divisionen" zusammengeschlossen und „Offizieren" sowie „Generälen" unterstellt. Das zentrale Publikationsorgan der H ist seit 1879 der „Kriegsruf" („War Cry"). Die Forderung nach bedingungslosem Gehorsam war für W. Booth (als oberstem „General" der H auf Lebenszeit) Grundlage der Organisation und seiner sozialen Reformvorstellungen. Die H war geprägt von seinem autokratischen Führungsstil und der Einbindung nahezu aller seiner Familienangehörigen (8 Kinder und deren Ehepartner) in leitende Positionen der H („Boothismus"). Bis heute müssen die H-Mitglieder ein umfangreiches Gelübde ablegen und sich zur Einhaltung der von Booth verfaßten „Regulations" verpflichten, die u. a. auch die totale Abstinenz von allen Rauschmitteln (incl. Tabak und Alkohol) vorschreiben.

Vor allem in den ersten Jahrzehnten nach ihrer Gründung traf die H auf heftige Ablehnung. Nicht zuletzt wegen ihres Kampfes gegen Alkohol und Tabak, gegen →Prostitution und öffentliche Vergnügungsstätten, wegen ihrer Moral- und Ordnungsvorstellungen sowie ihrer unnachgiebigen Missionsarbeit stieß sie zu Beginn oft auf handgreiflichen Widerstand aus den von ihr anvisierten Bevölkerungsgruppen; in vielen engl. Städten gründeten sich Gegenbewegungen, die „Skeleton Armies" („Skelettarmeen"). Zusammenstöße mit diesen Gruppen und die spektakulären öffentlichen Auftritte der H (Straßenpredigt mit Fahnen und Musikkapellen) führten vielerorts zu ihrer polizeilichen Verfolgung als Störer der öffentlichen Ordnung. Die etablierten Kirchen kritisierten v. a. die unkonventionellen Bekehrungsmethoden der H (öffentliches Sündenbekenntnis, Bußbank), ihre „populistische" Heilslehre, ihre Vernachlässigung der Sakramente sowie ihre Zulassung und weitgehende Gleichberechtigung von Frauen bei geistlichen Tätigkeiten („Weiberpredigt"). Schon 1882 wurde von Geistlichen der Church of England allerdings eine ganz ähnliche eigene Missionsgesellschaft, die „Church Army", gegründet, die im Auftreten, in ihren sozialen Aktivitäten und der Orientierung auf die unteren Schichten der Bevölkerung die H weitgehend imitierte. Mit dem Ausbau ihrer →Sozialarbeit wuchs das Ansehen der H. Viele Notleidende – insb. die →Obdachlosen – waren auf ihre Einrichtungen angesichts der repressiven Armenpolitik des engl. Staates und einflußreicher Vereine angewiesen. Von Kreisen des →Bürgertums wurden die effektive Organisation der H, die Opferbereitschaft ihrer Mitglieder, ihr Einsatz für die Durchsetzung bürgerlicher Wert- und Moralvorstellungen (Ablehnung aller „lasterhaften" Vergnügungen, Befürwortung der Arbeitsethik, Bettelbekämpfung etc.) und ihre grundlegende Anerkennung der bestehenden gesellschaftlichen Ordnung mit Wohlwollen betrachtet.

Richtungsweisend für die soziale Arbeit der H wurde W. Booth's Buch „In Darkest England and the Way Out" (1890). Es enthielt neben einer aufsehenerregenden Schilderung des Ausmaßes und der Folgen der →Armut in den Elendsvierteln einen ausführlichen Plan für Institutionen und Initiativen, die zur sozialen und seelisch-moralischen „Rettung" der gesamten engl. Armutsbevölkerung – dem „submerged tenth" (verelendeten bzw. „versunkenen" Zehntel) – beitragen sollten. Booth schlug u. a. vor, die bereits bestehenden Einrichtungen der H, insb. die zur Versorgung der Armen mit Obdach und Verpflegung, für geringes Entgelt auszubauen und mit wirtschaftlich tragfähigen Arbeitsstätten für Arbeitslose (Abfallverwertung, Aufbereitung gebrauchter Gegenstände, Herstellung von Feuerholz und Zündhölzern, Dienstleistungen) zu verknüpfen. Ein stufenweiser sozialer „Aufstieg" zwischen den verschiedenen Wohn- und

Arbeitsstätten der H sollte möglich sein. Ein Teil der zunächst in diesen Einrichtungen der „City Colony" Tätigen sollte in der „Farm Colony" landwirtschaftliche Fähigkeiten erwerben und zur Auswanderung in die (nie verwirklichte) „Colony over Sea" vorbereitet werden. Das Buch enthielt eine Fülle weiterer detaillierter und ideenreicher Vorschläge und war mit einem Spendenaufruf verbunden, der der H in kurzer Zeit beträchtliche Summen einbrachte.

Booth erwies sich auch bei der praktischen Umsetzung seiner Pläne als „moralischer Unternehmer" mit großem Tatendrang und ausgeprägtem Geschäfts- und Organisationstalent. In Handlungsweise und Programmatik sowie in bestimmten Grundstrukturen des Sozialwerks sahen schon Zeitgenossen große Ähnlichkeiten zwischen W. Booth und dem im selben Zeitraum in Dt. aktiven → Bodelschwingh d. Ä., der wesentlich zur Entstehung der deutschen → Nichtseßhaftenhilfe beigetragen hat.

Obwohl das von Booth entworfene „Social Scheme" für Großbritannien nicht in allen Teilen und nicht im vorgestellten Umfang verwirklicht wurde – Schwerpunkt blieb die Obdachlosenarbeit in den Großstädten und der Aufbau von Wohn- und Übernachtungsheimen unterschiedlicher Qualität und Preisstufen (auch für Arbeiter, für alleinstehende Mütter mit Kindern; später zunehmend auch für ältere Menschen), die z. T. mit Arbeitsstätten und Arbeitsnachweisen verbunden wurden (Industrieheime), – leitete der „General" bald ein enormes und in zahlreiche Länder expandierendes Sozialimperium. Endziel aller sozialen Arbeit blieb für ihn und seine Nachfolger jedoch die religiöse Erneuerung.

Heute zählt die H in Großbritannien zu den größten nicht-staatlichen Wohlfahrtsträgern (Wohn- und Übernachtungsheime für Wohnungslose, Rehabilitationszentren, Kinder- und Jugendheime, Altenheime, Ferienwerk, Strafgefangenenbetreuung, Suppenküchen etc.). Weltweit ist sie nach eigenen Angaben in 80 Ländern mit ca. 16 000 aktiven Offizieren und 3 Millionen Mitgliedern tätig und betreibt über 3500 Sozialeinrichtungen (incl. Schulen, Krankenhäuser, Kindergärten etc.). Die Organisationsprinzipien der H sind weitgehend gleich geblieben. Der – nach wie vor mit großer Machtfülle ausgestattete – General bzw. die Generalin des Internationalen Hauptquartiers werden vom „Hohen Rat" (den Leitern bzw. Leiterinnen der Nationalen Hauptquartiere) gewählt.

In Dt. begann die H 1886 tätig zu werden. Auch hier stieß sie zunächst auf heftigen Widerstand und konnte sich nur schwer gegenüber den etablierten Kirchen und deren sozialen Organisationen durchsetzen und behaupten. Nach anfänglicher rein religiöser Missionierungsarbeit und der Einrichtung des „Nationalen Hauptquartiers" (1890) sowie einer „Kadettenschule" in Berlin entstanden um die Jahrhundertwende die ersten Sozialeinrichtungen („Rettungsheime" für Frauen und Kinder, Wärmehallen und Wohnheime für Obdachlose). Vor allem in Köln, Hamburg und Berlin, aber auch in anderen dt. Großstädten entwickelte die H ihre sozialen Aktivitäten, insb. auf dem Gebiet der Fürsorge für alleinstehende wohnungslose Männer und Frauen, Arbeitslose, Prostituierte und Strafentlassene. In mehreren Städten erhielt sie bald staatliche Zuschüsse für ihre Einrichtungen. Nach den beiden Weltkriegen und bei Katastrophenfällen erwies sich die H als gut organisierte und einfallsreiche Nothilfeorganisation. Gegenüber den maßgeblichen dt. → Wohlfahrtsverbänden blieb ihr Einfluß jedoch begrenzt.

Heute ist „Die H in Deutschland" als Religionsgemeinschaft des öffentlichen Rechts und als gemeinnützige Organisation anerkannt. Sie ist Mitglied im → Diakonischen Werk der Evangelischen Kirche und gehört zahlreichen kirchlichen Vereinigungen an. 2300 „Heilssoldaten" (ehrenamtliche Mitglieder) und 130 aktive Offiziere (hauptamtliche, besoldete Geistliche) stehen in ihrem Dienst. Die 46 „Korps" (Gemeinden) unterstehen 4 regionalen „Divisionshauptquartieren". Das „Nationale Hauptquartier" hat seinen Sitz in Köln. In Deutschland verfügt die H gegenwärtig über 30 soziale Einrichtungen, v. a. in der →Nichtseßhaftenhilfe und der Altenbetreuung: 10 Altenheime bzw. -wohnhäuser (ca. 280 Plätze), 13 Männerwohnheime (z. T. mit sozialtherapeutischer Ausrichtung, ca. 1200 Plätze), 1 Wohnheim für Frauen (45 Plätze), 1 Kinder- und Jugendheim (24 Plätze), 1 Krankenhaus, 1 Jugendhof mit Schule und Ferienstätten, sowie mehrere Beratungsstellen und Gebrauchtwaren-Läden (Stand: 1989).

A.: Die H in Deutschland, Salierring 27, 5000 Köln 1.

L.: Clasen, P. A.: Der Salutismus. Eine sozialwissenschaftliche Monographie über General Booth und die H; Jena, 1913. Gruner, Max: Revolutionäres Christentum. 50 Jahre Geschichte der H in Deutschland, 2 Bände; Berlin, 1954. Sandall, Robert: The History of the Salvation Army, Vol. III. Social Reform and Welfare Work; London, New York, 1955. The International Headquarter of the Salvation Army (Hg.): The Salvation Army Year Book; London, erscheint jährlich.

Volker Busch-Geertsema

## Heimat

Der Begriff der H wird mit unterschiedlichen Akzentsetzungen verwendet: So kann er vorrangig auf seine (1) politisch-territoriale, (2) sozial-kommunikative oder (3) ideell-spiritualistische Dimension bezogen werden.

1. Als politisch-territorialer Begriff bezeichnet H eine bestimmte Region, der sich Menschen in Sprache, Sitten und Mentalität zugehörig fühlen. Wenn von H die Rede ist, wird nicht selten ein Rechtsanspruch auf bestimmte Staatsleistungen formuliert, der zumeist historisch begründet ist (→Heimatprinzip).

Nicht selten schlägt das „H-gefühl" auch in →Ausländerfeindlichkeit um, weil die Furcht vor einer angeblichen „Überfremdung" das bisherige Verständnis von H stört.

Wenn die H nicht freiwillig, sondern aus Zwangsgründen verlassen wurde (Vertreibung, politische Verfolgung, Auswanderung aus wirtschaftlichen Gründen etc.), wird dies meist als Verlust empfunden. Der Wunsch nach Rückkehr kann dabei in unterschiedliche politische Strategien münden: So war z. B. für einen Teil der Deutschen, die nach dem 2. Weltkrieg aus den damaligen Ostgebieten vertrieben wurden, die Infragestellung der staatlichen Grenzen das politische Mittel, wieder in die alte H zu gelangen. Der Verlust der H aus Gründen des Exils und/oder der Auswanderung (→Migration) wird hingegen mit einer Vorstellung der Änderung der politischen, wirtschaftlichen und sozialen Verhältnisse im „H-land" verbunden. Wie aus der Exil- und Migrationsforschung bekannt, ist die Rückkehr in die H nicht selten die dominierende Lebensperspektive. – Der Begriff der H und das damit verbundene H-gefühl ist in der BR seit den 60er-Jahren auch mit Skepsis beurteilt worden. Der territoriale H-begriff wurde deshalb einerseits ideologiekritisch zurückgewiesen, andrerseits wurde er von Verbänden der „H-vertriebenen" und der „Landsmannschaften" als kulturelles Erbe hochgehalten.

2. Um nicht Verdächtigungen hervorzurufen, ist der H-begriff zunehmend in die Dimension der sozial-kommunikativen Sozialbeziehungen umgelenkt worden. H meint dann nicht mehr ein bestimmtes Territorium, sondern die Gestaltung von Sozialbeziehungen, in denen →Entfremdung, Herrschaftsstrukturen, Diskriminierungen etc. keinen Platz haben und stattdessen Vertrauen, Authentizität und Autonomie von grundlegender Bedeutung sind. H wird i. d. S. immer dort empfunden, wo befriedigende Sozialbeziehungen – unabhängig

von ethnischen Zugehörigkeiten und Staatsgrenzen – gelebt werden können.
3. In seiner Bedeutung als ideell-spiritualistisches Weltbild wird die politische Überzeugung und die →Gemeinschaft mit Gleichgesinnten als H empfunden. Ähnliches zeigt sich bei religiösen Sekten, Alternativkulturen und bestimmten →sozialen Bewegungen, z. B. in der New-Age-Bewegung und anderen Esoterik-Gruppen.

L.: Bauer, R., Über das falsche Versprechen von H. Zur Bedeutungsveränderung eines Wortes; in: Kelter, Jochen (Hg.), Die Ohnmacht der Gefühle. Heimat zwischen Wunsch und Wirklichkeit; Weingarten 1986, 116–131.

Roland Popp

## Heimatprinzip

Das H (auch: Heimatrecht) begründete seit dem 16. Jh. den Anspruch auf Armenunterstützung durch die Heimatgemeinde auf der Basis von Geburt, Heirat oder streng geregelter Aufnahme in der betreffenden Gemeinde. Das H hatte in Bayern Gültigkeit bis 1919, in Preußen wurde es 1867 – aufgrund des →Freizügigkeitsgesetzes und 1870 des →Unterstützungswohnsitzgesetzes – vom →Unterstützungswohnsitzprinzip abgelöst, das zur rechtlichen Grundlage der →Fürsorge zunächst im Norddeutschen Bund und dann schrittweise im Deutschen Reich wurde. An seine Stelle trat durch die →Reichsfürsorgepflichtverordnung von 1924 das →Aufenthaltsprinzip.

## Heimaufsicht
→Heime

## Heimbewohnerrechte

Nach dem Verständnis des Grundgesetzes (GG) sind die →Grundrechte (G) unverletzlich und unveräußerlich und dem Verfassungs- wie auch dem Gesetzgeber vorgegeben. Sie sind insoweit rechtliche Garantien zugunsten des Bürgers gegenüber Freiheitsbeeinträchtigungen und Rechtsverletzungen seitens des Staates. Die G binden Gesetzgebung, vollziehende Gewalt und Rechtsprechung als unmittelbar geltendes Recht und sichern auf diese Weise die Lebenssphäre des einzelnen in spezifischer Weise ab. Allerdings ist es Sache des Gesetzgebers, die grundrechtlichen Garantien näher auszugestalten und insb. die Voraussetzungen festzulegen, unter denen die öffentliche Gewalt unter bestimmten Voraussetzungen in die grundrechtlich geschützte Freiheitssphäre eingreifen kann. Ein Eingriff in Freiheit und Eigentum ist nur durch Gesetz und aufgrund eines Gesetzes zulässig. Die Exekutive bedarf zu grundrechtseinschränkenden Maßnahmen der Ermächtigung durch den Gesetzgeber. Die Gesetzgebung hat auf dem Gebiet des →Privatrechts die G zu beachten. Demgegenüber gelten innerhalb des Privatrechts, welches auf dem Grundsatz der Privatautonomie beruht und insofern die Gestaltung der Rechtsverhältnisse den Teilnehmern des Rechsverkehrs selbst überläßt, die G mittelbar nur insoweit, als die Privatautonomie in bestimmten Fällen hinter den grundrechtlichen Gewährleistungen zugunsten eines einzelnen zurücktreten muß. Die G gelten im übrigen uneingeschränkt für jeden Bürger, und zwar auch für diejenigen, die sich in einer Situation befinden, in der die Ausübung ihrer G tatsächlichen wie auch rechtlichen Beschränkungen unterliegt. Insb. läßt sich mit der Figur des „besonderen Gewaltverhältnisses" heute nicht mehr rechtfertigen, daß aufgrund von Rechtsverhältnissen, in denen der einzelne zur hoheitlichen Gewalt in einer engeren Beziehung steht (z. B. Beamtenverhältnis, →Strafvollzug) oder in denen er sonstwie institutionell und organisatorisch in besonderer Weise gebunden ist (→Schule, →Krankenhaus, →Heim), besondere (und gesteigerte) G-einschränkungen bestehen. Vielmehr bedürfen auch Eingriffe in G im Rahmen besonderer Gewaltverhältnisse einer inhaltlich hinreichend bestimmten gesetzlichen Grundlage, deren Vollzug durch grundrechtsbeschränkende Maßnahmen im Einzelfall nach dem Grundsatz der Verhältnismäßigkeit gerechtfertigt sein muß.

Aus diesen Grundsätzen ergibt sich, daß auch die Bewohner von Heimen in vollem Besitz ihrer G sind und Einschränkungen jeweils auf gesetzlicher Grundlage beruhen und bes. gerechtfertigt sein müssen. Dies gilt auch für Altenheime, Altenwohnheime und Pflegeheime sowohl gemeinnütziger öffentlich-rechtlicher als auch gewerblicher Träger (→ Altenhilfe I.3), die dem Heimgesetz (HeimG) unterliegen. Das HeimG verfolgt als „Heimbewohner-Schutzgesetz" den Zweck, die *Bedürfnisse* (z. B. Grundbedürfnisse des Lebens wie Essen und Trinken, Wohnen, Kommunikation, medizinische Betreuung und Behandlung, Anregung zu körperlicher und geistiger Aktivität) und *Interessen* (z. B. Dauerhaftigkeit der Aufnahme im Heim, Mitgestaltung der Heimbedingungen, Angemessenheit von Leistung und Gegenleistung) zu schützen.

Die Verhinderung der finanziellen Übervorteilung der Heimbewohner und damit die Wahrung des „Entgelt-Leistung-Verhältnisses" ist ein besonderes Anliegen des Heimvertrages. Im übrigen enthält eine auf der Grundlage des HeimG erlassene *Heim-Mindest-Bauverordnung* Regelungen über bauliche Mindestanforderungen (Zimmergröße, zulässige Platzzahl, Ausstattung). Für die gesundheitliche und pflegerische Betreuung der Heimbewohner sowie in Bezug auf die Anforderungen an Qualität und Quantität des Personals fehlt es noch an ähnlich detaillierten Anforderungen wie in Bezug auf die bauliche Gestaltung von Heimen. Auch die sonstige Rechtsstellung der Heimbewohner ist nur in beschränktem Maße gesetzlich ausgeformt und ausgefüllt worden, so z. B. dadurch, daß der Träger eines Heimes verpflichtet wird, mit den Bewohnern einen *Heimvertrag* abzuschließen, für den es zwar an einer „Vertypung" und auch ansonsten an einer hinreichenden Konkretisierung fehlt, der aber Regelungen über Leistungsangebot (Regel- und Sonderleistungen), Verpflichtungen des Bewohners, Minderung der Zahlungsverpflichtung bei Abwesenheit des Bewohners, Voraussetzung und Verfahren für Entgelt-Erhöhungen, Auflösungs- und sonstige Beendigungsmöglichkeiten des Vertrages enthalten muß, sowie desweiteren Vorkehrungen für den Eintritt von → Pflegebedürftigkeit, Regelungen über die → Haftung für eingebrachte Sachen sowie Verpflichtungen des Trägers bei Ableben des Bewohners beinhalten sollte. *Heimordnungen,* in denen nähere Umstände des Heimaufenthaltes und des -betriebes enthalten sind, erlangen durch entsprechende Bezugnahme im Heimvertrag rechtliche Verbindlichkeit und sind im übrigen als „Allgemeine Geschäftsbedingungen" zu qualifizieren (womit sie der richterlichen Inhaltskontrolle unterliegen). Der *Heimbeirat,* den das HeimG gleichfalls vorsieht, öffnet den Heimbewohnern die Möglichkeit, an der Gestaltung des Heimlebens mitzuwirken (ohne daß es dadurch aber zu einer wirklichen → Mitbestimmung käme).

Der Umstand, daß die Kosten des Aufenthalts in Heimen in großem Umfang von Dritten (insb. von Sozialleistungsträgern) getragen werden, erweitert das Verhältnis „Heim – Heimbewohner" zu einem Dreiecksverhältnis „Heim (Leistungsanbieter) – Bewohner (Leistungsnehmer) – Sozialleistungsträger (Leistungsträger)". Die Rechtsbeziehung zwischen Heim und Heimbewohner wird insofern durch Rechtsbeziehungen zwischen Heim und Leistungsträger sowie Leistungsträger und Heimbewohner (Anspruch des Heimbewohners auf Finanzierung des Heimaufenthalts) ergänzt und erhält dadurch eine zusätzliche *sozialrechtliche Dimension.* Hierin liegen bislang nicht ausgeschöpfte Möglichkeiten, die Rechte von Heimbewohnern zu stärken. So könnte man bspw. daran denken, innerhalb von Sozialleistungsbeziehungen den Heimbewohner auch wirtschaftlich zum Vertragspartner des Heimträgers zu machen, indem Sozialleistungen unmittelbar ihm ausgezahlt werden und er dann seinerseits seine Verpflichtungen aus dem Heimvertrag gegenüber dem Heimträger erfüllt, anstatt ihn wirtschaftlich lediglich zum Nutznießer einer zwischen Sozialleistungsträger und Heimträger getroffenen und abgewickelten Vereinbarung zu machen. Auch unter dem Gedanken, daß für alte, behinderte und kranke Menschen das Heim nicht nur Wohnung, sondern Lebensmittelpunkt ist, ließen sich Folgerungen ziehen für eine weitergehende Stärkung der Rechte der Heimbewohner, die sich orientieren müßten an der Lebensweise, die außerhalb des Heimes gesellschaftlich üblich und rechtlich zulässig ist mit der Konsequenz, daß der immer notwendige Kompromiß zwischen Bedürfnissen, Interessen und Rechten des Heimbewohners einerseits sowie des Heimträgers, des möglicherweise mitwirkenden Sozialleistungsträgers und des Personals andererseits die Situation des Erstgenannten stärker berücksichtigen müßte, als dies gemeinhin der Fall ist.

Bernd Schulte

**Heroin**
→ Substitution

**Heime**
= Einrichtungen der →Jugend-, →Behinderten- und →Altenhilfe zum Zweck der vorübergehenden oder dauernden außerfamiliären Unterbringung bestimmter Klientengruppen. Im engeren Sinne werden darunter v.a. Institutionen verstanden, welche solche Kinder und Jugendliche zur →Erziehung bzw. schulischen und beruflichen Förderung aufnehmen, denen ein in der eigenen Person oder in der sozialen Umgebung begründetes Defizit zugeschrieben wird. Durch schulische bzw. berufliche und anderweitige Förderung sollen diese Kinder und Jugendlichen zu einem ihren individuellen Möglichkeiten und sozialen Anforderungen angepaßten, sinnerfüllten Leben geführt werden. H orientieren sich dazu vielfach am Idealbild der bürgerlichen Kleinfamilie (→Familie), deren Sozialstruktur und Beziehungen sie nachzubilden suchen. Arten und Formen der verschiedenen H sowie die für diese Einrichtungen verwendeten Bezeichnungen sind vielfältig und verwirrend und werden sehr unterschiedlich verwendet. Dies hat u.a. damit zu tun, daß sich seit Jahrhunderten die verschiedensten gesellschaftlichen Kräfte im Bereich der →Heimerziehung engagieren.

*Historisch* betrachtet entwickelten sich H aus dem mittelalterlichen →Hospital, in welchem als Sammelbecken aller →Randgruppen auch ausgesetzte, verlassene und verwaiste Kinder ohne Sippe (→Waisen) Aufnahme fanden. Aus dessen Waisenabteilung oder Waisenstub bildete sich das eigenständige Findel- oder Waisenhaus. Vom 16.Jh. an wurden Kinder und Jugendliche auch in den aufkommenden Zucht- und →Arbeitshäusern zusammen mit Erwachsenen untergebracht. Durch das Vorbild des vom Pietisten →Francke geführten Waisenhauses in Halle entstanden im Laufe des 18.Jh. zahlreiche Waisenhäuser, vielfach von Städten (→Stadt) als Prunk- und Vorzeigebauten konzipiert. Da die dort praktizierte Erziehung in keiner Weise mit der →Architektur Schritt hielt, kam es gegen Ende des 18.Jh. infolge hoher Sterbeziffern und gesundheitsgefährdender Zustände zu heftigen Angriffen auf diese Einrichtungen („Waisenhausstreit"). Die Familienpflege wurde zum empfohlenen Gegenmittel, viele Waisenhäuser wurden geschlossen. Ebenfalls als Reaktion auf die Kritik sind die in der ersten Hälfte des 19.Jh. aufgrund privater Initiative entstehenden, viel kleineren, auf dem Land angesiedelten Rettungshäuser (→Pietismus) und Armenerziehungsanstalten (→Armenschulen) zu sehen, in welchen neben der Arbeit auch die Erziehung und →Bildung der Zöglinge einen Stellenwert bekamen. Die heutige Differenzierung der H und die staatliche Unterstützung derselben sind ein Resultat der zunehmenden Veröffentlichung der Jugendfürsorge im 20.Jh.

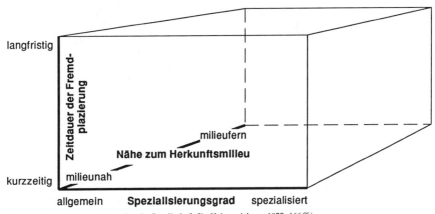

Abb. (in Anlehnung an: Internationale Gesellschaft für Heimerziehung 1977, 166 ff.)

H können nach verschiedenen *Merkmalen* unterschieden werden. Unser Schaubild zeigt drei wichtige Dimensionen der Differenzierung.

*Zeitdauer:* H können v. a. für eine längerfristige Aufnahme von Klienten konzipiert sein (heilpädagogische Heime, Erziehungsheime), oder aber sie sind für die Aufnahme von Kindern und Jugendlichen während relativ kurzer Zeitspannen eingerichtet, wie dies bei Durchgangs- und Beobachtungsheimen der Fall ist. Ebenfalls als H bezeichnet werden halbstationäre Einrichtungen wie Tagesheime oder → Kindertagesstätten, in denen nur tagsüber eine Betreuung der Klientel erfolgt. Sie sind in der Regel eher auf längerfristige Intervention ausgerichtet.

*Spezialisierungsgrad:* Viele Einrichtungen nehmen nur Kinder oder Jugendliche in einem bestimmten Alter auf (Heime für Vorschulpflichtige, Schulpflichtige, Schulentlassene), beschränken sich auf ein einziges Geschlecht (Mädchenheime, Burschenheime) oder eine bestimmte Form der Behinderung (Heime für körperlich oder mehrfach Behinderte). Im Bereich sozialer, emotionaler oder leistungsmäßiger Defizite hat eine zum Teil auch in Fachkreisen als ungesund eingestufte Spezialisierung Einzug gehalten: Neben normalen Kinder- und Jugendwohnheimen gibt es Heime für Verhaltensauffällige, für Kinder mit psychoorganischen Syndromen, für „jugendpsychiatrische Dauerfälle" u. v. m. Die Eingrenzung der Klientel hängt dabei einerseits vom Umfang und der Art der pädagogischen und therapeutischen Angebote ab, über die eine Institution verfügt. Sie wird andererseits aber auch bestimmt von den sog. „Einweisungsgründen", der Indikation. So verfügen Schülerheime im allgemeinen über eine eigene Schule, während Behindertenwohnheime keine geschützten Arbeitsplätze für behinderte Jugendliche anbieten. Therapieheime haben spezielle therapeutische Möglichkeiten, Internate zeichnen sich durch individuelle Förderungsbemühungen im schulischen Bereich aus, und manche Erziehungsheime für Burschen können keine Mädchen aufnehmen, weil die entsprechenden Ausbildungsplätze nicht vorhanden sind.

*Nähe zum Herkunftsmilieu:* Ihr wurde in den letzten Jahren zunehmend mehr Beachtung geschenkt. Während H im Gefolge der → Pädagogik des 19. Jh. oft möglichst weit vom ursprünglichen Wohnort der Kinder und Jugendlichen entfernt errichtet wurden, sind diese heute auch in den Städten und sogar bewußt in einzelnen Quartieren („stadtteiloriente H") angesiedelt. Nähe und Distanz zum Herkunftsmilieu drückt sich aber auch im Grad der Offenheit des Erziehungsraumes aus: sog. „geschlossene" Anstalten für delinquente Jugendliche (Erziehungsheime) ermöglichen den Klienten ein Verlassen des Heimareals gar nicht oder in streng reglementierter Form. Bewußt milieunahe H betrachten die Einrichtung und den Klienten unter systemischer Sicht und pflegen einen engen Kontakt zur Herkunftsfamilie (vor, während und nach dem H-aufenthalt bis hin zur Realisierung von Nachbetreuungskonzepten). Die Vertreter der geschlossenen H, die sehr oft eine individualisierte und individualisierende Sicht haben, interpretieren den H-aufenthalt eines Klienten oder einer Klientin eher als Neuanfang und speziellen, geschützten Erziehungsraum.

Nicht berücksichtigt ist in dieser Darstellung der Merkmalsdimensionen die *Größe,* welche einen nachhaltigen Einfluß nicht nur auf das Klima und die Binnenstruktur hat, sondern auch bezüglich der Entscheidungs- und Führungsstrukturen prägend wirkt (→ Hierarchie und → Bürokratie, Autonomie von Teilsystemen wie Wohngruppen etc.). Sie steht in einem engen Zusammenhang mit allen drei oben genannten Dimensionen. Ebenfalls unerwähnt bleibt die Tatsache, daß H von verschiedensten privaten und kommunalen *Trägern* gegründet, betrieben und geprägt sein können.

H werden heute vermehrt als *eine mögliche Form der stationären Fremderziehung* unter anderen gesehen. Sie verstehen sich als Teil des Gesamtsystems der Jugendhilfe. Entsprechend sind Bemühungen um Redimensionierungen (Klein- und Kleinstheime) und → Dezentralisierung im Gange (autonome Wohngruppen, Außenwohngruppen, Wohngruppenverbünde statt H). Alternativen wie die herkömmliche Dauerpflegefamilie, die Großpflegefamilie und Heilpädagogische Pflegestellen oder selbst organisierte bzw. betreute → Jugendwohngemeinschaften werden realisiert. Daneben gewinnen an Stelle von stationären zunehmend auch ambulante Maßnahmen an Bedeutung (betreutes Jugendwohnen, → Jugendwohngemeinschaften, → Selbsthilfegruppen).

L.: Internationale Gesellschaft für Heimerziehung (Hg.): Zwischenbericht Kommission Heimerziehung. Heimerziehung und Alternativen; Frankfurt, 1977. Scherpner, H.: Geschichte der Jugendfürsorge; Göttingen, 1979². Schoch/Tuggener/Wehrli (Hg.): Aufwachsen ohne Eltern; Zürich, 1989.

Jürg Schoch

**Heimerziehung**

1. Das Verständnis der H unterliegt in der öffentlichen, aber auch in großen Teilen der fachlichen Diskussion einer vierfachen Verengung ihrer Problem- und Gegenstandsstruktur: *Erstens* beschränkt man ihren Begriff und Sachverhalt auf jene dauerhafte stationäre Unterbringung von Kindern, Jugendlichen und jungen Erwachsenen außerhalb ihrer Herkunftsfamilien, die im Rahmen der → Jugendhilfe erfolgt. Man bezieht sich also auf die seit 1979 von rund 66 500 auf – 1988 – 42 048 gesunkene Zahl von Minderjährigen, die nach den Bestimmungen des JWG stationär betreut und nicht – wie 42 673 Kinder und Jugendliche – in Familien fremdplaziert werden (vgl. Deininger 1990); gegenüber der „Freiwilligen Erziehungshilfe" und den „Hilfen zur Erziehung" spielt dabei die behördlich angeordnete → Fürsorgeerziehung nur mehr eine marginale Rolle. Diese Einschränkung der H auf eine Maßnahme der Jugendhilfe ist jedoch schon deswegen fragwürdig, weil die Kostenträger zunehmend versuchen, Unterbringungen nach den Bestimmungen des BSHG durchzuführen; zudem zeichnen sich Tendenzen ab, verstärkt kinder- und jugendpsychiatrische Einrichtungen in Anspruch zu nehmen (vgl. Gintzel/Schone 1989; Bundesminister für Jugend, Familie, Frauen und Gesundheit 1990, 155 f.). Da darüber keine gesicherten Daten vorliegen,

läßt sich die Größe der gesamten Heimpopulation nur näherungsweise auf 60000 schätzen (vgl. Blandow 1987).

Prinzipiell hat es H ihrer Sache nach jedoch mit einer größeren Klientel zu tun: So ist bspw. auf privatrechtlicher Basis in Internaten eine Vielzahl von Kindern und Jugendlichen untergebracht, deren Eltern angesichts von Erziehungsschwierigkeiten zwar professionelle →Erziehung für erforderlich halten, einer möglichen →Stigmatisierung jedoch zu entgehen versuchen. Ebenso müßten die in Sonderheimen und →Behindertenanstalten, v. a. aber die nach medizinischer Indikation Untergebrachten hinzugerechnet werden. Gerade diese Gruppe sieht sich zwar oft intensiven Erziehungsbemühungen – etwa diätetischer Art – ausgesetzt, die aber keiner professionell pädagogischen Reflexion unterliegen. – Zugespitzt könnte man sich, angesichts ihrer sozialisatorischen Wirkung auf die Wehrpflichtigen, sogar fragen, ob nicht auch die Bundeswehr strukturelle Merkmale der H aufweist (→Fürsorge in der Bundeswehr).

*Zweitens* wird die H immer noch mit jenem Bild vom Erziehungsheim identifiziert, das die gefängnisähnlichen Bauten, Großschlafsäle und militärisch disziplinierten Menschenmassen zeigt, welche traditionelle Fürsorgeerziehungsanstalten auszeichneten. Obwohl noch in der Gegenwart – mit diesen allerdings nicht vergleichbare – Großeinrichtungen bestehen, verfällt man so einer trügerischen Evidenz. Seit der Heimkampagne (→Jugendwohngemeinschaften) in den 60er Jahren und einer durch gestiegene fachliche Ansprüche, demographische Veränderungen sowie durch die Sparpolitik öffentlicher Haushalte ausgelösten Reform- und Modernisierungsphase zeichnet die H eine Differenzierung in räumlicher und pädagogischer Hinsicht aus. Sie ist dabei eher unsichtbar geworden, zugleich zerfielen ihre Strukturen. Neuere Untersuchungen weisen darauf hin, daß selbst große Einrichtungen an einer durch ihre Demokratisierung bewirkten „Überdezentralisierung" leiden; zwar haben die Erzieher persönliche Gestaltungsfreiheit gewonnen, sie sehen sich jedoch häufig ohne soziale Integration in ihrer Einrichtung – zudem aufgrund von Kommunikationsmängeln –, ohne Konzeption und ohne Beratung auf sich selbst verwiesen: Neben der zur „Rentnerideologie" (Bernfeld) führenden umfassenden →Versorgung, neben der Ausbildung von hierachisierten →Subkulturen und neben pädagogischen Defiziten, wurde die Tendenz zu bloßer Verwahrung und zum Krisenmanagement auch schon der traditionellen H vorgeworfen; nun treten diese paradoxerweise als Folge des Wandels in den Einrichtungen unter gänzlich anderen Vorzeichen wieder auf (vgl. Planungsgruppe PETRA 1988).

*Drittens* entspricht dem überkommenen Bild von H auch ein Objektivismus hinsichtlich ihres Charakters als einer pädagogischen Praxis; die Hinweise auf vorgeblich unüberwindbare, pädagogisches Tun behindernde Bedingungen dienen offensichtlich jedoch vornehmlich der Entlastung. Denn sowohl auf ihrer strukturellen, wie auch auf der situativen Ebene findet H als ein Handeln statt, das von den Beteiligten zu verantworten ist: Schon die äußere Organisation der Einrichtung selbst, also zunächst ihre auch sozialräumliche Anordnung in einer Umwelt, dann ihr innerer Zustand, schließlich die personalen Verhältnisse in ihr – etwa die Delegation von Tätigkeiten auf hauswirtschaftliches Personal, die Formen des Schichtdienstes – drücken gleichsam geronnene pädagogische Entscheidungen und Aktivitäten aus, die wesentliche sozialisatorische Effekte bewirken. H muß insofern als eine fachlich begründete Organisation von Bedingungen gesehen werden, die einen dauerhaften Zusammenhang strukturieren, in welchem Kinder und Jugendliche einerseits alltäglich leben, andrerseits besondere, auf ihre individuellen Schwierigkeiten zielende Hilfen erhalten. Daß H handelnd realisiert wird, gilt ebenso auf der Ebene konkreter Unmittelbarkeit. Auch hier wird beobachtet, daß zuwenig Aktivitäten gemeinsam mit den Kindern und Jugendlichen durchgeführt werden; Gespräche überwiegen, in welchen zudem die Zeitdimension hinter spontanen Reaktionen zurücktritt.

Damit ist – *viertens* – eine Verengung der H auf die Form der „Beziehungspädagogik" verbunden. Darin wirken sich die Kritik an der Anonymität von H, die traditionell pädagogische Orientierung an dyadischen Verhältnissen, aber auch die in jüngerer Zeit maßgebende therapeutische Wende aus (→Therapeutisierung), obwohl gerade jene an die →Psychoanalyse anknüpfenden Einrichtungen von →Bernfeld, Bettelheim und Redl das therapeutische Milieu und den sozialen Zusammenhang der →Gruppe favorisierten. Als eine Folge der Betonung von Beziehungen läßt sich die Zurückhaltung der heutigen H gegenüber methodisch geplantem Erziehen vermuten, die sich etwa bei der Frage nach den Schulleistungen zeigt. Ihr besonderer Nachteil liegt jedoch darin, daß eine solche Beziehungspädagogik dazu führt, daß die Balance von Distanz und Nähe nicht mehr aufrechterhalten werden kann und alle Beteiligten sich unkontrollierbar miteinander verstricken. Die Chance der H geht verloren, ein durch thematisierbare Strukturen der Auseinandersetzung zugängliches, objektiviertes Lebensfeld zu bieten.

2. Die Therapeutisierung und die in der Praxis maßgebende Orientierung an rechtlichen Vorgaben weisen auf ein Grunddilemma der H hin. Sie zeichnet aus, daß sie regelmäßig „als-ob-Lösungen" zu verwirklichen sucht. Das gilt für therapeutische Ambitionen ebenso wie für die Bemühung um Familienähnlichkeit, die sich schon im 19. Jh. bei →Wichern andeutete und seit Mehringer in den 50er Jahren dieses Jh. als vorbildlich gilt; sie hat sich insb. in den Kleinstheimen und Kinderhäusern durchgesetzt. Auch wenn solche Einrichtungen ein hohes Maß an Implizithen, Dauerhaftigkeit und Einmaligkeit sichern, täuschen sie alle Beteiligten über ihren sozialen Charakter, und enttäuschen sie damit auch (Niederberger/Bühler-Niederberger 1988); dies gilt auch für Einrichtungen, die Gruppenzusammenhänge herstellen, somit →Gemeinschaften inszenieren, welche nach Beendigung der Maßnahmen doch auseinanderbrechen und neue Mitglieder aufnehmen müssen.

Ob daraus – wie in der seit Jahrhunderten geführten, im „Waisenhausstreit" des ausgehenden 18. Jh. dann zugespitzten Kontroverse – der Schluß gezogen werden muß, Pflegeverhältnisse, Ersatzfamilien und heilpädagogische Familien (→Pflegekinderwesen) seien in jedem Fall vorzuziehen, muß dahingestellt bleiben. Man könnte auch fordern, daß H sich um eine eigene Legitimität für ein Aufwachsen in Vernunft bemühen muß. Dafür sprächen nicht nur erfolgreiche Modelle einer außerfamiliären Erziehung – etwa in den Kommunen Makarenkos oder in den →Kibbuzim. Vielmehr könnte so ein professionelles Selbstverständnis gewonnen werden, in welchem einerseits die Problemlagen der Kinder, andererseits die möglichen Eigenstrukturen der H zum Thema gemacht werden, daß dem sachlichen Urteil über die Lebenssituation der Betroffenen rechtliche Vorbehalte und Einschränkungen untergeordnet wären.

3. Die fachliche Legitimität der H, damit auch ihre Anerkennung in öffentlichen Debatten und ihre Durchsetzungschancen in sozialpolitischen Auseinandersetzungen hängen wesentlich von Forschung und Theoriebildung ab. Rund zehn Jahre nach dem richtungsweisenden „Zwischenbericht Kommission Heimerziehung" zeichnen sich gegenwärtig intensive Bemühungen um empirische und begriffliche Untersuchungen zur H ab (vgl. Winkler 1989). Diese grenzen sich zum einen deutlich gegenüber dem angedeuteten sensualistischen Mißverständnis ab; so hat Klaus

Münsterberg davon gesprochen, H als einen konzeptionellen Begriff zu verwenden. Eine auf empirische Forschung gestützte, sozialwissenschaftlich aufgeklärte pädagogische Theorie kann dann die Rahmenpunkte markieren, auf welche sich die Selbstreflexion jener beziehen muß, die ihr pädagogisches Handeln im Konzept H bestimmen. Sie stellt offensichtlich auch die Stabilität her, die den Einrichtungen Veränderungen erlaubt.

Erstens liegt eine unumgängliche Bedingung der H darin, daß sie den Kontext gesellschaftlicher Entwicklungen vergegenwärtigt. Nicht nur ihre prinzipiellen Bedingungen und Aufgaben, etwa ihre Ausgrenzungs- und Normalisierungsfunktion, werden dabei thematisch, vielmehr steht auch ihr Verhältnis zu sich ändernden gesellschaftlichen Sozialisationsformen zur Debatte. (In der gegenwärtigen Diskussion läßt sich hier allerdings eine unzureichende Rezeption der →Jugendforschung, aber auch der Untersuchungen zum Wandel von Normalitätskonzepten und Lebensformen konstatieren.) Als Ansatzpunkt jeder H ergibt sich – zweitens – die Tatsache, daß ihr Handeln den Betroffenen einen neuen Lebensort bereitstellt, der in der Relation zum ursprünglichen Herkunftskontext und zur jeweiligen Biographie definiert wird: Der „Zwischenbericht" insistierte dabei – im Anschluß an anglo-amerikanische Vorschläge zur in geringstem Maße schädlichen Alternative bei der Fremdplazierung von Kindern – auf die Sicherung von Kontinuität; demgegenüber kann auch auf die Bedeutung von Brüchen verwiesen werden, die entweder moratoriumsähnliche, entlastende Situationen erlauben oder Entwicklungschancen dort eröffnen, wo die Kinder und Jugendlichen in ihren, auf die eigene Umwelt gerichteten Aneignungsbemühungen scheitern. Drittens muß dieser neugeschaffene Lebensort im Verhältnis zu seiner aktuellen Umwelt – etwa in Gestalt des Milieubezugs – und im Blick auf die Dauer der Maßnahme bestimmt werden. Diese Bestimmung gründet im Konzept der „Öffnung der Anstalt"; richtungsweisende Hinweise finden sich dazu schon bei Karl Wilker, in jüngerer Zeit bei der französischen Therapeutin Maud Mannoni, die Kinder zwischen Einrichtung und Umwelt „oszillieren" läßt, schließlich auch in den Ansätzen der demokratischen Psychiatrie Italiens. Viertens weisen Forschung und Theorie darauf hin, daß H einen alltäglichen Lebenszusammenhang organisiert, somit einerseits der Spannung zwischen generalisierten Handlungsmustern und dem Bezug auf individuelle Problemlagen und Bedürfnisse ausgesetzt ist, andererseits das Verhältnis zwischen Erleben und fachlich spezialisiertem Angebot ausgleichen muß. Fünftens verlangt dies die Wahrnehmung der Handlungspotentiale und der konkreten Fähigkeiten der Kinder und Jugendlichen, wie aber auch die Operationalisierung von Erziehungsvorstellungen und deren methodische Durchführung. Dazu gehört – sechstens – ein bisweilen ernüchternder Realismus in der Abschätzung künftiger Lebensmöglichkeiten; bei allem, von den Klassikern der →Sozialpädagogik stets eingeforderten Optimismus benötigt H den Blick auf die reale Situation von Individuum und →Gesellschaft – sie muß auch die Befähigung zu ihrer Existenz als Sozialhilfeempfänger ins Auge fassen können. Vorrangig gilt es, Kinder und Jugendliche instand zu setzen, nicht nur mit ihren Bedingungen umzugehen, sondern sich selbst ertragen zu können. Die Grundstruktur von H findet sich schließlich – siebtens – in der Zeitdimension. Dies gilt in doppelter Hinsicht, nämlich hinsichtlich der Perspektiven von Kindern und Jugendlichen einerseits, andrerseits auch für die Einrichtungen selbst. Diese vermeiden Erstarrung, indem sie sich mit den Jugendlichen verändern, gleichsam mitwachsen, und in der Lage sind, sich selbst aufzulösen; von der Sache der H her ist es nicht zu vermeiden, daß ihre jeweilige institutionelle Gestalt nur vorübergehende

Gültigkeit, mithin den Charakter einer Episode hat.
L.: Blandow, J., Die quantitative Entwicklung der H seit 1976; in: Materialien zur H 1987/Heft 2, 5–8. Der Bundesminister für Jugend, Familie, Frauen und Gesundheit (Hg.): Achter Jugendbericht. Bericht über Bestrebungen und Leistungen der Jugendhilfe; Bonn, 1990 (Deutscher Bundestag; Drucksache 11/6576). Gintzel, U./Schone R.: Erziehungshilfen im Grenzbereich von Jugendhilfe und Jugendpsychiatrie. Problemlagen junger Menschen, Entscheidungsprozesse, Konflikte und Kooperationen; Frankfurt/Main, 1990. Niederberger, Josef Martin/Bühler-Niederberger, Doris: Formenvielfalt in der Fremderziehung. Zwischen Anlehnung und Konstruktion; Stuttgart, 1988. Planungsgruppe PETRA: Analyse von Leistungsfeldern der H. Ein empirischer Beitrag zum Problem der Indikation; Frankfurt, Bern, New York, ²1988. Winkler, M.: Eine Theorie der Sozialpädagogik; Stuttgart, 1988. Ders., M., Zwischen Affirmation und Negation. H auf der Suche nach der eigenen Legitimität; in: Sozialwissenschaftliche Literatur Rundschau 1989, Heft 19, 7–21. Zwischenbericht Kommission H der obersten Landesjugendbehörden und der Bundesarbeitsgemeinschaft der Freien Wohlfahrtspflege. H und Alternativen – Analysen und Strategien; Frankfurt, 1977.

Michael Winkler

**Heimgesetz (HeimG)**
→ Heimbewohnerrecht

**Heiminsassen**
→ Heimbewohnerrecht

**Heimkampagne**
→ Jugendwohngemeinschaften
L.: Schrapper, Ch., Voraussetzungen, Verlauf und Wirkungen der „H"; in: Neue Praxis 5/1990, 417 ff.

**Heimstätten**
Als H wird ein gebundenes Grundeigentum bezeichnet, das von öffentlich-rechtlichen Körperschaften (im früheren Preußen: die „H" der Provinzen als staatliche Treuhandstellen) oder von gemeinnützigen Siedlungsgesellschaften zu niedrigen Preisen ausgegeben wird. Die Bindung beinhaltet u. a., daß die H-Eigenschaft in das Grundbuch eingetragen wird, die ausgebende Körperschaft oder Gesellschaft bei Veräußerung ein Vorkaufsrecht hat und Hypothekenbelastungen der Zustimmung des Ausgebers bedürfen.
Die H-bewegung setzte in Dt. in den 80er Jahren des 19. Jh. ein wurde besonders von der →Bodenreformbewegung unterstützt. Einen besonderen Aufschwung erlebte sie nach dem 1. Weltkrieg, als H für Kriegsteilnehmer oder ihre Hinterbliebenen ausgegeben wurden. Das Reichs-H-gesetz von 1920, das in Verbindung mit dem Reichssiedlungsgesetz von 1919 die Grundsätze für die Ausgabe von H aufstellte, unterscheidet Wirtschafts-H (für Landwirtschaft oder Gärtnerei) und Wohn-H (Familienhaus mit Nutzgarten für vorstädtische und halbländliche Verhältnisse).

**Heinroth, Johann Christian August**
1773–1843; 1803 Promotion zum Dr. med.; Habilitation; in den folgenden Kriegsjahren Militärarzt; ab 1810 Vorlesungstätigkeit; a. o. Prof. und Arzt am Georgen-Spital in Leipzig; 1818 veröffentlicht er in Leipzig ein „Lehrbuch der Störungen des Seelenlebens"; 1827 Ordinarius der psychischen Medizin.

**Helfende Berufe**
1. Das Spezifische der H besteht darin, daß sie in Expertenrollen institutionalisierte →Dienstleistungen anbieten, die von ihrem Arbeitsinhalt her betrachtet sowohl in personen*bezogenen*, aber generalisierten (Gewährleistungsarbeit), als auch personen*verändernden*, persuasiven Tätigkeiten (→Diagnose, →Therapie, →Beratung und →Erziehung) im Bereich des Bildungs-, Sozial- und Gesundheitswesens ihren Ausdruck finden. „Die H – das ist ein Sammelbegriff für alle, die auf Menschen einwirken und sie in irgendeiner Weise ... zu beeinflus-

sen suchen: Ärzte, Erzieher, Pfarrer, Psychologen ... ebenso wie Sozialarbeiter, Kindergärtnerinnen und Pflegepersonal. Denn welches Fachgebiet es auch immer sein mag, in dem sie besondere Kenntnisse haben, eines ist ihnen allen gemeinsam: der Umgang mit dem Anderen, das Miteinander ... und die Interaktion. Sie alle müssen wissen, was die ihnen Anvertrauten erwarten, welche Fähigkeiten es sind, die ihrem Helfen, ihrem Weitergeben von Kenntnissen die richtige Annahme, die helfende Wirkung sichern" (Combs/Avila/Purkey 1975, 1). Die H lassen sich von anderen Berufen prinzipiell durch drei Merkmale unterscheiden: 1. Sie „produzieren" vorwiegend immaterielle Güter; 2. sie werden in relativer Nähe zum Konsumenten oder Klienten erbracht; 3. mit ihnen ist (zumindest programmatisch) eine wohltätig-helfende Absicht verbunden, die allerdings nicht immer verwirklicht, aber dennoch (zumindest partiell) angestrebt wird (Gartner/Riesman 1978).

Die historische Rekonstruktion helfenden Handelns zeigt, daß der soziale Strukturtypus → „Hilfe" (Luhmann 1973) den Strukturtypen der „Gabe" und der → „Almosen" nachgefolgt ist. „Gabe" ist kennzeichnend für eine einfache Entwicklungsstufe der Gesellschaft und stellt angesichts ihrer Zirkulation einen Prototyp der sozialen Beziehung dar, die durch Reziprozität strukturiert ist. Das „Almosen", kennzeichnend etwa für europäische Gesellschaften des MA wie auch für hochkultivierte Gesellschaften überhaupt, hebt das Reziprozitätsschema durch Ausbeutung und Wohltätigkeit auf. Doch erst mit der Herausbildung des modernen Kapitalismus und dem nationalstaatlichen Interesse an der Vermeidung von → Armut und Pöbel entsteht „Hilfe" und helfendes Handeln (hH) als ein spezifischer Strukturtyp der Behebung von Not und Mangel, wobei zugleich Erziehung und Heilung angestrebt werden. Als Konsequenz der historischen Analyse der Behebung von Not zeigt sich generell das für H konstitutive Strukturproblem, daß Handeln hier gleichzeitig einer therapeutisch-helfenden und einer das Allgemeininteresse ausdrückenden Funktion der Kontrolle unterliegt (vgl. Sahle 1987).

Unhintergehbare Voraussetzung für hH ist, daß es überhaupt hilfebedürftige Mitmenschen gibt. Helfen gehört in diesem allgemeinen Sinne zu den alltäglichen Selbstverständlichkeiten des menschlichen Lebens und „geschieht typischerweise aus einer prinzipiellen Gewißheit über Therapienotwendigkeiten und Therapiewürdigkeiten heraus. Helfen kann bedeuten, die Situationsdefinition eines anderen zum Motiv des eigenen (helfenden) Handelns zu machen. Helfen kann aber auch bedeuten, die Situation des anderen unabhängig von dessen eigener Definition als ‚objektiv' veränderungsbedürftig zu definieren und handelnd eine Veränderung herbeizuführen" (Gross/Honer 1990). Auf der Basis grundlegender sozialstruktureller Veränderungen und Entwicklungen sind seit den 60er Jahren zunehmend größere mit- und zwischenmenschliche, aber auch ehrenamtliche „Versorgungslücken" entstanden, infolgedessen H zusehends staatlich vorgehalten, normiert, verrechtlicht und teilweise professionalisiert wurden. Diese Entwicklung ist allerdings in den letzten Jahren an Grenzen gestoßen. Die H sind i.d.R. in organisatorische Zusammenhänge (wie → Sozialverwaltungen, → Krankenhäuser, → kassenärztliche Praxen, öffentliche Beratungsstellen und → Heime etc.) eingelassen, deren Spezifika ebenso differenziert untersucht worden sind (ebd.; Bellebaum/Becher/Greven 1985), wie die dort eingeschlossenen Professionen und Berufe (Dewe/Ferchhoff/Radtke 1990).

2. Moderne Industriegesellschaften zeichnen sich allgemein dadurch aus, daß im Rahmen des → sozialen Wandels eine Wanderung der Erwerbstätigen vom primären (agrarischen) Sektor über den sekundären (industriellen) in den tertiären (dienstleistenden) oder quartä-

ren (personenbezogen-dienstleistenden) stattfindet. Seit den 30er Jahren läßt sich – etwa für die USA – dieser in den Strukturwandel der Arbeitsgesellschaft eingelagerte Prozeß beobachten, der neben einem radikalen Wandel der Kommunikations-, Wissens- und Energietechnologien dadurch zu charakterisieren ist, daß „klientengesteuerte" → soziale Dienstleistungen – was etwa den subjektiven Erlebnisgehalt von unterschiedlichen Erwerbstätigkeiten und Arbeitssituationen ausmacht – quantitativ und qualitativ zunehmend an Relevanz gewinnen (vgl. Marshall 1939). Arbeitsplatzverluste in den Produktionsbereichen werden auch gegenwärtig noch durch Zunahmen in den Dienstleistungsbereichen teilweise kompensiert. Dabei handelt es sich neben *mittelbar* personenbezogenen Leistungen, wie z. B. technische und soziale Kontroll- und Präventionstätigkeiten oder Serviceleistungen, insb. um *unmittelbar* personenbezogene und auch -verändernde Dienstleistungen der H, wie bspw. Geburtenkontrolle, → Beratung, → Erziehung, → Therapie, → Kranken-, Alten- und Jugendpflege und -fürsorge, Weiterbildung etc.

Als Teilbereich der Sozialen Dienste sind die H sowohl auf die Absicherung *materieller* Versorgungsbedürfnisse als auch im engeren Sinne auf die Befriedigung *immaterieller* psycho-sozialer → Bedürfnisse ausgerichtet. Diese, die Kommunikation unter Anwesenden und dabei sowohl kognitive als auch motivational-affektive (Steuerungs-)Kompetenzen in den Mittelpunkt ihrer Tätigkeit rükkenden H folgen einer – sowohl gegenüber den sachgüterbezogenen, ‚herstellenden' Arbeitsformen als auch gegenüber den auf Primärgruppen bezogenen, tauschabstinenten alltäglichen face-to-face-Situationen – relativ eigenständigen Handlungsrationalität. Ihre Bedeutung resultiert aus folgenden gesellschaftlichen Entwicklungen und Funktionserfordernissen: a. der Schwächung von traditionellen Sozialbeziehungen angesichts der zunehmenden Aufweichung ehemals verbindlicher Traditionen und Lebensmilieus; b. dem tiefgreifenden Wandel in der Organisation der Arbeit von eher tayloristisch ausgelegten Arbeitsmustern und Rationalisierungskonzepten zu stärker ganzheitlichen und steuerungsintegrierten Arbeits- und Kommunikationsformen; c. der insgesamt rückläufigen Tendenz von ‚herstellenden' und unmittelbar marktabhängigen Arbeitstätigkeiten; d. der zunehmenden Relevanz personaler persuasiver Programme in Organisationen als Ausdruck gesellschaftlich funktionaler Differenzierung von ‚Stellvertretungsverhältnissen'; e. der wachsenden Nachfrage nach bildungsqualifizierten Dienstleistungen im Kontext von ‚Ordnungs- und Normalisierungsprozessen' sowie der Planung und → Steuerung der Sozialentwicklung (vgl. Gross 1983; Offe 1983).

Die in H institutionalisierten Stellvertretungsverhältnisse werden mittels juristischer, medizinischer, pädagogischer, technischer etc. Regulierungskonzeptionen zunehmend *wissenschaftlicher* ausgestattet. Moderne Dienstleistungsgesellschaften tendieren dazu, die Lösung ihrer Probleme zu rationalisieren, d. h. sie in sozialer Hinsicht im Rahmen eines Sonderwissens zu bearbeiten (Sprondel 1979). Damit treten die sozialen Typen des „Experten" und des →„Laien" auf der Grundlage von zwei kontrastierenden Strukturen von Wissen hervor. Interaktionsprozesse zwischen Helfern und ihren → Klienten sind mithin als Ausdruck einer gesellschaftlich ausdifferenzierten Problemlösungsstruktur zu betrachten. Sowohl der Erwerb des entsprechenden Wissens als auch die Kompetenz seiner Anwendung werden in der Folge mittels spezialisierter Ausbildungsgänge, Zertifikate, Berufsgruppenzugehörigkeiten und Praxisformen beschränkt und mehr oder weniger exklusiv geregelt (Dewe/Ferchhoff/Peters/Stüwe 1986).

Helfende Beziehungen lassen sich somit auch als ein bestimmtes Muster der Verteilung von Wissen und Konkurrenz verschiedener Wissensformen zueinander beschreiben. So gesehen ist der Alltagshandelnde als Laie und (in der Folge immer dann) als Klient aufzufassen, wenn es in einem „gegebenen historischen Sozialverband (aus traditionellen Gründen) als selbstverständlich, (aus rationalen Gründen) als zweckmäßig, oder (aus moralischen Gründen) als geboten gilt, bei der Lösung von Problemen ein entsprechendes Expertenwissen zu konsultieren" (Sprondel 1979, 148). Der Angehörige der H handelt bei mehr oder weniger starker Orientierung an formalen Regeln auf der Basis eines auf kognitive Rationalität verpflichteten Regelwissens; jedoch sind hier verständnisorientierte Kompetenzen zugleich zu erbringen, um seinem Gegenüber gerecht zu werden. Ein Input technisch-instrumenteller Problemlösungsmittel wird in H angesichts des Primats der Respektierung lebenspraktischer Handlungsautonomie der Klienten relativiert. Dementsprechend läßt sich hH nicht auf ein rein zweckrationales reduzieren, wie dies in je unterschiedlicher Weise etwa bei utilitaristischem Arbeitshandeln oder bürokratischem Verwaltungshandeln (→ Bürokratie) der Fall ist.

Tätigkeiten in H sind stets auf komplexe Problemlagen bezogen und zugleich fallorientiert. Der Berufspraktiker hat es mit spezifischen Problemen von Einzelnen oder Gruppenmitgliedern zu tun, unabhängig davon, ob er persönlichkeitsentfaltende ‚Sinnauslegung‘ oder gar ‚Sinnstiftung‘ für seine Klienten betreibt, ob er explizit therapeutisch wirksam ist, oder ob er unter dezidiert sozialpolitischen Vorzeichen kustodial-repressive Tätigkeiten sozialer Kontrolle (→ Sozialkontrolle) ausübt bzw. bürokratische Maßnahmen exekutiert. In seiner beruflichen Praxis, sei diese nun strikt reaktiv-kompensatorisch oder aber eher präventiv ausgerichtet, hat er es damit zu tun, symbolisches, instrumentelles und formales Regelwissen und gesellschaftliche Normalitätsstandards auf konkrete Fälle und spezifische → Lebenslagen anzuwenden.

Die berufsstrukturell typischen Handlungsprobleme aber sind, wie etwa Sahle (1987) zeigen kann, nicht ausschließlich solche, die in der Persönlichkeitsstruktur der Helfer immer schon angelegt sind (z. B. im Sinne des Helfersyndroms; Schmidbauer 1977), sondern solche des Hilfe-Typus selbst. Die in H typischerweise vorfindbaren Strukturen kennzeichnet Sahle als a) personalisiertes, kommunikatives Hilfe-Selbstverständnis, b) als stellvertretend-problemlösendes Hilfe-Selbstverständnis im Rahmen einer Dienstleistungsorientierung, c) als sozialpolitisches Hilfe-Selbstverständnis mit sachhaltig-diskursiven Interventionen und d) als Interventionstyp eines technokratischen, problemfokussierten Selbstverständnisses. Für die erwähnten Fallstrukturen ist generell kennzeichnend, daß sie z. T. hochgradig ambivalente Interaktionsbeziehungen einschließen, die seitens der Klienten häufig zu der bekannten Kritik der Dominanz der Sozialexperten (Schmidbauer 1983) und auf seiten der Helfer zu Phänomenen des → Burnout führen können. Eine Ursache hierfür ist darin zu sehen, daß einerseits Friktionen im sozialen System zunehmend Probleme produzieren, die in der Form von ‚personal-service‘ typische Gegenstände von hH sind, zugleich aber dieselbe gesellschaftliche Entwicklung (in erster Linie die ihr immanenten technokratischen Tendenzen) der Bearbeitung dieser Probleme durch Professionen den Boden entzieht und letztendlich expertokratische Bearbeitungsformen ins Kraut schießen läßt. Die Angehörigen von H sind häufig beides zugleich: „sanfte Polizisten" (als soziale Kontrolleure) und hochgeschätzte, mit Weihen ausgestattete „Priester" (als Verkünder von Lebenssinn). Damit realisiert sich in den H eine spezifische Bearbeitungsform sozialer und individueller Problemlagen, die schließlich gerade deshalb gesellschaftliche Relevanz aufweist, weil mit den ansonsten wirksamen, ausschließlich administrativen

und/oder politischen Organisationsmitteln des →Sozialstaats derartige Probleme nicht hinreichend bearbeitet und auch von den Adressaten selbst nicht immer zufriedenstellend kuriert werden können.
3. Für solche H wie Familien- und Erziehungsberater, Krankenschwestern, Sozialarbeiter, Erzieher etc. in „people-processing organizations" treffen die arztspezifischen Merkmale wie Approbationsbedingungen (→ärztliche Ausbildung) und habituelle Muster medizinischen Handelns nicht zu. Studien zum Interaktionsprozeß im Kontext dieser personenverändernden Dienstleistungen machen auf die besonderen institutionellen Rahmungen des kommunikativen Austauschprozesses und die diskrepanten Tätigkeitsanforderungen an diese Berufsgruppen aufmerksam. Typischerweise wird in diesem Zusammenhang behauptet, daß diese Berufsgruppen in den sie beschäftigenden Organisationen der →Schulen, →Krankenhäuser und →Sozialverwaltungen bei dem Versuch, die für die Realisierung je spezifischer beruflicher Kompetenzen notwendige Handlungsautonomie für sich durchzusetzen, mit den zumeist organisationsspezifischen Merkmalen von Bürokratien in Konflikt geraten. Derartige pauschale Beurteilungen stehen jedoch in Gefahr, die präformierende Wirkweise der institutionellen Kontexte auf die Mikrostruktur der Interaktion von Helfern und ihren Klienten entweder zu überschätzen oder aber monokausale Restriktionsannahmen zu unterstellen. Organisations- und systemtheoretische Analysen (Weick 1976; Luhmann/Schorr 1982) können zeigen, daß die Organisation/Bürokratie die Interaktionsebene gerade nicht determinieren bzw. steuern kann. Es entsteht auf der Interaktionsebene – trotz →Organisation, besser: mit Organisation – ein Spielraum, der sich in Methodenfreiheit und relativer Handlungsautonomie ausdrücken kann. Dieser Sachverhalt wird in organisationstheoretischen Analysen unter dem Gesichtspunkt des „loose coupling" bzw. der „schwachen Vernetzung" von Planungs- und Entscheidungsebenen sowie Handlungsbezügen in Organisationen diskutiert. Dieses Faktum ist zweifellos für die sachhaltige Beurteilung der kommunikativ-persuasiven Elemente im beruflichen Handeln der Angehörigen von H von Bedeutung.

Darüber hinaus ist bei den H die Diffusität der Interaktionsbeziehungen prinzipiell damit zu erklären, daß hier keine verläßlichen „Technologien" (Luhmann/Schorr 1982) vorausgesetzt werden können und Kausalität sowie Zweck-Mittel-Rationalität des Handelns häufig fehlen. Das Handeln in H ist überhaupt nur zu einem sehr geringen Grade methodisierbar; es hat zu viele Handlungs- und Interpretationsspielräume nötig, die gerade nicht im Rahmen einer Technologie objektivierbar, und deren Regeln nicht ohne weiteres auf künftige Situationen planmäßig mit Erfolg anzuwenden sind. Die Kompetenz der Angehörigen von H besteht typischerweise darin, „in Situationen der Ungewißheit und des Risikos ohne die Möglichkeit einer eindeutigen Abstützung im wissenschaftlichen Wissen und von daher ohne technologische Lösung der Aufgabe dennoch handlungsfähig zu bleiben" (Tenorth 1986, 296). Die weit verbreiteten Zielvorstellungen einer Berufspraxis, die sich (durch eine Fixierung) auf sozialtechnisch-instrumentelles Wissen bezieht und sich dabei von der Annahme leiten läßt, daß es für diesen Bereich nomologisches Wissen nicht-trivialer Natur gebe, sind für die H als fraglich anzusehen. Aber selbst wenn es hier zuverlässige Techniken der Personenveränderung im Sinne von Verhaltensmanipulationen gäbe, bliebe wohl weiterhin bestreitbar, daß es sich bei der Verwirklichung solcher Ziele eben mit diesen Mitteln um ‚selbstverständliche' Ziele handelt, die nach ausschließlich ‚technischer Manier' verfolgt werden könnten. Es ist vielmehr davon auszugehen, daß solche Handlungsziele in keinem bzw. in nur geringem Maße als konzentriert zu betrachten sind und daß zudem das Problem des tatsächlichen Einsatzes derartiger Technik fortbestehen bleibt (Offe 1981).

Die beruflichen Kompetenzen, die in H gefordert werden, sind nicht ausschließlich in der wissenschaftlichen Ausbildung anzueignen, sondern zugleich auch als das Produkt eines latenten Bildungs- und Erwerbsprozesses habitueller Orientierungen zu interpretieren, die bspw. durch ein intuitives Erschließen des jeweils zugrundeliegenden Regelsystems etwa in der fiktiven Teilnahme am kompetenten Handlungsvollzug seitens ‚gestandener' Berufskollegen oder aber im Rahmen von → Supervision ‚gesteuert' werden. Doch in dem Maße, wie die Tätigkeiten in den H über Verwissenschaftlichung, Spezialisierung und Bürokratisierung ihre Effektivität weiter steigern und je mehr diese dabei in institutionelle Strukturen eingebunden werden, desto dringender erscheint die Notwendigkeit der Integration von „technischer" und „kasuistischer" Komponente im unmittelbaren Interaktionsprozeß. Eine Vernachlässigung der kasuistischen Handlungskomponente scheint auf die Dauer ihren Status zu gefährden: Je perfekter sich Interventionsmethoden ausnehmen, desto unbefriedigender droht Hilfe bei den Adressaten zu werden. Mit der → Institutionalisierung solcher personenzentrierten Berufsrollen in den H, die primär über universalistische und affektiv-neutral orientierte, fachbezogene Expertenfunktionen definiert werden, besteht prinzipiell die Gefahr, den Widerspruch zwischen Fachwissen und sinnverstehendem, jedoch strukturbezogenem Fallverstehen einseitig aufzulösen, so daß der Kommunikationsstruktur in H durch eine undialektische Hervorhebung des wissenschaftlich-instrumentellen Anteils eine ‚falsche', weil lebenspraktisch unangemessene Verwissenschaftlichung droht.

L.: Bellebaum/Becher/Greven (Hg.): Helfen und H als soziale Kontrolle; Opladen, 1985. Combs/Avila/Purkey: Die H; Stuttgart, 1975. Dewe/Ferchhoff/Peters/Stüwe: Professionalisierung. Kritik. Deutung. Soziale Dienste zwischen Verwissenschaftlichung und Sozialstaatskrise; Frankfurt/Main, 1986. Dewe/Ferchhoff/Radtke: Erziehen als Profession? Zur Logik professionellen Handelns in pädagogischen Feldern; Opladen, 1990. Gartner/Riesman: Der aktive Konsument in der Dienstleistungsgesellschaft. Zur politischen Ökonomie des tertiären Sektors; Frankfurt/Main, 1978. Gross/Honer, Probleme der Dienstleistungsgesellschaft als Herausforderung für die qualitative Forschung; in: Flick/Kardorff/Keupp/Rosenstiel/Wolff (Hg.), Handbuch qualitativer Sozialforschung; München, Wien, Baltimore, 1990. Luhmann, N., Formen des Helfens im Wandel gesellschaftlicher Bedingungen; in: Otto/Schneider (Hg.), Gesellschaftliche Perspektiven der Sozialarbeit. Erster Halbband; Neuwied, Darmstadt, 1973, 21–43. Luhmann/Schorr (Hg.): Zwischen Technologie und Selbstreferenz. Fragen an die Pädagogik; Frankfurt/Main, 1982. Marshall, T. H., The Recent History of Professionalism in Relation to Social Structure and Social Policy; in: Canadian Journal of Economics and Political Science 1939/No. 5, 325–340. Offe, C., Sozialwissenschaften zwischen Auftragsforschung und sozialer Bewegung; in: Greiff, B. v. (Hg.), Das Orwellsche Jahrzehnt und die Zukunft der Wissenschaft; Opladen, 1981, 98–108. Ders., Arbeit als soziologische Schlüsselkategorie?; in: Matthes, J. (Hg.), Krise der Arbeitsgesellschaft? Verhandlungen des 21. Deutschen Soziologentages in Bamberg 1982; Frankfurt/Main, 1983, 38–65. Sahle, Rita: Gabe, Almosen, Hilfe – Fallstudien zur Struktur und Deutung der Sozialarbeiter-Klient-Beziehung; Opladen, 1987. Schmidbauer, Walter: Die hilflosen Helfer; Reinbek, 1977. Ders.: Helfen als Beruf. Die Ware Nächstenliebe; Reinbek, 1983. Sprondel, W. M., „Experte und Laie": Zur Entwicklung von Typenbegriffen in der Wissenssoziologie; in: Sprondel/Grathoff (Hg.), Alfred Schütz und die Idee des Alltags in den Sozialwissenschaften; Stuttgart, 1979, 140–154. Tenorth, H. E., Lehrerberuf vs. Dillettantismus. Wie die Lehrprofession ihr Geschäft verstand; in: Luhmann/Schorr (Hg.), Zwischen Intransparenz und Verstehen. Fragen an die Pädagogik; Frankfurt/Main, 1986, 275–322. Weick, K. E., Educational Organizations as Loosely Coupled Systems; in: Administrative Science Quarterly 1976/No. 1, 1–19.

Bernd Dewe, Wilfried Ferchhoff

## Helfermotivation

Die Bereitschaft zur beruflichen Ausführung helfender →Interventionen ist sowohl Produkt verallgemeinerbarer subjektiver Motive als auch Niederschlag der in der Helfertätigkeit selbst angelegten objektiven Bedingungen. Als subjektive Motive gelten zumeist Vermittlungen von persönlichkeitstheoretischen (z. B. „Helfer-Persönlichkeit") und psychoanalytischen Konstrukten (z. B. „Helfer-Syndrom"). Der in der Beruflichkeit des Helfens vorfindbare Widerspruch zwischen einer instrumentellen Orientierung („Job-Mentalität", „Gehalts-Motiv") und arbeitsidentifikatorischen Bezügen („Liebe zum Beruf") reflektiert grundlegende sozioökonomische Implikationen beruflichen Handelns (→Identifikation vs. Gleichgültigkeit). Anfänglich dominierende altruistische Motive (→Altruismus) weichen im Zuge der Routinisierung des Alltagshandelns tendenziell distanzierteren Orientierungen (Cooling-out; →Burnout).

L.: Gildemeister, Regine: Als Helfer überleben. Beruf und Identität in der Sozialarbeit/Sozialpädagogik; Neuwied, Darmstadt, 1983. Heinsohn/Knieper, Das Desinteresse lohnabhängiger Pädagogen als zentrales Problem der Erziehung; in: Bruder u. a., Kritik der Pädagogischen Psychologie; Reinbek, 1976. Schmidbauer, Wolfgang: Die hilflosen Helfer. Über die seelische Problematik der helfenden Berufe; Reinbeck, 1977.

Hans Zygowski

## Heller, Hermann

H ist am 17. Juli 1891 als Kind jüdischer Eltern in Teschen an der Olsa geboren. Nach einem Studium der Rechts- und Staatswissenschaften promoviert er während des Krieges in Graz (1915) zum Dr. jur. und habilitiert sich 1920 in Kiel für Rechtsphilosophie, Staatslehre und Staatsrechte. In Kiel lernt er G. Radbruch kennen, tritt 1920 in die Sozialdemokratische Partei ein und beteiligt sich – mit Radbruch – am Widerstand der Arbeiter gegen den Kapp-Putsch (März 1920). 1921 geht er nach Leipzig, wo er zunächst bei W. Hofmann in den Leipziger Bücherhallen arbeitet und von 1922 bis 1924 das Volksbildungsamt der Stadt leitet. Er geht 1926 nach Berlin und beginnt eine akademische Laufbahn. 1932 wird er Ordinarius für öffentliches Recht an der Universität Frankfurt/Main. Im Jahre 1932 vertritt H die Landtagsfraktion der Sozialdemokratischen Partei Preußens vor dem Staatsgerichtshof in Leipzig beim Prozeß „Preußen contra Reich". Im Frühjahr 1933 flieht er vor den Nationalsozialisten nach Spanien. Er stirbt am 5.11.1933 in Madrid an den Spätfolgen einer Kriegsverletzung.

H ist einer der großen demokratischen Staatsrechtslehrer und Staatstheoretiker der Weimarer Zeit. Er setzte sich entschieden für die demokratische Verfassung ein und wollte die junge Republik zu einem sozialen Rechtsstaat ausgebaut sehen. Um dieses Ziel zu erreichen, sollten insb. die Arbeiter für den →Staat dadurch gewonnen werden, daß soziale Ungleichheiten abgebaut und eine Wirtschaftsdemokratie aufgebaut wird. H's volksbildungstheoretische Positionen (→Volksbildung) und seine bildungspraktische Arbeit sind in diese Grundauffassung eingebunden. Das ‚Wesen' der Bildungsarbeit der →Volkshochschule liegt nach H in der →Bildung des einzelnen Individuums und nicht darin, für eine bestimmte Partei zu schulen. Parteiisch für die Arbeiterschaft sollte die Volkshochschularbeit sein, aber unabhängig von Parteien. Ihn beschäftigte

v. a. die Frage, wie Bildungsinhalte so ausgewählt und ein Lehrplan so aufgebaut werden können, daß den Arbeitern in begrenzter Zeit der erreichte historische Fortschritt deutlich, die gegenwärtige Lage bewußt und Perspektiven für eine soziale Demokratie erkennbar werden können.

H ist als erster Leiter des Volksbildungsamtes der Stadt Leipzig – schon den Zeitgenossen – als einer der führenden Vertreter der sog. Leipziger Richtung bekannt geworden. Als Leiter des städtischen Amtes konzipierte er für diese Großstadt ein freies Volksbildungswesen, das – neben der Volkshochschule – eine Schule für Wirtschaft und Verwaltung, Volkshochschulheime, eine Schule der Arbeit und ein Seminar für freies Volksbildungswesen an der Universität vorsieht. Bis auf die Schule der Arbeit nahmen alle Einrichtungen während der kurzen Amtszeit Hellers ihre Tätigkeit auf. Durch ihre dezidierte Orientierung auf die Arbeiterschaft (Arbeiter, aber auch Angestellte) stehen diese Einrichtungen im Gegensatz zu weitverbreiteten Auffassungen ihrer Zeit und für eine demokratische Tradition volksbildnerischer Arbeit.

Die volksbildungstheoretischen Schriften H's sind hinsichtlich ihres quantitativen Umfangs gut überschaubar und durch den Abdruck in den „Gesammelten Schriften, 1. Band" leicht zugänglich. Es handelt sich um kürzere Abhandlungen und um die Broschüre „Freie Volksbildungsarbeit", die im wesentlichen H verfaßt hat und in der er in gedrängter Form die theoretischen Positionen und die praktischen Erfahrungen der Leipziger Volksbildner darlegt. H thematisiert in seinen volksbildnerischen Schriften einige Probleme, die die Praktiker und Theoretiker der → Erwachsenenbildung auch heute noch bewegen, so etwa das Verhältnis von Bildungsarbeit zu den anderen Formen geselliger Begegnung (z. B. Volksunterhaltung oder geselliges Beisammensein), oder das Verhältnis von Volksbildungsarbeit zu den anderen Aufgaben gesellschaftlicher Großgruppen, oder die Entwicklung eines historisch fundierten, gegenwartsbezogenen und zukunftsorientierten Begriffs von Bildung.

*Schriften:* Gestalt und Ziel der Deutschen Volkshochschule (1919); Volkshochschule und Parteischule (1919/1920); Volkshochschulen (1921); Freie Volksbildungsarbeit (1924); Arbeit und Bildung in der Arbeiterbewegung (1926). – Alle in: „Gesammelte Schriften Bd. 1". Hrsg. v. M. Drath u. a.; Leiden, 1971.

L.: Meyer, K., H: Eine biographische Skizze; in: Polit. Vjschrift. 1967/8, 293 ff. Ders.: Arbeiterbildung in der Volkshochschule; Stuttgart, 1969.

Dieter H. Jütting

**Herbart, Johann Friedrich**
H, geb. 4.5.1776 in Oldenburg, gest. 14.8.1841 in Göttingen, Student (seit 1794) in Jena bei Fichte, Hauslehrer (1797–1800) in der Schweiz, Privatdozent (seit 1802) und Extraordinarius (seit 1805) in Göttingen, dann Professor in Königsberg (seit 1809) und wiederum in Göttingen (seit 1833), bemühte sich systematisch um die Grundlegung einer die → Pädagogik als Wissenschaft ermöglichenden Psychologie einerseits sowie praktischen Philosophie andererseits.

Anfänglich relativ unbeachtet und ohne bedeutende Schüler, gelangte H erst gegen Ende des 19. Jh., vermittelt über die sich auf ihn berufenden Spät-Herbartianer, in den Rang eines pädagogischen Klassikers, und zwar vornehmlich für den Bereich der Schulpädagogik („Herbartianismus"). Die reformpädagogische Kritik (→ Reformpädagogik) an diesem Paradigma – Intellektualismus, Mechanismus, Denken vom Lehrer statt vom Kinde aus etc. – wurde, zumeist stillschweigend, auf H übertragen. Dies brachte das Interesse an H's Gesamtsystem nach der Jahrhundertwende weitgehend zum Erliegen, obgleich sich der Einfluß einzelner Gedanken H's anhand der Entwicklung von Kinderforschung,

→ Heilpädagogik, → Sozialpädagogik sowie → Psychoanalyse ebenso aufweisen läßt wie am Beispiel von Grundannahmen der geisteswissenschaftlichen Pädagogik.

Die Grundzüge der Pädagogik H's erschließen sich nur unter Berücksichtigung seiner Erfahrungen als Hauslehrer. Hier gewann H wichtige Einsichten in Grundformen der Unterrichtsgestaltung, der sittlichen Erziehung sowie der Bedeutung, die dem pädagogischen Bezug zukommt. Namentlich der letzte Aspekt veranlaßte H zu einiger – seine weitere Theoriebildung beeinflussenden – Skepsis hinsichtlich der pädagogischen Möglichkeiten, die die öffentliche Erziehung, im Vergleich zur privaten, offerierte. Diese Skepsis war durchaus verbreitet, sie läßt sich auch bei → Pestalozzi finden und mit guten, auch von H vorgetragenen Argumenten begründen. Ihnen zufolge bietet die Schule nicht ohne weiteres einen Möglichkeitsraum für ein pädagogisches Handeln, das an im „pädagogischen Jh." virulent gewordenen Kriterien pädagogischen Denkens orientiert ist. H's Formel vom „erziehenden Unterricht" ist insoweit als eine diesbezügliche Kompromißbildung zu deuten: Sie sollte den Lehrern im Gedächtnis halten, daß sich ihr Tun nicht nur in Wissensvermittlung zu erschöpfen hatte, sondern auch an Kriterien sittlicher Erziehung sowie an dem der Beförderung der „Bildsamkeit" des Schülers zu orientieren sei.

Ausgehend von diesen Grundannahmen sowie belehrt durch die kritische Philosophie Kants bemerkte H, daß die Pädagogik, trotz oder gar wegen des Interesses, das man ihr seit Rousseau, gerade in Dt. (→ Philanthropismus), entgegenbrachte, noch nicht den Stand einer Wissenschaft erreicht hatte. Zwar herrschte in der (zeitgenössischen) Diskussion an guten Zwecken, die qua Pädagogik zu erreichen seien, kein Mangel; und es wurden auch immer wieder neue Mittel in Vorschlag gebracht. Was H zur einen wie zur anderen Seite hin aber vermißte, war die zureichende Begründung. H wollte v. a. beitragen zu einer Theorie pädagogischen Verstehens, die auf der Kenntnis eigener, wie auch dem anderen zu unterstellender psychischer, gesetzesförmiger Abläufe basiert. Insofern ging es H um die mit Hilfe der → Psychologie zu leistende Verwissenschaftlichung der Erfahrungsverarbeitung seitens des Schülers, aber auch seitens des Lehrers resp. Praktikers.

In Reaktion auf die mit dem letzten Aspekt benannte Problemstellung entwarf H das Konstrukt vom „pädagogischen Takt". Dessen Sinn gründet darin, den Vorlauf des Praktikers vor der Theorie als unentbehrliches Moment pädagogischen Wirkens auszuweisen. Deutungen von Herbartianern, wonach der Takt nur als provisorisches Handlungsregulativ zu akzeptieren sei und mit der Vermehrung wissenschaftlichen Wissens oder der Verbesserung der Planung entbehrlich werde, gingen mithin am Problem vorbei. Denn tatsächlich hat H das Theorie/Praxis-Problem mit diesem Konstrukt erstmals in einer später selbst für die geisteswissenschaftliche Pädagogik akzeptablen und auch heute noch weiterführenden Weise entfaltet. Letzteres gilt insb., wenn man berücksichtigt, daß H's Psychologie mindestens auch die mit der Rede vom pädagogischen Takt angesprochene Thematik aufklären sollte.

Dessenungeachtet lassen sich interne Probleme der Gesamtkonzeption H's nicht übersehen. Unklar ist das Verhältnis zwischen seiner Ethik und seiner Psychologie, unklar aber auch der Status, den die Pädagogik zwischen beiden einnimmt. Verhängnisvoll war sein Versuch einer mathematischen Psychologie, denn sie war nur schwer rezipierbar, und sie vermochte der Öffnung in Richtung einer auf Beobachtung und Experiment gründenden Einzelwissenschaft ebensowenig standzuhalten wie der Überbietung seitens einer durch Sprachanalyse fundierten Tiefenpsychologie. H's Gesamtwerk wirkte mithin ausgesprochen polarisierend, und es lud zur selektiven Rezeption ein.

L.: Asmus, Walter: H, Bd.1 (Der Denker), Bd.2 (Der Lehrer); Heidelberg, 1968/1970. Geißler, G., H (1776–1841); in: Scheuerl, H. (Hg.), Klassiker der Pädagogik, Erster Band; München, 1979. Oelkers, J., Das Ende des Herbartianismus; in: Zedler/König (Hg.), Rekonstruktionen pädagogischer Wissenschaftsgeschichte; Weinheim, 1989. Schwenk, B.: Das H-verständnis der Herbartianer; Weinheim, 1963.

Christian Niemeyer

# Herbergen zur Heimat

= Wohn- und Übernachtungsheime für →alleinstehende Wohnungslose. Ursprünglich als christliche Reformherbergen für wandernde Handwerksgesellen von Vereinen der Inneren Mission (→Diakonisches Werk) gegründet, wurden die H gegen Ende des vergangenen Jh. in das System der Wanderarmenhilfe eingegliedert und gehören heute zu den traditionsreichsten Einrichtungen der stationären →Nichtseßhaftenhilfe.

Der Bonner Rechtsprofessor C.T. Perthes (1809–1867) gründete die erste H 1854 in Bonn. In seiner programmatischen Schrift „Das Herbergswesen der Handwerksgesellen" (1856) beklagte er – wie viele seiner Zeitgenossen – eine Ausbreitung von Bettelei, Trunksucht und religiöser, sittlicher und politischer „Verwilderung" unter den Gesellen als Folgen der Auflösung traditioneller Normen und Autoritäten des Handwerkerstands und warb für den Aufbau christlicher Häuser zur Bewirtung und als Unterkunft für die Wandergesellen. So sollte eine Alternative zu den privaten Wirtshäusern (den „wilden Herbergen") geschaffen werden, denen die Förderung der kritisierten Mißstände angelastet wurde.

Die H sollten alle wandernden Gesellen aufnehmen, ohne Bedingungen an Vereinsmitgliedschaft (im Unterschied zu den Vereinshäusern der Handwerker- und Gesellenvereine beider Konfessionen; →Kolpinghäuser) und Konfessionszugehörigkeit. Sie wurden jedoch von einem diakonisch ausgebildeten evangelischen „Hausvater" geleitet, dem nach den patriarchalischen Zielvorstellungen der Herbergsgründer eine entscheidende Rolle zukam. Als Einrichtungen, die die religiöse und sittlich-moralische Einwirkung auf die Gesellen ermöglichten (ohne jedoch den Besuch der angebotenen Hausandachten, Sonntagsgottesdienste und Vorträge zu erzwingen) und zu einer Rechristianisierung und Reformierung des Handwerkerstandes beitragen sollten, wurden die H auch von →Wichern, dem Gründer der Inneren Mission maßgeblich unterstützt (u. a. wurden viele der späteren Hausväter in dem von ihm geleiteten „Rauhen Haus" in Hamburg zu Diakonen ausgebildet und kamen dort zu Konferenzen zusammen).

Mit einem strengen Reglement (Branntweinverbot; Verbot von Spielen um Geld, Kartenspielen, „schmutzigen" Reden, Liedern und Schriften etc.; Hygienekontrollen; frühe Schließungszeiten) wurde das Herbergsleben diszipliniert; auf solide, aber bescheidene Ausstattung der Herbergen, Sauberkeit, günstige Preise für Übernachtung und Essen und den Nachweis freier Arbeitsstellen legte man besonderen Wert; sozialen und politischen Emanzipationsbestrebungen der Gesellen und der Arbeiter (→Arbeiterbewegung) standen die Herbergsgründer (→Vereine, die v. a. von Vertretern der evangelischen Kirche und des Bürgertums, nicht aber von Gesellen getragen wurden) von Beginn an ablehnend gegenüber.

1886 wurde der Deutsche Herbergsverein (Vorsitzender: →Bodelschwingh d.Ä.; Sitz: Bethel) als Dachverband der lokalen und regionalen Trägervereine (von bis dahin über 250 neugeschaffenen H) gegründet. Als Reaktion auf die faktische Vermischung und oftmals übereinstimmende Notlage von Wandergesellen und arbeitslosen wandernden Arbeitern und in Konsequenz seiner Pläne für ein umfassendes Fürsorge-

und Kontrollsystem für Wanderarme (nach den Prinzipien „Arbeit statt Almosen", „Barmherzigkeit und Zucht") setzte Bodelschwingh die Öffnung der H für mittellose Wanderer, ihre Verknüpfung mit den kommunalen Verpflegungsstationen / Wanderarbeitsstätten (→Arbeiterkolonien), sowie die (regional begrenzte) Einführung von Legitimationspapieren („Wandererscheinen') und einer rigiden Wanderordnung (Legitimationszwang, Wanderstraßennetz, Arbeitspflicht) durch.

Bis 1905 war die Zahl der H zu einem Höchststand von über 460 Herbergen (v. a. im Norden und Westen Deutschlands) mit fast 20 000 Betten angewachsen. Der Deutsche Herbergsverein, dessen direkte Nachfolgeorganisation der →Evangelische Fachverband für Wohnungslosenhilfe ist, gab (mit den beiden anderen Zentralverbänden der Wanderarmenhilfe) die Zeitschrift „Der Wanderer" (1897–1941) heraus (bis 1896 „Die Arbeiterkolonie"; Vorläufer der heutigen Fachzeitschrift „Gefährdetenhilfe").

In der Weimarer Republik hielten die Herbergsbetreiber an ihrem patriarchalischen Fürsorgeverständnis und den tradierten Aufgabenfeldern fest. Sozialpolitischen Neuerungen stand man ablehnend gegenüber. Die H blieben Bestandteil der Bemühungen um „geordnetes Wandern" und dienten verschiedenen Funktionen: Als „Volksgasthaus" sollten sie selbstzahlenden Wanderern und Reisenden billiges Quartier bieten; als „Wohlfahrtshaus" mittellosen, aber arbeitswilligen Wanderarmen gegen Arbeitsleistung Obdach und Verpflegung gewähren und freie Arbeitsstellen nachweisen; als „Kapelle der Landstraße" der religiösen und sittlichen Erziehung aller Einkehrenden dienen. Gegen „Arbeitsscheue" und „ungeordnete Wanderer" sollte mit staatlichen Zwangs- und Strafmaßnahmen vorgegangen werden.

Im Faschismus verloren die H durch die (z. T. von ihnen tatkräftig unterstützten) Verfolgungs- und Vernichtungsaktionen der Nationalsozialisten, aber auch die Arbeitsprogramme der Vorkriegszeit große Teile ihrer Klientel. Aus wirtschaftlichen Gründen wurden viele H geschlossen, viele hielten sich als Wohnheime für ledige ortsansässige Arbeitskräfte und Gasthäuser für selbstzahlende Gäste, und schließlich wurde ein Großteil der H im Krieg beschlagnahmt oder zerstört.

Nach dem 2. Weltkrieg wurden die in ihrer Anzahl stark reduzierten H als Wohn- und Übernachtungsheime für alleinstehende Wohnungslose integrativer Bestandteil der stationären Nichtseßhaftenhilfe.

L.: Perthes, Clemens Theodor: Das Herbergswesen der Handwerksgesellen, 2. Aufl.; Gotha, 1883. Scheffler, Jürgen (Hg.): Bürger und Bettler – Materialien und Dokumente zur Geschichte der Nichtseßhaftenhilfe in der Diakonie, Bd. 1: 1854 bis 1954; Bielefeld 1987.

Volker Busch-Geertsema

**Heuristik**

H ist allg. die Kunst oder die Veranstaltung des „Findens" (von griech. „heurein" = finden). In der Wissenschaftstheorie geht es um das Finden neuen Wissens. „Neu" ist dabei im Zusammenhang mit „alt" zu sehen. Daraus ergeben sich drei besonders wichtige Fälle: 1. das Neue (Wissen) tritt zum Alten (Wissen) hinzu und läßt es dabei unverändert (= Moderne); 2. das Neue tritt zum Alten hinzu und verändert dieses dabei (= Postmoderne); 3. Das Neue verdrängt das Alte, macht es obsolet (= Paradigmenwechsel).

*Moderne:* Popper hat einen Wissenschaftsprozeß geschildert, in dem ständig Neues zum Alten hinzugewonnen wird und dabei das Wissen insgesamt effizienter wird. Ein Forscher (Subjekt) tritt mit einer Hypothese an ein Objekt heran und überprüft seine Hypothese an der Wirklichkeit des Objektes. Dies geschieht durch Verifikation oder durch Falsifikation, wobei im Falle der Verifikation praktisch unendlich viele Fälle überprüft werden müssen, was sehr aufwendig ist; im Falle der Falsifikation reicht ein einziger, geschickt plazierter Fall aus, die Hypothese als nicht zutreffend zu entlarven. Aus dem Fehler läßt sich lernen; es läßt sich eine neue Hypothese aufstellen, die wieder überprüft werden kann usw. Der Prozeß endet dabei nie und führt zu immer größerer Wahrheitsähnlichkeit. Popper hat von einer Hypothese, die für dieses Verfahren geeignet ist, gefordert, daß sie grundsätzlich überprüfbar sei. Lakatos hat später zusätzlich gefordert, daß diese Hypothese auch weiter „hypothesenträchtig" sei, also weitere Hypothesen aus sich hervorzubringen vermöge. Sind diese Forderungen erfüllt, so läßt sich der Prozeß ständig weiterführen. – In diesem Modell kontinuierlich fortschreitender Wissenschaft wird allerdings nicht gesagt, woher das „Neue", die „neue Hypothese", kommt. Sie aus Altem (Lakatos) zu entwickeln, wird nur beschränkt möglich sein. Neues ist letztlich auf anderem Wege, insbesondere intuitiv, als genialer Einfall, aber nicht rational einzubringen. Die rationale „Logik der Forschung" bedarf damit immer wieder der intuitiven, nicht-rational gefundenen Einfälle.

Das Alte wird beim Verfahren der Modernen durch das Neue ergänzt, es wird dabei meist zum Sonderfall, indem es sich in ein weiter gefaßtes Weltbild einordnet. Z. B. erweist sich die Euklidische Physik als Sonderfall der Newtonschen, und diese bildet wiederum einen Sonderfall der Einsteinschen Physik; oder die neoklassische Volkswirtschaftlehre bildet den Sonderfall der Makroökonomik bei Vollbeschäftigung, während diese noch Unter- und Überbeschäftigung einbezieht; die dualistische Ordnungstheorie (2 Typen) bildet einen Sonderfall der Neuen Politischen Ökonomie (viele Typen).

*Paradigmenwechsel:* Beim Paradigmenwechsel wird das Alte durch das Neue verdrängt und obsolet. Das Neue konstituiert eine neue Welt, in der mit dem Alten nichts mehr anzufangen ist (Thomas S. Kuhn). E. Ströker hat den Paradigmenwechsel am Beispiel des Feuers erläutert: Naturwissenschaftler haben schon früh festgestellt, daß Gegenstände (z. B. Holz) zu Asche verbrennen und daß diese weniger wiegt. Also muß etwas entwichen sein: Phlogiston. Demgegenüber wurde aber auch festgestellt, daß der verbrannte Rückstand schwerer sein kann (z. B. Magnesia), also muß etwas hinzugekommen sein: Sauerstoff. Die neue Lehre der Oxydation hat die alte Phlogistontheorie nicht erweitert, sondern völlig wertlos gemacht. Wissenschaft geht bei Paradigmenwechseln in Schüben, in Revolutionen voran, wobei die Zwischenphasen sie vollständig gegen Null bringen können.

*Postmoderne:* In einer „Ökonomie des Denkens" erweist sich der Paradigmenwechsel als sehr aufwendig (alles Wissen geht vorübergehend gegen Null, bis allmählich neues Wissen an seine Stelle treten kann). Die Postmoderne prüft deswegen, was an Altem noch Bestand haben kann und wie man es uminterpretieren muß, damit es noch effizient bleibt. Für Paradigmenwechsel sind deswegen immer auch die Grenzen ihres Bereiches anzugeben.

*Wann ist H zweckmäßig?* Heuristische Prozesse treten *allgemein* auf, wenn die Möglichkeiten der Weiterentwicklung des Alten durch Neues allmählich ausgeschöpft sind, und wenn jede zusätzliche Neuerung sehr hohe Weiterentwicklungskosten verursacht. Jetzt wird es u. U. zweckmäßiger, das alte System ganz (Paradigmenwechsel) oder in Bereichen (Postmoderne) aufzugeben. Neuerungen bringen in solchen Anfangsstadien oft sehr hohe Zuwächse an Wissensertrag.

Heuristische Prozesse treten *insbesondere* auf, wenn sich wiss. Schulen auf ein wiss. System eingestellt und darin als „Kartell" abgeschlossen haben. Junge Wissenschaftler, die nicht damit rechnen können, in dieses wiss. Kartell zugelassen zu werden, investieren zweckmäßigerweise von vornherein in ein neues wiss. System. Die wiss. Investitionskosten können dabei durch postmoderne Verfahren gesenkt werden. Da die Neuerer als Außenseiter vom alten wiss. Kartell nur Widerstände zu erwarten haben, bevorzugen sie oft den Paradigmenwechsel, der alles Wissen des alten Kartells schlagartig obsolet macht.

L.: Kuhn, Thomas S.: Die Struktur wissenschaftlicher Revolutionen, 2., revidierte und um das Postskriptum von 1969 ergänzte Auflage; Frankfurt am Main, 1978. Lakatos, Imre: Die Methodologie der wissenschaftlichen Forschungsprogramme; Braunschweig, Wiesbaden, 1982. Popper, Karl R.: Logik der Forschung, 4. Aufl.; Tübingen, 1971. Ströker, Elisabeth: Theoriewandel in der Wissenschaftsgeschichte. Chemie im 18. Jahrhundert; Frankfurt am Main, 1982.

Philipp Herder-Dorneich

## Heydt, Daniel von der

H (1810–1874) entwickelte 1852/53 gemeinsam mit seinem Schwiegersohn Emil Lischke (1813–1886) sowie mit Gustav Schlieper und David Peters das →Elberfelder System der städtischen Armenverwaltung, deren Vorsitz er 1853–71 – zunächst als delegierter Beigeordneter, später als ständiger Vorsitzender – leitete (verbunden mit der Aufsicht über das städt. →Armenhaus, das städt. Krankenhaus, das →Irrenhaus und das Waisenhaus). – H hatte eine Lehre im väterlichen Bankgeschäft absolviert und war 1827–57 Teilhaber der Firma „von der Heydt-Kersten & Söhne" (Bank und Textilhandel). Nach dem Ausscheiden aus dem Bankgeschäft wurde er Inhaber der Textilhandlung „von der Heydt-Wüfling" und war ferner 1833–43 Mitglied der Handelskammer von Elberfeld und Barmen, 1847 Mitbegründer der Elberfelder niederländ.-reformierten Gemeinde sowie 1849 Vorsitzender des Verwaltungsrats der Bergisch-Märkischen Eisenbahngesellschaft.

## Heyl, Hedwig

H, geb. Crüsemann (* Bremen 3.5.1850, † Berlin 23 1.1934) stammte aus dem reichen Bremer Bürgertum. Während sie als Kind Schülerin →Hoffmanns war, lernte sie als Jugendliche bei Henriette Schrader-Breymann den Fröbelschen Kindergarten kennen. Nach ihrer Eheschließung mit einem Berliner Chemiefabrikanten gründete sie für ihre und die Arbeiterkinder gemeinsame Kindergruppen. Als sie feststellte, daß den Arbeitermädchen jegliches Haushaltswissen fehlte, brachte sie ihnen Kochen bei. Aus Initiativen wie diesen entstanden die Berliner Jugendhorte und das Charlottenburger Mädchenheim. 1884 gründete sie gemeinsam mit Schrader-Breymann das Berliner Pestalozzi-Fröbel-Haus mit der ersten Koch- und Haushaltungsschule, wegen fehlender Unterstützung durch die Behörden zunächst allerdings nur für Töchter des Bürgertums. Diese sollten nach der Vorstellung von H und ihrer Mitarbeiterinnen als ehrenamtliche „soziale Arbeiterinnen" (→Ehrenamt) die Frauen der Armen beraten und ihr Wissen so „in's Volk" tragen.

Auf Initiativen dieser Art hin befaßte sich der →Deutsche Verein für Armenpflege und Wohltätigkeit bei seiner Tagung 1888 mit der hauswirtschaftlichen Unterweisung armer Mädchen. Allerdings erfuhr die Angelegenheit durch das Interesse der männlichen Armenreformer eine andere Wendung. Während es den Frauen pragmatisch darum gegangen war, dort anzusetzen und Hilfestellungen zu geben, wo das schnell und mit ihren begrenzten Möglichkeiten ging, glaubten die männlichen Sozialreformer nun, das gesamte Elend des städtischen Proletariats den mangelhaften hausfraulichen Leistungen der Arbeiterfrauen anlasten zu können. Die damaligen Feministinnen (→Frauenbewegung) waren anderer Meinung; sie glaubten, daß das mangelnde Wissen von Arbeiterinnen Folge der gesellschaftlichen Mißachtung der →Hausarbeit sei. H forderte daher eine anerkannte Lehrzeit für künftige Hausfrauen. Aus den hauswirtschaftlichen Kursen an den Schulen der örtlichen Frauen-(Erwerbs-)Vereine gingen ab 1900 anerkannte „diplomierte" Hauswirtschafterinnen hervor. 1908 erfolgte im Zuge der preußischen Mädchenschulreform die Anerkennung der Hauswirtschaftslehrerin als Ausbildungsberuf.

Nach dem Tod ihres Mannes leitete H, obgleich sie mehrere kleine Kinder hatte, von 1889–1906 die Fabrik. 1890 gründete sie in Friedenau die erste Gartenbauschule für Frauen. 1904 organisierte sie, da sie über die entsprechenden Kontakte zum Hof und zu Industriellen verfügte und daher das nötige Geld beschaffen konnte, im Auftrag des → *Bundes Deutscher Frauenvereine* zusammen mit → *Salomon* den Internationalen Frauenkongreß in Berlin. 1908 übernahm sie die Leitung des in Frankfurt gegründeten Verbandes der *Hauspflege*. 1912 leitete sie die erfolgreiche Parade-Schau der Vorkriegs-Frauenbewegung „Die Frau in Haus und Beruf". 1916 übernahm sie die Organisaton der Kriegs-Volksspeisung für Berlin-Charlottenburg (→ Kriegswohlfahrtspflege). Nach dem Krieg war sie kurzzeitig Stadtverordnete der Deutschen Volkspartei. 1920 erhielt sie die Ehrendoktorwürde der medizinischen Fakultät der Universität Berlin verliehen. Als 83jährige überredete sie 1933 den Deutschen Lyceumsklub, sich von den Nationalsozialisten „gleichschalten" zu lassen (→ Gleichschaltung). Sie war auch publizistisch tätig und verfaßte u. a. ein „ABC der Küche" (Berlin 1888) und die Autobiographie „Aus meinem Leben" (Berlin 1925).

L.: Bäumer, Gertrud, Dr. h. c. H zum 80. Geburtstag; in: Die Frau, 37, 1929/30, 472–473. Dies., H†; in: Die Frau, 41, 1933/34, 302–306. Koschwitz-Newby, Heidi, H; in: Eifert/Rouette (Hg.): Unter allen Umsänden; Berlin-West, 1986, 60–79. Peters, Dietlinde: Mütterlichkeit im Kaiserreich; Bielefeld, 1984.

Elisabeth Meyer-Renschhausen

## Hierarchie

H (griech. für „Priesteramt": hierós „heilig"; árchein „der Erste sein") bedeutet in der Soziologie ein vertikal und horizontal festgefügtes Herrschaftssystem mit klarer Rangfolge der Über- und Unterordnung, das idealerweise die Durchsetzung eines einheitlichen, autoritären obersten Willens gestattet. Bookchin (1) weist den Zusammenhang nach zwischen H als uraltem gesellschaftlichen Ordnungs- und Denkprinzip und ihren Auswirkungen, der „sozialen Pathologie der Herrschaft", auf nahezu alle gesellschaftlichen Errungenschaften, seien sie institutioneller, technologischer, wissenschaftlicher, ideologischer oder künstlerischer Art. Die „würdigen" Projekte der Naturbeherrschung und des gesellschaftlichen Fortschritts trügen in sich den Keim ihrer Zerstörung durch das zugrundeliegende Motiv der „Unterwerfung des Menschen durch Gewalt, Furcht und Überwachung". Schwarz (2) umschreibt mit vier Axiomen Struktur und Gruppendynamik hierarchischer Systeme: 1. Entscheidungen werden immer von einer zentralen Stelle aus getroffen (Entscheidungsaxiom). 2. Aufgrund eines Informationsmonopols verfügt die zentrale Stelle über mehr und wichtigere Informationen als die Peripherie (Wahrheitsaxiom). 3. Die Ausbildung der Zentralfunktionäre erfolgt entsprechend den zukünftig zu bewältigenden Aufgaben (Weisheitsaxiom). 4. Die Zentralfunktionäre werden zu Herrschern und die der Peripherie zu Untertanen, die von den Obertanen abhängig werden (Dependenzaxiom). Als Struktur- und Organisationsprinzip findet sich H auch in Krankenhäusern (→ Krankenhaushierarchie).

L.: 1. Bookchin, Murray: Die Ökologie der Freiheit. Wir brauchen keine H; Weinheim, 1985. 2. Schwarz, Gerhard: Die „heilige Ordnung" der Männer. Patriarchalische H und Gruppendynamik; Opladen, 1987.

Bernd Kalvelage

## Hika

⇒ Hilfskasse gemeinnütziger Wohlfahrtseinrichtungen Deutschlands GmbH

## Hilfe

Umfang, Bedeutungsvielfalt und historische Wandlungsprozesse des H-begriffes verweisen auf zugrundeliegende individuelle, gesellschaftliche und professionelle Umgangsweisen wie auch objektbereichsspezifische Definitionen. Neben den auf Selbstlosigkeit und zwischenmenschlicher Interessiertheit oder dem Gefühl der Verpflichtung beruhenden Formen alltäglichen Beistands (→Altruismus, prosoziales Verhalten), hat sich der H-begriff auch zur Kennzeichnung professioneller sozialer →Interventionen (→Beratung, →Therapie, →soziale Dienstleistung, materielle Unterstützung u.a.; →Helfende Berufe) etabliert. H ist in dieser Hinsicht als berufliche Handlungskompetenz (→professionelle Kompetenz) zu verstehen, die über den Einsatz erprobter H-methoden bzw. die „kunstfertige" Anwendung speziellen H-wissens auf eine letztlich professionell bestimmte H-bedürftigkeit reagiert. Im Spannungsfeld von „natürlicher" und beruflicher H sind Laien-H (→Laienkompetenz), Ehrenamtlichkeit (→Ehrenamt, →Freiwilligenarbeit) und →Selbsthilfegruppen angesiedelt. Theoretische und praktische Probleme im H-verständnis ergeben sich einerseits aus einem möglichen, in die „HelferIn-Persönlichkeit" eingelassenen, psychosozialen Widerspruch zwischen Identifikation und Gleichgültigkeit, problematischer →H-motivation („HelferIn-Syndrom", →Burnout, Machtstrategien u.a.) und der Flucht in Alltagsroutinen, andererseits aus der mit der gesellschaftlichen Organisation von H verbundenen und in die Prozesse der →Institutionalisierung von sozialer H eingelassenen →Sozialkontrolle, →Stigmatisierung und Enteignung von Autonomiepotentialen (→Autonomie) in der Bewältigung lebenspraktischer Belange.

L.: Bellebaum/Becher/Greven (Hg.): Helfen und Helfende Berufe als soziale Kontrolle; Opladen, 1985. Luhmann, Niklas, Formen des Helfens im Wandel gesellschaftlicher Bedingungen; in: Otto/Schneider, Gesellschaftliche Perspektiven der Sozialarbeit. Bd.1; Neuwied, Darmstadt, 1973. Wolff, Stephan, Grenzen der helfenden Beziehung. Zur Entmythologisierung des Helfens; in: Kardorff/Koenen (Hg.): Psyche in schlechter Gesellschaft; München, Wien, Baltimore, 1981.

Heinz Sünker, Hans Zygowski

### Hilfe für werdende Mütter und Wöchnerinnen

Werdende Mütter und Wöchnerinnen erhalten i.d.R. Leistungen aus der gesetzlichen →Krankenversicherung. Frauen, die keinen Anspruch auf solche Leistungen haben, wird Hilfe nach den Bestimmungen des BSHG (→Bundessozialhilfegesetz) gewährt. Die Hilfe umfaßt ärztliche Betreuung und Hebammenhilfe, Versorgung mit Arznei-, Verband- und Heilmitteln, einen Pauschbetrag für die im Zusammenhang mit der Entbindung entstehenden Aufwendungen, Pflege in einer Anstalt oder in einem Heim sowie häusliche Wartung und Pflege und Mutterschaftsgeld. Die Leistungen der Sozialhilfe sollen den Leistungen entsprechen, die die Krankenkassen ihren Versicherten bzw. deren Angehörigen gewähren (§ 38 BSHG).

Manfred Fuchs

### Hilfe in Anstalten und Heimen
⇒ Anstaltshilfe

### Hilfe in besonderen Lebenslagen (HbL)

Als HbL bezeichnet das →Bundessozialhilfegesetz (BSHG) verschiedene Hilfearten, die im Gegensatz zur →Hilfe zum Lebensunterhalt (HLU), welche der Sicherung des →Existenzminimums dient, Hilfe in besonders qualifizierten Bedarfssituationen (z.B. bei →Krankheit, →Pflegebedürftigkeit, →Behinderung, Alter) gewähren. Im Gesetz sind 10 Hilfearten aufgeführt. Daneben können aber auch in anderen besonderen Lebenslagen Hilfen gewährt werden, wenn jene den Einsatz öffentlicher Mittel rechtfertigen.

HbL wird auch geleistet, wenn der Hilfesuchende seinen normalen Lebensunterhalt selbst bestreiten kann. Maßgebend für die Frage, ob Hilfe gewährt wird, ist, ob dem Hilfesuchenden bzw. seinen unterhaltsverpflichteten Angehörigen (→ Unterhaltspflichtige) die Aufbringung der Mittel aus dem Einkommen und Vermögen zuzumuten ist. Die Grenze der Zumutbarkeit ist für die einzelnen Hilfearten durch Festsetzung verschiedener Einkommensgrenzen unterschiedlich geregelt. In begründeten Fällen kann auch Hilfe gewährt werden, wenn das zu berücksichtigende Einkommen die maßgebende Einkommensgrenze überschreitet. In diesen Fällen muß der Hilfeempfänger die Kosten der Hilfe ersetzen bzw. zum Kostenersatz beitragen. Einzelne Leistungen, z. B. persönliche Hilfe zur Überwindung besonderer Schwierigkeiten, sind ohne Rücksicht auf vorhandenes Einkommen und Vermögen zu gewähren.

Der Gesetzgeber sah, wie er in der Begründung des Entwurfs ausführte, auf dem Gebiet der HbL die eigentliche Bedeutung des BSHG. Die tatsächliche Entwicklung hat der Erwartung, daß hier in Zukunft der Schwerpunkt der Hilfe liegt, nicht voll Rechnung getragen.

L.: Fichtner, O., Sozialhilfe 2012 – Perspektiven und Entwicklungstendenzen; in: Blätter der Wohlfahrtspflege 1987, 182 ff. Fuchs, Manfred: Sozialhilfe, 4. Aufl.; Siegburg, 1985. Giese, D., 25 Jahre Bundessozialhilfegesetz; in: Zeitschrift für Sozialhilfe/Sozialgesetzbuch, 1986, 249, 305, 374. Schellhorn, W., Was wird aus der Sozialhilfe?; in: NDV 1987, 241–243. Tiesler, Eberhard: Sozialhilfe 1, 2. Aufl.; Heidelberg, Karlsruhe, 1980.

Manfred Fuchs

### Hilfe zum Aufbau oder zur Sicherung der Lebensgrundlage

Das Prinzip der Sozialhilfe (→ Bundessozialhilfegesetz), sich selbst überflüssig zu machen und vorbeugend zu wirken, findet in der H besondere Ausprägung. Menschen, die ohne diese Hilfe voraussichtlich → Hilfe zum Lebensunterhalt erhalten müßten, können H (in Form von → Geld- oder → Sachleistungen) oder persönliche Hilfe (→ Soziale Dienstleistungen) erhalten. Geldleistungen können dabei als Beihilfe oder Darlehen gewährt werden. Voraussetzung für die Gewährung der Hilfe ist, daß der Hilfesuchende die persönliche und fachliche Qualifikation für die Tätigkeit besitzt und begründete Aussicht besteht, mit der H den Aufbau oder die Sicherung der Existenzgrundlage zu gewährleisten (§ 30 BSHG).

Manfred Fuchs

### Hilfe zum Lebensunterhalt (HLU)

Wer seinen notwendigen Lebensunterhalt nicht oder nicht ausreichend aus eigenen Kräften und Mitteln, v. a. aus seinem Einkommen und Vermögen, bestreiten kann, erhält HLU nach den Bestimmungen des BSHG (→ Bundessozialhilfegesetz). Die HLU ist eine der beiden Leistungsgruppen der Sozialhilfe. Durch sie soll gewährleistet werden, daß allen in der BR lebenden Menschen das zum Leben notwendige → Existenzminimum gesichert wird.

Vor Eintreten der Hilfe wird allerdings erwartet, daß der Hilfesuchende alle eigenen Mittel einsetzt. Das sind: eigenes Einkommen, vorhandenes Vermögen, realisierbare Ansprüche und seine Arbeitskraft. Bei der Prüfung der Bedürftigkeit ist von dem Bedarf des Hilfesuchenden und seiner mit ihm in einer Bedarfsgemeinschaft lebenden Angehörigen auszugehen, dem dann das Einkommen und Vermögen der Bedarfsgemeinschaft gegenübergestellt wird.

Obwohl die Sozialhilfe vom Prinzip der individuellen Hilfe ausgeht, muß in der Praxis bei laufenden Leistungen die Bedürftigkeitsgrenze weitgehend schematisch festgelegt werden. Dies geschieht durch Regelsätze (→ Bedarfsbemessungssystem) und entsprechende Zuschläge für bestimmte Mehrbedarfe. Hinzugerechnet werden jeweils die individuellen Kosten der Unterkunft. Nur in besonderen Fällen wird von der schematischen Berechnung abgewichen.

Der notwendige Lebensunterhalt umfaßt nicht nur den materiellen Grundbedarf (Ernährung, Kleidung, Wohnung), sondern auch im vertretbaren Umfang die Mittel, die erforderlich sind, die Beziehung zur Umwelt aufrecht zu erhalten und am kulturellen Leben teilzunehmen.

Manfred Fuchs

### Hilfe zur Arbeit (HzA)

Bei der „HzA" handelt es sich um ein Instrumentarium, das in den §§ 18–20, 25 BSHG (→ Bundessozialhilfegesetz) gesetzlich verankert ist. Nach § 18 Abs. 1 BSHG ist jeder Hilfesuchende dazu verpflichtet, seine Arbeitskraft zur Beschaffung des Lebensunterhalts einzusetzen. Damit soll dem Grundsatz der Nachrangigkeit von Sozialhilfe (§ 2 Abs. 1 BSHG sowie § 11 Abs. 1 BSHG) Rechnung getragen werden. Dieser Grundsatz – auch Prinzip der „fürsorgerechtlichen Subsidiarität" genannt (→ Subsidiaritätsprinzip) – sieht vor, daß nur demjenigen → Hilfe zum Lebensunterhalt gewährt werden kann, der selbst alle Mittel ausschöpft, seine Bedürftigkeit ganz oder teilweise zu beseitigen. Neben der Realisierung des Nachrangs sieht das BSHG die Maßnahmen nach §§ 18–20 auch als Hilfe für den einzelnen. Dem Institut der HzA kommt damit gleichrangig die Funktion zu, (a) dem Hilfesuchenden ein menschenwürdiges Leben zu ermöglichen (§ 1 Abs. 2 BSHG); (b) das Ziel der → Hilfe zur Selbsthilfe zu verwirklichen (§ 1 Abs. 2 BSHG) sowie (c) arbeitslose Hilfeempfänger wieder an Arbeit (→ Erwerbsarbeit) zu gewöhnen bzw. deren Arbeitsbereitschaft zu prüfen. Die Ausgestaltung als Hilfe wird durch die Überschrift des Unterabschnitts 2 („HzA") verdeutlicht. Entsprechend besitzt der Sozialhilfeträger die Möglichkeit, denjenigen Empfängern von Sozialhilfe, die keine Arbeit finden können, Arbeitsgelegenheiten in verschiedenen Modifikationen zu schaffen (§§ 19, 20 BSHG).

Bis Mitte der 70er Jahre führte das Instrumentarium der HzA ein Schattendasein. Erst als sich die Folgen der Massenarbeitslosigkeit kostenwirksam auf die kommunalen Sozialhaushalte niederschlugen, wurde die HzA wiederentdeckt und ausgebaut. Kommunen sahen und sehen die Möglichkeit, durch die Anwendung der §§ 18–20, 25 BSHG sowohl individuelle Hilfen zu geben als auch Einsparungseffekte zu erzielen.

Zu unterscheiden sind zwei Varianten der HzA: 1. die Arbeitsvertragsvariante (gem. § 19 Abs. 1 und § 19 Abs. 2, 1. Alternative BSHG) sowie 2. die Mehraufwandsentschädigungsvariante (gem. § 19 Abs. 2, 2. Alternative BSHG resp. § 20 BSHG).

1. Bei der Beschäftigung des Hilfesuchenden in der Arbeitsvertragsvariante wird das übliche Arbeitsentgelt gewährt. Es entsteht ein reguläres bürgerlich-rechtliches Arbeitsverhältnis, das der Sozialversicherungspflicht unterliegt. Wird ein Sozialhilfeempfänger auf diese Weise beschäftigt, sind innerhalb eines bestimmten Zeitraumes die Anspruchsvoraussetzungen für die Arbeitslosenunterstützung nach dem → Arbeitsförderungsgesetz (AfG) erfüllt. Sofern der Hilfesuchende nicht eine Dauerbeschäftigung fand, kommt anschließend die → Bundesanstalt für Arbeit für die Kosten der Arbeitslosigkeit auf.

2. Bei der Beschäftigung des Sozialhilfeempfängers in der Mehraufwandsentschädigungsvariante wird lediglich die Hilfe zum Lebensunterhalt zuzüglich einer angemessenen Mehraufwandsentschädigung (sie liegt gegenwärtig zwischen 1,50 und 3,-- DM pro Stunde) gewährt. Es ist eine Maßnahme, die im Rahmen des öffentlich-rechtlichen Leistungsverhältnisses der Sozialhilfe liegt. Weigert sich ein Hilfesuchender, zumutbare Arbeit zu leisten, verliert er nach § 25 Abs. 1 BSHG seinen Anspruch auf Hilfe zum Lebensunterhalt.

Neben unterschiedlichen Auffassungen, die Gestaltung der Beschäftigung im Rahmen der Mehraufwandsentschädigungsvariante betreffend, wird die Anwendung der Sanktionsnorm (§ 25 Abs. 1 BSHG) rechtlich und sozialpolitisch

## Hilfe zur Familienplanung

kontrovers diskutiert. Schwierigkeiten in der Praxis ergeben sich zudem aus der Aufgabe, alle Hilfesuchenden – auch die ausgrenzungsgefährdeten – in gleichem Maße an den Maßnahmen im Rahmen der Arbeitsvertragsvariante zu beteiligen. Darüber hinaus wird ein weiteres Problem in unerwünschten arbeitsmarktpolitischen Effekten durch einen quantitativ erheblichen Einsatz von Beschäftigten im Rahmen der HzA gesehen.

L.: Dieckmann, Helmut/Münder, Johannes/Popp, Wulf: „HzA" in Hessen; Frankfurt, 1987. Hartmann, Helmut: Die Praxis der HzA nach dem Bundessozialhilfegesetz. Eine empirische Untersuchung über den Arbeitseinsatz von Sozialhilfeempfängern gemäß §§ 18 ff. Bundessozialhilfegesetz mit einer rechtlichen Diskussion und Würdigung (Teil II) von Prof. Dr. U. Krahmer; Frankfurt/Main, Köln, 1984. Hofmann, Hans-Jürgen/ Münder, Johannes/Wahlig, Michael: Abschlußbericht der Evaluationstudie zum Landesprogramm zur Schaffung von Arbeitsgelegenheiten für arbeitslose Sozialhilfeempfänger/innen („Arbeit statt Sozialhilfe"); Münster, 1985. Hoppensack, Hans-Christoph/Wenzel, Gerd, HzA in der Krise – Praxis ohne Recht? Recht ohne Praxis?; in: Theorie und Praxis der sozialen Arbeit, 34 (1983), 8/9, 296–306. Reis, Claus (Bearb.): Die „HzA" im Spannungsfeld von Sozialhilfe und lokalen Beschäftigungsinitiativen; Frankfurt am Main, 1988.

Karin Meendermann

## Hilfe zur Familienplanung

Im Rahmen der Sozialhilfe nach dem →Bundessozialhilfegesetz ist auch H zu gewähren (§ 37b BSGH). Maßnahmen der Hilfe sind dabei in erster Linie die Übernahme der Kosten der notwendigen ärztlichen Beratung einschl. der erforderlichen Untersuchung und Verordnung sowie die Übernahme der Kosten für die ärztlich verordneten empfängnisregelnden Mittel. Die H soll sicherstellen, daß auch Personen mit geringem Einkommen ohne eigenen Versicherungsschutz ärztliche Beratung zur →Familienplanung in Anspruch nehmen können und daß auf die gewünschte Empfängnisverhütung nicht wegen Bedürftigkeit verzichtet werden muß. Die Vorschrift über die H ist im Zusammenhang mit der Reform der strafrechtlichen Bestimmungen über den →Schwangerschaftsabbruch 1975 in das BSHG eingefügt worden. Hilfe wird nach § 37a auch bei einer nicht rechtswidrigen →Sterilisation gewährt, wenn der Eingriff von einem →Arzt vorgenommen wird.

Manfred Fuchs

## Hilfe zur Pflege

Die →Pflege hilfloser Menschen ist eine der ältesten Formen der →Fürsorge i. w. S.; Menschen, die so hilflos sind, daß sie nicht ohne Wartung und Pflege bleiben können, sind darauf angewiesen, Hilfe von anderer Seite zu erhalten. Die H nach dem →Bundessozialhilfegesetz (BSHG) stellt sicher, daß bei →Pflegebedürftigkeit Hilfe zuteil wird. Die H umfaßt alle Leistungen, die zur Durchführung der Pflege durch Aufnahme in eine Anstalt bzw. in ein →Heim oder durch die Übernahme der Kosten für die häusliche Pflege (→Hauspflegedienste) erforderlich sind. Es sollen aber dem Pflegebedürftigen auch die →Hilfsmittel zur Verfügung gestellt werden, die zur Erleichterung seiner Beschwerden wirksam beitragen und ihn soweit wie möglich am kulturellen und sonstigen gemeinschaftlichen Leben teilnehmen lassen (§ 38 BSHG).

Das BSHG geht vom Vorrang der häuslichen Pflege aus. Das Wunschrecht des Hilfesuchenden wird insoweit eingeschränkt. Es soll darauf hingewirkt werden, daß die Pflege durch Personen übernommen wird, die dem Pflegebedürftigen nahestehen. Um die Bereitschaft dieser Personen anzuregen und deren Hilfe zu ermöglichen, werden die Aufwendungen der Pflegeperson in angemessenem Umfang erstattet. Soweit die Pflege nicht oder nur teilweise durch Verwandte, Bekannte oder Nachbarn übernommen werden kann, ist Hilfe durch Übernahme der angemessenen Kosten für eine geeignete Pflegekraft zu gewähren.

Wenn ein bestimmter Grad der Pflegebedürftigkeit vorliegt, wird bei häuslicher Pflege zusätzlich ein besonderer Pauschbetrag als →Pflegegeld gezahlt, soweit der Pflegebedürftige nicht gleichartige Leistungen nach anderen Rechtsvorschriften erhält. Die Pflegezulage kann bei Inanspruchnahme sonstiger Leistungen angemessen bis zu 50 v. H. gekürzt werden.

Die Tatsache, daß immer mehr Menschen im Alter auf H nach dem BSHG angewiesen sind, hat zu Überlegungen geführt, dieses Lebensrisiko in anderer Weise abzusichern. Es wurden dazu im Bundestag bzw. Bundesrat mehrere Gesetzentwürfe eingebracht. Die meisten streben eine Versicherungslösung (Pflegeversicherung, Erweiterung der Krankenversicherung) an.

L.: Deutscher Verein, Pflegebedürftigkeit als allgemeines Lebensrisiko. Detaillierte Überlegungen für eine Pflegeversicherung; in: NDV 1985, 1–20. Neseker/Bleicher, Absicherung des Risikos der Pflegebedürftigkeit. Zum aktuellen Stand der Diskussion; in: NDV 1986, 145.

Manfred Fuchs

## Hilfe zur Selbsthilfe

Wesentlicher Grundsatz der Sozialhilfe nach dem →Bundessozialhilfegesetz (BSHG) ist es, den Hilfeempfänger soweit wie möglich zu befähigen, unabhängig von der Hilfe zu werden. Alle nach dem BSHG gewährten Leistungen gehen von dieser Zielsetzung aus. Auch wenn es in vielen Fällen nicht möglich ist, die materielle Hilfebedürftigkeit zu beseitigen, so wird doch stets angestrebt, die Eigenverantwortung und Selbständigkeit des Hilfeempfängers zu stärken. Bei diesem Bestreben hat der Hilfeempfänger mitzuwirken.

Manfred Fuchs

## Hilfe zur Überwindung besonderer sozialer Schwierigkeiten

Für Personen, die, ohne krank oder behindert zu sein, durch besondere soziale Schwierigkeiten an einer normalen Teilnahme am Leben in der →Gemeinschaft gehindert sind und von der Gesellschaft als →Randgruppen empfunden werden (z B. →Obdachlose, →Nichtseßhafte, Haftentlassene, Verhaltensgestörte) wird H gewährt, und zwar unabhängig davon, ob die Kontaktschwierigkeit oder →Isolation auf eigenes Verschulden zurückzuführen ist.

Das BSHG hat die Hilfe für diese Personen zu einer besonderen Hilfeart ausgestaltet (§ 72 BSHG). Ziel ist dabei, die sozialen Schwierigkeiten zu überwinden und, soweit das nicht möglich ist, sie wenigstens zu mildern oder ihre Verschlimmerung zu verhüten. Als Maßnahmen kommen v. a. →Beratung und persönliche Betreuung des Hilfesuchenden und seiner Angehörigen in Betracht, ferner Hilfe bei der Beschaffung bzw. Erhaltung einer Wohnung.

Manfred Fuchs

## Hilfe zur Weiterführung des Haushalts

Im Rahmen der →Hilfe in besonderen Lebenslagen ist es Aufgabe der H, sicherzustellen, daß alle mit einem Haushalt normalerweise verbundenen Arbeiten weiter durchgeführt werden, wenn die Hausfrau oder die Person, die die Arbeiten sonst verrrichtet, vorübergehend ausfällt und keiner der Familienangehörigen in der Lage ist, diese Arbeiten zu übernehmen. Der Grund für den Ausfall ist unerheblich. Er kann bedingt sein durch Krankheit, Erholungsaufenthalt, Wochenbett u. a. m.

Die H umfaßt alle mit der Haushaltsführung überlicherweise verbundenen Arbeiten (Einkaufen, Zubereiten der Mahlzeiten, Sauberhalten der Wohnung, Überwachung der Körperpflege und Schulaufgaben der Kinder u. a.). Sie kann aber auch darin bestehen, die angemessenen Kosten für eine anderweitige Unterbringung von Haushaltsangehörigen zu übernehmen. Die H wird in erster Linie von Angehörigen der →Hauspflegedienste geleistet.

Manfred Fuchs

**Hilfemotivation**
→ Helfermotivation

**Hilfen für Kriegsopfer und Schwerbehinderte**
→ Schwerbehindertenhilfe

**Hilfesystem**
Gesamtheit von Organisationen, Einrichtungen, gesetzlichen und sonstigen Regelungen, Maßnahmen und Leistungen sowie formellen und informellen Beziehungen, welche unter der Zielvorgabe, →Hilfe zu leisten bzw. im Sinne von Hilfeangeboten →soziale Dienstleistungen zu gewähren, einen bestimmten, durch systematische Zuordnung relativ homogenen Personenkreis ‚einschließen' (und zwar durchaus auch im übertragenen Sinn von „fürsorglicher Belagerung"). H sind zwar nicht eindeutig abgrenzbar und weisen (bspw. örtliche) Besonderheiten auf, sie sind jedoch relativ geschlossen, was zur Folge hat, daß die Adressaten/Klienten eines H aus diesem i.d.R. nicht zu ‚entweichen' vermögen. Zugleich kommt den H die Bedeutung zu, Klienten von dem einen auf ein anderes ‚abzuschieben' oder sie im „Labyrinth" verschiedener H ‚leerlaufen' zu lassen.

In dem definierten Sinn existieren u.a. H für →Ausländer, für →Asylbewerber, für Drogenabhängige (→Drogenarbeit), →Behinderte, psychisch Kranke, Sozialhilfeempfänger oder →alleinstehende Wohnungslose. Bspw. ist auch das „H für Nichtseßhafte" (→Nichtseßhaftenhilfe) nicht eindeutig abgrenzbar und von Kommune zu Kommune verschieden; es umfaßt alle die allgemeinen und speziellen sozialen Dienste und Einrichtungen (Sozialämter bzw. Beratungsstellen, Heime etc.), die als zuständig für bestimmte alleinstehende Wohnungslose definiert sind und alleinstehenden wohnungslosen Personen, sofern sie als Berechtigte zur Hilfe in diesem H klassifiziert sind, bestimmte Formen der Hilfe gewähren, andere verweigern.

Daß es grob homogene Klientelen nicht nur der „Nichtseßhaftenhilfe", sondern auch der anderen „H" gibt, setzt eine historische Differenzierung von H und das Bestehen differenzierter Zuordnungsregeln voraus. Als solche fungieren die „einschlägigen" Rechts- und Verwaltungsvorschriften, die Rechtsprechung sowie die jeweiligen (uneinheitlichen) länder- und kommunespezifischen Richtlinien und Praktiken. Die Zuordnungsprozesse selbst haben eine systematische und eine zufällige Komponente. Eine systematische Zuordnung liegt z.B. dann vor, wenn ein relativ eindeutiges Merkmal und eine klare Zuordnungsregel eine eindeutige Zuordnung zu einem bestimmten H erlauben. Da z.B. das →Asylrecht vorschreibt, daß Asylbewerber in Gemeinschaftsunterkünften untergebracht werden sollen, wird ihnen eine „Beratungsstelle für A" die Hilfeberechtigung auf Vermittlung einer Wohnung absprechen. Ebenso wird sie sich i.d.R. nicht zuständig für Drogenabhängige (→Drogen) erklären bzw. ihnen Hilfeberechtigung in der „Nichtseßhaftenhilfe" nicht zuerkennen. Es ist v.a. diese einigermaßen systematische Zuordnungskomponente, die zu den relativ homogenen Klientelen der H führt.

Wer jedoch von den z.B. alleinstehenden wohnungslosen Personen, deren Merkmale nicht gerade eindeutig sind, in die „Nichtseßhaftenhilfe" verwiesen und dort als Hilfeberechtigter anerkannt ist oder benachbarten H, z.B. der →Straffälligenhilfe, zugeordnet wird, und welchen Rechtsstatus er jeweils zuerkannt bekommt, das erweist sich in hohem Grade als zufallsbestimmt. Ursache dafür ist zum einen die Vagheit der Merkmalsbestimmungen in den grundlegenden Rechtsvorschriften und eben das Fehlen eindeutiger Merkmale bei den meisten der Personen, die nach der „Grobsortierung" „übrigbleiben". So ist nicht nur z.B. die Merkmalsbestimmung

für „Nichtseßhafte" („Umherziehen ohne gesicherte wirtschaftliche Lebensgrundlage"; §4 DVO zu §72 BSHG) – abgesehen von ihrer Willkürlichkeit – äußerst vage, auch die Abgrenzungen zu „Personen ohne ausreichende Unterkunft" (§2 DVO), „aus Freiheitsentziehung Entlassenen" (§5 DVO), „verhaltensgestörten jungen Menschen" (§6 DVO) sind sehr unklar. Es bestehen also häufig mehrere gleichwertige Möglichkeiten der Zuordnung zu Rechtsstatusgruppen und H.
So kann einerseits z. B. ein wohnungslos gewordener Sozialhilfeempfänger künftig als „normaler" Sozialhilfeempfänger, als „alleinstehender →Obdachloser" oder als „Nichtseßhafter" gelten – mit je unterschiedlichen Konsequenzen für seine weiteren Lebensbedingungen, wenn er auch den entsprechenden H zugeordnet wird. Verwaltungen und Hilfeeinrichtungen versuchen, solche Entscheidungsspielräume einzuschränken, v. a. auch durch Typisierungen, z. B.: „Alleinstehende wohnungslos gewordene Männer sollen prinzipiell in die örtliche Einrichtung für Nichtseßhafte eingewiesen werden." Zum anderen führen die örtlich unterschiedlichen Differenzierungen der H und die uneinheitlichen Zuordnungspraktiken dazu, daß dieselben Personen (oder Personen mit gleichen Merkmalen) je nach Ort unterschiedlichen Rechtsstatus erhalten und/ oder unterschiedlichen H zugeordnet werden können. Deshalb finden sich bspw. in der „Nichtseßhaftenhilfe" oder im „H für alleinstehende Wohnungslose" zwar überwiegend Menschen mit dem Rechtsstatus „Nichtseßhafte", doch ebenso „Personen ohne ausreichende Unterkunft", „normale" Sozialhilfeempfänger (nach §11 BSHG), „Strafentlassene", „Behinderte" (nach §39 BSHG) etc., wie sich andrerseits auch „Nichtseßhafte" in anderen H befinden.

Friedrich Gerstenberger

**Hilfsbedürftigkeit**
→Sozialarbeit 1

**Hilfskasse gemeinnütziger Wohlfahrtseinrichtungen Deutschlands GmbH (Hika)**
Noch vor Entstehung der →Liga der Freien Wohlfahrtspflege (1924) wurde in Berlin 1923 die Hika vom →Deutschen Caritasverband (DCV), dem →Deutschen Roten Kreuz (DRK), der Inneren Mission (IM; →Diakonisches Werk), der Vereinigung der freien gemeinnützigen und Wohlfahrtseinrichtungen (→Deutscher Paritätischer Wohlfahrtsverband), dem →Wirtschaftsbund gemeinnütziger Wohlfahrtseinrichtungen Deutschlands (Wibu) und der →Zentralwohlfahrtsstelle der dt. Juden gegründet.
Durch das eigene Geldinstitut – ausgestattet mit 500 Mio. RM aus dem Reichsetat – dehnte sich die Arbeit der →Wohlfahrtsverbände und des Wibu auf den Bankenbereich aus. 1924 wurde eine Geschäftsbank eingegliedert, die 1930 Konkurs anmelden mußte. Die Hika machte 1929/30 u. a. deshalb Verluste in Höhe von 5,29 Mio. RM (0,48 Mio. durch eine Unterschlagung), wurde aber aus Mitteln der Gesellschafterverbände und durch zweckgebundene Reichsmittel vor dem eigenen Konkurs bewahrt. – In Nachfolge der Hika ist heute die →Bank für Sozialwirtschaft tätig.

L.: Nitsch, Harry: Sozialwirtschaft zwischen Soll und Haben 1923–1973; Berlin, 1973.

**Hilfsmittel**
H im Rahmen der →Rehabilitation sind: 1. Körperersatzstücke, z. B. Bein- oder Armprothesen; 2. orthopädische H, z. B. Einlagen, Krücken, Bandagen; 3. sog. „andere H", „die dazu bestimmt sind, zum Ausgleich der durch die →Behinderung bedingten Mängel beizutragen" (§9 Abs. 1 der Eingliederungshilfe-VO), z. B. besondere Bedienungseinrichtungen und Zusatzgeräte für Kraftfahrzeuge und Gebrauchsgegenstände des täglichen Lebens.

L.: Bundesverband der Ortskrankenkassen (Hg.): H-katalog; Bonn, 1984. Bundesverbände der Krankenversicherungen: H-katalog; Bonn, 1982.

## Hilfsschule

= frühere, traditionsreiche Bezeichnung für die heutige Sonderschule für Lernbehinderte (→Lernbehindertenschule), die alle Schüler aufnimmt, die „in ihren Lernleistungen schwerwiegend, umfänglich und lang dauernd beeinträchtigt sind" (Enzkl. Erzw. Bd. 8, 275) und einen IQ zwischen 60 und 85 aufweisen.

Die H entstand in der 2. Hälfte des 19. Jh. in engem Zusammenhang mit dem staatlichen Organisationsprozeß der Volksschule (V). Je präziser die V (→Schule) ihre Zielvorstellungen definierte und die in Jahrgangsklassen kontrollierbaren und vergleichbaren Leistungen an Durchschnittswerten orientierte, um so mehr fielen Schüler auf, die das geforderte Mindestmaß an Fähigkeiten und Fertigkeiten nicht erfüllen konnten. Für diese, in der Regel häuslich vernachlässigten und gesundheitlich gebrechlichen Schüler, die zu über 80% aus den ärmsten Volksschichten kamen, forderten die Initiatoren des H-gedankens, Stötzner (1864) und Kielhorn (1887), günstigere pädagogische Bedingungen in besonderen Schulen.

Das staatliche Interesse an dieser Schulform bezog sich vorrangig auf drei bildungsökonomisch und sozialpolitisch relevante Aufgaben und Funktionen, die das H-wesen übernehmen sollte: (1.) Die H sollte die V entlasten. Indem sie sich der „störenden", als „Ballast" empfundenen Schüler annahm, konnte die V das notwendige Ausbildungsniveau und die Schuldisziplin trotz mangelhafter materieller Ausstattung und ungünstiger personeller Bedingungen aufrechterhalten. (2.) Sie soll die gefährdeten Kinder pauperisierter Familien vor der Marginalisierung (→Marginalität) und Kriminalisierung bewahren und dazu beitragen, Fürsorgelasten einzusparen. (3.) Sie soll die Ausbildungs- und Erziehungsfunktion für Schüler übernehmen, die später zu untergeordneten Hilfsarbeiten herangezogen werden können.

Um die Jh.-wende hat die H sich bereits in vielen Städten mit ihren wesentlichen Organisationsmerkmalen durchgesetzt: Gliederung nach Jahrgangsklassen; niedrige Klassenfrequenzen (nicht mehr als 21 Schüler); kürzere Unterrichtszeiten; zweijähriges Sitzenbleiben in der V galt als Kriterium für die Überweisung; der Lehrplan orientierte sich an den Fächern der V; reduzierte Didaktik; allgemein herabgesetztes Anspruchsniveau.

Obwohl die institutionelle Abhängigkeit von der V die inhaltlichen Zielvorstellungen und äußere Organisation der H prägte, bemühten sich die H-vertreter, die Eigenständigkeit ihrer Institution herauszustellen. Sie gründeten 1898 ihren eigenen Berufsverband und setzten sich für eine besondere Hilfsschullehrer-Ausbildung ein. Mit Hilfe der Schwachsinnstheorie definierten sie ihre Schüler als „abnorme", „minderwertige", „hirnorganisch geschädigte" Kinder, die eines besonderen Schonraums bedürfen, und erhoben den Anspruch einer spezifisch sonderpädagogischen Didaktik und Methodik.

Die öffentliche Diffamierung der Hilfsschüler, zu der die Definitions- und Abgrenzungsversuche der H-pädagogik einen erheblichen Beitrag leisteten, stellte nicht nur alle pädagogisch-humanen Ziele der H in Frage, sondern führte auch zu ihrem anhaltend negativen Image in der Gesellschaft. Mit der rassistischen Verfolgung und Sterilisation von Hilfsschülern im Nationalsozialismus (→Gesetz zur Verhütung erbkranken Nachwuchses) erreichte ihre soziale Diskriminierung den Höhepunkt. Weder die Distanzierung vom Schwachsinnsbegriff noch die Öffnung der H für leistungsstärkere V-versager nach 1945 vermochten von der belastenden Vergangenheit abzulenken und ihr negatives Bild in der Öffentlichkeit zu verändern.

Als in den 60er Jahren die Zahl der Hilfsschüler an der Schülerpopulation sprunghaft anstieg (von 1,6% im Jahre 1960 auf 3,2% im Jahre 1970) und das Sonderschulwesen sich nach verschiedenen Behinderungsarten zu differenzieren begann, wurde die H in allen Bundesländern in „Schule für Lernbehinderte" umbenannt.

L.: Altstaedt, Ingeborg: Lernbehinderte; Hamburg 1977. Beschel, E.: Der Eigencharakter der H; Weinheim, 1960.

Ingeborg Altstaedt-Kriwet

## Hilfsschulpädagogik

(trad.); →Heilpädagogik, →Behindertenpädagogik

## Hilfswerk der Evangelischen Kirche

→Diakonisches Werk der Evangelischen Kirche in Deutschland

## Hilfswerk Mutter und Kind

→Nationalsozialistische Volkswohlfahrt 6

## Hilfszüge

= Instrumente des →Katastrophenschutzes. Der Hilfszug des →Deutschen Roten Kreuzes – als ein Beispiel – gliederte sich 1989 in zehn Abteilungen, deren jede sich zusammensetzt aus der Abteilungsführung, der Sanitätsbereitschaft, der Logistik-Bereitschaft (mit Werkstattzug und Technischem Zug) und der Betreuungsbereitschaft (aus Verpflegungs-, Unterkunfts- und Betreuungszug); die Lazarettbereitschaft umfaßt einen Wirtschafts-, einen Betreuungs- und zwei Pflegezüge sowie ggfs. einen OP-Wagen.

## Hilgenfeldt, Erich

1933 bis 1945 Leiter des Amtes bzw. →Hauptamtes für Volkswohlfahrt in Berlin, zugleich „Reichswalter" der →Nationalsozialistischen Volkswohlfahrt (NSV). H, am 2.7.1897 in Heinitz/Kreis Ottweiler geboren, besuchte die Oberrealschule in Saarbrücken sowie die Franckeschen Stiftungen (→Francke) in Halle/Saale bis zur Obersekunda. Nach einer kurzen Tätigkeit in der Landwirtschaft meldete er sich 1914 als Kriegsfreiwilliger. Am 1. Weltkrieg nahm er teil als Offizier an der Ost- und Westfront und wurde zuletzt als Fliegerbeobachter eingesetzt. Im April 1919 wurde er im Zuge der Demobilisierung aus dem Heer entlassen. Im zivilen Leben schlug H eine Berufskarriere in der Holz- und Ziegelindustrie ein, in der er zwischen 1923 und 1927 als Betriebsleiter tätig war. Anschließend arbeitete er bis 1933 als Angestellter im Statistischen Reichsamt, Abteilung „Allgemeine Wirtschafts- und Konjunkturstatistik". Bereits vor seinem Eintritt in die NSDAP am 1.8.1929 war H Mitglied in militärisch-national orientierten Organisationen, so 1923 bis 1928 im „Nationalverband Deutscher Offiziere" und zwischen 1925 und 1929 im „Stahlhelm". Bis zu seiner Einsetzung als Leiter der NSV verlief H's Karriere in der NSDAP in regionalen Bahnen: Nach seinem Parteieintritt wurde er zunächst Straßenzellenleiter und stellvertretender Ortsgruppenleiter, im Dezember 1931 Bezirkspropagandaleiter, im Oktober 1932 Kreisleiter und im März 1933 Gauinspekteur der Inspektion I des NSDAP-Gaues Groß-Berlin. 1932 zog er für die NSDAP in den Preußischen Landtag ein, Mitglied des Reichstags wurde er erst im November 1933. Nachdem ihm am 14.3.1933 die NSV-Vereinsleitung übertragen worden war, wurde er nach der parteiamtlichen Anerkennung des NS-Wohlfahrtsverbandes im Mai 1933 NSV-Reichswalter, im Oktober 1933 Amtsleiter und ein Jahr später Leiter des zum „Hauptamt" avancierten Parteiamtes. Joseph Goebbels bestellte ihn 1933 zudem zum „Reichsbeauftragten für das →Winterhilfswerk". H vermochte seinen Kompetenzbereich, nicht zuletzt durch die Unterstützung seiner Förderer Martin Bormann, Joseph Goebbels und letztlich auch Heinrich Himmler, auszubauen. Im Rahmen der „Volkswohlfahrtspflege" übernahm er eine Fülle leitender Positionen; u.a. wurde er Hauptamtsleiter des Hauptamtes →„NS-Frauenschaft" bei der NSDAP-Reichsleitung, Leiter der NS-Schwesternschaft und des Reichsbundes der freien Schwestern und Pflegerinnen (ab 1941 zusammengefaßt zum NS-Reichsbund Deutscher Schwestern), Vorsitzender des Reichsverbandes für Straffälligenbetreuung und Ermittlungshilfe, Leiter der Berufsgenossenschaft für Gesundheitsdienst und Wohlfahrtspflege sowie Reichsbeauftragter für die Verwertung der Küchen- und Nahrungsmittelabfälle im Vierjahresplan („Ernährungshilfswerk"). Einen eher repräsentativen, den Führungsanspruch der parteiamtlichen Wohlfahrtspflege nach außen demonstrierenden Charakter hatte H's Leitung der zentralen Spitzenorganisationen der Wohlfahrtspflege (→ Wohlfahrtsverbände). Der „Reichszusammenschluß für öffentliche und private Wohlfahrtspflege und Jugendhilfe" und die „Reichsarbeitsgemeinschaft der freien Wohlfahrtspflege Deutschlands" hatten keine nennenswerte Bedeutung für die wohlfahrtspolitische Entwicklung. In die → SS trat H am 9.11.1937 ein und bekleidete dort zuletzt den Rang eines SS-Gruppenführers. H kam bei Kriegsende während der Kämpfe um Berlin ums Leben. Wahrscheinlich ist, daß er zusammen mit den im Hauptamt für Volkswohlfahrt noch verbliebenen höheren NSV-Funktionären Selbstmord beging. Er wurde 1957 für tot erklärt.

L.: Hansen, Eckhard: Wohlfahrtspolitik im NS-Staat. Motivationen, Konflikte und Machtstrukturen im „Sozialismus der Tat" des Dritten Reiches; Augsburg, 1991.

Eckhard Hansen

**Hinterbliebenenrente**
→ Hinterbliebenenversicherung

**Hinterbliebenenversicherung**
Überlegungen zur Schaffung einer generellen, versicherungsförmigen Hinterbliebenenversorgung wurden auf politisch-parlamentarischer Ebene verstärkt im Rahmen des Invaliditäts- und Altersversicherungsgesetzes von 1889 diskutiert. Aus Gründen der finanziellen Belastung des Reichs wurden diese Pläne zunächst wieder verworfen, zumal im Mittelpunkt der → Sozialversicherung der pflichtversicherte Erwerbstätige und nicht dessen Familie stand. Erst im Zusammenhang mit der Zolltarifgesetzgebung ab 1902 erhielt die Frage der Hinterbliebenenversorgung, deren Notwendigkeit nicht umstritten war, neuen Auftrieb. Die zusätzlichen Einkommen aus der Erhöhung der Agrarzölle wurden als Kapitalstock für eine spätere H festgeschrieben (lex Trimborn).

Die H von 1911 trat zum Jahresbeginn 1912 im Rahmen der → Reichsversicherungsordnung (RVO) in Kraft und wurde Bestandteil der Invaliditäts- und Altersversicherung der Arbeiter (→ Gesetzliche Rentenversicherung). Ein Jahr später folgte das Angestelltenversicherungsgesetz (AVG), das ebenfalls eine Hinterbliebenenversorgung vorsah. Die Arbeiter- und die Angestellten-Rentenversicherung waren (und sind) nach zwei Gesetzen und Versicherungsträgern organisatorisch getrennt (Landesversicherungsanstalten und Bundesversicherungsanstalt für Angestellte); sie unterschieden sich zunächst auch – nicht nur auf dem Gebiet der Hinterbliebenenversorgung – hinsichtlich der Beiträge, Leistungen und Leistungsvoraussetzungen erheblich.

Die H wurde (und wird) aus dem Beitragsaufkommen aller Rentenversicherten finanziert. Die Vorsorge für den Hinterbliebenenfall wurde damit aus dem Bereich der privat-familialen Verantwortung bzw. potentiell der → Armenfürsorge herausgenommen und in die formale Zuständigkeit der Solidargemeinschaft aller Versicherten gegeben. Dem Leistungsfall für Familienangehörige liegt somit keine gesonderte Beitragserhebung etwa nur der verheirateten Versicherten oder der Angehörigen selbst zugrunde. Es handelt sich um eine sogenannte akzessorische (abgeleitete) Sicherung, die auf der → Ehe basiert und sich aus den Rentenansprüchen des versicherten Ehepartners bzw. Elternteils ergibt. Diese Ableitung entsprach dem damaligen Gesellschaftsbild von Ehe und → Familie und der im → Bürgerlichen Gesetzbuch schon 1900 festgeschriebenen Rollenzuweisung der Frau auf Haushalt und Familie. Eine selbständige Hausfrauenversicherung zu schaffen, hätte einen Bruch mit der bestehenden Rechtsordnung und den gesellschaftlichen Wertmustern bedeutet. Die Rentenreformen und -diskussionen der 70er und 80er Jahre um eine eigenständige Sicherung der Frau haben das Prinzip der abgeleiteten Sicherung nicht erschüttert, im Gegenteil. Unabhängig von der Ehedauer, der Kinderzahl oder dem Altersunterschied der Ehegatten haben die Hinterbliebenen einen Rechtsanspruch auf Absicherung (Einschränkungen im Beamtenrecht!) aufgrund der angenommenen Fiktion, daß der Mann die Familie aus seinem Einkommen oder seiner Rente unterhält. Mit seinem Tod entfällt dieser Unterhalt, und deshalb erhalten die Angehörigen „Unterhaltsersatzleistungen" in Form von → *Witwen-(Witwer-)rente* und → *Waisenrente* aus der Rentenkasse. Die Höhe der Hinterbliebenenrenten richtet sich dabei nach den Beitragsleistungen und Rentenanwartschaften des/der Verstorbenen (Äquivalenzprinzip). Voraussetzung ist, daß eine Wartezeit von 60 Kalendermonaten Beitrags- und Ersatzzeiten erfüllt ist. Der Anspruch auf Hinterbliebenenrenten erlischt bei → Waisen mit Erreichen einer bestimmten Altersgrenze, bei Witwen mit der Wiederverheiratung, wobei in diesem Fall eine Abfindung gezahlt wird.

Neben der H aus den Mitteln der Rentenversicherung für Arbeiter und Angestellte (RVO/AVG) existiert eine Hinterbliebenenversorgung in der Rentenversicherung für Landwirte, desweiteren in der Knappschaftsversicherung und in der Gesetzlichen Unfallversicherung bei Tod durch Arbeitsunfall (→ Sozialversicherung). Das Bundesversorgungsgesetz regelt die Versorgung von Angehörigen von Kriegsopfern. Die Hinterbliebenen von Beamt(inn)en sind in ein eigenständiges, beamtenrechtliches Pensionssystem eingebunden. Die Pensionen heißen in diesem Fall Witwen-(Witwer-) und Waisengeld (→ *Witwen- und Waisenversorgung*).

Vorläuferformen einer H finden sich in den Witwen- und Waisenkassen v. a. des 18. und 19.Jh. sowie im beamtenrechtlichen Versorgungssystem für die Angehörigen von Staatsbeamten, das sich aus diesen Kassen entwickelte. Des weiteren kannten die Knappschaftskassen eine Hinterbliebenenversorgung. Das Allgemeine Berggesetz für die Preußischen Staaten vom 24.6.1865 bestätigte bereits bestehende Regelungen, nach denen diese Kassen eine Witwenunterstützung auf Lebenszeit bzw. bis zur Wiederheirat und eine Waisenrente bis zur Vollendung des 14. Lebensjahres auszahlen konnten. In dem dreigliedrigen System der Sozialversicherung der 1880er Jahre (Kranken-, Unfall-, Invaliditäts- und Altersversicherung) schuf nur die →Unfallversicherung (1884) eine Hinterbliebenenversorgung. Die Witwe und jedes Kind bis zum vollendeten 15. Lebensjahr erhielten nach einem tödlichen Arbeitsunfall des Familienernährers je 20% seines bisherigen Jahresarbeitsverdienstes, zusammen aber nicht mehr als 60% dieser Summe. Die Invaliditäts- und Altersversicherung (1889) zahlte eine einmalige Abfindung an die Witwe in Höhe von 50% der geleisteten Beiträge, aber nur, wenn der Versicherte bis zu seinem Tode keine Rente bezogen hatte. Ein Zwischenschritt auf dem Wege zur allgemeinen H von 1911 war schließlich die Hinterbliebenenversorgung der Seeberufsgenossenschaft. Die „Seekasse" machte 1907 den ersten Versuch, Angehörigen auch außerhalb der Unfallversicherung eine Unterstützung zukommen zu lassen. Die Witwen und Waisen von Seeleuten erhielten jeweils eine Rente zwischen 30, 40, 50, 65 und 80 M. jährlich, je nachdem, welcher Lohnklasse der versicherte Familienernährer angehört hatte.

L.: Dreher, Wolfgang: Die Entstehung der Arbeitwitwenversicherung nach z. T. unveröffentlichten Quellen; Berlin, 1978. H; in: Handwörterbuch der Staatswissenschaften, hg. von Ludwig Elster u. a., Bd. 5, 4. Auflage; Jena, 1923, 262–266 (Seelmann). Invalidenversicherung; in: Handwörterbuch der Staatswissenschaften, hrsg. von Johannes Conrad u.a., Bd. 5, 3. Auflage; Jena 1910, 665–698 (Konrad Weymann). Ruland, Franz, Rentenversicherung; in: v. Maydell/Ruland (Hg.), Sozialrechtshandbuch (SRH); Neuwied, 1988, 735–828.

Marlene Ellerkamp

## Hinterbliebenenversorgung
→Hinterbliebenenversicherung

## Hirsch, August
1817–1894; 1839–43 Medizinstudium in Leipzig und Berlin; seit 1846 geographisch-pathologische Studien, deren Ergebnisse 1848 in der Hamburger Medizinischen Zeitschrift erscheinen („Über die geographische Verbreitung von Malariafieber und Lungenschwindsucht und den räumlichen Antagonismus dieser Krankheiten"); weitere Veröffentlichungen über Ruhr, Pest und Madurafuß (→Hygiene); 1859–64 erscheint sein „Handbuch der historisch-geographischen Pathologie" (2. Aufl., 1881–86); 1863 Berufung zum o. Prof. der Medizin nach Berlin; 1866 Herausgabe des „Biographischen Lexikons der hervorragenden Ärzte aller Zeiten und Völker"; 1872 Mitbegründer der Deutschen Gesellschaft für öffentliche Gesundheitspflege.

## Hirsch, Max
H (1832–1905) war Verlagsbuchhändler und gründete 1861 die „Deutschen Gewerkvereine", aus denen 1869 die national-liberalen Hirsch-Dunckerschen Gewerkvereine hervorgingen. An deren Gründung war neben →Franz Gustav Duncker auch →Schulze-Delitzsch beteiligt.

## Hirschfeld, Magnus
Sexualforscher und Arzt, geb. am 14. Mai 1868 in Kolberg als Sohn eines jüdischen Arztes, gest. in Nizza am 14. Mai 1935. H promovierte nach einem Studium der Naturwissenschaften und Medizin in Berlin (1892), leitete zeitweilig ein Sanatorium in Magdeburg und ließ sich in Charlottenburg als Arzt nieder.

Unter dem Decknamen Th. Ramien, später unter seinem eigenen Namen publizierte H bereits vor der Jahrhundertwende Flugschriften, Bücher und Aufsätze gegen den – gegen männliche →Homosexuelle gerichteten – Strafrechtsparagraphen 175. 1897 gründete er zur Organisation dieses Kampfes das „Wissenschaftlich-Humanitäre Komitee" (WHK), dessen publizistisches Organ, das „Jahrbuch für sexuelle Zwischenstufen", von 1899 bis 1923 erschien.

Im 1. Weltkrieg gehörte H dem „Bund Neues Vaterland" (BNV) an, der wegen seiner pazifistischen Grundhaltung im Februar 1916 für die Dauer des Krieges verboten wurde. Am 10.11.1918 trat H für diese inzwischen wiederbelebte Organisation als Redner auf einer Volksversammlung vor dem Reichstagsgebäude auf und forderte die „Errichtung der Gerechtigkeit durch eine sozialistische Gesellschaftsordnung". Wenig später brachte er zusammen mit Franziska Mann die aufklärerische Schrift „Was jede Frau vom Wahlrecht wissen muß!" heraus. Vom 27.12.1918 bis zum 2.1.1919 nahm H an der Ersten Sozialistischen Wirtschaftskonferenz des BNV teil. Seine Forderung nach der Verstaatlichung des →Gesundheitswesens bekräftigte er in der Flugschrift Nr. 10 des BNV (Berlin 1919). Ebenso unterstützte H im November 1918 neben Otto Flake, dem österreichischen Friedensnobelpreisträger Alfred Hermann Fried, Alfons Goldschmidt, Wilhelm Herzog, →Helene Stöcker, Heinrich Mann, Annette Kolb, Kurt Hiller, Robert Musil, Arthur Holitscher, Siegfried Jacobsohn u.a. das Programm des „Politischen Rats geistiger Arbeiter". Er verurteilte den Militärdienst als die schlimmste Form der Sklaverei, sprach sich für den Völkerbund und weltweite Abrüstung aus, verlangte die Abschaffung der →Klassenjustiz und die Errichtung der sozialistischen Republik ebenso wie eine radikale Erziehungsreform auf der Grundlage der Völkerversöhnung und trat für die Erneuerung der Geschichtsbücher ein. Selbst Vertreter der monistischen Weltanschauung Ernst Haeckels, war H Mitglied des „Deutschen Monistenbundes", der sich nach dem Weltkrieg zum Pazifismus bekannte und für weltliche Schulen eintrat. Seine Verbundenheit mit der Friedensbewegung der Weimarer Zeit verlieh H Ausdruck durch seine Mitarbeit an der „Weltbühne", an Helene Stöckers Zeitschrift „Die neue Generation", zugleich Organ des →„Bundes für Mutterschutz", und an Walter Hammers „Jungen Menschen", die den weiterlebenden Kräften des Militarismus den Kampf ansagten.

Bereits vor der Jahrhundertwende war H als Initiator einer an den Reichstag gerichteten Petition zur Abschaffung des §175 in Erscheinung getreten. Obgleich keineswegs ein Vertreter der →Psychoanalyse, suchte H die Nähe zu →Freud, Wilhelm Stekel und →Adler, um sie für seinen wissenschaftlich begründeten Kampf gegen die strafrechtliche Verfolgung Homosexueller zu gewinnen. In der von ihm entwickelten Theorie handelt es sich bei Homosexuellen um Angehörige eines „Dritten Geschlechtes", also um eine quasi natürliche Geschlechtsvariante innerhalb des Sexualspektrums. H lehnte sich hierbei wohl an die „Zwischenstufen-Theorie" von Karl-Heinrich Ulrichs an, der im 19. Jh. unter dem Pseudonym Numa Numantius mit zahlreichen Flugschriften auf die Probleme Homosexueller aufmerksam machte und die Beseitigung jeder strafrechtlichen Ahndung für sie forderte. Das von der Sozialdemokratie, später auch von der KPD politisch formulierte Eintreten für die Belange Homosexueller (→Bebel gehörte zu den Mitunterzeichnern der o. g. Petition) ließ H zur Zielscheibe antisemitischer (→Antisemitismus) sowie antidemokratischer Hetze werden. Die Homosexuellenbewegung in der Weimarer Republik erblickte in H ihren engagiertesten Verfechter. Das von ihm geleitete WHK zählte 1905 bereits 5000 männliche und weibliche Homosexuelle zu seinen Mitgliedern; 1922 unterhielt die Organisation 25 Geschäftsstellen im Deutschen Reich, in Österreich, England, Holland und den USA. Gemeinsam mit anderen Verbänden wie dem „Bund für Menschenrechte", der „Internationalen Liga für Menschenrechte" und der „Gemeinschaft der Eigenen" um Adolf Brand u. a. versuchte das WHK unter H, die soziale und rechtliche Gleichstellung Homosexueller zu erreichen.

Seine Bemühungen galten darüber hinaus anderen, allgemeinen sexualwissenschaftlichen Forschungen sowie der →Sexualberatung und dem →Mutterschutz. Bereits 1919 gründete er in Berlin das erste sexualwissenschaftliche Institut der Welt, das als Zentrum moderner Sexualforschung (→Sexualität, →Sexualwissenschaft) konzipiert war und geführt wurde. Allein vom Juli 1919 bis zum Juli des darauffolgenden Jahres besuchten mehr als 1100 Ärzte und Medizinstudenten, darunter auch ausländische, das Institut. Im selben Zeitraum fanden 18 000 Beratungen in den verschiedenen Abteilungen des Instituts statt, die sich auf etwa 3500 Personen verteilten.

H entfaltete gemeinsam mit seinen ärztlichen Mitarbeitern eine ungewöhnlich reiche wissenschaftliche und publizistische Tätigkeit. Einzelberatungen, Vorträge, gutachterliche Äußerungen für Gerichte, Experimente, die Veranstaltung von sexualwissenschaftlichen Kongressen und Tagungen sowie die wissenschaftliche Beratung von (dem Sexualthema gewidmeten) Filmen wie „Anders als die Andern" und „Es werde Licht!" sowie die Herausgabe wissenschaftlicher und populärwissenschaftlicher Schriften prägen seine Arbeit in den Jahren 1919 bis ca. 1930. Das Institut, aber im Grunde seine gesamte Tätigkeit stand im Zeichen der angestrebten sexualpolitischen Veränderungen. Im einzelnen verfolgte er Zielsetzungen wie: 1. die politische, wirtschaftliche und sexuelle Gleichberechtigung der Frau, 2. die Befreiung der →Ehe (bes. auch der Ehescheidung) von kirchlicher und staatlicher Bevormundung, 3. die Geburtenregelung (→Familienplanung) im Sinne verantwortungsvoller Kindererzeugung, 4. die eugenische Beeinflussung der Nachkommenschaft (→Eugenik), 5. den Schutz der unehelichen Mütter und Kinder (→Nichtehelichenrecht), 6. die richtige Beurteilung der intersexuellen Varianten, insb. auch der homosexuellen Männer und Frauen, 7. die Verhütung der →Prostitution und der →Geschlechtskrankheiten, 8. die Auffassung sexueller Triebstörungen nicht wie bisher als Verbrechen, Sünde oder Laster, sondern als mehr oder weniger krankhafte Erscheinungen, 9. ein Sexualstrafrecht, das nur wirkliche Eingriffe in die Geschlechtsfreiheit einer zweiten Person bestraft, nicht aber selbst in Geschlechtshandlungen eingreift, welche auf dem übereinstimmenden Geschlechtswillen erwachsener Personen beruhen, 10. die planmäßige Sexualerziehung (→Sexualpädagogik) und sexuelle Aufklärung.

Ende der 20er Jahre verschärften sich die politischen Gegensätze in der Weimarer Republik so stark, daß sein erklärtes Lebensziel, die Abschaffung des § 175 und die Durchsetzung sexualpolitischer Ziele allein auf der Grundlage von Information und Aufklärung, ausgeschlossen schienen. Aber auch auf internationaler Ebene standen die Zeichen für die in Dt. universitär kaum legitimierte Sexualwissenschaft ungünstig. 1928 hatte in Kopenhagen unter H, Ellis und Forel die Weltliga für Sexualreform ihren ersten Kongreß veranstaltet. Weitere Tagungen fanden in London und Wien statt, der letzte Kongreß in Brünn (1932). Die Angriffe gegen H in konservativen und faschistischen Veröffentlichungen und Reden zermürbten ihn; hinzu kamen tätliche Angriffe auf sein Leben. Schon Anfang der 20er Jahre war er nur mühsam einem Mordversuch durch faschistische Schlägertrupps entgangen.

Im November 1930 begab sich H auf eine Weltreise, die er in allen Einzelheiten in seinem Buch „Weltreise eines Sexualforschers" beschrieben hat. In aller Welt hielt er Vorträge, gab Interviews und trug weiteres Material für seine Forschungen zusammen. Am 6. 5. 1933 drangen faschistische Studenten des Berliner Instituts für Leibesübungen in das seit Beginn der 20er Jahre in staatlichen Besitz überführte Magnus-Hirschfeld-Institut ein, zerstörten die Sammlungen sexualwissenschaftlich interessanter Objekte sowie die Bibliothek und raubten seine Büste, die sie – aufgespießt auf einem Holzpfahl – als Zeichen ihres vermeintlichen Sieges über die „jüdisch-bolschewistische Unmoral" durch die Straßen Berlins trugen, um sie schließlich auf dem Opernplatz zusammen mit sexualwissenschaftlichen und „linken" Werken zu vernichten.

H sah begreiflicherweise keine Möglichkeit, von seiner Weltreise nach Dt. zurückzukehren. Seine Mitarbeiter sowie weitere Vertreter der forschrittlichen Sexualforschung emigrierten oder gerieten in die Hände der Nazis. H flüchtete zunächst in die Schweiz und bereitete seine Emigration nach Frankreich vor. Im Winter 1934 wurde ihm die dt. Staatsbürgerschaft aberkannt. Der einstige preußische Sanitätsrat, der schon Mitte der 20er Jahre in Hitlers Augen ein „Schädling" und in den Augen von Julius Streicher ein „Sexualverbrecher" war, versuchte, in Paris ein neues sexualwissenschaftliches Institut ins Leben zu rufen. Trotz der Unterstützung frz. Kollegen blieb die Gründung des geplanten Instituts in den Anfängen. H starb am 14. 5. 1935 – seinem Geburtstag – vermutlich an einem Herzschlag auf einer Straße in Nizza, wo er seine letzten Monate gemeinsam mit seinem jungen Freund verbracht hatte.

H hinterließ mehrere hundert Publikationen, darunter das Standardwerk „Die Homosexualität des Mannes und des Weibes" (1914), das mehrbändige Werk „Geschlechtskunde" (1924–1931), die „Sittengeschichte des Weltkrieges" (1930) sowie – gemeinsam mit anderen

Autoren – Bücher zu Themen wie Sexualerziehung, Liebesmittel, →Kriminalität und zur Sexualgeschichte des Menschen. Nachdem in einem Schweizer Verlag 1933 „Die Weltreise eines Sexualforschers" erschienen war, kam das Fragment gebliebene Manuskript „Rassismus", übersetzt und herausgegeben von Eden und Cedar Paul, 1938 unter dem englischen Titel „Racism" heraus. In den 1950er Jahren versuchten ehemalige seiner Schüler, nachgelassene Schriften und die in den 20er Jahren veröffentlichten Texte erneut herauszugeben, ohne jedoch damit in die wiederbelebte sexualwissenschaftliche Diskussion tatsächlich eingreifen zu können.

Erst zu Beginn der 80er Jahre ist seine Bedeutung als Sexuologe und Reformer allmählich erkennbar geworden, wenngleich seine Position zur „Höherzüchtung der menschlichen Rasse" – verbunden mit der Forderung nach freiwilliger →Sterilisation bei zu erwartenden Erbschäden – fehlinterpretiert, überbewertet und somit von führenden Vertretern der Sexualforschung in der BR gegen ihn eingesetzt worden ist.

Die in Westberlin angesiedelte H-Gesellschaft versucht, sein geistiges Erbe einer breiteren Öffentlichkeit zugänglich zu machen. Damit verbunden besteht die Forderung nach der Neugründung des Magnus-Hirschfeld-Instituts. In der ehem. DDR leitete ein auf nationaler Ebene organisiertes Symposium in Berlin seine wissenschaftliche Würdigung ein, der die Gründung eines nach H benannten Arbeitskreises folgte. H gilt nicht allein als Wortführer der homosexuellen Minderheit, sondern erscheint als eine den fortschrittlichen Kräften seiner Zeit angehörende Persönlichkeit, deren Engagement den in sozialen Notlagen befindlichen Menschen und Gruppen galt. Während die Theorie vom „Dritten Geschlecht" selbstverständlich längst wissenschaftlich liquidiert worden ist, bleiben seine Verdienste auf den Gebieten der →Sexualberatung und -politik unbestreitbar.

L.: H: Von einst bis jetzt. Geschichte einer homosexuellen Bewegung. Autobiographie; Berlin, 1986. Magnus H. Leben und Werk. Ausstellungskatalog aus Anlaß seines 50. Todestages, hg. von der Magnus-Hirschfeld-Gesellschaft; Berlin, 1985. Hohmann, Joachim S., Verkannt, verbrannt, verbannt. Zum 50. Todestag von Dr. Magnus H; in: Die Tribüne, Heft 93, Jg. 1985. Steakley, J. D.: The Writings of Dr. Magnus H. A Bibliography; Toronto, 1985.

Joachim S. Hohmann

## Hitlerjugend (HJ)

Die HJ nahm ihren Anfang 1922 als „Jugendbund der NSDAP" in München, fiel dann unter das NSDAP-Verbot und wurde 1925 nicht mehr zentral, sondern regional neu aufgebaut. Bis zur Machtergreifung 1933 existierte sie konkurrierend mit anderen völkischen und aktivistischen Jugendgruppen, konnte aber schon 1926 große Organisationen wie die „Großdeutsche Jugendbewegung" integrieren. Ebenfalls 1926 werden weitere NS-Jugendverbände der „Hitler-Jugend, Bund deutscher Arbeiterjugend (HJ)" unter Leitung des sächsischen Jugendführers Kurt Gruber angegliedert. Im November 1926 wird die HJ der →SA unterstellt, was auch sichtbar gemacht wird in einer ähnlichen – braunen – Uniform. Damit und mit der Formulierung von „Richtlinien über das Verhältnis zwischen NSDAP und HJ e. V." vom Dezember 1926 wurde der Jugendbund eine nachgeordnete Organisation der NSDAP. Kompetenzstreitigkeiten zwischen HJ-Führung und →SA bestimmten das Bild bis beinah zur Machtergreifung und fanden erst ein Ende mit der Schaffung der Dienststelle →„Reichsjugendführer", der auch NS-Studentenbund und NS-Schülerbund unterstellt wurden. Leiter wurde 1931 der Studentenführer →Baldur von Schirach.

1932 betrug die Mitgliederstärke in Dt. etwa 35000. 70% der Jugendlichen kamen aus der Arbeiterklasse, darunter eine hohe Anzahl jugendlicher Arbeitsloser. Die Sogwirkung der HJ war stärker als die Mitgliederzahlen vermuten lassen: Auf dem Reichsjugendtag der HJ am 1./2. Oktober 1932 waren etwa 100000 Jugendliche versammelt. 1932 stellte die HJ den Antrag auf Aufnahme in den „Reichsausschuß deutscher →Jugendverbände" und wurde aufgenommen – ein Schritt, den die NS-Jugendführer später gern verschleierten. Mit der Machtergreifung ging auch die HJ-Führung an die →Gleichschaltung bzw. Auflösung aller anderen Jugendorganisationen und baute sich als Massenorganisation auf. Die Leitung des „Reichsausschusses" unterstellte sich freiwillig dem Reichsjugendführer (RJF). Dieser schloß als erstes alle jüdischen und sozialistischen Jugendverbände aus, die dann im Zuge der Parteienverbote ebenfalls aufgelöst wurden. Das →Deutsche Jugendherbergswerk, der Jugendverband des „Volksbunds für das Deutschtum im Ausland" und die Sportjugend wurden gleichgeschaltet. Sie bilden später wesentliche Stützpfeiler der HJ-Arbeit. Ende 1934 hatte die HJ einen Mitgliederstand von über 3,5 Mill.

Mit dem „Gesetz über die HJ" vom 1.12.1936 fand die Entwicklung zur alleinigen Jugendorganisation ihren Abschluß. In diesem Gesetz wurde der Alleinzuständigkeit der HJ für die außerschulische Erziehungsarbeit ausdrücklich festgeschrieben. Der RJF erhielt die Stellung einer unmittelbar dem Führer unterstellten Obersten Reichsbehörde. Der „Anschluß" Österreichs und die Besetzung des Sudetenlandes brachten noch einmal kräftigen Mitgliederzuwachs: Ende 1938 waren etwa 8,7 Mill. Kinder, etwa zur Hälfte Jungen und Mädchen, in der HJ organisiert.

Im Laufe des Krieges wurden HJ-Sondereinheiten gebildet, die die paramilitärische Ausbildung der Jungen für den Kriegseinsatz ausnutzten. 1940 wurde Schirach durch Artur Axmann abgelöst. Die Hauptaktivitäten der HJ erstreckten sich jetzt auf Tätigkeiten im Zusammenhang mit der Jugenddienstpflicht: Parteieinsätze (Propaganda-, Kurier-, Melde- und Wachdienste); kommunale Einsätze (Meldedienst, Luftschutz, Feuerwehr); Wehrmachtseinsätze (Kurier- und Verladedienste, Telefon-, Verpflegungsdienste, später Flakeinsätze); Einsatz in Betrieben und Sammelstellen; Land- und Ernteeinsätze. Mit der Jugenddienstverordnung von 1939 war die Möglichkeit geschaffen, alle Kinder ab 10 Jahren pflichtweise zur HJ einzuziehen. Jeweils am 20. April, an „Führers Geburtstag", wurde der neue Jahrgang feierlich aufgenommen.

Die Organisationsstruktur der HJ spiegelt den Aufgabenkatalog wider und zeigt gleichzeitig das hierarchische Führerkonzept. In einem „Gebiet" mit je 20 „Bannen" (HJ) bzw. in einem „Obergau" mit je 20 „Untergauen" des →Bundes Deutscher Mädel (BDM) gliederte sich die Führung nach Abteilungen und Aufgabenbereichen (wie die Behörde des RJF): Zentralabteilung (Stabsleitung); Personalabteilung; Disziplinarwesen; Verwaltung; HJ-Heimbeschaffung; Gesundheitsabteilung; Sozialabteilung; Weltanschauliche Schulung; Sport; Kultur; Grenz- u. Auslandsabteilung; Fahrten und Wandern; Organisation; Presse und Propaganda; Rundfunk. (Vgl. auch Schaubild.)

Die Zehnjährigen („Deutsches Jungvolk/DJ" oder auch „Pimpfe" bei der HJ; „Jungmädel" beim BDM) wurden nach Jahrgängen in sog. „Fähnlein" erfaßt und mit 14 Jahren in die eigentliche HJ bzw. den BDM (dort mit 17 Jahren in das angeschlossene BDM-Werk „Glaube und Schönheit") „überstellt". Beim RJF, der direkt dem Führer unterstellt war, liefen alle Befugnisse zentral zusammen. Führer und Führerinnen ab dem Dienstgrad Bannführer/Bannführerin waren hauptamtlich tätig, die Stabsverwaltungen ohnehin, desgleichen sämtliche in Lagern, Schulen und Sporteinrichtungen der HJ Tätigen. Sie alle arbeiteten nach zentral vorgegebenen „Dienstbüchern" und „Dienstplänen".

Das Ziel der HJ-Erziehung war in erster Linie die „körperliche Ertüchtigung". Der gesamte Jugendsport einschl. aller Wettkämpfe und Leistungsspiele wurde von der HJ organisiert. Dazu gehörten auch Märsche, Exerzierübungen, Appelle, also eine paramilitärische Grundausbildung, die für Jungen und Mädchen Pflichtübung war. Das Fahrtenleben wurde nach und nach durch ein Lagerleben, v.a. in Großlagern, und die dort eingeübten Geländespiele und Schießübungen ersetzt. Daneben nahm die weltanschauliche Schulung breiten Raum ein, die allerdings je nach Altersstufen auch lockerer gehandhabt wurde. Die HJ veranstaltete regelmäßig Heimabende (die Pflichtdienst waren) und vermittelte in vorgegebenen Schulungsprogrammen Kenntnisse über die ‚Geschichte der Bewegung', ‚Lebenslauf des Führers', ‚Deutschtum im Ausland'; für die älteren ‚Rassenpolitik', ‚Germanische Mythologie', Geschichte des ersten Weltkrieges u.a.m. Schulungstexte wurden verlesen, Reden eingeübt bzw. gemeinsam gehört (im Rundfunk von sog. „Reichsrednern der HJ" vorgetragen). „Mythenpflege" in Form von gemeinsamem Singen und kultischen Symbolhandlungen wurde betrieben. Die Schulungen zeigten eine ausschließliche Ausrichtung auf „deutsche Themen".

Dahinter stand der Versuch, die Kinder und Jugendlichen aus der Einflußsphäre des Elternhauses bzw. der →Schule herauszulösen und sie im Rahmen einer einheitlichen, ideologisch ausgerichteten →Erziehung zum integrativen Bestandteil des „Volkes" im NS-Sinne zu machen. Dazu dienten Gruppenabende ebenso wie feierliche Aufmärsche, Sommersonnenwendfeste, Reichsjugendtage, sportliche Wettkämpfe. Es gibt wenige kritische Auseinandersetzungen mit der eigenen HJ-Zeit; viel häufiger wird die HJ als positiv, jugendgerecht und idealistisch beurteilt. Die Aufwertung von ‚Kindheit und Jugend' durch die NS-Propaganda dürfte ihre Wirkung nicht verfehlt haben.

Schaubild: Aufbau und Einheiten der HJ

**Reichsjugendführung**
(Umfaßt etwa 35 Gebiete und 35 Obergaue)

| Gebiet | | Obergau | |
|---|---|---|---|
| (jeweils etwa 20 Banne) | | (jeweils etwa 20 Untergaue) | |
| **Bann** | | **Untergau** | |
| (4–6 Stämme und 4–6 Jungstämme) | | (4–6 Mädelringe, 4–6 JM-Ringe) | |
| HJ: | DJ: | BDM: | JM: |
| Stamm | Jungstamm | Mädelring | Jungmädelring |
| Gefolgschaft | Fähnlein | Mädelgruppe | Jungmädelgruppe |
| Schar | Jungzug | Mädelschar | Jungmädelschar |
| Kameradschaft | Jungenschaft | Mädelschaft | Jungmädelschaft |

(jeweils etwa 10 Mitglieder)

Die Einheiten vom Stamm bis zur Kameradschaft (usw.) umfaßten jeweils 4 Einheiten der nächstunteren Ebene.

| HJ | DJ | BDM | JM |
|---|---|---|---|
| Jungen von | Jungen von | Mädel von | Mädel von |
| 14–18 Jahren | 10–14 Jahren | 14–21 Jahren | 10–14 Jahren |

Quelle: Klönne 1960, 107

L.: Klönne, Arno: HJ. Die Jugend und ihre Organisation im Dritten Reich; Hannover, 1960. Brandenburg, Hans-Christian: Die Geschichte der HJ. Wege und Irrwege einer Generation; Köln, 1968.

Elisabeth Dickmann

## HJ
→ Hitlerjugend

## HLU
→ Hilfe zum Lebensunterhalt

**Hobrecht, James Friedrich Ludolf**
H (1825–1902) war 1862–68 als Ingenieur der Stadt Stettin leitend am Bau der städtischen Wasserwerke beteiligt und wurde 1869 nach Berlin berufen, um dort den Bau der Kanalisation (erweitertes Radialsystem) zu leiten, die für viele Städte zum Vorbild wurde (→Hygiene). 1897 wurde er Magistratsmitglied und Stadtbaurat für das Tiefbauwesen.

**Hoche, Alfred E.**
H (1865–1943), Dr. med., Dr. jur. h. c.; 1891 Habilitation für Psychiatrie in Straßburg; 1899 a. o. Prof. in Straßburg; 1902–33 Ordinarius für Psychiatrie in Freiburg i. Br.; 1920 erscheint seine – mit Karl Binding herausgegebene – Programmschrift der →Euthanasie: „Die Freigabe der Vernichtung →lebensunwerten Lebens".

**Hocheisen, Paul**
H (* 1870) war von 1919–29 Generaloberstabsarzt der Reichswehr, trat 1930 der →SA bei und wurde 1932 Mitglied der NSDAP-Fraktion im Reichstag. 1933 wurde er Generalinspekteur des Sanitätswesens der SA und →SS, zugleich Beauftragter des Führerstellvertreters Heß „für die erforderlichen Maßnahmen der Eingliederung" des →Deutschen Roten Kreuzes sowie Kommissar für die freiwillige Krankenpflege.
L.: Bauer, R., Vom Roten Kreuz zum Totenkreuz; in: Neue Praxis 4/1986, 311–321.

**Hochschulsozialpolitik**
→Studentenwerke

**Hodann, Max**
1894–1946; Medizinstudium in Berlin; 1919 Promotion; tätig an einer Poliklinik für Haut- und Geschlechtskrankheiten und (bis 1933) Leiter der Sexualberatung am Institut für →Sexualwissenschaft von →Magnus Hirschfeld; 1921 Leiter des Gesundheitsamtes Nowawes; 1922–33 als Stadtarzt Leiter des Gesundheitsamtes von Berlin-Reinikkendorf, Mitglied der →Ärztekammer. Aktiv als Mitglied des Vereins sozialistischer Ärzte (→Ärzteopposition), u. a. im Vorstand, wurde er 1933 inhaftiert, emigrierte Ende 1933 in die Schweiz, 1934 nach Norwegen, war 1937/38 Militärarzt im Spanischen Bürgerkrieg; befand sich beim Überfall der dt. Truppen auf Norwegen in Schweden.

**Hörbehindertenpädagogik**
→Gehörlosenpädagogik

**Hörbehinderung**
H ist i. e. S. als Folge einer Sinnesschädigung (Hörschädigung) bzw. einer Funktionsstörung oder Funktionsbeeinträchtigung der auditiven Wahrnehmung (Hörstörung, Schwerhörigkeit, Gehörlosigkeit, Taubheit) zu sehen. Pränatal, perinatal oder postnatal erworben, beinhaltet die Hörschädigung für den Hörbehinderten eine individuell unterschiedlich weitreichende und umfassende Störung und Beeinträchtigung seiner Aneignungs- und Interaktionsmöglichkeiten und -beziehungen mit seiner natürlichen und sozialen →Umwelt und stellt damit unterschiedlich isolierende Bedingungen (→Isolation) im Hinblick auf seine sprachliche, geistige, soziale und Persönlichkeitsentwicklung her.

Dem eher medizinisch und am Defekt orientierten Ansatz steht der Ansatz einer Bewertung der H i. S. einer individuell realisierten, funktionellen „Andershörigkeit" der hörbehinderten Menschen entgegen. Diese kann zumindest im Hinblick auf die kommunikative, kognitive und soziale Seite der H (bspw. durch Nutzung funktioneller Reserven, Ausweichen auf andere Sinneskanäle, Einsatz visueller und manueller sprachlicher Zeichen- und Zeichenkörpersysteme, technische und apparative Hilfen, zielgerichtete und planvolle Entwicklungsförderung und systematische Anleitung und Organisation von Aneignungsprozessen, v. a. aber durch eine veränderte kooperative Grundhaltung der sozialen Umwelt des hörbehinderten Menschen) weitestgehend kompensiert werden.

Gehörlosigkeit oder Taubheit i. S. v. absolutem Nichthören ist eher eine Ausnahme. Die überwiegende Zahl der hörbehinderten Menschen verfügt über sog. Hörreste (Resthörigkeit). Diese ermöglichen jedoch (im Gegensatz zu den sog. Schwerhörigen) auch unter Einsatz technischer und apparativer Hörhilfen keine ausreichende auditive Auflösung und Diskrimination akustischer Wahrnehmungseindrücke.

Pränatal oder perinatal erworbene H erschweren oder behindern die sensomotorische Aneignung und Vergegenständlichung eigener sprachlicher bzw. kommunikativer Kompetenz und Performanz innerhalb der sozial gebräuchlichen Formen und Zeichensysteme der gesprochenen-akustischen oder Lautsprache. Postnatal erworbene H (z. B. bei Spätertaubten) führen i. d. R. zu einem schrittweisen, kontinuierlichen Verlust der notwendigen auditiven Kontrolle über die eigene Artikulation und darüber zum Verlust einer für andere weiterhin verständlichen und diskriminierbaren gesprochenen oder Lautsprache.

Das Wesen der durch die Schädigung, die Funktionsstörung oder den Funktionsausfall des Gehörorgans bedingten H wird indessen weder durch den Begriff der Hörschädigung oder Hörstörung oder durch Klassifizierungen im Sinne von taub oder taubstumm, gehörlos, schwerhörig, o. ä., noch durch Klassifizierungen i. S. einer Abstufung und Abgrenzung nach objektiv bestimmbaren Graden der organisch oder funktionell bedingten Hörminderung oder Einschränkung der Hörfähigkeit, noch durch Klassifizierungen i. S. einer Unterscheidung von peripheren und zentralen Hörstörungen, Früh- und/oder Spätertaubten etc. ausreichend und angemessen beschreibbar und definierbar. Das Wesen der durch die funktionelle Störung oder den organischen Defekt lediglich eingeleiteten Pathologie der Situation des hörbehinderten Menschen ist durchgängig eher sozialer Natur! – D. h., daß weniger die o. g. ursächlichen oder Ausgangsvoraussetzungen und -bedingungen der funktionellen oder Organstörung oder -schädigung, als die unter diesen Bedingungen individuell und gesellschaftlich realisierbaren Möglichkeiten der Selbstaneignung und der Aneignung der natürlichen und sozialen Umwelt über das jeweilige Erscheinungsbild und die Erscheinungsformen der H in psychischer, geistiger und kommunikativer wie auch sozialer Hinsicht entscheiden.

Wesentliches Kennzeichen der H ist die individuell in unterschiedlichem Ausmaß und Umfang mißlingende Aneignung und Vergegenständlichung eigener kommunikativer Kompetenz und Performanz in dem sozial gebräuchlichen Medium Lautsprache. Verbunden damit sind weitreichende Konsequenzen im Sinne der Störung und Zerstörung der kooperativen, kommunikativen und sozialen sowie gesellschaftlichen und kulturellen Austauschprozesse und Austauschbeziehungen sowie Störungen der →Persönlichkeit und der Persönlichkeitsentwicklung als Folge anhaltender deprivierender und isolierender Bedingungen sowie psychischer und sozialer →Entfremdung. Verbunden sind damit weiterhin weitreichende Konsequenzen i. S. der Einschränkung der Möglichkeiten der Selbstaneignung, der Aneignung der natürlichen und sozialen Umwelt sowie der Aneignung des gattungshistorischen und gesellschaftlichen und kulturellen Erbes der Menschheit insgesamt.

Die unter diesen Bedingungen individuell realisierbare sensomotorische Selbstaneignung der Produkte eigener Sprach- bzw. Sprechtätigkeit und die Aneignung der lautsprachlichen Modelle der sozialen, sprachlich kommunizierenden und Sprache benutzenden Umwelt muß insg. zu einem elementaren Mißlingen der im Hinblick auf die Herstellung und Ausgestaltung gattungsnormaler sozialer Dialoge und Austauschbeziehungen zwischen Individuum und Umwelt erforderlichen und notwendigen Herausbildung und Entfaltung kommunikativer und sozialer Handlungskompetenzen sowie entsprechender linguistischer Fähigkeiten und Fertigkeiten führen. – Die unter diesen Bedingungen unzureichend oder gar nicht aneigenbaren und kontrollierbaren linguistischen und kommunikativen Handlungskompetenzen und -strukturen lassen sich weder durch methodische und/oder technisch-unterstützte Verfahren der oralen Sprachanbahnung, Spracherziehung und Sprachbildung, noch durch den Erwerb von Fähigkeiten und Fertigkeiten, wie das Ablesen des Mundbildes, oder die Aneignung linguistischer Kenntnisse, Fähigkeiten und Fertigkeiten hinreichend kompensieren. Für den Hörbehinderten ist und bleibt die gesprochene akustische oder Lautsprache – im Gegensatz zur Gebärdensprache! – bis zu einem gewissen Grad eine mit seinen individuellen Möglichkeiten und Voraussetzungen nur bedingt oder gar nicht aneigenbare und kontrollierbare und damit „fremde" Sprache.

So gesehen läßt sich das Wesen der H weniger aus seinem äußeren Erscheinungsbild heraus verstehen und erklären. Vielmehr sind es die anhaltende Störung und Zerstörung der gattungsnormalen und persönlichkeitsbildenden und -stabilisierenden Interaktions- und Aneignungsprozesse und -beziehungen zwischen Individuum und Umwelt, welche die Pathologie der isolierenden Bedingungen der Lebenssituation und Lebensrealität hörbehinderter Menschen ausmachen. Mit anderen Worten: die für den hörbehinderten Menschen unmittelbar und individuell als Störung oder Beeinträchtigung seiner auditiven Selbstwahrnehmung und seiner Wahrnehmung der natürlichen und sozialen, d. h. lautsprachlich kommunizierenden und im wesentlichen auditiv eingestellten Umwelt erfahrbare Funktionsstörung oder Funktionsbeeinträchtigung seines Gehörorgans bedingt einen weiterreichenden und grundlegenderen sozialen Ausschluß und eine soziale Entfremdung von der „Normalität" anderer Menschen und damit von der Normalität seiner Gattung ( →Gehörlosenpädagogik; →Schwerhörigenpädagogik).

L.: Bodenheimer, A. R., Die psychotherapeutische Beziehung mit dem gehörlosen Kinde; in: Neue Blätter für Taubstummenbildung, 1969, 257 ff. Jantzen, W.: Allgemeine Behindertenpädagogik, Bd. 1: Sozialwissenschaftliche und psychologische Grundlagen; Weinheim, Basel, 1987. Montgomery, G. (ed.): Deafness, Personality, and Mental Health. Papers presented to the Scottish Workshop with the Deaf; Edinburgh, 1978. Weber, H. U., Warum es besonders schwierig ist, Gebärdensprache in der Gehörlosenbildung einzuführen; in: Hörgeschädigtenpädagogik 5/1983, 243 ff.

Ulrich Holste

**Hörgeschädigtenpädagogik**
→Gehörlosenpädagogik, →Schwerhörigenpädagogik

**Hoernle, Edwin**
H (1883–1952), Sohn eines württembergischen Landpfarrers, studierte Theologie, war Dorfvikar und schloß sich 1910 der SPD an. Er förderte die proletarische Jugendbewegung ( →Arbeiterjugendbewegung) und war Redakteur der sozialdemokratischen „Gleichheit". In der Novemberrevolution 1918 wurde er Mitglied des Arbeiter- und Soldatenrates in Stuttgart, war dann Mitbegründer der KPD, wurde zu einem führenden Vertreter der Freien Sozialistischen Jugend und publizierte 1919 deren Programm: „Die kommunistische Schule". Seit 1920 leitete er die Landabteilung im ZK der KPD, war zugleich Redakteur der Zeitschrift „Das proletarische Kind" (1920–32). H veröffentlichte eine Reihe pädagogischer Schriften: „Sozialistische Jugenderziehung und sozialistische Jugendbewegung" (1919), „Die Arbeit in den kommunistischen Kindergruppen" (1923), „Die Arbeiterklasse

und ihre Kinder. Ein erstes Wort an die Arbeitereltern" und „Grundfragen der proletarischen Erziehung" (1929). 1933 emigrierte er in die UdSSR, arbeitete in Moskau am Internationalen Agrarinstitut, war nach 1945 Leiter der Zentralverwaltung für Land- und Forstwirtschaft in der sowjetisch besetzten Zone und wurde 1951 Mitglied der Akademie der Landwirtschaftswissenschaften in der DDR.

W.: Schulpolitische und pädagogische Schriften. Auswahl, hg. von Wolfgang Mehnert; Berlin, 1958.
L.: Flach/Londershausen: Das proletarische Kinde. Zur Schulpolitik und Pädagogik der KPD in den Jahren der Weimarer Republik; Berlin, 1958.

## Hoffmann, Ottilie

H (* 14.7.1835; † 10.12.1925) entstammte einer Bremer Kaufmannsfamilie. Infolge der Krise von 1851 kam sie früh dazu, entgegen den Konventionen ihrer Zeit als Lehrerin erwerbstätig zu werden. Sie unterrichtete mehrere Jahre in einem englischen Mädchenpensionat. Wieder in Bremen, arbeitete sie auf Anregung von Marie Mindermann, einer Freundin ihrer Mutter, bei der Gründung und im Vorstand des Frauen-Erwerbs-Vereins mit. Nach dem Tod ihrer Eltern ging sie 1880 als Privatlehrerin nach England und lernte bei Lady Rosalind Carlisle die aus den USA kommende *Temperenz-Bewegung* gegen den Alkohol kennen. Als sie 1890 wieder nach Bremen kam und von zahlreichen Arbeitsunfällen infolge Alkoholgenusses während des Gerüstaufbaus zu einer Ausstellung hörte, warb sie junge Helferinnen an und eröffnete eine Kaffee-Bude. Gemeinsam gründeten sie den Bremer Mäßigkeitsverein (→Mäßigkeitsvereine).

Aus dieser ersten Initiative entstanden zuerst in Bremen, später in vielen Städten zahlreiche alkoholfreie Speisehäuser und „Milchbüdchen". Ziel war es, den Arbeitern eine „Ernähreretik" zu vermitteln; sie sollten darauf verzichten, den Lohn zu vertrinken, sondern ihn ihrer Ehefrau für Haushalt und Kinder übergeben. Zugleich war aber auch beabsichtigt, den freiwilligen Helferinnen ihre sozialen Vorurteile „abzugewöhnen" und sie mit den Lebensbedingungen des Proletariats vertraut zu machen. H versuchte ihre Helferinnen – ähnlich wie dies auch die Berliner Frauen- und Mädchengruppen für Soziale Hilfsarbeit taten – durch Vortragsreihen zu schulen.

Die →Alkoholfrage wurde in der →Frauenbewegung parallel zum Abolitionismus (→Sittlichkeitsbewegung) diskutiert. Der Alkohol galt nicht nur als Ursache ungeplanter ehelicher und unehelicher Kinder, sondern auch als Auslöser für →Kindesmißhandlung, →sexuellen Mißbrauch und →Gewalt gegen Frauen in der Ehe. Deshalb wurde H bei Gründung des →Bundes Deutscher Frauenvereine 1894 als Vertreterin der Alkoholfrage in den Vorstand gewählt. Sie vertrat in der Folgezeit die dt. Frauen- und Temperenz-Bewegung auf einer Reihe von Kongressen des In- und Auslandes und veröffentlichte in Zeitschriften der Frauen- und der Abstinenzbewegung zahlreiche Aufsätze.

L.: Ahlers, Elsa: H. Bremen 1835–1925; Bremen, o. J.. Bordin, Ruth: Woman and Temperance; Philadelphia, 1981. Lohmann, Wilhelmine: H; Bielefeld, 1926. Meyer-Renschhausen, Elisabeth: Weibliche Kultur und Soziale Arbeit; Köln, Wien, 1989. Planck, Mathilde: H – Ein Beitrag zur Geschichte der deutschen Frauenbewegung; Bremen, 1930.

Elisabeth Meyer-Renschhausen

## Hoheitliche Träger
= Öffentliche Träger; →öffentlich

## Hoheitsverwaltung
→Verwaltung

## Holz, Arno
H ist 1863 als Sohn eines Apothekers in Rastenburg geboren. 1875 kam er mit seiner Mutter nach Berlin. Bereits mit 18 Jahren sah er im „Dichtertum" seine Lebensaufgabe und veröffentlichte ab 1882 erste Gedichtbände, später Prosa und

Theaterstücke. Seine Arbeiten werden – wie die von →Gerhart Hauptmann – dem Naturalismus zugerechnet, den H nicht nur durch seine zeit- und sozialkritische Stoffwahl (→Sozialkritik) bereicherte, sondern ebenso durch neue Mittel der literarische Formgebung. H starb 1929, ohne daß ihm die Anerkennung der Zeitgenossen oder später der Nachwelt zuteil geworden ist.

L.: Turley, Karl: H. Der Weg eines Künstlers; Leipzig, 1935.

## Homöopathie

Auf →Samuel Hahnemann zurückgehender Therapiegrundsatz, bei dem in meist extrem niedriger Dosierung Substanzen verabreicht werden, die in hoher Dosis Symptome hervorrufen, welche den zu behandelnden Krankheitserscheinungen ähnlich sind. Das Ähnlichkeitsprinzip („Similia similibus curentur") wird in der klassischen H ergänzt durch ein komplexes System von Zuschreibungen, das bei der individuellen Verordnung Berücksichtigung findet. Die seinem Prinzip entgegengesetzte Therapiemethode der sonst üblichen Schulmedizin, deren →Arzneimittel meist gegensätzliche Krankheitserscheinungen hervorrufen und als Ausgleich Genesung bewirken, nannte Hahnemann Allopathie (von griech. „allós" = anders, und „páthos" = Schmerz).

## Homosexualität

=Ausdrucksform gleichgeschlechtlicher sexueller Interessen, aber auch einer entsprechenden Lebensform. Historisch betrachtet, wurde H in früheren Jh. unter dem Einfluß christlicher Moralauffassung als Sünde und Verfehlung gegen die Naturgesetze angesehen und mit Exkommunikation, im MA sogar als Ketzerei mit dem Tode bestraft. Die bis heute nicht ganz verstummten Rechtfertigungsversuche der H durch Hinweis auf homosexuelle (h) Verkehrsformen in der Antike haben im Grunde zu keiner Zeit die Situation der Homosexuellen verbessert.

Als Ausdruck widernatürlichen Sexualverhaltens gewertet, wurde H meist wie ein strafwürdiges Vergehen gegen staatliche Ordnungsgesetze geahndet. Das Strafmaß war unterschiedlich und reichte von Geldbußen bis zu jahrelangen Kerkerstrafen und dem Verwirken der bürgerlichen Rechte (im 19.Jh.). Vor allem gegen männliche H (Homophilie, Schwulsein) richteten sich Polizeikontrollen und Gerichtsverfahren, während weibliche H (lesbische Liebe, Tribadie) in der Regel straffrei und gesellschaftlich unauffällig blieb.

Als Lebensform hat sich h Verhalten wohl erst mit der Herausbildung der Großstädte (→Stadt) im Zuge der →Industrialisierung entwickelt. Jedenfalls beschreiben erstmals zeitgenössische Berichte aus dem ausgehenden 18. und dem beginnenden 19.Jh. die →Subkulturen der „Sodomiten". Eine frühe Form h Selbstbewußtseins vertrat Mitte des vorigen Jh. der Jurist Karl-Heinrich Ulrichs, der, zunächst unter Pseudonym, für die rechtliche Gleichstellung h Personen stritt und damit auf dem Juristentag 1867 für einen Skandal sorgte. In seinen zahlreichen Flugschriften schildert Ulrichs die sexuelle und soziale Not jener Männer, die zu Täuschung und Selbsttäuschung gezwungen wurden und in Abhängigkeit zu Erpressern standen. Sein Plädoyer für die Abschaffung aller die strafrechtliche Verfolgung männlicher H betreffenden Gesetze begründete Ulrichs mit der – seiner Ansicht nach – „natürlichen" und außerhalb moralischer Diskussionen stehenden H des Menschen. Während zu früherer Zeit H als ein gegen göttliches und natürliches Gebot und Recht verstoßendes Delikt angesehen wurde, argumentierte Ulrichs mit der Theorie einer quasi-„natürlichen" Veranlagung der H bei bestimmten Menschen.

War H in den ersten Jahrzehnten des 19.Jh. noch in einigen dt. Staaten straffrei oder gegen geringfügige Bußen entschuldbar gewesen, so hatte die Gründung des Deutschen Reiches 1871 den dem preußischen Strafrecht weitgehend entnommen § 175 und somit die soziale Ächtung und strafrechtliche Verfolgung männlicher Homosexueller nach sich gezogen. Im ausgehenden 19. Jh. entwarf v. a. die Gerichtsmedizin (→ Forensische Medizin) ein meist abstoßendes Bild vom Homosexuellen, das die öffentliche Meinung in ihrer deutlichen Ablehnung der H bekräftigte. Uneins waren sich Mediziner in der Frage, ob „widernatürliche Unzucht" mit den Mitteln des Strafrechts oder der → Psychiatrie bekämpft werden sollte.

Daß im ausgehenden vorigen Jh. eine Anzahl von Skandalen – etwa die Verurteilung des literarischen Publikumslieblings Oscar Wilde wegen seiner sexuellen Leidenschaft für Lord Douglas – die Aufmerksamkeit verstärkt auf das Problem der H lenkte, bekräftigt nur die Überzeugung, daß Homosexuelle nicht an ihrer sexuellen Interessenslage, sondern ausschließlich an der Gesellschaft leiden, die ihnen feindselig gesonnen ist. Die den Homosexuellen immer wieder unterstellten, angeblich von ihnen und ihrer sexuellen Praxis ausgehenden Gefahren und Mängel – Verführung Minderjähriger, leichtfertige Lebensführung, Kinderlosigkeit usw. – verdeutlichen nur den Widersinn strafrechtlicher Ahndung. Obgleich eine große Anzahl von Persönlichkeiten des öffentlichen Lebens, darunter maßgebliche Vertreter der Sozialdemokratie, die Beseitigung des Antihomosexuellengesetzes befürworteten, blieb der § 175 – verschärft im Faschismus, 1969 und 1972 in der BR reformiert und nur mehr auf den Kontakt mit Minderjährigen beschränkt – bis heute erhalten.

Trotz dieser Gesetzeslage entwickelte sich insb. in der Weimarer Republik und hier u. a. in den großen Städten, namentlich in Berlin, eine beeindruckende Subkultur h Lebensführung. Zu Leitfiguren dieser Bewegung zählten → Hirschfeld, Adolf Brand, Richard Linsert u. a. Es existierten Klubs, Vereine, Zeitschriften- und Buchverlage, in denen h Publikationen herauskamen. Weibliche Homosexuelle spielten in dieser frühen → Schwulenbewegung eine offenbar untergeordnete Rolle, fanden jedoch in den verschiedenen → Frauenbewegungen Rückhalt und Möglichkeiten zur Äußerung. Nachweislich bestanden auch Kontakte zwischen Homosexuellen- und Frauenbewegungen, vornehmlich mit ihrem emanzipatorisch-sozialistischen Teil.

Bereits in den 20er Jahren von nationalistischen, klerikalen und faschistischen Kreisen heftig bekämpft, ging die Homosexuellenbewegung mit dem Jahre 1933 vollkommen unter. Bekannte homosexuelle Persönlichkeiten wurden – soweit sie sich nicht rechtzeitig ins Ausland begeben konnten – in → „Schutzhaft" genommen. Man schätzt, daß während des Faschismus in Dt. Zehntausende aufgrund ihrer praktizierten H in Lager deportiert wurden. Sehr häufig war ihre Entlassung mit Sterilisation oder Kastration (→ Gesetz zur Verhütung erbkranken Nachwuchses) verbunden. Im KZ mußten sie als Erkennungszeichen einen rosa Winkel tragen und bildeten innerhalb der Lagerhierarchie mit die unterste Kaste.

Die Strafverfolgung Homosexueller dauerte über das Jahr der Befreiung – gemäß dem von Nazi-Juristen verschärften § 175 – bis 1969 fort. In dieser Zeit blieb die Entrechtung h Lebensführung bestehen, so daß Sexualkontakte in einer Grauzone von Subkultur und Untergrund stattfanden und tabuisiert blieben. Die noch von der „Großen Koalition" vorbereitete Strafrechtsreform 1969 entkriminalisierte h Kontakte von Erwachsenen über 21 Jahren. Die DDR war diesen Schritt schon ein Jahr zuvor gegangen; dort hatte der Strafrechtsparagraph in seiner vor 1933 gültigen Form gegolten, war aber kaum mehr zur Anwendung gekommen.

Die 70er Jahre waren in der BR von einer Homosexuellen-Bewegung gekennzeichnet, die v. a. junge Schwule zu politisieren versuchte. Filmemacher wie

Rosa von Praunheim und Rainer Werner Fassbinder thematisierten die Situation der Homosexuellen; Zeitschriften ermöglichten die Kontaktsuche, gaben Lebenshilfe und boten ein Forum für programmatische Forderungen der Schwulenbewegung. Die Gettoisierung h Lebensweise wurde jedoch – rückblickend betrachtet – zu keiner Zeit wirklich behoben, auch wenn die führenden Sexualwissenschaftler nun, anders als in den 60er Jahren, H als gleichberechtigten Ausdruck menschlicher →Sexualität deuteten und von „Heilungsversuchen" weitgehend abließen.

In der Zwischenzeit hat →AIDS als vermeintliche „Schwulenkrankheit" in der BR wie in anderen Ländern erneut zu massiven Ausschließungsprozessen geführt. Die Tabuisierung h Sexualpraktiken ist ebenso Folge dieser Prozesse wie die erneute Ächtung und Ausgrenzung h Männer. V. a. in den Großstädten entstanden →Selbsthilfegruppen für AIDS-Infizierte und ihre Angehörigen und Freunde. Waren politisierte Homosexuelle in den 70er Jahren nicht nur in der BR, sondern überall in Westeuropa und in den Vereinigten Staaten aus ihrer Isolation herausgetreten und hatten sich zu ihrem „Schwulsein" – mitunter auf militante Weise – bekannt, so sind nun Anzeichen entgegengesetzter Verhaltensweisen feststellbar.

L.: Bleibtreu-Ehrenberg, Gisela: Tabu H. Die Geschichte eines Vorurteils; Frankfurt/M., 1978. Dannecker, Martin/Reimut Reiche: Der gewöhnliche Homosexuelle; Frankfurt/M., 1974. Herzer, Manfred: Verzeichnis des deutschsprachigen nicht-belletristischen Schrifttums zur weiblichen und männlichen H aus den Jahren 1466-1975; Berlin, 1982. Hohmann, Joachim S.: Der unterdrückte Sexus. Historische Texte und Kommentare zur H; Lollar, 1977. Ders.: Geschichte der Sexualwissenschaft in Deutschland 1886–1933; Frankfurt, Berlin, 1987. Homosexualität und Wissenschaft. Dokumentation der Vortragsreihe. Hg. vom Schwulenreferat im AStA der FU Berlin; 1985. Seminar: Gesellschaft und H., hg. von Rüdiger Lautmann; Frankfurt, 1977. Werner, Reiner: H; Berlin (DDR), 2. Aufl., 1988.

Joachim S. Hohmann

## Honorar
→Honorierungssystem

## Honorierungssysteme
Die Honorierung kassenärztlicher Versorgung kann grundsätzlich erfolgen als: a. festes Gehalt bzw. Gesamtpauschale je Abrechnungszeitraum; b. Kopfpauschale, d. h. festes Entgelt für sämtliche für einen Patienten erbrachten Leistungen je Abrechnungszeitraum; c. Fallpauschale, d. h. festes Entgelt für sämtliche im Zusammenhang mit einem Krankheitsfall erbrachten Leistungen je Abrechnungszeitraum; d. Einzelleistungsvergütung.
Unter der Annahme, daß sich der →Arzt als „homo oeconomicus" verhält (d. h. als Einkommensmaximierer bzw. – bei festen Einkommen – als Aufwandsminimierer, indem er Patienten überweist oder seine persönlichen Leistungen durch Medikamente substituiert), ergeben sich folgende hypothetischen Auswirkungen auf Quantität, Qualität und Kosten der kassenärztlichen Versorgung:

| Honorierungssystem | Patientenstamm | Fallzahl | Leistungsmenge |
|---|---|---|---|
| festes Gehalt | − | − | − |
| Kopfpauschale | + | − | − |
| Fallpauschale | + | + | − |
| Einzelleistungsvergütung | + | + | + |

Es ist: + positiver, − negativer Leistungsanreiz

Die Plausibilität dieser Darstellung einmal unterstellt, führt allein die Einzelleistungsvergütung zur event. medizinisch bedenklichen Leistungsmaximierung (aus der Sicht der →Krankenkassen: Ausgabenmaximierung).

Die Einzelleistungen werden nach einer Gebührenordnung vergütet, die auf der Grundlage des sog. einheitlichen Bewertungsmaßstabes (d.i. eine Zusammenstellung des Inhalts der abrechnungsfähigen Leistungen und ihr wertmäßiges, in Punkten ausgedrücktes Verhältnis zueinander; vgl. § 87 SGB V) zwischen den Spitzenverbänden der Krankenkassen und der Kassenärztlichen Bundesvereinigung (→ Ärztliche Berufsverbände) vereinbart wird.

Das H der kassenärztlichen Versorgung ist zweistufig. In der *ersten Stufe* wird die von Krankenkassen an die Kassenärztliche Vereinigung zu entrichtende Gesamtvergütung für die kassenärztliche Gesamtversorgung einer Region vereinbart. Der zwischen den Landesverbänden der Krankenkassen und den Kassenärztlichen Vereinigungen ausgehandelte Betrag kann als eine Festpauschale, nach einer Fallpauschale oder nach einem System berechnet werden, das sich aus der Verbindung dieser oder weiterer Verfahren ergibt (§ 85 Abs. SGB V). Bei einer Festpauschale tragen die Ärzte das Morbiditätsrisiko (→ Morbidität) während der Laufzeit des Gesamtvertrages. Die Bemessung der Gesamtvergütung ist am Grundsatz der Beitragsstabilität der Krankenkassen auszurichten (§ 71 SGB V). In der *zweiten Stufe* nimmt die Kassenärztliche Vereinigung die Verteilung der Gesamtvergütung auf die Kassenärzte vor. Sie wendet dabei den im Benehmen mit den Landesverbänden der Krankenkassen festgesetzten Verteilungsmaßstab an. Bei der Verteilung sind Art und Umfang der Leistungen zugrunde zu legen. Eine Verteilung nur nach der Zahl der Behandlungsfälle, d.h. eine Kopfpauschalhonorierung, ist unzulässig (§ 85 Abs. 4 SGB V). Zur Steuerung der regionalen Versorgung mit ärztlichen Leistungen (d.h. Abbau von Überversorgung bzw. Beseitigung von Unterversorgung) kann der Verteilungsmaßstab eine nach Arztgruppen und Versorgungsgebiete differenzierte Verteilung vorsehen (§ 85 Abs. 4 SGB V). Insoweit die Gesamtvergütung als „Deckel" für die nach Einzelleistungen zu verteilende Geldsumme wirkt, führt ein generelles Anwachsen der Leistungsmenge zur relativen Kürzung des Einzelleistungsentgelts für den einzelnen Arzt (Absenkung des in Geldeinheiten ausgedrückten Punktwertes).

L.: Thiemeyer, T., Honorierungsprobleme in der Bundesrepublik Deutschland (Ärzteeinkommen, Steuerungsprobleme usw.); in: Wissenschaftliches Institut der Ortskrankenkassen / von Ferber / Reinhardt / Schaefer / Thiemeyer, Kosten und Effizienz im Gesundheitswesen; München, 1985.

Ulrich Hoppe

## Hooligans

Der Ausdruck „H" bezeichnet in Großbritannien i. allg. vandalierende Großgruppen von → Fußballfans, die insb. bei Auswärtsfahrten in Eisenbahnzügen und Innenstädten in Erscheinung treten. Im deutschsprachigen Raum sind mit dieser Bezeichnung sehr aktive, gewalttätige Minderheitsgruppen innerhalb der Fan-Szene gemeint. Ursprünglich bezog sich die Bezeichnung auf Angehörige proletarischer Subkulturen irischer Herkunft im London des 19.Jh., die als besonders trink- und schlagfertig galten und oft mit dem Gesetz in Konflikt gerieten.

Manfred Knaust

## Hoppe, Theodor

1846–1934; Begründer der Krüppelpflegeausbildung und des Diakonissendienstes an Taubstummblinden; 1916 Präses des Kaiserswerther Verbandes (→ Orden 4); 1920 Mitwirkung an der dt. Krüppelgesetzgebung.

## Hospital

Das Wort H (auch: Spital, Spitel, Spytal) geht etymologisch auf das lat. „hospes" (= Gast, Gastfreund, Fremder) und „hospitium" (Gastfreundschaft, Herberge) zurück. Was seit der Zeit der Römer jemals mit dem Wort H bezeichnet wurde, ist sehr vielfältig, und vieles davon widerspricht dem ursprünglichen Wortsinn, z.B. Pest-, Invaliden-, Siechen- und → Armenhäuser, v.a. aber → Irrenhäuser und das → Arbeitshaus als Vorläufer des → Gefängnisses. Im Zusammenhang der mit dieser Entwicklung einhergehenden, abschreckenden Funktion des H als →totale Institution zum Zwecke der Ausgrenzung und →Sozialdisziplinierung wurde die Bedeutung des Wortes „H" zunehmend negativ besetzt. An seine Stelle traten seit dem 19. Jh. für diejenigen Einrichtungen, die zur Heilung und Pflege von Kranken und alten Menschen dienten, die Ausdrücke →„Krankenhaus" und „Altenheim" (→Altenhilfe I.3).

L.: Jetter, Dieter: Das europäische H. Von der Spätantike bis 1800; Köln, 1986.

## Hospize
⇒ Sterbekliniken

## HOT
= Heime der Offenen Tür; →Heime

## Huber, Viktor Aimé

H (1800–1869) gilt als „Bahnbrecher der Genossenschaftsidee" (Faust 1952).

Geboren in Stuttgart, wurde er – nach dem Tode seines Vaters (1804) – von der Mutter in die Obhut des Schweizer Philanthropen →von Fellenberg gegeben, an dessen in Hofwyl nach den Vorstellungen →Pestalozzis eingerichteter Erziehungsanstalt er von 1806 bis 1816 unterrichtet wurde. 1817 begann H in Göttingen mit dem Studium der Medizin, das er 1820 in Würzburg ohne das Staatsexamen beendete. Anschließend hielt er sich in Paris auf, begab sich 1921 nach Spanien, später nach Schottland und England. Als er 1825 in München das medizinische Staatsexamen ablegen wollte, wurde er nach dem schriftlichen Teil nicht zur mündlichen Prüfung zugelassen.

Er begann zunächst als Mitarbeiter der Allgemeinen Zeitung in Augsburg, reiste nach Paris, ging nach London, kam wieder in die Schweiz und trat 1828 eine Lehrerstelle an der Handelsschule in Bremen an, wo er Eingang in das Haus des Senators Klugkist fand, dessen Tochter er 1830 heiratete. 1832 wurde er als o. Prof. für neuere Geschichte und abendländische Sprachen an die Universität Rostock berufen, wohin er 1833 übersiedelte. Seine Kollegs waren schwach besucht, und so „begab er sich auf das soziale Gebiet, indem er der Initiator für die Gründung einer Kinderbewahranstalt wurde" (Faust 1965, 155), zu deren Finanzierung er die „Mecklenburgischen Blätter" herausgab. 1836 folgte er einem Ruf nach Marburg als Prof. der abendländischen Literatur.

1843 wird er von Friedrich Wilhelm IV. nach Berlin gerufen, um an der Berliner Universität eine Professur für neuere Philologie, Literatur und Literaturgeschichte zu übernehmen, v. a. aber um eine von der Regierung finanzierte konservative Zeitschrift zu gründen, die unter dem Titel „Janus. Jahrbücher deutscher Bildung, Gesinnung und Tat" erstmals 1845 und letztmals im März 1848 erschien. Im Juni 1848 veröffentlicht er die Broschüre „Die Selbsthülfe der arbeitenden Klassen durch Wirtschaftsvereine und innere Ansiedlung" und überreicht sie dem König. Resonanz findet er bei den Gründern der „Gemeinnützigen Baugesellschaft", eines Kreises von liberal und demokratisch gesinnten Fabrikanten, Gewerbetreibenden, Beamten und Bankiers, darunter der Sparvereingründer Liedke. Sie luden ihn zu ihren Vorstandssitzungen ein und unterstützte ihre Ideen durch Berichte in der ebenfalls kurzlebig erscheinenden Zeitschrift „Concordia".

1851 verläßt er den Staatsdienst und veröffentlicht 1852, um den Gedanken des „Assoziationswesens" zu fördern, die Broschüre „Bruch mit der Revolution und Ritterschaft". 1854 folgen in zwei Bänden die Reisebriefe, worin er als erster auf die genossenschaftlichen Versuche zur wirtschaftlichen Selbsthilfe der Industriearbeiter in Belgien, England und Frankreich hinweist. 1855 gründet er einen Darlehnsverein. Unzählige Schriften folgen, die seine genossenschaftlichen Gedanken und Pläne verbreiten (→Genossenschaftswesen). 1861 gibt er wieder eine Zeitschrift heraus, 1862 eine Broschüre: „Die Machtfülle des altpreußischen Königtums und die konservative Partei". Seine Polemik wird mit Polemik erwidert.

Das Konzept der „inneren Kolonisation", das H in der „Janus"-Zeitschrift mit dem Vorschlag verbunden hatte, →Herbergen zur Heimat und →Arbeiterkolonien zu gründen, wird in seinen Schriften nun zunehmend religiös aufgeladen und führt zu einer engen Anlehnung an die Idee →Johann Hinrich Wicherns von der „Inneren Mission" (→Diakonisches Werk). Mit Wichern zusammen hatte H bereits 1847 einen Handwerkerverein in Berlin gegründet, für den er in Wernigerode am Harz, wohin er sich von Berlin aus zurückgezogen hatte, ein Vereinshaus stiftete. Dem Gesellenverein schloß H eine Bücherei, eine Nähschule für Mädchen und eine Herberge für Wandergesellen an. „Wie schon oft, wurde er auch diesmal wieder enttäuscht. Der Besuch im Gesellenverein blieb schwach, weil es nicht gelungen war, die jungen Menschen richtig anzusprechen." (Faust 1965, 169).

L.: Faust, Helmut: H. Ein Bahnbrecher der Genossenschaftsidee; Hamburg, 1952. Ders.: Geschichte der Genossenschaftsbewegung; Frankfurt/Main, 1965.

## HÜL
Haushaltsüberwachungsliste; →Mittelbewirtschaftung

## Humandienstleistungen
⇒ Soziale Dienstleistungen

## Humangenetische Beratungsstellen
H sind Einrichtungen, die von Universitäten, Gesundheitsämtern (→Gesundheitsamt) oder niedergelassenen Ärzten (→Arzt) betrieben werden und zu Fragen der Vererbung, insb. der Vererbung von Erkrankungen und Fehlbildungen, gutachterlich Stellung beziehen. Die weitaus meisten →Beratungen erfolgen im Zusammenhang mit einer geplanten oder bestehenden Schwangerschaft. Hier handelt es sich darum, die Wahrscheinlichkeit der Weitergabe eines erblich bedingten Merkmals an die Nachkommenschaft zu beziffern, oder darum, eine konkrete Diagnose für ein noch nicht geborenes Kind zu stellen (pränatale Diagnostik; →Pränatologie). Auf der Grundlage dieser Diagnosen werden Ratschläge zum Fortpflanzungsverhalten (Verzicht auf Kinder; Sterilisierung; Rückgriff auf Ei- oder Samenspende; künstliche Befruchtung; Schwangerschaft auf Probe) bzw. zum →Schwangerschaftsabbruch aus sog. genetischer Indikation erteilt. Zur Tätigkeit der H zählen weiter allgemeine Untersuchungen der genetischen Konstitution (von Aborten, Neugeborenen, Kindern und Erwachsenen) sowie Gutachten für Behörden, meist im Zusammenhang mit psychiatrischen Begutachtungen, etwa von Heiminsassen oder Gefangenen. H beteiligen sich ferner an der Fortschreibung von Registern, in denen erblich Kranke und ihre Familien erfaßt werden.

Fuhrmann und Vogel (1968) definieren humangenetische Beratung als Teil der prophylaktischen Individualmedizin; Theile (1985) gibt in Übereinstimmung mit der seither erschienenen humangenetischen Fachliteratur und unter Einbeziehung der seither geschaffenen Möglichkeiten der pränatalen Diagnostik an, H seien Einrichtungen der →Präventivmedizin mit der Aufgabe, im Sinne einer Primärprävention →Risiken für noch ungeborene Nachkommen auszuschließen. Diese Definition unterschlägt freilich, daß der „Risikoausschluß" oft genug nur durch die Tötung des noch ungeborenen Risikoträgers erreicht werden kann. Ferner ist inzwischen durch zahlreiche Studien belegt, daß mit den H auch bevölkerungs- und sozialpolitische Ziele verfolgt werden (Sierck und Radtke 1989). Neben programmatischen Schriften zur bevölkerungsbiologischen Bedeutung humangenetischer Beratung (Becker und Jürgens in: Wendt 1970) wird dies v. a. in Kosten/Nutzen-Analysen deutlich, die exemplarisch belegen, wie gezielt humangenetische Beratung sowie Abtreibung aus genetischer Indikation als effektive Mittel zur Kostenreduktion im Gesundheits- und Sozialbereich eingesetzt werden (Passarge und Rüdiger 1979; v. Stackelberg 1980).

*Geschichte:* Nach den Erfahrungen mit den *Beratungsstellen für Erb- und Rassenpflege* (→ Eugenik) sowie dem → *Gesetz zur Verhütung erbkranken Nachwuchses* während des „Dritten Reichs" gab es in der BR bis in die 70er Jahre keine institutionalisierte genetische Beratung. 1968 erschien ein erstes Buch zu diesem Thema, das versuchte, den Anschluß an die Entwicklungen in den angelsächsischen Ländern herzustellen (Fuhrmann und Vogel 1968). Der Durchbruch zur → Institutionalisierung gelang 1969/70 mit dem von führenden bundesdeutschen Humangenetikern und Bevölkerungswissenschaftlern veranstalteten Symposion „Genetik und Gesellschaft". Hier wurde die Untersuchung und Beeinflussung des Fortpflanzungsverhaltens verschiedener gesellschaftlicher Gruppen als sozial- und bevölkerungspolitisch bedeutsame Aufgabe einer „Sozialgenetik" definiert, zu deren methodischem Besteck eine differenzierte epidemiologische und sozialstatistische Durchdringung der Bevölkerung und ihre Versorgung mit humangenetischer Aufklärung und Beratung ebenso zählen sollten wie die Erleichterung der Sterilisierung von → Randgruppen, z.B. Behinderten und „Asozialen" (Wendt 1970). Im Gefolge dieses Symposions wurde im August 1972 ein dreijähriges Modellprojekt „Genetische Beratungsstelle für Nordhessen" aus Mitteln des Bundesministeriums für Jugend, Familie und Gesundheit und der Stiftung Volkswagenwerk begonnen, das 1975 in die Errichtung der ersten Genetischen Poliklinik in der BR mündete (Wendt 1975). Diese Einrichtung wurde zum Vorbild für zahlreiche H an anderen bundesrepublikanischen Universitäten. Parallel dazu wurde an verschiedenen Kliniken im Rahmen des DFG-Schwerpunktprogramms „Pränatale Diagnose genetisch bedingter Defekte" 1973–1975 die vorgeburtliche Diagnostik etabliert.

Die Forderungen der Humangenetiker fanden auch ihren Niederschlag in gesetzgeberischen Maßnahmen: Bei der Strafrechtsnovellierung wurde die genetische Indikation mit einer an die Erfordernisse der Pränataldiagnostik angepaßten erweiterten Frist Bestandteil der Reform des § 218; die von den Humangenetikern ebenfalls geforderte Freigabe der → Sterilisierung, insb. von sog. Einsichtsunfähigen, wurde allerdings ausgeklammert. 1979 errechneten zwei Humangenetiker in einer ersten Kosten/Nutzen-Analyse Einsparungsmöglichkeiten von allein 48 Mio. DM pro Jahr, wenn alle Schwangeren ab einem Alter von 38 Jahren untersucht und zur Abtreibung von Embryonen mit Down-Syndrom, der häufigsten pränatal diagnostizierten Behinderung, veranlaßt werden könnten (Passarge und Rüdiger 1979). In einer vielbeachteten und vom Bundesministerium für Arbeit und Sozialordnung ausgezeichneten Effektivitäts- und Effizienz-Untersuchung kam der Volkswirtschaftler v. Stackelberg (1980) zu dem Schluß, H kämen durch die Verhinderung → Behinderter und deren Ersetzung durch gesunde Kinder einer Investition in produktives Humanvermögen gleich und erzielten ein durchschnittliches Kosten/Nutzen-Verhältnis von 1:51.

Die Zahl bzw. die Kapazitäten der H sind seither kontinuierlich ausgebaut worden. Gegenwärtig gibt es 59 H in der BR (1989), davon 47 mit angeschlossenem Labor für pränatale Diagnostik. Seit 1987 übernehmen die gesetzlichen → Krankenkassen die Kosten Humangenetischer Beratung und pränataler Diagnostik in einem Umfang, der ein annähernd kostendeckendes Arbeiten der H ermöglicht. Gegenwärtig werden bei ca. 600 000 Geburten ca. 34 000 pränatale Diagnosen durchgeführt; ca. 50% aller Frauen über 35 Jahren, die als Gruppe mit erhöhtem Risiko für die Geburt behinderter Kinder gelten, sind mit pränataler Diagnose versorgt. 2–5,5% aller pränatalen Diagnosen (abhängig von Methode und Zeitpunkt der Durchführung) führen zu einem Schwangerschaftsabbruch. Das Alter der Schwangeren bzw. des Kindsvaters ist z. Z. mit ca. 79% der häufigste Anlaß zum Besuch einer H; stark zugenommen hat in den letzten Jahren die sog. psychische Indikation, d. h. massive Ängste vor der Geburt eines behinderten Kindes (ca. 18%). H können allerdings – auch in Verbindung mit pränataler Diagnostik – immer nur ein Teilrisiko ausschließen, da bei weitem nicht alle genetisch bedingten Erkrankungen oder Fehlbildungen pränatal diagnostizierbar sind. Mittelfristig wird für die Bundesrepublik mit jährlich ca. 130 000 Beratungen, 50 000 prä- und 50 000 postnatalen genetischen Untersuchungen gerechnet (Schroeder-Kurth 1989).

L.: Passarge/Rüdiger: Genetische Pränataldiagnostik als Aufgabe der Präventivmedizin. Ein Erfahrungsbericht mit Kosten/Nutzen-Analyse; Stuttgart, 1979. Schroeder-Kurth, Traute M. (Hg.): Medizinische Genetik in der Bundesrepublik Deutschland: Eine Bestandsaufnahme mit politischen, ärztlichen und ethischen Konzepten, Stellungnahmen von Patientengruppen; Frankfurt/M., 1989. Sierck/Radtke: Die Wohltäter-Mafia. Vom Erbgesundheitsgericht zur Humangenetischen Beratung; Frankfurt, ²1989. v. Stackelberg, Hans Heinrich: Probleme der Erfolgskontrolle präventivmedizinischer Programme – dargestellt am Beispiel einer Effektivitäts- und Effizienzanalyse genetischer Beratung; Diss. Marburg, 1980, Theile, U., Motivation und Information zur genetischen Beratung; in: Reiter/Theile (Hg.), Genetik und Moral. Beiträge zu einer Ethik des Ungeborenen; Mainz, 1985, 199–211. Wendt, Georg Gerhard (Hg.): Genetik und Gesellschaft. Marburger Forum Philippinum; Stuttgart, 1970. Ders., Bericht über den dreijährigen Modellversuch „Genetische Beratungsstelle für Nordhessen" am Humangenetischen Institut der Philipps-Universität Marburg/Lahn; in: Ders. (Hg.), Erbkrankheiten: Risiko und Verhütung; Marburg, o. J. [1975], 157–193.

Ludger Weß

## Humanisierung

H i. w. S. meint die Schaffung menschenwürdiger Lebensverhältnisse und Verkehrsformen durch Politik, Ökonomie, Kultur und Religion. In der BR dient das Stichwort „H" seit Anfang der 70er Jahre zur Kennzeichnung von Reformbestrebungen in verschiedenen Teilbereichen der →Gesellschaft. Sie sind Gegenstand wissenschaftlicher Forschung.

H wird nötig infolge des Primats von Rentabilität und Effektivität in der Produktion von Gütern und →Dienstleistungen gegenüber den Bedürfnissen der Menschen. Die „Unwirtlichkeit unserer Städte" (A. Mitscherlich) z. B. ist verursacht durch die Marktgesetze im Immobilien- und Bausektor und eine daran angepaßte Massen-Architektur; eine Wohnumwelt, welche dem Raum- und Infrastrukturbedarf von Kindern, HausarbeiterInnen und alten Menschen entspricht, ist nur noch für einen Teil der Bevölkerung erschwinglich. Schule, ein zweites Beispiel, wird „inhuman", wenn sie auf den Spiel- und Lerntrieb der Kinder nur noch am Rande eingeht und stattdessen mit relativ austauschbarem „Lernstoff" einen Leistungdruck ausübt, der die Kinder frühzeitig an entfremdetes Arbeiten gewöhnt. Auch die aus Gründen der Effektivität hohen Klassenstärken und Betriebsgrößen der Schulen lassen eine Förderung der individuellen Begabung des einzelnen Kindes nur sehr eingeschränkt zu.

Gesellschaftlich am breitesten diskutiert wird die H der „Arbeitswelt"; damit ist immer die →Erwerbsarbeit gemeint, denn nur in diesem Bereich – im Gegensatz zur Schüler- und →Hausarbeit – gibt es starke →Gewerkschaften und Lobbies. Die Arbeitswelt ist strukturiert durch die Verwertungsinteressen der Kapitalbesitzer und die Gesetze des Marktes, was zu immer neuer Rationalisierung und technologischer Innovation in den Arbeitsabläufen zwingt. Dies geht jedoch häufig zu Lasten der geistigen und körperlichen Gesundheit der abhängig Beschäftigten.

Im Betriebsverfassungsgesetz von 1972 ist zum erstenmal in der Geschichte der →Arbeiterbewegung verankert, daß Arbeitgeber und Betriebsräte im Blick auf die Gestaltung von Arbeitsplätzen und -abläufen „die gesicherten arbeitswissenschaftlichen Erkenntnisse über die menschengerechte Gestaltung der Arbeit berücksichtigen" sollen (§ 90). Zur Steigerung der Lebensqualität am Arbeitsplatz gehören insbesondere: ein hohes Maß an Selbstbestimmung oder zumindest →Mitbestimmung; Schutz vor körperlichen Gefährdungen (z. B. durch Unfallgefahren, Lärm, Schadstoffe, Überlastung und Einseitigkeit); Schutz vor psychischen Gefährdungen (z. B. durch Monotonie und Streß am Band, Über- oder Unterforderung). Freilich ist die H von Arbeit nicht ohne Ambivalenz: Je humaner die Arbeitsbedingungen für die Arbeitenden und ihre sozialen Beziehungen im →Betrieb sind, desto katastrophaler kann sich ein Scheitern am Arbeitsplatz persönlich auswirken.

Im Bereich des Sozial- und Gesundheitswesens gibt es bislang keine speziellen H-programme – vermutlich, weil davon ausgegangen wird, diese Systeme seien eo ipso menschlich, da sie ja für Menschen eingerichtet sind. Indes gibt es bei Institutionen wie etwa dem →Sozialamt oder dem →Krankenhaus genügend Ansatzpunkte, an denen diese Einrichtungen humanisiert werden müßten und könnten – zugunsten des Klientels wie des Personals.

L.: DGB (Hg.): Menschlich arbeiten – menschlich leben; Köln, 1987. Eibach, Ulrich, Krankenhaus und Menschenwürde; in: Wissenschaft und Praxis in Kirche und Gesellschaft 9 (1977), 330–347. Winterhager, Wolf D.: H der Arbeitswelt; Berlin, New York, 1975.

Konrad Leube

**Humanismus**

Bereits im Begriff H (vom lat. humanitas, „Menschlichkeit") drückt sich das neuartige Selbstbewußtsein des menschlichen Subjekts aus. Das Subjekt wird sich selbst zum zentralen Gegenstand ethischen, religiösen und ästhetischen Interesses. In Rede steht die Entfaltung von Individualität und die Steigerung seiner Kräfte. Bei H handelt es sich um einen reflektierten Anthropozentrismus, der unter Zurückweisung dessen, was den Menschen sich selbst entfremdet (→ Entfremdung), vom menschlichen Bewußtsein selbst ausgeht und die Wertsetzung des Menschen zum Objekt hat.

Der H i. e. S. begann Mitte des 14. Jh. in Italien (Petrarca, Dante, Boccaccio), erfaßte bis zu Beginn des 16. Jh. ganz Westeuropa, und seine Botschaft leuchtete geistig dem Zeitalter der Renaissance voran. Obschon die Römer (Cicero) die ethische und kulturelle Entfaltung des Menschen in ästhetisch vollendeter Form, verbunden mit Milde im Wesen, als „humanitas" bezeichneten, ist mit H die zu Beginn der Neuzeit entstehende Bewegung gemeint, die das Ideal der wirklich menschlichen Bildung und Haltung durch Erinnerung und Anknüpfung an die Tradition der alten, aber neuentdeckten Werke antiker und altchristlicher Provenienz zu gewinnen suchte. Diese Bewegung trat der geistigen Vorherrschaft der Kirche, wie überhaupt der Scholastik, mehr und mehr entgegen. Die Bibel und die traditionellen christlichen Studien sollten einen Bezug zum menschlichen Leben (wieder-) bekommen, so daß sie, über das bloß Schulmäßige und Gelehrte hinaus, Erfahrungen der Gegenwart um die der Vergangenheit erweitern in der Absicht, den ganzen Menschen zu sozialen Tugenden und zivilen Funktionen zu bilden. Die Religion tritt in den Dienst dieser Bildungsaufgabe. Prinzipiell werden Inhalt und Aufgaben wegen ihres Bildungswertes geschätzt, wobei allgemeine und enzyklopädische Gesichtspunkte der →Bildung im Mittelpunkt stehen. Da der H die Qualität des Denkens in

Abhängigkeit von der der Sprache sieht, wird die Fähigkeit, sich sprachlich-kommunikativ sowie schriftlich perfekt in klassischem Latein zu artikulieren, zum höchsten Bildungsziel.

Die Lebens- und Erziehungsideale des H bestehen in den drei Leitbegriffen sapienta (Weisheit), eloquentia (Beredtsamkeit), pietas (Frömmigkeit). Den Höhepunkt erreicht der europäische H im Leben und Werk von Erasmus von Rotterdam (1467–1536). Im deutsch-niederländischen Sprachraum haben die Schriften Erasmus' neben denen von Rudolf Agricola (1443–1485; pädagogische Reformprogramme, Lehrbuch der Dialektik) den H am nachhaltigsten geprägt. Erasmus' Werk besteht in der Kritik an Scholastik, Mönchtum, Veräußerlichung und Zwang. In ihm drückt sich das Programm einer Philosophia Christi aus, welches die für das menschliche Heil zentralen Dimensionen antiker und patristischer Bildung in einer philosophisch-gelehrten und urchristlichen Spiritualität vereint. Erasmus kritisiert das kulturelle, gesellschaftliche und kirchliche Leben aus dem Geist eines humanistisch-ethisch verstandenen Christentums.

Das Verhältnis von H und Reformation ist eines von Distanz und Nähe zugleich (Konfrontation Luther vs. Erasmus). Fast alle Reformatoren nutzten die Impulse des H. Die Vertreter des H wandten sich indes gegen die Radikalität der Reformation. Melanchthon, Zwingli, Calvin u. a. blieben dem H auf verschiedene Weise verpflichtet. In allen christlichen Konfessionen wirken bis heute die philologischen und pädagogischen Leistungen des H fort. Als Neu-H wird die wiedererwachende Beschäftigung mit der Antike im Ausgang des 18. und zu Beginn des 19. Jh. (Wilhelm von Humboldt, Herder, Goethe, Schiller etc.) bezeichnet.

Bernd Dewe/Wilfried Ferchhoff

**Humanökologie**
→ Sozialökologie

**Hunger**
H entsteht bei Nahrungsbedürfnis. Auslöser ist Nahrungsmangel im Gewebe. Der Blutzuckerspiegel sinkt. Über ein Steuerungszentrum im Zwischenhirn wird das H-gefühl ausgelöst. Wenn das Nahrungsbedürfnis nicht befriedigt werden kann, setzt zunächst Ernährung aus der Substanz des eigenen Körpers ein. Im fortgeschrittenen Stadium des H geht die Hormonsynthese zurück; die generativen Funktionen (Libido, Menstruation, Wachstum) werden stark eingeschränkt und verschwinden. Bei Spätzuständen treten H-krankheiten auf (Ödeme, Tuberkulose, Furunkulose).

Gegenwärtig bestimmt H-not die → Lebenslage von ca. 1 Milliarden Menschen auf der Erde. Jährlich sterben ca. 20 Millionen Menschen an den Folgen von H-not. Die Bekämpfung der H-not spielt im Rahmen der Strategien zur Lösung des Nord-Süd-Konfliktes (1) eine wichtige Rolle. Daß H-not auch als Ergebnis ökologischer Fehlentwicklung entsteht, wird drastisch im Bericht „Global 2000" beschrieben (2).

Das H-gefühl wird in der → Psychologie als Gemeingefühl bezeichnet. Solche Gefühle (auch Durst, Wohlbehagen, Ekel) sind nur mittelbar auf äußere Reize rückführbar. Gemeingefühle sind je vermittelt über individuelle und soziale Bewertungsvorgänge. So ist es erklärbar, daß im Rahmen des → Fastens auch längere H-zustände individuell umgedeutet werden können als ekstatische Erlebnisse, die dann auch keine lebensbedrohliche Folgen haben.

Das H-gefühl des Menschen kann ausgebeutet werden im Dienste von Herrschaftsinteressen. Vor allem der frühe → Marx (3) hat auf solche Mechanismen aufmerksam gemacht. Menschliche Nahrungsbedürfnisse werden unter der Herrschaft des Kapitals zu bloßen Mitteln degradiert. Auf diese Weise entwickeln sich ökonomische Abhängigkeiten, entsteht Klassenherrschaft. Der brasilianische Bischof Dom Helder Camara warnt vor der Spirale der Gewalt (4), die

die Erde bedroht, wenn es nicht gelingt, Verteilungsgerechtigkeit in der Weise herzustellen, daß die materiellen Grundbedürfnisse (Essen und Wohnen; →Bedürfnis) für jeden Menschen an jedem Platz der Erde befriedigt werden können.

L.: (1) Das Überleben sichern (Der Brandt-Report; Bericht der Nord-Süd-Kommission); Berlin, 1981. (2) Global 2000 – Bericht an den Präsidenten; Frankfurt, 1980. (3) Marx, Karl, Ökonomisch-philosophische Manuskripte aus dem Jahre 1844; in: MEW, Ergänzungsband, 1. Teil; Berlin, 1968. (4) Camara, Dom Helder: Die Spirale der Gewalt; Graz, Wien, Köln, 1973.

Andreas Strunk

**Hungerrevolten**
→ Moralökonomie

**Hygiene**
H wird von alters her jener Teil der Medizin genannt, „welcher lehrt, durch gewisse Anzeigungen und tüchtige Mittel die Gesundheit zu erhalten" (Zedlers Universallexicon 1732). Dergestalt besteht H aus der Diaetetica (Diätetik = Lehre vom gesunden Lebensverhalten) und der Prophylactica (Prophylaxe = Lehre von den vorbeugenden Maßnahmen).

In der Geschichte der H spielen diejenigen Perioden eine wichtige Rolle, in denen Erfahrungswissen zur Geltung kommt und dann ausdifferenziert wird. Neben kirchlichen Heilslehren und v. a. naturwissenschaftlicher Analyse hatte sich bspw. im 16. Jh. ein erstaunliches Erfahrungswissen aus der aufmerksamen Beobachtung gesunder und kranker Menschen in ihrer Umgebung angesammelt. Dies mündete in die Überzeugung, von den zwei Teilen der Medizin sei H gegenüber der Therapie höherwertiger. (Auch in der griech. Antike galt „Hygieia", Tochter des Asklepios und Göttin der Gesundheit, mehr als „Äskulap", Sohn des Apoll und Gott der Heilkunde.) Am besten beherrschte derjenige die Kunst der Gesunderhaltung, der die größten Erfahrungen und das beste Wissen über die Natur des Körpers sowie über die günstigen und schädlichen Einflüsse, besitzt. – Ähnlich, wie dann zu Beginn des 19. Jh., wurde das in Beobachtungen gesammelte Erfahrungswissen des 16. Jh. durch das mittels Eingriffen und Versuchen gewonnene analytische Wissen zurückgedrängt.

H als spezifisches, von allgemeinen Gesundheitsregeln zu unterscheidendes Aufgabengebiet der →Medizin gibt es, seitdem die naturwissenschaftlichen Methoden anscheinend exakte Vorschriften für öffentliche Gesundheit ausarbeiten. So wird der frz. Chemiker Lavoisier und nicht →Johann Peter Frank, der große Vertreter der ‚Medicinischen →Polizey', an die erste Stelle des hygienischen Stammbaums gesetzt. Und als eigentlicher Begründer des medizinischen Faches gilt →Max Pettenkofer, der Apotheker, Chemiker und experimentelle Naturwissenschaftler, der bereits 1853 Vorlesungen über experimentelle H in München hielt, 1865 den ersten Lehrstuhl für H besetzte und 1879 ein selbständiges Hygienisches Institut zugestanden bekam. 1883 wurde H medizinisches Prüfungsfach (→ärztliche Ausbildung). 1884, als sich →Virchow im Preußischen Landtag noch scharf gegen ein weiteres medizinisches Fach wandte, erhielt Karl Flügge in Göttingen ein H-Institut. Die Vergesellschaftungen im Zeichen der Hochindustrialisierung (Wohnungen, Wasser, Aborte, Nahrungsmittel, Seuchen, Gewerbe etc., aber auch die Krankenhäuser, Leichenhäuser usw.) forderten eine wissenschaftliche Bearbeitung der →öffentlichen Gesundheitspflege.

Zwar erklärte der Heidelberger Anatom und Physiologe Friedrich Tiedemann 1829 vor der „Gesellschaft Deutscher Naturforscher und Ärzte", daß „die in der öffentlichen Gesundheits-Pflege getroffenen Einrichtungen, um den Ausbruch verheerender Krankheiten zu verhüten oder deren Verbreitung Schranken zu setzen, so wie die Entdeckung von Mitteln zur Zerstörung der Anstekkungs-Stoffe" zu den „glänzenden Seiten der Heilkunde" gehören, doch hatte dies weder analytische noch praktische Grundlagen oder Folgen. Am Beispiel der Cholera, der bedeutendsten Seuchengefahr, zeigte sich vielmehr die Hilflosigkeit ärztlichen Handelns. Mehr noch, die Cholera führte in gewisser Weise zu einer engen bakteriologischen Sichtweise in der H. Als nämlich →Robert Koch bei der vierten Pandemie 1883 deren Erreger entdeckte, schien eine spezifische Bekämpfung der Erreger hygienische Erfolge zu bescheren. Die Einsicht, Krankheiten seien „die absoluten Ergebnisse der socialen Misere" und die Entdeckung ihrer Ursachen bedeute noch keineswegs die Bereitstellung wirksamer Maßnahmen (August Hirsch 1860), wurde in den Hintergrund gedrängt.

Die bakteriologische Sichtweise, wonach die parasitären Krankheiten der Tiere und Menschen durch das Eindringen und Vermehren von Krankheitskeimen im belebten Körper entstehen, sich von dort verbreiten und nach ihren spezifischen Eigenarten zu bekämpfen sind, versagte in der praktischen Anwendung (Robert Koch mit Tuberkulin; →Behring mit Tetanus), was aber dem Ruhm keinen Abbruch tat. Vielmehr wurden die faszinierenden Einblicke in naturwissenschaftlich erklärbare Vorgänge abgesichert durch eine parallele Entwicklung, die hauptsächlich aufgrund besserer Wohn- und Ernährungsbedingungen zu einer Abnahme der bislang dominierenden Volkskrankheiten, v.a. der Tuberkulose, führte.

Von beispielhaft resignativer Bedeutung war der Selbstversuch des alten Hygienikers Pettenkofer, der mit seinem Assistenten 1892 eine größere Menge Cholerabakterien in Reinkultur zu sich nahm, um die Bedeutung des Wirtes, der menschlichen Widerstandskraft, gegen die Fixierung auf den Krankheitserreger zu stellen. Der Versuch öffnete langfristig den Blick der H hin zu dem Wechselverhältnis von Krankheitserreger und Krankheitsanlage. In allen Auffassungen jener Zeit war allerdings das gesundheitsfördernde Moment in den Hintergrund getreten. Stattdessen zeichnete sich mit der neuerlichen Betonung der Veranlagung eine Tendenz ab, die schließlich in der Rassen-H (→Eugenik/Rassenhygiene) auf die Widerstandskraft und dann auf die Leistungsfähigkeit einer ganzen Bevölkerung abhob.

Als bleibende staatliche Aufgabe gegenüber dem Wohl des einzelnen Bürgers basierte die öffentliche H im Grunde auf der Seuchenabwehr. Mit dem gesetzlichen *Impfzwang* (1.4.1875) wurde Ärzten (→Arzt) ein Eingriff in die individuelle Freiheit und in den lebendigen Körper zugestanden. Als ausführende Behörde wurde 1876 das Reichsgesundheitsamt gegründet – mit einem umfassenden, weit über die Impfgesetze hinausgehenden Programm, das allerdings nicht verwirklicht werden konnte. Andere Maßnahmen, z.B. gegen die Syphilis, Milzbrand, Tollwut etc., und andere Aufgabenbereiche, z.B. die Assanierung der Städte, öffneten im letzten Drittel des 19.Jh. die Perspektive eines umfassenden, staatlich organisierten →Gesundheitswesens.

Doch einerseits wurzelte in den herrschenden gesellschaftlichen Schichten des dt. Kaiserreiches noch eine Erinnerung an das soziale Engagement von Ärzten in den revolutionären Unruhen von 1848 (→Ärzteopposition) und an den gesellschaftspolitischen Anspruch der Medizinalreform, andererseits steckte in Ärzten – zum Teil mit dem gleichen historischen Bezug – eine Angst vor allzu starker Einbindung in den bonapartistischen Staat.

Die große Volkskrankheit zum Ende des 19.Jh., die Tuberkulose, stellte einen praktischen Bezug dar für die Kritik an dem engen, bakteriologischen Zuschnitt der H. Der 1. Internationale Kongreß zur Bekämpfung der Tbc 1899 in Berlin betonte die Wechselwirkungen der wirtschaftlichen und sozialen Verhältnisse mit Entstehung und Verlauf von Volkskrankheiten. Der von →Alfred Grotjahn 1904 geprägte Begriff der *Sozialhygiene* stieß zwar auf massiven Widerspruch, führte schließlich aber zu der von →Alfons Fischer 1918 zusammengefaßten Ausdifferenzierung der H: „Die mit der individuellen H das Gesamtgebiet der H bildende öffentliche H zerfällt in zwei Teile. Die physische H ist der Teil der öffentlichen H, der sich mit den Einflüssen der natürlichen Umwelt auf die Gesundheitsverhältnisse befaßt. Die soziale H ist der Teil der öffentlichen H, der sich mit den Einflüssen der sozialen (kulturellen) Umwelt auf die Gesundheitsverhältnisse beschäftigt."

Eine wichtige Vermittlung in den divergierenden Konzepten der H bildete die hygienische Volksbelehrung. In dieser Form, chronische und infektiöse Krankheiten zu kontrollieren, trafen sich die Hygieniker, die der Bakteriologie in H-Instituten nachgingen, mit denen, die individuelle und gesellschaftliche Maßnahmen forderten. Zugleich konnte eine politische Entlastung erreicht werden, denn insb. die Sozialdemokratie verwies in ihrer Gesellschaftskritik mit Vorliebe auf die „Opfer" von →Alkoholismus, Tuberkulose, Geschlechtskrankheiten oder der ‚Giftküchen' und anderer gesundheitsgefährlicher Betriebe. Die hygienische Volksbelehrung legte das Sinken der Sterblichkeit in die Verantwortlichkeit des einzelnen Bürgers, förderte die Integration der Arbeiterschaft in die →bürgerliche Gesellschaft („Veredelung der Arbeiter") und verinnerlichte den ‚homo hygienicus' als Leitbild des guten Bürgers. Die Einsicht, daß der übergroße Teil aller krankhaften Zustände vermeidbar ist, wurde pädagogisch gegen die Betroffenen gewendet. Zugleich wurde H jedoch attraktiv für breite Bevölkerungsschichten, weil der Zugang zu wissenschaftlichen Einsichten gegeben schien und weil praktische Handlungsmöglichkeiten aufgezeigt wurden. Ein Deutsches H-Museum wurde 1912 in Dresden im Anschluß an die H-Ausstellung 1911 auf Initiative des Odol-Fabrikanten K. A. Lingner gegründet. Über 5 Millionen Besucher unterstrichen das öffentliche Interesse an H. Der 1. Weltkrieg stoppte die Entwicklung, die erst 1927–1930 in bescheidener Form fortgesetzt wurde. Nach dem 2. Weltkrieg lag das H-Museum in Trümmern, wurde wieder aufgebaut und verfolgt noch heute ähnliche museums- und gesundheitspädagogische Konzepte, symbolisiert im ‚gläsernen Menschen'.

L.: Artelt, W./Rüegg, W. (Hg.): Der Arzt und der Kranke in der Gesellschaft des 19. Jahrhunderts; Stuttgart, 1967. Eulner, H.-H.: Die Entwicklung der medizinischen Spezialfächer an den Universitäten des deutschen Sprachgebietes; Stuttgart, 1971. Fischer, A.: Geschichte des deutschen Gesundheitswesens, 2 Bde.; Berlin, 1933. Gottstein: Geschichte der H im neunzehnten Jahrhundert; Berlin, 1901.

Dietrich Milles

## I & D – Gesellschaft für Organisationsentwicklung und Beratung im Gesundheits- und Sozialwesen mbH (I&D)

I & D wurde 1985 mit dem Ziel gegründet, Kenntnisse aus Modellversuchen und Forschungsprojekten für die Praxis im →Gesundheitswesen nutzbar zu machen. Der Schwerpunkt der Tätigkeiten konzentriert sich auf praxisrelevante Gutachten, Berichte mit bereichsübergreifenden Themenstellungen und die zur Verfügungstellung von Programmsystemen zur medizinischen Dokumentation und Klassifikation, die in unterschiedliche DV-Betriebssysteme integriert werden können. Desgleichen arbeitet I & D auf den Gebieten →Medizintechnik („Großgeräte") und →Krankenpflege (Entwicklung und Einführung von Pflege- und Organisationssystemen für ambulante Dienste und stationäre Einrichtungen). Weitere Projekte (im Auftrag des Bundesarbeitsministeriums): Analysen und Erfahrungen mit Diagnosestatistiken (1991).

A.: I & D, Otto-Suhr-Allee 18/20, 1000 Berlin 10.

Harald Clade

## IAB
⇒ Institut für Arbeitsmarkt- und Berufsforschung

## IABG
⇒ Industrie Anlagen-Betriebsgesellschaft

## IAH
= Internationale Arbeiterhilfe; →Arbeitsgemeinschaft sozialpolitischer Organisationen, →Rote Hilfe Deutschland

## IASSW
⇒ International Association of Schools of Social Work

## IB
⇒ Internationaler Bund für Sozialarbeit/Jugendsozialwerk

## Ickert, Franz
1883–1954; Medizinstudium in Leipzig; 1907 Landarzt; 1918 Kreisarzt-Examen, Mitglied der Arbeitsgemeinschaft sozialdemokratischer Ärzte; 1919–21 Assistent am staatl. Untersuchungsamt in Stettin; 1921–26 Kreisarzt in Mansfeld/Westpreußen, Einrichtung einer ersten ländlichen Tbc-Fürsorgestelle; 1927 Medizinaldezernent in Gumbinnen/Ostpreußen; 1932–45 Oberregierungs- und Medizinalrat in Stettin; 1943 Habilitation; 1946–48 Tuberkulose- und Ernährungsreferent beim Oberpräsidenten in Hannover bzw. beim Niedersächsischen Ministerium für Arbeit, Aufbau und Gesundheit; 1949 Generalsekretär des Zentral-Komitees zur Bekämpfung der Tbc in der brit. Zone; 1950 Mitglied des →Bundesgesundheitsrates; 1954 Mitarbeit am Gesundheitsplan im Sozialplan der SPD.

## ICSW
⇒ International Council on Social Welfare

## Ideenwerkstatt
→ Zukunftswerkstatt

## Identität
Der Begriff I (von lat. idem = dasselbe) meint zunächst Sichselbstgleichheit (A = A). In seiner alltagssprachlichen Verwendung verweist er auf die Sichselbstgleichheit einer Person in verschiedenen Handlungskontexten (sozial-horizontal; Konsistenz) und durch die Zeit hindurch (biographisch-vertikal; Kontinuität). Für das Subjekt überprüfbar wird diese Sichselbstgleichheit dadurch, daß es sich in Selbstreflexion zum Objekt seines Denkens macht. Dieser Modus der Selbstreflexion tritt jedoch häufig erst dann auf, wenn I an biographischen Wendepunkten, in widersprüchlichen Handlungssituationen oder kritischen Lebensereignissen fraglich wird. Die Tatsache, daß heutzutage I nicht mehr unverlierbarer Besitz der Subjekte ist, sondern ihnen immer häufiger zum Problem wird, verweist auf die Situation des Menschen in der Moderne.

In seiner humanwissenschaftlichen Bearbeitung hat das Problem der I eine relativ kurze, sich jedoch rasch diversifizierende Forschungsgeschichte, die im Zusammenhang mit den sozialstrukturellen Folgen der →Modernisierung nun nicht mehr traditionell, sondern im Rahmen pluralistisch-arbeitsteilig organisierter Industriegesellschaften gesehen werden muß. In homogenen, durch gesicherte und verbindliche Traditionen erfolgreich integrierten →Gesellschaften mit geringem →sozialem Wandel wurde I deshalb nicht zum Problem, weil sie ihren Mitgliedern eine feste, von allen akzeptierte Rolle und eine dauerhafte, für sie stimmige Selbst- und Weltinterpretation bot. In dem Maße, in dem kulturelle Traditionen auseinandertraten und sich verflüssigten, mithin eine qua fragloser Autorität integrierende Kraft verloren, wurde die I-bildung und -wahrung zu einem individuellen und sozialen Problem, dessen Reflexion sich in unterschiedlichen wissenschaftlichen Disziplinen – zunächst in der amerikanischen Sozialpsycholgie – entwickelte:

Die beiden wichtigsten Ansätze zur Analyse des Problems der I haben die Arbeiten von G. H. Mead und Erikson entfaltet. Eriksons I-theorie, nach Meads Arbeiten publiziert, aber früher als diese rezipiert, wurzelt in der Tradition der →Psychoanalyse Freuds sowie der Ich-Psychologie. Er beschreibt die I-bildung als Abfolge von lebensphasenspezifischen Identifikationen, die in Krisen abgestoßen und überwunden werden und erst in der Adoleszenz in eine dauerhafte Ich-I integriert werden können. Die von ihm beschriebenen Lebensphasen sind konstituiert durch spezifische Entwicklungsaufgaben des Individuums, denen in biographischer Abfolge unterschiedliche I-formationen entsprechen. So ordnet er den psychosexuellen Phasen (oral, anal, genital, usw.) psychosoziale Krisen zu, in denen jeweils spezifische Konflikte gelöst werden müssen, die erst in der Phase der Adoleszenzkrise eine Integration der alten Identifikation in der Ich-I ermöglichen. „Das Gefühl der Ich-I ist also das angesammelte Vertrauen darauf, daß der Einheitlichkeit und Kontinuität, die man in den Augen anderer hat, eine Fähigkeit entspricht, eine innere Einheitlichkeit und Kontinuität (also das Ich im Sinne der Psychologie) aufrechtzuerhalten." (Erikson 1973, 107)

Näherte sich Erikson dem Problem der I mithilfe der Begriffe der Ich-Psychologie, so versuchte Mead eine individualistische Sichtweise der I dadurch überzeugend zu überwinden, daß er in einer sozialwissenschaftlichen Analyse Individuierung und →Sozialisation als zwei Seiten des einen Prozesses der Internalisierung der gesellschaftlichen Erwartungen im Subjekt durch symbolische Interaktionen beschrieb. Mead verwendet in seinen Arbeiten, die philosophische, soziologische und sozialpsychologische Perspektiven verbinden, zwar nicht den Begriff I, aber das von ihm als ‚Self' beschriebene deckt sich weitgehend mit dem, was sonst als I bezeichnet wird. Das ‚Self' entwickelt sich in der über signifikante Symbole (Sprache) vermittelten Interaktion (Sozialisation) dadurch, daß es als ‚Me' zunehmend die gesellschaftlichen Erwartungen verinnerlicht und verallgemeinert und damit das ‚I' mit seinen affektiven, impulsiven Bedürfnissen und Interessen kontrolliert. ‚I' und ‚Me' verhalten sich dabei zueinander wie Inhalt und Struktur. Liefert das ‚I' als spontane, kreative Seite des ‚Self' den Inhalt, so drückt sich dieser in Interaktionen immer nur in Strukturen aus, die das ‚Me' als in das Individuum hineinverlagerter Prozeß der gesellschaftlichen Interaktion in Form von Sprache, Regeln, Normen bereitstellt.

Entscheidend weiterentwickelt wurde die interaktionistische I-theorie durch Goffman. In seinen Analysen der Interaktionstechnik von stigmatisierten Personen (→Stigmatisierung) unterscheidet er zwischen einer sozialen und personalen I, die er beide als Definitionen des Individuums durch andere versteht, und stellt ihnen eine nur subjektiv erfahrbare

Ich-I gegenüber. Unter personaler I versteht Goffman die von außen identifizierte Einzigartigkeit der Person (Körper, Konstellation lebensgeschichtlicher Daten, besondere Merkmale). Unter sozialer I versteht er die in unterschiedlichen Interaktionssituationen divergierenden sozialen Erwartungen (Rollen, Normen). Das Individuum hat also zu balancieren zwischen der Erwartung, (kontinuierlich) so zu sein, wie kein anderer, und konsistent so zu sein, wie alle anderen. Die Lösung dieser paradoxen Situation sieht Goffman in einer Interaktionstechnik, in der das Subjekt einerseits so tut, als ob es der Rollenerwartung (soziale I) vollständig nachzukommen versucht, und indem es andererseits zugleich diese Als-ob-Haltung (Schein-Normalität) signalisiert, um den Bezug zu anderen Rollen und zur personalen I aufrechterhalten zu können. In bezug auf die personale I hat es sich als zu- und berechenbar Einzigartiges zu erweisen, ohne jedoch die Glaubwürdigkeit der sozialen I damit zu zerstören. Das Management der Balance dieser widersprüchlichen I-erwartungen leistet nach Goffman durch Situationen und Biographie hindurch eine nur vom Subjekt erfahrbare Ich-I.

In den 60er Jahren kam es in der dt. Sozialwissenschaft – eingeleitet durch Habermas und Krappmann – zu einer verstärkten Rezeption und Weiterentwicklung sowohl der I-theorien in der Tradition der Ich-Psychologie, als auch der von Mead ausgehenden Theorie in der Tradition des symbolischen Interaktionismus. Überwunden werden sollten damit Erklärungsdefizite, die die Rollentheorie (bes. Parsons) hinterließ. Letztlich entwarf die konventionelle Rollentheorie ein Modell sozialen Handelns, das – kontrafaktisch – von der Konformität individueller Bedürfnisse und sozialer Erwartungen ausging und damit das Subjekt unter die in Rollen ausgedrückten gesellschaftlichen Erwartungen subsumierte. Faktisch müssen die Subjekte in ihrer Lebensgeschichte jedoch verschiedene, widersprüchliche und in sich uneindeutige Rollen übernehmen, integrieren und interpretieren. Diese Fähigkeit ist ohne eine Distanz zwischen Subjekt und seinen Rollen nicht denkbar. Ich-I erscheint so als ein strukturelles Erfordernis der über die interpretationsbedürfige Umgangssprache vermittelten Interaktion. Unter Aufnahme der von Goffman eingeführten Begriffe beschreibt Habermas die Ich-I als die paradoxe Fähigkeit, die Widersprüche zwischen sozialer I – d. h. der Übereinstimmung mit den normierten Verhaltenserwartungen unter gleichzeitiger Sichtbarmachung, daß diese nur eine Scheinnormalität sei – und personaler I – d. h. Aufrechterhaltung der unverwechselbaren Einzigartigkeit, die dennoch als fiktive signalisiert wird – zu balancieren. Die Entstehung und Wahrung von Ich-I verweist so auf die bestehenden Strukturen sozialer Interaktion und deren Entwicklungstendenzen.

In der Soziologie, Pädagogik, aber auch Entwicklungspsychologie wurde besonders der interaktionistische Ansatz aufgenommen und in zahlreichen Forschungen und Publikationen weiterentwickelt. So avancierte der I-begriff in der → Pädagogik (bes. bei Mollenhauer) zu einem zentralen Begriff, der eine sozialwissenschaftlich fundierte Analyse und diskursiv legitimierbare Normativität des Erziehungsprozesses ermöglichen sollte, die vom Bildungsbegriff in der Tradition der geisteswissenschaftlichen Pädagogik (bes. bei Weniger, → Nohl, Spranger) nicht geleistet worden war. Seit Ende der 70er Jahre zeichnen sich im Rahmen der rekonstruktiven Sozialwissenschaften erfolgversprechende Versuche ab, die als Kompetenzen des Subjekts empirisch rekonstruierte kognitive, sprachliche und interaktive Entwicklung auf den I-begriff anzuwenden bzw. in den Rahmen einer I-theorie zu integrieren und mit einer Theorie der Moderne zu verbinden (bes. Habermas). In theoretischen und empirischen Arbeiten wurden Stufen der Entwicklung der I (leibgebundene I des Kleinkindes, rollengengebundene I des Schulkindes, rollenunabhängige Ich-I des Erwachsenen) konstruiert, in die sich überzeugend die einer Entwicklungslogik folgenden Stufen der logischen (prä-, konkret-, formal-operationales Denken) und moralischen (prä-konventionell, konventionell, postkonventionell) Urteilskraft eintragen ließen. Die Genese der autonomen, selbstreflexiven Ich-I des Erwachsenen läßt sich so beschreiben als ein zunehmender Kompetenzerwerb in bezug auf die natürliche und gegenständliche Welt (logische Urteilskraft; Piaget), die soziale Welt (interaktive Entwicklung; Mead) und auf die zunehmende Autonomie im Umgang mit der eigenen psychodynamischen Antriebsbasis (Psychoanalyse; Freud).

In den 80er Jahren legte Kegan eine Theorie der Entwicklung des ‚Selbst' vor, die als durchgängige Ebene die Konstruktion und Entwicklung von Bedeutung im Subjekt analysiert. Auf jeder seiner Stufen befindet sich das ‚Selbst' (Subjekt) in einem besondern Gleichgewichtsverhältnis zum Anderen (Objekt), das als Struktur die stufenspezifische Bedeutungserzeugung prägt. Kegan versteht diese Struktur als eine Tiefenstruktur der Interaktion zwischen Selbst und Anderem, in der sich beide konstituieren. Die Dynamik der Entwicklung – trotz zeitweiliger Austariertheit zwischen Selbst und Anderem – entsteht nach Kegan aus der lebenslangen Spannung zwischen Differenzierung und Integration, zwischen Autonomie und Bindung, die in ihrer letzten Stufe dadurch aufgehoben wird, daß das ‚Selbst' nun von einem überindividuellen Standpunkt aus sich seine widersprüchlichen Bedürfnisse und ‚Selbste' bewußt machen, reflektieren und koordinieren kann. Kegans Subjekt-Objekt-Relationen zeigen einen theoretischen Rahmen auf, in dem man die Stufen Piagets, Kohlbergs und die psychoanalytischen Phasen und Krisen (Übergänge von einem stufenspezifischen Gleichgewicht zum nächsten) als die gleiche Struktur der Bedeutungsentwicklung im Subjekt in bezug auf unterschiedliche Objektbereiche reinterpretieren kann.

L.: Erikson, Erik H.: I und Lebenszyklus; Frankfurt, 1973. Habermas, Jürgen: Kultur und Kritik; Frankfurt, 1976. Habermas, Jürgen/Döbert, Rainer/Nunner-Winkler, Gertrud (Hg.): Entwicklung des Ichs; Köln, 1977. Kegan, Robert: Die Entwicklungsstufen des Selbst; München, 1986.

Stephan-Georg Idel

### Idiotenanstalten

Der Ausdruck I diente in der Vergangenheit als gängige Bezeichnung zur Umschreibung institutioneller Betreuungseinrichtungen für lern- und geistigbehinderte Kinder, Jugendliche und Erwachsene.

Die Entstehungsgeschichte sog. I führt in die erste Hälfte des 19. Jh. zurück; sie wurden gegründet als „Erziehungs-" bzw. „Heilanstalten", die ersten in den Jahren 1828 (Guggenmoos) und 1841 (Guggenbühl; zur Vorgeschichte: →Irrenhäuser). In der Mitte der 1850er Jahre gab es bereits 15 Anstalten dieser Art. Die jeweiligen Gründungen erfolgten auf der Grundlage von vier unterschiedlichen Motivkomplexen; (a.) der erzieherischen und unterrichtlichen Richtung (Guggenmoos, Katenkamp, Sägert, Kern, Helferich; Hubertusburg als Staatsanstalt); (b.) der philanthropisch-karitativen Richtung des Protestantismus (Haldenwang, Müller, Löhe); (c.) der philanthropisch-karitativen Richtung des Katholizismus (Probst); (d.) der medizinischen Richtung (Guggenbühl, Rösch, Erlenmeyer, Hansen).

Aufgenommen wurden vorwiegend Kinder, bei denen ein Erziehungs-, Unterrichts- bzw. Heilerfolg erwartet werden konnte. Obwohl unterschiedlich motiviert, war all diesen Bemühungen gleichermaßen eigen, den Kindern einen Weg in das Erwerbsleben ermöglichen zu wollen. Dieser Zielgedanke spiegelte sich bereits in der Aufnahmepraxis der Anstalten wider; es wurden nur die Kinder aufgenommen, die als „bildungsfähig" bzw. als „heilbar" angesehen wurden. Dies bedeutete, daß sich die ersten I ausschließlich um Kinder bemühten, die heute als „lernbehindert" bezeichnet werden; eine Tendenz, die bald modifiziert werden mußte.

Ab den 1860er Jahren kam es zu einer Ausweitung und Ausdifferenzierung. Von diesem Zeitpunkt an wurde die Anstaltsbetreuung auch auf die Gruppe der heute als „geistigbehindert" bezeichneten Kinder ausgeweitet. Es formte sich nun ein Anstaltstyp heraus, der in der Regel folgende Abteilungen umfaßte: 1. die Abteilung für „bildungsfähige" Kinder, der sich die Anstaltsschule anschloß, als Erziehungs- und Heilanstalt; ihr schloß sich 2. die Beschäftigungsanstalt für jene erwachsenen →Behinderten an, für die auch nach der Schulausbildung eine weitere Anstaltsunterbringung für notwendig angesehen wurde; 3. die Abteilung für „bildungsunfähige" bzw. „unheilbare" Kinder, als Pflegebzw. Bewahranstalt (→Bewahrung); dieser Abteilung schloß sich später 4. eine Pflege- bzw. Bewahranstalt für Erwachsene an. Zusätzlich wurde noch nach Geschlechtern untergliedert. In einigen I bestanden zudem noch besondere Abteilungen für Behinderte aus den „gehobenen Ständen". Einige I (z. B. Stetten) hatten noch gesonderte Abteilungen für Menschen mit →Epilepsien eingerichtet.

Diese Differenzierungen brachten es mit sich, daß in den I zahlenmäßig immer mehr Kinder, Jugendliche und Erwachsene betreut wurden. Betreuten die ersten Anstalten durchschnittlich 10–30 Kinder, so gab es zur Jahrhundertwende von den ca. 70 existierenden Einrichtungen nur noch wenige, in denen unter 100 Bewohner lebten. In der Regel waren es weit mehr; bspw. lebten in 26 Anstalten bereits zwischen 100 und 200 Bewohner, in 11 Anstalten zwischen 200 und 300, in 15 Anstalten mehr als 300, wobei Stetten mit 447, Kraschnitz mit 627, Alsterdorf mit 639, Langenhagen mit 712 und Ursberg mit 987 Bewohnern die größten I waren.

Die sich in dieser spezifischen Form herausgebildeten I haben sich in ihren Grundzügen bis in die heutige Zeit bewahren können. Auch wenn in den letzten Jahrzehnten zahlreiche andere Wohnformen für lern- und geistigbehinderte Kinder, Jugendliche und Erwachsene entstanden sind (→Wohngemeinschaften, Wohnheime usw.), so spielen Anstalten im Betreuungssystem der BR nach wie vor eine tragende Rolle (→psychiatrische Anstalten). Jedoch ist das System der Anstaltsbetreuung in den letzten 20 Jahren auch einer starken Kritik unterzogen worden. Bereits in der Psychiatrie-Enquete (1975) wurde die bestehende „stationäre Betreuung" als unzureichend angesehen und die Entwicklung eines gefächerten Wohnangebotes als notwendig erachtet. In einem derartigen System sollen die Anstalten als „Behindertenzentren" durchaus fortbestehen und die Betreuung von schwerst- und mehrfachbehinderten Kindern, Jugendlichen und Erwachsenen übernehmen. Dieser Gedanke wurde im ersten „Bericht der Bundesregierung über die Lage der Behinderten und die Entwicklung der Rehabilitation" von 1984 erneut aktualisiert. Den Gedanken der Anstaltsbetreuung insgesamt verwarf die →Deutsche Gesellschaft für Soziale Psychiatrie, die bereits 1979/80 für die Auflösung der Großkrankenhäuser und Anstalten eintrat und eine wohnortnahe Betreuung der Betroffenen forderte.

Die Anstalten selbst traten der Forderung nach Auflösung, aber auch der geforderten Spezialisierung entgegen. Alternativ streben sie an, den ihnen zugeschriebenen Charakter der →„totalen Institution" zu überwinden, indem sie sich zu einem „Ort zum Leben" entwickeln wollen. Dieser soll ein besonders geschützter und überschaubarer Lebensraum für geistigbehinderte Menschen sein, an dem sie sich als eigenverantwortliche, selbständige und gleichwertige Mitglieder einer →Gemeinschaft entfalten und erleben können. Damit wollen die großen Einrichtungen für Behinderte dem im Zuge der „Normalisierung" auf die geistigbehinderten Menschen zukommenden Anpassungsdruck entgegenwirken.

L.: Gerhardt, J. P.: Zur Geschichte und Literatur des Idiotenwesens in Deutschland; Alsterdorf-Hamburg, 1904. Behinderte und Rehabilitation. Bericht der Bundesregierung über die Lage der Behinderten und die Entwicklung der Rehabilitation; Bonn, 1984. Finzen/ Schädle-Deininger: Unter elenden, menschenunwürdigen Umständen. Die Psychiatrie-Enquete; Wunstorf, Rehburg-Loccum, 1979. Störmer, N., Historische Aspekte der diakonischen Behindertenhilfe; in: Behindertenpädagogik 1987/1, 35–48.

Norbert Störmer

## Idiotie

Im Verlauf der Zeit- und Sozialgeschichte unterlag der Begriff der I einem mehrfachen Wandel hinsichtlich seiner Bedeutung und seines Sprachgebrauchs. Als Idiot wurde im Griechischen ein einfacher Mensch, ein Alleinstehender, ein Privatmann bezeichnet; umgangssprachlich wird I als Schimpfwort für Trotteligkeit, Dummheit benutzt, und in der Fachwelt der →Psychiatrie wird im System der Oligophrenien mit I der höchste Schwachsinnsgrad bezeichnet.

Im Übergang vom 18. zum 19. Jh. hat Pinel den Begriff der I zur Kategorisierung aller schweren psychischen und intellektuellen Beeinträchtigungen eingeführt. Die I steht bei ihm als vierte Gruppe der Geisteskrankheiten neben der Demenz, der Melancholie und der Manie. Esquirol trennte später die erworbenen psychischen und intellektuellen Beeinträchtigungen von denen, die er für angeboren hielt, und bezeichnete nur letztere mit dem Begriff der I, wobei er den Schweregrad der I anhand des Sprachvermögens glaubte bestimmen zu können. →Kraepelin führte Ende des 19. Jh. für die Vielzahl der angeborenen bzw. früh erworbenen Schwachsinnszustände den Begriff der „Oligophrenie" ein. Eine graduelle Einteilung nahm er anhand der grundlegenden psychischen Leistung, der bewußten Wahrnehmung der Außenwelt, vor. Er unterschied zunächst zwei Formen, die →Imbezillität und die I als schwerste Form der Beeinträchtigung. Hieraus entwickelte sich die noch heute übliche psychiatrische Einteilung der *Oligophrenien* in die drei Grade der Debilität (leichter Grad), der →Imbezillität (mittlerer Grad) und der I (schwerster Grad). Bei dieser Kategorisierung wurden erstmalig die gesamten geistigen Fähigkeiten miteinbezogen und als Maßstab zugrundegelegt, wobei die der I zugeordneten Kinder und Jugendlichen zudem als „bildungsunfähig" stigmatisiert wurden. In der Internationalen Klassifikation der Krankheiten (ICD) durch die →Weltgesundheitsorganisation (WHO) werden die Oligophrenien ihrem Wesen nach noch immer als Intelligenzminderung charakterisiert. In einem erweiterten, fünfstufigen System wird die I als hochgradiger Schwachsinn, als schwerste intellektuelle Behinderung mit einem IQ von unter 20 beschrieben.

Bereits 1846 hatte →Seguin kritisiert, daß die I ausschließlich nach spekulativen Gesichtspunkten klassifiziert, allein dem „Intelligenzdefekt" Beachtung geschenkt werde. Seguin sah hingegen das charakteristische Merkmal der I darin, daß Betroffene nicht in der Lage seien, sich selbst in Beziehung zur →Umwelt zu setzen. Der ursächliche Zustand der I sei der Zustand der →Isolation, und folglich müsse die I als soziales *und* medizinisches Phänomen begriffen werden. Eine Ausrichtung an der schwer erfaßbaren, abstrakten Einheit der Intelligenz, die noch dazu in dem fragwürdigen Intelligenzquotienten (IQ) ausgedrückt wird, hat sich als nicht mehr haltbar erwiesen. Die eingrenzende Registrierung einzelner psychischer Merkmale und deren Verdichtung zu spezifischen Merkmalskomplexen verstellt den Blick auf die soziale Dimension des

Phänomens der I. Eine Aussage über die Ausprägung der I kann folglich nur unter Einbeziehung dieser sozialen Dimension erfolgen.
L.: Kraepelin, Emil: Psychiatrie. Ein Lehrbuch für Studierende und Ärzte; Leipzig, 1896 (5. Aufl.). Meyer, Dorothea: Erforschung und Therapie der Oligophrenien in der ersten Hälfte des 19. Jh.; Berlin-Charlottenburg, 1973. Tölle, Rainer: Psychiatrie; Berlin, Heidelberg, New York, 1982 (6. Aufl.).

Norbert Störmer

**IDZ**
⇒ Institut der Deutschen Zahnärzte

**IFH**
⇒ Institut für Funktionsanalyse im Gesundheitswesen GmbH

**ifs**
⇒ International Federation of Settlements

**IFSW**
⇒ International Federation of Social Workers

**IGES**
⇒ Institut für Gesundheits- und Sozialforschungs GmbH

**IGfH**
⇒ Internationale Gesellschaft für Heimerziehung

**igsf**
⇒ Institut für Gesundheits-System-Forschung e.V.

**ijgd**
⇒ Internationale Jugendgemeinschaftsdienste

**IKOS**
= Informations- und Kontaktstelle für soziales Engagement, →Kontakt- und Informationsstellen für Selbsthilfegruppen

**IM**
= Innere Mission; →Diakonisches Werk der Evangelischen Kirche in Deutschland

**Imbezillität**
Der Begriff der I, der soviel wie „schwach, ohne Halt sein" bedeutet, kommt heute ausschließlich als psychiatrische Kategorie zur Anwendung. Im System der Oligophrenien wird mit I der mittlere Grad des Schwachsinns benannt. In der von der →Weltgesundheitsorganisation (WHO) aufgestellten Internationalen Klassifikation der Krankheiten (ICD) werden die Begriffe I und „deutlicher Schwachsinn" synonym verwendet, verstanden als intellektuelle →Behinderung mittleren Grades mit einem IQ von 35–49. Als Beurteilungskriterium wird wiederum Bezug auf die ungenaue und abstrakte Einheit der Intelligenz genommen (vgl. auch: →Idiotie). In Analogie zu dem Begriff der I entwickelten sich in der Sonderpädagogik die Begriffe „geistig behindert" bzw. „lebenspraktisch bildbar". Letzterem Personenkreis wird der Erwerb von Alltagsroutinen und das Ausüben einer Tätigkeit unter Anleitung und Aufsicht zugetraut. Spezifische Institutionen wie Sonderkindergärten, Sonderschulen und →Werkstätten für geistig Behinderte stehen für diese Gruppe von →Behinderten zur Verfügung.

In der 2. Hälfte des 18. Jh. wurde der Begriff der I noch synonym mit dem der „Demenz" verwendet. Letzterer wurde allmählich zu einem Oberbegriff für die Unfähigkeit, „richtig" zu urteilen und zu überlegen. Es wurde dann von I gesprochen, wenn diese Unfähigkeit im Jugend- bzw. frühen Erwachsenenalter auftrat. Gegen Ende des 18. Jh. wurden beide Begrifflichkeiten qualitativ neu besetzt. Bei Pinel wurde nun die I als eine Art Erstarrung des Geistes deutlich von der Demenz abgehoben und stärker mit dem Begriff der „Stupidität" in Beziehung gesetzt. Esquirol brachte in seiner Einteilung der Zustände der geistigen Schwächen, die er anhand des Sprachvermögens vornahm, erstmals die I und die →Idiotie in eine nähere Beziehung. In seiner fünfstufigen Einteilung wurden die ersten beiden Grade als I und die Grade 3–5 als Idiotie bezeichnet. Hingegen wollte →Seguin nur dann von I sprechen, wenn der die Entwicklung beeinträchtigende Prozeß erst in der frühen Kindheit eingesetzt habe.

Eine herausragende Bedeutung erlangte die begriffliche Ausgestaltung der I gegen Ende des 19. Jh. durch Sollier. Er löste sich von den bisherigen Kategorisierungen und ging von der Einschätzung aus, daß sich I und Idiotie anhand des Grades der Entwicklung der willkürlichen Aufmerksamkeit bestimmen lassen. Beiden Kategorien ordnete er eine Reihe individueller Eigenschaften zu, die er ausschließlich bei in Anstalten lebenden Menschen beobachtet hatte. Nach Sollier zeichnet „Imbezille" die Unbeständigkeit der Aufmerksamkeit aus, aus der die Leichtgläubigkeit erwachse. Zudem seien sie unfähig, sich ausdauernd zu konzentrieren; ihnen fehle das moralische Gefühl und es zeige sich bei ihnen ein boshafter und heimtückischer Charakter. Weiterhin, so beschreibt Sollier, sei der Imbezille zuchtlos, ungehorsam und faul; seine geringe Intelligenz stelle er immer in den Dienst einer schlechten Sache, und folglich stehe er der Gesellschaft feindselig gegenüber. Der Imbezille sei somit ein schädliches und gefährliches Geschöpf, der typische „Anti-Soziale", der unschädlich gemacht werden müsse.

Diese Beschreibung Solliers deckte sich mit den Vorstellungen Kölles, daß den verschiedenen Graden des Schwachsinns spezifische moralische Defekte zugeordnet werden können, und denen von Koch, daß es eine „psychopathische Minderwertigkeit" gebe. Vor diesem Hintergrund entwickelte sich in der Folgezeit die Auffassung, daß das charakteristische Merkmal der I in der „moralischen Minderwertigkeit" der Betroffenen gesehen werden müsse. Zudem wurden große Ähnlichkeiten zwischen der von Sollier gegebenen Beschreibung der I und den Merkmalen des typischen Verbrechers nach Lombroso gesehen (z.B. Pelman und Ufer). Damit schien eine schlüssige Erklärung für die bei den Imbezillen häufig anzutreffenden Straffälligkeiten gefunden worden zu sein. Dieser Gedanke verankerte sich fest im Bereich der →Psychiatrie – noch heute wird dieser Personenkreis als forensisch bedeutsam angesehen (Pschyrembel).

→Kraepelin griff diese Vorstellungen insgesamt auf und faßte die antisozialen Verhaltensweisen in der Kategorie der „Psychopathie" zusammen. Das gemeinsame Merkmal der verschiedenen psychopathischen „Typen" wurde darin gesehen, daß sie die Bereiche der gesellschaftlichen Produktion und Reproduktion stören würden. Folglich umfaßte die Kategorie „Psychopathie" ein breites Spektrum von Erscheinungsformen, die für Kraepelin von persönlichen Eigentümlichkeiten bis zu ausgesprochen krankhaften Zuständen reichten. Die I war in dieses Spektrum eingebunden, sobald das antisoziale Verhalten in einer Entwicklungshemmung der Anlagen vermutet wurde. Diese lag für Kraepelin dann vor, wenn trotz angeeigneter einfacher Kenntnisse eine selbständige Berufstätigkeit aus Verstandesmangel nicht ausgeübt werden konnte. Vor diesem Hintergrund wurde nach weiteren psychologischen und biologischen Faktoren für die bereits definierte Krankheitseinheit gesucht.

Somit erhielt der Begriff der I zu Beginn des 20. Jh. seine spezifische Ausformung und damit auch eine soziale Bedeutung. Sie wurde zu jener Form der Oligophrenien, der als spezifisch moralischer Defekt die moralische Minderwertigkeit entsprach. Letztlich spiegelt sich hier der Versuch wider, unterschiedliche Aneignungsprobleme einer bestimmten Gruppe von Menschen ausschließlich als individuelle Schwierigkeiten aufzufassen und ihnen entsprechende psychische Merkmale als wesenhaft zuzuschreiben. Diese Merkmale wurden dann als störende definiert, und mit ihrer Verdichtung zu einem besonderen Merkmalskomplex wird ein spezifischer Prozeß der →Stigmatisierung eingeleitet. Die Bedingungen, unter denen sich diese Merkmale entwickelt hatten, und die sich in ihrer Entstehungsgeschichte ausdrückende Prozeßhaftigkeit waren nicht mehr Gegenstand der Betrachtung. In abgemilderter Form haben sich diese Paradigmen in der kategorialen Bestimmung der nicht erreichbaren wirtschaftlichen und sozialen Selbständigkeit bis heute bewahrt.

Bei solchen Merkmalsfestschreibungen der I wird deutlich, daß die Erfassung individueller Merkmale in Form spezifischer Merkmalskomplexe, noch dazu reduziert auf der Grundlage der Intelligenzminderung, nur zu indiskutablen Verkürzungen führen kann. Angemessene Aussagen über eine Person lassen sich nur gewinnen, wenn die gesamte →Persönlichkeit betrachtet wird, insb. unter dem Aspekt ihrer Eingebundenheit in soziale Bezüge. Gerade diese Dimension findet in der Begriffsbestimmung der I bis heute noch keinen angemessenen Niederschlag.

L.: Foucault, M.: Wahnsinn und Gesellschaft. Eine Geschichte des Wahns im Zeitalter der Vernunft; Frankfurt a. M., 1973. Güse/Schmacke: Psychiatrie zwischen bürgerlicher Revolution und Faschismus, Band 1; Kronberg, 1976. Jantzen, W.: Sozialgeschichte des Behindertenbetreuungswesens; München, 1982. Kraepelin, E.: Psychiatrie. Ein Lehrbuch für Studierende und Ärzte; Leipzig, 1896 (5. Aufl.). Müller, Ch. (Hg.): Lexikon der Psychiatrie; Berlin, Heidelberg, New York, 1973. Tölle, R.: Psychiatrie; Berlin, Heidelberg, New York, 1982 (6. Aufl.).

Norbert Störmer

**Immenhof\*)**
Von besonderem Interesse mag das Schicksal der von der →Arbeiterwohlfahrt (AW) gegründeten Fürsorge-Erziehungsanstalt „I" in der Lüneburger Heide sein. Als ihre Gründung erwogen wurde, hatte eine Delegation unter Leitung von →Marie Juchacz' Schwester Elisabeth Roehl, an der ich auch teilnahm, ein vernachlässigtes Landgut in Hützel in der Lüneburger Heide besichtigt, um zu prüfen, ob es sich als Erziehungsanstalt eignete, die als ein Beispiel für bessere und wirksamere →Erziehung von schwierigen und straffälligen Jugendlichen dienen könne.

Anfang 1929 hatte ein Bühnenstück von Fritz Lampel („Revolte im Erziehungshaus"), das tatsächliche Mißstände in einer evang. Anstalt schilderte, große Aufmerksamkeit auf diese Probleme gelenkt. Dies führte zunächst dazu, daß die AW „Richtlinien zur Reform der Fürsorgeerziehung", die ich als Vorsitzender der Jugendhilfe-Sektion entwarf, an denen aber auch Hans Maier, Otto Krebs, Rudolf Schlosser und →Hedwig Wachenheim mitarbeiteten, in der Zeitschrift „Arbeiterwohlfahrt" veröffentlichte. Wir schlugen vor, die →Fürsorgeerziehung als Sondermaßnahme aufzugeben, da sie die Jugendlichen in ihrer Besserung im späteren Leben diskriminiere, und ihnen statt dessen durch die →Jugendämter moderne Behandlung und Hilfe zukommen zu lassen. Wir regten an, in Aufnahmeheimen die Ursachen der Schwierigkeiten festzustellen und den Jugendlichen möglichst in halboffenen Heimen mit ärztlicher Hilfe Berufsausbildung und gesundheitliche Kräftigung zu verschaffen. Leider hat die damalige Gesetzgebung unsere Anregungen nicht verwirklicht, obwohl später die sog. „freiwillige Erziehungshilfe" einige Gedanken von ihnen aufgenommen hat.

Als Leiterin des Heims „I" wählte die AW die Leiterin eines meiner Kinderheime im Jugendamt Berlin-Penzlauer Berg, Hanna Eisfelder-Grunwald, aus. Ich entsprach dem Wunsch von Marie Juchacz und ihrer Schwester, so daß Hanna Eisfelder die Leitung des „I" übernehmen konnte. Sie hat sich dort auch bewährt und ist Jahre später nach New York gekommen und dort ehrenamtliche Leiterin der großen Organisation →„Amnesty International" geworden. – So hat der „I" der AW zur modernen →internationalen Sozialarbeit einen wichtigen Beitrag geleistet.

*) Anm.: Gekürzte Fassung aus einer 1981 entstandenen autobiographischen Skizze von →Walter Friedländer.

Walter Friedländer †

**Immigration**
→Arbeitsimmigranten, →Migration

**Immigrantinnen**
→Ausländerinnen, →Migration

**Immunschwäche**
→AIDS

**Impfprogramme**
→Prävention, →Präventivmedizin III. 1

**Impfzwang**
→Hygiene

**Indikatoren**
1. Allg. Phänomene, Anzeichen, Merkmale, ‚Eigenschaften', die auf die Existenz von etwas anderem hinweisen, das zum I in ursächlich bedingender oder in verursachend-bedingender Beziehung steht. I sind Beobachtungs- bzw. Meßinstrumente in der Planung (→Regionalindikatoren), der polizeilichen und juristischen Praxis („Beweise", „Spuren"), in der Psychologie und Soziologie (Variable), in der Medizin („Symptome" als Anzeichen einer Erkrankung; während Umstände und Anzeichen, aus denen die Anwendung bestimmter Heilmittel oder Behandlungsmethoden angezeigt erscheint, „Indikation" genannt werden), in der →Sozialberichterstattung (Soziale Indikatoren), bei der Bedürftigkeitsprüfung in der Sozialhilfe (→Bundessozialhilfegesetz) und bei der Ermittlung von Bedarf (→Bedarfsbemessungssysteme), bei den →Methoden der Sozialarbeit, in der →qualitativen Sozialforschung, usw.

2. (Chemische) Stoffe, die durch (z. B. farbliche) Veränderung eine (chemische) Reaktion bzw. deren Ende anzeigen.

3. Geräte zum Aufzeichnen von technischen und/oder physikalischen Leistungen oder Verbrauch.

**Individualpsychologie**
→Adler

**Individuelle Hilfe**
Ein wichtiger Grundsatz der nach dem →Fürsorgeprinzip gewährten Hilfen des →Bundessozialhilfegesetzes lautet, daß die Hilfe stets von der Besonderheit des Einzelfalles ausgehen soll. Sie muß auf die Person des Hilfempfängers, auf die Art seines Bedarfs und auf die örtlichen Verhältnisse Rücksicht nehmen.

Dieser Grundsatz kann in der praktischen Hilfegewährung allerdings nur eingeschränkt beachtet werden. Es ist nicht möglich, ständige Bedarfsprüfungen durchzuführen und dafür ausreichend gerechte individuelle Kriterien zu finden. I darf auch nicht willkürlich gestaltet werden. Der Gleichheitsgrundsatz ist zu beachten.

Manfred Fuchs

**Individuelle Schwerstbehindertenbetreuung (ISB)**
→Zivildienst

**Individuum**
↔Gesellschaft, →Persönlichkeit

**Industrialisierung**
Unter 1 wird nicht nur einfach das Wachstum und die (zumindest bis in die jüngste Zeit) relativ zunehmende Bedeutung des *Industriesektors* gegenüber den anderen Bereichen verstanden, sondern in einem weiteren Sinn die Durchsetzung bestimmter Prinzipien der gesellschaftlichen Organisation von Arbeitsprozessen, wobei diese zwar im Industriesektor eine bes. deutliche Ausprägung erfahren haben, gleichwohl aber nicht ausschließlich auf ihn zu beziehen sind. Diese Prinzipien bestehen in der zunehmenden Arbeitsteilung auf der Ebene der →Gesellschaft wie der →Betriebe, der tendenziellen Trennung von Hand- und Kopfarbeit und der Spezialisierung von Tätigkeiten, außerdem im möglichst weitgehenden Einsatz von motorischen Antriebskräften und der Herausbildung von mechanischen Bearbeitungs- und Verarbeitungsmethoden,

also der Verringerung des Anteils der lebendigen Arbeit am Produktionsprozeß, so daß die Kapitalintensität insgesamt steigt.

Damit diese Prinzipien umgesetzt werden können, müssen – wie Adam Smith bereits am Ende des 18. Jh. herausgearbeitet hat – ausreichend große Märkte vorhanden sein, die Absatzmöglichkeiten von relativ homogenen und standardisierten Gütern oder Waren bieten. I ist daher an eine Lebensweise gebunden, bei der die Subsistenzproduktion (→ Selbstversorgung) zugunsten der Versorgung über Märkte zurückgedrängt wird. Als klassische Verkörperung der Prinzipien der industrialisierten Massenproduktion gilt die Fließbandproduktion, wie sie kurz nach der Jahrhundertwende, zuerst von Henry Ford in der Automobilindustrie eingeführt wurde.

Im Lauf des 20. Jh. fanden die Prinzipien der I auch in andere Bereiche der Wirtschaft Eingang. Mit ihrer Hilfe versprach man sich in der *Landwirtschaft* die Abhängigkeit von Boden, Klima und natürlichen Wachstumszyklen zu vermindern, wenn nicht gar aufzuheben. Die Verwendung industrieller Vorprodukte bei Ackerbau und Tierhaltung sollten Ertragssteigerungen in bisher nicht erreichten Ausmaßen erbringen; so wurden chemische Produkte zur Schädlingsbekämpfung und zur Düngung sowie zur Konservierung der Produkte eingesetzt, die Herstellung von Saatgut in die Fabrik verlagert, und die in der Landwirtschaft selbst noch verbliebenen Arbeiten wurden mehr und mehr mechanisiert.

Anders als viele Prognosen es in der Zeit des Durchbruchs des Industriesystems vorhergesagt hatten, erwies sich das *Handwerk* keineswegs als überholte Produktionsform, die dem Untergang geweiht war. Es blieb v. a. deshalb in bestimmten Bereichen konkurrenzfähig, weil nicht alle Nachfrage im Sinn der Massenproduktion standardisierbar war, aber auch, weil eine Reihe von technischen Entwicklungen dezentrale Formen der Anwendung erlaubten (Elektromotor, Mikroelektronik). Insofern veränderte sich auch das Handwerk unter dem Einfluß der I.

Im Gefolge des eigentlichen industriellen Wachstums hat der Bereich der → *Dienstleistungen* in den letzten Jahrzehnten am stärksten zugenommen und den Industriesektor inzwischen in einigen entwickelten Ländern überholt. Dabei zeigte sich, daß vertiefte Arbeitsteilung und Mechanisierung nicht auf die Produktion von Sachmitteln begrenzt bleiben mußten; sie prägen inzwischen die Funktionsweise von so unterschiedlichen Bereichen wie Banken und Versicherungen einerseits und das → Gesundheitswesen – Stichwort „Apparatemedizin" – andererseits. Was von manchen als „postindustrielle Gesellschaft" etikettiert wird, bleibt den Prinzipien der I somit nach wie vor eng verbunden.

Über die Produktion von Konsumgütern und Produktionsmitteln hinaus, hat I gleichermaßen für die Produktion von Destruktionsmitteln ungeheure Bedeutung erlangt. Bereits gegen Ende des 19. Jh. war die Herstellung von Waffen und Munition gewissermaßen das Übungsfeld für die industrielle Produktion großer Serien; in den beiden Weltkriegen des 20. Jh. wurden Giftgas, Panzer und Bomben dann in großem Maßstab eingesetzt. Der nationalsozialistische Massenmord an den Juden schließlich wurde nicht nur mit Hilfe von Produkten der modernen chemischen Industrie ausgeführt – er selbst stellte auch eine „I des Tötens" dar.

Für die Klassiker der politischen Ökonomie war die I ein zentrales Thema. Vor allem → Marx beschäftigte sich im 1. Band des „Kapital" ausführlich mit den Fragen der sozialen Antriebskräfte und Folgen der Durchsetzung der „großen Industrie". Er zeigte am Beispiel der Erfahrungen in England auf, wie I unter kapitalistischen Vorzeichen eine Dynamik entwickelte, die die Länge des Arbeitstages wie die Arbeitsinhalte, die Entlohnung wie die Zusammensetzung der Arbeiterschaft veränderte. Richtungsweisend für alle spätere Theorie und Praxis sozialistischer Bewegungen unterschiedlichster Orientierung war auch Marxens Auffassung über den grundsätzlich ambivalenten Charakter der I: daß sie zwar im Rahmen der kapitalistischen Entwicklung zu einer →Verelendung und →Entfremdung der Arbeiterschaft führte, gleichwohl aber die unverzichtbare materielle Basis jeder sozialistischen Gesellschaft bilden müßte.

Während Kritiker der →bürgerlichen Gesellschaft stets die Krisenhaftigkeit des I-prozesses hervorhoben, gingen positivistische Wachstums- und Modernisierungstheoretiker von stetigen und gleichgewichtigen Entwicklungen aus. Aus der Sicht der 60er Jahre schienen konjunkturelle Zusammenbrüche in der Art der Weltwirtschaftskrise von 1929 unwiederholbar zu sein. Industrielle Entwicklung wurde als selbstverständlich oder zumindest als „machbar" angesehen, wobei die Auffassungen höchstens darüber divergierten, ob der →Staat hierzu eher mehr oder weniger eingreifen sollte. Der weltweit ziemlich synchrone wirtschaftliche Einbruch in der Mitte der 70er Jahre entzog auch diesen euphorischen Zukunftsvisionen den Boden. Die Krise machte sichtbar, daß das Voranschreiten der I in verschiedenen Ländern nicht nur die gegenseitigen Austauschbeziehungen und somit die weitere I gefördert, sondern auch das Auftreten neuer Konkurrenten auf dem Weltmarkt mit sich gebracht hatte. In einer Zeit sich abschwächender Wachstumsraten mußte dies die Konkurrenz auf dem Weltmarkt wesentlich verschärfen. Frühere Vorreiter der I, wie Großbritannien und die USA, konnten mit den Produktivitätssteigerungen der „newcomer" – wie Japan oder anderen Ländern Südostasiens – nicht mehr mithalten; während Großbritannien seither einen Prozeß der De-I erfährt, waren die USA bisher in der Lage, ihre verringerte Wettbewerbsfähigkeit mit Hilfe politischer Mittel zu kompensieren.

Darüber hinaus hat das letzte Jahrzehnt gezeigt, daß die Verlaufsformen der I vielfältiger sind, als von den meisten Theoretikern bisher angenommen wurde. Die gängige Annahme war, daß der Trend zu großbetrieblicher und immer weiter standardisierter Produktion unaufhaltsam sei. Doch haben Größenwachstum und Zentralisierung von Funktionen nicht nur den Anteil der Fixkosten sinken lassen, sondern auch zur Schwerfälligkeit und Starrheit von Organisationen geführt. Gleichzeitig hat das Erreichen eines bestimmten Wohlstandsniveaus in entwickelten Ländern für große Teile, wenn auch keineswegs für die Gesamtheit der Bevölkerung die alte Maxime der möglichst kostengünstigen Produktion entthront. Die Anforderungen an Produktqualitäten und -differenzierung sind somit stärker geworden. Zwar hat die Konzentration der Unternehmen (und somit die Macht der großen unter ihnen) weiterhin stark zugenommen, doch entspricht dem nicht eine parallele Entwicklung bei der Konzentration der Betriebe. Eher ist von der Suche nach neuen Organisations- und Produktionsformen auszugehen, mit denen – bspw. über die Auslagerung von Funktionen an kleine oder mittelgroße Zulieferer oder Subunternehmen – finanzielle Risiken minimiert und die Flexibilität der Produktion erhöht werden sollen.

Seit der Krise Mitte der 70er Jahre wurden auch die sozialen Kosten von I offensichtlicher. Wenn die Wachstumsraten der Wirtschaft nicht – wie etwa noch in den 60er Jahren – relativ hoch sind, führen Rationalisierungen und die Einführung neuer Techniken zu Freisetzungen (Arbeitslosigkeit). Zwar haben diese Entwicklungen bisher kaum zu den zeitweilig prognostizierten „menschenleeren Fabriken" geführt, aber dennoch die Zahl der Arbeitsplätze in der Industrie verringert, wobei diese Reduzierung weniger als früher durch die Expansion anderer Bereiche aufgefangen wurde.

Die von Marx, aber auch von bürgerlichen Kritikern um die Jahrhundertwende vorhergesehene generelle Verdrängung qualifizierter Arbeit im Zuge der I hat in dieser Eindeutigkeit nicht stattgefunden; die von anderen v. a. in den 60er Jahren behauptete Notwendigkeit ständig zunehmender Qualifikationen für alle jedoch genausowenig. In neuerer Zeit wird daher eher davon ausgegangen, daß die Auswirkungen von neuen Techniken auf die Arbeitsorganisation und somit auf die konkrete Ausgestaltung von Arbeitsplätzen in vielen Fällen nicht deterministisch feststehen, sondern Gegenstand von Aushandlungsprozessen zwischen Unternehmensleitungen und Beschäftigten sein können. Dabei nehmen einzelne Gruppen von ihnen – Jüngere und Ältere, Männer und Frauen, Deutsche und →Ausländer – sehr unterschiedliche Positionen auf den segmentierten Arbeitsmärkten ein (→Arbeitsmarkt), nach denen sich wiederum ihre Stellung in der Unternehmenshierarchie und somit ihr Einfluß auf die Mitgestaltungsmöglichkeiten der Arbeitsplätze richtet.

Neben der Bedrohung durch Arbeitslosigkeit bildeten die Risiken für die Gesundheit der Arbeiterschaft einen traditionellen Angriffspunkt der →Arbeiterbewegung gegen das Industriesystem. Relativ neu dagegen – und nicht von der Arbeiterbewegung, sondern von anderen Gruppen aufgebracht – ist die Thematik der sozialen Kosten der I hinsichtlich des Umgangs mit der Natur. Sie hat in den letzten Jahren die bis dahin weithin akzeptierte Gleichsetzung von zunehmender I mit zunehmendem Wohlstand am nachhaltigsten ins Wanken gebracht. Diese Kritik besagt im Kern, daß die in Zahlen eindrucksvoll belegbare hohe (und immer noch steigende) Produktivität industrieller Produktion zu einem großen Teil darauf beruht, daß bestimmte Kosten, die im Zusammenhang mit dem Produktionsprozeß anfallen, externalisiert, d.h. nach außen weitergegeben werden; sie tauchen daher im Preis, den die Konsumenten dieser Produkte zahlen, nicht auf, sondern werden von anderen getragen. Dies gilt etwa häufig für die Belastung der →Umwelt mit Schadstoffen wie z. B. Abgasen, Abwässern oder Giftmüll. In diesen Fällen wären die Kosten den verursachenden Unternehmen zurechenbar; diese sind aber über politischen Druck in der Lage, die Beseitigung der Schäden (sofern sie überhaupt erfolgt), der Allgemeinheit aufzubürden. In anderen Fällen sind die ökologischen Auswirkungen zwar nicht geringer, aber unspezifischer. Der Verbrauch von nicht regenerierbaren Rohstoffen, die Durchbrechung ökologischer Kreisläufe und absehbare Veränderungen des Klimas sind folgenreiche Ergebnisse eines Zusammenwirkens verschiedener Faktoren, haben also mit dem Gesamtsystem der industriellen Produktion zu tun, ohne daß der Anteil jedes einzelnen Unternehmens immer eindeutig zu bestimmen wäre. Die Verteidiger der bisherigen I sehen die Behebung dieser Schäden in noch mehr I, während die Kritiker darin den Beleg dafür sehen, daß die Natur eben doch nicht vollkommen beherrschbar ist.

L.: Kapp, K. William: Soziale Kosten der Marktwirtschaft; Frankfurt/M., 1977. Landes, David S.: Der entfesselte Prometheus – Technologischer Wandel und industrielle Entwicklung in Westeuropa von 1750 bis zur Gegenwart; Köln, 1973. Marx, Karl: Das Kapital Bd. 1; Berlin, 1970. Ullrich, Otto: Weltniveau – In der Sackgasse des Industriesystems; Berlin, 1970.

Dorothea Schmidt

**Industrie Anlagen-Betriebsgesellschaft mbH (IABG)**
Zu den renommierten Beratungs- und gutachtlich tätigen Instituten auf dem Gebiet des →Gesundheitswesens zählt die IAGB. Ähnlich wie die →Dornier System GmbH, Projektgruppe Gesundheitsplanung, hat sich das ursprünglich 1961 auf Initiative des Bundesverteidigungsministeriums und der Deutschen Luft- und Raumfahrtindustrie in Otto-

brunn bei München gegründete Institut als typisches technologisch-wissenschaftliches Beratungs- und Dienstleistungsunternehmen im Verlaufe seiner Entwicklungs- und Expansionsaktivitäten in mehrere selbständige Divisionen, Sparten, Abteilungen verselbständigt und die Beratungsaktivitäten „diversifiziert". Mittlerweile werden mehr als 1600 Mitarbeiter im Inland und in ausländischen Departements beschäftigt. 74 Prozent der Geschäftsanteile werden von der bundeseigenen Industrieverwaltungsgesellschaft mbH (IVG), Bonn, weitere 26 Prozent von der Gesellschaft für Flugtechnik GmbH, München, gehalten. IABG versteht sich als industrieunabhängiges, überparteiliches und neutrales Gutachter- und Beratungsunternehmen. Mehr als die Hälfte des interdisziplinär zusammengesetzten Mitarbeiterteams hat abgeschlossene Hochschulausbildung.

Auf dem Gebiet des Gesundheitswesens ist die Abteilung Humansysteme der IABG seit 1968 aktiv. Zunächst standen Aufgaben des militärischen →Sanitätsdienstes im Mittelpunkt. Seit 1973 ist das Institut auch für zivile Auftraggeber tätig. Spezialisiert ist IABG auf umfassende theoretische, experimentelle und analytische Untersuchungen unter Einsatz moderner Spitzentechnologien und des Know-how eines interdisziplinär kooperierenden Mitarbeiterteams. Im Gesundheitswesen stehen Systemanalysen und nationale wie internationale ökonomische und sozialanalytische Vergleichsstudien obenan.

Auftraggeber im zivilen Bereich sind: das Bundesarbeitsministerium, das Bundesministerium für Forschung und Technologie, Länderministerien in Nordrhein-Westfalen, Baden-Württemberg und Berlin, nachgeordnete Behörden wie die Regierung von Oberbayern, die Bayerische Krankenhausgesellschaft, Spitzenverbände der GKV, private Spitzenverbände, Einzelfirmen, Krankenhausträger einzeln oder in Kooperation mit anderen Instituten.

Schwerpunkt der bisherigen Projekte sind: Krankenhauswesen (Kosten, Wirtschaftlichkeit, EDV); kassenärztliche Versorgung (Wirksamkeit einer stärkeren ambulant-stationären Verzahnung, Einkommensvergleiche); →Arbeitsmedizin (Tätigkeitsspektrum, Personalbedarf, Bewertung von Modellvorhaben); →Medizintechnik (Wirksamkeit, Effizienz-, Kosten-Nutzen-Analysen); Aktionsprogramme (Vergleich gesundheitspolitischer Programme, Kosten-Nutzen-Analysen im Bereich der Krebsfrüherkennung, diagnostische Strategien); →Sozialwesen. Aktueller Schwerpunkt sind Fragen des Einsatzes von Expertensystemen in der Medizin. Die Ergebnisse werden in Monographien oder in Schriftenreihen der Projektträger, so z. B. im Rahmen der Reihe „Forschung im Dienste der Gesundheit", dokumentiert und veröffentlicht.

A.: IAGB, Einsteinstraße 20, 8012 Ottobrunn bei München.

Harald Clade

**Industrielle Pathogenität**
I bezeichnet eine Risikolage, die nicht von dem überkommenen →System sozialer Sicherung her definiert wird, wie dies bei Unfall, Arbeitsunfähigkeit usw. der Fall ist. Die überkommenen Sichtweisen auf den Zusammenhang von Produktionsprozessen und Gesundheitsgefährdungen stellen ab einerseits auf die Ursache/Wirkungs-Beziehung im Einzelfall, andererseits auf festzustellende Häufungen. Die gesellschaftliche Relevanz und der sozialpolitische Handlungsbedarf waren somit abzulesen und exakt zu bestimmen. Der Umgang mit industriell produzierten →Risiken erfolgte nach dem komplementären System von ‚Kapselung' (Muster der Maschinenschutzvorrichtungen) und ‚Streuung' (Muster der hohen Schornsteine). Dahinter steckte im Kern ein Rahmungskonzept, das die industrielle Produktion ohne Rücksicht auf Folgen zunächst freisetzte und, von einem bestimmten Ausmaß der Folgen ausge-

hend, einschränkte. Beispielhaft wurde dieses Konzept als Grenzwertkonzept entwickelt.

Heute wird, gerade mit Verweis auf ein verändertes Krankheitspanorama, eine andere Risikostruktur angenommen. Deren Merkmale sind: (a) die Komplexität der Ursachen; (b) Verbindungen von Produktions- und Reproduktionsbereichen; (c) gruppen- und schichtenübergreifende Gefährdungen; (d) die Individualisierung der Unterstützungs- und Auseinandersetzungsformen; (e) Überlagerungen der Verläufe (Alter und ...) etc. Vor allem aber wird der gesellschaftliche Charakter der Risiken selbst erkannt und nicht als quasi natürlich (im Gegenlicht von Alter und Konstitution) oder unnatürlich (als Unfall plötzlich und von außen kommend) behandelt. → Armut als einziges unspezifisches und nicht weiter exakt definiertes Risiko muß erweitert oder abgelöst werden durch die Vorstellung eines allgemeinen, von den Menschen selbst produzierten Risikopotentials. Dies meint I (die Betonung „industriell" verweist nicht nur auf die wichtigste Dynamik und gesellschaftliche Formbestimmtheit der Risiken, sondern auch auf die Gestaltbarkeit).

I korrespondiert mit dem Scheitern der Illusion von der technischen Beherrschbarkeit der Welt und von der Reparatur der Gesundheitsschäden im akuten Einzelfall oder ausgegrenzten Sozialfall. I wurde in bestimmtem Ausmaß vergesellschaftet. → Karl Marx hat diesen Vorgang früh beschrieben. Er hielt „eine gewisse geistige und körperliche Verkrüppelung" für „unzertrennlich selbst von der Teilung der Arbeit im ganzen und großen der Gesellschaft". Er sah in der Teilung der Arbeit, die von der Manufakturperiode an die „gesellschaftliche Zerspaltung der Arbeitszweige" weitertreibt und „das Individuum an seiner Lebenswurzel ergreift", die erste Materialgrundlage und den Anstoß zur „industriellen Pathologie" (MEW Bd. 23, 384 ff.). Als deren Aufgabenstellung bezeichnete er jedoch lediglich die Berichterstattung über die von ihm ökonomisch prognostizierte, wachsende „Verkrüppelung des individuellen Arbeiters". Sozialpolitische oder gestaltende Aufgaben im Zusammenspiel von Technikern, Betriebsorganisation oder Behörden und Institutionen erkannte er nicht.

Die Gefahren für Leben und Gesundheit, die mit der industriellen Entwicklung (→ Industrialisierung) produziert wurden, waren zunächst als spezifische Häufungen bei Berufsgruppen und in Regionen erkennbar. Die ursächlichen Zusammenhänge zu bestimmten Arbeitsstoffen, Arbeitshaltungen, Arbeitsumgebungen usw. waren offenkundig. Problematisch waren die Folgen in einem engen Verständnis für das, was industrielle Entwicklung benötigte: eine bestimmte, qualifizierte Anzahl von Facharbeitern. So wurden die Risiken bis in die Mitte des 19. Jh. hauptsächlich als → „Berufskrankheiten" gefaßt. Unterstellt wurde eine Parallelität zwischen industrieller Entwicklung und allgemeinem öffentlichen Wohl sowie zwischen industrieller Entwicklung und sozialer Sicherung. Eine gesellschaftliche Verantwortung für industrielle Entwicklung wurde lediglich in außergewöhnlichen und akuten Ereignissen anerkannt. Dies war der Fall bei Unfällen, die – wie bspw. bei Dampfkesselexplosionen – eine Bedrohung von Menschen implizierten, die selbst keinen entscheidenden Einfluß auf die Ursachen der Unfälle hatten.

Zum Ende des 19. Jh. wurden schicht- und klassenspezifische Verteilungen und Häufungen von Gefahren für Leben und Gesundheit erkannt, die nicht in das Unfallparadigma paßten. Sie wurden als „Arbeiterkrankheiten" definiert (herausragendes Beispiel war die Tuberkulose). Auch die meisten Berufskrankheiten, also spezifische Gesundheitsschädigungen in einzelnen Berufsgruppen und Branchen, waren keine Unfälle (v. a. waren sie keine plötzlichen Ereignisse und dem normalen Betrieb nicht äußerlich), sondern zählten zu den Arbeiterkrankheiten. Das Bestreben sozial engagierter Ärzte und Politiker galt dem Nachweis, daß einige Berufskrankheiten (v. a. Vergiftungen) den Charakter von Unfällen haben und von der →Unfallversicherung anzuerkennen sind. Damit waren nicht nur deutliche Vorteile der Krankheitsbehandlung, →Rehabilitation oder Verrentung verbunden, sondern auch der Hinweis auf betriebliche Risikopotentiale und nötige Gegenmaßnahmen. Auf der Basis internationaler Verständigung und schließlich des Versailler Friedensvertrages wurde gegen die Widerstände namentlich der chemischen Industrie die Einbeziehung einer Liste von Berufskrankheiten in die →Unfallversicherung beschlossen.

Das Berufskrankheitenverfahren, in dem seit 1925 einzelne Erkrankungen in bestimmten Tätigkeiten als Unfälle anerkannt werden können, zwingt allerdings diese Teile von I in die restriktive Logik der Unfallversicherung und legitimiert die Vergesellschaftung der Risiken. Denn nur in ganz wenigen Fällen gelingt der strenge kausale Nachweis, daß eine →arbeitsbedingte Erkrankung, die überhaupt in der seit 1925 vorsichtig ausgeweiteten Liste enthalten ist (eine neuerdings eingebaute Klausel, wonach auch andere Krankheiten mit ähnlicher Konstellation anerkannt werden können, wirkt in der Logik der Unfallversicherung als Schließungsklausel), in einer versicherten Tätigkeit verursacht wurde. Die Vergesellschaftung der Risiken wurde als restriktive Regulierung organisiert, die wiederum aus der Vergesellschaftung der Risiken ihre Legitimation bezieht.

Gerade die komplexen Prozesse von Gefährdungen, von latenten und kumulierenden Risiken, von körperlicher, seelischer und sozialer Auseinandersetzung, von Prozessen und Verläufen usw., kurz: jener vielschichtigen Bedingungen von Gesundheit, stützen die restriktive Logik der Unfallversicherung, könnten aber in einer neuen Qualität die Frage nach dem Sinn des Wechselspiels zwischen Unfall- und →Krankenversicherung aufwerfen. Die Prozeßhaftigkeit, Komplexität, Latenz und v. a. die Verstricktheit industriell produzierter Risiken ist insb. am Beispiel der Atomkraft, speziell der Strahlenbelastungen thematisiert worden.

Daraus resultieren konkrete Anforderungen an den öffentlichen Diskurs, wie z. B.: Abkehr von dem linearen Ursache-Wirkungs-Modell; Abkehr vom Unfallparadigma; Analyse der ökologischen Auswirkungen als Bestandteil technologischer Entwicklung; Nachweis der Risikoeinschätzung als Basis der Genehmigung nach der →Gewerbeordnung; regelmäßige Überprüfung von Einschätzungen und Wirkungen im laufenden Betrieb; Umkehr der Beweislast bei Gefährdungen und Schädigungen (sozialen und anderen Nachteilen); Wiedereinsetzen der →Haftpflicht durch Unfallversicherung (Zuständigkeit der Unfallversicherung für alle arbeitsbedingten Erkrankungen bis zum Gegenbeweis).

L.: Milles/Müller (Hg.): Berufsarbeit und Krankheit; Frankfurt/M., 1985.

Dietrich Milles, Rainer Müller

**Industrieschule**

Im letzten Drittel des 18. Jh. und Anfang des 19. Jh. entstanden in vielen dt. Kleinstaaten Lehranstalten, in denen die Kinder der „niederen Stände" nicht nur im Lesen, Schreiben, Rechnen und in Religion unterwiesen wurden, sondern in denen sie zugleich auch produktiv arbeiten mußten. Diese z. T. staatlichen, z. T. kirchlichen Einrichtungen, die den Unterricht erstmals mit der Forderung einer Arbeitserziehung durch produktive Beschäftigung verbanden, wurden „I" oder „Arbeitsschulen" genannt.

Der Gedanke des Industrieunterrichts hatte sich bereits 100 Jahre früher, von der führenden Handelsnation Holland ausgehend, in England verbreitet, wo die wirtschaftliche Entwicklung im Vergleich zum Kontinent weiter fortgeschritten war. Ähnlich wie in England entstand das Interesse an dieser Schulform auch in Dt. im Zusammenhang mit der Ausbreitung der Manufakturen und des Verlagswesens. Dem zunehmenden wirtschaftlichen Bedarf an Arbeitskräften in den letzten Jahrzehnten des 18. Jh. stand ein Heer von untätigen, ihrer Produktionsmittel beraubter Menschen gegenüber, die in äußerster →Armut lebten, aber weder gewillt noch fähig waren, sich der neuen Produktionsweise zu unterwerfen. In dieser gesellschaftlichen Krisensituation erschien die →Erziehung der Jugend zu einer bescheidenen Erwerbsmöglichkeit als ein Ausweg, um die Zahl der in den Produktionsprozeß integrierbaren Lohnarbeiter zu erhöhen und die existenzielle Not und Beschäftigungslosigkeit der proletarisierten Bevölkerungsschichten zu lindern.

Für die Industriepädagogen des 18. Jh. (→Campe, Kindermann, Sextro, Wagemann) wurde „Industriosität" zum Inbegriff für die Erziehung zu Fleiß und Arbeitsamkeit (lat.: industria). Mit der Verbreitung des Industrieunterrichts an den Elementarschulen hofften sie der →Verelendung und Verwahrlosung der pauperisierten Menschen entgegenzuwirken und ihre Versittlichung zu fördern sowie die Wirtschaftskraft des Staates zu stärken. Entsprechend diesen Zielvorstellungen reichten die Begründungen für ihre pädagogischen Aktivitäten und Vorschläge von pädagogisch-psychologisch beachtenswerten Einsichten über die entwicklungsfördernde Kraft der Arbeitserziehung bis zu wirtschaftlichen und staatspolitischen Argumenten, die in erster Linie auf die Vermehrung und Konkurrenzfähigkeit der Produkte einheimischer Industrien abzielten.

Die Forderung nach Einführung wirtschaftlich relevanter Arbeit in die →Schulen weckte bald auch das Interesse des →Staates an der I. So befahl Friedrich II. durch die allgemeine königliche Order vom 14.5.1764 die Einrichtung von I bei seinen Regimentern. Auch die Fürsten der dt. Kleinstaaten betrachteten die I als ein Instrument ihrer Wirtschaftspolitik und unterstützten ihre Verbreitung durch Verordnungen. Die staatlichen Verordnungen wirkten sich in den verschiedenen Kleinstaaten sehr unterschiedlich aus und führten zu weit voneinander abweichenden Formen und Funktionen der Arbeitserziehung. Entscheidend für die praktische Umsetzung der angeordneten Maßnahmen waren Entwicklungsstand und wirtschaftliche Struktur des jeweiligen Landes. Am meisten verbreiteten sich die I auf dem Lande, wo die arme Landbevölkerung dazu erzogen werden sollte, ihre traditionellen Anbaumethoden aufzugeben und sich den veränderten Produktionsformen und einer intensiveren Bodennutzung zu stellen, sowie in Gebieten, wo die kindliche Arbeitskraft unmittelbar der ortsansässigen Manufaktur unterstellt werden konnte.

Die am häufigsten vorkommende →Kinderarbeit in den I hing mit der Herstellung und Weiterverarbeitung von Textilien zusammen. Jungen und Mädchen mußten spinnen, weben, stricken, nähen und klöppeln oder züchteten Seidenraupen. Neben den Werkstätten besaßen die I oftmals auch Industriegärten. Die landwirtschaftliche Beschäftigung sollte die Schüler eine möglichst rationelle Nutzung des Bodens lehren, zur Vermehrung der Nutzgewächse für die Verbilligung des bäuerlichen Haushalts beitragen und die Rohstoffe für die lokale Industrie sicherstellen.

Unterricht und Arbeit fanden entweder in regelmäßigem Wechsel statt oder wurden unmittelbar miteinander verknüpft. Der Lehrer, der die Arbeit der Kinder organisierte und beaufsichtigte, hatte oft ein persönliches Interesse an der Sorgfalt und Geschicklichkeit seiner Schüler, da er sich als Vermittler zwischen Verleger und Kindern betätigte und auf diese Weise sein geringes Einkommen aufbessern konnte. Über die Bedeutung der I gehen die Meinungen in der Literatur z. T. auseinander. Einen wirtschaftlichen Erfolg scheint man ihr aber zumindest dort, wo die Schulen in unmittelbarer

Verbindung mit der Textilindustrie standen, nicht absprechen zu können. So gibt es in Böhmen im Jahre 1798 674 Einrichtungen. Gleichzeitig steigt die Zahl der Baumwollspinner von 9776 im Jahre 1785 auf 40 283. In Württemberg bestanden im Jahre 1830/31 I, die von ungefähr 70% aller arbeitsfähigen armen Kinder besucht wurden, die dadurch für ihren Lebensunterhalt selbst aufkamen und dem Betteln und dem Müßiggang entzogen waren.

Aus pädagogischer Sicht bietet die I ein sehr ambivalentes Bild. Einerseits förderte sie den Schulbesuch der Kinder. Der geringe Lohn, den die Schüler für ihre Arbeit erhielten, reichte als materieller Anreiz für die Eltern aus, um ihre Kinder zur Schule zu schicken. Die Einbeziehung produktiver Arbeit in die Schule führte auch zu wichtigen Erfahrungen, die eine Besinnung auf den erzieherischen Wert der Arbeit im Hinblick auf eine allseitige Persönlichkeitsentwicklung ermöglichten. Andererseits stellte der Charakter der Arbeit in den I diese weitreichenden pädagogischen Zielvorstellungen infrage. Unter der ökonomisch erzwungenen, täglichen Arbeitsbelastung in der Schule konnten sich weder die körperlichen Kräfte noch die geistigen Fähigkeiten entwickeln. Einseitige und gesundheitsschädigende Betätigungen widersprachen jeder pädagogisch-sozialen Zielsetzung. Mit der Verdrängung des Verlagswesens in der ersten Hälfte des 19. Jh. verschwanden auch die I.

L.: Alt, Robert: Die I. Ein Beitrag zur Geschichte der Volksschule; Berlin, Leipzig, 1948. Leschinsky, A./Roeder, P. M.: Schule im historischen Prozeß; Stuttgart, 1976.

Ingeborg Alstaedt-Kriwet

## Infektionskrankheiten
→ Bundesseuchengesetz

## Informatik
→ Computer in der Sozialarbeit, → Datenschutz, → Informationstechniken 5

## Informationsgesellschaft
→ Gesellschaft II.1

## Informationstechniken
*Überblick:* Wir kennen bisher drei Arten von Technik: die „alte" Technik der Handarbeit, die I und die Biotechnik (→ Genforschung, → Gentechnologie). Zur zweiten Gruppe zählt der „Computer" (auch „Rechner" oder „Datenverarbeitungsanlage" genannt). Er zeigt charakteristische Unterschiede zur alten Technik, die man kennen muß, wenn man seine Wirkung auf die → Gesellschaft verstehen will. Er ist kein Werkzeug oder eine Maschine im klassischen Sinn, sondern eine „unvollständige Maschine", nämlich eine Art „Intellektprothese", die der „Software" bedarf, um überhaupt funktionsfähig zu werden. Das verschafft ihm einen ungeheuren Vorteil: der Computer ist „Universalautomat". Meist tritt er nicht allein auf, sondern zusammen mit seiner „Peripherie", den anderen I. Das Material, das er verarbeitet, ist immaterielle Information in Datenform. Mit dem Menschen zusammen bildet er das „Informationssystem" (IS), häufig auch (ungenau) „Informationstechnologie" (IT) genannt. Eine Unterart bilden die „Kommunikationssysteme" oder (Informations-) „Netze". Man versteht beide am besten als eine Art „Fabrik für intellektuelle Tätigkeiten und für Kommunikation". Ihre Aufgabe ist die „Industrialisierung" (d. h. industrieförmige Organisation) der Informationsproduktion und -verteilung. Ihre neuartigen Arbeitsweisen und Eigenschaften führen zu jenen Auswirkungen auf die Gesellschaft, namentlich das Sozial- und Gesundheitswesen, welche die „Technologie(folgen)abschätzung" zu bewerten versucht. Mit diesen Fragen befaßt sich hauptsächlich die Angewandte Informatik.

*1. I*

1.1 Es gibt eine verwirrende Vielfalt von I (siehe Abb. 1): Computer, Sensoren, Kopierer, Nachrichtentechnik, Medien u. v. a. Ihre verborgene *Ordnung* besteht darin, daß sie die verschiedenen Schritte

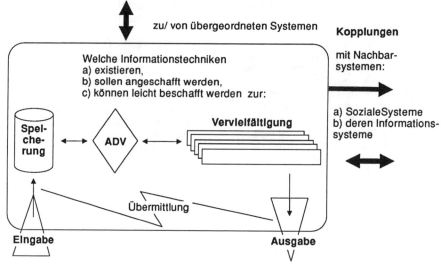

Abb. 1: Hardware-Teil des Informationssystems

der Kopfarbeit technisieren. Wer geistig arbeitet, beginnt meist mit einer Fragestellung, dann sammelt er zugehörige Informationen, schreibt sie nieder, teilt sie andern mit, kommt zu Ergebnissen, verwertet und archiviert oder vernichtet sie. Entsprechend gibt es Geräte zu Erfassung (z. B. Sensoren, Scanner), Speicherung (Buch, CD, Band, Platte, Maschinenausweise), oder beides (Diktiergerät, Schreibmaschine), zur Vervielfältigung (Kopierer, Drucker), Übermittlung (Nachrichtentechnik: Telefon, Telefax u. a.) oder Verteilung (Vervielfältigung + Übermittlung: Funk-, Printmedien; → Medien), Veränderung (Computer, PC, Mikroprozessor) und Löschung (Reißwolf, spezielle Löschverfahren) von Daten.

1.2 Heute befinden wir uns in einem *Übergangsstadium:* Alle diese Geräte werden fast spielerisch miteinander kombiniert und/oder zusammengefaßt; so in der sog. „Büroautomation" (= Computer + traditionelle Bürotechnik, häufig in einem Gerät oder im Verbund), „Telekommunikation" (= Computer + Nachrichtentechnik), „Neue Medien" (keine „Medien" = Verteiltechniken, sondern Computersysteme, kombiniert mit zwei oder mehr anderen I: Bildschirmtext [Btx] = Computer + Telefon + Btx-Programmierung; Telefax = Computer + Kopierer + Nachrichtentechnik; Teletex = Computer + Schreibmaschine + Nachrichtentechnik); oder in exotischeren *Verbundtechniken* (etwa in den sog. „maschinenlesbaren Ausweisen", d.h. einem Systemverbund von speziell präparierten Karten, deren Inhalt und Bedeutung sich über Kartenleser durch Telekommunikation aus dem Inhalt der angeschlossenen einschlägigen Datenbanken des Meldewesens oder des Sozialbereichs ergibt.

1.3 Das *Ergebnis* wird ein „allgemeines Datennetz" sein, das alle Arten verdatungsfähiger Information (Programme, Texte, Daten, Sprache, Musik, Standbild, Fernsehen) gebührenpflichtig und fernkontrollierbar transportieren kann. Das Universaldatennetz wird ähnlich gewichtige Folgen haben wie die Einführung des ersten großen Materialnetzes (Fernstraßensystem des griechischen oder des römischen Imperiums) oder des ersten großen Energienetzes (Elektrifizierung mit der modernen Großstadt- und Arbeitsorganisation). (Gescheitertes) Anfangsstadium war Btx; weitere Zwischenschritte sind ISDN („Integrated Services Digital Network" = das Telefonnetz mutiert zu einem Computerfernverarbeitungsnetz, das beliebig auf diverse „Dienste" [z. B. Telefon, Telefax, Fernwirken] programmierbar ist) und IBFN (= Ausstattung dieses Netzes mit Glasfaser millionenfach größerer Kapazität); Endausbau derzeit entgegen Postbehauptungen noch nicht deutlich konturiert.

2. *Unterschiede zur alten Technik*
2.1 *Der grundlegende Unterschied* besteht darin, daß I nicht Handarbeit maschinisieren, sondern jegliche Tätigkeit des Menschen, die „formalisierbar" ist. Das ist nicht nur „geistige" oder „Kopfarbeit", sondern auch Spiel oder Kommunikation, freilich doppelt „beschränkt" auf intellektuelle und sensorische Funktionen (die anderen, bei denen die rechte Gehirnhälfte mehr beteiligt ist, sind bisher nicht formal darstellbar; „neuronale Netzwerke" können da in ferner Zukunft eine Änderung bringen; „KI" [= „künstliche Intelligenz" ist bisher im wesentlichen ein Forschungsprogramm mit außerordentlich wenig Praxisbedeutung]). Das hat weitgehende *Folgen*: (1) Erstmals kann auch der Staatsapparat seine →Bürokratie „maschinisieren", was bisher nur in kleinem Umfang möglich war, und zwar v.a. in den drei Sektoren (nach Bedeutung): äußere (Militär) und innere (→Polizei, Geheimdienste) sowie →soziale Sicherheit i. w. S. (2) Sodann sind die I nicht auf den engeren Arbeitsbereich beschränkt; sie erfassen auch die Sektoren der →Schattenarbeit (Meldepflichten geringfügiger Tätigkeiten nach dem Gesetz zur Strukturreform im Gesundheitswesen – GRG; →Gesundheitsrecht 3) und der →Freizeit einschließlich der Reproduktionsphäre (Gesundheitswesen: z. B. Maschinenlesbarer Krankenschein = Krankenversicherungskarte; →Patientendatenschutz) sowie die ganze soziale Kommunikation (vgl. auch die seit langem bestehenden Datenlieferungspflichten vom Arbeitgeber über Bundespost zu den Sozialbehörden nach der 2. DEVO und DÜVO, die Meldepflichten nach dem GRG sowie nach dem GES).

2.2 *Speziell der Rechner* und seine funktionsgleichen Ableger, PC („Personal Computer") und Mikroprozessor, sind ein Gerät neuer Art mit gravierenden Unterschieden zur klassischen Maschine: (1) Der Rechner ist eine *„Denkmaschine"*, beschränkt auf formalisierbare Funktionen des Menschen. (2) Er ist ein Denk-*Automat*, der während seiner Arbeit, außer zur Energiezufuhr, keines menschlichen Eingreifens bedarf. (3) Er ist eine abstrakte und *„unvollständige Maschine"*, deren Funktion sich nicht aus der „Hardware" (= was man sehen und greifen kann), sondern aus der „Software" ergibt: Sie nennt der Informatiker mit Recht „Maschine", nicht das Gerät. Unter Software versteht man die in Programmform niedergeschriebenen formalen Anweisungen an die Hardware, ein abstrakt formuliertes intellektuelles Problem (z. B. „Rechner betreiben", „Sortieren", „Textverarbeitung machen", „Rentenänderungsfolgen simulieren") abzuarbeiten. Software ist, so gesehen, eine eigenständige Form der Vergesellschaftung menschlichen Könnens und Wissens. (4) Er ist eine *Universalmaschine*, also nicht eine Maschine für einen Zweck (z. B. säen, tauchen, fliegen, nähen), sondern für alle Zwecke, die man programmieren kann. (5) Er verarbeitet nicht materielle Gegenstände zu materiellen Gegenständen, sondern formt *Daten* zu anderen Daten um, die der Mensch anschließend inhaltlich interpretiert und unterschiedlichen Zwecken, z. B. anderen Systemen, zuführt. Daten aber sind immaterielle Modelle, mit denen man das tun kann, was sonst verboten, unmöglich oder zu teuer wäre – etwa die Folgen einer Rentenreform ausrechnen oder 95% der Bundesbevölkerung in Hunderten von Datenbanken der →Arbeits- und →Sozialverwaltung verdaten.

Auch hier sind die *Folgen* einschneidend: (1) Man kann dem Computer nicht mehr ansehen, was er leisten kann. Man kann also auch nicht mehr wissen, was er aktuell tut, solange man nicht die Programme kennt. (2) Da Computer meist über eine sog. „Peripherie" verfügen, also an kleine oder große Netze angeschlossen sind, an denen weitere Geräte oder Systeme von Geräten hängen, entscheidet über die Leistungsfähigkeit der I ausschließlich der Verbund, nicht das Einzelgerät. (3) Nur im Grenzfall kann der Rechner als *Werkzeug* betrachtet werden, das man „aus der Hand legen" kann; normalerweise ist er „systemisch", d.h. unselbständiger Hauptbestandteil eines I-Systems, das mit Mensch – über die Organisation der Arbeit vermittelt – eine schwer trennbare infrastruktur-ähnliche Einheit eingeht: „I *ist* Organisation". (4) Da ferner stets auch Menschen mit ihrem Wissen und Können beteiligt sind, muß man auch die System- und Netzstruktur mit allen direkten ( = „online") oder indirekten („off-line") Verbindungen samt dem Zusatzwissen der Beteiligten kennen, um die Leistungsfähigkeit der I zu kennen. *Im Hinblick auf Außenwirkungen gibt es nur Informationssysteme* (IS), nicht Informationstechnik (I).

3. IS

Es ist darum korrekter, von IS ( = kurz für I-gestützte IS; häufig gleichbedeutend: „Informationstechnologien" = IT) anstelle von I auszugehen. Die Kenntnis ihrer Komponenten und Eigenschaften ist für alle im Gesundheits- und Sozialbereich Tätigen entscheidend, wenn sie die Interessen ihrer Klientel vertreten wollen. Der Begriff des IS ist in der Angewandten Informatik wesentlich weiter gefaßt.

3.1 Als *Komponenten* kommen regelmäßig in Frage (siehe Abb. 2): (1) *Hardware:* definiert die technische Leistungsfähigkeit, ist also lediglich als Grenze interessant; (2) *Software:* definiert die soziale Leistungsfähigkeit eines IS; (3) *Menschen:* Systemherrn definieren, Benutzer und externe Interessenten nutzen die Leistung eines IS („Funktion") zu ihren Zwecken; (4) *Daten:* definieren das Machtpotential, das in den gespeicherten Daten vorhanden, über Programme verarbeitet, über Verbindungen Dritten zur Verfügung gestellt werden kann; (5) *Organisation:* gibt die technischen und juristischen Beziehungen von Hardware, Software und Mensch innerhalb des IS sowie zur sozialen Umgebung („Umsystem") an. (6) *Originale:* die in Daten und Programmen im IS abgebildeten und verarbeitbaren Objekte (Personen, Sachen, Beziehungen). Ihr Zusammenwirken ergibt die Wirkung der I auf die soziale Umwelt.

Als ein illustratives Beispiel für ein IS im Sozialbereich kann das *Sozialinformationssystem der BR* angesehen werden (siehe Abb. 3). Es wurde seit etwa 1970 kontinuierlich ausgebaut und weist mehrere „Jahresringe" auf: (a) Nach der ursprünglichen Planung war es ein mehr oder minder lockerer „Datenverbund", in der Hauptsache zwischen den Datenbanken und Enscheidungshilfe-Systemen der gesetzlichen →Krankenversicherung, der →gesetzlichen Renten- und der →Unfallversicherung auf allen Ebenen, von der letzten Ortskrankenkasse oder Berufsgenossenschaft bis zum Bundesministerium für Arbeit, mit zahlreichen weiteren Interessenten, z. B. aus anderen Verwaltungen. Inzwischen ist es mehrfach erweitert und effektiviert worden. Einige Schritte waren: (b) Einbeziehung der →Arbeitsverwaltung und der Sozialhilfe ( →Bundessozialhilfegesetz) in den Datenverbund; sodann (c) Einführung der →Rentenversicherungsnummer (RVN) als allgemeines Versichertenkennzeichen (außer in der Krankenversicherung, wo der Bundestag die Abschaffung der RVN erzwang); (d) Ermöglichung des allgemeinen Datenaustausches u.a. durch die „Datenschutzvorschrift" des X. SGB § 69 Ziff. 1, der auch online in alleiniger Verantwortung des Abrufenden (!) geschehen darf (E-BDSG der Bundesregierung); (e) Schaffung von übergeordneten Erschließungsdateien (genannt „Versichertenkonto"

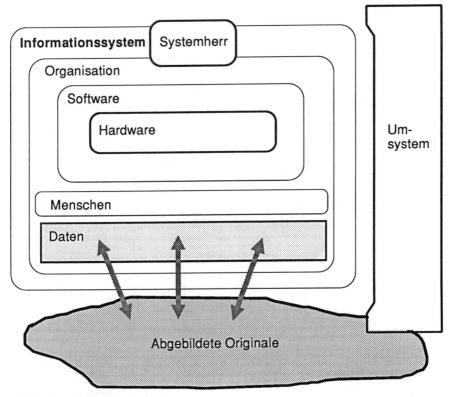

Abb. 2: Komponenten von Informationssystemen

u. dgl.) zur Erschließung der immensen Datenbestände der Renten-, Kranken- und Unfall- sowie der →Arbeitslosenversicherung; schließlich (f) maschinelle Ankopplung der Versicherten zur eindeutigen Identifizierung bei Ärzten, Kassen („Krankenversichertenkarte" [KVK] = maschinenlesbarer Krankenschein [→Patientendatenschutz]; hat mittelbar die Computerisierungspflicht der Kassenärzte zur Folge), Arbeitgebern, Arbeitsämtern und Kontrollkräften (→„Sozialversicherungsausweis" [SVK], eine Art Arbeitskarte nach NS-Vorbild zur Bewirtschaftung v.a. von Arbeitslosen, →Ausländern und DDR-Bewohnern). Dies ergibt ein imponierendes Megasystem unüberschaubarer Komplexität mit einigen tausend zugangsberechtigten Stellen, das datenschutzrechtlich nur unzureichend abgesichert ist (→Datenschutz).

3.2 Die *Eigenschaften* eines solchen Systems sind typisch für ortsübergreifende IS, erst recht für Netze. Das System ist (1) *„raum- und zeitfrei"*, weil die Daten und Programme wegen der Schnelligkeit der Telekommunikation allerorten jederzeit dauernd greifbar sind, wenn sie nicht gelöscht werden oder sonst Grenzen technischer Art aufgerichtet werden. (2) Darum ist es relativ *„unsichtbar"* und *abstrakt.* (3) Zugleich ist es außerordentlich *„einfach"*, da letztlich aus Ja-Nein-Schritten zusammengesetzt. (4) Es ist *„universell"* (besser: *„multifunktional"*), da es (je größer, desto weniger) als Ganzes oder in Teilen umprogrammierbar

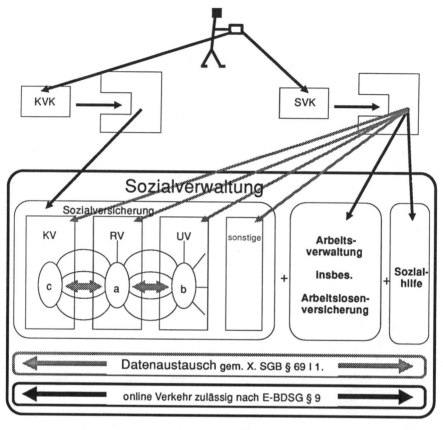

Erläuterung: Der Versicherte hat zwei Maschinenkarten in Händen, die über Ausweisleser an die entsprechenden Datenbestände der Sozial- und Arbeitsverwaltung über soziale, medizinische, psychologische, finanzielle Aspekte des Versicherten gekoppelt sind und über die er in zahlreichen Hinsichten für diese und andere Behörden transparent ist.

Abb. 3: Das Sozialinformationssystem der BR 1990

und an neue oder andere Zwecke anpaßbar ist und weil seine abstrakten Daten scheinbar für beliebige Zwecke auswertbar sind; und deshalb auch *„variabel".* (5) Es ist *„überkomplex"*, da es für niemand vollständig durchschaubar ist, wie auch die →Sozialverwaltung zugibt. (6) Aus diesen Eigenschaften folgt seine *„Intransparenz"*, nicht nur für die Beteiligten, Gerichte oder Datenschutzbehörden, sondern vor allem für die Klienten.

4.
*Die sozialen Auswirkungen* versucht „Technologie(folgen)abschätzung" (TA) zu bewerten.
4.1 *Technologieabschätzung* ist für I, unkritisch gehandhabt, wenig brauchbar, da sie 1. für die anders geartete Handarbeitstechnik entwickelt wurde, 2. zwischen vorgegebener „Technik" und allein beeinflußbaren „Folgen" trennt, während sie sich bei I-gestützten IS

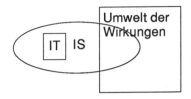

IT = Informationstechnik
IS = Informationssystem

Abb. 4: In Informationssystemen überlagern sich Informationstechnik und Auswirkung

überlagern (siehe Abb. 4); v. a. weil 3. IT hinsichtlich Hard- und v. a. Software sowie Organisationsmöglichkeiten außerordentlich variabel und variantenreich sind. Sie müssen also erst in eine gewünschte Richtung gestaltet werden, ehe sie bewertet werden können – ein typischer Zirkel, der auch so ausgedrückt werden kann: Negative Folgen brauchen bei vernünftiger Technik-Gestaltung gar nicht auftreten.

4.2 Unter diesem Vorbehalt fehlender oder unbedachter I-Gestaltung werden allgemein folgende *Folgengruppen* als wahrscheinlich eintretend namhaft gemacht:

(a) Einerseits u. U. die außerordentliche „industrielle" Steigerung der Produktion und Distribution von Information; Entstehung der Informations-(Hardware-, Software-, Wissens-, System-)Industrie; andererseits entsprechende Rationalisierungsfolgen (Arbeitslosigkeit nun auch bei geistiger Arbeit; Qualifizierungsänderungen meist zu Lasten der Arbeitnehmer; Verschlechterung des „Produkts" zu Lasten der Bürger und Klienten; v. a. Umorganisation auch der Staatsbehörden in Richtung auf industrieähnliche Arbeitsformen; Durchdringung aller Lebensbereiche mit IS und Kommunikationssystemen: Die „Fabrik für intellektuelle Arbeit und Kommunikation" entsteht).

(b) Durch die Möglichkeit, praktisch alle Lebensäußerungen der →Gesellschaft in Datenform zu modellieren, entstehen zwei sachlich zusammenhängende I-spezifische Problembereiche, nämlich das Verdatungs- und das Informations-Machtverteilungs-Problem (*Datenschutz*).

(c) Weitere hier relevante Wirkungsgruppen sind die *Instrumental-*, die Rückwirkungs- und die Großtechnologiefolgen. Unter ersteren sind die Folgen der Multifunktionalität und Intransparenz der IS zu verstehen, die etwa das System der Sozialversicherung für Versicherte so schwer handhabbar macht; *Rückwirkungsfolgen* entstehen aus der Überlagerung von bereits genannten Folgegruppen; *Großtechnologiefolgen* machen die Gesellschaft, hier in Gestalt des informationstechnisch hypertrophen Gesundheits- und Sozialsektors, abhängig vom Funktionieren der Computersysteme und produzieren eine zunehmende „Sozialverschmutzung".

5. *Informatik*: Die Wissenschaften, die sich mit I befassen, sind sehr vielfältig. In technischer Hinsicht sind dies Informatik und Nachrichtentechnik, in sozialer wären mehrere sozialwissenschaftliche Disziplinen zu nennen; nicht zu unterschätzen ist der Anteil der Rechtswissenschaft und v. a. (bei Einführung und Durchsetzung) der Betriebswirtschaftslehre. Für unsere Fragestellungen hat bes. die Angewandte Informatik, hier die Rechtsinformatik, die wesentliche Erkenntnis der *auch technischen* Gestaltbarkeit der IS beigetragen.

L.: Schmidt, Herbert: Das Sozialinformationssystem der Bundesrepublik Deutschland. Sozialinnovation durch Informationstechnologie; Eutin, 1977 (mit Bibliographie). Steinmüller, Wilhelm: Informationstechnologie und Gesellschaft. Einführung in die Angewandte Informatik; Darmstadt, 1991. Ders., Totalverdatung im Gesundheitswesen – in der Kontinuität der 30er Jahre; in: Blätter für deutsche und internationale Politik 1988/8, 954–966.

Wilhelm Steinmüller

**Informationstechnologien**
→ Informationstechniken

## Informelle Sphäre

Sammelbegriff zur Kennzeichnung von personalen Beziehungsnetzen und -strukturen des Individuums: →Familie bzw. →nichteheliche Lebensgemeinschaften/Partnerschaften; →Nachbarschaft; →Arbeitskollegen; →Freunde; ggfs. Verwandte. Am Beispiel des Bedeutungswandels von Verwandtschaftsnetzen zeigt sich der historische Charakter der I, ebenso an der Veränderung partnerschaftlicher Beziehungen. Die beiden terminologischen Elemente („informell" und „Sphäre") verweisen 1. auf den Unterschied zu den formellen Sektoren „Staat" und „Markt" und zu der formal-bürokratisch verfaßten Struktur von Ämtern (→Amt) und →Betrieben; 2. darauf, daß sich die lebensweltlichen Beziehungsnetze primär nicht als gesellschaftliche Sektoren bestimmen lassen, die mittels spezifischer ‚künstlicher' Steuerungsmodi (beim Staat: Recht und Macht; beim Markt: Geld) strukturiert sind. Zwar finden sich in der I auch Elemente von Macht (→Geschlechter), rechtlicher Verfaßtheit (→Familienrecht) und Geld (→Familienhaushalt), dies jedoch in emotional-affektiver Einbettung (→Emotionen). Streng zu unterscheiden ist der Begriff „I" vom Begriff →„Informeller Sektor", der – auf unzulässige Weise – lebensweltliche Beziehungsstrukturen und intermediäre Organisationen (→Intermediarität) ineins setzt. Ähnliches gilt für den →„Netzwerke"-Begriff, der vom Einzelindividuum ausgeht und dessen – weit über die I hinausgehende – ‚Vernetzheit' (z. B. in Vereinen und Kirchengruppen sowie in alltäglichen Interaktionen, die vom Polizisten bis zum Scheidungsanwalt reichen) rekonstruiert.

## Informeller Sektor

Mit dem Begriff des I werden Formen der Ökonomie neben oder jenseits der formellen Ökonomie moderner, industriell strukturierter Gesellschaften belegt. Zunächst handelt es sich beim Begriff I um eine residuale Negativdefinition für Arbeiten und Angebote, die nicht eindeutig dem formellen Sektor zugerechnet werden können oder weitgehend außerhalb des formellen Erwerbs- und Wirtschaftssystems, weder über den Markt noch über den →Staat, erbracht und von der volkswirtschaftlichen Gesamtrechnung nicht unmittelbar erfaßt werden. Somit werden keine Steuern auf die Erwerbseinkommen oder auf die Verkaufserlöse erhoben und keine darauf bezogenen Beiträge zum System der →Sozialversicherung geleistet. Dennoch ist der I im erheblichen Umfang an der volkswirtschaftlichen Wertschöpfung und (über den Konsum und das dadurch erzielte Umsatzsteueraufkommen) an der Ökonomie des formellen Sektors beteiligt. Von ökonomischer und fiskalischer Seite werden wegen der mangelnden Meßbarkeit und Kontrolle des I immer wieder dessen volkswirtschaftliche „Ausfälle" und Verwerfungen hervorgehoben.

Im einzelnen ist strittig: (a) welche konkreten Arbeiten und Angebote dem I zugeordnet werden sollen und können; (b) ob der I als ein eigenständiger, autonomer Sektor oder nur als eine vom formellen Sektor verdeckte, komplementäre bzw. subsidiäre Ökonomie anzusehen ist; und (c) welchen Beitrag der I gegenwärtig zur allgemeinen Wohlfahrt leistet und in Zukunft leisten kann oder soll.

Es gibt z. Z. keine eindeutigen Bestimmungsmerkmale für die Definition des Begriffs „I" – und es kann sie wohl auch nicht geben. Die Literatur zu diesem Thema eröffnet ein ungeheueres Begriffswirrwarr (Teichert u.a. 1988). Dabei gewinnt man den Eindruck, daß die verschiedenen positiven oder negativen, v. a. sozialwissenschaftlich definierten Begriffe des „I" und ihre ökonomische und politische Bewertung eher von normativen Grundannahmen und →sozialen Utopien jenseits der gegenwärtigen gesellschaftlichen Realität als von empirisch fundierten Daten geprägt sind.

Eine häufig getroffene Behauptung, daß die Arbeiten im I (→Eigenarbeit) sich unmittelbar auf einen konkreten Bedarf bzw. einen Gebrauchswert beim Produzenten beziehen und der Gegensatz zwischen Arbeit und Leben, zwischen Produktion und Reproduktion aufgehoben sei, läßt sich m. E. nicht aufrechterhalten. So werden i. allg. Tätigkeiten wie die →Hausarbeit, die ehrenamtliche und unbezahlte →Freiwilligenarbeit (→Ehrenamt) in →Vereinen, Parteien, sozialen, kulturellen und politischen Initativen und in →Selbsthilfegruppen, aber auch die Schwarzarbeit dem I zugerechnet. Jede dieser genannten Tätigkeiten hat jedoch ganz unterschiedliche Funktionen in bezug auf die formellen Systeme der →Erwerbsarbeit und der sozialen Sicherung sowie der informellen individuellen bzw. familialen Reproduktion. Während z. B. die Hausarbeit als unmittelbar bedarfsbezogen und legal gilt, ist die Schwarzarbeit lediglich als eine illegale Variante der Erwerbsarbeit anzusehen, die seitens der Produzenten nicht unmittelbar durch den Bedarf an dem Arbeitsprodukt, sondern durch den zu erwartenden Arbeitserlös charakterisiert ist. Andererseits werden vielfach auch für ehrenamtliche, caritative oder soziale Tätigkeiten, die als unmittelbar bedarfsbezogen gelten, formelle Entgelte oder sog. Aufwandsentschädigungen gezahlt, die eher auf den Charakter einer (Neben-)Erwerbstätigkeit verweisen, wie z. B. die Arbeit von Tagesmüttern, Leihomas, ambulant tätigen Pflegern oder Mitarbeitern in der →Nachbarschaftshilfe.

Die Diskussion um den I wurde verstärkt seit Ende der 60er Jahre aufgenommen. Sie kann als eine Reaktion auf den strukturellen Wandel der →Gesellschaft und dadurch bedingte soziale Prozesse angesehen werden. Dazu gehören insb.: – die zunehmende Herauslösung aus traditionellen kollektiv definierten sozialen Sicherheiten und →Lebenslagen (Individualisierung); – die zunehmende Bedeutung immaterieller Lebensorientierungen (→Wertewandel) und pluraler, individualisierter Lebensstile; – die anhaltende Reduktion der Lebens- und Wochenarbeitszeit durch Arbeitszeitverkürzung und Arbeitslosigkeit und eine damit verbundene Ausweitung der →Freizeit; – die zunehmend nur noch prekär abgesicherten, häufig diskontinuierlich gestalteten Beschäftigungsverhältnisse; – die Ausweitung des Bedarfs an personenbezogenen →sozialen Dienstleistungen sowie das Problem der Deckung dieses Bedarfes durch professionelle Dienstleister im formellen Sektor (vgl. Bell 1975) oder durch →Eigenarbeit und →Selbsthilfe im I (vgl. Gershuny 1981).

Die Auseinandersetzung um den Stellenwert des I wurde und wird seither sehr kontrovers geführt. So wurden einerseits Konzepte vorgestellt, die dem I eine besondere emanzipative oder innovative Bedeutung bei der Befreiung von fremdbestimmten Formen der Lohn- bzw. Erwerbsarbeit, bei der Aufwertung isolierter Haus- und Erziehungsarbeit oder beim Umbau des verbürokratisierten und auf materielle Leistungen reduzierten →Sozialstaates zuweisen. Andererseits wurde auf die sozialen und ökonomischen Gefahren einer Ausweitung oder Aufwertung des I hingewiesen.

Besondere Hoffnungen ruhten dabei auf der →Alternativbewegung und den alternativen Projekten, die oft dem I zugerechnet werden, weil hier zum einen Arbeiten und Leben, Produktion und Reproduktion nicht mehr getrennt seien sowie Arbeit und Angebote sich am unmittelbaren Bedarf orientieren sollten, zum anderen weil hier viel unbezahlte oder formell nicht registrierte Arbeit verrichtet wurde. Dieses sind jedoch Phänomene der Gründerzeit alternativer Projekte. Inzwischen sind sie weitgehend in das formelle Erwerbs- und Versorgungssystem integriert und haben sich professionalisiert (→Professionalisierung). In dieser Hinsicht unterscheiden sie sich nicht mehr prinzipiell oder nur wenig von traditionellen Einrichtungen.

Zu den bekanntesten Autoren, die im Bereich des I neue, emanzipative Möglichkeiten sehen, gehören z. B. André Gorz und Joseph Huber. Gorz bezeichnet den I als eine autonome Sphäre, in der die Menschen, anders als in der sog. heteronomen Sphäre oder dem formellen, fremdbestimmten Sektor, selbst bestimmen können, was sie wie, wann, mit wem und für wen arbeiten wollen (vgl. Gorz 1989). Huber hat demgegenüber die positiven Merkmale einer ausbalancierten Dualwirtschaft, d. h. der Verknüpfung von Erwerbs- und Eigenarbeit, in einem Projekt hervorgehoben (vgl. Huber 1984).

Häußermann und Siebel (1987) warnen allerdings vor einer „Mythologisierung" des I. Aufgrund empirischer Untersuchungen weisen sie darauf hin (und sie haben hier weniger die Arbeit in alternativen Projekten als vielmehr die Hausarbeit und die Nebentätigkeiten von Männern und Frauen außerhalb der formellen Erwerbsarbeit und der informellen Hausarbeit im Blick), daß die meisten dieser Tätigkeiten keinen eigenständigen, selbstbestimmten Charakter haben. Sie zeigen, daß diese Tätigkeiten meist kompensatorische oder komplementäre Funktionen in bezug auf die Erwerbsarbeit erfüllen, weil sie zur Sicherung der Reproduktion vieler Arbeitnehmerhaushalte erforderlich sind. Autorinnen wie Claudia von Werlhof (1985) haben auf die Tatsache verwiesen, daß das männerzentrierte System der Erwerbsarbeit im formellen Sektor ohne die davon abhängige, meist von Frauen und Müttern geleistete Haus- und Erziehungsarbeit gar nicht möglich wäre. Dementsprechend warnen sie davor, die Chancen und Möglichkeiten des I zu überschätzen.

Von Autoren aus dem sozialdemokratisch-gewerkschaftlich orientierten Spektrum, die eher einem staatlich dominierten Sozialstaatsmodell verpflichtet sind, wird die Ausweitung und Verlagerung sozialer und personenbezogener Dienstleistungen in den I im Rahmen der →Selbsthilfeökonomie von Selbsthilfegruppen und selbstorganisierten, alternativen Projekten außerhalb des öffentlichen Dienstes kritisiert. Sie sehen darin weniger eine Verbesserung des Angebotes oder einer wünschenswerten Neustrukturierung anonymer und bürokratischer sozialer Dienste, als vielmehr eine neoliberale Variante des Sozialabbaus und der →Privatisierung gesellschaftlicher Aufgaben durch deren Verehrenamtlichung (→Ehrenamt) oder Verhausfraulichung, da die dann außerhalb des Öffentlichen Dienstes organisierten Arbeiten und Angebote meist nur im Rahmen einer prekären sozialen Absicherung, überwiegend von Frauen, geleistet werden. Während der Staat sich seiner Vor- und Fürsorgepflicht entzieht, werden nach dieser Auffassung die Lasten der Bewältigung ökonomischer und sozialer →Risiken den eh schon Benachteiligten aufgebürdet.

Der Begriff I scheint für die Beschreibung und Bewertung von strukturellen und sozialen Veränderungen aufgrund seiner dualistisch-polaren Gegenüberstellung zum Begriff des formellen Sektors nicht besonders geeignet zu sein. Empirisch läßt sich zwar ein Anwachsen von Tätigkeiten außerhalb des formellen Sektors nachweisen, jedoch handelt es sich hierbei eher um eine Grauzone von prekären bzw. atypischen Beschäftigungsverhältnissen und Angebotsformen, die auf eine Erosion sowohl des sog. Normalarbeitsverhältnisses als auch der traditionellen Systeme der sozialen Sicherung, also auf eine Krise des formellen Sektors, verweisen. Was hier entsteht, liegt gewissermaßen zwischen dem formellen Sektor und der →informellen Sphäre. In diesem auch als intermediär bezeichneten Feld (→Intermediarität) werden charakteristische Elemente des formellen und des I miteinander verknüpft. Bei den, in den letzten Jahren expandierenden, intermediären und dual strukturierten Projekten handelt es sich v. a. um personenbezogene, soziale und kulturelle Dienstleistungen, die in kooperativen Strukturen zwischen Produzenten und Konsumenten erbracht werden und auf eine neue, zwischen Markt, Staat und privaten Haushalten

angesiedelte korrelate Ökonomie verweisen (Effinger 1990).
L.: Bell, Daniel: Die nachindustrielle Gesellschaft; Frankfurt a. M., 1975. Effinger, Herbert: Individualisierung und neue Formen der Kooperation. Bedingungen und Wandel alternativer Arbeits- und Angebotsformen. Wiesbaden, Opladen, 1990. Gershuny, Jonathan: Die Ökonomie der nachindustriellen Gesellschaft; Frankfurt a. M., New York, 1981. Gorz, André: Kritik der ökonomischen Vernunft. Sinnfragen am Ende der Arbeitsgesellschaft; Berlin, 1989. Häußermann, Hartmut/Siebel, Walter: Neue Urbanität; Frankfurt, 1987. Huber, Joseph: Die zwei Gesichter der Arbeit. Ungenutzte Möglichkeiten der Dualwirtschaft: Frankfurt a. M., 1984. Teichert, Volker (Hg.): Alternativen zur Erwerbsarbeit? Entwicklungstendenzen informeller und alternativer Ökonomie; Opladen, 1988. Werlhof, Claudia von, Der weiße Mann versucht noch einmal durchzustarten. Zur Kritik dualwirtschaftlicher Ansätze in der neueren Diskussion; in: Opielka, Michael (Hg.), Die ökosoziale Frage. Alternativen zum Sozialstaat; Frankfurt a. M., 1985, 164–182.

Herbert Effinger

**Infrastruktur**
→ Soziale Infrastruktur

**Infratest Gesundheitsforschung GmbH & Co. KG**
Die I besteht seit 1965 und ist eine Tochtergesellschaft des 1947 gegründeten Instituts Infratest. Zunächst v. a. in der Medienforschung tätig, hat Infratest neben I eine Reihe weiterer Tochterfirmen für Kommunikations-, Wirtschafts- und Sozialforschung eingerichtet.
Auftraggeber von I sind Organisationen im →Gesundheitswesen auf Bundes- und auf Länderebene. Dazu gehören sowohl Spitzenverbände und Körperschaften des Gesundheits- und Krankenhauswesens (so die Bundesvereinigung Deutscher Apothekerverbände; die Bundesärztekammer; die →Deutsche Krankenhausgesellschaft), als auch Ministerien und deren nachgeordnete Behörden (so das BMA, das BMFT, das BMG, das BGA, die BZgA). Daneben sind Unternehmen der pharmazeutischen und der Heilmittelindustrie Auftraggeber einer firmenbezogenen Arzneimittelforschung.

Ausgewählte Projekte der I: Nationaler Gesundheitssurvey, Begleitforschung zur „Deutschen Herz-Kreislauf-Präventionsstudie (DHP)" (Auftraggeber: Bundesministerium für Forschung und Technologie); „DTI – Diagnose- und Therapie-Index": Datenbank mit 6000 anonymisierten „Patientengeschichten" jährlich. Daraus z. B. Analyse von Patientenstrukturen, →Pflegebedürftigkeit, Fehlbelegung in Krankenhäusern, Verweilzeiten, Einweisungs- und Entlassungsverhalten von Krankenhäusern (Auftraggeber: BMA, DKG, Pharmaindustrie; Vorläufer: Deutscher Hospital-Index); – Markteinführungsstrategien, Marktpotentiale, Zusammenhänge von Patienten- und ärztlichem Verordnungsverhalten, Prognosen (Auftraggeber: →pharmazeutische Industrie); – „Drogen, Alkohl und Nikotinmißbrauch" sowie „Schwangerschaftsverlauf und frühkindliche Entwicklung" (Auftraggeber: BMG/BMA, BGA und Länderministerien); – Ermittlung und Analyse der Entwicklung der Krankenhausleistungen, Gutachten für die Deutsche Krankenhausgesellschaft; – Arzneimittelprüfungen in den Tochtergesellschaften Klinische Forschung, München, und Klinische Forschung, Berlin; – Gutachten zur →Epidemiologie von AIDS, Analyse der epidemiologischen Berichterstattung zur AIDS- und HIV-Infektion im Auftrag der →Bundeszentrale für gesundheitliche Aufklärung, Köln.

A.: I, c/o Infratest, Landsberger Straße 338, 8000 München 21.

Harald Clade

**INIFES**
⇒ Internationales Institut für Empirische Sozialökonomie

## Innendienst
→Sozialverwaltung 3

## Innere Kolonisation
→Ländliche Wohlfahrtspflege

## Innere Mission (IM)
→Diakonisches Werk der Evangelischen Kirche in Deutschland

## Innovation

*1. Begriff und strukturelle Bezüge.* Der Begriff „I" bezeichnet neue Bewältigungsmuster oder neue Elemente von Bewältigungsmustern für anstehende Probleme. Solche Bewältigungsmuster können im Gesundheitsbereich (G) neue Medikamente, Diagnoseverfahren bzw. -hilfen, wie Computertomograph oder Ultraschallgerät, Operationstechniken, Therapien usw., und im Sozialbereich (S) neue methodische Ansätze sein – z. B. ökologische –, neue Organisationsformen, wie z. b. in Alternativprojekten, und neue Forschungsergebnisse. Der I liegt die Erfahrung zugrunde, daß verfügbare Lösungsmuster überhaupt nicht oder zu wenig wirksam für die Bewältigung eines bestimmten Problems sind. I ist ein kreatives, produktives Geschehen und kann deshalb nicht erzwungen, aber doch systematisch begünstigt, d. h. wahrscheinlich gemacht werden. Trotz gezielter Anstrengungen kann die erfolgreiche Problembewältigung ausbleiben, z. B. bei der Suche nach Medikamenten gegen Aids, Krebs, Multiple Sklerose. Für die Bedeutung von I ist es weniger wichtig, wie viele Elemente zu einer I gehören, sondern welche Qualität ihnen zu eigen ist, d. h. welche Wirksamkeit sie zur Problembewältigung entfalten. Dementsprechend ist das bloße Neusein kein Qualitätskriterium. Je nach Sachlage können in manchen Fällen umfassende I und in anderen eher geringfügige Neuerungen zur Problembewältigung beitragen, wie dies am Beispiel des Modells der →Wohngemeinschaft zu zeigen ist.

Weitreichende Wirkungen wären im Geltungsbereich des Sozialgesetzbuches von einer veränderten Handhabung des →Subsidiaritätsprinzips zu erwarten. Würde man soziale Dienstleistungsfunktionen nicht mehr nach Vorrang/Nachrang den Freien bzw. öffentlichen Trägern der Wohlfahrtspflege übertragen, sondern nach dem mit Subsidiarität gemeinten inhaltlichen Kriterium vergeben, welcher Bewerber um soziale Dienstleistungsfunktionen am besten die aktive Entfaltung und Mitwirkung der Betroffenen in einer lebensgeschichtlich nahen Einrichtung ermöglicht, entstünde eine bisher nicht gekannte Dynamik: Wettbewerb zwischen öffentlichen traditionellen und neuen Freien Trägern. Damit würde eine wesentliche Änderung des Status quo der Machtverteilung im Sozialbereich eingeleitet.

I entwickelt sich nicht automatisch bei Bedarf, d. h. bei quantiativer oder qualitativer Ausweitung von Problemen, sondern im Kontext mehr oder weniger stabiler Machtstrukturen, deren Repräsentanten sich aufgrund eigener Interessenlagen für oder gegen I einsetzen. Ob nach I gesucht wird, in welchen Hinsichten und mit welchem Nachdruck sie gegebenenfalls vorangetrieben wird, und/oder ob angebotenen I-leistungen Verwirklichungschancen auf breiterer Ebene eingeräumt werden, hängt in erster Linie von den Machtverhältnissen ab, weniger (wenngleich auch) vom Problemdruck und anderen Faktoren. Da der G und S ausgesprochen verfestigte Rahmenstrukturen aufweisen, Patienten und Klienten nur minimale Chancen haben, ihre Interessen für I zu artikulieren und wirksam einzubringen, kommt es deshalb nur im Rahmen ihrer Grundstrukturen, deren Erneuerung nicht in Sicht ist bzw. immer wieder erfolgreich abgewehrt wird, zu I.

*2. I im G.* Im G kooperieren folgende Elemente der Grundstruktur: die in →Ärztekammern organisierte, politisch wirksame Ärzteschaft, die →Krankenkassen als Kostenträger, die Hersteller von Medikamenten, medizinischen Geräten und weiterem Ausrüstungsbedarf (→Medizinindustrie). Aufgrund ihrer erfolgreichen Kooperation bleiben von I einerseits unberührt: die systematische Einbeziehung psychosomatischer Aspekte von Krankheit und Gesundheit; auf Aktivierung und Selbständigkeit der Patienten zielende Therapie; die Probleme von Schadenersatz/Wiedergutmachung bei ärztlichen Kunstfehlern; die Probleme fachärztlich parzellierter Therapien; das faktische Therapiemonopol der Ärzte; die ideologische, weil durch Forschung überholte Fixierung auf das naturwissenschaftliche Modell in der Psychiatrie. Davon abgesehen, wird innerhalb der bestehenden Grundstruktur I andrerseits durch mehrere Faktoren vorangetrieben: durch Problemdruck, Anerkennungsstreben und privatwirtschaftliches Gewinnstreben. Problemdruck (z. B. bei Krebserkrankungen und Aids) haben zur Bereitstellung namhafter Beträge für die Forschung geführt. Da die mit Forschungserfolgen verbundene Anerkennung fast immer auch in materielle Vorteile transferiert werden kann, ergibt sich eine Motivationsverstärkung zugunsten von I. Eine ähnliche Verknüpfung von Anerkennungs- und materiellem Gewinnstreben wirkt auch im Wettbewerb zwischen niedergelassenen Ärzten und leitenden Klinikärzten, der freilich durch örtliche bzw. regionale Nachfragebindungen eingeschränkt ist. Wesentlichen Einfluß auf I im G üben an privatwirtschaftlichem Gewinnstreben orientierte gewerbliche Hersteller von pharmazeutischen Produkten, medizinischen Apparaten und weiterer Ausrüstung für Privatpraxen und Kliniken aus (Medizinindustrie). Die Kombination von Gewinnstreben und Behauptung im Wettbewerb unter Mitbewerbern hat zweifellos zu bahnbrechenden Diagnose- und Therapiemöglichkeiten wesentlich beigetragen, auch wenn medikamentöse und Apparatemedizin mit ihrem Gewicht gefährliche Zielverschiebungen einleiten. Insgesamt ist der G von einer innovativen Dynamik im Rahmen der bestehenden Grundstruktur geprägt.

*3. I im S.* Die Grundstruktur des S wird auf der Basis des Subsidiaritätsprinzips bestimmt durch den Vorrang der Freien Träger der Wohlfahrtspflege vor den öffentlichen. Die jahrzehntelange Praxis hat dabei eine monopol- und kartellartige Privilegierung der →Wohlfahrtsverbände erzeugt. Von I blieben bisher unberührt: die kartellartige Grundstruktur; die verwaltungsorientierten Verfahrensweisen in kommunalen, Landes- und Bundesbehörden; die hochgradige Fremdbestimmung der Betroffenen (ohne Wahlmöglichkeit ihrer Betreuer, gegebenenfalls von Einrichtungen; ohne Mitspracherechte bei Problemanalyse und Methodenwahl); und die Erfolgskontrollen. Auch innerhalb des festgefügten Rahmens bestehen – im Unterschied zum G – nur schwache Anreize und Tendenzen für I, da sich die traditionelle Handhabung des Subsidiaritätsprinzips als innovationshemmende Bestandsgarantie auswirkt. Geringfügige I erwachsen dem Wettbewerb der Freien Träger untereinander zwecks Erhaltung bzw. Ausweitung des eigenen Einflußbereichs und der gesellschaftlichen Akzeptanz. Für die Mitarbeiter bestehen jedoch keine nennenswerten materiellen Anreize zu innovatorischer Arbeit, zumal sie häufig unterbezahlt sind und die für I erforderlichen strukturbezogenen Freiräume meist fehlen. Der anhaltende Problemdruck bewirkt, wenn überhaupt, vorzugsweise Ausweitung von Arbeitsfeldern, nur gelegentlich I. aus Engagement und Solidarität mit den Betroffenen können sich in den eng gezogenen Gesamt- und Verbandsstrukturen kaum behaupten. Engagierte Fachleute und unzufriedene, aber aktive Betroffene entwickeln und erproben deshalb neue Konzepte, Modelle, Strukturen und Verfahrensweisen außerhalb traditioneller Bahnen: als alternative und selbstorganisierte Projekte und Selbsthilfeinitiativen (→Alternativbewegung). Auch erfolgreiche, weil bewährte I sickern gegenwärtig allenfalls in Bruchstücken in die Arbeitszusammenhänge der öffentlichen und Freien Träger ein; ihre allgemeinere Verwendung scheitert in der Regel an den Bestandsgarantien, die alternativen und selbstorganisierten Projekten sowie Selbsthilfeinitiativen keine korrektive Funktion einräumen, sondern sie auf die defizitären Bereiche zurückverweisen. Festzustellen ist jedoch in der wissenschaftlichen Diskussion, in Einrichtungen und in Gesprächen mit Verbandsrepräsentanten ein wachsender I- und Legitimationsdruck auf die Träger. I sind im S zu wesentlichen Anteilen Produkt der fachlichen Opposition. Eine Änderung der eher lähmenden Gesamtsituation ist erst dann zu erwarten, wenn im S strukturimmanente Anreize zur I verankert werden, z.B. durch die Veränderung der Handhabung des Subsidiaritätsprinzips, die Einführung marktwirtschaftlicher Elemente über die Verstärkung der Position der Betroffenen in der Form der Wahl von Betreuer oder Einrichtung.

L.: Engelhardt, H. D., Durchsetzungschancen innovativer Leistungen von Selbsthilfeinitiativen und alternativen Projekten; in: Sandmann, I statt Resignation; München, 1989.

Hans Dietrich Engelhardt

## Innungen

In der Tradition der →Zünfte stehende, nach deren Auflösung in der Folge der 1869 eingeführten Gewerbefreiheit zunächst freiwillige, ab 1897 auch fakultative Zusammenschlüsse zur Interessenwahrung im handwerklichen Bereich sowie zur Wahrnehmung öffentlicher Funktionen. Nach der Handwerksordnung (1953) sind die I freiwillige Vereinigungen selbständiger Handwerker des gleichen oder ähnlichen Handwerks, deren Aufgabe es ist, die gemeinsamen Interessen ihrer Mitglieder zu fördern (u. a. durch die Einrichtung der Innungskassen; →Krankenkassen) sowie an der →beruflichen Qualifizierung im Handwerk und im Fachschulwesen mitzuwirken.

L.: Sagaster, A.: Organisationsbuch des deutschen Handwerks, 2. Auflage; 1968.

## Innungskrankenkassen
→Krankenkassen, →Sozialversicherung 6.a

## Inobhutnahme

Auf bundesgesetzlicher Ebene benennt das Gesetz zum Schutz der Jugend in der Öffentlichkeit (JÖSchG) die Voraussetzungen für die I. Nach § 1, Satz 2, Nr. 2 JÖSchG sind Kinder und Jugendliche in die Obhut des →Jugendamtes – im Regelfall durchgeführt durch die Institutionen der →Jugendschutzstelle – zu nehmen, wenn sie sich an sog. jugendgefährdenden Orten aufhalten und wenn die Gefahr, die ihnen dort unmittelbar droht, nicht unverzüglich beseitigt werden kann.

Weitere Möglichkeiten für die I von Kindern und Jugendlichen werden in fast allen Landesausführungsgesetzen zum Jugendwohlfahrtsgesetz (JWG) benannt. Eine I ist demnach möglich, wenn Minderjährige der Obhut der Personensorgeberechtigten entwichen sind. Darüber hinaus ist in einigen Ländern eine I möglich bei Vorliegen der Voraussetzungen des § 166 BGB, sowie in einigen wenigen Bundesländern bei Vorliegen besonderer Voraussetzungen (wie etwa →Obdachlosigkeit).

Der Begriff der I ist in den genannten Gesetzen nicht näher bestimmt. Nach allgemeiner Auslegung bedeutet I ein allgemeines Schutzverhältnis und ist daher gekoppelt mit dem Begriff der →Fürsorge. I kann sich damit nicht auf die bloße Verwahrung von Minderjährigen reduzieren, sondern beinhaltet die Pflicht zur sozialpädagogischen Arbeit mit ihnen (Krisenintervention; →Intervention).

L.: Jordan/Münder: Pädagogische Arbeit in Jugendschutzstellen; Neuwied, 1987. Münder, J.: I von Minderjährigen – Kommentierung landesrechtlicher Ausführungsbestimmungen und Vorschlag zur gesetzlichen Neuregelung; Münster, 1984.

Erwin Jordan

## INPOL

**INPOL**
= Informationssysteme der Polizei;
→ Polizeiliche Informationssysteme

**Instanz**
→ Institution 3

**Institut der Deutschen Zahnärzte (IDZ)**
Das IDZ ging 1987 hervor aus der Fusion des Forschungsinstituts für die zahnärztliche Versorgung (FVZ) und des Zentralinstituts der Deutschen Zahnärzte (ZIZ). Das FVZ war 1980 als selbständige wissenschaftliche Forschungseinrichtung der Kassenzahnärztlichen Bundesvereinigung (KZBV), Köln, in der Rechtsform einer rechtsfähigen → Stiftung privaten Rechts gegründet worden. Diesem Institut oblag es ebenso wie dem Zentralinstitut der Deutschen Zahnärzte (ZIZ), der KZBV und der Bundeszahnärztekammer „sachdienliche Hilfestellungen bei den gesetzlichen und satzungsmäßigen Aufgaben der zahnärztlichen Berufsvertretungen zu geben, um deren Auftrag zur Sicherstellung der kassenzahnärztlichen Versorgung zu unterstützen und weiterzuentwickeln".

Die früher parallelen Forschungsaktivitäten der FVZ und des ZIZ werden seit 1987 durch das IDZ fortgeführt. Zentraler Auftrag des IGZ ist es, die Grundlagen- und Beratungsarbeit für die zahnärztliche Berufspolitik und Berufsausübung wissenschaftlich zu fundieren, konzeptionell zu vertiefen, programmatisch zu festigen und perspektivisch voranzutreiben. Vorläufer von FVZ, ZIZ und des Nachfolgeinstituts IDZ ist der 1977 gegründete „Planungsstab für Öffentlichkeitsarbeit der Deutschen Zahnärzte" als Initiative von BDZ, KZBV und Freiem Verband Deutscher Zahnärzte e. V. (FVDZ). Gründungsziel dieses Planungsstabes war eine Art konzeptionelle Koordinierungsfunktion. Später kamen die programmatische Grundlagenarbeit, Forschung und Expertisen für die zahnärztliche Standespolitik und die Öffentlichkeitsarbeit hinzu.

Dem Satzungsauftrag trägt die organisatorische Struktur des IDZ Rechnung. Organ ist der Gemeinsame Vorstandsausschuß, der die Aktivitäten nach Direktiven der Trägerorganisationen des Instituts plant und leitet bzw. die langfristigen Aufgabenplanungen festlegt.

A.: IDZ, Universitätsstraße 71–73, Postfach 41 01 69, 5000 Köln 41.

Harald Clade

**Institut für Arbeitsmarkt- und Berufsforschung (IAB)**
Das IAB wurde 1967 gegründet und ist als Abteilung VII Teil der Hauptstelle der → Bundesanstalt für Arbeit (BA). Mit dem → Arbeitsförderungsgesetz (AFG) von 1969 erhielt die im IAB organisierte Forschung als Bestandteil einer vorausschauenden und vorbeugenden → Arbeitsmarkt- und Beschäftigungspolitik ihre gesetzliche Grundlage. Nach dem AFG hat die BA „Arbeitsmarkt- und Berufsforschung zu betreiben" (§ 3 Abs. 2 S. 2 AFG). Arbeitsmarkt- und Berufsforschung (ABF) ist die wissenschaftliche Untersuchung der aktuellen Verhältnisse und die Abschätzung der künftigen Entwicklung auf nationalen, regionalen und internationalen Arbeitsmärkten. Das bedeutet im einzelnen, Umfang und Art der Beschäftigung sowie Lage und Entwicklung des → Arbeitsmarktes, der → Berufe und der beruflichen Bildungsmöglichkeiten im allgemeinen und in den einzelnen Wirtschaftszweigen und Wirtschaftsgebieten, auch nach der sozialen Struktur, zu beobachten, zu untersuchen und (die Ergebnisse) für die (anderen) Aufgaben der BA auszuwerten (§ 6 Abs. 1 S. 1 AFG).

Ziel der ABF ist es zum einen, Informationen für den einzelnen zur Verfügung zu stellen, damit er seine Entscheidungen bei der Ausbildungs-, Berufs- und Beschäftigungswahl und bei der beruflichen Anpassung abstützen kann. Zum anderen sind die Arbeitsmarkt- und die → Bildungspolitik an ihren Ergebnissen interessiert, um künftige strukturelle Ungleichgewichte auf dem Arbeitsmarkt möglichst frühzeitig erkennen oder vermeiden zu können. ABF wird interdisziplinär betrieben und beteiligt u. a. die Fachrichtungen Volkswirtschaftslehre, Betriebswirtschaftslehre, Ingenieurwissenschaften, analytische Statistik und Soziologie. Die ABF bedient sich v. a. der wirtschafts- und sozialwissenschaftlichen Methoden einschließlich der mathematisch-statistischen Datenanalyse unter Ausnutzung der Möglichkeiten der elektronischen Datenverarbeitung. Sie greift zurück auf die Daten der amtlichen und nichtamtlichen Wirtschafts-, Arbeitsmarkt-, Sozial- und Bildungsstatistik, aber auch auf solche Daten, die direkt bei Erwerbspersonen oder in Betrieben gewonnen wurden.

Das IAB erfüllt seine Forschungsaufgaben durch eigene Forschung, Forschungsaufträge, Erhebungen, Beiträge zur Abstimmung der einschlägigen Forschung, Förderung arbeitsmarktstatistischer Aktivitäten, Dokumentation und Information, Beiträge zur Umsetzung von Forschungsergebnissen, Politikberatung und Vertragsforschung. Als Schwerpunkte des Erhebungsprogramms des IAB haben sich Projekte zur Wirkungsforschung arbeitsmarktpolitischer Instrumente und Verlaufsuntersuchungen bei Jugendlichen auf dem Wege vom Bildungs- in das Beschäftigungssystem sowie bei Erwerbspersonen ergeben. Zu den Besonderheiten der in der BA betriebenen ABF, die sich aus der Einbindung des IAB in den Gesamtorganismus dieser Dienstleistungsbehörde ergeben, gehören die Beiträge der IAB zur Umsetzung von Forschungsergebnissen und die verhältnismäßig enge Verflechtung von Forschung und Praxis.

Der organisatorische Rahmen erleichtert eine wirksame Umsetzung der Forschungsergebnisse, da die Kommunikation zwischen den Beteiligten institutionalisiert und die Wirksamkeit der Forschung nicht zuletzt auch über die Selbstverwaltungsorgane und im Rahmen der Zusammenarbeit mit den Regierungs- und Verwaltungsinstitutionen gewährleistet ist. Die Ausschüsse für ABF des Verwaltungsrats und des Vorstands der BA beraten Programm und Ergebnisse jeweils gemeinsam; sie bilden die Verbindung der zentralen Selbstverwaltungsorgane zum IAB. Die Programmabwicklung durch die Bearbeitung von Forschungsprojekten geschieht nach wissenschaftseigenen Kriterien. Der Abschluß der Projekte erfolgt durch eine wissenschaftliche Veröffentlichung. Diese Veröffentlichungen sind nicht als geschäftspolitische Äußerungen der BA zu irgendeiner Sachfrage zu verstehen. Die Abstimmung seiner Forschungsprogramme mit Fachabteilungen, Geschäftsleitung, Selbstverwaltungsorganen und dem →Bundesminister für Arbeit und Sozialordnung und ferner die institutionelle Eingliederung des IAB in eine Behörde beeinträchtigen die Freiheit der wissenschaftlichen Durchführung des Forschungsprogramms und die Öffentlichkeit der Forschungsergebnisse – zwei wesentliche Merkmale des westlichen Wissenschaftsbegriffs – nicht.

Die Forschungsergebnisse werden dem Bundesminister für Arbeit und Sozialordnung vorgelegt, zugleich stehen sie den Dienststellen der BA, der Allgemeinheit, vornehmlich den Sozialparteien, sowie Interessierten in Politik, Wirtschaft und Wissenschaft als Orientierungshilfen zur Verfügung. (Dazu ist die BA auch nach Art. 6 des Übereinkommens Nr. 88 der internationalen Arbeitsorganisation, ILO, über die Errichtung von Arbeitsverwaltungen verpflichtet.) Die Problemfelder der ABF ergeben sich aus der Auffächerung und Konkretisierung des gesetzlichen Forschungsauftrages nach § 6 AFG; organisatorisch ist das IAB in thematisch abgegrenzte Arbeitsbereiche gegliedert: 1. mittel- und langfristige Vorausschau; 2. kurzfristige Arbeitsmarktanalyse, Arbeitszeitforschung; 3. Soziologie; 4. Berufs- und Qualifikationsforschung; 5. Technologie und Betriebswirtschaft; 6. analytische Statistik, internationale und regionale Arbeitsmarktforschung; 7. Dokumentation und Information; 8. Koordinierung und Organisation, Beiträge zur Forschungsumsetzung; 9. Informationsverarbeitung für die Aufgaben des IAB.

Das IAB verfügt über knapp 100 Planstellen (Stand: 1989/90), davon etwa die Hälfte für Mitarbeiter des höheren Dienstes (d. h. mit abgeschlossener wissenschaftlicher Vorbildung; das IAB ist Forschungseinrichtung des Bundes i. S. der Bundeslaufbahnverordnung). Dazu kommen knapp 30 Mitarbeiter in Landesarbeitsämtern und Arbeitsämtern. Referate für ABF bei den Landesarbeitsämtern sind bewährte Partner des IAB bei der Regionalforschung und bei der Umsetzung und Nutzung der Forschungsergebnisse in den nachgeordneten Dienststellen der BA. Sachbearbeiter für ABF sind bei zehn (Stützpunkt-)Arbeitsämtern tätig und führen im Auftrage des IAB Erhebungen durch. Für die Auswertung von Erhebungen steht dem IAB das Rechenzentrum im Zentralamt der BA zur Verfügung.

Im Rahmen des Gesamthaushalts der BA belaufen sich die Kosten der ABF, einschließlich der Personal-, Sach- und Infrastrukturkosten sowie bescheidener Auftragsmittel, auf etwa 15 Mio DM jährlich.

Die Verbindung zu den Hochschulen wird systematisch durch jährliche mehrtägige Kontaktseminare in Zusammenarbeit mit einem Lehrstuhl und unter jeweils einem Rahmenthema gepflegt; die Referate und Diskussionsbeiträge werden veröffentlicht. Mit der Ausschreibung eines Forschungspreises für Nachwuchs-Beiträge zur ABF will die BA besonders herausragende Diplomarbeiten und Dissertationen zur ABF anerkennen, zur Beschäftigung mit Themen aus der ABF ermuntern und bisher nicht erfaßte Forschungsarbeiten erschließen.

Schriftenreihen: vierteljährlich „Mitteilungen aus der Arbeitsmarkt- und Berufsforschung", als unabhängige Fachzeitschrift ein Forum der ABF, auch mit Beiträgen externer Autoren; für umfangreichere Darstellungen von Forschungsergebnissen die Buchreihe „Beiträge zur Arbeitsmarkt- und Berufsforschung"; „Materialien aus der Arbeitsmarkt- und Berufsforschung", auch „IAB aktuell", v. a. für die Fach- und Führungskräfte in den Dienststellen der BA mit Forschungsergebnissen, die einen engeren Bezug zur Praxis der BA haben (mit Literaturhinweisen zur vertiefenden Lektüre). Aus der Dokumentationstätigkeit des IAB laufend die „Forschungsdokumentation" und „Literaturdokumentation zur Arbeitsmarkt- und Berufsforschung", dazu Sonderhefte und Profildienste; individuelle Recherchen für spezifischen und persönlichen Informationsbedarf. Zugang zu den Forschungsergebnissen des IAB über das jeweils gültige mittelfristige, auf fünf Jahre bemessene Schwerpunktprogramm (das fünfte für 1988–1992), etwa alle zwei Jahre den aktuellen Arbeitsbericht des IAB (der 22. von 1989), der auch rückblickende Jahresberichte enthält (und einen Anhang: Das IAB kurzgefaßt; Grundsätze für die Erhebungstätigkeit des IAB; Leitlinien für die Projektierung von Forschungsarbeiten; Vorläufige Grundsätze für die Vergabe und Verwertung von Forschungsaufträgen). Der IAB-Prospekt über Aufgaben, Organisation und Veröffentlichungsprogramm des IAB erscheint auch in Englisch und Französisch, dazu Veröffentlichungsverzeichnisse mit Bestelliste. Alle Veröffentlichungen des IAB können in den Arbeitsämtern und Landesarbeitsämtern (Forschungsreferat) eingesehen werden; sie sind meist auch in Staats- und Hochschulbibliotheken vorhanden.

L. Buttler, Forschung im Auftrag des AFG; in: „Arbeit und Beruf", Heft 7/1989; Nürnberg, 1989, 231–234. Mertens (Hg.), Konzepte der Arbeitsmarkt- und Berufsforschung. Eine Forschungsinventur des IAB; in: „Beiträge zur Arbeitsmarkt- und Berufsforschung", Band 70; Nürnberg, 1988 (3. Auflage). Ders. und Mitarbeiter des IAB, Arbeitsmarkt- und Berufsforschung; in: Siebrecht/Kohl, Aufgaben und Praxis der Bundesanstalt für Arbeit, Heft 4 (Nürnberg 1990),

## Institut für Funktionsanalyse

2. Aufl. Reyher/Kühl, Resonanzen. Arbeitsmarkt und Beruf – Forschung und Politik. Festschrift für Dieter Mertens; in: „Beiträge zur Arbeitsmarkt- und Berufsforschung", Band 111; Nürnberg, 1988.

A.: IAB, Regensburger Straße 104, 8500 Nürnberg 30 (Bestellung von Veröffentlichungen: Landesarbeitsamt Nordbayern, Geschäftsstelle für Veröffentlichungen, Postfach, 8500 Nürnberg 30).

Hermann Joachim Schulze

## Institut für Funktionsanalyse im Gesundheitswesen GmbH (IFH)

Das IFH ist die seit 1987 verselbständigte Hamburger Niederlassung des 1969 in Kopenhagen gegründeten Institut for funktionsanalyse og hospitalprojektering k/s. Die Firmengruppe beschäftigt insgesamt etwa 35 Mitarbeiter, das Hamburger Institut 15 (1988).

Das IFH hat u.a. folgende Projektkomplexe bearbeitet: 1. Generalplanungen und Funktionsanalysen für Neubau- und Sanierungsvorhaben, u.a. für 14 Universitätskliniken sowie über 30 Krankenhäuser, Behinderten- und Rehabilitationseinrichtungen. 2. Wirtschaftlichkeitsprüfungen, Personalbedarfsermittlungen und medizinisch-organisatorische Beratungen. 3. Gutachten zur Strukturverbesserung im Hamburger Gesundheitswesen: Untersuchung über Aufgaben und Aufgabenerfüllung staatlicher Altenpflegeheime; Untersuchung der Organisation ärztlicher Dienste; Untersuchung des Blutspendewesens. 4. Forschungsprojekte im Gesundheitswesen für öffentliche Auftraggeber: Bundesministerium für Forschung und Technologie (Laien- und Selbsthilfe bei psychisch kranken alten Menschen); Bundesministerium für Arbeit und Sozialordnung (Auswirkungen von Investitionsmaßnahmen in Krankenhäusern auf die Benutzerkosten; Bewertungsrelationen zahnärztlicher Gebührenordnungen; Wissenschaftliche Begleituntersuchung zur Förderung der Tumorzentren und Onkologischen Schwerpunkte in der BR; Abbau von Fixkosten im Krankenhaus; Bewertungsrelationen zahntechnischer Leistungen); Zentralstelle für die Vergabe von Studienplätzen (Überprüfung der Parameter der Kapazitätsverordnung zur Ermittlung der patientenbezogenen Aufnahmekapazität von Universitätskliniken; Überprüfung der Parameter der Kapazitätsverordnung zur Ermittlung des Personalbedarfs für die stationäre und ambulante Krankenversorgung in Universitätskliniken).

A.: IFH, Hagedornstr. 53, 2000 Hamburg 13.

Harald Clade

## Institut für Gesundheits-System-Forschung e.V. (igsf)

Das igsf wurde 1976 als Stiftung des bürgerlichen Rechts und auf Initiative des damaligen Staatssekretärs im Sozialministerium des Landes Schleswig-Holstein, Prof. Dr. med. Fritz Beske, gegründet. Beske ist Institutsdirektor, wissenschaftlicher Leiter und gehört dem Stiftungsvorstand an.

Das Institut hat inzwischen mehr als 60 Einzel- und Gemeinschaftsgutachten im Auftrag von Körperschaften, Instituten, Verbänden, von Ministerien des Bundes und der Länder sowie internationaler Spitzenorganisationen erstellt. Es war federführend bei vier internationalen Tagungen in Zusammenarbeit mit der → Weltgesundheitsorganisation (WHO); es hat in Zusammenarbeit mit der KV Nord-Württemberg sowie mit dem Bundesfachverband der Arzneimittel-Hersteller (BAH) Fachsymposien durchgeführt.

Entsprechend dem Institutsauftrag konzentriert sich die methodische Arbeit und Analyse auf entscheidungsrelevante, quantifizierbare und qualifizierbare Parameter zur Steuerung der Gesundheitssysteme. Neben aktuellen Problemen des → Gesundheitswesens, der Bewertung von Programmstrategien und Individualberatungsaufträgen hat sich das Institut inzwischen auch epidemiologischen Fragestellungen und der Erarbeitung von Langfristtrends und Szenarien im Gesundheitswesen gestellt (etwa im Bereich der zahnärztlichen Versorgung). Seit März 1984 ist das Institut „Kollaborationszentrum für Forschung im öffentlichen Gesundheitswesen der WHO". Gegenwärtige Arbeitsschwerpunkte: Strukturfragen der Krankenversicherung; →Arzneimittelepidemiologie; Kosten-Wirksamkeits-Analysen von Einzelmaßnahmen; Berichterstattung im Gesundheitswesen; Qualitätssicherung der ambulanten ärztlichen Versorgung (Schleswig-Holstein); internationale Tagungen. Ferner: Langfristtrends, Trenduntersuchungen, Prognosen (etwa Arztzahlen); Szenarien; Modellkonzeptionen und -simulationen; Begutachtung von Planungskonzepten und Aktionsprogrammen.

Wiederholt hat das igsf mit anderen Instituten kooperiert, so z. B. mit dem →Zentralinstitut für die kassenärztliche Versorgung in der BR (ZI), Köln, oder der Gesellschaft für Systemforschung und Dienstleistungen im Gesundheitswesen, Berlin.

A.: igsf, Beselerallee 41, 2300 Kiel 1.

Harald Clade

## Institut für Gesundheits- und Sozialforschung GmbH (IGES)

Das IGES wurde 1980 an der TU Berlin von einem interdisziplinären Wissenschaftlerteam gegründet; es entwickelte sozialwissenschaftliche Forschungsaktivitäten auf dem Gebiet des →Gesundheitswesens. Es ist hervorgegangen aus der Berliner Arbeitsgruppe Strukturforschung im Gesundheitswesen (BASiG), einer interdisziplinären Arbeitsgruppe aus Wissenschaftlern der FU, der TU Berlin, dem Wissenschaftszentrum und dem →Bundesgesundheitsamt. Ursprünglich standen der wissenschaftliche Erfahrungsaustausch, die Projektplanung und -abstimmung, die engere Kooperation im Vordergrund. In den Folgejahren kooperierten mit der Arbeitsgruppe auch Gesundheitsökonomen anderer Universitäten und Gesundheitsberatungsinstitute. 1977 wurde BASiG rechtlich in einen Forschungsschwerpunkt der TU Berlin nach dem Berliner Hochschulgesetz umgewandelt. Die Forschungsaktivitäten werden heute fast ausschließlich vom IGES wahrgenommen.

IGES und BASiG haben inzwischen eine umfangreiche Schriftenreihe „Strukturforschung im Gesundheitswesen" und einen interdisziplinären Informationsdienst „Arbeit und Soziales" aufgebaut, der an Interessenten vertrieben wird. In die aktuelle gesundheitspolitische Diskussion münden die Protokoll- und Zwischenberichtsbände zu dem vom Bundesarbeitsministerium geförderten Forschungsvorhaben zur Verbesserung der Transparenz in der gesetzlichen →Krankenversicherung (gemäß § 223 RVO).

Schwerpunkte der von IGES seit 1980 betriebenen Forschungs-, Entwicklungs- und Beratungsprojekte sind: Effektivität und Effizienz in der Gesundheitsversorgung; Transparenz der Leistungs- und Finanzierungsvorgänge; Vorschläge zur Modernisierung der Gesundheits- und →Sozialverwaltung unter Einbeziehung der Informationstechnologie; Weiterentwicklung der →Sozialberichterstattung; Arbeitsschutz; neue Technologien; →Prävention, →Gesundheitsförderung und Entwicklung praxisorientierter Modelle.

Zur Zeit bearbeitete und laufende Projekte: Modellversuche zur Leistungs- und Kostentransparenz; Entwicklung von Informationssystemen für →Betriebsärzte; →Gesundheitsberichterstattung; Beratung von Sozialversicherungsträgern, Krankenhäusern, Behörden im Bereich der Organisation; Entwicklungsaufgaben im Bereich der Qualitätssicherung und Wirtschaftlichkeit (insb. →Arzneimittel); Modellversuche zur Leistungs- und Kostentransparenz in der GKV; computergestützte Diagnosen-Codierung; Software-Entwicklung für die Erfassung, Prüfung und Auswertung der GKV-Routinedaten; Entwicklung eines betriebsepidemiologischen Informationssystems. Zu den Auftraggebern zählen das Bundesarbeitsministerium, das Sozialministerium Baden-Württemberg, die GKV und die Kassenärztlichen Vereinigungen sowie Großunternehmen.

A.: IGES, Hardenbergstr. 4–5, 1000 Berlin 12.

Harald Clade

### Institut für Rettungsdienst (IfR)
→ Rettungsdienste

A.: IfR, Auf dem Steinbüchel 22, 5309 Meckenheim-Merl; T. (0 22 25) 88 21.

### Institut für Sozialarbeit und Sozialpädagogik (ISS)

Das ISS ist über eine Trägergesellschaft (Gesellschaft für Sozialplanung und Sozialforschung) mit der → Arbeiterwohlfahrt Bundesverband e. V. (AWO) verbunden. Das ISS ist eine Forschungs- und Beratungseinrichtung, deren Dienste über die AWO hinaus allen sozialen Trägern und Institutionen zur Verfügung gestellt werden. Aufgaben des ISS sind: Praxisforschung; Planungs- und → Institutionsberatung; Fortbildung; wissenschaftliche Begleitung modellhafter Projekte. Das Institut betreibt Publikationsarbeit (Forschungsberichte, Praxisdokumentationen etc.) und ist in drei Abteilungen gegliedert: 1. Projekte für Kinder und Jugendliche; 2. Projekte für Erwachsene; 3. Ausländersozialarbeit.

A.: ISS, Am Stockborn 5–7, 6000 Frankfurt/Main 50

Dieter Oelschlägel

### Institut für Sozialökologie (ISÖ)

Das ISÖ wurde als freigemeinnützige Forschungs- und Beratungseinrichtung 1987 gegründet. Trägerverein ist die „Sozialökologische Gesellschaft e. V.", eine internationale Vereinigung von Sozialwissenschaftlern, die an ökologischen Fragen, der Entwicklung einer ganzheitlichen Sozialwissenschaft und an sozialen Reformen interessiert sind. Beiratsmitglieder sind u. a. André Gorz,

Klaus Dörner, Philippe van Parijs und Christoph Sachße.

Theoretischer und methodischer Ansatz des ISÖ ist eine reflexive → „Sozialökologie", d. h. eine sozialwissenschaftliche Konzeption, die die Beziehung des Sozialen zu seinen → Umwelten (Natur, Individuen, Kunst, Geistesleben) systematisiert und im Blick hat. Die Weiterentwicklung eines logisch begründeten ganzheitlichen Ansatzes geschieht durch gleichzeitige und aufeinander bezogene theoretische Forschung und praktische Beratungstätigkeit.

Zu den Arbeitsfeldern des ISÖ gehört die Organisation von Kolloquien und Konferenzen, die Herausgabe einer Serie von Working Papers, die Durchführung von Forschungsprojekten sowie die Beratung von Gebietskörperschaften und Verbänden, insb. auf dem Gebiet der → Sozialplanung.

A.: ISÖ, Wiederschall; 5202 Hennef 41, Tel. (0 22 48) 14 32

Michael Opielka

### Institution
→ Institutionen

### Institutionalisierung

*1. Problemstellung und Begrifflichkeit.* Der Begriff „Institution" ist seit langem in die Alltagssprache eingedrungen. Er gehört zu jenen vom Ursprung her aus verschiedenen wissenschaftlichen Disziplinen und Perspektiven (Rechtswissenschaft, Politikwissenschaft, Soziologie, Philosophie, Theologie) stammenden Begriffen, die im Sprachgebrauch, etwa im Sozial- und Gesundheitsbereich, veralltäglicht wurden – man weiß, „was gemeint ist". „Institution" stellt eine Art Verständigungsbegriff dar, der über die Grenzen der hier zusammentreffenden Perspektiven hinweg Kommunikation erlaubt. Als solcher meint er v. a. eine → Organisation oder einen → Betrieb, eine Einrichtung schlechthin, die eine bestimmte Aufgabe oder einen bestimmten Zweck erfüllt, die nach bestimmten Regeln Abläufe organisiert und Funktionen auf kooperierende Mitglieder verteilt. Dieser so gefaßte Begriff tendiert indes dazu, ein Synonym zu dem der „formalen Organisation" zu werden und damit seinen spezifischen Gehalt zu verlieren. In den Sozialberufen (→ Helfende Berufe) ist er oft negativ besetzt, gilt „Institution" als Hemmnis für die „eigentliche" personenbezogene Arbeit; hier wird er tendenziell synonym zu dem der organisatorischen und rechtlich abgestützten Verselbständigung gegenüber den konkreten Handlungen und Handlungsbedingungen gebraucht.

Der Begriff der I entstammt v. a. der soziologischen Denktradition. Der Gegenstandbereich der soziologischen Institutionentheorie reicht von kleinflächigen Phänomen wie → Ehe und → Familie bis zu Phänomenen wie Gastrecht, Sklaverei oder → Asyl (Mühlmann 1972, 371). Auf den kleinsten gemeinsamen Nenner gebracht, werden im soziologischen Begriff der Institution normativ verankerte und auf Dauer gestellte *Regelmäßigkeiten sozialen Handelns* thematisiert. →Institutionen stellen *Regulativmuster* menschlichen Zusammenlebens dar, Komplexe von Handlungs- und Beziehungsmustern, die v. a. durch die Verankerung in den Handlungsorientierungen und Sinngebungen der Gesellschaftsmitglieder charakterisiert sind. I bezieht sich auf Institutionentheorie und bezeichnet dann den *Prozeß* der Verfestigung von bestimmten Mustern regelmäßig wiederkehrenden Verhaltens. I erweitert den Begriff der Institution ins Prozeßhafte und läßt dabei offen, was eine Institution jeweils „ist" – außer eben: Regulative für soziales Handeln bereitzustellen, denn die Formen sozialen Handelns sind niemals abschließend fixiert.

2. *Theoretische Traditionen.* Institutionen und I erhalten ihren spezifischen Aussagewert nur in dem jeweiligen theoretischen Rahmen, in dem sie verwendet werden. Einen guten Zugang zum Verständnis der Problematik bieten die Arbeiten der philosophischen → Anthropologie und der Kulturanthropologie

A. Gehlen geht von der Konzeption des Menschen als eines „Mängelwesens" aus, d. h., der Mensch verfügt im Vergleich zum Tier über eine nur mangelhafte Naturausstattung, wie z. B. unzureichend aufgeformte Instinkte und eine geringe Anpassung an eine spezifische → Umwelt. Zwischen Antrieben und Bedürfnisbefriedigung (→ Bedürfnis) besteht beim Menschen eine Art Leerraum, der von ihm die Initiativleistung der Handlungsführung verlangt. Hier bedarf er Strukturierungshilfen, eine systematische Entlastung: die Institutionen. Die Institutionen treten so an die Stelle der Instinkte der Tiere. Institutionen haben und übernehmen „Ersatzfunktion" für die als „Mängel" bezeichneten Eigenschaften des Menschen und ermöglichen Verhaltensorientierung, Entlastung und Außenhalt. Auf diese Weise wird dem Menschen ein Raum auf höherer Ebene bereitgestellt, eine „zweite Natur", in der er sich mit instinktverwandter Selbstverständlichkeit zu bewegen vermag. Vorbild dieser Vorstellungen sind Institutionen in archaischen Gesellschaften, deren Rigidität das Überleben der Gattung sicherte. Ein Problem dieser Konzeption liegt darin, daß Wandel nur verstanden werden kann als Destruktion geltender Institutionen mit der Folge einer Entstabilisierung der kulturellen Orientierungsmuster.

H. Schelsky, an Gehlen anknüpfend, betont dagegen den Doppelcharakter von Institutionen: Sie sind einerseits auf menschliche Antriebe und Bedürfnisse bezogen, andererseits aber machen sie eine von diesen Antrieben ablösbare, eigenständige Wirklichkeit aus. Diese wirkt formend auf die Bedürfnisse zurück, läßt neue, „höhere" Bedürfnisse entstehen. Als Beispiel nennt Schelsky dasjenige nach persönlicher Freiheit. Darin liegt der Anspruch auf *Distanz* zu Institutionen, der zu einem grundlegenden Merkmal moderner Gesellschaften wird. Scheinbar paradox entsteht hier ein spezifisches Spannungsverhältnis von Individuum und Institution, das

1009

dann wiederum selbst – als Spannungsverhältnis – institutionalisiert werden muß.

Die hier skizzierte Denktradition nimmt zum Ausgang ihres Verständnisses von I das Individuum, die handelnde Person. Ein anderer Klassiker der Institutionentheorie ist E. Durkheim. Zentral für sein Denken ist es, von der →Gesellschaft (als ein vorgestelltes Ganzes) auszugehen. Institutionen werden hier als *kollektive Denk- und Handlungsweisen* gefaßt, die eine Realität *außerhalb* des Individuums darstellen. Sie weisen gegenüber dem Individualbewußtsein einen „externen Charakter" auf und vermögen so, auf das Individuum →Zwang auszuüben. Betont wird hier die *objektive Realität* der Institutionen; sie sind als den Individuen in gleicher Weise unverfügbar gedacht wie die Dinge der physischen Außenwelt. Institutionen gelten so auch als „Dinge", die eine Eigenexistenz führen (Entitäten). Darauf aufbauend läßt sich nach der jeweiligen Funktion von Institutionen für die Gesellschaft fragen.

An diese Frage knüpft die →Systemtheorie an, die zudem versucht, einige Elemente aus der handlungstheoretischen Tradition zu integrieren. In N. Luhmanns Fassung einer funktionalstrukturellen Systemtheorie wird nicht mehr die Frage gestellt, was eine Institution ist, sondern allein, was I leistet; der Begriff der I erhält seinen Aussagewert im Rahmen einer Theorie sozialer Systeme und nicht vermittelt über eine Theorie der Institution. Er wird zur Bezeichnung spezifischer Prozesse eingesetzt, die in Systemen angebbare Probleme lösen. – In sozialen Systemen ist die Abstimmung von Verhaltenserwartungen ein Grundproblem. Sinnhaft aufeinander bezogene Handlungen sind zugleich konstitutiv für soziale Systeme. Dieser Prozeß der Abstimmung geschieht in einem Horizont anderer Möglichkeiten als Selektion. Er wird unter dem Stichwort der Notwendigkeit einer „Reduktion von Komplexität" angesprochen. Die jeweils sich entwickelnden Formen der Reduktion von Komplexität sind funktional in bezug auf den Selektionszwang. Durch I werden die Chancen zum Erreichen solcher Reduktionen ausgeweitet. Ein Konsens hinsichtlich der Verhaltenserwartungen wird hergestellt bzw. unterstellbar. I leistet somit die *Generalisierung* von Konsens, macht Personen austauschbar. Der Mechanismus der I als Festlegung auf unterstellten Konsens ist infolge der strukturellen Labilität sozialer Systeme unverzichtbar.

Je komplexer eine Gesellschaft ist, desto voraussetzungsvoller und unwahrscheinlicher ist der Prozeß der I. Der Mechanismus der I muß hier offengehalten und auf Dauer gestellt werden: Institutionalisiert wird der Prozeß der I selbst. Reflexive Mechanismen sorgen dafür, daß ein Teil des I-prozesses auf sich selbst anwendbar wird. Auf diese Weise kann bis zu einem gewissen Grade unbestimmt bleiben, was an spezifischen Konsenserwartungen erzeugt wird. Der Prozeß selbst bleibt aber funktional.

Bezugspunkte der Begriffsbestimmung sind hier das System und seine Funktionsimperative. Handelnde bilden selbst personale Systeme, sind darin Systeme unter vielen, ohne daß personale Referenzen wesentlich zur Herstellung von Konsens sind. Für soziale Systeme werden Handelnde sozusagen als Rahmenbedingung vorausgesetzt.

Die Bedeutung des aktiven kommunikativen Handelns wiederum wird betont in der interaktionstheoretischen, phänomenologischen und wissenssoziologischen Tradition. Analysiert wird gerade die Handlungsgebundenheit von Institutionen; das Augenmerk richtet sich auf praktische Interaktion, symbolvermittelte Kommunikation und die Konstitution von Sinn. I als ein intersubjektives Geschehen ist Teil der „gesellschaftlichen Konstruktion von Wirklichkeit" (P. Berger/Th. Luckmann 1970). Konstitutiv für die Entstehung von Institutionen ist der soziale Akt der wechselseitigen Typisierung von Handlungen und Akteuren. Nur wenn „jeder weiß", daß eine bestimmte Handlung vom Typ X nur von einem Handelnden des Typus X ausgeführt wird und werden kann, kann von I gesprochen werden. Wechselseitige Typisierung von Handlungen ist an eine gemeinsame Geschichte gebunden; sie können niemals plötzlich entstehen. Daher können Institutionen auch nicht losgelöst von dem konkreten historischen Prozeß verstanden werden, aus dem sie hervorgegangen sind und in dem sie an die jeweils nächste Generation weitergegeben werden.

Erst durch diesen Prozeß der Weitergabe, durch die Historizität, ergibt sich die Qualität der Objektivität. Die institutionelle Welt wird eine eigene Wirklichkeit, die den Menschen als „äußeres, zwingendes Faktum" gegenübersteht. Trotz ihrer Gegenständlichkeit in unserer Erfahrung aber ist sie niemals unabhängig von menschlichem Handeln zu denken, aus dem sie hervorgegangen ist.

I ist kein unwiderruflicher Prozeß, obwohl Institutionen sich tendenziell auf Dauer stellen. Bereiche gesellschaftlichen Lebens können „entinstitutionalisiert" werden, andere können sich differenzieren und in immer spezifischere Einheiten aufsplittern. Darin liegt auch eine Komplizierung von Lebensformen, in deren Folge die institutionelle Ordnung tendenziell ihren Entlastungscharakter verlieren kann. Zugleich wächst das Risiko einer Verdinglichung: Der Mensch gerät sich selbst in seiner Urheberschaft der humanen Welt aus dem Blick – die Welt der Institutionen wird „Notwendigkeit", d.h. etwas, über das er keine Kontrolle hat.

Fassen wir zusammen: Die verschiedenen theoretischen Zugänge spiegeln die Mehrschichtigkeit des Begriffs der I. Er ist einerseits auf Bedürfnisse und das Handeln der Menschen bezogen, weil I in die Handlungs- und Lebensorientierungen eindringt und Handlungen beeinflußt und hervorbringt. Er zielt andererseits darauf ab, daß höher aggregierte soziale Strukturen nicht voll in die lebensweltlichen Handlungsorientierungen eingehen und/oder in ihnen aufgehen, sondern höher-komplex sind, eine eigene Logik erhalten („System"). Im folgenden soll am Beispiel eines für das →Sozial- und →Gesundheitswesen zentralen Prozesses diese mehrschichtige Bedeutung illustriert werden.

*3. Institutionalisierungsformen von Hilfe.* Unter →Hilfe verstehen wir einen bewußten Beistand oder Beitrag zur Befriedigung der →Bedürfnisse eines anderen Menschen. Oft wird sie in unserem Kulturkreis mythologisiert, gilt als „Urtrieb" oder „Urkategorie" menschlichen Handelns. Helfen wird spontan in den Zusammenhang mit altruistischen Werten gebracht (→Altruismus): Helfen als „gute Tat". Hilfe und Hilfsbedürftigkeit sind dabei neutral definiert, gesteuert durch Strukturen wechselseitiger Erwartung, in denen festgelegt ist, was unter „Hilfe" (konkret) zu verstehen ist. Sie ist verwiesen auf die wechselseitige und reziproke Typisierung von Handlungen und Handelnden, d.h., sie ist mit spezifischen Interaktionsmustern des Helfens verbunden. Die Bestimmung von Hilfebedürftigkeit verweist auf und erschließt sich aus dem, was als „Hilfe" bereitsteht, und umgekehrt; es handelt sich mithin um eine *soziale Relation,* in der nicht eine Dimension unabhängig von der anderen gedacht werden kann. Das bedeutet auch, daß das, was als „Problem" gilt (z.B. →Armut und →Krankheit), keine feste Größe darstellt, sondern abhängig ist von gesellschaftlichen Lebensformen und den darin eingewobenen Thematisierungs- und Definitionsprozessen.

Die konkreten Realisierungen der sozialen Relation „Hilfe" müssen daher in engem Zusammenhang mit den grundlegenden Formen der Produktion und Reproduktion gesellschaftlicher Ordnung gesehen werden. Bezogen auf ein funktionales Grundproblem, etwa das des zeitlichen Ausgleichs von Bedürfnissen und Kapazitäten (Luhmann 1973), las-

1011

sen sich dabei sehr grob drei Grundformen unterscheiden: Hilfe im Kontext von Reziprozität (archaische Gesellschaften); Hilfe unter explizitem Verzicht auf Reziprozität (mittelalterliche Ständegesellschaft); Hilfe als erwartbare Leistung im Kontext formaler Organisationen und als „Hilfe zur Selbsthilfe" (moderne Gesellschaften).

Eine solche Klassifikation bedeutet, daß im Verlauf der gesellschaftlichen Entwicklung bestimmte Formen als dominanter Typus auftreten. Sie bedeutet nicht, daß die jeweils historisch abgelösten Formen empirisch nicht mehr erscheinen. Sie stellen lediglich nicht mehr den zentralen Modus dar. In den modernen, komplexen Gesellschaften kommt es auf diese Weise zu einem Nebeneinander unterschiedlicher I-formen von „Hilfe", denen jedoch gemein ist, daß sie auf Programmen formalorganisierter Sozialsysteme und spezifisch ausgebildeter, beruflicher Helfer (→ Helfende Berufe) als „Hintergrundsicherung" beruhen. Ihre Geschichte ist eine Geschichte der zunehmenden Ablösung von Laienlösungen durch Formen rationalisierter Expertenlösungen von Problemen.

3.1. Vom mittelalterlichen → Almosen zur personenbezogenen → Dienstleistung: In der mittelalterlichen Ständegesellschaft steht Armut im Zentrum von Hilfe; arm sein, heißt machtlos, schutzbedürftig, in der physischen Existenz bedroht zu sein. Zugleich galt Armut als „normal", ist Anlaß für christlich motivierte Mildtätigkeit – das Almosen. Der Bettel ist eine anerkannte Form der Existenzsicherung für die Bedürftigen – bedürftig aber ist, wer keinen Besitz hat und, aus welchen Gründen auch immer, unfähig ist, den Lebensunterhalt durch Handarbeit zu sichern. Das Almosen stellt einen expliziten Verzicht auf Reziprozität dar: der Geber gibt, ohne eine Gegenleistung (im Diesseits) zu erwarten, der Empfänger nimmt, ohne eine Gegenleistung zu erbringen. Das Almosen als „christliche Liebestätigkeit" bekräftigt die Stellung des Gebenden im Schichtaufbau der Gesellschaft, ist in diesem Sinne gar nicht auf den Nehmenden bezogen. Es ist in der Erhaltung einer gottgewollten Ordnung begründet, ist Barmherzigkeit (und dient darin der Rettung des Seelenheils) und (ethisch begründete) Pflicht. Bezugspunkt ist der Stand, nicht das Individuum. Das Almosen ist sozusagen personenindifferent.

Daneben bleiben (alte) Hilfeformen bestehen, die sich im Kontext von Reziprozität in natural- und hauswirtschaftlich organisierten Lebens- und Arbeitsgemeinschaften entfalten. Auch beginnen sich bereits erste Professionen herauszubilden: Recht, Medizin. Die ständisch-religiöse Verpflichtung zu Mildtätigkeit und Hilfe stellt jedoch das Rückgrat und den dominanten Typus der Problembewältigung dar.

Mit der → Industrialisierung wird Armut zu einem Indikator mangelnder Anpassung und moralischen Fehlverhaltens: Hilfe (→ Armenfürsorge) wird zunehmend mit → Erziehung und Disziplinierung (→ Sozialdisziplinierung) verbunden, soll auf die Motivation der *einzelnen Person einwirken,* ihre Existenz eigenständig *durch Arbeit* zu sichern. Es verändern sich damit die Typen der I: aus christlicher Mildtätigkeit entsteht die „Armenpolizei" (→ Armenvogt). Es wird getrennt zwischen würdigen und unwürdigen Armen, verschuldeter und unverschuldeter Armut. Die traditionelle Notlage allein reicht nicht mehr aus, gleiche Lagen begründen keinen gleichen Anspruch. Vielmehr wird ein normentsprechendes Verhalten gefordert, in dessen Zentrum die Arbeit bzw. Arbeitspflicht steht (→ Erwerbsarbeit). In der Verknüpfung von Hilfeleistung mit Arbeitspflicht wird die Notlage individuell zurechenbar, beruht auf individuellem Versagen des Bedürftigen. Erforderlich wird nunmehr die personenbezogene Prüfung der Verhältnisse. Dies impliziert Beobachtung und Überwachung. Diese Elemente fließen strukturierend in den Beziehungstyp von Helfendem und Hilfsbedürftigen ein, prägen die Interaktionsstruktur: Neben materielle Unterstützung treten Belehrung und Unterweisung, Strafe und →Zwang, und nicht zuletzt auch der Ausschluß von der Hilfe. Es bilden sich erste formalisierte Formen der Organisation von Hilfe und Arbeit heraus, z. B. →Armen- und →Arbeitshäuser. Auch diese sind Elemente des neuen I-typus.

Der Typus der polizeilichen Armenpflege produzierte in der weiteren Entwicklung Folgeprobleme, die innerhalb des mit ihm vorgegebenen Rahmens nicht mehr bearbeitet werden konnten. Hilfe in dieser Form beschränkte sich auf Repression, Ausgliederung, soziale und politische Kontrolle. Es kam zu verschiedenen Formen des Widerstands sowie zur Gründung von Gegen-Organisationen. Es bedurfte daher immer komplexerer I-formen.

Der sich auf dieser Grundlage neu herausbildende Typus – die sozialpolitische Daseinsvorsorge – stellte eine Reaktion auf die zunehmend riskanter gewordenen Grundformen der Existenzsicherung in bezug auf Lohnarbeit dar. Es kommt zum Aufbau übergreifender und staatlich organisierter sozialer Sicherungssysteme, in denen die typischen →Risiken der Lohnarbeiterexistenz – Krankheit, Alter, Arbeitslosigkeit – in die Form rechtlich spezifizierter Anspruchsvoraussetzungen gebracht werden und – im Falle der Notlage – durch die Zuteilung von Geldeinkommen schematisch bearbeitet werden. Damit verbunden ist eine hochgradige →Bürokratisierung und Formalisierung. Der einzelne ist nicht länger Bittsteller, sondern hat einen Rechtsanspruch nicht nur auf die Leistung selbst, sondern auch auf Art und Umfang sowie die Form der Bearbeitung. Zugleich wird diese Art von Leistungen immer weniger der Kategorie „Hilfe" zugeordnet. Der moderne, sozialversicherte Mensch lebt in dem Bewußtsein, daß er in seiner Subsistenzsicherung nicht auf „Hilfe" anderer „angewiesen" ist.

Greifen dagegen soziale Sicherungen (noch) nicht, wird zunächst das informelle soziale Umfeld für Hilfe verantwortlich gemacht (→Informelle Sphäre, →Subsidiaritätsprinzip). Erst dann bestehen Ansprüche an eine Mindestsicherung, die in ihren Grundzügen auch heute noch Elemente aufweist, die sich im Übergang von Almosen zur Armenpflege ausbildeten. Parallel dazu entstanden die *personenbezogenen* →*sozialen Dienstleistungen*. Diese haben →Systeme sozialer Sicherung zur Voraussetzung und zum Hintergrund, haben aber einen weiteren und neuen Akzent. Die Formen der sozialen Kontrolle werden weicher: →Psychologie und →Pädagogik werden zu wichtigen Instrumenten und sollen zur Verwissenschaftlichung sozialer Arbeit beitragen. Problemwahrnehmung und Problembearbeitung finden in zunehmend sich differenzierenden Formen statt. Vor allem in diesem Kontext wurde begonnen, Ziele zu reklamieren, die sich nicht im Schema „Arbeitsbezug – Ausgrenzung" unterbringen ließen.

Die Prinzipien, die bei der I einkommensbezogener Hilfen dominant waren – Formalisierung, Bürokratisierung, Programmierung und →Verrechtlichung –, konnten bei den personenbezogenen Hilfen nicht in gleichem Maße Anwendung finden. Problemwahrnehmung und Problembearbeitung beziehen sich auf den physischen und psychischen Status von Personen. Das Wirksamwerden von Hilfe hängt sehr von der Berücksichtigung besonderer, „einmaliger" Lebenssituationen ab, also von *individualisierenden* Arbeitsprinzipien. Dies scheint auf den ersten Blick den Anforderungen von I zu widersprechen, in denen es um den Prozeß der Herstellung kollektiv getragener Ordnungsgestalten geht mit dem Effekt der normativen Regelung individueller Ausprägungen. I ist ja eng verbunden mit allgemeinen, personenübergreifenden Regeln und Verfahren der Problembewältigung. Individualisierung von Hilfe bedeutet aber nun nicht, daß ihre I ausgesetzt ist.

Im Gegenteil: in der Individualisierung von Hilfe geht es um die I des *Fallbezugs,* es geht um die ständige Verknüpfung vorgegebener Problemsichtweisen und Verfahren mit den Besonderheiten des Einzelfalls. Institutionalisiert wird nunmehr eine reflexive Ebene, die an die Stelle rein überwachender Formen tritt, und die es ermöglicht, daß das regelhafte und vorstrukturierte Handeln sich auf sich selbst wenden, d. h. reflektiert werden kann.

3.2 Grenzen der Institutionalisierbarkeit personenbezogener Hilfe: Gesellschaftliche Prozesse →sozialen Wandels verändern die Problemlagen und Aufgabenstellung von Hilfe wie auch diese selbst. Die vielfach konstatierte Expansion der personenbezogenen Hilfe steht in engem Zusammenhang mit dem Ausbau des →„Sozialstaats" und der Tendenz, unentgeltliche und traditionell gemeinschaftliche Bewältigungsformen durch bezahlte und professionelle Hilfeleistung zu ersetzen. Die I personenbezogener Hilfe bedeutet die I gegenläufiger Prinzipien, nämlich a) die Orientierung an allgemeinen Regeln, Prinzipien, Normen und Wertvorstellungen *und* b) die Orientierung an den Erfordernissen des einzelnen Falls, der einzelnen Person. Auf der Handlungsebene erzeugt dies die Notwendigkeit einer Balance.

Die allgemeinen Regeln, Normen, Wertvorstellungen entstammen zunehmend der sozialen Welt der Professionen (→Professionelle Sozialisation). Die Durchsetzung von Spezialistenkompetenz in der personenbezogenen Hilfe kann die Entwertung alltagspraktischen Problemlösungswissens (→Laienkompetenz) bedeuten und Adressaten in immer stärkere Abhängigkeit von Experten versetzen. Andere I-formen wie eben jene der traditionell selbstorganisierten Problemlösungen werden gerade dadurch geschwächt.

Einzelne Korrekturen können hier wenig ausrichten. Vielmehr wird (wiederum) die zugrundeliegende Logik dieser I-form von Hilfe selbst zum Thema.

Der schon in der Individualisierung von Hilfe angelegte reflexive Mechanismus wendet sich nochmals auf sich selbst, indem nunmehr die möglichen schädlichen Folgen professionellen Handelns auf die Lebenspraxis von Betroffenen thematisierbar werden. Damit ist ein problematischer Punkt erreicht: Einerseits produziert die Entwicklungsrichtung der I von Hilfe Folgeprobleme, die sie zu überfluten drohen, andererseits ist eine „Rückkehr des Helfens" in „natürliche" Sozialwelten im Kontext differenzierter moderner Gesellschaften mindestens unwahrscheinlich, wenn nicht unmöglich. Erforderlich wird nunmehr eine Balance, die auf dem Gedanken der Selbstbegrenzung und Folgenkontrolle der professionell organisierten Hilfe beruht (Olk/Otto 1987), also auf einer Verstärkung und Verdoppelung des reflexiven Prinzips. Dies aber impliziert eine enorme Steigerung von Komplexität, in der der Entlastungscharakter von I kaum noch zum Tragen kommen kann.

Die I der personenbezogenen Dienstleistung stellt einen Typus der I von Hilfe dar. Er trifft derzeit auf monetäre und normative Grenzen. Nicht zuletzt vor diesem Hintergrund gibt es Renaissancen der einfachen monetären Konzepte und Entindividualisierungen (z. B. →Soziale Grundsicherung, stärker feld- als personenbezogene Konzepte, Förderung von →Netzwerken und →Selbsthilfe, →*Sozialökologie).*

Der gesamte Prozeß ist indes im Kontext des Strukturwandels der Gesellschaft zu verstehen, der auf den verschiedensten Ebenen zu einem immer schnelleren Wandel von Strukturbildungen führt. Davon sind sowohl Problemlagen als auch die I von Hilfe betroffen. Es wird immer weniger möglich, die jeweils dominanten Modi einfach zu benennen, eben weil I generell immer schwieriger wird. Es bleibt eine offene Frage, wie unter diesen Bedingungen Handlungsorientierung und Handlungssicherheit gewonnen werden können, was dann – paradoxerweise – u. U. wie-

derum dazu führt, daß auf diese Problematik verstärkt mit dem Typus „personenbezogener Hilfe" reagiert wird. Ob damit aus dem Zirkel ausgebrochen werden kann, scheint zumindest äußerst fraglich.
L.: Berger/Luckmann: Die gesellschaftliche Konstruktion der Wirklichkeit; Frankfurt a. M., 1970. Durkheim, Emile: Die Regeln der soziologischen Methode; Neuwied, 1961. Gehlen, Arnold: Urmensch und Spätkultur; Frankfurt a. M., Bonn, 1964 (2. Auflage). Gross, Peter: Die Verheißungen der Dienstleistungsgesellschaft; Opladen, 1983. Luckmann, Th., Persönliche Identität und Lebenslauf – gesellschaftliche Voraussetzungen; in: Brose/Hildenbrand, Vom Ende des Individuums zur Individualität ohne Ende; Opladen, 1988. Luhmann, N., I – Funktion und Mechanismus im System der Gesellschaften; in: Schelsky, Zur Theorie der Institution; Düsseldorf, 1970. Ders., Formen des Helfens im Wandel gesellschaftlicher Bedingungen; in: Otto/Schneider, Gesellschaftliche Perspektiven der Sozialarbeit, Bd. 1; Neuwied, Berlin, 1973. Münchmeier, Richard: Zugänge zur Geschichte der Sozialarbeit; München, 1981. Olk/Otto (Hg.): Soziale Dienste im Wandel, Bd. 1; Neuwied, Darmstadt, 1987. Sahle, Rita: Gabe, Almosen, Hilfe; Opladen, 1987. Schelsky, H., Zur soziologischen Theorie der Institution; in: Ders., Zur Theorie der Institution; Düsseldorf, 1970.

Regine Gildemeister

## Institutionelle Epidemiologie

Der hier verwendete Begriff Institution stammt aus den kritischen Diskursen über die Wirkungsweise der → Institutionen im Sozial- und Gesundheitswesen, womit er sich auf einen alltäglichen, gleichwohl klassifizierenden Sprachgebrauch bezieht, der sich gleichermaßen auf → soziale Dienste, psychologische Beratungsstellen, Gesundheitsämter, Kliniken, Anstalten usw. richtet.

Es gibt keine spurlose Praxis der Institutionen; eine wirksame Institution kann dem Betroffenen nicht den Pelz waschen, ohne ihn naß zu machen. Die Gebrauchswertseite einer Institution läßt sich nicht isolieren; sie bleibt eingebunden in eine soziale Ökonomie aus gesellschaftlich produzierten Belastungen, besonderen Hilfsbedürftigkeiten, institutionalisierten Vorsorgen, infrastrukturellen Vorhaltungen, individuellen Inanspruchnahmen, finanziellen Entgeltungen usw. Diese Ökonomie ist bei jeglicher Interaktion von Klienten und Institutionen vorausgesetzt und weder praktisch noch theoretisch oder politisch nach einer Seite hin auflösbar, schon gar nicht hinsichtlich der „ureignen" Bedürfnisse oder der „eigentlichen" Leiden der Klienten. So verständlich solche liberale Wunschreaktion aus dem Degout angesichts des vorherrschenden Stils der Vergesellschaftung erscheint, so wenig tragfähig ist sie unter theoretischen und politischen Aspekten. Die Eingebundenheit in das Netz von Institutionen ist unmittelbar die „zweite Natur" der Vergesellschaftung des Betroffenen, hinter der kein Wunsch nach einsamer Individuation und autonomer Bewältigung des Leidens zurückreicht. Obwohl die Kritik der Institutionen in eine Krise geraten und die Unauflöslichkeit der Institution-Klient-Beziehung fraglos ist, gilt es auf der kritischen Position zu beharren, die Risiken der Institutionen einzuschätzen und eine I neu zu entwickeln. Man könnte natürlich auch von einer analytischen Theorie institutioneller Risiken sprechen, womit vielleicht eine solche Forderung an aktueller Plausibilität gewönne.

Die Institutionen haben sich und sind als solche diskreditiert. Das ist ein tiefsitzender Affekt, den Betroffene und analysierende Wissenschaftler teilen und für den es allgemein bekannte und anerkannte Gründe gibt: Es wird die Neigung der Institutionen zur Totalisierung kritisiert (→ totale Institutionen), ihre iatrogenen Wirkungen werden benannt, auf die Formierung und Entmündigung der Klienten und Patienten, auf die Gefahren der Apparate und Sozialtechnologien wird hingewiesen, Hospitalisierungsschäden werden gezeigt und versorgungsfremde Eigenlogiken angeprangert. Diese Punkte können beliebig vermehrt und unterteilt werden, aber alle können zu einem kritischen Spektrum zusammengefaßt werden unter dem Paradigma: die Risiken der Institutionen (→ Risiko).

Von diesem Niveau her läßt sich – jenseits des Bereichs, wo die Krise der Kritik Hilflosigkeit gegenüber den Wirkungen der Institutionen hervorgebracht hat – eine institutionenkritische Verbindungslinie zur →Sozialepidemiologie ziehen. Die Sozialepidemiologie ist dann schiere Irreführung, wenn sie Sozialbedingtes oder Sozialgegebenes nicht in seiner institutionellen Produziertheit begreift, sondern als unabhängig „reines" oder „natürliches" Leiden setzt und dann mit isolierten biologischen, psychischen und ähnlichen Daten statistisch verbindet. Dann nämlich ist der Bezug auf Sozialbedingtheit eine bloße Redefigur. Wenn gegenwärtig noch ernsthaft über Sozialepidemiologie gesprochen werden soll, dann nur, wenn gleichzeitig eine I entwickelt wird. Dies kann nur eine →Epidemiologie sein, die auf der Grundlage des qualitativ erweiterten Risikokonzepts die institutionellen Risiken für die Formung des Leidens bzw. der Devianz der Betroffenen analysiert und sie auch in Teilbereichen empirisch überprüfbar und prognosefähig macht. Die I wäre zugleich das Vehikel, die Sozialepidemiologie von einem Konzept abzubringen, das einen Prozeß individuierender Vergesellschaftung unabdingbar voraussetzt.

Max Wambach

**Institutionen**
1. Der Begriff „I" in einem weiten Sinne meint gesamtgesellschaftlich bedeutsame, (relativ) dauerhafte, erzwungene oder als legitim geltende Ordnungsmuster menschlicher Beziehungen wie z. B. Herrschaft, Privateigentum, Monogamie/Ehe oder „Ehre".

In der →Soziologie gelten I: a) im strukturell-funktionalen Sinn als über Herrschafts-, Ordnungs- und Sanktionsmechanismen hergestellte strukturelle Bedingungen für den Zusammenhalt und das Funktionieren von →Gesellschaft (T. Parsons); b) in systemtheoretischer Sicht als Voraussetzungen der wechselseitigen Abstimmung des Verhaltens der Gesellschaftsmitglieder und als Bedingung für Verständigung, gesellschaftliche Systematisierung und Differenzierung (N. Luhmann); c) in kritisch-emanzipatorischer Perspektive als Träger von Tendenzen und als Mittel, derer sich eine Herrschaftsautorität bedient, um Menschen unmündig, abhängig und ohnmächtig zu halten und ihnen das Bewußtsein ihrer →Entfremdung vorzuenthalten (Th. W. Adorno, J. Habermas, H. Marcuse). Dieser Ansatz verweist darauf, daß I, die im →Alltag als selbstverständlich und unveränderbar erscheinen, keineswegs als statische Gegebenheiten zu betrachten sind, sondern im Verlauf von Prozessen des →sozialen Wandels entstehen (→Institutionalisierung) und vergehen oder in Frage zu stellen sind.

2. In Anlehnung an den allg. Sprachgebrauch steht der Begriff „I" auch für →Organisationen, →Betriebe, Anstalten und Einrichtungen (→Heime, →Krankenhaus, →Gefängnis, →Totale I) oder auch für verfaßte Religionsgemeinschaften (Kirche) und das →Amt. Ebenso ist im Rahmen der Verfaßtheit politischer Systeme von I die Rede (Exekutive, Legislative, Judikative; Wahl, Parlament, Öffentlichkeit).

3. Der Terminus „Instanz" meint: a) die jeweils zuständigen I i.S. des allg. Sprachgebrauchs (z. B. Behörden); b) im übertragenen Sinn: Werte und Wertkategorien (Freiheitsliebe, Nächstenliebe; →Moral) bzw. c) das dafür geltende psychologische „Kontrollzentrum"/Konstrukt (z. B. das Gewissen).

**Institutionsanalyse**
Eine Theorie der I ist v.a. in der frz. Psychiatrie und Pädagogik von Auto-

ren wie Lapassade, Lourau, Guattari und Oury entwickelt worden. Ihre Arbeiten basieren auf unterschiedlichen Ansätzen, u. a. der Freudschen bzw. Lacanschen Psychoanalyse, der Ethnomethodologie oder der Lefebvreschen Metaphilosophie und Kritik des Alltagslebens.

I stellt jedoch nicht exklusiv eine Tätigkeit von Experten dar, denn alle Mitglieder einer Gesellschaft versuchen permanent, die →Institutionen, die ihre →Lebenswelt durchziehen und mit denen sie umzugehen haben, zu analysieren. Während Institutionen stets den Eindruck zu erwecken suchen, eine systematisch gegliederte Ordnung zu bilden, werden sie von den Mitgliedern einer Gesellschaft häufig als widersprüchlich oder zumindest inkonsistent erlebt. Der Begriff der I bezeichnet in diesem Zusammenhang die allgemein verbreitete Tätigkeit, die Widersprüche zwischen instituierten Regeln und Ordnungen einerseits und deren sozialem Vollzug andererseits für die unterschiedlichen Situationen des gesellschaftlichen Alltags zu bewerten, um die instituierte Ordnung im eigenen Interesse nutzen zu können. I in diesem alltäglich-pragmatischen Sinne findet z. B. gängigerweise beim Abfassen von Steuererklärungen („Welche Ausgaben sind ohne Belege abzusetzen ..."), beim Autofahren („Welche Geschwindigkeitsüberschreitung kann ich mir in der gegebenen Situation erlauben, wie hoch ist die Wahrscheinlichkeit einer Polizeikontrolle ..."), beim Flirt oder Ehebruch sowie bei der Beantragung staatlicher Geldleistungen jeglicher Form statt.

Solche pragmatischen Formen der I finden sich auch in allen Bereichen des Sozial- und Gesundheitswesens, die in höchstem Maße institutionell verregelt sind. Sowohl Klienten als auch Praktiker, die in diesen Feldern tätig sind, messen im Umgang mit den sie betreffenden Institutionen die Distanz, die sich zwischen den Dienstvorschriften und deren alltäglicher Anwendung ergibt. Erst diese I ermöglicht überhaupt ein Handeln innerhalb dieser Felder, da die institutionalisierten Interventionsformen in den meisten Fällen nicht der Komplexität der singulären Alltagssituationen genügen können. Dies bedeutet, daß im Alltagswissen der Mitglieder einer →Gesellschaft Verfahren und Ergebnisse einer I enthalten sind.

In Situationen gesellschaftlichen Umbruchs analysieren sich die Institutionen i. e. S. des Wortes: sie lösen ihre scheinbare Festigkeit und Homogenität auf und zeigen die widersprüchlich-konfliktuelle Struktur, die ihnen zugrundeliegt. Jede Institution ist das Resultat eines historischen Prozesses; jedes Instituierte, jede in „kalten Momenten der Geschichte" als gegeben erscheinende Sozialform, verweist auf ein Instituierendes, das es im Prozeß seiner →Institutionalisierung begründet. Dabei fällt das Instituierende dem Vergessen, der gewaltsamen Verdrängung anheim; das Instituierte stellt sich dar, als wäre es eine „soziale Tatsache" und nicht das Resultat eines dialektisch-historischen Prozesses. Der Widerspruch zwischen Instituiertem und Instituierendem ist konstitutiv für die Dialektik der Institution, die als die Gesamtheit dieses Prozesses verstanden werden muß; die Verdrängung dieses Widerspruchs begründet die institutionelle →Entfremdung und ist konstitutiv für die Institution als „politisches Unbewußtes der Gesellschaft" (Lapassade). Wenngleich diese Dialektik vorrangig in „heißen" Situationen der Geschichte zutage tritt, ist sie doch auch potentiell in allen Situationen institutionellen Alltags auffindbar. Sie mit ihren politischen Implikationen hervortreten zu lassen, ist die elementare Aufgabe der I.

Die Formen der I können und müssen somit vielfältig sein; sie reichen von der offiziell bestellten und bezahlten Intervention in der Form von →Institutionsberatung oder Sozioanalyse, über analytische Situationen, die im Zusammenhang mit anderen Interventionen entstehen, bis hin zu Formen „interner Intervention", in denen Mitglieder einer Einrichtung durch einen Analyseprozeß von innen her deren institutionelle Realität erhellen und verändern wollen. Insb. in den Feldern der →Psychiatrie sowie der Sonder- und →Sozialpädagogik sind institutionsanalytische Settings als Gegenmodell zu bürokratisierten Interventionsformen erprobt und angewendet worden.

Ein wesentlicher Unterschied zu Vorgehensweisen, die sich am Konzept der →Organisation orientieren, besteht darin, daß die I sich nicht auf die eine Ebene des Sozialen beschränkt. In einem institutionsanalytischen Prozeß tritt zutage, daß Institutionen keine ausschließlich gesellschaftliche Ebene darstellen, sondern einen Kreuzungspunkt, an dem sich die Ebenen des Ökonomischen, Sozialen und Ideologischen überschneiden.

Über die Analyse dieser Verkreuzungen relativiert sich die Autonomie, die Institutionen nach außen hin vorgeben; die Transversalität, d.h. die gegenseitige Überlagerung und Durchdringung der Institutionen wird sichtbar. Die Verleugnung dieser Transversalität führt zum Erstarren von Institutionen. Erst ihr Hervortreten zeigt die „realen" Widersprüche und damit die Basis der institutionellen Dialektik auf und ermöglicht damit gesellschaftlichen Gruppen, die institutionelle Entfremdung partiell aufzuheben und sich somit als Subjekte ihrer eigenen Geschichte zu begreifen. Dies muß jedoch gleichzeitig eine Analyse der Implikationen der verschiedenen Akteure innerhalb des institutionellen Prozesses beinhalten, denn jeder einzelne Akteur trägt seine Transversalität und die damit verbundenen Interessen und Widersprüche in die Institution hinein. Nur wenn er seine Implikationen innerhalb der Institution erhellt, kann er sich als soziales Subjekt begreifen, d.h. sich bewußt implizieren.

Ziel der I ist es, die institutionellen Widersprüche nicht nur zu erhellen, sondern auch für eine Veränderung gesellschaftlicher Realität nutzbar zu machen. Die I sieht die Analysatoren der Gesellschaft als die „Arbeiter des Negativen" (Lourau), durch deren Wirken und Wirkungen erst diese Realität in ihrer Konfliktualität erkennbar und begreifbar wird.

L.: Lapassade, G.: L'arpenteur. Une intervention socioanalytique; Paris, 1971; dt.: Der Landvermesser oder Die Universitätsreform findet nicht statt; Stuttgart, 1976. Weigand, G.: Erziehung trotz Institutionen? Die pédagogie institutionnelle in Frankreich; Würzburg, 1983. Weigand/Hess/Prein (Hg.): Institutionelle Analyse. Theorie und Praxis; Frankfurt/M., 1988.

Gerald Prein

**Institutionsberatung**
Der Begriff der I ist in den Fachsprachen des Sozial- und Gesundheitswesens nicht eindeutig definiert und wird in unterschiedlichsten Begriffskontexten benutzt. Er situiert sich im Umfeld der Begriffe →Institutionsanalyse, →Supervision, →Organisations- und Gruppenberatung, Unternehmensberatung, →Fortbildung und Organisationsentwicklung. Diese Polysemie ist eng verbunden mit der Vieldeutigkeit des Begriffs der →Institution innerhalb verschiedener Theorie- und Praxologiesysteme.

Alltagssprachlich werden mit dem Begriff der Institution in diesem Zusammenhang – etwa im Gegensatz zu Unternehmen – eher öffentliche Einrichtungen oder diesen vergleichbare Körperschaften bezeichnet; während bei der Beratung von Unternehmen in den meisten Fällen eindeutig die Optimierung der wirtschaftlichen Effektivität im Vordergrund steht, sind Beratungsprozesse innerhalb öffentlicher Einrichtungen von einer stärkeren Vielschichtigkeit von Problemen gekennzeichnet, die häufig mit Dysfunktionen verknüpft sind, welche im Umfeld der →Bürokratisierung entstehen.

→Beratung ist im Umfeld des →Gesundheitswesens und der →Sozialpädagogik traditionellerweise auf Individuen, Familien oder Kleingruppen gerichtet. Beratung ist hier i.d.R. eine Form pädagogischer →Intervention, die an der Grenze zur Therapie liegt, wobei die Grenzen allerdings fließend sind. Sie situiert sich in einem präpathologischen Bereich und ist dadurch gekennzeichnet, daß den →Klienten der Beratung in der Regel die Fähigkeit zugestanden wird, die eigene Lage erkennen und aus eigener Kraft verändern zu können. Beratung kommt in diesem Zusammenhang die Funktion zu, Sprechsituationen zu schaffen, die solche Erkenntnisprozesse anregen und die als eine Art Katalysator Veränderungsprozesse initiieren können. Sozialpädagogische Beratung greift jedoch nicht in direkter Form in den Alltag der Betroffenen ein, wenngleich ihr Vorgehen in den meisten Fällen weit weniger ritualisiert ist, als das der Therapie.

Beratung innerhalb von Institutionen geschieht häufig ausgehend von eher sachorientiert formulierten Nachfragen, bei denen – etwa im Fall von Finanzierungs-, EDV- oder Steuerberatung – der angeforderte Experte als Techniker mit praktischem Wissen angefordert wird, von dem konkrete Problemlösungsangebote für die anfordernde Einrichtung erwartet werden. Häufig werden jedoch Beratungsinterventionen nachgefragt, die auf bestimmte Ebenen des Sozialen abzielen, wie etwa sozialpsychologische Gruppenberatung oder Organisationsberatung. Hierbei ist allerdings zu bedenken, daß sich häufig auch in Aufträgen für technisch orientierte oder auf Partialprobleme gerichtete Beratungsinterventionen Nachfragen nach I vorfinden können.

Auch I als originärer Begriff kennzeichnet Prozesse, bei denen eine Einrichtung oder eine Teilgruppe einer Einrichtung Berater mit einer meist längerdauernden Intervention beauftragt. Im Gegensatz zu anderen Interventionen innerhalb von Institutionen steht hier allerdings das Institutionelle selbst im Mittelpunkt der Beratung, da es von den Auftraggebern als Problem empfunden wird. Institution darf in diesem Zusammenhang allerdings weder mit der Einrichtung selbst, noch mit der Ebene der →Organisation verwechselt werden. Sie darf ebenso nicht als zusätzliche Ebene des Sozialen gefaßt werden, die oberhalb der Ebenen von →Gruppe und Organisation liegt. Institution ist vielmehr als Kreuzungspunkt der Instanzen des Organisatorischen, Psycho-affektiven und Ideologischen zu verstehen. I bringt die Artikulation dieser verschiedenen Instanzen zur Sprache, die sich in übertragener Form im Setting der Beratung symbolisieren.

I geht von der Prämisse aus, daß Institutionen sich in dialektischen Prozessen stets verändern und gegenüber dem gesellschaftlichen Makro-Bereich eine relative Eigendynamik besitzen. Institutionen können, ausgehend davon, nicht als endgültig, gegebene gesellschaftliche Fakten oder als reine Reflexe eines umgreifenden Systems angesehen werden. Dennoch darf die I nie aus den Augen verlieren, daß das Feld, auf das sich ihre Analyse bezieht, immer den Rahmen des konkreten Interventionsfeldes überschreitet, da Institutionen stets in ihrer Vernetzung und gegenseitigen Interdependenz begriffen werden müssen. Dieses Phänomen führt auch dazu, daß Prozesse der I immer unabgeschlossen bleiben müssen und Veränderungen immer an Grenzen stoßen, die innerhalb des Beratungsprozesses zwar thematisierbar, aber nicht veränderbar sind. Dies führt auch zu der Notwendigkeit, den Rahmen der I möglichst weit zu fassen und nicht nur auf die Gruppe zu begrenzen, die den Beratungsauftrag formuliert, da sonst häufig sowohl „außenstehende" Institutionen wie auch die Klientel der betreffenden Einrichtung aus dem Blickfeld geraten.

I setzt sich zum Ziel, den Akteuren innerhalb eines institutionellen Gefüges die Möglichkeit zu geben, als soziale Subjekte den Prozeß ihrer →Institutionalisierung in der konkreten Situation zu erkennen, Handlungsspielräume in ihren Virtualitäten und Grenzen ausfindig zu machen und sich damit ihre Institutionalisierung graduell anzueignen. Dabei ist nicht die Deutung oder die Vorgabe von Handlungsmustern Aufgabe der Berater, sondern die Schaffung von Räumen, Zeiten und Situationen, die es den Mitgliedern einer Institution erlauben, selbst eine gemeinsame Deutung ihrer Situation zu produzieren. In diesem Prozeß kann den Beratern die Rolle zukommen, in der Art von Katalysatoren das unter der Alltäglichkeit der institutionellen Routinen verborgene soziale Wissen zum Vorschein zu bringen und zum kollektiven Wissen werden zu lassen. Ausgangspunkt ist dabei der Wunsch nach Veränderung, der sich im Auftrag an die Berater Ausdruck verleiht. Im institutionellen Prozeß, der von der informellen Nachfrage nach Beratung zum formalen Auftrag an die Berater führt, gewinnt dieser Wunsch soziale Realität innerhalb der Institution.

Die erste Aufgabe der Berater muß deshalb in der Behandlung der Frage bestehen, welche Gruppe ihnen welches Mandat zu welchem Zweck zu übertragen sucht und welche Nachfrage sich hinter dem Auftrag verbirgt. Im Gegensatz zur individuellen Beratungssituation stellt im Falle der I i.d.R. eine →Gruppe das Subjekt der Nachfrage dar, die in die Widersprüche und Strategien des institutionellen Spiels eingebunden ist und die die Berater in dieses Spiel einzubinden trachtet. Durch diese Übergangs- und – damit verbunden auch – Gegenübertragungsphänomene entsteht im Setting der I eine Situation, die die Berater temporär – wenngleich als extern Intervenierende – in das Spiel der Klienteninstitution impliziert. Die Implikation der Berater und Klienten sowie deren Analyse schafft eine Situation, in der sich der Alltag des Lebens der Institution reproduziert, wobei je nach Dauer und Intensität der Beratungssituation die Alltäglichkeit abnehmen und im Ungewöhnlichen die Virtualitäten des Alltags sichtbar werden kann.

Damit kann I in begrenztem Umfang dazu beitragen, institutionelles Handeln transparenter zu machen und somit institutionelle Entscheidungen tendenziell demokratischer werden zu lassen. Sie stellt damit eine Art sozialer Prävention gegen die pathologisch-pathogenen Effekte von Institutionen dar, wie sie z. B. im Rahmen der Psychiatriediskussion thematisiert worden sind. Sie kann jedoch nur in seltensten Fällen die politische Gewalt, die sich im Prozeß der Institutionalisierung ausdrückt, verändern.

Gerade hier liegen die Gefahren und Grenzen der I, denn die von ihr initiierten Prozesse können nur in seltenen Fällen auf die politischen Rahmenbedingungen der Institutionalisierung einwirken. I steht damit immer in der doppelten Gefahr, entweder das Beratungshandeln zugunsten politischer Militanz zu vernachlässigen, oder aber zu einem Legitimationsinstrument zu verkommen, das die politischen Grundlagen der Institutionalisierung nicht in Frage stellt.

L.: Frommann/Schramm/Thiersch, Sozialpädagogische Beratung; in: Zeitschrift für Pädagogik, 1976, H. 5, 715–741. Weigand/Hess/Prein (Hg.): Institutionelle Analyse. Theorie und Praxis; Frankfurt/M., 1988. (bes.: Barus-Michel: Die institutionelle Supervision, 195–205; Gavarini: Die Intervention im Frauencafé, 168–194). Wellendorf, F., Zur Praxis der Beratung pädagogischer Institutionen – Konzeptionelle und methodische Probleme; in: Heyse/Arnhold (Hg.): Texte zur Schulpsychologie und zur Beratung, Band 3; Braunschweig, 1978.

Gerald Prein

**Integration**
Nach der lat. Ursprungsbedeutung (integrare) heißt I: unter den Schutz eines Daches bringen. Im übertragenen Sinne ist Wiederherstellung gemeint.

In einem objektiven Sinne wird unter I die Bildung (über-)geordneter Ganzheiten, d.h. der →Gemeinschaft, verstanden. Die philosophische Streitfrage, ob diese Ganzheit als Gemeinschaft von Einzelmenschen zu denken ist oder ob der Einzelne jeweils nur insofern Mensch ist, als er an einer ihm übergeordneten Gemeinschaft teilhat, geht auf Aristoteles und seine Lehre vom Menschen als Gemeinschaftswesen (zoon politikon) zurück.

In der Rechtsprechung des Bundesverfassungsgerichts verfolgt dieses die sog. „mittlere Linie des Personalismus". Einerseits wird dem überzogenen Liberalismus eine Absage erteilt, andererseits gewährleisten das Prinzip der Menschenwürde und die →Grundrechte jedem die freie Entfaltung der →Persönlichkeit. Doch enden die Rechte des einen da, wo die Rechte des anderen beginnen. Der Ausgleich zwischen Individualinteressen bzw. Gemeinschaftsinteressen soll über das Gleichheitspostulat (Art. 3 GG) und das Sozialstaatsprinzip (→Sozialstaat) bewirkt werden. Dieses bedeutet die Verpflichtung an den Gesetzgeber und ist nicht unmittelbare Anspruchsgrundlage; jenes enthält den Aspekt des Differenzierungsgebotes ebenso wie den des Diskriminierungsverbotes. Diese allgemeinen Gedanken sind auf die I-problematik zu beziehen.

Normalerweise gilt der Mensch als (soziologisch gesprochen) vielfältig und vielseitig integriert; wo von I gesprochen wird, wird somit ein Defizit artikuliert, konkretisierbar durch die Begriffe ‚Desintegration' und →‚Isolation'.

Überall da, wo von I oder, was das gleiche bedeutet, (Wieder-)Eingliederung gesprochen wird, wird mit Fiktionen gearbeitet, die oft deshalb schwer durchschaubar oder erklärlich sind, weil der I-begriff normativ ebenso das Ziel bedeutet wie den Weg, der zu ihm führen soll. So kann z. B. von den Anhängern der Sonderpädagogik (→Heilpädagogik) behauptet werden, das Sonderschulwesen sei „der bessere Weg zur I". Allgemein hat der jüdische Religionsphilosoph Martin Buber festgestellt, „wer einen Weg einschlägt, der nicht schon in seiner Art die Art des Ziels darstellt, wird es verfehlen, so starr er es im Auge behielte; das Ziel, das er erreicht, wird nicht anders aussehen, als der Weg, auf dem er es erreicht."

Eine (überwiegend berechtigte) Fiktion im →Rehabilitationsrecht ist es, wenn nächst der medizinischen der Schwerpunkt auf die berufliche I gelegt wird, weil aus ihr in aller Regel geschlossen werden kann, daß die Wiedereingliederung des Behinderten in einem möglichst umfänglichen Sinne „in Familie, Gesellschaft, Beruf" durch die Berufsausübung bewirkt worden ist. Allein, zwingend ist dies nicht.

Richtigerweise wird man, wenn man I als Maßnahme (oder Weg) meint, diese auf die Gefahr der Desintegration zu beziehen haben, und hierbei wird es auf den Grad der →Gefährdung ankommen. Der kann bei sozialen →Randgruppen ebenso unterschiedlich sein wie im Einzelfall. Im →Gesundheits- und Rehabilitationsrecht hat folglich der Aspekt der Vorbeugung (→Prävention) besondere Bedeutung. So sind z.B. →Behinderten diejenigen gleichgestellt, denen eine →Behinderung droht. Meint man hingegen I als Zielvorstellung, so ist der Begriff eigentlich überflüssig, weil er jenen Rechtszustand meint, in dem der einzelne oder die sozialbenachteiligte Großgruppe (Alte, Kranke, Aussiedler, Asylbewerber, Arbeitslose, ehemalige Strafgefangene, Obdachlose etc.) so wie andere auch ihr Leben selbstverantwortlich und in Gemeinschaft mit anderen führen können. Es müssen also die üblichen Beteiligungschancen in Betracht gezogen werden.

Daß der Begriff „Isolation" zur Klärung von Zielvorstellungen brauchbarer ist, erhellt sich auch aus folgendem: Isolation im pädagogischen, psycho- bzw. soziologischen oder politisch-rechtlichen Sinne meint immer einen unerwünschten Zustand; sei es, daß jemand in seinem sozialen Nahbereich oder als Zugehöriger zu einer Bevölkerungsgruppe,

z. B. der der Behinderten, als mehr oder weniger isoliert und von Isolation bedroht bezeichnet werden kann. Zu unterscheiden ist dabei das subjektive Empfinden und die objektive Situation. Letztere wird v. a. angesichts des hohen Grundwertes der freien Entfaltung der Persönlichkeit als Anspruchsvoraussetzung zu gelten haben, um integrative Maßnahmen zu ergreifen. Die freie Willensentscheidung schließt immer das Recht, sich abzusondern, ein.

Lutz Dietze

**Integration Behinderter**
I beschreibt heute allg. das Bemühen um die gemeinsame Erziehung, Bildung und Unterrichtung behinderter und nichtbehinderter Kinder und Jugendlicher. I. e. S. wurde die I in der BR erst in den letzten 10 Jahren intensiver diskutiert und in wissenschaftlich begleiteten (Schul-)Versuchen erprobt. Allerdings ist sie aufgrund unzureichender Analysen der historischen und aktuellen Lage des Erziehungs-, Bildungs- und Unterrichtswesens (EBU) ‚selektierend‘, d. h. auf Behinderte mit spezifischen Arten und Schweregraden von →Behinderung (B) begrenzt geblieben. Der Ansatz einer „allg. integrativen Pädagogik und entwicklungslogischen Didaktik (iPeD)" von Feuser geht davon aus, daß I grundsätzlich eine Erziehungs- und Bildungs-/Schulreform verlangt: eine Schule für alle Kinder.

Die Geschichte des EBU einerseits und die Orientierung im Verständnis von B an biologistischen, medizinisch-psychiatrischen, sozial-darwinistischen und lebensphilosophischen Vorstellungen und Werthaltungen führte dazu, daß heute im EBU für alle Kinder gilt: *„Selektion"* nach aktueller wie zu erwartender Leistungsfähigkeit und Verwertbarkeit in Produktions- und Konsumtionsprozessen; *„Segregierung"* Behinderter, d. h. Ausschluß aus regulären Lebens- und Lernprozessen und Zusammenschluß nach Art und Schwere der B in Sondereinrichtung; *„Parzellierung"* der Bildungsinhalte und reduzierte Curricula (reduktionistische Pädagogik, äußere Differenzierung); und eine defekt- und abweichungsbezogene *„Atomisierung"* Behinderter i. S. ihrer Reduktion auf den zu ‚reparierenden‘ bzw. zu kompensierenden Defekt.

Die iPeD nach Feuser setzt gegen die „Selektion" die *„Kooperation"* (als Moment einer durch keine Gewalt zu negierenden Sozialität des Menschen); gegen die „Segregierung" die *„innere Differenzierung";* gegen die Beantwortung unterschiedlicher Wahrnehmungs-, Denk- und Handlungskompetenzen mittels „individueller/reduzierter Curricula" die *„Individualisierung"* im Rahmen eines gemeinsamen Curriculums i. S. der *„Kooperation am gemeinsamen Gegenstand"* im Rahmen von „offenem Unterricht" und „Projektarbeit".

I erfordert folglich eine *basale, kindzentrierte, allgemeine* →Pädagogik, die Kinder und Jugendliche aller Entwicklungsniveaus ohne sozialen Ausschluß zu lehren und mit ihnen zu lernen vermag, die die Heterogenität einer jeden menschlichen Gruppe voraussetzt, die Lernangebote an Kriterien der Gesetzmäßigkeiten menschlicher Entwicklung orientiert (humane Dimension) und keinen Menschen von der Aneignung der für alle Menschen in gleicher Weise bedeutenden gesamtgesellschaftlichen Erfahrung ausschließt (demokratische Dimension). Die iPeD ermöglicht, daß *alle* Kinder (unabhängig von Art und Schweregrad einer Behinderung) in Kooperation miteinander auf ihrem jeweiligen Entwicklungsniveau und mittels ihrer momentanen Wahrnehmungs-, Denk- und Handlungskompetenzen an und mit einem gemeinsamen Gegenstand spielen, lernen und arbeiten. Der gemeinsame Gegenstand ist nicht die äußere Thematik, sondern i. S. der Kategorialen Bildung Klafkis das sein Wesen ausmachende „Elementare" und „Fundamentale", das Feuser subjektlogisch neu bestimmt hat.

Die I hat ihre historischen Wurzeln in den Ideen der französischen Revolution und ihrer Vorläufer (z. B. Rousseau, Pereira) sowie im St. Simonismus (z. B. Séguin; er fordert „die Einheit des Menschen in der Menschheit") und in den Ideen der Pädagogen wie →Pestalozzi, →Itard, →Fröbel, Deinhardt, →Georgens, →Montessori, Makarenko und Korzcak, um nur einige zu nennen. Die Vertreter einer humanen und demokratischen Pädagogik waren oft verfolgt worden und mußten z. T. emigrieren. Eine ungebrochene Linie besteht allerdings für die im Kern menschenverachtenden Ansätze des 17.–19. Jh., die im Hitler-Faschismus in der Sterilisation und Ermordung Behinderter/psychisch Kranker im Sinne der →Euthanasie gipfelten – bis hin zur heute z. B. erneut geführten Diskussion um die Sterilisation Geistigbehinderter und der (vor- und nachgeburtlichen Tötung) Behinderter aus utilitaristischen Gründen und Kosten-Nutzen-Erwägungen, wie sie sich die humangenetische Beratung zu eigen machte. Das Lebensrecht Behinderter wird heute diskutiert und in Frage gestellt!

Für die I besteht gegenwärtig in der BR keine wirkliche politische Willensbildung. Sie wird im Bereich der Elementarerziehung (→Kindergarten) und Primarerziehung (Grundschule) auf Druck der die Bewegung wesentlich aufrechterhaltenden Eltern geduldet. Initiale Orientierungen gingen vom „Normalisierungsprinzip" (skandinavischer Länder) und der Bewegung „Demokratische Psychiatrie" in Italien (Basaglia) aus. In der BR blieben selbst die Gesamtschulen beim Ausschluß der Behinderten und einer fraglichen äußeren Leistungsdifferenzierung (in Kursen).

I wird als „Kooperation" (K) favorisiert, d. h. Sonder- und Regelschule unter einem Dach oder Klassen für Behinderte an Regelschulen mit zeitweisem gemeinsamem Unterricht. Die K vermag m. E. Vorurteilsgrenzen zu lockern, muß bezogen auf die I aber als Sackgasse u. Alibi bewertet werden, da eine rigorose Verschärfung leistungsmäßiger Selektion (z. B. Hochbegabtenförderung) nur kaschiert, wie dies auch mit der Einzelintegration der Fall ist. Einzelintegration meint die Unterrichtung behinderter Kinder in Regelschulen, sofern sie die Leistungen der jeweiligen Regelschule erbringen können. I wird als Begriff inflationiert und fachlich/politisch revisionistisch und opportunistisch mißbraucht. Zur I gibt es aber keine positive Alternative i. S. der Realisierung einer humanen und demokratischen Pädagogik, die jedem Kind optimales Lernen und eine ungebrochene Persönlichkeitsentwicklung des Menschen ermöglichen kann.

L.: Feuser, G., Allgemeine integrative Pädagogik und entwicklungslogische Didaktik; in: Z. Behindertenpädagogik 28 (1989) 1, 4–48. Feuser, G./Meyer, Heike: Integrativer Unterricht in der Grundschule; Solms-Oberbiel, 1987. Jantzen, W.: Allgemeine Behindertenpädagogik; Weinheim, Basel, 1987. Klafki, W.: Neue Studien zur Bildungstheorie und Didaktik; Weinheim, Basel, 1985.

Georg Feuser

**Integrationsförderung**
→ Integration

**Integrative Therapie**
Die I ist ein tiefenpsychologischer, ganzheitlicher Ansatz der Behandlung psychischer Erkrankungen durch erlebnisaktivierendes, aufdeckendes und durcharbeitendes Vorgehen, das den Menschen in seiner körperlichen, seelischen, geistigen, sozialen und ökologischen Realität zu erreichen sucht. Sie verbindet Psycho-, Sozio- und Leibtherapie sowie psychoanalytisches und phänomenologisches Gedankengut zu einem dialogischen Behandlungsansatz. Vom Menschenbild und der Zielvorstellung her versteht sich die I als Teil der *Humanistischen Psychologie/Psychotherapie*. Die I wurde von *H. Petzold* und *J. Sieper* Mitte der 1960er Jahre begründet. Beide kamen durch den Lehranalytiker *V. Iljine* sowohl mit der aktiven Methode der →Psychoanalyse *Ferenczis* wie auch dem Therapeutischen Theater

Iljines in Kontakt. Berufliche Erfahrungen der Gründer der I im Sozial- und Gesundheitsbereich wurden durch Ausbildungen in klassischer → *Gruppendynamik, Psychodrama (Moreno),* → *Gestalttherapie (Perls), Körper- und Bewegungsarbeit (Raknes, Ehrenfried)* ergänzt. In der Gründerzeit der I spielte die Gestalttherapie als ein wesentliches Verfahren unter anderen eine große Rolle. Damit erklärt sich auch die Wahl des Namens → Fritz-Perls-Institut (FPI; gegr. 1972), das 1981 zur → *Fritz-Perls-Akademie* (FPA) erweitert wurde. Lange Zeit sind die Begriffe Gestalttherapie und I synonym verwendet worden.

Der Mangel vieler psychotherapeutischer Verfahren ist, daß sie monokausal, wenig interdisziplinär und von der Persönlichkeit des Begründers her geprägt sind. Obwohl die I von der → Psychoanalyse und der Gestalttherapie geprägt ist, hat man sich von deren biologistischen bzw. organismustheoretischen Quellen getrennt. Die I folgt der europäischen geistes- und sozialwissenschaftlichen Tradition, bspw. der *Hermeneutik*, dem *Strukturalismus (Foucault, Levi-Strauß)*, der *Phänomenologie (Merleau-Ponty)* und dem *Existentialismus (Buber, Marcel)*. Von Merleau-Ponty stammt das „Leib-Apriori der Erkenntnis"; Erkenntnis ist an leiblich geknüpfte Bewußtseinsarbeit gebunden. Für die Menschen existiert die Frage des „inkarnierten Sinns", der sich auch in Strukturen und Gestalten ausdrückt. Von Bedeutung ist auch das dialogische Prinzip Bubers, das Anstoß für das Begegnungskonzept wurde, sowie die ökologische Sozialisationstheorie des *Lewin*-Schülers *Bronfenbrenner*. Ferner lehnt die I die enge Sicht der frühkindlichen Entstehung von psychischen Schäden, wie z. B. bei der Psychoanalyse, ab. Sie ist ganzheitlich und lebenszeitlich orientiert und vertritt das Konzept der Lebensspanne. Aus der Integration dieser und weiterer Konzepte hat die I mit Absicht keine eigene Entwicklungstheorie entworfen; sie versteht sich grundsätzlich als offenes System, das bereit ist, künftige wissenschaftliche Erkenntnisse zu berücksichtigen.

Das Verständnis der menschlichen Entwicklung in der I sieht als Grundlage des Menschen das Leib-Selbst, das sich im Verlaufe der Sozialisationsprozesse verändert. Am Ende des ersten Lebensjahres entwickeln sich die Anfänge des Ich; etwa ab zwei Jahren kann der Mensch sich selbst (das *Selbst*) erkennen und erleben, wie andere ihn (sein Selbst) erkennen. In diesen wechselseitigen Prozessen entwickelt das Ich die → *Identität*. Der Mensch wird gesehen als ein „Körper-Seele-Subjekt in einem sozialen und ökologischen Umfeld". Aus der Interaktion mit diesem Umfeld gewinnt er seine Identität. Die I schließt auch eine „Mehrperspektivität" ein; *anthropologische*, erkenntnistheoretische, tiefenpsychologische, soziologische und politische Dimensionen ergänzen einander. Zentrale Begriffe wie Identität, Rolle, Bühne, Korrespondenz, Szene, Kontakt, Begegnung und Beziehung verweisen darauf. Die I ist nicht nur *Psychotherapie*, sondern eventuell notwendige Nach-Sozialisation bzw. zeitweilige Lebensbegleitung. Unter → Sozialisation wird hierbei die Verinnerlichung von Szenen aus der Vergangenheit verstanden.

Die I hat weder eine eigene Persönlichkeitstheorie noch eine darauf basierende Krankheitslehre entwickelt. Ähnlich wie moderne Psychoanalytiker (*Blanck/Blanck, Cremerius, Kernberg, Kohut, Mahler, Mentzos* u. a.), hat man die Vorstellung eines einzigen krankmachenden Faktors aufgegeben. Abgesehen von organischen Ursachen sieht man krankmachende Faktoren vorwiegend in negativen Stimulierungen der Sozialisation. Diese können von Milieu, Sozialschicht, Soziokultur, Generation und Zeitumständen unterschiedlich ausgeprägt sein. Neben den traditionellen psychoanalytischen und psychiatrischen Krankheitsbegriffen kennt die I noch anthropologisch und sozial begründete vielfältige

Faktoren einer „multiplen *Entfremdung*" (z. B. von der eigenen Leiblichkeit, der Nahumwelt, der Arbeit, der Natur und der Zeit). Erkrankungen können entstehen durch *Traumata* (Überstimulierungen), Defizite (Unterstimulierungen), Störungen (inkonstante und widersprüchliche Stimulierungen) oder *Konflikte* (widerstreitende Stimulierungen).

Das Konzept der therapeutischen Beziehung läßt sich nach Petzold als intersubjektive *Korrespondenz* beschreiben. Es ist ein Prozeß direkter, ganzheitlicher Begegnung und Auseinandersetzung zwischen Subjekten auf der Leib-, Gefühls- und Vernunftebene. Ziel dieser Korrespondenz ist die Herstellung von Übereinstimmung und Sinnfindung. Subjektbeziehungen (Seins-Modus) haben Vorrang vor sachlich-funktionalen Beziehungen (Machen-Modus) und objekthaften Beziehungen (Haben-Modus). Das bringt eine Schwerpunktverlagerung vom psychoanalytischen Objektbegriff (der kein „Du" kennt) zu einem dialogischen Begegnungs- und Beziehungskonzept zwischen Therapeut und Klient mit sich. Damit ändern sich auch fundamentale, aus der Psychoanalyse stammende Erkenntnisse, die für alle Formen der Psychotherapie Bedeutung haben: *Übertragung, Widerstand, Deutung* und Verbalisierungsfähigkeit. Die Übertragung wird im Gegensatz zur klassischen Psychoanalyse durch *Abstinenzverhalten* des Therapeuten nicht künstlich verstärkt (*Übertragungsneurose*), denn die zu Heilzwecken erwünschte Regression des Klienten kann auch auf anderen Wegen erreicht werden. Allerdings werden Übertragungsphänomene dort, wo sie notorisch (dauernd) vorhanden sind, so bearbeitet, daß dem Klienten deutlich wird, wo, wann und wie er unangemessen aus der Vergangenheit Gefühle und Szenen auf die Gegenwart (Therapeut, Mitklienten, Mitmenschen) überträgt. Der Widerstand des Klienten, *Unbewußtes* zuzulassen und sich zu verändern, hat auch eine Schutzfunktion im therapeutischen Prozeß. Hier vor allem werden die *Regressions*formen (*Abwehrmechanismen*) deutlich. In der I wird der Widerstand des Klienten nicht so negativ gesehen wie in der klassischen Psychoanalyse. Der Therapeut geht grundsätzlich mit dem Widerstand und nicht konfrontatorisch gegen ihn. Deutungen, auf die der Klient selber kommt (Eigendeutungen), sind wirkungsvoller als Fremddeutungen und Interpretationen durch den Therapeuten. Ein weiterer Unterschied zur Technik der Psychoanalyse ist der geringere Stellenwert der Sprache. Für Klienten, die in ihrer Verbalisierungsfähigkeit eingeschränkt sind (sozio-ökonomisch benachteiligte Lebenslage, psychiatrische Patienten u. a.), stehen viele non-verbale Methoden (Medien) zur Verfügung. Im therapeutischen Prozeß soll durch Zentrierung auf leibliches Erleben, emotionalen Ausdruck und kognitive Einsichtsprozesse eine integrierte Persönlichkeit erhalten, entwickelt und wiederhergestellt werden. Durch die Bearbeitung traumatischer Vergangenheit, konflikthafter Gegenwart und lebenshemmender Zukunftsvorstellungen, früher Schädigungen und den daraus entstandenen *Verdrängung*smechanismen sowie der Einsicht in die Begrenztheit der eigenen Existenz soll ein integriertes Selbst, ein starkes, kreatives Ich und eine gesunde Identität gefördert werden.

Entsprechend dem offenen System der I haben erste diagnostische Eindrücke nur eine vorläufige Gültigkeit. Ein diagnostischer Stempel (*Etikettierung, Labeling*) ist zu vermeiden. Im weiteren Therapieprozeß muß die *Diagnostik* präzisiert werden. Diese prozessuale Diagnostik soll herausfinden, in welchem Stadium der Persönlichkeitsentwicklung Schädigungen und Symptome sich mit welcher Schutzfunktion (*Abwehrmechanismen*) entwickelt haben.

Je nach Indikation können unterschiedliche Methoden angewendet werden: *Atem- und Bewegungsarbeit, Tanztherapie, Musik-* und → *Kunsttherapie* eher für die körperbezogene Seite; erlebnisaktivierende Methoden, Gestaltmethoden, szenische Deutungsarbeit oder meditative Übungen vorwiegend für die psychische Seite. Auch die soziale Wirklichkeit soll mit soziotherapeutischen Methoden berücksichtigt werden. Hierbei gilt es insb. die soziale Identität abzusichern: Leiblichkeit, Verstärkung des sozialen Netzwerkes, der persönlichen Einbindung im Bekanntenkreis, Arbeit und Leistung wie auch materielle Sicherheiten dürfen für die psychosoziale Gesundheit eines Menschen nicht vernachlässigt werden. Damit gehen die allgemeinen Ziele der I über die herkömmliche Zieldefinition vieler Psychotherapierichtungen hinaus. Gleichzeitig ähneln die Ziele der I allgemeinen beruflichen Aufgaben im Sozial- und Gesundheitswesen: Vorbeugung, Erhaltung, → *Rehabilitation*, Entwicklung und Bewältigung von ungünstigen →Lebenslagen. Die Behandlungsmethoden der I sollen „vier Wege der Heilung" fördern: 1. Gewinn mehrperspektivischer Einsicht und damit Schaffung von Sinn durch aufdeckendes, interpretatives Vorgehen; 2. Vermittlung besserer Erfahrungen und Bekräftigung von Grundvertrauen durch Methoden der Nach-Erziehung; 3. Erlebnisaktivierung und mehrfache Stimulierung; 4. Solidaritätserfahrung, indem man z. B. in der Gruppentherapie erlebt, daß man mit seinem Problem nicht allein steht.

Durch Berufserfahrungen der Begründer ist die I in der praktischen →Sozialarbeit und im →Gesundheitswesen verankert. Dadurch, daß die I eine Entwicklungspsychologie der gesamten Lebenszeit vertritt, können ihre Methoden bei zielgruppenspezifischer Variation mit allen Alters- und Klientelgruppen angewendet werden. Neben Kindern und Jugendlichen waren alte und sterbende Menschen die ersten Zielgruppen. Die Veröffentlichungen des Begründers H. Petzold über →*Altenarbeit* und →*Sterbebegleitung* sind inzwischen Standardliteratur. Daneben wurde die I schon in den 1960er Jahren erfolgreich in der *Drogentherapie* und bei therapeutischen *Wohngemeinschaften* mit Drogenabhängigen angewendet. Neben diesen und den üblichen Veröffentlichungen zur Psychotherapie allgemein liegen Publikationen vor über I mit Unterschichtpatienten, sterbenden Menschen, *Gefängnis*insassen, mit Kindern, Jugendlichen und *psychosomatischen Patienten*. I wird ausgeübt in den Formen der Kurz- (Fokal-) sowie der mittel- und langfristigen Therapie; in der Zweiersituation wie auch als *Gruppentherapie*. Anwendungsorte sind die freie Praxis, v. a. aber auch Einrichtungen der *Beratung, Psychiatrie (Suchtbereich), Rehabilitation* und → *Heimerziehung*. Für Ärzte wird vom Fritz-Perls-Institut ein spezielles Curriculum angeboten, das den Erwerb des Zusatztitels „*Psychotherapie*" ermöglicht. Ebenfalls für Ärzte und Diplom-Psychologen ist die etwa 5–6jährige Weiterbildung zum Psychotherapeuten. Im Gegensatz zu den anderen tiefenpsychologischen Therapierichtungen bietet die I für die Sozialberufe auch eine ähnlich intensive Fortbildung zum *Soziotherapeuten* an. Ebenfalls langfristige Fortbildungen werden angeboten für Bewegungs-, Musik- und Kreativitätstherapie, für Kinder- und Jugendlichentherapie, *Supervision* und Pädagogik. Mittel- und kurzfristige Weiterbildungsangebote sind stärker arbeitsfeldspezifisch: Kindertherapie, *Paar*- und *Familientherapie*, Arbeit mit Alten, Kranken und Sterbenden, Drogentherapie, Beratung sowie Leitung von Sozial- und Gesundheitseinrichtungen. Die meisten Maßnahmen sind förderungswürdig nach dem → *Arbeitsförderungsgesetz* (§ 34). Für Diplom-Psychologen ist die Ausbildung bei verschiedenen Curricula der I als Berechtigung zur Ausübung der Psychotherapie nach dem → *Heilpraktikergesetz* anerkannt. In den elf Regionalinstituten des FPI im In- und Ausland haben seit 1972 über 2500 Personen längerfristige Weiterbildungsmaßnahmen abgeschlossen. Damit ist die I eine der größten therapeutischen Weiterbildungsrichtungen in Europa.

L.: Petzold, Hilarion (Hg): Drogentherapie; Paderborn, 1974; Frankfurt, 1980 (2. Aufl.). Ders./Bubolz, Elisabeth (Hg): Psychotherapie mit alten Menschen; Paderborn, 1979. Ders. (Hg): Die Rolle des Therapeuten und die therapeutische Beziehung; Paderborn, 1980. Ders./Vormann, G. (Hg): Therapeutische Wohngemeinschaften; München, 1980. Ders./Heinl, H. (Hg): Psychotherapie und Arbeitswelt; Paderborn, 1983. Ders. (Hg): Mit alten Menschen arbeiten; München, 1985. Ders. (Hg): Integrative Leib- und Bewegungstherapie; Paderborn, 1989 (dort weitere Literaturangaben). Spiegel-Rösing, I./Petzold, H. (Hg): Die Begleitung Sterbender; Paderborn, 1984. Rahm, Dorothea: Gestalt-Beratung; Paderborn (2. Aufl.), 1986. Zundel, Edith/Zundel, Rolf: Leitfiguren der Psychotherapie; München, 1987.
Z.: Integrative Therapie; Paderborn. Gestalt und Integration. Zeitschrift für ganzheitliche und kreative Therapie. Mitteilungsblatt der Deutschen Gesellschaft für Gestalttherapie und Kreativitätsförderung (DGGK); Düsseldorf.

Nando Belardi

## Interessengemeinschaft der mit Ausländern verheirateten Frauen e.V. (IAF)
A.: Mainzer Str. 147, 6000 Frankfurt/M. 1; T. (069) 73 78 98.

## Interessenverbände
→ Verbände

## Interkulturelle Pädagogik
Auch wenn der Begriff der I nicht als genuin wissenschaftlicher Begriff begründet werden kann, der einen spezifischen Teil der Erziehungswirklichkeit in einer unverwechselbaren Eigenständigkeit erfaßt, so werden mit ihm doch die Reflexionen über die Probleme zusammengefaßt, die im Bildungssystem durch die Einwanderung von ausländischen Arbeitern und ihrer Familien (→ Arbeitsimmigranten) entstanden sind. Die Diskussion über interkulturelle Erziehung ist Bestandteil der → Pädagogik in allen modernen Gesellschaften, von Europa über die USA und Kanada bis hin zu Australien, weil durch Migration entstandene → ethnische Minderheiten selbstverständlicher Teil dieser Gesellschaften sind. Ihren Ausgangspunkt hat I dabei i.d.R. bei praktischen Problemen, die in den sprachlich und kulturell vereinheitlichten Bildungssystemes des Nationalstaates entstehen.

In dieser Relation ist auch die „Ausländerpädagogik" entstanden, die sich als Reflex auf neue Probleme und als Reflexion über Bearbeitungsversuche der Praxis in Schulen, Kindergärten, Sondermaßnahmen und Erwachsenenbildungseinrichtungen gebildet hat. Etwa 15 Jahre nach der ersten Anwerbevereinbarung zwischen der BR und Italien werden Ausländerkinder als pädagogisches Problem öffentlich thematisiert und definiert. Erst als ein praktischer „Problemdruck" entsteht und Belastungen von Lehrern, Schülern und Eltern in Zusammenhang mit den Ausländern gebracht werden, tritt die Pädagogik auf den Plan. Ein Jahrzehnt lang entfaltet sich dann eine „Ausländerpädagogik", die sich als pädagogische Spezialreflexion dem nun wohlvertrauten „Problem" zuwendet. Zu Beginn der 80er Jahre wird diese Phase mit einer Kritik der „Ausländerpädagogik" abgeschlossen; diese hat sich zwischenzeitlich zur I weiterentwickelt.

Nach wie vor deckt der Begriff von I ein weites Feld ab. Mit Dickopp kann man unterschiedliche Erziehungsvorstellungen mit diesem Konzept verbinden: 1. eine → Erziehung, die auf wechselseitige Toleranz und Verständnis zwischen verschiedenen Kulturen abzielt. Weil dabei an der Richtigkeit der je eigenen Kultur im Prinzip festgehalten wird, geht es faktisch um die Akzeptanz oder Duldung des anderen als eines besonderen. 2. Als I kann auch das Bestreben bezeichnet werden, die Gemeinsamkeiten verschiedener Kulturen zu entdecken und auf dieser Grundlage Solidarität zu entwickeln. 3. Schließlich kann I so gedacht werden, daß sie sich an einer universalen Moralität orientiert und auf deren

Vermittlung gerichtet ist; in diesem Fall hebt sich der Begriff selbst auf, weil jede Erziehung auf ein solches Ziel gerichtet sein soll.

Gerade weil I sich auf konfliktreiche Probleme der Erziehungs- und Bildungspraxis bezieht, hat sich eine Reihe von Intentionen und Zielen mit diesem Konzept verknüpft, die Friesenhahn (1988, 140 ff.) zusammengefaßt hat: „Interkulturelle Erziehung
– ist die adäquate pädagogische Antwort auf Realität einer multikulturellen Gesellschaft;
– basiert auf einem erweiterten Kulturbegriff, der Kultur mit den materiellen und ökologischen Lebensbedingungen verknüpft und an der Alltagssituation der Menschen ansetzt sowie von der prinzipiellen Gleichwertigkeit von Kulturen ausgeht, ohne vorhandene Differenzierungen zu leugnen;
– zielt nicht auf beziehungsloses Nebeneinander von Menschen verschiedener Kulturen, sondern auf partnerschaftliches Miteinander;
– orientiert sich, als Friedenserziehung, nicht an Harmonisierungs-, sondern an Konfliktlösungskonzepten;
– berücksichtigt ihre gesellschaftlichen Bedingungen, d. h., interkulturelles Lernen ist politisches Lernen;
– ist ein offenes Konzept, d. h., es registriert gesellschaftliche Veränderungsprozesse und versucht, dabei selbst Innovationen einzuführen;
– ist nicht auf die Realität eingeschränkt, sondern aufgefordert, im Sinne konkreter Utopien Veränderungsstrategien zu entwickeln, d. h., es ist Dialektik zwischen Realität und Utopie, zwischen Anspruch und politisch Durchsetzbarem;
– konzentriert sich nicht auf eine Bevölkerungsgruppe;
– ist keine Exotik und nicht auf Folkloreveranstaltungen zu reduzieren;
– ist keine Entpolitisierungsstrategie, sondern Widerstand und Interessenpolitik für, mit und von Deutschen und Ausländern, die auf eine gemeinsame Zukunft hinwirken;
– koordiniert muttersprachlichen und Zweitsprachenunterricht;
– fordert eine verstärkte Gemeinwesen- und Stadtteilorientierung;
– kann nicht nur mit einer pädagogischen Instanz verwirklicht werden, sondern nur durch gegenseitige Unterstützung unterschiedlicher pädagogischer Institutionen bzw. Arbeitsfelder und anderer gesellschaftlicher Gruppen;
– hofft auf die Auflösung der starren Trennungen zwischen pädagogischen Arbeitsfeldern (z. B. Schule und Jugendhilfe) und verbindet sich dabei mit Konzepten von Community Education;
– bricht die Rollenfixierung Lehrender und Lernender auf;
– ist ein Beitrag zur internationalen Verständigung, die auf lokaler, nationaler und internationaler Ebene stattfinden kann und soll;
– erfordert neue Curricula und die Reflexion bisheriger pädagogischer Theoriebildung."

Das mit I gemeinte Konzept wird offensichtlich programmatisch überfordert; insofern scheint die Orientierung an der Dickoppschen Klassifikation angemessen; diese impliziert:
– die Förderung der Toleranz zwischen Individuen und Kollektiven, die sich unterschiedlich definieren;
– die Förderung von Solidarität und wechselseitiger Unterstützung;
– die Orientierung an verbindlichen Normen und Werten (→ Menschenrechte).

L.: Auernheimer, Georg: Der sogenannte Kulturkonflikt; Frankfurt, New York, 1988. Borrelli, Michele (Hg): I; Baltmannsweiler; 1986. Friesenhahn, Günter F.: Zur Entwicklung (von) I; Berlin, 1988.

Franz Hamburger

**Intermediäres Hilfe- und Dienstleistungssystem (IHDS)**
= Gesamtheit derjenigen Hilfe- und Dienstleistungsorganisationen, die zwar weder der →informellen Sphäre noch den formellen Sektoren – d. h. der staatlichen Hilfe- und Dienstleistungsverwal-

tung (→öffentlich) bzw. der gewerblich-kommerziellen Hilfe- und Dienstleistungswirtschaft i.e.S. – zuzurechnen sind, sondern eine intermediäre Zwischenstellung (→Intermediarität) einnehmen im Spannungsverhältnis zwischen informeller Sphäre und formellen Sektoren sowie zwischen „Staat" (→Staatsversagen) und „Markt" (→Marktversagen). Zum IHDS zählen ebenso →Selbsthilfegruppen wie auch →Vereine, →Stiftungen sowie die →Wohlfahrtsverbände und deren Einrichtungen. Intermediäre Systeme existieren außer im Bereich des Sozial- und Gesundheitswesens u.a. auch auf den Gebieten →Sport und →Freizeit, in den Bereichen Kunst-, Kultur- und Wissenschaftsförderung, im Erziehungs- und Bildungswesen, im Bereich →Umwelt, im Wohnungswesen, im Brand- und →Katastrophenschutz, in der →Entwicklungshilfe sowie im Bereich des Religiösen und der Kirchen.

## Intermediarität

I kennzeichnet ein spezifisches Merkmal des gesellschaftlich-institutionellen Arrangements von →Verbänden, →Vereinen und →Gruppen, die ein organisatorisches Medium für das Zustandekommen und die Abwicklung von Vermittlungs- und Austauschprozessen in modernen →bürgerlichen Gesellschaften bilden. Im Unterschied zu den ständischen Verbindlichkeiten von Tugenden und Geboten feudaler Gesellschaften, in denen Über- und Unterordnung, Reichtum und →Armut als (gott-)gegeben erscheinen, wird im Zuge der →Aufklärung das Individuum zu sich selbst befreit. Es muß sich aber gegen den sich zur gleichen Zeit konstituierenden absolutistischen →Staat und gegen die Eigengesetzlichkeiten des kapitalistischen Marktes verbünden, seine Bedürfnisse mit denen der anderen bündeln und als Interesse in der Öffentlichkeit (→öffentlich) zur Geltung bringen. Die Notwendigkeit und der Prozeß dieses Sich-Verbündens und der Bedürfnis-Bündelung führen zur Entstehung jenes komplexen gesellschaftlich-institutionellen Arrangements, das intermediäre Vermittlungs- und Austauschprozesse ermöglicht:

1. Auf der Ebene der formellen (bürokratischen) Systeme „Staat" und „Markt" (mit den für diese Systeme typischen Steuerungsmedien Macht und Recht bzw. Vertrag und Geld) bilden sie ein Zwischenglied, das – im Unterschied zum Staat – nicht auf Macht basiert und – im Gegensatz zum Markt – nicht profitorientiert ist, das aber – wie dieser – auf freiwilliger Vertraglichkeit basiert und – wie der Staat – das allgemeine Wohl und den gemeinen Nutzen (→Gemeinnützigkeit) zum Ziel hat.

2. Im Spannungsverhältnis zwischen den formellen Systemen der „bürokratischen Welten" (Billis) und der „persönlichen Welt" der Einzelindividuen in der →informellen Sphäre bilden sie ebenfalls einen Vermittlungsbereich, der die „Entkoppelung von System und →Lebenswelt" (Habermas 1981, 229) überbrückt. Aufgrund der I erweisen sie sich als „Zwischenträger in ‚gesamtgesellschaftlichen' Integrationsprozessen", die „mit mindestens zwei wichtigen Umwelten zur gleichen Zeit interagieren ... : nach ‚unten' mit einer mehr oder weniger ‚freiwilligen' Mitgliedschaft oder Klientel – oder allgemeiner: einer der Organisation gegenüber ‚primären' Sozial- und Wertestruktur – und nach ‚oben' mit einer institutionellen Umgebung, in der sie (mehr oder weniger organisierte) Organisationen unter anderen sind" (Streeck 1987, 4). Diese Vermittlungsleistung gelingt, weil sie Freiwilligkeit einerseits und Gemeinwohlorientierung andrerseits mit einem dritten Element verbinden: der weltanschaulichen (bzw. ideologischen) Programmatik. I im Sinn der Vermittlung von „System und Lebenswelt" wirft die Frage der →Mediatisierung der Subjekte auf.

Durch die Rolle, die heute und künftig den →Medien zukommt, erhalten I und Mediatisierung eine neue, zusätzliche Bedeutungsdimension (Kunstforum, Bd. 108; 1990).

1029

L.: Billis, David: A Theory of the Voluntary Sector; London, 1989 (The Centre for Voluntary Organisation, Working Paper 5). Habermas, Jürgen: Theorie des kommunikativen Handelns, Bd. 2; Frankfurt/Main, 1981. Kunstforum, Bd. 108; Köln, 1990, 132–159 („Intermediäres Denken"). Streeck, Wolfgang: Vielfalt und Interdependenz. Probleme intermediärer Organisationen in sich verändernden Umwelten; Berlin, 1987 (WZB, discussion papers, IIM/LMP 87-3).

**Internat**
→ Heime

**International Association of Schools of Social Work (IASSW)**
Die IASSW ist die weltweite Vereinigung der Ausbildungsstätten für Soziale Arbeit und umfaßt Institutionen zur Aus-, Fort- und Weiterbildung sowie Forschungseinrichtungen. Sie ist eine nichtstaatliche Organisation (→ Non-governmental Organisation) im Bereich der → internationalen Sozialarbeit. Da die Ausbildung an der Vielfalt der Praxisbedürfnisse orientiert sein muß, besteht einerseits eine enge Verbindung zum → International Council on Social Welfare (ICSW). Andererseits unterhält die IASSW engen Kontakt zur internationalen Berufsvertretung (→ International Federation of Social Workers – IFSW), d. h. zu der Berufsgruppe, die durch eine fundierte Ausbildung – auch für internationale Sozialarbeit – qualifiziert werden soll. Ein Spannungsverhältnis besteht insofern, als alle drei Gruppierungen zwar zentrale gemeinsame Ziele, aber auch unterschiedliche Interessen vertreten.

Zur geschichtlichen Entwicklung: In den westlichen Industrieländern entstanden die ersten Ausbildungsgänge um die Jahrhundertwende. Ihre Ausweitung, zeitlich wie inhaltlich, war mehr aus Notwendigkeit als aus freien Stükken entstanden. PraktikerInnen – überwiegend Frauen – hatten v. a. durch → Hausbesuche den besten Einblick in die Problemsituationen, mit denen Einzelne, Familien, Gruppen und ganze Bevölkerungsteile zu kämpfen hatten. Die Frauen hatten sehr früh erkannt, daß die vielfältigen Probleme nicht auf eine einzige Ursache zurückgeführt werden können und sich teils gegenseitig bedingen. Meist fanden sie finanzielle, psychologische, medizinische, pädagogische, rechtliche und andere Probleme in ein und derselben Familie. Deshalb waren Kenntnisse in allen diesen Bereichen notwendig, die miteinander verbunden werden mußten. Gegen Ende des 1. Weltkrieges begannen sich die sozialen Schulen auf nationaler Ebene zusammenzuschließen, um die teils sehr unterschiedlichen Lehrpläne abzustimmen und die offizielle Anerkennung der Ausbildung und der professionellen Qualifikation zu erlangen. Bei einem internationalen Sozialarbeitskongreß 1928 in Paris wurde in einer Sektion zu Ausbildungsfragen ein eigenständiges Forum angeregt. So wurde zunächst 1928 in Berlin das Internationale Komitee sozialer Schulen unter Vorsitz von → Alice Salomon (1872–1948) gegründet, das nach dem 2. Weltkrieg in IASSW umbenannt wurde.

Die IASSW repräsentiert heute annähernd 1600 Ausbildungsstätten in 70 Ländern der Erde sowie Einzelmitgliedschaften. Zu den satzungsgemäßen Aufgaben gehören u. a.: die Sammlung und Bereitstellung von ausbildungsrelevanten Informationen (z. B. Literatur, in unregelmäßigen Abständen erscheinende Rundbriefe und die zusammen mit ICSW und IFSW herausgegebene Fachzeitschrift „International Social Work"); die Anregung internationaler Studienkurse und regionaler Treffen; Unterstützung von Institutionen in Ausbildungsfragen (z. B. durch beratenden Status bei UNESCO, UNICEF, beim Europarat und der Organisation amerikanischer Staaten – OAS); die Förderung des internationalen Austauschs von StudentInnen und Lehrenden. Im 2jährigen Turnus – in den geraden Jahren – finden weltweite Kongresse statt.

Finanziert wird die Arbeit durch Mitgliedsbeiträge, Spenden, Kongreßgebühren und aus dem Verkauf von Publikationen.

Im europäischen Bereich hatte sich zunächst das Nordische Komitee aller skandinavischen Länder gebildet, und 1980 wurde die Regionalgruppe Europa (European Regional Group der IASSW) gegründet. Weitere Regionen sind Afrika, Asien und Pazifik, Lateinamerika und Nordamerika. In den ungeraden Jahren werden regionale Kongresse veranstaltet, die regionale Themen zum Inhalt haben. In Europa ist die Diskussion um die Entwicklung der → Europäischen Gemeinschaften (EG) und um die Konsolidierung der unterschiedlichen Ausbildungen (Brauns/Kramer 1986) aktuell. Die Arbeit der Vereinigung der IASSW-Mitgliedsfachhochschulen und -fachbereiche in der BR gestaltet sich schwierig. Die unterschiedlichen Trägerstrukturen und Hochschulzusammenschlüsse, in die die Mitgliedsfachhochschulen und -fachbereiche eingebettet sind, behindern die Zusammenarbeit erheblich (→ Sozialpädagogen-/Sozialarbeiter-Ausbildung).

Probleme und Trends: Die Vergleichbarkeit von Ausbildungsgängen und -abschlüssen ist schon vor dem 2. Weltkrieg problematisiert worden. „Ein internationaler Vergleich kann keine Standards festlegen, mit denen man die Qualität verschiedener Systeme bestimmen kann. Es bleibt fraglich, ob sie überhaupt jemals gemessen werden kann. Denn die Qualität und der Wert einer Schule für Sozialarbeit hängt unweigerlich davon ab, welche Nutzen sie im Hinblick auf spezifische Bedürfnisse bringt, und diese Bedürfnisse sind nationaler Art" (Salomon 1937, 3). Ob eine Annäherung regionaler Art möglich ist, wird die Entwicklung der EG zeigen. Probleme ergeben sich auch aufgrund der unterschiedlichen Ausbildungsebenen. In manchen Ländern findet die Ausbildung an Universitäten statt, in anderen an Fachhochschulen oder ähnlichen Ausbildungsstätten (z. B. Professional Schools). In der BR gibt es beide Ebenen. Diese Unterschiede haben seit Beginn der Ausbildung zu Konflikten geführt, die nur durch gemeinsame Arbeit überwunden werden können (vgl. zur dt. Situation: Projektgruppe Soziale Arbeit 1981).

Während lange Zeit die drei Organisationen IASSW, ICSW und IFSW ihre weltweiten Kongresse in knapper Zeitfolge an gleichen Orten durchführten, zeichnet sich in den letzten Jahren eine gewisse Trennung ab, die als Indiz für die wachsende Autonomie der Organisationen, aber auch als graduale Desintegration interpretiert werden kann.

A.: IASSW Generalsekretariat, Palais Palffy, Josefsplatz 6, A-1010 Wien, Österreich.

L.: Brauns/Kramer (Hg.): Social Work Education in Europe. A Comprehensive Description of Social Work Education in 21 European Countries; Frankfurt/M., 1986. Fachhochschule für Sozialarbeit und Sozialpädagogik Berlin (Hg.): 60 Jahre IASSW; Berlin, 1989. Kendall, K., International Social Work Education; in: National Association of Social Workers, Encyclopedia of Social Work; Silverspring, 1987. Projektgruppe Soziale Berufe (Hg.): Sozialarbeit: Ausbildung und Qualifikation. Expertisen I; München, 1981. Salomon, Alice: Education for Social Work. A Sociological Interpretation. Based on an International Survey; Zürich, Leipzig, 1937.

Joachim Wieler

**International Council on Social Welfare (ICSW)**

Was den ICSW (dt.: Internationaler Rat für soziale Wohlfahrt) von anderen Dachorganisationen unterscheidet und ihn damit für den gesamten Bereich der → internationalen Sozialarbeit so bedeutend macht, ist seine vielfältige Zusammensetzung. Neben den nationalen Komitees sind seine Mitgliedsorganisationen meist weltweit zusammengeschlossen; sie ordnen sich jeweils in unterschiedlicher Weise einem enger begrenzten Teilbereich oder Begründungszusammenhang zu, z. B. religiös motiviert die Internationale Föderation für Innere Mission und Christliche Sozialarbeit (International Federation for Inner Mission and Christian Social Work), altersspezifisch die Internationale Föderation des Alterns (International Federation on Aging), problemkreisbezogen das Zwischenstaatliche Komitee für Migration (Intergovernmental Committee for Migration), präventiv orientiert die Internationale Föderation für Familienplanung (International Planned Parenthood Federation) und geschlechtsspezifisch der Internationale Rat jüdischer Frauen (International Council of Jewish Women). Diese Vielfalt ist Ausdruck einer breiten Sichtweise des Berufsfeldes sozialer Arbeit, wobei die Einzelbereiche in wechselseitiger Beziehung stehen, ohne ihre spezifische Gültigkeit aufzugeben. Das Spannungsverhältnis liegt, als Konfliktpotential im positiven wie im negativen Sinne, in der Diskrepanz zwischen Ganzheitlichkeit und Partikularismus, zwischen Generalität und Spezifizität. Der ICSW bringt gewissermaßen die vielen unterschiedlichen →sozialen Dienste und Dachverbände zusammen, die im Laufe ihrer Entstehung und Ausdifferenzierung von einem zentralen Anliegen abzurücken drohten.

Der ICSW hat sich aus einer Reihe unterschiedlicher internationaler Konsolidierungsbemühungen entwickelt, die weit vor der Jahrhundertwende liegen, aber durch die Weltkriege unterbrochen waren (Blankenburg 1988). Initiiert durch den Belgier René Sand, wurde nach dem 1. Weltkrieg und nach langer Vorbereitung ein internationaler Sozialarbeitskongreß 1928 in Paris veranstaltet, der sich aus mehreren Teilkongressen zusammensetzte und aus weiteren Treffen am Rande. Die „Quinzaine Sociale" mit insgesamt 5000 TeilnehmerInnen gilt als Gründungsveranstaltung des ICSW (bis 1967 International Conference of Social Work genannt). Vor dem 2. Weltkrieg fanden weltweite Kongresse in Frankfurt am Main und in London statt. Nach der Unterbrechung durch den Krieg begannen regelmäßige Weltkongresse, die in jedem zweiten – geraden – Jahr stattfinden, meist abwechselnd in Industrie- und Entwicklungsländern (→Dritte Welt).

Der ICSW versteht sich als generalistisch orientierte Organisation, die sich mit allen Aspekten der sozialen Wohlfahrt befaßt. Er ist eine Brücke zwischen privatem und öffentlichem Sektor – von der Basis bis zur internationalen Ebene. Der ICSW bietet ein offenes Forum für freien Austausch und Artikulation nationaler, regionaler und internationaler Anliegen in der Wohlfahrt. Zu seinen Aufgaben zählen u. a.: die Unterstützung globaler sozialer Entwicklung; die Definition sozialer Bedürfnisse und das Bewußtmachen dieser Bedürfnisse; die Förderung des Verständnisses für die Bedingungszusammenhänge; die Entwicklung von sozialen Strategien als Antwort auf Problemlagen und vorausschauend im Sinne von Antizipation; der Austausch von Wissen, Erfahrungen und die Bereitstellung von Informationen zur internationalen sozialen Entwicklung. Zusammen mit der →International Association of Schools of Social Work (IASSW) und der →International Federation of Social Workers (IFSW) gibt der ICSW – mit zeitweiligen Unterbrechungen – die Fachzeitschrift „International Social Work" heraus.

Dem ICSW gehören z. Z. ca. 80 nationale Komitees und ca. 20 spezialisierte internationale Organisationen an. Er hat konsultativen Status in Gliederungen der Vereinten Nationen (z. B. UNICEF, WHO, ILO, FAO) und bei regionalen Staatenorganisationen (z. B. Europarat). Finanziert wird die Arbeit aus Beiträgen der nationalen Komitees, der Internationalen Mitgliedsorganisationen, aus Projektzuschüssen, Konferenzgebühren und aus dem Verkauf von Publikationen.

Die Regionen Europa, Südostasien, Lateinamerika, Nordamerika und Afrika veranstalten seit Ende der 50er Jahre in regelmäßigen Abständen – meist in den ungeraden Jahren – Kongresse zu regional relevanten Themen. – Das Nationalkomitee der BR ist dem → Deutschen Verein für öffentliche und private Fürsorge (DV) angegliedert, zu dessen satzungsgemäßen Aufgaben die Beobachtung und Auswertung der Entwicklung der sozialen Arbeit in anderen Ländern gehört und die Förderung der internationalen Zusammenarbeit. Zur Wahrnehmung dieser Aufgabe wurde beim DV der Deutsche Landesausschuß des ICSW als Abteilung angeschlossen, dessen Vorstand sich aus Vorstandsmitgliedern des DV und anderen international erfahrenen Persönlichkeiten zusammensetzt.

Entwicklungen und Trends: Aus dem ICSW ist sowohl die internationale Vereinigung der Ausbildungsstätten (International Association of Schools of Social Work – IASSW) als auch die internationale Berufsvertretung (International Federation of Social Workers – IFSW) hervorgegangen, die aus diesem Grund noch immer als Tochterorganisationen des ICSW verstanden werden (Blankenburg 1988, 17). Die Verbindung zwischen den drei autonomen Organisationen war lange Zeit sehr eng. Seit Gründung der IASSW 1929 und der IFSW 1956 haben alle drei Organisationen ihre weltweiten Kongresse etwa zur gleichen Zeit an gleichen Orten durchgeführt, teilweise sogar mit gemeinsamen Veranstaltungen. Die Tatsache, daß die IFSW nicht mehr Mitgliedsorganisation des ICSW ist und die internationalen Kongresse in jüngster Zeit nicht mehr an gleichen Orten stattfinden, zeigt, daß sich aufgrund unterschiedlicher Interessenlagen in der Praxis, in der Ausbildung und der Berufsvertretung ein gewisser emanzipatorischer Prozeß, aber auch eine Desintegration abzeichnen. Die weiteren Entwicklungen werden maßgeblich davon abhängen, wie die drei selbständigen Organisationen untereinander auf die teilweise unterschiedlichen Ansprüche und Interessen eingehen.

A.: ICSW Generalsekretariat, Koestlergasse 1/29, A-1060 Wien, Österreich. – Deutscher Landesausschuß des ICSW, Am Stockborn 1-3, 6000 Frankfurt/Main 50.

L.: Blankenburg/Wendling: Internationale Wohlfahrt – Ursprünge und Entwicklung des ICSW; Berlin, 1988.

Joachim Wieler

## International Federation of Settlements (ifs)

Die ifs (offiziell: International Federation of Settlements and Neighborhood Centres; dt.: Internationale Föderation der sozial-kulturellen Nachbarschaftszentren) ist der weltweite Dachverband von 16 nationalen Zusammenschlüssen sowie einzelnen Zentren der → Nachbarschaftsheimbewegung. Der dt. Zusammenschluß ist der → Verband für sozialkulturelle Arbeit in Dt. e.V., vormals Verband Deutscher Nachbarschaftsheime.

Zur Geschichte: Ausgelöst durch das Arbeiterelend, hatten junge Akademiker und Studenten aus Oxford unter der Führung des Pfarrer-Ehepaares Barnett gemeinsam mit den Betroffenen den Kampf gegen Hunger, Krankheit, Unwissen und Unterdrückung aufgenommen. So wurde in London 1883 Toynbee Hall, das erste Settlement (engl. von „siedeln, sich niederlassen"), gegründet. 1889 folgte Hull House in Chicago, gegründet von Jane Addams, und es entstanden weitere Settlements in nahezu allen Ländern. Nach dem 1. Weltkrieg führte die Sehnsucht nach einer Welt ohne Krieg und Armut zu einem stärkeren Zusammenrücken der in der Settlement-Bewegung Engagierten. Sie gründeten 1926 die ifs. Seither führt die ifs regelmäßig internationale Konferenzen durch, die den Austausch über unterschiedliche Arbeitsansätze und Entwicklungen ermöglichen. Weitere wesentliche Aktivitäten sind die Verbreitung von Informationen, die in unregelmäßiger Folge über die Arbeit der ifs, über Forschungsberichte und neuere Literatur zu international relevanten Aspekten der

→Gemeinwesenarbeit zur Verfügung gestellt werden. Die ifs hat konsultativen Status bei den Vereinten Nationen und ist Mitglied im →International Council on Social Welfare (ICSW).

L.: ifs (Hg.): XV. Internationale Konferenz der Internationalen Föderation der sozial-kulturellen Nachbarschaftszentren vom 05.–11.08.1988 in Berlin (West); Berlin, 1988. Müller, C. Wolfgang: Wie Helfen zum Beruf wurde, Bd.1, 2. Überarb. Aufl.; Weinheim, Basel, 1988. Staub-Bernasconi, S., Soziale Arbeit als eine besondere Art des Umgangs mit Menschen, Dingen und Ideen; in: Sozialarbeit/Travail Social 1986/8, 2–71.

Joachim Wieler

**International Federation of Social Workers (IFSW)**

Die IFSW ist der weltweite Zusammenschluß nationaler Berufsvertretungen in der professionellen Sozialarbeit/Sozialpädagogik. (Zur Berufsbezeichnung: Die Ausbildungsgänge in vielen Ländern beinhalten ähnliche Akzentuierungen oder Schwerpunkte wie in der BR →Sozialpädagogik oder →Heilpädagogik; ‚Social Worker' faßt die in Dt. unterschiedlichen Berufsbezeichnungen zusammen.) Unter Berufsvertretungen sind solche Zusammenschlüsse zu verstehen, die sich um die „innere" Berufsorganisation (z.B. die Entwicklung eines einheitlichen Berufsbildes) und die Vertretung nach außen bemühen (z.B. arbeitsrechtlich gegenüber Anstellungsträgern und berufspolitisch gegenüber anderen Berufsgruppen). Bei einigen Organisationen stehen die arbeitsrechtlichen, d.h. gewerkschaftlichen Aspekte im Vordergrund (i.S. einer Solidarisierung mit anderen Lohnabhängigen). Andere Organisationen verstehen sich mehr als berufsständische Verbände, bei denen fachspezifische Anliegen, z.B. die Erlangung des Zeugnisverweigerungsrechts, im Vordergrund stehen (i.S. einer angemessenen →Professionalisierung).

Es bestehen besondere Kontakte zum →International Council on Social Welfare (ICSW), in dem überwiegend staatliche und private Anstellungsträger vertreten sind, und zur →International Association of Schools of Social Work (IASSW), deren angeschlossene Ausbildungsstätten für die professionelle Arbeit qualifizieren sollen. Trotz der offensichtlichen Interdependenz der drei Organisationen existiert ein immanentes Spannungsverhältnis, da die Organisationen unterschiedliche Interessen vertreten.

Zur geschichtlichen Entwicklung: Gegen Ende des 1. Weltkrieges, als durch erste Prüfungsordnungen und Akkreditierungen der Beruf offiziell anerkannt wurde, entstanden die ersten Berufsverbände. Bei einem internationalen Sozialarbeiterkongreß 1928 in Paris wurde das internationale ständige Sekretariat der SozialarbeiterInnen (International Permanent Secretariat of Social Workers) eingerichtet, und 1956 wurde nach längeren Vorarbeiten anläßlich eines internationalen Kongresses in München die IFSW gegründet.

Zu den satzungsgemäßen Aufgaben gehören u.a.: die Förderung der →Sozialarbeit als Profession auf internationaler Ebene, insb. bezüglich der Entwicklung professioneller Standards und angemessener Arbeitsbedingungen; die Schaffung von Kontaktmöglichkeiten zwischen SozialarbeiterInnen aller Länder zwecks Austausch von Ideen und Erfahrungen; die Anregung nationaler Berufsvertretungen, wo sie noch nicht bestehen; die Geltendmachung professioneller Standpunkte gegenüber privaten und staatlichen internationalen Organisationen (z.B. durch konsultativen Status beim Economic and Social Council – ECOSOC – der Vereinten Nationen und beim United Nations Children's Fund – UNICEF; beim Europarat und den bei den →Europäischen Gemeinschaften bestehen Liaison-Komitees). Zu den Aufgaben gehört auch die Bereitstellung von Informationen und Literatur. Zusammen mit dem ICSW und der IASSW gibt die IFSW die Fachzeitschrift „International Social Work" heraus. In unregelmäßigen Abständen erscheinen IFSW-Rundbriefe. Die Formulierung ethischer Grundpositionen findet Ausdruck in einer internationalen Berufsordnung (International Code of Ethics), verabschiedet 1976 (derzeit in Überarbeitung), und internationaler Grundpositionen (International Policy Papers) zu Themen wie →Migration, →Menschenrechte, Frieden und Abrüstung, →Selbsthilfe usw.

Der IFSW gehören z.Z. 50 nationale Vereinigungen und Organisationen an. Jedes Land kann nur durch einen Verband vertreten sein; dieser kann der nationale Berufsverband oder für den Fall, daß es zwei oder mehrere Verbände gibt, ein Zweckverband sein, über den die nationalen Interessen artikuliert werden. In jedem zweiten – geraden – Jahr finden weltweite Konferenzen statt, möglichst im Wechsel zwischen Entwicklungs- und Industrieländern. Die offiziellen Sprachen sind Englisch, Französisch und Spanisch. Die gesamte Arbeit wird finanziert aus Mitgliedsbeiträgen, Spenden, Konferenzgebühren und aus dem Verkauf von Literatur.

Es gibt 5 regionale IFSW-Gruppierungen und zwar in Afrika, Asien und im Pazifik, Europa, Latein-Amerika und der Karibik sowie Nord-Amerika. Die Aktivitäten in den Regionen sind unterschiedlich intensiv. In Europa finden zwischen den Weltkonferenzen, d.h. in den ungeraden Jahren, Regionalkonferenzen zu Themen der Region statt.

In der BR verstehen sich die Berufsverbände (z.B. der Berufsverband der Sozialarbeiter/Sozialpädagogen/Heilpädagogen – BSH – und der →Deutsche Berufsverband der Sozialarbeiter und Sozialpädagogen – DBS) als arbeitsrechtliche wie auch fachspezifische Berufsvertretungen, die eine lange Tradition haben (Reinicke 1985). Der DBS hat bislang offiziell die dt. Interessen in der IFSW wahrgenommen. Eine gemeinsame Vertretung zusammen mit dem BSH über einen zu gründenden Zweckverband ist beabsichtigt.

Entwicklungen und Trends: Die drei Organisationen IFSW, ICSW und IASSW haben lange Zeit ihre weltweiten Kongresse in knapper Zeitfolge an gleichen Orten durchgeführt, teilweise sogar mit gemeinsamen Veranstaltungen. In den letzten Jahren zeichnet sich eine gewisse Trennung ab. Die IFSW ist nicht mehr Mitglied im ICSW, und die Kongresse finden – vielleicht nur vorübergehend – an unterschiedlichen Orten statt. Diese Distanzierung kann als Indiz für die wachsende Autonomie der Organisation, aber auch als graduelle Desintegration gewertet werden.

A.: IFSW Generalsekretariat, 33, rue de l'Athénée, CH-1206 Genf, Schweiz.

L.: IFSW: International Policy Papers; Genf, 1988. Reinicke, Peter: Die Berufsverbände der Sozialarbeit und ihre Geschichte – von den Anfängen bis zum Ende des zweiten Weltkrieges; Frankfurt/M., 1985.

*Joachim Wieler*

**International Work Camps (IWC)**
Die engl. Bezeichnung „IWC" steht für freiwillige Arbeitseinsätze im Rahmen von in- und ausländischen Jugendbegegnungen und wird v.a. deshalb vorgezogen, weil die Ausdrücke „Jugendarbeitslager" bzw. →Arbeitslager durch die jüngere dt. Geschichte belastet sind.

Aus der IWC-Bewegung, die teils als Reaktion auf Kriege und Naturkatastrophen entstanden ist, sind Organisationen (wie z.B. die →Internationalen Jugendgemeinschaftsdienste) hervorgegangen, denen v.a. zwei Hauptinhalte gemeinsam sind: die Internationalität (nicht als Tourismus, sondern als gemeinsames Kennen- und Verstehenlernen und als Erleben einer anderen Mentalität und Kultur) und die →Freiwilligenarbeit als gemeinsames Tun, das nicht durch regulären Lohn vergütet wird, aber meist Unkosten decken hilft; es handelt sich um gemeinnützige Projekte.

## Internationale Arbeiterhilfe (IAH)

Bei einigen Organisationen stehen religiöse Zielsetzungen im Vordergrund, z. B. beim freikirchlichen Mennonite Voluntary Service (MVS). Bei anderen, z. B. der Aktion Sühnezeichen, steht die Erinnerungsarbeit hinsichtlich der dt. Geschichte während des Hitler-Faschismus im Vordergrund. Bei wieder anderen, z. b. beim Arbeitskreis Lernen und Helfen in Übersee, spielt die →Entwicklungshilfe eine besondere Rolle. Vermutlich hat der arbeitsorientierte Ansatz als Kontrast zu einem konsumorientierten (z. B. im Jugendtourismus) dazu beigetragen, daß es sehr früh zu intensiver Zusammenarbeit mit Organisationen im Ostblock gekommen war. Internationale Jugendgemeinschaftsdienste sind ein Teilbereich der →internationalen Jugendarbeit.

Joachim Wieler

## Internationale Arbeiterhilfe (IAH)
→Arbeitsgemeinschaft sozialpolitischer Organisationen, →Rote Hilfe Deutschland

## Internationale Föderation der sozial-kulturellen Nachbarschaftszentren
⇒ International Federation of Settlements

## Internationale Gesellschaft für Heimerziehung (IGfH)

Der Verein führt den Namen „IGfH – Sektion Bundesrepublik Deutschland der Fédération Internationale des Communautés Educatives (FICE) e. V.". Die IGfH dient dem internationalen Erfahrungsaustausch und einer kontinuierlichen Reform der →Heimerziehung im Sinne der Charta des Kindes, die 1959 von der Vollversammlung der Vereinten Nationen verabschiedet wurde. Die Gesamtorganisation (FICE), die auch unter der engl. Bezeichnung „International Federation of Children's Communities (IFCC)" bekannt ist, ist eine 1948 unter Mitwirkung der UNESCO entstandene Fachorganisation, die ebenfalls Verbindungen zur UNICEF unterhält. Sie ist der Zusammenschluß aus Nationalsektionen in 19 Ländern.

## Internationale Gesellschaft für Heimerziehung (IGfH)

Die dt. Sektion (IGfH) wurde 1961 als gemeinnütziger Verein eingetragen. Sie ist politisch und konfessionell nicht gebunden und gehört dem →Deutschen Paritätischen Wohlfahrtsverband (DPWV) an. Der Verein verfolgt seine satzungsgemäßen Ziele u. a. durch: Information und Beratung; Arbeitstagungen und Fortbildungsangebote auf nationaler und internationaler Ebene; Erforschung spezifischer Probleme in der Heim- und außerfamiliären Erziehung; Förderung von Modelleinrichtungen; Mitarbeit in der Weiterentwicklung vorbeugender →Jugendhilfe; Öffentlichkeitsarbeit, um den Bereich der außerfamiliären Erziehung und aller damit verbundenen Schwierigkeiten bewußter zu machen. Neben regelmäßigen Publikationen wie „Jugendhilfe-Informationen" (zweimonatlich) und „Materialien zur Heimerziehung" (dreimonatlich) gibt die IGfH eine Schriftenreihe heraus.

Struktur, Mitgliedschaft und Finanzierung: Organe des Vereins sind Mitgliederversammlung, Delegiertenversammlung und Vorstand. Daneben können Gruppen mit unterschiedlichen Aufgaben gebildet werden. Neben einem Geschäftsführer sind drei MitarbeiterInnen in der Bundesgeschäftsstelle tätig. Natürliche Personen, freie Träger und Vereinigungen sowie öffentliche Träger der Jugendhilfe können Mitglieder der IGfH werden. Die Finanzierung erfolgt aus Mitgliederbeiträgen, öffentlichen Zuwendungen und Spenden.

Entwicklungen und Trends: Das Tätigkeitsgebiet der IGfH/FICE hat sich seit der Gründung ständig erweitert: Zu Beginn v. a. ein Fachverband von Kinderdörfern und Kindergemeinschaften, umfaßt das Spektrum der IGfH-Aktivitäten heute den gesamten Bereich außerfamiliärer Erziehung, wobei Schwerpunkte die stationären bzw. teilstationären erzieherischen Hilfen sind. 1982 wurden im Verbandsnamen die frz./engl. Teilbegriffe „Communautés d'Enfants"/„Children's Communities" umgewandelt in „Communautés Educatives"/„Educative Communities"; die dt. Bezeichnung blieb bestehen. Mit dieser Änderung wurde eine programmatische Erweiterung vorgenommen. In der von FICE/IGfH bei einem Kongreß in Schweden beschlossenen „Malmöer Erklärung" richtet sie einen eindringlichen Appell an die politisch Verantwortlichen aller Länder, Kinder und Jugendliche, die Schwierigkeiten mit sich und ihrer Umgebung haben, als benachteiligte Glieder der Gesellschaft nicht zu vernachlässigen.

A.: IGfH, Heinrich-Hoffmann-Straße 3, 6000 Frankfurt/M.

L.: Haag, G., Ein neuer Anfang – Chronik der IGfH-Aktivitäten; in: Materialien zur Heimerziehung 1987/4–5, 12–16. Knöpfel, I., Zum 40jährigen Jubiläum der FICE; in: Materialien zur Heimerziehung 1989/1, 2–6. Vogt, H., Zur Geschichte der FICE-Sektion der Bundesrepublik Deutschland; in: Materialien zur Heimerziehung 1987/4–5, 4–9.

Joachim Wieler

## Internationale Jugendarbeit

Der Zugang zu dem komplexen Feld der I ist schwierig, da Ursachen, Zielsetzungen, Aufgaben, Bereiche und Institutionen in den jeweiligen Ländern sehr unterschiedlich sind. Da →Jugendarbeit selbst – auch innerhalb nationaler Grenzen – nicht klar als geschlossener Erziehungsbereich zu verstehen ist, sondern als Problembereich im Zusammenhang mit →Sozial-, →Gesundheits-, Wirtschafts- und →Entwicklungspolitik usw., ist eine Systematik der I erschwert.

1. Zu den *Zielvorstellungen* der I gehören die internationale Verständigung und die Zusammenarbeit zwischen einzelnen, gesellschaftlichen und ethnischen Gruppen und Völkern, um den Frieden zu sichern. Die noch immer nicht ganz veraltete Vorstellung von der „Verbreitung abendländischer Kultur" wird zunehmend ersetzt durch die Erkenntnis und Würdigung wechselseitiger partnerschaftlicher Lernprozesse mit dem Ziel solidarischer Zusammenarbeit. I überschneidet sich mit →internationaler Sozialarbeit und wird häufig mit Bildungsarbeit, Jugendpflege, →Freizeitpädagogik assoziiert, weniger mit kompensatorischer oder kurativer →Jugendhilfe.

2. Die *Ebenen und Erscheinungsformen* von I sind in ihren konkreten Ausdifferenzierungen sehr vielfältig. Sie reichen von Einzel- und Gruppenreisen im Rahmen des Jugendtourismus (→Tourismusindustrie) und des →Sports, von internationalen Freizeiten im In- und Ausland in Zeltlagern und Jugendbildungsstätten, über Jugendarbeitslager (→internationale Jugendgemeinschaftsdienste; →International Work Camps) und Sozialdienste, SchülerInnen- und Schulklassenaustausch, Städtepartnerschaften, Auslandsstudien und -praktika bis hin zu jugendpolitischer Zusammenarbeit mit Ländern der →Dritten Welt, konkreten bilateralen Abkommen usw. In ihrer groben Struktur sind die Organisationsebenen vergleichbar mit denen in der internationalen Sozialarbeit:

a. *Nationale/öffentliche Einrichtungen* der Jugendarbeit (Governmental/Public Youth Services). Sie führen aufgrund bestehender Rechtsgrundlagen (z.B. →Kinder- und Jugendhilfegesetz) auch internationale jugendpflegerische Maßnahmen durch, und zwar auf kommunaler und Kreisebene die Stadt- bzw. Kreisjugendpflege, auf Landesebene z.B. politische Bildungsstätten und auf Bundesebene verschiedene Ministerien, die sich mit Fragen der I befassen. Finanzielle Förderung (auch der anerkannten gemeinnützigen freien →Jugendverbände) wird, wenn auch in sehr unterschiedlicher Weise, durch die kommunalen, Landes- und Bundesjugendpläne (→Bundesjugendplan) gewährt. Die öffentliche Förderung bezieht sich in der Regel auf die Altersgruppe von Jugendlichen zwischen 14 und 25 Jahren.

b. Zu den *internationalen Staatenorganisationen* (Intergovernmental Organizations) zählen u.a. die Vereinten Nationen mit ihren Sonderprogrammen für Kinder und Jugendliche (z. B. UNICEF und UNESCO), der Europarat mit dem Europäischen Jugendforum. Besonders zu erwähnen sind die bilateralen Kulturabkommen wie z. B. das →Deutsch-Französische Jugendwerk.

c. Die *nichtstaatlichen Verbände* (→ Nongovernmental Organisationen – NGO) repräsentieren sehr verschiedene Interessenbereiche und haben unterschiedliche historische Wurzeln. In der BR sind etwa 80 →Jugendverbände in Orts-, Kreis- und Landesjugendringen sowie nahezu 20 Dachverbände im →Deutschen Bundesjugendring vertreten. Die nationalen Jugendverbände sind europaweit im Rat der Europäischen Nationalen Jugendkomitees (Council of European National Youth Committees – CENYC) zusammengefaßt. Weltweite Jugendorganisationen sind z. B. die Weltorganisationen der Christlichen Vereine Junger Frauen bzw. Männer (Young Women's/Men's Christian Associations – YWCA/YMCA).

d. Zahlreiche *Austauschprogramme* verdeutlichen die Intention zu einem partnerschaftlichen Lernprozeß in der I. Träger solcher internationalen Programme sind u. a. der Deutsche Akademische Austauschdienst (DAAD) für den Hochschulbereich, der Pädagogische Austauschdienst (PAD) für die Schuljugend, der Deutsche Bundesjugendring (DBJR), der Ring politischer Jugend (RPJ), die Deutsche Sportjugend (DSJ), der Internationale Jugendaustausch- und Besucherdienst (IJAB) usw.

3. Die *Theoriebildung* ist erschwert durch die unterschiedlichsten Zugänge und Strukturprinzipien und das problematische Auseinanderklaffen von Theorieentwürfen und Praxisrealitäten. Dies zeigt sich bereits im bundesdeutschen Rahmen (vgl. Böhnisch/Münchmeier/Sander 1987, 537 ff.). Eine weitere Schwierigkeit ergibt sich daraus, den Bereich der Jugendarbeit in die Theoriebildung einer sich entwickelnden Sozialarbeitswissenschaft einzubeziehen und auf die globalen Zusammenhänge hin zu erweitern.

4. *Probleme und Trends:* Die I hat unklare Konturen, was ihre theoretische und handlungsbezogene Grundlegung betrifft. Dadurch ist eine systematische Vorbereitung für Leistungsaufgaben und die Beteiligung einer breiten Basis schwierig. Die oft ungleiche konzeptionelle, finanzielle und praktische Beteiligung nationaler Organisationen an der Planung, Durchführung und Auswertung von Programmen – teils erklärbar durch wirtschaftliche Unterschiede von Land zu Land – erschwert eine echte Partnerschaft, zumal I hierzulande noch allzu oft mit Freizeit im Ausland gleichgesetzt wird. National wie übernational läßt sich erkennen, daß v. a. durch die Jugendproteste eine ständige Auseinandersetzung in Gang gesetzt wurde, die die Spannung zwischen Selbstbestimmung der Heranwachsenden und dem gesellschaftlichen Anpassungsdruck problematisiert. Die I kann, wenn auch mit sehr unterschiedlichen nationalen und regionalen Ausprägungen, als wachsende emanzipatorische Instanz (→ Emanzipation) gegenüber einseitigen Abhängigkeitsstrukturen wie → Familie, → Schule, → Betriebe und Regierungssysteme verstanden werden. Wenn dieses Spannungsverhältnis auch nicht aufgelöst werden kann und Schwankungen unterliegt, so haben theoretische Bemühungen ebenso wie praktische Handlungsvollzüge zumindest tendenziell dazu beigetragen, den emanzipatorischen Anspruch über eine stärkere Orientierung an der Lebenswelt und an den Bedürfnissen der Jugendlichen einzulösen.

L.: Böhnisch/Münchmeier/Sander, Jugendarbeit; in: Eyferth/Otto/Thiersch, Handbuch zur Sozialarbeit/Sozialpädagogik; Neuwied, Darmstadt, 1987. Krüger, Heinz (Hg.): Handbuch der Jugendforschung; Leverkusen, 1986. Ott, Hanns: Handbuch der I; Köln, 1968.

Joachim Wieler

## Internationale Jugendgemeinschaftsdienste (ijgd)

Die Bezeichnung meint (1.) einen Typus von Jugendarbeit, für den international der Terminus →„International Work Camps" gebräuchlich ist", und (2.) den Bundesverband „ijgd e. V., Gesellschaft für internationale und politische Bildung", der die „Work Camps" veranstaltet.

Die ijgd als bundesdeutsche Organisation haben ihren Ursprung in einer Schülerinitiative kurz nach dem 2. Weltkrieg und wurden 1948 mit dem Ziel gegründet, „durch kleine internationale Gruppen Freiwilliger, die zusammen arbeiten, leben und lernen, Frieden aufzubauen und zu kräftigen". Zur Umsetzung der satzungsgemäßen Ziele veranstaltet der Verband internationale Gemeinschaftsdienste in der BR, bildet die Camp-„LeiterInnen" in Seminaren aus, bietet Fortbildungsseminare an, vermittelt die Teilnahme an Veranstaltungen im In- und Ausland und fördert entsprechende Bestrebungen in Zusammenarbeit mit anderen Trägern. Die Durchführung des →Freiwilligen Sozialen Jahres und die Beteiligung an Bildungsstätten, die der ijgd.-Zielsetzung entsprechen, gehören ebenfalls zu den satzungsgemäßen Aufgaben.

Die ijgd setzen sich aus dem Bundesverein und einzelnen Landesvereinen zusammen, die eingetragen und als gemeinnützig anerkannt sind. Die Vereine haben übereinstimmende Satzungen, eine gemeinsame Mitgliedschaft (von Einzelpersonen), einen gemeinsamen Vorstand, einen Bundes- und mehrere LandesgeschäftsführerInnen. Finanziert werden die Aktivitäten aus Mitgliedsbeiträgen, Spenden, öffentlichen Zuwendungen und Mitteln, die die Projektträger der Arbeitseinsätze in unterschiedlicher Höhe zur Verfügung stellen.

Die internationalen Gemeinschaftsdienste, d. h. die eigentlichen „International Work Camps", sind das Kernstück der Arbeit. Zur Zeit (1989) werden jährlich etwa 100 solcher Camps von den ijgd in der BR durchgeführt, und zwar während der Monate März/April und Juni bis Oktober. Ca. 10–25 junge Frauen und Männer im Alter zwischen 16 und 25 Jahren aus verschiedenen Ländern leben und arbeiten jeweils 3 Wochen zusammen. Es sind überwiegend SchülerInnen und StudentInnen, weniger Lehrlinge und Berufstätige, die an den Gemeinschaftsdiensten teilnehmen. Gearbeitet wird schwerpunktmäßig im Umwelt- und Landschaftsschutz (z. B. Küstenschutz), aber auch in städtischen Anlagen (z. B. Spielplatzbau), im pädagogischen Bereich (z. B. Stadtranderholung), im sozialen Bereich (z. B. in Pflegeheimen) und im kulturhistorischen Bereich (z. B. Einsatz in Museumsdörfern). Eine Reihe von Projekten wird zusammen mit Eltern-, Mieter- und Umweltschutzgruppen durchgeführt.

Bundesweit kooperieren die ijgd mit ähnlichen Organisationen als Mitglied der Trägerkonferenz der internationalen Jugendgemeinschafts- und Jugendsozialdienste, sie konkurrieren aber auch in gewisser Weise, da sie um finanzielle Unterstützung aus den gleichen Förderungsetats bemüht sind. Sie sind Mitglied in einer Anzahl von Zusammenschlüssen, z. B. im →Deutschen Paritätischen Wohlfahrtsverband (DPWV), im Arbeitskreis deutscher Bildungsstätten (AdB), im Arbeitskreis Entwicklungspolitik (AKE) und in der →Arbeitsgemeinschaft für Jugendhilfe (AGJ).

Die ijgd arbeiten außerdem mit zahlreichen ähnlichen Organisationen im Ausland zusammen, z. B. mit Jeunesse et Reconstruction (Frankreich), Stichting Internationale Werkkampen (Niederlande), Quaker International Social Projects (England); Ochotnicze Hufce Pracy (Polen), Chantiers Sociaux Marocains (Marokko), Cestovni Kancelar Mladeze (Tschechoslowakei) und „Sputnik" (Sowjetunion). Diese sind wiederum auf verschiedenen Ebenen international zusammengeschlossen, z. B. in der Alliance of European Voluntary Organisations und dem Coordinating

Committee for International Voluntary Service (CCIVS) bei der UNESCO.
A.: ijgd Bundesverband e.V., Kaiserstr. 43, 5300 Bonn 1.

Joachim Wieler

## Internationale Sozialarbeit

„I" ist ein Terminus, der sich auf unterschiedliche Ziele, Aufgaben, Bereiche und Institutionen grenzüberschreitender Sozialer Arbeit bezieht. I erstreckt sich von bi- und multilateralen Abkommen zwischen Nationen und Staaten bis zu konkreten Hilfeleistungen im Einzelfall. „Sozialarbeit" ist dabei in einem weiten, wechselseitigen Zusammenhang mit internationaler → Sozial-, → Gesundheits-, → Entwicklungs-, Wirtschafts-, → Bildungs- und Kulturpolitik zu verstehen und bezieht sich sowohl auf Soziale Arbeit bzw. Soziale Wohlfahrt (Social Welfare) i.w.S. wie auch auf das Berufsfeld und die Berufsbezeichnungen → Sozialarbeit (Social Work) und → Sozialpädagogik im dt. Verständnis. I umfaßt unterschiedliche Altersgruppen (→ internationale Jugendarbeit), Lebensbereiche und Problemfelder. Geschlechtsrollenspezifische Aspekte sind insofern relevant, als die Entwicklung professioneller sozialer Arbeit eng mit der internationalen und den nationalen → Frauenbewegungen verknüpft ist. Eines der prägenden Motive der I ist der Friedensgedanke: „Nichts hat einen verheerenderen und zerstörenderen Einfluß auf das, was die Wohlfahrtspflege bezweckt, als der Unfriede, als der Krieg. Er hebt alles auf, was die soziale Arbeit erreicht ... Deshalb müßten die sozialen Arbeiter die ersten sein, die friedliche Beziehungen zwischen den Völkern pflegen – internationale Verständigung anbahnen" (Salomon 1928, 496).

1. *Entwicklungsgeschichtlich* beginnen die Bemühungen um einen internationalen Austausch etwa in der Mitte des 19. Jahrhunderts: (a) in einzelnen Wohlfahrtsbereichen (z.B. in der Gefängnis- und Strafrechtsreform und in der Armenrechtsreform); (b) parallel zu der Entwicklung von nationalen Zusammenschlüssen öffentlicher und privater Wohltätigkeitsverbände als Antwort auf die Entstehung massiver Notlagen, v.a. in den Industrienationen (z.B. Charity Organisation Society 1869 in England, National Conference of Charities and Correction 1874 in den USA und der Verein für Armenpflege und Wohltätigkeit 1880 in Dt.; → Deutscher Verein für öffentliche und private Fürsorge); (c) im Sinne einer Wechselbeziehung zwischen Theorie und Praxis förderte die 1857 gegründete brit. Association for the Promotion of Science einen internationalen Wohltätigkeitskongreß, der 1862 in London stattfand und wiederum zur Gründung der belgischen Association internationale pour le progrès des sciences sociales führte (Blankenburg 1988, 34 f.).

2. Die *Ebenen und Erscheinungsformen* von I sind vielfältig. Drei grobe Kategorien lassen sich unterscheiden:

a. *Nationale öffentliche Soziale Dienste* (Governmental/Public Social Services), die sich mit internationalen Fragen befassen, z.B. bei der Integration von Flüchtlingen, und zwar auf kommunaler, Landes- und Bundesebene (z.B. Ausländerbehörden, überörtliche Träger, verschiedene Landes- und Bundesministerien). Zu den semi-öffentlichen Diensten können in Ländern mit Staatskirchen auch kirchliche Sozialdienste gerechnet werden und solche freien Träger, die im öffentlichen Auftrag tätig werden, z.B. die → Gesellschaft für technische Zusammenarbeit (GTZ), die auch soziale → Entwicklungshilfe leistet.

b. Zu den *internationalen Staatenorganisationen* (Intergovernmental Organizations) zählen die Vereinten Nationen (United Nations Organization), 1946 in San Francisco gegründet als Fortentwicklung des nach dem 1. Weltkrieg entstandenen Völkerbundes (League of Nations). Der Wirtschafts- und Sozialrat der UN ist eines der Hauptorgane, das der Vollversammlung untersteht, Empfehlungen und Programme im sozialen Bereich erarbeitet und die Arbeit folgender Sonderprogramme koordiniert:

Weltkinderhilfswerk (United Nations Children's Fund – UNICEF); Organisation der UN für Erziehung, Wissenschaft und Kultur (United Nations Educational, Scientific and Cultural Organization – UNESCO); →Weltgesundheitsorganisation (World Health Organization – WHO); Internationale Arbeitsorganisation – IAO (engl.: International Labor Organization – ILO); Ernährungs- und Landwirtschaftsorganisation (Food and Agricultural Organization – FAO); der Hohe Kommissar für Flüchtlinge (United Nations High Commissioner for Refugees – UNHCR); im Bereich von Ausbildung, Forschung und sozialer Entwicklung zwei Institute (United Nations Institute for Training and Research – UNITAR, und United Nations Research Institute for Social Development – UNRISD). *Im europäischen Bereich* zählen zu den internationalen Staatenorganisationen der Europarat und die →Europäischen Gemeinschaften (EG) mit den jeweiligen Untergliederungen für soziale Belange. Der Europarat (1949) hat die größere geographische Reichweite, hat aber keine rechtsetzende Kompetenz wie die EG. Von Bedeutung sind spezifische Abkommen, z. B. das →Europäische Fürsorgeabkommen von 1953. – Erwähnenswert ist auch das Europäische Zentrum für Ausbildung und Forschung auf dem Gebiet der Sozialen Wohlfahrt (seit 1974 in Wien), zu dessen Aufgaben die vergleichende europäische Bestandsaufnahme der Aus-, Fort- und Weiterbildung mit dem Ziel der Angleichung und Qualifizierung der Ausbildungswege zählt. – Ähnliche Bestrebungen um regionale Staatenorganisationen finden wir z. B. in der Organisation amerikanischer Staaten (Organization of American Union – OAU), die mittels Sonderprogrammen soziale Maßnahmen durchführt.

c. Die *nicht-staatlichen Organisationen* (→Non-governmental Organisationen – NGOs) haben unterschiedliche religiöse, humanitäre, ideologische und organisatorische Wurzeln, z. B. Caritas Internationalis, das →Internationale Rote Kreuz, die →International Federation of Settlements. Ihre Arbeit bezieht sich, je nach Ausrichtung und Zielsetzung, auf unterschiedliche Lebensbereiche (z. B. Wohnen und Arbeit), Problemlagen (z. B. körperliche und geistige Behinderung) und/oder Betroffenengruppen (z. B. Flüchtlinge oder Drogengefährdete). Es gibt zahlreiche Überschneidungen. Während sich einige eher als übernationale Foren für den Austausch, die konzeptionelle Entwicklung und Erarbeitung von Empfehlungen verstehen, widmen sich andere konkreter grenzübergreifender Arbeit, z. B. der →Internationale Sozialdienst – ISD (International Social Service – ISS), der im Namen von unmittelbar Betroffenen bzw. im Auftrag von freien und öffentlichen Trägern in Einzelfällen tätig wird. – Die meisten dieser Organisationen haben in der einen oder anderen Form konsultativen Status bei den internationalen Staatenorganisationen (z. B. UNO oder Europarat) und ihren Gliederungen.

3. Für *Sozialarbeit i. e. S.* sind bes. diejenigen weltweiten Zusammenschlüsse interessant, die, hervorgegangen aus einem Sozialarbeitskongreß 1928 in Paris, in sich ergänzender, aber auch spezifischer Weise um eine Abstimmung in der Praxis, in der Ausbildung und in einer angemessenen Berufsvertretung bemüht sind: der Internationale Rat für Soziale Wohlfahrt (→International Council on Social Welfare – ICSW); die internationale Vereinigung der Ausbildungsstätten für Soziale Arbeit (→International Association of Schools of Social Work – IASSW). Die Internationale Föderation der SozialarbeiterInnen (→International Federation of Social Workers – IFSW) hat ihren Ursprung ebenfalls in dem Pariser Kongreß.

4. Die *wissenschaftliche Aufarbeitung* steht noch in den Anfängen. I müßte angesichts der zunehmenden internationalen Verknüpfungen zu intensiver vergleichender Forschung innerhalb einer wachsenden Sozialarbeitswissenschaft führen (→Komparatistik, →Verglei-

chende Sozialpädagogik, →Vergleichende Sozialpolitik-Forschung). Konsens über einen theoretischen Bezugsrahmen besteht bisher nicht. Ein möglicher Ansatz liegt in der für die soziale Arbeit an Bedeutung gewinnenden allgemeinen →Systemtheorie.

5. *Anlässe* für die I ergeben und ergaben sich – einerseits reaktiv – aus Bevölkerungsbewegungen als Folge von Naturkatastrophen, Kriegen, →Kolonialismus, →Industrialisierung etc. und – andererseits vorausschauend und planvoll – aus dem antizipierten →sozialen Wandel und aus voraussehbaren politischen Umstrukturierungen und Konsolidierungen, bspw. aus der Entwicklung der EG und den damit zu erwartenden sozialen Herausforderungen.

6. *Zyklische Verläufe und Trends:* Ganz grob lassen sich Vorwärtsbewegungen (während stabiler Perioden) und Stagnationen bzw. Brüche in der I, v. a. zu Zeiten von Weltwirtschaftskrisen und Kriegen, erkennen. Trotz der wachsenden Erkenntnis der globalen gegenseitigen Verknüpfungen scheint es schwierig, weitere Entwicklungen vorauszusehen. Dies mag u. a. daran liegen, daß Soziale Arbeit noch immer als „Feuerwehrdienst", d.h. als reaktiv bzw. defizitär verstanden wird, und weil Vorbeugung im antizipatorischen und partizipatorischen Sinne weiterhin einen niedrigen Stellenwert hat. Partikularistische Ansätze gehen leicht auf Kosten des Ganzen. So erscheinen bspw. die Vorbereitungen auf die EG als notwendig und sinnvoll, könnten aber, wenn sie ausschließlich blieben, ablenken von dem steiler werdenden Nord/Süd-Gefälle.

L.: Bauer/Thränhardt (Hg.): Verbandliche Wohlfahrtspflege im internationalen Vergleich; Opladen, 1987. Blankenburg/Wendling: Internationale Wohlfahrt – Ursprünge und Entwicklung des ICSW; Berlin, 1988. Mohan, B., International Welfare: Comparative Systems; in: National Association of Social Workers, Encyclopedia of Social Work; Silverspring/MD, 1987. Sacharow/Ziwiljow: Sozialfürsorge in der UdSSR; Moskau, 1977. Salomon, A., Die Bedeutung internationaler Kongresse für soziale Arbeit; in: Deutsche Zeitschrift für Wohlfahrtspflege 1927–28/10, 496. Wieler, J., Global denken, lokal handeln – internationale Vernetzung in der sozialen Arbeit; in: Sozial 1986/2, 33–37.

Joachim Wieler

**Internationaler Bund für Sozialarbeit/ Jugendsozialwerk (IB)**
Der *IB* ist ein freier Träger in den Arbeitsbereichen →Jugendhilfe, →Sozialarbeit und berufliche Bildung. Laut Satzung will er Menschen befähigen, „sich in die Gesellschaft einzugliedern, persönliche Verantwortung zu übernehmen und die gesellschaftliche Entwicklung tätig mitzugestalten". Der Überparteilichkeit und Überkonfessionalität verpflichtet, ist der IB dem →Deutschen Roten Kreuz ideell und kooperativ verbunden. Seinen Hauptsitz unterhält der IB in Frankfurt: Der Hauptgeschäftsführung sind sieben Landesgeschäftsführungen nachgeordnet, die der Dienst- und Fachaufsicht über die Einrichtungen ihres Zuständigkeitsgebiets ausüben. 1989 bestanden innerhalb des IB ca. 260 Einrichtungen, in denen über 4000 hauptamtliche und zahlreiche nebenberufliche Mitarbeiter(innen) beschäftigt waren. Neben der zentralen Geschäftsführung amtiert ein ehrenamtlicher Vorstand, dessen Vorsitzender seit 1981 der ehemalige Bundesminister Georg Leber ist. Besonders in Finanz- und Personalfragen ist dieses Gremium mit weitreichenden Befugnissen ausgestattet; der IB läßt sich als eine Art „Honoratiorenverband" bezeichnen, in dem „– der Satzung nach – ehrenamtlichen Vorständen (...) die Entscheidungsgewalt (zusteht), während die hauptamtliche Geschäftsführung ihnen völlig untergeordnet ist" (Wolfgang Rudzio).

*a) Geschichte:* Der IB wurde am 11.1.1949 in Tübingen als „Internationaler Bund für Kultur- und Sozialarbeit" gegründet (seinen heutigen Namen erhielt der Verband erst 1952, nachdem der kulturelle Zweig aus der Arbeit ausgegliedert wurde). Dieser Konstituierung ging eine dreijährige präformierende Phase voraus: Im März 1946 suchte der ehem. HJ-Führer Heinrich Hartmann, der in der Reichsjugendführung der nationalsozialistischen Jugendorganisation (→Hitlerjugend) im Kulturamt führend tätig gewesen war, den damaligen Vorsitzenden des Staatssekretariats von Südwürttemberg-Hohenzollern, den SPD-Politiker Carlo Schmid, auf, um ihm zwei Vorschläge zu unterbreiten: 1. Die Durchführung eines freiwilligen Arbeitseinsatzes ehemaliger HJ-Führer in einem „offenen Lager", damit diese ihren Teil zum Wiederaufbau des zerstörten Dt. leisten können. 2. Diverse Hilfsmaßnahmen für eltern- und heimatlose Jugendliche, organisiert und geleitet von entlasteten ehemaligen HJ-Führern.

Dieser Unterredung folgte ein langwieriger Gesprächs- und Verhandlungsprozeß, an dem neben Hartmann und Schmid der frz. Besatzungsoffizier Henri Humblot wesentlich beteiligt waren; letzterer leitete von 1945 bis 1949 die Jugend- und Sportbehörde der in Tübingen ansässigen Militärregierung. Die HJ-Vergangenheit des sich ab 1946 um Hartmann formierenden „Schwalldorfer Kreises" – aus ihm gingen nach 1949 zahlreiche erste Mitarbeiter des IB hervor – machte es aus Sicht der Verhandlungspartner erforderlich, zunächst auf geheimer und informeller Ebene die Kontakte zu knüpfen. Es war hierbei in erster Linie Humblot, der die ehemaligen HJ-Führer zur Beschäftigung mit ihrer Vergangenheit aufforderte und dies zur Bedingung einer offiziellen Verbandsgründung machte.

Erste Projekte und Einrichtungen unterhielt der IB ab Mai 1949 v. a. in der Gegend um Tübingen und Stuttgart; es entstanden Heime und Selbsthilfewerke für eltern- und heimatlose Jugendliche, die als Jugendgemeinschaftswerke (→International Work Camps) bezeichnet wurden und deren Wirkungsfelder beim Bau von Straßen, Aufforstungsarbeiten und landwirtschaftlichen Tätigkeiten lagen. Die Finanzierung dieser Einrichtungen erfolgte in der Regel durch einmalige Programme von Ländern und Kommunen.

Im Laufe der 50er Jahre baute man die Hilfsangebote für Jugendliche weiter aus und expandierte rasch. In den 60er Jahren wandte sich der IB verstärkt den ausländischen Arbeitnehmern zu (→Arbeitsimmigranten) und übernahm v. a. die Leitung betriebsgebundener Wohnheime, in denen sozialpädagogische Hilfen angeboten und dt. Sprachkenntnisse vermittelt wurden. Ab 1963 begann man mit der Durchführung berufsfördernder Maßnahmen für ausländische Arbeitnehmer. Seit Mitte der 70er Jahre hat sich der IB immer deutlicher zu einem Verband entwickelt, der seinen Schwerpunkt im Bereich der *Jugendsozialarbeit* sieht, womit das Spektrum der berufsbezogenen Erziehungs- und Bildungsbeihilfen bezeichnet wird.

*b) Arbeitsfelder:* Der IB ist mit seinen Angeboten auf drei vornehmliche Zielgruppen hin orientiert: 1. Jugendliche; 2. Vertriebene, →Flüchtlinge und →Aussiedler; 3. Ausländer. Bei seiner →Sozialarbeit für diese Klientelgruppen geht der IB davon aus, „daß der Arbeit als einem lebensgestaltenden und emanzipierenden Prozeß eine wichtige Bedeutung zukommt". Seit dem Aufkommen der Massenarbeitslosigkeit in der BR ist man von daher verstärkt im Bereich der →beruflichen Qualifizierung tätig. Seit 1975 hat der IB vermehrt sog. *Berufsbildungszentren* eingerichtet, in denen berufsvorbereitende Lehrgänge für dt. und ausländische Jugendliche, Umschulungs- und Qualifizierungsmaßnahmen, Fortbildungslehrgänge und Sprachkurse für ausländische Arbeitnehmer und deren Familienangehörige stattfinden. V. a. nach dem Ausbau des sog. *Benachteiligtenprogramms,* durch das mit Bundesmitteln die Berufsausbildung benachteiligter Jugendlicher gefördert und finanziert wird und dessen Durchführung in den Händen zahlreicher Freier Träger liegt, haben sich die Berufsbildungszentren innerhalb des IB zu einem dominierenden Einrichtungstypus entwickelt und trugen 1987 mehr als die Hälfte des gesamten Haushaltsvolumens (der Gesamtumsatz des IB in diesem Jahr belief sich auf 319,7 Mio. DM).

Im Bereich der →Ausländersozialarbeit ist die Leitung betriebsgebundener Wohnheime nicht mehr das primäre Arbeitsfeld; der IB bietet inzwischen v. a. berufsbildende Maßnahmen für Ausländer an und übernimmt in Beratungsstellen die Sozialbetreuung ausländischer Familien. Eingliederungshilfen für jugendliche Aussiedler und Zuwanderer gehören seit 40 Jahren zur Angebotspalette des IB. Nach einem Schwergewicht in diesem Bereich in den 50er Jahren und einem deutlichen Rückgang in den 60er und 70er Jahren kam den Eingliederungshilfen seit dem ab 1987 einsetzenden sprunghaften Anstieg der Aussiedlerzahlen wieder eine erhöhte Bedeutung zu. Der IB reagierte darauf mit der vermehrten Einrichtung neuer Beratungs-, Bildungs- und Freizeitangebote für jugendliche Aussiedler und deren Familien.

*c) Struktur und Organisation:* Der IB ist durch eine dreigliedrige Geschäftsstruktur gekennzeichnet, die sich aus der Hauptgeschäftsführung, den Landesgeschäftsführungen und den Einrichtungen zusammensetzt. Das faktische Entscheidungsmonopol ist beim sog. Vorsitzenden der Geschäftsführung konzentriert, der die Arbeit des Verbandes – nach Weisungen des ehrenamtlichen Vorstandes – verantwortlich führt. Auf diese Weise stellt der IB einen Sozialverband mit zentralistischer Ausrichtung dar, was ihn in seinen operativen Möglichkeiten von anderen Verbänden seiner Art unterscheidet. Auf Programme des Bundes kann er schneller und flexibler reagieren. Dem steht oft eine nur unzureichende Präsenz auf lokalen und regionalen Ebenen gegenüber, die es für

die Erschließung neuer Arbeits- und Aufgabenfelder weiter zu verbessern gilt.

A.: IB, Ludolfusstr. 2–4, 6000 Frankfurt/Main 90; T. (069) 79 54-0.
L.: Stefan Zowislo: Der IB. Geschichte und Leistungen, Strukturen und Perspektiven; Münster, 1989 (Magisterarbeit).

Stefan Zowislo

**Internationaler Rat für Soziale Wohlfahrt**
⇒ International Council on Social Welfare

**Internationaler Sozialdienst (ISD)**
Der dt. Zweig des ISD und der Gesamtverband (International Social Service – ISS) bieten im vielfältigen Geflecht internationaler sozialer Dienste (→Internationale Sozialarbeit) v. a. konkrete und gezielte Hilfe im Einzelfall an. Die grenzübergreifende →Einzelfallarbeit kann oft aufgrund von Sprachbarrieren, unterschiedlichen Rechtssystemen, Mangel an Kenntnis kultureller und sozialer Gegebenheiten usw. nicht oder nur unzureichend wahrgenommen werden. In solchen Fällen bietet der ISD/ISS seine Erfahrung an, und zwar sowohl Einzelpersonen und Familien direkt als auch →Wohlfahrtsverbänden, Jugendämtern, Gerichten, Landesbehörden usw.

Der Verband wurde 1924 gegründet. Seine satzungsgemäßen Ziele und Grundsätze sind: 1. durch Zusammenarbeit in mehreren Ländern solchen Menschen zu helfen, die infolge freiwilliger oder erzwungener Wanderung (→Migration) in persönliche oder familiäre Schwierigkeiten geraten sind; 2. vom internationalen Gesichtspunkt die Voraussetzungen und Folgen der grenzüberschreitenden Wanderung und ihre Wirkung auf Einzelpersonen und das Familienleben zu prüfen und gegenüber den verantwortlichen Stellen geeignete Empfehlungen abzugeben.

Grundsätzlich wird die Hilfe (gem. 1.) unabhängig von nationaler, religiöser oder politischer Zugehörigkeit gewährt.

Die Empfehlungen (gem. 2.) orientieren sich an den aktuellen Bedürfnissen der Menschen und den Gegebenheiten eines jeden Landes. Das grundlegende Konzept der Interdependenz setzt individuelle Stärke und gegenseitiges Vertrauen voraus. Die internationale Denk- und Arbeitsweise bedeutet u. U. eine Zurückstellung rein nationaler Interessen der Zweigstellen.

Zur Struktur: Das weltweite Netz des ISD/ISS umfaßt 16 nationale Zweigstellen und KorrespondentInnen in etwa 100 Ländern der Erde. Die Gesamtkoordination liegt beim Generalsekretariat in Genf, das auch Kontakte zu anderen internationalen Organisationen (z. B. dem → International Council on Social Work – ICSW) und diplomatischen Vertretungen anderer Länder unterhält. Der Gesamtverband hat beratenden Status beim Europarat und bei der UNO. Ein Einblick in die verschiedenen Arbeitsbereiche und die Aufgliederung der Aktenfälle nach Problemgruppen ergibt sich aus der internationalen Statistik des Gesamtverbandes.

Die dt. wie auch andere Zweigstellen finanzieren sich aus nationalen Mitteln; die meisten erhalten staatliche Zuschüsse. Der dt. Zweig ist ein eingetragener und gemeinnütziger → Verein. Satzungsgemäße Organe sind die Mitgliederversammlung (zusammengesetzt aus Experten verschiedener sozialer Bereiche und Organisationen) und der Vorstand. Der Geschäftsführerin stehen 25 MitarbeiterInnen zur Seite, die schwerpunktmäßig tätig sind, bspw. in Arbeitsbereichen wie: Regelung der → elterlichen Sorge sowie des Besuchs- und Aufenthaltsrechts; Kindesentführung/Kindesentziehung; → Adoptionen mit Auslandsberührung; Flüchtlingsarbeit und Grundsatzarbeit. Im letztgenannten Bereich handelt es sich um Stellungnahmen und Empfehlungen zu nationalen Rechtsgrundlagen (z. B. zur Reform des Jugendhilferechts und des → Ausländerrechts) und um die Mitwirkung an internationalen Konventionen und Vereinbarungen (z. B. zum Haager Minderjährigenschutz und zu den bestehenden Adoptionskonventionen). Seminare und Publikationstätigkeit sollen die Arbeit vertiefen und erweitern.

Zur Arbeitsweise: Die Ersuchen um Mithilfe des ISD/ISS werden von Einzelpersonen oder Organisationen gestellt. Der Klient oder die Fachstelle schildert detailliert die Problemsituation. Der ISD/ISS klärt gegebenenfalls offene Vorfragen ab und berichtet der betreffenden Zweig- oder Korrespondentenstelle in engl. oder frz. Sprache. Die ausländische Partnerorganisation tritt dann selbst mit dem Klienten in Verbindung oder schaltet eine geeignete örtliche Sozialstelle zur Mitarbeit ein. Die erbetene Berichterstattung wird gegebenenfalls mit Erläuterungen über die sozialen, kulturellen oder rechtlichen Besonderheiten des „Falles" an den dt. Zweig zurückgegeben, der ihn seinerseits in dt. Übersetzung und mit einer Stellungnahme an die anfragende Stelle weitergibt. – Der Tätigkeitsbericht der dt. Zweigstelle für das Jahr 1988 weist insgesamt 5453 bearbeitete (neue und früher eröffnete) Aktenfälle aus. Einen weiteren erheblichen Teil der Arbeit umfaßt die telefonische Beratung von anfragenden Fachstellen und Klienten.

Entwicklungen und Trends: Wie die Geschichte des ISD/ISS zeigt, unterlag die Arbeit seit jeher erheblichen Schwankungen, v. a. während der weltweiten und regionalen Kriege. Die neuerlichen, teilweise drastischen Sparmaßnahmen in vielen Industrieländern, gerade im sozialen Sektor, haben sich bes. auf die Arbeit des Generalsekretariats erschwerend ausgewirkt, das finanziell von den Beiträgen seiner Zweigstellen abhängig ist. Aufgrund finanzieller Einbußen und der personellen Auswirkungen mußten in der letzten Zeit Aktivitäten reduziert bzw. aufgeschoben werden.

A.: ISD – Deutscher Zweig e. V., Am Stockborn 5–7, 6000 Frankfurt/M. 50.

L.: Baer, Ingrid: Tätigkeitsbericht 1988 – ISD, Deutscher Zweig; Frankfurt/M., 1988. Göbel, G., ISD – Deutscher Zweig

e. V.; in: Theorie und Praxis der Sozialen Arbeit 1987/10, 350–352.

Joachim Wieler

## Internationales Institut für Empirische Sozialökonomie GmbH (INIFES)

Gegr. 1975 in der Rechtsform einer gemeinnützigen GmbH. Der wissenschaftliche Direktor, Martin Pfaff, MdB, war bis 21.12.1990 Mitglied des Sachverständigenrates für die Konzertierte Aktion im Gesundheitswesen. Schwerpunkte sind neben der Sozialpolitikforschung (Gesundheit, Alterssicherung, Transferpolitik, Arbeitsmarkt) methodenorientierte und evaluative Studien sowie Analysen zu einzelnen Politik- und Planungsproblemen. Das Institut finanziert sich ausschließlich durch Forschungsaufträge von Bundesministerien, Kommunen, nationalen und internationalen Organisationen sowie Stiftungen.

Projekte im Bereich der Sozial- und Gesundheitspolitik: Komparative Evaluation unterschiedlicher Trägersysteme und Leistungsformen der Sozialpolitik (Deutsche Forschungsgemeinschaft); Vergleich von Niveau und Entwicklung der Arbeitsunfähigkeit in der BR und in ausgewählten Ländern (Bundesministerium für Arbeit und Sozialordnung); Ausgewogene Absicherung von Gesundheitsrisiken (→Wissenschaftliches Institut der Ortskrankenkassen); Bedarf und Angebot an Apothekern und pharmazeutischem Personal (Bundesministerium für Arbeit und Sozialordnung); Auswirkungen alternativer Formen des Selbstbehalts auf die Inanspruchnahme medizinischer Leistungen und die Bedeutung derartiger Tarifmodelle für die gesetzliche Krankenversicherung in der BR (Bundesministerium für Arbeit und Sozialordnung); Multizentrische Studie zur Kernspintomographie – ökonomische Evaluierung (Bundesministerium für Forschung und Technologie); Verteilungswirkungen des Systems der Sozialen Sicherheit und ausgewählter staatlicher Leistungen (Bundesministerium für Arbeit und Sozialordnung); Verteilung öffentlicher Realtransfers auf Empfängergruppen in der BR (Transfer-Enquête-Kommission); Konzeption und Auswirkungen eines kassenartenübergreifenden Finanzausgleichs in der gesetzlichen Krankenversicherung (Hans-Böckler-Stiftung).

A.: INIFES, Haldenweg 23, 8901 Stadtbergen 2.

Harald Clade

## Internationales Komitee vom Roten Kreuz (IKRK)

Das IKRK geht in seiner Entstehung zurück auf das am 17.2.1863 aus der Genfer Gemeinnützigen Gesellschaft hervorgegangene Komitee. Dieses lud im Sommer desselben Jahres zu einem Kongreß nach Genf ein, an dem vom 26.–29.10.1863 Delegierte aus 16 Ländern teilnahmen und 10 Beschlüsse faßten, v. a. zur Frage der Bildung nationaler Rotkreuzgesellschaften. Das IKRK mit Sitz in Genf hat die Hauptaufgabe, im Rahmen des Völkerrechts Kriegsopfern Schutz und Hilfe zu gewähren und sich politischer Häftlinge anzunehmen. Das Komitee – mit rd. 400 Delegierten in aller Welt vertreten – ist Teil des →Internationalen Roten Kreuzes. Es setzt sich aus (höchstens) 20 Schweizer Bürgern zusammen, die sich lange Zeit nur aus dem Genfer Patriziat rekrutierten, und ergänzt sich durch Zuwahl. Dieser Rekrutierungsmodus, die Mononationalität und das Verhalten des IKRK z. B. während des Nationalsozialismus – das Komitee hatte sich mit der Judenvernichtung in Dt. und in den von dt. Truppen besetzten Ländern Europas abgefunden – haben zu Zweifeln darüber geführt, ob sich das IKRK in seinen eigenen Entscheidungen und Handlungen vom Prinzip der Humanität, als dessen Inbegriff es verstanden sein will, leiten ließ und läßt.

L.: Favez, Jean-Claude: Das Internationale Rote Kreuz und das Dritte Reich; München, 1989.

## Internationales Rotes Kreuz (IRK)

Als IRK wird ein seit 1928 existierendes Organisationsgebilde bezeichnet, das zwar über drei Organe verfügt, selbst aber keine Einzelorganisation darstellt, sondern Forum des partnerschaftlichen Zusammenwirkens von selbständigen Verbänden bzw. Verbandskategorien ist: nämlich 1. des →Internationalen Komitees vom Roten Kreuz (IKRK), 2. der →Liga der Rotkreuz- und Rothalbmondgesellschaften und 3. der nationalen Gesellschaften des Roten Kreuzes und Roten Halbmondes. IRK-Organe sind: der Delegiertenrat (aus Vertretern der genannten Partnerorganisationen), die alle 4 Jahre tagende Internationale Rotkreuzkonferenz (aus den Mitgliedern des Delegiertenrats und Vertretern sämtlicher Regierungen, die das Genfer Abkommen ratifiziert haben) und die ständige Kommission (aus je 2 Vertretern des IKRK und der Liga sowie weiteren 5 gewählten Mitgliedern).

## Internationales Sozialrecht

I. Mit der Internationalisierung der Wirtschaft und der →Arbeitsmärkte sowie angesichts der internationalen Migrationsströme (→Migration), speziell dem Aufenthalt und der Einwanderung von →Ausländern in die BR – auch als Folge der Garantie der →Freizügigkeit in der EG –, wachsen die sozialrechtlichen Auslandsberührungen. Über die Existenz und die Notwendigkeit des in neuerer Zeit sich entwickelnden Rechtsgebietes des I besteht weitgehend Einigkeit. Unterschiedliche Meinungen gibt es über die Bedeutung des Begriffs des I. Die einen verstehen darunter – in Anlehnung an den klassischen Begriff des Internationalen Privatrechts – diejenigen Sozialrechtsnormen, die den internationalen Geltungsbereich des betreffenden Sozialrechts eines Staates regeln. Dabei geht es um die Anwendung eines bestimmten nationalen Rechts auf einen Sachverhalt mit Auslandsberührung (sozialrechtliche Kollisionsnormen). Nach anderer Ansicht sind unter den Begriff des I all diejenigen Normen zusammenzufassen, die internationale Sachverhalte zum Gegenstand haben. Hier soll mit *Schuler* (1988) unter I das abgrenzende und koordinierende (freizügigkeitsspezifische) und das binnensozialrechts-harmonisierende →Sozialrecht verstanden werden. I umfaßt alles, seinem Ursprung oder seinem Gegenstand und Regelungsauftrag nach, transnationale Sozialrecht.

II. Die Rechtsquellen des I sind einerseits nationale Regelungen, die etwas über den Geltungsbereich von Sozialrechtsnormen (z.B. § 30 SGB I; §§ 3–6 SGB IV; § 1 BKGG; § 5 BAföG) oder über materiellrechtliche Regelungen bei Sachverhalten mit Auslandsberührung (z.B. §§ 1365 ff. RVO; §§ 94 ff. AVG) aussagen. Andererseits bestehen internationale Regelungen, die sich mit den Wirkungen ausländischen Sozialrechts auf die nationale Rechtsordnung befassen (z.B. das Europäische Gemeinschaftsrecht sowie bilaterale und multilaterale Abkommen über Fragen des Sozialrechts). Zu den internationalen Rechtsnormen zählen weltweit oder regional geltende Grundsatzerklärungen (z.B. die Allgemeine Erklärung der →Menschenrechte (1948); die Europäische Sozialcharta (1961); die Europäische Ordnung der Sozialen Sicherheit (1964); der Internationale Pakt über wirtschaftliche, soziale und kulturelle Rechte (1966)). Diese Deklarationen bzw. Konventionen verpflichten die Staaten, ihre nationalen Ordnungen entsprechend auszugestalten (daher „binnensozialrechts-harmonisierende" Regelungen). Individuelle Ansprüche können daraus nicht entstehen.

Besonders hervorzuheben sind die Übereinkommen der Internationalen Arbeitsorganisation (IAO), in denen für einzelne Gebiete soziale Mindeststandards festgelegt sind. Derartige Übereinkommen verpflichten die Staaten, ihre Rechtsordnung entsprechend dem Mindeststandard auszugestalten; teilweise können sich einzelne auf den Grundsatz der Gleichbehandlung berufen. (Einen Gesamtüberblick über die international-sozialrechtlichen Regelungswerke und

Empfehlungen gibt Schuler 1988, 845 ff.).

III. Nach § 30 SBG I gelten im Grundsatz die Vorschriften des Sozialgesetzbuches vorbehaltlich des über- und zwischenstaatlichen Rechts sowie anderer Leistungsvoraussetzungen für alle Personen, die ihren Wohnsitz oder gewöhnlichen Aufenthalt in seinem Geltungsbereich haben (Territorialitätsprinzip). In den verschiedenen Sozialleistungsbereichen gelten Modifikationen dieses Grundsatzes. Im Recht der →Sozialversicherung (§ 3 SGB IV) kommt es darauf an, ob jemand abhängig oder selbständig beschäftigt ist. Auch bei kurzfristiger Entsendung ins Ausland („Ausstrahlung", § 4 SGB IV) oder ins Inland („Einstrahlung", § 5 SGB IV) ist der Beschäftigungsort maßgebend, wenn der Schwerpunkt der Tätigkeit im Gebiet des Beschäftigungsverhältnisses bleibt. Im Internationalen Arbeitsförderungsrecht werden nach § 173 a AFG die §§ 3–5 SGB IV entsprechend angewendet; bei einzelnen Förderungsmaßnahmen (z. B. individuelle Förderung der beruflichen Ausbildung gemäß § 40 AFG) ist darüber hinaus die Staatsangehörigkeit Bedingung der Leistungsgewährung. Bei den steuerfinanzierten Sozialleistungen ist der Wohnsitz der entscheidende Anknüpfungspunkt. Darüber hinaus verlangen einzelne Sozialleistungsgesetze als weitere Anspruchsvoraussetzung das Bestehen der dt. Staatsangehörigkeit. Im Rahmen der Opferentschädigung gilt das sog. Gegenseitigkeitsprinzip, während im Rahmen der →Jugendhilfe bei den Leistungen gegenüber ausländischen Kindern nach dem Zweck der jeweiligen Leistung unterschieden. Weitgehende Modifikationen des Wohnsitzgrundsatzes (→Unterstützungswohnsitzprinzip) zugunsten der Anknüpfung an die Staatsangehörigkeit der Leistungsempfänger enthalten das →Bundessozialhilfegesetz, das →Bundesausbildungsförderungsgesetz und das Bundeskindergeldgesetz (→Kindergeld).

Im Rahmen des zwischenstaatlichen Rechts koordinieren die Staaten die Systeme der →Sozialen Sicherheit bzw. die Leistungsansprüche in Form von zwei- oder mehrseitigen Abkommen. Derartige Verträge („Abkommen über Soziale Sicherheit"; Sozialversicherungsabkommen; Arbeitslosenversicherungsabkommen) enthalten z. B. Regeln über die Bestimmung des anzuwendenden Rechts, die Gleichbehandlung der Vertragsstaatsangehörigen, die Wahrung von Anwartschaften und erworbenen Ansprüchen und die gegenseitige →Amts- und Rechtshilfe. Für die Staatsangehörigen der Vertragsstaaten, die sich in diesen gewöhnlich aufhalten, gilt eine allgemeine Gleichstellung; den Begünstigten wird im Prinzip Inländergleichbehandlung garantiert. Hervorzuheben ist das für die Sozialhilfepraxis bedeutsame →Europäische Fürsorgeabkommen (EFA 1953), das den Grundsatz der Gleichbehandlung der Staatsangehörigen der vertragsschließenden Staaten enthält, auf den sich einzelne berufen können.

IV. Nicht nur das zwischenstaatliche, auch das *supranationale Sozialrecht der EG* (Gemeinschaftssozialrecht; →Europäische Gemeinschaften) wirkt auf das bundesrepublikanische Rechtssystem der Sozialen Sicherheit ein. Im Grundsatz unterscheidet das Sozialrecht der EG nach dem sozialrechtskoordinierenden Sozialversicherungsrecht (als dem in den Mitgliedstaaten teils steuer-, teils beitragsfinanzierten Sicherungssystem, einschließlich der Arbeitslosenversicherung) und nach einem (steuerfinanzierten) am Grundsatz der gleichberechtigten Teilhabe orientiertem Recht der sozialen Förderung im Sinne von sozialen Vergünstigungen.

Darüber hinaus enthält das Gemeinschaftssozialrecht Regelungen, die auf eine Standardisierung der Binnensozialrechtsordnungen abzielen. Dadurch werden die Mitgliedstaaten bezüglich ihrer nationalen Sozialpolitiken und Sozialrechtsordnungen tendenziell zu einer

Harmonisierung angehalten. Nach Artikel 118 EWGV hat die Kommission der EG z. B. die Aufgabe, die enge Zusammenarbeit der Mitgliedstaaten in sozialen Fragen zu fördern, insb. auf dem Gebiet der Beschäftigung, des →Arbeitsrechts und der Arbeitsbedingungen, der beruflichen Ausbildung und Fortbildung, der Sozialen Sicherheit, der Verhütung von Berufsunfällen und →Berufskrankheiten, des Gesundheitsschutzes bei der Arbeit, des Koalitionsrechts und der Kollektivverhandlungen zwischen Arbeitgebern und Arbeitnehmern. Zur Verwirklichung des Sicherheits- und Gesundheitsschutzes der Arbeitnehmer können in Form von Richtlinien mit qualifizierter Mehrheit des Rates der EG Mindestvorschriften für alle Mitgliedstaaten verbindlich gemacht werden (Artikel 118a EWGV). Dem Grundsatz des gleichen Entgelts für Männer und Frauen bei gleicher Arbeit (Artikel 119 EWGV) ist als Diskriminierungsverbot von Frauen im Arbeits- und Sozialrecht durch zahlreiche Richtlinien des Rates und Entscheidungen des Europäischen Gerichtshofs (EuGH) Vorschub geleistet worden. Schließlich ist als einer von drei Strukturfonds der EG ein Europäischer Sozialfonds gegründet worden, um die Beschäftigungsmöglichkeiten der Arbeitskräfte im Gemeinsamen Markt zu verbessern und damit zur Hebung der Lebenshaltung beizutragen (insb. durch Förderungsprogramme für Langzeitarbeitslose und Jugendliche).

Die materiellrechtliche und verfahrensrechtliche Koordinierung des Rechts der Mitgliedstaaten der EG auf dem Gebiet der Sozialen Sicherheit erfolgt durch die VO/EWG Nr. 1408/71 des Rates zur Anwendung der Systeme der Sozialen Sicherheit auf Wanderarbeitnehmer und deren Familien, die innerhalb der Gemeinschaft zu- und abwandern, und die VO/EWG Nr. 574/72 zur Durchführung dieser Verordnung. Diese beiden Gemeinschaftsverordnungen über die Soziale Sicherheit haben kein gemeinschaftliches System der Sozialen Sicherheit eingeführt. Leistungsansprüche ergeben sich aus den nationalen Systemen gegen selbständige Leistungsträger. (Das Gemeinschaftsrecht hat allerdings Vorrang vor entgegenstehendem nationalen Recht.) Im Rahmen der Koordinierung von Ansprüchen gilt das Prinzip der Zusammenrechnung aller in den Mitgliedstaaten zurückgelegten Versicherungs- und Beschäftigungszeiten. Verlegt ein Arbeitnehmer oder Selbständiger seinen Wohnsitz innerhalb der Gemeinschaft, führt das nicht zu einem Verlust von Ansprüchen auf Leistungen, da ein Leistungsexport erfolgen darf. Sachlich gilt die VO/EWG Nr. 1408/71 für Leistungen bei Krankheit und Mutterschaft, Invalidität, Alter, Arbeitsunfall und Berufskrankheit, Arbeitslosigkeit, Tod sowie Familienleistungen. Nicht anwendbar ist sie auf Sozialhilfe, Leistungssysteme für Opfer des Krieges und seine Folgen sowie auf Sondersysteme für Beamte. Insbesondere zur Reichweite des persönlichen und sachlichen Geltungsbereichs liegt inzwischen eine umfangreiche Rechtsprechung des EuGH vor, dem die rechtsverbindliche Auslegung des Gemeinschafts(sozial)rechts obliegt. Der EuGH verschafft auch dem Gebot der Gleichbehandlung von Staatsangehörigen der Mitgliedstaaten immer wieder Geltung. Das betrifft bes. das im Gemeinschaftssozialrecht geltende allgemeine Diskriminierungsverbot von Staatsangehörigen der Mitgliedstaaten (Artikel 7 EWGV). Die Gleichbehandlung ausländischer Arbeitnehmer mit Inländern in bezug auf Sozialhilfeleistungen gewährleistet Artikel 7 Abs. 2 der VO/EWG Nr. 1612/68, der eine Gleichbehandlung im Rahmen Sozialer Vergünstigungen vorschreibt.

V. Das I wirkt durch unterschiedliche Prinzipien (Territorialitätsgrundsatz; Staatsangehörigkeitsprinzip; Diskriminierungsverbot) v. a. auf den Rechtsstatus von Ausländern ein. Im Ergebnis bestehen für →Ausländer zahlreiche Statusunterschiede bezüglich der Teilhabe an Leistungen der Sozialen Sicherheit, je nach ihrer Zugehörigkeit als Staatsangehörige eines Mitgliedstaates der EG

1049

oder – soweit überhaupt vorhanden – als Zugehörige zu Vertragsstaaten eines zwischenstaatlichen Abkommens über eine Leistung der Sozialen Sicherheit.

L.: Schuler, Rolf: Das I der Bundesrepublik Deutschland; Baden-Baden, 1988. Steinmeyer/Schulte/Frank, Zwischenstaatliches und I; in: Maydell/Ruland (Hg.), Sozialrechtshandbuch (SRH): Neuwied, 1988, 1178–1262. Zacher, Hans F.: Internationales und Europäisches Sozialrecht; Percha, 1976.

Klaus Sieveking

## Intervention

Das zunächst sinnarme Kunstwort „I", das im ursprünglichen lat. Wortsinn (inter-venire) „dazwischen-kommen" bedeutet, wird in gängigen Lexika der Sphäre diplomatischer, wirtschaftlicher, rechtlicher und militärischer Einmischung zugeordnet. I war „bis vor kurzem ein Fachwort des Staatsrechts und der Börsensprache. Gemeint war entweder die militärische Einmischung eines Staates in die inneren Verhältnisse eines anderen, oder es ging um Eingriffe interessierter Kreise in den Geldmarkt. Auch im Prozeßrecht gibt es eine I, wenn zwei sich streiten und ein Dritter fährt dazwischen mit einem den Streit beendenden Rechtstitel (z. B. Eigentum). Im Psycho-Jargon geht es nicht um ein Sich-Einmischen mit den Machtmitteln Armee, Geld oder Titulus (Rechtsurkunde) ... Aber um Einmischung, Einflußnehmen geht es schon" (Geib 1987, 5 f.), wenngleich die Machtproblematik nicht ausdrücklich oder höchstens sozialpsychologisch verkürzt zur Kenntnis genommen wird.

Erstaunlich ist somit das Phänomen, daß ein Begriff, welcher den Ein- und Übergriff des Staates in fremde Territorien zur Konfliktregulierung im Eigeninteresse oder zur Durchsetzung von Herrschaftsansprüchen bezeichnet, zum terminus technicus der sozial- und gesundheitspolitischen, sozialpädagogischen und psychosozialen Praxis werden konnte (Seidmann 1983; Hurrelmann u. a. 1987). Wenn einem auch das Martialische der I um einiges lieber sein mag als das Bürokratische der →Versorgung („Ver-Sorgung"), verdeutlicht die Suche nach modernisierter Begriffsbildung im psychosozialen Bereich die Schwierigkeit, sich dem Gegenstandsbereich in angemessener Sprachform zu nähern.

Das Gemeinsame von Versorgung und I scheint zunächst einmal darin begründet, daß der Klient in ein Objektverhältnis gebracht wird; lediglich die Perspektive erfolgt von verschiedenen Seiten: bei der I ist der Eingreifende der aktive Teil, bei der Versorgung der Klient passiver Empfänger (oder mehr oder weniger bereitwilliger Dulder) von Maßnahmen. Der Aufstieg des Begriffs „I" mag in Analogie zum medizinischen „Eingriff" vermutet werden: während der →Arzt Eingriffe macht, interveniert der Psycho- oder Soziotherapeut. Die von der traditionellen →Sozialarbeit und Medizin entwickelte Vorstellung einer I als eines Eingriffs, einer Behandlung oder eines – wie es in neumodischer Diktion heißt – „treatment" als Ausdruck für eine professionelle →Beratung zeigt (anhand der zunehmenden Bedeutungsentleerung des ursprünglichen Begriffs und der formalen Universalisierung) nicht nur die flinke Anpassung an opportunistischen Wortgebrauch, sondern darüber hinaus die zunehmende Verschleierung herrschaftsbedingter Eingriffsdominanz. Durch sprachliche Abstraktion von seiner historisch geformten Besonderheit wird ein fragwürdiger Terminus als geläufiger Alltagsbegriff gehandelt, welcher die Bereiche des Lebens ubiquitär durchdringt und deshalb vorgibt, etwas von seinem Schrecken verloren zu haben.

Wenn folglich Mißtrauen gegen die Hypothek des Begriffs und die Ausuferung von I im psychosozialen Feld angebracht ist, führt die Frage „I" oder „Nicht-I" gleichwohl in eine Sackgasse. Verfechter eines forcierten „Sich-Einmischens" in Einzelschicksale, interaktionelle Mikrostrukturen und gesellschaftliche Makroprozesse können vor der

Fragwürdigkeit von Eingriffen in →Lebenswelten (mit der Gefahr ihrer „Kolonialisierung") ebensowenig die Augen verschließen, wie sich I-skeptiker andererseits einem oft unabdingbaren Handlungszwang entziehen können. Wie sich am Beispiel des staatlichen Handelns im Umgang mit →Behinderten verdeutlichen läßt, können idealtypisch vier I-formen, die historisch in unterschiedlicher Weite zum Zug gekommen sind, unterschieden werden: (a) Nichtbeachtung, Ablehnung der Verantwortlichkeit, Verweigerung einer (Sonder-)Behandlung; (b) Aussonderung, Asylierung, physische Vernichtung (bis hin zur →Euthanasie); (c) Entschädigung, Befreiung von Rollenverpflichtungen, Privilegierung; (d) Anpassung, Normalisierung, Eingliederung. Aber nicht nur das „Wie" steht zur Debatte, sondern folgende Fragen: *Wer* interveniert, *in wessen Auftrag, mit welchem Ziel* und *in welcher rechtlichen* und *institutionellen Einbindung, wo, wann, in welcher Form* und bezüglich *welcher Personen, Gruppen, Organisationen, Lebensräume* etc.

Im psychosozialen Arbeitsbereich beschäftigen sich verschiedene Disziplinen mit Eingriffen in Lebensverhältnisse, Beziehungsstrukturen, Verhaltensweisen und Organisationsverläufe. Die Heterogenität und Vielfalt von Zugriffen, Arbeitsformen und Adressatengruppen psychosozialer I läßt sich kaum auf einen gemeinsamen Nenner bringen. I wird vor dem Hintergrund unterschiedlicher Wissenschaftsdisziplinen verschieden begründet und praktiziert: im medizinischen Bereich als Behandlung und Vorsorgeuntersuchung (→Präventivmedizin); im politischen und ökonomischen Bereich als →Steuerungsinstrument; im juristischen Sektor als Normfestlegung und →Sanktion; im psychologischen Feld als Psychodiagnostik und Psychotherapie (→Therapeutisierung); in der →Sozialarbeit als Bearbeitung von Problemlagen; in der →Pädagogik als Unterrichten (mit Schulpflicht), Fördern und Auslesen. Während medizinische, rechtliche, ökonomische, sozialpolitische und pädagogisch-psychologische I den gezielten Eingriff in den Vermittlungsprozeß zwischen gesellschaftlichen Handlungsanforderungen und individuellen Handlungskompetenzen der Gesellschaftsmitglieder beabsichtigen, umfaßt eine ökologische I Maßnahmen zur Verbesserung der materiellen und sozialen →Umwelt von Personen. Entsprechend lassen sich nach der I-form allgemein (a) Verhaltens- und (b) strukturelle bzw. Verhältnis-I unterscheiden.

Zur Vermeidung von Risikofaktoren wird →„Prävention durch I" propagiert. Krisen-I bezeichnet eine Form der Frühbehandlung und Vorbeugung psychischer Störungen, Krankheiten und Fehlhaltungen oder eine Form der →Hilfe in akuten Notlagen, um eine Zuspitzung der Problematik und ihre potentielle Chronifizierung zu verhindern. →Beratung präsentiert sich, neben dem informellen Rahmen von alltäglicher Aufgabenbewältigung, in professioneller Form als „sanfte I", welche im Übergangsfeld von Normalität und Abweichung von psychotherapeutischen I-strategien komplettiert wird. →Rehabilitation und →Resozialisierung stellen spezifische I-programme für die Zielgruppe von Behinderten und Straffälligen bereit. Zwangsunterbringungen (→Zwang) endlich stellen auf dem Kontinuum der Eingriffsdichte den rigorosen Endpunkt einer I-typologie dar.

Ansatzebene der I sind einmal Individuen, Primärgruppen (z.B. →Familie), Zielgruppen (wie etwa Kinder, Alte, Jugendliche), Interessengruppen (etwa Autofahrer), Risikogruppen (wie Raucher, Übergewichtige), Institutionen, Gemeinden, staatliche und überstaatliche Organisationen. Ziele können (a) korrektive, (b) präventive oder (c) edukativ-entwicklungsbezogene Perspektiven darstellen. Überschneidungen zwischen allen drei Bereichen sind augenfällig. So wird in der primären Prävention (Verhütung) versucht, eine beginnende manifeste Störung („Krise") durch Krisen-I wieder in ein Gleichgewicht zu bringen;

1051

in der sekundären Prävention (Früherfassung) wird auf eine etablierte Störung oder Chronifizierung mit Hilfe einer therapeutischen I eingewirkt, um die krankheitsbedingten Behinderungen aufzuheben; in der tertiären Prävention schließlich (Rückfallprophylaxe) wird erstrebt, eine weitere Störanfälligkeit zu verhindern und durch rehabilitative I einer sekundären, nicht unmittelbar krankheitsbedingten Behinderung vorzubeugen. Generelle I-maßnahmen, die eine gesunde, nicht durch Risikofaktoren belastete Bevölkerung anvisieren, könnten als primordiale Prävention gekennzeichnet werden. Unter den I-methoden sind, neben direkten (Individuen oder Gruppen ansprechenden) Strategien und indirekten (medienvermittelten) Formen, lineare und systemisch orientierte Vorgehensweisen zu nennen.

Statt, wie bislang, in der I-thematik vornehmlich Risikoindividuen und -gruppen sowie systemgefährdete Risikobeziehungen (→ Risiko) zu konstruieren, aufzuspüren und zu beheben, käme es darauf an, die Lebensrisiken von Industriegesellschaften und Umwelten zu erfassen und I-konzepte zu entwickeln, welche auf lebensbejahende Wirtschafts-, Organisations- und Wissenschaftsstrukturen hinarbeiten und zur Kompetenz und Bemächtigung (empowerment) von Individuen, Gruppen und Organisationen für die Gestaltung einer humanen Lebenswelt beitragen.

L.: Geib, N., Intervenieren? Zur Machtproblematik in Beratung und Therapie; in: Psychologie und Gesellschaftskritik 1987, 11 (H.42/43), 5–20. Hörmann, G./Nestmann, F. (Hg.): Handbuch der psychosozialen I; Opladen, 1988. Hurrelmann, K./Kaufmann, F. X./Lösel, F. (Hg.): Social I. Potential and Constraints; Berlin, 1987. Seidmann, E. (Ed.): Handbook of Social I; Beverly Hills, 1983. Sieber, S. D.: Fatal Remedies – The Ironies of Social I; New York, 1982.

Georg Hörmann

**Invalide**
→ Gesetzliche Rentenversicherung, → Kriegsopferversorgung, → Unfallversicherung

**Invalidenversicherung**
Bezeichnung der Arbeiterrentenversicherung (→ Gesetzliche Rentenversicherung) bis zur Rentenreform 1957.

**Irrenanstalten**
Unmittelbar ist der Begriff der Anstalt mit Vorstellungen verknüpft, wie sie – im Zuge der → Industrialisierung der Produktion und der damit einhergehenden Rationalisierung der sozialen Bezüge seit dem Ende des 18. Jh. von England kommend – sich allmählich über Europa ausbreiten: Anstalten sind demgemäß Zusammenfassungen von Personen und Sachen zur zielgerichteten Erfüllung von Aufgaben im Dienste des öffentlichen Interesses. Zweckbestimmung, Ordnung und Transparenz sind ihre prägenden Kennzeichen, so, wie sie der Universität als der „vornehmsten" aller Anstalten im aufgeklärten Preußen zu Beginn des 18. Jh. mit nahezu revolutionärem Elan zugeschrieben werden. Und es ist denn auch nicht zufällig eine ähnliche Überzeugung, aus der zur gleichen Zeit auf preußischem Boden die ersten I entstehen, die allerdings zur Universität in denkwürdiger Weise kontrastieren. Denn ihnen ist zwar ebenfalls ein dem Rationalisierungsgedanken entspringender Dienst aufgetragen, mit eben demselben indes eine Zielvorstellung versagt: Sie sollen wie die Universitäten Personen aufnehmen, diese jedoch – anders als jene – nicht verändert entlassen.

Dieser offenkundige Widerspruch, den die I auch in ihrer späteren Gestalt als → Psychiatrische Anstalten nicht werden aufheben können, ist jener instrumentellen Rationalität eingelagert, der sie sich verdanken: Der zugleich vom kapitalistischen Expansionsstreben wie auch von bürgerlichem Verstandesbegriff vorangetriebene Prozeß der Industrialisierung machte den Einsatz aller verfügbaren Arbeitskräfte erforderlich. Vor allem angesichts dessen aber, daß sich Bauern, Handwerker und andere traditionelle Berufsstände kaum freiwillig zu einer monotonen Tätigkeit in der arbeitsteiligen Produktionsapparatur finden konnten, mußte die Industrie vornehmlich auf das Potential an Arbeitsfähigen zurückgreifen, das die „ordentliche" Gesellschaft vordem aus sich verbannt hatte. Neben entlassenen Söldnern und den in →Armenhäuser verbrachten Besitzlosen waren es deshalb in großer Zahl Insassen von →Irren*häusern,* auf welchem Wege auch immer diese dahin gelangt sein mochten, die zur technisierten Industriearbeit verdingt werden konnten: Nur wer von den in Irrenhäusern Eingeschlossenen ein Gebrechen von derartiger Merkwürdigkeit aufweist, daß es ihn nicht einmal zur einfachsten Tätigkeit befähigt erscheinen läßt, wird in eine I überstellt – die ihrerseits wiederum nichts anderes mit ihm anzufangen weiß, als ihn in den Griff ihrer ordnenden Verwaltung zu nehmen.

Die Überwindung der Irrenhäuser durch die I bleibt damit ebenso nur eine partielle, wie die der Armenhäuser durch →Arbeitslager: Einzig wer den Nachweis erbringt, im Sinne der industriellen Anforderungen arbeitsunfähig – und in diesem Sinne „irre" – zu sein, kann der Stereotypie der technischen Produktionsapparatur entgehen, um damit zugleich unter die Zwänge einer →„Policeywissenschaft" zu geraten, die sich später →Psychiatrie nennen wird. Indem deren Anstalten ihr gesellschaftlich gesetztes Ziel mit der bloßen Aufnahme der Arbeitsunfähigen jedoch bereits erfüllt haben und darüber hinaus nur schwerlich ihre Zweckmäßigkeit darzustellen vermögen, beginnen sie mit Experimenten an ihrer Klientel sich zusätzlich eine vermeintlich unverzichtbare Aufgabenstellung zurechtzulegen, die mit ihrer Eigengesetzlichkeit in einem medizinischen Zynismus gründet, wie er sich schließlich in den „Versuchsstationen" des Nationalsozialismus entlarven sollte (→lebensunwertes Leben).

Ein bürgerlicher Verstandesbegriff, der auch das Irrationale – sofern er es nicht „romantisch" entrückt – zu rationalisieren trachtet, hatte einer solchen Entwicklung die Ausgangslage geboten. Nachdem während der ersten Hälfte des 19. Jh. durch Mediziner wie Phillip Pinel, Jean-Etienne Esquirol und →Griesinger die Interpretation des „Irreseins" als körperlicher →Krankheit weitgehend in das wissenschaftliche Denken eingedrungen war, sollte es nur konsequent erscheinen, dieser mit physiologischen Mitteln beizukommen, die fortan in mannigfachen Formen von „Anwendungen", Operationen und Pharmaka zunehmend zum Einsatz gelangten. Im Kontext eines verselbständigten Rationalismus müssen die I mithin sich selbst gleichsam das Mittel sein, um der Überzeugung von der Formbarkeit aller Dinge – einschließlich des Menschen – Nachdruck zu verleihen.

Als Einrichtung der Industrialisierungsepoche in Europa können die I in ihrer Art als eine Übergangserscheinung betrachtet werden, wiewohl sie immerhin rund eineinhalb Jahrhunderte überdauerten: Zum einen hatten sie vom Irrenhaus die Gestalt einer →„totalen Institution" für diejenigen übernommen, die aus Gründen einer unterstellten Nervenschädigung oder Hirnkrankheit im Produktionsprozeß nicht als Arbeitskräfte Verwendung finden konnten. Zum anderen setzten sie dort, wo sie nicht bloße Verwahrungsstätten für weniger Bemittelte oder Erholungseinrichtung für Begüterte waren, dazu an, den Ursachen für solche Schädigungen physiologisch nachzugehen, die von der späteren →Psychiatrischen Anstalt als vornehmlich im psycho-sozialen Bereich begründet angenommen werden. – Gerade in dieser Hinsicht allerdings muß auffällig erscheinen, was von den ehemaligen Funktionen der I bis in die Gegenwart hineinragt: Allen anderen voran ist dies die der Entlastung des „gesellschaftlichen Gewissens" durch die Überantwortung von den auf Arbeitsprozesse und Konsumgewohnheiten nicht unauffällig eingelassenen Personen an Einrichtungen, deren Innenausstattung möglichst verborgen zu bleiben hat.

L.: Castel, Robert: Die psychiatrische Ordnung; Frankfurt/M., 1979. Dörner, Klaus: Bürger und Irre; Frankfurt/M., 1975. Mitscherlich/Mielke: Medizin ohne Menschlichkeit; Frankfurt/M., 1960.

Wolfram Burisch

## Irrengesetzgebung

Auf dem Hintergrund von bürgerlichen Oppositionsbewegungen gegen willkürliches und nachlässiges Verwaltungshandeln der „ancien régimes" wurde die Errichtung von →Irrenanstalten und die administrative Zuständigkeit für sie in England und Frankreich gesetzlich geregelt („County Asylum Act" 1808; „Loi sur les Aliénés" 1838). In Dt. verblieb diese Aufgabe ohne eigene gesetzliche Grundlage in der Kompetenz der allgemeinen Armenverwaltung, die ihrerseits den sich wandelnden Aufgaben durch Gesetze angepaßt wurde (u. a. Gesetz über die Aufnahme neu anziehender Personen 1842; Gesetz über den →Unterstützungswohnsitz 1870; Dotationsgesetz 1873).

Die Unterbringung der Kranken und die Legitimation der Unterbringungsmaßnahmen war (und ist) in allen drei Ländern Gegenstand von gesetzlichen Regelungen, bei denen durchgehend ein Teil der ursprünglich rein richterlichen Unterbringungsbefugnis an Ärzte delegiert wurde, um Schutz vor unberechtigten Einweisungen, aber auch die korrekte institutionelle Zuordnung sicherzustellen. Die richterliche Instanz behielt dabei regelmäßig die formale Oberhoheit. Diese Zuständigkeitsverteilung war bisweilen Gegenstand von Angriffen durch die Ärzteschaft.

Das moderne dt. Unterbringungsrecht, in dem die Unterbringung von Geistes- und Suchtkranken bei Selbst- und Fremdgefährdung, Anstößigkeit oder Verwahrlosungsgefahr sowie bei Straftaten geregelt ist, hat als Teil des Verwaltungsrechts der Bundesländer die dargestellten Regelungen und Kompetenzen grundsätzlich beibehalten. In den Unterbringungsgesetzen einiger Bundesländer sind den ordnungspolizeilichen Grundzügen in neuerer Zeit ergänzende Vorschriften zum Rechtsschutz und zur Vor- und Nachsorge angefügt worden, so daß der Charakter des Polizeirechts durch fürsorgerechtliche Gedanken erweitert wurde (→Polizei- und Ordnungsrecht).

Die Fürsorgepflicht gegenüber den Kranken war und ist über die allgemeinen Regeln der Armen- bzw. Sozialgesetzgebung (→Bundessozialhilfegesetz) hinaus, in denen v. a. die finanziellen Zuständigkeiten festgelegt sind, kein Gegenstand besonderer Gesetze. Insb. das Vorgehen innerhalb der Anstalten blieb grundsätzlich den Regeln des ärztlichen Handelns und den Hausordnungen der Anstalten überlassen und verharrt damit bis heute im Bereich des überlieferten „besonderen Gewaltverhältnisses", das auf anderen Rechtsgebieten (z. B. im Strafrecht) zugunsten expliziter gesetzlicher Regelungen aufgehoben wurde (→„Verrechtlichung"). Einige Bundesländer haben begonnen, die Unterbringung von psychisch kranken Rechtsbrechern in forensisch-psychiatrischen Abteilungen durch „Maßregelvollzugsgesetze" zu regeln (→Maßregelvollzug).

L.: Baumann, Jürgen: Unterbringungsrecht; Tübingen, 1966. Castel, Robert: Die psychiatrische Ordnung; Frankfurt/M., 1979. Jones, Kathleen: A History of the Mental Health Service; London, Boston, 1972. Sachße/Tennstedt: Geschichte der Armenfürsorge in Deutschland; Stuttgart, 1980.

Gunter Herzog

## Irrenhäuser

Es wäre ein von vornherein wenig erfolgversprechendes Unterfangen, den vielfältigen Erscheinungsweisen von I mit klärenden Verstandeskategorien beikommen zu wollen, obgleich durch nahezu ein Jahrtausend europäischer Kulturgeschichte Gesellschaften mit einigermaßen unterschiedlichen Organisationsmustern ähnliche Vorstellungen damit zu verbinden scheinen. Die Ähnlichkeit dabei beruht indessen fast ausschließlich auf der Bezeichnung eines geschlossenen Raumes, der ebenso eine gemiedene Insel wie ein dahintreibendes Schiff, ein tief eingelassener Kerker wie ein fest ummauerter Turm sein kann, oder ein ganz gemeines – und dennoch besonderes – Haus. Was aber als „Irres" oder personifiziert mit dem „Irren" in einem solchen Raum abgeschieden werden, beschwichtigend ausgedrückt eine „Behausung" finden soll, das bleibt einer präzisen Bestimmung weitgehend entzogen: Nur soviel läßt sich seiner Unaussprechlichkeit entnehmen, daß es die vorherrschenden Ordnungsprinzipien stören und damit die Menge in ihrem Glauben an diese verunsichern ließe, wenn es sich denn unkontrolliert unter sie mischen würde.

Die tatsächliche oder vermeintliche Notwendigkeit, das „Irre" unter Kontrolle nehmen zu müssen, gibt so, allerdings vermittelt, doch eine gewisse Auskunft über die mit dem Irren verknüpfte Befürchtung: Der Irre, wäre er einmal unter die Menge gelassen, könnte dort unberechenbare Wirkungen hinterlassen, gar unabsehbare Begehrlichkeiten wecken, von denen die zuständlichen Verhältnisse nicht unberührt blieben. Im Gegensatz zum „Idioten" jedenfalls, den das Griechenland der Antike als →Persönlichkeit anzuerkennen wußte, die ihre eigene Weise hat, muß er deshalb wohl abgedrängt werden, weil von ihm eine allgemeine Beunruhigung ausgehen könnte.

Eine historische Herleitung für diese Annahme ist im Römischen Privatrecht begründet, dem der Begriff des Irrens als einer fehlenden Übereinstimmung bezüglich des Vertragsgegenstandes geläufig ist. Nachdem Kaiser Konstantin – deshalb „der Große" genannt – den christlichen Glauben im Jahre 324 faktisch zur Staatsreligion erheben mußte, um das Römische Imperium in seinem Bestand zu retten, kann ihrerseits nun die Kirche vorgeben, entlang welcher Linie vertragliche Abmachungen in Übereinstimmung zu bringen sind. Diese Linie ist durch den jeweils „richtigen Glauben", gleichsam als dem Besitzstand der Kirche, markiert. Wer daran sich nicht hält, was v. a. den Verteidigern des Mosaischen Testaments als Bedrohung galt, wird als „Irrender" – vom unanfechtbaren Glaubensvertrag Abgefallener – auf den Hoheitsgebieten des Reiches verfolgt, soweit diese kontrollierbar waren.

Die „Una Sancta", die einzigartige Heiligkeit der Römischen Kirche, erfuhr im MA nicht zuletzt durch die Ausdehnung der Handelsrouten und eine damit intensivierte Kommunikation über entlegene Gebiete hinweg Einbußen an ihrem Macht- und Gedankenmonopol. Und als sich schließlich Agglomerationen herausbildeten, Vorboten der Verstädterung (→ Stadt), die materiell eigenständig genug waren, um mit ihrer relativen Unabhängigkeit auch eigene Glaubensvorstellungen und entsprechende Lebensweisen entfalten zu können, muß die Kirche als andere als die herkömmlichen Mittel zur Erhaltung ihres Herrschaftsanspruchs ersinnen. Die sog. Heilige Inquisition, als „Ausforschung der Häresie" oder des Ketzertums auf dem vierten Laterankonzil 1215 beschlossen und 1232 von Papst Gregor IV. dem →Orden der Dominikaner aufgetragen, sollte von diesem zu einer eigenen Qualität des Umgangs mit Irren entwickelt werden: Sie treibt das „verborgene Böse" im „eigenen Leib" der Gemeinde hervor.

In ihrem Konzept kann dabei die Inquisition sich auf ein gängiges Grundmuster verlassen, das aus einer Projektion des Verdrängten resultiert: Was jemand sich selbst nicht als heimlichen Wunsch eingestehen kann, weil er mit dem Streben nach dessen Erfüllung seine auferlegte Verpflichtung zum Gehorsam gegenüber der herrschenden Obrigkeit verletzte, wird von ihm in den Anderen als ein „Akt des Wahnsinns" wiedererkannt. Mit der Verbrennung derer folglich, die wegen ihres aufrührerischen Redens oder ihrer ungebührlichen Lebensweise als „Ketzer" denunziert worden sind, scheint auch die eigene Sündhaftigkeit überwunden zu sein. Das gegenüber vorhergegangenen Formen der Verfolgung und Sanktionierung des Irrglaubens qualitativ neue Moment an der Inquisition findet sich demnach darin, daß sie die Bevölkerung selbst ihre vermeintlichen Glaubensfrevler anzeigen und – im Unterschied zur Vertreibung – zum Zwecke ihrer Verurteilung festhalten läßt. Derweise können die Konsequenzen des Irrens bis in den Tod hinein vorgeführt werden, wie denn die Todesstrafe auch seitens der christlichen Kirchen keineswegs einer abgeschlossenen Geschichtsepoche zugeschrieben worden ist.

Denn vor dem Hintergrund des Todesurteils über die vom Bösen Besessenen nur ist die vorgebliche Gnade verständlich zu machen, die denjenigen widerfährt, welche in einem Irrenhaus eine Stätte der Besinnung auf den rechten Glauben geboten bekommen. In abgeschiedenen Klöstern zumeist, oder später auch in innerstädtischen Refugien, an denen sich Wohltätigkeit demonstrieren läßt, werden solche Irren verbracht, die entweder sich auf den „Weg zur Einsicht" begeben haben oder die unübersehbar „Arme im Geiste" sind. An ihnen wird vorgeführt, zu welcher Barmherzigkeit die christliche Gemeinde fähig ist, solange sie ansonsten von den „Irren" nicht behelligt wird. Von der Tradition eines derart „charitativen" Gedankens, wie er v. a. vom städtischen →Bürgertum gleichsam als Abbitte für die Rücksichtslosigkeit des Merkantilismus gepflegt wurde, sind Auswirkungen offenkundig bis in eine gegenwärtige „gemeindenahe" Psychiatrie (→Sozialpsychiatrie), in Gruppen „Freiwilliger Hilfe", aber auch in einer verbreiteten Gleichgültigkeit gegenüber →psychiatrischen Anstalten wiederzufinden: Beschwörend wird damit demonstriert, nicht auf der „falschen Seite" angesiedelt zu sein.

Mit der Verstädterung Europas seit dem 13. Jh. hatten die I freilich vordergründig ihre religiöse Funktion schrittweise verloren und waren mit der Renaissance zu säkularen Einrichtungen geworden – verweltlicht sogar in solcher Restlosigkeit, daß mit ihnen jede Erwartung auf eine Rückkehr in die zivilisierte Gesellschaft abgeschnitten wurde. Die Narrenschiffe, die über die Flüsse und die von „aktiven Menschen" angelegten Kanäle zogen, ohne irgendwo einen Platz zum Anlegen zu finden, gaben dem extrem einen Ausdruck: Indem ihren Passagieren zum einen kein Ort zugänglich war, an dem sie an ein Kommunikationsgeflecht hätten anknüpfen können, sie zum anderen jedoch eigene Normen des Umgangs miteinander erarbeiten mußten, die sich zwangsläufig von denen Ansässiger zunehmend absonderten, formierten sie ein in sich abgeschlossenes Bezugssystem, das von den Sozialwissenschaften des 20. Jahrhunderts als eine →„totale Institution" begriffen werden sollte: als Anstalt des Wahns, die von der „Polis" – der →Gemeinschaft ihrem Anspruch nach mündiger Bürger – dermaßen rigide abgeschnitten worden war, daß diese Bürger sich nicht einmal mehr in Differenz zu den Irren hätten bestimmen können.

Der mit der Handelsgesellschaft in den Städten wachsende Absolutismus, den seit dem 17. Jh. auch Staatsgebilde für sich einfordern, hat so besehen ein durchaus zwiespältiges Gesicht. Denn die „Freisprechung", die das Wort „Absolutismus" beinhaltet, ist zum einen als eine Abkehr von jeder fremden Einmischung zugunsten einer unbeeinträchtigten Herrschaft des Verstandes zu verstehen. Zum anderen bedeutet sie aber gleichzeitig das Gebot der Ablösung von allen „Niederungen des Unreinen" in ihrem ungeklärten Entstehen. Im Gegensatz zu den herkömmlichen Inquisitionsverfahren, die das „Sündige" öffentlich vor Augen geführt hatten, machen am Rationalismus orientierte Sozialordnungen, allen voran die calvinistischer oder pietistisch-reformierter Prägung (→ Pietismus), umgehend sich daran, das „Unsaubere, Unsoziale, Unvernünftige" in Kerkern, Türmen und Verliesen dermaßen unsichtbar zu machen, als wäre es in ihnen nie vorgekommen. Eine Gesellschaft jedoch, die das – an ihren eigenen Rationalitätsansprüchen bemessen – „irre" Erscheinende in unzugänglichen Räumen verschließt, wird sich mit diesen – und damit einem wesentlichen Teil ihrer eigenen Geschichte – nicht mehr selbstkritisch auseinanderzusetzen wissen.

Die mit dem ausgehenden 18.Jh. einsetzende →Industrialisierung hat aus der „geteilten" Rationalität des Absolutismus in dieser Hinsicht nur deren eigene radikale Konsequenz gezogen, wenn sie das →Armen- und Irrenhaus dadurch überflüssig machte, daß sie diejenigen von deren Insassen, die den technischen Produktionsprozessen gefügig gemacht werden konnten, sich unterwarf, und die ihrem Anschein nach physisch Geschädigten der medizinisch-experimentellen Willkür der →Idioten- und →Irrenanstalten auslieferte. Was dann noch an Wahn verblieb, der sich aller Rationalität versperrte, mochte einigermaßen unbedenklich in ein gesellschaftliches Vakuum entlassen werden, das – wie in der Romantik – zu jeglicher Mythisierung herhalten sollte, ohne der vorherrschenden Ordnung gefährlich zu sein. Denn je mehr an verbliebenen Resten von irrationalen Kräften sich an ein „Irres" heftete, das zugleich der gesellschaftlichen Kontrolle nicht mehr entgehen konnte, indem dessen Inhalte – wie vormals die Glaubenssätze – von derselben definiert wurden, um so weniger hatte die Industrieproduktion zu befürchten, daß emotionale Irritationen gegen sie selbst sich wenden würden.

Auf denkwürdige Weise gibt die gegenwärtige Umgangssprache Auskunft darüber, in welchem – totalen – Ausmaß die kapitalistische Marktordnung das „Irre" gerade auch in seinen nicht unmittelbar dem Verstand zugänglichen Ausprägungen zu vereinnahmen wußte. Wenn etwa neuere Ausgaben des Duden Bedeutungswörterbuches den Gebrauch des Wortes „irre" als Ausdruck emotionaler Begeisterung und aufgeregten Beeindrucktseins vom Ausgefallenen notieren, dann kehrt darin etwas wieder von dem, was einst als Staunen vor dem Glaubensabfall in Lähmung versetzte. Das Unfaßliche schlägt in den Bann einvernehmlicher Gefolgschaft, aus deren Bestrickung kein sprachliches Differenzierungsvermögen mehr einen Ausweg weist. Ist erst einmal jeder Gedanke an eine vernünftige Gesellschaft durch einen Zustand allgemeiner Gleichgültigkeit abgedrängt, dann kann auch das Irre in diesem eine Behausung finden, solange es nur nicht hartnäckig auf der Erwartung eines anderen besteht.

L.: Baier, Lothar: Die große Ketzerei; Berlin, 1984. Blasius, Dirk: Der verwaltete Wahnsinn; Frankfurt/M., 1980. Foucault, Michel: Wahnsinn und Gesellschaft; Frankfurt/M., 1969.

Wolfram Burisch

**Irrenwärter**
Die Rolle des Pflegepersonals in den →Irrenhäusern und →psychiatrischen Anstalten ist kaum untersucht. Vor der Entstehung spezialisierter Einrichtungen befanden sich Irre in den Zucht- und →Armenhäusern in der Obhut von „Zuchtmeistern" oder wurden von anderen Insassen beaufsichtigt. In Dt. setzte sich – ebenso wie in Frankreich – in kirchlichen Einrichtungen die Tradition der Pflege durch geistliches Personal fort, während in England die kirchliche Armenpflege seit der Elisabethanischen Zeit weitgehend erloschen war.

Mit dem Entstehen besonderer Irrenhäuser um 1800 wurde auch die Frage des Pflegepersonals sporadisch diskutiert, so etwa in Frankreich durch Ph. Pinel, der dieser Berufsgruppe eine bedeutende pädagogische Rolle zusprach, oder in Dt. durch →J. C. Reil, der sich – wie viele Irrenärzte nach ihm – sehr negativ über sie äußerte. 1819 wurde an der westfälischen Anstalt Marsberg eine Wärterschule eingerichtet, die in anderen Anstalten Nachfolger fand. Eine Zentralisierung der Ausbildung, wie sie 1887 in Sachsen eingeführt wurde, setzte sich nicht allgemein durch. Diskussionen der Anstaltsleister, die sich in den Fachzeitschriften nach 1840 verfolgen lassen, kreisen um Probleme der Besoldungsverbesserung, der Gewährung von Altersversorgung, der Genehmigung zur Heirat und andere Maßnahmen, die das Wärterpersonal den Industriearbeitern gleichstellen und den Beruf damit attraktiv machen sollten.

In modernen psychiatrischen →Anstalten sind die Pflegekräfte häufig immer noch wenig speziell qualifiziert, wenn auch viele Anstalten Ausbildungen in eigenen Pflegeschulen anbieten und ein Fortbildungszweig als Fachkrankenschwester bzw. -pfleger gefordert wird, denen in manchen Einrichtungen für →geistig Behinderte der Beruf des Heilerziehungspflegers entspricht.

L.: Höll/Schmidt-Michel: Irrenpflege im 19. Jahrhundert; Bonn, 1989.

Gunter Herzog

**ISB**
= Individuelle Schwerstbehindertenbetreuung; →Zivildienst

**ISD**
⇒ Internationaler Sozialdienst

**Isolation**
I bezieht sich auf die nicht mögliche Teilhabe an bzw. den Ausschluß von gattungsnormalen Lebensbedingungen und sozialen Beziehungen (Minimum an sozialen Kontakten bzw. Höchstmaß an sozialer Distanz zwischen Individuen und/oder Gruppen).
Allgemein biologisch bedeutet I Beeinträchtigung der Tätigkeit von Lebewesen in ihren gattungsspezifischen Umwelten durch Veränderung innerer (z. B. Verletzung, Krankheit) bzw. äußerer Bedingungen (z. B. Entzug sinnlicher Erfahrung, soziale I, extremer Nahrungsmangel). Unter diesen (isolierenden) Bedingungen wird die Realisierung der art- bzw. lebensgeschichtlich jeweils möglichen bzw. erreichten höchsten Niveaus der Tätigkeit eingeschränkt. Dies nötigt zu spezifischen Formen der Adaption bzw. Kompensation.

Auf menschlichem Niveau ergeben die empirischen Forschungen zu unterschiedlichen Formen der I (Aufenthalt in der Antarktis, Hospitalisierung, Arbeitslosigkeit, Leben in der Eisernen Lunge, Blindheit, u.a.m.) folgendes: Die Resistenz gegen bzw. die Anfälligkeit für I ist abhängig von dem in der bisherigen Entwicklung erreichten Ausbildungsniveau und Differenzierungsgrad der →Persönlichkeit. Ab einem bestimmten Ausmaß von I, das interindividuell unterschiedlich ist, treten zunehmend Streß und Angst auf. Entweder es erfolgt eine graduelle Anpassung an die isolierenden Bedingungen oder aber es kommt zu I-krisen (psychischen Traumen im Sinne der →Psychoanalyse). I bedeutet immer Ausgeliefertsein und Bedeutungs- bzw. Sinnverlust. So spricht der Psychoanalytiker Spitz davon, daß unter derartigen Bedingungen →Emotion, Wahrnehmung und Denken auseinanderfallen.

Arbeiten zur sensorischen Deprivation bei Tieren bzw. Säuglingen und Kleinkindern verweisen auf einen weiteren Aspekt. Ersichtlich kommt es durch I nicht nur zu einem veränderten Aufbau des Weltbilds, sondern auch zu Änderungen im Körperselbstbild und in der Synthese affektiver Strukturen, die in Form von Bindung auf andere Individuen der Gattung gerichtet sind (Objektbesetzung im Sinne der Psychoanalyse). Lerntheoretische, psychoanalytische und tätigkeitstheoretische Modellvorstellungen legen es ebenso wie Theorien der Selbstorganisation nahe, alle psychopathologischen Syndrome als Folgen von I zu begreifen. Eine psychopathologische Entwicklung ist aus der

Sicht des Subjekts heraus als Ausschöpfung vorhandener Möglichkeitsräume der Vergesellschaftung menschlicher Natur zu begreifen. Sie ist als Entwicklung der → Persönlichkeit unter Bedingungen der I durchgängig zweckmäßig und sinnvoll für das Individuum. Gleichzeitig schränkt sie es jedoch in seinen Entwicklungsmöglichkeiten im sozialen Verkehr und der gesellschaftlichen Arbeit tiefgreifend ein, da sie u. U. bis hin zu Bedeutungssystemen führt (Autismus, Autoaggressionen, Schizophrenien u. a.), die von anderen Menschen nicht mehr verstanden und erschlossen werden können.

L.: Bronfenbrenner, Urie, Early Deprivation in Mammals: A Cross Species Analysis; in: G. Newton and S. Levine (Eds.), Early Experience and Behavior, 2nd. Ed.; Springfield/Ill., 1971, 627–764. Haggard, Ernest A., I and Personality: in: P. Worchel and D. Byrne, Personality Change; New York, 1964, 433–469. Jantzen, Wolfgang: Allgemeine Behindertenpädagogik, Bd. 1: Sozialwissenschaftliche und psychologische Grundlagen; Weinheim, 1987.

Wolfgang Jantzen

**ISS**
⇒ Institut für Sozialarbeit und Sozialpädagogik

**Isserlin, Max**
I wird am 1. März 1879 in Königsberg/Preußen geboren. Er studiert Medizin und Philosophie in Königsberg. Spinoza, Hume und v. a. der Kantische Idealismus beeinflussen sein Denken und seine Weltanschauung. Für seine wissenschaftlichen Arbeiten und für sein Verständnis von der wechselseitigen Befruchtung von Theorie und Praxis ist ihm der bedeutende Naturwissenschaftler Helmholtz ein Vorbild. 1904 beginnt I seine psychiatrische Fachausbildung an der Universität Gießen. 1906 geht er als wissenschaftlicher Assistent des Psychiaters → Kraepelin an die Universitäts-Nervenklinik in München. Im 1. Weltkrieg arbeitet er in einem Lazarett für hirnverletzte Soldaten. Die Konfrontation mit dem Schicksal der Soldaten, die nach einer herdförmigen Großhirnverletzung Ausfälle in der Sprache, im Schreiben, Rechnen, Zeichnen, in der räumlichen Orientierung, in erlernten Bewegungsfolgen (sog. Aphasien, Apraxien, Agnosien) erlitten haben, werden für I von entscheidender Bedeutung für sein zukünftiges berufliches Engagement. Die Erforschung der Gesetzmäßigkeiten gestörter Sprachprozesse wird Gegenstand seiner wissenschaftlichen Arbeit. Nach dem Ende des Krieges ist I am Aufbau eines Rehabilitationszentrums in München – wie es auch in anderen Städten unter → Goldstein, Poppelreuter und → Pfeiffer entstanden war – maßgeblich beteiligt. Zu diesem Zweck wird 1926 die „Heckscher Nerven-, Heil- und Forschungsanstalt" gegründet, die unter diesem Namen bis heute besteht. I ist Chefarzt dieser Klinik.

1922 wird er in den Vorstand der neugegründeten „Gesellschaft für → Heilpädagogik" gewählt. Er arbeitet viele Jahre als Mitherausgeber für das Organ dieser Gesellschaft, die „Zeitschrift für Kinderforschung". I's Anliegen ist es, die aus der Arbeit mit Kriegshirnverletzten gewonnenen Erfahrungen auf Kinder und Jugendliche mit Schädigungen des zentralen Nervensystems auszuweiten. 1929 wird eine Kinderabteilung eröffnet. 1930 erhält I von der Bayrischen Landesregierung auch die Leitung der Anstaltsschule übertragen. Im gleichen Jahr entsteht aufgrund seiner Initiative die „Pfaundlersche Beratungsstelle", eine ambulante heilpädagogische Beratungsstelle der Kinderabteilung der Heckscher Nervenheil- und Forschungsanstalt in Kooperation mit der Universitäts-Kinderklinik. Diese Beratungsstelle besteht bis 1968. Neben seiner Tätigkeit als Chefarzt der Heckscher Klinik führt I an der Universität Seminare für Heilpädagogik durch und widmet sich seinen wissenschaftlichen Arbeiten auf den Gebieten der → Psychiatrie, → Psychologie, Psychotherapie, insb. auf dem Gebiet der zentralen Sprachstörungen.

Im Nationalsozialismus wird I's Arbeit aufgrund seiner jüdischen Religionszugehörigkeit zunehmend erschwert. Er verliert nach und nach sämtliche Leitungsfunktionen. 1938 verliert er mit seiner Approbation seine Existenzmöglichkeit. Im Juli 1939 kann I noch mit seiner Familie nach England emigrieren, wo er 1941 stirbt.

I's wissenschaftliche Arbeiten sind sowohl durch die philosophische Weltanschauung des Idealismus als auch durch sensualistische und materialistische naturwissenschaftliche Positionen bestimmt. In diesen Positionen, die sich, bes. in seiner sprachpathologischen Arbeit, auf viele Einzelergebnisse aus Hirnphysiologie, Neurologie und Psychologie stützen, liegt seine besondere Bedeutung. Aus ihnen leitet sich eine genetische Theorie der Entstehung psychischer Funktionen ab. Sie geht davon aus, daß auf der sich durch die Erfahrung vermittelnden Grundlage der elementaren sensorischen Prozesse die höheren willkürlichen Funktionen des Menschen (Wahrnehmung, Bewußtsein, Denken und Sprechen) wie auch die Amodalität im Bewußtsein des Menschen sich herausbilden. I kennzeichnet die Entstehung der psychischen Funktionen durch die Entwicklung vom Äußeren zum Inneren, vom Einfachen zum Komplizierten, vom Sinnlichen zum Abstrakten. Hier gibt es vielfältige Bezüge zur Theorie der Entwicklung psychischer Funktionen der Kulturhistorischen Schule. In ihr ist die Kategorie der Erfahrung aufgehoben und weiterentwickelt in der Kategorie der Tätigkeit. In der methodischen Herangehensweise an die Probleme der zentralen Sprachstörungen über Beschreibung und Analyse der Symptome, psychologische Analyse und Sprachtheorie, in der Überwindung des klassischen engen Lokalisationismus und der kritischen Zurückweisung gestalttheoretischer Auffassungen besteht eine große Nähe zu Auffassungen, wie sie auch durch Wygotski und Luria vertreten werden. Wie den Konzepten letzterer, liegt auch I's Theorie der zentralen Sprachstörungen die Rezeption der genetischen Theorie der Entwicklung psychischer Funktionen des Neurologen Jackson zugrunde. I kommt daher zu Ansichten, die in Lurias Theorie der höheren kortikalen Funktionen aufgehoben und weiterentwickelt worden sind. Die Theorie der sekundären Folgen primärer Sprachstörungen bei isolierten Hirnläsionen, I's Betonung der Kompensationsmöglichkeiten geschädigter Hirnfunktionen, seine Warnung, nicht bei der „Feststellung eines Minus" stehenzubleiben, sein Hinweis auf die Selbstorganisation des Individuums durch dessen Möglichkeiten des „schöpferischen Ausgleichs" und „selbsttätiger Umgestaltung" sowie das Aufzeigen der negativen Folgen der → Isolation von gesellschaftlichen Bedeutungszusammenhängen im Zusammenhang mit Aphasie und Taubstummheit müssen konsequenterweise wegführen von einer defektorientierten Sichtweise von → Behinderung. Sie führen hin zu einem Begriff von Entwicklung und Behinderung, der einen biologischen und/oder psychologischen Reduktionismus nicht mehr zuläßt und die Lernfähigkeit jedes, auch des schwerst geistig- und mehrfachbehinderten Kindes nicht in Abrede stellt.

I's Gedankengänge zur Theorie der zentralen Sprachstörungen machen deutlich, welche Bedeutung die Sprache für die Persönlichkeitsentwicklung des Menschen hat, wie sie als eine auf biologischen Grundlagen basierende, sozial vermittelte Funktion zum Medium von Wahrnehmung, Bewußtsein und Denken wird. Die Erkenntnisse der Zusammenhänge von Struktur und Funktionsweise des Gehirns mit Bewußtsein, Wahrnehmung, Denken und Sprechen, die – wie I immer wieder betont – besonders der Taubstummenforschung und -pädagogik sowie der Hirnverletztenforschung verdankt werden, wollte I für die gesamte → Heilpädagogik nutzbar machen. Die in idealistischer Weltanschauung und psychiatrischer Sichtweise begründeten Widersprüche ebenso wie die ideologischen Tendenzen seiner Zeit, die schließlich zum Abbruch seiner Arbeits- und Existenzmöglichkeiten in Dt. führten, verhinderten eine konsequente Umsetzung der Erkenntnisse I's in eine angemessene → Pädagogik.

W.: Psychologische Einleitung; in: Aschaffenburg, Handbuch der Psychiatrie, Allg. Teil, 2: 107-198 (Wien 1913). Die pathologische Physiologie der Sprache; in: Ergebn. d. Physiol. 29: 129-249 (1929); 33: 1-102 (1931); 34: 1065-1144 (1932); 38: 674-795 (1936). Handbuch f. Neurol 6: 627-806 (Berlin 1936).

L.: Jutz, Renate: I. Gründer der Heckscher Nervenklinik für Kinder und Jugendliche; München, 1981. Tschirschnitz, Ulrike: Zur theoretischen Bedeutung von I für die Behindertenpädagogik (unveröffentl. Examensarbeit); Bremen, 1988.

Ulrike Tschirschnitz

**Itard, Jean Marc Gaspard**
Geb. am 24.4.1774 in Oraison, Basses-Alpes (Frankreich), gest. am 5.7.1838 in Passy; ab 1782 Besuch des Gymnasiums von Riez, danach in Marseille, sollte Bankkaufmann werden, kommt aber während der Revolutionsjahre im Sanitätsdienst des Militärkrankenhauses von Soliers unter und schlägt eine medizinische Laufbahn ein. Sein Lehrer Prof. Larrey ruft ihn 1796 nach Paris, wo er im „Val de Grace" eine Stelle als Chirurg antritt. I entwickelt wiss. Interesse an den Ideen und Methoden des Irrenarztes Pinel (1745-1826) und der von diesem mitbegründeten sozialtherapeutischen Richtung des „Traitement Moral". Ab 1801 Arzt am Pariser Taubstummeninstitut unter Abbé Sicard, beginnt I eine rege wissenschaftl. und praktische Tätigkeit auf den Gebieten der Ohrenheilkunde, der Sprachheilkunde und angrenzender Bereiche, über die er eifrig publizierte. I gilt als Begründer der Oto-Rhino-Laryngologie (Hauptwerk: „Traité des maladies de l'oreille et de l'audition", 2 Bde.; Paris, 1821). I konstruierte ein Gehörmeßgerät („Audiometer") und gehörverstärkende Instrumente, mit denen er die von ihm entdeckten Gehörreste der meisten seiner Patienten unterstützen will. Den Zusammenhang zwischen Gehörwahrnehmung und Sprachentwicklung erkennend, versucht I – im Gegensatz zu der damals gebärdensprachlichen Ausrichtung der Taubstummenpädagogik – die Methode der „Démutisation" (d. h. der Ausbildung von Lautsprache, unterstützt durch Lippenlesen, Mimik und Stimmvibrationsempfindungen) durchzusetzen, wie sie heute noch größtenteils üblich ist (→ Gehörlosenpädagogik).

I's pädagogisch bedeutsamste und bekannteste Arbeit ist die Erziehung des sog. Wildjungen von Aveyron während der Jahre 1800-1805, über die er wiss. Berichte veröffentlichte (1801 und 1806). Im Gegensatz zu Pinel, der den Jungen als „idiotisch" klassifizierte und entsprechend damals herrschender Lehre als unerziehbar ansah, war I von der „Wildheits-Hypothese" und damit von der Erziehungsfähigkeit seines von ihm Victor genannten Schülers überzeugt.

Seiner philosophisch vom Sensualismus geprägten Grundeinstellung entsprechend, ging es I v. a. darum zu beweisen, daß menschl. Denken nicht angeboren, sondern ausschließlich Ergebnis der Erfahrung durch → Erziehung sei. Mit einem zunächst 5 Schwerpunkte umfassenden Plan (1801), den er später modifiziert und nach 3 Stufen hin systematisiert (1806, gedruckt 1807), führt I die Erziehung von Victor durch: 1. Entwicklung der Sinnesfunktionen; 2. Entwicklung der intellektuellen Funktionen; 3. Entwicklung der affektiven Fähigkeiten. Daß er dabei beachtliche Erfolge erzielt, die er selbst wegen seiner hohen Erwartungen eher unterschätzt, ist sicher auch das nur beiläufig erwähnte Verdienst seiner Haushälterin Mme. Guérin, die für Victors soziale Erziehung zuständig war. So erreichte Victor einige handwerkliche Fähigkeiten, gelangte zur Oberbegriffsbildung und sogar zum grammatikalisch richtigen Gebrauch schriftsprachlicher Zeichen durch Lesen und Schreiben. Weiterhin entwickelte er soziale Gefühle der Freude, Trauer, Reue, Dankbarkeit und des Mitleids sowie einen Gerechtigkeitssinn und ein Streben nach Gewissenhaftigkeit und Fleiß. Die Ausbildung von lautsprachlichem Verstehen und Sprechen, für I das eigentliche Ziel seiner Erziehungsbemühungen, mißlang; Victor entwickelte außer seinen Lese- und Schreibfertigkeiten gebärdensprachliche Kommunikationsformen. So wurde I zum Pionier einer fortschrittlichen →Behindertenpädagogik, die von seinem Schüler →Séguin umfassend und systematisch weiterentwickelt wurde, um dann von →Maria Montessori u. a. fortgesetzt zu werden.

L.: Lane, Harlan: Das wilde Kind von Aveyron; Frankfurt/M., 1985. Malson/Itard/Manoni: Die wilden Kinder; Frankfurt/M., 1972.

Thomas Kosicki

## Jahn, Friedrich Ludwig

J (1778–1852) gilt als der Begründer des Turnwesens („Turnvater J"). Er wurde 1810 Lehrer in Berlin und eröffnete 1811 in der Hasenheide einen Turnplatz, um zur „inneren Erneuerung Preußens" beizutragen. Das Wort „Turnen" (vom althochdt. „turnen" = wenden) geht auf ihn zurück. 1816 erscheint seine Schrift „Deutsche Turnkunst", die er als wesentlichen Beitrag zur Volks- und Gemeinschaftserziehung begreift, was von den Regierenden beargwöhnt wird. Dies, und weil J an der Gründung der Burschenschaften beteiligt war, führte zu seiner Verhaftung und zum Verbot der Turngemeinden. J wurde zur Festungsstrafe verurteilt und lebte bis 1840 unter Polizeiaufsicht. 1842 wurde Turnen offiziell anerkanntes Unterrichtsfach in Preußen (→ Sport). J wurde 1848 in die Nationalversammlung gewählt.

## Journalismus

J bezeichnet die Tätigkeit des Sammelns, Auswählens, Prüfens, Verarbeitens und Verbreitens (a) von Informationen in Form von Nachrichten und Kommentaren sowie (b) von Unterhaltungsstoffen durch → Massenmedien. Journalisten arbeiten als redaktionelle Mitarbeiter in fester Anstellung oder in freier Tätigkeit für Presse und Rundfunk (Hörfunk und → Fernsehen), Agenturen und Pressestellen.

Ausgangspunkt heutiger Massenmedien ist die Erfindung des Buchdrucks mit beweglichen Lettern Mitte des 15. Jh., womit erstmals eine wirtschaftlich tragfähige öffentliche Kommunikation ermöglicht wurde. Im 17. Jh. entstanden unter dem Einfluß politischer Veränderungen und der → Urbanisierung in Europa Wochenzeitungen und Monatsblätter, die neben Adel und Klerus v. a. auch das sich bildende → Bürgertum ansprachen.

Die Verbesserung des Nachrichtenwesens (Telegraph und Telefon) und der Herstellungstechniken (Rotationsmaschine) in der zweiten Hälfte des 19. Jh. eröffnete die Möglichkeit einer „Zeitung für alle", die – neben dem bislang ausschließlich üblichen Abonnement – auch im freien Verkauf abgesetzt wurde. Der aufgrund dieser Entwicklungen erforderliche Finanzbedarf wurde durch den zunehmenden Ausbau des Anzeigenteils gedeckt. Die vom Anzeigenkunden geforderte hohe Auflage mußte wiederum durch eine für größere Leserkreise attraktive inhaltliche und gestalterische Aufmachung gesichert werden. Bei Zeitungen beträgt heute der Anteil des Anzeigengeschäfts im Durchschnitt etwa 55% des Umsatzes.

Zeitungen sind – nach der Definition der Pressestatistik des Statistischen Bundesamtes – alle periodischen Veröffentlichungen, die in ihrem redaktionellen Teil der kontinuierlichen, aktuellen und thematisch nicht auf bestimmte Stoff- und Lebensgebiete begrenzten Nachrichtenübermittlung dienen und i. allg. mindestens zweimal wöchentlich erscheinen. Zeitschriften unterscheiden sich nach dieser Kategorisierung von der Zeitung zunächst lediglich durch ihre Erscheinungsweise („mindestens viermal jährlich").

Schon früh wurde die sich herausbildende Presse auch als Lehrmittel eingesetzt, bspw. durch den tschechischen Theologen und Pädagogen Comenius. Aus den sog. Gelehrten Zeitungen des 17. und 18. Jh. (→ Lesegesellschaften) entwickelte sich die thematisch gegliederte Fachpresse. 1984 zählte das Statistische Bundesamt 1268 „Fachzeitschriften mit überwiegend wissenschaftlichem Inhalt", 426 Titel davon wurden dem Fachbereich Medizin zugeordnet.

Die Fachzeitschrift als Periodikum des „begrenzten Stoffgebietes" (so die klassische Definition des Zeitungswissenschaftlers Dovifat) stellt nach verschiedenen Untersuchungen die wichtigste berufsbezogene Informationsquelle dar (vor Zeitungen und allgemeinen Zeitschriften sowie Gesprächen mit Fachkollegen); sie gilt als unerläßliches Informations- und Kommunikationsmedium auch im →Sozial- und →Gesundheitswesen. Entscheidende Zielgruppenmerkmale der Fachzeitschrift sind die Berufszugehörigkeit (80 Prozent) und – mit weitem Abstand – die Vereinsmitgliedschaft (7 Prozent).

Die rechtlichen Grundlagen der Pressefreiheit in der BR sind im Grundgesetz (Art. 5: Meinungs- und Pressefreiheit) sowie in den Landespressegesetzen festgelegt. Der Bundesgesetzgeber hat – trotz einiger Versuche – bislang nicht von seinem Recht Gebrauch gemacht, bundeseinheitliche Rahmenvorschriften über die allgemeinen Rechtsverhältnisse der Presse zu erlassen (Art. 75 GG). In den 70er Jahren wurden zur Verbesserung innerer Pressefreiheit in einigen Zeitungs- und Zeitschriftenverlagen Redaktionsstatute vereinbart, die Mitwirkungsrechte der Redaktion schriftlich festlegten.

Soziale und gesundheitliche Themen sind regelmäßig Gegenstand der Berichterstattung in Rundfunk und allgemeiner Presse. Der journalistischen Erfahrung mit dem Publikumsgeschmack folgend, daß v.a. schlechte Neuigkeiten Aufsehen erregen („Bad news are good news"), werden v.a. eher negative Aspekte vermerkt. Ein Beispiel ist die „journalistische Skandalisierung des Wohlfahrtsstaates" (Henkel/Pavelka), in der einzelne Fälle von Mißbrauch sozialer Leistungen zum Angriff auf den →Sozialstaat selbst benützt werden.

Insb. die Lokalpresse hat für Organisationen des Sozial- und Gesundheitswesens große Bedeutung, da sie nicht nur der Information dient, sondern auch der Orientierung, Integration und Kontrolle im Gemeinwesen. Die Kriterien für die Nachrichtenauswahl und der Verlauf der Behandlung eines bestimmten Themas gehört zu den vielfach diskutierten Phänomenen massenmedialer Kommunikation. Luhmann hat sechs „Aufmerksamkeitsregeln" formuliert: 1. überragende Priorität bestimmter Werte, bspw. die Bedrohung des Friedens oder der Unabhängigkeit der Justiz; 2. Krisen oder Krisensymptome, die nicht nur einzelne, sondern zahlreiche Werte diffus, unbestimmt und unter Zeitdruck gefährden; 3. Status des Absenders einer Kommunikation, da prominente Personen für ihre Mitteilungen eher Aufmerksamkeit und Echo finden; 4. Symptome politischen Erfolgs, da die realen Bedingungen des Erfolgs oft nicht ersichtlich sind; 5. Neuheit von Ereignissen, da sie besser wahrgenommen werden als das Normale („Das Neue hat eine Vermutung der Wichtigkeit für sich."); 6. Schmerzen oder zivilisatorische Schmerzsurrogate wie psychische und physische Belastungen oder Geld- und Positionsverluste, wenn sie nicht in institutionelle Selbstverständlichkeiten eingebunden sind oder durch die Vorstellung eines „sinnvollen Opfers" kompensiert werden können (Luhmann, 16f.).

L.: Henkel/Pavelka, Sozialdemontage durch schwarze Magie. Die journalistische Skandalisierung des Wohlfahrtsstaates; in: Neue Praxis 4/1985, 318–321. Hugle, R.: Presse in der Bundesrepublik Deutschland; Köln, 1987. Koszyk/Pruys: Handbuch der Massenkommunikation; München, 1981. Luhmann, N.: Politische Planung. Aufsätze zur Soziologie von Politik und Verwaltung; Opladen, 1971.

Gerhard Pfannendörfer

**Juchacz, Marie**
Als J am 13.12.1919 die „Zustimmung des Parteiausschusses der SPD zur Gründung des ‚Hauptausschuß für →Arbeiterwohlfahrt (AWO)' (erlangte)" (Niedrig u.a. 1985, 220), war sie in Berlin zentrale Frauensekretärin der SPD auf Reichsebene und in dieser Funktion Mitglied des Parteivorstands, zugleich Fraktionsmitglied der SPD in der verfassunggebenden Nationalversammlung (ab 1920 Mitglied im Reichstag) und verantwortliche Redakteurin der SPD-Frauenzeitschrift „Die Gleichheit"

(1923 eingestellt; ab 1924: „Frauenwelt").

Die Gründung der AWO bezweckte „die Mitwirkung der Arbeiterschaft bei der Wohlfahrtspflege, um hierbei die soziale Auffassung der Arbeiterschaft durchzusetzen" (Vorläufige Richtlinien der AWO vom März 1920). Sie war einerseits „Schlußstein auf eine lange Entwicklung" (J, zit. in: AWO 1979, 82), gekennzeichnet durch „langjährige Aktivitäten und Erfahrungen der →Arbeiterbewegung, sozialdemokratischer Frauen in →Kinderschutzkommissionen, bei Kinderferienwanderungen, in der →Kriegswohlfahrtspflege usw." (Niedrig u.a. 1985, 11). Andrerseits galt es 1919, mit der AWO „Neues, Zukünftiges zu entwickeln", an dessen Gestaltung J bis 1933 als Vorsitzende der Organisation maßgebend beteiligt war.

Am 15.3.1879 wurde J als zweites von 3 Kindern in Landsberg an der Warthe geboren (dort entstanden um 1900 eine freie Gewerkschaft, ein sozialdemokratischer Ortsverein und ein Konsumverein). Die Eltern der Mutter waren Tagelöhner. Ihr Vater, Theodor Gohlke – dessen Vater hatte sich einer pietistischen „Brüdergemeinde" (→Pietismus) angeschlossen – entstammte einer Zimmermannsfamilie mit bäuerlichem Nebenerwerb, versuchte sein Glück als kleiner Bauunternehmer, erkrankte an einer Lungenentzündung, verdingte sich dann als Zimmermannsgeselle und kam nach einem Streik auf die „schwarze Liste".

Sie besuchte 8 Jahre lang die vierklassige Volksschule – „ödeste Wiederholung", „wie hätte ich doch so gerne die ,Bürgerschule' besucht!" (zit. in: AWO 1979, 17f.) –, ging dann ,in Stellung' (erst bei einer Familie, dann bei ev. Gemeindeschwestern) und war mit 17 einige Zeit Schichtarbeiterin in einer Fabrik zur Herstellung von Netzen. Anschließend zweieinhalb Jahre als Wärterin in der Provinzial-Irrenanstalt Landsberg (→Irrenanstalt), trug sie sich „damals ernsthaft mit dem Gedanken, Diakonisse zu werden" (→Orden), begann dann aber auf Anraten der Eltern, „Weißnähen und Schneiderin zu erlernen" (zit. in: AWO 1979, 26).

Sie war in einer kurzen Ehe mit einem Schneidermeister namens Juchacz verheiratet, von dem sie sich mit ihren Kindern trennte, als die Tochter 2 Jahre und der Sohn 6 Monate alt waren. Mit dem Ziel, „wirtschaftlich Fuß zu fassen" und einen Weg zu finden, „um uns der sozialistischen Bewegung anzuschließen" (zit. a.a.O., 39f.), ging sie 1906 als 27jährige mit den Kindern und ihrer Schwester Elisabeth nach Berlin. Hier, in einem Wohnbezirk des Berliner Ostens, besuchte sie politische Versammlungen und beteiligte sich an einem Frauenleseabend zur Lektüre des „Vorwärts" und anderer sozialistischer Literatur (mit dem Erfurter Programm der SPD von 1891 war sie um 1893 bekannt geworden, als ihr Bruder beim 3jährigen Militärdienst die Ideen der Sozialdemokratie kennenlernte und ihr davon berichtete). Nach ihrer Übersiedlung nach Berlin-Schöneberg wurde sie Mitglied in einem (sozialdemokratischen) Frauen- und Mädchenbildungsverein und schon bald danach (1907) dessen Vorsitzende.

Nachdem das Reichsvereinsgesetz 1908 die öffentliche Betätigung von Frauen erlaubt, tritt sie der SPD bei, zieht um in den Arbeitervorort Rixdorf (heute: Neukölln), wird zu einer „internen Frauenversammlung" der Partei eingeladen und bald danach aufgefordert, ein Referat zu halten: „Heiliger Schreck, was nun?" (zit. in: AWO 1979, 53). Sie und ihre Schwester „avancieren ... als Rednerinnen" (a.a.O., 55). Sie wird in den Vorstand des örtlichen Parteivereins gewählt, bald auch in den Vorstand des Wahlkreises, und folgt 1913 dem Angebot, als Parteisekretärin für den Bezirk Obere Rheinprovinz in Köln tätig zu werden. Zu Beginn des 1. Weltkrieges folgt sie, mit Zustimmung „der Genossen", einem Aufruf des Kölner Stadtverbandes der Frauenvereine und wird Mitglied in der örtlichen „Nationalen

Frauengemeinschaft" zur → Kriegswohlfahrtspflege, wo sie aktiv im „Ernährungsausschuß" mitarbeitet.

1917, 38jährig, erreicht sie aus Berlin die Berufung in den SPD-Parteivorstand durch Friedrich Ebert. In rascher Folge erlangt sie all die Funktionen, die sie bei Gründung der AWO 1919 bekleidete. Zum Hintergrund dieser ‚Karriere' gehört der Hinweis, daß ihrer Berufung 1916 die Verurteilung der antimilitaristisch-oppositionellen „Sozialdemokratischen Arbeitsgemeinschaft" (Vorläufer der USPD) durch den Parteivorstand vorausgegangen war sowie der Parteiausschluß von Luise Zietz, der zentralen Frauensekretärin, und von →Clara Zetkin, die vom Parteivorstand gezwungen wurde, die Schriftleitung der SPD-Frauenzeitschrift „Die Gleichheit" niederzulegen. J hat die Funktionen beider übernommen, wurde 1919 in die verfassunggebende Nationalversammlung gewählt und 1920 Mitglied der SPD-Fraktion im Reichstag. Zugleich war sie Vorsitzende der AWO (deren Hauptgeschäftsführerin war ab 1927/28 →Lotte Lemke).

1933 flieht J ins Saarland (sie wurde nicht aufgefordert, wie die meisten Mitglieder des Parteivorstands nach Prag zu gehen; →Walter Friedländer) und hält sich später in Mühlhausen/Elsaß auf. 1941 erhält sie ein Ausreisevisum der frz. Regierung und landet am 29.5.41 in New York. Die USA, wo sie 1945/46 eine Gruppe der AWO gründet, verläßt sie am 20.1.49 und landet am 2.2.49 in Bremerhaven. Lotte Lemke (1965–71 AWO-Vorsitzende) hatte seit 1946 erneut die AWO-Geschäftsführung übernommen. J wurde zur AWO-Ehrenvorsitzenden gewählt und starb am 28.1.1956.

L.: AWO (=Arbeiterwohlfahrt Bundesverband e.V.) (Hg:) J. Gründerin der Arbeiterwohlfahrt. Leben und Werk. (Red. Christa Hasenclever und Doris Arft); Bonn, 1979. Niedrig, Heinz, u.a.: Arbeiterwohlfahrt – Verband für soziale Arbeit. Geschichte, Selbstverständnis, Arbeitsfelder, Daten; Wiesbaden, 1985.

**Judenfrage**
Der Begriff J bezieht sich vornehmlich auf die im 19.Jh. debattierte Frage der rechtlichen und politischen Gleichstellung der jüdischen Bevölkerung in Europa. Noch bis ins 19.Jh. wurde in nahezu allen europäischen Staaten den Juden das Aufenthaltsrecht zumeist nur in Verbindung mit hohen Steuerzahlungen und entsprechenden Vermögensnachweisen gewährt. Die allgemeinen Staatsbürgerrechte wurden ihnen vorenthalten, die Ausübung vieler Berufe (v.a. in Verwaltung, Militär und Universität) verwehrt. Zudem waren Juden häufig einer Sondergerichtsbarkeit unterstellt. Die →bürgerliche Gesellschaft, die sich im 19.Jh. auf die politischen Emanzipationsprinzipien der →Aufklärung berief, konnte sich der Forderung nach Gleichstellung der jüdischen Bevölkerung nicht entziehen. Freilich vollzog sich der Prozeß der „Judenemanzipation" nur sehr langsam. Der weithin verbreitete →Antisemitismus torpedierte dabei nicht selten die Gleichstellungsbestrebungen für die jüdische Bevölkerung.

Die rechtliche →Emanzipation der Juden in West- und Mitteleuropa wurde geistig im Zeitalter der Aufklärung vorbereitet. Einen erheblichen Einfluß übten dabei Moses Mendelsohns „Jerusalem oder über religiöse Macht und das Judentum" (1783), G. E. Lessings „Nathan der Weise" (1779) und die Schrift des hohen preußischen Beamten Christian W. von Dohm „Über die bürgerliche Verbesserung der Juden" (1781) aus. Wortführer der Emanzipationsbestrebungen der jüdischen Bevölkerung waren u.a. der Berliner Seidenfabrikant Samuel Friedländer und Israel Jacobsen. Friedländer gehörte zu den Gründern einer „Jüdischen Freischule" in Berlin, in der nicht mehr Jiddisch, sondern Deutsch gelehrt wurde. Zudem sollte in den Synagogen Deutsch als Gebetssprache eingeführt werden. Die Wortführer der jüdischen Bevölkerung zeigten immer wieder ihre Assimilationswilligkeit, wobei sie sich dafür von den staatlichen Institutionen die Gewährung der vollständigen Gleichstellung erhofften.

Die erste Emanzipationsurkunde, das sog. Toleranzpatent, stammt aus Österreich und wurde 1782 von Kaiser Joseph II. verkündet. Es brachte den Juden einige Erleichterungen, wie z. B. den Verzicht auf die Kopfsteuer; jüdischen Kindern wurde der Zugang zu öffentlichen Schulen erlaubt. In Frankreich waren die nach der Revolution von 1789 erlassenen Verfügungen der Nationalversammlung von Bedeutung. Aber erst 1848 fielen in Frankreich die letzten rechtlichen Beschränkungen (in England 1858, in Österreich 1867, in Italien 1870 und in der Schweiz 1874). In Preußen wurden den Juden 1812 die →Bürgerrechte zugesprochen. Dennoch konnte von einer Gleichstellung nicht die Rede sein. Das preußische „Judengesetz" von 1847 ließ die Juden nicht zu öffentlichen Ämtern zu und schloß sie auch von einem großen Teil der akademischen Lehrtätigkeiten aus. Unter rechtlichen Gesichtspunkten fand die J ihren Abschluß in Dt. erst 1869 in den Bestimmungen des „Norddeutschen Bundes", die später in die Verfassung des Deutschen Reiches von 1871 eingingen.

Das bedeutete aber keineswegs, daß der soziale Antisemitismus damit beseitigt gewesen wäre. So lassen sich im letzten Drittel des 19. Jh. immer wieder Versuche von konservativen und reaktionären Kreisen feststellen, die staatsbürgerliche Gleichstellung der Juden rückgängig zu machen. Dabei wurde auf das alte Stereotyp von der angeblichen „Verjudung Deutschlands" zurückgegriffen: Der Jude wird ausschließlich als Kapitalist und Wucherer dargestellt; von antisemitischen Kreisen wird eine Verschwörungstheorie verbreitet, wonach die Juden sich untereinander Posten zuschöben und letztlich mittels ihres Einflußes im Handel und im Finanzwesen die politische Macht ausübten. Die antijüdische Polemik des →Bürgertums beruhte u. a. darauf, daß das Bürgertum sich in Konkurrenz mit jüdischen Geschäftsleuten bewähren mußte und eigene geschäftliche Mißerfolge antisemitisch ummünzte. Die im Zuge der →Industrialisierung erfolgten Umwälzungen erbrachten häufig eine soziale Deklassierung für viele Handwerker und Bauern. Auch in diesen Gesellschaftsschichten wurden die vorhandenen Existenzängste dahingehend „gelöst", daß den Juden die Schuld für eigene materielle Notlagen gegeben wurde. Die soziale Frage im 19. Jh. wurde umgedeutet und führte immer häufiger zu antijüdischen Kampagnen.

Eine besondere Stellung zur J nimmt →Karl Marx ein. Das Judentum seiner Zeit reduzierte er auf den „Besitz-" und „Geldjuden". Marx interessierte lediglich die Rolle des jüdischen Bürgertums, wobei er, wie so viele seiner Zeitgenossen, das Stereotyp vom jüdischen Wucherer und Parasiten pflegte. Für Marx bedeutet „Judenemanzipation" die Anerkennung der Juden als Staatsbürger. Die allgemeine menschliche Emanzipation dagegen sei die Befreiung vom „Schacher und vom Geld" und hätte die Aufhebung des Judentums als besondere Religion zur Folge.

L.: Fraenkel, Ernst, Art. „J"; in: Ders./ Bracher, Karl Dietrich, Staat und Politik (Fischer Lexikon); Frankfurt/M., 1970, 140–149. Marx, Karl, Zur J; in: MEW, Bd. 1; Berlin, 1956, 347–377. Rürup, Reinhard: Emanzipation und Anti-Semitismus. Studien zur J in der bürgerlichen Gesellschaft; Göttingen, 1975.

Roland Popp

**Jüdische Wohlfahrtspflege (JW)**
*1. Religiöse und historische Grundlagen.*
Die JW hat ihre Ursprünge in der Religion. Gesetz und Recht der Thora zielen auf eine Einschränkung des Eigentumsgebrauchs, indem sie die Sorge für Arme und sozial Benachteiligte vorschreiben. Mosaisches Recht räumt dem Schutz von Fremden, Waisen und Witwen einen hohen Rang ein. Die Pflege der Kranken und, in enger Verbindung damit, die Bestattung der Toten sind reli-

giöses Gebot. Die ethischen und moralischen Prinzipien der JW sind in den Jahrhunderten der Diasporaexistenz lebendig geblieben und wurden zu verschiedenen Zeiten im Hinblick auf konkret historische Lebensumstände neu formuliert und erweitert.

Im Unterschied zu der – aus der jahrhundertelangen Allianz von Christentum und Staatsmacht hervorgegangenen – Ideologie der →Armut als „gottgewolltes Schicksal", hat das Judentum vielmehr die Beseitigung der Armut als eine weltliche und religiöse Pflicht aufgefaßt. Das jüdische Armenwesen war daher immer sehr diesseitig und praktisch.

Die private JW, wie sie sich in Dt. entwickelte, orientierte sich an rationalen und zweckmäßigen Erwägungen und wies deutliche Parallelen zur Entwicklung der öffentlichen →Armenfürsorge auf: hin zu einer differenzierten Sicht des Armutspotentials und zu entsprechend differenzierten Maßnahmen. Paradoxerweise drückte jedoch das Fortbestehen einer eigenständigen jüdischen Fürsorge zugleich ein Mißtrauen gegenüber dem →Staat und seinen Einrichtungen aus, das sich letztendlich als nur allzu berechtigt erwies. Die JW war immer auch die →*Selbsthilfe einer bedrohten* →*Minderheit.*

In Berlin bildeten sich – gleichsam modellhaft – die modernen, säkularen Formen des jüdischen Armenwesens in Dt. heraus. Erst in Bezug auf die unter ständiger Drohung der Revision stehende Emanzipation (→Judenfrage) zeigt sich die besondere soziale Bedeutung dieser Ansätze, worin sie über die Bewahrung religiöser Tradition hinausgeht und sich auch fundamental vom kirchlichen Armenwesen unterscheidet: Sie ist Absicherung eines vom Standpunkt der jüdischen Minorität her definierten Verständnisses von →Emanzipation, d.h. nicht bedingungslose Unterwerfung unter dt. Normen, sondern die Absicherung wirtschaftlicher und politischer

→Integration bei gleichzeitiger *Wahrung jüdischer* →*Identität.*

In Berlin entstanden, wegen der Ballung sozialer Probleme, die bedeutendsten Einrichtungen der stationären Armenpflege. Pionierarbeit auf diesem Gebiet leisteten die alten Vereine sowie engagierte Privatpersonen. Die Chewra Kadischa gründete das erste jüdische Altersheim in Berlin (1829), zu dessen Finanzierung sie wesentlich beitrug. Gemeinsam mit der Chewra Bickur Cholim war sie auch an der Einrichtung des ersten jüdischen Krankenhauses (1822) maßgeblich beteiligt. Die Einrichtungen der jüdischen Waisenpflege in Berlin entstanden aus mehreren parallelen Initiativen etwa zeitgleich Anfang der 30er Jahre des 19. Jh.

*2. Überregionale Maßnahmen und Einrichtungen.* Die Struktur der JW blieb im 19. Jh. größtenteils kommunal und regional. Auch in anderen großen Gemeinden bildeten sich ähnliche Strukturen wie die am Berliner Beispiel geschilderten heraus. Es zeichnete sich jedoch bald nach der Reichsgründung 1871 ab, daß einige Problembereiche einer überregionalen Lösung bedurften: entweder weil alle Gemeinden davon gleichermaßen betroffen waren, so z. B. vom Problem jüdischer Wanderbettler, oder weil bestimmte Einrichtungen nicht sinnvoll von Einzelgemeinden eingerichtet und unterhalten werden konnten, wie z. B. Fürsorgeerziehungsanstalten, Heime für geistig oder körperlich Behinderte. Zum organisatorischen Zentrum überregionaler Aktivitäten der Wohlfahrtspflege wurde der im Jahre 1869 gegründete „Deutsch-Israelitische Gemeindebund" (DIGB), ein Zusammenschluß, dem nach und nach fast alle größeren und mittleren Gemeinden im Deutschen Reich beitraten.

Außer dem DIGB waren es die lokalen Logenverbände des Unabhängigen Ordens Bnai-Brith (U.O.B.B.) und deren Dachorganisation, die Großloge für Dt., welche maßgeblich, und häufig in Kooperation mit dem DIGB, an der Gründung der überregionalen Einrichtungen der JW beteiligt waren.

*2.1 Die Wanderarmenfürsorge* (→ Nichtseßhaftenhilfe): Ein seit der Gründung des DIGB auf dessen Gemeindetagen immer wieder diskutiertes Problem waren die jüdischen Wanderbettler. Ein großer Teil von ihnen waren sog. „Ostjuden", die infolge ungünstiger wirtschaftlicher Bedingungen ihre Heimatländer vorübergehend oder ständig verließen und für die das Deutsche Reich die erste Anlaufstelle ihrer Wanderungsbewegungen darstellte. In einem sehr schwierigen und langdauernden Prozeß wurden allmählich Maßnahmen zur Einschränkung und Steuerung der Wanderbettelei entwickelt. Dazu gehörten die Kontrolle an sog. Grenzbüros, die Identifizierung von „Schnorrern" durch Schwarze Listen, die Einschränkung und möglichst kontrollierte Vergabe von Unterstützungsmitteln. Im Jahre 1910 wurde schließlich die „Deutsche Zentralstelle für jüdische Wanderarmenfürsorge" in Berlin eingerichtet. Ihre Hauptaufgaben waren die Koordination und gemeinsame Finanzierung aller die Wanderarmen betreffenden Maßnahmen. Gründungskörperschaften der Zentralstelle waren neben dem DIGB die Großloge des U.O.B.B. und der im Jahre 1901 gegründete „Hilfsverein Deutscher Juden", die bedeutendste (auf die Fürsorge für Juden im Ausland gerichtete) internationale Hilfsorganisation des dt. Judentums. Die Wanderarmenfürsorge war vor dem 1. Weltkrieg, sowohl was die Anzahl der betreuten Personen als auch den Mittelaufwand betrifft, das umfangreichste Gebiet der überregionalen JW.

*2.2 Arbeitsnachweise:* Zunehmende Bedeutung gewannen die jüdischen Arbeitsnachweise (→Arbeitslosenversicherung III), die seit dem Jahre 1889 von den Bnai-Brith-Logen begründet wurden. Diese verfolgten zunächst die Absicht, die aus dem Osten eingewanderten Juden in das Erwerbsleben einzugliedern. Religiöse Beweggründe, wie die Vermittlung sabbathfreier Stellen, spielten mit eine Rolle. Später dehnten die Arbeitsnachweise ihre Tätigkeit aus und gingen über die bloße Vermittlungstätigkeit hinaus. Besonders durch die Mitarbeit jüdischer Frauenvereine kam es vermehrt zu einer fürsorgerischen Betreuung der Arbeitsuchenden.

*2.3 Die Fürsorgeerziehungsanstalten des DIGB:* Die Reform der sog. „Zwangserziehung" um die Jahrhundertwende veranlaßte den DIGB, eigene jüdische Anstalten der →Fürsorgeerziehung einzurichten. Es sollte vermieden werden, daß die von den Vormundschaftsgerichten in Fürsorgeerziehung überwiesenen Kinder und Jugendlichen in christlichen Anstalten untergebracht werden mußten. Im Juli 1900 wurde die „Israelitische Fürsorge-Erziehungsanstalt für Knaben" in Repzin in Pommern eingerichtet. Eine „Fürsorge-Erziehungsanstalt für israelitische Mädchen" wurde im Jahre 1902 in Berlin-Plötzensee eingerichtet.

*2.4 Die Israelitische Erziehungsanstalt für geistig zurückgebliebene Kinder in Beelitz:* 1905 befaßte sich der DIGB erstmals mit der Situation geistig behinderter jüdischer Kinder und Jugendlicher. Eine empirische Untersuchung hatte ergeben, daß diese Kinder und Jugendlichen fast ausschließlich in christlichen Anstalten untergebracht waren, da es an entsprechenden jüdischen Einrichtungen völlig fehlte. Im Oktober 1908 wurde, wiederum unter finanzieller Beteiligung des U.O.B.B., die „Israelitische Erziehungsanstalt für geistig zurückgebliebene Kinder" in Beelitz bei Potsdam eröffnet.

*3. Struktur und Finanzierung vor dem 1. Weltkrieg.* Neben den Gemeinden und den überregionalen Organisationen, namentlich dem DIGB und den Logen des Bnai-Brith, bildeten die privaten Vereine den Grundpfeiler der JW. Neue →Vereine mit vielfältigen sozialen Zielen entstanden neben den religiös-traditionellen im letzten Viertel des 19. Jh. in großer Zahl. Sie erweiterten allmählich ihren Aufgabenkreis und stellten sich auf die veränderten Anforderungen prophylaktischer Gesundheits-, Kinder- und Jugendfürsorge ein.

Der Anteil der Frauenvereine unter diesen neuen, nach der Reichsgründung entstandenen Vereinen war außerordentlich groß. Bei der Mehrzahl der Vereine, die sich 1904 im Jüdischen Frauenbund (JFB) zusammenschlossen, handelte es sich um Wohlfahrtsvereine. Die Fürsorge für Wöchnerinnen, Kinder, Witwen und Waisen stand unter ihren Aufgaben an erster Stelle. Der JFB wurde in den folgenden Jahrzehnten zu einem der bedeutendsten Träger der modernen JW.

Auf allen Gebieten des Fürsorgewesens existierten jüdische überregionale Einrichtungen. Wichtige gemeinsame Aufgaben wie die Wanderarmenfürsorge und die Arbeitsnachweise waren zentralisiert. Der DIGB bot ein Diskussions- und Publikationsforum für alle die JW betreffenden Fragen. Der „Verband für jüdische Wohlfahrtspflege", 1897 in Berlin konstituiert, dem bis 1914 bereits 93 Einrichtungen der JW angehörten, stellte um diese Zeit bereits ein fachliches und organisatorisches Zentrum der JW dar. Bereits vor dem 1. Weltkrieg war ein hoher Organisationsgrad der JW erreicht.

Finanziert wurde die JW aus 3 Quellen: den Vereins- und Organisationsmitteln (Mitgliedsbeiträge, Spenden und Zinsen aus Kapitalanlagen), aus Stiftungsvermögen und den Steuereinnahmen der jüdischen Gemeinden. Abgesehen von Großgemeinden wie Berlin, Hamburg, Frankfurt und einigen anderen, wo der überwiegende Teil der Kosten des Armen- und Wohlfahrtswesens aus Steuermitteln aufgebracht wurde, spielten die →Stiftungen bei der Finanzierung die wesentliche Rolle.

*4. JW im 1. Weltkrieg.* Wie auch die anderen konfessionellen Organisationen, stellte die JW ihre Einrichtungen in den Dienst der Kriegsfürsorge (→Kriegswohlfahrtspflege). Die „Militarisierung" der gesamten Fürsorge im Weltkrieg erforderte eine organisatorische Straffung. So kam es zur Bildung von Zentralstellen der Freien Wohlfahrtspflege. Die „Zentralwohlfahrtsstelle der deutschen Juden" (ZWST) wurde 1917 eingerichtet und entwickelte sich zu einer Koordinationsstelle der JW.

*5. Die jüdische Fürsorge in der Weimarer Republik.* Die Verarmung des Mittelstandes infolge von Krieg und Inflation betraf in besonderem Maße die weitgehend mittelständische jüdische Bevölkerung. Gleichzeitig waren auch die jüdischen Fürsorgeeinrichtungen selbst wegen unterbliebener Investitionen und ausgebliebener Beitragszahlungen in Mitleidenschaft gezogen. Viele Einrichtungen gerieten in finanzielle Schwierigkeiten und konnten nur noch mit Hilfe von Zuwendungen des „American Joint Distribution Committee", einer zwecks Unterstützung der europäischen Juden gebildeten Hilfsorganisation, aufrechterhalten werden. Die Stiftungsmittel, die bisher besonders in den kleinen Gemeinden Hauptfinanzierungsquelle der Wohlfahrtspflege gewesen waren, gingen in der Inflation verloren. Die Kleingemeinden gerieten in finanzielle Abhängigkeit von der ZWST.

Zu einer Hauptgruppe der Betreuten in der jüdischen Fürsorge wurden in den industriellen Zentren Oberschlesiens, des Ruhrgebietes und in Berlin die Ostjuden. Deren Zahl stieg in der Weimarer Republik erheblich an. Ihre Betreuung oblag vor allem dem jüdischen Arbeitsfürsorgeamt.

Durch die staatliche Fürsorgegesetzgebung, die der Freien Wohlfahrtspflege eine feste Stellung innerhalb der Gesamtkonzeption der Fürsorge einräumte, entstand auch für die JW eine neue Situation. Sie wurde, mit der ZWST als Spitzenverband, den übrigen →Wohlfahrtsverbänden gleichgestellt und erhielt nunmehr auch staatliche Subventionen. Mit den übrigen Verbänden schloß sie sich 1924 zur „Deutschen Liga der freien Wohlfahrtverbände" zusammen.

Der zionistische Einfluß in der jüdischen Fürsorgearbeit der Weimarer Republik nahm zu, was sich v. a. in Berlin bemerkbar machte. Maßgeblich dafür dürfte insb. gewesen sein, daß der wachsende →Antisemitismus seit dem Ende des 19. Jh. den zionistischen Prognosen Recht zu geben schien und daher der zionistischen Konzeption von Fürsorge (mit dem Akzent auf Berufsumschichtung sowie auf der Vermittlung handwerklicher und landwirtschaftlicher Qualifikationen) ein neues Gewicht verliehen wurde.

*6. Die jüdische Fürsorge in der NS-Zeit.*
Für weite Teile der jüdischen Bevölkerung führte bereits das erste Pogrom von 1933 – der Aufruf zum Boykott jüdischer Geschäfte, Ärzte und Rechtsanwälte – zu gravierenden Existenzbedrohungen. Auch der seit Jahren im Gang befindliche Ausstoßungsprozeß der dt. Juden aus der Wirtschaft wurde jetzt forciert. In dem Maße, wie die Repressionen gegenüber den Juden verstärkt wurden, erhöhte sich die Fürsorgebedürftigkeit. Auf die erweiterten Anforderungen wurde mit einer Verstärkung der Fürsorgearbeit und mit einer organisatorischen Neugliederung reagiert. Noch im Herbst 1933 wurde als neue Koordinationsstelle der „Zentralausschuß der deutschen Juden für Hilfe und Aufbau" geschaffen. Bei ihm liefen alle Fäden der Auswanderungshilfe, Wirtschaftshilfe und Wohlfahrtspflege zusammen. Der Druck auf die JW verstärkte sich, als schrittweise die jüdische Bevölkerung auch aus der Sozialpolitik des nationalsozialistischen Staates ausgegrenzt wurde. Neben vielen anderen Behinderungen wurden Juden aus dem →„Winterhilfswerk des deutschen Volkes" (WHV), an welchem die JW zunächst noch beteiligt war, ab 1935 ausgeschlossen – als indirekte Folge der mit den Nürnberger Gesetzen (1933–1935; →Gesetz zur Verhütung erbkranken Nachwuchses) vorgenommenen „Rassentrennung". Daraufhin wurde eine eigene Organisation, die „Jüdische Winterhilfe" geschaffen. Sie begann ihre Tätigkeit im Herbst des Jahres 1935. Angesichts der Behinderungen und zunehmenden Diskriminierungen hat diese Einrichtung Beachtliches geleistet. Im letzten Jahr ihres Bestehens, 1938/39 wurden ca. 71 000 Personen seitens der Winterhilfe unterstützt. Das waren etwa 25% der noch in Dt. befindlichen Juden.

Mit den Pogromen im November 1938 verschärften die Nationalsozialisten ihre Ausgrenzungspolitik. Durch die „Verordnung über die öffentliche Fürsorge für Juden" vom November 1938 wurden diese endgültig aus der öffentlichen Fürsorge ausgeschlossen. Das Ende der jüdischen Fürsorge wurde schließlich eingeleitet durch eine Verordnung vom Juli 1939, durch die die ZWST aufgelöst wurde, die bereits 1933 nicht mehr als Spitzenverband anerkannt war. Ihre Aufgaben wurden der von den Nationalsozialisten als Zwangsorganisation geschaffenen „Reichsvereinigung der Juden in Deutschland" als Abteilung „Fürsorge" angegliedert. Diese stand in vollständiger Abhängigkeit von den Behörden des NS-Staates. Mit dieser Zwangsmaßnahme hatte die lange und traditionsreiche JW in Dt. aufgehört zu bestehen.

*7. Neubeginn nach 1945.* Als nach Kriegsende die Überlebenden der NS-Verfolgung die dringenden Hilfen für die ca. 15 000 noch in Dt. befindlichen Juden zu organisieren begannen, war von den Einrichtungen der JW und der ZWST nichts mehr vorhanden. Es waren ausländische jüdische Hilfsorganisationen, das „American Joint Distribution Committee" (Joint) und die „Jewish Agency for Palestine", welche wirtschaftliche Hilfen und Auswanderungshilfen leisteten. Die Neugründung der ZWST unter der Bezeichnung →„Zentralwohlfahrtsstelle der Juden in Dt." am 20.8.1951 war nur eine Miniatur dessen, was sie im Vorkriegsdeutschland dargestellt hatte. Unter völlig veränderten Bedingungen nahm sie ihre Arbeit wieder auf. Sitz der Geschäftsstelle war in den ersten Jahren Hamburg. Ihre Mittel erhielt sie bis zur Unterzeichnung des Wiedergutmachungsabkommens im Jahre 1952 weiterhin über den „Joint". 1955 übersiedelte die ZWST nach Frankfurt, wo sie bis heute ihren Sitz hat. Ab 1962 gehört die ZWST als kleinster Verband der →„Bundesarbeitsgemeinschaft der Freien Wohlfahrtspflege" an. Arbeitsschwerpunkte waren in den ersten Jahren Jugendarbeit und Altenhilfe. Seit den 60er Jahren wurden Hilfeleistungen für jüdische Zuwanderer aus Osteuropa zu einem Arbeitsschwerpunkt. Neben materieller Unterstützung steht hier die oft schwierige Integrationshilfe im Vordergrund.

L.: Kramer/Landwehr, Das JW in Deutschland: Ein Aide-mémoire; in: Soziale Arbeit, Nov. 1988, 398–406. Diess., Zur Geschichte der JW – Von der Emanzipation zur Vernichtung; in: Theorie und Praxis der sozialen Arbeit, Jan. 1989, 18–25.

David Kramer, Rolf Landwehr

## Jugend

Ob die Kategorie der J eine Erfindung aus dem 18.Jh., also dem Beginn der →bürgerlichen Gesellschaft und damit der bürgerlichen Familie ist, die in Rousseaus „Emile" eine zeitgenössische Verdichtung erfahren hat und sich als Wandlung des Jugendlebens „Vom ,Jungen Herrn' zum ,Hoffnungsvollen Jüngling'" beschreiben läßt, oder ob das Phänomen von J als einer sinnstiftenden Lebensphase wie auch einer zugleich gesellschaftlich auffälligen Altersgruppe erst gegen Ende des 19.Jh. entdeckt wurde, ist bis heute umstritten. Klar ist, daß mit der Kategorie der J eine bestimmte Altersgruppe im Verhältnis der Generationen zueinander bestimmt werden soll. Demzufolge wird auf einer allgemeinen Beschreibungsebene die →Lebenslage oder Lebensphase J angesiedelt zwischen →Kindheit und Erwachsenheit.

Gegen jedwede Biologisierung oder Ontologisierung der J-phase ist aber daran festzuhalten, daß J als eine gesellschaftlich bestimmte „Tatsache" zu fassen ist, also ein gesellschaftliches Konstrukt darstellt, dessen Merkmale historisch und sozial sich entwickeln und verändern. In der Folge dieser gesellschaftlichen Einbettung geht es um die Analyse von Vergesellschaftungsprozessen, deren Kontexten und Konstellationen, innerhalb derer die Frage nach der J diejenige ist, die eine Aufschlüsselung und Erkenntnis von J-bildern und J-gestalten als Besonderheit der Formen von Individualität und Subjektivität zum Gegenstand hat. Vor diesem Hintergrund ist einsichtig, daß lange Zeit allgemein gültige Bestimmungen über J, die (struktur-funktionalistisch oder generationenspezifisch gefaßt) J zu definieren suchten, inzwischen kritisiert werden. So reicht es nicht aus, J dadurch zu bestimmen, daß in dieser Phase Anforderungen gestellt werden, die in der Ablösung von der Herkunftsfamilie und dem Übergang in die Welt der Erwachsenen, damit wesentlich durch eigenständige Formen von Ökonomie und →Sexualität, beschrieben werden. Alle derartigen Vorstellungen leben wesentlich von der Auffassung, J sei ein Entwicklungsstadium, eine transitorische Etappe im Lebenslauf, die in der Selbständigkeit des Erwachsenenstatus ein Ende finde. Demgegenüber wird in neueren Diskussionen hervorgehoben, daß es notwendig ist, den „Eigenwert" der Lebenslage J in ihren vielfältigen gesellschaftlichen Vermittlungsschritten – v. a. hinsichtlich von Klassen-, Schichten- und Geschlechtszugehörigkeiten – aufzuschlüsseln.

L.: Gillis, John R.: Geschichte der J. Tradition und Wandel im Verhältnis der Altersgruppen und Generationen; Weinheim, 1980. Hornstein, Walter: Vom „Jungen Herrn" zum „Hoffnungsvollen Jüngling". Wandlungen des Jugendlebens im 18. Jahrhundert; Heidelberg, 1965. Hurrelmann/Rosewitz/Wolf: Lebensphase J. Eine Einführung in die sozialwissenschaftliche Jugendforschung; Weinheim, 1985. Sünker/Volkmer, Jugendkulturen und Individualisierung. Die Renaissance eines bürgerlichen Ideals?; in: Heitmeyer/Olk, Individualisierung von J. Gesellschaftliche Prozesse, subjektive Verarbeitungsformen, jugendpolitische Konsequenzen; Weinheim, 1990.

Heinz Sünker

**Jugendämter**

*1. Begriff, Organisation, Aufgaben:* J sind von einem örtlichen öffentlichen Jugendhilfeträger (kreisfreie Stadt, [Land-]Kreis) oder nach Maßgabe besonderer landesrechtlicher Regelungen auch von kreisangehörigen Gemeindeverbänden oder Gemeinden als bedingt selbständige Organisationseinheiten errichtete Ämter (→Amt) zur Durchführung der gesetzlichen Aufgaben der →Jugendhilfe. Die Verpflichtung zur Errichtung solcher Ämter beruht auf § 12 Abs. 2 JWG (neu: →Kinder- und Jugendhilfegesetz – KJHG). Eine Besonderheit der J innerhalb der kommunalen →Selbstverwaltung ist ihre sog. Zweigliedrigkeit, mit der ihre fachpolitische Position innerhalb der Kommunalverwaltung betont wird. J bestehen aus dem Jugendwohlfahrtsausschuß (JWA; neu: Jugendhilfeausschuß – JHA) und der →Verwaltung. Nach § 14 JWG gehören dem JWA neben Mitgliedern der Vertretungskörperschaft auch sachkundige Bürger und Vertreter der freien Vereinigungen der Jugendhilfe (→Wohlfahrtsverbände, →Jugendverbände) stimmberechtigt an. Zweck des JWA ist es, das breite Spektrum der Probleme der Jugendhilfe in einem Gemeinwesen zu erfassen und die Mitwirkung der in ihm tätigen freien Vereinigungen zu gewährleisten. Der JWA beschließt im Rahmen der von der Vertretungskörperschaft bereitgestellten Mittel, der von ihr erlassenen Satzung und der von ihr gefaßten Beschlüsse über die Angelegenheiten der Jugendhilfe. Der Verwaltung der J obliegt die Abwicklung der „laufenden Geschäfte"; nach einer Entscheidung des Bundesverfassungsgerichts aus dem Jahr 1955 sind dies jene Geschäfte, die „zu einer ungestörten und ununterbrochenen Fortdauer der Verwaltung notwendig sind, es sei denn, daß es sich um einmalige (außergewöhnliche) Geschäfte oder solche von erheblicher finanzieller Bedeutung handelt". In der Praxis werden hierzu alle Einzelfallentscheidungen z. B. im Bereich des Pflegekinderschutzes (→Pflegekinderwesen) oder der →Heimerziehung, die Verwaltung der kommunalen Einrichtungen u. v. m. gezählt. Unklare Kompetenzabgrenzung zwischen JWA und Verwaltung ist häufiger Anlaß für Konflikte und Rechtsstreitigkeiten. Der JWA hat vielfach die ihm zugedachte gestaltende Funktion, auch wegen der engen Verquickung von Verwaltungen und Gebietskörperschaften, verloren. In den Stadtstaaten hat er, rechtlich umstritten, ohnehin nur beratende Aufgaben. § 19 JWG bestimmt, daß die Bundesländer ein oder mehrere *Landes-J* zu errichten haben. Es handelt sich bei ihnen um ebenfalls zweigliedrige (Landes-JWA), von einem überörtlichen öffentlichen Jugendhilfeträger eingerichtete Verwaltungsstellen. Aufgaben der Landes-J sind: die Planung und Organisation der Jugendhilfe des Einzugsgebietes, die Beratung, Förderung und Koordinierung der Arbeit der J und der Freien Träger (keine Weisungsbefugnis), die Organisation und Durchführung der Fortbildung für die Mitarbeiter der Jugendhilfe, die Durchführung und Finanzierung der Öffentlichen Erziehungshilfe (FEH/FE), die Heimaufsicht und -beratung und der Betrieb einer Zentralen Adoptionsstelle. Insbesondere die Zuordnung der Öffentlichen Erziehung zu den Landes-J ist wegen der damit verbundenen Tendenz der kommunalen J, aus Kostengründen Jugendliche der Region in die FEH/FE „abzuschieben", seit langem Anlaß der Kritik. Mit einer Übergangsfrist soll durch die Neufassung des Jugendhilferechts dieser Mißstand beseitigt werden (Kinder- und Jugendhilfegesetz).

*2. Geschichte:* Der politische Weg zur Errichtung von J, damit verbunden zur Vereinheitlichung der Rechtsgrundlagen, ist als Verstaatlichungsprozeß der Jugendfürsorge zu interpretieren. Er begann zum Ende des 19. Jh. und führte dann, durch die verheerenden Auswirkungen des 1. Weltkrieges auf die Lage der Kinder, Jugendlichen und ihrer Familien beschleunigt, in rascher Abfolge diverser Reformbemühungen zum Reichsjugendwohlfahrtsgesetz (RJWG). Der Begriff Jugendamt (JA) setzte sich etwa seit 1910 durch. Das erste faktische JA (unter der Bezeichnung „Behörde für öffentliche Jugendfürsorge") gab es in Hamburg (1910), das erste unter der Bezeichnung JA in Bremen (1912). Das RJWG vom 9. 7. 1922, in Kraft getreten am 1. 4. 1924, verpflichtete die Kommunen reichseinheitlich (allerdings mit gewissen Übergangsregelungen) zur Errichtung von J und Landes-J. Den Zeitgenossen stellte sich die Lage zur Jahrhundertwende als eine Situation dysfunktionaler und kostspieliger Zersplitterung der öffentlichen und freien Kinderfürsorge dar. Die Aufgaben der öffentlichen Kinderfürsorge (Vormundschaften über uneheliche Kinder, Pflegekinderaufsicht, Fürsorgeerziehung, Waisenerziehung, Anstaltsunterbringung für die „abnormen, taubstummen, blinden und idiotischen Kinder" u. a.) waren auf eine Reihe verschiedener Behörden (allen voran die Armenbehörden, ferner Gesundheits- und Polizeibehörden, Waisenämter, Gemeindewaisenräte; große und kleine Verbände, staatliche und gemeindlichen Behörden) verteilt, die rechtlichen Grundlagen für Eingriffe und Leistungen in verschiedenen Gesetzen geregelt. Diverse Versuche, durch Kooperation und Zusammenlegung von einzelnen Aufgaben die Situation zu verbessern, scheiterten am Ämteregoismus, an Finanzierungsfragen und in Anbetracht des unterschiedlichen Ansehens der einzelnen Ämter bei der Bevölkerung. Auch die Freien Träger sträubten sich zunächst gegen die schon im Krieg propagierten einheitlichen J, da sie in ihnen eine Bedrohung ihrer Selbständigkeit und eine gegen sie gerichtete Verstärkung der öffentlichen Fürsorge sahen. Da das geforderte Reichsgesetz aus diesen und aus Gründen ungeklärter Finanzierungsfragen immer wieder verschoben wurde, andererseits die Kriegsereignisse eine Vereinheitlichung immer dringlicher erscheinen ließen, kam es 1918 bereits zu einem Alleingang Preußens, dem Württemberg 1919 mit einem Landesgesetz folgte. Das Archiv Deutscher Berufsvormünder und der → Deutsche Verein für Armenpflege und Wohltätigkeit bemühten sich seit 1918 verstärkt um ein Reichsjugendgesetz. Ihre mehrfachen Eingaben an die Nationalversammlung in Weimar, die öffentliche Jugendfürsorge in die Gesetzgebungskompetenz des Reiches aufzunehmen, hatte schließlich Erfolg (Art. 134 der Reichsverfassung).

Mit dem auf Vereinheitlichung gerichteten Bemühen um ein Reichsgesetz verband sich seit den 20er Jahren die pädagogische Diskussion um die gesetzliche Absicherung eines von → Familie und → Schule unabhängigen Erziehungsanspruchs für Kinder und Jugendliche. Die Formulierungen im RJWG wurden zunächst beiden Impulsen gerecht, indem sie nicht nur die Zusammenfassung der bislang zersplitterten Pflichtaufgaben in einem Amt vorsahen (Schutz der Pflegekinder, Fürsorge für hilfsbedürftige Minderjährige sowie Mitwirkung im Vormundschaftswesen, bei Schutzaufsicht, Fürsorgeerziehung, Jugendgerichtshilfe, Kinderarbeitsschutz, der Fürsorge für Kriegswaisen und bei den Polizeibehörden; §3 RJWG), sondern das JA auch verpflichteten, „Einrichtungen und Veranstaltungen anzuregen, zu fördern und ggf. zu schaffen" (für die Beratung von Jugendlichen, für die Mutterschutz, die Wohlfahrt der Säuglinge und Kleinkinder, die Wohlfahrt der im schulpflichtigen Alter stehenden Jugend außerhalb des Unterrichts sowie der schulentlassenen Jugend; §4). Daß in der Verordnung über das Inkrafttreten des RJWG zum 1.4.1924 der §4 dann aus Kostengründen mit dem lapidaren Satz: „Eine Verpflichtung zur Durchführung der in §4 bezeichneten Aufgaben besteht nicht", praktisch eliminiert wurde, hat die J von vornherein mit dem Geruch einer repressiven Behörde belastet und bis in die Gegenwart hinein die Unterscheidung zwischen „Pflicht-" und „freiwilligen Aufgaben" der J lebendig gehalten. Weil die Kommunen ebenfalls aufgrund des Einführungsgesetzes zunächst die Errichtung eigenständiger J unterlassen und die Aufgaben anderen Ämtern (insb. dem Wohlfahrtsamt) übertragen konnten, weil sich ferner schon aus diesem Grunde die Intention einer demokratischen Kollegialbehörde nicht durchsetzen konnte und weil das Gesetz durch gleichzeitige Errichtung von Landes-J (u.a. mit der Verpflichtung zur Durchführung und Finanzierung der FE) für die Kommunen neue Anlässe geschaffen hatte, sich durch „Abschiebung" kostspieliger Unterbringungen zu entledigen, zeigte sich schon während der Weimarer Zeit Verdrossenheit gegenüber dem JA. Daß dem JA im Nationalsozialismus dann die „freiwilligen Aufgaben" durch Übertragung der Jugendpflege auf die →Hitlerjugend, der gesundheitspflegerischen Aufgaben (Mütter- und Säuglingsschutz) auf das →Gesundheitsamt, der „positiven" Aufgaben, wie Pflegekinderbetreuung, Kindergärten und nicht-repressive jugendfürsorgerische Aufgaben an die →Nationalsozialistische Volkswohlfahrt, genommen wurden und es zu einer reinen „Jugendverfolgungsbehörde" (Kühn 1986, 324) degradiert wurde, wurde dann auch eher widerstandslos, wenn auch nicht ohne Konflikte, hingenommen. Anläßlich der Novellierung des RJWG (1953) und seiner Neufassung als JWG (1961) flammte die Diskussion um ein „lebendiges Jugendamt", getragen v.a. von der →Arbeitsgemeinschaft für Jugendpflege und Jugendfürsorge (AGJJ, jetzt AGJ) und der →Arbeiterwohlfahrt, noch einmal auf, versickerte aber bald angesichts des politischen Desinteresses jener Jahre an Problemen der Jugendhilfe.

Erst im 3. Jugendbericht der Bundesregierung (1972; sozialliberale Koalition) wird, als Ausdruck sowohl des sozialdemokratischen Projektes einer Modernisierung der Gesellschaft, als auch in Abwehr ‚überschüssiger' Kritik der sozialistischen →Studenten- und Sozialarbeiterbewegung jener Jahre, das Thema Jugendamt und Jugendhilfe erneut in die politische Diskussion eingebracht. Der Bericht kritisierte die erheblichen Ausstattungs- und Leistungsunterschiede der J, die Beschränkung der meisten Ämter auf die gesetzlich genauer definierten Aufgaben, das Fehlen offener Angebote und die insgesamt mangelnde Effektivität der J. Der Bericht löste die Debatte um ein neues Jugendhilferecht aus, in diesem Kontext dann auch um eine Reform der J. Die auch gegenwärtig noch nicht oder doch nur avantgardistisch realisierten Forderungen hat Böhnisch (1972), repräsentativ auch für andere Reformer, formuliert: 1. Übergang zu eher horizontal strukturierten Formen der Arbeitsteilung (z.B. Team- oder Gruppenarbeit); 2. berufskollegiale Kontrollinstanzen; 3. regionale und längerfristige Fortbildung; 4. die Aufgabe der politischen Neutralität in der JA-Administration zugunsten einer eindeutigen „Anwaltsrolle für die Klienten" (S. 211).

3. *Gegenwärtige Situation:* Ende 1986 gab es im Bundesgebiet 468 J (darin 236 Kreis- und 223 Stadt-J) und 21 Landes-J. Nicht nur aufgrund stark variierender Größen und des unterschiedlichen Status (Stadt-, Kreis-J), sondern auch aufgrund regionaler Traditionen, der Einbindung der J in bestimmte soziale und politische Milieus, schließlich auch aufgrund personeller Besonderheiten und einer durch bestimmte Personen geprägten „Amtspraxis" unterscheiden sich die J weiterhin stark hinsichtlich finanzieller und personeller Ausstattung, im fachlichen Standard und den präferierten internen Arbeitsformen (Teamarbeit, Gruppenentscheidungen), in ihrem Verhältnis zu Freien Trägern der Jugendhilfe, in ihrer Bedeutung als Träger eigener Einrichtungen und in der Qualität des Angebots. Eine Untersuchung aus jüngster Zeit (Schrapper u.a. 1987;

Untersuchungsbasis 42 repräsentativ ausgewählte J aus Nordrhein-Westfalen und Niedersachsen) kommt u.a. zu folgenden Ergebnissen: Der Anteil der Jugendhilfe-Ausgaben an den Einnahmen der gesamten Verwaltung der jeweiligen untersuchten Gemeinden schwankt zwischen 1,4% und 14,8%; die (auf die gleichaltrige Wohnbevölkerung bezogenen) Quoten für die Fremdunterbringung von Kindern und Jgl. liegen zwischen 0,26% und 1,28%; die entsprechenden Ausgaben pro Kopf der minderjährigen Bevölkerung zwischen 19 und 240 DM jährlich; ähnliche Differenzen gibt es hinsichtlich der Ausstattung mit „offenen Hilfen". In diversen Bereichen konstatieren die Autoren freilich erhebliche Verbesserungen gegenüber früheren Untersuchungen, z.B.: Alle untersuchten J sind selbständige Ämter (1957/58 noch 20% anderen Ämtern zugeordnet); 90% der untersuchten J arbeiten mit einem kombinierten Innen- und Außendienst (1957/58 erst 46%; 1975/76 erst 63,8%); 77% der MitarbeiterInnen in den Abteilungen „Erziehungshilfen" sind SozialarbeiterInnen mit Fachhochschulausbildung (1969 erst 43,3%). Dem durchschnittlich in den letzten Jahrzehnten gestiegenen formalen Qualifikationsniveau entspricht die Qualität der Entscheidungsprozesse allerdings nur unzureichend. Trotz einer KGST-Empfehlung aus dem Jahr 1975 praktizierten nur 19% der J Gruppenarbeit mit Entscheidungskompetenzen für die Teammitglieder, und auch in diesen Fällen wird die Arbeitsform meist eher zur Absicherung unangenehmer Entscheidungen (Eingriffe in Elternrechte oder Fremdunterbringung von Kindern) zugelassen, als für konzeptionelle Aufgaben. Ferner klagte auch ein großer Teil der von den Verfassern befragten Sozialarbeiter über ausgeprägt hierarchische Strukturen, Eingriffe der Verwaltungsabteilungen (Kostenstellen) in die sozialpädagogischen Entscheidungsprozesse und über Kooperationsbarrieren aufgrund von Zeitmangel, Organisationsmängeln, Qualifikationsunterschie-

den und persönlichen Differenzen unter den Mitarbeitern. Solche Klagen haben, wie gezeigt, Tradition. In allerdings schon älteren Arbeiten (z.B. Fluk 1972) wird denn auch das schlechte Image der J in der Bevölkerung hervorgehoben. Das JA, vielfältig mit anderen Instanzen wie Polizei, Gerichten, Schulen und Betrieben verquickt, mit Eingriffsbefugnissen ausgestattet, oft weit entfernt von den institutionellen, überwiegend von Trägern der Freien Wohlfahrtspflege betriebenen Jugendhilfeeinrichtungen, in den Entscheidungsprozessen für das Klientel oft undurchschaubar, hat jedenfalls das schon zur Gründungszeit der J formulierte Ziel einer parteilichen Verpflichtung auf das „Kindeswohl" nie recht erreichen können.

Wenige, meist großstädtische J haben freilich begonnen, traditionellen Ballast abzuwerfen. Organisationsreformen setzen jedenfalls konzeptionell auf demokratische Entscheidungsstrukturen, die Regionalisierung des Jugendhilfeangebots, eine „ganzheitliche" Fallbetrachtung und die Überwindung der Einzelfall-Orientierung. Andere Ämter haben damit begonnen, die enge Begrenzung auf die gesetzlich fixierten Jugendhilfeaufgaben durch Übergriffe in andere Politikbereiche zu überschreiten („Einmischungsstrategie", „Sozialpolitisierung der Jugendhilfe"). Eine verstärkte Öffnung für „offene Hilfen" (z.B. familienorientierte, „milieunahe" Hilfen) zu Ungunsten der „stationären Hilfen" hat sich auf relativ breiter Basis durchgesetzt. Daß hierbei der Wunsch, kommunale Haushalte zu entlasten, das Bedürfnis nach Effektivierung und Rationalisierung und schließlich die Dysfunktionalität traditioneller Formen der →Sozialkontrolle aus *jugendhilfepolitischer* Perspektive primärer Reformanlaß gewesen sind, relativiert zwar das Lob, diskreditiert aber nicht das *fachpolitische* Anliegen einer Erweiterung von Handlungsspielräumen.

L.: Böhnisch, Lothar, Bedingungen sozialpädagogischen Handelns im Jugendamt; in: Zeitschrift für Pädagogik, 18.Jg., 1972, 187–221. Klumker, Christian J., Jugendamt; in: Elster, L. u.a. (Hg.), Handwörterbuch der Staatswissenschaften, 4.Aufl., 5.Bd.; Jena, 1923, 515–528. Kühn, Dietrich, Entwicklung des Jugend- und Gesundheitsamtes im Nationalsozialismus; in: Neue Praxis, 4/1986, 322–332. Schrapper, Christian, u.a.: Welche Hilfe ist die richtige? Historische und empirische Studien zur Gestaltung sozialpädagogischer Entscheidungen im Jugendamt; Frankfurt/M. (Deutscher Verein), 1987.

Jürgen Blandow

**Jugendärztlicher Dienst**
„J" (auch: Jugendgesundheitspflege) ist die Sammelbezeichnung für den zu den Pflichtaufgaben des →Gesundheitsamtes zählenden →Schulärztlichen Dienst und die →Säuglings- und Kinderfürsorge.

**Jugendarbeit**
*1. Definition:* Unter J verstehen wir heute alle diejenigen Einrichtungen und Maßnahmen, die Kindern und Jugendlichen in ihrer Freizeit von staatlichen („öffentlichen") oder Freien Trägern der →Jugendhilfe mit pädagogischer Zielsetzung angeboten werden und die freiwillig wahrgenommen werden können. Der ältere Begriff „Jugendpflege" findet sich heute nur noch in Rechtstexten und in der Berufsbezeichnung „Jugendpfleger".

*2. Entstehung und Entwicklung.* Formen von J finden sich in allen modernen Industriegesellschaften, wie z.B. die weltweite Verbreitung der 1907 von Baden-Powell in England gegründeten Pfadfinder zeigt. In Dt. jedoch entstanden besondere Formen und Strukturen. Maßgebend dafür waren die Entstehung der bürgerlichen →Jugendbewegung (→Wandervogelbewegung) und der →Arbeiterjugendbewegung (1904) einerseits, sowie die staatliche Intervention der Jugendpflege (preußischer Erlaß von 1911) andererseits.

Die bürgerliche Jugendbewegung entwickelte auf dem Hintergrund allgemeiner kulturkritischer Stimmungen und Strömungen eine eigentümliche Gleichaltrigen-Subkultur, die geprägt war von anti-zivilisatorischen Affekten (Distanz zur Großstadt, zur modernen Technik, zur Massengesellschaft), und favorisierte dagegen die Freude am Wandern in der freien Natur, am reduzierten Komfort (Übernachtung in Scheunen und Zelten) und an der sozio-emotionalen Intimität der kleinen, selbstgewählten →Gruppe. Höhepunkt dieser Bewegung war das Treffen der „Freideutschen Jugend" auf dem Hohen Meißner am 13.10.1913, das als Gegenfest zum, mit nationalistischem Pomp gefeierten, 100-jährigen Jubiläum der Völkerschlacht bei Leipzig veranstaltet wurde. Diese Bewegung entwickelte das Ideal eines „jugendgemäßen Lebens" (Naturnähe; Hinwendung zu Gleichaltrigen; spezifische Moden, Lieder, Tänze; sexuelle Enthaltsamkeit), das dann von der Weimarer Zeit bis in die 60er Jahre zum pädagogischen Kernstück aller J in Dt. wurde.

Die Arbeiterjugendbewegung entstand 1904 in Norddeutschland spontan als Protestbewegung gegen die Ausbeutung und Mißhandlung von Lehrlingen. Die süddeutsche Gründung im selben Jahr war eine Folge des Internationalen Sozialistenkongresses in Amsterdam, wo dt. Teilnehmer Vertreter ausländischer sozialistischer Jugendorganisationen kennengelernt hatten. Im Unterschied zur bürgerlichen Jugendbewegung hatte die Arbeiterjugendbewegung also politische bzw. wirtschaftliche Hintergründe. Gerade deswegen aber geriet sie in Konflikt mit den sozialistischen →Gewerkschaften einerseits, die am Monopol der wirtschaftlichen Interessenvertretung festhielten, und mit den staatlichen Behörden andererseits. Im Unterschied zu den süddeutschen Ländern war in Preußen durch das Vereinsgesetz Jugendlichen die Teilnahme an politischen Versammlungen und die Mitgliedschaft in politischen Vereinigungen verboten.

1077

Diese Bestimmung wurde durch das Reichsvereinsgesetz von 1908 auch auf die süddeutschen Länder ausgedehnt. Ergebnis war im selben Jahr das Ende selbstständiger Arbeiterjugendorganisationen. Sie wurden ersetzt durch lokale, von Partei und Gewerkschaft eingerichtete „Jugendausschüsse", die v.a. Bildungsarbeit betrieben und deren Spitzenorganisation die Berliner „Zentralstelle für die arbeitende Jugend" wurde.

In der politischen Auseinandersetzung mit der Arbeiterjugendbewegung entstand die moderne Jugendpflege. Im Unterschied zu den Jugendbewegungen ist für Jugendpflege charakteristisch, daß Erwachsenenorganisationen versuchen, Jugendliche für ihre Interessen und Werte dauerhaft zu gewinnen. In diesem Sinne gab es schon im 19. Jh. Jugendpflegeorganisationen v. a. der Kirchen. Da solche bürgerlichen Organisationen im Unterschied zu den sozialistischen als staatstragend galten, war dem Staat daran gelegen, daß möglichst viele Arbeiterjugendliche, deren Zahl sich v. a. in den Großstädten sprunghaft vermehrt hatte, von solchen Organisationen erfaßt wurden; denn zwischen Volksschulabschluß einerseits und dem Eintritt in den Militärdienst andererseits war eine Kontrollücke entstanden, d. h. in dieser Lebensphase blieben die jungen Lehrlinge und Arbeiter außerhalb des Arbeitsplatzes – also in ihrer →Freizeit – weitgehend sich selbst überlassen, was nicht nur wegen steigender →Jugendkriminalität von der bürgerlichen Öffentlichkeit als problematisch empfunden wurde. Um die Arbeiterjugend sozial zu disziplinieren, wurde einerseits seit 1900 (Preußisches Fürsorgeerziehungsgesetz) ermöglicht, Jugendliche in Anstalten der Zwangserziehung (nun →„Fürsorgeerziehung" genannt) einzuweisen, „wenn Verwahrlosung droht", auch wenn keine Straftat vorlag. Andererseits versuchte der Staat – Vorreiter war Preußen mit dem Jugendpflegeerlaß von 1911 für die männliche und 1913 für die weibliche Jugend – mit für damalige Verhältnisse beachtlichen Subventionen (in Preußen 1 Million Reichsmark) die bürgerliche Jugendpflegeorganisationen zur Arbeit mit Arbeiterjugendlichen zu befähigen; die sozialistischen blieben von der Förderung ausgeschlossen. Aus dieser ursprünglichen Problemlage der doppelten →Sozialkontrolle erwuchs die bis heute gültige Rechtsauffassung, daß Jugendpflege bzw. J „vorbeugende Jugendfürsorge" sei. Es gelang den bürgerlichen Organisationen jedoch nicht, Arbeiterjugendliche in nennenswertem Umfang zu gewinnen.

Nach dem Ersten Weltkrieg erreichte die J einen Höhepunkt. Neben der „bündischen Jugend" – der Fortsetzung der bürgerlichen Jugendbewegung – entstanden nun zahlreiche, von Erwachsenenverbänden eingerichtete Jugendorganisationen (v. a. der Kirchen, der →Arbeiterbewegung und des →Sports). Fast jeder zweite Jugendliche gehörte nun einer solchen Organisation an. Möglich wurde diese Ausweitung durch die Instrumentalisierung des „Jugendgemäßen", d. h. die spezifischen Erwartungen der jeweiligen Erwachsenenorganisation verbanden sich mit den Normen und Zielen der jugendlichen →Subkultur. Öffentlich gefördert wurden nämlich die für pädagogisch wertvoll gehaltenen jugendgemäßen Aktivitäten, nicht die partikularen Ziele der Verbände. Dachorganisation der →Jugendverbände wurde der „Reichsausschuß der Deutschen Jugendverbände", der beachtliche jugendpolitische Initiativen entfaltete, obwohl er nur einstimmig Beschlüsse fassen konnte. So trat er mit großer öffentlicher Resonanz – wenn auch erfolglos – für die Verbesserung der Lage der Arbeiterjugend ein, u. a. für regelmäßigen Urlaub und für Arbeitszeitverkürzung. Erst die →Hitlerjugend (HJ) konnte einen Teil dieser Forderungen durchsetzen.

Im NS-Staat wurde die J in Gestalt der HJ monopolisiert; konkurrierende Organisationen wurden verboten bzw. kirchliche Maßnahmen wurden auf die reine →Seelsorge beschränkt. Dies blieb aber insofern Episode, als nach dem

2. Weltkrieg sich die J wieder in der Form etablierte, wie sie vor 1933 bestanden hatte. (In der SBZ bzw. DDR allerdings fand die staatliche Monopolisierung der J in Gestalt der Freien Deutschen Jugend (FDJ) eine Fortsetzung.) Für die weitere Entwicklung in der BR bedeutsam wurden die in den 60er Jahren einsetzende →Professionalisierung, die die bis dahin dominierenden ehren- bzw. nebenamtlichen Funktionsträger zurückdrängte, und das Entschwinden des Ideals des „Jugendgemäßen", das nun nicht mehr als Abgrenzungskriterium zu anderen Freizeitangeboten dienen konnte. An seine Stelle traten Konzepte der außerschulischen „Jugendbildung".

3. *Organisationsstruktur.* Die Organisationsstruktur der J hatte sich in den Grundzügen schon vor dem 1. Weltkrieg ergeben: der →Staat betreibt selbst keine J, er subventioniert aber diejenigen Träger, die politisch und pädagogisch im Sinne seiner Ziele handeln. Damit die öffentlichen Mittel auch zweckmäßig eingesetzt werden, wurden schon vor dem 1. Weltkrieg örtliche „Jugendpflegeausschüsse" eingerichtet, in denen die einzelnen →Verbände vertreten waren. Heute gibt es entsprechend den einzelnen Finanzierungsebenen Stadt- bzw. Kreisjugendringe, Landesjugendringe und den →Bundesjugendring. Die öffentliche Förderung erfolgt im Rahmen des →Bundesjugendplanes (seit 1951), der jeweiligen Landesjugendpläne und im kommunalen Rahmen. Rechtliche Grundlage ist das Reichsjugendwohlfahrtsgesetz (RJWG) von 1922 in der Fassung von 1963 (seitdem Jugendwohlfahrtsgesetz (JWG) genannt), das jedoch die J in §5 nur in allgemeiner Form erwähnt. Ausführlichere Regelungen enthalten die Länderausführungsgesetze zum JWG sowie die Jugendbildungsgesetze einzelner Länder. 1990 wurde das JWG durch ein neues →Kinder- und Jugendhilfegesetz (KJHG) abgelöst, das in den §§7-9 ausführlicher auf die J eingeht. Das Verhältnis von Staat und nicht-staatlichen Trägern ist durch das sog. →„Subsidiaritätsprinzip" geregelt, d.h. der Staat soll nur dann als Träger der Jugendhilfe tätig werden, wenn eine Aufgabe nicht oder nicht ausreichend von nicht-staatlichen Trägern wahrgenommen wird. Im neuen KJHG ist dieses Prinzip faktisch aufgegeben, wenn auch die Förderung der eigenverantwortlichen Jugendverbände ausdrücklich betont wird (§9).

4. *Formen und Inhalte.* Kernstück der J sind nach wie vor die →Jugendverbände. Sie spiegeln die Pluralität der →Gesellschaft wider, indem sie jeweils partikulare politische oder religiöse Ziele verfolgen können. Sie betreiben sowohl geschlossene J für ihre Mitglieder als auch offene, indem sie Veranstaltungen für jeden daran interessierten Jugendlichen anbieten. Hinzu kommen meist von Kommunen eingerichtete lokale Jugendfreizeitstätten, die sowohl für programmgebundene Gruppen zugänglich sind, als auch für Einzelgäste. Schließlich sind die überregionalen Jugendbildungsstätten zu erwähnen, in denen mehrtägige Tagungen veranstaltet werden können. Sie dienen insb. der Fortbildung und thematisch orientierter Bildungsarbeit. Die Inhalte der J sind mitbedingt durch Vorgaben der öffentlichen Finanzierung, stellen sich aber inzwischen in einem breiten Spektrum dar. Zu nennen sind v.a. politische, kulturelle und naturwissenschaftlich-technische Bildung, Geselligkeit, Spiel und Sport, Kinder- und Jugenderholung sowie →internationale J.

5. *Gesellschaftliche Bedingungen.* J ist ein subventionierter Teil des allgemeinen, auch kommerziellen Freizeitsystems, und ihre Angebote stehen in ständiger Konkurrenz zu Alternativen des Freizeitmarktes. Diese Tatsache ist von erheblicher Bedeutung für die Programmgestaltung. Immer wieder muß neu entdeckt werden, welche Bedürfnisse und Interessen einerseits für pädagogisch bedeutsam gehalten werden, andererseits aber im übrigen Freizeitsystem nicht befriedigt werden. Die Ge-

schichte der J zeigt, daß jugendliche Bedürfnisse und Interessen, welche die Angebote der J attraktiv machen können, je nach Gesamtlage der →Sozialisation unterschiedlich sind. Sehnsucht nach verbindlichen gleichaltrigen Gemeinschaften, politische oder weltanschauliche Identifikation mit Gleichgesinnten und Distanz zum schulischen, familiären und beruflichen →Alltag lassen sich als tragende Motive ausmachen. Ziele und Inhalte der J lassen sich also nicht generell formulieren, sondern nur als Reaktion auf eine jeweilige Generationslage. J hat im Kontext der übrigen Sozilisationsfaktoren also v.a. kompensatorische Funktionen.

Im Unterschied zum formellen Schulwesen (→Schule) ist die J gekennzeichnet durch die Freiwilligkeit der Teilnahme, das Fehlen von Berechtigungsnachweisen (Zeugnisse usw.) und inhaltlichen Lehrplanvorgaben. Diese Bedingungen ermöglichen in hohem Maße, Bedürfnisse und Interessen der Jugendlichen zu berücksichtigen und eine partnerschaftliche pädagogische Beziehung zu pflegen. Andererseits bleiben die pädagogischen Möglichkeiten jedoch auch begrenzt, weil langfristige Planungen nicht möglich sind („Kurzzeitpädagogik"). Gegen das bestehende System der J ist v.a. wegen der hohen Kosten immer wieder öffentliche Kritik laut geworden, die es u.a. für historisch überholt hält. Dazu läßt sich sagen, daß das Interesse von Erwachsenenverbänden an Nachwuchsorganisationen sicher bestehen bleiben wird. Eine andere Frage ist, welche Bedeutung offene Formen der J z.B. in Freizeitstätten haben werden. Hier zeichnet sich in letzter Zeit eine Tendenz zur Sozialpädagogisierung ab, d.h. die Angebote konzentrieren sich je nach den örtlichen Gegebenheiten auf Betreuung und Befriedung von Problemgruppen (z.B. →Jugendarbeitslosigkeit, →Ausländer; Drogengefährdete), was früher nicht Aufgabe der J war.

L.: Belardi, Nando: Erfahrungsbezogene Jugendbildungsarbeit; Gießen, 1975. Bierhoff, Burkhard: Theorie der J; Lollar, 1974. Böhnisch, Lothar/Münchmeier, Richard: Wozu J?; Weinheim, München, 1987. Eberts, Erich: Arbeiterjugend 1904 bis 1945; Frankfurt, 1980. Eisenstadt, Samuel N.: Von Generation zu Generation; München, 1966. Faltermaier, Martin (Hg.): Nachdenken über J; München, 1983. Giesecke, Hermann: Vom Wandervogel bis zur Hitlerjugend; München, 1981. Ders.: Die J, 5. Aufl.; München, 1980. Hellfeld, Mathias von: Bündische Jugend und Hitlerjugend; Köln, 1987. Klönne, Arno: Jugend im Dritten Reich; Düsseldorf, Köln, 1982. Krafeld, Franz Josef: Geschichte der J; Weinheim, 1984. Laqueur, Walter: Die deutsche Jugendbewegung; Köln, 1978. Lessing, Helmut/ Liebel, Manfred: Jugend in der Klassengesellschaft; München, 1974. Lüers, Ulf, u.a.: Selbsterfahrung und Klassenlage; München, 1971. Müller, Wolfgang, u.a.: Was ist J?; München, 1964. Pross, Harry: Jugend, Eros, Politik; Bern, 1964. Schelsky, Helmut: Die skeptische Generation; Düsseldorf, 1957. Spranger, Eduard: Psychologie des Jugendalters; Leipzig, 1926.

Hermann Giesecke

**Jugendarbeitslosigkeit**
J ist eine spezifische Form der allgemeinen Arbeitslosigkeit. J entsteht dann, wenn das Angebot an jugendlichen Arbeitskräften (i. Alter zwischen 17 bis 25 Jahre) größer ist als die Nachfrage der Wirtschaft nach jungen Arbeitnehmern. In der BR unterscheidet man zwischen arbeitslosen Jugendlichen, die einen Ausbildungsplatz (Ausbildungsplatzmangel), und denjenigen die nach Berufsausbildung einen Arbeitsplatz (Arbeitsplatzmangel) suchen. Der Anteil einer weiteren Gruppe von arbeitslosen Jugendlichen, die ohne Berufsausbildung einen Arbeitsplatz suchen, nimmt in den letzten Jahren immer mehr ab. Jugendliche, die eine längere Schul- oder Hochschulausbildung absolvieren, sind selten von Arbeitslosigkeit betroffen. J bestand in der BR zeitlich be-

grenzt in den frühen 50er Jahren. Erst ab Mitte der 70er Jahre trat J wieder auf und wurde in der Öffentlichkeit viel diskutiert. Obwohl die Wirtschaft ihr Ausbildungsangebot v. a. in den arbeitskraftintensiven Bereichen erheblich vergrößerte (von ca. 500 000 Ausbildungsplätzen im Jahre 1975 auf gut 700 000 im Jahre 1985), waren in den Jahren 1982 bis 1987 zwischen 480 000 und 600 000 Jugendliche arbeitslos.

Einzelne Gruppen von Jugendlichen sind besonders von Arbeitslosigkeit betroffen. Hierzu zählen Jugendliche mit schlechten/ohne Schulabschlüsse, ausländische Jugendliche, sozial benachteiligte Jugendliche (z. B. Strafentlassene), Jugendliche in wirtschaftlichen Krisenregionen. Insgesamt sind weibliche Jugendliche überproportional arbeitslos. Ein großes Problem der J besteht in der geringen materiellen Absicherung der Jugendlichen. Da zudem viele Jugendliche noch nicht sozialversicherungspflichtig beschäftigt waren, erhalten sie keine Arbeitslosenunterstützung. Dies ist oftmals der Grund für vielfältige soziale und psychische Schwierigkeiten. Zur Bekämpfung der J wurden von staatlichen Stellen (Bund bzw. →Bundesanstalt für Arbeit, Länder, Gemeinden und →Europäische Gemeinschaft) viele Maßnahmen durchgeführt. Neben Berufsberatung, Ausbildungs- und Arbeitsvermittlung durch die Bundesanstalt für Arbeit lag der Schwerpunkt der Maßnahmen im Bereich der (Berufs-) Bildungspolitik (z. B. 10. Pflichtschuljahr). Hierzu zählen v. a. berufsvorbereitende Maßnahmen in Schulen durch die →Arbeitsverwaltung sowie durch Freie Träger und Verbände (→Wohlfahrtsverbände). Da diese Maßnahmen jedoch keinen Ausbildungsplatz schaffen können, dienten sie letztlich als ‚Wartesaal‘ mit dem vordringlichen Ziel, arbeitslose Jugendliche ‚von der Straße zu holen‘. Nur zahlenmäßig relativ wenig Maßnahmen fördern direkt Ausbildungs- und Arbeitsplätze, z. B. Subventionen für die Ausbildung von Mädchen in Krisenregionen oder die Finanzierung außerbetrieblicher Ausbildungsplätze für benachteiligte Jugendliche. Im Zuge dieser Maßnahmen wurden auch neue Modelle alternativer Ausbildungswege verwirklicht (→Jugendberufshilfe).

L.: Bundesminister für Bildung und Wissenschaft: Berufsbildungsbericht; Bonn, erscheint jährlich. von der Haar/von der Haar: Ausbildungskrise; Berlin, 1986. Heinz/Krüger/Rettke/Wachtveitl/Witzel: ‚Hauptsache eine Lehrstelle‘; Weinheim, Basel, 1985. Strikker, Frank: Staatliche Maßnahmen gegen J; Frankfurt, 1990.

Frank Strikker

**Jugendarbeitsschutz**
→Arbeiterschutz, →Kinderarbeit

**Jugendberufshilfe**
Nach dem Jugendwohlfahrtsgesetz (JWG) können Jugendliche bis zum 18. Lebensjahr und jüngere Erwachsene bis zum 25. Lebensjahr während der Berufsvorbereitung, Berufsausbildung und Berufstätigkeit sog. Erziehungshilfen einschließlich der Sicherung des notwendigen Lebensunterhalts und der Unterbringung außerhalb des Elternhauses – z. B. in einer anderen Familie, in Pflegestellen (→Pflegekinderwesen), Erziehungsheimen (→Heime) oder in betreuten bzw. pädagogisch begleiteten →Jugendwohngemeinschaften – erhalten. Diese sozialpädagogisch begleiteten Berufsbildungsmaßnahmen, zusammenfassend als „J" bezeichnet, sind als Bestandteil eines öffentlichen Erziehungsauftrages für junge Menschen definiert. Als noch eine ausreichende Zahl von betrieblichen Ausbildungsplätzen im dualen System auch für die Jugendlichen aus dem Jugendhilfebereich vorhanden war, konnte sich die J auf die sozialpädagogische Begleitung und ggf. auf Stützunterricht für die fachlich-theoretischen Ausbildungsanteile beschränken. Seit Mitte der 70er Jahre wuchsen jedoch die Schwierigkeiten der sozial und bildungsmäßig benachteiligten Jugendlichen, einen ihren Interessen entsprechenden betrieblichen Ausbildungsplatz zu finden.

Deshalb wurde Anfang der 80er Jahre die J für die im Rahmen des JWG betreuten jungen Menschen quantitativ stark ausgeweitet und qualitativ weiter differenziert. Diese Entwicklung erfolgte auch auf der Grundlage eines seit Ende der 60er Jahre einsetzenden Wandels im Ziel- und Aufgabenverständnis von öffentlicher Erziehung (pädagogische Begleitung von Entwicklungsprozessen und Erziehung zur Selbständigkeit, statt Verwahrung und Strafe; gestiegene Anforderungen an die Kompetenzen und Qualifikationen des Erzieherpersonals; Schwerpunktverlagerung von stationären zu ambulanten Hilfeformen etc.).

Auch junge Erwachsene bis ca. 25 Jahre können im Einzelfall Leistungen der J erhalten, wenn sie schon vor Eintritt der Volljährigkeit in Angebote und Maßnahmen der öffentlichen Erziehung, einschließlich der →Fürsorgeerziehung (FE) und der Freiwilligen Erziehungshilfe (FEH), einbezogen waren. Voraussetzung der Bewilligung ist, daß vorrangig schul- und berufsbezogene Aufgaben erfüllt werden, um bestehende „Entwicklungsdefizite" und „Entwicklungsrückstände" der jungen Erwachsenen zu überwinden. Für junge Erwachsene ist die J also nur Bestandteil eines eingeschränkten und nicht mehr eines umfassenden Erziehungsauftrags; sie darf längstens bis zum Abschluß der Berufsausbildung fortgesetzt werden. Wenn die Vorschriften zur J für junge Erwachsene nicht anwendbar sind, besteht u. U. die Möglichkeit für berufsbezogene Hilfen nach § 72 BSHG. Voraussetzung dafür ist jedoch, daß die jungen Menschen besondere soziale Schwierigkeiten haben, die in ihrer Person liegen und/oder durch belastende Lebensumstände begründet sind.

Die J wird inzwischen überwiegend ergänzend zu Berufsbildungsmaßnahmen durchgeführt, die aus AFG- und EG-Mitteln sowie aus Bundesmitteln gefördert werden. Die J sichert dabei insb. die sozialpädagogische Betreuung und Beratung sowie den Lebensunterhalt und die Unterkunft. Die J als Teil der Jugendsozialarbeit ist eine fakultative Jugendhilfeleistung. In der juristischen Literatur ist umstritten, ob darauf ein Rechtsanspruch besteht. Der Begriff der Jugendsozialarbeit ist sehr allgemein gefaßt und läßt eine Vielzahl von Hilfeangeboten der Jugendbehörden zu, deren Ausgestaltung im wesentlichen durch die bestehenden Landes- und Kommunalfinanzen begrenzt ist. Bei der J als Teil von FE und FEH besteht jedoch ein einklagbarer Rechtsanspruch: Träger der öffentlichen Jugendhilfe sind zur entsprechenden Leistung und Finanzierung verpflichtet, unabhängig von der jeweiligen Haushaltssituation.

Die J als Teil der Jugendsozialarbeit und als Teil von FE/FEH kann über die Volljährigkeit hinaus nur dann fortgesetzt werden, wenn der betr. Jugendliche dies kurz vor oder nach Erreichen der Volljährigkeit selbst beantragt und sich bereit erklärt, am Erfolg der Maßnahme mitzuwirken (§§ 6 (3) und 75 a JWG). In beiden Fällen muß die Maßnahme Bestandteil von Erziehungshilfen sein und schon vor der Volljährigkeit eingeleitet worden sein. Bei der Jugendberufshilfe als Teil der FE/FEH kommt noch folgendes hinzu: die FEH muß von den jeweiligen Personensorgeberechtigten beantragt werden; die FE muß vom Vormundschaftsgericht angeordnet werden; und zwar beides *vor* Vollendung des 17. Lebensjahres des betreffenden Jugendlichen.

Als Teil der Jugendsozialarbeit wird J überwiegend als ambulante Hilfe für solche Jugendlichen durchgeführt, die weiter in ihrem Herkunftsmilieu bzw. selbständig mit oder ohne wohnungsbezogene Betreuung leben. J als Teil von FE und FEH ist häufig – aufgrund des Eingriffs in das Elternrecht – mit einer sog. Fremdunterbringung in einer Pflegefamilie, betreuten Wohngruppe oder in einem Heim verbunden; bei einer ausreichenden erzieherischen Betreuung durch das Erziehungspersonal des Landesjugendamts oder eines Freien Trägers ist jedoch ein Verbleib im Herkunftsmilieu möglich. Beide Formen der J unterscheiden sich also noch hinsichtlich der Intensität der geforderten erzieherischen Betreuung. J als Jugendsozialarbeit ist über →Pflegesätze für den ambulanten bzw. teilstationären Maßnahmebereich oder über Zuwendungen an Freie Träger von Ausbildungsprojekten (Projektförderung) finanzierbar; die Finanzierung der J als Teil von FE und FEH erfolgt in der Regel durch Pflegesätze.

Die rechtlichen Leistungsvoraussetzungen und faktischen Handlungsmöglichkeiten der J nach dem JWG erwiesen sich wegen der hohen Anzahl unversorgter Ausbildungsplatzbewerber und angesichts der steigenden →Jugendarbeitslosigkeit seit Anfang der 80er Jahre als zu eng begrenzt, um die Situation wirkungsvoll zu entschärfen, zumal sich die Zielgruppe der unversorgten Ausbildungsplatzbewerber überwiegend nicht mehr der Zielgruppe des JWG zuordnen ließ. Zur Verringerung des Ausbildungsplatzdefizits wurden seitdem verschiedene Sonderprogramme und Modellversuche des Bundes und der Länder eingerichtet. Die Förderungsmöglichkeiten des AFG zur beruflichen Bildung wurden weiter differenziert und finanziell besser ausgestattet. Die sozialpädagogisch orientierte und begleitete Berufsausbildung nach dem – seit 1988 im AFG integrierten – sog. Benachteiligtenprogramm des Bundes, das zunächst für die Adressatengruppen der J konzipiert war (sog. eingeschränktes Programm), wurde für die sonstigen unversorgten Ausbildungsplatzbewerber geöffnet (sog. erweitertes Programm). Für einzelne, besonders benachteiligte Nachfragergruppen auf dem Ausbildungsstellenmarkt – wie junge Frauen, ausländische Jugendliche sowie Langzeitarbeitslose – wurden zusätzlich verschiedene Modellversuchsprogramme des Bundesbildungsministeriums begonnen. Parallel dazu wurden weitere betriebliche sowie außer- und überbetriebliche Ausbildungsplätze durch besondere Förderprogramme der Bundesländer eingerichtet. Durch diese verschiedenen Fördermaßnahmen zur beruflichen Bildung arbeitsloser Jugendlicher wurden die Jugendhilfeträger deutlich entlastet.

L.: BBJ Consult Berlin (Hg.): Handbuch ‚Jugendliche in Ausbildung und Beschäftigung'; Bonn, 1988. Münder, Johannes, u. a.: Frankfurter Kommentar zum Gesetz für Jugendwohlfahrt; Weinheim, Basel, 1985. Petzold/Schlegel: Qual ohne Wahl. Jugend zwischen Schule und Beruf; Frankfurt/M., 1983.

Gerhard Buck

## Jugendbewegung

Die J ist ein Teil jener vielfältigen kulturkritischen, lebensreformerischen und reformpädagogischen Erneuerungsbestrebungen, die gegen Ende des 19. Jh. im dt. Kaiserreich entstanden sind und als Antworten auf die sozialen Folgeprobleme der industriellen Modernisierungsprozesse begriffen werden können.

Die Anfänge der J waren eher zufällig und programmatisch kaum abgestützt. Man findet sie in den verschiedenen jugendlichen Wandergruppen, die seit der Jahrhundertwende auf den Landstraßen auftauchten und immer zahlreicher wurden. Die wichtigste, weil folgenreichste dieser Gruppen hat der Student und Stenographielehrer Hermann Hoffmann 1895 am Steglitzer Gymnasium ins Leben gerufen. Ihre Gründung gilt zugleich als Anfang der →Wandervogelbewegung. Daß diese Bewegung spontan und ohne jede Außensteuerung aus der Jugend selbst hervorgegangen ist, daran haben die Wandervögel selbst nie gezweifelt. Hans Blüher hat in der ersten historischen Gesamtdarstellung des Wandervogels (1912) diese Auffassung ausdrücklich wiederholt und dafür, auch wenn sein Werk sonst sehr umstritten war, viel Beifall erhalten. Neuere Untersuchungen (Korth 1978) verweisen dagegen auf den erheblichen Einfluß, den Erwachsene auf die Entstehung und Entwicklung des Wandervogels übten. Der Soziologe Aufmuth spricht sogar von einer „gelernten Rebellion" (Aufmuth 1979). Die Wandervogelbewegung hätte demnach als eine autonome Bewegung von Schülern und Studenten erst gar nicht entstehen können, wenn nicht angesehene Mitglieder des Steglitzer Bildungsbürgertums mit der Vereinsgründung von 1901, dem „Ausschuß für Schülerfahrten" (A.f.S.), den organisatorischen Rahmen für alle Wanderungen und das Schutzschild nach außen gegen alle Schülervereinsbedenken geschaffen hätten.

Auf das, was unterwegs geschah, hatten die Erwachsenen allerdings keinen Einfluß. Das Wandern wurde von den aktiven Jugendlichen und studentischen Führern organisiert und verantwortet. Sie allein bestimmten den Fahrtenstil. Die Ausbildung dieses Stils verlangte zunächst die Abgrenzung gegenüber allem, was ihm ähnlich war und Anlaß für Verwechslung hätte werden können. Die Abgrenzung, die die Jugendlichen vornahmen, richtete sich deshalb v.a. gegen die innerstädtischen Freizeitbeschäftigungen und gegen die Reise- und Ausfluggewohnheiten der eigenen bürgerlichen Herkunftsschicht. Die Sonntagsausflügler bestanden für sie aus „Kaffeegeschmeiß", „Kaffeefritzen" und „schlampampenden Muttersöhnchen", und in den Eisenbahn- und Hotelreisenden sahen sie den „blasierten Touristen" und „hochstapelnden Reisepöpel". Damit wollten sie genausowenig zu tun haben, wie mit „der wüsten und so verderblichen Nachahmung studentischer Bräuche und Mißbräuche", dem sinnlosen Kommersieren, dem Rauchen aus langen Pfeifen, dem Kartenspielen in dumpfen Bierhöhlen und dem Besuch von Gasthäusern. Noch deutlicher war die Abgrenzung gegenüber den „Salontirolern", den „Phrasendreschern" und „Parkettseiltänzern", die auf „schlüpfrigen Parkettboden" im „Sumpf der Städte" der „Befriedigung ihrer verderblichen Pennälerbegierden" nachgehen.

Weniger ausgeprägt ist die Abgrenzung gegenüber den Landstreichern und den Kunden (→ Nichtseßhafte), die seit dem Konjunktureinbruch der 1880er Jahre („Gründerkrise") die Straßen bevölkerten auf der Suche nach Arbeit und im dauernden Konflikt mit Polizei und Besitzbürgertum. Die Kunden wurden als „unsere Freunde der Landstraße" bezeichnet, aus deren „Lebensweisheit" man „im allgemeinen sehr gut schöpfen" kann und die „kaum von den Unsrigen zu unterscheiden" sind. Die Bürgersöhne sympathisierten mit den Angehörigen der unteren sozialen Schicht und betrachteten sie, wenn schon nicht als Verbündete, so doch als heimliche Vorbilder im Kampf gegen das bürgerliche Establishment ihrer eigenen Herkunftswelt. Gerade das Anrüchige, das Gefährliche, Aufsässige, das die „Könige der Landstraße", die „Monarchen" wie sie sich auch gerne nennen ließen, umgab, war ein Grund, es ihnen gleichzutun: Zweckmäßiges gegenüber dem Raffinierten und Extravaganten, das Gesunde und Natürliche gegenüber Affektiertheit und Verweichlichung, die Weite gegenüber der Enge, das Gerade, Offene und Aufrichtige gegenüber dem Krummen, Versteckten und Hinterlistigen.

Die Organisation und Durchführung der Fahrt, die Ausrüstung unterwegs, die Teilnahmebedingungen und sozialen Beziehungen untereinander waren Hauptanlaß für interne Kontroversen der J. Sie galten u.a. dem Verhältnis von Bund und Ortsgruppen (zentralistisch oder föderalistisch), der Stellung des Führers gegenüber der Gefolgschaft (‚princeps' oder ‚primus inter pares'), der Frage des Mädchenwanderns (gemeinsam oder getrennt), der Teilnahme von Volksschülern (ja oder nein), dem Alkoholkonsum unterwegs (erlaubt oder nicht erlaubt), der Größe der Wanderhorte (viele oder wenige) und der Art der Quatiersuche (mit oder ohne Quartierlisten). Der Streit untereinander war der Motor der subkulturellen Stilentwicklung. Er führte durch einen dauernden Prozeß der Abgrenzung und Abspaltung hindurch zu immer neuen Stilvarianten. Zwei davon beginnen sich zu stabilisieren und beherrschen dann die gesamte Stildiskussion der 2. Hälfte des ersten Jahrzehnts: die Variante des „zünftigen" und die Variante des „sinnvollen Wanderns".

Die Anhänger des „zünftigen Wanderns" dominierten in der 1. Hälfte des Jahrzehnts. Sie fühlten sich wie „wilde Gesellen vom Sturmwind durchweht", als „Fürsten in Lumpen und Loden". Ihnen konnte es gar nicht hart, rauh und manchmal auch rüpelhaft genug zugehen. Sie pflegten das „Luftlinienwandern" – querfeldein „durch dick und dünn" entlang eines roten Strichs auf der Generalstabskarte 1:100 000 – und betrieben eine fast sportmäßig aufgezogene „Kilometerfresserei". Diese Stilvariante hatte manche Gemeinsamkeit mit dem Kraftmeiertum der Burschenschaften und benutzte eine Reihe von Requisiten und Accessoires, die unverändert aus dem schulischen und familialen Alltag übernommen worden waren: Stehkragen, lange Hosen, Schülermütze, Regenschirm, Spirituskocher.

Die Variante des „sinnvollen Wanderns" dagegen enthielt kaum noch Elemente, die nicht vom jugendlichen Stilwillen erfaßt und zu einer ihrem Herkunftskontext fremden Einheit verschmolzen worden waren. Hans Breuer, der mit dem „Zupfgeigenhans" (1909) der J auch ihr wichtigstes Liederbuch gab, führte diese Stilvariante im „Wandervogel Deutscher Bund" auf ihren Höhepunkt. Ihre äußerlichen Kennzeichen sind Schillerkragen, kurze Hose, Filzhut, Pellerine und Hordenpott. Gegen Ende des 1. Jahrzehnts tauchen „Licht-Luft-Mäntel", „Ventilationswäsche", „poröse Schuhe und Hemden" auf.

Der Übergang von der Vorherrschaft des „zünftigen" zu der des „sinnvollen Wanderns" war begleitet von einer zunehmenden Aufladung und Befrachtung des subkulturellen Selbstverständnisses mit völkisch nationalem Gedankengut. Da war immer häufiger im Kontext von Feuerkult und Sonnwendfeiern die Rede von der „inneren deutschen Wiedergeburt" und von der „Freude am Waffenhandwerk". Parallel dazu kamen Feldflasche und Feldgeschirr in Gebrauch, und das Kriegsspiel avancierte zusammen mit dem dazugehörigen militärischen Vokabular zur Lieblingsbeschäftigung unterwegs. Der militärische Geist und mit ihm das Ideal der Askese und des gefährlichen Lebens, Männertreue und Kameradschaftsdienst, gewannen an Bedeutung. Diese Einstellungen schufen, reich garniert von einer Licht-, Wald-, Wasser- und Reinheitsmetaphorik, schließlich jene Dispositionen, die so viele Wandervögel und Mitglieder der J gleich zu Beginn des 1. Weltkrieges verleitet haben, sich als Freiwillige zu melden.

Nach dem Krieg, in dem viele gefallen waren („Langemark"), schien die schlichte Fortsetzung der frühen J nicht mehr möglich. In einer politisch umgestürzten und von Wirtschaftskrisen und Statusängsten geschüttelten Welt mußten für das jugendliche Ausdrucksbedürfnis und Autonomieverlangen neue Formen gefunden werden. Wie diese Formen aussehen sollten, daran schieden sich die jugendbewegten Geister. Einige um Karl Bittel, der die „politischen Rundbriefe" herausgab, und um Karl Kurella suchten die neuen Formen in einem Engagement auf dem linken Flügel des politischen Spektrums und gingen später in den kommunistischen Jugendverband. Andere sammelten sich auf der rechten Seite im völkisch orientierten „Jungdeutschen Bund", der unter der Leitung von Glatzel in der Zeit zwischen 1919 und 1924 eine große Anziehungskraft ausübte. Manche ehemaligen Wandervögel stellten sich sogar Freikorps zur Verfügung oder bildeten in den nach dem 1. Weltkrieg abgetretenen Gebieten ausgesprochen nationalistische Jugendgruppen („Böhmerlandbewegung").

Die meisten jedoch versuchten, der politischen Polarisierung zu entgehen, und flohen vor den Zumutungen einer bloß "formal" empfundenen Demokratie und vor den weitgehend noch intakten Strukturen des vordemokratischen Obrigkeitsstaates in die romantische Enklave ihrer jugendlichen „Bünde". Es gab bald eine unübersehbare Zahl davon. Die Mitgliederzahl schwankte zwischen 60000 („Jungdeutscher Orden" 1929) bis zu einigen Dutzend. Sie alle zehrten vom Erbe der J und veränderten es zugleich. In ihrer „bündischen Phase", während der Weimarer Republik, wurden die bündischen Gemeinschaften von ihren Mitgliedern, meist Gymnasiasten und Studenten, nicht mehr als Zweckverband begriffen zur Organisation von Wanderfahrten, sondern als Keimzelle eines ‚neuen Deutschland'. In den Bünden sollte die Elite heranreifen, die das Volk auf seinem Weg in die bessere Zukunft braucht.

Diese elitäre Selbsteinschätzung fand ihren Ausdruck in einer forcierten Stilisierung und Ritualisierung des Gruppenlebens. Dabei wurde von der Uniformierung der Fahrtenkluft über nächtliche Fackelzüge bis zum extensiven Gebrauch von Wimpeln, Fahnen und Emblemen auf kein Element der suggestiven Emotionalisierung verzichtet. Aus dem „wilden Haufen" mit z. T. durchaus freien und anarchischen Umgangsformen wurde der im Gleichschritt marschierende „Orden", und an die Stelle des Scholaren und Bachanten trat als Vorbild der edle Ritter, der einem höheren Ziel sich verpflichtet fühlt und unbeirrbar gegen alle Anfechtungen an diesem festhält. „Führerverantwortung" und „Gefolgschaftstreue" waren nun gefragt. In Übereinstimmung mit dieser elitären Selbsteinschätzung und aristokratischen Grundstruktur blieb die bündische Jugend zum großen Teil, wenn auch oft in sehr pointierten Varianten, der dominanten kleinbürgerlich-bürgerlichen, teils rechtsradikalen, teils gemäßigt nationalistischen, jedenfalls antidemokratischen Vorstellungswelt verhaftet. „Nation und Volksgemeinschaft", „Blut und Boden", „soldatische Tugenden" – das waren die ideologischen Standards, die damals von vielen Bünden ebenso vertreten wurden, wie die verbreitete Verachtung allen „Parteiengezänks" und des „morschen Weimarer Systems".

Bei aller Vielgestaltigkeit, in ihrer ideologischen Hauptströmung kann die bündische Jugend dem Potential der „konservativen Revolution" zugerechnet werden. Durch ihre weltanschaulichen Orientierungen und Einstellungen war sie für eine Integration ins Dritte Reich prädisponiert. Die „nationale Revolution" des Jahres 1933 bedeutete dann auch in dieser Hinsicht keinen Bruch mit den verbreiteten politischen Mentalitäten in der J. Manche ihrer Führer und schneidigen Gefolgsleute erblickten in der „völkischen Erhebung" die Erfüllung ihrer national-romantischen Vorstellungen und waren bereit, sich in die „nationale Bewegung" einzureihen. Die Nazis haben diese Bereitschaft ausgenutzt und die Stilerfindungen und Ausdrucksformen der J ebenso geschickt wie rücksichtslos für ihre Zwecke instrumentalisiert. Schon 1933, kurz nach der Machtergreifung, wurde die → Hitlerjugend zum einzigen legitimen Nachfolger der J erklärt. Alle Bünde, die sich nicht freiwillig auflösten und den Monopolanspruch der Hitlerjugend anerkannten, wurden verboten und in die Illegalität gedrängt.

Die Vereinnahmung der jugendbewegten Lebensformen sorgte v. a. in den ersten Jahren des Nazistaates für einen starken und freiwilligen Zustrom zur Hitlerjugend. Sie hat die traditionellen Formen der bürgerlichen J, Heimabend, Lager und Fahrt, verallgemeinert und all denen in der jungen Generation zugänglich gemacht, die bislang davon ausgeschlossen waren. Mit der schrittweisen „Verstaatlichung" und Bürokratisierung ging jedoch der ursprüngliche Glanz der jugendbewegten Lebensformen verloren. Am Ende stand der reglementierte Staatsjugenddienst mit Pflichtcharakter. Das Autonomie- und Freiheitsmotiv, das die J von Anfang an kennzeichnete, der Anspruch auf „eigene Bestimmung" lebte jetzt nur noch fort in der Illegalität einer jugendbündischen Gegenkultur (im NS-Jargon: den „Jugendcliquen"), an der auch oppositionelle Gruppen der konfessionellen Jugend und verbotene Fortführungen der Arbeiterjugendorganisationen (→Arbeiterjugendbewegung) beteiligt waren.

Nach dem 2. Weltkrieg ist die J in den Formen des „Wandervogel" und der „bündischen Jugend" nur noch vereinzelt in versprengten Gruppen während der 50er Jahre fortgesetzt worden. Eine orientierende, für die Angehörigen mehrerer Generationen lebensstilbildende Kraft hat sie nie mehr gewonnen. Gleichwohl dürfen die Auswirkungen der J auch auf die kulturelle und gesellschaftliche Entwicklung nach dem 2. Weltkrieg nicht unterschätzt werden. Sie hat nicht nur die Jugendarbeit der konfessionellen, politischen und gewerkschaftlichen →Jugendverbände bis in die Gegenwart nachhaltig geprägt, aus ihr sind auch viele Personen hervorgegangen, die an prominenter Stelle das politische und kulturelle Leben der beiden dt. Staaten mitgestaltet haben. Nicht zuletzt die Geschichte der Schul- und →Sozialpädagogik wurde durch ihre personellen Verknüpfungen von der J vielfältig beeinflußt.

L.: Aufmuth, U.: Die deutsche Wandervogelbewegung unter soziologischem Aspekt; Göttingen, 1979. Blüher, H.: Wandervogel, Geschichte einer J; Berlin, 1912. Gerber, W.: Zur Entstehungsgeschichte der deutschen Wandervogelbewegung. Ein kritischer Beitrag; Bielefeld, 1957. Giesecke, H.: Vom Wandervogel bis zur Hitlerjugend. Jugendarbeit zwischen Politik und Pädagogik; München, 1981. Kindt, W. (Hg.): Dokumentation der J, 3 Bde.; Düsseldorf, Köln, 1963/1968/1974. Klönne, A.: Jugend im Dritten Reich. Die Hitler-Jugend und ihre Gegner; Köln, 1984. Korth, G.: Wandervogel 1896–1906; Frankfurt, 1978. Laqueur, W. Z.: Die deutsche J; Köln, 1962. Pross, H.: Jugend, Eros, Politik; Bern, 1964. Ziemer, G./Wulf, H.: Wandervogel und Freideutsche Jugend; Bad Godesberg, 1961.

Michael Parmentier

## Jugendbildungsarbeit
→Jugendarbeit

## Jugendförderungspolitik
→Jugendpolitik

## Jugendforschung

Der Begriff der J umfaßt disziplinäre als auch interdisziplinäre Versuche, die →Lebenslage und Lebensphase von →Jugend in differenten historischen, sozialen und entwicklungspsychologischen Zusammenhängen und Vermittlungen aufzuschlüsseln.

Aufgabe von J ist es demzufolge, den Produktions- und Reproduktionszusammenhang von →Gesellschaft in den je besonderen Auswirkungen auf die Situation und Lebenspraxen der in dieser Gesellschaft lebenden Individuen zu analysieren. Mit dem Gegenstand Jugend verbinden sich dabei nicht allein wissenschaftliche Interessen, vielmehr zeigt die Entwicklung der Themenstellungen innerhalb der J, wie zum einen gegenstandskonstitutive Fragestellungen einer disziplinären Logik folgen, sie zum anderen aber praktische, d.h. pädagogische und/oder politische Implikationen in sich bergen – also disziplinierenden oder emanzipatorischen Interessen und Perspektiven folgen.

J verzweigt sich in der Folge dieser ausdifferenzierten Interessen und Problemstellungen in Beiträge, die sich – gegenwartsorientiert – v.a. der Analyse von Jugendkulturen und – vor dem Hintergrund von →sozialen Problemen, Jugendprotesten etc. – den Bedingungen und Möglichkeiten von →Jugendpolitik widmen.

L.: Baacke, Dieter: Jugend und Jugendkulturen. Darstellung und Deutung; Weinheim, 1987. Cohen, P., Die Jugendfrage überdenken; in: Lindner/Wiebe,

Verborgen im Licht. Neues zur Jugendfrage; Frankfurt, 1986. Heitmeyer, Wilhelm (Hg.): Interdisziplinäre J. Fragestellungen, Problemlagen, Neuorientierungen; Weinheim, 1986. Hornstein, W., Auf der Suche nach Neuorientierungen: J zwischen Ästhetisierung und neuen Formen politischer Thematisierung der Jugend; in: Z. f. Päd. 1989/H. 1, 107–125. Krüger, Heinz-Hermann (Hg.): Handbuch der J; Opladen, 1988.

Heinz Sünker

**Jugendfreizeitarbeit**
→ Jugendarbeit

**Jugendfreizeitheime**
→ Heime, → Jugendheime 2.

**Jugendfürsorge**
(trad.); → Jugendhilfe

**Jugendgefängnis**
→ Jugendstrafvollzug

**Jugendgerichte**
J sind Abteilungen der Amtsgerichte und Kammern der Landgerichte. Sie sind keine eigenständigen Gerichtsbehörden, wie z. B. die Arbeitsgerichte. Die J werden im Rahmen der Geschäftsverteilung mit Richtern der Amtsgerichte (→ Jugendrichter als Einzelrichter und Jugendschöffengericht) und mit Richtern des Landgerichts (Jugendkammer) besetzt. In der Hauptverhandlung ist das Jugendschöffengericht mit dem Jugendrichter als Vorsitzendem und zwei → Jugendschöffen, die Jugendkammer mit drei Richtern einschließlich des Vorsitzenden und zwei Jugendschöffen besetzt. Die J sind grundsätzlich zuständig für alle strafrechtlichen Entscheidungen gegen Jugendliche (14–18 Jahre) und Heranwachsenden (18–21 Jahre). Dies gilt auch, wenn auf Heranwachsende das allgemeine Strafrecht (→ öffentliches Recht) anzuwenden ist. In besonderen Fällen können auch Erwachsene beim J angeklagt werden (z. B. bei Bandendelikten, an denen überwiegend Jugendliche und Heranwachsende beteiligt waren) und umgekehrt Jugendliche wie auch Heranwachsende bei den allgemeinen Strafgerichten angeklagt werden (z. B. bei Staatsschutzdelikten).

Der *Jugendrichter* als Einzelrichter ist zuständig für alle strafrechtlichen Verfehlungen von Jugendlichen und Heranwachsenden, wenn nur Erziehungsmaßregeln, Zuchtmittel und nach dem JGG zulässige Nebenstrafen und Nebenfolgen oder die Entziehung einer Fahrerlaubnis zu erwarten sind. Auf Jugendstrafe von mehr als einem Jahr darf der Jugendrichter als Einzelrichter nicht erkennen. Er hat also eine eingeschränkte Sanktionskompetenz. Entscheidend dafür, ob ein Strafverfahren beim Jugendrichter als Einzelrichter landet, ist die Bedeutung, die der Jugendstaatsanwalt der Sache beimißt. Er entscheidet, bei welchem Spruchorgan Anklage erhoben wird.

Das *Jugendschöffengericht* ist zuständig für alle strafrechtlichen Verfehlungen von Jugendlichen und Heranwachsenden, die nicht in die Zuständigkeit eines anderen J gehören. Im Gegensatz zum Jugendrichter als Einzelrichter hat das Jugendschöffengericht eine unbeschränkte Sanktionskompetenz. Bei Heranwachsenden darf es jedoch, wenn diese nach dem allgemeinen Strafrecht verurteilt werden, nicht auf Freiheitsstrafen von mehr als drei Jahren erkennen.

Die *Jugendkammer* ist sowohl erstinstanzliches Gericht wie Rechtsmittelgericht. In erster Instanz ist die Jugendkammer zuständig für Delikte, die nach dem Erwachsenenstrafrecht in die Zuständigkeit des Schwurgerichts fallen, für Verfahren von ungewöhnlich großem Umfang und für Strafsachen gegen Heranwachsende, wenn die Anwendung des Erwachsenenstrafrechts in Frage kommt und mit einer Freiheitsstrafe von mehr als drei Jahren zu rechnen ist. Als Rechtsmittelgericht ist die Jugendkammer zuständig für alle Berufungen des Jugendrichters als Einzelrichter und des Jugendschöffengerichts. Für Revisionsangelegenheiten gibt es keine jugendgerichtlichen Instanzen. Hier entscheiden die für die allgemeinen Strafsachen zuständigen Oberlandesgerichte und der Bundesgerichtshof.

Historisch gesehen sind die J eine relativ junge Institution. Die Einrichtung spezieller Abteilungen bei der allgemeinen Strafgerichtsbarkeit erfolgte erst zu Beginn des 20.Jh. Die ersten dt. J wurden 1908 in Frankfurt/M. und Köln eingerichtet. Ende 1908 existierten bereits an 56 Amtsgerichten auf Jugendstrafsachen spezialisierte Abteilungen in der allgemeinen Strafgerichtsbarkeit. Danach erfolgte, inzwischen in einzelnen Bundesstaaten durch ministerielle Verfügungen gestützt, eine rasch ansteigende Zahl weiterer Neugründungen. Von den 556 J im Jahr 1912 befanden sich die meisten in Preußen (211), Bayern (168) und Sachsen (76). Vielfach handelte es sich bei diesen J jedoch lediglich um eine personelle Koppelung von jugendstrafrechtlichen und vormundschaftlichen Aufgaben. Vorbildlich organisiert waren die J in Frankfurt/M. und Köln, die Modell für die weitere Entwicklung waren.

In Frankfurt, diesem Modell folgten die meisten Neugründungen, wurden dem Strafrichter die vormundschaftlichen Aufgaben übertragen, während in Köln den Vormundschaftsrichtern die Jugendliche betreffenden strafgerichtlichen Angelegenheiten zugewiesen wurden. Mit der Errichtung spezieller J war eine wichtige Forderung der →J-bewegung erfüllt, die in ihren Bemühungen um eine →Pädagogisierung des Strafrechts auch eine Separierung der Jugendstrafsachen von der allgemeinen Strafgerichtsbarkeit gefordert hatte. Vor allem der Berliner Amtsgerichtsrat Köhne hatte seit 1905 immer wieder die Etablierung von speziellen J vorgeschlagen und beantragt. Die Initiative für das erste dt. J ging jedoch von den Frankfurter Landesgerichts- und Oberlandesgerichtspräsidenten v. Hagens und Colnot aus. Beeindruckt von den Berichten über die amerikanische J-praxis ernannte Colnot am 1.1.1908 Karl Allmenröder zum ersten dt. Jugendrichter. (Zur Reformdebatte im Bereich der J siehe →Diversion.)

L.: Ostendorf, Heribert: Kommentar zum J-gesetz; Darmstadt, Neuwied, 1987. Peukert, Detlev J. K.: Grenzen der Sozialdisziplinierung; Köln, 1986. Ruscheweyh, Herbert: Die Entwicklung des deutschen J; Weimar, 1918. Simonsohn, B. (Hg.): Jugendkriminalität, Strafjustiz und Sozialpädagogik; Frankfurt/M., 1969.

Siegfried Müller

## Jugendgerichtsbewegung

Die J ist ein in den 80er Jahren des 19.Jh. beginnender kriminalpolitischer Diskurs (→Kriminalpolitik), an dem sich zunächst nur Juristen beteiligten.

Ausgangspunkt dieser Reformbewegung des Strafrechts und →Strafvollzugs war v.a. die erstmals für das Jahr 1882 veröffentlichte Reichskriminalstatistik, in der die jugendlichen (12–18jährigen) Straftäter gesondert aufgeführt waren. Ihre Zahl stieg, absolut und bezogen auf die jeweiligen Jahrgangskohorten, in den ersten Jahren in und war dann noch argumentativer Bezugspunkt einer als dramatisch empfundenen Entwicklung jugendlicher Kriminalität (→Jugendkriminalität) und Rückfallkriminalität, als sie bereits wieder rückläufig war. Die in ihrer Aussagekraft überschätzte Reichskriminalstatistik wurde als Indikator einer gesellschaftsschädlichen und staatsbedrohenden Entwicklung angesehen, deren Ursachen im Versagen der sozialisatorischen Instanzen (→Familie, →Schule und soziale Umwelt) sowie in der Ineffektivität des staatlichen Strafverfolgungssystems verortet wurden.

Die Reformvorschläge richteten sich einerseits auf die Erweiterung des staatlichen Zugriffsrechtes bei der öffentlichen Ersatzerziehung und andererseits auf die →Pädagogisierung des Strafrechts und Strafvollzugs. Der Jugendliche rückte in den Mittelpunkt eines sich ausdifferenzierenden und spezialisierenden Systems der →Sozialdisziplinierung. Die Jugendfrage wurde zunehmend als eine „Kulturfrage" empfunden, auf die das Strafverfolgungssystem mit einer Perspektivenerweiterung des Tatstrafrechts reagierte. Zusätzlich zur bisher die Straffolgen bestimmenden Tat, rückte nun die Täterpersönlichkeit in den Blickpunkt. Die Wohltaten der →Erziehung wurden zum Programm des staatlichen Zugriffs auf die innere Natur des abweichenden Jugendlichen. „Besserung der Besserungsfähigen und Besserungsbedürftigen, Abschreckung der nicht Besserungsbedürftigen, Unschädlichmachung der nicht Besserungsfähigen": so lautet das kriminalpolitische Credo des Strafrechtslehrers Franz von Liszt, des prominentesten Vertreters eines spezialpräventiven Täterstrafrechts. Mit der von ihm begründeten „modernen" (soziologischen) Strafrechtsschule wandte er sich gegen die tatvergeltenden Straftheorien der „klassischen" Schule.

Auf der Suche nach einem erweiterten Sanktionsinstrumentarium zur sozialen →Integration der abweichenden Jugendlichen wandten sich die Vertreter der „modernen" Schule aber stets immer auch gegen die „Gefahr der Verweichlichung" des Strafrechts durch eine pädagogische Liberalität. Zu den wesentlichen Forderungen der J gehört die Heraufsetzung der Strafmündigkeit von 12 auf 16 Jahre, die Abschaffung der kurzzeitigen, weil erziehungsunwirksamen Gefängnisstrafen, die Möglichkeit der Aussetzung der Strafvollstreckung bei gleichzeitiger Anordnung staatlich überwachter Zwangserziehung, die Substitution erziehungsschädlicher Strafen und der Ausschluß der Öffentlichkeit bei Gerichtsverhandlungen gegen Jugendliche.

Das Verhältnis von Erziehung und Strafe ist das zentrale Thema der J. Bereits auf den Internationalen Gefängniskongressen in Rom (1885) und Petersburg (1890) sowie bei den Tagungen der Internationalen Criminalistischen Vereinigung in Brüssel (1889) und Bern (1890) und den Kongressen der dt. Sektion dieser Vereinigung wurde die Kriminalitätsentwicklung als eine Frage nach dem „Erziehungsnotstand" von Jugendlichen thematisiert. Mit der Hinwendung zum Täter wuchs die Notwendigkeit, seine →Persönlichkeit zu erforschen und seine Lebensverhältnisse zu erkunden.

Dies war die Geburtsstunde der →Jugendgerichtshilfe als einer Ermittlungsinstanz für das Gericht. Als in Frankfurt 1908 das erste dt. Jugendgericht geschaffen wurde, konnte man dort auf eine bereits funktionierende Zusammenarbeit mit den Helfern und Helferinnen der Centrale für Private Fürsorge zurückgreifen. Die seit 1908 massenhaft entstehenden →Jugendgerichte waren, ebenso wie das 1911 in Wittlich eingerichtete Jugendgefängnis, die ersten organisatorischen Ergebnisse zentraler Forderungen der J. Ausschlaggebend waren dabei aber auch die Praxisberichte von Baernreither und Freudenthal über den strafrechtlichen Umgang mit Jugendlichen in den Vereinigten Staaten von Amerika.

Ihren organisatorischen und geistigen Mittelpunkt fand die J, an der zunächst nur Juristen beteiligt waren (Aschrott, v. Liszt, Köhne, Krohn), in den seit 1909 stattfindenden →Jugendgerichtstagen. An dem kriminalpolitischen Diskurs beteiligten sich ab etwa 1908 auch Lehrer, Ärzte, Fürsorger und die Vertreterinnen der Frauenverbände. Das Engagement der berufsmäßigen und ehrenamtlichen Helfer und Helferinnen der Fürsorgevereine wurde zwar allgemein geschätzt, doch ein – dem →Arzt vergleichbarer – Status als Gutachter wurde den pädagogischen Professionen von Anfang an nicht zugestanden. Der Garant für die pädagogische Kompetenz im Gerichtsverfahren gegen Jugendliche war der →Jugendrichter. Die Jugendgerichtshilfe sollte lediglich das Vorleben des Jugendlichen erforschen und seine Lebensverhältnisse studieren. Viele Forderungen der J fanden ihren Niederschlag in dem 1923 verabschiedeten Jugendgerichtsgesetz.

L.: Aschrott, Paul; Die Behandlung der verwahrlosten und verbrecherischen Jugend und Vorschläge zur Reform; Berlin, 1892. Peukert, Detlev J. K.: Grenzen der Sozialdisziplinierung; Köln, 1986. Polligkeit, W., Die Jugendgerichtshilfe in Frankfurt a. M., ihre Aufgaben, Organisation und Wirksamkeit; in: Freudenthal (Hg.), Das Jugendgericht in Frankfurt a. M.; Berlin, 1912. Ruscheweyh, Herbert; Die Entwicklung des deutschen Jugendgerichts; Weimar, 1918. Simonsohn, B. (Hg.): Jugendkriminalität, Strafjustiz und Sozialpädagogik; Frankfurt/M., 1969. Voß, Michael; Jugend ohne Rechte; Frankfurt, New York, 1986.

Siegfried Müller

### Jugendgerichtshilfe (JGH)

Die JGH ist eine gesetzlich geregelte und institutionalisierte Form der Zusammenarbeit der →Sozialarbeit mit der Justiz. Sie wird von den →Jugendämtern im Zusammenwirken mit den Vereinigungen der Jugendhilfe ausgeübt.

Im Verfahren vor den →Jugendgerichten soll die JGH die erzieherischen, sozialen und fürsorgerischen Gesichtspunkte einbringen. Zu diesem Zweck soll sie die Persönlichkeit, Entwicklung und Lebenswelt der Beschuldigten erforschen, einen Sanktionsvorschlag machen und – soweit kein Bewährungshelfer bestellt ist – darüber wachen, daß der Jugendliche den Weisungen und Auflagen des Gerichtes nachkommt. Wenn eine Jugendstrafe vollzogen wird, soll die JGH mit dem Jugendlichen in Verbindung bleiben und seine Wiedereingliederung unterstützend vorbereiten. Im gesamten Strafverfahren gegen einen Jugendlichen ist die JGH so früh wie möglich heranzuziehen. Vor der Erteilung von Weisungen ist sie stets zu hören.

Die JGH ist ein Prozeßorgan eigener Art. Sie ist weder Gehilfe der Staatsanwaltschaft, noch des Verteidigers, oder gar eine Art Sozialanwalt für den Jugendlichen. Sie hat eine eigenständige Verfahrensrolle und ist somit eine weisungsfreie Hilfe für das Gericht. Die eigenständige Verfahrensrolle wird untermauert durch ihre Rechte auf Mitwirkung im gesamten Strafverfahren, auf Anwesenheit in der Hauptverhandlung, auf Äußerung insb. in der Hauptverhandlung, auf Kontakt mit dem Jugendlichen während des →Strafvollzugs, auf Unterrichtung von der Einleitung und vom Ausgang eines Strafverfahrens und auf Antragstellung zur Strafmakelbeseitigung. Außerdem hat die JGH ein Verkehrsrecht mit dem jugendlichen Untersuchungsgefangenen. Dagegen hat sie kein Zeugnisverweigerungsrecht, kein Recht auf Akteneinsicht, kein Fragerecht und kein Beweisantragsrecht. Damit fehlen ihr wesentliche Rechte, um die ihr mitunter zugeschriebene Rolle eines Sozialanwaltes für den Jugendlichen zu übernehmen.

Die JGH soll die Ergebnisse ihrer Ermittlungen dem Gericht möglichst früh in Form eines Berichtes vorlegen und, wenn es zur Hauptverhandlung kommt, diese Ermittlungsergebnisse auch vortragen. Die qualitativen Anforderungen an den JGH-bericht entsprechen denen eines fachlichen →Gutachtens (Objektivität; Trennung zwischen Tatsachen und Bewertungen; Angabe der Quellen der Ermittlungen). In dem Bericht soll die JGH bei Jugendlichen Stellung nehmen, ob diese zum Tatzeitpunkt reif genug waren, das Unrecht der Tat einzusehen und nach dieser Einsicht zu handeln (§ 3 JGG); bei Heranwachsenden soll sich dazu äußern, ob diese aufgrund ihrer Entwicklung noch einem Jugendlichen gleichstehen und ob es sich bei der Tat um eine sog. Jugendverfehlung handelt. Ferner soll sie, und dies zu einem Zeitpunkt, an dem das Gericht noch nicht über die Schuld entschieden hat, einen Sanktionsvorschlag machen.

Keinem der am Jugendgerichtsprozeß beteiligten Experten (Richter, Staatsanwalt, Verteidiger, Gutachter) werden so widersprüchliche Aufgaben zugemutet wie der JGH. Sie soll zugleich ermitteln, beurteilen und überwachen. Damit ist sie hoffnungslos überfordert. In der Zumutung, Unmögliches zustande zu bringen, hat sie sich, was die Gerichtsverhandlung betrifft, auf dem Niveau einer ritualisierten Bedeutungslosigkeit eingependelt. Ihre Sanktionsvorschläge stimmen weitgehend mit den Urteilen überein. Dies ist kein Indikator für ihren großen Einfluß, sondern die resignative Antizipation der gerichtlichen Sanktionspraxis; denn auch in Fällen, wo sie nicht anwesend ist, werden keine anderen Urteile gesprochen.

Zwischen der gerichtlichen und sozialpädagogischen Bewertung der Tatfolgen bestehen also kaum Differenzen. Dies wäre kein Problem, wenn es sich bei den verhängten Sanktionen primär um erzieherische Maßnahmen handeln würde. Dies ist aber nicht der Fall. Neben der in den letzten Jahren zunehmenden Tendenz, von der Strafverfolgung abzusehen bzw. das Verfahren einzustellen (§§ 45, 47 JGG), dominieren nach wie vor die repressiven Sanktionen. Das Motto der Jugendstrafrechtspraxis lautet „Erziehung durch Strafe". Dem hat die JGH bisher wenig entgegengesetzt. Ihre Berichte sind kurz, lapidar und pädagogisch nichtssagend. Die Forderung, die JGH in ihrer jetzigen Form abzuschaffen und ihr einen von Kontroll- und Überwachungsaufgaben befreiten Gutachterstatus zu verleihen, ist umstritten.

Die Allianz von Justiz und →Pädagogik ist strukturell im →Jugendstrafrecht verankert, das sowohl Tat- als auch Täterstrafrecht ist. Im Verständnis des Jugendgerichtsgesetzes sind →Erziehung und Strafe kein Widerspruch, sondern lediglich unterschiedliche Mittel der →Sozialdisziplinierung abweichender Subjekte. Die Souterrain-Existenz der JGH ist nicht das Ergebnis eines Konstruktionsfehlers im Jugendgerichtsgesetz, sondern Ausdruck der Unterordnung der Pädagogik unter die Strafjustiz. Von einem Einbruch der Pädagogik in die Strafjustiz durch die Etablierung der JGH kann nicht die Rede sein. Die JGH war von ihren Anfängen zu Beginn des 20. Jh. bis heute in erster Linie stets eine soziale Ermittlungsinstanz für den forensischen Entscheidungsprozeß.

L.: Momberg, Walter: Die Ermittlungstätigkeit der JGH und ihr Einfluß auf die Entscheidung des Jugendrichters; Göttingen, 1982. Müller, Siegfried/Otto, Hans-Uwe (Hg.): Damit Erziehung nicht zu Strafe wird; Bielefeld, 1988. Ostendorf, Heribert: Kommentar zum Jugendgerichtsgesetz; Neuwied, Darmstadt, 1989. Seidel, Gabriele: Die JGH in ihrer Ermittlungsfunktion und ihr Einfluß auf richterliche Entscheidungen im Gerichtsverfahren gegen weibliche Jugendliche; Frankfurt/M. u. a., 1988. Ullrich, Hans: Arbeitsanleitung für Jugendgerichtshelfer; Frankfurt/M. u. a., 1982. Wild, Peter: JGH in der Praxis; München, 1989.

Siegfried Müller

**Jugendgerichtstag**
Der J wurde erstmals 1909 veranstaltet und bildete damals den organisatorischen und geistigen Mittelpunkt der →Jugendgerichtsbewegung. Die ersten drei J (1909, 1910, 1912) wurden von der Deutschen Centrale für Jugendfürsorge organisiert. Auf dem 4. Jugendgerichtstag (1917) wurde auf Initiative von Franz von Liszt die →Deutsche Vereinigung für Jugendgerichte und Jugendgerichtshilfen gegründet, die bis heute Träger der J und Forum der Jugendrechtsreform ist.

Siegfried Müller

**Jugendheime**
1. Der Begriff J (→Heime) kam um die Jahrhundertwende im Kontext der Debatten um die staatliche, konfessionelle und „neutrale" Jugendpflege auf. Er kennzeichnete dreierlei: „1. Anstalten, in denen schulentlassenen Jünglingen Kost und Wohnung gegeben wird, also Jünglings- bzw. Lehrlings-Pensionate. 2. Häuser, Lokale oder Säle, in denen den Jünglingen für ihre freie Zeit, besonders an Sonn- und Feiertagen, Gelegenheit zu geselliger Unterhaltung, nützlicher Belehrung und Beschäftigung geboten

ist. 3. In einer dritten Bedeutung nicht nur die Häuser und Räume, sondern im übertragenen Sinne die Summe aller Veranstaltungen zur Fürsorge für die Jugend, welche sich um derartige Häuser und Lokale gruppieren." (Veen 1913, 9f.)

J im zweiten Wortgebrauch hatte es in geringerer Zahl bereits im 19.Jh. gegeben, so die „Zufluchtsstätte, wo man in den Freistunden zum gesellschaftlichen Leben zusammenkommen kann", des ersten dt., 1834 in Bremen gegründeten Jünglingvereins. Bis zum Jugendpflegeerlaß des preußischen Kultusministeriums (1911), der auch Förderungsmöglichkeiten für Jugendheime vorsah, mußten viele der „Jünglinge", wie es in einer zeitgenössischen Quelle heißt, „ihre inzwischen länger gewordenen Beine (noch) in die engen Schulbänke einzwängen", oder sie waren auf die Mitnutzung sonstiger, oft kirchlichen Zwecken dienenden Räumlichkeiten angewiesen. Der rasante Ausbau der J nach 1911 signalisiert in Übereinstimmung mit der allgemeinen politischen Stoßrichtung des Erlaßes und des Reichsvereinsgesetzes von 1908, das Jugendlichen unter 18 Jahren die Zugehörigkeit zu politischen Vereinen verbietet, eine neue Qualität im Bemühen um die Einbindung und Unterordnung der Jugendlichen unter staatliche, nationale, militärische und konfessionelle Interessen und im ‚Kampf' gegen die Jugendverwahrlosung und die Sogkraft sozialistischer Arbeiterbünde ( → Arbeiterjugendbewegung). „Das Jugendheim", schreibt der Vertreter kath. Jugendarbeit, Veen, „soll Magnet sein, der den Jugendlichen an sich zieht, ihn bewahrt vor religiösen, sittlichen und sozialen Gefahren, ihm den Aufenthalt auf der Gasse und Straße mit ihren Häßlichkeiten, ja vielfach abstoßenden Gemeinheiten oder im Wirtshaus, ‚Lichtbild-Theater' und Tingel-Tangel verleidet".

Im anderen (=1.) Wortsinn, als Lehrlingsheime, haben J Vorläufer in den Ledigenheimen und Wanderherbergen der katholischen Gesellenvereine (z.B. → Kolpings „Rheinischer Gesellenbund" seit 1849) und in den evangelischen → Herbergen zur Heimat und Vereinshäusern, z.B. des CVJM. Lehrlingsheime, die im noch heute üblichen Sinne Lehrlinge außerhalb des Wohnorts ihrer Angehörigen und begleitend zur beruflichen Ausbildung pädagogisch betreuen, waren zu Beginn des Jh. jedoch noch selten (für 1910 werden 10 Heime benannt). Gründe hierfür sah man darin, daß einerseits viele Jgl. noch Unterkunft bei ihren Meistern fanden und daß andererseits Jgl., „wenn einmal an die schrankenlose Freiheit gewöhnt, sich nicht mehr der Disziplin eines Hospizes unterwerfen wollen" (Pieper 1910, zit. nach Veen 1913, 10) – eine Äußerung, die unfreiwillig auf die damaligen pädagogischen Zustände in den J verweist. Die Ausbreitung der Lehrlings(wohn)heime erfolgte in verschiedenen Schüben nach dem 1. Weltkrieg, Ende der 20er Jahre und nach dem 2. Weltkrieg. Gegenwärtig gibt es noch ca. 300 solcher Heime (eine Teilmenge der in der Statistik der Öffentlichen Jugendhilfe aufgelisteten 761 „Jugendwohnheime, Schülerheime, Wohnheime für Auszubildende"). Sie werden primär von Freien Trägern, insb. den konfessionellen, sowie der „Bundesarbeitsgemeinschaft Jugendaufbauwerk" betrieben, finden sich meist in industriellen Ballungsgebieten und sind traditionellerweise für männliche Jugendliche aus strukturschwachen Regionen und für die Versorgung von Industrien mit einem hohen Anteil von „Mangelberufen" vorgesehen. Die Entwicklung eigenständiger, auf Beruf und Arbeitswelt bezogener pädagogischer Konzeptionen ist selten geblieben.

2. Gegenüber den historischen Begriffsinhalten ist der heutige Begriff der J enger gefaßt. Nach der Klassifikation der Statistik für die Öffentliche Jugendhilfe sind J „Einrichtungen mit drei oder mehr Gruppenräumen, die ausschließlich oder überwiegend Jugendgruppen und -organisationen für eine kontinuier-

liche →Jugendarbeit zur Verfügung stehen. J haben keine Übernachtungsmöglichkeiten". Die ‚kleinere Ausgabe' der J sind Jugendräume. Unterschieden sind beide Typen von →Jugendzentren, Jugendfreizeitheimen oder Häusern der offenen Tür, bei denen es sich im Gegensatz zu jenen meist um Angebote für nichtorganisierte Jugendliche handelt und die über hauptamtliches Personal verfügen. Nach der zuletzt zur Verfügung stehenden Statistik (Fachserie 13, Reihe 6.3 für 1986) gab es im Bundesgebiet insgesamt 5403 Jugendheime, davon drei Fünftel in Trägerschaft von Kirchen und sonstigen Religionsgemeinschaften, mit zusammen rund 1500 Beschäftigten, die Hälfte von ihnen teilzeit- oder nebenberuflich. Wieweit die für Jugendarbeit vorgesehenen Räume auch durch Jugendliche besetzbare und von ihnen gestaltbare Frei-Räume sind oder aber weiterhin einfach Zimmer zur Aufbewahrung und Ruhigstellung von Jugendlichen, ist unbekannt. Unter Pädagogen unbestritten ist freilich, daß sie sich von anderen, fast immer als „Einzweck-Räume" ausgewiesenen Lebensräumen für Jugendliche (Verkehrsflächen, Verkaufsflächen, Ruhezonen, Wohnräume etc.) unterscheiden *sollten*. Unbestritten auch, daß Jugendliche kostenfrei erreichbar Nahräume, die sie für ihre Zwecke nutzen und als eigenen Sozialraum konstituieren können (vgl. Becker u. a. 1984; Müller 1989), brauchen und daß an solchen Räumen – nach dem Untergang der →Jugendzentrumsbewegung und angesichts der gegenwärtigen Tendenz zur sozialpolitischen Indienstnahme der Jugend*arbeit* – Mangel herrscht.

L.: Becker, H., u. a.: Pfadfinderheim, Teestube, Straßenleben; Frankfurt/M., 1984. Müller, B., Jugendkultur und die Pädagogen; in: Neue Praxis 3/1989, 221–234. Veen, J.: Jugendheime. Im Auftrage des Generalsekretariates der katholischen Jünglingsvereinigungen Deutschlands; Düsseldorf, 1913.

Jürgen Blandow

**Jugendherbergen (JH)**
Der Bildung des Reichsverbandes der JH (1919) gingen erste Gründungen seit 1909 voraus. Ziel war die Schaffung von Aufenthalts- und Übernachtungsstätten zur Förderung des Jugendwanderns. 1939 – während des Nationalsozialismus – existierten in Dt. 1700 JH mit 8,9 jährlichen Übernachtungen. Auf dem Gebiet der Westzonen bestanden 1946 noch 150 JH, deren Zahl bis 1983 auf 574 angestiegen ist. Die JH sind in selbständigen Landesverbänden organisiert und dem →„Deutschen Jugendherbergswerk (DJH), Hauptverband für Jugendwandern und Jugendherbergen e. V." angeschlossen.
Seit 1925 entstanden JH auch in Ländern außerhalb von Dt.; 1932 wurde in Amsterdam der Internationale Verband der JH gegründet.

**Jugendhilfe**
*1. Begriff und Inhalt:* Im institutionellen, rechtlichen und verwaltungstechnischen Sinne sind unter J jene Leistungen, Maßnahmen, Einrichtungen und Dienste zu verstehen, die das →Jugendwohlfahrtsgesetz (JWG) in jeweils geltender Fassung Kindern, Jugendlichen und ggf. jungen Erwachsenen zur Sicherung ihres Rechts auf „Erziehung zur leiblichen, seelischen und gesellschaftlichen Tüchtigkeit" (§ 1 JWG) nach Maßgabe der Einzelregelungen des Gesetzes zuerkennt. Aufgabe der J ist es – soweit nicht Aufgabe von →Schule und Berufsausbildung bzw. soweit erforderlich –, „die in der Familie des Kindes begonnene Erziehung (zu) unterstützen und (zu) ergänzen" (§ 3 JWG) und sie ggf. vorübergehend oder dauerhaft zu ersetzen; insoweit ist J gegenüber der Familienerziehung subsidiär (d. h. nachrangig; →Subsidiaritätsprinzip). Die Gesamtverantwortung für Erfüllung, Planung und Förderung der J tragen die Organe der öffentlichen J (→Jugendämter, Landesjugendämter, oberste Landesbehörden). Aufgrund des im Gesetz fixierten Subsidiaritätsprinzips erfolgt die Durchführung in der Praxis jedoch überwiegend

durch die anerkannten Träger der Freien Wohlfahrtspflege, zu denen neben den →Wohlfahrtsverbänden und →Jugendverbänden auch freigemeinnützige Vereinigungen, die Kirchen und sonstigen Religionsgemeinschaften und – in geringerem Umfang – auch privatkommerzielle Anbieter gehören.
Der gesetzlich bestimmte Leistungsbereich der J umfaßt einerseits die im § 4 benannten Aufgaben des Jugendamtes, ferner die auch im Gesetz (§ 5) nicht erschöpfend aufgezählten und darum durch die Praxis erweiterungsfähigen „weiteren Aufgaben". Zu ihnen gehören insb. Beratungsangebote für Familien und Jugendliche (→Beratung), Erziehungshilfen in Tageseinrichtungen für Kinder, die allgemeine Jugendförderung (→Jugendarbeit, →Jugendverbandsarbeit, →politische Bildung etc.), der →Jugendschutz, →Jugendberufshilfen und die einzelfallorientierten Erziehungshilfen. Die im Gesetz vollzogene, relativ prägnante Auflistung dessen, was J ist, darf nicht vergessen lassen, daß J in der Praxis ständigem historischem Wandel unterliegt und sich in ihren Ausprägungen institutioneller, fachlicher und finanzieller Art auch zu einem gegebenen Zeitpunkt von Bundesland zu Bundesland, sogar von Kommune zu Kommune stark unterscheiden kann. J „vor Ort" ist Ergebnis komplexer sozialer Prozesse. Sie reflektiert die jeweiligen Herrschaftsverhältnisse, die je spezifischen ideologischen Strömungen und ihr Verhältnis zueinander; sie geht ferner auf Art und Umfang sozialer, jugendhilferelevanter Problemlagen ein und definiert gleichzeitig, was als jugendhilferelevant gelten soll, wer sich an der Definition beteiligen darf und welche Maßnahmen zu ihrer Lösung Anerkennung finden sollen.
Als einer Veranstaltung zur „Förderung der Jugendwohlfahrt" kommt der J eine gestaltende Funktion zu: die gesellschaftspolitische Gestaltung von Lebensbedingungen, die der „Wohlfahrt" der Kinder und Jugendlichen dienen. Diese gesetzliche Bestimmung kontrastiert allerdings mit dem im Gesetz formulierten Aufgabenkatalog, da sich dieser auf die Skizzierung von Sozialisationshilfen in dem engen Sinn der Ergänzung, Unterstützung und Ersetzung familiärer Sozialisationsaufgaben bezieht (→Sozialisation). Dieser immanente Widerspruch ist nicht nur immer wieder Anlaß für eine Kritik an der „Familienfixiertheit" der J, sondern auch für Auseinandersetzungen um Reichweite und Funktion der J. Wird argumentativ auf die Gestaltungsfunktionen von J gesetzt, gerät sie in die Nähe von →Jugendhilfepolitik als Ressortpolitik (Jugendhilfepolitik und Jugendförderungspolitik der zuständigen Bundes- und Länderressorts) oder von Jugendpolitik als Querschnittspolitik bzw. „Sozialisationspolitik für das Kind" (Lüscher 1979). Werden andererseits die pädagogisch-sozialisatorischen Aufgaben der J in den Vordergrund der Argumentation gestellt, erscheint sie als eine variable Menge sozialpädagogischer Veranstaltungen ganz unterschiedlicher Art, deren einziger gemeinsamer Nenner – in historischer Sicht – ihr „Ursprung in der industriellen Gesellschaft" (Mollenhauer 1959) oder – in ideologischer Sicht – das „Kindeswohl" ist.

*2. Theorie und Geschichte:* Als Fachbegriff ist J erst seit dem RJWG von 1922 geläufig und wird im Gesetzestext – bis in die Gegenwart hinein – synonym dem Begriff Jugendwohlfahrt benutzt. Er faßt seit dieser Zeit, die Zusammengehörigkeit und „Einheit der J" betonend, die beiden Hauptzweige der J, die Jugendpflege und die Jugendfürsorge, zusammen. Bis zum Ende des 19. Jh. wurde der kinderfürsorgerische Teil der J noch als Teil der →Armenfürsorge/-pflege abgehandelt; das, was später Jugendpflege genannt wurde, hatte bis zum Preußischen Erlaß zur Jugendpflege von 1911 noch keinen einheitlichen Namen. Zur Bezeichnung einzelner Vereinigungen zur religiösen und sittlichen, später auch leiblichen und geistigen, nationalen oder „standesspezifischen" Jugendförderung wurde auch begrifflich auf die jeweilige Intention abgehoben: christliche „Jünglingsvereinigungen", Arbeiter-Bildungsvereine, Turnvereine, nationale Jünglings-Bünde etc.. Erst zu Beginn des 20. Jh. wird es üblich, zwischen Jugendpflege (zur Kennzeichnung der auf Freiwilligkeit basierenden Angebote für schulentlassene Jugendliche) und Jugendfürsorge (zur Kennzeichnung des mit Zwangsmaßnahmen verbundenen Teils) zu unterscheiden. Gelegentlich wird zu dieser Zeit entweder Jugendpflege oder Jugendfürsorge noch als Oberbegriff benutzt und von der Jugendfürsorge die (nicht strafrechtlich/repressiv orientierte) Kinderfürsorge abgegrenzt. J bzw. Jugendwohlfahrt kennzeichnen seit den 20er Jahren eher den institutionell-rechtlichen Aspekt, während dann, wenn der pädagogische Auftrag betont werden soll, von →Sozialpädagogik gesprochen wird.

In der Geschichtsschreibung wird J teils mit der Geschichte fürsorglicher oder jugendpflegerischer Veranstaltungen für Kinder und Jugendliche gleichgesetzt, teils in den Zusammenhang spezifischer Konstellationen und Situationen seit Mitte des 19. Jh. gestellt.

Beispiel der ersten Interpretation sind Uhlhorns „Geschichte der christlichen Liebestätigkeit" (1895) oder Scherpners „Geschichte der Jugendfürsorge" (1966). Beide Autoren betrachten die Kinderfürsorge (Waisenerziehung, Sorge um die Findelkinder, Versorgung armer Kinder etc.) als Ausdruck eines überhistorischen, christlich oder humanitär motivierten Hilfe-Willens „gemeinschaftlicher und gesellschaftlicher Gebilde" (Scherpner) gegenüber den – schon aus anthropologischen und entwicklungspsychologischen Gründen – auf Hilfe angewiesenen Kindern, soweit diese aus ihren natürlichen →Gemeinschaften herausfallen. Die historische Entwicklung der J folgt in dieser Sicht einerseits einem „geschärften Bewußtsein" und dem „erweiterten Wissen um die Hintergründe von Erziehungsmängeln", andererseits dem „Wandel der formenden Wirkungen der gemeinschaftlichen und gesellschaftlichen Gliederungen" (Scherpner 1967, 12).

Interpretationen der zweiten Art fassen J enger als einen „konkreten Sachverhalt der Erziehungswirklichkeit" (Mollenhauer 1959, 17), der sich seit Beginn des 19. Jh. allmählich herausbildete und auch erst seither als ein solcher gedeutet wird. Die sozialhistorischen Hintergründe für die Herausbildung der Sozialpädagogik/Jugendhilfe sind demnach die mit der →Industrialisierung verbundenen Phänomene des →Pauperismus, der Auflösung überlieferter Gemeinschaftsformen und der sich hiermit gleichzeitig massenhaft ausbreitenden Kindesvernachlässigung und -verwahrlosung. Ideengeschichtliche Hintergründe sind die teils restaurativen, teils progressiven Deutungsmuster dieser Situation (→Pietismus, Erweckungs- und Rettungshausbewegung, Nationalerziehung und nationale Erneuerung, →Arbeiterbewegung und sozialistischer Kampf) und das Engagement einzelner repräsentativer Persönlichkeiten (→Fröbel, →Wichern etc.) für ein pädagogisches Konzept zur Lösung der sozialen Frage (→Arbeiterfrage). Wie diese Prozesse zu bewerten seien, war bereits in den 20er Jahren, einer Blütezeit sozialpädagogischer Theoriebildung, umstritten.

→Nohl und seine Mitarbeiterin →Gertrud Bäumer – von ihr stammt die berühmte Definition, Sozialpädagogik sei „alles, was Erziehung, aber nicht Familie und Schule ist" – bewegen sich in ihren Interpretationen noch zwischen der oben skizzierten eines immanenten Fortschritts und der Berücksichtigung sozialer Zusammenhänge. Grundlage der gesamten Jugendwohlfahrtsarbeit und aller ihrer „geistigen Energien" (nämlich: →Arbeiterbewegung, →innere Mission der Kirchen, →Frauenbewegung, die sozialpolitische Bewegung der →'Kathedersozialisten', →Jugendbewegung) sei, so Hermann Nohl, *„die neue soziale und sittliche, körperliche und geistige Not, wie* sie im Laufe des 19. Jh. durch die Entwicklung der Industrie, der Großstädte, der Arbeits- und Wohnverhältnisse, aber auch der allgemeinen Aufklärung über die Völker hereingebrochen ist: die *Auflösung aller Bindungen, die den einzelnen Menschen halten, ohne die er ins Bodenlose fällt, und die sich daraus ergebende völlige Wertlosigkeit des Menschen"* *(1927, 2)*. Einen Schritt weiter geht Gertrud Bäumer, indem sie, außer den (insb. der Medizin zu verdankenden) Fortschritten bei der Entwicklung einer wissenschaftlich fundierten methodischen Hilfe bei ‚Fehlentwicklungen' und dem Interesse von Staat, Verbänden und →sozialen Bewegungen an „Linderung der mit der sozialen Frage verbundenen Probleme", auch das Interesse des Staates an einer „Obervormundschaft über die Familie" (Bäumer 1929, 5) als Hintergrund für die →Institutionalisierung der J benennt.

Letzteren Gesichtspunkt stellte →Klumker (1923) in den Mittelpunkt seiner Theorie der Kinderfürsorge, indem er deren rasante Entwicklungen seit Mitte des 19. Jh. als ein Vordringen „gesellschaftlicher Beziehung" – moderner gesagt: als Vergesellschaftung der Erziehung – beschrieb. Die Auflösung der →Familie als Produktions- und Konsumeinheit im Zuge der industriellen Entwicklung, so seine Argumentation, habe notwendigerweise die Erziehungskräfte der Familie geschwächt, die gleichen Entwicklungen haben aber auch neue Anforderungen an die Qualität der →Sozialisation gestellt. Die Übertragung ehemals familiärer Erziehungsleistungen auf gesellschaftliche Gebilde sei stückchenweise in der Regel von wenigen Einzelnen (repräsentativen Persönlichkeiten) initiiert, dann – bei Bewährung – durch spezifische Vereine verallgemeinert und verbreitet und schließlich auf gesetzliche Grundlage gestellt worden. Dabei verlaufe die Karriere einer neuen J-maßnahme nicht konfliktlos. Sie habe sich gegen jene Kräfte, die „sich gegen die Ausdehnung gesellschaftlicher Erziehung sträuben" (S. 655) durchzusetzen, weshalb sich die Träger einer neuen J-maßnahme zunächst meist darum bemühen, die freiwillige Zustimmung der Betroffenen zu erlangen und „gemeinsam mit der Familie zum Ziel zu gelangen" (S. 655). „Überall", stellt Klumker für das Gesamt der J zusammenfassend fest, *„treten Gebilde der Gesellschaft auf, um die Erziehung gewisser Kinder zu beeinflussen. Hinter all den Versuchen der Beratung und Aufsicht, wie den anderen Erziehungsleistungen verschiedener Art, liegt der Entschluß, die Erziehung dieser Kinder in bestimmter Richtung zu leiten. Neben der Familie, mit und gegen sie, sucht man Anschauungen über Erziehung zur Geltung zu bringen, die von der Gesellschaft getragen werden. Kinderfürsorge ist Erziehungsleistung durch gesellschaftliche Veranstaltungen; sie umfaßt zuerst einzelne Erziehungsaufgaben, dann die gesamte Erziehung, sie ergreift zuerst nur einzelne Gruppen besonders schutzbedürftiger Kinder, um sie nach und nach auf größere Kreise auszudehnen"* (S. 675).

Kennzeichnet die Karriere einer J-maßnahme also ihren Weg zu einer staatlich organisierten Maßnahme, so die Form der „fürsorglichen Erziehung" den Typus der familiären/sozialen Kontrolle: *„Eine Gliederung ihrer Formen wird sich zweckmäßigerweise nach ihrer Stellung zur Familie richten, je nachdem, ob sie neben ihr arbeitet, teilweise oder ganz an ihre Stelle tritt. Die einfachste Form ist die Beratung der Familie, die sich zur Aufsicht verschärft, dann Teile der Erziehung selbst ausführt, bis sie die Leitung dieser Erziehung, endlich ihre ganze Durchführung in die Hand nimmt."* (S. 661)

Die verschiedenen Formen, deren Unterscheidungskriterium noch bis in die Gegenwart hinein in der Dreiheit „familienunterstützend", „familienergänzend" und „familienersetzend" fortlebt, existierten – so der Kern der Argumentation – in der J-praxis zwar nebeneinander, bildeten konzeptionell aber eine Einheit.

Klumkers Theorie, die einzige geschlossene in der älteren Literatur, wurde auch in der jüngeren Literatur höchstens begrifflich präzisiert oder gesellschafts-/staatskritisch gewendet. Die meisten neueren Analysen, insb. aus dem Bereich der praxisnahen und reformorientierten Literatur, bleiben hinter ihm zurück und eher der Vorstellung einer progressiv fortschreitenden Durchsetzung pädagogischer Vernunft verhaftet. In kritischer Wendung und begrifflicher Präzisierung haben Barabas u. a. (1975) – Klumker ähnlich – J wiederum als Vergesellschaftung von Sozialisation und Resultat staatlicher Familienauflösung beschrieben. Im Kontext der Debatten um den „Etikettierungsansatz" (→ Kriminalität, 3.2) wurde es zu einer üblichen Denkfigur, J als kontrollierende Instanz – oft in der Wendung „Hilfe und Kontrolle zugleich" – zu kennzeichnen und zu geißeln. Diverse jüngere Arbeiten haben, in Foucault- oder Habermanns-Nachfolge, J unter Gesichtspunkten der → Sozialdisziplinierung oder der „Kolonisierung von Lebenswelten" dargestellt, so etwa Herringer (1986), wenn er präventive J-maßnahmen als „Eingemeindung in das funktionale Netz staatlicher Verwertungsinteressen" beschreibt. Auch Lenhardt/Offes (1977) Interpretation der Funktion von J als Teil der Sozialpolitik („Transformation von Nicht-Lohnarbeitern in Lohnarbeiter") läßt sich in Verbindung mit Klumkers Darstellung bringen. Eine Präzisierung der funktionalen Zusammengehörigkeit der verschiedenen Hilfeformen stammt von H. R. Schneider (1977), indem er begrifflich zwischen „prohibitiven" (repressiven), „balancierenden" (kompensierenden) und „präparativen" (infrastrukturellen) Funktions*gewichten* in J (und → Sozialarbeit insgesamt) unterscheidet. Mit diesen Diskussionen sind stets Debatten um Handlungsspielräume verbunden gewesen. Sie werden in der Regel in einer Stärkung des „präparativen" Funktionsgewichts, in der „Sozialpolitisierung" der J also, die auch die Suche nach externen Bündnis- und Kooperationspartnern in Bildungs- und Sozialpolitik umfaßt (hierzu Böhnisch 1980), und in der Stärkung von Selbsthilfepotentialen (→ Selbsthilfe) ausgemacht.

Von diesen, meist polit-ökonomisch angeleiteten Analysen der J heben sich die neueren Konzeptionen einer „offensiven J", erstmalig im Auftrag des BMJFG formuliert (Mehr Chancen für die Jugend, 1974), deutlich ab. Mangels gesellschaftstheoretischer Einordnung sind deren Begriffe (nämlich: „Autonomie", „Kreativität", „Produktivität", „Sexualität" und „Soziabilität") denn auch zu kaum zu mehr – aber immerhin hierzu – tauglich gewesen, als die Anfang der 70er Jahre anstehende Modernisierung des J-systems anzuleiten.

*3. Realentwicklungen und gegenwärtige Situation:* Klumkers Prognose aus dem Jahr 1928 über die Ausdehnung der Kinderfürsorge „auf immer größere Kreise" ist zur – von manchen schon mit Schrecken wahrgenommen – gesellschaftlichen Wirklichkeit geworden. Gegenüber dem von Münsterberg verfaßten Art. „Kinderfürsorge" in der 3. Aufl. des Handwörterbuches der Staatswissenschaften (1911), konnte Klumker schon auf eine „ungemein vielfältige" Ausdehnung der Kinderfürsorge und eine Reihe neuer Maßnahmen aus den letzten zwei Jahrzehnten verweisen: auf Mutterschutz und → Säuglingshilfe, schulärztliche Tätigkeit, Schulspeisung, Kinderheil- und Erholungsstätten, Ferienkolonien, Fürsorgemaßnahmen für die schulentlassene Jugend, eine Ausdifferenzierung des Anstaltswesens (auch auf „nicht vollsinnige Kinder") und des → Pflegekinderwesens, auf Knaben- und Mädchenhorte, auf Lehrlingsheime und -horte, Fortbildungsschulen für die schulentlassene Jugend, auf Arbeitslehrkolonien für die aus den Hilfsschulen entlassenen Jugendlichen, auf offene Angebote für die alleinstehende weibliche Jugend und auf erste Jugendclubs für die „ungebundene" Jugend. Aufgelistet werden ferner allein für die katholische Seite 1100 Jünglingsvereine mit 150000 Mitgliedern und Gruppen der Marianischen Jungfrauenkongregationen mit einer Gesamtmitgliederzahl von 350000 Mädchen, dazu entsprechende Vereinigungen auf evangelischer Seite in ähnlicher Größenordnung, „neutrale" Lehrlings- und Gesellenvereinigungen, ungezählte Gruppen der Bünde der Jugendbewegung und sozialistischer Jugendvereinigungen.

Ein weiterer Ausbau, gleichzeitig eine verstärkte Durchstaatlichung, →Verrechtlichung, →Pädagogisierung und →Professionalisierung der J erfolgte über das JGG von 1923, die Pädagogisierung der →Fürsorgeerziehung, die Ausdehnung des Pflegekinderschutzes auf die in Anstalten untergebrachten Kinder unter 14 Jahren, die Maßnahmen zur Bekämpfung der →Jugendarbeitslosigkeit in der Weltwirtschaftskrise, über erste Erziehungsberatungsstellen zu Beginn der 30er Jahre, den Ausbau der offenen und geschlossenen Gefährdetenfürsorge für Mädchen, die →Professionalisierung der Familienfürsorge, die Übernahme von Aufgaben des erzieherischen →Jugendschutzes, den Ausbau →Sozialer Frauenschulen und den Aufbau einer staatlichen Jugendpflege. Ohne hierauf näher eingehen zu können: im Faschismus erhielten viele der vorher aufgebauten Maßnahmen zwar ihre typische Ausrichtung, die →nationalsozialistische Kinder- und Jugendpolitik setzte ansonsten aber den schon in der Weimarer Republik angelegten Prozeß der Durchstaatlichung des Privaten noch radikaler fort.

Nach den Wiederaufbau- und Nothilfemaßnahmen der ersten Nachkriegsjahre expandierte die J weiter, sich an den jeweils neuen und neuentdeckten Kinder-, Jugend- und Familienproblemen „entlanghangelnd": im Jahrzehnt nach der Währungsreform als Reaktion auf den geteilten Arbeitsmarkt für Jugendliche durch Maßnahmen im „Kampf gegen die Berufsnot" und durch Lehrlingswohnheimbau, dazu flankierende Jugendschutzmaßnahmen; durch die Hinwendung der Jugendpflege zu den nichtorganisierten Jugendlichen im Kontext von „re-education-Programmen" (→Umerziehung) und der Ost-West-Auseinandersetzungen; durch die Anfänge einer Psychologisierung der J und durch die Übernahme der →Sozialen Einzelhilfe. Mitte der 50er Jahre folgten Reaktionen auf die ersten Jugendunruhen der Nachkriegszeit („Halbstarke"), die „bindungslose Jugend" und die Situation der „Schlüsselkinder" z. B. durch den Aufbau von Mütterschulen und Erziehungsberatungsstellen und einen ersten Erweiterungsschub im Kindergartenbereich.

Die zweite Hälfte der 60er Jahre diente insb. der Konsolidierung und quantitativen Ausdehnung des Erreichten, aber auch der Statusanhebung der Ausbildungsstätten, mit dem dem Arbeitskräftemangel im sozialpädagogischen Bereich begegnet wurde. Das nachfolgende Jahrzehnt brachte der J – teils mit, teils ohne Bezügen zu den „Studentenunruhen" (→Studentenbewegung) – die in Kindergartengesetzen mündende Diskussion um die →Vorschulerziehung, ferner neue Probleme wie Drogen und Alkohol (→Drogenarbeit), den Ausbau von →Jugendzentren und Jugendfreizeitheimen, vielerorts eine →Professionalisierung der →Jugendverbandsarbeit durch Jugendbildungsgesetze, die pädagogische Hinwendung zu den „sozial benachteiligten" Kindern, überhaupt die „Zielgruppenarbeit" und einen entsprechend hohen Stellenwert von Planungs- und Verrechtlichungsvorhaben.

Die 80er Jahre schließlich, häufig als das Jahrzehnt des Sozialabbaus charakterisiert, haben der J zwar deutliche Umschichtungen gebracht – von öffentlichen auf Freie Träger, von „stationären" auf „teilstationäre" und „ambulante" Hilfen, von festen Beschäftigungsverhältnissen auf ABM-Beschäftigungen und Honorarverhältnisse –, aber keine „Versorgungslücken" produziert, sondern den Vergesellschaftungsprozeß von Kindheit und Jugend eher vorangetrieben. Zu neuen – oder erweiterten – Adressatengruppen der J wurden →Ausländer, →Behinderte, jugendliche Straffällige, Mädchen. →Integrations- und →Dezentralisierungskonzepte, →Diversionsprogramme und feinmaschigere Zielgruppenkonzepte, die Entdeckung der Familie als Gesamtklient durch →Sozialpädagogische Familienhilfe und →Familientherapie werden erneut die Frage provozieren, ob nunmehr das „Jahrhundert des Kindes" endlich zu sich gekommen ist oder – wie andere behaupten werden – ein Jahrhundert der →Sozialdisziplinierung seinem erfolgreichen Ende zugeht.

L.: Bäumer, Gertrud, Die historischen und sozialen Voraussetzungen der Sozialpädagogik und die Entwicklung ihrer Theorie; in: Nohl, H./Pallat, L.: Handbuch der Pädagogik, Bd. 5; Berlin, Leipzig, 1929. Barabas, Friedrich, u. a.: Jahrbuch der Sozialarbeit 1976; Reinbek, 1975. Böhnisch, Lothar, u. a.: Jugendpolitik im Sozialstaat; München, 1980. Herringer, Norbert: Präventives Handeln und soziale Praxis; Weinheim, München, 1986. Klumkler, Christian, Kinderfürsorge; in: Handwörterbuch der Staatswissenschaften, hg. v. Conrad, J., u. a., 4. Aufl. Bd. 5; 1923. Lenhardt, Gero/Offe, Claus, Staatstheorie und Sozialpolitik; in: Ferber, Chr. v./Kaufmann, F. X. (Hg.), Soziologie und Sozialpolitik, Sonderheft 19 der KZSS; 1977. Lüscher, Kurt (Hg.): Sozialpolitik für das Kind; Stuttgart, 1979. Mehr Chancen für die Jugend. Zu Inhalt und Begriff einer offensiven Jugendhilfe, hg. v. Bundesminister für Jugend, Familie und Gesundheit; Stuttgart, 1974. Mollenhauer, Klaus: Die Ursprünge der Sozialpädagogik in der industriellen Gesellschaft; Weinheim, Berlin, 1959. Nohl, Hermann: Jugendwohlfahrt; Leipzig, 1927. Scherpner, Hans: Geschichte der Jugendfürsorge; Göttingen, 1966. Schneider, Horst R.: Handlungsspielräume in der Sozialarbeit; Bielefeld, 1977. Uhlhorn, Gerhard: Die christliche Liebestätigkeit; Darmstadt, 1960 (Nachdruck der 2. Aufl. von 1895).

Jürgen Blandow

## Jugendhilfeplanung

*1. Begriff.* J wird hier als Teilplanung der kommunalen →Sozialplanung verstanden. Ihr Gegenstand ist die →Jugendhilfe, worunter i. d. R. dem →Kinder- und Jugendhilfegesetz (KJHG) folgend Hilfen für Kinder und Jugendliche sowie deren Familien verstanden werden. Entsprechend umfaßt J sowohl →Planung fürsorgerischer und pflegerischer Hilfen, aber auch Sozialisationseinrichtungsplanung (z. B. Kindergartenplanung). Sie umschließt nach allgemeiner Auffassung Einrichtungen und Maßnahmen unabhängig davon, ob sie von öffentlichen oder Freien Trägern oder durch Privatinitiative erstellt und unterhalten werden. Diese Ansicht wurde aus §§ 5 und 7 JWG (=Jugendwohlfahrtsgesetz) sowie aus der Entscheidung des Bundesverfassungsgerichts (BVerfGE 22 (1968), Entsch. Nr. 19) hergeleitet. Eine solche rechtliche Verpflichtung des →Jugendamtes zur J bedeutet allerdings nicht zugleich auch eine Bindung der Freien Träger an die J. Damit wird ein wesentlicher Aspekt der J – nämlich die Koordination der Tätigkeiten verschiedener Träger – wiederum stark begrenzt. Eine weitere Begrenzung der J ergibt sich daraus, daß sie Teilplanung ist. Das bedeutet, daß die Ziel/Mittel-Relationen für diese Planung begrenzt sind, weil nur die Maßnahmen sinnvollerweise Bestandteil der J sein können, die auch im Rahmen kommunaler →Jugendpolitik (insb. also durch das Jugendamt) beeinflußbar sind. Wird z. B. →Jugendarbeitslosigkeit als Ursache von Problemen erkannt, so ist der Mitteleinsatz zu ihrer Verminderung durch das Jugendamt außerordentlich begrenzt; Verminderung der Jugendarbeitslosigkeit ist somit kaum ein operationales (Teil-)Ziel der J. – Somit reduziert sich J faktisch auf die in den Arbeitsbereich des Jugendamtes fallenden Maßnahmen.

*2. Aufgaben.* J ist die Planung von →Dienstleistungen einschließlich der für ihre Erbringung notwendigen Einrichtungen. Dabei lassen sich zweierlei Aufgaben der J unterscheiden: Einerseits (a) werden Einrichtungen und Maßnahmen geplant, die gesetzlich vorgeschrieben sind und gegenüber dem Dienstleistungsempfänger gewissermaßen zwangsweise gegeben werden (z. B. →Jugendgerichtshilfe); andererseits (b) existieren Einrichtungen und Maßnahmen, die den Jugendlichen angeboten werden, über deren Annahme aber die jugendlichen Diestleistungsempfänger weitgehend selbst entscheiden (z. B. Angebote in der offenen →Jugendarbeit). Für die ersteren (a) ist, entsprechend den jugendpolitisch bestimmten Zielvorstellungen, lediglich der erforderliche Umfang der Dienstleistung zu prognostizieren; die Art der Dienstleistung, die erbracht werden muß, ist rechtlich fixiert; allerdings können auch gesetzlich fixierte Maßnahmen teilweise durch andere substituiert werden (z. B. statt →Heimerziehung: Pflegefamilien). Im anderen Fall (b) müssen die geplanten Maßnahmen nicht allein den jugendpolitischen Zielen entsprechen, sondern darüber hinaus auch inhaltlich derart ausgestaltet sein, daß sie von den Adressaten angenommen werden, d. h. die Dienstleistungsangebote müssen – wie bei der offenen Jugendarbeit – auf ein Bedürfnis der potentiellen Nutzer stoßen und in der Lage sein, dieses →Bedürfnis auch zu befriedigen.

Planungstheoretisch besteht das Problem für den letzteren Fall darin, daß zwischen den politisch artikulierten Zielvorstellungen der J und den aus den Bedürfnissen der Dienstleistungsempfänger resultierenden Zielvorstellungen Widersprüche existieren können, aber nur bei einer Beachtung der Nutzerwünsche die betreffende Maßnahme (z. B. ein Jugendzentrum) auch wirksam werden kann. Ein zusätzliches Problem ergibt sich daraus, daß sich die Bedürfnisse und Wünsche von Jugendlichen innerhalb relativ kurzer Fristen verändern können (z. B. weil eine „Generation" aus dem Jugendstatus herauswächst, die Nachwachsenden aber andere Bedürfnisbefriedigungen erstreben). Das hat zur Konsequenz, daß J in hohem Maße flexibel sein muß, daß also Einrichtungen und Dienstleistungsangebote veränderbar sein müssen, da sonst die J ihre Aufgabe deshalb nicht erfüllt, weil Jugendliche nicht mehr erreicht werden können.

Aus der erforderlichen Flexibilität (die grundsätzlich für alle Dienstleistungsangebote gilt, deren Nutzung freiwillig ist) resultiert auch, daß die in den einzelnen Einrichtungen der Jugendhilfe stattfindenden Arbeitsprozesse weitgehend von einer Fixierung in Jugendhilfeplänen frei bleiben müssen, weil sie in starkem Maße situationsabhängig sind und deshalb nur in einem kommunikativen Prozeß der jeweils Beteiligten sinnvoll geplant und durchgeführt werden können.

J soll nach allgemein herrschender Vorstellung zugleich auch jugendpflegerische Maßnahmen derart planen, daß sie der →Präventionen dienen können, daß also das zwangsweise Eingreifen durch fürsorgische Maßnahmen nicht notwendig wird. Hierzu ist es vielfach erforderlich, bereits in den Planungsprozeß Methoden der →Gemeinwesenarbeit und der Mobilen Jugendarbeit (→Streetwork) einzubeziehen, um Kontakte zu „gefährdeten" Jugendlichen und ihren Familien zu bekommen, so daß deren Probleme in der J beachtet werden können.

*3. Theorie.* Insoweit J ein Teilgebiet der Sozialplanung ist, stellen sich auch die dort genannten Theorie-Probleme. Auch die J ist in sehr hohem Maße „Theoriearbeit", weil eine einheitliche Theorie der Jugendhilfe, die als Planungsgrundlage dienen könnte, nicht ersichtlich ist. Insoweit muß die Rationalität der J begrenzt bleiben, denn eindeutige Ziel/Mittel-Zusammenhänge zwischen den jugendpolitischen Zielen und den Maßnahmen der Jugendhilfe sind selten bestimmbar. Somit muß J immer ein Verfahren mit erheblicher Ungewißheit bleiben. Deshalb mag es auch sinnvoll sein, J wesentlich auf sozialstrukturelle Analysen (→Sozialstruktur) zu reduzieren, um „Gefährdungspotentiale" zu ermitteln, die als erforderlich angesehenen Einrichtungen dann aber eher situationsabhängig einzurichten.

L.: Bourgett/Preußer/Völkel: Jugendhilfe und kommunale Sozialplanung; Weinheim, Basel, 1977. Deutsches Institut für Urbanistik (difu): Planung der Jugendhilfe (Arbeitshilfe 5); Berlin, 1978. Ortmann, Friedrich: Bedürfnis und Planung in sozialen Bereichen. Zur Theorie der Planung am Beispiel der Jugendhilfe; Opladen, 1983. Peters, Helge (Hg.): Sozialarbeit als Sozialplanung; Opladen, 1982. Siepe, Albert: Reform und Planung in der Sozialpädagogik; Weinheim, Basel, 1985. Strang, Heinz: Jugendplan, hg. v. Stadt Wilhelmshaven (Jugendamt); Wilhemshaven, 1981.

Friedrich Ortmann

**Jugendhilfepolitik**
→Jugendpolitik 1

**Jugendhilfetag**
→Deutscher Jugendhilfetag

**Jugendkriminalität**
J ist die →Kriminalität Jugendlicher (14- bis 17jährige) und Heranwachsender (18- bis 20jährige). Jugendliche und Heranwachsende sind kriminalstatistisch überrepräsentiert. Dieser Befund hat Kriminologen zu vielen Untersuchungen angeregt (Literatur: vgl. Kaiser 1978). Ihre Erklärungen ergeben sich meist aus Variablenzusammenhängen, die sich bei der Analyse der Kriminalität bewährt haben. Von zentraler Bedeutung ist die Schichtvariable. Eine gewisse Aufmerksamkeit gilt auch den Sozialisationsbedingungen in sog. unvollständigen Familien. Selten wird dagegen der Umstand berücksichtigt, daß →Jugend auch eine eigene, unabhängig von anderen sozialen Verhältnissen bestehende Existenz hat (vgl. Bohnsack 1973, 123).

Unter den Kriminologen, die diesen Umstand berücksichtigen, operieren die meisten mit alltagsplausiblen Mängelannahmen: J sei Folge oder Ausdruck davon, daß Jugendliche und Heranwachsende „unreifer" (Schneider 1987, 606), weniger „handlungskompetent" (Bohnsack 1973), zu einer „realitätsadäquaten Normenperzeption" weniger fähig seien (Dillig 1983, 1800) als Erwachsene. Die Bemühungen dieser Kriminologen richten sich großenteils darauf, die sozialen Ursachen derartiger Mängel zu ermitteln.

Solche Mängelannahmen widersprechen einer gegenwärtig verbreiteten allgemeinen kriminologischen These, nach der Kriminalität und damit auch J ein situationell und subkulturell normales Handeln sei, das mit Mängeln des Handelnden nicht zusammenhänge. Diese These begründet den Verdacht, daß die Mängelannahmen eher das Selbstverständnis von Erwachsenen (und der diese Annahmen formulierenden Kriminologen) und weniger empirisch ermittelbare Differenzen zwischen Erwachsenen einerseits sowie Jugendlichen und Heranwachsenden andererseits wiedergeben.

Im Einklang mit (oder jedenfalls nicht im Widerspruch zu dieser allgemeinen These) stehen die folgenden Hypothesen:

1. Im Anschluß an Robert K. Mertons Anomietheorie wäre zu vermuten, daß Jugendliche und Heranwachsende die Erfolgsziele Erwachsener zu übernehmen beginnen, ohne über die Mittel zu verfügen, die erforderlich wären, diese Ziele nonkonform zu erreichen. Die kriminalstatistische Überrepräsentation Jugendlicher und Heranwachsender wäre danach die Folge des so entstehenden „Drucks zum Abweichen".

2. Im Anschluß an jugendsoziologische und subkulturtheoretische Ansätze wäre zu vermuten, daß die Neigung Jugendlicher und Heranwachsender, sich in „altershomogenen" Gruppen zusammenzufinden, zur Bildung von jugendspezifischen Normen und Werten beiträgt, die

von den dominanten gesellschaftlichen Normen und Werten abweichen. Die Überrepräsentation Jugendlicher und Heranwachsender unter Kriminellen wäre danach die Folge der Orientierung an jugendspezifischen Normen und Werten, deren Handlungskonsequenzen von Instanzen sozialer Kontrolle (→Sozialkontrolle), die sich an den dominanten gesellschaftlichen Normen und Werten orientierten, sanktioniert würden.

3. Im Anschluß an Annahmen zur Erklärung des Abbruchs „krimineller Karrieren" wäre zu vermuten, daß kriminelle Jugendliche und Heranwachsende aufgrund ihrer Kontakte mit Instanzen sozialer Kontrolle lernen, ihre künftigen Handlungen so zu steuern, daß sie deren Aufmerksamkeit entgehen (Schäfer 1974, 214f.). Die kriminalstatistische Überrepräsentation Jugendlicher und Heranwachsender wäre danach auf mangelnde Erfahrung im Umgang mit Instanzen sozialer Kontrolle zurückzuführen.

L.: Bohnsack, Ralf: Handlungskompetenz und J; Neuwied, Berlin, 1973. Dillig, Peter, Bedingungen von Rückfälligkeit bei jungen Strafgefangenen – Ein Pfadmodell und seine empirische Prüfung; in: Kerner/Kury/Sessar (Hg.), Deutsche Forschungen zur Kriminalitätsentwicklung und Kriminalitätskontrolle; Köln u.a., 1983. Kaiser, Günther: J. Rechtsbrüche, Rechtsbrecher und Opfersituationen im Jugendalter; Weinheim, Basel, 1978. Schäfer, Helga, Alter und Kriminalität; in: Kriminologisches Journal, H.3, 1974. Schneider, Hans-Joachim: Kriminologie; Berlin, 1987.

Helge Peters

**Jugendorganisationen**
→Jugendverbände

**Jugendpflege**
(trad.); →Jugendarbeit, →Jugendhilfe 1

**Jugendpolitik**
J in der BR ist als eine adressatenorientierte Politik durch eine große Breite von Themen gekennzeichnet. Lebenslagen von Jugendlichen, institutionelle Bereiche wie die Jugendhilfe, die Schule, die Berufsausbildung, Bundeswehr und Zivildienst, Polizei und Justiz sind ebenso Themen der jugendpolitischen Debatten und Öffentlichkeiten, wie die Zukunftsfragen der industriellen Gesellschaften (Wissmann/Hauck 1982). Im weiten Horizont dieser „J als Diskurs" (Schefold/Böhnisch 1989) nimmt sich der Anteil, den J an der praktischen Gestaltung von Institutionen und politischen Prozessen hat, bescheiden aus. J als „operative Politik" erstreckt sich im wesentlichen auf Zuständigkeiten für die Jugendhilfe-, Jugendförderungs- und -schutzpolitik; im Programm einer J als „Querschnittspolitik" soll diese Begrenztheit in Richtung von Mitsprache und Einmischung in bildungs-, ausbildungs-, wehrpolitischen u.a. Zuständigkeiten überwunden werden. Schließlich ist J – wegen der teils zugewiesenen, teils in →sozialen Bewegungen, im „Jugendprotest" immer wieder wahrgenommenen besonderen politischen Rolle der jungen Generationen – immer auch Ort der Diskussion über grundlegende Zukunftsfragen.

*1. Jugendhilfepolitik.* Kern der „praktischen" J ist die Gestaltung und Verwaltung des Bereichs der →Jugendhilfe in Bund, Ländern und Gemeinden. „Basis" der Jugendhilfepolitik sind Einrichtungen, Maßnahmen und Angebote (abstrakt: personbezogene Dienstleistungen), die unterschiedliche Funktionen erfüllen. Um die Institution →Familie herum hat sich ein zunehmend differenziertes Angebot entwickelt: familienergänzend und -stützend Bildungs- und Beratungsangebote und, mit einer zunehmend frauenpolitischen Komponente, Angebote für Mütter und Kinder (wie etwa die →Mütterzentren), Hilfen für besondere Problemlagen und -situationen (Krankheit, Partnerprobleme, Stützung von Ein-Eltern-Familien). Kindertagesstätten, v.a. →Kindergärten, haben sich als soziale Orte etabliert, an denen →Kindheit gelebt und geprägt wird. Die →Jugendarbeit umfaßt ein breites Angebot seitens der Gemeinden, der

→Jugendverbände, Vereine und Initiativen in Form von Jugendzentren, -clubs, regelmäßigen Gruppen, politischen oder sozio-kulturellen Veranstaltungen. Die verstärkten Übergangsschwierigkeiten von Jugendlichen, von der →Schule in die Berufsausbildung und →Erwerbsarbeit, haben sozialpädagogische Hilfe im Rahmen kommunaler, von der Arbeitsverwaltung geförderter wie auch jugendhilfeeigener Projekte anwachsen lassen. Der Erziehungshilfe obliegt die auf Normalisierung zielende sozialpädagogische Arbeit mit Kindern und Jugendlichen, die auffällig geworden, in belasteten Lebenslagen sind. Die faktische Entwicklung in diesem traditionellen Bereich der →Fürsorge geht in Richtung offener präventiver Angebote (vgl. Kreft/Lukas 1990).

Die gesellschaftliche Aufgabe, die J über die Jugendhilfe zu gewährleisten hat, liegt – im Kontext von Lebenslauf und Biographie formuliert – darin, Kinder und Jugendliche im Prozeß ihrer sozialen →Integration und individuellen Verselbständigung zu stützen. Jugendhilfe soll der Sicherung einer sozial risikoarmen Lebensführung dienen. Sie hat so auch disziplinierende Funktion (→Sozialdisziplinierung).

Die Leistungen der Jugendhilfe sind nicht durch subjektiv einklagbare soziale Rechte abholbar, und sie sind ungleich verteilt zwischen Regionen, Großstädten und kleinen Gemeinden (Kreft/Lukas 1990). J als Jugendhilfepolitik hat ihre Grenzen: Sie ist für eine soziale Infrastruktur zuständig, die angesichts der Überlastung von Familien, sozial selektiver Schulen, enger Märkte von Berufsausbildung und Erwerbsarbeit (insb. für sozial benachteiligte Kinder und Jugendliche) immer auch Lückenbüßer ist. Sie erreicht nicht oder nur nachrangig, über Dienstleistungen vermittelt, die weiten Bereiche von Familie, Schule, Berufsbildung sowie die darauf bezogenen Teilpolitiken. So sind die wesentlichen Ausschnitte aus den →Lebenslagen von Jugendlichen sowie die zentralen Prozesse der →Erziehung, →Bildung und Ausbildung, die über die biographische Zukunft von Kindern und Jugendlichen entscheiden, der J praktisch kaum verfügbar. In den jugendpolitischen Öffentlichkeiten wird daher immer wieder für „Einmischung" (Mielenz 1982), für eine J als „Querschnittspolitik" plädiert.

Die öffentlichen Träger der Jugendhilfe (Gemeinden, →Jugendämter und Jugendwohlfahrtsausschüsse) und die Freien Träger (→Wohlfahrtsverbände, →Jugendverbände und deren Zusammenschlüsse, die Jugendringe, die Kirchen, →Gewerkschaften, soziale Initiativen, →Selbsthilfegruppen, Gruppen im Umfeld sozialpädagogischer Ausbildungseinrichtungen u. a.) bilden zusammen mit den politischen Parteien, →Bürgerinitiativen u. a. die jugendpolitische Öffentlichkeit. Sie wird auf Bundes- und Landesebene durch Aggregationsformen der einzelnen Gruppierungen ergänzt. Dazu gehören: der →Bundesjugendring, die →Bundesarbeitsgemeinschaft der Freien Wohlfahrtspflege, die →kommunalen Spitzenverbände, der →Deutsche Verein für öffentliche und private Fürsorge und die →Arbeitsgemeinschaft für Jugendhilfe (AGJ).

Jugendpolitische Öffentlichkeiten haben die Besonderheit, daß bei vielen Trägern unterschiedliche politische Funktionen ineinanderfallen. Vor allem die →Verbände verstehen sich als Organisationen zur Artikulierung und Durchsetzung von Interessen im sozialen Bereich und haben Aufgaben im Vorfeld legislativer Entscheidungen. Sie sind jedoch zugleich Leistungsträger der Jugendhilfe, Exekutivorgane praktischer J mit eigenen Traditionen und Interessen. Deshalb stehen sie, nach dem Ordnungsprinzip der →Subsidiarität, zwischen den Ansprüchen ihrer potentiellen Klientel und der staatlichen Wohlfahrtspolitik, ihren Rechtsgrundlagen und Institutionen. Sie haben so eine „mediatisierende" Funktion gegenüber widersprüchlichen Interessen (Bauer 1978).

J als Jugendhilfepolitik hat Impulse über ein System durchzusetzen, das durch Rechtsgrundlagen, institutionalisierte Angebote, öffentliche Finanzen, professionelle Kompetenz und ehrenamtliches Engagement (→Freiwilligenarbeit) bestimmt wird. In der 80er Jahren war die Entwicklung der Jugendhilfe wesentlich von Impulsen aus der Jugendhilfeszene geprägt, von lokalen und regionalen Projekten, die zu neuen Formen sozialer Arbeit geführt haben. Sie sind von innovationsfreudigen Jugendämtern, Fachgruppen, Gruppen im Umfeld von sozialen Bewegungen, alternativen Szenen, Bürgerinitiativen, Kirchen sowie sozialpädagogischen Aus- und Weiterbildungseinrichtungen getragen worden. Dem →Kinder- und Jugendhilfegesetz (KJHG) von 1990 kommt wesentlich die Funktion zu, den unterschiedlichen Entwicklungen und Innovationen eine solide rechtliche Grundlage zu geben und die regionalen und lokalen Disparitäten nicht zu weit auseinandertreten zu lassen. Dafür ist im neuen KJHG das Instrument der →Planung vorgesehen. Ob diese nicht nur Erfordernissen moderner Verwaltungsrationalität, sondern auch Kriterien von Bedarfsgerechtigkeit, Lebensweltnähe und demokratischer Beteiligung gerecht zu werden vermag, hängt wesentlich vom finanziellen Rahmen (und den Planungskapazitäten in den Jugendamtsbezirken) ab.

*2. Jugendförderungspolitik.* Die finanzielle Förderung nicht-staatlicher Einrichtungen und Maßnahmen nach geltenden Rechtsgrundlagen gehört zu den Aufgaben der öffentlichen Träger. Die Instrumente der Jugendförderung, die über die Verteilung von Mitteln Einfluß auf die Entwicklung von Praxisformen und Angeboten der Jugendhilfe ermöglichen, sind auf Bundesebene der Bundesjugendplan, auf Landesebene die Landesjugendpläne und -programme; in einzelnen Bundesländern auch →Stiftungen. Die Förderungspraxis auf kommunaler Ebene reicht von der unmittelbaren Vergabe von Mitteln seitens der kommunalen Parlamente/des Jugendwohlfahrtsausschusses an Gruppen und Initiativen, von Jahr zu Jahr, bis hin zu Förderungsplänen oder einem Modus pauschaler Mittelvergabe an Stadt- und Kreisjugendringe zur weiteren Verteilung. Neben chronischem Finanzmangel beherrscht die Diskussion um Förderungspolitik v. a. der Zusammenhang von Förderungsstrukturen bzw. -kriterien und Praxisentwicklung. In den inhaltlichen Schwerpunkten der Förderungspolitik spiegeln sich die allgemeinen politischen Erwartungen an Jugendarbeit. Die Aufgabe der Qualifizierung von Jugendarbeit wird über Modellförderung wahrgenommen.

*3. Jugendschutzpolitik.* Historisch ältester Teil einer gesonderten J (zurückgehend auf das preußische Regulativ für Kinder- und Jugendarbeit von 1832) ist der Bereich des →Jugendschutzes (Gernert 1985). Während der Jugendarbeitsschutz in der →Arbeitsverwaltung bzw. Arbeitspolitik ressortiert ist, obliegen den Jugendbehörden und Ministerien die Belange des Schutzes der Jugend vor Gefährdungen in der Öffentlichkeit und durch die →Medien. Dieser „gesetzliche" Jugendschutz beinhaltet, im wesentlichen auf der Grundlage des „Gesetzes zum Schutz der Jugend in der Öffentlichkeit", novelliert 1985, und des „Gesetzes über die Verbreitung jugendgefährdender Schriften", Normen, welche die Zugänglichkeit von Kindern und Jugendlichen, gestaffelt nach Altersgruppen, zu jugendgefährdenden Orten und Medien regeln. Dies geschieht einerseits über Zugangsbeschränkungen (zu Spielhallen, Filmvorführungen, Videotheken), Kaufbeschränkungen (von Alkohol, Nikotin) und Vertriebsbeschränkungen (von Printmedien, Tonträgern, Filmen).

Das Konzept des Jugendschutzes hat durch die Entwicklung auf dem Mediensektor Anfang der 80er Jahre eine Renaissance erfahren. Die Entwicklung neuer Unterhaltungsformen wie z.B. elektronisch gesteuerter Spiele, neuer

Medienträger wie des Video-Fernsehens sowie die Expansion der „Software" anbietenden Märkte hat das Gefährdungspotential erhöht. Das Vordringen ethisch und ästhetisch problematischer Waren und Dienstleistungen in die „privaten" Lebenswelten hat die Jugendschutzidee selbst an eine Grenze gebracht. Jugendschutz in der durchorganisierten Mediengesellschaft ist endgültig auf die Autonomie der betroffenen Kinder, Jugendlichen und Eltern, auf deren eigene kulturelle Maßstäbe und Werte verwiesen.

*4. J als „Querschnittspolitik"* hat den Anspruch, →Lebenslagen von Jugendlichen in allen gesellschaftlichen Bereichen und quer durch die Teilpolitiken zu gestalten (Westphal 1976). Dieses Konzept ist zentrale Grundlage des Selbstverständnisses von jugendpolitischen Interessengruppen und hat die öffentliche Auseinandersetzung über Lebenslagen, Belastungen, Benachteiligungen, über Interessen und Bedürfnisse sowie gesellschaftspolitische Strategien zum Inhalt. Zurückgeblieben hinter den für die 70er Jahre kennzeichnenden Erwartungen an eine adressatenorientierte →Gesellschaftspolitik sind die operativen Grundlagen von J als Querschnittspolitik. In den politischen Systemen auf Bundes- und Landesebene wie auch auf der kommunalen Ebene sind kaum Zuständigkeiten und Verfahren institutionalisiert, die gewährleisten, daß die aus den Lebenslagen von Jugendlichen heraus formulierten Ansprüche in den einzelnen Fachressorts regelmäßig Berücksichtigung finden.

Der Widerspruch zwischen Programmatik und Zuständigkeit, der J kennzeichnet, ist historisch gewachsen und entspricht den politischen Grundstrukturen der BR: der nur partiellen Zuständigkeit von Politik für die Lebenslagen von Gruppen; der Wahrnehmung dieser Zuständigkeit in Institutionen, die auf die Bewältigung von Aufgaben wie Bildung, öffentliche Ordnung etc. orientiert sind und nicht auf Adressatengruppen; der kompensatorischen Bearbeitung von →sozialen Problemen durch neue Dienste anstelle einer Reform der →Institutionen.

Die gegenwärtige Erweiterung politischen Denkens vom Paradigma der Verteilung zum Paradigma der Lebensweise hat auch die jugendpolitischen Debatten berührt; J wird auch als *„Zukunftspolitik"* verhandelt. Praktischen Schub hat dieser Denkansatz v. a. durch den „Jugendprotest" Anfang der 80er Jahre erhalten. Die vom BT eingesetzte Enquete-Kommission „Jugendprotest im demokratischen Staat" (Hauck/Wissmann 1982) hat, über die Parteien hinweg, die von ihr zu verhandelnden Phänomene in den Kontext einer Krise der Gesellschaft gestellt, wie sie v. a. von den neuen →sozialen Bewegungen, der Friedens-, Ökologie- und Frauenbewegung deutlich gemacht worden ist. Auch die jugendpolitische „Szene", Jugendverbände, Jugendringe, Initiativen und Gruppen von Jugendlichen sind dem Ansatz verpflichtet, die Dauerfrage des Verhältnisses von Jugend und Gesellschaft als Zukunftsproblem abzuhandeln. Stärker noch als dies für das Konzept einer J als Querschnittspolitik gilt, sind in dem Konzept einer J als Zukunftspolitik die diskursiven und operativen Dimensionen von Politik entkoppelt. Jugend gilt als „Ort", an dem Zukunftsprobleme abseits der desillusionierenden Handlungsnotwendigkeiten und Eigengesetzlichkeiten der Tagespolitik verhandelt werden können.

*5. Perspektiven.* Im Zuge der Pluralisierung der Lebenslagen und der Individualisierung der Lebensführung von Kindern, Jugendlichen und Familien (Achter Jugendbericht) wird die Nachfrage nach einer differenzierten, auf unterschiedliche Lebenslagen zugeschnittenen Adressatenpolitik zunehmen. Die drängenden Integrationsprobleme, die mit der Vereinigung beider dt. Staaten sich stellen, verstärken diesen Trend hin zu einer „aktiven" →Sozialpolitik. In diesem Rahmen gewinnen auch soziale

Dienste an Bedeutung; die Unterschiedlichkeit der Verhältnisse in Regionen und Gemeinden verstärken dabei die Rolle, die der kommunalen Ebene in der Gestaltung der Sozialpolitik und der Jugendhilfe zukommt. Damit sind die Anforderungen gegeben, das politische Gewicht von J als Adressatenpolitik zu stützen und die Handlungsspielräume v. a. in den Gemeinden zu verbessern. Das demographische Schrumpfen der nachwachsenden Generationen wird den Druck auf eine (die verschiedenen Ebenen und gesellschaftlichen Bereiche integrierende, für alle Jugendlichen soziale Teilhabe und Optionen sichernde) Gesellschaftspolitik erhöhen.

Daß der Wechsel der Generationen – als ein Bewegungsmoment moderner Gesellschaften – weiterhin unter dem Vorzeichen der Sicherung der Zukunft menschlichen Lebens auf diesem Planeten schlechthin steht, scheint angesichts der globalen Entwicklungen evident; der jugendpolitischen Öffentlichkeit wird der Part, die großen Themen immer wieder gegen die Normalität des alltäglichen politischen Lebens behandeln zu müssen, erhalten bleiben.

L.: Bauer, Rudolph: Wohlfahrtsverbände in der Bundesrepublik; Weinheim, Basel, 1978. Bericht über Bestrebungen und Leistungen der Jugendhilfe – Achter Jugendbericht der Bundesregierung; Bonn, 1990. Böhnisch/Schefold: Lebensbewältigung. Soziale und pädagogische Verständigungen an den Grenzen der Wohlfahrtsgesellschaft; Weinheim, München, 1985. Gernert, Wolfgang: Jugendschutz und Erziehung zur Mündigkeit. Zur Theorie und Praxis eines sozialpädagogischen Aufgabenfeldes; Frankfurt/M., 1985. Hornstein, W., Sozialwissenschaftliche Jugendforschung und gesellschaftliche Praxis; in: Beck, Ulrich (Hg.), Soziologie und Praxis. Sonderband I der Sozialen Welt; Göttingen, 1982. Jordan/Sengling: Jugendhilfe; Weinheim, München, 1988. Kreft/Lukas: Forschungsprojekt, „Neue Handlungsfelder in der Jugendhilfe"; Nürnberg (ISKA), 1990 (Ms). Nikles, Bruno W.: J in der Bundesrepublik Deutschland; Opladen, 1978. Schefold/Böhnisch, J; in: Markefka/Nave-Herz (Hg.), Handbuch der Familien- und Jugendforschung. Bd. 2: Jugendforschung; Neuwied, Frankfurt/M., 1989. Westphal, H., Was ist J?; in: deutsche jugend, 24 Jg., 1976, H. 11. Wissmann/Hauck (Hg.): Jugendprotest im demokratischen Staat. Enquete-Kommission des Deutschen Bundestages; Bonn, 1982.

Werner Schefold

## Jugendpolizei

Mit der Renaissance präventivpolizeilicher Konzepte in den 70er Jahren gab es in verschiedenen Bundesländern verstärkte Bemühungen, zur Bekämpfung der →Jugendkriminalität Modelle polizeilicher Jugendarbeit zu entwickeln und in die Praxis umzusetzen. Ganz im Sinne des zu dieser Zeit vom BKA-Präsidenten Herold angemeldeten gesellschaftssanitären Führungsanspruchs der →Polizei, sollten spezialisierte Jugendpolizisten nicht nur mit eigenen Freizeitangeboten in die Lebensräume von Jugendlichen eindringen, sondern zugleich systematisch die Zusammenarbeit mit pädagogischen Institutionen wie der →Schule, Jugendfreizeitheimen (→Heime) und →Vereinen entwickeln.

Die heftige Kritik v. a. aus Sozialarbeiterkreisen und von →Jugendverbänden an dieser „Verpolizeilichung der →Jugendarbeit" hat im Ergebnis dazu geführt, daß entsprechende Versuche bis heute nur punktuell geblieben sind. Jenseits des Problems professioneller Konkurrenz zweier Instanzen sozialer Kontrolle (→Sozialkontrolle) setzte die Kritik zurecht v. a. daran an, daß polizeiliche und pädagogische Tätigkeit diametral entgegengesetzten Interventionslogiken folgen, die sich nicht positiv synthetisieren lassen, sondern bei einem solchen Versuch zu unauflösbaren Spannungen führen müssen. Unter dem rechtlichen Gebot des Verfolgungszwanges (Legalitätsprinzip) muß die Polizei primär mit repressiven Mitteln Straftäter ermitteln und überführen, während Jugendarbeit eine auf Vertrauen angewiesene Form langfristiger pädagogischer Einflußnahme ist.

Falco Werkentin

## Jugendpsychiatrie
→ Kinder- und Jugendpsychiatrie

## Jugendreligionen

J (auch: Jugendsekten, Psychosekten, religiös-charismatische Jugendgruppen, destruktive Jugendkulte, religiöse jugendliche Subkulturen, neo-religiöse Jugendbewegungen) werden häufig als Sammelbegriff für ganz unterschiedliche religiös-spirituelle und weltanschauliche Gruppenphänomene, Gemeinschaften und Organisationen aufgefaßt, die seit Anfang der 70er Jahre zunächst in den USA auftauchten und ein wenig später auch in Westeuropa Einzug hielten.

Jenseits der verschiedenen religiösen und weltanschaulichen Lehren der einzelnen Bewegungen, Gebilde und Organisationen, die i.d.R. unter den Begriff J subsumiert werden („Kinder Gottes" bzw. die „Familie der Liebe", „Internationale Gesellschaft für Krishna-Bewußtsein" bzw. „Hare Krishna", „Vereinigungskirche" bzw. „Mun-Sekte", „Sea Org der Scientology Kirche" bzw. „Dianetic Colleges", „Divine Light Mission" bzw. „Divine United Organizations", „Ananda Marga" bzw. „PROUT-Bewegung", „Transzendentale Meditation", „The Way International", „Religion des Rajneeshismus" bzw. „Bhagwan" oder „Neo-Sannyas", auch spezifische Formen und Inhalte evangelikaler Spiritualität im Kontext charismatisch-pfingstlerischer und pietistisch-fundamentalistischer Gruppierungen sowie eine transzendental-religiös und lebensreformerisch-ökologisch orientierte Alternativszene), weisen diese jedoch (a) in den Grundzügen nichtkonformer religiös-spiritueller Vergemeinschaftung (zumeist außerhalb der traditionellen Amtskirchen) und (b) in ihren Auswirkungen auf Jugendliche und junge Erwachsene starke Gemeinsamkeiten auf.

Bei den für bestimmte Jugendliche aus verschiedenen Gründen außergewöhnlich attraktiven J handelt es sich um eine Bewegung mit fließenden und unscharfen Rändern sowie mit synkretistischen Mischformen verschiedener Symbole, Rituale und Deutungsmuster aus westlichen und östlichen Kulturkreisen, Mythen, Psychokulturen und Religionen. J, die häufig exklusiv missionarisch und manchmal quasi-therapeutisch auftreten, Lebenssinn und Heilsgewißheiten versprechende Züge aufweisen und nicht selten auf eine dualistische Gegenüberstellung von Gut und Böse, „gerettet" und „verdammt" fixiert sind, scheinen Überschaubarkeit, Orientierung, Harmonie, Geborgenheit und zuweilen auch Erlösung mitten in einem diffusen Sinn-Vakuum einer zukunfts-, sinn- und identitätssezierenden, technokratischen und fast ausschließlich materialistisch geprägten Gesellschaft im Kontext von Ersatzwelten zu versprechen.

In diesem Zusammenhang können J als Versuche gedeutet werden, die generelle Unsicherheit, Sinnkrise und kulturelle Desorientierung fortgeschrittener Industrie- und Dienstleistungsgesellschaften durch verbindliche und identitätsstiftende Glaubenssysteme aufzulösen. Dabei können allerdings im Rahmen einer straff organisierten Gruppe und einer international weit verzweigten sowie streng hierarchisch und autoritär funktionierenden Organisation sehr rigide Binnenkontrollen entstehen, die, jenseits der Durchlässigkeit und Offenheit von Gruppengrenzen in ihren gottnahen, charismatisch-führerbezogenen und zuweilen im wahrsten Sinne des Wortes ausbeuterischen Ausprägungen, das „Ich" eines Jugendlichen bekehrungsmethodisch und bewußtseinsverändernd (eine oftmals frei gewählte „Seelenwäsche") umzumontieren und auszulöschen trachten.

Die Entstehung der neuen J signalisieren neben dem Monopolverlust der traditionellen Amtskirchen in religiösen Bereichen die Erosionstendenzen der kirchlichen Sozialmilieus und sind ganz generell im Zusammenhang einer „Wiederverzauberung der Welt", einer Hinwendung zur Astrologie, Mystik etc. und einer „Renaissance des Spiritismus, des Hexenkults, des Schamanismus und Satanismus, der Magie und des Okkulten" zu betrachten. Insofern können sie auch als eine religiöse Herausforderung verstanden werden. Eine merkwürdige Mischung aus der Beschäftigung mit feinstofflichen Jenseitserfahrungen und dem geheimnisvollen Kitzel des Übersinnlichen (Gläser- und Tischerücken, Trance, Pendeln, Tarotkartenlegen sowie andere Orakelpraktiken), aus Esoterik, Meditations- und Versenkungsprozessen, Spiritualität und martialischen Geisterbeschwörungen scheint die (jugend-)religiöse Szene zu prägen.

Bernd Dewe, Wilfried Ferchhoff

## Jugendrichter

Im Mittelpunkt des Jugendgerichtsverfahrens steht der J. Er ist Dramaturg und Regisseur eines Entscheidungsprozesses, der aufgrund der Kombination von Tat- und Täterstrafrecht durch einander widersprechende Zielvorgaben bestimmt ist: Strafanspruch des Staates, Wahrung der Freiheitsrechte des Beschuldigten und Ermittlung von Erziehungsdefiziten, die in der Tat zum Ausdruck gekommen sein müssen. Als Einzelrichter entscheidet der J dabei allein, beim Schöffengericht zusammen mit zwei Laienrichtern und bei der Strafkammer mit zwei weiteren Berufs- und zwei Laienrichtern (→Jugendschöffen).

Nach dem Jugendgerichtsgesetz (JGG) soll der J erzieherisch befähigt und in der Jugenderziehung erfahren sein. Er soll zugleich Vormundschaftsrichter sein und über Kenntnisse aus den Gebieten der Pädagogik, Jugendpsychologie, Jugendpsychiatrie, Kriminologie und Soziologie verfügen. Um die erst in der jugendstrafrechtlichen Praxis erwerbbaren Erfahrungen auch nutzbar werden zu lassen, soll ein häufiger Wechsel bei den Richtern der →Jugendgerichte vermieden werden.

Diesen Anforderungen des Jugendgerichtsgesetzes entsprechen die J nur zum Teil. Die erzieherische Befähigung und Erfahrung, die sie selbst als sehr wichtig erachten, spielt bei der Zuweisung von Richtern zu den Jugendgerichten nicht die ausschlaggebende Rolle: Sie ist oft zufällig und von den personellen Ressourcen bei der Geschäftsverteilung abhängig. Weniger als die Hälfte der J gelangt aufgrund eigener Bemühungen in diese, keineswegs karrierefördernde berufliche Position. Die vom Gesetzgeber geforderten und von den J selbst reklamierten Fähigkeiten (Sensibilität im Umgang mit Jugendlichen; Verständnis für Jugendprobleme; diagnostische Kompetenz etc.) kennzeichnen den J nur unzureichend. Zwischen dem Selbstbild der J und der erfahrungsgesättigten Fremdeinschätzung durch Jugendgerichtshelfer und betroffene Jugendliche besteht teilweise eine erhebliche Differenz.

Das vielfach heroisierte Idealbild des verständisvollen und pädagogisch kompetenten J resultiert u. a. aus der verklärten Verallgemeinerung herausragender J (wie Allmenröder, Blumenthal, Herz, Holzschuh und Köhne), deren paternalistische Strenge und Widerborstigkeiten heute nicht mehr gesehen werden.

Obwohl fast alle J sich für eine längere Amtszeit aussprechen, verbleiben sie im Durchschnitt nur sieben Jahre in dieser Position. Die Forderung nach einer Personalunion von J und Vormundschaftsrichter ist die Ausnahme. Der ausschließlich auf Jugendstrafsachen spezialisierte J existiert nur in vier von zehn Fällen. Viele Richter üben dieses Amt nebenbei aus, v. a. neben ihrer Tätigkeit als Strafrichter. Insb. diese Position in der allgemeinen Strafgerichtsbarkeit prägt ihre überwiegend positive Bewertung strafender Sanktionen und ihre Vorbehalte gegenüber ambulanten erzieherischen Maßnahmen (→Diversion).

Wenn sich die weiblichen von den männlichen J unterscheiden, dann ist es ihre größere Skepsis gegenüber den freiheitseinschränkenden Sanktionen.

L.: Adam/Albrecht/Pfeiffer: J und Jugendstaatsanwälte in der Bundesrepublik Deutschland; Freiburg/Br., 1986. Hauser, Harald: Der J – Idee und Wirklichkeit; Göttingen, 1980. Pommering, R., Das Selbstbild des deutschen J; in: Monatsschrift für Kriminologie und Strafrechtsreform 1982/2, 3–9.

Siegfried Müller

## Jugendschöffen

Die Schöffen des J-gerichts und der Jugendkammer (→Jugendgerichte) haben in der Hauptverhandlung die gleichen Rechte wie die Berufsrichter. Beim J-gericht können die beiden Schöffen, es muß immer ein Mann und eine Frau sein, den Berufsrichter in allen zur Entscheidung anstehenden Fragen überstimmen. Bei der Jugendkammer, die mit drei Berufsrichtern und zwei J besetzt ist, können sie, soweit eine Zweidrittelmehrheit erforderlich ist, Entscheidungen der Berufsrichter verhindern. Von diesen Möglichkeiten machen die Laienrichter nur äußerst selten Gebrauch. Wenn es überhaupt zu Kontroversen mit den Berufsrichtern kommt, dann beziehen sie sich zumeist auf die Straffolgen und weniger auf Fragen nach der Schuld.

Die J werden auf Vorschlag des Jugendhilfeausschusses (→Jugendämter 1) unter Berücksichtigung der geschlechtlichen Parität für die Dauer von vier Jahren vom Schöffenwahlausschuß gewählt. In die Liste aufgenommen werden Personen aufgrund von Vorschlägen der Parteien, →Wohlfahrtsverbände, Kirchen und Vereine der →Jugendhilfe. Die J müssen Deutsche sein, zum Schöffenamt geeignet und fähig sein und mindestens seit einem Jahr im Bezirk des Jugendhilfeausschusses wohnen. Sie sollen erzieherisch befähigt und in der Jugenderziehung erfahren sein. Diese pädagogische Kompetenz und Erfahrung ist im Gesetz (§ 35 JGG) nicht konkretisiert. Ob hier allerdings die bloßen Erziehungserfahrungen mit eigenen oder fremden Kindern ausreichen, ist ebenso umstritten wie die Forderung nach einer abgeschlossenen einschlägigen Ausbildung (z.B. als Psychologe, Psychiater, Sozialpädagoge, Lehrer).

Die unterschiedlichen Anforderungsprofile sind eng verbunden mit dem jeweiligen Funktionsverständnis von Laienrichtern im Jugendstrafprozeß. Je stärker der Erziehungsgedanke des Jugendstrafrechts in den Vordergrund gerückt wird, desto anspruchsvoller sind die Forderungen nach einer auch formal ausgewiesenen pädagogischen Kompetenz der J. Im Ergebnis läuft dies, wie beim Handels-, Arbeits- und →Sozialgericht, auf einen Fachschöffen hinaus. Dem entspricht tendenziell schon heute die reale Zusammensetzung der Schöffen in der Jugendgerichtsbarkeit. Die meisten von ihnen kommen aus pädagogischen Berufen.

L.: Delitzsch, W., Empfiehlt es sich, den J durch einen ehrenamtlich tätigen Jugendfachrichter zu ersetzen?; in: Monatsschrift für Kriminologie und Strafrechtspflege, 1979/1, 26–33. Hauber, R., Ist die Laienbeteiligung im Jugendstrafverfahren noch vertretbar?; in: Zentralblatt für Jugendrecht und Jugendwohlfahrt 1978/8, 329–339. Klausa, Ekkehard: Ehrenamtliche Richter; Frankfurt/M., 1972. Villmow/ter Veen/Walkowiak/Gerken, Die Mitwirkung von Laien in der (Jugend-)Strafgerichtsbarkeit; in: Ostendorf (Hg.): Integration von Strafrecht und Sozialwissenschaften; München, 1986.

Siegfried Müller

## Jugendschutz

Die wesentliche *Aufgabe* des J kann darin gesehen werden, Gefährdungen junger Menschen in einer modernen Industriegesellschaft entgegenzuwirken.

Dabei lassen sich insbesondere zwei Ansatzpunkte *(Reaktionsformen)* unterscheiden. Einmal geht es im Rahmen des J um Ge- und Verbote, die junge Menschen, v.a. aber auch Erwachsene betreffen *(repressiver J)*. Daneben – und dies ist für die →Jugendhilfe als sozialpädagogische Praxis wichtiger – bezieht sich der *erzieherische J* (vgl. dazu auch § 5 Abs. 1 Nr. 8 JWG) auf vorbeugende und restituierende Lern- und Entwicklungsangebote für junge Menschen.

*Rechtliche Grundlagen* des J finden sich, abgesehen von J-bestimmungen im Strafrecht und im Jugendarbeitsschutz, der sich als Teil des Arbeitsschutzes (→ Arbeiterschutz) eigenständig entwickelt hat, insb. im Gesetz zum Schutz der Jugend in der Öffentlichkeit (JÖSchG), dem Gesetz über die Verbreitung jugendgefährdender Schriften (GjS) und dem Jugendwohlfahrtsgesetz (vgl. § 4 Ziff. 7 und § 5, Abs. 1 Ziff. 8; neu: →Kinder- und Jugendhilfegesetz).

Als wesentliche *Arbeitsfelder* des J lassen sich bestimmen: 1. Jugendmedienschutz; 2. Suchtmittelprophylaxe; 3. Schutz von Kindern und Jugendlichen vor Gewalt.

*1. Jugendmedienschutz*
Zentrale Grundlagen des Jugendmedienschutzes sind die rechtlich (JÖSchG und GjS) gegebenen Möglichkeiten zur Beschränkung der Verbreitung jugendgefährdender Schriften. Die auf Bundesebene etablierte →Bundesprüfstelle für jugendgefährdende Schriften kann auf Antrag des zuständigen Bundes- oder Landesjugendministers, von Landesjugendämtern oder →Jugendämtern Indizierungen aussprechen, d. h. für jugendgefährdende Schriften (Bücher, Zeitschriften, auch Ton- und Bildträger usw.) Vertriebsbeschränkungen erlassen. Für Spielfilme werden gemäß § 6 JÖSchG Altersgrenzen festgelegt (auf der Grundlage der Prüftätigkeit der „Freiwilligen Selbstkontrolle der Filmwirtschaft (FSK)"). Auch Videofilme und andere Bildträger fallen grundsätzlich unter die Kontrollmöglichkeiten des Gesetzes über die Verbreitung jugendgefährdender Schriften. Danach dürfen Videofilme nur nach den gleichen Kriterien Kindern und Jugendlichen zugänglich gemacht werden, wie dies bei Kinospielfilmen der Fall ist. Bei Videofilmen, die im privaten Bereich abgespielt werden, können diese Abgabebeschränkungen lediglich die Praxis der kommerziellen Händler beeinflussen, haben jedoch im Regelfall keinen Einfluß auf die private Abspielsituation. Personensorgeberechtigte sind zudem Kraft des verfassungsrechtlichen Elternrechts (→ Recht und Erziehung) nicht an die Einhaltung der Altersgrenzen gebunden.

Die rechtliche Regelung des Jugendmedienschutzes in der BR birgt allerdings einige Probleme. Einerseits wirft die Möglichkeit der staatlichen Kontrolle die Frage nach einer in Grenzbereichen verfassungswidrigen Zensur auf, andererseits weist gerade auch die Durchsetzung neuer →Medien (v. a. von Videos) rasch auf die Grenzen der Kontrollierbarkeit und der Steuerbarkeit des Medienkonsums. Von daher zeigt sich hier die Notwendigkeit, stärker auf die Möglichkeiten einer aktiven und junge Menschen in Auseinandersetzungen und Lernprozesse einbeziehenden →Medienpädagogik zu setzen.

*2. Suchtmittelprophylaxe*
Im Rahmen des gesetzlichen J geht es hier v. a. um Abgabebeschränkungen (Alkohol), Einschränkungen des Konsums (Rauchverbot für Kinder und Jugendliche unter 16 Jahre in der Öffentlichkeit) und um umfassende Restriktionen im Bereich „illegaler" Drogen. Neben diesen, immer wieder zu unterlaufenden, z. T. auch schwer zu kontrollierenden repressiven Maßnahmen, bezog sich Suchtprophylaxe lange Zeit auf eine medizinisch orientierte Sachaufklärung. Heute ist demgegenüber die Erkenntnis gewachsen, daß bei Suchtproblemen nicht mangelnde Information von zentraler Bedeutung ist, sondern daß psychosoziale und soziokulturelle Faktoren eine ausschlaggebende Rolle spielen. Hieraus ergibt sich die Notwendigkeit zu einem umfassenderen und komplexeren Ansatz der Suchtmittelprophylaxe (→ Drogenarbeit).

Insbesondere mit Blick auf den Medikamentenkonsum junger Menschen (z. T. bei Kindern auch durch Eltern forciert; →Arzneimittel), geht J über in allgemeine →Gesundheitserziehung. Eine wirkungsvolle Suchtmittelprophylaxe wird ohne Einflußnahme auf gesellschaftliche Strukturen, Normen und Werte nicht zu realisieren sein. Suchtmittel gehören zum Alltag dieser Gesellschaft. Erst Veränderungen auf dieser Ebene könnten dazu führen, daß auch der Umgang von Kindern und Jugendlichen mit legalen und illegalen →Drogen erkennbar verändert wird.

*3. Gewalttätigkeit gegen Kinder und Jugendliche*

Im Selbstverständnis des J ist in den letzten Jahren auch eine erhöhte Sensibilität für die Gewalt, deren Opfer Kinder und Jugendliche sind, gewachsen. Waren →Kindesmißhandlung und →sexueller Mißbrauch von Kindern, v. a. wenn diese im Intimbereich der →Familie oder im privaten Nahraum angesiedelt waren, in der Vergangenheit mehr oder weniger tabuisiert, so zeigt sich heute, daß mit den Möglichkeiten und Mitteln des J diese Fragen konsequenter und offensiver angegangen werden. Auch in diesem Bereich zeigt sich, daß sanktionsorientierte Maßnahmen (Strafgesetzbuch) nur geringe Ausstrahlungskraft haben (hohe →Dunkelziffer). Ausgehend von einer eindeutigen Parteilichkeit der Jugendhilfe/des J für mißhandelte und mißbrauchte Kinder und Jugendliche gilt es, zukünftig verstärkt →Aufklärungskampagnen durchzuführen, konkrete Hilfen für betroffene Kinder und Jugendliche anzubieten (z. B. Kinderschutzzentren, Kindersorgentelefon etc.) und gleichzeitig, mit Hilfe spezieller pädagogisch-therapeutischer Programme, Einstellungs- und Verhaltensänderungen bei Erwachsenen zu bewirken.

*4. J in weiteren Gefährdungsbereichen*

Über die genannten Themen hinaus hat sich J auch mit →Gefährdungen zu beschäftigen, die nicht primär „jugendspezifisch" sind, aber für die Entwicklung junger Menschen doch große Bedeutung haben. Hierzu zählen beispielsweise die Bereiche „Jugend und →AIDS", Spielhallen/Geldspielgeräte ( →Spielsucht) und →Jugendreligionen. Auch wenn Jugendliche nicht zu den primären „Risikopopulationen" im AIDS-Bereich gehören, aufgrund gesetzlicher Verbote und Kontrollen von Spielhallen und Geldspielgeräten möglicherweise ferngehalten bzw. durch Ausübung elterlicher Rechte (Umgangsverbot) aus dem Anziehungskreis von religiösen Sekten herausgehalten werden können, so reichen diese Feststellungen jedoch nicht aus, um spezifisch jugendbezogene Aktivitäten in diesem Bereich zu verneinen.

So ergibt sich aus der Gefährdung junger Menschen durch eine HIV-Infektion die Möglichkeit und die Notwendigkeit einer offensiven →Sexualpädagogik, die über die bloße Gefährdungsreduktion hinaus helfen kann, die Einstellung junger Menschen zu ihrer →Sexualität und zu der ihrer Partner/Partnerinnen zu entwickeln. Im Problembereich der Spielhallen und Spielgeräte zeigt sich die Notwendigkeit, über einen bloß repressiven J hinaus bei jungen Menschen Kreativität und soziale Kommunikation zu fördern, um alternative Freizeitgestaltungsmöglichkeiten aufzuzeigen und zu entwickeln. Dies gilt sinngemäß auch für den ganzen Sektor des Videokonsums, der Telespiele etc. Am Problembereich der Jugendreligionen zeigt sich weiterhin, daß deren Attraktivität für junge Menschen grundsätzlicher auf Probleme der Orientierung und Sinnfindung verweist, die so wiederum positive Herausforderungen für J, Jugendhilfe und →Sozialpädagogik schlechthin werden müßten.

Insgesamt ließe sich resümieren, daß in einer „offenen" Gesellschaft aus den deutlich erkennbaren Grenzen und negativen Folgeproblemen staatlicher Steuerungen (Ge- und Verboten) verstärkt die Konsequenz zu einem nicht verdrängenden J, d. h. einem primär und zentral pädagogisch ausgestalteten Angebot des J folgen muß. Junge Menschen müssen befähigt werden, mit gesellschaftsimmanenten Risiken und Bedrohungen ihrer eigenen persönlichen Entwicklung selbstbewußt und in Kenntnis von Alternativen umzugehen.

L.: Gernert/Stoffers: Das Gesetz zum Schutz der Jugendlichen in der Öffentlichkeit. Kommentar; Hamm, 1985. Harrer, F.: Jugendschutzgesetze; München, 1985. Tillmann/Gernert (Hg.): J in der Jugendhilfe; Opladen, 1981. Scholz, R.: J; München, 1985.

Erwin Jordan

**Jugendschutzpolitik**
→Jugendpolitik

**Jugendschutzstellen**
J sind Einrichtungen zur vorübergehenden →Inobhutnahme von Kindern und Jugendlichen nach § 1 des Gesetzes zum Schutze der Jugend in der Öffentlichkeit (JÖSchG). Hierbei handelt es sich v.a. um Kinder und Jugendliche, die aus Herkunftsfamilie bzw. einem →Heim entlaufen sind (AusreißerInnen) und/oder von der →Polizei an sog. „jugendgefährdenden Orten" aufgegriffen wurden und nicht unverzüglich an ihren gewöhnlichen Aufenthaltsort zurückgebracht werden können.

Jugendliche Ausreißer und Ausreißerinnen befinden sich zumeist in einer persönlichen Krisensituation. Hieraus ergibt sich ein großer Bedarf an sozialpädagogischer Sensibilität, Hilfe und Krisenintervention. Diese Aufgabe könnte ein wesentlicher Bestandteil der Arbeit von J sein. Dies ist heute allerdings in der Regel noch nicht der Fall. Zumeist ist hier immer noch das Prinzip „Mauern statt Menschen" wirksam, das bedeutet, daß die Kinder und Jugendlichen bis zu ihrer Rückführung (in Herkunftsfamilie und Heim) geschlossen (ausbruchsicher) untergebracht werden, ohne daß eine pädagogische Betreuung, Begleitung und ggf. Klärung der Krisensituation erfolgt.

Allerdings haben sich vor allen Dingen Großstädte, die eine hohe Anziehungskraft auf Kinder und Jugendliche ausüben, mehr und mehr der Aufgabe zugewandt, an die Stelle repressiver Maßnahmen eine sozialpädagogische Konfliktberatung und Krisenintervention treten zu lassen. Damit verbunden ist auch der Verzicht auf Einschluß und Freiheitsbeschränkung. Auch der Entwurf für ein neues →Kinder- und Jugendhilfegesetz vom 10.11.1989 trägt der in der Fachliteratur vertretenen Forderung nach einer sozialpädagogischen Qualifizierung und Aufwertung der J Rechnung. Danach wird auch vom Gesetzgeber gesehen, daß den J eine Schlüssel- bzw. Drehscheibenfunktion innerhalb eines Netzes sozialer Einrichtungen zukommt. „Die krisenhafte Situation, die zum Ausbruch aus den bisherigen Lebenszusammenhängen geführt hat, birgt in sich sowohl die Chance der Aufarbeitung der grundlegenden Konflikte im Sinne der Einleitung eines positiven Lösungsprozesses, als auch – beim Fehlen geeigneter Hilfen zum richtigen Zeitpunkt – die Gefahr des Verfestigens der Ausbruchstendenz bis hin zum Abgleiten in eine ‚Karriere' →abweichenden Verhaltens. Dem spezifischen pädagogischen Auftrag einer Jugendschutzeinrichtung als pädagogischem Handeln im Sinne einer Krisenintervention in kurzfristigen pädagogischen Ausnahmesituationen kommt hierbei eine besondere Bedeutung zu." (Begründung zu §41.)

L.: Jordan, E., u.a.: J und Bereitschaftspflegefamilien. Hilfen für Kinder und Jugendliche in Krisensituationen; Köln (Schriftenreihe des Deutschen Städtetages), 1984. Jordan/Münder: Pädagogische Arbeit in J; Neuwied, 1987. Liegel, W., J; in: Tillmann/Gernert (Hg.): Jugendschutz in der Jugendhilfe; Opladen, 1981, 151–158. Münder, J.: Rechtliche Situation von J; Münster, Berlin, 1982.

Erwin Jordan

**Jugendsekten**
→Jugendreligionen

## Jugendstrafe

Nach § 17 Jugendgerichtsgesetz (JGG) wird J verhängt, „wenn wegen schädlicher Neigungen .., die in der Tat hervorgetreten sind, Erziehungsmaßregeln oder Zuchtmittel zur Erziehung nicht ausreichen oder wegen der Schwere der Schuld Strafe erforderlich ist". Der Verweis auf die Schwere der Schuld verdeutlicht, daß neben der →Erziehung auch der Gedanke der Sühne und die Intention der Abschreckung (Generalprävention) den gesetzlichen „Sinn" des Freiheitsentzuges bestimmen. Aufgrund der Bestimmungen über die Strafmündigkeit können bereits 14jährige Jugendliche, die im entwicklungspsychologischen Sinne noch „Kinder" sind, zu J verurteilt werden. Andererseits können 18- bis 21jährige Heranwachsende zu J verurteilt werden, wenn es sich bei der Tat um eine „Jugendverfehlung" handelte, oder wenn der Täter nach seiner Persönlichkeitsentwicklung noch als Jugendlicher einzuschätzen ist. Die Mindeststrafzeit beträgt 6 Monate, das allgemeine Höchstmaß 5 Jahre. Wenn nach allgemeinem Strafrecht die betreffende Tat mit mehr als 10 Jahren bedroht ist, kann die J auch höchstens 10 Jahre betragen. Außerdem kann eine J von unbestimmter, höchstens aber vierjähriger Dauer verhängt werden, wenn dies aus erzieherischen Gründen notwendig erscheint. Jugendarrest und →Untersuchungshaft gelten nicht als J. Der Vollzug der J erfolgt in Jugendstrafanstalten (→Jugendstrafvollzug). (→Behandlungsvollzug.)

Rolf Prim

## Jugendstrafrecht

Das z. Z. geltende Jugendgerichtsgesetz (JGG) hat einen ersten Vorläufer im Reichsjugendgerichtsgesetz (RJGG) von 1923. Entstanden ist das RJGG aus damaligen Überlegungen, jugendliche und erwachsene Strafgefangene zu trennen, einen speziellen →Jugendstrafvollzug mit Erziehungszweck zu schaffen und die Beteiligung der Jugendwohlfahrt zu ermöglichen. „Der Jugendliche, der in der Entwicklung zum Erwachsenen steht, soll jugendadäquat ‚angepackt' werden, was ein besonderes Personal, ein besonderes Verfahren und besondere Reaktionen voraussetzt". (1) Mit der Schaffung eines besonderen J wurden weitergehende Reformvorstellungen im Umgang mit →Jugendkriminalität blockiert (2). So fand sich schon in den Eisenacher Vorschlägen über die Behandlung jugendlicher Verbrecher (1891) die Forderung, Kriminalstrafe für Jugendliche bis zum vollendeten 16. Lebensjahr ganz abzuschaffen (3). Das RJGG wurde 1943 novelliert. Neu eingeführt wurden u. a. die Jugendgefängnisstrafe von unbestimmter Dauer und der Jugendarrest. Das derzeitige JGG gilt unverändert seit 1953. Seit Jahren gibt es eine breite Reformdiskussion; so fordert seit 1967 die →Arbeiterwohlfahrt die Abschaffung der Jugendkriminalstrafe und die Übernahme entsprechender Resozialisierungsverpflichtungen des JGG durch ein erweitertes Jugendhilferecht (4).

Der Arbeitskreis junger Kriminologen formulierte Vorschläge zur internen Reform des J (1981): Kein Freiheitsentzug für Personen unter 18 Jahren; kein Strafvollzug aus Gründen der Erziehung; Abschaffung der unbestimmten Jugendstrafe und des Jugendarrestes; bei volljährigen Delinquenten grundsätzlich offener Vollzug; keine Untersuchungshaft bei Personen unter 18 Jahren; konsequenter Vorrang von Maßnahmen der →Jugendhilfe vor denen des J (5).

Gegenwärtig (1990) wird an der ersten Novellierung des JGG gearbeitet (Gesetzentwurf der Bundesregierung, BR-Drucksache 464/89). Im für die Novellierung notwendigen Beteiligungsverfahren fordern die Spitzenverbände der Freien Wohlfahrtspflege (→Wohlfahrtsverbände) u.a.: Ausbau der Angebote der Jugend- und Sozialhilfe außerhalb des Justizsystems; stärkere Betonung des Erziehungsgedankens im JGG; Abschaffung von Arrest und unbestimmter

Jugendstrafe; materielle Absicherung ambulanter Alternativen zu Arrest und Jugendstrafvollzug; Abschaffung der Bestimmung zu „Schwere der Schuld" und „schädliche Neigung"; Heraufsetzung des Strafmündigkeitsalters auf 16 Jahre; obligatorische Anwendung des JGG auf Heranwachsende (18–21jährige).

Die schleppende Reform des JGG belegt ein Dilemma. Auf der einen Seite gibt es abgesicherte Forschungserkenntnisse über den Charakter von Jugendkriminalität (weitgehend entwicklungsbedingt und normal für die Altersstufe) und über die Wahrscheinlichkeit, pönalisiert zu werden (betrifft v. a. mehrfachbelastete und deklassierte Jugendliche) (6). Diese Erkenntnisse fordern Maßnahmen der →Hilfe und nicht der Strafe. Entsprechende Reformvorhaben scheitern andererseits aber am offensichtlichen Strafbedürfnis der Gesellschaft oder werden entsprechend verzögert. Das Strafbedürfnis bestimmt die Reformbereitschaft in den Parlamenten und Bürokratien, und es symbolisiert sich in der Praxis des Strafvollzuges (→symbolische Politik).

Nicht nur die Individualprävention ist weitgehend wirkungslos. Kriminologen haben nachgewiesen, daß ebenfalls die generalpräventive Wirkung pönalisierender Maßnahmen kaum belegt werden kann (7). Die weitere Reform des J (mit dem längerfristigen Ziel seiner Abschaffung) kann nur gelingen, wenn die gesellschaftliche Bearbeitung des Problems rekommunalisiert wird. Entsprechende Praxisbeispiele sind erfolgreich. So wurde nachgewiesen, daß durch stadtteilbezogene Konzepte (mobile Jugendarbeit) Jugendkriminalität im Stadtteil reduziert werden konnte (8). In den unmittelbaren Lebenszusammenhängen der Jugendlichen und Heranwachsenden müssen ambulante Alternativen zum Jugendarrest und zum Jugendstrafvollzug geschaffen werden. Diese sind im Rahmen eines kommunalen Gesamtplanes zu entwickeln und zu evaluieren (9).

Wenn Rekommunalisierung der Problemlösung von Jugenddelinquenz gefordert wird, um aus diesem Prozeß heraus auch die weitere JGG-Reform zu entwickeln, dann bedarf das entsprechender Organisationsformen, die den doppelten Bezug (Hilfe für die Betroffenen und Planung für das System) beachten. Entsprechende koordinierende und kontrollierende Tätigkeiten können zentrale Beratungsstellen übernehmen. Allerdings bedarf eine Entwicklung solcher Organisationsformen zusätzlicher Qualifikationen, die bei den gegenwärtigen zentralen Beratungsstellen im Bereich des J noch nicht ausreichend erprobt sind: integrierte individuelle Hilfegewährung, →Sozialplanung, Mitarbeiterschulung und Politikberatung (10).

L.: (1) Ostendorf, Heribert: Kommentar zum Jugendgerichtsgesetz; Neuwied, Darmstadt, 1987, 2. (2) Cornel, Heinz: Geschichte des Jugendstrafvollzugs; Weinheim, Basel, 1984, 103ff. (3) Berger, A.: Jugend-Schutz und Jugend-Besserung; Leipzig, 1897, 557ff. (4) Arbeiterwohlfahrt (Bundesverband): Vorschläge für ein erweitertes Jugendhilferecht; Bonn, 1967. (5) Papendorf, K., Erfahrungswissenschaftliche Gründe, Jugendliche nicht mehr einzusperren – Zur Rationalität der AKJ-Forderungen; in: Kriminologisches Journal 1982, 137ff. (6) Schüler-Springorum, Horst (Hg.): Mehrfach auffällig; München, 1982. (7) Schumann/Berlitz/Guth/Kaulitzki: Jugendkriminalität und die Grenzen der Generalprävention; Neuwied, Darmstadt, 1987. (8) Specht, Walter: Jugendkriminalität und mobile Jugendarbeit; Neuwied, Darmstadt, 1979. (9) Maelicke, Bernd: Ambulante Alternativen zum Jugendarrest und Jugendstrafvollzug; Weinheim, 1988. (10) Strunk, Andreas, Handlungseinheit von Hilfe und Planung; in: Der Sozialarbeiter 213 (1988), 37ff.

Andreas Strunk

## Jugendstrafvollzug

Nachdem 1912 in Wittlich das erste dt. Jugendgefängnis gegründet worden war, wurde 1923 im Reichsjugendgerichtsgesetz die Trennung von Jugendlichen und Erwachsenen beim Vollzug der Freiheitsstrafe verbindlich vorgeschrieben. Der J war vorwiegend als Erziehungsmaßnahme gedacht. Der Erziehungsgedanke bestimmt auch nach dem jetzt geltenden Jugendgerichtsgesetz (JGG) die Verhängung und den Vollzug der →Jugendstrafe in speziellen Jugendstrafanstalten.

Heranwachsende mit Jugendstrafe, die sich nicht für den J eignen, können in den Erwachsenenvollzug eingewiesen werden. Verurteilte Erwachsene, die nicht älter als 24 Jahre alt sind, können bei entsprechender Eignung in den Jugendvollzug aufgenommen werden. Zum 31.3.1986 befanden sich 512 Jugendliche unter 18 Jahren in Erwachsenen-Vollzugsanstalten, das sind ca. 10% aller Gefangenen im J. Adressaten des J sind also überwiegend Jungerwachsene. Für die Mehrzahl der Gefangenen im J trifft zu, daß sie aus vielfältig benachteiligten Lebensverhältnissen (Schule, Ausbildung, Familie, „Milieu") kommen und daß die Verurteilung zur Jugendstrafe sie weiter deklassiert. Angesichts der Bevölkerungs- und Kriminalitätsentwicklung kündigt sich ein längerfristiger Überhang an Haftplätzen an, der die Befürchtung begründet, daß diese Haftplätze zukünftig auch ohne zwingende pädagogische Gründe ausgeschöpft werden.

Die erzieherische Zielsetzung des J wird in § 91 JGG vorgegeben: Der Verurteilte (das Gesetz kennt nur die männliche Form; männliche Jugendliche dominieren im übrigen absolut in den Kriminal- und Vollzugsstatistiken) soll „dazu erzogen werden, künftig einen rechtschaffenen und verantwortungsbewußten Lebenswandel zu führen". Als pädagogische Mittel nennt das Gesetz: Ordnung, Arbeit, Unterricht, Sport und Freizeitgestaltung. Wo möglich und sinnvoll, kann der Vollzug nach dem Willen des Gesetzgebers auch gelockert und in „freien Formen" durchgeführt werden. Da Strafvollzug Länderangelegenheit ist, konnten sich verschiedene Formen der Gestaltung des J entfalten, die sich jedoch nicht wesentlich unterscheiden. Typisch sind Angebote zum Erwerb von Schul- und Ausbildungsabschlüssen, sog. produktive Arbeit, →Arbeitstherapie, Sport- und Freizeitangebote, die z. T. den Charakter sog. Erlebnispädagogik (Segeln, Wanderungen, Hüttenfreizeiten) haben und Kontakte nach außen ermöglichen. Hinzu kommen psychologische, seelsorgerische und sozialpädagogische Betreuungsangebote. Vollzugslockerungen (insb. Freigang) sollen helfen, schwierige Situationen meistern zu lernen.

Nach überwiegender Auffassung von Strafvollzugsexperten und Jugendpädagogen können die erzieherischen Ziele der sog. →Resozialisierung unter den Bedingungen eines faktisch vorwiegend an Sicherheit und Ordnung orientierten Freiheitsentzuges kaum erreicht werden (→Strafvollzugspädagogik). Der Vollzug der Jugendstrafe wird zunehmend als kontraproduktiv eingeschätzt, v. a. auch unter Hinweis auf die konstante Rückfallquote von ca. 70%. Diese negativen Erfahrungen sind seit Jahren Anlaß für die Forderung nach Abschaffung der Freiheitsstrafe für Jugendliche, womit in anderen Ländern, v. a. in Skandinavien und in einzelnen Staaten der USA, gute Erfahrungen gemacht wurden. Neben dieser „radikalen" Lösung wurden in der Reformdiskussion vielfältige Einzelvorschläge unterbreitet, die sich auf den 1989 vorgelegten „Entwurf eines Ersten Gesetzes zur Änderung des JGG" auswirkten. Dem Tenor nach zielt dieser Entwurf darauf, freiheitsentziehende Maßnahmen weitgehend durch ambulante Hilfen zu ersetzen. Im einzelnen werden (auch über diese Gesetzesvorlage hinaus) folgende Reformmaßnahmen gefordert: Verzicht auf Jugendstrafe bei 14- bis 15jährigen Jugendlichen; Herabsetzung der Höchststrafzeit; weitgehende Vermeidung von Jugendstrafe durch ambulante Maßnahmen wie Arbeitsauflagen, Erziehungskurse (→Kriminalpolitik), →Täter-Opferausgleich; sozialpädagogisch begleitete (externe) Wohngruppen (→Wohngruppenvollzug); betreutes Einzelwohnen (→Jugendwohngemeinschaften), Vollzug in offenen Anstalten nach dem Modell der Internatspädagogik mit weitgehend selbstverantwortlichen Wohngruppen.

L.: Böhm, A., J; in: Schneider, H. J., Kriminalität und abweichendes Verhalten, Band 1; Weinheim, 1983, 495–517. Cornel, C.: Geschichte des J; Weinheim, 1984. Schumann, K., Der J an den Grenzen seiner Reformierbarkeit; in: Schumann/Steinert/Voß (Hg.), Vom Ende des Strafvollzugs; Bielefeld, 1989.

Rolf Prim

**Jugendverbände**
J sind überregionale Zusammenschlüsse von organisierten Gruppen Jugendlicher im Alter zwischen 10 und 25 Jahren zur Verfolgung gemeinsamer Ziele. Grundlegende Organisationsform ist traditionellerweise die *freiwillige Jugendgruppe* mit regelmäßigen Gruppenaktivitäten, mehr oder weniger stark ausgeprägter Verpflichtung der Mitglieder auf die Verbandszwecke und auf eine dauerhafte Mitgliedschaft. J sind neben kommunalen Ämtern (→Amt) und lokalen Initiativgruppen die wichtigsten Träger von →Jugendarbeit und beziehen in der BR gegen zwei Drittel der Gelder, die zur Förderung von Jugendarbeit im Rahmen der öffentlichen →Jugendhilfe ausgeschüttet werden (1982). Empirischen Umfragen und Schätzungen kann man entnehmen, daß zwischen 25% und 30% aller Jugendlichen Mitglied mindestens eines der J sind.

Unter dem unscharfen Begriff werden eine *Vielfalt von Organisationen*, Jugendwerken und Jugendabteilungen von Erwachsenenverbänden zusammengefaßt. Insb. gehören dazu die evangelischen und katholischen J, die Gewerkschaftsjugend, die politischen J und freizeitbezogenen J wie die traditionellen Pfadfinderbünde. Sie sind die überregionalen Dachverbände von ca. 80 Einzelverbänden, die ihrerseits auf Orts-, Kreis-, Landes- und Bundesebene zusammengeschlossen sind. Rund 20 der wichtigsten Dachverbände bilden den →Deutschen Bundesjugendring (DBJR; Parallelorganisation in der Schweiz: Schweizerische Arbeitsgemeinschaft der J: SAJV). Ob die Jugendabteilungen und -organisationen der einzelnen Sportverbände, die eine große Zahl Jugendlicher erfassen, zu den J gerechnet werden sollen, ist umstritten. Sie sind in einem eigenen Dachverband, der Deutschen Sportjugend (DSJ), organisiert.

Die mehr oder weniger altershomogen zusammengesetzte →Gruppe mit regelmäßigen Aktivitäten bildet das Grundelement der herkömmlichen J. Politische Aktionen als kollektive Handlungen zur Verbesserung der gesellschaftlichen Verhältnisse, internationale Kontakte und andere Arbeitsformen ergänzten v. a. in den späten 60er und 70er Jahren die reine →Gruppenarbeit. In der Regel wird die Gruppe von einer ebenfalls jugendlichen Mitarbeiterin oder einem jugendlichen Mitarbeiter geleitet. Kern jeder →Jugendverbandsarbeit bildet denn auch eine eigene Mitarbeiterschulung, die das Sicherstellen einer Führungsschicht zu garantieren hat, die sich mit den Verbandszielen und -inhalten identifizieren kann.

J sind von ihrer *Funktion* her *janusköpfig*: Einerseits ermöglichen sie jungen Menschen (→Jugend) in weitgehend selbstbestimmtem Rahmen, eine partielle Lebenswelt zu organisieren; sie sind also Plattformen für Eigeninteressen der Jugendlichen. Andererseits sind sie vielfach zugleich Veranstaltungen und strukturelle Teile von →Institutionen der Erwachsenenwelt, planbare und verplante Größen im politischen Kalkül gesellschaftlicher Gruppen. In diesem Spannungsfeld zwischen bedürfnisbefriedigender Geselligkeit der Gleichaltrigengruppe und partikularem Erziehungsauftrag durch einen (erwachsenen) Edukator, zwischen Selbstbestimmung und Eingebundensein in Interessen der Erwachsenenwelt müssen J und insb. ihre leitenden Funktionäre oft deren Legitimation wieder neu bestimmen. Wie weit kann ein organisierter und strukturierter Zusammenschluß von Jugendlichen auf die Dauer noch →Jugendbewegung sein? Diese Frage ist insb. für die schwierige Stellung von hauptberuflich tätigen Funktionären in J von großer Tragweite.

*Historisch* gesehen haben J zwei Hauptwurzeln: 1. Als Folge der →Industrialisierung und der damit verbundenen sozialen Desintegrationserscheinungen werden in der Mitte des 19.Jh. von kirchlichen und kirchennahen Gruppen Jünglings- und Gesellenvereine (→Kolping) ins Leben gerufen, die der nachlassenden Wirksamkeit der Familienstrukturen entgegenwirken und Integrationsprobleme entschärfen sollen. 2. Die →Jugendbewegung (→"Wandervogelbewegung") des 1. Drittels des 20.Jh. mit ihren Motiven der Eigenaktivität unter bewußter Abhebung von der Erwachsenenwelt, der kleinen Freundesgruppe und des Auszugs aus den Städten (als Jugendbünde in den bürgerlichen Formen, als Nachwuchsorganisation der Gewerkschaften und sozialistischen Parteien innerhalb der →Arbeiterbewegung) prägte mit Stilelementen wie Wandern, Singen und Fahrten die Arbeitsformen der J nachhaltig. Nach der verordneten Integration aller dt. J in die →Hitler-Jugend (bzw. dem Verbot der übrigen) folgt in den Jahren nach 1949 ein kräftiger Wiederaufbau. Allerdings wird schon am Ende der 50er Jahre mit Klagen über schwindende Mitgliederzahlen und Desinteresse der Jugendlichen die Krise der J-arbeit ausgerufen. Gleichzeitig fördern die kommunalen Ämter, durch die politischen Instanzen favorisiert, die „offene →Jugendarbeit", welcher es um diejenigen Jugendlichen geht, die sich nicht zur Mitgliedschaft in J entschließen wollen. Die Krise zwingt zu einer Neuorientierung in Richtung einer „sozialintegrativen" Bildungsarbeit, in deren Folge sich die J allgemein zu anerkannten Organisationen und „Sprechern" der organisierten Jugend entwickeln. Umso stärker werden sie von der Protestbewegung der Studenten, Lehrlinge und Schüler Ende der 60er Jahre (→Studentenbewegung) überrascht, ja überfahren. Die mit dieser Bewegung einhergehende allgemeine →Politisierung erfaßt auch die J, die sich in der Folge die →Emanzipation der Jugend zum Ziel setzen und sich stärker für die Bedürfnisse und Interessen der Jugendlichen öffnen. Neue und weniger verbindliche Formen wie Projektgruppen, Clubarbeit oder Formen der offenen Jugendarbeit werden in die Verbandsaktivitäten aufgenommen. Damit verbunden ist ein Schub zur →Professionalisierung, können doch sehr viele Arbeiten, v.a. in Jugendzentren und ähnlichen Institutionen (→Heime), nicht mehr von ehrenamtlichen Mitarbeitern und Mitarbeiterinnen allein wahrgenommen werden (→Ehrenamt). Diese Aktionsphase der „kritischen Jugend" führt zu einer neuen Attraktivität der J in den frühen 70er Jahren; allgemein sozialpädagogische Absichten treten hinter verbandsspezifischen eher zurück. Gegen Ende der 70er und zu Beginn der 80er Jahre läßt sich eine rückläufige Tendenz feststellen. Die verbandlichen Momente erfahren wieder stärkere Betonung: kirchliche Traditionen, weltanschauliche Positionen und traditionelle Aktivitäten treten wieder hervor. Gleichzeitig wird zum zweiten Mal nach den 50er Jahren die Krise der Verbandsjugendarbeit ausgerufen und sehr oft in den Zusammenhang mit dem Aufkommen der neuen →sozialen Bewegungen (→Frauenbewegung, →Friedensbewegung, ökologische Bewegung etc.) gebracht, welche manche J als Konkurrenten empfinden. Kenner der Szene bestreiten allerdings einen solchen Zusammenhang mit dem Hinweis, daß die neuen sozialen Bewegungen ihre Aktiven v.a. aus dem Kreis der 25- bis 40jährigen rekrutieren.

J gehen von der Annahme aus, daß die *Mentalität und das Verhalten der Jugendlichen* durch die Mitgliedschaft nachhaltig beeinflußt wird. Offenkundig ist, daß Jugendgruppen Felder für soziale Lernprozesse sind, wie es weder die →Familie noch die →Schule oder der Arbeitsplatz bieten können. Sie bilden vielfach ein Übungsfeld mit einem relativen Freiheitsraum, der größer ist, als in den andern Sozialformen, und der im günstigen Fall Einübung in kritisches und gesellschaftsbezogenes Denken und Handeln ermöglicht. →Jugendverbandsarbeit kann zwar belanglose Freizeitbeschäftigung sein, sehr oft befriedigt sie aber zentrale Bedürfnisse nach Anerkennung, Sicherheit und sozialen Kontakten unter jungen Menschen im Niemandsland zwischen →Kindheit und Erwachsensein. Sie ist damit eine dauerhafte Stütze im Prozeß der Ablösung vom Elternhaus und der Findung von →Identität. Insb. die ehrenamtlichen, selbst jugendlichen Leiterinnen und Leiter erhalten die Möglichkeit, in noch überschaubarem Rahmen erste Aufgaben mit entsprechender Verantwortung wahrzunehmen sowie sich verschiedenste Fertigkeiten und Fähigkeiten im sozialen Umgang anzueignen. Sie dürften so von den identitätsstiftenden Effekten der J am meisten profitieren.

*Gesamtgesellschaftlich* gesehen verstehen sich die J als Interessenvertreter „der Jugend" – ein Anspruch, der ihnen gerade in den späten 60er Jahren und durch das Aufkommen nicht organisierter Jugendbewegungen um 1980 von den Medien und der Öffentlichkeit abgesprochen wurde. J leisten einen Beitrag zur →Sozialisation und sozialen Integration der jungen Generation. Allerdings wird oft darauf hingewiesen, daß sie ihre Mitglieder nur mit Teilsystemen der →Gesellschaft (wie Gewerkschaften, Kirchen, Freizeitorganisationen) bekanntmachen und so in segmentale Lebensmuster einführen. Obschon ergänzende und korrigierende Instanz gegenüber Familie, Schule und Beruf, haben die J zumeist sozial reproduzierende Funktion, da sie die gängigen Wert- und Normenmuster übernehmen, auch wenn oft verbale Kritik an „der" Gesellschaft geübt wird. Dies gilt selbst da, wo bewußt ein Beitrag zur Demokratisierung aller gesellschaftlichen Bereiche geleistet werden soll. Nur wo betont andere Akzente wie bspw. christliche Nächstenliebe oder Solidarität gesetzt und als Verbandsziele verfolgt werden, kann von einem gesellschaftlich orientierten Engagement gesprochen werden. J sind also Vermittler zwischen den Interessen und der Lebenswelt von Jugendlichen und den Interessen der Gesellschaft bzw. ihrer Subsysteme: sie schaffen so eine Integration der Jugendlichen in Teilwelten der Erwachsenenwelt, lassen aber gleichzeitig zu, daß diese Jugendlichen in die Erwachsenenwelt eindringen und diese mitgestalten. Dies macht es v.a. politisch bewußten J möglich, auch gesamtgesellschaftlich (v.a. über ihre Erwachsenenverbände) einen beschränkten Einfluß auszuüben. Insgesamt gesehen steht die soziale, pädagogische und jugendpolitische Bedeutung der J (→Jugendpolitik) in einem auffälligen Mißverhältnis zu ihrer gesellschaftlichen Beachtung. Weder in der öffentlichen Diskussion noch in der Forschung hat sich bislang die tatsächliche Bedeutung der J entsprechend niedergeschlagen (→Jugendforschung).

Die gegenwärtige, sehr heterogene und unübersichtliche Entwicklung der J läßt kaum systematische *Tendenzen* erkennen oder Prognosen aufstellen. Gerade die Verbandsjugendarbeit hat pädagogisch gesehen die Chance, Jugendlichen vielfältige Anregungen für Lebenspraxis und Lebensperspektive zu vermitteln. Und sie bietet im Gegensatz zu vielen Formen kommunaler, offener Jugendarbeit die Möglichkeit der Begegnung über Generationen hinweg (vgl. Böhnisch 1987, 251). Ob die an einigen Stellen spürbare Rückbesinnung auf die Gruppe und damit verbunden die Schaffung von stabilen Beziehungen dazu führt, daß J solche pädagogischen Chancen vermehrt wahrnehmen können, ist ungewiß. Feststeht lediglich, daß jede

1119

Entwicklung der J zu einem großen Teil auch von der weiteren Entwicklung der Gesellschaft abhängig sein wird.
L.: Böhnisch/Münchmeier: Wozu Jugendarbeit?; Weinheim, 1987. Böhnisch/Gängler/Rauschenbach (Hg.): Handbuch J; Weinheim, 1991. Wettstein, Heinz: Jugendarbeit in der Schweiz; Zürich, 1989.

Jürg Schoch

## Jugendverbandsarbeit

Im Begriff „J" schwingt eine zweifache Bedeutung mit: I. e. S. wird unter J die von den →Jugendverbänden organisierte und angebotene Arbeit verstanden. Darunter lassen sich Tätigkeiten der Finanzierung, Organisation, Planung sowie der pädagogischen Durchführung verbandlicher →Jugendarbeit verstehen. I. w. S. lassen sich unter J auch Tätigkeiten subsumieren, die nicht direkt in Beziehung auf die Zielgruppe (Kinder und Jugendliche) organisiert und durchgeführt werden. Hierzu rechnen Tätigkeiten, die der Selbstorganisation und Selbsterhaltung der Jugendverbände als →Verbände dienen. Dazu sind v. a. Tätigkeiten des Verbandsmanagements (→Sozialmanagement) sowie die Gremienarbeit zu rechnen.

Die ausgesprochene Heterogenität der Verbandslandschaft macht es schwierig bis unmöglich, die Vielfalt dieser Tätigkeiten auf einer allgemeinen Ebene darzustellen. Daher ist es notwendig, zunächst einige strukturelle Merkmale der J zu skizzieren. Ein erstes Merkmal ist die Differenzierung der J nach Altersgruppen: manche Jugendverbände decken ein Spektrum von der Kindheit bis zum Erwachsenen ab; andere beschränken sich auf eher enge, feste Altersspannen. Z. B. können in vielen Jugendverbänden Kinder bereits im Alter von 6 Jahren an Mitglieder werden, in anderen Verbänden ist dies erst für Jugendliche mit 15 Jahren möglich. Bei den Pfadfindern z. B. ist es nur möglich, bis zu 20 Jahren Mitglied zu sein; darüber hinaus ist eine Mitgliedschaft nur dann möglich, wenn man selbst aktiv in der J, d. h. als Gruppenleiterin oder Gruppenleiter, oder in übergreifenden Gremien tätig ist. Ein zweites Merkmal ist die weltanschauliche Ausrichtung der Jugendverbände, die für die J einflußreich sein kann. So sind bspw. Seminare zu sexualpädagogischen Fragestellungen in konfessionellen Verbänden unterschiedlichen „Zensuren" ausgesetzt. Ähnliche Beispiele ließen sich auch für andere, weltanschaulich geprägte Verbände finden. Die weltanschauliche Ausrichtung der Verbände beeinflußt v. a. die Inhalte der J. Schließlich ist ein zentrales Merkmal der J ihre Organisation in haupt- und ehrenamtlich geleisteter Tätigkeit. Die überwiegende Mehrzahl der Jugendverbände hat inzwischen professionelle, hauptamtliche Bildungsreferenten und -referentinnen angestellt. Der größte Teil der planenden und organisatorischen Tätigkeiten sowie des Verbandsmanagements, aber auch der pädagogischen Qualifizierung und Weiterbildung der ehrenamtlichen Mitarbeiterinnen und Mitarbeiter wird von diesen hauptamtlichen Mitarbeiterinnen und Mitarbeitern durchgeführt. Im pädagogischen Alltagsgeschäft der einzelnen verbandlichen Jugendgruppen sind hingegen hauptsächlich unentgeltlich tätige, jugendliche Gruppenleiterinnen und Gruppenleiter aktiv. So ist – cum grano salis – die Schlußfolgerung möglich, daß Jugendverbände durch Profis gemanagt, die pädagogische Tätigkeit jedoch überwiegend durch Laien geleistet wird (→Ehrenamt; →Freiwilligenarbeit, →Laienkompetenz).

J findet in einem Feld zwischen →Jugendhilfe, →Bildung und Politik (→Jugendpolitik) statt. In den „Jugendpolitischen Leitsätzen" des →Deutschen Bundesjugendringes (DBJR) von 1986 werden folgende Merkmale der J benannt: Freiwilligkeit (die Tatsache, daß Jugendliche freiwillig an den Angeboten der Jugendverbände partizipieren), →Selbstorganisation (der Selbstanspruch der Jugendverbände, ein hohes Maß an Selbstbestimmung und Offenheit zu verwirklichen), Wertgebundenheit (die Tatsache, daß viele Jugendverbände einer weltanschaulichen Ausrichtung verpflichtet sind), Kontinuität (die Tatsache, daß Jugendverbände in aller Regel kontinuierliche Angebote, v. a. in der Form der Jugendgruppenarbeit, durchführen), Flexibilität (die Tatsache, daß Jugendverbände relativ rasch auf sich verändernde Problem- und Interessenlagen von Kindern und Jugendlichen reagieren können), Ehrenamtlichkeit (die Tatsache, daß in weiten Bereichen der J diese Arbeit unentgeltlich und von Laien erbracht wird) und Ganzheitlichkeit (der Anspruch der Jugendverbände, daß innerhalb der J eine Einheit von Leben, Arbeit, Wohnen und Kultur angestrebt wird). Die Aufgaben der J bestehen – so der DBJR – in der →Erziehung und →Bildung, der Vertretung der Interessen der Jugendlichen, in Geselligkeit und Freizeitgestaltung sowie in →Hilfen und →Beratung bei alltäglichen Problemlagen.

Nach wie vor ist die Jugendgruppe (→Gruppe) der Kern verbandlicher Jugendarbeit. In der organisierten Gleichaltrigengruppe wird von seiten der Verbände ein pädagogisches Verhältnis von Jugendlichen bzw. Erwachsenen zu Kindern bzw. Jugendlichen institutionalisiert und (z. B. durch Schulungen, Kurse, Fortbildungen etc.) unter pädagogischen Gesichtspunkten weiterentwickelt. Inzwischen treten jedoch neben die sich in aller Regel einmal in der Woche treffende Jugendgruppe eine Vielzahl anderer Angebote: von offenen Angeboten (Sommerlager, Ferienmaßnahmen, Discos) bis hin zu den auf einen spezifischen Inhalt ausgerichteten und meistens mittelfristig geplanten Projekten. So zeigt sich innerhalb der J inzwischen eine breite Palette von Arbeitsformen.

Zunächst sind hier die klassischen Arbeitsformen zu nennen, die zu Beginn des Jh. in der →Jugendbewegung entwickelt und in den Verbänden tradiert worden sind: Gruppenarbeit, Fahrt- und Zeltlager. Die verbandlichen Jugendgruppen treffen sich in bestimmten zeitlichen Abständen – in aller Regel einmal wöchentlich – nachmittags oder abends und bieten den Gruppenmitgliedern die Möglichkeit, mit Gleichaltrigen zusammen etwas zu unternehmen. In aller Regel geschieht dies im eigenen oder (von der Kirche oder Gemeinde) zur Verfügung gestellten Gruppenraum. Die Tätigkeiten und Unternehmungen in diesen Jugendgruppen lassen sich grob vier Bereichen zuordnen: 1. Geselligkeit, musische, kreative und handwerkliche Tätigkeiten; 2. Gespräche, Information, Bildung und Besinnung; 3. größere Aktionen und Aktivitäten sowie 4. →Öffentlichkeitsarbeit. In einer Untersuchung der Pfadfindergruppen in Württemberg zeigte sich, daß die häufigsten Aktivitäten im geselligen Bereich spielerische Aktivitäten (Gruppenspiele, Rollenspiele, Wettspiele, Quiz etc.) sowie das Feiern von Festen waren. Im musisch-kreativen und handwerklichen Bereich wurden am häufigsten Singen sowie Basteln und Werken genannt. Im Bereich von Information, Bildung und Gespräch wurden überwiegend Gespräche innerhalb der Gruppe zu persönlichen, religiös-ethischen und sozialen bzw. politischen Themen genannt. Erstaunlicherweise rangierten Gebet, Meditation oder Bibelabende auch bei den konfessionellen Pfadfindergruppen weit hinten. Schließlich zeigte sich im Bereich der größeren Aktionen, daß Zeltlager und Fahrt nach wie vor die beliebtesten Großaktionen der Gruppen sind, gefolgt von Gelände- oder Stadtspielen sowie Nachtwanderungen.

In vielen Jugendverbänden werden inzwischen auch zielgruppen-spezifische Arbeitsformen entwickelt. Dabei läßt sich zur Zeit eine Ausweitung der Arbeit mit Kindern feststellen. Zwar hat die Arbeit mit Kindern in Jugendverbänden eine sehr unterschiedliche Tradition – in manchen Jugendverbänden ist eine Mitgliedschaft erst mit 15 Jahren möglich –, jedoch zeigt sich generell eine stärkere Konzentration auf die Zielgruppe der Kinder. In der Arbeit mit Kindern geht

1121

es den Jugendverbänden v. a. darum, soziale Kontakte zu stiften und zu erhalten, den Kindern sinnliche Erlebnisse zu ermöglichen sowie zur Orientierung und Welterklärung beizutragen. Neben den allgemeineren Arbeitsformen (Gruppenarbeit, Fahrt oder Zeltlager) werden auch spezielle kindgemäße Arbeitsformen entwickelt, so z. B. sozial-räumliche Erkundungen, Kinderfeste und Kinderumzüge, die von den Jugendverbänden organisiert werden. Eine zweite zielgruppenspezifische Arbeitsform, die in den letzten Jahren in den Jugendverbänden Raum gewinnt, ist die Mädchenarbeit. Eigene Angebote für Mädchen, eigene Mädchengruppen sowie Interessenvertretung von Mädchen werden – v. a. von den hauptamtlichen Mitarbeiterinnen der Jugendverbände – unter dem Aspekt einer Neudefinition der →Koedukation stärker in den Vordergrund gerückt. Schließlich sind, wenn erst auch spärlich, erste Ansätze einer pädagogisch reflektierten J zu erkennen.

Eigene Arbeitsformen, die sich speziellen Gegenstandsbereichen widmen, finden sich in den Bereichen der Kultur- und Medienarbeit (→Medienpädagogik). In vielen Verbänden werden inzwischen Fortbildungen in Medienarbeit für Gruppenleiterinnen und Gruppenleiter angeboten; der Umgang mit audiovisuellen Medien ist, wo dies finanzierbar ist, inzwischen in vielen Verbänden üblich. Kulturarbeit als Arbeitsform hat in den Jugendverbänden seit der →Jugendbewegung eine lange Tradition. Von öffentlich aufgeführten Theaterstücken bis hin zu kulturellen Projekten (wie einer Geschichtswerkstatt oder einem soziokulturellen Zentrum), von offenen oder halboffenen Werkstätten, die schon im fließenden Übergang zur offenen Jugendarbeit stehen, bis hin zu kulturellen Veranstaltungen mit Festivals, Theater- und Musiktreffen, Gauklertreffen etc. reicht inzwischen die in Jugendverbänden vorhandene Palette der Kulturarbeit (→Soziokulturelle Arbeit).

Zur Qualifikation der ehrenamtlichen Mitarbeiter und Mitarbeiterinnen hat die J Arbeitsformen wie Seminare und Tagungen entwickelt, in denen sowohl pädagogische Grundkenntnisse wie auch spezifische inhaltliche Schwerpunkte vermittelt werden. Schließlich gehört inzwischen die Arbeitsform des Jugendtags oder Festivals zum festen Bestandteil der Jugendverbandsszene. Es handelt sich dabei um überregionale Veranstaltungen, wo sich die Mitglieder der Jugendverbände treffen und austauschen können. In einem offenen Rahmen zwischen Fest- und Informationsveranstaltungen, Jugendverbandspolitik (Wahl von Gremien, Diskussion inhaltlicher Arbeitsschwerpunkte) und Selbstdarstellung gewinnen Jugendverbände auf diesen Jugendtagen und Festivals durch eine Vielzahl von Aktionsformen eigenes Profil.

Auch im Bereich der internationalen Jugendbegegnungen (→internationale Jugendarbeit) organisieren die Jugendverbände alljährlich eine Vielzahl von Jugendaustauschprogrammen. In jüngster Zeit hat die J auch, hervorgerufen durch die Konkurrenz kommerzieller Anbieter auf dem Jugendfreizeitmarkt, eigene Umgangsformen mit dem Kommerz entwickelt. Des weiteren zeigen sich in vielen Verbänden auch Tendenzen zum Übergang von der geregelten Gruppenarbeit zur Projektarbeit. Dabei ist von besonderer Bedeutung, daß die Projektarbeit nicht sämtliche Aktivitäten der Jugendgruppe überdeckt, sondern daß die Jugendgruppe neben der Arbeit in ihrem Projekt auch noch genügend Spielraum für andere Aktivitäten hat. So scheint Projektarbeit für viele Jugendverbände immer mehr zu einer Arbeitsform zu werden, die die überkommene Gruppenarbeit ablöst bzw. neu strukturiert: Gruppen werden auf Zeit und inhaltsbezogen gebildet, nicht mehr quasi-natürlich organisiert.

J ist ein prekäres Arbeitsfeld. Ihre Schwäche liegt sicherlich in der Abhängigkeit von Geldgebern. Dieser Faktor macht sie empfindlich gegenüber inhaltlichen Steuerungen seitens der Erwachsenenverbände und des →Staates. Heikel ist auch die starke Orientierung an „normalen" Jugendlichen, was eher zu einer Ausgrenzung „schwieriger" Jugendlicher führt. Die teilweise schwer durchschaubare interne Differenzierung und Organisationsstruktur der Verbände wirkt auf viele Jugendliche eher abschreckend und motiviert selten zu einem eigenen Engagement innerhalb des Verbandes. Schließlich führt die teilweise eher willkürlich gehandhabte Rekrutierung der ehrenamtlichen Mitarbeiterinnen und Mitarbeiter dazu, daß mancherorts – trotz vielfältiger Qualifizierungs- und Bildungsangebote der Verbände, die jedoch nicht verpflichtend sind – eher eine „Hobbypädagogik" praktiziert wird. Diesen Schwächen stehen aber auch Chancen und Möglichkeiten der J gegenüber. J zeichnet sich durch eine Vielzahl von pädagogischen Möglichkeiten und Arbeitsformen aus. In keiner anderen Bildungs- und Erziehungsinstitution innerhalb unserer Gesellschaft ist eine solch breite Palette von Arbeitsformen und Bildungsangeboten vorhanden. J bietet so einen Möglichkeitsraum für Kinder und Jugendliche. Sie ist ein pädagogisches Experimentierfeld (für die Jugendarbeit) und ein für gesellschaftliche Veränderungen äußerst sensibles pädagogisches Arbeitsfeld.

L.: Berner, W.: Jugendgruppen organisieren. Ein Handbuch für Gruppenleiter und Mitglieder; Reinbek bei Hamburg, 1983. Böhnisch, L./Gängler, H./Rauschenbach, Th. (Hg.): Handbuch Jugendverbände; Weinheim, München, 1991. Deutscher Bundesjugendring: Jugendpolitische Leitsätze; Bonn, 1986 (= Schriftenreihe des Deutschen Bundesjugendrings, Nr. 11).

Hans Gängler

### Jugendwerk der Arbeiterwohlfahrt
Das J ist ein der →Arbeiterwohlfahrt Bundesverband e.V. angeschlossener Jugendverband, der 1977 gegründet wurde. Er soll, entsprechend den Zielen der Satzung, junge Menschen mit den Werten des demokratischen Sozialismus vertraut machen und Engagement für die Lösung sozialer und politischer Aufgaben wecken. Seine Aktivitäten sind: Kinder und Jugendgruppenarbeit; Freizeiterholung; Hausaufgabenhilfen; Jugendclubs; musisch-kulturelle und politische Bildung; politische Aktionen und Projekte. Dabei spielen internationale Begegnungen eine wichtige Rolle.

A.: J, Oppelner Str. 130, 5300 Bonn 1; T. (0228) 668 51 16,

Dieter Oelschlägel

### Jugendwohlfahrt
→Jugendhilfe 2.

### Jugendwohlfahrtsausschuß (JWA)
(trad.; neu: Jugendhilfeausschuß); →Jugendämter 1

### Jugendwohlfahrtsgesetz
→Jugendhilfe, →Kinder- und Jugendhilfegesetz

### Jugendwohnen
In der sozialpädagogischen Fachdiskussion besteht inzwischen weitgehend Übereinstimmung, daß das sozialpädagogisch begleitete bzw. „betreute" J eine wichtige Hilfeform und Aufgabe der öffentlichen Erziehung im Rahmen der →Jugendhilfe und der Jugendsozialarbeit bildet. Zahlreiche →Jugendämter sind Finanzierungs- und/oder Durchführungsträger von Angeboten zum betreuten J innerhalb der (oder ergänzend bzw. alternativ zur) →Heimerziehung. Daneben werden durch die Jugendämter und durch andere Ämter der kommunalen →Sozialverwaltung, hauptsächlich durch das →Sozial- oder Wohnungsamt, sog. →Wohnungshilfen einschl. von Angeboten zur Wohnungsvermittlung und Wohnkostenübernahme ohne besondere Betreuung gezielt für solche junge Menschen durchgeführt, die auf dem Wohnungsmarkt am stärksten benachteiligt sind. Die Angebote reichen von der Hotel- und Pensionsunterbringung, die zumeist als Verlegenheitslösung bei der →Obdachlosenhilfe dient, bis hin zu re-

gulären Einzel- und Gemeinschaftswohnungen. Zwischen diesen beiden Hauptformen des betreuten J und des unbetreuten J einerseits bzw. der einfachen Wohnungshilfe(n) andererseits gibt es zahlreiche Varianten und Mischformen, die sich auf einer Skala zwischen den Polen (a) hohe Betreuungsintensität durch Fachkräfte bei relativ geringer wirtschaftlicher Selbständigkeit der Jugendlichen und (b) niedriger Betreuungsintensität bei relativ hoher wirtschaftlicher Selbständigkeit zuordnen lassen. Im folgenden werden nur die wichtigsten Formen des mehr oder weniger intensiv betreuten bzw. sozialpädagogisch begleiteten J (→Jugendwohngemeinschaften) zusammengefaßt:

(1) Heimaußen(wohn)gruppen als dezentralisierte und ausgelagerte, familienanalog oder gruppenspezifisch gegliederte Form der Heimunterbringung (→Heim) mit voller Fremdversorgung oder mit abgestufter Selbstversorgung, beides bei fortgesetzter Betreuung durch Heimerzieher. Hier bestehen vielfältige Mischformen, durch welche die anstaltsförmige Heimerziehung differenziert und ergänzt und die ggf. erforderlichen Nachsorgeangebote im Anschluß an die Heimerziehung bereitgestellt werden. (2) Therapeutische Wohngemeinschaften mit wirtschaftlicher Selbstversorgung und voller Einbeziehung der Fachkräfte bzw. Betreuer in die Wohn- und Lebensgemeinschaft. (3) Betreute Wohngemeinschaften und betreutes Einzelwohnen im organisatorischen und personellen Verbund mit Heimerziehung bei wirtschaftlicher Selbstversorgung und abgestufter Betreuung durch Heimerzieher. (4) Jugendpensionen zur vorübergehenden Unterbringung ohne Gruppenbindung, selten in Einzelzimmern, zumeist in Mehrbettzimmern, häufig noch mit fortbestehender Fremdversorgung durch Heime o. ä. und mit einer ganz unterschiedlich gestalteten, auf den jeweiligen Einzelfall bezogenen Einzelbetreuung. (5) Freie Jugendwohnprojekte mit voller Selbstversorgung und mit fachlich-pädagogischer Begleitung in mehreren gemeinschaftlich organisierten Lebensbereichen (Wohnen – Arbeiten – Ausbildung – soziokulturelle Aktivitäten – Freizeit – berufliche und kulturelle Bildung). (6) Sozialpädagogische Wohngemeinschaften mit voller Selbstversorgung und ambulanter Betreuung durch extern wohnende Fachkräfte. (7) Betreutes Einzelwohnen mit voller Selbstversorgung und mit sozialpädagogischer Betreuung bzw. Beratung (Einzelwohnungen im Stadtteil mit Gemeinschaftszentrum und/oder mit organisiertem Gemeinschaftsleben; verstreute Einzelwohnungen im Stadtgebiet ohne ein Gemeinschaftszentrum und ohne organisiertes Gemeinschaftsleben). (8) Selbstorganisierte und selbstverwaltete Jugendwohnkollektive mit voller Selbstversorgung und mit einer lockeren sozialpädagogischen Beratung für die Gruppe und/oder für einzelne Jugendliche. (9) Sonstige selbständige Wohnformen mit voller Selbstversorgung und mit gewissen Beratungs- und Serviceleistungen sowie Gemeinschaftseinrichtungen (Jugendhotel, Jugendappartementhaus, Jugendwohnheim). (10) Einfache Wohnungshilfe (Wohnraumbeschaffung und -finanzierung durch die Jugendhilfeträger bei voller Selbstversorgung, ggfls. mit sporadischen Beratungsleistungen).

Das sozialpädagogisch begleitete J bzw. das betreute J wird bes. solchen Jugendlichen angeboten, welche sich schon aus dem Familienhaushalt und aus den herkömmlichen Formen der Fremdunterbringung gelöst haben (aber über kein eigenes Einkommen verfügen), welche die Schul- und Berufsausbildung noch nicht abgeschlossen haben, in keinem regelmäßigen Arbeitsverhältnis stehen und den Anforderungen einer selbständigen Haushalts- und Lebensführung noch nicht gewachsen sind. Die betreuungsintensiveren Angebote und Leistungen des J dienen dabei der Abwendung, Differenzierung, Ergänzung und Nachfolge von Heimerziehungsmaßnahmen für solche Jugendliche zwischen 14 und 18 Jahren, teilweise auch für junge Erwachsene zwischen 18 und 25 Jahren, die nicht in Erziehungsheimen untergebracht werden oder nach einem Heimaufenthalt anders untergebracht werden wollen oder sollen, die in bestehende Heimerziehungsmaßnahmen nicht bzw. nicht mehr integriert werden können und die aufgrund vielfältiger Konflikte nicht mehr in ihren Familien verbleiben wollen. Das betreute J bietet also eine Alternative sowohl zum Verbleib in den jeweiligen Herkunftsfamilien, als auch zur Heimerziehung. Gegenüber der Familienpflege (Dauer- und Großpflegestellen) gibt es fließende Übergänge. Ziel des betreuten J ist es, die Jugendlichen und jungen Erwachsenen zur Unabhängigkeit von der familiären, heiminternen und sozialadministrativen Versorgungssituation sowie zu einer selbständigen und selbstbestimmten Alltagsbewältigung zu befähigen.

Aufgrund der geringen Verrechtlichung des J besteht bisher eine nur geringe begriffliche Übereinstimmung. Zur Illustration werden kurz die in der Fachliteratur am häufigsten, zur Kennzeichnung der mit dem betreuten J verbundenen Aufgaben und Aktivitäten verwendeten Begriffe wiedergegeben: mobile Betreuung, betreutes Wohnen, aufsuchende Hilfen, Außenwohnen, mobile Einzelbetreuung, mobile Betreuung, betreutes Einzelwohnen, sozialpädagogisch betreutes Wohnen, einzelbetreutes Wohnen, mobile Jugendarbeit, Nachbetreuung im Anschluß an Heimerziehung, intensive Einzelwohnbetreuung usw. Die verwaltungsrechtliche und haushaltsmäßige Ausgestaltung des betreuten und unbetreuten J ist Ländersache. Auf der Ebene der Länder ist zu entscheiden, ob das J als reguläre Leistung der öffentlichen Jugendhilfe finanziell ausreichend abgesichert und förderungsrechtlich vereinheitlicht werden soll. Eine solche Vereinheitlichung wurde bisher aber zumeist nur bei den im Rahmen von FE und FEH durchgeführten Wohnungshilfen erreicht. Bei gleichartigen Leistungen für dieselbe Zielgruppe, also für Jugendliche mit gleichen Anspruchsvoraussetzungen und in ähnlicher persönlicher und sozialer Situation können je nach Ressortzuständigkeit und jeweils vorhandenen personellen, sachlichen und organisatorischen Hilfsmöglichkeiten ganz unterschiedliche Finanzierungsformen angewandt werden (Beispiel: Heimpflegesätze versus Zuwendungsfinanzierung plus HLU-Leistungen).

L.: Berg, J., u. a. (Hg.): Jugendwohngemeinschaften. Eine Standortbestimmung; München, 1987. Blandow, J., u. a.: Fremdplazierung und präventive Jugendhilfe. Darstellungen und Analysen neuer Versuche. Schriften des deutschen Vereins für öffentliche und private Fürsorge; Stuttgart, 1978. Tegethoff, H. G.: Sozialpädagogische Jugendwohngemeinschaften. Öffentliche Erziehungshilfe in der Erfahrung von Beteiligten und Betroffenen. Hg. vom Deutschen Jugendinstitut e.V.; München, 1987.

Gerhard Buck

**Jugendwohngemeinschaften**

J sind die institutionell und sozialpädagogisch ‚vereinnahmte' Variante dessen, was Ende der 60er Jahre im Zuge der sog. „Heimkampagnen" unter dem Begriff „Jugendwohnkollektiv" von Studenten und Fürsorgezöglingen als radikale Alternative zur →Heimerziehung erkämpft wurde. Trotz anfänglicher Kriminalisierung durch →Polizei und Instanzen der →Jugendhilfe und trotz enormer interner Anfangsschwierigkeiten wurde bereits Anfang der 70er Jahre von offiziöser Seite der pädagogische Wert weitgehend selbstbestimmter, „repressionsarmer" und auf Prinzipien der Freiwilligkeit und der autonomen Haushaltsführung basierender Einrichtungen erkannt. Die versuchsweise Erprobung wurde empfohlen. Im gegenwärtigen Verständnis sind J anerkannte Einrichtungen der Jugendhilfe in Trägerschaft selbständiger →Vereine, die sich ihrer Herkunft aus der politisch motivierten Kollektivbewegung noch mehr oder weniger bewußt sind. In der Frage der Trägerschaft, oft auch im Selbstverständnis, unterscheiden sie sich von den „Außenwohngruppen" der Kinder- und →Jugendheime, die sich seit Mitte der 70er Jahre als Differenzierungsform innerhalb der →Heimerziehung durchsetzten (→Jugendwohnen). Die BAG der Landesjugendämter reiht die J in einer Empfehlung aus dem Jahr 1985 in den Katalog der „Maßnahmen zur Verselbständigung von jungen Menschen in und aus Heimen" ein und unterscheidet „Wohngemeinschaften mit sozialpädagogischer Begleitung" und solche mit „kontinuierlicher sozialpädagogischer oder sozialtherapeutischer Betreuung".

J sind Einrichtungen für Jugendliche ab 16 Jahren, gelegentlich auch ab 14 Jahren. In J mit „sozialpädagogischer Begleitung" werden mehrheitlich Mädchen und Jungen gemeinsam betreut, leben 5-6 Jugendliche, erfolgt die Betreuung konzeptionell in Form unterstützender Beratung durch 2-3 Sozialpädagogen und erstreckt sich die Betreuung auf die Nachmittags- und Abendstunden, nicht jedoch auf die Nächte.

J mit „kontinuierlicher sozialpädagogischer oder sozialtherapeutischer Betreuung" sind demgegenüber meist größer, beschäftigen entsprechend mehr Personal und bieten eine Betreuung über Tag und Nacht an. Nahezu alle J werden über →Pflegesätze finanziert (in manchen Kommunen erhalten die Jgl. den ihnen zustehenden Betrag für den Lebensunterhalt auf ein eigenes Konto), alle stehen unter der Heimaufsicht (was in der Vergangenheit Anlaß für Rechtsstreitereien gewesen ist). Fast immer werden die Jgl. unbeschadet dessen, daß sie sich „freiwillig" für oder gegen das Leben in einer J entscheiden können, nach Rechtsgrundlagen des JWG (neu: →Kinder- und Jugendhilfegesetz) oder des BSHG in die J eingewiesen (nur in Berlin gibt es als Relikt der Kollektivbewegung noch gelegentlich die Möglichkeit, auch „ohne Akte" in einer J zu wohnen). Die in J lebenden Jgl. unterscheiden sich nicht wesentlich vom Klientel der →Heime. In die „sozialtherapeutisch orientierte J" werden auch straffällige, behinderte und drogenabhängige Jgl. aufgenommen. Die Zuständigkeit der Jugendhilfe für diese J ist umstritten, so daß es auch unterschiedliche Regelungen gibt.

Da Jugendwohnkollektiven, dann aber noch lange auch den J, der Geruch des „Linken", jugendhilfepolitisch und pädagogisch Unzuverlässigen, anhing, haben sie sich nur langsam durchgesetzt. Selbst in Berlin, dem absoluten Vorreiter, gab es 1974 erst 14 J (darunter das Groß-Kollektiv „Georg-von-Rauch-Haus", eines der letzten heute noch bestehenden Kollektive mit politischen Ansprüchen), 1979 erst 19, 1980 dann aber 29 und – seit 1981 gleichbleibend – 48. In Westfalen-Lippe stieg die Unterbringungsquote (bezogen auf die Heimunterbringung von Gleichaltrigen) zwischen 1977 und 1982 von 0,2% auf 1,9%, bis 1984 dann aber auf 7%. Für das Bundesgebiet weist die Jugendhilfestatistik für das Jahr 1986 266 „pädagogisch betreute selbständige Wohngemeinschaften" (ferner 287 „pädagogisch betreute Wohngruppen") mit 2349 Plätzen (Wohngruppen: 2059) aus.

Die Evaluation der Arbeit der J steckt noch in den Anfängen und kommt zu unterschiedlichen Aussagen. Tegethoff (1984) charakterisierte auf der Basis einer empirischen Untersuchung der westfälischen J diese als „Orte einer an Selbständigkeit orientierten partnerschaftlichen Erziehung" (1984, 265), die auf hohe Akzeptanz bei den Jgl., ihren Bezugspersonen, den Betreuern und den Behörden stoßen. Die Selbstevaluation der Träger Bremischer J kommt zu weniger günstigen Ergebnissen: nur die Hälfte der Jgl. war für die J tragbar, nur die Hälfte blieb über ein Jahr, nur für 60% wurden die schulischen bzw. beruflichen Ziele erreicht. Andererseits berichteten allerdings diverse Jgl., die vorzeitig aus der J ausgeschieden waren, rückblickend von positiven Lernerfahrungen. Eine Berliner Untersuchung kommt schließlich zu dem Ergebnis, daß die Mehrzahl der Jgl. ihre J lediglich unter instrumentellen Gesichtspunkten als die beste von schlechten Alternativen betrachtet. Die Abhängigkeit des Lebens in den J von regionalen, trägerspezifischen und personellen Bedingungen läßt einheitliche Evaluationsergebnisse vermutlich nicht erwarten.

J teilen mit anderen Formen der „stationären" Fremdunterbringung eine Reihe von Problemen. Es handelt sich in aller Regel um „Zwangskollektive", was durch das in vielen J übliche „Probewohnen" nur wenig abgeschwächt wird. Ferner sind auch J in der Regel auf die Reproduktionssphäre beschränkte Lebensgemeinschaften. Angesichts der desolaten Lage auf dem →Arbeitsmarkt für Jugendliche, besonders für das Klientel der Jugendhilfe, und also mangels Perspektive auf eine sinnvolle Ausbildung oder einen befriedigenden Arbeitsplatz, verkommen J leicht – so M. Liebel – „zu bloßen Sozialstationen mit Auffangcharakter". Die Pflegesatzfinanzierung setzt auch J unter den Zwang zur „Vollbelegung". Die in J üblichen Formen der →Mitbestimmung werden durch interne und externe Faktoren, wie unglückliche Gruppenzusammensetzung oder Auflagen der Behörden, konterkariert. In jüngster Zeit wurde es für die Träger der J zum Problem, daß viele Jgl. das Leben in einer Einzelwohnung, das sog. Betreute Jugendwohnen, dem „kollektiven" Leben vorziehen.

Eine Alternative zur traditionellen Heimerziehung sind die J trotz aller Probleme geblieben. Der überschaubare Rahmen, die Integration der J in die Stadtteile und der größere Freiraum, der Jgl. außerhalb einer „Rund-um-Betreuung" bleibt, machen sie auch heute noch manchen anderen Formen der Fremdunterbringung überlegen.

L.: Berg, Regine, u.a. (Hg.): J. Eine Standortbestimmung; München, 1987. Liebel, Manfred, u.a.: Jugendwohnkollektive. Alternative zur Fürsorgeerziehung?; München, 1972. Tegethoff, Hans Georg: Sozialpädagogische J; München, 1987.

Jürgen Blandow

**Jugendwohnkollektive**
→ Jugendwohngemeinschaften

**Jugendzentren**
→ Heime

**Jugendzentrumsbewegung**
Ziel der Anfang der 70er Jahre aus Basisinitiativen entstandenen J war die Schaffung von selbstverwalteten Freizeiteinrichtungen. Auf ihrem Höhepunkt 1974 war der eine Teil der J der Reaktion und Repression seitens der →Polizei und der →kommunalen Sozialverwaltungen ausgesetzt, der andre Teil tendierte dazu, sich in formale Selbstverwaltungs- und Mitbestimmungsmodelle einbinden zu lassen, die zur →Institutionalisierung der J beitrugen.

L.: Herrenknecht, Albert, u.a.: Träume, Hoffnungen, Kämpfe. Ein Lesebuch zur J; Frankfurt/M., 1977. Lessing, Hellmut/Liebel, Manfred: Jugend in der Klassengesellschaft; München, 1974. Maas, Anneliese, u.a.: Politik heißt „Selbermachen"; Frankfurt/M., 1977.

**Jung, Carl Gustav**
Geb. am 26.7.1875 in Kesswil am Bodensee; gest. am 6.6.1961 in Küsnacht bei Zürich, wo J die meiste Zeit seines Lebens verbracht und als Psychotherapeut praktiziert hat. J gilt als Wegbereiter der „Analytischen Psychologie", die sowohl eine Erweiterung als auch eine Kritik an der →Psychoanalyse Sigmund Freuds darstellt.

Die erste Begegnung mit dem Werk →Freuds erfolgt 1903, wobei J insb. vom Konzept der Traumdeutung fasziniert war. Das führte dazu, daß J sich öffentlich für die damals noch weithin verfemte Lehre Freuds einsetzte. J sah in Freud seinen „geistigen Ziehvater", und Freud machte seinerseits kein Hehl daraus, daß er J zum „Kronprinzen" der Psychoanalyse auserkoren hatte, wohl nicht zuletzt aus der Überlegung heraus, daß der Nicht-Jude J der Psychoanalyse leichter die ersehnte Anerkennung in der akademischen Welt verschaffen könne. Auf Betreiben Freuds wird J 1910 denn auch zum ersten Präsidenten der soeben gegründeten „Internationalen Psychoanalytischen Vereinigung" gewählt.

Schon bald aber kommt es zum Bruch zwischen „Freudianern" und „Jungianern". In der 1912 erschienenen Schrift „Wandlungen und Symbole der Libido" wirft J den „Freudianern" vor, daß diese fälschlicherweise alles Denken und Handeln auf den Sexualtrieb zurückführen. Der Psychoanalyse Freuds wird vorgehalten, daß es dieser nur um das selbstzerstörerische Erinnern, Wiederholen und Durcharbeiten der lebensgeschichtlichen Vergangenheit geht, und daß sie darüberhinaus in ihrem Lehrgebäude allzu intellektualistische und irreligiöse Standpunkte bezieht. Im Gegensatz dazu entwickelt J seine Archetypen- und Individuationslehre. Die Grundüberlegung ist, daß es neben individuellen lebensgeschichtlichen Erfahrungen noch ein kollektives Unterbewußtsein geben müsse, das seinen Ausdruck in Mythen, Sagen und religiösen Symbolen findet. Die Archetypen regulieren das Bewußtsein. In ihnen besteht sowohl die Anlage zum Archaisch-Regressiven als auch zur differenzierten Entfaltung von Realitätsinterpretationen. Jeder Archetypus enthält „Böses" und „Gutes". Ein weiterer wichtiger Baustein ist die Lehre von der Individuation. Dabei geht es um die Auseinandersetzung mit negativen und verdrängten Subjektanteilen. Individuation bedeutet ein „Herabsteigen zum Verachteten, Niedrigen, Sündhaften, Dunklen und Schmutzigen in uns" (J). Die Entdeckung innerer Zerrbilder ermöglicht dem Patienten, einen Wurfanker in eine künftige →Identität zu werfen. Durch den therapeutischen Prozeß wird die beharrliche Aneignung von Subjekt-Fragmenten ermöglicht, nach und nach gelangt das Individuum zur Selbstverwirklichung.

Um seine Archetypenlehre empirisch zu untermauern, unternimmt J in den Jahren 1920–1930 mehrere Studienreisen zu den Pueblo-Indianern nach Nordamerika und zum ostafrikanischen Stamm der Elgonyis.

Gegen J wird der Vorwurf erhoben, daß er mit den nationalsozialistischen Machthabern paktiert, sich bei ihnen sogar zeitweilig angebiedert habe. Ein Teil des Vorwurfs bezieht sich darauf, daß J nach der Machtergreifung 1933 den Vorsitz der mittlerweile gleichgeschalteten „Allgemeinen Ärztlichen Gesellschaft für Psychotherapie" (AÄGP) übernommen hatte. J verteidigte sich später in der bekannten Mitläufermanier, er habe Schlimmeres verhüten und die Psychotherapie vor den Nazis bewahren wollen. Überdies seien verschiedene Mitglieder der Gesellschaft mit der Bitte an ihn herangetreten, den Vorsitz zu übernehmen, um durch seinen internationalen Ruf die Existenz der Gesellschaft zu sichern und ein Stück innerverbandlicher Meinungsfreiheit zu gewährleisten. Dennoch kann man wohl davon ausgehen, daß J den Vorsitz nicht nur als lästige Pflicht empfunden hat. Den Faschismus hat er als eine positive, mächtige Eruption des von ihm postulierten kollektiven Unbewußten verherrlicht. Hitler bezeichnete er als einen „Mann mit dem Blick des Sehers, eine historische Erscheinung, ein Sprachrohr der deutschen Seele, dessen Macht nicht politisch, sondern magisch fundiert" sei. Ebenso waren von J häufig antisemitische Äußerungen zu hören (→Antisemitismus), vermutlich auch aus persönlicher Gegnerschaft zu Freud.

Gleichermaßen hat er jedoch darauf gedrängt, die AÄGP formal in eine überstaatliche Organisation umzuwandeln, die sich „Internationale Allgemeine Gesellschaft für Ärztliche Psychotherapie" nannte und satzungsgemäß zu politischer und konfessioneller Neutralität verpflichtet war. Die „Gesellschaft" setzte sich aus verschiedenen Landesgruppen zusammen, von denen die deutsche unter Göring zwar die stärkste war, daneben gab es aber auch noch eine schweizerische, dänische, holländische und schwedische Landesgruppe. Mit zunehmender Einsicht in den Gewaltcharakter der nationalsozialistischen Ideologie hat J 1939 den Vorsitz der „Internationalen Gesellschaft" abgetreten. Ein Jahr später konnten auch seine Bücher in Dt. nicht mehr erscheinen.

1948 wurde ihm zu Ehren das C.-G.-Jung-Institut in Zürich eröffnet. J selbst lehrte nicht am Institut; sofern es sein Gesundheitszustand erlaubte, führte er Therapiesitzungen durch und publizierte zur Analytischen Psychologie.

L.: Evers, Tilman: Mythos und Emanzipation; Hamburg 1987. Stern, J. Paul: J. Prophet des Unbewußten; München, Zürich, 1977. Wehr, Gerhard: J. Leben, Werk, Wirkung; München, 1985.

Roland Popp

**Justizvollzug**
J ist ein beschönigender Ausdruck für das staatliche Gefängniswesen (→ Gefängnis). Als Oberbegriff umfaßt der J sowohl den →Strafvollzug (d. h. den Vollzug der Freiheitsstrafe und den →Jugendstrafvollzug) als auch den der →Untersuchungshaft und Teile des →Maßregelvollzuges.

Johannes Feest

**Justizvollzugsanstalt**
→Gefängnis

**JWA**
= Jugendwohlfahrtsausschuß (trad.);
→Jugendämter

**JWG**
= Jugendwohlfahrtsgesetz; →Jugendhilfe, →Kinder- und Jugendhilfegesetz

## Kaiserliche Botschaft

Die K wird in der Rückbesinnung auf die dt. Sozialverfassung gerne als Proklamation des →Wohlfahrtsstaates dargestellt. Am 17.11.1881, drei Jahre nach Inkrafttreten des Verbotes aller sozialdemokratischen Organisationen (Sozialistengesetze), eröffnete Wilhelm I. die fünfte Legislaturperiode des Reichstages in der Überzeugung, „daß die Heilung der sozialen Schäden nicht ausschließlich im Wege der Repression sozialdemokratischer Ausschreitungen, sondern gleichmäßig auf dem der positiven Förderung des Wohles der Arbeiter zu suchen sein werde". Er wünschte, „dem Vaterlande neue und dauernde Bürgschaften seines inneren Friedens und den Hilfsbedürftigen größere Sicherheit und Ergiebigkeit des Beistandes, auf den sie Anspruch haben, zu hinterlassen".

Die K kennzeichnet die staatliche Einsicht in die Grundlagen und Bedingungen der Arbeitsgesellschaft. Daß der Staat „nicht bloß eine nothwendige, sondern auch eine wohlthätige Einrichtung" sein mußte, wie es in der Begründung des Krankenversicherungsgesetzes 1882 hieß, ergab sich wesentlich (a) aus der nötigen →Integration der gesellschaftlichen Schichten und Klassen durch „Besserung der Lage der Arbeiter und ... Frieden der Berufsklassen untereinander", (b) durch die Organisation eines →Arbeitsmarktes, der die nationale Erwerbsfähigkeit sicherte.

Die von →Bismarck schließlich fixierte →Sozialversicherung folgte einem gesellschaftlichen Problemdruck, der von vielen Zeitgenossen in ähnlicher Weise wahrgenommen und behandelt wurde. Sozialdemokraten klagten an, daß „die Industrie ... bei ihrer rapiden Entwicklung das Menschenreservoir des platten Landes (leerte) und ... die Invaliden, die Verletzten, die Krüppel dann wieder auf das Land zurück" schob (H. Molkenbuhr); bürgerliche Sozialpolitiker und auch der führende Sozialdemokrat →August Bebel forderten eine Versicherung, die einen ausreichenden und schnellen Schutz bereitstellen sollte, ohne auf die Armenkasse mit ihrer problematischen Regelung nach dem →Unterstützungswohnsitz zurückzugreifen.

Inhaltlich stand die →Unfallversicherung im Mittelpunkt, ging es doch um die offensichtlich produzierten und mit der industriellen Entwicklung anwachsenden Gefahren für Leben und Gesundheit. Auch hatten die Industriellen ein eigenes Interesse daran, keinen Ausbau der Haftpflicht (→Haftung) zuzulassen und eine Ablösung derselben durch eine allgemeine Versicherung zu erreichen, die sogar eine günstigere Kostenregulierung ermöglichte. So legte Kommerzienrat Louis Baare aus Bochum 1880 einen Entwurf zu einem Unfallversicherungsgesetz vor, aus dem die behördlichen Gesetzesinitiativen später abgeleitet wurden. Die parlamentarische Bearbeitung des Unfallversicherungsgesetzes wurde dann jedoch unterbrochen. Gelöst werden mußte der Widerspruch zwischen vergesellschafteten Risiken und integrativen Funktionen der Arbeiterversicherung auf der einen und der restriktiven, die Verantwortung der Unternehmer marginalisierenden und zugleich nur ganz beschränkt wirkenden Unfallversicherung auf der anderen Seite. Die K deutete die Perspektive an, die schließlich mit der Wechselwirkung zwischen unspezifischen Leistungen der →Krankenversicherung und eingeschränkten spezifischen Leistungen der Unfallversicherung ausgebaut wurde.

L.: Hentschel, V.: Geschichte der deutschen Sozialpolitik. 1880–1980; Frankfurt/M., 1983. Kleeis, F.: Die Geschichte der sozialen Versicherung in Deutschland; Berlin, 1928. Leibfried, St., u. a.: „... seit über einem Jahrhundert"; Köln, 1984. Peters, H.: Die Geschichte der sozialen Versicherung, 2. Aufl.; Bonn, 1973. Tennstedt, F.: Vom Proleten zum Industriearbeiter; Köln,

1983. Vogel, W.: Bismarcks Arbeiterversicherung; Braunschweig, 1951.

Dietrich Milles

## KAN
= Kriminalaktennachweis; →Polizeiliches Informationssystem

## Kanalisation
→Hygiene, →öffentliches Gesundheitswesen, →Umwelthygiene

## Kann-Leistungen
Über K entscheidet ein Träger von Sozialleistungen nach seinem Ermessen. Er ist dabei jedoch an den gesetzlichen Zweck der Ermächtigung gebunden und muß die gesetzlichen Grenzen des Ermessens einhalten (§ 35 SGB I). Er muß v. a. den Gleichheitssatz wahren. Die richtige Ausübung des Ermessens unterliegt der verwaltungsgerichtlichen Nachprüfung. (Zum Vergleich: →Soll-Leistungen.)

Manfred Fuchs

## Karll, Agnes
*25.03.1868 Embsen, †12.02.1927 Berlin. Kindheit mit 4 Geschwistern in der Lüneburger Heide. Vater Landwirt, der verarmte; Mutter aus angesehener Familie in Schwerin. Besuch der einklassigen Dorfschule, privater Abendunterricht, großer Lerneifer. 1882–1884 Fortbildungsschule für Lehrerinnen in Schwerin. Erste Berührung mit Frauenbildungsarbeit. 3 Jahre Erzieherin in wohlhabenden Familien in Mecklenburg. 1887 →Krankenpflegeausbildung im Clementinenhaus des Roten Kreuzes in Hannover. Pflege u. a. im Universitätskrankenhaus Göttingen. 1891 Austritt aus dem Mutterhaus: Streben nach Unabhängigkeit und Selbstbestimmung. Bis 1901 Privatpflege in Berlin; Kontakte zu einflußreichen Persönlichkeiten, Ärzten, Politikern, Geschäftsleuten. Als Begleiterin von PatientInnen Aufenthalt in USA und Österreich. Einsatz für die Veränderung der unzumutbaren Situation der Pflegerinnen (minimaler Lohn; lange Arbeitstage; häufige Nachtwachen; keine Absicherung bei Krankheit, Arbeitslosigkeit, Invalidität, Alter). 1896 Einzug in das erste selbständige Schwesternwohnheim für 6 Frauen (Berlin, Ansbacher Str. 2). Anstoß zu einer Krankenversicherung der Pflegerinnen bei der Berliner Versicherungsgesellschaft „Deutscher Anker"; Nebenverdienst als Versicherungsagentin (ab 1.11.1901 Versicherungsangestellte beim „Deutschen Anker"). Planung der Selbsthilfe durch Organisation der Pflegerinnen analog der Vereine für Lehrerinnen und für weibliche Handels- und Büroangestellte. Sammlung umfassender Information über →Krankenpflege in England, Finnland, Österreich, USA. Bei der Generalversammlung des →Bundes Deutscher Frauenvereine (→Frauenbewegung) in Wiesbaden (1902) Forderung einer staatlich vorgeschriebenen 3jährigen Ausbildung mit Examen für die Krankenpflege; Eingabe einer entsprechenden Petition an den Reichstag. Am 11.01.1903 Gründungsversammlung der Berufsorganisation der Krankenpflegerinnen Deutschlands (BO): Intensive Öffentlichkeitsarbeit; Aufbau der BO; Gewinnung fähiger Mitarbeiterinnen; Entscheidung für Verbandsabzeichen mit Lazaruskreuz, gesunde Berufskleidung. 1904 Beteiligung an der Durchführung des Internationalen Frauenkongresses in Berlin mit der Krankenpflegesektion (International Council of Nurses/ICN). 17.06.1904 Beitritt der BO zum ICN. Teilnahme an ICN-Kongressen in Paris 1907, in London 1909; Organisation des ICN-Kongresses in Köln 1912. Redaktion der 14tägig erscheinenden Zeitschrift der BO („Unterm Lazaruskreuz", ab 1906). Ausgedehnte Reisen und Vortragstätigkeit, Gründung von Ortsgruppen, Stellenvermittlung, Arbeitsverträge mit neu entstehenden Krankenanstalten, Kontakt zu bestehenden Schwesterngruppen über gemeinsame Ziele. Stetige Zunahme der Mitgliederzahlen der BO in vielen Großstädten. Mitglied in der Sachverständigenkommission des preußischen Kultusministeriums zur Festlegung der Ausführungsbestimmungen des 1. Krankenpflegegesetzes 1906/

## Kassenärztliche Bundesvereinigung (KBV)

1907, das aber nur eine 1jährige Ausbildung vorschrieb. Freundschaft mit der Amerikanerin Lavinia Dock, der Co-Autorin der „History of Nursing" (A. Nutting/L. Dock 1907). Übersetzung und Veröffentlichung der Geschichte der Krankenpflege (3 Bände, 1910/1911/1913). Verhandlungen mit dem Kuratorium der Hochschule für Frauen in Leizig über 2jährige Kurse zur Fortbildung für Oberschwestern (Beginn im Wintersemester 1912/13 mit 10 Studentinnen). Lehrauftrag für Geschichte der Krankenpflege im Sommersemester 1913. Stillstand und Rückgang der Aufbauarbeit im 1. Weltkrieg und den Nachkriegsjahren. Mehrjähriges Krebsleiden.

L.: Sticker, Anna: K. Reformerin der deutschen Krankenpflege; Wuppertal, 1977.

Gerda Kaufmann

## Kassenärztliche Bundesvereinigung (KBV)
→ Ärztliche Berufsverbände

## Kassenärztliche Zulassung
→ Zulassung

## Kassenzulassung
→ Zulassung

## Katastrophen

Die → K-medizin unterscheidet: 1. kleine K (mindestens 25 Personen getötet oder verletzt oder mind. 10 Patienten mit erforderlicher stationärer Behandlung); 2. mittlere K (mind. 100 Personen getötet oder verletzt oder mind. 50 stationär behandlungsbedürftige Personen); 3. Groß-K (mind. 1000 Personen getötet oder verletzt oder mind. 250 stationär behandlungsbedürftige Patienten). Als Beispiele werden angeführt: 1. Natur-K (Erdbeben, Vulkanausbrüche); 2. Umwelt- und Sekundär-K (Seuchen, Emissions-K); 3. Kriege (konventioneller, ABC-Krieg); 4. Zivilisations-K (AKW-Unfälle, Massenkarambolage).

Bernd Kalvelage

## Katastrophenmedizin

Als flankierende Maßnahme des Zivilschutzes 1977 beschrieben (1, 2) und heftig umstritten als Gegenstand medizinischer Aus- und Fortbildung mit dem Ziel der Vorbereitung des Gesundheitswesens auf den Krieg, wird K seit 1981 zunehmend zur organisatorischen Bewältigung auch sog. ziviler → Katastrophen empfohlen (3, 4).

Die K-Experten, von denen viele der Wehrmedizin entstammen (5, 6, 7, 8), und die 1980 gegründete „Deutsche Gesellschaft für K e. V." definieren eine Katastrophe als ein „außergewöhnliches Schadensereignis" mit einem „Massenanfall" von Verletzten und Toten. Als Folge sei ein Zusammenbruch der regionalen Infrastruktur anzunehmen, bei mangelndem Hilfspersonal und Material sei Hilfe von außen erforderlich. Daraus ergebe sich als wesentlich neues Element der K ein „völliges Umdenken des Arztes" (5, 7): Im Gegensatz zur Prioritätensetzung der → Notfallmedizin, den am schwersten Verletzten zuerst zu behandeln, erfordere K die in der Kriegsmedizin übliche Triage (frz.: „trier"; engl.: „try", Aussortieren, Sichten) der Verletzten sowohl am Ort der Katastrophe als auch beim Transport und der Behandlung im Krankenhaus. Ziel der K sei es, möglichst viele Verletzte mit guten Überlebenschancen zu retten und deshalb Schwerverletzte nicht oder allenfalls später zu behandeln. Dementsprechend werden 4 Triagekategorien (Nato-Standard, gemäß Handbuch der Nato, „Die dringliche Kriegschirurgie – ZDv49/50" von 1958) unterschieden (7): *Kategorie T1:* „Sofortbehandlung" lebensbedrohlich Verletzter, bei denen eine echte Überlebenswahrscheinlichkeit besteht; *Kategorie T2:* „verzögerte Behandlung" von Verletzten, bei denen durch Sofortbehandlung zunächst Lebensgefahr beseitigt und Transportfähigkeit hergestellt werden kann, für Stunden dann aufgeschobene Weiterbehandlung, aber Transportpriorität; *Kategorie T3:* „Minimalbehandlung" gehfähiger Patienten mit ungefährlichen Verletzungen; *Kategorie T4:* „aufgeschobene Behandlung" von Verletzten ohne Überlebensaussichten, die ohne Behandlung zu bleiben haben.

Von den Gegnern der K, ÄrztInnen, ApothekerInnen und anderen im Gesundheitswesen beschäftigten Berufsgruppen, wird das seit 1979 zunehmend geforderte „Umdenken" zurückgewiesen und die verlangte Fortbildung in K verweigert. 1980 wird in Genf die Internationale Vereinigung der Ärzte zur Verhütung eines Atomkrieges, die „International Physicians for the Prevention of Nuclear War" (IPPNW), gegründet, die 1984 den Unesco-Friedenspreis und 1985 den Friedens-Nobelpreis erhält. 1982 tritt die neugegründete Deutsche Sektion der IPPNW (1991: 8746 Mitglieder) in Frankfurt mit der Vorlage einer persönlichen Erklärung (9) an die Öffentlichkeit, die von mehreren tausend Ärztinnen unterschrieben wird. Darin wird die Ablehnung und Verweigerung jeglicher Schulung in Kriegsmedizin erklärt und gleichzeitig die uneingeschränkte Bereitschaft, in allen Notfällen medizinischer Art Hilfe zu gewährleisten durch eine ständige Fortbildung in Notfallmedizin.

Die Argumente der K-Gegner werden seit 1981 auf zahlreichen internationalen Kongressen diskutiert und finden Bestätigung durch kompetente Fachleute. Sie lauten zusammengefaßt: 1. Der Begriff „Katastrophe" sei von den Befürwortern der K niemals eindeutig definiert worden. Eine Massenkarambolage auf der Autobahn und der Atomkrieg stünden quasi gleichrangig nebeneinander. Die unrealistischerweise in Aussicht gestellte medizinische Hilfe bei allen denkbaren Katastrophen fördere eine blinde Technikgläubigkeit und trage dazu bei, eine verantwortungsvolle Risikofolgenabschätzung bei Großtechnologien wie Atomkraftwerken aus wirtschaftlichen Gründen zu vernachlässigen. Dies stünde im Gegensatz zum präventiven medizinischen Denken. 2. K mit Triagierung von I bis IV bedeute die Unterordnung medizinischer Erfordernisse, der gewissenhaften Entscheidung von Ärzten und der bisher gültigen ärztlichen Ethik unter militärstrategische Zielsetzungen. K sei u. a. Kriegsmedizin und bedeute damit bereits im Frieden eine Militarisierung der Medizin. Das geforderte „Umdenken" sei mit dem ärztlich-ethischen Selbstverständnis unvereinbar; es beinhalte einen den Euthanasiepraktiken ähnlichen therapeutischen Nihilismus. 3. Die zeitliche Koinzidenz von Nato-Nachrüstungsbeschluß (1979), der Diskussion in den USA um die Führbarkeit und Gewinnbarkeit eines „begrenzten Atomkriegs" und der daraus folgenden verstärkten Zivilschutzbemühungen gäben K als wesentlichen Bestandteil einer Politik der Konfrontation zu erkennen. Die Bedeutung der K liege damit nicht auf medizinischem Gebiet, sondern allenfalls darin, die Illusion aufrechtzuerhalten, ein moderner Krieg oder gar ein Atomkrieg könnten überlebt werden. 4. Nachweislich sei in einem Krieg mit Massenvernichtungswaffen in der BR wesentliche medizinische Hilfe mit oder ohne K nicht zu leisten; dies gehe aus einer Studie der →Weltgesundheitsorganisation (10) und Arbeiten unabhängiger amerikanischer Wissenschaftler (11) hervor. 5. Die Prinzipien der Notfallmedizin hätten bis heute nachweislich ausgereicht, zivile Katastrophen adäquat zu meistern. Ein empirischer Nachweis der Notwendigkeit einer Triagierung bis zur Kategorie T4 sei bei bisher bekannten Katastrophen in keiner Weise erbracht worden. 6. Das der Triagekategorie 4 zugeordnete Prinzip der Nichtbehandlung bestimmter Verletzter entbehre nicht nur jeglicher medizinischer und moralischer Rechtfertigung, es stehe auch im Widerspruch zum Grundgesetz Artikel 2, Absatz 2; der vermeintliche „Nutzen der Gemeinschaft" und die beabsichtigte Rettung vieler könnten das garantierte Recht des einzelnen auf Leben und körperliche Unversehrtheit nicht außer Kraft setzen.

Den Gegnern der K wird von den ärztlichen Standesvertretern in der Bundesärztekammer (→ärztliche Berufsverbände) auf Veranstaltungen und im

„Deutschen Ärzteblatt" vorsätzliche Verweigerung ärztlicher Hilfe in Katastrophen vorgeworfen, und der Gesetzgeber wird offen aufgefordert, eine Fortbildungspflicht in K für jeden Arzt im →Zivilschutzgesetz zu verankern (12). In den Forderungen des 1. Internationalen Kongresses zur Verhütung eines Atomkriegs (1981 in Hamburg) sieht der Geschäftsführer der Bundesärztekammer einen „Angriff auf die sittliche Substanz" des Arzttums" (13). K incl. Triage sei für die medizinische Versorgung im Krieg und auch im „Randgebiet eines Atomkriegs", aber auch zur Bewältigung „ziviler Großkatastrophen", z. B. Kernkraftunfällen, erforderlich.

Der Verantwortung der Ärzteschaft gegenüber den „völkermörderischen" Auswirkungen einer politischen Indienststellung der Medizin widmet sich 1986 ein Artikel (14), in dem eine Parallele aufgezeigt wird zwischen der Neueinführung der „Rassenhygiene" (→Eugenik/Rassenhygiene) als universitäres Lehrfach im Nationalsozialismus und der von den Standesvertretern geforderten Fortbildungspflicht in K. Ärzte dürften nicht ein zweites Mal mitschuldig werden, indem sie widerstandslos die Vorgabe, einen Atomkrieg führbar zu machen, in medizinische Terminologie und Organisation umsetzten. Von diesem Artikel geht eine breite Diskussion aus um die „Vergangenheitsbewältigung" in der Medizin. Es erscheint eine Artikelfolge im „Deutschen Ärzteblatt" unter dem Titel „Medizin und Nationalsozialismus" (15). K ist jenseits der medizinischen Kontroversen wesentlicher Bestandteil der Zivilschutzgesetzgebung.

L.: 1. Lautenegger, A. F., K im Zivilschutz. Grundbegriffe und Aufgaben; in: Notfallmedizin 1977/3, 273 ff. 2. Daerr, E., K; in: Notfallmedizin 1977/9, 421 ff. 3. Mayer, Joyce (Hg.): K oder Die Lehre vom ethisch bitteren Handeln; Neckarsulm, 1987. 4. Wissenschaftlicher Beirat der Bundesärztekammer (Hg.): Zur Frage der ärztlichen Versorgung der Bevölkerung bei Kernkraftwerksunfällen; Köln, 1981. 5. Rossetti/Lanz: K; Stuttgart, 1980. 6. Rebentisch, Ernst: Wehrmedizin, Handbuch – mit Beiträgen zur K; München, 1980. 7. Kirchhoff, R.: Triage im Katastrophenfall; Erlangen, 1984. 8. Rutherford, W. H., Let us get rid of the triage officer; in: Frey/Safar (Hg.), Disaster Medicine; New York, 1980. 9. Denkschrift der IPPNW-Sektion Bundesrepublik Deutschland: Zur Behandlung von Schwerverletzten in Friedenszeiten. Ein Diskussionsbeitrag zur sogenannten „K" (IPPNW, Bahnhofstraße 24, 6501 Heidesheim). 10. Weltgesundheitsorganisation: Auswirkungen eines Atomkriegs auf die Gesundheit und das Gesundheitswesen; Genf, 1983. 11. Chivan/Chivan/Lifton/Mack (Hg.): Last Aid. Letzte Hilfe. Die medizinischen Auswirkungen eines Atomkrieges; Nekkarsulm, 1985. 12. Peters/Pfeiffer (Hg.): Zivilschutzgesetz. Friedenspolitik oder Kriegsvorbereitung?; Köln, 1985. 13. Deneke, V., Ein Angriff auf die sittliche Substanz des Arzttums; in: Deutsches Ärzteblatt 1981, 40, 1856f. 14. Hanauske-Abel, Hartmut M., From nazi holocaust to nuclear holocaust: a lesson to learn?; in: Lancet, August 1986, 271–273. 15. Bleker/Jachertz (Hg.): Medizin im Dritten Reich; Köln, 1989.

Bernd Kalvelage

**Katastrophenschutz**
K wird als Sammelbegriff verwendet, der Maßnahmenbündel und -instrumente bezeichnet, die vorgehalten werden, um bei Natur- und technischen →Katastrophen bzw. im Kriegsfall zum Einsatz zu kommen: 1. der →Sanitätsdienst (der auch bei →Rettungsdiensten eingesetzt wird); 2. der Fernmelde- und Technische Dienst (zur Erstellung von Draht- und Funkverbindungen, Errichtung von Notunterkünften, Trinkwasseraufbereitung usw.; →Technisches Hilfswerk); 3. der Zivilschutz (→Zivilschutzgesetz); 4. →Hilfszüge.

**Kathedersozialisten**
Als „K" werden die Mitglieder einer Gruppe von Sozialpolitikern und Natio-

nalökonomen bezeichnet, die während des Kaiserreiches sowohl gegen revolutionäre Strömungen der →Arbeiterbewegung, als auch gegen extreme Formen des Liberalismus für soziale Reformen zur Lösung der →„Arbeiterfrage" eintraten und von beiden Gegenströmungen teils heftig bekämpft wurden.

Der Begriff selbst stammt von Heinrich Bernhard Oppenheim, einem liberalen Wirtschaftstheoretiker, der ihn während seiner Kontroverse mit Gustav Schönberg, einem Vertreter reformerischer Positionen, in seinem Artikel „Manchesterschule und Kathedersozialisten" (Nationalzeitung vom 17.12.1871) zum erstenmal benutzt. Die K und das Publikum dieser Zeit nehmen diesen ursprünglich ironisch gemeinten Begriff als Bezeichnung für die inhomogene Strömung von Sozialreformern auf, die sich ab 1872 um den →Verein für Sozialpolitik herum gruppieren. Die Gruppe der K muß in bezug sowohl auf die wissenschaftliche als auch politische Ausrichtung als inhomogenes Sammelbecken meist einflußreicher Persönlichkeiten – Wissenschaftler, Beamte, Politiker, Geistliche und Unternehmer – angesehen werden, deren gemeinsames Anliegen in der Realisierung sozialer Reformen sowie der wissenschaftlichen Untermauerung ihrer Interventionsmethoden besteht. In diesem Sinne können sie als Vorläufer einer wissenschaftlich begründeten →Sozialpolitik und eines wissenschaftlich geleiteten Sozialwesens gelten.

Unter den bedeutenden Theoretikern der K sind unterschiedliche sozialpolitische und -wissenschaftliche Tendenzen auszumachen.

*Lujo v. Brentano* (1844–1931) stellt in diesem Zusammenhang eher emanzipatorische Ansätze der Sozialpolitik in den Vordergrund und weist auf die Notwendigkeit der →Selbstorganisation der Arbeiterschaft und der Zulassung von →Gewerkschaften hin, damit die Arbeiter selbst über diese Organisationen an der Gestaltung ihrer Lebens- und Arbeitsbedingungen mitwirken können.

Eine nur auf staatliche Maßnahmen beschränkte Sozialpolitik bleibt in seinen Augen stets fragmentarisch. Sie führe die Arbeiterschaft letztlich in die von →Marx prognostizierte unausweichliche →Verelendung und schaffe damit den Nährboden für sozialrevolutionäre Bestrebungen, während gerade die Gewährung der Koalitionsfreiheit diesem entgegenwirke. *Adolph Wagner* (1838–1917) hingegen steht zunächst eher der liberalistischen „Volkswirtschaftlichen Vereinigung" nahe. Er gehört zu den Mitbegründern des Evangelisch-Sozialen Kongresses und strebt eine Art monarchistischen „Staatssozialismus" an, der ideologisch im lutherisch-konservativen Protestantismus begründet ist.

Innerhalb des Vereins für Sozialpolitik ist →Gustav Schmoller (1838–1917) die dominante Persönlichkeit. In seinen Augen stellt der →Staat die neutrale Instanz im Interessenkonflikt der Klassen dar und ist damit die einzige Kraft, die die „Arbeiterfrage" zu lösen vermag. Nur seine Intervention mittels einer für die damalige Zeit weitgehenden Arbeits- und Sozialgesetzgebung kann den Klassenkampf verhindern. In seinem Entwurf kommt somit dem Beamtentum als Vertreter der Staatsidee eine privilegierte Rolle zu. Der Selbstorganisation der Arbeiterschaft steht er hingegen zwiespältig gegenüber. Schmoller setzt sich – im Gegensatz etwa zu Brentano - mit der Auffassung durch, den Verein für Sozialpolitik zu einem ideologisch relativ offenen Zusammenschluß zu gestalten. Darüber hinaus bestimmt er maßgeblich die Orientierung der Erhebungspraxis des Vereins für Sozialpolitik durch seine Konzepte monographischer Forschung. Er kritisiert die abstrakt-quantitativen Forschungsmethoden seiner Zeit und tritt für ein Vorgehen ein, das den gesellschaftlichen →Alltag als Forschungsgegenstand in den Vordergrund rückt und eine Annäherung von Forschung und praktischem Leben fordert. Ihm geht es dabei nicht darum, eine möglichst große Anzahl von Fällen zu erfassen, sondern typische Situationen in ihrer Totalität zu beschreiben. Schmollers Aussagen bleiben allerdings in bezug auf ihre praktisch-methodische Anwendbarkeit recht vage, was dazu führt, daß auch die damalige Erhebungspraxis des Vereins für Sozialpolitik keinesfalls immer an den Standards wissenschaftlichen Vorgehens zu messen war, wie Schnapper-Arndts Kritik am →Antisemitismus der Vereinsenquête über den Wucher auf dem Lande (1888) sowie die Texte Max Webers zum Werturteilsstreit im Verein für Sozialpolitik deutlich machen. Dennoch können die sozialpolitischen Konzepte der K insg. zumindest als Vorläufer einer modernen, wissenschaftlich begründeten und handlungsorientierten Sozialforschung gesehen werden.

Darüber hinaus kommt den K eine große Bedeutung für die →Institutionalisierung der Sozialwissenschaften in Dt. zu. So ist die Forschungspraxis des Vereins für Sozialpolitik von prägendem Einfluß auf die Soziologengeneration Max Webers gewesen, der seine ersten empirischen und methodologischen Arbeiten im Umfeld der K durchführte. Insb. im Bereich von Lehre und Forschung hatten die K im Kaiserreich eine relativ große Bedeutung. Vor allem im Bereich der Nationalökonomie besetzten sie zahlreiche Lehrstühle an dt. Universitäten, weiterhin waren sie auch im Bereich des höheren Beamtentums einflußreich. Außerdem versuchten sie, v. a. in den Anfängen des Vereins für Sozialpolitik, durch Petitionen und Gutachten auf die Sozialpolitik des neuen dt. Staates Einfluß zu nehmen. So erstellte z.B. Schäffle im Regierungsauftrag eine Studie zur Arbeiter- und Krankenversicherung.

Das Nachrücken einer neuen Forschergeneration mit anderen inhaltlichen und methodologischen Schwerpunkten führte dazu, daß die in den Anfängen eher handlungsorientierten Forschungsaktivitäten der K durch eine eher abstrakte Soziologie verdrängt wurden. Hinzu kommt, daß die Hauptforderungen der K, die Einführung der →Sozialversicherung und des →Arbeiterschutzes in den 80er bzw. 90er Jahren des 19.Jh. erfüllt wurden.

L.: Schäffle, Albert Eberhard Friedrich: Die Bekämpfung der Sozialdemokratie ohne Ausnahmegesetz; Tübingen, 1887. Schmoller, G., Zur Methodologie der Staats- und Sozialwissenschaften; in: Jahrbuch für Gesetzgebung, Verwaltung und Volkswirtschaft im Deutschen Reich, 1883. Schnapper-Arndt, Gottlieb, Zur Methodologie sozialer Enquêten. Erweiterte Bearbeitung eines in den Berichten des Freien Hochstifts abgedruckten Vortrags; in: Ders., Vorträge und Aufsätze, hg. von Leon Zeitlin; Tübingen, 1906.

Gerald Prein

# Katholisch-Soziale Bewegung
→Volksverein für das katholische Deutschland

# Kaufmann, Heinrich
K (1864–1928) besuchte 1884–87 das Lehrerseminar zu Hadersleben, fand seine erste Lehrerstelle an einer Knabenfreischule in Kiel und wurde 1891 Lehrer an einer nichtstaatlichen Schulanstalt in Hamburg. Dort unterrichtet er in der Freizeit bei einem Arbeiterbildungsverein (→Arbeiterbewegung), den die Behörden wegen angeblicher Betätigung von Anarchisten schließen lassen. K beteiligt sich an der Gründung der Hamburger „Freien Volksbühne" (→Volksbühnen), die – gegen den Widerstand der bürgerlichen Theatergesellschaften – Stücke von →Hauptmann und Sudermann aufführte. 1894 wird das „Volksblatt für Harburg und Wilhelmsburg" gegründet, bei dem K Geschäftsführer und Redakteur wird. 1901 tritt er in den Dienst der genossenschaftlichen Großeinkaufsgesellschaft, um die Schriftleitung des Mitteilungsblattes zu übernehmen, das sich unter seiner Feder als Fachzeitschrift zu einem Organ der dt. Konsumgenossenschaften entwickelt (→Genossenschaften).

Als 1902 der Ausschluß von 98 Konsumvereinen aus dem Allgemeinen Verband mit der Begründumg erfolgte, sie würden eine ‚sozialistische Richtung' vertreten, verließen in der Folgezeit weitere Konsumvereine den Allgemeinen Verband und bildeten 1903 in Dresden mit insgesamt 585 Konsumvereinen den neuen Zentralverband dt. Konsumvereine. Die Programmrede hielt K, der aus der Großeinkaufsgenosssenschaft ausschied und Sekretär des Verbandes wurde. K baute das Revisionswesen, die Fortbildung und das konsumgenossenschaftliche Pressewesen aus. 1928 existierten 1024 Konsumgenossenschaften mit mehr als 3 Mio. Mitgliedern, 10 124 Verteilungsstellen und einem Umsatz von 1,24 Mia. Mark.

### Kaup, Ignaz

1870–1944; Medizinstudium in Graz, Wien und München; 1899 Sanitätsassistenzarzt; 1904 Privatdozent für Hygiene an der TH Wien; 1908 Dozent für Gewerbehygiene an der TH Charlottenburg, Leiter der Abt. Hygiene der „Centrale für Volkswohlfahrt" in Berlin; Vors. der Berliner Gesellschaft für Rassenhygiene; 1911 Berufung als a. o. Prof. für →Hygiene nach München; 1914–16 Militärdienst (hygienischer Berater der Armee; Ausbau von Schutzimpfungen und Entlausung gegen Seuchen); 1918 Sektionschef, später Staatssekretär im österr. Ministerium bzw. Staatsamt für Volksgesundheit; 1922–35 Professor für Hygiene in München. Als konservativer Sozialhygieniker wirkte er bahnbrechend bei der Organisation, Durchführung und Methodik von Reihenuntersuchungen (→Präventivmedizin).

### KdF
⇒ Kraft durch Freude

### Kelber, Magda
Während des Nationalsozialismus Emigration nach England; 1946 Rückkehr nach Dt. und Leitung des Quäkerhilfswerks in der brit. besetzten Zone; 1949–62 Leiterin von Haus Schwalbach/Taunus, einer Gründung der amerik. Militärregierung. Haus Schwalbach war gedacht als „leadership training center" für formelle und informelle Multiplikatoren in den hessischen Gemeinden (→Umerziehung) und wurde als „Pflanzstätte' der →Gruppenarbeit bekannt.

L.: Müller, C. Wolfgang: Wie Helfen zum Beruf wurde, Bd. 2; Weinheim, Basel, 1988, 51 ff.

### Keller, Gottfried
Nachdem sich K (* 1819 in Zürich) zum Maler ausgebildet hatte, verlegt er sich auf das Schreiben, lebte 1850–50 in Heidelberg, 1850–55 in Berlin und war 1861–76 erster Stadtschreiber in Zürich, wo er 1890 starb. Seine Werke zählen zur literarischen →Sozialkritik.

### Kerschensteiner, Georg
1854–1932; seit 1883 Handelsschul- und Gymnasiallehrer in Nürnberg, Schweinfurt und München; 1895 Stadtschulrat von München. K äußerte sich in zahlreichen Schriften zur politischen Zielsetzung der Schule (staatsbürgerliche Erziehung), zur methodisch-didaktischen Gestaltung insb. der Volksschule (Arbeitsschule) sowie zur Schulorganisation (nationale Einheitsschule): „Der Sinn der Arbeitsschule ist, mit einem Minimum an Wissensstoff ein Maximum von Fertigkeiten, Fähigkeiten und Arbeitsfreude im Dienste staatsbürgerlicher Gesinnung auszulösen." (K 1913, 79.)

W.: K: Staatsbürgerliche Erziehung der dt. Jugend, 4. Aufl.; Erfurt, 1909. Ders.: Grundfragen der Schulorganisation, 2. Aufl.; Leipzig, Berlin, 1910. Ders.: Begriff der Arbeitsschule, 2. Aufl.; Leipzig, Berlin, 1913. Ders.: Begriff der staatsbürgerlichen Erziehung, 3. Aufl.; Leipzig, Berlin, 1914. Ders.: Deutsche Schulerziehung im Krieg und im Frieden; Leipzig, Berlin, 1916.

### Ketteler, Wilhelm Emmanuel Freiherr von
1811–1877; 1850 Bischof von Mainz. K setzte sich u. a. als Abgeordneter des Frankfurter Parlaments (1848/49) und des Reichstags (1871/72) sowie in Predigten und Schriften für die rechtliche und kulturelle Selbständigkeit der kath.

Kirche ein. Auf seine Initiative geht die Gründung von kath. Lehrlingsvereinen zurück (→ Kolping).
L.: Jostock, Paul, K; in: Erckmann, R., Via Humana; München, Wien, 1958, 89–108. Müller, O. H.: K; 1947. Pfülf, O.: Bischof K; 1889.

**KGSt**
⇒ Kommunale Gemeinschaftsstelle für Verwaltungsvereinfachung

**Kibbuzim**
Die K in Israel sind das bekannteste Beispiel von Vollgenossenschaften (→ Genossenschaftswesen 5.d) mit einer über 80jährigen Geschichte. Ziele des Kibbuz sind die Errichtung und Unterhaltung einer Siedlung und von landwirtschaftlichen, industriellen und handwerklichen Betrieben sowie das Anbieten von öffentlichen Dienstleistungen. Dadurch will er für die ökonomischen, sozialen, kulturellen, individuellen, pädagogischen und gesundheitlichen → Bedürfnisse der Kibbuzniks und ihrer Angehörigen sorgen. Als Lebensgemeinschaft mit utopischen Zielen wollen die K Freundschaft und Brüderlichkeit zwischen den Kibbuzniks fördern, Persönlichkeitsbildung betreiben, besonders die Lage der Frauen und die Kindererziehung verbessern, Kibbuzwerte wie gegenseitige Hilfe und gemeinsame Aktivitäten propagieren und Neueinwanderer bzw. -siedler im Sinne der Kibbuzlebensart eingliedern (Busch-Lüty 1989, 44f). Da es den K im großen und ganzen gelungen ist, den Austausch mit der kapitaldominierten Gesellschaft Israels effektiv zu reglementieren, ist bis heute kein Ausverkauf der genossenschaftlichen Lebensweise zu verzeichnen, trotz unvermeidlicher Anpassungsprozesse. Basisdemokratie, integrale Lebensweise und Orientierung von Arbeit und Leben an den Bedürfnissen der Kibbuzniks bestimmen nach wie vor das Leben in den K. Dadurch fallen viele Quellen sozialer wie psychischer und somatischer Belastungen weg. Zudem ist durch die enge Gemeinschaft frühzeitig gegenseitige → Hilfe möglich. Psychosoziale und gesundheitliche Probleme, die mit ungewolltem Ausscheiden aus dem Arbeitsprozeß zusammenhängen, oder Probleme der → Kriminalität sind in K so gut wie nicht zu finden.
L.: Busch-Lüthi, Ch.: Leben und Arbeiten im Kibbuz; Köln, 1989.

Ferdinand Buer

**Kinder- und Jugendhilfegesetz (KJHG)**
Das „Gesetz zur Neuordnung des Kinder- und Jugendhilferechts – KJHG" vom 26.6.1990 (BGBl. Teil I, Nr.30 vom 28.6.90) trat zum 1.1.1991 (in den Bundesländern der ehemaligen DDR bereits zum 3.10.1990) in Kraft, außer Kraft gleichzeitig das Gesetz für Jugendwohlfahrt (JWG) in der Fassung der Bekanntmachung vom 25.4.1977. Mit der Neuordnung ging ein fast 20jähriges politisches und fachpolitisches Ringen um eine grundlegende Erneuerung des in seinen Grundzügen aus dem Jahr 1922 stammenden (Reichs-)JWG zu Ende.

Der entscheidende Durchbruch wurde, nach verschiedenen Anläufen sowohl von SPD- wie von CDU-Regierungen, durch Bundesjugendministerin Rita Süssmuth (CDU) erreicht, wenngleich die Verabschiedung erst durch ihre Nachfolgerin im Amt, Ursula Lehr, erfolgte. Hintergründe für die schließliche, auch von der SPD geduldete, von den Grünen (diesen gingen die Regelungen in verschiedenen Punkten nicht weit genug) abgelehnte Neuordnung waren: (a.) die Praxis hatte sich bereits so weit vom geltenden Gesetz entfernt, daß verschiedene Bundesländer mit – das Bundesgesetz faktisch aushebelnden – eigenen Gesetzen gedroht hatten; (b.) aus diesem Grunde stand die Einheitlichkeit der Jugendhilfegesetzgebung und eine einheitliche Jugendhilfepraxis auf dem Spiel; (c.) durch ‚familienfreundliche', gleichzeitig aber auch Reformforderungen aus SPD-Kreisen aufnehmende Formulierungen konnten politische Widerstände von rechts und links besänftigt werden; (d.) durch Überleitungsvorschriften, die das Inkrafttreten kostenträchtiger Regelungen auf den 31.12.1994 verschieben (wobei Landesrecht in einigen Fällen auch noch andere Übergangsfristen bestimmen kann), konnten die den gesamten Reformprozeß begleitenden fiskalischen Bedenken der →kommunalen Spitzenverbände ausgeräumt werden; (e.) auch im materiellen Teil wurde auf Partialinteressen der Länder Rücksicht genommen.

Mit eben jener Einschränkung, daß manches erst später, u. U. erst nach sehr langen Übergangsfristen in Kraft tritt, durchzieht das Gesetz ein Hauch von Reformfreudigkeit und ‚Progressivität': Der belastete Begriff der Jugendwohlfahrt wurde durch den modernen Begriff „Kinder- und Jugendhilfe" ersetzt; überhaupt wurde der Gesetzestext von allen stigmatisierenden Begriffen (z. B. →Gefährdung; Verwahrlosung) befreit. Unterstützt durch die Gesetzessystematik werden Gesichtspunkte der Förderung, Unterstützung, →Beratung, →Hilfe und →Fachlichkeit in den Vordergrund gestellt; der häufig gescholtene Charakter des JWG, als in seiner Grundsubstanz noch polizeistaatlichem (→Policey) Denken verhaftet, wurde gründlich zerstört. Dem entspricht ein programmatischer Satz (§ 1 [1]), der nicht mehr, wie das JWG, einer Erziehung zur „gesellschaftlichen Tüchtigkeit" das Wort redet, sondern der „Erziehung zu einer eigenverantwortlichen und gemeinschaftsfähigen Persönlichkeit".

Trotz diverser verbaler Zugeständnisse an die Rechte der Personensorgeberechtigten und trotz deutlicher Betonung von Hilfen für die →Familie (dies hat dem Gesetz manchmal den Scheltruf eines Familienförderungsgesetzes eingebracht), stärkt es faktisch die Position von Kindern und Jugendlichen gegenüber ihren Eltern, betont überhaupt im stärkeren Maße als das JWG Selbstentscheidungs- und Mitwirkungsrechte von Jugendlichen. Andere, Modernität ausstrahlende Formulierungen und Regelungen beziehen sich auf die Benachteiligung von Mädchen, die Akzeptanz alleinerziehender Mütter und Väter (→Alleinerziehende) sowie nichtehelicher Kinder, die Stärkung der Rechtsstellung auch solcher „Erziehungsberechtigten", die nicht Personensorgeberechtigte nach den Vorschriften des BGB sind, aber – wie z. B. Pflegepersonen oder Heimerzieherinnen – faktisch elterliche Sorgerechte ausüben. Schließlich, obwohl das traditionelle, die Rechte und Interessen der Freien Träger sichernde →Subsidiaritätsprinzip verbal eher deutlicher als im JWG betont wird, gibt es im Gesetz auch Bekenntnisse zur Förderung von selbstorganisierten Gruppen und eine deutliche Betonung der Gesamtverantwortlichkeit und der Gewährleistungspflichten der öffentlichen Träger der →Jugendhilfe.

Eine erhebliche Modernisierung erfuhren auch der Leistungskatalog und verschiedene organisatorische Regelungen. Was im JWG noch mit der Floskel „ferner sind Aufgaben des Jugendamts" (§ 5) von den hoheitlichen Aufgaben der Jugendhilfe (§ 4) abgekoppelt war und in der Praxis darum als nachrangig-fakultativ betrachtet wurde – die →Jugendarbeit, die Jugendsozialarbeit (berufliche Hilfen), Hilfen für Mütter vor und nach der Geburt, die Betreuung von Kindern in Tageseinrichtungen u. a. –, steht jetzt im Mittelpunkt des Leistungskatalogs (Kap. 2), während die hoheitlichen Aufgaben – wie der Pflegekinderschutz (→Pflegekinderwesen) oder die Mitwirkung der →Jugendämter im Vormundschaftswesen (→Vormundschaft) – jetzt als „andere Aufgaben der Jugendhilfe" erst im Kap. 3 behandelt werden. Völlig neu geordnet, den Praxisentwicklungen angepaßt wurde – unter dem Titel „Hilfe zur Erziehung – Hilfe für junge Volljährige" (2. Kap., 4. Abschnitt) der klassische „jugendfürsorgerische" Bereich. Hierbei ist am wichtigsten, daß der Gesamtkomplex der „öffentlichen Erziehung" (→Fürsorgeerziehung und Freiwillige Erziehungshilfe) und damit auch die Sonderzuständigkeit des Landesjugendamtes für diesen Komplex entfiel und die Gewährleistungspflicht für den Gesamtbereich der Hilfen zu Erziehung künftig beim örtlichen Träger der Jugendhilfe liegen soll.

Anderen Forderungen von Reformkräften aus der Jugendhilfe, wie denen nach der grundsätzlichen Einbeziehung von behinderten Kindern und Jugendlichen, von straffälligen Jugendlichen und von jungen Erwachsenen in das Jugendhilferecht, kommt das neue Gesetz zwar nicht voll nach, es hat aber immerhin einen Einstieg gewagt. Zu erwähnen ist schließlich noch, daß das KJHG erstmalig ein eigenes Kapitel dem „Schutz personenbezogener Daten" (→ Datenschutzrecht) und ein anderes Kapitel der „Kinder- und Jugendhilfestatistik" widmet.

Was Systematik, Wortwahl und Leistungskatalog angeht, verdient das KJHG durchaus das Attribut „modernes Leistungsgesetz". Die Probleme verstecken sich gewissermaßen im „Kleingedruckten": Angesichts des ursprünglichen Interesses an einem einheitlichen Jugendhilfegesetz bleibt allzuviel der Ländergesetzgebung überlassen. Die Überleitungsfristen für die „progressivsten" Teile, z. B. zur Betreuung und Versorgung von Kindern in Notsituationen in der eigenen Häuslichkeit, zur Gewährleistungspflicht für die Förderung von Kindern in Tageseinrichtungen oder zur Einbeziehung „seelisch behinderter Kinder" in das KJHG, sind - zumal durch Ländergesetzgebung noch auf unbestimmte Zeit verschiebbar - zumindest ärgerlich. Ärgerlich auch, daß die Jugendämter aus ihren Jugendhilfemitteln für die Jugendarbeit lediglich einen „angemessenen Anteil" zu verwenden haben, was die Nachrangigkeit der „Jugendpflege" (→ Jugendarbeit) gegenüber der „Jugendfürsorge" wohl festschreiben wird.

Trotz des noch erheblich erweiterungsfähigen Katalogs von Versäumnis-, Mängel- und Lückenrügen - solche Rügen lassen sich in den vielen Stellungnahmen zum Gesetz in der Fachpresse nachlesen - ist zu konstatieren, daß Reformforderungen und -entwicklungen zwar kompromißhaft, aber in akzeptabler Weise aufgenommen wurden. Gravierender als die Detailkritik könnte sich jedenfalls erweisen, daß das Gesetz gerade wegen seiner „Modernität" auch die Konsequenzen der strukturellen Janusköpfigkeit von Jugendhilfe verstärkt: die Einbeziehung neuer Gruppen, z.B. straffälliger Jugendlicher und „junger Menschen" (so im KJHG die Bezeichnung für Personen bis zum 27. Lebensjahr) in einzelne Regelungen, die stärkere, im Falle der →Sozialpädagogischen Familienhilfe sehr intime Einflußnahme auf Erwachsene und Kinder, oder die auf der örtlichen Ebene konzentrierte Jugendhilfe aus einem Guß, beinhalten neben dem Hilfeversprechen auch eine neue Qualität von „Umzingelung" und „Vormundschaft" (Donzelot), von →Sozialkontrolle und Verstaatlichung der →Sozialisation.

L.: Blätter der Wohlfahrtspflege, Heft 12, Dez. 1990 (Heftthema). Frankfurter Kommentar zum KJHG, hg. von J. Münder u.a.; Münster, 1991. Häbermann, Bärbel/Tries, Christine, Das neue KJHG (Teil I und II); in: NDV, H. 7 und 8, 1990. KJHG, Textausgabe; Frankfurt/M., 1990.

Jürgen Blandow

**Kinder- und Jugendpsychiatrie**
Die Geschichte der kinder- und jugendpsychiatrischen Einrichtungen ist kaum je dargestellt worden. Auch die psychiatriekritische Literatur hat diesen Bereich bislang weitgehend ausgeklammert. Das Anstaltswesen und die psychopathologische Lehre ruhen hier auf Traditionen aus dem Bereich der Versorgung von →geistig Behinderten, auf pädagogischen Traditionen (→Pädagogik), auf psychiatrischen, neurologischen und kinderheilkundlichen Lehren sowie auf Traditionen aus dem Übergangsbereich zwischen →Psychiatrie und →Strafvollzug.

In der älteren psychiatrischen Literatur tauchen Kinder und Jugendliche nicht oder nur am Rande auf. Kurze Lehrbuchkapitel bei Esquirol (1838), bei →Griesinger (1845) und bei Maudsley (1867) blieben Ausnahmen, ebenso ein wenig beachtetes Lehrbuch von →Emminghaus (1887). Indirekte Einflüsse übten die Schriften von Rousseau (1712–1748), →Pestalozzi (1746–1827) und →Froebel (1782–1852) aus. Direkter wirkten frühe Versuche der Erziehung von geistig behinderten Kindern, die eine Anstaltstradition abseits der psychiatrischen Entwicklung und historisch vor ihr begründeten. Neben den älteren Anstalten für geistig behinderte Kinder entstanden erste kinder- und jugendpsychiatrische Einrichtungen in Dt. als Provinzialirrenanstalten (→Irrenanstalten), nach 1880 im Gefolge des preußischen Gesetzes über →Fürsorgeerziehung als Aufnahmestationen für „psychopathische Fürsorgezöglinge", denen „geistige Regelwidrigkeiten" zugeschrieben wurden.

Allgemein stand die psychiatrische Lehre der Jahrhundertwende unter dem Primat von Erb- und Degenerationstheorien. Verhaltensabweichungen und soziale Lästigkeit wurden als Psychopathie in die Nähe erblicher Störungen gerückt. Diese Psychopathologie (→Behindertenpsychologie) war an der Aussonderung auffälliger Menschen orientiert und stand der →Pädagogik und der Entwicklungspsychologie gleichermaßen fern. Die Rechtslehre beeinflußte hier ebenso das Anstaltswesen, wie sie ihrerseits unter dem Einfluß psychiatrischer Lehren stand. Das Reichsjugendwohlfahrtsgesetz von 1922 (→Jugendhilfe) konstatierte eine „medizinische Unerziehbarkeit" bei Schwachsinn und eine „pädagogische Unerziehbarkeit" bei Psychopathie, Charakteranomalie und neurotischer Fehlentwicklung. In letzter Konsequenz wurden im Machtbereich des Nationalsozialismus „Jugendschutzlager" für angeblich unerziehbare Jugendliche eingeführt (→Schutzhaft), und das Jugendgerichtsgesetz von 1943 sah die Todesstrafe für nicht integrierbare Jugendliche über 12 Jahren vor.

Im Bereich der K überschneiden sich die Aspekte von →Erziehung, strafender Korrektur und Heilung stärker als in den Institutionen für Erwachsene, bei denen sich v. a. die Bereiche des →Strafvollzugs und der →Psychiatrie deutlich voneinander abgesetzt haben und auf unterschiedlichen rechtlichen Grundlagen fußen. Bei Kindern und Jugendlichen ist die Differenzierung der Institutionen und des Rechts geringer. Dem entsprechen die geschilderten umfassenden Zugriffsmöglichkeiten, bei denen Kinder und Jugendliche auch an den Eltern vorbei, gleichsam als „doppelte Untertanen", Objekte staatlicher Eingriffe waren. Bis heute sind in der kinder- und jugendpsychiatrischen Versorgung die →Heime, die Einrichtungen zur Behindertenbetreuung, die forensisch-psychiatrischen Anstaltsbereiche und die im engeren Sinne psychiatrischen Einrichtungen weniger deutlich voneinander getrennt als bei Erwachsenen. Die betroffenen Kinder und Jugendlichen wandern häufig zwischen den genannten Institutionen hin und her, ohne daß die Diagnose in allen Fällen die spezifische institutionelle Zuordnung sichert. Kinder und Jugendliche gelten auch in unserer Zeit als nicht voll entfaltete Rechtssubjekte. Sie unterstehen ihren Eltern, deren Verfügungsrecht durch Abs. 6 des Grundgesetzes geschützt ist. Der Staat darf nur unter besonderen Bedingungen eingreifen. Zur Unterbringung eines Kindes oder Jugendlichen müssen die Eltern Teile ihrer Rechte auf die Institution übertragen, oder der Staat muß die Elternrechte (→Recht und Erziehung) ganz oder teilweise außer Kraft setzen. Damit entstehen umfassende Zugriffsmöglichkeiten analog dem Elternrecht. Insofern halten sich hier Reste der geschilderten historischen Rechtsumstände.

Mit vielfältigen Grenzflächen zu den genannten Institutionen gehören zum Bereich der Versorgung von auffälligen Kindern und Jugendlichen neben den →Geistigbehinderten- und →Lernbehindertenschulen auch ambulante Stellen zur →Erziehungsberatung. Sie entstanden vor dem 1. Weltkrieg in den USA zunächst zur Prävention von jugendlicher Delinquenz (→abweichendes Verhalten). Nach 1945 verbreiteten sie sich auch in Dt.

Die Lehrbücher der K behandeln neuropsychiatrische Störungen und geistige Behinderungen, Neurosen und Psychosen, Verhaltensstörungen, Delinquenz sowie Lern- und Erziehungsprobleme. Eine große Zahl der neurobiologischen Erkrankungen ist sehr selten und wird in spezialisierten Einrichtungen behandelt, sofern eine Behandlung überhaupt möglich ist. Die größere Zahl der Kinder mit prä-, peri- und postnatalen Hirnschäden wird, sofern sie an geistigen Behinderungen leiden, zusammen mit anderen geistig und mehrfach Behinderten in Langzeiteinrichtungen für geistig Behinderte versorgt, zu denen es kaum ambulante Alternativen gibt. Die Akuteinrichtungen behandeln überwiegend Verhaltens- und Anpassungsstörungen, Neurosen und schwerwiegende Erziehungsprobleme. Die Erziehungsberatungsstellen sind ambulant mit den nämlichen Störungen befaßt. Endogene Psychosen im Kindes- und Jugendalter sind selten. Der frühkindliche Autismus gilt in manchen Lehrbüchern als eine solche Psychose.

Die neurologischen und pädiatrischen Anteile des Fachs haben sich in Anlehnung an die Entwicklung ihrer Herkunftsdisziplinen entfaltet. Die moderne Psychopathologie und Psychologie des Kindes- und Jugendalters verarbeitete Einflüsse der →Psychoanalyse, der psychologischen Persönlichkeitstheorie (→Persönlichkeit), der Entwicklungspsychologie und der Lerntheorie. Insb. die Beziehungen zwischen Mutter und Kind waren Gegenstand bedeutsamer Forschungen: Spitz (1947) und Bowlby (1951) erforschten die Folgen von Vernachlässigung im frühen Kindesalter; Kanner (1943) beschrieb den „frühkindlichen Autismus" als extreme Beziehungslosigkeit insb. zur sozialen Umwelt; Bateson und andere Kommunikationsforscher versuchten die Rolle von widersprüchlicher Kommunikation („double bind") bei der Entstehung von psychischen Störungen zu ergründen (1958).

Die K wird durch Ärzte (→Arzt) mit eigener Facharztanerkennung vertreten. Sie üben u. a. auch Gutachterfunktion als →Sachverständige vor Gericht aus (Glaubwürdigkeit kindlicher Zeugen, Schuldfähigkeit und Reife von Kindern und Jugendlichen etc.). Therapeutisch verfügt die K über 1. gezielte neurologische Therapien unter Einschluß von Krankengymnastik und chirurgischen Maßnahmen wie z. B. Ventilversorgung bei Hydrocephalus; 2. medikamentöse Therapien unter Einschluß von Psychopharmaka (Neuroleptika, Tranquilizer, Hypnotika, Antidepressiva, Stimulantia) sowie Antikonvulsiva bei Krampfleiden; 3. Psychotherapie unter Einschluß von analytischer Kinderpsychotherapie, Spieltherapie, Verhaltenstherapie, →Familientherapie etc.; 4. allgemein- und heilpädagogische Maßnahmen (→Heilpädagogik) unter Einschluß von Musik-, Bewegungs-, Beschäftigungs-, →Kunsttherapie etc.

Gegen den Einsatz von Psychopharmaka wird aus kritischer Sicht eingewendet, er könne soziale und psychische Probleme eher verdecken als beheben und diene häufig der Anpassung, z. B. bei Schulschwierigkeiten. Allgemein wird gegen die K kritisch eingewendet, sie wandle Zuschreibungen bzw. soziale Urteile in scheinbar umschriebene Krankheitsbilder um, wie dies vielfach auch der Psychiatrie allgemein vorgeworfen wird; sie könne die Patienten durch Ausgliederung aus ihrem Umfeld schädigen und greife ihrerseits kaum in schädigende Umfelder ein; in manchen Einrichtungen mit geschlossenen Bereichen sei die Tradition der gefängnisartigen Einschließung nicht überwunden; in den Langzeiteinrichtungen komme es vielfach zur bevormundenden und isolierenden Totalversorgung mit nur geringen Ansätzen zur Normalisierung und mit geringen Chancen zur →Rehabilitation für die Betroffenen.

L.: Alexander/Selesnick: Geschichte der Psychiatrie; Zürich, 1969. Göllnitz, Gerhard: Neuropsychiatrie des Kindes- und Jugendalters; Stuttgart, 1975. Jantzen, Wolfgang: Sozialgeschichte des Behindertenbetreuungswesens; München, 1982. Stutte, Helmut: Recht der Jugend; Berlin, 1965.

Gunter Herzog

### Kinderarbeit

K und, damit verbunden, die Ausbeutung kindlicher Arbeitskräfte ist keine Besonderheit der →Industrialisierung. Bis 1810 mußten etwa in Preußen die Kinder der Hintersassen beim Gutsherrn Gesindedienste leisten. W. Sombart sah darüber hinaus v. a. in der Hausindustrie die Wurzeln der eigentlichen industriellen K. Die Mehrheit der Kinder im 18./19. Jahrhundert, die nicht bettelte oder einem höheren Stand angehörte, mußte in der Regel spätestens vom 9. Lebensjahr an hart arbeiten. Das galt insb. für die →Arbeits-, Waisen-, Zucht-, Spinn- oder Armenhäuser, in denen, wie im Militärwaisenhaus in Potsdam 1724, die Kinder „nicht allein wohl versorgt und in ihrem Christentum, Schreiben und Rechnen gehörig informiret, sondern hiernächst auch zu einer annehmlichen Profession gebracht" werden sollten. Die ‚Normalisierung' durch Arbeit entsprach der absolutistischen Auffassung, wonach das Glück der Nation mit dem des Herrschers zusammenfiel und beides durch fleißige und genügsame Untertanen gewährleistet ist. K war, neben der Gesindearbeit (→Gesinde) auf dem Lande, u. a. in der Textilindustrie und im Bergbau üblich. Dabei verschmolzen das Interesse an billigen Arbeitskräften mit dem an einer Untergrabung des Zunftwesens.

In England machten sich bereits um die Wende zum 19. Jh. problematische Folgen der K bemerkbar. 1802 wurde die Arbeit von Kindern unter 9 Jahren in Baumwollfabriken verboten, die Einhaltung allerdings nicht kontrolliert. In Dt. trugen die Agrarkrisen dazu bei, die gesellschaftliche Entwicklung mehr und mehr mit industrieller Entwicklung zu verbinden. Die gesellschaftlichen Bedingungen industrieller Entwicklung aber forderten a) einen ausreichenden Arbeitsmarkt und b) eine ausreichend qualifizierte Arbeiterschaft. Mit den Wirtschaftskrisen wurden nicht nur Probleme des Massenelends, der Verwahrlosung ganzer Bevölkerungsschichten, sondern auch Probleme der allgemeinen →Volksbildung deutlich.

Der preuß. Staatskanzler Hardenberg veranlaßte 1817 eine Erhebung über die gesellschaftlichen Implikate industrieller Entwicklung. Diese Erhebungen und staatlichen Überlegungen stellten die K in den Mittelpunkt, weil Kinder als kostbarster Teil der →Arbeiterklasse für die gesellschaftliche Zukunft standen. 1824 wurden zusätzliche Stellungnahmen zur K und zur Schulpflicht eingefordert. Die Ergebnisse waren erschreckend; v. a. aus den Spinnerein wurde über eine „für Leib und Seele mörderische Beschäftigungsart" berichtet. Auch wurde 1828 über die schlechte gesundheitliche Konstitution der jungen Rekruten aus Industriebezirken berichtet und dies auf K zurückgeführt. Der Barmer Fabrikant Johannes Schuchard brachte schließlich das Elend der Kinder vor den Rheinischen Provinziallandtag.

Erst jetzt sah sich die preuß. Regierung genötigt, sich der gesellschaftlichen Bedingungen industrieller Entwicklung anzunehmen. Mit dem „Regulativ über die Beschäftigung jugendlicher Arbeiter in Fabriken" vom 9.3.1839, dem ersten Arbeiterschutzgesetz in Dt. überhaupt, wurde die Beschäftigung von Jugendlichen unter 9 Jahren verboten, eine allg. Schulbildung bis zum 16. Lebensjahr angeordnet und die tägliche Arbeitszeit auf 10 Stunden festgelegt. Es handelte sich in der Tat weder um ein Schutzgesetz für Kinder, noch um eine Festlegung industrieller Entwicklung. Vielmehr ging es um den Rahmen, den die industrielle

Entwicklung benötigte, damit ihre einzelnen Akteure nicht gegen die Gesamtinteressen handelten. Das Gesamtinteresse ergab sich aus dem kleinen Nenner: freier und zukunftsträchtiger Arbeitsmarkt sowie allgemeine Qualifikation und Kontrolle der einzelnen Arbeitnehmer im Lebenslauf.

Weitergehende staatliche Rahmungen oder Steuerungen wurden systematisch zunächst dadurch hintangestellt, daß es zunächst an befugten und kompetenten Zuständigkeiten (Fabrikinspektionen) mangelte. Bereits zum Ende des 18. Jh. gab es Bemühungen, sich ‚verwahrloster' Kinder ‚anzunehmen'. Zu diesem Zweck gründete Johann Falk 1813 eine „Gesellschaft der Freunde in der Not", die sich v. a. um Kinder kümmerte, deren Familien unter den Folgen der Napoleonischen Kriege zu leiden hatten. Diese Anstalten wurden zu öffentlichen Erziehungsanstalten und erfüllten einen ebenso fürsorgenden wie disziplinierenden Zweck.

„Es ist wider Natur und Menschlichkeit, daß man das Kind im zarten Alter zu einer vielstündigen, unausgesetzten Tagesarbeit, heiße sie, wie sie wolle, zwangsweise anhält; daß man vorzeitig die Kraft des Menschen im Kinde ausbeutet", meinte Robert Blum bereits 1848 in seinem „Volksthümlichen Handbuch der Staatswissenschaften und Politik". Für das revolutionäre Aufbegehren in jenem Jahr gegen absolutistischen Zwang spielte das proletarische Aufbegehren gegen erzwungene Not und schreckliches Elend bereits eine wichtige Rolle. Die Ausbeutung und die Mißhandlung der Kinder, v. a. in Bergwerken, im Verlagssystem der Textilindustrie usw., stand symbolisch für das, was die armen und abhängigen Schichten von ihrem Leben zu erwarten hatten. Andererseits waren proletarische Familien oft genug auf jede Möglichkeit im Kampf ums nackte Überleben angewiesen und förderten selbst K. 1849 arbeiteten nach offiziellen Angaben in Preußen 32000 Kinder im Alter zwischen 9 und 14 Jahren in Fabriken (etwa 6,4% der Fabrikarbeiter). Blum forderte daher 1848 ein allgemeines, von einem „Völkercongresse" ausgesprochenes Verbot der K.

Über die K in der Krefelder Seidenindustrie z. B. wird berichtet: „Kinder von 5 Jahren an sitzen in der unbequemsten Lage, mit zusammengezogenen Beinen und gebücktem Rücken in überfülltem Raume am Spulrad ... Schwächlinge, übermüdet, der Kopf grindig, die Augen triefend, die Brust schwindsüchtig, der Magen leidend; zum Militärdienst taugten sie nicht, in die Schule kamen sie nicht." Diese Berichte sind von der Überzeugung gefärbt, daß Kinder schutzwürdig sind, weil sie die Entwicklungschancen einer qualifizierten Arbeit und Technik repräsentieren.

Als in den Produktionsprozessen eine allgemeinere und bessere Qualifizierung für bestimmte Tätigkeiten und in einzelnen Branchen gefragt war, erhielten →Schule und →berufliche Qualifizierung Vorrang vor den unmittelbaren wirtschaftlichen Interessen einzelner Unternehmer. Unternehmer wie Friedrich Harkort erkannten, „daß die verbesserte Maschinerie und höhere Ansprüche an die Fabrikation größere Intelligenz erfordern", und unterstützten das Verbot der regelmäßigen Fabrikarbeit vor dem vollendeten 12. Lebensjahr (Gesetz vom 1.7.1853). In der Praxis blieb die nicht regelmäßige Fabrikarbeit von Kindern unter 12 Jahren gebräuchlich. Die staatlichen Regelungen manövrierten wieder einmal auf dem schmalen Grat zwischen Intervention gegen die Interessen der Industrie und gesellschaftlichen Notwendigkeiten so, daß →symbolische Politik auf die Eigenregulierungen der Wirtschaft setzte.

In der wirtschaftlichen Entwicklung drängten technische Innovationen zu einem qualifizierten älteren Stamm von Arbeitnehmern. Auch lag ein gewisses Maß an staatlich durchgesetztem →Arbeiterschutz im Interesse der technisch fortgeschrittenen Unternehmungen, die auf diese Weise verhindern wollten, daß wirtschaftlich schwächere Betriebe etwa durch den Einsatz billiger jugendlicher Arbeitskräfte konkurrenzfähig blieben. Gleichwohl kommt eine Enquete des Deutschen Lehrervereins noch 1898 zu dem Ergebnis, daß weit über eine halbe Million Kinder bis 14 Jahren arbeiten mußten.

Zum 1.1.1904 wurde aufgrund der erschreckenden Berichte ein Gesetz verabschiedet, das den Kinderschutz über die Fabriken hinaus ausdehnt. Während des 1. Weltkrieges wird das K-verbot wieder zurückgeschraubt. Auch die kurz vor dem 2. Weltkrieg erlassenen Erweiterungen des K-schutzes im Sinne einer „Wehrkrafterhaltung" wird mit dem Beginn des 2. Weltkriegs wieder zurückgenommen. Das Jugendarbeitsschutzgesetz löste erst am 1.10.1960 die nationalsozialistischen Regelungen ab. Die Informationen sprechen dafür, daß gerade der Wiederaufbau der BR die K ähnlich behandelt hat, wie die nationalsozialistische Sozialpolitik: Kinder rückten in die Lücken des Arbeitsmarktes. Wiederum schuf erst die technische Entwicklung eine Basis, auf der Unternehmer und Behörden in der Phase intensiver, qualifizierter Arbeit dem K-schutz einen größeren Stellenwert zubilligten. Das „Gesetz zum Schutze der arbeitenden Jugend" vom 20.5.1960 verbietet die K Schulpflichter (14 oder 15 Jahre) – mit Ausnahmen, v.a. im Zeitungsgewerbe und in der Landwirtschaft. Seitdem wird immer wieder in einzelnen Punkten (Arbeit in Bäckereien) gegen das Jugendschutzgesetz angegangen.

L.: Adolphs, L.: Industrielle K im 19. Jahrhundert; Duisburg, 1972. Jenss, H.: Jugendarbeitsschutz; Frankfurt/M., New York, 1980. Kuczynski, J.: Studien zur Geschichte der Lage des arbeitenden Kindes in Deutschland von 1700 bis zur Gegenwart; Berlin, 1968. Quandt, S. (Hg.): K und Kinderschutz in Deutschland 1783–1976; Paderborn, 1978. Wolff, R., Kinderschutz; in: Wörterbuch Soziale Arbeit, 3. Aufl.; Weinheim, Basel, 1988, 345–347. Zietz, L.: K, Kinderschutz und die Kinderschutzkommissionen; Berlin, 1912.

Dietrich Milles

### Kinderfreundebewegung

Nach der Novemberrevolution 1918 entstanden nach österr. Vorbild (→ Anton Afritsch) in zahlreichen Städten Kinder- und Elternvereinigungen, die sich im November 1923 zur Reichsarbeitsgemeinschaft der Kinderfreunde zusammenschlossen. Daraus entwickelte sich ab 1924 eine Organisation mit dem sozialdemokratischen Reichstagsabgeordneten → Kurt Löwenstein an der Spitze. 1927 erfolgte eine Aufteilung der Kinder auf drei Altersgruppen: die „Küken" (8–10 Jahre), die „Jungfalken" (10–12) und die „Roten Falken" (12–14). Die K umfaßte zeitweise bis zu 200 000 Kinder und erfuhr von kommunistischer Seite die Kritik, Arbeiterkinder vom politischen Geschehen fernzuhalten, in diesem Sinne würden auch die Helfer aus den Reihen der Sozialdemokratie auf Reichsarbeitswochen und Reichskonferenzen der K instruiert werden.

### Kinderfürsorge
→ Jugendhilfe 2

### Kindergarten

Der K ist eine vorschulische Erziehungseinrichtung, in der die 3- bis 6jährigen halb- oder ganztags betreut und erzogen werden. Der Name dieser Einrichtung stammt von → Friedrich Fröbel. Ursprünglich (1840) bezeichnete er eine Ausbildungsstätte für junge Frauen, eine Art Mütterschule. Sie war hervorgegangen aus der „Bildungsanstalt für Kinderführer", die als Trainingszentrum dem Fröbelschen Produktions- und Versandbetrieb von „Spielgaben" und „Beschäftigungsmitteln" angeschlossen war. Unter dem sozialen Druck des Frühindustrialismus wandelt sich die ursprüngliche Mütterschule zu einer dauerhaften familienergänzenden Erziehungsanstalt. Im Unterschied zu den privaten und öffentlichen Vorschuleinrichtungen, wie sie damals schon in Form von Kleinkinderschulen, Spielschulen, Bewahranstalten, Warteschulen usw. existierten, diente der K nicht einem sozialfürsorgerischen, sondern dem allgemeinpädagogischen Ziel der „Menschenbildung".

In seinem Plan zur Begründung eines K schrieb Fröbel 1840: „Wie in einem Garten unter Gottes Schutz und unter der Sorgfalt erfahrener und einsichtiger Gärtner im Einklange mit der Natur die Gewächse gepflegt werden, so sollen hier die edelsten Gewächse, Menschen, Kinder als Keime und Glieder der Menschheit, in Übereinstimmung mit sich, mit Gott und Natur erzogen werden" (1951, Bd. 1, 118). Aus diesem idealistischen Ansatz entwickelt Fröbel seine Erziehungslehre. Erziehen heißt für Fröbel, „die Kräfte, Anlagen und Richtungen, die Glieder und Sinnestätigkeiten des Menschen, in der notwendigen Reihenfolge zu entwickeln, in der sie selbst an und in dem Kinde hervortreten" (1951, Bd. 2, 31). Erziehen ist „Entwickeln", nicht „Pfropfen und Okulieren", wie auch „Gott das Kleinste und Unvollkommenste in stetig steigender Reihe nach ewig in sich selbst begründetem, ewigem, sich aus sich selbst entwickelndem Gesetz entwickelt" (1951, Bd. 2, 215). Das wichtigste Instrument für diese freie Erziehung war aus der Sicht Fröbels das Spiel (→ Spielpädagogik). Deshalb konstruiert er die „Spielgaben", die nach der Logik des „sphärischen Gesetzes" vom Ball ausgehend über Kugel, Walze und den geteilten Würfel sich immer weiter differenzieren. Im Spiel mit diesen „Gaben" sollte sich das Kind die Welt selbsttätig aufschließen.

Die Praxis im K war schon bei Fröbel gekennzeichnet durch ein Oszillieren zwischen einer lehrhaft starren und mechanisierten Form der Spielanleitung bzw. „Spielpflege" und der völligen Duldung des unreglementierten Freispiels, d. h. der freien Verfügung über das Spielmaterial. In den kontrastierenden Konzepten seiner Schülerinnen Marenholtz-Bülow (1811–1893) und Schrader-Breymann (1827–1899) hat sich diese latente Ambivalenz dann auch institutionell verfestigt.

Bei Marenholtz-Bülow, die mit der Einrichtung des ersten „Volks-K" 1861 in Berlin die Verengung des K-klientels auf „wohlhabende Kreise" durchbrechen und angesichts des wachsenden Proletariats Fröbels Idee auch für die Lösung der sozialen Frage (→ Arbeiterfrage) fruchtbar machen wollte, erstarrt das freie Spiel zu einem didaktisch-methodischen Prinzip. Marenholtz-Bülow machte aus Fröbels Programm der „Menschenbildung" eine Methodenlehre für Kleinkinderpädagogik. Sie gruppierte das Beschäftigungsmaterial sehr kleinteilig in einzelne Kategorien und verteilte es danach auf die verschiedenen Altersgruppen. Die 3- bis 5jährigen sollten mit rechtwinkeligen Legetäfelchen Dreiecke legen und bis 20 zählen lernen, die 5- bis 6jährigen bekamen 64 rechtwinkelige und 56 spitzwinkelige Legetäfelchen und sollten bis 100 zählen lernen; an die Stelle des Spiels und der freien Entfaltung traten geist- und lebensleerer Formalismus und Pedanterie. Die Verschulung der K-erziehung durch Marenholtz-Bülow ist Ausganspunkt der orthodoxen oder dogmatischen Linie der Fröbeltradition.

Gegen diese Verzerrung hat sich → Henriette Schrader-Breymann, seit 1874 Leiterin des Pestalozzi-Fröbelhauses in Berlin, gewandt. Sie sah den Ausgangspunkt frühkindlicher Bildung nicht in den Beschäftigungsmitteln, sondern im „häuslichen Geist". Die Erziehung sollte durch den „Monatsgegenstand" an die alltäglichen Verrichtungen, das „wirkliche Leben", geknüpft werden. Mit Papierfalten und Flechtarbeiten würden Kinder nur auf die Schule vorbereitet; der eigentliche „Lebensstoff", die Sorge für Menschen, Tiere und Pflanzen, aber blieb ihnen vorenthalten. Diesen „Lebensstoff" fand Henriette Schrader-Breymann v. a. in der → Familie. Deshalb sollte der K in Anlehnung an Pestalozzis „Wohnstubenerziehung" familienähnlich organisiert sein.

Der Konflikt zwischen Marenholtz-Bülow und Schrader-Breymann zeigt, daß bereits in den Anfängen der Fröbelbewegung unter der Bezeichnung „K" durchaus verschiedene, z. T. gegensätzliche Modelle der →Vorschulerziehung praktiziert wurden. Der Bedeutungsgehalt des Ausdrucks „K" hat sich im Laufe der 2. Hälfte des 19. Jh. national und international, v. a. in den engl. Sprachraum, ausgedehnt. Seit den 20er Jahren dieses Jh. werden alle familienergänzenden Erziehungseinrichtungen für 3- bis 6jährige K genannt. Die Geschichte des K wurde damit identisch mit der Geschichte der Vorschulerziehung.

L.: Fröbel, F.: Ausgewählte Schriften; hsg. v. E. Hoffmann, 2 Bde.; Godesberg, 1951. Galdikaité, Monika: Die innere und äußere Entwicklung des K in Deutschland, Diss.; München, 1928. Lyschinska, M. J.: Henriette Schrader-Breymann. Ihr Leben aus Briefen und Tagebüchern zusammengestellt und erläutert, 2 Bde.; Berlin, 1922. Voß, Jo: Geschichte der Berliner Fröbelbewegung; Weimar, 1937.

Michael Parmentier

### Kindergartenbereich

Im K werden, ebenso wie für die →Vorschulerziehung, keine einheitlichen Bezeichnungen verwendet. I. d. R. wird unterschieden zwischen →Kinderkrippen für Kleinkinder bis zu 3 Jahren, Kindergärten/Kindertagesstätten für Kinder zwischen 3 und 6 Jahren (→Kindergarten) und Kinderhorten für schulpflichtige Kinder.

### Kindergeld

Das K ist eine Leistung des →Familienlastenausgleichs. Es soll die Kosten, die den Eltern durch die Pflege und Versorgung der Kinder entstehen, teilweise ausgleichen und es damit den Eltern erleichtern, den Unterhalt der Kinder zu tragen. K nach dem Bundeskindergeldgesetz wurde erstmalig 1964 gezahlt.

Anspruch auf K für ihre Kinder haben alle BürgerInnen, die in der BR wohnen. Bezugsberechtigt sind die Eltern, nicht die Kinder. K wird bis zum 16. Lebensjahr des Kindes bezahlt; für Kinder in Schul- und Berufsausbildung verlängert sich der Bezugsraum bis zum 27. Lebensjahr. Arbeitslose Kinder werden bis zum 21. Lebensjahr berücksichtigt. Die Auszahlung des K erfolgt über die bei den Arbeitsämtern (→Arbeitsverwaltung) eingerichteten K-kassen. Das K wird vom Bund finanziert.

Die Höhe des K ist nach der Ordnungszahl der Kinder gestaffelt: Das K für das 1. Kind beträgt 50 DM, für das 2. Kind 130 DM, für das 3. Kind 140 DM, für das 4. und jedes weitere Kind 240 DM. Das K für das 1. Kind wird in dieser Höhe allen Eltern einkommensunabhängig gewährt. Das K für das 2. und jedes weitere Kind mindert sich bei Eltern mit höherem Einkommen bis auf 70 DM für das 2. und bis auf 140 DM für jedes weitere Kind.

Das K unterliegt keiner Dynamisierung. Anpassungen sind lediglich diskontinuierlich erfolgt. Sie konnten die Preissteigerungen nur zum Teil auffangen. Das Erst-K von 50 DM ist seit 1975 nicht verändert worden. Durch einen K-zuschlag von bis zu max. 48 DM im Monat je Kind kann das K aufgestockt werden. Bezugsberechtigt sind Eltern, die den ihnen zustehenden steuerlichen Kinderfreibetrag nicht oder nicht voll ausschöpfen können, weil sie entweder nur ein geringes Einkommen haben oder überhaupt nicht erwerbstätig und steuerpflichtig sind (z. B. Arbeitslose, StudentInnen, Sozialhilfeempfänger).

Das K (einschl. K-zuschlag) deckt die tatsächlichen Mindestunterhaltskosten für Kinder bei weitem nicht ab; es liegt deutlich unterhalb der Sozialhilferegelsätze für Kinder. Kinderreiche Familien mit niedrigem Einkommen müssen deshalb in vielen Familien ergänzende Sozialhilfe (→Bundessozialhilfegesetz) in Anspruch nehmen.

Die Regelung des Familienlastenausgleichs wird in der sozialpolitischen Debatte kontrovers diskutiert. Strittig ist die Frage, ob die Belastungen des Kinderunterhalts durch das K oder durch die steuerliche Entlastungen ausgeglichen werden sollen. Mit Beginn der konservativ-liberalen BReg. ist es zur Wiedereinführung der steuerlichen Kinderfreibeträge gekommen, die neben das K treten (duales System). K wird (1988) für rund 10 Mio. Kinder gezahlt. Die Aufwendungen beliefen sich auf etwa 13 Mrd. DM.

Gerhard Bäcker

## Kinderheilkunde
→ Pädiatrie, → Sozialpädiatrie

## Kinderkrankenpflege
→ Krankenpflegeausbildung, → Krankenpflegeberufe

## Kinderkrippen

K sind familienunterstützende und -ergänzende Einrichtungen der → öffentlichen Kleinkindererziehung für Kinder unterhalb des Kindergartenalters. Es findet sich auch noch die Unterscheidung in „Säuglingskrippe" (auch: „Liegekrippe") für die unter einjährigen und „Krabbelstube" (auch: „Laufkrippe") für die zwei- und dreijährigen Kleinstkinder. K sind meistens als Kindertagesstätten mit Ganztagsbetreuung organisiert. Dies hängt mit den Betreuungsgründen zusammen; das Nothilfekriterium, das die Aufnahmepraxis beherrscht, führt dazu, daß v.a. die Kinder berufstätiger Eltern aufgenommen werden. K bilden häufig eine Abteilung der Kindertagesstätte neben → Kindergarten und Hort.

Die Gruppengröße beträgt je nach Altersmischung 8 (Säuglinge) oder 10 (zwei- und dreijährige). In den letzten Jahren werden die Chancen einer größeren Altersmischung diskutiert, und in Nordrhein-Westfalen legen Richtlinien fest, daß unter dreijährige Kleinstkinder in altersgemischten Gruppen von 0,4–6 Jahren betreut werden sollen. Die weitaus häufigste Berufsqualifikation des Krippenpersonals ist die der Kinderkrankenschwester und der Kinderpflegerin. Zunehmend werden aber auch Erzieherinnen eingestellt.

K gelten in der BR noch weithin als Nothilfeeinrichtungen im Unterschied zu den → Kindergärten, die im Rahmen der Bildungsreform in den 70er Jahren zur untersten Stufe des Bildungssystems ausgebaut wurden. – Sie entstanden in vielen europäischen Ländern in der Mitte des 19. Jh. vor allem für Kleinstkinder im Säuglingsalter, da sie bereits in den 1820er Jahren entstehenden Kleinkinderbewahranstalten, Kleinkinderschulen, Kinderpflegen usw. die Kinder häufig schon im Alter von eineinhalb Jahren aufnahmen. Zeitgenössische Bezeichnungen waren neben „Krippe" auch „Säuglingsbewahranstalt" oder „Säuglingsasyl". Die erste K in unserem heutigen Verständnis entstand im deutschsprachigen Raum 1849 im Wiener Vorort Breitenfeld.

K entstanden als altersspezifische und nicht als aufgabenspezifische Anstalten; denn die Gründe und Motive, K einzurichten, sind ähnlich gelagert wie bei den anderen Einrichtungen der familienergänzenden Kleinkindererziehung jener Zeit: einerseits die Kinder der sozialen Unterschichten der Verwahrlosung zu entziehen und in ihnen die Grundlagen einer proletarischen Sittlichkeit zu legen, andererseits eben dadurch einen Beitrag zur Stabilisierung der Unterschichthaushalte zu leisten; denn durch die Übernahme der Sozialisationsarbeit sollten die Mütter in die Lage versetzt werden, einer → Erwerbsarbeit nachzugehen. Viele Krippen nahmen nur eheliche Kinder auf, um nicht der „Unsittlichkeit" Vorschub zu leisten.

Gegen Ende des 19. Jh. sollten die K dazu beitragen, die hohe Säuglingssterblichkeit im Kaiserreich zu bekämpfen, die im Durchschnitt der Jahre 1901–1910 noch rund 18,7 Prozent betrug. Ihre Eignung für diese Aufgabe war allerdings umstritten: Bei der ersten öffentlichen Kontroverse um die K in den 80er Jahren des 19. Jh. ging es um den von Ärzten erhobenen Vorwurf, daß die

Säuglingssterblichkeit in den Krippen höher sei als die allgemeine Säuglingssterblichkeit; das Ergebnis der Kontroverse war, daß dieser Vorwurf von der Mehrheit der damaligen Krippenfachleute zurückgewiesen wurde, so von dem Kinderarzt und Sozialmediziner Gustav Tugendreich. Eine der Ursachen für die allgemein hohe Säuglingssterblichkeit wurde in der künstlichen Ernährung gesehen; denn, wie empirische Erhebungen zeigten, war die Sterblichkeit im ersten Lebensjahr bei den brustgenährten Säuglingen wesentlich niedriger als bei den „Flaschenkindern". Krippen sollten so eingerichtet werden, daß für die Mütter die Möglichkeit des Stillens bestand, etwa in sog. „Stillkrippen" oder „Fabrikkrippen". Das Stillen sollte mit „Stillprämien" belohnt werden. In größerer Zahl haben sich solche „Stillkrippen" oder auch „Stillstuben" allerdings nicht durchgesetzt. Der „Fabrikkrippe" standen die Unternehmer mehrheitlich ablehnend gegenüber, weil der reibungslose Betriebsablauf gestört werde.

Die quantitative Entwicklung der K blieb immer weit hinter jener der anderen Einrichtungen der →öffentlichen Kleinkinderziehung zurück. Gab es um 1917/18 etwa 7500 Einrichtungen für die 2½- bis 6jährigen Kleinkinder, so standen ihr gerade 300 Krippen mit 9600 Plätzen für Säuglinge und Kleinkinder gegenüber.

Diese Relation hat sich bis heute kaum verändert. Die Zahl der Krippenplätze stieg von 1975 bis 1986 von 20780 auf 29114; dies entsprach einem Versorgungsgrad von 1,2 bzw. 1,7% aller Kinder dieser Altersgruppe in der BR (1989). 1980 bestanden in der BR etwa 850 Krippen, wobei nahezu ein Drittel allein auf Berlin und Hamburg entfallen. Zusammen mit den Betreuungsmöglichkeiten in Familientagespflegestellen (→Pflegekinderwesen) ergibt sich für 1982 ein Versorgungsgrad von etwa 2,4% gegenüber 79,7% für die 3–6jährigen Kleinkinder im Kindergartenbereich.

Die Rechtsgrundlage für die Bereitstellung von K ist das Jugendwohlfahrts-(JWG) bzw. →Kinder- und Jugendhilfegesetz (KJHG); nach § 5(1)3 JWG hat das →Jugendamt für die Pflege und Erziehung von Säuglingen und Kleinkindern geeignete Einrichtungen anzuregen, zu fördern und gegebenenfalls zu schaffen. Diese Rechtsgrundlage ist allerdings zu unbestimmt, weil sie keine klaren Kriterien enthält, um eine bedarfsgerechte Bereitstellung von Krippenplätzen zu gewährleisten. Hingegen hat sich die Rechtsgrundlage des →Kindergartens im Reformjahrzehnt von 1970 bis 1980 entscheidend verbessert. Zwar bleibt auch hier das JWG bzw. KJHG als Bundesgesetz der übergeordnete Rechtsrahmen; doch haben zahlreiche Bundesländer spezielle Kindergartengesetze als Ausführungsgesetze erlassen, andere haben unterhalb der Gesetzesebene über Verordnungen und Verfügungen die rechtliche Situation verbessert. Entscheidend ist, daß dem Regelkindergarten als Elementarbereich des Bildungssystems ein eigenständiger und allgemeiner, d. h. von etwaigen erzieherischen Notsituationen nicht abgeleiteter Bildungsauftrag zugewiesen wird. Dem entspricht, daß sich die Besuchsquote beim Kindergarten in nur wenigen Jahren verdoppelt hat.

Während früher, so v.a. auch beim ersten Krippenstreit im 19.Jh., vornehmlich Fragen der Krankheits- und Sterblichkeitshäufigkeit bei Krippenkindern im Blickpunkt standen, geht es nach dem 2.Weltkrieg in der wissenschaftlichen Diskussion zunehmend um psychohygienische Streitfragen der Vertretbarkeit einer institutionellen Gruppenbetreuung von Kleinstkindern. Dabei werden die K zunächst auf eine Ebene mit Säuglings- und Kinderheimen gestellt – mit familienersetzenden Einrichtungen also. K, so argumentieren v.a. Kinderärzte, Entwicklungspsychologen und Psychoanalytiker, führten ähnlich wie diese zu Hospitalismus und Deprivationserscheinungen. Nachdem die Nicht-Vergleichbarkeit dieser so verschiedenen Sozialisationsumwelten – Krippe hier, →Heim dort – allmählich herausgearbeitet ist, differenziert und verschiebt sich die Fragestellung, an deren Formulierung und Beantwortung v. a. psychoanalytisch ausgerichtete Wissenschaftler beteiligt sind (Spitz, Bowlby, Ainsworth u. a.): Es geht um die Folgewirkungen der Mehrfachbetreuung des Kleinstkindes durch die Mutter und durch zusätzliche Pflegepersonen („multiple mothering"); aber auch die institutionelle Form der Gruppenbetreuung gilt als Überforderung für das als egozentrisch geltende Kleinstkind, weil nach herrschender entwicklungspsychologischer Lehrmeinung und der geltenden Aufnahmepraxis der Kindergärten die Gruppenfähigkeit etwa mit dem 3. Lebensjahr beginne.

Die auch in Fachkreisen, v. a. bei Kinderärzten, noch verbreitete Meinung, die institutionelle Tagesbetreuung unter dreijähriger Kinder stelle aufgrund der zeitweisen Trennung von der Mutter und wegen der Gruppenbetreuung eine psycho-physische Streßsituation dar, die zu Entwicklungsverzögerungen und bleibenden Schädigungen (z. B. Störungen der psychischen Bindungsfähigkeit) führen müsse, gilt heute als wissenschaftlich nicht mehr seriös. Die Auswertung einer breiten empirischen Datenbasis und der Austausch der Ergebnisse auf internationaler Ebene hat nicht nur gezeigt, daß Krippenkinder im Vergleich zu ausschließlich familienbetreuten Kleinstkindern keine Entwicklungsverzögerungen oder gar -schädigungen aufweisen, sondern in Teilbereichen der Entwicklung positiver abschneiden. Im Hinblick auf die sozialen Kompetenzen des Kleinstkindes und seine Gruppenfähigkeit mehren sich seit den 70er Jahren entwicklungspsychologische Untersuchungen zu den Gleichaltrigenbeziehungen unter dreijähriger Kleinstkinder. Dabei hat sich gezeigt, daß entgegen den Ergebnissen früherer Studien konflikthafte oder aggressive Verhaltensweisen keineswegs überwiegen, und darüberhinaus, daß hier ein reichhaltiges soziales Lern- und Erfahrungsfeld besteht.

Forschungen zum Entwicklungsverlauf bei Krippenkindern fragen darum auch nicht mehr ausschließlich nach den negativen Wirkungen, sondern zunehmend nach den pädagogischen Bedingungen, die eine positive Entwicklung ermöglichen. Als wichtige Einflußfaktoren haben sich dabei herausgestellt: die Einrichtungs- und Gruppengröße; die soziale Herkunft der Kinder; die konkreten Bedingungen der Aufnahme; das Aufnahmealter; die täglichen Modalitäten des Bringens und Holens; die Aus- und Fortbildung des Krippenpersonals und insb. auch dessen Selbstverständnis; das konkrete Verhältnis zwischen Einrichtung und Familie; die vielfältigen Bedingungsfaktoren der Arbeitswelt; sowie allgemeinere Akzeptanz- bzw. Stigmatisierungsmuster.

Schließlich wird es darauf ankommen, die K in eine pädagogische Konzeption einzubeziehen, in der nicht nur diese Einflußfaktoren optimal ausbalanciert sind, sondern die darüber hinaus eine Entwicklung der Veranstaltungsform in all ihren Aspekten – institutionelles Lernen also – zuläßt. Dabei muß sich zeigen, inwieweit die K als Anstaltsform solche Lernprozesse begrenzt. Darum muß die K immer auch mit ihren Alternativen konfrontiert werden, sei es mit der systemimmanenten Alternative der Familientagespflege (→Pflegekinderwesen) oder der systemtranszendierenden Alternative postmoderner Familienformen (→Familientypen). So können die vielfältigen Eltern-Kind-Initiativen und -Gruppen (→Selbsthilfegruppen) als ein sozialer Lernprozeß ganz anderer Art aufgefaßt werden. Es geht um die Überwindung des (historisch gewachsenen) geteilten Sozialisationsfeldes von familialem Lebens- und Lernraum auf der einen Seite und der anstaltsförmigen Kleinstkindbetreuung auf der anderen.

L.: Frauenknecht/Irskens: Probleme der Tagesbetreuung von Kindern unter drei Jahren. Diskussionsbeiträge. Materialien für die pädagogische Praxis 4;

Frankfurt/M., 1979. Reyer, J., Entstehung, Entwicklung und Aufgaben der Krippen im 19. Jahrhundert in Deutschland; in: Zeitschrift für Pädagogik, 28. Jg., Nr. 5, 1982, 715–736. Schneider, K.: Tageseinrichtungen für Kinder. Kinder unter drei im Zahlenspiegel (= DJI, Projekt „Einrichtungen für Kinder im Wohnumfeld", Nr. 1); München, 1988.

Jürgen Reyer

**Kinderladenbewegung**
→ antiautoritäre Erziehung

**Kinderlandverschickung (KLV)**
Bereits in der Weimarer Republik bestehende Organisationen für Erholungsurlaube von Stadtkindern in Pflegestellen auf dem Lande wurden 1933 durch die → Nationalsozialistische Volkswohlfahrt (NSV) übernommen. Als eigentliche KLV wird die seit dem 27. 9. 1940 existierende „Erweiterte KLV" angesehen, die der Evakuierung der durch den Luftkrieg besonders gefährdeten Kinder aus den Städten und anderen Gebieten diente. Die KLV war dem „Reichsleiter für die Jugenderziehung der NSDAP", → B. v. Schirach, unterstellt und wurde von seinem Amt gemeinsam mit der NSV, dem NS-Lehrerbund und der → Hitlerjugend (HJ) betrieben. Die Verschickung erfolgte auf freiwilliger Basis, die Kosten trug die NSDAP. Kinder ab dem 10. Lebensjahr wurden für zunächst 6 Monate gemeinsam mit Lehrern ihrer Schule in Lager auf dem Lande, teilweise auch in den besetzten Gebieten, verschickt. Im Verlauf des Krieges wurden ganze Schulen evakuiert. Die Kinder waren in Lagern (Kinderheimen) untergebracht, erhielten Schul-, Sport- und v. a. „weltanschaulichen" Unterricht. Die Lager wurden von Lehrern geleitet, die Gruppen von eigens dazu in Kurzlehrgängen ausgebildeten HJ- und vor allem BDM-Führern und -Führerinnen. 1943 bestanden 5000 solcher Lager. Ende des Krieges war nahezu jedes dritte schulpflichtige Kind für kürzer oder länger evakuiert worden.

Elisabeth Dickmann

**Kinderprostitution**
→ Prostitution, → Sextourismus
L.: K in der Dritten Welt; in: Der Spiegel, Nr. 42, 43. Jg., 16, 11. 1989

**Kinderschutz**
Die Folgen der → Kinderarbeit waren nicht nur Anlaß für staatliche Eingriffe und Gesetze, sondern ebenso Grund für gesellschaftliche und private Initiativen seit dem 19. Jh. 1897 wurde der „Deutsche Verein der Kinderfreunde" mit dem ausdrücklichen Ziel gegründet, für den K einzutreten. Der Verein blieb jedoch nicht bestehen. Sozialdemokratische → Kinderschutzkommissionen entstanden ab 1904. 1898/99 wurde in Berlin der „Verein zum Schutz der Kinder vor Ausnutzung und Mißhandlung" gegründet, wobei die Ambivalenz von K und → Pädagogik durchschlägt. Dem Verein ging es nämlich ebenso um die Einschränkung der Kinderarbeit wie um Maßnahmen gegen die sittliche Verwahrlosung (→ Recht und Erziehung). Bruchlos wurden bürgerliche Vereine wie dieser in die → Nationalsozialistische Volkswohlfahrt eingegliedert.
Nach dem 2. Weltkrieg wurde der Deutsche K-bund auf Initiative des Arztes Fritz Lejeune in Hamburg gegründet. Der versuchte Neuanfang verbandlicher K-arbeit blieb jedoch unbedeutend, weil man sich – ganz in der Tradition angstbesetzter nationalsozialistischer Strategien – auf den Schutz „unserer Kinder vor Triebverbrechern und anderen Gefahren" konzentrierte (→ Kindesmißhandlung). Eine programmatische Umorientierung gelang erst Mitte der 1970er Jahre.

Dietrich Milles

**Kinderschutzkommissionen**
Nach der Verabschiedung des Kinderarbeitsschutz-Gesetzes von 1903 im Reichstag entstanden ab 1904 im Anschluß an die Bremer Frauenkonferenz der SPD sozialdemokratische K mit der Zielsetzung, die Anwendung des Gesetzes zu kontrollieren. Die K übernahmen ab 1909 die Organisation von Ferienspa-

ziergängen, Kinderferienaktionen oder -wanderungen. 1911 existierten sie in 135 Orten als praktisches Beispiel der sozialdemokratischen Selbsthilfe-Politik im Bereich der Kinderfürsorge. Ihre Aktivitäten mündeten ein in die 1919 gegründete →Arbeiterwohlfahrt.

## Kindertagesstätten

Sammelbezeichnung für →Kinderkrippen, →Kindergärten und Horte, die eine Ganztagsbetreuung anbieten.

## Kindesmißhandlung

Wie im Fall vieler gesellschaftlicher Mißstände, die zudem an ein familiales Tabu rühren, hat K eine lange Vorgeschichte, wird jedoch zum Gegenstand systematischer wissenschaftlicher Beschäftigung erst in der jüngsten Vergangenheit. Im Jahre 1962 veröffentlichte der Kinderarzt C. Henry Kempe einen Aufsatz, der unter dem Titel „The Battered Child Syndrome" eine medizinische Formulierung des Problems vorlegte. Denn aus ärztlicher Sicht ergab sich in aller Regel, sobald Eltern und Erziehungsberechtigte die Mißhandlung zu vertuschen suchten, der klassische Fall der Fehldiagnose (meist: „Unfall"). In weiteren Ausformulierungen dieses Ansatzes, der sich v.a. auch in der gerichtsmedizinischen Praxis als verwertbar zu erweisen hatte, wurden die Möglichkeiten medizinischer Differentialdiagnostik ausgelotet (z. B. charakteristische Röntgenbefunde bei Knochenbrüchen).

Von hier aus erschloß sich der weitere theoretische und praktische Umkreis wissenschaftlicher Fragestellungen. Lag außer für die Medizin auch für die →Psychologie der Deutungsrahmen der Pathologie nahe, so klassifizierten Jurisprudenz und Soziologie K als delinquentes bzw. →abweichendes Verhalten. Reicht die Spanne theoretischer Annäherung von der Betrachtung der Urgeschichte der →Familie bis zur Prüfung von Streßkonzepten im Blick auf Arbeit, Haushalt oder alltägliche Reizüberflutung als kausalen Faktoren, so enthält das Spektrum praktischer Maßnahmen vielerlei Strategien der Problemlösung, zielen sie nun auf polizeiliche Verfolgung, sozialpädagogische Intervention oder therapeutische Behandlung. Welche Linie man hier auch verfolgt, das Ergebnis lautet übereinstimmend, daß K eine schwer zu behebende Störung des Familienlebens darstellt.

Die Schwierigkeit beginnt schon mit der Definition. Wird sie auf die körperliche Mißhandlung begrenzt, so bleibt der Bereich der vielfältigen seelischen Grausamkeiten ausgespart, die nicht selten schädlicher sind als das allgemein akzeptierte Maß an Züchtigung. Dehnt man dagegen die Definition auf alles, einem Kind nicht förderliche Verhalten von seiten einer Bezugsperson aus, so erscheint körperliche Mißhandlung am Ende nur noch als Sonderfall, der einer zusätzlichen Erklärung bedarf. Ganz rätselhaft bleibt schließlich die Kindesvernachlässigung, die, in äußerstem Grade, beim Säugling und Kleinstkind zum Tode führen kann.

An diesem Punkt wird die zivilisationshistorische Parallele unübersehbar. Neben - dem Mythos zu entnehmenden - Hinweisen auf Geburtenkontrollpraktiken der Vorgeschichte (s. die Aussetzung des neugeborenen Ödipus, ebenso vergleichbare Bräuche aus ethnologischem Material) tritt in der frühhistorischen Zeit des Altertums als die auffälligste Erscheinung kollektiver Kindestötung das bei den semitischen Völkern übliche religiöse Massenopfer von Kindern auf. Von hier aus zieht sich eine Entwicklungslinie zu den in der klassischen Antike verbreiteten („Notopfer"-)Ausstoßungsritualen, dem mittelalterlichen Kinderkreuzzug und zum methodischen Kriegseinsatz und der anschließenden, gesellschaftlich geduldeten massenhaften Verwahrlosung von Kindern in der Gegenwart.

Eine zweite Entwicklungslinie zeichnet sich unter dem Aspekt der Strafe ab. Von den Anfängen der öffentlichen Zurschaustellung in primitiven Gesellschaften bis zum Eingeschlossensein in den vier Wänden der Kleinfamilie, vom

Prügelknaben an Königshöfen bis zu Rohrstock, Arrest und Eselskappe in Schule und Heim gibt es eine Vielfalt der Formen von K, die bald exemplarisch, bald willkürlich inszeniert sein können. Insofern der Vollzug der Todesstrafe in bestimmten Zusammenhängen die Funktion des Opfers annimmt und dies in bezug auf den Vater-Sohn-Konflikt zum dogmatischen Fundament des christlichen Abendlandes gehört, ist mit der Thematisierung von K auch der allgemeine Begriff von →Gewalt im Rahmen der Zivilisationstheorie angesprochen. Für die historische Einordnung des Problems liegt die entscheidende Zäsur zu Beginn der Neuzeit: Von der potestas patria wird das Recht über Leben und Tod des Kindes, das nach antikem Verständnis in der väterlichen Gewalt selbstverständlich eingeschlossen war, abgespalten und moraltheologisch den Frauen als Todsünde der Verhütung (→Familienplanung), Abtreibung (→Schwangerschaftsabbruch) und Kindestötung unterstellt.

Zum Verständnis der weiteren historischen Ausprägungen des komplexen Mißhandlungsgeschehens liefert die dramatische und erzählende Literatur ganz Europas reichhaltige Anschauung (z. B. „Faust", „Oliver Twist"). Zumal die sozialkritische Kunst des vorigen Jh. (→Sozialkritik) hat sich der Frage gewaltsamer innerer wie äußerer Einflüsse auf die Familie angenommen und hier einen Weg vorgezeichnet, den die Familiensoziologie dann ausmaß. Autoritätsverfall, Funktionsverlust, Trend zur Klein- bzw. unvollständigen Familie – diese Stichworte fallen immer wieder, sie werden aber zugleich von all denen vereinnahmt, die sich den verschiedensten Familienstörungen zuwenden. Da die Empirie meist eine Häufung mehrerer Störungen zeigt, stellt sich das Phänomen der „Multiproblemfamilie" mit Konstrukten einer breitgefächerten Zerfallskausalität (etwa „Brocken-home-Syndrome") ein, die allerdings eine weitergehende Annäherung an das spezifische Familienproblem nicht leisten. Ebensowenig liefern schichtenspezifische oder ethnographische Untersuchungen den entscheidenden Aufschluß. K kommt in allen Schichten und bei allen Völkern vor.

Von diesem Stand gehen gegenwärtig die sozialpädagogischen Versuche zur theoretischen und praktischen Bewältigung des Problems K aus. Man kann dabei schematisch zwei Richtungen unterscheiden. Die eine tendiert zu Entwürfen vielschichtiger Ursachenmodelle und großangelegter empirischer Untersuchungen, um dann in systematischen sozialstaatlichen Kontrollmaßnahmen die Voraussetzung für konkrete Abhilfe zu sehen („Überwachen"). Die andere Tendenz zielt auf das Verständnis individueller Familiengeschichte, auf Analyse der Beziehungsdynamik, auf Initiative der Betroffenen („Helfen"). Der Akzent variiert hier von Land zu Land, je nach der Tradition in Rechtspflege und Sozialwesen. In der alltäglichen Praxis, die der familialen Gewalt begegnet, liegen →Intervention und Interpretation jedoch dicht beieinander, überschneiden sich bisweilen die methodischen Zielsetzungen von →Gemeinwesenarbeit, Familienberatung bzw. -therapie (→Familientherapie) und Selbsthilfeorganisation.

K ist ein brisantes Thema in der öffentlichen Diskussion. Sie hat einen festen Platz in der chronique scandaleuse der Presse, was nicht ohne Auswirkung auf Gesetzgebung, öffentliche Fürsorge, aber auch auf Freie Träger der Wohlfahrt bleibt. Alle Formen publizistischer Kampagnen (z. B. „hot line") kommen hier zum Zuge. In der BR ist der einschlägige klassische Wohlfahrtsverband der Deutsche Kinderschutzbund (DKSB); seit Mitte der 70er Jahre gibt es in verschiedenen Großstädten auch unabhängige Kinderschutz-Zentren.

L.: Beiderwieden/Windaus/Wolff: Jenseits der Gewalt. Hilfen für mißhandelte Kinder; Basel, Frankfurt, 1986. Helfer/Kempe (Hg.): Das geschlagene Kind; Frankfurt, 1978.

Jens Beiderwieden

## Kindheit

Als K gilt nach heutigem Verständnis die erste Phase im Leben eines Menschen, die von der Geburt bis etwa zum 14. Lebensjahr dauert. Es gibt Definitionen, die als Obergrenze den Eintritt der Pubertät annehmen. Allerdings zeigt schon diese Annahme, daß K zeitlich schwierig zu bestimmen ist, hat sich doch bspw. die Menarche (1. Menstruation) in unserem Kulturkreis vom 17. Lebensjahr im vergangenen Jh. auf etwa das 12. Lebensjahr im 20. Jh. verschoben. Der Begriff „K" ist für unser Alltagswissen eine kulturelle Selbstverständlichkeit, ähnlich wie →„Familie". Tatsächlich aber ist die quantitative und qualitative Bestimmung im sozialgeschichtlichen wie im kulturgeschichtlichen Vergleich sehr unterschiedlich.

In Ausweitung neuerer Theorien über K wird heute oft behauptet, K habe es in früherer Zeit eigentlich nicht gegeben; nach der Kleinstkindphase seien Kinder wie kleine Erwachsene gewesen und behandelt worden. Diese Annahme ist in der vorgetragenen Radikalität falsch und darüber hinaus auch für das Verständnis mittelalterlichen Kinderlebens problematisch. Man kann allerdings festhalten, daß Erwachsenenräume und Kinderräume im MA nahezu ungeschieden waren. Kinder mußten sich in der Erwachsenenwelt aufhalten, weil sie zum Lebensunterhalt beizutragen hatten. Ihre einzige Chance, sich zu qualifizieren, bestand in dieser Teilhabe. Es war auch durchaus üblich, etwa mit dem 7. Lebensjahr die eigene Familie zu verlassen und in Dienst zu gehen. Die Universität wird von Zwölf- und Vierzehnjährigen besucht. Lehrverhältnisse werden u. U. schon früher eingegangen, und junge Mädchen sind oft mit 15 Jahren Hausfrau und Mutter. Es hat im MA K gegeben, aber sie war sehr kurz und wurde als eigenständige Phase kaum gesehen. Das gilt übrigens auch für die anderen Altersphasen; so wurden bspw. alte Menschen nicht als Sondergruppe wahrgenommen.

1. Diejenigen, die sich schon lange mit Kinderproblemen befassen, ohne daß sie von einer eigentlichen K sprechen, sind Theologen, Philosophen und Pädagogen. Für letztere gelten Kinder als unschuldig und sollen vor dem Verderben geschützt werden. Oder sie gelten als von Natur aus verderbt und sollen zur Tugend gebracht werden. Auf jeden Fall gelten sie zunehmend und bewußt als ausbildungs- und bildungsbedürftig. Von der Ausbildung der Kinder erwartet man auch eine positive Veränderung der →Gesellschaft schlechthin. Hand in Hand mit solchem „pädagogischen Optimismus" wächst das Vertrauen in die „Machbarkeit" des Erziehungsgeschäfts. →Erziehung wird zwar immer noch von den Eltern erwartet und auch betrieben, gleichzeitig wird sie aber in einer eigenen →Institution ausdifferenziert. Die →Schule entsteht, und zwar nicht nur in der Funktion einer eigenen Erziehungsinstanz, sondern in der Funktion der Vermittlung einer besonderen literarischen Kultur. Die funktionale →Sozialisation des „Vor- und Nachmachens" wird ergänzt und teilweise abgelöst durch eine intentionale Sozialisation, die das Kind zielbewußt zum „brauchbaren" Mitglied der Gesellschaft formen will. Damit wird K in besonderer Weise als eigenständig begriffen und – so muß man wohl sagen – auch gemacht.

Gerade auch in den Auseinandersetzungen mit den pädagogischen Vorstellungen Rousseaus setzt sich immer stärker die Vorstellung durch, K müsse ein Raum sein, der frei von →Erwerbsarbeit ist. Insofern wird K in gewisser Weise etwas Neues, ein Schonraum. Sozialgeschichtlich kann man aufzeigen, daß sich dieser Schonraum im Sinne eines erwerbsfreien Raumes zunächst nur für bürgerliche Schichten (→Bürgertum) durchsetzt. Es dauert sehr lange, bis auch proletarische Kinder in den „Genuß" eines vollen Schulbesuchs kommen; sie werden auf jeden Fall noch lange für umfassende →Hausarbeiten in Anspruch genommen (insb. Brennstoff besorgen, Ziegen, Schafe, Kaninchen mit Futter versorgen, Gartenarbeit erledigen usw.). Daß hier ein erwerbsarbeitsfreier Raum entstanden ist, ist aber auch noch in anderer Hinsicht zu relativieren: Schulbesuch ist Arbeit. Bei allem Wandel der Unterrichtsmethoden läßt sich der Arbeitscharakter des Schulunterrichts und der Hausaufgaben nicht leugnen. Leistungsstreben und Konkurrenzdruck sind Bestandteile des Bildungssystems und haben nicht nur positive Züge. Das Verhältnis von K und →Schule ist durchaus ambivalent.

2. Neben den Pädagogen haben sich insb. die Psychologen mit dem Phänomen K beschäftigt. In immer wieder neuen Phasenmodellen werden die Entwicklungsprozesse der K genauer beschrieben. Wichtige Autoren sind →Freud, Piaget und Erikson. Letzterer benennt vier Entwicklungsphasen, in denen Urvertrauen gegen Urmißtrauen, Autonomie gegen Scham und Zweifel, Initiative gegen Schuldgefühl, Leistung gegen Minderwertigkeitsgefühl sich bilden. Andere Autoren orientieren sich an bestimmten gesellschaftlichen Bezügen des Kindes; sie unterscheiden Säuglingsphase, Kleinstkindphase, Kindergartenphase und Schulphase. Schließlich werden Phasenmodelle im Zusammenhang mit dem Lesealter gebildet. Bühler unterscheidet ein Struwelpeteralter (ab 4. J.), ein Märchenalter (4.–8. J.), ein Robinsonalter (9.–13. J.) und ein Heldenalter (13.–15. J.).

Für alle Versuche, K in Stufenbeschreibungen einzufangen, gilt die kritische Feststellung, daß kindliche Entwicklung sich nicht in einem einheitlichen Schema darstellen läßt. Unterschiedliche körperliche und seelische Reifungsprozesse, die familiale Situation, elterliche Vorstellungen von Erziehung, unterschiedliche Kindergarten- und Schulbedingungen usw. erlauben allenfalls Aussagen im Sinne einer idealtypischen Darstellung. Ferner kann die Bedeutung des Spiels in der K für die Entwicklung des Kindes kaum hoch genug veranschlagt werden. Beim Spielen (→Spielpädagogik) können Kinder ihrer Phantasie freien Lauf lassen, Ängste abarbeiten und ihre Kreativität schulen. Untersuchungen haben gezeigt, daß das Spielen wichtige Grundlagen für spätere Fertigkeiten wie z. B. geschicktes Verhalten, Problemlösen usw. legt. Kinder, die nicht spielen dürfen, können oder wollen, erleiden empfindliche Entwicklungsschäden.

3. Eine weitere Gruppe von Wissenschaftlern, die sich mit K beschäftigt, waren die Völkerkundler. Hier sei etwa auf Margaret Meads epochemachendes Werk „Jugend und Sexualität in primitiven Gesellschaften" (zuerst New York 1928) verwiesen, das eine lebhafte Diskussion über Erziehungspraktiken auslöste. – Wichtige Beiträge zur Analyse von K kamen auch aus dem Bereich der Kinderheilkunde (→Pädiatrie). Schon 1883 wurde eine entsprechende medizinische Gesellschaft gegründet. Ein wichtiger Beitrag kam dabei von Rene Spitz (1887–1974), der insb. durch seine „Hospitalismusforschung" bekannt wurde. – Verhältnismäßig spät beschäftigten sich Soziologen v. a. der Nachkriegszeit mit der K. Ihr Interesse war stärker auf das Phänomen →„Jugend" gerichtet; K wurde v. a. in Zusammenhang mit familiensoziologischen Aussagen behandelt. Mit der Ausweitung der Sozialisationsforschung kommt es dann allerdings zu einem gesteigerten Interesse. Das gilt seit Entstehung einer Soziolinguistik, die seit den Untersuchungen von Bernstein über den Zusammenhang von Spracherwerb und sozialer Schichtung weitreichende Veränderungen im Bildungsbereich (kompensatorische Erziehung) zur Folge hatte. – In jüngerer Zeit wird K zunehmend auch von Sozialhistorikern untersucht. Das Ergebnis sind aufschlußreiche Aussagen nicht nur über bürgerliche, sondern auch über proletarische Kinder.

4. Untersuchungen zum Kinderalltag in der Gegenwart sind selten. Immerhin können einige neuere Untersuchungen über die Lebensverhältnisse von Kin-

dern in der BR genannt werden: Angelika Engelbert (Kinderalltag und Familienumwelt; Frankfurt/M., 1986) hat die Tagesläufe von 1180 Vorschulkindern in NRW untersucht; Sabine Lang (Lebensbedingungen und Lebensqualität von Kindern; Frankfurt/M., 1985) hat aus zweiten und vierten Schuljahren 2048 8–10jährige Kinder für ihre Erhebung repräsentativ ausgewählt; Günter Berg-Laase (Verkehr und Wohnumwelt im Alltag von Kindern; Pfaffenweiler, 1985) untersuchte mit anderen Autoren Kinder in Berliner Stadtteilen. Vor dem Hintergrund großer Veränderungen der Wohnungswelt werden hier aneignungstheoretische Konzepte eingebracht, die die Familie als Organisator von Kinderalltag noch deutlich erkennen lassen.

Einer der wichtigsten theoretischen Beiträge zur K heute ist der von Ursula Rabe-Kleberg und Helga Zehrer (1984). Die Autorinnen zeigen auf, daß die Ausbreitung der rationalen Zeitökonomie jetzt auch die K erreicht hat. Der Kinderalltag wird zunehmend durch Zeitfragmentierung und Vorabplanung beherrscht. Kinder benützen zunehmend den Terminkalender, der Gebrauch der Uhr wird sehr viel früher als in der Vergangenheit beherrscht. Einerseits gewinnen Kinder so die heute erforderliche Fertigkeit im Umgang mit Zeit und Plan, andererseits werden sie in zunehmender Weise fremdbestimmt. Die selbstauferlegte Fremdbestimmung ist das eigentliche Problem der Benutzung von Massenmedien (→Medien), die inzwischen im üblichen Kinderleben eine große Rolle spielen. Daneben ist die These vom „Verschwinden der K" (Postman) sicherlich auch von Bedeutung. Neben der zeitlichen ist auch – im Vergleich zu früher – eine räumliche Veränderung der Kinderwelt festzustellen. Während man sich früher die Wohnumwelt eines Kindes gleichsam in konzentrischen Kreisen vorstellen konnte, die von den Kindern nach und nach „erobert" wurden, ist die Welt heute segmentiert und spezialisiert. Kinder (auch Erwachsene) leben auf mehreren „Inseln", die im Verlauf des Tages, der Woche, abwechselnd besucht werden. Die Welt dazwischen ist uninteressant, kann noch nicht wahrgenommen werden: Da ist die Wohnung, entfernt davon der Spielplatz, entfernt davon Kindergarten und Schule, entfernt davon Sportplatz, Leihbibliothek, Kino, Musikschule usw.; der Weg von einer „Insel" zur anderen kostet Zeit und zwingt wiederum zur Vorausplanung.

Ist unsere Gegenwart besonders kinderfeindlich, wie oft behauptet wird? Im Vergleich zur Vergangenheit (bis in die vorindustrielle Zeit hinein) geht es Kindern heute durchschnittlich besser. Medizinische, materielle und kulturelle Bedingungen sind so gut wie noch nie. Man hat sich wohl noch nie so intensiv um Kinder gekümmert, sich mit ihnen beschäftigt, ihre →Bedürfnisse erforscht. Auf der anderen Seite stehen →Kindesmißhandlung, →sexueller Mißbrauch, vernachlässigte Kinder, ablehnende Wohnungsvermieter, Verbotsschilder und ein zerstörtes Wohnumfeld. Gemessen am Bild einer K, wie sie sein sollte, bleibt noch sehr viel zu tun.

L.: Aries, Ph.: Geschichte der K; München, 1978. Herrmann, U., u.a.: Bibliographie zur Geschichte der K, Jugend und Familie; München, 1980. Hardach, G. (Hg.): Deutsche Kindheiten; Kraberg, 1978. Mause, L. de: Hört Ihr die Kindlein weinen; Frankfurt/M., 1977. Rabe-Kleberg, U./H. Zehrer, K und Zeit; in: Zeitschrift für Sozialisationsforschung und Erziehungssoziologie, 1/1984.

Heinrich Ebel

**Kirchenrecht**
→Konsistorium, →Staatskirchenrecht

**Kirchliche Orden**
→Orden

**Kisch, Egon Erwin**
K, geb. 1885, begann in seiner Geburtsstadt Prag eine journalistische Laufbahn, die ihn als parteilich-kritischen Reporter – K verstand sich als radikalen Sozialisten – bekannt werden ließ. Über

Berlin nach Wien kommend, beteiligt er sich 1918 an den revolutionären Kämpfen und veröffentlicht in den 20er und 30er Jahren seine lesenswerten sozialkritischen Berichte „Der rasende Reporter" (1925/26; neu: Hamburg, 1961), „Paradies Amerika", „Schreib das auf, Kisch!", „Hetzjagd durch die Zeit", „Wagnisse in aller Welt", „Zaren, Popen, Bolschewiken" (1927), „Asien gründlich verändert" (1932) und „China geheim" (1933; neu in Gesammelte Werke in Einzelausgaben, hg. Bodo Uhse und Gisela Kisch; Berlin, 1977). Wegen seiner Sozialreportagen den Nazis verhaßt, wird K am Tag des Reichstagsbrandes 1933 verhaftet; am 10.5.33 werden seine Bücher verbrannt. Nach der Freilassung aus der Haft geht K in das Exil nach Mexiko („Abenteuer in Mexiko") und kehrt 1945 nach Prag zurück, wo er das Amt eines Stadtrates übernimmt und 1948 starb.

## KISS
= Kontakt- und Informationsstelle für Selbsthilfegruppen; → Kontakt- und Informationsstellen für Selbsthilfegruppen

## KJHG
⇒ Kinder- und Jugendhilfegesetz

## Klassen
→ Arbeitsklasse, → Bürgertum, → Sozialstruktur

## Klassenjustiz
Der Begriff „K" wurde von → Karl Liebknecht (1909) zur Bezeichnung der einseitigen Dienstbarkeit der Exekutive (→ Polizei) und der Judikative des angeblichen Rechtsstaates gegenüber der herrschenden Klassen sowie der gleichzeitigen repressiven Behandlung der → Arbeiterklasse bzw. ihrer Organisation, der Sozialdemokratischen Partei, eingeführt. Die Unabhängigkeit der Richter sei nur ein Postulat, welches wegen der Verquickung der persönlichen Laufbahn mit dem Wohlverhalten gegenüber der Obrigkeit außer Kraft gesetzt wird. K äußere sich sowohl in der Auslegung der Gesetze und in der außerordentlichen Härte der Strafen gegen politisch und sozial Mißliebige, bes. gegen Sozialdemokraten, als auch in der Milde der Behandlung der Angehörigen der herrschenden Klassen, wenn sie einmal Objekte der Justiz werden.

Mit dieser Konzentration auf die Rechtsprechung wurde eine bis heute andauernde Forschungstradition begründet, die als liberale Rechtskritik bezeichnet werden kann. Charakteristisch für sie ist, daß das positive Recht selbst nicht hinterfragt wird, vielmehr dient es als Maßstab der Gerechtigkeit, an welchem die richterlichen Urteile gemessen werden. Die Benachteiligung der armen Bevölkerungsschichten ergebe sich gleichsam aus dem Unverständnis der Richter für andere Lebensstile. Während Liebknecht der Meinung war, K könne nur durch den Druck der Arbeiterklasse abgeschafft werden, vertreten seine prominenten Nachfolger wie Fraenkel (1927), Dahrendorf (1960) und Rasehorn (1974) eine aufklärerische Position: Richter mögen sich in die Lage derer, die sie beurteilen und verurteilen, hineindenken. Die kausale Erklärung der empirisch nachweisbaren Ungleichbehandlung der benachteiligten Bevölkerungsschichten durch die elitäre Herkunft der Richter sowie der Nachweis, daß Richter die Selektivität nicht intentional anstreben, führt häufig dazu, daß die Tatsache einer K überhaupt geleugnet wird. Jenseits des subjektiven Ansatzes, der nach Schuldigen sucht, wird K auch deshalb verneint, weil es in der gegenwärtigen Gesellschaft keine Klassen mehr gebe. Vielmehr könne man nur noch von schicht- bzw. gruppenspezifischen Diskriminierungen sprechen, die keinerlei Verallgemeinerungen zuließen.

In der Tat ist die von Liebknecht begründete Forschungslinie ohne einen prägnanten Klassenbegriff ausgekommen. Während aber zu Liebknechts Zeiten die Klassengesellschaft eine empirisch wahrnehmbare Tatsache war, darf umgekehrt nicht von der Veränderung des Erscheinungsbildes auf das Verschwinden von Klassen und K geschlossen werden. Wenn im Marx'schen Sinne als Klassenkriterium der Besitz bzw. Nicht-Besitz an Produktionsmitteln, dessen rechtlicher Ausdruck das Eigentum ist, benutzt wird, so sehen wir, daß nach wie vor das Eigentumsrecht und die Verbürgung der Eigentumsfreiheit im Grundgesetz die Kerninstitutionen der gegenwärtigen ökonomischen, politischen und sozialen Verkehrsformen bilden. Alle wesentlichen Funktionen des Staates sind auf die Unterstützung der freien Marktwirtschaft, die die private Verfügung über Produktionsmittel voraussetzt, ausgerichtet: der →Staat begünstige die besitzende Klasse nicht erst durch einen mißbräuchlichen Einsatz seiner Institutionen und seines Rechts, sondern durch deren rechtmäßige Anwendung.

In diesem Kontext bekommt der Begriff „K" eine grundlegendere Bedeutung: in den Blick gerät nun die rechtliche Grundlage des bürgerlichen Staates selber. Dieser hat zwar alte Standesunterschiede aufgehoben, durch das Eigentumsrecht jedoch bald wieder die Herausbildung neuer Klassen begünstigt. Die klassenbildende Eigenschaft der rechtlichen Variable „Eigentum an Produktionsmitteln" besteht darin, daß sie eine (staatlich sanktionierte) Verfügungsgewalt über fremde Arbeit begründet. Die zur Mehrzahl der Bevölkerung zählende Klasse der Nicht-Besitzer an Produktionsmitteln ist gezwungen, ihre Ware Arbeitskraft gegen Entlohnung dort anzubieten, wo die Besitzer, dem Profitinteresse folgend, einen Bedarf anmelden. Im Produktionsprozeß entfaltet sich dann der besondere Gebrauchswert der Ware Arbeitskraft, der darin besteht, daß sie, anders als andere Waren, durch ihren Verbrauch Wert und Mehrwert für die Kapitalbesitzer produziert. Im Eigentumsrecht und seinen Konnexinstitutionen, v.a. der Vertragsfreiheit, ist begründet, daß eine Klasse einseitig die gesamte Lebensweise der anderen Klasse bedingt und daß der Tausch von Arbeit gegen Geld kein äquivalenter Tausch ist. Deshalb erweisen sich die rechtliche Freiheit und Gleichheit der abhängigen Rechtssubjekte als bloßer Schein – und dies weist nach →Marx das bürgerliche Recht als ein Klassenrecht aus, welches sich in der K lediglich fortsetzt.

L.: Dahrendorf, Ralf, Deutsche Richter. Ein Beitrag zur Soziologie der Oberschicht; in: Ders., Gesellschaft und Freiheit; München, 1961. Fraenkel, Ernst, Zur Soziologie der Klassenjustiz; in: Ders., Zur Soziologie der K und Aufsätze zur Verfassungskrise; Darmstadt, 1968, Liebknecht, Karl, Rechtsstaat uand Klassenjustiz; in: Ders., Gesammelte Reden und Schriften, Bd. II; Berlin, 1960. Negt, Oskar, u.a.: K?; Köln, 1973. Rasehorn, Theo: Recht und Klassen. Zur Klassenjustiz in der Bundesrepublik; Darmstadt, Neuwied, 1974.

Gerlinda Smaus

**Klassenloses Krankenhaus**
→Krankenhaus 2

**Kleingartenbewegung**
Die K setzte 1864 ein, als der erste, nach →Daniel Gottlob Moritz Schreber benannte „Schrebergarten" durch den Leipziger Schuldirektor E. J. Hauschild eingerichtet wurde. Die K eingagierte sich dafür, Stadtbewohnern die Möglichkeit zu bieten, sich am „Feierabend" im Anschluß an die Arbeit (→Erwerbsarbeit) in der „freien Natur" körperlich zu kräftigen bzw. zu erholen. Die „Schreber-Vereine" (→Verein) erwarben – meist in →Pacht – abseits der Wohngebiete Grundstücke, die für den Gemüse- und Obstanbau bzw. aus ‚Liebhaberei' genutzt und auf denen „Lauben"-Wohnräume errichtet wurden. Die Kleingärten liegen i.d.R. in Gruppen (sog. „Laubenkolonien") zusammen. Zur Förderung der K wurde die Kleingarten- und Kleinpachtordnung vom 31.7.1919 erlassen.

**Kleinkinderziehung**
→Öffentliche Kleinkinderziehung

**Klient**
Bezeichnung für einen Adressaten von

organisierten und/oder professionellen Beratungs-, Betreuungs- und Versorgungsangeboten, der sich im Kontakt mit den →Hilfe leistenden Einrichtungen und Institutionen befindet. Im Hinblick auf den Sozial- und Gesundheitssektor handelt es sich um ambulante und teilstationäre Angebote, deren Inanspruchnahme (ggfs. trotz eines Rechtsanspruches) von den K aktiv betrieben werden muß. Insofern hat der Begriff K vielfach eine negative Konnotation: der K erscheint als Bittsteller, Hilfesuchender, Abhängiger von sozial- und gesundheitspolitischen Leistungen. Daher wird versucht, ersatzweise „neutralere" Bezeichnungen einzuführen: Adressat, Antragsteller, Beitragspflichtiger, Kunde, Publikum usw. Dies ist v.a. bei der Übermittlung von →persönlichen Dienstleistungen (→Beratung, →Betreuung, →Pflege) erforderlich, wo der K häufig zum „Ko-Produzenten" wird: Nur durch seine aktive Mithilfe kann die Leistung wirksam werden.

Organisationen, die in engem Kontakt zu K entstehen und ihre Arbeitsweise darauf besonders eingestellt haben, werden als Klientelorganisation bezeichnet (z.B. →Jugendamt, Altenhilfeabteilung im →Sozialamt, Ehe-Beratungsstellen). Dabei ist entweder die ganze Organisation (→Amt, Einrichtung) auf eine bestimmte K-gruppe bezogen, oder die Abteilungen werden nach verschiedenen K-gruppen gegliedert. Die Vorteile für die K werden darin gesehen, daß eine größere Spezialisierung und Problembezogenheit in solchen Klientelorganisationen möglich sind. Die Nachteile werden in der Separierung bzw. Aussonderung, u.U. sogar →Stigmatisierung einzelner K-gruppen gesehen.

Obwohl erwogen wird, daß die Klientelorganisationen von sich auf die potentiellen K zugehen sollen, bleibt es i.d.R. dem K überlassen, ob er Leistungen und Hilfen tatsächlich in Anspruch nimmt. Dadurch wird rein quantitativ die Bestimmung einer →„Dunkelziffer" der zur Inanspruchnahme berechtigten Nicht-Nutzer möglich. Für einzelne Gruppen von Berechtigten (z.B. Alte) macht dies nachweislich bis zu 50% (Nicht-Nutzung von Sozialhilfeleistungen) aus.

Bei der Suche nach den Ursachen hierfür werden auch persönliche und soziale Merkmale der K einbezogen: fehlendes Wissen; Ängstlichkeit gegenüber einer „übermächtigen" Behörde oder Einrichtung; beschränkter Bewegungsspielraum und geringe Kommunikationsfähigkeit; unklare Erwartungen und unangepaßte Normvorstellungen. Dies alles kann den Übergang vom potentiellen zum faktischen K einer Behörde oder Einrichtung beeinträchtigen oder verhindern. Nach wie vor sind von solchen Schwierigkeiten v.a. Personen aus den unteren Bildungs- und Einkommensschichten, aber auch Personen aus den älteren Generationen betroffen.

K können auch Kontrollfunktionen gegenüber den Behörden und Einrichtungen wahrnehmen, mit denen sie zu tun haben (→Nutzerkontrolle). Da sie selbst den Prozeß der Leistungsübermittlung direkt beobachten oder sogar aktiv unterstützen (müssen), können sie Qualität und Wirksamkeit der Leistungen und Hilfen authentisch beurteilen und u.U. im direkten Kontakt auch beeinflussen.

L.: Giordano, P.C., The clients' perspective in agency evaluation; in: Social Work 22/1, 34–39. Grunow, Dieter: Alltagskontakte mit der Verwaltung; Frankfurt a.M., 1978. Hartmann, Helmut: Sozialhilfebedürftigkeit und ‚Dunkelziffer der Armut'; Bonn, 1981. Stanton, Eduard: Clients come last. Volunteers and Welfare Organisations; Beverly Hills, 1970. Wirth, Wolfgang: Inanspruchnahme sozialer Dienste, Bedingungen und Barrieren; Frankfurt a.M., 1982.

Dieter Grunow

**Klinikum**
→Ärztliche Ausbildung

**Klinische Epidemiologie**
→Epidemiologie 4

## Klinische Praktika
→ Professionelle Sozialisation

## Klose, Franz
1887–1978; Medizinstudium in Göttingen, Breslau und Berlin; 1914 Assistenzarzt beim Reichskommissar für die Typhusbekämpfung; 1917 Oberarzt und Leiter des bakteriologischen Laboratoriums beim beratenden Hygieniker der 5. Armee (Bekämpfung von Gasbrandinfektionen); 1919 Stadtarzt und Leiter des städt. Krankenhauses in Wittenberge; 1913 besoldeter Stadtrat und Mitglied des Magistratsrats; 1923 Stadt-Medizinalrat in Kiel, Aufbau des →Gesundheitsamtes; 1935 Habilitation, Lehrauftrag für Sozialhygiene; 1935–45 beratender Hygieniker beim stellv. Generalkommando des 3. Armeekorps, zuletzt Oberstabsarzt; 1945 Lehrstuhl für Hygiene der Universität Kiel; Leiter des staatl. Medizinal-Untersuchungsamtes; Vors. des Landesgesundheitsbeirats Schleswig-Holstein; 1952–53 Aufbau und Präsident des →Bundesgesundheitsamtes; 1953–54 Ministerialdirektor im Bundesministerium des Innern; 1955 Emeritierung, Vors. der Kommsission für Ernährungsforschung der DFG, Präs. der →Deutschen Zentrale für Volksgesundheitspflege, Präs. des Deutschen Grünen Kreuzes, Mitgl. des Wiss. Beirats für das Sanitäts- und Gesundheitswesen der Bundeswehr.

## Klumker, Christian Jasper
K (1868–1942) studierte Theologie, Geschichte, Nationalökonomie und Statistik. Promotion zum Dr. phil.; 1897 Übernahme der Leitung der Abteilung für Armenpflege beim Institut für Gemeinwohl in Frankfurt/Main (→Fürsorgewissenschaft); 1899 Gründung und Vorsitzender der Centrale für private Fürsorge; Mitarbeit im Hauptausschuß des →Deutschen Vereins für öffentliche und private Fürsorge ab 1902; 1906 Gründung des Archivs Deutscher Berufsvormünder; 1911 erste Professur für soziale Fürsorge an der Akademie für Sozial- und Handelswissenschaften, die später der Universität Frankfurt eingegliedert wird; 1914 Berufung auf das Extraordinariat für Armenpflege und Soziale Fürsorge an der Frankfurter Universität; 1918–33 Mitglied im Vorstand des Deutsche Vereins; 1920 ordentlicher Professor für Fürsorgewesen und Sozialpädagogik in Frankfurt; Errichtung eines Forschungsinstituts für Fürsorgewesen und Sozialpädagogik; Mitglied in der Sachverständigenkommission zur Bearbeitung des Reichsjugendwohlfahrtsgesetzes ab 1921; 1934 emeritiert.

Wichtigste Schriften: Armenstatistik einiger deutscher Städte für das Jahr 1896/97, Jena 1902; Fürsorgewesen – Einführung in das Verständnis der Armut in der Armenpflege, Leipzig 1918; Armenwesen I, in: Handbuch der Staatswissenschaft 1923, 4. Aufl.; Zum Werden deutscher Jugendfürsorge, Berlin 1931.

K's Wirken beginnt um die Jahrhundertwende und dauert etwa bis zum Ende der Weimarer Republik; es fällt also in die Zeit, in der zum einen die „soziale Ausgestaltung" der öffentlichen →Armenfürsorge diskutiert wird (vor 1914) und andererseits in die Zeit der →Institutionalisierung und →Professionalisierung der →Fürsorge (Weimarer Zeit). K wurde in dieser Epoche der erste Fürsorgetheoretiker, der besonders in den Bereichen der Berufsvormundschaft, der Fürsorge für uneheliche Kinder, der →Jugendhilfe und der Fürsorgetheorie sowie der Professionalisierung der Sozialen Arbeit wesentliche Beiträge geleistet hat. Die Zersplitterung sozialer Arbeiten in zahllose Wohltätigkeitsaktivitäten sollte durch eine rationelle, den Bedürfnissen notleidender Menschen entsprechende Fürsorgetätigkeit abgelöst werden. Seine Schriften (über 500) sind überwiegend – da es noch vornehmlich um die öffentlich-politische Durchsetzung neuer Standards der Fürsorge bzw. der sozialen Arbeit ging – in Zeitungen und Zeitschriften verstreut, dabei durchweg von hohem wissenschaftlichen Niveau. Wie seine Biographie zeigt, stand sowohl die Erarbeitung wissenschaftlicher Grundlagen der Fürsorge bzw. der →Sozialarbeit als auch ihre Vermittlung in die neugeschaffene Ausbildung im Mittelpunkt seines Lebens. Kern war immer die genaue Kenntnis des Einzelfalls (ähnlich → A. Salomon) und die wissenschaftlich begründete Einleitung spezifischer methodischer Hilfen. Die Abgrenzung der Fürsorge von der →Sozialpolitik ermöglichte ihm die zentrale Bestimmung von sozialer Arbeit, wonach die Hilfemöglichkeiten aus den spezifischen Problemlagen und persönlichen Ressourcen des einzelnen entwickelt werden (ganzheitliche Perspektive) und die es im Unterschied zur Sozialpolitik mit dem Armen zu tun hat, auf den sie sich zwar als einzelnen bezieht (Einzelfallprinzip), jedoch in einer ganzheitlichen Sichtweise. Fürsorge ist für K zugleich subsidiär (Hilfemöglichkeiten im Umfeld sind vorrangig; →Subsidiaritätsprinzip), institutionell verankert und professionell.

Seine Theorie der →Armut zielt v. a. dagegen, Deprivation und persönliche Problemlagen dem Armen moralisch anzulasten. Er zeigt demgegenüber, daß Erscheinungsweisen von →Verelendung „wesentlich nur die psychologische Wirkung der gleichen wirtschaftlichen und gesellschaftlichen Lage", also meist sekundärer Natur, „in und durch die Armut erworben" sind (Fürsorgewesen, 1918). Deshalb muß es der sozialen Arbeit um konkrete materielle, rechtliche und persönliche Hilfen zu tun sein. Da die Fürsorge wirtschaftliche und politische Entscheidungen kaum beeinflussen kann, bleibt ihr die Hilfe im Bereich der Lebenserhaltung und -bewältigung. Sie kann aber prophylaktisch wirken, wenn z. B. durch Berufsvormünder die Lebensbedingungen unehelicher Kinder so stabilisiert werden können, daß eine Abgabe an bezahlte Pflegemütter (→Pflegekinderwesen) oder eine Heimunterbringung (→Fürsorgeerziehung) vermieden wird.

K vertrat entschieden die Professionalisierung der Fürsorge. Seine Überzeugung war, daß nur eine von beruflichen und ausgebildeten Fachkräften organisierte Fürsorge die zahlreichen neuen Aufgaben sachgerecht und verantwortungsvoll lösen kann. So vertrat er die organisierte Berufsvormundschaft (→Vormundschaft) als Kern der neu zu bildenden Kinder- und Jugendfürsorge (diese Lösung scheiterte im RJWG 1922/23). Soziale Arbeit muß für ihn als Beruf durch Menschen mit empathischen Fähigkeiten ausgeübt werden, die methodisch geschult und in →Beratung ausgebildet sind. Wissenschaftlicher Hintergrund muß →Psychologie und Soziale Pädagogik (Soziologie der Erziehung) sein. K selbst hat am Aufbau solcher Ausbildungsgänge tatkräftig mitgewirkt; dabei hat er immer auf der Verbindung wissenschaftlicher Ausbildung mit mehrjähriger praktischer Tätigkeit bestanden; er hat diese Ausbildung deswegen immer unterhalb der akademischen angesiedelt.

L.: Neises, Gerd: K (Schriften zur Jugendhilfe und Fürsorge); Frankfurt, 1968.

Karl August Chassé

**KLV**
⇒ Kinderlandverschickung

**Knappschaft**
→Krankenkassen, →Gesetzliche Krankenversicherung, →Sozialversicherung 6.b

**Kneipp, Sebastian**
1821–1897; Pfarrer; bekannt durch die von ihm entwickelte und popularisierte K-kur (→Naturheilverfahren).

**Knigge, Adolph Franz Freiherr von**
K (1752–1796) studierte Jurisprudenz und Kameralwissenschaften in Göttingen und ging danach in die Dienste des Landgrafen von Hessen. Schon bald nach seinem Abschied von Kassel (1775) trat K mit ersten Arbeiten hervor. Parallel zu verschiedenen Dienstverhältnissen versuchte er, ohne durchschlagenden Erfolg, eine Existenz als Schriftsteller zu begründen. Nach Aufenthalten in Wei-

mar, Frankfurt, Heidelberg und Hannover trat K schließlich 1790 als Oberhauptmann in kurfürstlich-hannoversche Dienste in Bremen, wo er 1796 starb. K gehörte nacheinander allen wichtigen Geheimbünden des 18. Jh. an (→ Lesegesellschaften). Schon vor seiner Studienzeit trat er dem Concordien-Orden, einer akademischen Verbindung bei, wurde 1773 in eine Freimaurerloge der Strikten Observanz aufgenommen und besaß außerdem enge Verbindungen zu den Rosenkreuzern. Sowohl in Weishaupts Illuminatenorden als auch in Bahrdts Deutscher Union zählte er bis zur Aufhebung 1784 bzw. 1789 zu deren prominentesten Mitgliedern. Anhand seiner Schriften läßt sich die Ideenentwicklung K's vom Anhänger des aufgeklärten Absolutismus über die Revolutionsbegeisterung hin zur Ablehnung der Terreur bei gleichzeitiger Kontinuität der republikanischen Vorstellungen verfolgen. K's bekanntestes Werk „Ueber den Umgang mit Menschen" (1788) verdankte seine Popularität dem Versuch, die herrschenden Standesschranken durch die Beschreibung eines allgemeinen bürgerlichen Verhaltens zu überwinden.

L.: Grab, Walter: Ein Volk muß seine Freiheit selbst erobern. Zur Geschichte der deutschen Jakobiner; Frankfurt a. M., Olten, Wien, 1984. Mitralexi, Katherina: Über den Umgang mit K; Freiburg, 1984. Ob Baron K auch wirklich todt ist? Eine Ausstellung zum 225. Geburtstag des K; Wolfenbüttel, 1977. Ueding, G., Nachwort; in: K, Über den Umgang mit Menschen; Frankfurt a. M., 1977.

Karl-Heinz Ziessow

### Koalitionsfreiheit

Mit dem Ausdruck „K" wird das gesetzlich geregelte Recht der Arbeitnehmer – ebenso der Arbeitgeber – bezeichnet, sich zur gemeinsamen Vertretung (Koalition) ihrer Interessen in → Verbänden zusammenzuschließen. Die K wurde in Dt. erstmals 1869 in höchst eingeschränkter Form durch die → Gewerbeordnung ermöglicht und kommt in Art. 9 Abs. 3 des Grundgesetzes zur Geltung (→ Arbeitskampf).

### Koch, Robert

K (1843–1910), Hauptbegründer der Bakteriologie, studierte in Göttingen Mathematik, Naturwissenschaften und Medizin, promovierte 1866 und war Arzt an der → Idiotenanstalt Langenhagen, ab 1868 prakt. Arzt. 1870–71 nahm er am dt.-frz. Krieg teil, legte 1872 das Physikusexamen ab und wurde Kreisphysikus in Posen. Dort entwickelte er ein Verfahren, Bakterien isoliert auf Nährböden zu züchten. Nach weiteren Arbeiten über Wundinfektion und Septikämie wurde er 1880 als Regierungsrat in das Reichsgesundheitsamt berufen. In Berlin erfolgte 1882 die Entdeckung des Tuberkelbazillus, auf einer Forschungsreise 1883 die des Kommabazillus (Cholera). 1885 wurde K als o. Prof. Direktor des Hygienischen Instituts der Universität Berlin, 1891 Dir. des Instituts für Infektionskrankheiten. 1905 erhielt er den Nobelpreis.

L.: Steinbrück/Thom (Hg.): K. Bakteriologe, Tuberkuloseforscher, Hygieniker. Ausgewählte Texte; Leipzig, 1982.

### Koedukation

Unter K wird landläufig nicht Ko*edukation,* sondern Ko*instruktion* verstanden, d. h. die gleichzeitige Unterrichtung von Lernenden männlichen und weiblichen → Geschlechts in einem Raum. Faktisch handelt es sich um eine Organisationskategorie, die ursprünglich aber mit pädagogischen Intentionen vertreten wurde und tatsächlich inhaltliche Konsequenzen für die Lernprozesse und Lernergebnisse mit sich bringt (→ Pädagogik).

Wie zur Zeit der Bildungsreformdebatte, als es primär um äußere Organisations- und Differenzierungsformen des Schulwesens ging, wird auch gegenwärtig die bildungspolitische Seite der Geschlechterfrage an äußeren Strukturen festgemacht. In den 60er Jahren haben sich im allgemeinbildenden Schulwesen – trotz einiger kritischer Stimmen, v. a. aus kirchlichen Kreisen – generell koedukative Gruppierungsformen durchgesetzt (Pfister 1988). Damit schien ein vorläufiger Schlußstrich unter eine – auch in der →Frauenbewegung kontrovers geführte und nur von ihrem radikalen Flügel positiv befürwortete – fast 100jährige Debatte gezogen zu sein. Die wenigen wissenschaftlichen Untersuchungen über die Auswirkungen dieser Strukturveränderung deuten auf einen hohen gesellschaftlichen Konsens hin.

Diese generelle Akzeptanz von K änderte sich erst Mitte der 80er Jahre. Im Sechsten Jugendbericht des Deutschen Bundestages von 1984 tauchten erstmals auf offizieller Ebene kritische Fragen auf; K habe die „spezifische Förderung und Berücksichtigung der Mädchen nicht ermöglicht" (a. a. O., 231) und sei zu wenig in ihren Auswirkungen erforscht worden (a. a. O., 222). Auf den alljährlichen Kongressen „Frauen und Schule", in der Frauenpresse wie auch in verschiedenen pädagogischen Zeitschriften (Frauen und Schule 1986; Zeitschrift für Pädagogik 1987; päd. extra & demokratische erziehung 1988) und in vielen neuen Publikationen (H. Faulstich-Wieland [Hg.] 1987; G. Pfister [Hg.] 1988) wurde die K-frage immer deutlicher aufgeworfen. Auf der einen Seite stehen die Befürworterinnen feministischer Mädchenschulen (z. B. die Redaktion „Frauen und Schule"), die einen von männlicher Dominanz und Kokurrenz freien Lernraum für Mädchen fordern (→Feminismus). Daneben gibt es ein breites Spektrum an Positionen, die sich kritisch zur bisherigen K-praxis äußern. Dabei wird besonders häufig betont, daß Mädchen in schulischen Interaktionen gemischtgeschlechtlicher Lerngruppen auffällig wenig Beachtung durch ihre Lehrkräfte erhalten und auch inhaltlich weniger berücksichtigt werden (A. Kaiser in: G. Pfister 1988). Besonders vehement werden negative Konsequenzen der K aus zwei 1985 und 1987 durchgeführten Befragungsstudien von Aachener, Dortmunder bzw. Paderborner Chemie- und Informatikstudentinnen gefolgert (Kauermann-Walter u. a. 1989). Aus dem Befund einer überproportionalen Repräsentanz von Mädchenschulabsolventinnen schließen die Verfasserinnen auf die Erklärungshypothese eines für mädchenuntypische Wahlentscheidungen förderlichen Milieus (a. a. O., 16). Aus diesen Daten können jedoch nicht grundlegende Organisationsformen begründet werden, weil durch die wenigen vorhandenen Mädchenschulen und den selektiven Besuch dieser Schulen infolge eines spezifischen elterlichen Bildungsaspirationsniveaus eine Verzerrung der Daten naheliegt.

Bisher wurde didaktisch in der K-schule implizit das hierarchische Anpassungsmodell praktiziert, indem – unter dem Etikett gleicher Curricula und Lernbedingungen für beide Geschlechter – dem männlichen Verhaltens-, Wertungs- und Wahrnehmungskontext verstärktes Gewicht beigemessen wurde (→Sexismus). Die Frage nach den positiven Konsequenzen einer an allseitiger menschlicher Entfaltung, Gleichberechtigung und Verschiedenheit ausgerichteten Didaktik ist ungleich schwerer zu beantworten. Denn es müssen zwei zunächst unvereinbar wirkende Maximen miteinander vereinbart werden: 1) Die individuelle Verschiedenheit der Menschen soll entwickelt und geschlechtsgebundene Fixierungen sollen aufgelöst werden; dieser individuellen Entfaltungsperspektive entspricht es auf der Organisationsebene, wenn gleichgeschlechtliche Gruppen zusammenarbeiten. 2) Die vorhandene Hierarchie zwischen den Geschlechtern muß aufgelöst werden, indem pädagogisch bewußt versucht wird, einen Ausgleich zu schaffen (→„geschlechtskompensatorische Erziehung").

Um diese beiden gegenläufigen Ansprüche miteinander zu vereinbaren, erscheint es fruchtbarer, anstelle äußerlicher Organisationsdebatten um die Auflösung der K-schule das Konzept der *didaktischen Differenzierung* zu entwikkeln. Didaktische Differenzierung soll die beiden konträren Organisationsformen miteinander kombinieren und somit die widersprüchlichen Perspektiven, Verschiedenheit und Ausgleich, organisatorisch integrieren und das Augenmerk auf die inhaltlichen Fragen legen. Wesentliche Momente der inneren Differenzierung, nämlich die soziale Integration oder der Austausch verschiedener Ausgangserfahrungen, können so mit Vorzügen äußerer Differenzierung, wie der spezifischen Förderungen bei bestimmten, vorher diagnostizierten Defiziten/Schwerpunkten von Jungen oder Mädchen, kurzfristig miteinander kombiniert werden. In einer derart differenzierten, auch den weiblichen Lebenszusammenhang didaktisch integrierenden →Schule wäre auch die Chance der tatsächlichen Umwandlung der Koinstruktionsschule in eine tatsächliche K-schule gegeben.

L.: Faulstich-Wieland, Hannelore [Hg.]: Abschied von der K?; Frankfurt, 1987. Kauermann-Walter/Kreienbaum/Metz-Göckel, Formale Gleichheit und diskrete Diskriminierung; in: päd extra & demokratische erziehung 1989/1, 14–18. Pfister, Gertrud [Hg.]: Zurück zur Mädchenschule?; Pfaffenweiler, 1988.

Astrid Kaiser

## Körperbehinderter

Der Begriff K ist zu bestimmen aus den gegebenen gesellschaftlichen Verhältnissen. Erst wenn Merkmale oder Merkmalskomplexe durch soziale Interaktion oder Kommunikation in Beziehung gesetzt werden zu gesellschaftlichen Minimalvorstellungen in Hinsicht auf individuelle und soziale Fähigkeiten, wird ein Mensch als K existent. In der Folge wird er etikettiert, und seine Beeinträchtigung (→Körperbehinderung) tritt dann in den Vordergrund, wenn festgestellt wird, daß er aufgrund seiner Merkmalsausprägung den o. a. Erwartungen und Vorstellungen nicht entspricht. Die humanbiologisch-organischen bzw. neurophysiologischen Beeinträchtigungen eines Menschen, die durch eine medizinisch biologistische, d. h. eine auf Defekt und Schädigung ausgerichtete Diagnostik in gesellschaftlichen und sozialen Zusammenhängen klassifiziert werden, sind jedoch vielmehr als die Tätigkeitsstruktur eines Menschen zu begreifen, d. h. als Potenz bzw. als Kompetenz, die es ihm ermöglicht, sich aktiv die Welt anzueignen. Diese Tätigkeitsstruktur i. S. einer medizinisch ausgerichteten Diagnostik als pathologisch zu bezeichnen – z. B. als spastisch, athetotisch, ataktisch usw. – beinhaltet, die Ganzheit des Menschen zu negieren, indem der als „K" etikettierte Mensch defektspezifisch atomisiert, sein Verhalten zu Symptomen gemacht wird und diese wiederum zu seinem Wesen, um seinen gesellschaftlichen Ausschluß aus den regulären Lern- und Lebenszusammenhängen mit der Konsequenz seiner ‚Besonderung' (→Isolation) zu legitimieren. Die Tätigkeitsstruktur eines K ist als eine unter den ihm gegebenen Entwicklungsbedingungen entstandene, optimale Aneignungsstruktur zu verstehen, die sich nach den allgemeinen Gesetzmäßigkeiten der menschlichen Entwicklungs-, Aneignungs- und Lernprozesse organisiert. So ist z. B. die typische Haltung des Armes eines halbseitig gelähmten Menschen als solche nicht pathologisch, da sie im Alltag dazu benutzt wird, bspw. eine Tür zu öffnen. Es handelt sich nicht um ein pathologisches Bewegungsmuster, sondern um ein Bewegungsprogramm im Repertoire des Zentralnervensystems eines Menschen, das ihm zur Verfügung steht, um das tägliche Leben zu bewältigen.

Willehad Lanwer

## Körperbehindertenschulen

Historisch entwickelten sich die K als Institutionen aus von sozialer Nützlichkeit und Verwertbarkeit geleiteten Gründen. Während zuvor Waisenhäuser, Asyle, Zucht- und Aufbewahrungsanstalten, in denen Behinderte, Arme, Kranke und Kriminelle gemeinsam untergebracht waren, die Funktion erfüllten, die Bevölkerung vor dem Anblick dieser Personen zu verschonen, hatten die K den Auftrag, aus körperbehinderten Almosenempfängern Steuerzahler und ‚nützliche Staatsglieder' zu machen. Der →Körperbehinderte wurde als ‚verkrüppelter Kranker' gesehen, dessen Produktivität primär durch medizinische und orthopädische Behandlung herzustellen sei. Folglich schloß sich Bildung bzw. Ausbildung der medizinischen Behandlung an. Auf Betreiben der 1909 gegründeten ‚Deutschen Vereinigung für Krüppelfürsorge' wurde 1920 das ‚Krüppelfürsorgegesetz' verabschiedet. Es beinhaltete im wesentlichen die gesetzliche Verpflichtung, medizinische, schulische und berufliche →Rehabilitation zu gewähren. Nach der massenhaften Vernichtung körperbehinderter Menschen in der Zeit von 1933–1945 durch die Nationalsozialisten wurde 1957 auf der Basis des Krüppelfürsorgegesetzes von 1920 das Körperbehindertengesetz verabschiedet. Dieses mündete ein in das BSHG (⇒ Bundessozialhilfegesetz) von 1961, das die gesetzliche Grundlage für die heutigen K darstellt.

Nach Bläsig (1975) stellen die K heute einen ‚Schonraum' dar, der bewußt angeboten wird, um ‚psychische Konflikte' bei einem körperbehinderten Kind zu vermeiden oder abzubauen, und das Kind die Anpassung an seinen Körperschaden lernen zu lassen. Entsprechend dem heutigen Stand der Wissenschaft, insb. bezogen auf die Forschungsergebnisse von Feuser und Jantzen, müssen die K jedoch als überholt bezeichnet werden. Auf der Basis der von Feuser entwickelten ‚allgemeinen integrativen Pädagogik und entwicklungslogischen Didaktik' (→Körperbehindertenpädagogik) hätte eine zu vollziehende Schulreform den Einbezug aller Kinder, d. h. auch der körperbehinderten, in die Regelschule zu realisieren.

L.: Bläsig, W., Körperbehindertenpädagogik; in: Hesse/Wegner (Hg.), Enzyklopädisches Handbuch der Sonderpädagogik; Berlin, 1969. Ders. (Hg.): Die K; Berlin, 1975. Feuser, G., Heilpädagogik/Psychiatrie; in: Reichmann, Erwin (Hg.), Handbuch der Behindertenpädagogik; Solms-Oberbiel, 1984. Ders., Allgemeine integrative Pädagogik und entwicklungslogische Didaktik; in: Behindertenpädagogik 28 (1989), 1. Jantzen, Wolfgang: Sozialgeschichte des Behindertenbetreuungswesens; München, 1982. Ders.: Allgemeine Behindertenpädagogik Band I; Weinheim, Basel, 1987. Merke, A., Körperbehinderung; in: Reichmann, Erwin (Hg.), Handbuch der Behindertenpädagogik; Solms-Oberbiel, 1984. Merkens, Luise: Historische Entwicklung der Behindertenpädagogik; München, Basel, 1988. Milani-Comparetti, A./Roser, L., Förderung der Normalität und Gesundheit in der Rehabilitation; in: Wunder/Sierck (Hg.), Sie nennen es Fürsorge; Berlin, 1982. Schmeichel, M., Grundfragen der Körperbehindertenpädagogik; in: Haupt/Jansen (Hg.), Handbuch der Sonderpädagogik/Pädagogik der Körperbehinderten; Berlin, 1983. Schönberger F., Körperbehindertenpädagogik; in: Bach, Heinz (Hg.), Sonderpädagogik im Grundriß; Berlin, 1976. Sierck U., Mißachtet – Ausgesondert – Vernichtet; in: Wunder/Sierck (Hg.), Sie nennen es Fürsorge; Berlin, 1982. Pawel, Barbara von: Körperbehindertenpädagogik; Stuttgart, 1984.

Willehad Lanwer

**Körperbehindertenpädagogik**

Da die allgemeine →Pädagogik bis heute nicht die Erziehungs- und Bildungsbedürfnisse eines jeden Mensch, d. h. auch eines →Körperbehinderten einzulösen vermag, erfolgt ein angeblich fachlich begründeter Aussonderungsprozeß i. S. der Konstituierung einer spezifischen Pädagogik, der rechtlich durch das BSHG (⇒ Bundessozialhilfegesetz) abgesichert wird. Die Aufnahme in eine →Körperbehindertenschule ist gesetzlich nur möglich, wenn die Schüler durch eine Beeinträchtigung des Stütz- und Bewegungssystems nicht nur vorübergehend wesentlich behindert sind (§ 39 BSHG). Diese ersichtlich auf Defekt und Abweichungen orientierte, reduzierte Betrachtung eines körperbehinderten Menschen basiert auf einem in einer biologistisch medizinischen Tradition stehenden Menschenbild, das das Erscheinungsbild eines Menschen und die an ihm beobachtbaren Beeinträchtigungen als das Wesen und die Natur dieses Menschen begreift und ihn infolge dessen als andersartig klassifiziert.

Historisch entwickelte sich die K um die Jahrhundertwende aus der →Armenfürsorge. Als Maßstab der den körperbehinderten Menschen zu gewährenden Pädagogik wurde die →Erwerbsarbeit und die gesellschaftliche Nützlichkeit postuliert. Dies bedeutete, daß sich die K im wesentlichen auf die Korrektur und die Kompensierung der sog. Abweichungen von den normativ gesetzten gesellschaftlichen Forderungen konzentrierte. →Bildung und →Erziehung im o. g. Sinne wurde einer Kosten/Nutzen-Analyse unterzogen, d.h. die ökonomische Verwertbarkeit ‚erfolgreicher' Bildung bestimmte darüber, welchem Personenkreis sie gewährt oder nicht gewährt wurde (vgl. Krüppelfürsorgegesetz von 1920 und BSHG § 39). Entsprechend betreibt die K die historische institutionelle Aussonderung von Menschen, die durch die Selektion nach Art und Schweregrad der →Körperbehinderung vollzogen wird.

Der in einer biologistisch medizinischen Tradition stehende Begriff von K kann nach dem heutigen Stand der Wissenschaft als überholt bezeichnet werden. Ihm gegenüber steht eine ‚allgemeine integrative Pädagogik und entwicklungslogische Didaktik', die von der Ganzheit des behinderten Menschen ausgeht und seine Beeinträchtigung als Möglichkeit der aktiven Aneignung der Welt begreift. Diese Pädagogik ist eine Antwort auf das segregierende Erziehungs- und Bildungssystem mit dem Ziel, dieses in ein integratives zu verändern.

L.: →Körperbehindertenschule

Willehad Lanwer

## Körperbehinderung

Im Blickwinkel der im Zusammenhang mit der K in Erscheinung tretenden sozial-psychologischen und sozial-ökonomischen Bedingungen definiert K einen sozialen Prozeß. K ist als Ausdruck der gesellschaftlichen, ökonomischen und sozialen Prozesse zu begreifen, die auf einen Menschen hin zum Tragen kommen, der aufgrund seiner (medizinisch-biologisch diagnostizierten) organischen Beeinträchtigungen nicht den gesellschaftlichen Minimalvorstellungen und Erwartungen in Bezug auf seine Entwicklung, Leistungsfähigkeit und Verwertbarkeit in Produktions- und Konsumtionsprozessen entspricht (→Körperbehinderter). Die bei einem körperbehinderten (k) Menschen in Erscheinung tretenden biologisch-organischen bzw. neurophysiologischen Beeinträchtigungen – die unter medizinisch/biologistischen Aspekten z. B. als zerebrale Bewegungsstörung, Dysmelie, Querschnittslähmung, Muskeldystrophie usw. bezeichnet werden – stellen Bedingungen dar, die den Prozeß der →Behinderung der →Persönlichkeit eines k Menschen in dem o. g. gesellschaftlichen Kontext auslösen wie auch modifizieren. K beschreibt in diesem Sinne die Tätigkeitsstruktur eines Menschen, die sich unter den ihm gegebenen Entwicklungsbedingungen als optimale Aneignungsstruktur herausgebildet hat und die den allgemeinen Gesetzmäßigkeiten der menschlichen Entwicklungs-, Aneignungs- und Lernprozesse unterliegt. K stellt demnach eine Potenz, d. h. eine Kompetenz dar, die es einem Menschen ermöglicht, sich aktiv mit seiner Umwelt austauschen zu können.

Im Sinne einer traditionell biologistisch medizinisch ausgerichteten Betrachtung wird K bedeutungsgleich mit einer Schädigung bzw. mit einem Defekt gefaßt und nicht als deren Folge. Die an einem k Menschen mittelbar oder unmittelbar zu beobachtenden Beeinträchtigungen werden in diesem Sinne als das innere Wesen des k Menschen und als seine Natur verstanden. Die in dieser Betrachtung voneinander abweichenden Definitionen der K – z. B. Spastiker, Athetotiker – sind rein somatisch ausgerichtet und beziehen sich primär nur auf die körperlichen Beeinträchtigungen, die durch eine medizinische Diagnostik klassifiziert werden und den gesellschaftlichen Ausschluß eines k Menschen aus seinen regulären Lernfeldern und Lebenszusammenhängen mit der Folge seiner ‚Besonderung' (→ Isolation) legitimieren. Die Wurzeln, die diesem Denken zu Grunde liegen, reichen bis in die Antike zurück – z. B. Solon (600 v. Chr.), Gesetzgeber in Athen, postulierte die Tötung mißgebildeter Säuglinge; Aristoteles (ca. 300 v. Chr.) forderte, es soll Gesetz sein, kein verkrüppeltes Kind aufzuziehen. Die in der Antike beginnende Herabsetzung, Aussonderung und Vernichtung von k Menschen setzt sich historisch kontinuierlich weiter fort. Mit dem Beginn der → Industrialisierung werden unter dem Aspekt der Produktivität i. S. einer Kosten/Nutzen-Analyse die körperliche und geistige Unversehrtheit zu lebensentscheidenden Kriterien. Die in der frühkapitalistischen Epoche entstandenen → Armen- und → Arbeitshäuser hatten die Funktion, jene k Menschen zu internieren, die ihre Arbeitskraft nicht verkaufen konnten. Etwa seit dem 18. Jh. wurde insb. von den Medizinern damit begonnen, behinderte Menschen nach körperlich ‚Verkrüppelten', ‚Schwachsinnigen' und ‚Idioten' mit dem Ziel zu selektieren, die ‚verläßlichen' und ‚verwertbaren' von den wirtschaftlich ‚unbrauchbaren' zu trennen.

In dieser Denktradition ist auch das 1920 verabschiedete preußische Krüppelfürsorgegesetz zu begreifen, in dem K definiert wird als Folge einer Schädigung, die ‚die Erwerbstätigkeit auf dem allgemeinen Arbeitsmarkte wesentlich beeinträchtigt'. Entsprechend wurde dieses Gesetz auf den Personenkreis bezogen, der unter dem Gesichtspunkt der Produktivität ‚verwertbar' war. Ferner wurde die Betreuung der k Menschen um die Jahrhundertwende wesentlich mit bestimmt durch die Ideen und Theorien der Erb- und Rassenlehre (→ Eugenik/Rassenhygiene). In der Folge stellte der Sozialdarwinismus (→ Biologismus) nach dem 1. Weltkrieg die herrschende Ideologie dar, die schließlich 1922 in die von Binding und → Hoche veröffentlichte Schrift ‚Die Freigabe der Vernichtung → lebensunwerten Lebens' mündete. In dieser Schrift werden k Menschen als ‚leere Menschenhülsen' beschrieben, die als ‚negative Existenzen' im Sinne einer Kosten/Nutzen-Analyse für den Staat eine finanzielle Belastung bedeuten. Ab 1933 wurde die ‚Freigabe der Vernichtung lebensunwerten Lebens' durch die Nationalsozialisten in menschenverachtender Weise in die Praxis umgesetzt.

Nach 1945 führte ein direkter Weg vom preuß. Krüppelfürsorgegesetz zum Körperbehindertengesetz von 1957, das 1961 in das → Bundessozialhilfegesetz mündet, welches bis heute Gültigkeit hat. Das bedeutet, daß die heute gültigen gesetzlichen Grundlagen für k Menschen einer Denktradition verhaftet sind, die eine Herabsetzung, eine Aussonderung (und in der Zeit des Faschismus eine Vernichtung) von k Menschen implizierten. Letztlich hat der Begriff K nur die Funktion zu erfüllen, die Isolierung und Aussonderung k Menschen auf der Basis der o. g. Kosten/Nutzen-Analyse aus den gesellschaftlichen/sozialen Zusammenhängen festzuschreiben.

Willehad Lanwer

**Körperersatzstücke**
→ Hilfsmittel

**Kohlrausch, Eduard**
1874–1948; 1893–96 Studium der Rechtswissenschaft in Straßburg, Leipzig und Berlin; bis zur Habilitation (1902 in Heidelberg) Assistent bei Franz von Liszt; 1903 a. o., 1906 o. Prof. für Strafrecht in Königsberg, 1913 in Straßburg, 1919 in Berlin. K wurde während der Weimarer Republik Mit-, später alleiniger Vorsitzender der → Deutschen Vereinigung für Jugendgerichte und

Jugendgerichtshilfen (→Jugendgerichtsbewegung).

## Kokain
→ Drogen

## Kollektive Konsumtion

Der Begriff K spielt eine zentrale Rolle in den Theorien der seit Ende der 60er Jahre zuerst in Frankreich von einigen marxistischen Sozialwissenschaftlern entwickelten ‚Neuen Stadtforschung' (→Stadtsoziologie). Er wurde später häufig mit je spezifischer Akzentsetzung in ‚soziale', ‚vergesellschaftete' oder ‚organisierte Konsumtion' abgewandelt, ohne daß klar ist, was mit den verschiedenen Varianten genau gemeint ist. Als Begründer der ‚Neuen Stadtforschung' und Schöpfer des Konzepts der K gilt Manuel Castells. Deshalb sollen zunächst die Grundzüge seiner Argumentation skizziert werden:

Im Gegensatz zu den räumlich weiter ausgreifenden Produktionsprozessen (z.B. kommen in die Endproduktion eingehende Zwischenprodukte aus verschiedenen Regionen oder noch größeren räumlichen Einheiten) konzentrieren sich Konsumtionsprozesse auf den räumlichen Rahmen der →Stadt. Die Hauptfunktion der Konsumtion besteht in der Reproduktion der Arbeitskraft (RdA). In entwickelten kapitalistischen Gesellschaften wird die zunehmende räumliche Konzentration des Kapitals von einer wachsenden Konzentration der Arbeitskraft begleitet, so daß die alltäglichen Prozesse der RdA (z.B. →Erholung, →Bildung) räumlich zusammengefaßt werden. Damit der gesamte, eng verflochtene kapitalistische Produktionsprozeß nicht ins Stocken gerät, müssen in den Städten bestimmte Mindeststandards des Angebots an Konsumtionsmitteln für die RdA gewährleistet sein. Individuelle, d.h. von Einzelpersonen oder -haushalten auf dem Markt erwerbbare Konsumtionsmittel können das angemessene Niveau und die erforderliche Stetigkeit der RdA immer weniger sichern. Diese Aufgaben hat der →Staat mittels Bereitstellung ‚kollektiver Konsumtionsmittel' (z. B. Sozialwohnungen; öffentliche Bildungs- und Personentransport-Einrichtungen) zu übernehmen, denn für das Kapital sind diese Konsumtionsmittel ‚unprofitable' Investitionsbereiche. Da die Stadt der Raum der alltäglichen RdA ist und die K die entscheidende Rolle dabei spielt, ist sie als räumliche Einheit der K zu definieren.

Castells hat das Konzept der K vor dem Hintergrund des rasanten, von massiven direkten Inverventionen des Staates begleiteten Wachstums der meisten Großstädte in den 50er und 60er Jahren formuliert. Andere Autoren haben das Konzept aufgegriffen und es oft stark abgewandelt. So haben sich im Laufe der Zeit in den folgenden Dimensionen Unterschiede bzw. Gemeinsamkeiten ergeben:

*1. Funktion:* Fast alle Autoren sehen die (Haupt-)Funktion der K in der RdA. Staatliche Ausgaben hierfür stehen in einem grundsätzlichen Konkurrenzverhältnis zu Ausgaben zur Förderung der Kapitalverwertung. Staatlichen Ausgaben für die K werden oft noch folgende weitere Funktionen (→Staatsfunktionen) zugeschrieben: Regulierung des Klassenkampfes durch Konzessionen an die →Arbeiterklasse; soziale Kontrolle der Arbeiterklasse (→Sozialkontrolle), um gesellschaftlichen Umwälzungen vorzubeugen; Stimulierung der Nachfrage, um Rezessionen zu verhindern; Aufhalten des ‚tendenziellen Falls der Profitrate' durch Verringerung der dem Kapital entstehenden Arbeitskraft-Kosten. Neuerdings wird sogar die These vertreten, daß die K immer mehr der Reproduktion der ‚marginalisierten' Teile der Bevölkerung (z.B. dauerhaft Arbeitslose, in →Armut lebende alte Menschen) dient. Dies läuft darauf hinaus, als Funktion der K nicht mehr die RdA, sondern die ‚Reproduktion des Lebens' schlechthin zu definieren.

*2. Trägerschaft:* ‚Kollektive' wird meist mit ‚staaatlicher' Trägerschaft gleichgesetzt, da im entwickelten Kapitalismus nur der Staat die Konsumtion für die Gesamtheit der in einer Stadt lebenden Arbeitkräfte organisieren könne. Unterschiedlich sind die Ansichten darüber, was staatliche Trägerschaft präzise bedeutet: Produktion oder nur Besitz oder Finanzierung der Konsumtionsmittel; oder auch die Befugnis zur Rechtsetzung in der Konsumtionssphäre. Manchmal werden auch Arbeitgeber (z. B. als Träger von Werkswohnungen), →Genossenschaften und →Wohlfahrtsverbände als Träger der K betrachtet. Sehr selten gelten sogar Anbieter kollektiv nutzbarer Markteinrichtungen (z. B. Supermärkte) als Träger der K. Doch als entwickeltste Form ‚vergesellschafteter' Konsumtion gilt i. allg. die vom Staat getragene Konsumtion. Deshalb hat man sich weitgehend darauf geeinigt, ‚kollektive' als ‚staatliche' Trägerschaft zu definieren und darin das entscheidende Kriterium der K zu sehen.

3. *Nutzungsweise:* Für einige wenige Autoren ist die ‚kollektive Nutzungsweise' (d. h. die öffentliche Zugänglichkeit und Nutzung durch mehrere Personen zu gleicher Zeit) das Haupt- oder ein der (staatlichen) Trägerschaft gleichrangiges Kriterium. Hier ergeben sich allerdings Probleme: z. B. werden die allgemein zum Kernbestand der K gezählten Sozialwohnungen nicht wie öffentliche Grünanlagen im strengen Sinne ‚kollektiv' genutzt.

4. *Erbringungsform:* Hier herrscht die größte Konfusion. Aus drei verschiedenen Blickwinkeln werden Erbringungsformen der K definiert: (a) Als ‚Endkonsum' kann die K nur Realleistungen wie z. B. Wohnungen, Freizeitanlagen oder medizinische Behandlungen staatlicher oder nicht-staatlicher Träger umfassen. (b) Verstanden als ‚staatliche Intervention in die Konsumtionssphäre', kann es sich sowohl um Realleistungen als auch um direkte oder indirekte Subventionen (z. B. an Wohnungsbaugesellschaften oder Erwerber von Eigenheimen) oder um rechtliche Regelungen (z. B. Mieterschutzgesetze) handeln. (c) Definiert als ‚staatliche Ausgaben für die RdA', können neben Realleistungen und direkten oder indirekten Subventionen für Herstellung oder Erwerb reproduktionsrelevanter Konsumtionsmittel auch Transferzahlungen wie z. B. das →Kindergeld oder Ausbildungs-Stipendien (→BAföG) gemeint sein. Tatsächlich hat sich der Staat in vielen Ländern seit Ende der 70er Jahre im Zuge von Austeritätspolitik und aus ideologischen Gründen (Durchsetzung des Prinzips der Marktversorgung) immer weniger als Anbieter von Realleistungen betätigt (→Privatisierung). Deshalb bewegte sich die Diskussion immer mehr auf die Versionen (b) und (c) zu. Um zu verdeutlichen, daß es nicht nur um kollektiv nutzbare staatliche Realleistungen geht, werden neuerdings häufiger die Termini ‚soziale', ‚vergesellschaftete' oder ‚organisierte' Konsumtion verwendet.

5. *Raumwirksamkeit:* Lange Zeit war die Räumlichkeit ein zentrales Kriterium der K. Dabei wurde in erster Linie an den sozialen Wohnungsbau und den öffentlichen Personen-Nahverkehr gedacht, die den städtischen Raum direkt und nachhaltig strukturieren. Dagegen wurde eingewandt, daß staatliche Leistungen für die RdA auch nicht-räumliche Elemente wie Subventionen und Transferzahlungen umfassen; gleichwohl könnten einige dieser Leistungen außerordentlich raumwirksam sein (z. B. verschärfen Subventionen für den Eigenheimerwerb die räumliche Segregation der Wohnformen und sozialen Schichten).

6. *Zugangsregelung:* Meist beläßt man es dabei, den nicht-marktmäßigen, d. h. kostenlosen oder preislich stark reduzierten Zugang implizit oder explizit zum Kriterium der K zu erklären. Selten wird weiter differenziert: z. B. unterscheidet sich ein ‚freier Zugang' (z. B. zu öffentlichen Grünanlagen) erheblich von ‚Zwangskonsum' (z. B. bestimmter Stufen der Schulbildung) oder grundsätzlich beschränktem Zugang (z. B. zu Sozialwohnungen).

Vergleicht man die konkrete Bestimmung, die Anzahl und die Gewichtung der Kriterien in den verschiedenen Definitionen der K, dann wird erkennbar, daß die Autoren – oft sogar ein- und derselbe Autor – auf zumindest vier unterschiedliche, nicht immer explizit formulierte Problemstellungen und Erkenntnisziele hinauswollen:

*I. Theorie der Urbanisierung:* Im Grunde war nur für Castells selbst das Konzept der K eine Theorie der →Urbanisierung im entwickelten Kapitalismus. Man ist sich allerdings weitgehend darin einig, daß der Ausbau der K bis in die 70er Jahre hinein ein zentales Merkmal der rasant expandierenden Städte in den entwickelten Staaten Westeuropas war. Castells' ursprüngliche These, daß die Stadt eine räumliche Einheit der K sei, weil die Stadt der Raum der durch die K gewährleisteten alltäglichen RdA ist, wurde schon bald von niemandem mehr geteilt und wird inzwischen auch von ihm selbst nicht mehr vertreten. Die wenigen Versuche, die es auch heute noch gibt, die K trotz ihres nicht prinzipiell räumlichen Charakters zum Kerngegenstand der Stadtsoziologie zu erklären, werden eher pragmatisch begründet: die K sei ein nicht schon von anderen ‚Bindestrich-Soziologien' besetztes Forschungsfeld. Inzwischen aber findet sich unter den Vertretern der ‚Neuen Stadtforschung' fast nur noch die Position, daß die Entwicklung der Städte aus dem je spezifischen Zusammenspiel ökonomischer, technischer, sozialer, politischer und kultureller Prozesse zu erklären ist.

*II. Soziale und politische Ökonomie der RdA:* Insb. frz. Autoren schienen den Ehrgeiz gehabt zu haben, die Marx'sche Theorie der kapitalistischen Warenproduktion um eine Theorie der RdA zu ergänzen. Zum einen wird darauf hingewiesen, daß nicht nur der Staat, sondern z. B. auch Genossenschaften, Arbeitgeber oder Wohlfahrtsorganisationen Träger der K sein können. Zum anderen wird die K mit der individuellen (d. h. Markt-)Konsumtion und den Leistungen des privaten Haushalts (insb. unbezahlte Frauenarbeit; →Hausarbeit) und des weiteren Verwandten-, Nachbarschafts-, Freundes- oder sonstigen Bekanntenkreises (→Informelle Sphäre) im Hinblick auf ihre Bedeutung für die RdA verglichen. Es geht hier vorrangig darum, die Veränderung der Anteile der verschiedenen Produzenten bzw. Träger von Reproduktionsleistungen an der RdA in den verschiedenen Entwicklungsperioden des Kapitalismus zu erklären. Allerdings erscheinen Bemühungen um eine soziale und politische Ökonomie der RdA wenig aussichtsreich, da Reproduktionsvorgänge in der Realität unauflöslich mit nicht-funktionalen Aspekten wie der individuellen Entfaltung sozialer, politischer oder kultureller Fähigkeiten verknüpft sind.

*III. Soziologie der Konsumtion:* Einige, stark von Max Weber inspirierte brit. Autoren verstehen das Konzept der K implizit oder explizit als Ausgangspunkt einer allgemeinen Soziologie der Konsumtion. K, definiert als Endverbrauch staatlicher Realleistungen, ist die Konsumtion einer bestimmten Form von Realleistungen (d. h. Gütern, Einrichtungen und →Dienstleistungen). Die Soziologie der Konsumtion soll sich in erster Linie mit der Frage befassen, in welchem Verhältnis der Endverbrauch zu den Wünschen und Bedürfnissen der individuellen Konsumenten steht. Angelpunkt der Theoriebildung ist also das Problem der ‚Konsumenten-Souveränität' (→Nutzerkontrolle) und nicht die Funktion der Konsumtion für das kapitalistische System. Eine solche Soziologie der Konsumtion würde zwar nur noch begrenzte Einsichten in die Entwicklung von Städten beisteuern, doch könnte sie u. a. wichtige Erkenntnisse über die Bedürfnisgerechtigkeit sozialer Dienstleistungen und Einrichtungen liefern.

*IV. Politische Soziologie und Ökonomie des Wohlfahrtsstaates auf der städtischen Ebene:* Fast alle Autoren bezeichnen die

K irgendwann einmal als ‚wohlfahrtsstaatliche Leistungen'. Auch wenn sie sich meist darüber im Klaren sind, daß diese Leistungen verschiedene Formen annehmen können, konzentrieren sie sich noch immer auf jene, die traditionell als besonders wichtig für die räumliche Dimension der →Stadtentwicklung gelten. Zudem ist kaum ein Autor zu der Erkenntnis vorgedrungen, daß der Wohlfahrtsstaat (→Sozialstaat) weit vielfältigere Rollen als die der Gewährleistung der RdA spielt oder spielen kann. Da aber alles Handeln des Wohlfahrtsstaates sich in der einen oder anderen Weise auf der städtischen Ebene manifestiert, handelt es sich bei dieser Version des Konzepts der K lediglich um einen ersten Ansatz einer ‚politischen Soziologie und Ökonomie des Wohlfahrtsstaates auf der städtischen Ebene'.

Um diesen Ansatz auszubauen, sollte mit den folgenden Systematisierungen begonnen werden: (a) Wohlfahrtsstaatliche Leistungen oder →Interventionen sind solche, die primär auf die Sicherung oder Verbesserung der materiellen und immateriellen →Lebenslage sozialer Gruppen oder der Bevölkerung insgesamt zielen. Dazu gehören nicht nur der Wohnungsbau (→Sozialer Wohnungsbau; subventionierter Eigenheimerwerb), der öffentliche Personentransport oder Leistungen für →Bildung und →Gesundheit, sondern auch Armuts- und Alterssicherung (→Sozialversicherung), Vermögensbildung, Familienhilfen, →Frauenförderung, Kinder-, Jugend- und Alteneinrichtungen, Freizeitstätten, →Arbeitsbeschaffung, Arbeitslosenunterstützung und →Umweltschutz. (b) Leistungs- bzw. Interventionsformen sind all jene, die unter Punkt 4 (‚Erbringungsform') aufgeführt sind. (c) (Potentielle) Funktionen: ‚Systemische' Funktionen (→Mindestversorgung; RdA; Sicherung der Nachfrage/des Absatzes; Erhaltung der Loyalität/Gewinnung von Wählerstimmen für die Regierung; Beschaffung von Legitimation für das gesellschaftliche System) und Funktionen bzgl. des Verhältnisses von Gruppen zueinander (Begünstigung von Männern auf Kosten von Frauen; neuerdings Versuche, diese Begünstigungen aufzuheben; soziale Kontrolle der unteren und Privilegierung der oberen Klassen; Trennung religiöser und ethnischer Gruppen).

Sodann müßten die meist sehr abstrakten Theorien des Wohlfahrtsstaates räumlich differenziert und konkretisiert werden: z. B. zwischen prosperierenden und niedergehenden Städten, im Hinblick auf die Herausbildung städtischer Teilräume und auf die Rolle des jeweiligen ‚lokalen Wohlfahrtsstaates' (→Lokale staatliche Institutionen). Um zu theoretisch belangvollen Aussagen darüber zu kommen, ob wohlfahrtsstaatliche Leistungen die gesellschaftlichen Strukturen reproduzieren, nur modifizieren oder transformieren, sollte man von grundsätzlichen Fragestellungen wie z. B. nach dem Einfluß von Ökonomie und Politik, nach der Verteilung von Leistungen auf die sozialen Klassen oder nach der Ausbildung von Interessenstrukturen ausgehen.

Die ‚politische Soziologie und Ökonomie des Wohlfahrtsstaates auf der städtischen Ebene' ist die entwicklungsfähigste Variante des Konzepts der K, denn sie kann sehr viele Problemstellungen der drei anderen aufnehmen.

L.: Castells, Manuel: Die kapitalistische Stadt. Ökonomie und Politik der Stadtentwicklung; Hamburg, West-Berlin, 1977. Ders.: The city and the grassroots. A crosscultural theory of urban social movements; London, 1983. Dunleavy, Patrick: Urban political analysis. The politics of collective consumption; London, 1980. Lojkine, Jean: Le marxisme, l'Etat et la question urbaine; Paris, 1977. Pahl, R. E., Castells and collective consumption; in: Sociology. The Journal of the Britisch Sociological Association 1978/2, 309–315. Pickvance, Chris G. (ed.): Urban sociology. Critical Essays; London, 1976. Ders.: The state and collective consumption; Milton Keynes, 1982. Pincon-Charlot/Preteceille/Rendu: Classes sociales, équipements collectifs et structures urbaines; Paris, 1986. Preteceille, E., Équipements collectifs et consommation sociale; in: International Journal of Urban and Regional Research 1977/1, 101–123. Saunders, Peter: Soziologie der Stadt; Frankfurt a. M., 1987.

Jürgen Krämer

### Kollwitz, Käthe

1867–1945; pazifistisch engagierte Graphikerin, Malerin und Bildhauerin, die durch ihre künstlerischen Arbeiten sozialkritisch auf die Folgen von Armut und Arbeitslosigkeit hinwies. U. a. schuf sie die graphischen Blätter „Weberaufstand" (1895–98) und „Der Bauernkrieg" (1903–08).

L.: Schmalenbach, F.: K; Bern, 1953.

### Kolonialismus

*1. Allgemeines.* K kann als die Etablierung (Kolonialisierung) und Aufrechterhaltung (→ Kolonialpolitik) von Herrschaft über ein von der beherrschenden Macht räumlich getrenntes, fremdes Volk bezeichnet werden. Zwar gab es auch schon in früheren Epochen kolonialistische Bestrebungen (etwa der Griechen in der Antike oder des römischen Reiches in seiner Blütezeit). Der Begrifff „K" wird aber in der Regel auf die seit dem 15.Jh. mit den Entdeckungen der Portugiesen und der Spanier beginnende und bis in die erste Hälfte des 20.Jh. andauernde Beherrschung weiter Teile Asiens, Amerikas und Afrikas durch europäische Staaten beschränkt. Hiermit soll die einzigartige wirtschaftliche, militärische und geistige Dynamik dieses auf christlich-abendländische Wert- und Zielvorstellungen zurückgehenden Expansionsstrebens der europäischen Staaten hervorgehoben werden.

*2. Geschichtliche Entwicklung des K.* Die Zeit des K läßt sich in folgende Perioden unterteilen:

a) Portugiesisch-Spanische Periode (15. u. 16.Jh.): Ausgehend von der Eroberung Ceutas in Nordafrika (1415), nahmen die Portugiesen nahezu die komplette afrikanische Küste und weite Teile Asiens in Besitz. Nach der Ankunft in der Karibik am 12. Oktober 1492 eroberten die Spanier weite Teile Süd- u. Mittelamerikas und besiegten die großen indianischen Reiche der Azteken in Mexiko und der Inkas in Peru.

b) Niederländische Periode (17.Jh.): Ablösung der iberischen Mächte durch die Niederländer als führende Expansionsmacht, die vor allen Dingen nach Asien hin tendierte.

c) Englisch-Französische Periode (Ende des 17.Jh. bis zur Unabhängigkeitserklärung in Nordamerika 1776): Briten und Franzosen übernahmen die führende Rolle und traten in einen Wettlauf um Nordamerika und Indien ein.

d) Erste Entkolonisierungsperiode (1776–1870): Die Unabhängigkeitserklärung im britischen Nordamerika (1776) setzte eine Bewegung in Gang, die zur weitgehenden Unabhängigkeit des amerikanischen Kontinents von den Kolonialmächten führte.

e) Hochphase des K (1870–1919): In dieser Zeit setzte ein regelrechtes Wettrennen der europäischen Mächte um Afrika ein, wobei es nicht mehr nur um die Küstenregionen, sondern den gesamten Kontinent ging. Um einen Streit über den Besitz des „Kongo" zu schlichten, lud Bismarck 13 europäische Staaten (unter ihnen die damals wichtigsten Kolonialmächte England und Frankreich) und die USA zur Berliner Kongokonferenz (November 1884 – Februar 1885) ein. Um spätere Konflikte zu verhindern, wurde auf dieser Konferenz durch willkürliche Grenzziehungen der ganze Kontinent aufgeteilt. Diese Hochphase des K beschränkte sich aber nicht nur auf Afrika, sondern bezog auch weite Teile Asiens ein.

f) Phase der Auflösung der Kolonialreiche (1919–1960): Durch die beiden Weltkriege und die Weltwirtschaftskrise geschwächt, und herausgefordert durch die verstärkten internationalen Forderungen nach dem Selbstbestimmungsrecht der Völker, konnten die Kolonialstaaten ihre Kolonialreiche nicht aufrechterhalten. Die meisten afrikanischen und asiatischen Länder erreichten daher bis 1960 ihre Unabhängigkeit. Dt. kam im Rahmen des K nie eine entscheidende Rolle zu. Lediglich unter Bismarck ist seine Rolle etwas gewichtiger. Das dt. Kolonialreich umfaßte damals Togo, Kamerun, Deutsch-Südwest-Afrika (Namibia), Deutsch-Ostafrika (Tansania), eine Reihe von Südseeinseln sowie Shantung (im heutigen China). Das dt. Kolonialreich zerfiel aber bereits im Verlauf des Ersten Weltkriegs.

3. *Motivebenen des K.* Für die Entstehung u. Ausbreitung des K werden ökonomische, nationalistische, missionarische und strategische Faktoren sowie die Suche nach Räumen für die Lösung von Überbevölkerungsproblemen genannt. Die Wirkung dieser Faktoren wurde durch Entdeckungs- und Abenteuerlust verstärkt.

a) Ökonomische Motivebene: Marxistische Autoren sehen hier die alleinige Begründung für das Aufkommen des K. Nach Lenin stellt der K (Lenin spricht synonym von Imperialismus) das höchste Stadium des Kapitalismus dar, denn nur er sichere die Monopole gegenüber allen Unwägbarkeiten im Kampf mit Konkurrenten ab. Auch nichtmarxistische Autoren erkennen zumeist eine überragende Bedeutung ökonomischer Faktoren für das Aufkommen des K an, nennen aber daneben auch noch die anderen o.g. Faktoren. Im einzelnen können als ökonomische Faktoren die Ausbeutung von metallischen (z.B. Gold) und landwirtschaftlichen Rohstoffen (z.B. Baumwolle, Zucker), die Gewinnung anderer Reichtümer (z.B. Elfenbein) und die Entwicklung neuer Absatzmärkte für Industrieerzeugnisse (z.B. in Indien) genannt werden. Konzentrierte sich am Anfang des K das Interesse etwa Portugals weitgehend auf die Gewinnung des im Inland knapp gewordenen Goldes, so kam später primär das Interesse an der Verschleppung von Sklaven hinzu. Klassisches Beispiel für die perfekte Ausbeutung der Kolonien ist der v.a. im 18.Jh. stattfindende „Dreieckshandel". Aus europäischen Häfen wurden Textilien, Metallwaren und Schnaps an die westafrikanische Küste transportiert, die dafür eingetauschten bzw. gekauften Negersklaven wurden weiter nach Westindien oder Brasilien gebracht, von wo aus die Schiffe mit Zucker und anderen Rohstoffen oder einfach mit Geld nach Europa zurücksegelten.

b) Nationalistische Motivebene: Gerade die Hochphase des K ist ohne die Einbeziehung nationalistischer Tendenzen nicht erklärbar. Die Kolonien wurden zum Prestigeobjekt, über die sich die europäischen Staaten einerseits gegenseitig ihre Weltgeltung bestätigen wollten; bezeichnenderweise gab man sich in Afrika daher nicht mehr mit der Eroberung der Küstenstreifen zufrieden, sondern teilte nun den gesamten Kontinent untereinander auf. Andererseits hat gerade H. U. Wehler mit seiner These vom Sozialimperialismus verdeutlicht, daß es den europäischen Mächten in dieser Zeit auch darum ging, von politischen und sozialen Systemmängeln im Inneren abzulenken.

c) Missionarische Motivebene: Die Verbreitung des Evangeliums war von Anfang an eng mit dem K verbunden. Dienten viele Missionare einerseits den Kolonialmächten bei der Aufrechterhaltung der Herrschaft über die Kolonien, so forderten sie andererseits die europäischen Mächte zur Kolonialisierung Afrikas, Amerikas und Asiens auf, um in den kolonialisierten Gebieten relativ gefahrlos ihre →Missionierung voranzutreiben. In säkularisierter Form ging es hier auch um die Verbreitung der (westlichen) Zivilisation, von deren Überlegenheit gegenüber den einheimischen Kulturen die Kolonisatoren und Missionare überzeugt waren.

d) Strategische Motivebene: An strategischen Punkten kam es oft zu der Bildung von Kolonien, etwa in der Suezkanal-Zone durch Großbritannien oder in der Panamakanal-Zone durch die Vereinigten Staaten.

e) *Motive des Siedlungs-K:* Unzufriedenheit mit den bestehenden Verhältnissen in Europa bewegte in den ersten Jahrhunderten des K Europäer zur Abwanderung in die neuentdeckten Gebiete Mittel- u. Südamerikas. Zudem führte die im 19. Jh. entstehende Angst vor dem tendenziellen Anwachsen der Bevölkerung (Malthus) zur Planung regelrechter Siedlungskolonien (z. B. in Südwestafrika), die jedoch bei der europäischen Bevölkerung nur auf ein geringes Interesse stießen. Die Idee des Siedlungs-K tauchte im Nationalsozialismus im Rahmen der „Volk ohne Raum"-Ideologie noch einmal auf.

4. *Konsequenzen des K für die Entwicklungsländer.* Zwar gehören die großen Kolonialreiche längst zur Geschichte, aber die heutige Situation der Entwicklungsländer (→ Dritte Welt) hängt eng mit dem K zusammen. Dürfte diese These heute unstrittig sein, so gibt es doch über die konkrete Gestalt dieses Zusammenhangs ein breites Spektrum von Theorien, das sich zwischen den Polen →„Modernisierung" und „Neo-K" befindet. Anerkennen bürgerliche Autoren (Albertini, Gründer, Fieldhouse) zwar durchaus die hohen sozialen Kosten des K für die Menschen in den Entwicklungsländern und seine zum Teil bis heute andauernden negativen Auswirkungen, so sehen sie aus der heutigen Perspektive die Modernisierung der Gesellschaften dieser Länder als positive Aspekte des K: „Für den Kolonialhistoriker ergibt sich daraus das Dilemma, bei aller Einsicht in die deformierenden und selbst zerstörerischen Folgen des Kulturkontaktes und Akkulturationsprozesses, die im Kolonialsystem erfolgte Modernisierung und Verwestlichung positiv zu beurteilen" (Albertini 1976, 13). Dem linken Spektrum angehörige und marxistische Autoren erkennen demgegenüber im K keine positiven Aspekte für die Länder des afrikanischen, amerikanischen und asiatischen Kontinents. Stattdessen verweisen sie auf die im K begründete soziokulturelle Desintegration und immense wirtschaftliche Ausbeutung, die im heutigen Weltwirtschaftssystem als Neo-K fortbestehe: „Kolonisiert zu werden bedeutet die Verbannung aus der Geschichte" (Rodney 1983, 191).

Für die heutige entwicklungspolitische Diskussion (→ Entwicklungspolitik) ist eine doppelte Fragestellung von Bedeutung: Welche konkreten sozialen Kosten sind durch den K in den Entwicklungsländern entstanden? Und hiermit untrennbar verbunden: Welche Diskriminierungen haben sich über die Entkolonialisierung hinweg erhalten? Führt die Beantwortung der ersten Frage letztlich zur moralischen Begründung der → Entwicklungshilfe als Form der Wiedergutmachung, so impliziert die zweite Frage vor allen Dingen Strategien zur Veränderung weltwirtschaftlicher Zusammenhänge.

Gerade auf dem am längsten und stärksten kolonialisierten afrikanischen Kontinent tritt K als entwicklungshemmender Faktor deutlich zutage. Noch vor der materiellen Ausbeutung (Gold, Plantagenanbau) ist hier der Sklavenhandel als wichtigster Grund zu nennen. Schätzungen zufolge wurden zwischen 10–30 Millionen junge Afrikaner nach Übersee als Sklaven verschleppt, wobei mindestens noch einmal soviele Menschen bei der Überfahrt oder vorher bei der „Jagd nach Sklaven" starben. Daß dieser Exodus gerade junger Menschen für die afrikanischen Völker einen immensen Rückschlag bedeutete, wird alleine daran deutlich, daß zwischen 1650 und 1900 die Bevölkerung in Europa und Asien um das 3–4fache stieg, demgegenüber in Afrika fast konstant blieb.

Als weitere entwicklungshemmende Faktoren mitsamt ihren bis heute beobachtbaren Ausprägungen sind zu nennen: Die auf der Berliner Kongokonferenz vorgenommene willkürliche Grenzziehung, die oft Hunderte von Ethnien in einem Staatsgebiet vereinte oder Grenzen mitten durch Ethnien zog, was bis heute immer wieder zu Stammeskriegen und Grenzkonflikten führt; die sich ständig verstärkende Durchdringung des Kontinents mit europäischer →Kultur, die zur Zerstörung der ursprünglichen afrikanischen Kulturen führte und den Prozeß der sozialen Desintegration immer weiter verstärkt; der durch die Ausrichtung auf die europäischen Staaten und die USA kaum vorhandene innerafrikanische Handel; die auf die Interessen der Kolonialmächte zurückgehende Konzentration afrikanischer Volkswirtschaften auf Rohstoffgewinnung und den Export landwirtschaftlicher Produkte, der mit einem äußerst niedrigen Industrialisierungsgrad korrespondiert.

Neben Afrika haben aber auch die anderen Kontinente bis heute unter den Nachwirkungen des K zu leiden. Wenn die sogenannten „Billiglohnländer" Asiens ihre Industrialisierung nur über extrem geringe Arbeitslöhne erreichen können, so muß daran erinnert werden, daß die Kolonialstaaten auch für die fehlende industrielle Entwicklung dieser Länder eine erhebliche Verantwortung tragen. Auf dem amerikanischen Kontinent hat die koloniale Expansion gegen die Indianer keineswegs mit der Unabhängigkeit der einzelnen Staaten ein Ende gefunden, sondern sie findet ihre Fortsetzung in einem inneren K vieler Staaten (z. B. Nicaragua, Guatemala) gegen die dort lebenden Indianer. Zudem sind auch die mittel- und südamerikanischen Staaten keinesfalls gleichberechtigt in den Weltmarkt integriert, sondern sie sind ebenfalls weitgehend zum Produzenten agrarischer und industrieller Rohstoffe degradiert.

L.: Albertini, Rudolf von: Europäische Kolonialherrschaft 1880–1940; Zürich, 1976. Ansprenger, Franz: Auflösung der Kolonialreiche; München, 1981[4]. Fieldhouse, David: Die Kolonialreiche seit dem 18. Jahrhundert; Frankfurt am Main, 1969. Gründer, Horst: Geschichte der deutschen Kolonien; Paderborn, München, Wien, Zürich, 1985. Heister, Michael: Entwicklungshilfe als Kulturpolitik; Regensburg, 1988. Nuscheler, Franz/Ziemer, Klaus: Politische Herrschaft in Schwarzafrika; München, 1980. Reinhard, Wolfgang: Geschichte der europäischen Expansion (bisher 3 Bände); Stuttgart, Berlin, Köln, Mainz, 1983–1988. Rodney, Walter: Afrika. Geschichte einer Unterentwicklung; Berlin, 1983. Schöllgen, Gregor: Das Zeitalter des Imperialismus; München, 1986. Wehler, H. U. (Hg.): Imperialismus; Köln, 1976[3].

Michael Heister

**Kolonialpolitik**
Unter K wird allgemein das Verhalten der Kolonisatoren bei der Inbesitznahme und Verwaltung der Kolonien verstanden (→Kolonialismus). Zu unterscheiden sind hier als Idealtypen das frz. Verwaltungssystem der „Direct rule" und das brit. System der „Indirect rule". Die konkrete Anwendung dieser Konzepte wurde aber stets auch an den in den Kolonien vorgefundenen Herrschaftsstrukturen orientiert, so daß in der Praxis beide Konzepte ineinander übergingen. Die dt. K zeichnete sich im übrigen durch einen extremen Pragmatismus, statt durch klare Konzepte aus.

Nach dem System der „Indirect rule" wollten die Briten ihre Kolonialsysteme auf den alten Herrschaftsstrukturen der vorkolonialen Epoche aufbauen und den Kolonien lediglich eine obere Kolonialverwaltung als Kontrollinstanz vorsetzen. Hiermit sollte eine langsame und schrittweise →Modernisierung vorgefundener Strukturen erreicht und eine politische Entfremdung der Kolonisierten vermieden werden. Dieses, insb. für aktuelle entwicklungspolitische Strategien (Entwicklung von unten; →Entwicklungspolitik) interessante Konzept wurde aber in der Praxis kaum befolgt; die alten Autoritäten stellten in den brit. Kolonialgebieten im Grunde nichts anderes als Werkzeug und Sprachrohr der obersten Kolonialverwaltung dar. Letzteres war beim frz. Konzept der „Direct rule" explizit geplant; bis auf die lokale Ebene hinunter sorgten frz. Kolonialbeamte dafür, daß neue Herrschaftsstrukturen die alten ersetzten. Außerdem war im Rahmen der „Assimiliationspolitik" eine Übertragung der frz. Kultur auf die Kolonialstaaten geplant. Die Bewohner der Kolonien wurden zu Untertanen (sujets), denen im Gegensatz zu den frz. Bürgern (citoyens) die politischen Rechte verwehrt wurden.

L.: →Kolonialismus.

Michael Heister

## Kolping, Adolph

K, geb. 8.12.1813, gest. 4.12.1865; kath. Theologe.

Als Sohn einer Schäferfamilie in einfachen Verhältnissen aufgewachsen, arbeitete K zunächst 10 Jahre lang als Lehrling und Geselle im Schuhmacherhandwerk, bevor er – nach Besuch des Gymnasiums und Abschluß des Abiturs – Theologie studierte. 1845 wurde er Kaplan in Elberfeld, wo er 1847 zum Präses des Jünglingsvereins (1846 von dem Lehrer G. Breuer als erster kath. Gesellenverein gegründet) gewählt wurde. Die Aufgabenbestimmung und Verbreitung solcher Organisationen für junge, ledige und christlich gesinnte Handwerker bestimmte sein weiteres Leben.

1849 als Domvikar nach Köln berufen, gründete er dort den Kath. Gesellenverein und warb auf ausgedehnten Reisen und in zahlreichen programmatischen Schriften erfolgreich für den Aufbau weiterer →Vereine im In- und Ausland. Ab 1851 galt die Bezeichnung „Katholischer Gesellenverein" auch dem überregionalen Zusammenschluß der lokalen Vereine zu einem Zentralverband mit Sitz in Köln und unter der Leitung von „Gesellenvater" K als Generalpräses (Grundlage des heutigen Kolpingwerks).

Durch seine Tätigkeit als Publizist und als Herausgeber der „Rheinischen Volksblätter" und eines kath. „Volkskalenders" erschloß sich K sowohl eine ertragreiche wirtschaftliche Erwerbsquelle als auch ein Medium für seine volkserzieherischen Bestrebungen und die Einflußnahme auf die Gestaltung der Vereinsarbeit an anderen Orten. Mit dem Aufbau Kath. Gesellenhäuser (das erste gründete K 1853 in Köln; →Kolpinghäuser) wurden eigene Räumlichkeiten für das Vereinsleben und Unterkünfte v. a. für wandernde Vereinsmitglieder geschaffen. K begriff die soziale Not seiner Zeit und insb. die Lage der Handwerksgesellen als Ausdruck und Folge sittlicher und religiöser Auflösungstendenzen, die es mit erzieherischer und seelsorgerischer Einflußnahme zu bekämpfen galt. Er beklagte den Verfall der Zunftstrukturen (→Zünfte) und der ständischen Gesellschaft, kritisierte die Gewerbefreiheit (→Gewerbeordnung) und die Infragestellung traditioneller Autoritäten und wandte sich gegen den politischen und wirtschaftlichen Liberalismus. Religion, →Familie und Beruf waren für K die zentralen gesellschaftlichen Begriffe, →Bildung und →Erziehug die Mittel gesellschaftlicher Veränderung. Die Handwerker sah er als gesellschaftlich grundlegende Gruppe an.

Aufgabe der Gesellenvereine (deren Vorstand aus „ehrbaren Bürgern" bestand, die einen Priester zum Präses zu wählen hatten) sollte es sein, die „ordentlichen" Gesellen vor verderblichen Einflüssen zu bewahren, sie in ihrem christlichen Glauben zu bestärken und sie auf ihren Meisterberuf und die Aufgaben als „Familienväter" vorzubereiten. In familienähnlichen Gemeinschaften auf kath. Glaubensgrundlage, wenn möglich im eigenen „Gesellenhospiz", wurden Vorträge gehalten und Unterricht erteilt („Akademie im Volkston"): Neben religiösen Themen und Moralfragen ging es dabei auch um Grundfertigkeiten (Rechnen, Schreiben und Lesen) und um fachliche Fortbildung (bis zur Vorbereitung zur Meisterprüfung). Auch die gemeinsame Freizeitgestaltung („Geselligkeit") hatte im Verein einen hohen Stellenwert. Zudem wurden Formen von vereinsinterner Nothilfeorganisation (→Spar- und →Krankenkasse) entwickelt. Politische Betätigung und die Diskussion politischer Fragen war den Gesellen im Verein untersagt („Politikverbot"). Für die Gesellen auf Wanderschaft wurde ein Wanderbuch herausgegeben, das eine Wanderordnung mit Verhaltensmaßregeln für die Vereinsmitglieder enthielt.

Beim Tod K's gab es über 400 örtliche Vereine im In- und Ausland mit ca. 25 000 Mitgliedern. Der Kath. Gesellenverein hat sich danach weiter ausgebreitet und ist ein fester Bestandteil des kath. Vereinswesens mit enger Anbindung an die kirchliche Organisationsstruktur (Gemeinde, Bezirks-, Diözesan- und Zentralverband; Präsides sind weiterhin kath. Priester) geworden. Die Mitgliederstruktur ist heute jedoch völlig verändert: Dem Verein gehören längst nicht mehr nur Handwerker an. Die Mitgliedschaft ist inzwischen weder vom Beruf noch vom Alter, Familienstand oder Geschlecht her eingeschränkt. Die örtlichen Vereine (in der BR derzeit über 2600, weltweit etwa 3600) nennen sich nun „Kolpingfamilien" und definieren sich als „katholische, familienhafte Lebens-, Bildungs- und Aktionsgemeinschaften". Die nationalen Zentralverbände sind zum Internationalen Kolpingwerk (Sitz: Köln) zusammengeschlossen (360 000 Mitglieder in 31 Ländern; davon fast 270 000 im „Kolpingwerk Deutscher Zentralverband"). Die Nachfolgeorganisation des Gesellenvereins ist heute ein kath. Sozialverband, dessen Aktivitäten von allgemeinen und beruflichen Bildungsangeboten über theologische und politische Vortrags- und Diskussionsveranstaltungen, Ferienangebote für Jugendliche und Familien und örtliche Freizeitangebote bis hin zu Initiativen für benachteiligte Jugendliche und zu Entwicklungshilfeprojekten reichen. Politische Themen haben in der Vereinsarbeit einen eigenen Stellenwert. Familie, Religion und Beruf bestimmen – in K's Tradition – aber auch heute die thematischen Schwerpunkte und Leitideen des Kolpingwerks.

L.: Copelovici/Hanke/Kracht/Lüttgen/Stüttler (Hg.): K-Schriften, Kölner Ausgabe, V Bände; Köln, 1975ff. Festing, Heinrich: K und sein Werk; Frieling, Basel, Wien, 1981. Hanke, Michael: Sozialer Wandel durch Veränderung des Menschen. Leben, Wirken und Werk des Sozialpädagogen K; Mühlheim, 1974.

Volker Busch-Geertsema

**Kolpinghäuser**
Vereinshäuser des Kolpingwerkes, die aus den von →Kolping initiierten Gesellenhospizen der kath. Gesellenvereine hervorgegangen sind.

Das erste Gesellenhospiz hatte Kolping 1853 in Köln gegründet. In der programmatischen Schrift „Für ein Gesellenhospitium" (1852) bestimmte er seine Ziele und Aufgaben. Es sollte „ordentlichen" Handwerksburschen auf Berufswanderschaft und ortsansässigen Gesellen eine christliche „Zufluchtstätte" bieten: als Übernachtungsstätte und als Ort, an dem sie ihre Freizeit, unbeschadet von unerwünschter Beeinflussung, mit „nützlicher Beschäftigung" und in „anständiger Erholung" verbringen konnten. Als Vereinslokal bot das Gesellenhospiz eigene Räumlichkeiten für Vorträge und Veranstaltungen und für die Pflege der „Geselligkeit".

Den Gesellen sollte es einen Familienanschluß im Haus des Meisters ersetzen (den Kolping als vorbildliche Lebensweise der Vergangenheit idealisierte) und eine Alternative bieten zu den Herbergsstätten in privaten Wirtshäusern, denen die Förderung des Schnapsgenusses, der religiösen und moralischen Verwahrlosung und aufrührerischer Bestrebungen nachgesagt wurde. Ziel war es, für jeden Gesellenverein ein eigenes Haus zu gründen und so auch allmählich zu einer Reform des Herbergswesens beizutragen. Um die Jahrhundertwende gab es ca. 220 kath. Gesellenhäuser.

Im Gegensatz zu den evangelischen Reformherbergen, den →Herbergen zur Heimat, haben die kath. Gesellenherbergen im Fürsorgesystem für Wanderarme kaum eine Rolle gespielt. Die Übernachtungsmöglichkeit blieb lange Zeit an die Mitgliedschaft im Gesellenverein geknüpft, und die Pflege des Vereinslebens (mit Bildungsarbeit und kirchlich-religiöser Einbindung) blieb ein wesentliches Bestimmungsmoment, das man bei einer Aufnahme „ungeordneter" Wanderer gefährdet sah. Heute dienen die ca. 240 K in der BR – weltweit gibt es ca. 400 – dem in seiner Mitgliederstruktur stark veränderten Deutschen Kolpingwerk als Veranstaltungsorte und werden als Wohnheime, v. a. für Jugendliche in der Berufsausbildung, zum Teil auch als Bildungszentren, Jugend- und Kulturhäuser oder kirchliche Gemeindezentren genutzt. Sie sind im Verband der K e. V. (Köln) zusammengeschlossen.

Volker Busch-Geertsema

### Kommunale Arbeitsmarktpolitik
→ Arbeitsmarktpolitik

### Kommunale Entwicklungsplanung
⇒ Stadtentwicklungsplanung

### Kommunale Familienpolitik
→ Familienpolitik

### Kommunale Finanzwirtschaft
→ Kommunalhaushalt

### Kommunale Gemeinschaftsstelle für Verwaltungsvereinfachung (KGSt)
A.: Lindenallee 13–17, 5000 Köln 51; T. (0221) 37 68 90.

### Kommunale Gesundheitspolitik
1. *Begriff.* Als zum Gegenstand der →Lokalen Sozialpolitik gehörend, versteht man unter K alle Maßnahmen zur Gesundheitsvorsorge, Krankheitsbehandlung und Krankheitsfolgenbewältigung, bei denen kommunale Akteure im Rahmen zentralstaatlicher Vorgaben einen eigenen Handlungsspielraum in organisatorisch-rechtlicher, finanzieller und inhaltlich-programmatischer Hinsicht besitzen. Um zu verdeutlichen, daß K über den Raum der Gemeinde hinausgreifen kann, wird auch von lokaler, regionaler oder dezentraler Gesundheitspolitik gesprochen. Zu den Akteuren gehören öffentliche Träger (Gesundheitsverwaltung, öffentlicher Gesundheitsdienst, Träger der GKV), Verbände der Freien Wohlfahrtspflege (→Wohlfahrtsverbände) und nichtprofessionelle Sozialsysteme (→Familie, →Nachbarschaft, →Selbsthilfegruppen).

2. *Aufgaben – Bestand und Probleme.* Die historisch zu verzeichnende gesundheitspolitische Bedeutung der Gemeinde im Rahmen öffentlicher Gesundheitsfürsorge ist durch den Ausbau des zentralstaatlichen Systems der →Krankenversicherung kontinuierlich abgebaut worden. Deutlich wird dies etwa am Funktionsverlust des →Gesundheitsamts in seiner Reduzierung auf Aufgaben der Medizinalaufsicht, Seuchenbekämpfung (→Bundesseuchengesetz) und →Sozialhygiene. Das Gesundheitsgeschehen auf Kommunalebene wird überwiegend durch die bundesgesetzlichen Regelungen der gesetzlichen →Krankenversicherung bestimmt. Der rechtliche und finanzielle Spielraum der Kommunen ist gering. K ist weitgehend von den Zielen und Interessen der staatlichen und privaten Akteure des Versorgungssystems abhängig. Lediglich im Bereich →sozialer Dienste (Pflege, Betreuung, Beratung) bestehen mögliche eigene Gestaltungskompetenzen. Aber auch hier ist oft der Rahmen durch landespolitische Vorgaben (Beispiel: →Sozialstation) und die Eigeninteressen der Wohlfahrtsverbände vorgegeben. Die Wiederentdeckung der kommunalen, lokalen Ebene knüpft an die Mängel und Lücken des bestehenden professionalisierten Versorgungssystems an und wurde durch die Ausbreitung einer Selbsthilfebewegung (→Selbsthilfe) mitstimuliert. Die Mängelanalyse betont v. a. die Vernachlässigung der Gesundheitsvor- und -nachsorge und die damit verbundenen, unzureichenden sozialen und pflegebezogenen Dienstleistungen, sowie die fehlende organisatorische, die Patienten berücksichtigende Integration von kurativen, präventiven und rehabilitativen Diensten. Beklagt wird ferner die fehlende räumliche und (die Arbeits- und Lebenswelt der Bürger einbeziehende) soziale Nähe der Gesundheitsdienste

und -leistungen. Die Einrichtung von Sozialstationen für die ambulante Pflege, der Ausbau der gemeindenahen Psychiatrie (→Sozialpsychiatrie), die Entwicklung von Gesundheitsberatungs- und -vorsorgeprogrammen der Ortskrankenkassen, die Entstehung von Gesundheitszentren und die Ausdehnung von Selbsthilfegruppen und -organisationen als autonome Form der Gesundheitshilfe sind Reaktionen auf die Wahrnehmung einer erforderlichen Anpassung der medizinischen Versorgung an veränderte sozioökonomische Rahmenbedingungen. Derartige Aktivitäten und neue Organisationsformen haben bislang noch mehr den Chrakter von Experimenten, als daß ihnen ein Gesamtkonzept kommunaler, lokaler Gesundheitsplanung zugrundeliegt.

3. *Konzeptionen und Perspektiven.* Der Verwirklichung einer verstärkten K sind Grenzen durch die Vorgaben der zentralstaatlichen →Gesundheitspolitik gesetzt. Bei der Debatte über eine Veränderung lassen sich zwei Richtungen unterscheiden. Auf der einen Seite stehen Vorstellungen einer lokalen, regionalisierten Gesundheitsplanung und -versorgung unter der gemeinsamen Verantwortung von →Krankenkassen, Gebietskörperschaften und Leistungserbringern im Rahmen zentralstaatlich vorgegebener Orientierungsdaten. Das Ziel einer bürgernahen Versorgung soll durch eine →Dezentralisierung von Entscheidungskompetenzen, durch mehr Koordination und Kooperation unter Beibehaltung der Grundstrukturen des Versorgungssystems erreicht werden. Auf der anderen Seite stehen Vorstellungen, die Veränderungen durch die Weiterentwicklung von nicht-professionellen Sozialsystemen, insb. von Selbsthilfegruppen und -organisationen, quasi von „unten", erreichen wollen. Da Selbsthilfebewegungen an Gesundheit als sozialem Wert orientiert sind, könnte deren Ausbau im Sinne einer Ergänzung bestehender Leistungssysteme indirekt zu einer bedürfnis- und bedarfsgerechteren Gesundheitssicherung, mithin zur Beseitigung bestehender Mängel und der dominierenden ökonomisch-finanzpolitischen Orientierung führen.

Die konzeptionelle Debatte über eine verstärkte K ist noch mehr Gegenstand der Wissenschaft, als daß sich größere Auswirkungen in der kommunalpolitischen Praxis wiederfinden lassen.

L.: Badura/von Ferber (Hg.): Selbsthilfe und Selbstorganisation im Gesundheitswesen; München, Wien, 1981. Blanke/Evers/Wollmann (Hg.): Die Zweite Stadt. Neue Formen lokaler Arbeits- und Sozialpolitik; Opladen, 1986. Krüger/Pankoke (Hg.): Kommunale Sozialpolitik; München, Wien, 1985. Rosenbrock/Hauß (Hg.): Krankenkassen und Prävention; Berlin, 1985.

Axel Murswieck

**Kommunale Selbstverwaltung**
*1. Begriff, Träger, Inhalt.* Das Recht der K als institutionelle Garantie ist verfassungsmäßig im GG festgelegt. Es heißt dort, daß den Gemeinden das Recht gewährleistet sein muß, „alle Angelegenheiten der örtlichen Gemeinschaft im Rahmen der Gesetze in eigener Verantwortung zu regeln" (Art. 28 Abs. 2 S. 1 GG). Die verfassungsrechtliche Selbstverwaltungsgarantie sichert den Gemeinden also eine „Allzuständigkeit" in den örtlichen Angelegenheiten zu. Doch ist eine Abgrenzung örtlicher von überörtlichen Angelegenheiten schwierig, oft umstritten und historischem Wandel sowie gesellschaftspolitischen Konventionen unterworfen (Bsp.: →Umwelt, Energie). Immer wieder wird um schwierige Fragen hinsichtlich kommunaler Befassungskompetenz (Bsp.: Müllbeseitigung) auf der Grundlage konkurrierender rechtstheoretischer Auffassungen (Kernbereichstheorie; Theorie der funktionalen →Selbstverwaltung) gestritten.

Nach ihrer rechtlichen Qualität werden die kommunalen Aufgaben heute in Aufgaben des (a) *eigenen* und des (b) *übertragenen* Wirkungskreises aufgeteilt. Die (eigenen) Selbstverwaltungsaufgaben wiederum sind teils freiwillige (z. B.

Schwimmbäder, Theater), teils Pflichtaufgaben, d. h. Angelegenheiten, zu denen die Gemeinden gesetzlich verpflichtet sind, die sie aber selbständig erledigen (z. B. Meldewesen, Sozialhilfe, Volks- und Berufsschulen), wobei die Wahrnehmung des Selbstverwaltungsrechts auf der Basis kommunaler *Hoheitsrechte* (Satzungs-, Finanz-, Gebiets- und Personalhoheit) sowie durch kommunale Einzelentscheidungen erfolgt. Schließlich erledigen die Gemeinden und Kreise auch staatliche *Auftragsangelegenheiten*. In die Art der (übertragenen) Aufgabenerfüllung greift der →Staat, je nach Art der zu erledigenden Angelegenheiten, als Aufsichtsbehörde (Rechts- bzw. Fachaufsicht) ein; denn staatsrechtlich sind die Gemeinden nicht – wie der Anschein „parlamentarischer" Umgangsformen in den Gemeindevertretungen suggeriert – Teil der Legislative (der Rat ist also kein „kommunales Parlament"), sondern in den Verwaltungsaufbau der Länder eingegliedert, also Teil der staatlichen Exekutive, über deren Arbeit der jeweilige Landesinnenminister (als „Kommunalminister") wacht.

Die Zunahme gesamtstaatlicher Normierungs- und Zentralisierungstendenzen und der Verflechtung verschiedener politisch-administrativer Ebenen (Gemeinschaftsaufgaben), die damit verbundene Verlagerung auch der örtlichen Planungshoheit „nach oben" und der Schwund echter Selbstverwaltungsaufgaben zugunsten von Auftragsangelegenheiten bzw. „Pflichtaufgaben zur Erfüllung nach Weisung", schließlich die teilweise dramatische finanzielle Aushöhlung der K hat die Frage nach der Substanz, dem Selbstverständnis und den Handlungsspielräumen der →Kommunalpolitik theoretisch wie praktisch (wieder) aktuell werden lassen.

*2. Geschichte.* Der Beginn der modernen K wird mit der Preußischen Städteordnung, die mit dem Namen →Freiherr Karl von Stein verbunden ist, auf das Jahr 1808 datiert. Stein, der im übrigen den Begriff der Selbstverwaltung nicht benutzte – erst im Laufe der späteren Jahre verdrängte diese Bezeichnung den zunächst üblichen Begriff der „Selbstregierung" – verstand die Städtordnung als Teil einer Reform der gesamten Staatsverwaltung, in deren Rahmen das politische Leben einer Kommune nach Art einer Verfassung geregelt und mit einer politischen Vertretung der Gemeindebürger (Stadtverordnetenversammlung) „ausgestattet" werden sollte, wobei es sich freilich nicht um die Durchsetzung eines demokratischen Prinzips handelte, da nur solche Bürger das Stimmrecht erhielten, die über Grundbesitz und Gewerbebetrieb verfügten oder (später) Steuern in bestimmter Höhe zahlten.

Gestützt auf den Dualismus von Gesellschaft und Staat bzw. bürgerlicher Selbstverwaltung und Staatsverwaltung, machte das liberale →Bürgertum die K zu einer Bastion gegen den Staat. Mit ihrer Einrichtung war eine der historischen Voraussetzungen für die Entfaltung von Handel und Gewerbe geschaffen, und – auch im Kontext der Gesetze zur Bauernbefreiung und Gewerbefreiheit – es wurden jene ständischen Schranken beseitigt, die der Entwicklung einer kapitalistischen Produktionsweise und dem Wandel Dt.'s zur Industriegesellschaft im Wege standen. Insofern gehört die Konstitution der K zu den historischen Voraussetzungen der Bildung des Kapitals, obgleich sich die Städteordnung in den Landgemeinden gegen den Widerstand der Großgrundbesitzer nicht durchsetzen konnte und obgleich es regional (Südwestdeutschland, Rheinland) sehr unterschiedliche Ausformungen der K gab, wobei die verschiedensten ideengeschichtlichen Einflüsse (vom Liberalismus über die Physiokraten und Romantiker bis zum Konstitutionalismus) auch auf die tagespolitischen Auseinandersetzungen einwirkten. Bereits mit der Revision der Städteordnung 1831 begann auch die erneute Einschränkung der bürgerlich-kommunalen Freiheiten durch eine Ausweitung des obrigkeitlichen Aufsichtsrechts des Staates und die Stärkung der Stellung des Magistrats gegenüber der Stadtverordnetenversammlung. Der emanzipative Charakter der K kehrte sich ins Gegenteil, und seit 1860 gewann insgesamt die konservative Interpretation des Kommunalgedankens (v. a. verbunden mit einer starken Staatsaufsicht) die Oberhand. Hierzu trug nicht zuletzt auch bei, daß das liberale Bürgertum bereits deutlich in Widerspruch zur sich organisierenden →Arbeiterbewegung trat und diese aus der K „heraushalten" wollte.

Obwohl sich mit dem Wandel vom liberalen Rechtsstaat zum sozialen Verwaltungsstaat, der sich bereits Ende des 19. Jh. im Zusammenhang mit dem Wachstum der Städte (→Stadt), dem damit verbundenen „sozialen Aufgabenwachstum" und dem sprunghaften Anstieg der kommunalen Verwaltungsapparate andeutete, die politische Funktion der K grundlegend änderte, und obwohl spätestens seit der Einführung des allgemeinen und gleichen Wahlrechts 1918 und dem damit verbundenen Eindringen der politischen Parteien in den kommunalen Raum die Fiktion einer unpolitischen K widerlegt war (→Munizipalsozialismus), bestimmt die Ideologie des „Unpolitischen" den weiteren dt. „Sonderweg". Die Beschränkung der parlamentarischen Demokratie auf die Ebene des Zentralstaats erleichterte schließlich am Ende der Weimarer Republik die weitgehend widerstandslose Aufhebung der K, in deren Politisierung Momente der „Auflösung der staatlichen Einheit" gesehen wurden. Die „Theorie des totalen Staats" (Carl Schmitt) lieferte die Begründung, daß die K letztlich eine Institution der „Desorganisation und Planlosigkeit" sei.

Nach 1945 war es dann die bekundete Absicht der Alliierten (Potsdamer Abkommen), den Deutschen zunächst auf der untersten Ebene – der der Gemeinde – Demokratie „beizubringen" (Reeducation; →Umerziehung). Trotzdem hat sich bis heute das formal-integrative Verständnis von K weitgehend erhalten, so daß von der ehemals politisch-emanzipativen Qualität der K wenig übrig geblieben ist. Durch die Zunahme zentralstaatlicher Regelungen (Politikverflechtung) der vergangenen Jahrzehnte und die damit verbundene Abnahme ehemals „echter" Selbstverwaltungsaufgaben ist aus der potentiellen demokratischen Selbstbestimmung über Angelegenheiten der „örtlichen Gemeinschaft" vielmehr die formale Partizipation der Gemeinde an der Realisierung zentral entwickelter Programme geworden. Und im Innern ist an die Stelle der bürgerschaftlichen K weitgehend die Selbstverwaltung der Kommunalbürokratie getreten. Erst durch die gesellschaftliche Entwicklung der vergangenen Jahre – die Überwälzung der staatlichen Krisenlasten auf die kommunale Ebene einerseits wie auch das Auftauchen vielfältiger →Bürgerinitiativen und örtlicher →sozialer Bewegungen – ist die K erneut politisiert worden.

L.: →Kommunalpolitik

Hans Langnickel

**Kommunale Sozialpolitik**
→Lokale Sozialpolitik

**Kommunale Spitzenverbände**
In der BR bestehen drei K: →Deutscher Landkreistag; →Deutscher Städtetag; →Deutscher Städte- und Gemeindebund. Die Aufgabenbereiche der K umfassen interne und externe Verbandstätigkeiten, wie auch die Förderung der →Kommunalen Selbstverwaltung, die Organisation des Erfahrungsaustausches der Mitglieder, die politische Vertretung gegenüber dem →Staat, anderen Institutionen und Organisationen sowie der Öffentlichkeit. Seit 1975 ist die Mitwirkung der K an der Gesetzgebung auf Bundesebene in der Geschäftsordnung des Bundestags und der Gemeinsamen Geschäftsordnung der Bundesministerien institutionalisiert.

Thomas P. Forth

## Kommunalhaushalt

Die Gemeinden können im Rahmen einer geordneten Finanzwirtschaft über ihre Einnahmen und Ausgaben selbst entscheiden (Finanzhoheit). Die planmäßige Veranschlagung der Einnahmen und Ausgaben, bezogen auf ein Jahr, erfolgt beim K in einem Verwaltungs- und einem Vermögenshaushalt. Der *Verwaltungshaushalt* enthält die erwarteten laufenden Einnahmen aus Steuern, Gebühren, Beiträgen, Erwerbseinkünften und Finanzzuweisungen und korrespondierend die veranschlagten laufenden Ausgaben insb. für Personal, Sachaufwand, Leistungen der Sozialhilfe, Zinsausgaben und Umlagen. Demgegenüber werden im *Vermögenshaushalt* auf der Einnahmeseite Kredite, Rücklagenauflösungen und Zweckzuweisungen für Investitionen notiert und entsprechend die Ausgaben für Investitionen, Investitionshilfen und Kredittilgungen. Regelungen über die kommunale Finanzwirtschaft enthalten die Gemeindeordnungen der Länder sowie die hierzu erlassenen Gemeindehaushaltsverordnungen. Über die Qualitäten und Quantitäten der K informiert der alljährlich vom →Deutschen Städtetag herausgegebene „Gemeindefinanzbericht".

Die finanz- und wirtschaftspolitische Bedeutung der K erwächst v. a. aus dem hohen Anteil der Gemeinden an den öffentlichen Investitionen. Probleme liegen in der von Gemeinde zu Gemeinde sehr unterschiedlichen Finanzkraft, die als Verschuldungsgrenze auch ihren Kreditspielraum begrenzt. Die kommunalen Einnahmen und Ausgaben werden wesentlich von Entscheidungen des Bundes und der Länder bestimmt. Besonders nachteilig hat sich in den letzten Jahren, insb. als Folge der Dauerarbeitslosigkeit, der hohe Anstieg bei den Sozialhilfeleistungen (→Bundessozialhilfegesetz) ausgewirkt.

Eberhard Hoffmann

## Kommunalisierung

K bezeichnet die Übernahme bzw. Fortführung privater Unternehmen oder Betriebe durch die Gemeinde (*kommunale Betriebe*). K stellt einen Unterfall der →Sozialisierung dar. Grenzen der K ergeben sich aus der grundgesetzlichen Festlegung der Kommunen auf den örtlichen Wirkungskreis sowie aus den inneren Gemeindeverfassungen, die in den jeweiligen Landesgesetzen geregelt sind.

Historisch betrachtet ist K das Thema der 2. Hälfte des 19. Jh.; in der Versorgungswirtschaft übernahmen die Kommunen die Funktion der Aufgabeninitiierung, der unternehmerischen Risikoabsicherung und zunächst der „Verlustsozialisierung". Versorgungsunternehmen wurden gegründet oder bestehende private kommunalisiert. Die mit der Entwicklung der Versorgungswirtschaft entstehenden Gewinne der Unternehmen dienten den Kommunen schließlich zur Budgetfinanzierung und bildeten die finanzielle Grundlage des →Munizipalsozialismus. Bereits während der Weimarer Republik setzte die erste große Debatte um →Privatisierung ein.

Privatisierung bezieht sich aber nicht nur auf die betrieblich erstellten kommunalen Dienstleistungen, ist also – bezogen auf die Kommunen – ein umfassenderer Begriff als K. Der Begriff der K spielt in der heutigen Diskussion um kommunale Aufgabenerfüllung nur noch eine marginale Rolle. Konzepte, die den Kommunen eine höhere Autonomie einräumen wollen, verwenden den Begriff der →Dezentralisierung von Aufgaben. Während der Begriff der K die Konzentration von Entscheidungsbefugnissen auf der kommunalen Ebene, verbunden mit der Übernahme vormals privater Aufgaben, impliziert, ist der Terminus „Dezentralisierung" hier nicht eindeutig festgelegt, schließt aber die technologische Seite der Leistungserstellung mit ein.

L.: Brunckhorst, Hans-Dieter: K im 19. Jahrhundert, dargestellt am Beispiel der Gaswirtschaft in Deutschland; München, 1978.

Thomas P. Forth

## Kommunalpolitik

Bis heute ist umstritten, ob es sich bei K überhaupt um ‚Politik' handelt. Ideologisch dominiert das Bild von der „politikfreien Gemeinde" und die These von der allein an Sachentscheidungen orientierten unpolitischen →Kommunalen Selbstverwaltung. Fachlich ist K bis heute die Domäne der Verwaltungs- und Rechtswissenschaften, thematisch begrenzt auch der (Gemeinde-)Soziologie. Die gesamtgesellschaftliche Entwicklung der vergangenen Jahre hat jedoch zu einem politischen Bedeutungsgewinn der kommunalen Ebene und zu einer auffälligen soziologischen und politikwissenschaftlichen Themenkarriere der K geführt (→Lokale staatliche Institutionen, →Kollektive Konsumtion).

*1. Das Handlungssystem der K*

Zum zentralen inneren Regelungsbereich der K gehört die politische und gesetzliche Kompetenzverteilung auf die verschiedenen Gemeindeorgane (Rat und Verwaltung). Unter dem Einfluß der Alliierten wurde diese Frage nach 1945 in den Ländern unterschiedlich geregelt und in jeweiligen *Gemeindeordnungen* festgeschrieben. Den radikalsten Bruch mit der dt. Verwaltungstradition, die am Idealbild einer starken und effizienten Führerschaft/Bürokratie orientiert war, vollzogen die Briten, in deren ehem. Zone (NRW, Niedersachsen) bis heute der Gemeinderat grundsätzlich gegenüber der Verwaltung für alle Angelegenheiten der örtlichen Gemeinschaft zuständig ist („Rückholrecht"). Neben dieser, an versammlungsdemokratischen Vorstellungen orientierten norddeutschen Ratsverfassung lassen sich in der BR drei weitere Grundtypen von „Kommunalverfassungen" unterscheiden – die Magistratsverfassung (Hessen, Schleswig-Holstein), die süddeutsche Ratsverfassung (Bayern, Baden-Württemberg) und die Bürgermeisterverfassung (Saarland, Rheinland-Pfalz) –, in denen neben der Verteilung der gesetzlichen Zuständigkeiten auf die Gemeindeorgane auch die Art der Verwaltungsführung, die Leitung der Gemeinderatssitzungen und der Wahlmodus des Verwaltungschefs unterschiedlich geregelt sind.

Allerdings wäre es falsch anzunehmen, die Realität der K sei von der geschriebenen „Kommunalverfassung", z. B. in der vorgesehenen Reihenfolge Rat/Verwaltung, bestimmt. Wenn auch alle Gemeindeordnungen in der BR der von den Bürgern gewählten Vertretungskörperschaft die politisch-leitende Funktion zuweisen, liegt – so auch die Ergebnisse empirischer Untersuchungen – in der Wirklichkeit das Schwergewicht sowohl bei der Beschlußfassung als auch in der -ausführung eindeutig bei den kommunalen →Verwaltungen. Das theoretische Funktionsmodell der Politik, nach dem die zwecksetzende und planende Funktion der Willensbildung dem Gemeinderat zufällt, während mit der administrativen Ausführung des politisch gesetzten Programms die „vollziehende Gewalt" betraut ist, findet in der kommunalen Wirklichkeit weitgehend keine Entsprechung und ist ersetzt durch eine durch und durch politische und zwecksetzende Verwaltung. Nicht umsonst richteten sich auch die politischen Forderungen der vielfältigen örtlichen →Bürgerinitiativen seit Anfang der 70er Jahre primär an die jeweiligen Kommunalverwaltungen.

Mehr noch spielen dann in den Rathäusern sog. „Vorentscheider" oder mit großer Informationsmacht ausgestattete „Grenzgänger" zwischen Politik und Verwaltung eine entscheidende Rolle als politische Manager die, bevor das offizielle politische Entscheidungsverfahren überhaupt beginnt, unliebsame Alternativen bereits ausgeschlossen haben und deren Gruppe die Züge einer Oligarchie aufweist, so daß vom klassischen Funktionsmodell (Rat/Verwaltung) auch hier nicht mehr viel übrigbleibt. Schließlich bestehen auf der kommunalen Ebene – gewissermaßen als personalisierter Ausdruck der Ideologie einer harmonischen und konfliktfreien „örtlichen Gemeinschaft", in der das Auftreten einer politi-

1183

schen Opposition tendenziell schon den „Stadtfrieden" bedroht – vielfältige „informelle große Koalitionen" zwischen den politischen Fraktionen. Und nicht umsonst spielt als Folge davon das Thema „Filzokratie" bis hin zur Korruption eine überaus wichtige Rolle im Handlungsfeld der K. Wissenschaftlich haben in den USA bereits um die Jahrhundertwende die Arbeiten der „muckrackers" über den Einfluß von „big money" dieses Thema bearbeitet. Die elitetheoretisch orientierten Community-power-Studien der amerikanischen, dann auch der westdeutschen Gemeindesoziologie haben diese Arbeiten fortgesetzt.

Damit ist auch angedeutet, daß es außerhalb der formellen Politikebene „im Rathaus" – dem Thema engerer politologischer Analysen – eine für das kommunalpolitische Handlungsfeld einflußreiche kommunale Öffentlichkeit gibt (→ Kommune 1). Sie reicht von den politischen Parteien über gesellschaftliche Interessengruppen, Bürgerinitiativen und →Vereine – mit einer bedeutenden meinungs- und machtbildenden Funktion und, v.a. in kleineren Gemeinden, von überragender Bedeutung als Faktor der Gemeinschaftsbildung – bis zur Lokalpresse. Wirtschaftlich zumeist abhängig von einflußreichen Abonnenten und zahlungskräftigen Inserenten, wirkt die Lokalpresse im Stile moderner Hofberichterstattung im wesentlichen als Instrument und Sprachrohr der örtlichen Honoratiorengesellschaft und von deren Selbstdarstellungswünschen, an deren Interessen sie sich schließlich auch weitgehend orientiert.

Letztlich bleibt jede Analyse beschränkt, die von einer gesellschaftlichen Autonomie des Handlungsfeldes K ausgeht und die möglichen und tatsächlich bestehenden Restriktionen durch überlokale Akteure sowie durch vielfältigste sozioökonomische und politisch-administrative Bedingungsfaktoren ausblendet. So sind etwa die Zunahme der sog. Gemeinschaftsaufgaben wie auch die seit Jahren sich verstärkenden Zentralisierungstendenzen (Gebiets- und Funktionalreform) unübersehbare Indikatoren einer weitgehenden Verflechtung des kommunalen Sektors mit dem überlokalen gesellschaftlich-politischen System und einer damit verbundenen Aushöhlung der verbliebenen „Substanz" kommunaler, „echter" → Selbstverwaltung. Nicht nur die dem vergangenen Jh. geschuldete idyllische Vorstellung einer harmonischen, von der übrigen Gesellschaft abgesonderten, konfliktfreien „örtlichen Gemeinschaft", sondern auch die fiktive Existent einer von staatlichen Regelungen unabhängigen, eigenen kommunalen Verwaltungsebene gegenüber der davon losgelösten Ebene der Staatsverwaltung erweisen sich als ein ideologisches Produkt.

Von ausschlaggebender Bedeutung für die Entrechtlichung der kommunalen Ebene ist letztlich aber ihre von vornherein unzureichende finanzielle Ausstattung. Auf der Einnahmeseite abhängig von Gebühren, Beiträgen, Realsteuern (als den einzigen eigenen Kommunalsteuern), ferner v.a. von zentralstaatlich festgelegten Anteilen an den Gemeinschaftssteuern und von staatlichen Finanz- bzw. Zweckzuweisungen, fehlt der vom GG gewährleisteten Selbstverwaltungsgarantie der notwendige materielle Unterbau, der die Kommunen in die Lage versetzen könnte, nicht nur „eigene" K zu gestalten, sondern auf der Ausgabeseite ihren staatlich zugewiesenen „Ausgabeverpflichtungen" – etwa im Zusammenhang mit der Überwälzung der finanziellen Lasten der sozioökonomischen Krise auf die kommunalen Sozialhilfeetats (→ Bundessozialhilfegesetz) – überhaupt noch nachkommen zu können. Viele Kommunen in den Krisenregionen des Ruhrgebiets und des Saarlands sind seit einigen Jahren vom finanziellen Kollaps bedroht.

*2. Handlungsspielräume der K*

Die faktischen Schranken des kommunalen Handlungssystems und die herrschende Ideologie der „unpolitischen" kommunalen Selbstverwaltung haben nicht verhindern können, daß die kommunale Ebene seit einigen Jahren, aus durchaus widersprüchlichen Gründen, als Ebene *politischer* Handlungsalternativen – und nicht bloß verwaltungsmäßiger Sachentscheidungen – „wieder" entdeckt worden ist. So erscheinen die Kommunen auf der einen Seite als „Opfer" zentralstaatlicher Spar- und Überwälzungsstrategien und rücken paradoxerweise im Zusammenhang mit ihrer zunehmenden – oder auch nur behaupteten – politischen Handlungsunfähigkeit bei gleichzeitig steigendem Handlungs- und Interventionsbedarf („Krise des Steuerstaats"; →Staatsfinanzkrise) ins Zentrum der politischen und wissenschaftlichen Aufmerksamkeit. Auf der anderen Seite erscheint die Kommune – gerade im Bereich der sich auf dieser untersten Ebene seit einigen Jahren entwickelnden sozialpolitischen Neuorientierungen und Alternativen sowie einer Vielzahl „unkonventioneller" Initiativen (→Lokale Beschäftigungsinitiativen; dezentrale Soziale Dienste; →„neue" Subsidiarität) – als wichtige gesellschaftliche „Experimentierbaustelle", nicht selten geradezu als „Keimzelle" gesellschaftlicher Erneuerung. Gleichzeitig sind örtliche →Bürgerinitiativen in die heile Welt der kommunalen Selbstverwaltung eingedrungen und haben begonnen, traditionelle Selbstverständlichkeiten der K hinsichtlich kommunaler Befassungskompetenz (Angelegenheiten der „örtlichen Gemeinschaft") in Frage zu stellen. „Atomwaffenfreie Zonen", „Strom ohne Atom", internationale Städtepartnerschaften, im Bereich der kommunalen Sozialpolitik (→Lokale Sozialpolitik) Forderungen nach Veröffentlichung der Verwaltungsvorschriften in der Sozialhilfe – dies alles ist Ausdruck eines teilweise radikal veränderten *kommunalen* Politikverständnisses.

Die „Wiederentdeckung" der Kommunen – einmal in ihrer (vermeintlichen) Ohnmacht als bloße Vollzugsorgane zentralstaatlicher Machtausübung, zum anderen als unterste experimentelle Ebene des Gesellschaftsumbaus – kennzeichnet die Widersprüchlichkeit der K. Beide Sichtweisen sind theoretisch begründet. Zum einen in der – marxistischen – These vom Ende der Identität der lokalen Ebene; bei einer primär staatstheoretischen Akzentsetzung erscheint die Kommune als passives Objekt gesetzlicher und finanztechnischer Feinsteuerung von oben, und die Aufrechterhaltung eines Scheins von Selbständigkeit ergibt sich aus einer für zentralstaatliche Instanzen funktionalen Filter- und Pufferfunktion gegenüber unliebsamen Verantwortlichkeiten, Ansprüchen und Konflikten. Auf der anderen Seite steht die Auffassung von der „Eigenwertigkeit" der örtlichen Ebene, möglicher Gegenimplementation und einer relativen Autonomie im Rahmen allgemeiner Politikverflechtung. Diese Position versteht sich meist weniger als Gegenstandsbeschreibung, denn als wertbezogene Kritik an der mangelnden Nutzung oder auch an der Behinderung möglicher Handlungsspielräume.

Die Frage allerdings, ob sich denn nun die kommunale Ebene lediglich als „Opfer" zentralstaatlicher Krisenvermeidungsstrategien erweist oder als Aktivposten gesamtgesellschaftlicher Transformationsstrategien, ist nicht theoretisch zu entscheiden, sondern hängt ganz wesentlich vom Charakter und der Qualität der Politisierung der kommunalen Selbstverwaltung ab.

Der immerhin vorhandene Handlungsspielraum, der den Kommunen zur Verfügung steht, läßt sich in vielen Feldern der K verdeutlichen. Entscheidend erscheint: Je mehr es gelingt, (a) die „mikroskopische Politikhaltigkeit" des kommunalen Verwaltungshandelns, die sich immer wieder in der Gestalt sachlogischer Entscheidungen präsentiert, zu thematisieren (z.B. das gesamte Spektrum der kommunalen Sozialhilfepolitik von der „passiven Institutionalisierung" der Hilfegewährung bis zu den „Verwaltungsvorschriften"), (b) die im politisch-administrativen System der K angelegten, auch weitreichenden Handlungsspielräume (von der Stadtentwicklungs- und Wirtschaftsförderungspolitik über die Gestaltung der „Hilfe zur Arbeit" und eines „Zweiten Arbeitsmarkts" bis zur kommunalen Wohnungs- und Obdachlosenpolitik) zu nutzen und (c) schließlich die auf der kommunalen Ebene herrschenden Trägerstrukturen („kommunales Wohlfahrtskartell") zum politischen Thema zu machen, desto mehr Chancen werden auch für die Entwicklung einer *sozialen* K bestehen und damit auch um so mehr Möglichkeiten, die Konfliktstärke der kommunalen Ebene gegenüber der zentralstaatlichen Instanz zu erhöhen.

Da aber – um die Handlungsperspektive auf das Feld der kommunalen Sozialpolitik zu konzentrieren – die Reichweite der verursachenden Strukturbedingungen für die verschiedensten Erscheinungsformen der →Armut über die Ebene der K hinausreichen, kann jede politische Arbeit im Bereich der kommunalen Selbstverwaltung letztlich nur kompensatorische Qualität besitzen. Die Ursachenbekämpfung →sozialer Probleme fällt weitgehend aus dem Wirkungsbereich der dezentralen Ebene heraus und ist *ohne zentralstaatliche und gesetzliche Regelungen und Veränderungen* (im →System sozialer Sicherung, der Kompetenzverteilung zwischen den Gebietskörperschaften, im Bereich der →Arbeitsmarkt- und Beschäftigungspolitik etc.) *nicht denkbar*.

L.: Bullmann/Gitschmann (Hg.): Kommune als Gegenmacht. Alternative Politik in Städten und Gemeinden; Hamburg, 1985. Emenlauer/Grymer/Krämer-Badoni/Rodenstein: Die Kommune in der Staatsorganisation; Frankfurt/M., 1974. Frey, Rainer (Hg.): Kommunale Demokratie. Beiträge für die Praxis der kommunalen Selbstverwaltung; Bonn-Bad Godesberg, 1975. Krüger/Pankoke (Hg.): Kommunale Sozialpolitik; München, Wien, 1985. Langnikkel, H., Die Renaissance der Kommune oder der Puffer für die Politik; in: Sozialmagazin 1988/12, 36–41. Naßmacher/Naßmacher: K in der Bundesrepublik; Opladen, 1969. Pohl/Burmeister/Friedrich/Klemisch/Lommer (Hg.): Handbuch für alternative K; Bielefeld, 1985. Püttner, Günter (Hg.): Handbuch der kommunalen Wissenschaft und Praxis; Berlin, Heidelberg, New York, 1981. Roth, Wolfgang (Hg.): K – für wen? Arbeitsprogramm der Jungsozialisten; Frankfurt/M., 1971. Wünderich, Volker: Arbeiterbewegung und Selbstverwaltung; Wuppertal, 1980.

Hans Langnickel

**Kommunen**

1. Städte und Gemeinden in Hinsicht auf ihre politisch-administrative Stellung als öffentlich-rechtliche Körperschaften und Verwaltungsbezirke (→Selbstverwaltung). Das Attribut „kommunal" bezieht sich auf die politisch-administrative Dimension der →Stadt und der Gemeinde (incl. der Landkreise) und sollte nicht gleichgesetzt werden mit dem Begriff des Lokalen. Letzterer, wenngleich auch eine politische, aber keine rein administrative Kategorie, umfaßt zusätzliche Akteure; z.B. sind auf dem Feld der →Lokalen Sozialpolitik nicht nur die politisch-administrativen Gremien der K i.e.S. tätig, sondern gleicherweise z.B. →Wohlfahrtsverbände, →Selbsthilfegruppen, der Jugendhilfeausschuß (→Jugendämter 1), die →Gewerkschaften, die Kirchen, sonstige →Verbände und →Bürgerinitiativen und nicht zuletzt die lokalen Instanzen des Zentralstaats (→Lokale staatliche Institutionen). Der Blick auf die K bzw. die ‚kommunale Ebene' verengt die Perspektive des analytischen Zugriffs auf die ‚Lokale Politik' als Ganzes sowie auf deren Einbindung in nicht nur gesamtstaatliche, sondern auch gesamtgesellschaftliche Zusammenhänge.

2. Der Revolutionsausschuß für Paris während der frz. Revolution 1789–94 bzw. die revolutionär-sozialistische Bewegung und Regierung im Pariser Aufstand von März bis Mai 1871.

3. Genossenschaftliche Organisationen der frühsozialistischen Bewegung, insb. in den USA (→ Genossenschaftsbewegung).
4. Lebens- und Sozialform von Teilen der → Studentenbewegung 1968 ff., die in den (Wohn-)K eine Verbindung von bedürfnisgerechtem Leben (→ Bedürfnis) und politischer Aktion umsetzten. Aus der K-Bewegung entwickelten sich die → Wohngemeinschaften.
5. (Land-)K der → Alternativbewegung als Modelle der Verbindung von Leben und Arbeiten außerhalb der Städte.

## Kommerzielle Träger

K oder gewerbliche Träger sind diejenigen nicht-staatlichen ‚privaten Träger' oder Einrichtungen im Bereich des Sozial- und Gesundheitswesens, die nicht ausschließlich gemeinnützige und mildtätige Zwecke (→ Gemeinnützigkeit, → Nonprofit-Organisationen) verfolgen (Bsp.: → Wohlfahrtsverbände), sondern bestimmte → Soziale Dienstleistungen (privat-)wirtschaftlich-gewinnorientiert produzieren und anbieten.

## Komparatistik

*1. Definition*

K des Sozial- und Gesundheitswesens = vergleichende Analyse von Theorie und Praxis verschiedener Systeme, Subsysteme oder Einzelerscheinungen des Sozial- und Gesundheitswesens; Bezeichnung für einen Bereich der Analyse, der angesichts wachsender internationaler Verflechtungen der nationalen Staaten und Staatensysteme und damit auch der Sozialpolitiksysteme einen zwar immer höheren Stellenwert erhält, aber in der BR als vollentwickelte und differenzierte Teildisziplin weder in Forschung, noch in Ausbildung und Praxis des Sozial- und Gesundheitswesens voll etabliert ist.

Da eine genuine Wissenschaft des Sozial- und Gesundheitswesens nicht existiert, sind die Beiträge zu ihrer K den Sozialwissenschaften sowie v. a. der Erziehungswissenschaft, der Psychologie, der Medizin, der Rechtswissenschaft und der Sozialanthropologie zuzuordnen. Mit den von ihnen entwickelten komparativen Untersuchungsmethoden ist die K des Sozial- und Gesundheitswesens bemüht, empirische Befunde und theoretische Interpretationen im wesentlichen zu den folgenden Phänomenen vorzulegen: (a) zu nebeneinander existierenden Einzelsystemen oder -phänomenen eines nationalen Sozial- und Gesundheitswesens (synchroner mikroanalytischer nationaler Vergleich); Beispiel: Rollenperzeptionen von Sozialarbeitern in kommunalen Gesundheitszentren Australiens werden miteinander verglichen (Boyce 1980); (b) zu Gesamtsystemen oder Einzelproblemen des Sozial- und Gesundheitswesens auswärtiger Länder (mikroanalytische oder makroanalytische regional-monographische Studien); Beispiel: das Gesundheitswesen der USA wird analysiert, wobei u. a. gefragt wird, ob es ein Vorbild für die gesetzliche Krankenversicherung im eigenen Land sein könne (Neipp 1988); (c) zu internationalen Vergleichen von Theorie und Praxis einzelner nationaler Gesamtsysteme des Sozial- und Gesundheitswesens oder von Teilen davon (synchroner internationaler mikroanalytischer oder makroanalytischer Vergleich); Beispiel: dt. und französische Perspektiven zur Jugend- und Sozialarbeit werden verglichen (Menzemer/Moreau 1984); (d) zu Vergleichen des Sozial- und Gesundheitswesens in verschiedenen Zeitabschnitten seiner Entwicklung (diachroner Vergleich); Beispiel: primäre Gesundheitsversorgung und traditionelle Medizin in Afrika werden miteinander verglichen (Bichmann 1979).

*2. Stellenwert und Funktion der K.* Das Schwergewicht komparatistischer Forschung zum Sozial- und Gesundheitswesen liegt heute auf internationalen Vergleichen, auf die sich die folgenden Ausführungen beziehen. Vorbedingung für internationale Vergleiche ist das systematische Erfassen von Verschiedenheiten in der → Sozialstruktur und den politischen Systemen der zu vergleichenden

Länder. Vor diesem Hintergrund können folgende Funktionen der K festgehalten werden:

a. *Heuristische Funktion:* Die komparative Betrachtung einzelner Phänomene oder ganzer Systeme des Sozial- und Gesundheitswesens ermöglicht tiefere Einsicht in das besondere Profil und die Komplexität des jeweiligen Untersuchungsgegenstandes und regt in besonderer Weise zu Fragen an den eigenen Gegenstand an. Die Entwicklung und aktuelle Situation des eigenen nationalen Phänomens wird deutlicher „auf den Begriff" gebracht (Pfaffenberger); Beispiel: Ein Vergleich der Prinzipien der sozialen Sicherungssysteme der BR und Schwedens ergibt klarer als eine einzelstaatliche Analyse es könnte, daß in der BR das Sozialversicherungsprinzip eindeutig und (vergleichsweise) ungewöhnlich dominant ist (Guldimann 1976).

b. *Empirisch quantifizierende, empirisch generalisierende und Hypothesen generierende Funktion:* Quasi von einem supranationalen Standort aus und mit einer supranationalen Zielsetzung bringt komparative Analyse zunächst eine Ausweitung von Daten- und Erkenntnisgerüsten, auf die weitergehende verallgemeinerbare Aussagen über aktuelle Zustände, Entwicklungstendenzen und Grenzen sozialer und gesundheitlicher Sicherung und Versorgung aufgebaut werden können. So ist bspw. für jedes nationale Entwicklungsprojekt, das tragfähige generalisierende Aussagen über die Sinnhaftigkeit einer neuen Form von Gesundheitszentren im Rahmen staatlicher oder kommunaler Verwaltung machen will, eine international vergleichende Analyse als Teil der Gesamtanalyse unverzichtbar. Vergleichende Fragestellungen und die Auswertung von entsprechenden Forschungen können in sorgfältig konzipierten Planungsprojekten fast das kontrollierte Laborexperiment der Naturwissenschaften ersetzen! Gleiches gilt für Forschungsprojekte selbst. Beispiel: Ein Vergleich der Standards von Gesundheitssystemen der industrialisierten Länder mit den Standards in ausgewählten Ländern Asiens ergibt eine reiche Fülle von Daten über (relative) Defizite in den Versorgungssystemen der letzteren. Die Vergleichsergebnisse führen schließlich zur Hypothese/Aussage, daß im Rahmen der Entwicklung ihrer Sozialsysteme bessere sanitäre Einrichtungen zu den dringendsten sozialpolitischen Notwendigkeiten gehören, und schließlich zu der Folgehypothese, daß öffentlichen Hygienesystemen wenig Erfolg beschieden sein wird, bevor keine Standards privater Hygiene entwickelt worden sind (Myrdal 1968).

c. *Praxisorientierte innovatorische Funktion:* Wissenschaftliches und politisches Nachdenken oder Forschen über in anderen Staaten vorhandene (bzw. als Alternativen zur üblichen Praxis *denkbare*) Modelle, Institutionen, Praktiken usw. bringt stets für die Alltagspraxis im eigenen Land innovatorische Impulse. Beispiel: Im Rahmen von Überlegungen zur Weiterentwicklung sozialpädagogischer Strategien für die „Ausländerpädagogik" in der BR ist es hilfreich, sich auch der Erkenntnisse zu bedienen, die in den USA seit Jahrzehnten in der Sozialarbeit mit sog. „Chicanos" gemacht werden. Dazu ist keine eigene komparatistische Forschung notwendig, sondern nur die Rezeption von Forschungsberichten, die andere erstellt haben.

d. *Praxisorientierte mobilitätsfördernde Funktion:* K des Sozial- und Gesundheitswesens trägt in erheblichem Umfang dazu bei, internationale Mobilität von Auszubildenden und Berufspraktikern aller Sozial- und Gesundheitsberufe zu fördern. Spezialstudien, die die Ausbildungssituation in den verschiedenen Berufen darstellen, sind z.B. eine unersetzbare Hilfe für die Stipendienvermittlung im eigenen Lande.

e. *Internationalisierende politische Funktion:* Schließlich hat die K des Sozial- und Gesundheitswesens – wie K als Wissenschaft insgesamt – stets eine politische Funktion im Sinne der Förderung von internationaler Verständigung.

*3. Entwicklungslinien der K des Sozial- und Gesundheitswesens.* Auch wenn komparative politikwissenschaftliche, soziologische und rechtswissenschaftliche Analysen in Europa schon gegen Ende des 19.Jh. eine bedeutsame Rolle spielten und in ihnen implizit mitunter auch soziale und gesundheitspolitische Fragen angesprochen wurden, kann von relativ eigenständigen komparativen Analysen des Sozial- und Gesundheitswesens erst seit der Jahrhundertwende gesprochen werden. Im Kontext der „Sozialen Frage" ( → Arbeiterfrage) wurden in der industrialisierten und sich industrialisierenden Welt sozialpolitische Programme notwendig, deren Vorbereitung und Absicherung auch vergleichende Analysen zur Voraussetzung hatten. Im Vordergrund standen diesseits und jenseits des Atlantik bis zum Ende der 20er Jahre Fragen allgemeiner →Sozialpolitik, der →sozialen Sicherheit, das Arbeitslosenproblem, wohnungspolitische Fragen sowie der Bereich öffentlicher →Hygiene und Gesundheit (vgl. Stichwort „Welfare State" in: International Encyclopaedia of the Social Sciences, Vol. 16; New York, London, 1972, 512ff.).

Nach 1933 weitete sich in den USA komparatistische Forschung zum Sozial- und Gesundheitswesen quantitativ und qualitativ rasch aus. Die Universitäten, öffentliche Dienststellen und führende private Korporationen werden dort zu Zentren der K. In der Phase des „New Deal" hatte die politische Führung der USA im Zuge ihrer sozialpolitischen Umgestaltungsversuche einen hohen Bedarf an internationalen Vergleichen. Gleichzeitig kamen seriöse komparatistische Analysen im faschistischen Dt. zum Erliegen bzw. wurden von dort im Zuge der Emigration in freie Länder der Welt verlagert.

Die Zeit von 1945 bis heute wird zur eigentlichen Hochphase der K, wobei sich das Interesse von innereuropäischen und europäisch-nordamerikanischen auf weltweite Vergleiche des Sozial- und Gesundheitswesens ausdehnt. Vor allem die „Explosion" neuer Nationalstaaten in Asien und Afrika und die nachlassende Dominanz der NATO-Staaten in der Welt nach 1960 tragen zur regionalen Ausweitung der K bei. Inhaltlich sind seit der 2. Hälfte der 50er Jahre in den USA, Großbritannien, Frankreich, der BR und vergleichbaren Industriestaaten des Westens fast alle relevanten Erscheinungen des Sozial- und Gesundheitswesens Gegenstand von internationalen Vergleichen geworden.

L.: Bauer/Thränhardt (Hg.): Verbandliche Wohlfahrtspflege im internationalen Vergleich; Opladen, 1987. Bichmann, W., Primary Health Care and traditional medicine – considering the background of changing health care concepts in Africa; in : Social Science and Medicine Nr. 13 B/1979, 175ff. Boyce, L., Role perceptions of social workers within Health Centers – a comparative study; in: Community Health Studies 3/1980, 180ff. Commission on medical education: Sickness in Europe; New Haven, 1935. Fuchs, Maximilian: Soziale Sicherheit in der Dritten Welt; Baden-Baden, 1985. Guldimann, Tim: Die Grenzen des Wohlfahrtsstaates. Am Beispiel Schwedens und der Bundesrepublik; München, 1976. Holt/Turner (Hg.): The Methodology of Comparative Research; New York, 1970. Lally, Dorothy: National Social Service Systems: A comparative study and analysis of selected countries; Washington D.C., 1970. Lowy, Lonis: Sozialarbeit/Sozialpädagogik als Wissenschaft im angloamerikanischen und deutschsprachigen Raum; Freiburg, 1983. Martin, E. W. (Hg.): Comparative Social Welfare; London, 1972. Menzemer/Moreau (Hg.): Soziale Arbeit im Vergleich. Deutsche und französische Perspektiven zur Jugend- und Sozialarbeit; Neuwied, Darmstadt, 1984. Myrdal, Gunnar: Asian Drama. An Inquiry into the Poverty of Nations; New York, 1968. Neipp, Joachim: Das Gesundheitswesen der USA: Ein Vorbild für die Gesetzliche Krankenversicherung?; Baden-Baden, 1988. Salomon,

Alice: Education for social work. A sociological interpretation based on an international survey; Zürich, 1937. Weber-Falkensammer, Hartmut (Hg.): Soziale Arbeit im Gesundheitswesen. Internationaler Vergleich, Organisation, Perspektiven; Frankfurt/M., 1986. Wilensky, Harold J.: The Welfare State and Equality. Structural and ideological roots of public expenditures; Berkeley, 1975. Wood/Rue (Hg.): Health Policies in Developing Countries, London, New York, 1980. Z.: Internationale Revue für soziale Sicherheit; Genf, 1972 ff. Zeitschrift für ausländisches und internationales Arbeits- und Sozialrecht; Heidelberg, 1987 ff.

Gerd Schirrmacher

### Kompetenz
→Alterskompetenz, →Laienkompetenz, →Professionelle Sozialisation

### Konkordat
→Kirchenrecht

### Konkubinat
(trad.); ⇒ nichteheliche Lebensgemeinschaft

### Konopka, Gisela
K hat großen Anteil an der Entwicklung von Gruppenpädagogik (→Gruppenarbeit) als einer der klassischen →Methoden der Sozialen Arbeit und an ihrer Rezeption in der BR seit 1950.

Sie wurde 1910 geboren. Ihre Eltern betrieben einen kleinen Gemüsehandel in der Berliner Nachrodstraße. Schon als Schülerin schloß sie sich einer Gruppe der jüdischen Jugendbewegung an und stand Maria Hodann und dem Internationalen Sozialistischen Kampfbund (ISK) nahe. In Hamburg studierte sie ab 1930 Pädagogik, verkehrte mit Minna Specht und Karl Wilker und ging 1933 in den illegalen antifaschistischen Widerstand. Nach der Flucht eines Freundes (ihres späteren Mannes Paul) wurde sie verhaftet und in ein Konzentrationslager gebracht. Später gelang ihr die Flucht in die Tschechoslowakei, nach Österreich und Frankreich. Über Marseille kam sie während des 2. Weltkrieges in die USA. Dort setzte sie ihr Studium der Pädagogik/Sozialpädagogik fort und promovierte mit einer Arbeit über Eduard C. Lindemann und die Philosophie der Sozialen Arbeit (Minneapolis 1958). Insb. entwickelte sie die Gruppenpädagogik in geschlossenen Einrichtungen (Erziehungsheimen) mit heilpädagogisch-therapeutischem Anspruch. Lange Jahre war sie Professorin für Social Group Work an der Universität von Minnesota in Minneapolis. Anfang der 50er Jahre (→Umerziehung) kam sie häufig als *visiting expert* im Rahmen des Internationalen Kulturaustausches in die BR, um Sozialarbeiterinnen und Sozialarbeiter in Weiterbildungsprogrammen als Gruppenpädagogen zu qualifizieren. Ihre wichtigsten Bücher sind in mehrere Sprachen übersetzt worden.

Fachbücher von K: Therapeutic group work with children; Minneapolis, 1949. Gruppenarbeit mit 11–17jährigen Jungen; Düsseldorf, 1954. Groupwork in the Institution; New York, 1954. Eduard C. Lindeman and Social Work Philosophy; Minneapolis, 1958. Social Group Work: a helping process; New Jersey, 1963. Soziale Gruppenarbeit: ein helfender Prozeß; Weinheim, 1968. Courage and Love; Edina (Minnesota), 1988.

C. Wolfgang Müller

### Konsistorium
Der Begriff K bezeichnet in der kath. Kirche seit dem Hochmittelalter die Vollversammlung der Kardinäle unter dem Vorsitz des Papstes, die über die Verleihung wichtiger Benefizien (u. a. von Bistümern) entscheidet und an zahlreichen Prozessen der päpstlichen Kulthoheit (z. B. der Heiligsprechung) beteiligt ist. Im prot. Bereich wurde das K zu einem zentralen Element der Kirchenverfassung, in dem vom 16. Jh. bis zur Beseitigung der Monarchie die Einbindung der Kirche in den frühmodernen und später in den entstehenden Natio-

nalstaat zum Ausdruck kam. Im ref. Bereich mit seiner von der Gemeinde ausgehenden Kirchenverfassung wurde der Begriff (z. B. durch die Emder Synode von 1571) für das Gremium von Predigern, Ältesten und Diakonen eingeführt, das in jeder Kirchengemeinde anstelle eines Superintendenten die Einhaltung der Kirchenordnung überwachen sollte.

Mit der Auflösung der kirchlichen Amtshierarchie durch die Reformation und insb. mit der Aufhebung der geistlichen Jurisdiktion über die Angehörigen der Augsburgischen Konfession entfiel auch formal das Bindeglied zwischen den Gemeinden und der bischöflichen Gewalt. Im ideologischen Bereich brach Luthers Lehre von der Priesterschaft aller Gläubigen sowohl mit dem Monopol der kirchlichen Heilsvermittlung, als auch mit den in der theokratischen Kaiseridee gipfelnden geistlichen Grundlagen weltlicher Herrschaft im Heiligen Römischen Reich Deutscher Nation, die in den Reichsreformbestrebungen des 15. Jh. bereits in die Diskussion geraten waren. Gleichzeitig aber bot die zunächst in kritischer Wendung gegen die überkommene Ordnung entwickelte Lehre Luthers von der gottgewollten Obrigkeit, seine Lehre von den ,,Zwei Reichen" sowie die strikte Scheidung in die eigentliche, geistliche Kirche und ihre beliebige, den Zeitumständen angepaßte äußere Form keine hinreichende Grundlage für eine neue, ,,protestantische" Herrschaftsauffassung.

Die Befestigung eines landesherrlichen Kirchenregiments in den Territorien des Reiches seit dem Augsburger Religionsfrieden von 1555 bediente sich der ideologischen und machtpolitischen Auswirkungen der Reformation, bezog ihre Grundlagen jedoch aus einem in das ausgehende MA zurückreichenden Prozeß des Erstarkens territorialer Mächte und der Fürstenherrschaft, der sein administratives Pendant in der Verdichtung der innerterritorialen Herrschaftsbeziehungen (durch Landessteuern, Landesgesetzgebungen, →Polizei- und Ordnungsrecht etc.) entwickelte und in den Festlegungen des Wormser Reichstages von 1495 bereits einen vorläufigen Höhepunkt fand. So ergriff die Landesherrschaft auch mit den ersten Visitationsinstruktionen in protestantischen Territorien (Sachsen 1527, Hessen 1537) – einem ebenfalls aus der kath. Tradition übernommenen Instrument – und mit den Kirchenordnungen des 16. Jh. die Gelegenheit, im Sinne der Lehre von der ihr zufallenden Bischofsgewalt und der Aufsicht über die äußeren Kirchenangelegenheiten (jus circa sacra) Instrumente dauerhafter Kontrolle im konfessionellen Bereich zu errichten. Zu einer Entfaltung der in der Reformationszeit durchaus auch machtpolitisch bedeutenden verfassungsbildenden Elemente im gemeindlichen Bereich kam es in den lutherischen Territorien hingegen nicht.

Die Bildung der K knüpfte unmittelbar an die im Zusammenhang der Visitationen gebildeten Kommissionen an, die aus Theologen und Juristen zusammengesetzt waren. Die ersten K waren – wie das im nord- und mitteldeutschen Raum weithin als Vorbild gültige Wittenberger K (1539) – ausschließlich als geistliche Gerichte konzipiert, denen in der Nachfolge der Archidiakonalgerichtsbarkeit die Verfolgung von Ehedelikten, Verstößen gegen die Kirchenzucht und gegen die Amtsdisziplin der Pastoren oblag. Ein zweiter Typ des K entstand ausgehend von dem 1559 konstituierten württembergischen ,,Synodus" oder Kirchenrat, der ebenfalls aus weltlichen und geistlichen Räten zusammengesetzt war, aber neben einigen gerichtlichen Funktionen – für Ehesachen bestand ein besonderes Gericht – v. a. die gesamte Kirchenverwaltung übernahm. Dazu gehörten alle Ausbildungs- und Einstellungssachen der Theologen, aber auch die fürstlichen Kirchenpatronate und die Verwaltung des Kirchenguts. Dieser Typ des K breitete sich zunächst im süddeutschen Raum, später aber auch bis nach Braunschweig-Wolfenbüttel (1569) und Lippe (1571) aus. Die Übernahme durch Kursachsen in der Kirchenordnung von 1580 führte zu einem 1610 auch von Hessen installierten Mischtyp, in dem gerichtliche und administrative Funktionen gleichgewichtig vertreten waren.

Seine größte Wirkung konnte das K in der Zeit des Territorialismus und Kollegialismus im ausgehenden 17. und v. a. im 18. Jh. entfalten, obwohl seine Einbindung in die staatliche Verwaltung, etwa durch die Unterordnung unter den Geheimen Rat, zunahm. Hatten die Lehren des Territorialismus das Kirchenregiment als legitimen Teil der Staatsgewalt des absoluten Herrschers aufgefaßt, so entwickelten die Vertreter des Kollegialismus unter dem Einfluß der →Aufklärung ihre Auffassung von der Kirche als eines durch vertragsmäßige Übereinkunft entstandenen Vereins. Die Auswirkungen dieses Paradigmenwechsels auf die Praxis der Konsistorialverwaltung, die historisch als noch weitgehend unerforscht gelten kann, scheinen stark von den Spezifika der Herrschaftsentwicklung der einzelnen Territorien bestimmt gewesen zu sein. Führte das aufgeklärt vereinsrechtliche Kirchenverständnis einerseits zu einer teils nur ideologischen, häufig aber auch unmittelbar praktischen Aufwertung des ständisch oder genossenschaftlich verfaßten kommunalen Elements, so relativierte es andererseits auch diesen lebensweltlich umfassenden religiösen wie auch politischen Zugriff. Immerhin aber entwickelten sich im Amtsbereich der K, der überkommenen Organe des landesherrlichen Kirchenregiments, in dieser politisch und verfassungsrechtlich unentschiedenen Situation des ausgehenden 18. Jh. jene Reformvorstellungen, die geradezu als Paradefelder aufklärerischer Umgestaltung der Staatsverwaltung gelten konnten: die Schaffung von Versorgungseinrichtungen, die modernen Prinzipien der →Versicherung gehorchten, die Umgestaltung der →Fürsorge von der Almosenverteilung (→Almosen) auf das „rationale" Bedürftigkeitsprinzip sowie die Erneuerung der Liturgie und damit eines zentralen Elements kommunaler Öffentlichkeit im Sinne verständlicher, „natürlicher" Religion.

Hatte schon das preußische →Allgemeine Landrecht von 1794 die Kirche als →Verein rechtlich kodifiziert, so wirkte, nicht zuletzt angestoßen durch die kurze Zeit napoleonischer Herrschaft in Europa, die damit angedeutete Tendenz zur Lösung der Kirche aus der unmittelbaren Hierarchie der Staatsverwaltung in den Verfassungsauseinandersetzungen des 19. Jh. fort. Das K konnte sich zwar einerseits als Element der Kontinuität in den fortwährenden Streitigkeiten um die Staatsunabhängigkeit der kirchlichen Verwaltung, die Abschaffung des landesherrlichen Kirchenregiments und die Ausweitung presbyterialer und synodaler Elemente behaupten, mußte aber in vielen Territorien mit der Unterordnung unter die neu gebildeten Kultusministerien zunächst auch eine Reduktion auf den Status eines ausführenden Verwaltungsorgans der Landesregierung erfahren, wenn es nicht gar, wie schon 1808 in Preußen, zur völligen Auflösung der bisherigen Konsistorien kam (z. B. Hessen 1831/35, Schwarzburg-Sondershausen 1846). Erst mit der Paulskirchenverfassung und im Bereich der Theorie mit der Arbeit des führenden preußischen Theologen Emil Herrmann (1812–1885) von 1862 („Die notwendigen Grundlagen einer die consistoriale und synodale Ordnung vereinigenden Kirchenverfassung"), entwickelte sich eine kompromißfähige Konzeption, die das synodale Element nicht mehr als Gegenüber des Kirchenregiments auffaßte und damit eine Herauslösung aus der staatlichen Verwaltung sowie eine Verbindung von (formalem) landesherrlichem Kirchenregiment und zunehmender Schaffung kircheneigener Organe ermöglichte.

Als mit der Beseitigung der Monarchie durch die Revolution von 1918 das landesherrliche Kirchenregiment endgültig fiel, war die Trennung von Kirche und Staat bereits weitgehend vorbereitet

(→ Staatskirchenrecht). Auch dem K, das unter einer Vielzahl von Bezeichnungen (Oberkirchenrat, Landeskirchenrat, Landeskirchenamt) fortbestand, wuchs damit eine neue Stellung zu: als gleichsam geschäftsführendes Organ auch formell zur kircheneigenen Behörde geworden, bildet es seither zusammen mit der Kirchenregierung und der Synode eines der drei Elemente der Kirchenleitung der prot. Landeskirchen.

L.: Grundmann, Siegfried, Art. „Kirchenverfassung VI. Geschichte der ev. Kirchenverfassung"; in: Galling, Kurt (Hg.), Die Religion in Geschichte und Gegenwart, Handwörterbuch für Theologie und Religionswissenschaft, Bd. 3, 3. Aufl.; Tübingen, 1959, Sp. 1570–1584. Heun, Werner, Art. „K"; in: Müller, Gerhard (Hg.), TRE – Theologische Realenzyklopädie, Bd. 19; Berlin, New York, 1989, 483–488. Müller, Karl, Die Anfänge der Konsistorialverfassung in Deutschland; in: Historische Zeitschrift 102/1909, 1–30. Ris, Georg: Der „kirchliche Konstitutionalismus". Hauptlinien der Verfassungsbildung in der evangelisch-lutherischen Kirche Deutschlands im 19. Jh. (Jus Ecclesiasticum. Beiträge zum evangelischen Kirchenrecht und zum Staatskirchenrecht, Bd. 33); Tübingen, 1988. Ruppel, E., Art. „K"; in: Galling, Kurt (Hg.), Die Religion in Geschichte und Gegenwart. Handwörterbuch für Theologie und Religionswissenschaft, Bd. 3, 3. Aufl.; Tübingen, 1959, Sp. 1784. Smend, Rudolf, Die K in Geschichte und heutiger Bewertung; in: Zeitschrift für evangelisches Kirchenrecht 10/1963–1964, 134–143. Sprengler-Ruppenthal, Anneliese, Art. „Kirchenordnungen II. Evangelische"; in: Müller, Gerhard (Hg.), TRE – Theologische Realenzyklopädie, Bd. 18; Berlin, New York, 1989, 670–707. Willoweit, Dietmar, Das landesherrliche Kirchenregiment; in: Jeserich/Pohl/von Unruh (Hg.), Deutsche Verwaltungsgeschichte. Bd. 1: Vom Spätmittelalter bis zum Ende des Reiches; Stuttgart, 1983, 361–369.

Karl-Heinz Ziessow

## Konsumgenossenschaften
→ Arbeiterbewegung, → Genossenschaften, → Konsumverein

## Konsumtion
→ Kollektive Konsumtion

## Konsumverein
Der erste Arbeiter-K – Vereinsname: „Ermunterung" – entstand 1845 in Chemnitz. 1852 und 1856 wurden in Hamburg genossenschaftliche „Gesellschaften zur Verteilung von Lebensbedürfnissen" ( → Schulze-Delitzsch) errichtet. 1864 gründete → Eduard Pfeiffer (1835–1921) den „Consum- und Ersparnisverein des Arbeiterbildungsvereins in Stuttgart". 1867 folgte die Gründung eines „Verbandes dt. Consumvereine". Die K galten, ähnlich den → Baugenossenschaften, als Aktionen der → Selbsthilfe in der → Arbeiterbewegung.

## Kontakt- und Informationsstellen für Selbsthilfegruppen
K werden in zunehmendem Maße als Rückgrat infrastruktureller → Selbsthilfeförderung betrachtet. Es handelt sich dabei – verglichen mit den etablierten sozialpolitischen Institutionen – um relativ neue Einrichtungen, die sowohl bestehende Ansätze der → Selbsthilfe unterstützen als auch vorhandene Potentiale umsetzen sollen. Die Bezeichnung der K ist nicht einheitlich geregelt, so daß eine bunte Vielfalt – häufig mit örtlichem Bezug – existiert; die bekanntesten Namensgebungen sind: KISS (Kontakt- und Informationsstelle für Selbsthilfegruppen), IKOS (Informations- und Kontaktstelle für soziales Engagement) und SEKIS (Selbsthilfe Kontakt- und Informationsstelle).

Die K sind über das gesamte Bundesgebiet sowie West-Berlin verteilt, konzentrieren sich allerdings bisher eher auf Agglomerationsräume. Eine Art gemeinsames Dach im Sinne einer Anlaufstelle (und nicht als hierarchische Struktur verstanden) bildet die Nationale Kontakt- und Informationsstelle zur Anregung und Unterstützung von Selbsthilfegruppen (NAKOS) als Projekt der →Deutschen Arbeitsgemeinschaft Selbsthilfegruppen (DAG SHG) e.V. und des Paritätischen Bildungswerk Bundesverbandes e.V. (→Deutscher Paritätischer Wohlfahrtsverband).

Seit Januar 1981 existiert die erste K (KISS-Hamburg); sie wurde im Zuge eines mehrjährigen Forschungsprojektes über →Gesundheitsselbsthilfegruppen geschaffen. Gemessen an der relativ kurzen Zeitspanne haben sich diese Einrichtungen bis heute zahlenmäßig fest etablieren können: Waren bereits 1984 weit mehr als 60 K bekannt, so wuchs ihre Anzahl bis zum Beginn der 90er Jahre nochmals auf ca. 120 an.

Die Trägerstrukturen der K sind sehr unterschiedlich geprägt. Die Spannweite reicht von öffentlicher Trägerschaft über die intermediären Instanzen (insb. →Wohlfahrtsverbände und →Krankenkassen) bis hin zu vereinzelt selbstorganisierten Formen (z.B. im Sinne ehrenamtlichen Engagements = →Freiwilligenarbeit). Der häufigere Fall ist dabei zur Zeit noch der, daß ein einzelner oder zumindest dominierender Träger auftritt; in neuerer Zeit mehren sich jedoch die K, die von einem Trägerverbund (z.B. ‚Bremer Topf' mit DPWV, Gesundheitsladen, Hauptgesundheitsamt, Netzwerk) unterstützt werden. Gelegentlich anzutreffen ist auch ein Auseinanderfallen von Trägerschaft und Finanzierung. So tritt die für die wohl bekannteste K, SEKIS in Berlin mit einer Reihe dezentrale ‚Filialen', der DPWV als Trägervereinigung auf, die Finanzierung erfolgt – ähnlich wie mittlerweile in der ersten, ebenfalls dezentralisierten Hamburger K – weitgehend aus den jeweiligen Senatsmitteln. Einer Reihe von K kommt darüber hinaus noch eine spezifische öffentliche Finanzierung aus Forschungs- und/oder →Arbeitsbeschaffungsmaßnahmen zugute.

Die *Größe* der einzelnen K schwankt beträchtlich und reicht von einem einzelnen Mitarbeiter in Teilzeit- (oder auch: Freizeit-)arbeit bis zu Einrichtungen mit mehreren, fest angestellten Mitarbeitern. Ähnlich unterschiedlich ist die Infrastruktur der K. Während manche nicht einmal über einen eigenen Raum verfügen, können andere mehrere Räumlichkeiten, Kopierer, Schreibmaschinen, Projektoren sowie eine Reihe weiterer Hilfsmittel (z.T. nicht nur technischer, sondern auch aufgabenorientierter Art, wie z.B. für Pflegeleistungen) nutzen bzw. →Selbsthilfegruppen zur Verfügung stellen.

Aufgaben, Tätigkeitsbereiche und Zielgruppe der K sind eng miteinander verknüpft, wobei in der Vergangenheit eine zwar langsame, jedoch kontinuierliche Ausdehnung aller drei Merkmale zu verzeichnen war. Richtete sich die Arbeit zunächst eher eng auf im Gesundheitsbereich tätige Selbsthilfegruppen, so wird, insb. ausgehend vom ‚Berliner Modell', zunehmend versucht, einerseits durch eine Bereichsausdehnung immer mehr Menschen zu erreichen. Diese Ausweitung der Tätigkeit betrifft auch andere als gesundheitsbezogene Selbsthilfegruppen, wie z.B. Frauengruppen, Jugend- und Arbeitsloseninitiativen, lebensweltbezogene Gruppen u.a.m. Andererseits wird die dadurch sich auffächernde Zielgruppenansprache auch insofern erweitert, als nicht nur bestehende Selbsthilfegruppen Unterstützung finden, sondern auch interessierte Einzelpersonen gewissermaßen ‚in die Selbsthilfe vermittelt' werden und – wenn auch bisher eher zaghaft – Versuche einer ersten Potentialumsetzung stattfinden. Letzteres bedeutet, daß als Zielgruppe(n) der Arbeit letztendlich all die Bevölkerungsmitglieder anzusprechen sind, die die prinzipielle Bereitschaft zu ehrenamtlichem sozialem Engagement – egal ob innerhalb einer Selbsthilfegruppe, einer →Nachbarschaftshilfe oder eines Wohlfahrtsverbands – aufweisen (→Ehrenamt).

Die Aufgaben der K sind entsprechend ihrer jeweiligen quantitativen Ausstattung und des Umfanges der Tätigkeitsbereiche unterschiedlich strukturiert und gewichtet. Hinzu treten regionalspezifische Unterschiede, da die sozialen Bedingungen in den großen Ballungsräumen häufig eine andere Problemlage schaffen und damit eine andere Problembearbeitung erfordern als dies für eine K in einer kleinen, eher ländlichen Stadt der Fall ist. Dennoch können die folgenden vier grundlegenden, allen K gemeinsamen Aufgabenbereiche als zentral hervorgehoben werden: 1. Beratungs- und Vermittlungsleistungen für Selbsthilfeinteressenten; 2. Beratung und anderweitige Unterstützung bei der Neugründung von Gruppen; 3. technische, inhaltliche und organisatorische Unterstützung bereits bestehender Selbsthilfegruppen sowie Hilfestellung zur Verknüpfung von Selbsthilfenetzen; 4. Verbreitung und Förderung des Selbsthilfegedankens in der Öffentlichkeit.

Die Beratungsleistungen schließen dabei nicht nur inhaltliche und organisatorische Tips ein, sondern erstrecken sich vielfach auch auf das für viele Selbsthilfegruppen überlebenswichtige Gebiet der Beschaffung von Finanzmitteln – z. B. um Raummieten bezahlen zu können – und auf juristische Ratschläge – z. B. zum →Vereins- und →Sozialrecht. Die weitergehenden Unterstützungsangebote beziehen sich wesentlich auf das Zurverfügungstellen der vorhandenen eigenen Ressourcen der K (Räume, Geräte etc.).

Ein im Zeitablauf immer wichtiger werdender Aufgabenbereich ist in den Vermittlungsaktivitäten und in der →Öffentlichkeitsarbeit zu sehen. Dabei ist die Betreuung und Anregung Interessierter hinsichtlich aktiver Mitarbeit in der Selbsthilfebewegung lediglich ein Aspekt. Der zweite große Komplex läßt sich mit dem Begriff der „Verknüpfung" umschreiben. Damit ist sowohl die Verbesserung zunächst der Kommunikation, auf einer weiteren Stufe dann der Kooperation unter den Selbsthilfegruppen im Wirkungsbereich der K angesprochen als auch die Herstellung und Stabilisierung von Beziehungen zwischen Selbsthilfe, dem etablierten System sozialer Leistungsträger (Kassen, Verbände, Kirchen sowie staatliche/kommunale Produzenten von Sozialleistungen) und dem politischen Entscheidungssystem. Insofern läßt sich eine K als Drehscheibe begreifen, die die Plattform für den Austausch von Auffassungen aller Produzenten sozialer Leistungen – also einschließlich der in Selbsthilfe engagierten Bürger – ermöglichen und mittel- bis langfristig konkrete Kooperationen fördern soll. Letzteres ist bisher nur im Rahmen der Arbeit großer Kontaktstellen in Ballungsräumen geglückt, die deshalb – je nach Standpunkt – häufig als Modell-, aber auch als Renommierprojekte bezeichnet werden.

Ein weiterer Effekt wird durch die verstärkte Öffentlichkeitsarbeit insofern erwartet, als durch die angestrebte Diffusion des Selbsthilfegedankens in der Bevölkerung die Hoffnung genährt wird, auch eine ansteigende Selbsthilfetätigkeit in Gruppen im sozialen Bereich oder auch in Nachbarschaftshilfen erreichen zu können. Hierbei wäre die K dann als Multiplikatoreinrichtung zu verstehen.

Diese letztgenannten Wirkungen der Verzahnung des Selbsthilfebereiches mit etablierten Sozialleistungssystemen und der Durchsetzung des Selbsthilfegedankens in breiten Bevölkerungsschichten zu erzielen, wird zunehmend auch als zentrale Zukunftsaufgabe der K betrachtet, bei der damit weit über die bloße Selbsthilfeförderung hinausgegangen wird. Es wird hier nicht ausbleiben, daß eine gewisse →Institutionalisierung eintritt. Diesem im Selbsthilfesektor häufig als Nachteil gewerteten Faktum steht positiv gegenüber, daß die K quasi automatisch Koordinationsfunktionen für soziale Leistungserstellung verschiedener Trägerebenen vor Ort wahrnehmen können, ohne daß die Interessen einer Seite überwiegen. Im Gegenteil: innovative Modelle der Zusammenarbeit bei der Leistungserstellung im sozialen Versorgungssystem können unter Einschluß und Mitbestimmung der Betroffenen (=Konsumenten dieser Leistungen) dezentral, d. h. den örtlichen Bedingungen

1195

angepaßt, auf ihre Funktionsfähigkeit hin getestet und erforderlichenfalls modifiziert werden.
Die hierzu nötige konzeptionelle Weiterentwicklung der meisten, v. a. aber der kleineren, bisher existierenden K wird unumgänglich sein, dafür aber auch dem selbsthilfeorientierten Ansatz die erforderlichen Bündnispartner aus dem Bereich der etablierten →Sozialpolitik verschaffen.

A.: DA SHG, c/o Friedrichstraße 28, 6300 Gießen, Tel. 0641/7022478. NAKOS, Albrecht-Achilles-Str. 65, 1000 Berlin 31, Tel. 030/8914019

L.: Braun/Ferber/Klages (Hg.): Modellversuch Informations- und Unterstützungsstellen für Selbsthilfegruppen (ISAB – Berichte Nr. 2); Köln, 1988. Deutsche Arbeitsgemeinschaft Selbsthilfegruppen e.V. (Hg.): Selbsthilfegruppen-Förderung; Gießen, Berlin, 1988. Estorff, A., Unterstützung von Selbsthilfegruppen durch lokale Kontakt- und Informationsstellen; in: Asam/Heck (Hg.), Subsidiarität und Selbsthilfe; München, 1985, 171–193. Jakubowski, Anita: Selbsthilfegruppen und Selbsthilfegruppenunterstützung in Nordrhein-Westfalen, Schriftenreihe der Gemeinnützigen Gesellschaft zur Information und Beratung örtlicher Beschäftigungsinitiativen und Selbsthilfegruppen (G.I.B.), Nr. 2/87; Bottrop, 1987. Olk, Th., Kontaktstellen für Selbsthilfegruppen – einziger Weg einer angemessenen Selbsthilfeförderung?; in: selbsthilfegruppen-nachrichten, März 1989, 5–11. Pfaff/Deimer, A Comparison of the Resource Potential of Different Social Networks; in: Strümpel, B. (Hg.), Industrial Societies after the Stagnation of the 1970s – Taking Stock from an Interdisciplinary Perspective; Berlin, New York, 1989, 289–302.

Klaus Deimer

### Kontingentflüchtlinge
Flüchtlinge, die aufgrund der Genfer Konvention (Abkommen über die Rechtsstellung der Flüchtlinge vom 28.7.1951, später ergänzt durch das Gesetz über Maßnahmen für im Rahmen humanitärer Hilfsaktionen aufgenommene Flüchtlinge vom 22.7.1980) als Kontingente (oft Quoten genannt) in der BR aufgenommen werden (z. B. Ende der 70er Jahre die Flüchtlinge aus Vietnam/„Boatpeople"). Für die Gruppe der K steht neben Sprachkursen ein Fortbildungs- und Umschulungsprogramm nach dem →Arbeitsförderungsgesetz zur sozialen und beruflichen Eingliederung zur Verfügung.

Bernd Jaenicke

### Kontrazeptionstechnologie
→Familienplanung

### Kontrolle [im Gesundheitswesen]
K wird hier als ein Funktionselement in dem komplexen System von Erbringern und Kostenträgern gesundheitsbezogener Dienst- und Sachleistungen verstanden; durch sie werden dessen Ergebnisse überprüft und darüber Impulse für Korrekturen seiner Funktion ermöglicht. Das geschieht im Hinblick auf die Systemziele der Erhaltung von →Gesundheit und des Heilens und Linderns gesundheitlicher Beeinträchtigungen nach dem aus dem Sozialstaatsprinzip abzuleitenden Maßgabe der individuellen Dringlichkeit der Versorgungsbedürfnisse. Gesundheit als eine Voraussetzung für die Entfaltung der →Persönlichkeit steht dabei in einem unablösbaren Zusammenhang mit den Persönlichkeits- und →Grundrechten wie der Achtung der Menschenwürde und der personalen Autonomie. Die Erhaltung und Wiederherstellung der Fähigkeit, die Persönlichkeitsrechte zu genießen und auszuüben, wird daher – soweit deren Einschränkung gesundheitlich bedingt ist – als ein Ziel der Behandlung und somit auch als Gegenstand der K verstanden. Nicht als Ziel zu sehen sind dagegen die oft von der gesundheitspolitischen Diskussion in den Vordergrund gerückten volkswirtschaftlichen Nebeneffekte dieses Systems, das in der BR mit 10% des Bruttosozialprodukts und 1,2 Mio. Arbeitsplätzen einen gewichtigen Produktions- und Beschäftigungs-

### Kontrolle [im Gesundheitswesen]

faktor darstellt. Die K dieser ökonomischen Aspekte bleibt daher hier außer Betracht, wiewohl sie sich in Gestalt der verfügbaren Ressourcen auf die Befriedigung der Gesundheitsversorgungsbedürfnisse auswirken können. Ebenso unberücksichtigt bleibt hier, daß das →Gesundheitswesen selbst als soziale Kontrollinstanz (→Sozialkontrolle) wirkt.

Vergegenwärtigt man sich Gesundheit als „höchstes Gut", als Ausdruck individuellen Wohlbefindens und gesellschaftlicher Integration und als eine wesentliche Basis persönlicher Lebensperspektiven, so wird die besondere Bedeutung von K im Gesundheitswesen deutlich. Von dem Geschick der →Hebamme hängt maßgeblich das weitere Lebensschicksal des neugeborenen Menschen ab; die Sorgfalt des →Arztes und die Aufmerksamkeit der Krankenschwester (→Krankenpflegeberufe) sind es oft, die vor Siechtum und Tod retten. Heilkundliche Tätigkeit selbst beinhaltet den Umgang mit giftigen Arzneien und gefährlichen Operationsinstrumenten; sie bedeutet das Eindringen in sonst gegenüber Außenstehenden geschützte Bereiche persönlicher Scham und den Erhalt vertraulicher Kenntnisse. Die Hilflosigkeit und die persönliche Not des Kranken oder Behinderten schaffen eine besondere Abhängigkeit von dem Pflegenden oder Heilkundigen; diese wie auch die für den normalen Lebensalltag ungewöhnliche Verringerung der persönlichen Distanz zwischen Pflegendem und Pflegling bergen die besondere Gefahr der Mißachtung der Autonomie und der persönlichen Würde des Betroffenen, aber auch des Mißbrauchs heilkundlicher Kompetenz in sich. Heilkunde bannt also nicht nur Gefahren für Gesundheit und persönliche Würde des Kranken, sondern bringt sie auch mit sich. Im Gesundheitswesen tätige Personen sollen daher in besonderem Maße vertrauenswürdig sein; K kann über Erfahrung Vertrauen schaffen, wie sie andererseits auch zur Sanktionierung schlechter Heilkunde-Praxis führen kann.

So verwundert es nicht, daß schon in Kulturen des Altertums dem fehlerhaft arbeitenden Arzt teilweise drakonische Strafen drohten. Es gab Vorschriften zu seiner Berufstätigkeit, seinem Verhalten und seinem Entgelt – und dementsprechende K. Die seit dem MA von den Städten beschäftigten Stadtärzte (Physici) hatten u. a. die Aufgabe, eine K des Medizinalwesens mittels ihrer Fachkunde zu ermöglichen. Es gab Medizinalordnungen, die u. a. Steinschneider, Zahnbrecher und Okulisten betrafen, aber auch spezielle Apotheken- oder Hebammenordnungen. Mit der Entwicklung des Staatswesens regelten seit dem 17.Jh. Medizinaledikte und in Preußen das Collegium Medicum als eine Art Landesgesundheitsbehörde die K beruflicher Qualifikation und Zusammenarbeit. Die heute insb. von den →Gesundheitsämtern wahrgenommene Medizinalaufsicht überprüft die Berechtigung des einzelnen zum Führen seiner heilkundlichen Berufsbezeichnung und in Behandlungs- und Pflegeeinrichtungen deren hygienische Situation. Insgesamt hat sie heute eine recht untergeordnete praktische Bedeutung; ihre Aufwertung und Qualifizierung nach heutigen Bedürfnissen (etwa K der Lebensbedingungen in Pflegeheimen, orientiert an psychosozialen Bedürfniskonzepten) – wie sie im Heimgesetz allenfalls in Ansätzen auftaucht (→Heimbewohnerrechte) – wäre dringend zu wünschen.

Eine praktisch bedeutsamere Form staatlich sanktionierter K ergibt sich aus dem Arzt- und Medizinrecht, worunter (neben einer Reihe berufsrechtlicher Bestimmungen) insb. spezifische Anwendungen des Straf- und Zivilrechts auf heilkundliche Tätigkeiten verstanden werden. Vorrangig geht es dabei um den Schutz vor gesundheitlichen Schäden durch fehlerhafte Behandlungen, vor eigenmächtigem Handeln des Arztes und vor Unterlassen gebotener Hilfen im Unglücksfall. So macht sich ein Arzt strafbar, wenn er ohne hinreichende Aufklärung und Zustimmung des Kran-

1197

## Kontrolle [im Gesundheitswesen]

ken behandelt oder wenn gesundheitliche Schäden auf seine regelwidrige Behandlungsweise zurückzuführen sind. Diese Form der K geschieht heute häufig über eine außergerichtliche Konfliktregelung durch die von den Landesärztekammern (→Ärztliche Berufsverbände) eingerichteten „Gutachterkommissionen für ärztliche Haftpflichtfragen". In Westfalen-Lippe z.B. wurden 1988 insg. 844 Beschwerden von Patienten behandelt, wobei in 26% der beschiedenen Fälle ein ärztliches Fehlverhalten konstatiert wurde. Die Wirksamkeitsgrenzen dieser Form der K ergeben sich einerseits aus dem Problem der notwendigen Objektivierbarkeit der behaupteten Fehler, weswegen in 80% der Fälle operativ arbeitende Fächer betroffen sind, während psychotherapeutische Behandlungsfehler sich als schwer justiziabel erweisen. Andererseits hängt diese Form der K maßgeblich von der sozialen Kompetenz des einzelnen Patienten ab, der letztlich mit den Instrumenten des Medizinrechts selbst die K ausübt; letztere entfalten ihren Schutz erst dort, wo die notwendigen Behandlungen überhaupt durchgeführt werden und der Kranke diese hinreichend verständig begleitet, während sie wenig Schutz für verwirrte oder in sozialer Marginalität lebende →Behinderte bietet: Die von der Psychiatrie-Enquete des dt. Bundestages 1975 aufgezeigten Mißstände in der Behandlung chronisch psychisch Kranker und geistig Behinderter wurden über die K des Medizinrechts nicht aufgedeckt. Die Behandlungssituation in Pflegeheimen wird in medizinrechtlichen Darstellungen überhaupt nicht erörtert, weil das klassische Medizinrecht primär arzt- und nicht patientenorientiert konzipiert ist.

Eine der ältesten Formen der K ist die berufsständische Selbstkontrolle, als deren Ausdruck der „Hippokratische Eid" mit seinen Verpflichtungen und Leitsätzen für den Arzt gegenüber seinen Standesgenossen und den Kranken am bekanntesten ist. Ihre heutige Bedeutung bekam sie erst, als in der zweiten Hälfte des 19.Jh. der Prozeß der →Professionalisierung des Arztberufs einsetzte, der diesem ein hohes Maß an Autonomie in der Festlegung beruflicher Standards und deren K brachte. In Ländergesetzen „über die Kammern, die Berufsausübung, die Weiterbildung und die Berufsgerichtsbarkeit der Ärzte, Apotheker, Tierärzte und Zahnärzte" (Heilberufsgesetz) erhält diese berufsständische Selbstkontrolle ihre Verbindlichkeit. Die →Ärztekammern sind demnach für die Inhalte und die Dauer der →Weiterbildung zu den einzelnen ärztlichen Fachgebieten, für die Prüfung der so weitergebildeten Ärzte und für den Erlaß einer Berufsordnung und die entsprechende Berufsgerichtsbarkeit zuständig. Klinische Psychologen haben ein eigenes Recht auf eine solche berufsständische K bisher ohne Erfolg angestrebt. Professionelle Selbstkontrolle im weiteren Sinne erfolgt heute zunehmend über methodisch reflektierte Verfahrensweisen der →Supervision, der Balintgruppe und qualifizierter Teamarbeit.

Waren bis zur Verbreitung der →Sozialversicherung ärztliche Leistungen im wesentlichen Familien vorbehalten, die sich die Einbestellung eines Arztes leisten konnten, so zielt heute die Verantwortung des →Sozialstaates auf das gesundheitliche Wohl aller Bürger. Daraus ergibt sich die Notwendigkeit von K, wieweit Sozialleistungsträger und Leistungserbringer ihre Aufgaben den leistungsrechtlich verbrieften Ansprüchen der Bürger entsprechend erfüllen. Doch fehlen bisher valide Kriterien zur K der Bedarfsgerechtigkeit des Angebots. So kontrollieren die für die Sicherstellung der ambulanten ärztlichen Versorgung zuständigen →Kassenärztlichen Vereinigungen im wesentlichen nur das relative Maß der regionalen Ungleichverteilung der ärztlichen Niederlassungen; auch die Krankenhausbedarfsplanung (→Krankenhausökonomik 2) der Landesgesundheitsbehörden erscheint mangels geeigneter K-parameter nicht weniger entfernt von einer Orientierung an den tatsächlichen vordringlichen Versorgungsbedürfnissen. Eher haben hier Sachverständigenberichte (wie z. B. der Expertenbericht zum Modellprogramm Psychiatrie der Bundesregierung 1988) und Stellungnahmen von →Wohlfahrts- oder Fachverbänden (etwa zur Situation pflegebedürftiger Menschen), trotz der mit ihnen oft verfolgten eigenen Interessen, mehr valide K des Versorgungsangebots realisiert. Unter dem Schlagwort der Qualitätssicherung bemühen sich zunehmend Verbände der Leistungserbringer (Krankenhäuser, Kassenärzte) um K v.a. im Bereich technischer Leistungen. Verbraucherschutzorganisationen wie die Stiftung Warentest prüfen soziale Dienstleistungsangebote, etwa von Pflegediensten. Krankenhausträger üben gemäß ihrem heutigen Selbstverständnis als Dienstleistungsanbieter Ratsausschüsse, Kuratorien u. ä. K aus. Mehr eine gesundheitspolitische Utopie stellt das Konzept der auf kommunaler Ebene anzusiedelnden Gesundheitsberichterstattung dar, welche die gesundheitliche Situation im örtlichen Bereich regelmäßig überprüfen soll, um kommunalpolitische Koordinationsleistungen mit dem Ziel einer bedarfsgerechten Ordnung und Funktion des örtlichen Gesundheitswesens zu ermöglichen (→Kommunale Gesundheitspolitik).

Eine inzwischen stattliche Zahl von Verbänden Behinderter, chronisch Kranker oder deren Angehörige haben sich in der →Bundesarbeitsgemeinschaft Hilfe für Behinderte und im Dachverband psychosozialer Hilfsvereine zusammengeschlossen. In Abhängigkeit von ihrer jeweiligen politischen Artikulationsfähigkeit erweist sich ihr Weg der K des für sie relevanten Versorgungsbereichs als teilweise recht erfolgreich, wie man an den von den Rollstuhlfahrern in den letzten Jahren durchgesetzten behindertengerechten baulichen Maßnahmen oder der Verbesserung der Versorgung geistig Behinderter seit Gründung der →Bundesvereinigung Lebenshilfe für geistig Behinderte (die als Selbsthilfeeinrichtung betroffener Angehöriger ihren Weg begann) ablesen mag. Sollte das im Rahmen der Reformdiskussion zum Vormundschafsrecht (→Vormundschaft) formulierte Leitbild vom zivilrechtlichen Betreuer (Vormund, Gebrechlichkeitspfleger) als dem Vertreter des Willens und der Interessen des einzelnen Betreuten konkret Gestalt gewinnen, so wäre in dem zivilrechtlichen Betreuer (→Betreuung) eine Kontrollinstanz gegenüber den Einrichtungen und Sozialleistungsträgern zugunsten psychisch Behinderter zu sehen.

L.: Huerkamp, Claudia: Der Aufstieg der Ärzte im 19. Jahrhundert; Göttingen, 1985. Laufs, Adolf: Arztrecht; München, 1984.

Wolf Crefeld

**Konzentrationslager (KZ)**
→Schutzhaft

**Konzertierte Aktion**
→Krankenversicherungskostendämpfungsgesetz

**Kooperationsringe**
Einschlägige Erfahrungen und Prognosen besagen, daß auch bei einer günstigen (welt-)wirtschaftlichen Entwicklung kurz- und mittelfristig nicht mit einem Abbau der Arbeitslosigkeit in den industrialisierten Ländern zu rechnen ist. Vor diesem Hintergrund wird sozialpolitisch zum einen die Frage relevant, ob und wie die sozialen Sicherungswerke – in der BR v. a. die→Arbeitslosenversicherung, die→Gesetzliche Rentenversicherung und→Krankenversicherung – auf Dauer die Folgekosten der Arbeitslosigkeit tragen können. Zum anderen ist zu erörtern, ob nicht durch den Aufbau von Alternativen zur→Erwerbsarbeit für den einzelnen neue Optionen geschaffen werden können, sinnvolle Arbeiten zu leisten, die auch seiner persönlichen Wohlfahrt unmittelbar zugute kommen. Dies könnte auch ein geeigneter Weg sein, um bei den Beschäftigten das Interesse an Arbeitszeitverkürzungen und Teilzeitarbeit zu fördern. Angelehnt an – alles in allem – ermutigende Erfahrungen insb. aus den USA und aus Kanada ist vor diesem Hintergrund der

Versuch, →Eigenarbeit und →Nachbarschaftshilfen zu initiieren und zu fördern, stärker in den Vordergrund der wissenschaftlichen Diskussion gerückt. K stellen ein solches Konzept der organisierten Eigenarbeit dar.

Wie K aussehen und funktionieren, läßt sich am besten mit einem – wenngleich stark vereinfachenden – praktischen Beispiel erläutern: Der handwerklich begabte Werkzeugmacher A ist dem Latein- und Englischlehrer B bei Renovierungs- und Malerarbeiten behilflich. Als Gegenleistung erhält er Leistungsgutscheine, die es ihm später ermöglichen, seinen Lohnsteuerjahresausgleich von der Bankangestellten und Anlageberaterin C erledigen zu lassen. Diese wiederum nutzt die dabei erworbenen Gutscheine, um ihr Wirtschaftsenglisch durch Privatunterricht beim Latein- und Englischlehrer auffrischen zu lassen.

Bereits diese Illustration der Funktionsweise von K zeigt, daß das Konzept nicht nur auf den Bereich der sozialen →Dienstleistungen, sondern auch auf produktiv-handwerkliche Aktivitäten zielt. In K werden innerhalb eines überschaubaren sozialen Gefüges – etwa einer kleinen Gemeinde oder innerhalb eines abgegrenzten städtischen Wohnquartiers – Dienstleistungen gegeneinander getauscht. Dieser Austausch erfolgt allerdings ohne das Medium Geld und wird stattdessen durch untereinander übertragbare Leistungsgutscheine geregelt (→Theorie der Scheine). Für eine individuell erbrachte Dienstleistung erhält man vom Empfänger dieser Dienstleistung einen Leistungsgutschein, mit dem gleichwertige Dienstleistungen von einem anderen Beteiligten an dem jeweiligen K ‚eingekauft' werden können.

K etablieren sich nicht von selbst. Besonders wichtig erscheinen zwei Voraussetzungen: Zum einen ist das Funktionieren davon abhängig, daß ein einheitliches, von allen Teilnehmern akzeptiertes Bewertungskriterium für die unterschiedlichsten Tätigkeiten entwickelt wird. Zum anderen sollte eine Anlaufstelle vorhanden sein, die die Koordination und die →Öffentlichkeitsarbeit übernimmt und auch über eine Mindestausstattung an Räumen und Geräten verfügt.

Überall dort, wo das Konzept der K vorgestellt wird, stößt es sowohl auf starke Befürwortung als auch auf heftige Kritik. Eine der skeptischen Positionen hebt etwa darauf ab, bei der derzeitigen Arbeitsteilung nach →Geschlecht in Haushalt (→Hausarbeit) und Beruf könne die Mitarbeit in K zu einem „Trostpflaster" für Hausfrauen werden, die sich erfolglos um einen (Teilzeit-)Arbeitsplatz in der formellen Ökonomie bemühen. K könnten es leichter machen, Frauen weiter an „Heim und Herd" zu binden, sie in „Kooperationsghettos" zu schicken und so aus der Erwerbsarbeit zu verdrängen.

Vorbehalte gegen die Einführung von K sind in der BR sicherlich auch aus dem Handwerk zu erwarten. Einige der Tätigkeiten, die in K anfallen, werden hier von Handwerksunternehmen angeboten. Von daher könnte das Handwerk durch K seine Absatzchancen geschmälert sehen.

In der BR gibt es gegenwärtig nur sehr wenige Projekte und Initiativen, die dem Modell der K nahekommen. Demgegenüber trifft man bspw. in den USA in einzelnen Bundesstaaten (u. a. Florida, Missouri) bereits auf gesetzliche Regelungen und Förderprogramme. Auch in den Niederlanden liegen bereits zahlreiche Erfahrungen mit solchen Austauschnetzwerken vor. Auswertungen lassen den Schluß zu, daß die Funktionstüchtigkeit von Arrangements der organisierten Eigenarbeit stark von den jeweiligen sozialen Kontexten und den Merkmalen des jeweils gewählten Modells abhängt. Ob K auch in der BR entwicklungsfähig sind, kann derzeit noch nicht zuverlässig abgeschätzt werden. Um in dieser Frage mehr Klarheit zu gewinnen, bietet es sich an, K in einem Modellversuch weiterzuentwickeln und zu erproben. Die Evaluation eines solchen Modellversuches könnte Anhaltspunkte dafür liefern, wie man – ausgehend von den gegenwärtig vorhandenen Formen der →Selbsthilfe, Eigenarbeit und Nachbarschaftshilfe – sukzessive stabilere, organisierte Austauschnetzwerke entwickeln kann (→Netzwerke).

L.: Heinze, R. G./Offe, C. (Hg.): Formen der Eigenarbeit; Opladen, 1990. Offe, C./Heinze, R. G.: Organisierte Eigenarbeit: Das Modell K; Frankfurt, New York, 1990.

Josef Hilbert

## Korach, Alfred

K (1893–1979) begann 1911 mit dem Medizin- und Volkswirtschaftsstudium, nahm als Feld-Unterarzt, später als Feld-Hilfsarzt am 1. Weltkrieg teil, trat 1918 der SPD bei, gründete 1919 in Jena den Verband der dt. Sozialistischen Studentenorganisationen, promovierte 1920 in Königsberg, arbeitete anschließend beim städt. Untersuchungsamt für ansteckende Krankheiten in Charlottenburg-Westend. Von 1920 bis 1933 war er Mitglied des SPD-Kreisvorstands Berlin-Wilmersdorf, wurde 1921 Vorstandsmitglied des Sozialdemokratischen Ärztevereins (→Ärzteopposition) und Mitglied der Pressekommission der SPD-Zeitung „Vorwärts". 1929–33 war er Vorsitzender der Arbeitsgemeinschaft sozialdemokratischer Ärzte, 1928–33 Mitglied der Berliner →Ärztekammer, 1930–33 Mitherausgeber der Sozialärztlichen Rundschau, 1931–33 Stadtverordneter von Berlin, 1933 Spitzenkandidat für die Stadtverordnetenwahl. Er wurde 1933 mehrfach verhaftet, in seinem Amt als Stadtarzt erst beurlaubt, dann gekündigt. K gelang die Flucht nach England. 1933-35 lebte er in Paris, bekam dann eine Stelle als beratender Arzt für kommunale →Hygiene in Moskau, reiste 1936 über Finnland nach Schweden, von wo aus er 1937 in die USA emigrierte. Dort lehrte er Präventive Medizin, zunächst am M.I.T., dann bis 1963 am Medizinischen Kolleg der Universität von Cincinnati. 1943 hatte K die amerikanische Staatsbürgerschaft erworben und den Namen „George" angenommen.

## Kooperative

⇒ Genossenschaft,  →Genossenschaftswesen 5

## Korporatismus

Als erster hat Hegel in seiner „Rechtsphilosophie" →Verbände (Korporationen) als vermittelnde Instanz zwischen Gesellschaft und Staat gesehen. Eine wissenschaftliche Verbändeforschung (→Verbände-Soziologie) hat jedoch erst im 20. Jh. eingesetzt.

Die sozial- und politikwissenschaftliche Verbändeforschung ist weitgehend Einflußforschung. Sie untersucht, welche Bedeutung die Verbände auf die politische Willensbildung in der Demokratie haben. Als Verbände gelten dabei organisierte gesellschaftliche Gruppen mit gleichgerichteten oder vereinheitlichten Interessen. Die Fragestellung der Verbändeforschung lautet traditionell, wie sich (zumeist wirtschaftliche) Interessen politisch geltend machen, oder m.a.W., welchen Einfluß die Verbände auf die Entscheidungen und das Handeln der staatlichen Apparate ausüben können. Gegenstand der K-forschung ist also die Transmission individueller in kollektive und wirtschaftlicher in politische Interessen (wobei der Einfluß weltanschaulicher Verbände, wie z.B. der Kirchen, eher vernachlässigt wurde). Wenngleich in dieser Forschungsrichtung die Wechselwirkungen zwischen Verbänden und Gesellschaft sowie zwischenverbandliche Kommunikation und Kooperation nicht völlig übergangen werden, gelten als entscheidende Adressaten verbandlicher Intervention systematisch nur Regierung und Verwaltung, Parteien und Öffentlichkeit. Diese etatozentrische Beschränkung ist denn auch vielfach kritisiert worden.

Theoretisch geht die K-forschung von der →Gesellschaft als einer Vielfalt von Interessen auf der einen Seite und dem →Staat als Regulierungssystem auf der anderen Seite aus. Die Annahme der Trennung von Staat und Gesellschaft macht erst die Untersuchung der Wirkung von organisierten Interessen aus dem gesellschaftlichen Bereich in das politische System hinein sinnvoll. Diese Verbändeforschung stellt sich also nicht die Frage, ob das politische System nicht bereits strukturell wichtige Interessen repräsentiert bzw. begünstigt oder nicht. Sie geht davon aus, daß gesellschaftliche Interessen erst im Staat die Form des allgemeinen Interesses und allgemein verbindlicher Gesetze erhalten; sie untersucht theoretisch die Einflußprozesse und Strukturen im politischen System und empirisch die Strategien, Methoden und Prozesse der Einflußnahme.

Im Pluralismuskonzept gelten die Verbände als legitime Teilnehmer am politischen Willensbildungsprozeß. Die Konkurrenz zwischen verschiedenen Interessengruppen, Verbänden und Parteien wird als wesentliches Strukturmerkmal moderner Gesellschaft interpretiert, so daß erst durch die Beteiligung der Verbände ein gesellschaftliches Kräftegleichgewicht im politischen System zum Tragen kommt. Das Ergebnis entsprechender empirischer Untersuchungen ist, daß die Verbände in allen Stadien der Gesetzgebung ihren Einfluß geltend machen können. Das Pluralismuskonzept setzt strukturelle Gleichheit gesellschaftlicher Interessen voraus und leugnet implizit die Faktizität der Ungleichheit im Hinblick auf die Möglichkeit zur organisierten Interessenvertretung. Die fehlende Organisationsfähigkeit, Konfliktfähigkeit und Sanktionsfähigkeit z. B. marginalisierter Gruppen (Arbeitslose, Alte, Behinderte, Frauen; →Marginalität), also deren strukturelle Benachteiligung, wird so ausgeblendet.

Der Ansatz des Neo-K thematisiert kritischer die Verbände als gesellschaftlich intermediäre Instanz zwischen gesellschaftlichen Gruppen und dem politisch administrativen System (→Intermediarität). Die Verbände werden hier begriffen als zwischengeschaltete Institutionen zur Umformung und Selektion von prinzipiell gesellschaftlich konfliktträchtigen Interessen. Sie sind das Medium zur Adaption ursprünglicher Klasseninteressen, die über Verbände im politischen System verkörpert sind. Allerdings wird im Verbändesystem nur ein Teil der gesellschaftlichen Interessen repräsentiert. Die Organisationsfähigkeit stellt bereits einen Filter dar, die Konfliktfähigkeit eine weitere Hemmschwelle, so daß sich die gesellschaftliche Machtverteilung im Verbändesystem fortsetzt und zur Nichtrepräsentation bestimmter gesellschaftlicher Gruppen führt. Gerade z. B. die sogenannten „sozial Schwachen", die sich aufgrund ihrer strukturellen Individualisierung schwer organisieren können und über keine Druckmittel verfügen, haben daher „keine Lobby", d. h. sie sind strukturell im Verbändesystem benachteiligt (z. B. →Alleinerziehende, →Obdachlose). Deswegen sind die gesellschaftlich individuell-ökonomischen Interessen, wie z. B. die der Unternehmer- und Mittelstandsverbände, wegen der strukturellen Dominanz des Kapitals am stärksten vertreten.

Das neokorporatistische Thema ist also die Interessenvermittlung im Prozeß gesamtgesellschaftlicher Regulierung. Mit Neo-K wird – wenn auch in unterschiedlicher Ausgestaltung – die wechselseitige Durchdringung und Verflechtung von Interessenverbänden und staatlichen Institutionen bezeichnet. Zur Dialektik von Staat und Verbänden gehört, daß die Verbände im Rahmen korporatistischer Regulierungssysteme einerseits den Staat entlasten, andererseits wird der Staat als Initiator korporatistischer Arrangements benötigt, und erst staatliche Organisationshilfen entschärfen die inneren Solidarisierungsprobleme der Verbände und versetzen sie in die Lage, Adaptionsfunktionen zum Staatsapparat oder Funktionen als Bestandteil des ideologischen Staatsapparats zu übernehmen. In dieser Weise entlastet der Staat auch die Verbände.

Korporatistische Strukturen der Konfliktregulierung haben sich besonders seit dem 1. Weltkrieg entwickelt; dabei werden in korporatistischen Arrangements die Verbände nicht nur zur Politikformulierung (Beratung und Mitwirkung bei Gesetzen) herangezogen, sondern es werden ihnen (relativ) autonome Handlungsspielräume eingeräumt. Enge wechselseitige Verbands- und Staatsbürokratien verlagern einen Teil der Informations- und Legitimationsdefizite des Staats auf die Verbände; diese Entwicklung wird gestützt durch einen Funktionsverlust der politischen Parteien seit ca. 1950, die kaum noch richtungsweisende Perspektiven als Organisationen klassen- oder gruppenspezifischer Interessen anbieten können. So erweisen sich die neokorporatistischen Arrangements als effektiver. Die etablierten (und insb. die konfliktfähigen) Verbände sind auf vielen Ebenen des politischen Systems präsent und haben eine (der staatlichen Bürokratie mit ihren Ebenen: Bund, Land, Region usw.) homologe Struktur ausgebildet.

Die Ausweitung neokorporatistischer Strukturen führt zugleich innerhalb des Verbändesystems zu einer Machtverschiebung zugunsten der neokorporatistisch integrierten Verbände, da z. B. die Kooperation der etablierten Akteure Konfliktregelungen auf Kosten der nicht organisierten Interessen erlaubt, also Vorteile bzw. relative Besserstellung bei einer allgemeinen Kostenverteilung ermöglicht. Die Selektivität neokorporatistischer Strategien begünstigt mithin diejenigen gesellschaftlichen und politischen Gruppen, die aufgrund der ökonomischen Entwicklung eine starke und konfliktfähige Position einnehmen, und verschärft tendenziell das Ungleichgewicht gegenüber kaum organisierbaren (z. B. Verbraucher, Kinder, Jugendliche) oder nicht konfliktfähigen Interessen, so daß „Sparmaßnahmen" im Sozialbereich die schon unterprivilegierten und nicht effektiv im Verbändesystem vertretenen Gruppen verstärkt treffen.

Das Neo-K-Paradigma geht also davon aus, daß gesellschaftliche Interessengruppen strukturell in die politische Steuerung eingebunden werden, wobei deren Machtungleichheiten verstärkt werden. In der empirischen Nachzeichnung konnte gezeigt werden, daß diese politische Technik erfolgreich angewendet wird (vgl. Esser 1982). Das Konzept des Neo-K ermöglicht es ferner, die veränderte institutionelle Form politischer Interessenvermittlung präziser zu beschreiben. So werden die Verbände als hegemoniale Apparate aufgefaßt, die Klassen und Klassenverhältnisse, Klassenfraktionen und Klassengruppen organisieren und in denen Auseinandersetzungen um unterschiedliche Bedürfnisse und Interessen stattfinden. Das Konzept thematisiert also auch die strukturelle Verflechtung von Interessenorganisation und -artikulation mit der Formtypik staatlicher Regulation. Die Verbände werden dabei als intermediäre Instanz zwischen gesellschaftlichen Interessen und dem staatlichen System gesehen, welche die „von unten" kommenden Interessen umformen, selektieren, kleinarbeiten und dadurch den Erfordernissen des politischen Systems anpassen. So tragen sie gleichzeitig dazu bei, den unmittelbaren Druck von Interessen auf das politische Entscheidungssystem abzupuffern.

Die formelle oder informelle Beteiligung der Verbände beim Willensbildungs- oder Entscheidungsprozeß ökonomischer oder sozialer Probleme ist in dreifacher Hinsicht effektiv: 1. Die Entscheidung kann schneller gefällt werden als in langwierigen demokratischen Prozessen; die Verbände verfügen in ihrem gesellschaftlichen Bereich über die entscheidenden Informationen und Daten. 2. Die sachliche Verbindlichkeit der getroffenen Entscheidungen ist höher. 3. Durch die Integration der Verbände wird die soziale Legitimation und Kontrolle sowie die Erzeugung von Massenloyalität in der Vorbereitung und der Durchführung von Entscheidungen tendenziell stärker auf die Verbände verlagert; der staatliche Apparat wird von Integrations- und Legitimationsproblemen entlastet.

Als Politikebenen lassen sich unterscheiden: (a.) die Makroebene (zentralstaatliche Verwaltung, Spitzenverbände); (b.) die mittlere Ebene (Branche, Region); (c.) die Mikroebene (Einzelunternehmen, Einzelverband). Die Verbände haben in der Regel eine diesen Politikebenen entsprechende innere Verbandsstruktur ausgebildet. Die Integration in den politischen Entscheidungsprozeß kann entweder als im Staatsapparat verankerte Zusammenarbeit mit Verbänden oder als vom Staatsapparat zugelassene und abgesicherte →Selbstverwaltung erfolgen.

Das Konzept des Neo-K zeigt insgesamt plausibel, wie sich der moderne bürgerliche Staat einer politischen Strategie bedient, mittels derer erforderliche gesellschaftliche →Steuerungsprobleme sich funktional und effektiv, d. h. die kapitalistische Wirtschaftsordnung stabilisierend, bewältigen lassen, ohne erhebliche zusätzliche Integrations- und Legitimationsprobleme aufzuwerfen. Gerade im Bereich der Ökonomie zeigt das Konzept des Neo-K die direkte Einbindung der Organisationen von Kapital und Arbeit als politisch neuen Modus gesellschaftlicher Interessenvermittlung in Form einer staatlich induzierten Klassenkollaboration.

Der neokorporatistischen Analyse veränderter institutioneller Formen und Mechanismen von Interessenvermittlung und Konfliktaustragung zwischen Staatsapparat und Verbänden ermangelt es insgesamt noch einer demokratie- und gesellschaftstheoretischen Fundierung sowie der Einbindung in ein staatstheoretisches Paradigma. So ist der Kritik zuzustimmen, daß in den 80er Jahren kein liberaler, sondern ein selektiver Korporatismus vorliegt, so daß sich Selektions- und Ausgrenzungsprozesse ganzer sozialer Gruppen sowohl aus dem ökonomischen Prozeß als auch aus der →Sozialversicherung ergeben, und daß diese Prozesse in den neokorporatistischen Analysen theoretisch zu wenig berücksichtigt worden sind. Es fehlt an der Verknüpfung der Analyse der →Institutionen und ihrer Politiken mit einer sozioökonomischen Ursachenanalyse sowie mit staatstheoretischer Reflexion. Über die Stabilität eines solchen Regulierungsmodus kann daher im gesamtgesellschaftlichen Zusammenhang zu wenig ausgesagt werden. Konkrete korporatistische Integration gesellschaftlicher Interessen und Gruppen müßte präziser vor dem jeweiligen Hintergrund ökonomischer Reproduktionserfordernisse, dem Stand der klassengesellschaftlichen Machtstrukturen und der entsprechenden konkreten Formierungsprofile von Massenloyalität analysiert werden.

L.: Alemann, Ulrich von: Organisierte Interessen in der BRD; Opladen, 1987. Esser, Josef: Gewerkschaften in der Krise; Frankfurt, 1982. Heinze, Rolf G.: Verbändepolitik und „Neo-K". Zur politischen Soziologie organisierter Interessen; Opladen, 1981.

Karl August Chassé

**Kosten-Nutzen-Analyse**
→Erfolgskontrolle

**Kraepelin, Emil**
Nach dem Medizinstudium in Leipzig und Würzburg und der Habilitation 1883 wurde K (1856–1926) 1884 Oberarzt an der →Irrenanstalt Leubus. Seine weiteren Stationen: 1885 Heil- und Pflegeanstalt Dresden; 1886 Anstalt in Dorpat; 1890 Berufung nach Heidelberg; 1904 Ordinarius der Psychiatrie in München. In seinem erstmals 1901 veröffentlichten und noch zu seinen Lebzeiten in 8. Auflage erschienenen Lehrbuch „Einführung in die psychiatrische Klinik" entwickelt K mittels einer naturwissenschaftlich gewandten Psychiatriesystematik die Grundlagen einer „Staatspsychiatrie" und wird „der große Anreger der statistisch zu betreibenden Massenpsychiatrie, innerhalb derer seine im eigenen Weltbild gewonnenen sittlichen Anschauungen stark hervortreten, wenn er beispielsweise die Überschätzung von Besitz und Wohlleben bedenklich tadelt. Politisch zeigte er einen zeitgebunde-

nen nationalistischen Konservatismus" (Leibbrand/Wettley 1961, 579).
L.: Leibbrand, Werner / Wettley, Annemarie: Der Wahnsinn; Freiburg, München, 1961.

**Kräuterheilkunde**
→ Naturheilverfahren, → Volksmedizin

**Krafft-Ebing, Richard von**
K (†1903) studierte Medizin in Heidelberg und Zürich. Dort promovierte er 1863 und wurde 1864 Assistent in der Anstalt Illenau, wo sich seit 1863 auch → Schüle befand. 1868 ließ er sich in Baden-Baden nieder, nahm als Feldarzt am dt.-frz. Krieg teil, um sich anschließend in Leipzig zu habilitieren. Durch Vermittlung von → Bismarck wurde er 1872 an die Universität Straßburg berufen, wo er eine psychiatrische Klinik eröffnete. Ein Jahr später erfolgte seine Berufung nach Graz. 1886 gründete er das Santatorium „Mariagrün" und folgte 1889 einem Ruf an die Universität Wien.
W.: Lehrbuch der Psychiatrie, 3 Bde.; 1879 (4. Aufl.; 1890).

**Kraft durch Freude (KdF)**
Organisation der → Deutschen Arbeitsfront. Im Nov. 1933 als „NS-Gemeinschaft KdF" gegründet, sollte die Organisation als „Freizeitbewegung" einen lenkenden Einfluß auf die Gestaltung der → Freizeit von Arbeitern und Angestellten nehmen, wobei sie sich auf diejenigen materiellen Mittel stützen konnte, die ihr als Folge der Zerschlagung der früheren → Gewerkschaften zugefallen waren.

Die KdF-Organisation war in mehrere Ämter unterteilt, deren Aufbau und Aufgaben sich mehrfach änderten. Das „Amt Feierabend" organisierte verbilligte Konzertbesuche, Bunte Abende und Theateraufführungen. Das KdF-„Sportamt" führte 1936 den Betriebssport ein. Das Amt „Schönheit der Arbeit" war zuständig für die bauliche Verschönerung der Industriebetriebe. Das Amt „Reisen, Wandern und Urlaub" erreichte mit Wanderausflügen, Ferienreisen und Auslandsreisen auf KdF-Schiffen die größte Propagandawirkung. Daneben bestand ein Amt „Deutsches Volksbildungswerk" (→ Erwachsenenbildung), ein Verbindungsamt zur Wehrmacht und eines zum → Reichsarbeitsdienst. In den Betrieben organisierte die KdF-Organisation sog. Werkscharen zur Gestaltung von Werk- und Feierabenden im Sinne der nationalsozialistischen Ideologie. (→ Nationalsozialistische Betriebszellen-Organisation.)

**Krankenakte**
→ Medizinische Dokumentation

**Krankengeld**
Das K wird als monetäre Leistung von der → Krankenversicherung erbracht und dient der Erhaltung des Lebensstandards der Versicherten, wenn sie infolge einer Krankheit keiner → Erwerbsarbeit nachgehen können (Arbeitsunfähigkeit) und der 6wöchige Zeitraum der → Lohnfortzahlung im Krankheitsfall abgelaufen ist.

**Krankengymnastik**
K (auch: Heilgymnastik) als ärztlich verordnete Übungs- und Bewegungstherapie zu Heilzwecken, insb. zur Muskelkräftigung und zur Beweglichmachung von Gelenken bzw. zum Ausgleich von Haltungsfehlern (Ausgleichsgymnastik) kommt in einer Reihe medizinischer Fachgebiete zur Anwendung (z. B. in der → Chirurgie, → Geriatrie, → Orthopädie, → Pädiatrie). Die Behandlung erfolgt entweder → stationär oder → ambulant in einer → Sozialstation, klinischen Einrichtung oder Praxis. Dem Berufsfeld der K benachbart ist das der Massage und des medizinischen Bademeisters. Ausbildung und berufliche Tätigkeit sind bundeseinheitlich geregelt im Gesetz über die Ausübung der Berufe des Masseurs und medizinischen Bademeisters und des Krankengymnasten von 1958 (BGBl. I, S. 585).

**Krankenhaus**
Das moderne K, das in wesentlichen Merkmalen seiner ursprünglichen Form bis heute fortbesteht, ist eine Folge der

naturwissenschaftlichen →Medizin und gleichsam ein Nebenprodukt der →Industrialisierung. Das K dieses Typs geht in seiner Entstehung auf den Beginn des 19.Jh. zurück. Zuerst in Großstädten wie Paris und Wien entstanden (→Stadt), ersetzt es zunehmend die auf →Privatwohltätigkeit und öffentliche →Armenfürsorge zurückgehenden →Armenhäuser, →Arbeitshäuser und Verwahranstalten. Es dient sowohl als Erziehungsanstalt für die arbeitenden Unterschichten als auch zur Ausbildung (→Ärztliche Ausbildung) der wissenschaftlichen Medizin(er).

Charakteristisch für das K sind zum Zeitpunkt seiner historischen Entstehung folgende Ordnungsprinzipien: der Ausschluß der Öffentlichkeit und jeglicher externer Kontrolle; ein Gehorsam erzwingendes, straffes Reglement; eine Observations-Atmosphäre, in der eine schonungslose Untersuchung der Körperbeschaffenheit stattfindet unter bewußter Verletzung der Körperintegrität und ohne Rücksichtnahme auf bisher übliche Scham- und Schmerzgrenzen. Die aus Gründen der Infektionsprophylaxe übliche Isolierung von der Außenwelt und die zusätzliche Vereinzelung des Kranken innerhalb des Kollektivs sowie die bauliche Ausgestaltung der Häuser (→Architektur) schaffen ein kasernen- oder gefängnisähnliches Klima. Die Berliner Sozialdemokratie boykottiert 1893/94 das staatliche Krankenhaus Charité und fordert: Fortfall der militärischen Disziplin, des Kasernenhoftons, aller Disziplinarmaßnahmen, und völlige Freiheit der Kranken in bezug auf „Verwendung" zu Unterrichts- und Demonstrationszwecken.

Reduktionismus und Objektivierung sind erklärtes Ziel des neuen Arzt-Patient-Verhältnisses im 19.Jh.; der Kranke wird zum (austauschbaren) Beispiel, er „ist ein Akzidens seiner Krankheit, das vorübergehende Objekt, dessen sie sich bemächtigt hat" (1). Uniforme Anstaltskleidung, die Praxis der regelhaften Leichenzergliederung und die Fortschritte der Pathologie dienen der Verallgemeinerung der individuellen Lebens- und Krankengeschichte. Im Gegensatz zur vorsichtigen Beratung des Hausarztes alter Prägung wird die vollständige Unterordnung unter den Willen der Ärzte verlangt. Dies läßt die Ärzte (→Arzt) neben →Polizei und Priesterschaft zu zentralen Kontaktstellen der →bürgerlichen Gesellschaft werden. Die Autoritätsstrukturen des 19.Jh. finden ungehindert Eingang in das K. Für die „großen Männer der Medizin" gibt es zur hierarchischen Struktur des K (→Krankenhaushierarchie) keine denkbare Alternative. Die ebenfalls streng hierarchisch gegliederten katholischen Schwesternorden (→Orden) und ab 1836 die protestantischen Diakonissen sind neben den Ärzten in der Pflege der Kranken bestimmend. Der Grundstein ist damit gelegt zur medizinischen Dominanz über die Armen als ersten Schritt zur angestrebten Kontrolle auch über die bürgerlichen Kranken. Mit deren Zustrom wird die hierarchische Abstufung auch innerhalb der Patientengruppe in 3 Pflegeklassen eingeführt.

Der Vorwurf der „Klassenmedizin" und die Forderung nach dem „klassenlosen K" stehen nach der Studentenrevolte 1968 (→Studentenbewegung) für kurze Zeit im Zentrum der Gesundheitsreform (2; 3). 5 Forderungen werden erhoben: 1. Abschaffung der Pflegeklassen und 2. des privaten Liquidationsrechtes der Chefärzte; 3. Ersatz des Chefarztsystems durch eine demokratische Führungsstruktur auf der Basis von Teamarbeit; 4. Verkleinerung der Abteilungen auf maximal 80–100 Betten; 5. Verbesserung von Verpflegung, Besuchsregelung u.ä. Mit der Begründung für die Abschaffung der Pflegeklassen wird argumentativ auch die Rechtfertigung der „anachronistischen" K-hierarchie insgesamt hinfällig. Gegenüber den vehement vorgetragenen Argumenten und einem bis hin zum Entwurf eines als K-verfassung ausgeformten Konzepts für das klassenlose K beweist die alte K-struktur eine auffällige Stabilität. In einer Wickert-Institut-Umfrage (1969) sprechen sich 74% für das klassenlose Krankenhaus aus – niemand jedoch für die Beseitigung des Chefarztsystems. Dieser Widerspruch könnte für den Wunsch sprechen, im Krankheitsfall auf den (als fähig phantasierten) „Halbgott in Weiß" nicht verzichten zu wollen. Konkrete Modelle einer K-demokratisierung [Landrat M. Woythal: Planung eines klassenlosen K in Hanau 1969; Münchener K-reform 1971; K-reformgesetz der Länder Hessen und Rheinland-Pfalz 1973 (2), Altonaer Modell 1971–1975 (4)] scheitern im Ansatz, werden nach gewisser Zeit ohne Begründung eingestellt (Altonaer Modell) oder lassen hierarchische Strukturen faktisch unangetastet. Das 1969 eröffnete anthroposophisch ausgerichtete gemeinnützige Gemeinschafts-K Herdecke/Ruhr war lange Zeit Hoffnungsträger für eine radikale demokratische K-struktur. Die Selbstdarstellung 20 Jahre später (5) läßt eine solche nicht erkennen. Die von der konservativ-liberalen Bundesregierung angekündigte „Strukturreform des Gesundheitswesens", mündend in das „Gesundheitsreformgesetz" (1988; →Gesundheitsrecht), dient allein der weiteren Kostendämpfung und läßt die Strukturen des K unverändert.

L.: (1) Foucault, Michel: Die Geburt der Klinik; München, 1973. (2) See, Hans: Die Gesellschaft und ihre Kranken. Oder: Brauchen wir das klassenlose K?; Hamburg, 1973. (3) Initiativkreis Medizin und gesellschaftlicher Fortschritt (Hg.): Medizin und gesellschaftlicher Fortschritt; Köln, 1973. (4) Bürgerschaft der Freien und Hansestadt Hamburg: Bericht des Parlamentarischen Untersuchungsausschusses „Orthopädie AK Barmbek"; Drucksache 11/6600, 1986. (5) Gemeinschaftskrankenhaus Herdecke, Beckweg 4, 5804 Herdecke (Selbstdarstellung); Düsseldorf, 1989.

Bernd Kalvelage

## Krankenhausbau
→Architektur, →Medizinischer Baumarkt

## Krankenhausbedarfsplanung
→Krankenhausökonomik 2

## Krankenhausfinanzierung

Die K erfolgt in der BR nach dem Grundsatz der Selbstkostendeckung eines sparsam wirtschaftenden und leistungsfähigen →Krankenhauses (→Wirtschaftlichkeit).

Bis zur Neuregelung der K im Jahre 1972 wurden tagespauschalierte Pflegesätze (→Pflegesatz) von Patienten bzw. deren →Krankenkassen bezahlt, die jedoch die Betriebskosten nur z.T. deckten. Krankenhausträger und die öffentliche Hand (in der Regel kommunale Körperschaften) sicherten durch Zuschüsse den Bestand und Betrieb der Krankenhäuser. Dadurch war bis Anfang der 70er Jahre ein im internationalen Vergleich unzureichender Standard der Krankenhausversorgung (insb. waren erhebliche bauliche Versäumnisse) zu verzeichnen.

Mit dem →Krankenhausfinanzierungsgesetz (KHG) der sozial-liberalen Koalition wurde 1974 die „duale Finanzierung" eingeführt: (1) Die laufenden Betriebskosten werden über tagespauschalierte Pflegesätze von den Benutzern (bzw. ihren Krankenkassen) getragen. Die Ermittlung dieser Pflegesätze ist durch die Bundespflegesatzverordnung (BPflV) geregelt, erreicht werden soll die Selbstkostendeckung (Personalkosten, laufende Betriebskosten). (2) Die Investitionskosten (Baumaßnahmen, medizinische Großgeräte) werden vom Staat getragen. Dabei galt das Prinzip der Mischfinanzierung: ein Drittel Bund, zwei Drittel Länder. Ziel war, durch Bundesmittel einen Investitionsschub auszulösen; dies gelang auch.

Die finanzielle Situation eines einzelnen →Krankenhauses war nach dem KHG stark von der Belegung mit Patienten (Abrechnung von Tagespflegesätzen) abhängig. Pflegesatzverhandlungen nach der BPflV waren oft durch Korrekturen aufgrund von Unter- bzw. Überbelegungen bestimmt. Es bestand ein gewisser ökonomischer „Automatismus" zur

Überbelegung; Unterbelegung bewirkte u. a. Personalabzüge. Der Kostensteigerungsautomatismus des Selbstkostendekkungsprinzips und eine zunehmende Betrachtung des Krankenhauses als „mittelgroßer Wirtschaftsbetrieb" sowie die Tendenz der Aufhebung der Mischfinanzierung (Investitionsmittelteilung zwischen Bund und Ländern) führten zur Neuregelung der K (KHNG von 1986). Die Mischfinanzierung wurde aufgehoben; Investitionskosten sind nunmehr Ländersache.

Bei grundlegender Beibehaltung des Prinzips der Finanzierung der Selbstkosten eines wirtschaftlich arbeitenden und leistungsfähigen Krankenhauses wird nun zwischen Krankenhäusern und Krankenkassen ein Jahresbudget im voraus ausgehandelt. Auf der Grundlage einer Vorausschätzung der künftigen Belegung wird zum Zwecke der Abrechnung das Jahresbudget in Tagespauschalen (Pflegesätze) umgerechnet. Überschüsse durch Überbelegung (Zahlung von mehr als vorauskalkulierten Tagespflegesätzen) müssen im Rahmen des nächsten Jahresbudgets zu 75% erstattet werden, Unterdeckungen durch Unterbelegung werden zu 75% durch Nachzahlungen ausgeglichen. Damit besteht erstmals ein ökonomischer Anreiz für Krankenhausleitungen, Gewinne zu erzielen. Diese gesetzgeberische Absicht wird durch die Möglichkeit verstärkt, Überschüsse durch Vereinbarung zwischen Krankenhaus und Krankenkassen nicht zu erstatten, sondern zu Rationalisierungsinvestitionen nutzen zu können.

Für die K werden derzeit (1990) pro Jahr ca. 40 Milliarden DM für die Krankenhausbehandlung von ca. 13 Millionen aufgenommenen Patienten aufgewendet. 70% der Kosten im Krankenhaus sind Personalkosten. Diese werden im Rahmen von Pflegesatzverhandlungen in der Regel anhand von „Anhaltszahlen" (Relation von Personal zu Patienten bzw. Anzahl von Einzelleistungen) ermittelt. Tatsächliche Arbeitsabläufe und daraus resultierende Personalanforderungen werden selten berücksichtigt. Zunehmend werden entsprechende Regelungen der BPflV genutzt, um Wirtschaftsprüfungsunternehmen die Beurteilung der Pflegesätze (Jahresbudgets) zu übertragen. Tendenzen: An die Stelle des tagespauschalierten Pflegesatzes treten zunehmend spezielle Pflegesätze. Im Gespräch sind u. a. abteilungsbezogene Pflegesätze und diagnosebezogene Fallpauschalen.

L.: Jung, Karl: K-gesetz; Stuttgart, 1985.
Alfred L. Lorenz

**Krankenhausfinanzierungsgesetz (KHG)**
Im Verlaufe der 60er Jahre hatten sich die Probleme des Krankenhauswesens (→ Krankenhaus) so weit verschärft, daß eine Krankenhausreform unaufschiebbar wurde. Ergebnis der über Jahre konträr geführten Auseinandersetzung bildete das KHG („Gesetz zur wirtschaftlichen Sicherung der Krankenhäuser und zur Regelung der Krankenhauspflegesätze"), das am 1.7.1972 in Kraft trat. Kern des KHG war die Einführung einer staatlichen Krankenhausbedarfsplanung auf Länderbasis, die die Grundlage zur Finanzierung des Krankenhausbaus (→ Medizinischer Baumarkt) und zur Rationalisierung des Krankenhauswesens bildete. Damit wurde versucht, gesellschaftlichen Erfordernissen nach Abbau der regionalen und fachlichen Unterversorgung durch Regulierung der Standortverteilung und Investitionsmittelbereitstellung zu entsprechen. Bund und Länder sollten sich danach im Verhältnis ein Drittel zu zwei Drittel an der Finanzierung solcher Krankenhausneu- bzw. Erweiterungsbauten beteiligen, die entsprechend den Bedarfsplänen staatlich zu fördern sind, ohne daß in die bestehenden Eigentums- und Organisationsstrukturen der Krankenhausträger eingegriffen wird. Alle Unterhaltungskosten, einschließlich Personal-, Instandhaltungs- und Instandsetzungskosten wurden Bestandteil der → Pflegesätze und sind von den → Krankenkassen zu finanzieren (→ Krankenhausfinanzierung).

Während die Durchsetzung eines an den Interessen der Patientenversorgung orientierten Krankenhausstrukturmodells, wie es von den →Gewerkschaften und progressiven Medizinerkreisen (→Ärzteopposition) gefordert wurde, scheiterte, wurde ein Finanzierungsmodell geschaffen, das v. a. den Interessen von konservativen Ärztegruppen und der →Gesundheitsindustrie entsprach.

Die Bereitstellung öffentlicher Mittel durch Bund, Länder und Gemeinden zur Finanzierung des seit langem anhängigen Nachholbedarfs im Krankenhausbereich auf der Grundlage regionaler Bedarfspläne löste eine Reihe widersprüchlicher Prozesse aus: 1. Öffentliche, private, kirchliche u. a. gemeinnützige Krankenhausträger versuchten mit allen Mitteln, mit ihren Modernisierungs- und Neubauplänen Aufnahme in den Bedarfsplänen zu finden, weil davon der Zugang zu staatlichen Krediten abhängig war. 2. Großunternehmen der Bauindustrie steuerten über Kartellabsprachen die Projektpreise. 3. Die Unternehmen der →Medizintechnik und des Krankenhausbedarfs nutzten ihre Monopolstellung zu Preiserhöhungen. 4. Den niedergelassenen Ärzten wurde über das Belegarztsystem der Zugang zum stationären Sektor eröffnet. 5. Die Hierarchie der leitenden Krankenhausärzte (→Krankenhaushierarchie) drängte nach Ausweitung ihrer Einflußsphären innerhalb und außerhalb des Krankenhauswesens. 6. Die neuen Großkrankenhäuser reproduzieren in zunehmendem Maße industrieähnliche Abhängigkeits- und Belastungsverhältnisse für die Beschäftigten. 7. Die Einführung des Wirtschaftlichkeitsprinzips (→Wirtschaftlichkeit) und die Möglichkeit, die damit sprunghaft steigenden Kosten über die Pflegesätze auf die →Krankenversicherung abzuwälzen, bildeten eine der Ursachen für die „Kostenexplosion" im Gesundheitswesen. 8. Zurückgehendes bzw. stagnierendes Wirtschaftswachstum verstärkten die Tendenz der Abwälzung der Beteiligung des Bundes an den Krankenhausinvestitionen auf die Länder, insb. aber auf die Gemeinden. Die wachsende Schuldenlast der Gemeinden aber verstärkt die Tendenzen zur →Privatisierung im Krankenhaussektor.

L.: Deppe, H.-U.: Vernachlässigte Gesundheit; Köln, 1980. Läpple, F.: Gesundheit ohne Ausbeutung; Bonn, 1977. Löber, D., Finanzreform statt Strukturreform; in: Das Argument, Sonderband 4; 1974, 119 ff. See, H.: Die Gesellschaft und ihre Kranken; Hamburg, 1974.

Yvonne Erdmann

**Krankenhausgeschichte**
→Hospital

**Krankenhaushierarchie**

Die K (→Hierarchie) gilt als allg. gültiges Organisationsmerkmal der heutigen Struktur des →Krankenhauses (Chefarztprinzip) und ist besonders ausgeprägt an den universitären Großkliniken, die als Sozialisationsstätten (→Sozialisation) für die Ärzteschaft (→ärztliche Ausbildung, →Arzt) gelten.

Die K ist Untersuchungsgegenstand v. a. der →Organisationssoziologie. Die von Goffman entwickelten Kriterien einer →„totalen Institution" treffen auch auf die Institution Krankenhaus zu: Es ist eine Arbeits- und Wohnstätte, in der eine größere Zahl von in gleicher Lage befindlichen Individuen für eine gewisse Zeitspanne von der übrigen Gesellschaft abgeschnitten ein abgeschlossenes und formelhaft geregeltes Leben führen (1). Rohde (2) hält die K soziologisch für eine „terra incognita" und verweist auf einen auffälligen Mangel an systematischen Untersuchungen. Konflikte und Tabus in der Autoritätsstruktur der Ärzteschaft sind beispielhaft, Autoritätsprobleme anderer Berufsgruppen und insb. des Pflegepersonals (→Krankenpflegeberufe) spiegeln diese in verwandelter Form wieder. Dabei stellt der pflegerische Funktionskreis häufig eine „Pufferzone" (3) in der „Hauptspannungsfront" zwischen dem ärztlich-medizinischen Funktionskreis und der Verwaltung dar mit der Tendenz zu einer gespaltenen Loyalität. Der zentrale innerärztliche Konflikt besteht zwischen einer förmlich gewahrten Kollegialität und der tatsächlich praktizierten Herrschaft. Vor allem unter den Fachärzten einer Abteilung dürfte an sich keine starre Autoritätsstruktur gegeben sein, sondern eine je und je nach der Situation und dem Gegenstande der Entscheidung sich einspielende Autoritätsverteilung (2). Dem Bild von der autonomen, kompetenten und gewissenhaften Entscheidung des Arztes entspreche eine egalitäre Ordnung und keine, die im Extremfall den Arzt zum verlängerten Arm eines anderen Arztes, zu einem „Knecht in Hinsichten" (2) mache. Die Neigung, die persönliche Autorität an der Spitze überhöhend hervorzukehren, sei einerseits Ausdruck des untergründig schlechten Gewissens, andererseits werde so die Abhängigkeit weiter verfestigt („Halbgott in Weiß") und die Schwelle erhöht, falsche Entscheidungen als solche zu erkennen und zu kritisieren. Rohde (3) spricht dem Patienten innerhalb der K keine Stellung, sondern eine „Lage" zu: idealerweise liegend, passiv, entmündigt und planvoll infantilisiert auf Zeit. Empirisch gesichert (3; 4) ist der Zusammenhang zwischen K und der Qualität der medizinischen Versorgung: je strenger die K, desto dürftiger ist die Behandlung der Patienten, bes. was die Kommunikation des Personals mit dem Patienten betrifft.

Die Entstehungsgeschichte des Krankenhauswesens (3; 5; 7) und die Diskussion um das „klassenlose Krankenhaus" (6) in den 70er Jahren dieses Jh. belegen Ursprung und Zählebigkeit der K und die Tatsache, daß das Krankenhaus zu keiner Zeit ein „Haus der Kranken", sondern immer ein „Haus der Ärzte" (5) war.

L.: 1. Vgl. Goffmann, Erving: Asylums, Essays on the social situation of mental patients and other inmates; Garden City, N.Y., 1961. 2. Vgl. Rohde, Johann Jürgen, Probleme des Arztberufs im Krankenhaus; in: Mitscherlich/Brocher/Mering/Horn (Hg.), Der Kranke in der modernen Gesellschaft; Köln, 1967. 3. Vgl. Rohde, Johann Jürgen: Soziologie des Krankenhauses; Stuttgart, 1962. 4. Bürgerschaft der Freien und Hansestadt Hamburg: Bericht des Parlamentarischen Untersuchungsausschusses „Orthopädie AK Barmbek"; Drucksache 11/6600, 1986. 5. Göckenjan, Gerd: Kurieren und Staat machen. Gesundheit und Medizin in der bürgerlichen Welt; Frankfurt, 1985. 6. See, Hans: Die Gesellschaft und ihre Kranken. Oder: Brauchen wir das klassenlose Krankenhaus?; Hamburg, 1973. 7. Foucault, Michel: Die Geburt der Klinik; München, 1973.

Bernd Kalvelage

**Krankenhausleistungen**

K sind mit in hohem Maße → *Dienstleistungen* nach dem Uno-actu-Prinzip (→ Dienstleistungsökonomik), Mitwirkung und Mitleistung des Patienten ist notwendig. Daraus ergibt sich, daß persönliche Präferenzen hoch sind und das Angebot intransparent sowie zeitlich und räumlich unelastisch ist.

K sind aber auch zu einem großen Anteil *Zukunftsgüter*. Diese unterliegen dem „Gesetz der Minderschätzung zukünftiger Güter" und brauchen deswegen besondere Vorkehrungen zur Sicherstellung. Das Gesetz über die Minderschätzung zukünftiger Güter beruht auf der Beobachtung, daß Konsumenten nicht bereit sind, für Güter und Leistungen, die sie erst in der Zukunft nutzen können, bereits in der Gegenwart den nötigen Aufwand zu betreiben. Ihre Vorsorge bleibt suboptimal. Dies gilt auch in der Vorsorge für den zukünftig auftretenden Fall von → Krankheit; das Individuum ist nicht bereit, kann es vielleicht auch gar nicht, für den zukünftig eintretenden Schadensfall genug finanzielle Rücklagen zu bilden, obwohl es doch immer damit rechnen muß, krank zu werden.

K sind weiterhin in beträchtlichem Maße *Kollektivgüter*, d. h. Güter, die ‚unentgeltlich' bereitgestellt werden; keiner kann vom Konsum von Kollektivgütern ausgeschlossen werden (Nichtausschließbarkeitsprinzip; Kollektivgüterökonomik; →kollektive Konsumtion). Aus der kollektiven Bereitstellung und der Nichtausschließbarkeit ergibt sich für den einzelnen die rationale Erwägung, keinen Beitrag zur Erstellung dieser Leistungen zu erbringen („Trittbrettfahrerverhalten"). Wenn alle so denken, besteht die Gefahr, daß das Gut „Krankenhausinfrastruktur" nicht bereitgestellt werden kann. Eine Möglichkeit, diese Gefahr zu überwinden, besteht darin, den einzelnen zu zwingen, seinen Beitrag zur Bereitstellung zu leisten (Pflichtbeiträge zur gesetzlichen → Krankenversicherung).

K sind schließlich *meritorische* Güter. Ihre Wertschätzung geht nicht nur von den Konsumenten, sondern auch von meritorischen Nachfragern aus, die anstelle oder „für" Konsumenten entscheiden. Dies geschieht nach dem Prinzip der sozialen Zubilligung. Der → Staat kann, z. B. durch Subventionen an die Konsumenten, Anreize zu einem den Wünschen der Politiker entsprechenden Verbrauch setzen; der Staat übernimmt dann bei meritorischen Gütern die Zahlungsfunktion (→ Finanzwissenschaft). So kann der Bau eines →Krankenhauses zu einem Gegenstand von Meritorik werden; Politiker entscheiden über diesen Bau, stehen dabei allerdings unter Wettbewerbsdruck des Wahlstimmenmechanismus und sind geneigt, hohe Investitionsausgaben ihren Wählern anzubieten – dies besonders, da die Folgekosten andere tragen müssen, nämlich die →Krankenkassen.

L.: → Krankenhausökonomik.

Philipp Herder-Dorneich

## Krankenhausökonomik

*1. Krankenhausversorgung als ökonomisches Gut*

Einen ersten Zugang zu den Grundfragen der Krankenhausversorgung gibt uns die Ökonomik mit ihrem Angebot/Nachfrage-Muster. Dieses Grundmuster zeigt, wie Krankenhäuser Leistungen anbieten, Patienten diese Leistungen nachfragen. Steuerungsziel ist, Angebot und Nachfrage bestmöglich zum Ausgleich zu bringen.

Das Angebot/Nachfrage-Muster erscheint sehr einfach; in seiner Einfachheit scheint es auch unmittelbar einsichtig und damit „richtig". Dennoch entspricht es den Tatsachen im Bereich der Krankenhausversorgung nur sehr bedingt. Die Beliebtheit dieses Grundmusters kommt also weniger aus der Sache, sondern eher aus der Gewohnheit. Es ist in gut 200 Jahren Geschichte ökonomischen Denkens eingeübt worden, hat sich an vielen anderen Gegenständen bewährt und wird so – gewohnt an bisherige Erfolge – auch in die K und Gesundheitsökonomik hineingetragen. Das ist nur zum Teil erfolgreich.

Das → Krankenhaus ist zwar in vielem mit einem Industriebetrieb (→ Betrieb) zu vergleichen: große, langfristige Investitionen werden getätigt; Maschinen und Großgeräte kommen zum Einsatz; hochqualifiziertes Personal arbeitet bei sich rasch wandelnden technischen Verfahren. Hier ist Industrieökonomik zuständig. Aber es gibt im Krankenhauswesen auch deutlich Bereiche, die grundsätzlich nicht mit einer Fabrik vergleichbar erscheinen. Hier geht es nicht um Bereitstellung von Waren, sondern um Sorge, → Hilfe, Dienst am Menschen. Hier ist → Dienstleistungsökonomik anzuwenden. Ihr besonderer Beobachtungsgegenstand sind die Leistungen von Menschen an Menschen (→ Krankenhausleistungen).

Die Besonderheiten der Krankenhausleistungen verdeutlichen, daß K → Finanzwissenschaft, Industrie-, Dienstleistungs-, Zukunftsgüter-, Kollektivgüter- und meritorische Ökonomik in sich zusammenfassen muß. Entsprechend sind Anbieter, Nachfrager (Patienten und Nicht-Patienten), Staat, Pflichtverbände, Versicherungen usw. von vornherein in die Analyse einzubeziehen. K ist damit eine Viel-Partner-Ökonomik; diese ist komplexer als die einfache

Zwei-Partner-Ökonomik des Angebot/Nachfrage-Modells.

Die allgemeine Vorstellung, daß Krankenhäuser „Krankengut" in Gesundung umsetzen, kann keine Beschreibung von Wirklichkeit, sondern allenfalls Norm dessen sein, was wir uns erwarten. Gesundheit läßt sich kaum definieren (→ Gesundheitsbegriff), denn die Formel vom „vollständigen körperlichen, geistigen und seelischen Wohlbefinden", wie sie die → Weltgesundheitsorganisation (WHO) gebraucht, bleibt zu allgemein, als daß sie festen Boden für ein Gedankengebäude hergeben könnte. Auch unheilbar Kranken, denen „vollständiges Wohlbefinden" nicht mehr erhofft werden kann, soll das Krankenhaus jedenfalls Linderung ihrer Schmerzen bringen.

Das → Gesundheitswesen im allgemeinen und das Krankenhauswesen im speziellen gerät vor ein nahezu unlösbares Problem, wenn es seine Aufgabe darin formuliert, sein Angebot auf den „Bedarf" an Gesundheitsleistungen auszurichten. Versuche, einen objektiven Bedarf an Gesundheitsleistungen herauszufinden, hat es dennoch immer wieder gegeben. Die Lehre von den Gesundheits- und → Sozialindikatoren bietet in jüngster Zeit ein mit großem Mitteleinsatz aufgezogenes Beispiel, objektive Kriterien für den Gesundheitsstand und die Gesundheitsversorgung der Bevölkerung zu ermitteln und diese als Prinzipien einem Ausbau des Gesundheitswesens zugrunde zu legen.

Krankenhäuser sind zwar Erbringer von Leistungen, aber nicht die eigentlichen Ersteller. Die eigentlichen Ersteller von Krankenhausleistungen sind die fünf Produktionsgruppen (→ Krankenhauspersonal): Ärzte; Pflegekräfte; medizinisch-technisches Personal; Wirtschafts- und Verwaltungspersonal; Patienten. Die unmittelbare Nachfrage nach konkreten Krankenhausleistungen geht zwar zunächst von Einzelnen aus. Sie kann hierbei jedoch durch Kollektive bestimmt werden. Wir wollen daher zwischen individueller und kollektiver Nachfrage unterscheiden. Bei der individuellen Nachfrage erweist sich die Unterscheidung in selbstbestimmende und fremdbestimmte als nützlich.

Die → stationäre Verrichtung als Förderungsmittel zur Gesundung wird von den Patienten sehr unterschiedlich in ihrem Wert geschätzt. Die Nachfrage entsteht meist aus Befindlichkeitsstörungen (→ Krankheit). Hieraus erwächst das Bedürfnis nach medizinischer Versorgung. Das Krankenhaus bietet Versorgung auf hochspezialisiertem und technisch ausgestattetem Niveau. Die Krankenhausleistungen werden aber erst erbracht, wenn in der Regel der → Arzt die Überweisung ins Krankenhaus anordnet. Den Konsumenten wird dann die Nachfragefunktion entzogen; es wird für sie nachgefragt (angebotsinduzierte Nachfrage). Ein besonderer Fall ist die Selbsteinweisung. Hier gibt zwar der Patient den Anstoß zur Nachfrage nach Krankenhausbehandlung; die letztendliche Entscheidung bleibt jedoch den Krankenhausärzten überlassen. Damit ist auch dieser Zugang zur Krankenhausversorgung in gewissem Maße fremdbestimmt. Die Fremdbestimmung der Nachfrage hervorzuheben, ist für die K deshalb wichtig, weil die allgemeine Ökonomik generell von der „Konsumentensouveränität" ausgeht und natürlich zu anderen Ergebnissen führt.

Für den Bereich der Krankenhausversorgung müssen wir eine zusätzliche Nachfragequelle besprechen: die kollektive Nachfrage. Diese entsteht vor allen Dingen durch Anspruchsniveaus. Es existieren medizinische, politische und medienbestimmte Anspruchsniveaus. Man kann deshalb nicht damit rechnen, daß Angebot und Nachfrage sich von alleine ausgleichen; sie driften vielmehr notwendig auseinander.

In einem gut funktionierenden Gesundheitswesen muß das Angebot an Krankenhausversorgung ständig die Nachfrage übersteigen. Eine Vorhaltung von leerstehenden (Plan-)Betten ist notwendig, um auch in Notfällen aufnahmefähig zu sein. – Technischer Fortschritt schafft weitere unausgelastete Kapazitäten. Viele medizinisch-technische Neuerungen sind nämlich mit großem Kapitaleinsatz verbunden (z. B. Nierensteinzertrümmerer, Computer-Tomographen, Kernspin-Tomographen). Sie werden eingeführt, ohne daß sie sogleich voll ausgelastet werden können. Das Angebot ruft erst allmählich eine Nachfrage hervor und zieht sie an sich.

In anderen Bereichen driftet Nachfrage ständig über das Angebot hinaus. Darauf verweisen die Theoreme der → Dienstleistungsökonomik. Diese zeigen, daß das Angebot mangels Rationalisierungsfähigkeit nur schwer einer in der Dienstleistungsgesellschaft rasch steigenden Nachfrage folgen kann. Wir müssen also damit rechnen, daß die Nachfrage ständig vor dem Angebot herläuft. Werbung treibt die Nachfrage an; sie versucht, neue Nachfragepotentiale zu schaffen, in die das Angebot nachstoßen kann. In einer Zeitpunktbetrachtung aber stellt man dann jeweils Nachfragedrift vor dem Angebot fest. So entstehen typische Probleme der Organisation von → Steuerung im Krankenhauswesen.

*2. Ökonomische Organisation der Versorgung*

Krankenhausleistungen und ihre charakteristischen Merkmale erfordern ein spezifisches Steuerungssystem. Neben die Anbieter und Nachfrager auf der individuellen Ebene, die Krankenhäuser und Patienten, treten die Kassen und Verbände auf der mittleren Ebene und die Politiker auf der oberen Ebene. Das Zusammenspiel der Partner auf den verschiedenen Ebenen läßt sich in einem Steuerungsmodell erfassen (siehe Abb.: Krankenhausversorgung).

Die Bürger (B) sind durch Landtagswahlen ($W_3$) mit Landespolitikern ($Pol_L$) und durch Bundestagswahlen ($W_4$) mit Bundespolitikern ($Pol_B$) verbunden. Hier wirken Wahlmechanismen mit ihrem Steuerungsinstrument der Wahlstimmen; Wahlprogramme, in denen der Bau und die Einrichtung von Krankenhäusern in der jeweiligen Region eine Rolle spielen, werden angeboten. Die Bundespolitiker setzen gesamtwirtschaftliche Rahmenvorstellungen zur Krankenhausversorgung (Rg) auf dem Gesetzeswege durch. Innerhalb dieses Rahmens betreiben die Bundesländer mit meritorisierender Zielsetzung Krankenhausbedarfsplanung (Kp): Sie wählen aus den an sie gerichteten Anträgen auf Investitionsfinanzierung der Krankenhäuser (an) diejenigen aus, die ihren Zielen entsprechen, und vergeben für diese Subventionen (su). Hier wirkt ein Antrags-Bewilligungs-Mechanismus mit seinen bürokratischen Instrumenten. Die Abb. suggeriert, daß Bürger und Versicherte zwei verschiedene Gruppen sind. Tatsächlich sind sie zu großen Teilen deckungsgleich, treten aber in jeweils verschieden Funktionen auf.

Die bisher dargestellten Aggregate und ihre Beziehungen untereinander sind in erster Linie für die Errichtung von Krankenhäusern verantwortlich. Im Ablauf ist das Krankenhaus zudem mit dem Grundmodell der gesundheitlichen Versorgung verbunden. Abgesehen von den Selbsteinweisungen sind die Ärzte (Ä) für die Einweisung der versicherten Patienten (V(P)) verantwortlich, die dann in den Krankenhäusern medizinisch versorgt werden. Die Geschlossenheit des Grundmodells der ambulanten Versorgung (vgl. Abb. Krankenhausversorgung, rechter Teil) zeigt sich in dem geschlossenen, aber gegenläufigen Finanzierungs-/Leistungsstrom (b, gv, h, a) und dem entgegenlaufenden Strom der Scheine ($s_{1-4}$). Neben dem Steuerungsmechanismus der Wahlen wirken hier insb. die Gruppenverhandlungen (GV) und der Quasi-Markt ($QM_2$). Diese Systemgeschlossenheit finden wir im Bereich der Krankenhausversorgung nicht (vgl. Abb., linker Teil). Er ist zwar durch Planmechanismen, Pflegesatzverhandlungen und einem Quasimarkt in das Gesamtsystem eingefügt, aber auf der mittleren Ebene bestehen keine Ver-

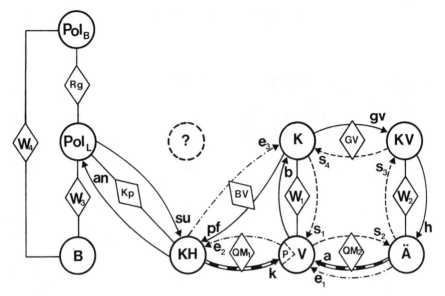

Abb.: Krankenhausversorgung

Ä = Ärzte
B = Bürger
K = Gesetzliche Krankenkassen
KH = Krankenhaus
KV = Kassenärztliche Vereinigung
$Pol_B$ = Politiker (Bund)
$Pol_L$ = Politiker (Land)
V = Versicherte
P = Patienten
a = ambulante Leistungen
an = Antrag auf Subventionen
b = Versicherungsbeiträge
gv = Gesamtvergütung
h = Einzelleistungshonorare
BV = Budgetverhandlungen

GV = Gruppenverhandlungen
Kp = Krankenhausplanung
$QM_1$ = Quasimarkt für Krankenhausleistungen
$QM_2$ = Quasimarkt für ambulante Leistungen
Rg = Rahmengesetzgebung
$W_1$ = Sozialwahlen
$W_2$ = Wahlen zu den KVen
$W_3$ = Landtagswahlen
$W_4$ = Bundestagswahlen
k = Krankenhausleistungen
pf = Pflegesätze
su = Subventionen
$e_1-e_3$ = Strom der Einweisungsscheine
$s_1-s_4$ = Kreislauf der Krankenscheine

bände, die vergleichbar den Kassenärztlichen Vereinigungen (→Ärztliche Berufsverbände) die Interessen der Krankenhäuser vertreten (asymmetrische Besetzung der mittleren Ebene).
Dieses Modell eines Systems der Krankenhausversorgung zeigt 8 Partner; 4 Wahlen; 2 Quasimärkte; 2 Verhandlungssysteme; 2 Planmechanismen. Es wird gesteuert durch Finanzströme (b, gv, h, pf, su); durch Einweisungen ($e_1-e_3$); Krankenscheine ($s_1-s_4$) und Anträge (an). Dieses Modell vereinfacht in hohem Maße, zeigt dabei aber, daß wir es schon bei dieser Vereinfachung mit einem hochkomplexen System zu tun haben. Dieses dient letztlich dazu, den Leistungsstrom k (von KH nach V) zu steuern. Bei dieser Steuerung wirken die 6 anderen Partner mit, wobei man allerdings damit rechnen muß, daß sie nicht nur altruistische Interessen haben, sondern auch ihre jeweiligen Eigentinteressen mit einbringen. Die Politiker z.B. haben Wahlinteressen, die Verbände Expansionsinteressen, die Individuen Einkommensinteressen usw. Aufgabe der Steuerung des Systems ist es, diese Interessen so zu kanalisieren, daß sie zu einem „Gesundheitsinteresse" zusammenfließen. Das gelingt nur sehr unvollkommen. Steuerungsdefekte und -defi-

zite äußern sich meist in übermäßiger Expansion (Kostenexplosion).

Die Krankenhausversorgung weist seit etwa Beginn der 70er Jahre besonders hohe Expansionsraten auf. Diese Expansion ist u. a. bedingt durch Systemdefekte, die sich als kumulative Prozesse selbst ständig antreiben. Einige dieser kumulativen Prozesse seien hier kurz skizziert:

a. Der „Antrags-Bewilligungs-Mechanismus" ist so angelegt, daß die Krankenhäuser in der Erwartung, daß ihre Anforderungen nur reduziert genehmigt werden, von vorneherein höhere Subventionen fordern, weil sie das Ablehnungsvolumen auffangen wollen. Wenn alle das tun, wächst das Anforderungsvolumen; entsprechend mehr wird abgelehnt, wieder steigen die Anforderungen. Es entwickelt sich ein Antragsstau. Dieser Stau hat aus sich heraus die Tendenz, weiter zu wachsen, denn wenn die Quote der Ablehnungen wächst, werden weiter die Anträge erhöht, um wenigstens mit einem ausreichenden Teil unter den Zuwendungen versehen zu werden.

b. Die Aufsplitterung der Krankenhausfinanzierung auf verschiedene Finanzierungsträger (*duales Finanzierungssystem*) verleitet die politischen Entscheidungsträger, den Bau eines Krankenhauses aus wahltaktischen Gründen zu genehmigen. Die Folgekosten haben nicht sie, sondern die Krankenkassen zu tragen. Dadurch steigt die Bettenzahl; die Krankenhäuser bemühen sich um Vollbelegung; die Auslastung aller Betten bietet dann wiederum politische Anstöße, weitere Investitionen zu tätigen; usw. Hinzu kommt, daß die Krankenhausträger im Rahmen der regionalen Krankenhausbedarfsplanung durch hohe Investitionen versuchen, der Gefahr zu begegnen, daß ihr Krankenhaus als zu klein und zu wenig leistungsfähig geschlossen wird.

c. Kumulative Elemente enthält auch das Entgeltverfahren. Solange der *tagesgleiche vollpauschalierte* → *Pflegesatz* im Prinzip Bestand hat, wird das gesamte Abrechnungsvolumen steigen, denn um einen niedrigen Pflegetagessatz zu erreichen, müssen die Krankenhäuser Vollbelegungspolitik verfolgen. Das treibt in Verbindung mit den dualen Finanzierungseffekten (siehe oben) die Kosten. Auch die Ex-ante-Budgetierung als Kostendämpfungsinstrument, wie sie die Bundespflegesatzverordnung aus dem Jahre 1986 vorsieht, begrenzt auf dem Verhandlungsweg die Forderungen der Krankenhäuser nach einem höheren Budget als im Vorjahr nur marginal.

d. Hier wird ein weiterer Systemdefekt deutlich: Den →Krankenkassen stehen auf Seiten der Krankenhäuser *keine organisierten Verbände* gegenüber. Gerade die jetzt vorgesehenen Budgetverhandlungen zeigen dies als Mangel: es fehlt ein effizienter Verhandlungspartner auf der mittleren Ebene. Die Krankenkassen müssen mit den einzelnen Krankenhäusern selbst verhandeln, was die Verhandlungszeit nach den bisherigen Erfahrungen enorm verlängert, aber auch auf Seiten der Krankenkassen einen erhöhten Personalbedarf erfordert. – Die hier skizzierten Systemdefekte und ihre kumulativen Auswirkungen zeigen, daß im System der Krankenhausversorgung eine expansive Dynamik systemimmanent ist.

3. *Reformprobleme*

Die Untersuchung des komplexen Systems „Krankenhausversorgung" zeigt mangelnde Systemschlüssigkeit (z. B. Lücke auf der mittleren Ebene), Systemdefekte und kumulative Prozesse. Die bisherigen zahlreichen Reformeingriffe (z. B. →Krankenhausfinanzierungsgesetz 1985; Bundespflegesatzverordnung 1986) haben die expansiven Wachstumsraten nicht nachhaltig dämpfen können. Damit werden die Grenzen einer „Eingriffspolitik" in ein gewachsenes System deutlich. Solche Eingriffe lassen sich von den Beteiligten relativ leicht abblocken oder durch Gegenstrategien überspielen. Vielversprechender scheint hier zu sein, durch Anstöße in den systemdynamischen Bereichen Entwicklungen zu initiieren („Selbstläufer"), die die Beteiligten am Reformergebnis interessieren und sie dafür gewinnen, die Reformen selbst und im Eigeninteresse aufzugreifen (Reformen als Gestaltung von Systemdynamik). Beispiele seien kurz dargestellt:

– Die dualistische Finanzierung löst Expansionseffekte aus. Es wäre also eine *monistische* Finanzierung allein durch die Kassen anzustreben. Eine solche ist aber politisch nicht durchsetzbar. Um dennoch zu einer wirtschaftlichen Leistungserbringung zu gelangen, sollten die Krankenkassen vermehrt Investitionsverträge (z. B. Rationalisierungsinvestitionen) mit den Krankenhäusern abschließen. Damit kann das bisher starre duale System der Krankenhausfinanzierung sukzessive aufgelockert werden. Je mehr Investitionsverträge nämlich abgeschlossen werden, umso mehr können sich die Politiker aus der Investitionsfinanzierung zurückziehen. Das Krankenhausfinanzierungsgesetz hat mit den Öffnungsklauseln in § 18 b KHG solche Möglichkeiten vorgesehen. Daß diese bisher nur zaghaft Anwendung finden, hängt mit der Erwartung der Krankenkassen zusammen, über Budgetierung wirkungsvolle Kostendämpfung betreiben zu können. Bei Budgetierung aber müssen alle Kosten insgesamt verhandelt werden; da ist ein Kostendämpfungsdruck außerordentlich schwierig.

– Reformbedarf zeigt sich auch im Entgeltverfahren. Hier gilt im Prinzip der tagesgleiche vollpauschalierte Pflegesatz weiter, auch wenn sich das ex post durchgeführte Abrechnungsverfahren in ein ex ante festgelegtes Budget verändert hat. Es können auch für einzelne Leistungen im Krankenhaus differenzierte Pflegesätze über eine spezielle Gebührenordnung abgerechnet werden. Hier kann ein „Selbstläufer" angestoßen werden, der diese speziellen Gebührenordnungen ausdifferenziert und allmählich zu einer *Einzelleistungsvergütung* weiterentwickelt; die Krankenhausleistungen könnten ähnlich dem im ambulanten Bereich existierenden Einzelleistungsverfahren abgerechnet werden.

Es zeigt sich, daß die bisherigen Reformen die für die Kostenexpansion (Kostenexplosion) letztlich verantwortlichen Systemdefekte bisher noch nicht haben beseitigen können. Ausgelöst wurden eher Abwehr- und Blockadestrategien als Anreize zur Beteiligung an der Kostendämpfung. An Kostenexpansion haben alle ein direktes Interesse. Reform muß darauf abzielen, die Interessen so zu verlagern, daß die Beteiligten selbst Kostengleichgewichte anstreben. Das ist natürlich nicht leicht; die analytischen und reformpolitischen Ergebnisse der K können hier Hilfen geben.

L.: Eichhorn, Siegfried/Schmidt, Reinhart: Planung und Kontrolle im Krankenhaus. Beiträge zur Gesundheitsökonomie, Bd. 5; Gerlingen, 1984. Herder-Dorneich, Philipp: Gesundheitsökonomik. Systemsteuerung und Ordnungspolitik im Gesundheitswesen; Stuttgart, 1980. Ders./Wasem, Jürgen: K zwischen Humanität und Wirtschaftlichkeit; Baden-Baden, 1986. Ders.: Systemdynamik; Baden-Baden, 1988. Oettle, Karl, Vergleichende mikroökonomische Analyse des Steuerungsmechanismus auf der Allokations- und Produktionsebene im stationären Bereich des Gesundheitswesens; in: Neubauer, G. (Hg.), Alternativen der Steuerung des Gesundheitswesens. Beiträge zur Gesundheitsökonomie, Bd. 13; Gerlingen, 1984. Robert Bosch Stiftung (Hg.): Krankenhausfinanzierung in Selbstverwaltung. Teil 1: Kommissionsbericht, Beiträge zur Gesundheitsökonomie, Bd. 20; Gerlingen, 1987. Sachverständigenrat für die Konzertierte Aktion im Gesundheitswesen: Medizinische und ökonomische Orientierung. Jahresgutachten 1987 und 1988; Baden-Baden, 1987, 1988. Sauerzapf, Maria: Das Krankenhauswesen in der Bundesrepublik Deutschland. Institutionelle Regelungen aus ökonomischer Sicht; Baden-Baden, 1980. Vollmer, Rudolf J./Hoffmann, Gerd: Staatliche Planung und Vertragsfreiheit im neuen

Krankenhausrecht; Melsungen, 1987. Wachtel, Hans-Werner: Determinanten der Ausgabenentwicklung im Krankenhauswesen; Berlin, 1984. Wiemeyer, Joachim: Krankenhausfinanzierung und Krankenhausplanung in der Bundesrepublik Deutschland; Berlin, 1984.

Philipp Herder-Dorneich

**Krankenhausorganisation**
→ Krankenhaushierarchie

**Krankenhauspersonal**
In den über 3000 Krankenhäusern der BR sind etwa 800 000 Menschen beschäftigt. Im heute vorherrschenden Krankenhaustyp (→ Krankenhaus) mit mehreren hundert Betten und mehreren medizinischen Disziplinen gibt es eine sonst nicht anzutreffende Vielfalt von Berufsgruppen: Krankenschwestern (→ Krankenpflegeberufe), Handwerker, Ärzte (→ Arzt), Ökonomen, Verwaltungsangestellte, Telefonistinnen, Medizin-Techniker, Köche, Putzfrauen, Informatiker, Drucker, Psychologen usw. Diese modernen Krankenanstalten gehen historisch auf die Zeit seit Mitte des 19. Jh. zurück und bilden sich aus Spitälern (→ Hospital), → Armen- und Siechenhäusern mit Ordensschwesternschaften (→ Orden) und wenigen dort tätigen Ärzten. Um die Jahrhundertwende haben sie etwa heutige Organisationsformen erreicht und umfassen in der BR gegenwärtig (1989) folgende Sparten des K:

*1. Ärzte* (ca. 80 000 in den Krankenhäusern = 10% des K): Sie sind die beherrschende Berufsgruppe. Diagnostik und Therapie geschehen aufgrund ihrer Anordnungen. Das gesamte medizinische Geschehen ist ihren Anweisungen unterworfen. Eine klare Abgrenzung zur pflegerischen Tätigkeit gibt es nicht. Durch Ausbildungsordnungen muß jeder Arzt für gewisse Zeiten im Krankenhaus tätig sein. Zunehmend bleiben auch Ärzte ohne Leitungsfunktionen (die den Chefärzten und Oberärzten obliegen) als angestellte Ärzte (Assistenzärzte) am Krankenhaus beschäftigt. Chefärzte zählen durch die übliche Praxis der Privatliquidation im Krankenhaus zu den einkommensstärksten Berufsgruppen.

*2. Krankenpflegepersonal* (ca. 380 000 Krankenschwestern und -pfleger, Krankenpflegehelfer/innen, unausgebildete Pflegepersonen und Krankenpflegeschüler/innen = 50% des K): Bis ins 20. Jh. gibt es Ordensschwestern und sog. Mutterhäuser. Hier bestanden und bestehen nur beschränkt Arbeitnehmerverhältnisse. „Freie" Schwestern mußten sich ihren Platz in den Krankenhäusern durch gewerkschaftliche Kämpfe sichern. Für beide Gruppen war bis in die Nachkriegszeit manches persönliche Recht beschnitten: Heiratsverbot, Zwang zum Wohnen in der Anstalt, zwangsweiser Verzicht auf Arbeitnehmerechte. Die „freie" Schwester ist heute vorherrschend. Die 3-jährige → Krankenpflegeausbildung hat praktische Anteile, in denen nahezu regulär gearbeitet wird. Ein erheblicher Teil des Pflegepersonals ist jedoch nur einjährig oder gar nicht ausgebildet (ca. 20%). Es gibt kein eindeutiges Berufsbild. Klare Tätigkeitsabgrenzungen gegenüber Ärzten bestehen nicht. Personalengpässe und Vorrang ärztlich-medizinischer Sichtweise führen zu ständig weiter differenzierter Funktionspflege (Zuständigkeit bestimmter Pflegepersonen für bestimmte Tätigkeiten), obschon sich die Erkenntnis durchgesetzt hat, daß eine ganzheitliche → Pflege für Patienten und K zu größerer Zufriedenheit führt. Ganzheitspflege und Gruppenpflege (Zuständigkeit einer Pflegeperson für bestimmte Patienten) sind personalaufwendiger. Spezialisierungen mit Zusatzausbildungen im Pflegedienst: Operations- und Anästhesiedienste, sog. Funktionsbereiche (med. Diagnostik), Psychiatrie. Ausbildung und Berufsausübung sind gesetzlich geregelt.

*3. Verwaltung:* Mit zunehmender Einbindung der Krankenhäuser in ein staatliches Versorgungskonzept sowie zur Bewältigung der Honorar- und Pflegesatzabrechnungen (→ Krankenhausfinanzierung) entstanden umfangreiche Verwaltungsapparate. Mit über 60 000 Personen sind in den Personal-, Finanz- und Rechnungsabteilungen usw. ca. 8% des K beschäftigt.

4. *Wirtschaftspersonal* (175 000 Beschäftigte = über 20% des K): Krankenhäuser haben i. d. R. ihre eigenen Wirtschaftsbetriebe. Außer in den Reparatur- und Instandhaltungsdiensten arbeiten in Wäschereien, Küchen und im Reinigungsdienst vorwiegend Frauen unterer Lohngruppen (→ Frauenberufe). Entwicklungslinien: Im technischen und handwerklichen Bereich werden traditionelle Handwerke (Maurer, Maler, Tischler) durch Fremdvergabe der Arbeiten verdrängt. Zunehmend eingestellt werden Ingenieure und Techniker (→ Medizintechnik, Zentrale Leittechnik u. ä.). Wäschereien, Reinigungsdienste und ansatzweise auch schon Küchen werden ganz oder teilweise aufgegeben und (als Dienstleistung oder ganze Einrichtung) an private Unternehmen abgetreten. Diese → Privatisierung geht in der Regel mit erheblicher Verschlechterung der Lage der (meist weiblichen) Arbeitnehmer einher. Zunehmend stellt sich aber heraus, daß Versorgungsstandard und → Hygiene des Krankenhauses unter dieser Privatisierung Schaden erleiden können.

5. *Medizinische Hilfsberufe* (ca. 90 000 Beschäftigte = über 11% des K): Durch ständige Differenzierung medizinischer Diagnostik und Therapie entstanden immer mehr medizinische Hilfsberufe wie z. B. Medizinisch-technische Assistentinnen in Labors und Röntgenabteilungen, Physiotherapeuten, Logopäden, Arbeits- und Beschäftigungstherapeuten usw. Ihre Tätigkeit ist in der BR stark durch Interessen der Ärzteschaft auf die reine Hilfstätigkeit für Ärzte beschränkt. Ausbildung und Berufsausübung sind in den verschiedenen Berufen gesetzlich geregelt.

In Krankenhäusern gibt es drei parallele *Hierarchien* (→ Krankenhaushierarchie) für das K: (a) Ärztlicher Dienst mit Assistenzärzten, Oberärzten, Chefärzten als Klinik- bzw. Abteilungsleitern und einem meist geschäftsführenden ärztlichen Direktor; (b) Pflegedienst mit Stationsleitungen, Oberschwestern/-pfleger (meist auf Klinik- bzw. Abteilungsebene) und Pflegedirektor/in; (c) Verwaltungs- und Wirtschaftsbereich mit Abteilungsleitern und dem Verwaltungsdirektor. In der Krankenhausdirektion (ärztlicher Direktor, Pflegedirektor und Verwaltungsdirektor) ist meist der Verwaltungsdirektor die dominierende Person.

Die Bemessung des K erfolgt im Rahmen von Pflegesatzverhandlungen zwischen dem Krankenhaus und den Krankenkassen. Ärzte und Krankenpflegepersonal werden dabei über Anhaltszahlen im Verhältnis zu durchschnittlich belegten Betten berechnet. Medizinisches Personal wird in Relation zu Einzelleistungen (Untersuchungen, Behandlungen) und deren Zeitaufwand ermittelt. Die tatsächliche Arbeitsorganisation, gleichbleibender Arbeitsanfall trotz unterschiedlicher Belegung usw. bleiben dabei in der Regel unberücksichtigt. Durchweg werden die Personalbesetzungen in bundesdeutschen Krankenhäusern als unzureichend erlebt. Im Pflegedienst bahnt sich erheblicher Personalmangel an (→ Pflegenotstand).

L.: Schütz, H., Krankenhäuser 1984; in: Wirtschaft und Statistik 9/1986, 625.
Alfred L. Lorenz

**Krankenhausrecht**
→ Gesundheitsrecht 2.b)

**Krankenhilfe**
Personen, die keinen oder keinen ausreichenden Anspruch auf Leistung aus der gesetzlichen → Krankenversicherung haben und denen die Aufbringung der Kosten aus Eigenmitteln nicht zuzumuten ist, erhalten K nach den Bestimmungen des BSHG (⇒ Bundessozialhilfegesetz). Art und Umfang der Hilfe entsprechen dabei weitgehend den Leistungen der gesetzlichen Krankenversicherung. Es werden gewährt: ärztliche und zahnärztliche Behandlung, Versorgung mit Arz-

neimitteln, Verbandmitteln und Zahnersatz sowie sonstige zur Genesung, zur Besserung oder Linderung der Krankheitsfolgen erforderliche Leistungen.

Manfred Fuchs

## Krankenkarte
→ Medizinische Dokumentation

## Krankenkassen

Die K sind die Träger der gesetzlichen →Krankenversicherung (GKV); sie sind öffentlich-rechtliche Selbstverwaltungskörperschaften mit eigener Finanzhoheit (die private Krankenversicherung wird auf privatrechtlicher Grundlage im wesentlichen von Aktiengesellschaften und Versicherungsvereinen auf Gegenseitigkeit betrieben). Den K gehören rund 90% der Bevölkerung an (1989: rd. 55 Mio. Menschen). Sie verteilen sich auf acht verschiedene Kassenarten mit regionaler, berufsständischer und branchenspezifischer Ausrichtung in insg. 1164 K (Stand: Mitte 1988). Im einzelnen sind dies: 268 Ortskrankenkassen (OKK), 706 Betriebskrankenkassen, 154 Innungskrankenkassen, 19 landwirtschaftliche K, 7 Angestellten-Ersatzkassen (AEK), 8 Arbeiter-Ersatzkassen, 1 Seekrankenkasse, 1 Bundesknappschaft (→Sozialversicherung 6.a).

Rechtsgrundlage für Organisation, versicherten Personenkreis, Leistungen und Finanzierung der K sind im wesentlichen das Sozialgesetzbuch – Fünftes Buch (SGB V), das Gesetz über die Krankenversicherung der Landwirte und das Reichsknappschaftsgesetz (in Verbindung mit dem SGB IV – Gemeinsame Vorschriften für die Sozialversicherung).

Die (Allgemeinen) OKK sind zuständig für alle Versicherungspflichtigen, die keiner anderen K angehören, sowie für alle freiwillig Versicherten (Versicherungsberechtigten), die nicht Mitglied einer anderen K geworden sind. Betriebs-K, die für größere Betriebe gebildet werden können, sind zuständig für alle Beschäftigten des Betriebs, für den die Betriebs-K gegründet wurde. Die Innungs-K sind zuständig für die der Innung angehörenden Betriebe (Innungen sind – als öffentlich-rechtliche Körperschaften – Vereinigungen selbständiger Handwerker des gleichen Handwerks oder verwandter Handwerke innerhalb eines bestimmten Bezirks). Die See-K, eine besondere Abteilung der Seekasse, führt die Krankenversicherung der Seeleute durch. Die landwirtschaftlichen K, die bei den landwirtschaftlichen Berufsgenossenschaften errichtet wurden, sind als Träger der Krankenversicherung für die nach dem Gesetz über die Krankenversicherung der Landwirte versicherten Personen zuständig. Die Bundesknappschaft ist zuständig für die Krankenversicherung der knappschaftlich Versicherten (das sind im wesentlichen Personen, die in Betrieben zur bergmännischen Gewinnung von Mineralien oder ähnlichen Stoffen bzw. in Betrieben, die als Nebenbetriebe mit knappschaftlichen Betrieben zusammenhängen, beschäftigt sind). Mitglieder der →Ersatzkassen können schließlich jene versicherungspflichtigen oder versicherungsberechtigten Personen sein, denen die Satzung der jeweiligen Ersatzkasse ein Beitrittsrecht einräumt. Die einzelnen Kassenarten bilden (soweit es sich um mehrere K handelt) Landesverbände (z. B. Landesverbände der OKK); die Landesverbände der einzelnen Kassenarten bilden je einen Bundesverband (z. B. Bundesverband der OKK).

Die Organe der K (Vorstand und Vertreterversammlung) setzen sich grundsätzlich aus paritätisch gewählten Vertretern der Versicherten und Arbeitgeber zusammen; abweichende Regelungen bestehen für die Ersatzkassen, die Bundesknappschaft und die landwirtschaftlichen K.

Die organisatorische Vielfalt des Krankenversicherungswesens in der BR läßt sich kaum rational begründen, sondern bildet das Ergebnis historisch gewachsener Strukturen, die bereits durch den Gesetzgeber im Kaiserreich (Krankenversicherungsgesetz von 1883, Reichsversicherungsordnung von 1911) angelegt und seither im wesentlichen, durch allen staatlichen und ökonomischen Wandel der letzten 100 Jahre hindurch, erhalten geblieben sind. Entscheidend für die Existenz der organisatorischen Vielfalt ist ein rechtliches Zuweisungssystem, das von seiner Intention her die strikte Bindung der Mitglieder an eine bestimmte K zum Prinzip erhebt und ein Wahlrecht zwischen den Kassenarten für die Versicherten (und deren Familienangehörige) nur in sehr beschränktem Maße zuläßt. Der weitgehende Versicherungszwang wird somit durch einen grundsätzlichen Kassenartenzwang ergänzt. Dabei unterliegen Arbeiter und Angestellte der Versicherungspflicht, wenn sie Arbeitsentgelte unterhalb der Versicherungspflichtgrenze (1991: 4875 DM) erzielen; nur oberhalb dieser Grenze kann das System der GKV verlassen werden.

Insb. der sozioökonomische Wandel (im Zusammenwirken mit dem rechtlichen Zuweisungssystem) hat zu einer beträchtlichen Verschiebung der Mitgliederverteilung zwischen den einzelnen Kassenarten der GKV geführt (vgl. →Ersatzkassen): Waren z.B. 1960 bei den OKK 57% und bei den AEK 18,2% aller Mitglieder versichert, so lautete das Verhältnis 1980: 46,7% zu 29,1% und 1988: 43,8% zu 33,1%. Mit dieser Verschiebung geht eine zunehmend schiefe Verteilung von Risikopotentialen bei den einzelnen Kassenarten einher (so konzentrieren sich z.B. 60% aller versicherten Arbeitslosen bei den OKK, aber nur 24,1% bei den AEK; noch deutlicher zu Ungunsten der OKK lauten die Zahlen bei den versicherten Sozialhilfeempfängern, den Beschäftigten in →Werkstätten für Behinderte und den Rehabilitanden). Weitere Verschiebungen zu Lasten der OKK ergeben sich aus der zunehmenden Gründung von Betriebskrankenkassen. Trotz eines erheblichen Handlungsbedarfs, der insofern hinsichtlich einer Neuordnung der Gliederungsstrukturen in der GKV besteht, hat der Gesetzgeber eine grundlegende Organisationsreform bislang hinausgeschoben.

L.: Brunkhorst, Johann: Zur Problematik unterschiedlicher Risikostrukturen und ihres Ausgleichs in der Sozialversicherung, insbesondere in der gesetzlichen Krankenversicherung; Berlin, 1987. von Maydell, Bernd (Hg.): Gemeinschaftskommentar zum Sozialgesetzbuch – Gesetzliche Krankenversicherung; Neuwied, 1989. (Vgl. auch die Literatur bei →Ersatzkassen).

Peter Trenk-Hinterberger

**Krankenpflege**

K ist eine →Dienstleistung von Mensch zu Mensch. ‚Gepflegt werden' ist eine menschliche Erfahrung der ersten Lebensjahre. So gehören pflegerische Handlungen und Kenntnisse im Rahmen der Lebensaktivitäten bei der Erhaltung der →Gesundheit zur →Kultur. Die Lebensgewohnheiten in einer Bevölkerungsgruppe werden durch ihre Geschichte und ihre Lebensumstände geprägt. Auch die Erwartungen an die Selbstpflege bzw. an die Hilfe anderer, Männer oder Frauen, können von einer Bevölkerungsgruppe zur anderen variieren (→Pflege).

K leitet ihre Daseinsberechtigung aus der Notlage kranker Menschen ab, denen die nötige Kraft, der Willen und das Wissen fehlen, ihren täglichen Bedürfnissen zur Erhaltung des Lebens ohne →Hilfe zu entsprechen (Henderson 1963). Die Deutung dieser Notlage sowie das Verständnis von Gesundheit und →Krankheit in einer Gesellschaft bestimmen die Art und Weise der K, ihre Ziele, Mittel und organisatorischen Bedingungen.

Die Entwicklung der K und die Entwicklung der Heilkunde sind eng miteinander verbunden. Im abendländischen Kulturraum wurde die Ausübung der K jahrhundertelang durch die christliche Lehre gestaltet: „Die christliche Caritas ist seit den Worten der Heiligen Schrift eine nicht auflösbare Einheit der Gottes- und der Nächstenliebe" (Seidler 1980, 63). Die organisierte caritative Tätigkeit, deren Vorläufer bei den Griechen und Juden gefunden werden, wendet sich nicht nur an kranke Menschen, sondern ebenfalls an Witwen und Waisen, Arme, Alte und Reisende. Kriege und Seuchen brachten weitere Notsituationen, denen mit pflegerischen Handlungen begegnet wurde.

Im Laufe der Zeit wurde die dienende, pflegerische Arbeit durch das Ansehen der Ärzte (→Arzt) und die Leistungen der →Medizin in den Schatten gestellt. Vergleichbar mit der →Hausarbeit, von Frauen organisiert und erbracht als Basis für die männliche Arbeitsfähigkeit, ist die umfassende Sorge für die Kranken die unentbehrliche Grundlage der ärztlichen Tätigkeit.

Im 19. Jh. fand die Erneuerung der K statt. Bestimmend dafür waren die Entwicklungen in der kath. Ordenspflege und der ev. Diakonie (→Orden), die Entstehung weltlicher Mutterhausverbände und die freiberufliche K (Seidler 1980). Von Frankreich aus verbreiteten sich die →Genossenschaften der Barmherzigen Schwestern, die Napoleon I. bes. förderte (Sticker 1960, 114). In Kaiserswerth am Rhein haben →Theodor Fliedner und seine Frau Friederike 1836 „im evangelischen Bereich die erste organisierte und geschlossene Pflegegemeinschaft geschaffen" (Seidler 1980, 159) und die Diakonissen durch Unterricht für die geistliche und leibliche Pflege vorbereitet. In England hat das Denken und Handeln von Florence Nightingale (1820–1910) die Situation der K nachhaltig beeinflußt. In den „Notes on Nursing" schrieb sie 1859 ihre Vorstellungen zur K auf (Nightingale 1878). Für sie war die Gestaltung der Umgebung, in der die Kranken ihre Kräfte sammeln konnten, von entscheidendem Einfluß auf die Genesung und damit eine der wichtigen pflegerischen Aufgaben. In Karlsruhe, Baden, entstand 1860 das „älteste Rotkreuzmutterhaus auf deutschem Boden ... Hier wie in vielen der großen nun entstehenden Pflegeverbände trafen Organisationsmuster aus alten religiösen Gemeinschaften und der Kriegskrankenpflege mit bestimmten Vorstellungen von der Stellung der Frau in der →bürgerlichen Gesellschaft zusammen, deren gegenseitige Durchdringung den inneren Aufbau und die äußere Erscheinungsform sehr stark beeinflußte" (Seidler 1980, 160). Die freiberufliche K hatte ihren Kristallisationspunkt um die Jahrhundertwende im Lebenswerk von →Agnes Karll.

Die zunehmende Unabhängigkeit und Selbstbestimmung der Krankenpflegerinnen in der persönlichen Lebensführung hat die Abhängigkeit der K von den Ärzten und der medizinischen Entwicklung nicht beseitigt. Die Anforderungen bei der Hilfestellung für den ärztlichen Dienst sind in Umfang und Komplexität ständig gestiegen. Die Handhabung technischer Geräte und die Kenntnisse von medizinischen Maßnahmen in der →Diagnostik, →Therapie und →Rehabilitation bildeten den Schwerpunkt der Ausbildungsprogramme des Pflegepersonals. Der Unterricht wurde und wird noch in großem Umfang von Ärzten erteilt. Diese Situation in der BR unterscheidet sich von derjenigen anderer europäischer Staaten und der USA. Dort haben seit den 50er Jahren akademisch qualifizierte Berufsvertreterinnen die pflegerische Tätigkeit untersucht. Die dabei entstandenen und sich weiterentwickelnden Theorien haben zu zahlreichen neuen Definitionen der K geführt. Dabei werden inhaltlich unterschiedliche Aussagen zu den die K bestimmenden ‚Domänen' gemacht. Diese sind: der Mensch als Patient/Klient; die zwischenmenschliche Interaktion und der Pflegeprozeß; die Umwelt; die pflegerischen Aufgaben und Maßnahmen; die Gesundheit.

In Europa und auch in der BR wurde in den vergangenen Jahren der Pflegeprozeß in den Mittelpunkt des Interesses gerückt: „Der Pflegeprozeß ist ein systematisches Vorgehen in der K, das dazu dient, die Gesundheitsbedürfnisse des

Patienten/Klienten oder einer Gruppe zu erkennen, entsprechende Maßnahmen zu planen und durchzuführen und die erzielten Resultate anschließend zu beurteilen" (Exchaquet 1986, 5). Von 1976–1985 hat die Pflegesektion des Europäischen Büros der → Weltgesundheitsorganisation in Zusammenarbeit mit 11 Staaten in einem großangelegten Forschungsprojekt den Pflegeprozeß erprobt und gleichzeitig den Pflegebedarf von zwei unterschiedlichen Patientengruppen ermittelt. Obwohl sich die K in der BR an diesem Projekt nicht beteiligt hat, wurde der Pflegeprozeß als Ausbildungsgegenstand in der Ausbildungs- und Prüfungsverordnung (KrPflAPrV) von 1985 verankert. Mit der Durchführung des Pflegeprozeßes wird die Erwartung verbunden, daß die K den einzelnen Patienten in den Mittelpunkt der Arbeitsorganisation stellt und dadurch die Funktionspflege überwunden wird, bei der die Durchführung einzelner pflegerischer Maßnahmen die Arbeitseinteilung bestimmt. Allerdings wird oft zu wenig berücksichtigt, daß der Pflegeprozeß nur gelingen kann, wenn die bestehenden Arbeitszusammenhänge umgestaltet werden. Die K braucht für ihre zeitgemäße Entwicklung eine Pflegeforschung, die das Pflegewissen in den o. g. Domänen ermittelt, erweitert und überprüft.

L.: Exchaquet, N. F./Paillard, L. A.: Der Pflegeprozeß, eine Herausforderung für den Beruf. Bericht der nationalen Studie über den Pflegeprozeß; Schweizer Berufsverband der Krankenschwestern und Krankenpfleger (SBK); Bern, 1986. Henderson, Virginia: Grundregeln der K; Weltbund der Krankenschwestern (dt. Ausgabe); Frankfurt, 1963. Nightingale, Florence: Ratgeber für Gesundheits- und K, 2. Auflage; Leipzig, 1878 (Nachdruck: Mainz, 1980). Seidler, Eduard: Berufskunde 1, Geschichte der Pflege des kranken Menschen, 5. Auflage; Stuttgart, Berlin, Köln, Mainz, 1980.

Gerda Kaufmann

## Krankenpflegeausbildung

Die K wird durch Bundesgesetz geregelt. Z. Z. (1990) gilt das „Gesetz über die Berufe in der Krankenpflege" (Krankenpflegegesetz – KrPflG) vom 4. Juni 1985 (BGBl 1 S. 893), geändert durch Verordnung vom 22. Mai 1986 (BGBl 1 S. 833), und die „Ausbildungs- und Prüfungsverordnung für die Berufe in der Krankenpflege" (KrPflAPrV) vom 16. Oktober 1985 (BGBl 1 S. 1973). Das KrPflG und die KrPflAPrV betreffen neben der Krankenpflege auch die Kinderkrankenpflege und die Krankenpflegehilfe (→ Krankenpflegeberufe).

„Unterricht und praktische Ausbildung werden in staatlich anerkannten Krankenpflege- und Kinderkrankenpflegeschulen vermittelt" (§ 5 (1) KrPflG). Die K dauert 3 Jahre und umfaßt mind. 1600 theoretische Stunden und mind. 3000 praktische Stunden (hiermit wurde der Mindestnorm des Europäischen Übereinkommens über die theoretische und praktische Ausbildung von Krankenschwestern und Krankenpflegern vom 25.10.67 entsprochen). Dasselbe gilt für die Kinderkrankenpflegeausbildung.

Die K „soll die Kenntnisse, Fähigkeiten und Fertigkeiten zur verantwortlichen Mitwirkung bei der Verhütung, Erkennung und Heilung von Krankheiten vermitteln". Von den fünf Tätigkeitsbereichen, die im Gesetz anschließend aufgeführt werden, sei „die sach- und fachkundige umfassende, geplante Pflege des Patienten" (§ 4 (1) 1 KrPflG) erwähnt. – In der Anlage 1 der KrPflAPrV werden die Fächer und Themen aufgeführt und ihnen bestimmte Stundenzahlen zugeordnet. Auch die klinischen und außerklinischen Bereiche für die praktische Ausbildung werden vorgeschrieben. Jeder Schule bleibt jedoch die Erarbeitung bzw. Anwendung von Lehrplänen überlassen. Als erstes Bundesland hat Hessen 1975 einen „Lernzielkatalog Krankenpflegeausbildung in Hessen" herausgegeben, dessen Überarbeitung z. Z. stattfindet. Vom Bayerischen Staatsministerium für Unterricht und Kultus wurde 1982 ebenfalls ein „Lehrplan für Krankenpflege an Berufsfachschulen für Krankenpflege" veröffentlicht und zur Erprobung freigegeben. In Schulen katholischer Träger wird seit 1988 ein „Curriculum: Theoretische Ausbildung in der Krankenpflege" erprobt.

Die pädagogische Qualifikation der LehrerInnen für Krankenpflege, im Gesetz Unterrichtsschwestern und Unterrichtspfleger genannt, wird vom Gesetzgeber vorausgesetzt. Da sie aber in einer Weiterbildungsmaßnahme erworben wird, liegt es in der Kompetenz der Bundesländer, entsprechende Voraussetzungen zu schaffen. Seit Anfang des Jh. haben Berufsorganisationen, Schwesternschaften (→ Krankenpflegeverbände) und → Gewerkschaften ihren Nachwuchs an leitenden und lehrenden Pflegepersonen in eigenen Institutionen ausgebildet. In jüngster Zeit werden solche Kurse auch von privaten Trägern angeboten. Im Rahmen des AFG können die Arbeitsämter einen Teil der hohen Weiterbildungskosten erstatten bzw. vorfinanzieren. Die Gehälter sind wie bei allen Pflegeberufen im KrTarif festgelegt. Die Finanzierung der K wird durch die Krankenhäuser bzw. über die Pflegesätze sichergestellt. SchülerInnen erhalten eine Ausbildungsvergütung (KrPflG § 16 (1)); sie werden für ihre praktische Ausbildung im Stellenplan des → Krankenhauses geführt.

Die enge organisatorische Bindung der K an das Krankenhaus ist ein Erbe der jahrhundertealten Praxis, die Pflege kranker Menschen als Aufgabe einer Glaubens-, Lebens- und Dienstgemeinschaft wahrzunehmen. Erst das 20. Jh. brachte in Dt. eine schrittweise Entwicklung bis zum heutigen Stand. 1902 richtete der → Bund Deutscher Frauenvereine (→ Frauenbewegung) eine Petition an den Reichstag, um den Krankenpflegeberuf gesetzlich abzusichern. Er forderte u. a. eine dreijährige Ausbildung. 1903 gründete → Agnes Karll die „Berufsorganisation der Krankenpflegerinnen Deutschlands (BO)", die sich beharrlich für eine Verbesserung – nicht nur der K, sondern auch der Arbeits- und Lebensbedingungen der nicht ans Mutterhaus gebundenen Pflegepersonen – einsetzte. 1906 beschloß der Bundesrat den Entwurf von Vorschriften über staatliche Prüfungen von Pflegerinnen. Die Länderregierungen wurden aufgerufen, entsprechende Vorschriften zu erlassen. Landesrechtliche Bestimmungen über eine einjährige K traten 1907 in Preußen, 1908 in Württemberg, Hessen, Lippe, 1909 in Sachsen und Bremen in Kraft (Kruse 1987, 86). Die Ablegung der Prüfung führte zur staatlichen Anerkennung. Beides war aber nicht obligatorisch, so daß auch weiterhin Personal ohne diese Vorkenntnisse beschäftigt werden konnte.

Unter der Herrschaft des Nationalsozialismus wurde eine einheitliche Organisation und Erfassung der Pflegerinnen betrieben. 1938 wurde ein „Gesetz zur Ordnung der Krankenpflege" erlassen. Es schrieb erstmals den Umfang des theoretischen Unterrichts (mind. 200 Std., davon 100 von Ärzten gegeben) vor. Die K wurde auf 1½ Jahre verlängert.

Nach 1945 wurden in Schleswig-Holstein, Niedersachsen, Hamburg und Bremen eigene Krankenpflegeverordnungen erlassen. Im Grundgesetz wurde die Gesetzgebung für die Krankenpflege Bundesangelegenheit (GG Art. 74 (19), Art. 125). Am 15.7.1957 wurde ein neues KrPflG erlassen (BGBl 1 S.716). Neufassungen und Änderungen erfolgten am 20.9.1965 (BGBl III 2124–5), am 3.9.1968 (BGBl 1 S.898) und am 4.5.1972 (BGBl 1 S.753). Nachstehende Tabelle (S. 1224) gibt einen Vergleich der Dauer, der Theorie-/Praxisanteile und ausgewählter Zugangsvoraussetzungen der Schülerinnen (nach Kruse 1987, 158–160).

Ein Blick über die dt. Grenzen hinaus zeigt, daß die K in einigen Staaten im tertiären Bildungsbereich angesiedelt ist bzw. die Pflegewissenschaft seit mehreren Jahrzehnten als eigenständige Diszi-

|  | 1906 | 1938 | 1957 | 1965 | 1985 |
|---|---|---|---|---|---|
| Dauer der Ausbildung | mind. 1 Jahr | 1½ Jahre | 2 Jahre und 1 Jahr prakt. Tätigkeit | 3 Jahre | 3 Jahre |
| Theorieanteil | nicht festgelegt | mind. 200 Std., davon 100 Std. Arztunterricht; amtl. KrPfl.; Lehrbuchverpfl. | mind. 400 Std.; Aufzählung von 8 Lehrfächergruppen | mind. 1200 Std.; 10 Lehrfächergruppen mit Std.-Anteil festgelegt | mind. 1600 Std.; 12 Lehrfächergruppen mit Std.-Anteil festgelegt |
| Praxisanteil | vorwiegend | vorwiegend | vorwiegend | die klinischen Gebiete sind vorgeschrieben und Zeitspannen zugeordnet | klinische und außerklinische Gebiete werden mit Std.-Anteil festgelegt; insges. 3000 Std. |
| Schulbildung | Volksschulabschl. | Volksschulabschl. | Volksschulabschl. | Realschulabschl. | Realschulabschl. |
| Alter | 21 Jahre | 18 Jahre | 18 Jahre | 17 Jahre | 17 Jahre |
| Hauswirtschaftl. Tätigkeit | | 1 Jahr hauswirtschaftliche Tätigkeit | | ½ Jahr hauswirtschaftl. Tätigkeit | |

plin in Universitäten anerkannt ist. In der BR setzen sich jetzt Teile der Berufsgruppe für die Ausbildung der KrankenpflegelehrerInnen an den Universitäten ein. Damit geht die Forderung einher, dort die Pflegewissenschaft zu etablieren. Ein Modellversuch – „Entwicklung und Erprobung eines dreijährigen Studiengangs für Lehrkräfte an Lehranstalten für Medizinalfachberufe", LehrerIn für Krankenpflege und Kinderkrankenpflege (Diplom) – wurde vom 1.4.1978–30.9.1981 an der FU Berlin durchgeführt, aber aus vielschichtigen Gründen anschließend nicht von der zuständigen Medizinischen Fakultät in das ordentliche Lehrangebot übernommen. Mit Blick auf die (europäische) Zukunft muß erwähnt werden, daß bereits Richtlinien erarbeitet wurden zur „gegenseitigen Anerkennung der Diplome, Prüfungszeugnisse und sonstigen Befähigungsnachweise der Krankenschwester und des Krankenpflegers" (27.6.1977, 77/452/EWG, Amtsblätter der Europäischen Gemeinschaften Nr. L 176/1 vom 15.7.1977).

L.: Kruse, Anna Paula: Die K seit der Mitte des 19. Jahrhunderts; Stuttgart, Berlin, Mainz, Köln, 1987. Wanner, Bernd: Lehrer zweiter Klasse? Historische Begründung und Perspektive der Qualifizierung von Krankenpflegelehrkräften; Frankfurt/M., Bern, New York, Paris, 1987.

Gerda Kaufmann

**Krankenpflegeberufe**
Zu den K gehören: Krankenschwestern/-pfleger; Kinderkrankenschwestern/-pfleger; Krankenpflegehelfer/-innen. Diese Berufsbezeichnungen sind gesetzlich geschützt (KrPflG, 4.6.1985).

Die Erlaubnis zur Führung der Berufsbezeichnung wird durch den erfolgreichen Abschluß gesetzlich geregelter Ausbildungen erworben. Die Kinderkranken- und →Krankenpflegeausbildung beträgt drei Jahre, die der Krankenpflegehilfe ein Jahr (KrPflAPV, 16.10.1985). Die Angehörigen der K sind in →Gewerkschaften und →Krankenpflegeverbänden organisiert.

*Arbeitsfelder im →Krankenhaus* sind medizinische Fachabteilungen mit Patientenbetten und Funktionsabteilungen. Pflegepersonen, die eine Fachweiterbildung absolviert haben, sind die Fachschwestern/-pfleger für psychiatrische Pflege, für onkologische Pflege, für Anästhesie, für Intensivpflege u.a.m. Der Pflegedienst ist die größte Personengruppe im Krankenhaus (→Krankenhauspersonal) und i. allg. hierarchisch strukturiert (→Krankenhaushierarchie). Die Bezeichnungen „Gruppenschwester", „Stationsschwester", „Abteilungsschwester" weisen auf leitende Funktionen im jeweiligen Arbeitsbereich hin. Die/der Pflegedienstleiter/in steht auf der obersten Ebene. Die Qualifikation für die Leitungsfunktion wird in der Regel in Weiterbildungsmaßnahmen (→Weiterbildung) erworben.

*Arbeitsfelder außerhalb der Krankenhäuser* sind ambulante pflegerische Dienste (→Sozialstation, Diakoniestation), private Pflegepraxis, Werkambulanz, →Gesundheitsamt, Gesundheitszentrum. In der häuslichen Krankenpflege (→Hauspflegedienste) arbeiten neben den K auch Altenpfleger/innen und Familienpfleger/innen. Pflegerische Tätigkeiten als solche sind nicht geschützt. Der jeweiligen Leitung bleibt überlassen, die erforderliche Qualität der pflegerischen Leistung durch qualifiziertes Personal zu gewährleisten. Die entsprechende Kompetenz hat die Fachschwester für →Gemeindekrankenpflege.

*Pädagogische Arbeitsfelder* sind Kranken-, Kinderkrankenpflege- und Krankenpflegehilfeschulen sowie Fort- und Weiterbildungseinrichtungen. Die Bezeichnung Unterrichtsschwester/-pfleger wird zunehmend ersetzt durch Lehrer/in für Krankenpflege. Die pädagogische Qualifikation wird noch überwiegend in Weiterbildungsmaßnahmen bei unterschiedlichen Freien Trägern erworben.

*Arbeitsfelder in Wissenschaft und Forschung* gibt es in der BR und anderen deutschsprachigen Staaten nur in sehr begrenztem Umfang. Hier besteht Nachholbedarf, denn im Ausland verfügt der Pflegeberuf über eigenständige pflegewissenschaftliche Abteilungen an den Hochschulen mit Ressourcen für Pflegeforschung.

*Arbeitsfelder in den Gesundheitsministerien* und anderen Administrationen des Gesundheitswesens blieben den K wegen der fehlenden akademischen Laufbahn verschlossen.

*Berufspolitische Arbeitsfelder* bestehen in den Berufsverbänden (→Krankenpflegeverbände) und →Gewerkschaften.

Gerda Kaufmann

## Krankenpflegehilfe

→Krankenpflegeausbildung, →Krankenpflegeberufe

## Krankenpflegeverbände

Die Angehörigen der →Krankenpflegeberufe sind v.a. in K zusammengeschlossen, und nur wenige sind Mitglieder einer Gewerkschaft (→Gewerkschaft Öffentliche Dienste, Transport und Verkehr). K (siehe S. 1226) sind einerseits die Schwesternschaften (Diakonissenmutterhäuser, Caritas-Schwesternschaft, Verband der Schwesternschaften vom Deutschen Roten Kreuz e.V. und in katholischen Pflegeorden/Kongregationen; →Orden), andererseits die Berufsverbände (Deutscher Berufsverband für Krankenpflege e.V., Katholischer Berufsverband für Pflegeberufe e.V). Die dt. Zusammenschlüsse sind Teil weltweiter Organisationen: Weltbund der Krankenschwestern und Krankenpfleger (International Council of Nurses/ICN, Genf); Katholischer Weltbund

Zusammenschlüsse der Krankenpflegeverbände

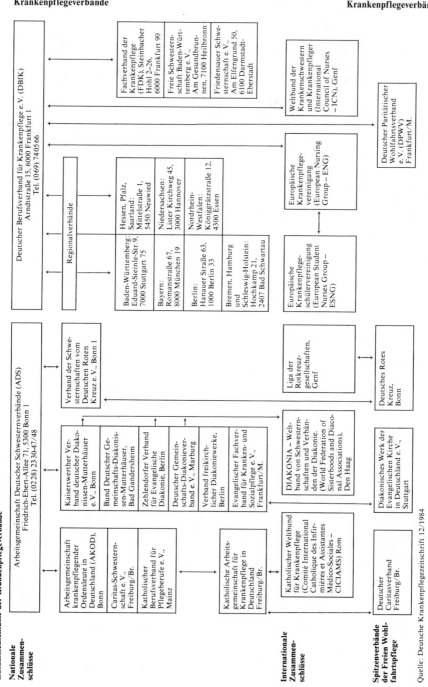

Quelle: Deutsche Krankenpflegezeitschrift 12/1984

für Krankenpflege und Sozialarbeit (Comité International Catholique des Infirmières et Assistantes Medico-Sociales/CICIAMS, Rom); Diakonia (Weltbund von Schwesternschaften und Verbänden der Diakonie, Den Haag). Im nationalen Raum sind die Zusammenschlüsse der K Mitglieder in den Spitzenverbänden der Freien Wohlfahrtspflege (→ Wohlfahrtsverbände).

Gerda Kaufmann

**Krankentransport**
→ Rettungsdienste
L.: Steingruber, F.: Handbuch für den K; 1957.

**Krankenversicherung**
Die Sicherung der Bevölkerung gegen → Krankheiten ist eine der unmittelbarsten sozialpolitischen Aufgaben. Der Aufbau einer gesetzlichen K für die → Arbeiterklasse im Jahre 1883 stellt auch aus heutiger Sicht eine besondere sozialpolitische Errungenschaft dar, mag sie auch eher gezwungenermaßen erfolgt sein, wie der – nicht nur zeitliche – Zusammenhang der Bismarckschen Sozialreformen (→ Bismarck) mit dem Gesetz gegen eine damals sehr kämpferische → Arbeiterbewegung nahelegt.

Zwar wurden schon vor 1883 entsprechende Regelungen erlassen, die aber im Hinblick auf den Kreis der (Zwangs-)Versicherten (z. B. die Ortskassen nach der → Gewerbeordnung von 1845) noch relativ beschränkt waren, andererseits aber moderne Elemente wie anteilige Arbeitgeberanteile zur K enthielten (Änderung der Gewerbeordnung 1849). Die Geschichte des K-rechts läßt sich als ein fast kontinuierlicher Prozeß der Ausweitung der K auf immer mehr einbezogene Gruppen und – zumindest bis in die jüngste Zeit (K-kostendämpfungsgesetz 1977 und v. a. das Gesundheits-Reformgesetz 1988/1989; → Gesundheitsrecht) – als Prozeß der Ausweitung des Leistungsspektrums kennzeichnen. Heute sind weit über 90% der Bevölkerung durch die gesetzliche K (GKV) gegen entsprechende Risiken versichert. Der Rest verteilt sich auf ganz wenige Nichtversicherte und einen gewissen Anteil von zumeist besser verdienenden Versicherten der privaten K (PKV) bzw. von Beihilfeempfängern (Beamte), die sich wegen wirtschaftlich günstigeren Bedingungen dem notwendigen Solidarausgleich entziehen (können). Dieser Solidarausgleich bezieht sich in der gesetzlichen K sowohl auf die beitragsfreie Mitversicherung von Familienmitgliedern, die Belastungsumverteilung zugunsten der niederen Einkommen wegen der einkommensgestaffelten Beiträge (bei im wesentlichen einkommensunabhängigen Leistungsansprüchen) wie auf einen kassenarteninternen Finanzausgleich.

Neben dem Aufgaben- und damit Ausgabenzuwachs haben verschiedenste andere Entwicklungen dazu beigetragen, daß der Finanzaufwand gerade der GKV bedenklich gestiegen ist und geradezu hektische ‚Reformmaßnahmen' provoziert hat, mit z. T. nicht bedachten Konsequenzen.

Die K erbringt nicht nur (sog. Sach-) Leistungen zur Heilung von Krankheiten. Sie hat noch weitere wichtige Aufgaben: von der → Haushaltshilfe über die → Mutterschaftshilfe, das – seit 1969 erst nach den ersten 6 Wochen → Lohnfortzahlung zu leistende – → Krankengeld bis hin zur Krankheitsverhütung (Früherkennung, Vorsorge, Schutzimpfungen, gesundheitsbewußtes Verhalten etc.; → Prävention) reicht das Leistungsspektrum.

Der Kreis der Versicherten besteht aus folgenden versicherungspflichtigen Gruppen: a. Arbeiter, unabhängig vom Einkommen; b. Angestellte sowie bestimmte Gruppen Selbständiger mit einem Einkommen unterhalb einer bestimmten Grenze (1991: 4875,– DM); c. Landwirte; d. Rentner; e. Studenten, Praktikanten; f. Arbeitslose; g. die Angehörigen der Gruppen a.–f., soweit sie nicht oder nur geringfügig beschäftigt sind. Außerdem besteht für viele andere Gruppen die Möglichkeit, sich freiwillig in der GKV zu versichern.

Die GKV bestand 1988 aus etwa 1160 →Krankenkassen: Orts-, Betriebs-, Innungs- und Seekrankenkassen, Knappschafts-, →Ersatzkassen. Diese Kassen werden als Selbstverwaltungskörperschaften mit eigener Beitrags- und Finanzhoheit von gewählten Vertretern der Arbeitgeber- und Arbeitnehmerseite geführt. Bei Orts-, Betriebs- und Innungskrankenkassen erfolgt die Besetzung der Vertreterversammlung paritätisch, bei der Knappschaft im Verhältnis 2:1, bei den Ersatzkassen sitzen in den Organen nur Vertreter der Versicherten.

Die Probleme, vor denen die K heute – und schon seit langem – steht, beginnen bereits mit dieser Zersplitterung in eine immer noch sehr große Zahl und Art von gesetzlichen Krankenkassen (zu Beginn des Jh. bestanden fast 20000 Kassen). Der Vorteil dieser stark gegliederten Struktur liegt zwar unbestreitbar in einer gewissen Konkurrenz, mehr Flexibilität und Versichertennähe – die Krankenkassen haben laut Sozialgesetzbuch eine Leit- und Orientierungsfunktion in Sozialversicherungsfragen gegenüber den Versicherten. Ein großer Nachteil liegt aber in der durch die Aufsplitterung bedingten, zu geringen Gegenmacht zu den Kassenärztlichen Vereinigungen (→Ärztliche Berufsverbände). Dieses ist nur ein, aber keinesfalls unwichtiger Grund für die außerordentlich stark gestiegenen Ausgaben der GKV. Eine über Jahrzehnte hinweg erfolgte – sozialpolitisch sinnvolle – Ausdehnung der K-leistungen, der große medizinische und medizintechnische Fortschritt (→Medizintechnik), die Dominanz von Volkskrankheiten und viele andere Einzelgründe, nicht zuletzt auch ein ausgesprochenes Gewinnstreben bei den meisten Leistungsanbietern haben dazu geführt, daß die Leistungsausgaben der GKV z.B. zwischen 1978 und 1988 von 25 Mrd. DM auf über 130 Mrd. DM gestiegen sind. Diese Ausgabensteigerungen, die aber auch in anderen Ländern mit z.T. anderen K-systemen auftraten, haben zu deutlich gewachsenen K-beiträgen geführt. Seit der Nachkriegszeit haben sich die durchschnittlichen Beitragssätze (1988: 12,9% vom Bruttoeinkommen bis zur Beitragsbemessungsgrenze) fast verdoppelt – die Hälfte trägt der Arbeitgeber.

Ein weiteres zentrales Problem der K liegt in der sozialpolitisch nicht hinnehmbaren Auseinanderentwicklung der Beitragssätze zwischen den einzelnen Kassen/Kassenarten. So variiert der Beitragssatz 1989 je nach Kasse stark (regional bzw. nach Kassenart zwischen 8.0 v.H. und 16,0 v.H.). Dringend nötig ist daher nicht nur eine Verbesserung des kasseninternen, sondern auch ein wirksamer kassenartenübergreifender Finanzausgleich. Nicht zuletzt belegen dies die Diskussionen um die Neugründung von Betriebskrankenkassen (→Sozialversicherung 6.a) gerade im Gefolge der sog. Gesundheitsreform im Jahr 1989: Betriebe, deren Mitarbeiterstruktur ‚bessere' Risiken darstellt, d.h. die von ihrem bisherigen und zu erwartenden Kostenanfall her weniger Kosten verursachen, gründen Betriebskrankenkassen, um sich selbst und den eigenen Arbeitnehmern Kostenvorteile zu verschaffen. Die sog. ‚schlechten' Risiken (Alte, Einkommensschwache, Kränkere) verbleiben damit zunehmend den Ortskrankenkassen. Insgesamt gilt für die GKV noch die zusätzliche Belastung, daß sich z.B. gutverdienende jüngere Arbeitnehmer (v.a. kinderlose) der Solidargemeinschaft durch Mitgliedschaft in der PKV entziehen können.

Neben weiteren Gründen (erhöhte Lebenserwartung, teurer medizintechnischer Fortschritt, Zivilisationskrankheiten etc.) bestehen strukturelle Steuerungsdefizite: Auf der Nachfrageseite, bei den Versicherten, ist wenig Anreiz zu einer kostenbewußten Inanspruchnahme der beitragsunabhängigen K-leistungen gegeben, ja die Versicherten (im Gegensatz zur PKV mit ihrem Kostenerstattungssystem) wissen weitgehend nicht, welche Kosten durch ihr Verhalten und die ärztliche Abrechnungsstrategie entstehen. Selbstbeteiligungen, die dem entgegenwirken können, sind aber andererseits unter sozial- und gesundheitspolitischen Gesichtspunkten äußerst bedenklich. Auf der Angebotsseite bestimmen unbestreitbar die Ärzte (→ Arzt), Zahnärzte und weitgehend auch die → Krankenhäuser über die Nachfrage und damit über ihr Einkommen. Art und Umfang der Behandlung werden gerade bei einem Verfahren der Einzelleistungshonorierung (→ Honorierungssysteme) für den Anbieter steuerbar; dadurch wird der Krankenschein gerade auch wegen z. B. steigender Ärztezahlen zum ‚großen Los', zur Garantie für ein hohes Einkommen.

Die Situation und die Perspektiven der K sind – entgegen vieler Expertenvorschläge und trotz der sog. Gesundheitsreform – als eher verfahren und pessimistisch zu beurteilen. Solange die Anbieterseite im Prinzip unkontrolliert über die Entwicklung der Nachfrage bestimmen kann, ist eine Kostendämpfung nicht zu erwarten. Die gängige Einseitigkeit der Reformvorschläge im Sinne volkswirtschaftlicher Ideologie (‚Mehr Markt im Gesundheitswesen') – die mitzudiskutierende Alternative wäre z. B. eine weitgehende Verstaatlichung des gesamten → Gesundheitswesens – läßt kaum Alternativen erwarten, die (wie die bisherigen Kostendämpfungsmaßnahmen) nicht v. a. zu Lasten der Versicherten gingen.

Anstehende Entwicklungen, speziell die höhere Lebenserwartung und die sich wegen veränderter Werte und Lebensbedingungen langfristig umkehrende Bevölkerungspyramide definieren den Bereich der K auch weiterhin als Problem.

L.: Ferber, Christian von, u.a. (Hg.): Kosten und Effizienz im Gesundheitswesen – Festschrift für Ulrich Geißler; München, 1985. Holler, A., Die Entwicklung der sozialen K in den Jahren 1945 bis 1975; in: Bartholomäi/Bodenbender/Henkel/Hüttel (Hg.), Sozialpolitik nach 1945. Geschichte und Analysen; Bonn-Bad Godesberg, 1977. Lampert, Heinz: Lehrbuch der Sozialpolitik; Berlin u.a., 1985, insbes. 150 ff. Metze, Ingolf: Gesundheitspolitik. Ökonomische Instrumente zur Steuerung von Angebot und Nachfrage im Gesundheitswesen; Stuttgart u.a., 1982. Pfaff/Busch, Stoßrichtungen der Reformdiskussion; in: Deutscher Sozialrechtsverband, Die Strukturreform der K; Wiesbaden, 1988. Sachverständigenrat für die Konzertierte Aktion im Gesundheitswesen: Jahresgutachten; Baden-Baden, seit 1987.

Ernst Kistler

**Krankenversicherungskostendämpfungsgesetz (KVKG)**
Die mit Hilfe des → Krankenhausfinanzierungsgesetzes (KHG) beschleunigte Kommerzialisierung des → Gesundheits- und Krankenhauswesens entschärfte zunächst den Widerspruch zwischen dem steigenden Leistungsbedarf und dem Leistungsangebot. Gleichzeitig verschärfte sich jedoch der Widerspruch zwischen der kollektiven Zwangsfinanzierung und dem gewinnorientierten Leistungsangebot sowie den hierbei konkurrierenden Interessen zwischen Versicherten, → Gewerkschaften, → Krankenkassen, Unternehmerverbänden, → Gesundheitsindustrie, Kassenärzten, Krankenhausärzten und Pflegepersonal (→ Krankenhauspersonal).

Die Verschärfung dieses Widerspruchssystems erzwang 1977 das KVKG, mit dessen Hilfe „die Ausgabenzuwächse für die kassenärztliche Versorgung, die Krankenhausbehandlung sowie die Arzneimittelversorgung an der Einkommensentwicklung orientiert und bei der Leistungserbringung die Grundsätze der Notwendigkeit und Wirtschaftlichkeit strenger als bisher beachtet werden sollten" (Scharf u.a. 1982, 151).

Um das gewinn- und einkommensmotivierte Verhalten der verschiedenen Interessengruppen in diesem Sinn zu steuern, wurde nach dem Muster der Wirtschaftspolitik die „konzertierte Aktion im Gesundheitswesen" installiert. Dieses Regulierungsorgan, in dem fast alle an der Gesundheitsversorgung beteiligten Interessenverbände unter Vorsitz des

Bundesarbeitsministers durch Erarbeitung von Orientierungsdaten und Empfehlungen zusammenwirkten, hatte zunächst, aus der Sicht gewerkschaftlicher →Gesundheitspolitik, einen bestimmten Einfluß auf die „Steuerung der Ausgaben für die kassenärztliche Versorgung und für Arzneimittel" ausgeübt (Scharf u.a. 1982, 151).

Unter dem Druck der Krise von 1980–83 und der anhaltenden Massenarbeitslosigkeit verschärfte sich jedoch der Verteilungskampf um die Sozialfonds, und die konzertierte Aktion erwies sich selbst aus der Sicht der zum Konsens Verpflichteten als ein „störanfälliges Instrument" (Scharf u.a. 1982, 152). Da dieses Gremium nicht die Gesundheitsinteressen der Bevölkerung repräsentierte und nicht auf die Sicherung des Versorgungsbedarfs, sondern auf die Wahrung des Gleichgewichts zwischen Einnahmen- und Ausgabenentwicklung festgelegt war, mußte die Globalsteuerung die Disproportionen zwischen den objektiven Erfordernissen nach qualitativer Erweiterung des Gesundheitsschutzes und dem gewinngesteuerten Leistungsangebot noch verschärfen, so daß mit dem Gesundheitsreformgesetz (→Gesundheitsrecht 3.) ein erneuter Versuch unternommen werden mußte, einen Modus der Konfliktentschärfung zu finden.

L.: Scharf, B./Schmidt, A./Standfest, E., Einnahmeorientierte Ausgabenpolitik. Zwischenbilanz und Perspektiven aus gewerkschaftlicher Sicht; in: Jahrbuch für kritische Medizin (=Argument Sonderband 86); Berlin, 1982, 147ff.

Yvonne Erdmann

## Krankenversorgung
→Öffentliche Gesundheitspflege

## Krankheit

K ist eine Daseinsform alles Lebendigen. Pflanzen, Tiere und Menschen können zeitlich begrenzt oder chronisch krank werden bzw. – genetisch bedingt – bereits von Anbeginn krank sein. In der Folge von K entsteht mehr oder weniger starkes Leiden durch Schmerz, Unwohlsein und Beeinträchtigung gewohnter Lebensvollzüge. In der Regel bemerkt der betroffene Mensch selbst die negative Veränderung seines Befindens. Ein subjektives K-gefühl zieht mehr und mehr Aufmerksamkeit von „normalen" Lebensvollzügen ab und lenkt diese auf mögliche Anstrengungen zur Wiederherstellung des gewohnten Lebensgefühls. In bestimmen Fällen erzeugt hingegen das diagnostische Wissen über eine K eine das Leben beeinträchtigende Wirkung, so z.B. wenn der sich subjektiv gesund fühlende Mensch anläßlich einer Vorsorgeuntersuchung erfährt, daß ein Organ seines Körpers von einer Krebsgeschwulst befallen ist. Wenn hier von K als einer Daseinsform gesprochen wird, bedeutet dies, daß K – im Sinne einer anthropologischen Konstante – ebenso zur menschlichen Existenz gehört wie das kraftvolle, schöpferische und genießende Leben des Gesunden. Ivan Illich (1975, 180) unterstreicht dies, wenn er schreibt: „Die bewußt gelebte Gebrechlichkeit, Individualität und soziale Offenheit des Menschen machen Erfahrungen, Schmerz, Krankheit und Tod zu einem integralen Bestandteil seines Lebens."

*Zum Sprachgebrauch von K.* Das Wort K hatte im Mittelhochdeutschen (kranchei) zunächst die Bedeutung von Schwäche bzw. Schwachheit. Das Deutsche Wörterbuch der Gebrüder Grimm (1873) unterscheidet im wesentlichen zwei heutige Begriffsinhalte: a. das Kranksein (aegrotatio) und b. das Leiden, ärztlich betrachtet (morbus).

K im Sinne von Kranksein (=a) bezieht sich auf den Zustand eines konkreten Einzelmenschen, bei dem sich K-ursachen und K-folgen zu einem persönlichen K-prozeß formen. K im ärztlichen Sprachgebrauch (=b) meint in erster Linie die diagnostisch bestimmbaren – vom Normalzustand abweichenden – Vorgänge in Körper und Geist, die ein konsistentes pathologisches Erscheinungsbild ergeben. In diesem Sinne sind

# Krankheit

das griechische „nosos" sowie das lateinische „morbus" als Begriffe zu verstehen, die eine diagnostisch bestimmte K bezeichnen. K kann aber auch als allgemeiner Begriff von „Erkrankung" verstanden werden. Im alltäglichen Sprachgebrauch wird so der Zustand eines Kranken von dem eines Gesunden abgehoben.

Obgleich K als ein alltägliches, wohl allen Menschen vertrautes Phänomen betrachtet werden kann, scheint es kein wissenschaftlich begründbares, eindeutiges Definitionsschema für den K-begriff zu geben. Dies zeigt sich auch an der kulturgeschichtlichen Vielfalt des K-verständnisses. Während das Wissens- und Wertesystem der einen Kultur eine gefährliche Geistes-K diagnostiziert, sieht das der anderen im gleichen Phänomen das Merkmal eines göttlichen Auserwähltseins. Letztendlich hängt die Bewertung eines Zustandes als ‚krank' oder ‚gesund' vom gesellschaftlichen Interpretationssystem und dessen jeweils unterschiedlichen Standards von Normalität ab (→ Gesundheitsverständnis). In modernen Gesellschaftssystemen sind die Chancen, am Definitionsprozeß von K teilzuhaben, unterschiedlich zugunsten bestimmter professioneller Gruppen (Ärzte, Juristen) verteilt. K-definitionen der betroffenen →„Laien" geben ebenfalls den Anstoß für diesen Prozeß.

Unter systematischen Gesichtspunkten ist m. E. die Relevanz des Phänomens K für im Sozial- und Gesundheitswesen Tätige durch folgende Perspektiven hinreichend bestimmbar: (1) K als individuelles Faktum (= Perspektive des Subjekts von K); (2) K als medizinisches Faktum (= Perspektive der wissenschaftlichen Objektivierung von K); (3) K als gesellschaftliches Faktum (= Perspektive der Sozialität von K).

Das folgende Beispiel macht die Interdependenz dieser Perspektiven deutlich: Ein Arbeitnehmer fühlt sich krank. Der entstehende Leidensdruck zwingt ihn zu einem Arztbesuch (1). Die medizinische Diagnose lautet: krankhaft verändertes Blutbild aufgrund einer dauerhaften Schädigung des Rückenmarks. Der in einem nuklearindustriellen Betrieb beschäftigte Arbeitnehmer wird als berufsunfähig eingestuft (2). Zur Klärung der Rentenansprüche des Arbeitnehmers muß ein Sozial- bzw. Arbeitsgericht angerufen werden, das zu entscheiden hat, ob die zur Arbeitsunfähigkeit führende K ihre Ursache in der beruflichen Tätigkeit des Arbeitnehmers hat und somit als sog. → Berufs-K einzustufen ist. Damit verbunden ist letztlich die Frage, wer die sozialen Folgen einer K zu tragen hat (3).

*(1) K als individuelles Faktum.* K aus der Perspektive des betroffenen Subjektes findet ihren Ausdruck in einem negativ erlebten *Befinden*. Aus dem „Gesundsein" und dem damit einhergehenden „Sich-wohl-fühlen" entwickelt sich zunächst ein Stadium des „Weder-gesundnoch-krank-Seins", in dem das Individuum ein „Sich-im-Zustand-der-Ungewißheit-Befinden" erfährt. Das daraufhin folgende Stadium des „Krankseins" wird dann als ein „Sich-schlecht-und-krank-Fühlen" erlebt. K wird so zum persönlichen Leiden, zu einer Not, die sich in der Folge als eine Bitte um → Hilfe äußerst und auf Mit-Leid hofft. Dieses auf den römischen Arzt Galenos von Pergamon zurückgehende Verständnis eines Wandels der Befindlichkeit verweist mit Nachdruck auf den Prozeßcharakter von K und auf die Möglichkeit, mit einer „Diätetik des guten Lebens" regulierend für das „Gesundsein" aktiv einzutreten.

Für Galenos und seine Zeit konnte die Frage, ob ‚gesund' oder ‚krank', ausschließlich individuell und aus der Situation der Betroffenen (des wohlhabenden römischen Bürgers) entschieden werden. In unserer Zeit – mit der weit überwiegenden Zahl der Menschen in abhängigen Beschäftigungsverhältnissen – genügt das subjektive Befinden des „Sich-krank-fühlens" nur in beschränktem Maße, denn spätestens nach dem

1231

dritten Tag ist der Arbeitnehmer verpflichtet, seine K „objektiv" feststellen zu lassen. Dazu bedarf es der Medizin und der naturwissenschaftlich-technisch geprägten Diagnostik derselben.

*(2) K als medizinisches Faktum.* Die seit Mitte des 19. Jh. physiologisch und naturwissenschaftlich orientierte Mainstream-Medizin mit ihrem primär technisch-instrumentellen Erkenntnisinteresse sieht K v. a. als körperliche Funktionsstörung. Zugrunde liegt ein organischer bzw. somatischer K-begriff, der auf die Diagnose eines klaren und eindeutigen *Befunds* abstellt. K – und darüber hinaus der Mensch als Träger der K – wird so zum Objekt der Wissenschaft. Der Mensch *hat* eine K, die makroskopisch bzw. mikroskopisch feststellbar ist und durch differenzierbare Symptome und Verlaufsformen klassifiziert werden kann. Solchermaßen eindeutig bestimmbare Störungen des Organismus können dann auch mit entsprechend kausalen und symptomorientierten Therapiemaßnahmen bekämpft werden.

Neben diesem organisch-somatischen K-begriff entwickelte sich um die Jahrhundertwende ein – vor allem mit dem Namen →Sigmund Freud verbundener – psychologischer K-begriff. K der Seele oder Psyche des Menschen wird verstanden als Störung eines biographisch determinierten Gleichgewichts intrapsychischer Kräfte. Ansprüche des Ich und der →Gesellschaft werden auch im Erwachsenenalter mit Verarbeitungsmustern zu vermitteln versucht, die in Belastungs- und Frustrationssituationen der frühen →Kindheit herausgebildet wurden. Der Mensch ist krank, insofern er mit neurotischen oder gar psychotischen Verhaltensweisen auf alltägliche, in der gesellschaftlichen Norm befindliche Anforderungen reagiert. Aus einer ganzheitlichen Betrachtungsweise des Menschen (Leib/Seele-Einheit) heraus entwickelte die psycho-somatische Medizin einen K-begriff, der die Zusammenhänge zwischen somatischem, objektivierbarem Kranksein und psychischen Auslösern von K zu begreifen versucht.

Die Aufgabe der Medizin, die i. d. R. vom Individuum relativ unspezifisch vorgetragene Störung des Befindens in den möglichst gesicherten Befund einer spezifischen K zu überführen, ist – wie die leidvolle Erfahrung mit Fehldiagnosen zeigt – immer mit Unsicherheit behaftet. Eine unbezweifelbare K ist letztendlich nur eine K, die mit dem Tod endet. Dennoch ist die Feststellung einer K eine für das Individuum und die Gesellschaft wichtige und notwendige Aufgabe. Für den von K betroffenen Menschen ist die mit Sorgfalt erstellte Diagnose Voraussetzung einer erfolgreichen Therapie. Letztere ist wiederum von elementarer Bedeutung für Individuum und Gesellschaft, denn sie ermöglicht die Wiederherstellung der für die individuelle und gesellschaftliche Bestandssicherung notwendigen normalen Liebes- und Arbeitsfähigkeit (gesund ist – nach Freud – wer liebes- und arbeitsfähig ist).

*(3) K als gesellschaftliches Faktum.* Mit dem Begriff Arbeitsfähigkeit und dem darin eingeschlossenen Konstrukt der „Leistungsfähigkeit" (→Krankheit [als Rechtsbegriff]) v. a. ist der gesellschaftlich-soziale Bezug von K angesprochen. Geht man davon aus, daß K vorliegt, wenn die „normale", gewohnte Arbeitsleistung eines Individuums von diesem momentan bzw. auf absehbare Zeit nicht mehr erbracht werden kann, ist zu erwarten, daß gesellschaftlich wertvoll erachtete Aufgaben nicht erfüllt werden. Das Individuum weicht in diesem Falle von der ihm gesellschaftlich zugewiesenen „Rolle als Leistungsträger" ab und übernimmt die zeitlich begrenzte „Rolle des Kranken".

Nach T. Parsons (1967) wird Rolle und Situation des Kranken wie folgt definiert: a. Der Kranke wird für eine bestimmte Zeit von den normativen Verpflichtungen befreit, die ihm die arbeitsteilig organisierte Gesellschaft zugewiesen hat. b. Der Kranke trägt für seinen Zustand keine Verantwortung. Der Zustand der Normalität wird von einem

Heilungsprozeß, der außerhalb der Motivation des Kranken liegt, wiederhergestellt. c. Das durch K bedingte →abweichende Verhalten wird nur dadurch legitim und tolerabel, daß sich der Kranke verpflichtet, alles zu tun, um diesen unerwünschten Zustand schnellstmöglich zu beenden. d. Der Kranke ist verpflichtet, zur Erreichung dieses Ziels kompetente Hilfe (v.a. des Medizinalsystems) in Anspruch zu nehmen.

K als unter bestimmten Bedingungen tolerable Abweichung von gesellschaftlichen Normen zu betrachten, birgt jedoch, wie Pflanz (1969) gezeigt hat, die Gefahr des Mißbrauchs. Derjenige, der aus egozentrischen Gründen von Rollenverpflichtungen befreit sein will, „spielt" die Rolle des Kranken. Es besteht weiterhin die Gefahr, daß gesellschaftlich unbequeme Personen u.U. per Gerichtsbeschluß zwangsweise von Verantwortung befreit werden, indem man sie z.B. für geisteskrank erklärt. Unerwünschtes, unbequemes Verhalten wird in die Zuständigkeit der Mediziner abgegeben, um damit das Verhalten als krankhaft zu „legitimieren". Gesellschaftliche Probleme können auf diese Weise entschärft werden, ohne daß man sich um eine wirkliche Lösung bemühen muß. Letztendlich besteht also die latente Gefahr, daß – wie die genannten Beispiele zeigen – das Normensystem der Gesellschaft durch die Parsons'sche Konstruktion der Krankenrolle weniger geschützt als durch Mißbrauch des zugrundeliegenden K-begriffs außer Kraft gesetzt wird.

Eine unter dem Gesichtspunkt des „Wandels des K-panoramas" (Schäfer) – d.h. abnehmende Tendenz bei epidemisch-infektiösen Volks-K sowie dramatisch zunehmende Tendenz bei chronisch-degenerativen Zivilisations-K – bes. hervorzuhebende Kritik am strukturfunktionalen K-begriff Parsons' haben K. Horn und seine Mitarbeiter (1980; 1984) herausgearbeitet. Wenn es entsprechend dem neuen präventiven Leitbild der Medizin (→Prävention) in Zukunft als immer vordringlicher erachtet wird, K bereits im Vorfeld ihrer Entstehung zu bekämpfen, vermag das Parsons'sche Modell kein verhaltenssteuerndes Motiv zur Sicherung gesundheitsadäquater Lebensweisen zu begründen. Für das rollenspezifische Verhalten des Kranken läßt sich ein sanktionierbarer Normenkodex formulieren, nicht so für das Verhalten des (noch) Gesunden: „Während dem Erkrankten die Krankenrolle mit der ihr innewohnenden normativen Verhaltenserwartung zur Wiederherstellung der Gesundheit zugeschrieben wird, fehlen entsprechende Sanktionsmöglichkeiten für denjenigen, der als gesund gilt, zugleich aber die allgemeine Wertorientierung Gesundheit durch Risikopraktiken unterläuft." (Beier/Horn/Kraft-Krumm 1980, 63.)

K als gesellschaftlich-soziales Problem muß vor dem Hintergrund von Prävention neu gefaßt werden. Sie sollte nicht erst dann, wenn sie zu einem manifesten Sachverhalt geworden ist, Gegenstand sozialwissenschaftlicher Analyse werden. K ist vielmehr in einem somato-psycho-soziogenetischen Forschungskontext zu betrachten, der nach Gründen gesundheitlichen Risikoverhaltens sucht. Dies setzt v.a. voraus, körperliche K, subjektives Erleben und soziales Handeln als einen ganzheitlichen Sinnzusammenhang zu sehen.

L.: Beier/Horn/Kraft-Krumm, Gesundheitsverhalten und K-gewinn. Zur Methode einer Studie über Widerstand gegen Gesundheitsaufklärung; in: Bundeszentrale für gesundheitliche Aufklärung (Hg.), Europäische Monographien zur Forschung in Gesundheitserziehung 2; Köln, 1980. Hartmann, P., Krank oder bedingt gesund; in: MMG 1986/3, 170–179. Horn/Beier/Kraft-Krumm: Gesundheitsverhalten und K-gewinn. Zur Logik von Widerständen gegen gesundheitliche Aufklärung; Opladen, 1984. Illich, I.: Die Enteignung der Gesundheit; Reinbek, 1975. Mitscherlich, A.: K als Konflikt; Frankfurt, 1966. Parsons, T., Definition von Gesundheit und K im Lichte der Wertbegriffe und der sozialen

Struktur Amerikas; in: Mitscherlich/ Brocher/v. Mering/Horn (Hg.), Der Kranke in der modernen Gesellschaft; Frankfurt, 1984. Pflanz, M., Medizinsoziologie; in: König, R. (Hg.), Handbuch der empirischen Sozialforschung, Bd. 2; Stuttgart, 1969. Rotschuh, K. E.: Was ist K; Darmstadt, 1975. Schäfer, H., Der K-begriff; in: Blohmke, M., u.a. (Hg.), Handbuch der Sozialmedizin, Bd. 3; Stuttgart, 1976, 15–31.

Uwe Franz Raven

**Krankheit** *[als Rechtsbegriff]*
Nach der Definition der World Health Organisation (WHO; ⇒ Weltgesundheitsorganisation) von 1946 ist K kein Zustand, sondern ein Lernprozeß und eine soziale Rolle. Im Unterschied hierzu hat die dt. Rechtsprechung – führend durch die des Bundessozialgerichts – sich der Problematik dadurch angenähert, daß immer mehr K in den Schutzbereich der kranken- und gesundheitsrechtlichen Bestimmungen einbezogen worden sind. Bei derzeit etwa 40000 anerkannten K-bildern wird die übliche Definition der K als „Vorhandensein von subjektiv empfundenen bzw. objektiv feststellbaren körperlichen, geistigen bzw. seelischen Veränderungen bzw. Störungen" (Pschyrembel, Klinisches Wörterbuch, 256. Aufl. 1989, 900) fragwürdig, so daß dort auf den krankheitenversicherungsrechtlichen Sinn hingewiesen wird: K im Rechtssinne ist somit das Vorhandensein von Störungen, die → Krankenpflege und → Therapie erfordern und Arbeitsunfähigkeit zur Folge haben. Damit ist nicht schon jede – grundsätzlich behandlungsbedürftige – gesundheitliche Beeinträchtigung K i.e.S. des Wortes; vielmehr kommt es auf die Umstände des Einzelfalles an (Beispiel: Ein Schnupfen wird in aller Regel keine Arbeitsunfähigkeit zur Folge haben, da die gesundheitliche Einschränkung sich hierauf nur unwesentlich auswirkt. Anders bei Personenkreisen, bei denen der Beruf stets höchste Leistungsfähigkeit erfordert; genannt seien Flugkapitäne, Lok- und Baggerführer, Berufskraftfahrer, Ärzte). K im Rechtssinne kann auch situationsbedingt vorliegen (Beispiel: Erkältung eines Prüflings).

Bei der Ermittlung von → *Berufs-K* und im Entschädigungsrecht gilt das sog. Kausalprinzip (von lat. causa, Ursache). Ursache ist jedes schädigende Ereignis, durch das der Erfolg – die K, der Gesundheitsschaden – bewirkt worden ist. Problematisch ist dabei, von der Wirkung auf die richtige Ursache zu schließen. Konstitutionelle oder physische/ psychische Schwächen, die während der Berufsausübung zur K oder der gesundheitlichen Beeinträchtigung führen, haben *keine* Berufs-K als Voraussetzung.

Im Entschädigungsrecht wird die Kausalitätsproblematik aufgrund dreier verschiedener Theorien unterschiedlich bewertet. 1. Nach der Lehre von der sog. sozialen *Adäquanz* muß ein hinreichend hoher Grad an Wahrscheinlichkeit dafür sprechen, daß aufgrund der Lebenserfahrung das schädigende Ereignis von jemandem verursacht worden ist bzw. zu verantworten ist (z.B. einer → Versicherung). Es werden füglich als Ursache nur diejenigen Ereignisse oder Verhaltensweisen berücksichtigt, welche nach der allgemeinen Lebenserfahrung den rechtserheblichen Tatbestand herbeizuführen geeignet sind. Ganz besonders eigenartige und unwahrscheinliche Umstände, mit denen man nicht rechnen konnte, bleiben außer Ansatz.

2. Nach der v.a. im Unfallrecht herrschenden *Relevanztheorie* wird ausschließlich auf „die wesentlichen Ursachen" abgestellt, die wegen ihrer besonderen Beziehung zum schädigenden Ereignis an dessen konkretem Eintritt entscheidend mitgewirkt haben. Ob sie „abstrakt" vorhersehbar waren, spielt keine Rolle. Typisches Beispiel ist die Haftung für Impffolgeschäden.

3. Mit der *Normzwecktheorie* wird gefragt, ob bei Auslegung der Norm nach Sinn und Zweck *dieses* Schadensereignis hat erfaßt werden sollen und ob das Ereignis der Norm zugeordnet werden

kann (Beispiel: Entdeckung einer K, die Berufsunfähigkeit zur Folge hat, bloß weil der Betroffene infolge eines unverschuldeten Unfalls hat operiert werden müssen; die →Unfallversicherung haftet nach der Normzwecktheorie nicht, da der Unfall die Berufsunfähigkeit nicht bewirkt, sondern nur aufgedeckt hat).

L.: Rolshoven, Hubertus, Pflegebedürftigkeit und K im Recht; 1978. Sticken, Rainer J.: Die Entwicklung des K-begriffs der Gesetzlichen Krankenversicherung – Ursachen und Auswirkungen der Veränderung; Bremen, 1985 (jur. Diss.).

Lutz Dietze

## Krankheitsregister

Für bestimmte Krankheiten werden im Rahmen der →Gesundheitsstatistik auf regionaler Basis K geschaffen (Krebsregister, Herzinfarkt-Register usw.). Sie dienen der umfassenden und genauen Erhebung von Daten (Häufigkeit, Stadieneinteilung, Behandlungsform, Überlebenszeiten). In der BR sind in den letzten Jahren mehrere Landesgesetze zur Krebsregistrierung verabschiedet worden. Krebsregister dienen der Erfassung aller Krebslokalisationen über Jahrzehnte. Zusätzlich sind sie eine Datenquelle für die epidemiologische Forschung (→Epidemiologie).

Dieter Borgers

## Kraus, Hertha

K wurde am 11.9.1897 in Prag geboren. An der Universität Frankfurt/Main promovierte sie 1919 zum Dr. rer. pol. (Thema: „Über die Aufgaben und Wege einer Jugendfürsorgestatistik"). Als Mitarbeiterin der Sozialen Arbeitsgemeinschaft Berlin-Ost (1910 von Friedrich Siegmund-Schultze gegründet) stand sie der →Nachbarschaftsheimbewegung nahe. Mit 26 Jahren wurde sie 1923 Stadtdirektorin und Leiterin des Wohlfahrtsamtes der Stadt Köln und behielt dieses Amt bis 1933. Daneben war sie u.a. in der Berufsverbandsarbeit engagiert (Reinicke 1985, 18 u. 248).

Nach der Machtergreifung durch die Nationalsozialisten wurde sie vom Dienst suspendiert und zum 30.11.1933 endgültig entlassen. In den USA wurde sie an die „Graduate School of Social Work" des renommierten Bryn Mawr College in Philadelphia/Pennsylvania berufen. Noch vor Kriegsausbruch in Europa wurde sie US-amerikanische Staatsbürgerin. Ihre Erfahrungen in der öffentlichen →Sozialverwaltung waren in den USA willkommen, da dort nach dem Regierungswechsel von 1932 in der „New-Deal"-Ära der öffentliche Bereich der Sozialen Arbeit ausgebaut wurde. K wurde als Beraterin (Professional Consultant) für höchste (sozial-)politische Gremien engagiert (z.B. Department of the Interior Social Security Board; Department of State). Neben ihrer Lehr- und Beratertätigkeit arbeitete sie in der Flüchtlingsarbeit, u.a. bei den Quäkern im American Friends Service Committee.

Nach dem Krieg war K Mitglied in verschiedenen Ausschüssen der Vereinten Nationen, und im Rahmen des Wiederaufbaus des sozialen Systems in Europa arbeitete sie in der United Nations Relief and Rehabilitation Administration – UNRRA (Wieler 1989, 316f.). 1946 kam sie als Abgesandte der amerik. Quäker nach Dt., um in den zerbombten Städten die Gründung von →Nachbarschaftsheimen vorzubereiten und Einrichtungen für Freizeiten, Konferenzen und Nachschulungen für Sozialarbeiterinnen zu schaffen. Diese Bemühungen liefen parallel zu ihren Anregungen für eine gezielte Arbeit mit Einzelnen und Familien, wie sie sich im „Social Case-Work" (→Soziale Einzelhilfe) in den USA entwickelt hatte (Müller 1988, 67ff.; Kraus 1949 u. 1950). In der Vermittlung zweier klassischer sozialarbeiterischer Arbeitsansätze (→Methoden der Sozialarbeit) zeichnet sich die Entwicklung zum sog. „Generic Approach" ab, wie er sich in den USA heute weitgehend durchgesetzt hat und ansatzweise schon in den frühen „Settlements" praktiziert wurde.

K war neben →Walter Friedländer, →Hedwig Wachenheim, →Gisela Konopka und anderen Flüchtlingen eine der Einflußreichsten, deren Beiträge zur US-amerik. →Sozialarbeit noch nicht annähernd ausgewertet sind. Die Würdigung ihrer Bemühungen beim Wiederaufbau des sozialen Systems im Nachkriegsdeutschland, zur →Umerziehung bzw. Nachschulung von sozialen Fachkräften („Re-Education") und zum kontrovers diskutierten Methodenimport ist begonnen worden (Müller 1988).

K starb am 16.5.1968 in Haverford/Pennsylvania, USA. Ihr umfangreicher professioneller Nachlaß befindet sich im Archiv des Bryn Mawr College, Pennsylvania.

W.: Von Mensch zu Mensch – „Casework" als soziale Aufgabe; Frankfurt/Main, 1949. Casework in USA – Theorie und Praxis der Einzelhilfe; Frankfurt/Main, 1950.

L.: Müller, C. Wolfgang: Wie Helfen zum Beruf wurde (Bd. 2); Weinheim, Basel, 1988. Reinicke, Peter: Die Berufsverbände der Sozialarbeit und ihre Geschichte – Von den Anfängen bis zum Ende des zweiten Weltkriegs; Frankfurt/Main, 1985. Wieler, J., Emigrierte Sozialarbeit nach 1933 – Berufskolleginnen und -kollegen als politische Flüchtlinge; in: Otto/Sünker, Soziale Arbeit und Faschismus; Frankfurt/Main, 1989.

Joachim Wieler

**Krautwig, Peter Joseph Franz**
1869–1926; 188–93 Studium der Medizin in Bonn, Staatsexamen und Promotion; 1894–97 Assistenzarzt; 1897 praktischer Artz in Köln; 1901 Kreisassistenzarzt des Stadtkreises Köln, 2. Gerichtsarzt; 1902 Gefängnis-, Polizei- und Sittenarzt; 1905 Wahl zum ärztlichen Beigeordneten, Dezernent des städt. Gesundheitswesens; 1914 Mitarbeiter bei der Gründung der Schule für kommunale Wohlfahrtspflegerinnen; 1919 u. a. Mitglied des Reichsgesundheitsrates und des Wohlfahrtsausschusses des →Deutschen Städtetages.

L.: Guss, Irene: K in seiner Bedeutung für die Entwicklung der Sozialhygiene; Mainz (Diss.), 1941.

**Krebs**
→Onkologie

**Krebsregister**
→Krankheitsregister

**Kreditgenossenschaft**
→Genossenschaft

**Kreditsysteme**
→Genossenschaft, →Pfandleihe

**Kreisarzt**
→Amtsarzt

**Kreutz, Benedikt**
K, geb. 1879 in St. Peter/Schwarzwald, absolvierte sein Philosophie- und Theologiestudium in Freiburg i. B. und Eichstätt. 1902 erhielt er die Priesterweihe, wurde 1904 Kooperator in Freiburg, 1910 zunächst Pfarrverweser, dann Pfarrer in Untergrombach bei Bruchsal. Im 1. Weltkrieg war er 1915–18 Felddivisionspfarrer. Ende 1918 besorgte er die Einrichtung der Berliner Hauptvertretung des →Deutschen Caritasverbandes (DCV), zu dessen Präsidenten er 1921 gewählt wurde. Er hatte dieses Amt bis zu seinem Tode 1949 inne. Während der Zeit des Nationalsozialismus, dessen Machtantritt er begrüßt hatte, kamen ihm die Anerkennung durch →Erich Hilgenfeldt sowie „seine guten Beziehungen zum Oberkommando der Wehrmacht und zu einigen nichtnationalsozialistischen Herren im Reichsarbeitsministerium sehr zustatten" (Borgmann 1959, 234).

L.: Borgmann, K. Zur 10. Wiederkehr seines Todestages; in: Caritas 60; Freiburg 1959, 231–236. Ihorst, Reinhold A.: Zur Situation der kath. Kirche und ihrer caritativen Tätigkeiten in den ersten Jahren des Dritten Reiches; Freiburg (Dipl.-Arb.), 1971. Mann, G. von, K; in: Ders., Menschen als Helfer; Köln, 1966, 23–27.

**Kriegsdienstverweigerung**
→Zivildienst

## Kriegsfürsorge
→ Kriegswohlfahrtspflege

## Kriegsopferfürsorge
Die Fürsorge für die Kriegsbeschädigten und Kriegshinterbliebenen beider Weltkriege stellt einen Sonderzweig der →öffentlichen Fürsorge dar. Sie ist gesetzestechnisch Teil der →Kriegsopferversorgung nach dem BVG (§§ 25 bis 27e), wird aber als Ergänzung zu den versorgungsrechtlichen Leistungen des BVG nach dem →Fürsorgeprinzip gewährt. Für die K gelten daher die auch für die Sozialhilfe (→Bundessozialhilfegesetz) geltenden Grundsätze, wie Nachrangigkeit, Individualität, Befähigung zur Selbsthilfe. Zu den Besonderheiten, die im Einzelfall zu berücksichtigen sind, gehören in der K u.a. auch Art und Schwere der Beschädigung, der Gesundheitszustand und die Lebensstellung vor der Schädigung oder vor dem Verlust des Ernährers.

Aufgabe der K ist es, sich der Beschädigten und ihrer Familienmitglieder sowie der Hinterbliebenen in allen →Lebenslagen anzunehmen und ihnen behilflich zu sein, die Folgen der erlittenen Beschädigung oder des Verlustes des Ernährers nach Möglichkeit zu überwinden oder zu mildern.

In erster Linie soll der Beschädigte befähigt werden, seine Erwerbsfähigkeit zu erhalten, zu bessern oder wiederherzustellen. Dafür soll ihm Hilfe zur Erlangung eines geeigneten Arbeitsplatzes, zur Berufsfindung und zur beruflichen Anpassung, Fortbildung, Ausbildung oder Umschulung u.a.m. gewährt werden. Als weitere Hilfen der K sind im Gesetz vorgesehen →Krankenhilfe, →Hilfe zur Pflege, →Hilfe zur Weiterführung des Haushalts, →Altenhilfe, sonstige →Hilfen in besonderen Lebenslagen entsprechend der im BSHG vorgesehenen Hilfen, →Erziehungsbeihilfen, Erholungshilfe, →Wohnungshilfe und ergänzende →Hilfe zum Lebensunterhalt. Im Krieg besonders schwer betroffenen Personen, z.B. Kriegsblinden, Ohnhändern, ist eine wirksame →Sonderfürsorge zu gewähren.

Eine Fürsorge für Kriegsopfer gibt es, abgesehen von einigen arbeitsfürsorgerischen Maßnahmen in Preußen, seit dem 1. Weltkrieg. Durch die 1919 erlassene Verordnung über die soziale Kriegsbeschädigten- und -hinterbliebenenfürsorge vom 8.2.1919 wurden zur Betreuung der Kriegsopfer besondere Fürsorgestellen eingerichtet. Die damals gesetzlich vorgesehenen Fürsorgemaßnahmen sind trotz mehrfacher gesetzlicher Änderungen im Grundsatz unverändert geblieben. Das gleiche gilt für die Organisation und Übertragung der Aufgaben auf örtliche und überörtliche (Haupt-)Fürsorgestellen (→Hauptfürsorgestellen).

Manfred Fuchs

## Kriegsopferversorgung
Die →Versorgung der Opfer des Krieges wird durch das Bundesversorgungsgesetz (BVG) sichergestellt. Das Gesetz gewährt Personen, die „durch eine militärische oder militärähnliche Dienstverrichtung oder durch einen Unfall während der Ausübung des militärischen oder militärähnlichen Dienstes oder durch die diesem Dienst eigentümlichen Verhältnisse eine gesundheitliche Schädigung erlitten haben", auf Antrag Versorgung. Den o.g. Schädigungen werden andere Schädigungen gleichgestellt. So z.B. Schäden, die Zivilpersonen durch unmittelbare Kriegseinwirkung erlitten haben, und Schäden, die in der Kriegsgefangenschaft entstanden sind. Leistungen der K werden im Grundsatz nach dem Versorgungsprinzip gewährt. Die staatliche Gemeinschaft steht für die Folgen des erlittenen Gesundheitsschadens oder des Verlustes des Familienangehörigen als Abgeltung für das erbrachte Opfer ein (SGB I, § 5). Insoweit handelt es sich bei der K um ein soziales Entschädigungsrecht. Andere Gesetze, in denen ein öffentlich-rechtlicher Entschädigungsanspruch anerkannt wird (z.B. das Gesetz über die Entschädigung für Opfer von Gewalttaten und das

→Bundesseuchengesetz), sehen eine Versorgung in Anlehnung an die im BVG geregelte Versorgung der Kriegsopfer vor.

Erste Aufgabe der K ist die Heilbehandlung für die Beschädigten bzw. die Krankenbehandlung für Angehörige, Witwen und Pflegepersonen. Durch die Heilbehandlung sollen die Gesundheitsstörung beseitigt oder gebessert bzw. die körperlichen Beschwerden behoben oder gemildert werden. Ziel ist dabei die →Rehabilitation. Der Beschädigte soll soweit wie möglich befähigt werden, einen seinen Neigungen und Fähigkeiten entsprechenden Platz im Arbeitsleben und in der Gesellschaft einzunehmen. Die Heilbehandlung umfaßt alle Maßnahmen, die zur Erreichung dieses Zieles notwendig und sinnvoll sind, d.h. ambulante und stationäre Behandlung, Versorgung mit Arzneien und Verbandmitteln, Versorgung mit Heil- und Hilfsmitteln, Krankengymnastik, Kuraufenthalt u.a.m.; Angehörigen, Pflegepersonen und Witwen werden entsprechende Maßnahmen als Krankenbehandlung gewährt.

Zu den weiteren Leistungen der K gehören die Leistungen der →Kriegsopferfürsorge und die Gewährung von Renten (Beschädigten- und Hinterbliebenenrenten; →Hinterbliebenenversicherung) und sonstige Geldleistungen (Bestattungsgeld, Sterbegeld). Beschädigte erhalten, unabhängig von der Höhe des eigenen Einkommens, eine nach dem Grad der Minderung der Erwerbsfähigkeit gestaffelte Grundrente. Durch sie soll zum einen der Beschädigte für den Verlust seiner körperlichen Integrität entschädigt, zum anderen soll dadurch der Mehraufwand pauschal abgegolten werden, den er infolge der Beschädigung gegenüber einem gesunden Menschen hat. Daneben wird Beschädigten in bestimmten Fällen zur Sicherung ihres Lebensunterhaltes eine Ausgleichsrente gewährt, auf die eigenes Einkommen allerdings teilweise angerechnet wird. Witwen und Waisen erhalten ebenfalls Grund- und ggf. Ausgleichsrenten (→Witwen- und Waisenversorgung).

Ansätze einer Versorgung der Opfer des Krieges gab es bereits in der Antike. Im MA sorgten die Lehnsherren in unterschiedlicher Form für diejenigen, die in ihren Diensten Beschädigungen erlitten hatten. Mit dem Aufkommen der stehenden Heere und einer größer werdenden Zahl von Kriegsinvaliden ergab sich immer stärker die Notwendigkeit zu ihrer angemessenen Versorgung. In vielen europäischen Staaten entstanden nach dem Vorbild des von Ludwig XIV. errichteten „Hotel des Invalides" Invalidenhäuser, in denen kriegsbeschädigte Soldaten Unterkunft, Arbeit und Versorgung fanden. Daneben wurde Invaliden teilweise Pension gewährt oder Land zum Besiedeln gegeben. In Preußen und anderen Staaten wurden invalide Offiziere und Soldaten auch vorrangig in zivilen Berufen eingegliedert.

Mit den Militärversorgungsgesetzen von 1871 wurde für das Deutsche Reich erstmals eine umfassende Regelung für die Versorgung der Kriegsopfer einschl. der -hinterbliebenen geschaffen. Die Höhe der Leistungen war für Offiziere und Mannschaften unterschiedlich und nach Diensträngen abgestuft.

Nach dem 1. Weltkrieg wurden die mehrfach erweiterten Bestimmungen durch das Reichsversorgungsgesetz (RVG) vom 12.5.1920 abgelöst. Die Unterschiede in der Versorgung nach Rangstufen wurden beseitigt und die Rentenhöhe in erster Linie von dem Grad der Minderung der Erwerbsfähigkeit abhängig gemacht. Zur vordringlichen Aufgabe der Hilfe für Beschädigte wurde die gesundheitliche Rehabilitation erklärt, und es wurden dafür entsprechende Leistungen vorgesehen. Damit war der Grundstein für das heutige Versorgungsrecht gelegt.

Das RVG wurde später mehrfach geändert und vor allem im 2. Weltkrieg durch weitere Gesetze ergänzt. Die nach dem Krieg einsetzende Zersplitterung des Versorgungsrechts wurde mit der Schaffung des BVG vom 20.12.1950, das rückwirkend am 1.10.1950 in Kraft trat, überwunden. Inzwischen sind durch mehrere Änderungsgesetze die Leistungen verbessert und erweitert worden. Das BVG wurde anderen gesetzlichen Bestimmungen, z. B. dem Erlaß des Sozialgesetzbuches, angepaßt.

L.: Rohr/Strässer: Bundesversorgungsgesetz mit Verfahrensrecht; Handkommentar, 6. Aufl., Loseblattsammlung, St. Augustin. Schönleitner, Waldemar: Die K, 2. Aufl. Thannheiser/Wende/Zech: Handbuch des Bundesversorgungsrechts, Loseblattsammlung; Stuttgart, o. J.

Manfred Fuchs

## Kriegswohlfahrtspflege

Im Prinzip kapitalistischer Gesellschaften ist die →Wohlfahrtspflege mit dem ‚Makel' behaftet, Menschen in Krisensituationen zu unterstützen und ihnen dadurch die Verpflichtung abzunehmen, ihren Lebensunterhalt durch eigene Arbeit zu verdienen (→Erwerbsarbeit). Dieses Prinzip verkennt, daß es zum Wesen kapitalistischer Gesellschaften gehört, Arbeit zu verknappen und Arbeitsplätze durch Rationalisierungen und Auslagerungen in Billiglohnländer zu vernichten. Sozialarbeit hatte u. a. die Aufgabe, trotz dieser widrigen Umstände die Arbeitswilligkeit der werktätigen Bevölkerung zu erhalten und ihre Loyalität gegenüber dem politischen System zu sichern. Diesem Prinzip folgend, war die →Armenfürsorge bis zu Beginn des 1. Weltkrieges darauf gerichtet, die Lebensumstände hilfesuchender Familien einer strengen Prüfung zu unterziehen und die gewährten materiellen Hilfen karg zu bemessen, sie nicht in Geld, sondern in Waren und Berechtigungsscheinen zu gewähren und ihre Gewährung an diskriminierende Begleiterscheinungen (z. B. den Verlust des aktiven Wahlrechtes, die Leistungsbeschränkung auf den armenpflegerischen Notbedarf und die Verpflichtung zur Rückerstattung der gewährten Leistungen) zu binden.

Mit Beginn des 1. Weltkrieges mußte eine neue Personengruppe unterstützt werden: die der Frauen und Kinder der eingezogenen Soldaten. Rechtsgrundlage ihrer Unterstützung war das *Gesetz über die Familienunterstützung mobiler Mannschaften* vom 18. 2. 1888, das am 4.8.1914 novelliert worden war. Die Versorgungsleistungen waren zwar kärglich, aber es bestand auf ihre Gewährung ein Quasi-Rechtsanspruch; es gab keine Rückerstattungspflicht; sie wurden unabhängig vom →Unterstützungswohnsitz gezahlt; und sie waren nicht am ‚armenrechtlichen Notbedarf' orientiert, sondern sollten die ‚Erhaltung des Bedürftigen in seiner sozialen Schicht' gewährleisten. Mit diesen Bestimmungen der *Kriegsfürsorge* wurden wichtige Prinzipien der traditionellen Armenpflege durchbrochen. Deshalb wurde großer Wert darauf gelegt, die Versorgungsleistungen der Kriegsfürsorge inhaltlich und organisatorisch von den gewährten Unterstützungsleistungen der Armenpflege zu trennen. Zusätzlich zu den kommunalen Leistungen der Kriegsfürsorge stellte die Reichsregierung im November 1914 erstmalig 200 Mio. Reichsmark als Beihilfe den Aufwendungen der Kommunen auf dem Gebiet der K zur Verfügung. Die Zweckbestimmung dieser Mittel war bewußt vage gehalten. Es sollte sich im Wesentlichen um die Unterstützung arbeitswilliger und arbeitsfähiger Ortseinwohner handeln, die infolge des Krieges bedürftig geworden waren. Die Arbeitslosigkeit insb. von Frauen erreichte bspw. in den ersten Kriegsmonaten den siebenfachen Umfang der Vorkriegszeit.

Im Laufe des Krieges wurden die zunächst vergleichsweise ‚großzügig' gewährten Versorgungsleistungen der Kriegsfürsorge wieder zurückgefahren und an die Bedingungen der alten Armenpflege angenähert (Prüfung der Bedürftigkeit im Einzelfall; Anrechnung auch kleiner Summen aus Erwerbseinkommen und den Zuwendungen der →Privatwohltätigkeit). Die zunehmende Mobilisierung weiblicher und jugendlicher Arbeitskräfte in der Rüstungsindustrie veränderte die Tätigkeitsbereiche der Kriegsfürsorge. Sie mußte sich verstärkt um die Einrichtung von Krippen, Kindergärten und Horten zur Unterbringung der Kinder von Rüstungsarbeiterinnen kümmern. Der Beruf der ‚Fabrikpflegerin' wurde neu geschaffen (→Werksfürsorge); Maßnahmen gegen die drohende ‚Verwahrlosung' gut verdienender jugendlicher Rüstungsarbeiter wurden ergriffen.

Organisatorisch waren die Kriegsfürsorge und die K von der alten Armenpflege getrennt. Sie lagen in den Händen von *Kriegsfürsorgestellen* bzw. *Kriegswohlfahrtsämtern*, die von *Kriegsunterstützungskommissionen* angeleitet wurden. Die Ermittlungs-, Verwaltungs- und Beratungsarbeit lag im Wesentlichen in den Händen ehrenamtlicher Mitarbeiterinnen privater Frauenverbände, die seit August 1914 im *Nationalen Frauendienst* zusammengeschlossen waren. Mit dem *Gesetz über den vaterländischen Hilfsdienst* wurde zur Koordination und Leitung der sozialen Arbeit an der ‚Heimatfront' ein *Kriegsamt* bei der Obersten Heeresleitung geschaffen, in dem ein Referat für Frauenarbeit (später: *Frauenzentrale*) die Tätigkeit auch des Nationalen Frauendienstes anleitete und überwachte.

Krieg und Kriegsfolgen mobilisierten in bisher nicht gekanntem Maße ehrenamtliche ‚Liebestätigkeit' (→Ehrenamt), gaben ihr ernsthafte, kriegsentscheidende Bedeutsamkeit und vermittelten viele Frauen in eine quasi-behördliche Tätigkeit, aus der sie sich nach dem Ende des Krieges und der Abschaffung der Monarchie nur unter Widerständen entfernen ließen. Der 1. Weltkrieg etablierte die Wohlfahrtspflege als Beruf und gleichzeitig als →Frauenberuf.

L.: Landwehr/Baron (Hg.): Geschichte der Sozialarbeit; Weinheim, 1983.

C. Wolfgang Müller

## Kriminalberichterstattung

Wissenschaftliche Analysen der K stellen übereinstimmend fest, daß sie, gemessen an Kriminalstatistiken und Kriminalitätstheorien, sowohl in quantitativer als auch qualitativer Hinsicht nicht objektiv ist. In Fernsehberichten werden meist Gewalt- und Eigentumsdelikte sowie politisch motivierte Gewalttaten gezeigt. In den Nachrichten überwiegt gänzlich die Darstellung politisch motivierter Taten. Gezeigt wird die Begehung einer Tat und, als problemlösendes Moment, deren Aufklärung. Opfer der im Fernsehen gezeigten Gewaltkriminalität sind überwiegend Einzelpersonen, mit denen sich der Zuschauer identifizieren kann; bei politischen Taten sind „wir" es bzw. Staat/Gesellschaft/Regierung. →Kriminalität wird meistens aus der Perspektive der im Zugriff sehr erfolgreichen Organe sozialer Kontrolle dargestellt; die Täter erscheinen als Verlierer. Im Widerspruch dazu, daß meist nur Angehörige der Unterschicht als Kriminelle identifizieren werden, wählen „verantwortliche Redakteure" solche Fälle aus, in denen die meist männlichen Täter der oberen Mittelschicht oder der Oberschicht angehören. Dennoch werden die Täter aufgrund ihrer moralischen Minderwertigkeit als Außenseiter dargestellt. Mit der alltäglichen Realität der Zuschauer hat die Darstellung der Kriminalität wenig zu tun. Die soziale Wirklichkeit wird so stark reduziert, daß keine realistische Einschätzung des Ausmaßes und der Zusammensetzung der Kriminalität und ihrer sozio-strukturellen Bedingungen durch die Zuschauer möglich ist.

Auf der Feststellung, →Fernsehen und Presse informieren falsch, bauen andere Forschungsrichtungen auf und weisen nach, daß die Verzerrungen beim Publikum bestimmte Wirkungen erzielen. So z. B. lenke die unrealistische Auswahl von statushohen Tätern, die typische Unterschichtsdelikte begehen, von der tatsächlichen Kriminalität der „weißen Kragen" ab. Die Auswahl von atypischen Tätern geschieht nach dem publizistischen Prinzip, daß Berichte v. a. einen „news"-Wert haben müssen, also unübliche, seltsame, kuriose und aufregende Ereignisse darstellen sollen. Im allgemeinen erfüllt das Leben der gesellschaftlichen Elite diese Bedingungen; deshalb ist sie ohnehin in den massenmedialen Inhalten überrepräsentiert, mit der Folge, daß damit die materiellen Bedingungen des Lebens und d. h. auch des Elends in der Kriminalität ausgeklammert werden.

Systematisch sind der Frage, welche Mitteilungen „zwischen den Zeilen" der K enthalten sind, zunächst engl. Forscher nachgegangen. Sie nahmen als Hypothese an, daß die Berichterstattung den sozialen Status-quo bestätigt, und als diesen identifizierten sie die vertikale Struktur der Gesellschaft. Mittels einer „immanenten strukturellen Analyse" wiesen sie nach, auf welche Weise sich diese Funktion bei der Darstellung der Kriminalität vollzieht.

Im allgemeinen verdeutlicht die Nachricht über Abweichung, was wünschenswert und normal ist. Die normativen Konturen der Gesellschaft werden umrissen, die Bestrafung der Abweichung verdeutlicht die Norm und stärkt die Solidarität der →Gruppe. Neben der symbolischen Einheit der Gruppe wird gleichzeitig ihre vertikale Differenzierung bestätigt, und zwar über die symbolische Hervorhebung der erwünschten Arbeitsmoral. Die Drogenberichterstattung dient z. B. nicht einer Beschreibung und Erklärung des Drogenmißbrauchs, sondern der Vergewisserung, wie gut und richtig es ist, nur im Austausch gegen harte Arbeit Entlohnungen wie Zigaretten, Bier und Fernsehen zu genießen. Gleichzeitig wird gegenüber den „Außenseitern", die „auf unsere Kosten genießen", eine feindliche Attitüde aktiviert.

Die symbolische Mitteilung hat auch eine direkte politische Komponente. Wo die Botschaft lautet: Das tägliche Gewaltverbrechen wird von Tag zu Tag gefährlicher; die Verbrechen nehmen überhand; die Raubüberfälle haben sich verdoppelt; die einfachen Vermögensdelikte nehmen lawinenartig zu; die Verbrecher werden immer jünger; internationale Verbrecherorganisationen machen sich breit; die Welle der Gewalt überrollt uns alle" – wird Angst heraufbeschworen, die gemeinschaftsstiftend wirkt. Die Koalition „aller bedrohten rechtschaffenen Bürger" wird von konservativen Kräften dazu ausgenützt, eine Politik zu rechtfertigen, die weniger →Staat im Bereich wirtschaftlicher, materieller, sozialer, gesundheitlicher Sicherheit, dafür aber mehr Staat im Bereich der inneren Sicherheit wünscht. Besonders in Wahlkämpfen oder bei Legitimationskrisen werden sog. „law and order"-Kampagnen entfacht, die über den Ruf nach dem starken Staat und harten Strafenandrohungen vielleicht einen größeren Etat für die →Polizei durchsetzen, von den Ursachen der Kriminalität aber ablenken. Schließlich hat das Thema Kriminalität auch einen hohen Unterhaltungswert, was sich an den Einschaltquoten der angeblichen Fahndungssendung „XY ungelöst" zeigt.

L.: Stein-Hilbers, Marlene: Kriminalität im Fernsehen; Stuttgart, 1977. Cohen/Young: The Manufacture of News. Social Problems, Deviance and the Mass Media; London, 1974. Ludwig-Boltzmann-Institut für Kriminalsoziologie, „Materialien zur Kriminal- und Sicherheitsberichterstattung"; in: Kriminalsoziologische Bibliographie IV/1976, 11–13.

Gerlinde Smaus

**Kriminaldienstkunde**
→Kriminalistik

**Kriminalistik**
Die Entstehung der K als Disziplin ist v. a. auf das Zurückdrängen des Inquisitionsverfahrens und der direkten Gewaltanwendung gegen Angeklagte im Strafverfahren zurückzuführen. In dem Maße, wie Geständnisse nicht mehr unmittelbar gewaltsam erpreßt wurden, sondern im Gerichtsverfahren die

→Schuld des Angeklagten nachgewiesen werden mußte, entwickelten sich Methoden der Verbrechensaufklärung. Waren die Träger dieser Methoden anfangs v. a. die Justizorgane, so trat mit der Entstehung und dem Ausbau der → Kriminalpolizei seit dem 19. Jh. mehr und mehr diese selbst als Träger und Adressat der neuen Disziplin hervor. Eine besondere Rolle spielte dabei die Entwicklung von Naturwissenschaft und Technik seit der zweiten Hälfte des 19. Jh., die die Erfindung und Erarbeitung von Methoden der Identifizierung von Personen ermöglichten. Man bediente sich zunächst der Methoden der Anthropometrie (Vermessung des menschlichen Körpers), wobei insb. das von Bertillon entwickelte und 1888 von der Pariser Polizei eingeführte System große Bedeutung erlangte. Neben der Photographie hat v. a. die Daktyloskopie (Identifizierung anhand von Fingerabdrücken) den Erkennungsdienst revolutioniert. In Dt. löste 1903 die Daktyloskopie die Anthropometrie als erkennungsdienstliches Verfahren ab. Neben diesen ersten wichtigen Verfahren sind bis heute eine Vielzahl von Techniken hinzugekommen, die sich zum Teil neuester naturwissenschaftlicher Methoden bedienen.

In romanischen Ländern ist der Begriff K immer noch identisch mit der Kriminaltechnik. Vor allem im deutschsprachigen Raum wird der Begriff umfassender definiert als die Lehre von der praktischen Aufklärung und Verhinderung von Straftaten. Ähnlich der Entwicklung polizeilicher Aufgaben und Befugnisse insistieren die meisten Autoren aus und im Umfeld der bundesdeutschen Kriminalpolizei darauf, daß K nicht nur die Lehre von der Strafverfolgung (Repression), sondern auch die der Verhütung von Verbrechen (→ Prävention) beinhaltet. In der Ausbildung von Kriminalbeamten sowie in kriminalistischen Texten lassen sich trotz einiger Differenzen mehrere Unterdisziplinen unterscheiden: (a.) die Lehre über die Technik des Verbrechens und dessen Erfassung; (b.) die Kriminaltechnik, bei der es im wesentlichen um Erkennungsdienst und Spurenkunde geht; (c.) die Kriminaltaktik als Lehre vom zweckmäßigen Vorgehen der Strafverfolgungsorgane, hauptsächlich der Kriminalpolizei (im Zentrum stehen dabei Fragen der Ermittlung von und Fahndung nach Straftätern: Einige Autoren gliedern die Vernehmungstechnik dabei als einen eigenständigen Bereich aus; entsprechend der präventiven Zielsetzung, faßt ein großer Teil der Autoren auch Fragen des zweckmäßigen Vorgehens bei der Verhütung von Straftaten unter die Kriminaltaktik; andere wollen den planmäßigen Charakter der „Verbrechensbekämpfung", die nicht nur die Repression, sondern auch die „vorbeugende Verbrechensbekämpfung" einschließe, dadurch hervorheben, daß sie von einer „Kriminalstrategie" als eigenständiger Unterdisziplin reden); (d.) schließlich die „Kriminaldienstkunde", die sich mit der Organisation der Strafverfolgungsorgane befaßt.

Unter den Kriminalisten nahezu unumstritten ist der wissenschaftliche Charakter der K. Ohne Zweifel ist die Arbeit der Kriminalpolizei heute mehr denn je von wissenschaftlichen und technischen Methoden durchdrungen. Gegen die Wissenschaftlichkeit der K als Disziplin spricht aber insbesondere, daß es ihr nicht um die Entwicklung von Theorien und die Erforschung von Zusammenhängen geht, sondern um die Anwendung wissenschaftlicher Methoden und Erkenntnisse in der Praxis der „Verbrechensbekämpfung". Der Gegenstand der K ist von außen gesetzt. Was Verbrechen bzw. Kriminalität und wer kriminell ist, wird bestimmt durch die Strafgesetze und durch die Praxis von Justiz und Polizei. Diesen Grundzug teilt die K mit vielen Strömungen der → Kriminologie. Erst seit relativ kurzer Zeit beginnen sozialwissenschaftlich orientierte Kriminologen, den Begriff → Kriminalität in Frage zu stellen oder ihn ganz zu verwerfen. Ein Teil der Kriminalisten faßt die K als einen anwendungsbezogenen Teil der Kriminologie auf. Tatsächlich bilden kriminalpolizeiliche Erfahrungen und Ergebnisse oftmals den Hintergrund kriminologischer Forschungen (z. B. Kriminalstatistik) und haben in der K Theorien über Kriminalität immer eine große Rolle gespielt. Dies gilt insbesondere, seitdem die Polizei den Anspruch auf Prävention erhebt, denn Prävention bedeutet → Planung, und diese ist nicht ohne Wissen und Prognose möglich. Daß gerade die Polizei, die die gesellschaftliche Ordnung nicht verändern, sondern verteidigen soll, zu einer solchen Prognose fähig sein könnte, ist kaum zu erwarten.

L.: Geerds, Friedrich: K; Lübeck, 1980. Kube, Edwin: Beweisverfahren und K in Deutschland, Kriminologische Schriftenreihe, Bd. 13; Hamburg, 1964. Ders./ Störzer, Hans-Udo/Brugger, Siegfried (Hg.): Wissenschaftliche K. Grundlagen und Perspektiven, BKA-Forschungsreihe, Bd. 16; Wiesbaden, 1986

Heiner Busch

## Kriminalität

*1. Begriff.* K gilt als ein Handeln, das gegen Strafrechtsnormen verstößt. Nach herkömmlichem kriminologischem Verständnis wird angenommen, daß dieses Handeln ein Sachverhalt sei, der objektive Merkmale habe, an denen sich erkennen lasse, daß er Strafrechtsnormen nicht entspricht. Diese Annahme wird seit einigen Jahren problematisiert. Namentlich Soziologen, die sich am sog. Symbolischen Interaktionismus orientieren, bezweifeln, daß sie geeignet sei, dazu beizutragen, K angemessen zu erfassen. Handeln, und zwar das Handeln anderer, um das es bei der Identifizierung von K in der Regel gehe, werde nicht durch die Feststellung objektiver Merkmale, sondern durch Annahmen über die Motive und Absichten des Handelnden identifiziert. Diese Annahmen orientieren sich an den Vorstellungen, die die Identifizierer vom Handelnden und dessen → Umwelt hätten. Unerheblich im Blick auf das Identifizierungsergebnis sei es, ob die Motive und Absichten des Handelnden erkannt worden seien. Werde ein Handeln als kriminell identifiziert, besage das also nur, daß die Identifizierer aufgrund ihrer Vorstellungen über den Handelnden und dessen Umwelt dieses Handeln als kriminell etikettieren. K sei daher kein mit objektiven Merkmalen ausgestattetes, sondern ein in bestimmter Weise etikettiertes Handeln.

Trotz der Kritik der interaktionistisch orientierten Soziologen an dem herkömmlichen kriminologischen Verständnis von K halten viele Kriminologen an ihm fest. Es lassen sich also zwei Definitionen von K unterscheiden: (a.) K ist ein mit objektiven Merkmalen ausgestatteter Sachverhalt, der gegen Strafrechtsnormen verstößt. (b.) K ist ein Etikett, das einer Handlung und damit einem Handelnden zugeschrieben wird.

*2. Häufigkeit und Verteilung.* Einen gewissen Aufschluß über die Häufigkeit und Verteilung von K und der Merkmale Krimineller ergeben die sog. Verurteiltenziffern der amtlichen Kriminalstatistik, die in den Statistischen Jahrbüchern veröffentlicht werden. Diese Ziffern nennen die Zahl von verurteilten Kriminellen je 100000 Einwohner des jeweils statistisch erfaßten Gebiets.

Die Verurteiltenziffer der Einwohner der BR und Berlin (West) lautet 1986: 1328. Die Aufschlüsselung dieser Ziffer nach K-arten zeigt, daß die wegen *Eigentums- und Vermögensdelikten* (Diebstahl und Unterschlagung, §§ 242–248 c StGB; Raub und Erpressung, räuberischer Angriff auf Kraftfahrer, §§ 249–255, 316 a StGB; andere Vermögensdelikte, §§ 257–305 StGB) Verurteilten die größte Gruppe unter den Verurteilten bilden. Die entsprechende Ziffer lautet 532,5 (Anteil an der Gesamtheit der Verurteilten: etwa 40%). Die zweitgrößte Gruppe bilden die wegen *Straftaten im Straßenverkehr* (§§ 142, 315 b und c, 316, 222, 230 und 223 a StGB in Verbindung mit Verkehrsunfall und nach StVG) Verurteilten. Die entsprechende Ziffer lautet 489,3 (Anteil an der Gesamtheit der

Verurteilten: etwa 37%). Eine relativ kleine Gruppe bilden die wegen *Körperverletzung* (§§ 223, 223 a und b StGB) Verurteilten. Die entsprechende Ziffer lautet 56,2 (Anteil an der Gesamtheit der Verurteilten: etwa 4%).

Über- bzw. Unterrepräsentationen von Verurteiltengruppen werden aufgrund von Verurteiltenziffern erkennbar, die die Zahl von Verurteilten je 100 000 Einwohner der gleichen Personengruppe nennen. Nach diesen Ziffern variieren die Verurteiltenhäufigkeiten mit dem Alter und dem Geschlecht von Personen.

a. Die Ziffer der verurteilten Jugendlichen (14- bis 17jährige) lautet 1986: 1532; die entsprechende Ziffer der verurteilten Heranwachsenden (18- bis 20jährige) lautet 2723. Die Verurteiltenziffer der Jugendlichen ist also etwa 1,15mal, die Verurteiltenziffer der Heranwachsenden etwa 2,05mal so hoch wie die Verurteiltenziffer der Gesamtbevölkerung. Die Überrepräsentation von Heranwachsenden unter Verurteilten läßt sich bei nahezu allen Deliktarten feststellen. Maximal überrepräsentiert sind Heranwachsende unter Personen, die wegen Landfriedensbruch verurteilt worden sind (Ziffer etwa 5,66mal so hoch wie die Gesamtziffer). Die Ziffer der wegen des Massendelikts Diebstahl verurteilten Heranwachsenden ist etwa 1,69mal so hoch wie die Gesamtziffer. Der Tendenz nach ähnliche, wenn auch bei weitem nicht so deutliche Überrepräsentationen lassen sich aufgrund der Verurteiltenziffern bei Jugendlichen feststellen.

b. Die Ziffer der männlichen Verurteilten lautet 1986: 2348, die entsprechende Ziffer der weiblichen Verurteilten lautet 412. Die Ziffer der männlichen Verurteilten ist also etwa 5,7mal so hoch wie die Ziffer der weiblichen Verurteilten und etwa 1,77mal so hoch wie die Gesamtziffer (alle Ziffern aus: Statistisches Bundesamt 1988, 338 ff.). Leider fehlen in der nach Geschlecht differenzierten Verurteiltenstatistik deliktspezifische Verurteiltenziffern. Aufgrund der Daten der Polizeilichen Kriminalstatistik läßt sich jedoch vermuten, daß männliche Personen unter allen großen Gruppen von Kriminellen überrepräsentiert sind. Zu „vermuten" ist das nur, weil diese Statistik „Tatverdächtige erfaßt". Nach dieser Statistik waren 1987 unter den →Tatverdächtigen bei Mord 88,5%, bei Straftaten gegen die sexuelle Selbstbestimmung 91,8%, bei Raub, räuberischer Erpressung und räuberischem Angriff auf Kraftfahrer 91,4%, bei gefährlicher und schwerer Körperverletzung sowie Vergiftung 89,6% und bei Diebstahl unter erschwerenden Umständen 92,8% männliche Personen. Selbst bei leichten Eigentumsdelikten sind männliche Tatverdächtige – wenn auch schwächer – überrepräsentiert. Unter den des Diebstahls ohne erschwerende Umstände Verdächtigen waren 1987 64,4% männliche Personen (alle Zahlen aus: Bundeskriminalamt 1988, 92 ff.).

Keinen Aufschluß geben offizielle Kriminalstatistiken über die Schichtverteilung der K. Leider bieten auch empirische Untersuchungen zur K dazu nur wenige Daten. Sie besagen, daß Angehörige unterer sozialer Schichten unter Kriminellen und Tatverdächtigen überrepräsentiert sind. (D. Peters 1973, 30 ff.).

Zusammenfassend läßt sich sagen: Unter den K-arten ist die Eigentums- und Vermögens-K am stärksten verbreitet. Unter den Verurteilten bzw. Tatverdächtigen sind v.a. Heranwachsende, Männer und Angehörige unterer sozialer Schichten überrepräsentiert.

*3. Erklärungen.* An den Versuchen, K zu erklären und Theorien der K zu formulieren, beteiligten sich Biologen, Psychologen, Juristen und Sozialwissenschaftler. Überblickt man die kriminologische Literatur (→ Kriminologie), muß man allerdings sagen, daß sich die theoretische Diskussion mehr und mehr versozialwissenschaftlicht hat. Die folgende Darstellung entspricht dieser Tendenz.

Grundsätzlich lassen sich – entsprechend den beiden K-definitionen – zwei

Fragen unterscheiden, auf die eine Antwort gesucht wird: (a.) Welche Ursachen hat der als objektiv vorfindlich verstandene Sachverhalt K? (b.) An welchen Merkmalen orientiert sich die Zuschreibung des Etiketts „kriminell"? Antworten auf die erste Frage werden als ätiologische, Antworten auf die zweite Frage als etikettierungstheoretische Erklärungen bezeichnet.

3.1 Die *ätiologisch* orientierten Diskussionen der K-ursachen richten sich v. a. auf die Erklärung der Eigentums- und Vermögens-K und der sog. Aggressions-K. Entscheidend geprägt wurden diese Diskussionen durch Robert K. Mertons erstmals 1938 erschienenen Aufsatz „Sozialstruktur und Anomie", in dem – am Beispiel der USA – ein Zusammenhang von gesellschaftlicher Struktur und K behauptet wird (vgl. 1968). Mertons primäre Absicht ist es, den gesellschaftlichen Zustand relativer Regellosigkeit (Anomie) zu erklären. Zu diesem Zweck unterscheidet er zwei handlungsorientierte gesellschaftliche Momente: die kulturelle und die soziale Struktur. Die kulturelle Struktur setzt sich nach Merton aus zwei Elementen zusammen: aus den kulturell festgelegten Zielen und aus den „regulativen Normen", die vorschreiben, wie die kulturell festgelegten Ziele legitim zu erreichen sind. Nach Merton entsteht ein gesellschaftlicher Zustand relativer Regellosigkeit dann, wenn die kulturelle Struktur zusammenbricht. Unter Zusammenbruch in diesem Sinne versteht Merton eine gesellschaftliche Situation, in der Ziele und regulative Normen unterschiedlich stark betont werden.

Zu einem Beitrag zur Analyse der Ursachen von K wird Mertons Arbeit nun durch die Einführung des zweiten, handlungsorientierenden gesellschaftlichen Moments: der sozialen Struktur. Merton nimmt an, daß ein „Druck zum Abweichen" auf den unteren sozialen Schichten liege (vgl. 1968, 296). Kulturell festgelegtes Ziel in den USA sei v. a. der materielle Erfolg. Dieses Ziel stimuliere auch das Streben der Angehörigen unterer sozialer Schichten. Ihre Mittel zum Erfolg blieben jedoch weitgehend auf →abweichendes Verhalten beschränkt. Durch dieses Zusammentreffen von kulturell vorgegebenen Zielen und der Sozialstruktur werde der „Druck zum Abweichen" ausgelöst (vgl. 1968, 297).

Die große, auch heute noch anhaltende Resonanz dieser These ergibt sich daraus, daß sie zur Erklärung vieler Merkmale gegenwärtiger K genutzt werden kann. Ihr Gegenstand ist die Eigentums- und Vermögens-K, die am stärksten verbreitete K also. Sie steht im Einklang mit dem Befund der Überrepräsentation von Angehörigen unterer sozialer Schichten unter Kriminellen. Sie bietet Anhaltspunkte auch für die Erklärung der Überrepräsentationen von Männern und Heranwachsenden. Zu vermuten wäre: (a) Für Männer gilt die Erwartung, „materiellen Erfolg" zu haben, eher als für Frauen; Männer orientieren sich daher stärker am Ziel „materieller Erfolg" als Frauen; (b) Heranwachsende beginnen, das Ziel „materieller Erfolg" zu übernehmen; ihre Mittel, dieses Ziel den regulativen Normen entsprechend zu erreichen, sind jedoch unzureichend.

Die Fruchtbarkeit der Merton'schen These und ihr zu weiteren Thesen anregender Charakter hat sie vor Kritik nicht geschützt. Bemängelt wird ihr „Idealismus": sie lasse die Frage nach den sozial-ökonomischen Bedingungen der Ziele und regulativen Normen offen. Unhaltbar sei auch die Annahme, daß „Kultur" durch allgemein geltende handlungsorientierende Ziele strukturiert sei. Nicht haltbar sei schließlich die Annahme, daß der „Druck zum Abweichen" die davon betroffenen Individuen direkt zum Handeln treibe.

Vor allem der zuletzt wiedergegebene Einwand hat zur Weiterentwicklung der kriminologischen Theorie angeregt. Formuliert man diesen Einwand als Forschungsproblem, so ist zu fragen: Warum folgen diesem Druck nicht alle

Angehörigen unterer sozialer Schichten? Es ist also nach weiteren Variablen zu suchen, die erklären können, warum nur ein Teil der Angehörigen unterer sozialer Schichten von den regulativen Normen abweicht.

Der bemerkenswerteste Versuch, diese „Erklärungslücke" zu schließen, stammt von Richard A. Cloward und Lloyd E. Ohlin. Sie nehmen im Gegensatz zu Merton, dessen These sie grundsätzlich zustimmen, an, daß die illegitimen Mittel zum Erreichen des „materiellen Erfolgs" nicht allen Angehörigen unterer sozialer Schichten gleichermaßen zu Verfügung stehen. Kriminelles Handeln werde wie jedes Handeln gelernt, und nicht alle Angehörigen unterer sozialer Schichten *hätten* es gelernt. Auch hätten nicht alle gleichermaßen Gelegenheit, kriminell zu handeln. Erst wenn geeignete Lernmöglichkeiten und Gelegenheitsstrukturen vorhanden seien, könne jener „Druck zum Abweichen" handlungswirksam werden (vgl. 1960). Der „utilitarische" Charakter der Thesen Mertons, Clowards und Ohlins beschränkt ihre Eignung auf die Erklärung der Eigentums- und Vermögens-K. Nicht erklärt wird die „sinnlose" Aggressions-K. Welchen materiellen Gewinn bringt die Zerstörung einer Telefonzelle, eines Waggons der Bundesbahn, des Nasenbeins eines „Fans" des anderen Fußballklubs?

Aufgegriffen hat die Fragen nach den Ursachen *dieser* K Albert K. Cohen in seiner mittlerweile klassischen Arbeit „Kriminelle Jugend" (1961). Nach Cohen ist Aggressions-K v. a. die K Jugendlicher. Zu verstehen sei Aggressions-K als Reaktion Jugendlicher auf sozialstrukturell begründete Benachteiligungen. Ähnlich wie Merton nimmt er an, daß die Schichtstruktur es Jugendlichen aus unteren sozialen Schichten schwermache, materielle Erfolge, die sie – wie alle Jugendlichen – anstrebten, zu erzielen. Das Durchhaltevermögen, das Jugendlichen der Mittelschichten schon früh anerzogen werde, fehle ihnen. Das damit entstehende Problem versuchten sie zu lösen, indem sie sich in Gruppen zusammenfänden, in denen sie die zunächst gebilligten, dann aber als diskriminierend erlebten Ziele der Mittelschichten abzulehnen lernten. Dieser Anpassungsvorgang verbinde sich mit problembewältigenden Handlungen der Aggressivität, die sich insb. in einem verachtungsvollen Mißbrauch oder der Zerstörung von Eigentum, dem zentralen Statussymbol der Mittelschichten, ausdrücke.

Cohens These steht mit wesentlichen Merkmalen der kriminalstatistischen Befunde im Einklang. Die Objekte der Aggressions-K, die diese These erwarten läßt, unterscheiden sich allerdings von den Objekten, gegen die sich diese K üblicherweise richtet. Telefonzellen und Eisenbahnwaggons bspw. gelten nicht als Statussymbole der Mittelschichten; der Fußballfan, dessen Nasenbein durch einen Faustschlag zertrümmert wird, wird meist unteren sozialen Schichten zugerechnet.

Solche Unstimmigkeiten haben denn auch zur Problematisierung der Cohen'schen These geführt. Bezweifelt wird insb., daß Aggressions-K das Ergebnis exzeptioneller sozialstruktureller Spannungen und Zwänge ist. Plausibler sei es, diese K als situationell und subkulturell normales Verhalten zu deuten, in dem sich die Kultur sozialer Unterschichten ausprägt (vgl. Miller 1968).

3.2 *Etikettierungstheoretikern* gelten die ätiologischen Erklärungen der K als obsolet (vgl. zum folgenden: H. Peters 1989, 95ff.). Nicht akzeptabel sei es, vom objektiven Sachverhalt „K" auszugehen und nach dessen Ursachen zu fragen. Zu fragen sei vielmehr, unter welchen Umständen wir von K als von einem Sachverhalt sprechen. Zu beantworten sei diese Frage mit Analysen der Prozesse, aufgrund derer ein Handeln die gesellschaftlich geltende Bezeichnung „kriminell" erhalte. Gerichtsverhandlungen sind bevorzugter Gegenstand dieser Analysen. Sie machen deutlich, daß die Feststellung von K das Ergebnis eines interpretativen Vorgangs ist. Von einem Diebstahl bspw. ist nur zu reden, wenn – so schreibt es das Strafgesetzbuch vor – dem Angeklagten nachgewiesen wurde, daß er die Absicht hatte, die „fremde bewegliche Sache ... sich rechtswidrig zuzueignen" (§ 242 StGB). „Zueignungsabsicht" liegt nicht offen zutage. Sie muß „erschlossen", d. h. aufgrund des sozialen Kontextes, in dem die in Frage stehende Handlung eingebettet gesehen wird, zugeschrieben werden. Etikettierungstheoretiker konzentrieren ihre Forschungsbemühungen auf die Rekonstruktion derartiger Zuschreibungen.

Überblickt man die kriminologische Literatur, so muß man allerdings sagen: sehr fruchtbar sind diese Bemühungen bisher nicht gewesen. – Ihr wichtigstes Ergebnis besteht bislang in dem Beleg der These, daß Richter die Zuschreibung von Eigentums-K am Schichtstatus des Angeklagten orientieren (vgl. D. Peters 1973). Die Überrepräsentation von Angehörigen unterer sozialer Schichten unter Eigentumsdelinquenten wäre danach die Folge des Schichtenkontextes, in den Richter das zu etikettierende Handeln eingebettet sehen. Die anderen, von uns hervorgehobenen kriminalstatistischen Befunde sind unter etikettierungstheoretischer Perspektive bislang kaum untersucht worden: unberücksichtigt blieb die Geschlechtsvariable. Jugend-K ist zwar schon mehrfach zum Gegenstand etikettierungstheoretischer Untersuchungen gemacht worden. Untersuchungsleitend ist aber nicht die angesichts der kriminalstatistischen Befunde unter etikettierungstheoretischen Gesichtspunkten naheliegende Frage, ob und inwiefern das Alter von Personen kriminalitätszuschreibungsrelevant ist. Im übrigen ist festzustellen, daß sich etikettierungstheoretische Erklärungsbemühungen fast nur auf die Eigentums-K richten.

Wesentliche Forschungsfragen sind also bislang offen geblieben. Nachhaltig beeinflußt hat der etikettierungstheoretische Ansatz dagegen kriminologische Theoriedebatten. Seine fundamentale Kritik an herkömmlichen kriminologischen Fragestellungen hat diesen Debatten oft den Charakter methodologischer Dispute gegeben. Dies hat zur Verbreitung der Auffassung beigetragen, daß dieser Ansatz K nur unzureichend erklären könne. Bemängelt wird v. a., daß er die Fragen nach den sozialstrukturellen Hintergründen offen lasse, deren Analyse die Regelhaftigkeit der K-zuschreibung zu erklären hätte. Dieser Einwand ist als „Idealismusvorwurf" in die kriminologische Diskussion eingegangen.

3.3 Die Koexistenz zweier fundamental verschiedenartiger Ansätze zur Erklärung von K hat eine Reihe von Soziologen zu *Integrationsversuchen* angeregt (vgl. z. B. Haferkamp 1975). Diesen Versuchen liegt die Auffassung zu Grunde, das Phänomen K lasse sich unter zwei Aspekten analysieren: Unter dem Verhaltensaspekt, auf den sich ätiologisch-orientierte Erklärungsbemühungen, und unter dem Definitionsaspekt, auf den sich etikettierungstheoretisch orientierte Erklärungsbemühungen zu richten hätten. Eine so organisierte Arbeitsteilung ermögliche es, das Phänomen K insgesamt zu analysieren. Etikettierungstheoretiker versprechen sich von derartigen Integrationsversuchen keinen Erfolg. Verhalten lasse sich nicht getrennt von dessen Definitionen analysieren. Die Zuschreibung eines Etiketts sei konstitutiv für das Verhalten. Nichtetikettiertes Verhalten existiere sozial nicht, könne also auch nicht analysiert werden.

*4. Praxisempfehlungen.* Allen hier erörterten Versuchen zur Erklärung von K ist eine kriminalpolitische Implikation gemeinsam: sie wenden sich gegen die übliche staatliche Reaktion auf K. Ätiologisch orientierte Erklärungsversuche rechtfertigen v. a. eine schichtennivellierende →Gesellschaftspolitik und lernumfeldverändernde Maßnahmen, jedoch keine Strafe. Etikettierungstheoretisch orientierte Erklärungsversuche rechtfertigen die „Resozialisierung der Kontrolleure", das Unterlassen der Etikettierung, keine Bestrafung.

Die Neigung der Kriminologen, derartige Praxisempfehlungen zu formulieren, ist ungleich verteilt. Ätiologisch orientierte Kriminologen sind an der kriminalpolitischen Praxis meist wenig interessiert. Etikettierungstheoretisch orientierte Kriminologen versuchen dagegen mehr und mehr, auf diese Praxis einzuwirken. Sie formulieren kriminalpolitische Programme (→ Kriminalpolitik), die der pragmatischen Umkehrung der etikettierungstheoretischen Logik folgen, nach der K im wesentlichen dadurch bekämpft werden könne, daß man auf die Etikettierung eines Handelns als kriminell verzichtet. Derartige Programme sind unter dem Stichwort →„Entkriminalisierung" in die kriminalpolitische Diskussion eingegangen (vgl. Brusten u. a. 1985).

L.: Brusten/Herriger/Malinowski (Hg.): Entkriminalisierung. Sozialwissenschaftliche Analysen zu neuen Formen der Kriminalpolitik; Opladen, 1985. Bundeskriminalamt (Hg.): Polizeiliche Kriminalstatistik 1987; Wiesbaden, 1988. Cloward, Ohlin: Delinquency and Opportunity. A Theory of Delinquent Gangs; New York, 1960. Cohen, Albert K.: Kriminelle Jugend. Zur Soziologie des Bandenwesens; Reinbek, 1961. Haferkamp, Hans: Kriminelle Karrieren. Handlungstheorie. Teilnehmende Beobachtung und Soziologie krimineller Prozesse; Reibek, 1975. Merton, R. K., Sozialstruktur und Anomie, in: Sack/König (Hg.), Kriminalsoziologie; Frankfurt, 1968. Miller, W. B., Die Kultur der Unterschicht als ein Entstehungsmilieu für Bandendelinquenz; in: Sack/König (Hg.), a.a.O. Peters, Dorothee: Richter im Dienst der Macht; Stuttgart, 1973. Peters, Helge: Devianz und soziale Kontrolle; Weinheim, München, 1989. Statistisches Bundesamt (Hg.): Statistisches Jahrbuch 1988 für die Bundesrepublik Deutschland; Stuttgart, Mainz, 1988.

Helge Peters

## Kriminalpolitik

I. Selten liegen Definitionsvorschläge schon ihrem Umfang nach so weit auseinander wie jene, die den Gebrauch des Wortes K terminologisch festlegen sollen. Das hängt in erster Linie damit zusammen, daß wir nur unklare und einander häufig widersprechende Vorstellungen über die Zwecke haben, die wir verfolgen, wenn wir Gesetzesübertretungen sanktionieren. Verständlicherweise zentrieren sich die Absichten, die kriminalpolitisches Handeln leiten, darauf, die Zahl der Gesetzesübertretungen so gering wie möglich zu halten; gilt doch in der Regel die Maxime, Vergehen und Verbrechen seien Taten, die das gesellschaftliche Zusammenleben beunruhigen, wenn nicht gar gefährden. Die →Gesellschaft sei hiervor zu beschützen, besagt der Konsens.

Offensichtlich ist aber, daß niemand vor einer gewesenen Tat zu schützen ist. Gerade weil die „gefährliche" Handlung noch nicht getätigt wurde, beunruhigt sie uns. Wir wollen vor einem zukünftigen Ereignis geschützt werden. Nun ist der in die Gegenwart eingreifende Vorgriff auf zukünftige Ereignisse sicherlich ein Merkmal von Politik. Selbst die strengste Ausrichtung nach den Prinzipien des jus talionis, betrachten wir deren Wirkung unter politischen Perspektiven, bedeutet doch nur, die vergeltende Sanktion habe den Täter in Zukunft vor sich selbst zu schützen, und damit die Gesellschaft vor dessen zukünftigen Taten. So verwundert es nicht, daß eine der geläufigsten Definitionen von K festgelegt, diese umfasse alle Bereiche, „die dem kriminalitätsrelevanten Gesellschaftsschutz dienen" (Schwind). Was da alles diesem „kriminalitätsrelevanten Gesellschaftsschutz" dient, das reiche von der Familienaufzucht, dem Kindergarten, dem familiengerechten Bauen über die Schule, den Arbeitsplatz bis hin – wäre mensch geneigt hinzuzufügen – zum Bundesamt für Verfassungsschutz. Folgten wir diesem terminologischen Vorschlag, so gäbe es, genau besehen, kein politisches Handeln, das nicht „kriminalitätsrelevant" in gesellschaftliche Mängellagen eingreift und deshalb als Klassifizierungsmerkmal in das Definiens aufgenommen werden könnte. Demgegenüber spricht einiges dafür, eindeutig abgrenzbare Felder politischen Handelns wie die „Drogenpolitik", die Politik der Bürgerrechtsbewegung der „Abolitionisten" oder rechtspolitisch weitreichende Veränderungen in der polizeilichen Präventionsstrategie definitorisch auszugrenzen.

Autoren, die sich eher an der überlieferten Strafrechtsdogmatik ausrichten, wenden denn auch „neoklassisch" ein, es gehe kriminalpolitisch nicht um den „Gesellschaftsschutz", sondern um die anerkannte „kriminalgesetzliche Ordnung". K sei dann eben die politische Maßnahme, die beabsichtige, die Zahl der Verstöße gegen diese „Ordnung" zu senken (Sieverts). Auf diese Weise ließe sich natürlich der Umfang der Definitionsmerkmale erheblich verringern. Nun klingt der Vorschlag ein wenig hausbacken. Wir könnten ihn umformulieren und in seiner Intention verschärfen. Statt von „kriminalgesetzlicher Ordnung" sprechen wir von „öffentlicher Sicherheit". K wäre die Politik, welche die Störung der „öffentlichen Sicherheit" bekämpft. Von dieser Aussage ausgehend, könnten wir das Definiens nicht unerheblich präzisieren. Wir definieren K durch das Handeln der staatlichen Organe, deren verfassungsgemäße Aufgabe der Schutz der „öffentlichen Sicherheit" ist. Da es sich um rechtsstaatliche Organe handelt, legen sie in der Regel auch fest, was „öffentliche Sicherheit" ist. Die bedeutsame Rolle, die hierbei den rechtsetzenden und rechtserhaltenden Organen zukommt, garantiert bis zu einem bestimmten Punkt, daß repressive und ideologische Sicherung der „öffentlichen Sicherheit" einander entsprechen. So betrachtet ließe sich der Kreislauf zwischen den Merkmalen des Definiens und jenen des Definiendums in der Selbstbezüglichkeit des Handelns staatlicher Machtorgane schließen. Allerdings kann die Zirkularität dieser Definition durch Veränderungen in den konkreten Kräfteverhältnissen eben genau an dem „bestimmten Punkt" durchbrochen werden, an dem der Begriff der „öffentlichen Sicherheit" Sache des Widerstands wird (z. B. am Fall des Demonstrationsstrafrechts).

II. Um die Jahrhundertwende, als die Debatten sich auf die Reform des →Strafvollzugs konzentrierten, verstand die Mehrzahl der beteiligten Experten unter K eine Politik der „Wirksamkeit des Strafrechts, die auf Verhütung und Bekämpfung von Verbrechen gerichtet ist" (v. Hippel, bei Schwind). Wirksam werde das Strafrecht, so die Annahme, v. a. durch den Strafvollzug. Der kriminalpolitische Eingriff solle mithin in den Strafvollzug erfolgen. Der Strafvollzug aber richtet sich auf eine eng begrenzte, relativ genau bemeßbare Population. Und die Reformer jener Zeit hatten, bis weit in die Weimarer Republik hinein, einen bemerkenswert scharfen Begriff von der Population, die eine gezielte K davon abhalten sollte, das gesellschaftliche Zusammenleben zu beunruhigen und zu gefährden. Gegen Ende dieser Epoche, am 01.06.1930, erschien in der „Frankfurter Zeitung" ein Artikel: „Zuchthausrevolten oder Sozialpolitik". Darin behauptete sein Vf., die Gefängnispopulation entstamme überwiegend den unteren Schichten des Proletariats. Wenn dem aber so sei, wie auch heute noch, müßten „alle Bemühungen um eine Reform der Behandlung der Verbrecher ihre Grenze finden an der Lage der untersten sozial bedeutsamen proletarischen Schicht, die die Gesellschaft von kriminellen Handlungen abhalten will" (Rusche).

Drei unterschiedliche Perspektiven gehen in diese Aussage ein: 1. eine bestimmte Strafvollzugspolitik (der →Behandlungsvollzug und seine Reform); 2. eine i. e. S. kriminalpolitische Zweckmäßigkeit (die gesellschaftliche Festlegung einer untersten sozial bedeutsamen Schicht der →Arbeiterklasse, die davon abgehalten werden soll, Straftaten zu begehen; 3. eine konkrete →Sozialpolitik (die Verbesserung der →Lebenslage eben dieser Schicht). Da nun die Lebenslage dieser Schicht die Grenze festsetzt, jenseits der eine Strafvollzugsreform ihren Handlungsspielraum findet, und diese „Grenze" (bzw. „soziale Bedeutsamkeit") einer Schicht zunächst arbeitsmarktpolitisch, in Zeiten wirtschaftlicher Krisen indessen durch die Sozialpolitik der →Arbeitslosenversicherung definiert wird, erkennen wir, wie hier die K gegenüber der Sozialpolitik als nachrangig definiert wird.

Es geht in der vorliegenden Definition nicht um den „Gesellschaftsschutz" vor Straftaten; es geht vielmehr darum, eine durch ihre Klassenlage definierte Population davor zu schützen, „kriminelle Handlungen" zu begehen. Dies gewährleiste der *sozialpolitische Schutz der* →*Lebenslage*. Um welche „sozial bedeutsame" Population es sich konkret handelt, das ist in erster Linie Sache der Betroffenen selbst: der →Arbeiterklasse. Daher das Interesse der gesamten →Arbeiterbewegung, K als „ultima ratio" der Sozialpolitik zu begreifen. Wenn heute der „Arbeitskreis sozialdemokratischer Juristen" vorschlägt, „sozialpolitischen Maßnahmen außerhalb des Kriminalrechts stets den Vorrang zu geben" (bei Schwind), so bewegt er sich innerhalb der Tradition einer „ultima-ratio-Position", ohne freilich deren definitorische Grenzen zu kennen. Die Macht, die zweifelsohne in dieser Definition von K liegt, findet an der Beharrlichkeit ihre Grenze, in der sich die Gefängnispopulation reproduziert. Der Strafvollzug bleibt der ihr komplementäre Residualfaktor, in dem sich die sog. „Wirksamkeit des Strafrechts" äußert. So gesehen ist die Forderung G. Radbruchs, K sei außerhalb der Sozialpolitik nur *„negativ"* zu definieren, durchaus konsequent.

III. Negativ definiert kann K nur den Zweck verfolgen, Maßnahmen in die Wege zu leiten, die der Vermeidung der Freiheitsstrafe dienen. Schlagen wir diesen Weg ein, so bieten sich zwei Strategien an, uns innerhalb dieses Definitionsvorschlags zu bewegen, die des *Abolitionismus und die der Diversion*. Sie setzen indessen konträre Ausgangspunkte fest, von denen her sie die Freiheitsstrafe als Rechtsinstitut diskutieren. Sie unterscheiden sich grundlegend in der Zielsetzung, die sie verfolgen, und in der Radikalität der Mittel, die sie einsetzen.

Indem er das Institut der Freiheitsstrafe bekämpft, zielt der →*Abolitionismus*, der seinen Ausgang nimmt bei der Forderung, das Gefängnis sei niederzureißen, auf die „Abolition" des Strafrechts in seinen Wurzeln (L. Hulsman). Der Handlungsgehalt dieser Bürgerrechtsbewegung ist durch Merkmale wie „kriminal" und „sozial" terminologisch nicht festzulegen. Sie erweisen sich als zu eng. Gerade um die Interrelation dieser beiden Merkmale aber geht es, wenn wir von K reden; denn deren negative Definition wird ja erst durch die Festlegung, K sei die „ultima ratio" der Sozialpolitik, ermöglicht. Einzelne Attribute mögen sich überschneiden; ihrem Wesen nach schließen sich *Abolitionismus* und K deshalb aus, weil sich der Abolitionismus außerhalb des Feldes bewegt, das durch Sozialpolitik noch definiert werden kann.

Der sprachliche Ausdruck →*Diversion* bezeichnet hingegen ein Ensemble ambulanter Maßnahmen, die als Alternativen zum Verfahren des Strafvollzugs angesehen werden können. Es handelt sich hierbei durchaus auch um echte Alternativen zum reformierten →Behandlungsvollzug. Die *Diversion* ist eine Maßnahme, die zu einem Zeitpunkt in ein Verfahren eingreift, an dem die Verletzung einer strafrechtlichen Norm bereits festgestellt wurde. Sie „lenkt" von der Durchführung des weiteren Strafverfolgungsverfahrens „ab" und auf alternative Maßnahmen wie gemeinnützige Tätigkeiten, Erziehungskurse usf. hin. Gleichwohl ist die *Diversion* im institutionellen Rahmen von Strafe tätig und rekurriert deshalb auf den →Zwang.

Das bringt sie in einen unversöhnlichen Gegensatz zu den Prinzipien von →Erziehung. Der Verdacht liegt also nahe, die *Diversion* bewege sich nur im pragmatischen Interessenfeld der Rechtspflegeorgane, die sich von ihr eine Entlastung der chronisch überbelegten Strafvollzugsanstalten versprechen. Überdies ist nicht auszuschließen, daß die *Diversion* in die Geltung rechtsstaatlicher Garantien eingreift und Kriterien der Verfahrenseinstellung, wie z. B. die Unschuldsvermutung, außer Kraft setzt. Ganz offensichtlich erfüllt die durch die *Diversion* erfaßte Population auch gar nicht die Merkmale, die wir traditionell der Gefängnispopulation zuschreiben. Mit der Ausweitung der von den Kontrollinstanzen erfaßten Population bewegen wir uns auch außerhalb des Feldes, für das die „Ultima-ratio-Definition" gilt.

IV. Gleichsam als Gegenpol zur Bürgerrechtsbewegung des Abolitionismus beobachten wir, daß bestimmte Organe des „Sicherheitsstaates" im generalpräventiven Sinn expandieren. Sicherheitspolitik und K gegeneinander definitorisch abzugrenzen, ist eine Aufgabe, die eine Reihe von Fragen aufwirft. Deren Formulierung ist freilich für eine terminologische Festlegung von K jenseits der „ultima-ratio-Definition" unerläßlich, geht es doch um die kriminalpolitische Definition des Schutzes der „öffentlichen Sicherheit". Hierbei werden wir darauf zu achten haben, ob wir es beim Überschreiten der zuvor festgelegten definitorischen Grenzen der K immer auch mit der viel beschworenen Tendenz zur „Universalisierung sozialer Kontrolle" zu tun haben.

In einem ersten Schritt könnten wir nachweisen, daß sich, gleichsam a contrario, nicht jede Kriminalprävention auch per se kriminalpolitisch definieren läßt. All das, was wir unter die kriminalpräventiven Methoden der Beweismittelbeschaffung reihen, was also mit dem taktischen und strategischen Komplex polizeilicher Ermittlung (→ Kriminalistik) zusammenhängt, wäre aus der K auszugrenzen. Das gilt im besonderen für präventive Strategien wie die verdeckte Ermittlung, die Provokation einer Straftat oder die Datenvernetzung – wie solche Strategien in ihrer Wirkung auf die konkreten gesellschaftlichen Kräfteverhältnisse *rechtspolitisch* auch immer zu beurteilen wären.

Kriminalpolitisch wäre indessen eine Erfahrung zu definieren, die wir in den beiden letzten Jahrzehnten gemacht haben: Die Nachfrage der Bevölkerung nach *Dienstleistungen* der →Polizei dehnt sich ständig aus. Es hat ganz den Anschein, als wachse die Bereitschaft der Bevölkerung, der Polizei als einem staatlichen Organ, in dem repressive und soziale Aufgaben sich vermischen, zur Lösung ihrer Alltagskonflikte private Lebensbereiche bereitwillig zu öffnen. Die Polizei, rund um die Uhr dienstbereit, könnte paradoxerweise sozialpolitisch definiert werden als eine Instanz öffentlicher Dienstleistung, die in das unmittelbare Umfeld bürgerlicher Privatheit eingreift, durchaus in der Absicht, der Begehung von Straftaten vorzubeugen. Die Beschreibung der polizeilichen Tätigkeit als öffentlicher Dienstleistung wäre unabhängig davon vorzunehmen, ob sich deren Eingriff in die alltäglichen Lebensverhältnisse rhetorisch mit dem Ruf „law and order" verbindet. Die Ursachen, nicht die ideologischen Motive dieses Appells, weisen zurück auf die Grundbestimmungen kriminalpolitischer Verursachung, auf die Arbeits-, Wohn- und Lebensbedingungen, die Gewaltverhältnisse hervorbringen (CILIP).

Dem gegenüber steht seit einem Jahrzehnt der Ruf nach Alternativen zur staatlichen Regelung von Alltagskonflikten. Solange sich indessen der (Privat-)Bürger den seinem →Alltag erwachsenen Gewaltverhältnissen gegenüber als vereinzeltes (Rechts-)Subjekt verhält, werden auch die Alternativen zur staatlichen Regelung seiner Alltagskonflikte die Subalternität seines Privatlebens nur noch zementieren. In der Regel müssen wir alles, was gegenwärtig als *Alternative* vorgeschlagen wird, unter der Perspektive des privat handelnden Rechtssubjekts betrachten. Die informelle Gerichtsbarkeit der Schlichtungskammern, der Schiedsgerichte, der Friedenskommissionen usf. ist, wie jede zivile Gerichtsbarkeit, nur eine Regelung solcher Konflikte, die Privatpersonen miteinander austragen. Wenn gar, wie häufig, die informelle Gerichtsbarkeit eine kommunale Einrichtung bildet, die eine formelle Rechtsprechung entlastet, welche mit der Flut von Bagatellen nicht mehr durchkommt, verkehrt sich auch das progressive Element lokaler Öffentlichkeit zur staatlich vermittelten Teilhabe. Deren Interesse kann es nur sein, durch „Privatisierung" der Konfliktregelung die am Konflikt noch beteiligte Öffentlichkeit von der Kollektivität zu desolidarisieren, deren Repräsentant sie eigentlich sein sollte.

V. Eine *realistische* Alternative in der K, wie sie seit einem Jahrzehnt von britischen Kriminologen erörtert wird, hätte zunächst einmal festzustellen, daß die Population der informellen mit jener der formellen Kontrollinstanzen so gut wie nichts gemein hat. Ferner hätte sie die Tatsache ernst zu nehmen, daß sich mit verschärfender sozialer und ethnischer Binnensegregation Straftaten häufen, deren Täter und Opfer demselben Kollektiv angehören („working class streetcrime"). Unter solch realistischen Voraussetzungen wäre der Schutz der Personen, widrigen Gewaltverhältnissen gegenüber, erst einmal Sache des Kollektivs. Denn nur innerhalb eines (territorial abgegrenzten) Kollektivs könnten die gesellschaftliche Stellung der betroffenen Personen und der (politische) Gehalt der Tat *öffentlich* zur Sprache gebracht werden. Diesem Sachverhalt kommt die durch Erfahrung bezeugte Strategie von Kollektiven entgegen, sich gegenüber Verletzungen ihrer inneren Ordnung, aber auch Sanktionen, denen ihre Mitglieder virtuell ausgesetzt sind, defensiv zu verhalten. Kollektive, in denen Täter und Opfer definitorisch nicht mehr auseinanderzuhalten sind, weil die hierzu notwendig gegliederten Lebensverhältnisse zusammengebrochen sind, nehmen die Intervention der Staatsorgane nicht mehr *kriminalpolitisch*, sondern nur mehr als Unterdrückung wahr.

Solche Überlegungen weisen schließlich doch auf Alternativen hin, welche die aus der Arbeiterbewegung überlieferte Definition, K sei, reformistisch, die „ultima ratio" der Sozialpolitik, transzendieren; *kriminalpolitisch* geht es nun um den Bestand einer Kollektivität, einer eigenen „öffentlichen Sicherheit", an deren Schutz durch die Staatsorgane politisch nur geringes Interesse besteht. Der Gegensatz von „öffentlich" und „privat" gilt nur innerhalb des Handlungsspielraums, den staatliche Instanzen dem Ablauf formeller und informeller Konfliktregelungen zubilligen. Er setzt voraus, es gebe etwas, was „zivil" befriedet werden könnte. Er unterstellt die definitorische Unterscheidung von Tätern und Opfern. Der Gegensatz zur alternativen K bricht dort auf, wo der staatliche Monopolanspruch auf den *kriminalpolitischen* Schutz der „öffentlichen Sicherheit" durch eine konkrete Öffentlichkeit in Frage gestellt wird. Das wird der Fall sein, wo die „unterste sozial bedeutsame proletarische Schicht, die die Gesellschaft von kriminellen Handlungen abhalten will" (Rusche), sich gegenüber der Gesamtheit der proletarischen Schichten nicht mehr eindeutig abgrenzen läßt. Ist aber erst einmal mit dem großräumigen Niedergang der industriellen Produktion die Gesamtheit der proletarischen Schichten betroffen, wie bspw. seit Ende der 70er Jahre in Großbritannien oder seit Mitte der 80er Jahre in Argentinien, dann geht es bei der Definition von K sogleich auch um die konkreten Machtverhältnisse. In deren terminologische Festsetzung aber würde die von K eingehen. Unter solchen Umständen wäre K ihres Definiens verlustig gegangen. Ob eine bestimmte Population davon abzuhalten sei, kriminelle Handlungen zu begehen, oder ob nicht, erwiese sich von nun an als eine Frage der konkreten politischen Macht. L.: Bürgerrechte und Polizei (CILIP), Schwerpunkt: Polizei – Schutzmacht im Alltag?, Heft 19 (3/1984); Berlin (West), 1985. Kriminologisches Journal 1/1983, Heftschwerpunkt: Kriminalpolitik, 13. Jg.; München, 1983. Kaiser, G., Diversion; in: Kaiser/Kern/Sack/Schellhass (Hg.), Kleines Kriminologisches Wörterbuch; Heidelberg, 1985. Lea, J./Young, J.: What is to be done about Law and Order; Harmondsworth, 1984. Quensel, St., Diversion und ambulante Alternativen – Perspektiven in der Kriminalpolitik; in: Sozwiss. Lit.-Rdschau 12/1986, 54–61. Rusche, Georg, Zuchthausrevolten oder Sozialpolitik; in: Ders./Kirchheimer, Otto, Sozialstruktur und Strafvollzug; Ffm., 1981. Schwind, H.-D./Berckhauer, F./Steinhülper, G. (Hg.): Präventive K; Heidelberg, 1980. Sieverts, Rudolf, K; in: Sieverts, R./Schneider, H.-J. (Hg.), Handwörterbuch Kriminologie, Bd. 2; Berlin, New York, 1977[2]. Taylor, Ian: Law and Order. Arguments for Socialism; London, 1982[2].

Hartwig Zander

## Kriminalpolizei

Die K zeichnet sich nicht nur dadurch aus, daß ihre Mitarbeiter in ziviler Kleidung ihren Dienst versehen. Ihr wesentliches Kennzeichen ist vielmehr ihre ausschließliche Beschränkung auf die Ermittlung und Aufklärung von Straftaten. Im Unterschied zu vielen anderen Staaten, wo diese Aufgabe auch heute noch einer direkt den Gerichten unterstellten Justizpolizei zugewiesen ist, war und ist die K in Dt. (bzw. den deutschen Ländern) – von den Anfängen der → Polizei Ende des 18. und Anfang des 19. Jh. abgesehen – Teil der exekutiven Polizei. Ihre Entwicklung seit dem 19. Jh. ist zu sehen als eine der Spezialisierung, der eigenständigen → Professionalisierung und der organisatorischen Zentralisierung.

Bereits 1830 wurde in der Berliner Polizei eine eigene Kriminalabteilung geschaffen. 1854 folgte die Bildung einer Revier-K mit weitgehend gegenüber der Schutzpolizei eigenständigen Kriminalbeamten auf den Polizeirevieren. In den 70er und 80er Jahren des vergangenen Jh. wurde die K endgültig von der uniformierten Schutzpolizei unabhängig und erhielt ihre bis in die 70er Jahre dieses Jh. bleibende organisatorische Struktur von Kriminalinspektionen und Revier-K.

In der zweiten Hälfte des 19. Jh. beginnt auch die Herausbildung der → *Kriminalistik* und eines selbständigen Berufsbildes. Dominierten in der Schutzpolizei militärische Befehlsstränge und eine am militärischen Vorbild ausgerichtete Ausbildung, so kennzeichnete die K eine bürokratisch-hierarchische Sachbearbeitung sowie eine von der übrigen Polizei abgegrenzte Ausbildung, Laufbahn und durchschnittlich die Einstufung in höhere Ränge. Trotz dieses früh beginnenden Professionalisierungsprozesses wurden die Aufgaben und Befugnisse der K bis heute nur in geringem Umfang eigenständig rechtlich fixiert. Die Rechtsquellen kriminalpolizeilichen Handelns sind wie die der Polizei insgesamt das Recht der Gefahrenabwehr (→ *Polizeirecht*) und anderseits die Strafprozeßordnung (seit 1879), die die Funktion der Polizei als „Hilfsorgan der Staatsanwaltschaft" im Rahmen des Ermittlungsverfahrens beschreibt (v. a. in § 163). Eigenständige rechtliche Grundlagen erhielten nur die Apparate der K auf Reichs- bzw. Bundesebene.

In der Zeit der Weimarer Republik wurden in den meisten Ländern Landeskriminalämter gebildet, die sich ab 1925 in der Deutschen Kriminalpolizeilichen Kommission eine Koordinationsinstitution schafften. In dieser Zeit wird nach einigen gescheiterten Versuchen erstmals die internationale kriminalpolizeiliche Zusammenarbeit in der Internationalen Kriminalpolizeilichen Kommission (IKK), der Vorläuferin von Interpol (gegründet 1923 in Wien), institutionalisiert.

Die Zentralisierung, die bereits seit Anfang des Jh. immer wieder gefordert wurde, kommt aber erst mit der Machtübernahme der Nazis voll zum Durchbruch. Sie verwirklichen das Reichskriminalpolizeiamt (RKPA), das bereits in dem am Veto einiger Länder gescheiterten Reichskriminalpolizeigesetz von 1922 vorgesehen war, und heben die Länderhoheit über die K vollständig auf. Das RKPA, das Exekutivbefugnisse im ganzen Reichsgebiet hatte, unterhielt mehrere Zentralstellen (für den Erkennungsdienst, für Kapitalverbrechen, für reisende und gewerbsmäßige Einbrecher, Betrüger ... etc.) und ein Kriminaltechnisches Institut. An die Stelle der selbständigen Landeskriminalämter traten abhängige Reichskriminalpolizeileitstellen. Kennzeichnend für die K im Nationalsozialismus ist aber nicht nur ihre Zentralisierung, sondern v. a. ihre Einbindung in den Terrorapparat. Das RKPA war integriert in das Reichssicherheitshauptamt, und seine Mitglieder waren zugleich auch Mitglieder der →SS. Unter der Formel der „vorbeugenden Verbrechensbekämpfung" beteiligte sich die K an der Vernichtung von →„Zigeunern", von Personen, die als „Berufsverbrecher" bezeichnet wurden, u. a. (→ *Schutzhaft*).

Die Alliierten lösten nach Kriegsende die zentralen Dienststellen zunächst wieder auf, begannen aber z. T. schon 1945 mit ihrem erneuten Aufbau. Bereits 1945 entstand aus ehemaligen Bediensteten des RKPA der Aufbau des Kriminalpolizeiamts der britischen Zone (KPAbrZ) in Hamburg. Es bildete den Grundstock für den durch Art. 73 Nr. 10 GG zugelassenen und durch Gesetz von 1951 (erweitert 1972 und 1973) legalisierten Aufbau des Bundeskriminalamts (BKA), das bis Anfang der 70er Jahre aber ein relativ kleines Amt blieb. Seine wichtigste Aufgabe war bis 1973 die einer Zentralstelle für bestimmte kriminaltechnische Aufgaben und Informationen.

Im präventiven Bereich steht dem BKA nur die Aufgabe des Personenschutzes der Mitglieder der Verfassungsorgane zu. Im Gegensatz zum RKPA hat das BKA auch nur in ausgewählten Bereichen eigenständige Ermittlungsbefugnisse: im Bereich des internationalen Waffen-, Drogen- und Falschgeldhandels sowie bei politisch motivierten Straftaten gegen das Leben oder die Freiheit der Mitglieder der Verfassungsorgane und ihrer ausländischen Gäste (§ 5 Abs. 2 des BKA-Gesetzes von 1973). Ansonsten darf es nur auf Anordnung einer Landesbehörde, des Bundesinnenministers und – seit der Änderung des Gesetzes von 1972 – auf Anordnung des Generalbundesanwalts ermitteln.

Die Ausweitung seiner Aufgaben und Kompetenzen in den 70er Jahren hat v. a. zwei Gründe: zum einen wurde es durch die Anordnungsbefugnis des Generalbundesanwalts zu der Institution, bei der sich die Ermittlungen gegen den →Terrorismus bündelten, und damit auch zur zentralen Instanz des polizeilichen Staatsschutzes. Zum anderen bewirkte die Funktion als zentrale Nachrichtenstelle die personelle und finanzielle Erweiterung sowie organisatorische Aufwertung des Amtes. Das BKA wurde im Gesetz von 1973 auch rechtlich zur „Zentralstelle" des ab 1972 aufgebauten „elektronischen Datenverbundes zwischen Bund und Ländern", INPOL (→polizeiliche Informationssysteme). Sowohl das BKA als auch die Landeskriminalämter wurden nicht nur personell verstärkt, sondern auch technisch aufgerüstet.

Auch der neuerliche Professionalisierungsprozeß im Bereich der K kam den zentralen Institutionen zugute. Dies betrifft nicht nur die Terrorismusbekämpfung und den Staatsschutz allgemein, sondern seit Beginn der 80er Jahre insbesondere die Bereiche der organisierten →Kriminalität und des Drogenhandels (→Drogen), die auch in der Öffentlichkeit zu zentralen Fragen der Kriminalitätsbekämpfung gemacht wurden. Seine originären Ermittlungsbefugnisse und seine Stellung als Nationales Zentralbüro von Interpol und damit seine vorrangige Zuständigkeit für den Kontakt mit ausländischen Polizeien gibt dem BKA auch in diesen Fragen eine zentrale Stellung in der K.

Verlierer der Polizeireform waren dagegen die unteren Dienststellen. Die Revier-K wurde im Rahmen der organisatorischen Zentralisierung der Länderpolizeien aufgelöst. Die unterste Ebene der K bilden mittlerweile die Dienststellen auf Direktionsebene. Ausfluß der neuen Technik und der wiederbelebten und erneuerten Methoden der verdeckten Ermittlung sind auch neue Befugnisse für die Polizei allgemein, die aber für die K in besonderem Maße Bedeutung haben. Das neuere Polizeirecht deckt die Erweiterung der kriminalpolizeilichen Aufgaben der repressiven Strafverfolgung zu einer umfassenden „vorbeugenden Verbrechensbekämpfung" ab.

L.: Busch, Heiner, et al.: Die Polizei in der Bundesrepublik; Frankfurt, New York, 1985. Wehner, Bernd: Dem Täter auf der Spur. Die Geschichte der deutschen K; Bergisch-Gladbach, 1983.

Heiner Busch

## Kriminalroman

Das (trivial-)literarische Genre des K entwickelte sich um die Mitte des 19. Jh. und stellte – im Unterschied zum Typ des moralisch-ökonomisch aufbegehrenden →Sozialrebellen in den seit dem 16. Jh. verbreiteten Räubergeschichten (→Moralökonomie) – den Mord und dessen Aufklärung in den Mittelpunkt der erzählten Handlung. Die Geschichte des K als Widerspiegelung sozialer Verhältnisse und als ‚pädagogische Institution' „scheint unauflöslich verbunden mit der Geschichte der →bürgerlichen Gesellschaft" (Mandel 1987, 153).

L.: Mandel, Ernest: Ein schöner Mord. Sozialgeschichte des K; Frankfurt/Main, 1987.

## Kriminaltaktik
→ Kriminalistik

## Kriminaltechnik
→ Kriminalistik

## Kriminologie

Unter K versteht man heute die wissenschaftliche Auseinandersetzung mit dem sozialen Phänomen →Kriminalität und der gesellschaftlichen Reaktionen auf sie. Obwohl die Geschichte der K bis ins 16. Jh. zurückreicht, ist ihre Konsolidierung zu einer eigenständigen Wissenschaft noch nicht abgeschlossen; bis heute fußen die Forschung ebenso wie die kriminologische Lehre im wesentlichen auf den Ergebnissen ihrer sog. Bezugswissenschaften, deren wichtigste die →Soziologie und die Strafrechtswissenschaft sind. Zu den kriminologischen Bezugswissenschaften gehören ferner →Psychologie, →Psychiatrie und →Pädagogik. Obwohl an fast allen größeren Universitäten der BR Lehrstühle für K existieren, kann man den eigenständigen Status eines (Diplom-)Kriminologen derzeit nur an der Universität Hamburg erwerben. Der weitaus größte Teil der kriminologischen Bemühungen läßt sich einem der folgenden drei Arbeitsfelder zuordnen: (1) K des Strafrechts als Versuch der systematischen Analyse der Entstehungs- und Entwicklungsformen von Strafnormen sowie der Variationen von Umgangsstrategien mit Kriminalität in Politik (→Kriminalpolitik) und bei Strafverfolgungsbehörden (→Polizei) und Strafgerichten. (2) K der kriminellen Handlung als systematischer Verstehensversuch der politischen, ökonomischen, psychologischen und sozialen Faktoren, die kriminelle Handlungen hervorrufen bzw. reduzieren. (3) K von Strafe und →Resozialisierung, die sich v. a. mit Art, Verfahren, Ausgestaltung und Nutzen bzw. Schaden der Verhängung und Vollziehung von Strafsanktionen, also insb. mit Strafverfahren, →Strafvollzug und Strafvollstreckung und den Alternativen hierzu beschäftigt.

Peter Selling

## Krisenintervention
→ Intervention

## Kritische Medizin
→ Ärzteopposition

## Krüppel

Das Wort „K" wird etymologisch auf das mittelhochdeutsche ‚Kruepel' zurückgeführt und mit ‚Kropf' oder ‚Krümmung' in Verbindung gebracht. Im alltäglichen Sprachgebrauch wird es genutzt, um auf Böses, Häßliches, Unästhetisches hinzuweisen. Der Ausruf „Du K!" gilt als herabsetzende Beschimpfung. Die dt. → K-fürsorge verband den Begriff eng mit dem des „Kranken", dem ein Arzt zur Seite gestellt werden müsse. Die Selbstbezeichnung als K bzw. K-frau wurde von behinderten Frauen und Männern seit dem Ende der 70er Jahre gewählt, um Selbstbewußtsein und → Emanzipation zu bekunden.

L.: Paul, Hermann: Deutsches Wörterbuch; Tübingen, 1981. Raffay, Daniela v., Behinderte in der Mythologie; in: Behinderte Sprache; Berlin, 1989.

Udo Sierck

## Krüppelfürsorge

Die K geht von einem Grundgedanken aus, der sich in Dt. zu Beginn dieses Jh. durchsetzte: Sie will aus Almosenempfängern Steuerzahler machen; um die körperbehinderten Kinder und Jugendlichen zur → Erwerbsarbeit zu befähigen, gewannen in der Folgezeit → Erziehung, Unterrichtung, Ausbildung oder orthopädische Versorgung an Bedeutung. Die gelungene Berufsausbildung galt als Erfolgsbeweis der K.

Die zentralen Figuren der K wurden der Orthopäde Konrad Bisalski und der Pädagoge Hans Würtz, beide Direktoren des Berliner Oscar-Helene-Heims, das auf Initiative von Bisalski 1906 gegründet und zur Vorbildeinrichtung der K wurde: Vereinzelte Angebote der ambulanten K (Beratung, Hilfe bei der Arbeitssuche oder der Besorgung orthopädischer Hilfsmittel) wurden mit dem Konzept des Krüppelheims verknüpft, in dem unter einem Dach Klinik, Schule, Handwerksstuben und Unterkünfte zusammengefaßt wurden. Auf Bisalski und Würtz geht auch die Entwicklung der speziellen Krüppelpsychologie und -pädagogik zurück, wie sie in der ‚Zeitschrift für K', dem zentralen Fachblatt, nachzulesen ist: Demnach existiere zwischen einer → Behinderung und den von ihnen als krankhaft definierten Wesenszügen eine zwangsläufige Einheit; jede körperliche Abweichung von der Normalität führe zu seelischen Deformierungen wie Neid, Mißtrauen oder übersteigertem Ehrgefühl, die das typische Krüppeltum begründen würden.

Mit der Verabschiedung des preuß. Gesetzes zur K am 6. Mai 1920 gab es einen Rechtsanspruch auf „Entkrüppelung". Diese gesetzliche Verpflichtung fordert die staatlichen Träger auf, K-stellen zur Beratung und Untersuchung einzurichten. Erhalten blieb die Trennung in → Krüppel, die im normalen Arbeitsleben mithalten konnten, in diejenigen, die zur Heim- und Werkstattarbeit tauglich schienen, und in solche, die als „völlig arbeitsunfähig" in Anstalten verwahrt wurden. In der wirtschaftlichen Krisenzeit gegen Ende der Weimarer Republik galten Personen als erwerbsfähig und entsprechend von der K zu versorgen, die die „seelisch-geistigen sowie körperlich-technischen Fähigkeiten" besaßen, durch selbständige Arbeit den eigenen Lebensunterhalt zu sichern.

Im Zusammenhang mit der Kampagne zur „Bekämpfung des Krüppeltums" im Rahmen der nationalsozialistischen Gesundheits- und Sozialpolitik kam es zu Umbenennungen von Institutionen der K, um aufkommender Skepsis gegenüber der staatlichen „Fürsorge" auszuweichen: So hieß die Dienststelle für K ab 1936 (in Hamburg) „Fürsorge für Körperbehinderte". Diese Sprachregelung wurde von der staatlichen und privaten Fürsorge nach 1945 beibehalten. Die gesetzlichen Regelungen der K gingen 1957 in das Körperbehindertengesetz über.

L.: Zwanzig Jahre K im Oscar-Helene Heim. Eine Festschrift; Berlin, 1926. Sierck, Udo, ‚Triumpf des Willens' und Arbeitszwang. Behindertenfürsorge auf nazistischem Kurs; in: Projektgruppe für die vergessenen Opfer des NS-Regimes (Hg.): Verachtet – verfolgt – vernichtet; Hamburg, 1986.

Udo Sierck

## Krüppelgruppen

Anfang der 80er Jahre gründeten sich die ersten K in Bremen, Hamburg, Berlin und Köln. Von den Behinderteninitiativen bzw. -gruppen, die sich seit Anfang der 70er Jahre in fast allen größeren Städten der BR gebildet hatten und aus denen die K als Abspaltung hervorgingen, unterschieden sich letztere darin, daß Nichtbehinderte von der Mitarbeit und Mitgliedschaft ausgeschlossen waren, sowie in der Aneignung des Schimpfwortes „Krüppel": „Der Begriff Behinderung verschleiert für uns die wahren gesellschaftlichen Zustände, während der Name Krüppel die Distanz zwischen uns und den sogenannten Nichtbehinderten klarer aufzeigt. Durch die Aussonderung in Heime, Sonderschulen oder Rehabilitationszentren werden wir möglichst unmündig und isoliert gehalten. Andererseits zerstört die Überbehütung im Elternhaus jede Möglichkeit unserer Selbstentfaltung. Daraus geht klar hervor, daß wir nicht nur behindert (wie z. B. durch Bordsteinkanten), sondern systematisch zerstört werden. Ehrlicher erscheint uns daher der Begriff Krüppel, hinter dem die Nichtbehinderten sich mit ihrer Scheinintegration (Behinderte sind ja auch Menschen) nicht so gut verstecken können." (Krüppelzeitung 2/80, 4.)

Der Ausschluß Nichtbehinderter gründete auf der Auseinandersetzung mit dem „Helfer-Syndrom" (→ Helfermotivation) und anderen nichtbehindertenspezifischen Unterdrückungsmethoden gegenüber → Behinderten. In Erkenntnis der Parallelen zu patriarchalischen Unterdrückungsmechanismen beanspruchten politisch aktive Behinderte eigene Räume für sich. Sie verlangten nichtbehindertenfreie Zonen als Basis für die eigene → Emanzipation. Das Ausschlußprinzip gegenüber Nichtbehinderten führte dazu, daß sich einige Gruppen aus dem „Aktionskreis gegen das UNO-Jahr" 1981 nicht an der Organisation und Durchführung des → Krüppeltribunals beteiligten. In einigen Städten bildeten sich auch reine Krüppelfrauengruppen. Im bundesweiten „Forum der Krüppel- und Behinderteninitiativen" fanden sich Vertreter beider Standpunkte – Zusammenarbeit mit Nichtbehinderten ja/nein – zur Entwicklung gemeinsamer politischer Aktionen und Standpunkte zusammen.

L.: Mayer, A., Behinderteninitiativen in der Bundesrepublik; in: Steiner, Gusti (Hg.): Hand- und Fußbuch für Behinderte; Frankfurt am Main, 1988.

Theresia Degener

## Krüppeltribunal

Am 12./13. Dezember 1981 fand in Dortmund das erste bundesdeutsche K statt, auf dem Menschenrechtsverletzungen an behinderten Menschen angeklagt wurden. Organisiert wurde das Projekt von Mitgliedern der „Aktionsgruppe gegen das UNO-Jahr", einem Zusammenschluß von Gruppen aus der radikalen Behindertenbewegung. Das Tribunal bildete den Abschluß verschiedener Protestaktionen gegen das von der UNO deklarierte „Jahr der Behinderten 1981". Die Aktionsgruppe ging davon aus, daß während dieses Jahres, über die Köpfe der → Behinderten hinweg, Feierlichkeiten und Festtagsreden gehalten werden, während sich an der realen Aussonderung und Diskriminierung Behinderter nichts ändert. Im Gegenteil sah die Aktionsgruppe die Gefahr, daß die Anfänge der → Selbstorganisation der Behindertenbewegung und ihre Forderungen nach Beendigung von Aussonderung und Bevormundung durch Behindertenexperten, Politiker und Verbandsfunktionäre zunichte gemacht werden.

Den Anfang des Protestes der Aktionsgruppe bildete die Störung und Bühnenbesetzung auf der offiziellen Eröffnungsveranstaltung im Januar des Jahres in der Dortmunder Westfalenhalle. Weitere Aktionen folgten. Das K bildete den Abschluß und lieferte die inhaltliche Begründung für die diversen Protestaktionen. In verschiedenen Anklagepunkten – Heimsituation (→Behindertenanstalten), →Werkstätten für Behinderte, →Rehabilitation, öffentlicher Verkehr, →pharmazeutische Industrie, →Psychiatrie und die besondere Situation →behinderter Frauen – wurden die tatsächlichen Mißstände aufgezeigt und die Verantwortlichen benannt. Mit den Protestaktionen und den Anklagen des K wurde der Grundstein für eine langjährige Arbeit der radikalen Behindertenbewegung im „Forum der Krüppel- und Behinderteninitiativen" gelegt (→Krüppelgruppen).

L.: Daniels, Susanne v., u.a. (Hg.): Das K. Menschenrechtsverletzungen im Sozialstaat; Köln, 1983. Degener, T., Das K 1981; in: Holtz, K.-L. (Hg.): War's das? Eine Bilanz zum Jahr der Behinderten; Heidelberg, 1982.

Theresia Degener

## Kündigung [eines Arbeitsverhältnisses]

Die K kann vom Arbeitgeber wie auch vom Arbeitnehmer einseitig erklärt werden. Zweifelsohne zählt die arbeitgeberseitige K zu den massivsten Eingriffen in das Arbeitsverhältnis, weil hierdurch die gesamte Lebenssituation nicht nur eines einzelnen, sondern ganzer →Familien betroffen ist. Die Wirksamkeit einer K ist von verschiedenen rechtlichen Voraussetzungen abhängig und kann der richterlichen Kontrolle unterworfen werden. Die gesetzlichen Regelungen knüpfen nicht notwendig an eine bestimmte Form an. Die K kann mündlich oder schriftlich erfolgen und muß als solche eindeutig erklärt werden. Tarifvertrag oder der Einzelarbeitsvertrag können eine bestimmte Form vorsehen. Die §§ 621, 622 des Bürgerlichen Gesetzbuches (BGB) sehen Mindest-K-fristen vor, die für Angestellte 6 Wochen zum Quartalsende und für Arbeiter eine Frist von 2 Wochen ohne bestimmten Endzeitpunkt betragen. Längere K-fristen können durch Tarifvertrag oder Einzelarbeitsvertrag vereinbart werden. Durch Tarifvertrag können auch kürzere als die gesetzlichen K-fristen vorgeschrieben werden. Die K ist nur dann wirksam, wenn sie auf bestimmte sachliche Gründe gestützt werden kann (→Kündigungsschutz).

Torsten Eichler

## Kündigung [eines Mietverhältnisses]
→Miete, →Wohnen

## Kündigungsschutz [eines Arbeitsverhältnisses]

Kernbereich des allgemeinen K bildet § 1 Kündigungsschutzgesetz (KSchG). Eine Kündigung ist danach sozial ungerechtfertigt, wenn sie nicht durch Gründe, die in der Person oder dem Verhalten des Arbeitnehmers liegen, oder durch dringende betriebliche Erfordernisse, die einer Weiterbeschäftigung entgegenstehen, bedingt ist. Hauptfall der sog. personenbedingten Kündigung sind krankheitsbedingte Ausfallzeiten. Als verhaltensbedingte Kündigung kommen in erster Linie Vertragsverletzungen wie z.B. schlechte Arbeitsleistung, Unpünktlichkeit u.ä. in Betracht, die vor Ausspruch in der Regel einer vorherigen Abmahnung bedürfen. Betriebsbedingte Gründe können Umsatz- oder Gewinneinbußen, Spar-, Rationalisierungsmaßnahmen oder Betriebstillegungen sein. Die K-klage nach § 1 KSchG setzt voraus, daß der Betrieb in der Regel mehr als 5 Arbeitnehmer beschäftigt. Teilzeitbeschäftigte werden seit dem Beschäftigungsförderungsgesetz von 1985 nur dann als ArbeitnehmerInnen in die Quote einbezogen, wenn ihre regelmäßige Arbeitszeit mehr als 10 Stunden wöchentlich oder 45 Stunden monatlich beträgt. Nicht erfaßt werden vom KSchG Arbeitsverhältnisse, die noch nicht länger als 6 Monate bestanden haben.

Die K-klage muß von ArbeitnehmerInnen binnen drei Wochen nach Zugang der Kündigung beim Arbeitsgericht erhoben werden, anderenfalls gilt die Kündigung als rechtswirksam. Liegen die Voraussetzungen des KSchG – z.B. der Betrieb hat nur 4 regelmäßig beschäftigte Arbeitnehmer – nicht vor, kann die Kündigung angegriffen werden, wenn sie gegen ein gesetzliches Verbot (§ 134 BGB), gegen die guten Sitten (§ 138 Abs. 1 BGB) oder gegen den Grundsatz von Treu und Glauben verstößt. Besteht ein Betriebsrat (BRat), ist dieser vor Ausspruch einer Kündigung zwingend anzuhören. Die Kündigung ohne Anhörung des BRat ist rechtsunwirksam. Widerspricht der BRat der Kündigung, begründet § 102 Abs. 5. Betriebsverfassungsgesetz einen vorläufigen Weiterbeschäftigungsanspruch bis zum Abschluß des arbeitsrechtlichen K-verfahrens.

Ein gesondertes Verfahren sieht das KSchG (§ 17, 18) vor, wenn der Arbeitgeber Massenentlassungen beabsichtigt. Der Arbeitgeber hat den BRat über beabsichtigte Massenentlassungen rechtzeitig zu unterrichten und mit ihm insb. die Möglichkeiten zu beraten, wie Entlassungen vermieden oder eingeschränkt und ihre Folgen gemildert werden können. Ferner sind beabsichtigte Massenentlassungen dem Arbeitsamt (→ Arbeitsverwaltung) anzuzeigen. Entlassungen sind in diesem Verfahren nur mit Zustimmung des Landesarbeitsamtes zulässig. Weitere K-vorschriften enthält das Mutterschutzgesetz, nach dem werdende und stillende Mütter bis zum Ablauf von vier Monaten nach der Entbindung nicht gekündigt werden können, sowie das → Schwerbehindertenrecht, nach dem die ordentliche und außerordentliche Kündigung der Zustimmung der → Hauptfürsorgestelle bedarf.

Obwohl das K-system auf den ersten Blick engmaschig erscheinen mag, ist der tatsächliche Erhalt des Arbeitsplatzes durch das K-verfahren eine Rarität. Nicht alle Arbeitnehmer machen von dem K Gebrauch. Von den anhängig gemachten K-klagen werden viele durch Abfindungen beendet. Oftmals hat der betroffene Arbeitnehmer während des langwierigen K-prozesses einen anderen Arbeitsplatz gefunden, den er nicht mehr aufgibt. Auch das Verfahren bei Massenentlassungen hat diese, wie der Krisenzyklus seit den 70er Jahren gezeigt hat, nicht aufgehalten.

L.: Däubler, W.: Das Arbeitsrecht, Bd. 2; Reinbek bei Hamburg, 1986. Falke, J./Höland, A./Rhode, B./Zimmermann: Kündigungspraxis und K in der Bundesrepublik Deutschland, Bd. 1 und 2; Bonn, 1981. Stahlhacke, E.: K im Arbeitsverhältnis; München, 1982.
Torsten Eichler

**Künstlersozialkasse**
A.: Langeoogstr. 12, PF 669, 2940 Wilhelmshaven; T. (04421) 3080.

**Künstler-Vereins-Häuser**
K (gewöhnlich nur: Künstlerhäuser) – Gemeinschaftshäuser, Begegnungsstätten und Atelierhäuser österr. und dt. Künstler – entstanden auf genossenschaftlicher oder Stiftungsbasis (→ Genossenschaftswesen, → Stiftung) ab 1868 u.a. in Wien, Salzburg, München, Düsseldorf, Karlsruhe, Leipzig, Dresden und Klagenfurt. Nach dem 1. Weltkrieg verlor ein Großteil der K durch Verkauf oder Vermietung seine Funktion, die verbliebenen wurden im 2. Weltkrieg zerstört. Ein noch vorhandenes Beispiel ist die dt. Akademie Villa Massimo in Rom, deren Idealprojekt auf das Jahr 1837 zurückgeht.

L.: Eichler, Inge: K. Soziale Voraussetzungen, Baugeschichte und Architektur; Frankfurt/M., 1986.

**Kultur**
Im alltäglichen Sprachgebrauch verbinden wir mit K so Verschiedenes wie „gutes" Benehmen, den „kultivierten" Genuß von Speisen und Getränken, „gepflegte" Kleidung, eine „vornehm" eingerichtete Wohnung oder einen „gehobenen" Bildungs- und Lebensstandard, v.a. aber identifizieren wir K mit Musik, Malerei, Plastik, Literatur, Theater, Tanz und Film. Diese Gleichsetzung von

K mit „Produkten des Schönen" findet ihre wissenschaftliche Entsprechung und Vorläuferin in K-begriff der dt. Geschichts- und Sozialphilosophie, der kulturelle Systeme (als „Objektivationsformen des Geistes") von ihrem „realen Sein und Werden" schied und so aus ihrem gesellschaftlichen Entstehungs- und Funktionszusammenhang herauslöste. In dieser Tradition stehen auch die – oft wertend gemeinten – Entgegensetzungen von „K" und „Zivilisation", „Hoch-K" und „Volks-K", „K" und „Massen-K", „K" und →„Gesellschaft".

Diese Dualismen sind in den (nach wie vor unterschiedlichen) K-definitionen der modernen Geistes-, Sozial- und Verhaltenswissenschaften überwunden. Mit Kroeber und Kluckhohn (1963) kann K zusammenfassend definiert werden als ein historisches und gesellschaftliches Produkt, bestehend aus expliziten und impliziten menschlichen Verhaltensmustern, die erlernt und durch Symbole vermittelt werden. Dieses Gesamtsystem von (teils in Artefakten verkörperten) Problemlösungs-, Handlungs- und Deutungsmustern ist tradiertes soziales Erbe, eine spezifische Errungenschaft menschlicher Gruppen und sowohl Voraussetzung als auch Produkt menschlichen Handelns.

K vergegenständlicht sich in Sprache, Wissensbeständen, magischen Bildern, Glaubensvorstellungen, Weltanschauungen; im Fühlen und Denken; im individuellen und gesellschaftlichen Bewußtsein; in Ritualen, Sitten, Bräuchen, Kleidungen, Liedern, Erzählungen usw., aber auch in allen Instrumenten und →Institutionen, die der Mensch sich zur Beherrschung der Natur, zur Bedürfnisbefriedigung und Selbstverwirklichung geschaffen hat. Es läßt sich also analytisch unterscheiden zwischen „objektiver" K (als Vergegenständlichung menschlicher Fähigkeiten und gesellschaftlicher Erfahrungen) und „subjektiver" K, die sich in Handlungen und reflexiven Erfahrungen konkreter Individuen und →Gruppen realisiert.

K darf nicht verkürzt werden auf ein statisches, standardisiertes Arsenal von Normen und Symbolen. Kulturen sind subjektive, variable, relative und lebendige adaptionsfähige Systeme; sie sind Selbstinterpretationen von Menschengruppen, die sich im gemeinschaftlichen Zusammenleben historisch herausgebildet haben. Vor allem für →Minderheiten sind sie Orte der Identitätsstiftung und Sinnkonstitution, aber auch der Abwehr, Resignation und Gettoisierung. Hegemoniale Kulturen (die „deutsche K", die „europäische K", Elite-K, Kapitalismus als K usw.) hingegen sind Vehikel zur Herrschaftssicherung; als Flankierung sozialökonomischer Modernisierungsprozesse (→Modernisierung) stützen sie ethnozentrische und national-kulturelle Identifikationen (→Identität) und tendieren dazu, kulturelle Minderheiten zu kolonialisieren oder als „soziales Problem" zu stigmatisieren und auszugrenzen (→Stigmatisierung).

Dieses „weite" Verständnis von K ist angemessen, weil es K weder von den grundlegenden materiellen und ideologischen gesellschaftlichen Verhältnissen einer spezifischen Gesellschaftsformation, den Lebensbedingungen einer Region, einer Klasse, Schicht oder Gruppe löst, noch auf rein „Ideologisches" oder die herrschende K (etwa einer nationalstaatlich definierten Gesellschaft) reduziert. Allerdings bleiben der spezifische Ort und die spezifische soziale Funktion von K als integraler Bestandteil des Ensembles von Ökonomie und Ideologie, ihre Überschneidungen, mehr noch aber ihre Differenzen im Verhältnis zu anderen Elementen aus „Basis" und „Überbau" offen. Ungeklärt ist auch die je besondere Leistungsfähigkeit von K als „Mehrebenensystem", d.h. als sowohl auf Individuen als auch auf partikulare wie umfassende soziale Systeme gerichtete analytische, deskriptive und handlungsleitende Kategorie.

Trotz der Interpretationsbedürftigkeit und möglichen Überforderung des allgemeinen K-begriffs sind K und abgeleitete Termini (→Sub-K, →K-konflikt, kulturelle Identität, →Interkulturelle Erziehung, multikulturelle Gesellschaft usw.) v.a. im Zusammenhang mit Phänomenen der Abweichung und →Migration zu zentralen Begriffen für Theorie und Praxis pädagogischer und sozialer Arbeit geworden. Dabei ist es das Ziel, Kindern, Jugendlichen und Erwachsenen transkulturelle Gemeinsamkeiten jenseits der jeweiligen Nationalität, Gesellschaft und K zu vermitteln.

L.: Bühl, W. L., Kultur als System; in: Kultur und Gesellschaft (= Sonderheft 27 der Kölner Zeitschrift für Soziologie und Sozialpsychologie); Opladen, 1986, 118–144. Greverus, I.-M., Kulturbegriffe und ihre Implikationen. Dargestellt am Beispiel Süditalien; in: Kölner Zeitschrift für Soziologie und Sozialpsychologie 23 (1971), 283–303. Kroeber/ Cluckhohn: Culture. A Critical Review of Concepts and Definitions; New York, 1963.

Günther Sander

**Kulturarbeit**
→Sozialkulturelle Arbeit

**Kulturkampf**
Der K (1871–1891) steht als Konflikt zwischen dem Deutschen Reich, insb. Preußen, und der röm.-kath. Kirche am Beginn der Reichsgründung und wird als Ausdruck der Befürchtungen →Bismarcks um die Reichseinheit (Bornkamm 1950; Franz 1954) und seiner Staatsidee interpretiert. Einzelne Etappen des K sind: die Aufhebung der seit 1841 bestehenden kath. Abt. im preuß. Kultusministerium (8.7.1871); die Vorlage eines Schulaufsichtsgesetzes im preuß. Landtag (Dez. 1971) zur Entfernung kath. Geistlicher aus den Schulinspektionen; die Einfügung des „Kanzelparagraphen" in das Strafgesetzbuch (10.12.1871; 1876 erweitert; in der BR 1953 aufgehoben), wonach Geistliche mit Strafe bedroht wurden, die in Ausübung ihres Berufes „Angelegenheiten des Staates in einer den öffentlichen Frieden gefährdenden Weise zum Ge- genstand einer Verkündigung oder Erörterung" machten; das Verbot aller Niederlassungen der Societas Jesu und verwandter →Orden (Jesuitengesetz v. 4.7.1872); die „Maigesetze" (11.–14.5.1873) zur Einschränkung kirchlicher →Selbstverwaltung sowie die Einführung der obligatorischen Zivilehe; die Einstellung sämtlicher Leistungen von staatlichen Mitteln an die röm.-kath. Kirche und ihre Einrichtungen („Brotkorb"- oder „Sperrgesetz" vom 22.4.1875); die Aufhebung aller Orden und ordensähnlichen Kongregationen – außer den krankenpflegenden! – am 20.6.1875; das Gesetz über die Vermögensverwaltung in den Kirchengemeinden (20.6.1875) sowie ergänzende Bestimmungen dazu (1876–78) und eine Verschärfung des „Kanzelparagraphen". 1878 folgte eine „Wende im K", die zu „Milderungsgesetzen" (1882, 1883) und zu „Friedensgesetzen" (1886, 1887) führte. Fortbestand hatten weiterhin der „Kanzelparagraph", das Jesuitengesetz (bis 1917), die Einführung der obligatorischen Zivilehe und das Gesetz über die staatliche Schulaufsicht, das konfessionelle Schulen als Privatschulen massiv beschränkte – was die Einrichtung freier, gemeinnütziger und alternativer →Schulen in der BR bis heute lähmt. Indem der K einerseits die Entwicklung freier Initiativen, v.a. im Bildungsbereich, nahezu ausgeschlossen hat, ist andererseits, als Ausdruck des Widerstands von Klerus und kath. Bevölkerung, das kath. Vereinswesen entstanden, u.a. der →Volksverein für das katholische Deutschland.

L.: Bornkamm, H., Die Staatsidee im K; in: Histor. Ztsch. 170 (1950), 41–72. Franz, G.: K. Staat und Kirche in Mitteleuropa von der Säkularisation bis zum Abschluß des preußischen K; 1954. Morsey, R., Bismarck und der K; in: Archiv für Kulturgeschichte 39 (1957), 232–270.

**Kulturkonflikt**
Obwohl die „K-Hypothese" (von einer wissenschaftlich begründeten Theorie

kann bislang kaum gesprochen werden) zunächst über die Rezeption der amerik. Kriminalsoziologie in den Sozialwissenschaften bekannt geworden ist und gegenwärtig v. a. im Zusammenhang der theoretischen und praktischen Bearbeitung von Migrationsprozessen und deren Folgen eine der Konfliktlinien zwischen „Ausländerpädagogik" und →„Interkultureller Pädagogik" markiert, ist eine hinreichende Bestimmung und wissenschaftliche Fundierung des Begriffs weiterhin ein Desiderat. Manche Autoren, denen dieses Dilemma bewußt ist, reden daher vom „sogenannten K", verwerfen oder ersetzen den Begriff aber nicht durch einen treffenderen (z. B. Auernheimer 1988).

Hollander (1955, 162ff.) zeigt in einer vorläufigen Begriffsanalyse, daß K dreierlei meinen kann: den Konflikt *zwischen* Kulturen (→Kultur), den Konflikt *innerhalb* einer Kultur und den Konflikt *im Menschen* selbst als Folge von Kulturprozessen, wobei Mischformen nicht nur möglich, sondern wahrscheinlich sind. Entscheidend ist auch das in der jeweiligen Klassifikation implizierte Konzept von „Kultur": Entweder wird Kultur als statisches, monolithisches Gebilde verstanden und mit der „herrschenden" Kultur einer nationalstaatlich definierten →Gesellschaft gleichgesetzt, oder es wird von einem „weiten Kulturbegriff" ausgegangen, der der realen kulturellen Vielfalt in differenzierten Gesellschaftssystemen Rechnung trägt, verschiedene Kulturen nicht ethnozentrisch diskriminiert, sondern als prinzipiell gleichwertig versteht und „Kultur" nicht als Gegensatz von „Gesellschaft", sondern als deren integralen Bestandteil begreift. Weiter muß geklärt werden, wie „Konflikt" definiert und bewertet werden soll und welche Unterschiede oder auch Überschneidungen zwischen K und anderen sozialen Konflikten bestehen.

Wenn von Konflikten *zwischen* Kulturen die Rede ist, wird unterstellt, daß Kulturen sich wie fremde Welten gegenüberstehen, sich als grundsätzlich oder in bezug auf zentrale kulturelle Themen verschieden, ja unvereinbar definieren, und daß beide oder eine der Kulturen durch die andere sich bedroht fühlen (wobei die Bedrohung nicht real gegeben, sondern unterstellt sein kann, etwa um die andere Gruppe zum Sündenbock abzustempeln oder politische Maßnahmen zu legitimieren). Die „Lösung" derart (tatsächlich oder vermeintlich) antagonistischer Konflikte hat i. d. R. die Eliminierung, Exilierung oder Subordination, zumindest aber →Stigmatisierung und Marginalisierung der Minderheitengruppe zur Folge. Dieses Verständnis von K beruht auf einem dichotomen Weltbild und unterstellt, daß Kulturen als in sich konsistente Systeme existieren und „als solche" miteinander in Konflikt geraten. Dagegen muß angenommen werden, daß sich Kulturen nicht in ihrer vergegenständlichten Form, sondern nur im Medium von Handlungen und Erfahrungen konkreter Individuen und →Gruppen, in bestimmten →Institutionen, Situationen und Rollen beggnen, und daß kulturelle Verschiedenheit allein nicht notwendigerweise fundamentale und dramatisch verlaufende Konflikte zur Folge haben muß. Kulturen und ihre Elemente (Sprache, Symbole, Deutungsmuster, Religionen, Weltanschauungen, Bräuche, Kleidung usw.) sind oft auch nur Vehikel und Symbolisierungen der eigentlichen (z. B. ökonomischen, sozialen, politischen, ideologischen, ethnischen oder rassischen) Konflikte, die zu kulturellen umdefiniert werden.

Konflikte *innerhalb* einer Kultur können durch interne oder externe Einflüsse verursacht werden, die zu Diskrepanzen zwischen Normen und Werten der Gesamtgesellschaft und/oder solchen von →Subkulturen führen, das kulturelle System aus dem Gleichgewicht bringen (Anomie, kulturelle Desorganisation) oder Prozesse kulturellen und →sozialen Wandels ( →Innovation) einleiten oder begleiten. Auch hier bleibt offen, ob die gemeinten Erscheinungen primär kulturell oder sozialstrukturell bedingt sind und mit dem K-begriff hinreichend erklärt und beschrieben werden.

Die dritte Kategorie, in der K als „verinnerlichter" Konflikt *im Menschen* selbst begriffen wird, umfaßt jene ganz oder teilweise kulturell induzierten Probleme, die ein Mensch als Mitglied einer Kultur in der Konfrontation mit einer anderen Kultur oder in der interkulturellen →Sozialisation „zwischen zwei Kulturen" erfährt, und welche Dekuluration, Identitätsdiffusion, Orientierungslosigkeit und ambivalentes oder →abweichendes Verhalten zur Folge haben können. Bei diesem Typus von K liegt der Akzent darauf, daß kulturelle Differenzen in der →Persönlichkeit erlebt und verarbeitet werden, wobei die Gefahr besteht, daß soziale auf subjektive Probleme und kulturelle auf normative Konflikte reduziert werden. Außerdem wird unterstellt, daß eine geglückte Persönlichkeitsentwicklung nur in einer homogenen und in sich stabilen Kultur möglich sei; kulturelle Verschiedenheit und Vielfalt werden als Defizit bewertet, während die produktiven Chancen des (gelegentlich auch konflikthaften) Aufwachsens und Miteinanderlebens in kulturell heterogenen Lebenszusammenhängen sowohl für die Individuum, als auch für die Weiterentwicklung der →Gesellschaft unterschlagen werden.

Seit ihrer Konzeptualisierung durch die kriminalsoziologischen Untersuchungen der Chicago-Schule in den 30er Jahren spielte die These vom K zunächst als Erklärungsmuster des Zusammenhangs von Migrationsprozessen und abweichendem Verhalten (→Kriminalität, psychische Krankheit) eine zentrale Rolle. Gegenwärtig steht die Diskussion ihrer Eignung zur Analyse der Lebenssituation von Immigranten (→Arbeitsimmigranten) und zur Begründung pädagogischer und sozialer Arbeit mit „ausländischen" Kindern und Erwachsenen im Vordergrund.

Die Annahme, daß der durch kulturelle und normative Vielfalt und Widersprüche charakterisierte „melting pot" der amerikanischen Gesellschaft geradezu zwangsläufig kriminogene K produziere, erscheint zunächst plausibel. Die Ergebnisse der zahlreichen empirischen Untersuchungen zur Delinquenzbelastung verschiedener ethnischer Gruppen von Einwanderern sind jedoch keineswegs einheitlich im Sinne einer Bestätigung der K-These zu interpretieren. Vielmehr zeigt sich, daß sowohl die Angehörigen der „ersten" als auch der „zweiten Generation" insgesamt einen statistisch geringeren Grad an Kriminalität aufweisen als die Gesamtbevölkerung, und daß in den Fällen einer höheren Kriminalitätsbelastungsziffer bei Immigranten und deren Kindern eher ökonomische und soziale Bedingungen ausschlaggebend sind. K wäre danach lediglich ein zusätzlicher Faktor, entscheidend aber z.B. die Zugehörigkeit zum großstädtischen Proletariat, zu deklassierten →Randgruppen (Subkulturtheorie) und die sozial und kulturell desorganisierte amerik. Gesellschaft selbst (Anomietheorie). Sellin, einer der Hauptvertreter der K-these, hatte bereits einschränkend formuliert, daß K für bestimmte ethnische Gruppen von großer Bedeutung sein möge, insgesamt aber im Vergleich zu anderen Kriminalitätsursachen keine signifikante Rolle spiele. Auch auf die BR bezogene Untersuchungen stützen die These vom Zusammenhang von K und kriminellem Verhalten nicht. Sie kommen vielmehr zu dem Ergebnis, daß Kriminalität von Migranten nur im Rahmen allgemeiner Theorien abweichenden Verhaltens, nicht aber in „ausländer"-spezifischen Kategorien erklärt werden kann.

Neben dem Versuch, Kriminalität zu erklären, ist K auch ein traditionelles Deutungsmuster der Beziehung von Migration und psychischer Krankheit. Bereits in der ersten Hälfte des 19.Jh., parallel zu den transozeanischen Auswanderungswellen, wurden die an „nostalgia" leidenden Einwanderer in Nordamerika zum Experimentierobjekt der Psychiater, die deren vermeintlich höhere Anfälligkeit für Geisteskrankheiten auf einen durch die kulturelle Differenz zwischen Ursprungs- und Einwanderungsgesellschaft ausgelösten „Kulturschock" zurückführten, anstatt auf die oft insgesamt elenden Lebens- und Arbeitsumstände in einem fremden Land, die der Misere, die zum Auswandern zwang, folgten.

Eine Ausländerpolitik (→ Ausländerrecht), die die Migranten vor die Alternative „Assimilation oder Rückkehr" stellt und lediglich an der Ware Arbeitskraft interessiert ist, braucht sich mit der Rolle von „Kultur" in Migrationsprozessen ebensowenig zu beschäftigen wie eine Ausländerpädagogik, die sich am Begriff und Ziel der → Integration orientiert. Beiden erscheinen Migranten aus der Perspektive der Aufnahmegesellschaft als „soziales Problem". Erst für neuere Ansätze in Pädagogik und → Sozialarbeit sind „Kultur", und „kulturelle Identität" leitende Kategorien zur Analyse der Migrationsgesellschaft und zur Begründung praktischer Konzepte in der Arbeit mit Migranten geworden. Inzwischen wird die „Interkulturelle Pädagogik" ihrerseits hinterfragt; im Mittelpunkt der Kritik steht dabei ihr Kulturverständnis. So wird die Lebenssituation von Migranten, v. a. ihrer Kinder, oft als konflikthaftes Leben „zwischen zwei Kulturen", im Spannungsfeld zwischen der Kultur des Herkunftslandes und der des Aufnahmelandes, beschrieben. Hin- und hergerissen zwischen Tradition und Moderne, Muttersprache und dt. Sprache, Familie und von der Mehrheitsgesellschaft geprägter Umwelt erwüchsen der „zweiten Generation" kaum lösbare Schwierigkeiten der Identitätsfindung. In dieser Argumentationsfigur wird die kulturelle Differenz betont, stehen sich *zwei* Kulturen zweier entgegengesetzter Welten wie Blöcke gegenüber, während in der sozialen Wirklichkeit sowohl die Kultur(en) des Auswanderungslandes als auch die des Einwanderungslandes vielfältig, heterogen und in sich widersprüchlich sind und die trennscharfe Unterscheidung zwischen →„Heimat"

und →„Fremde" immer schwieriger wird. Interkulturelle Bildung, Erziehung und Sozialarbeit haben vor diesem Hintergrund nicht die Aufgabe, →Identität mit einer unreflektierten Mehrheitskultur oder mit einer fraglos legitimierten Minderheitenkultur herzustellen. Die Orte der Identität von Migranten umfassen, über Kulturverschiedenheit hinaus, auch transkulturelle Gemeinsamkeiten in der konkret realisierten Kultur. Interkulturelle Erziehung sollte Migranten und deren Kinder nicht länger bloß als Opfer des Migrationsprozesses, sondern auch als Protagonisten einer nationenübergreifenden Integration begreifen.

L.: Auernheimer, G.: Der sogenannte K. Orientierungsprobleme ausländischer Jugendlicher; Frankfurt, New York, 1988. den Hollander, A. N. J., Der „K" als soziologischer Begriff und als Erscheinung; in: Kölner Zeitschrift für Soziologie 7 (1955), 161–187. Sellin, Th., Culture Conflict and Crime; in: Bulletin 41, Social Science Research Council; New York, 1938.

Günther Sander

**Kulturpädagogik**
→ Sozialkulturelle Arbeit

**Kultursozialarbeit**
→ Sozialkulturelle Arbeit

**Kultusministerkonferenz (KMK)**
Die „Ständige Konferenz der Kultusminister der Länder in der Bundesrepublik Deutschland" – kurz: KMK – dient der Zusammenarbeit der Länder in Fragen der → Bildungs- und Kulturpolitik sowie der Mitwirkung an der auswärtigen Kulturpolitik und den internationalen kulturellen Beziehungen in Zusammenarbeit mit der BReg.

A.: KMK, Nassestraße 8, Pf. 2240, 5300 Bonn 1; T. (0228) 501458.

**Kundenbewegung**
Unter K wird der Prozeß einer → Politisierung der „Kunden" (trad. [Selbst-]-Bezeichnung von → alleinstehenden Wohnungslosen, Wanderarmen und → Landfahrern) verstanden, die sich

während und v. a. gegen Ende der 20er Jahre in „Bruderschaften" organisierten und „Vagabundentreffen" veranstalteten (z. B. 1929 in Stuttgart).
L.: Künstlerhaus Bethanien (Hg.): Wohnsitz Nirgendwo. Vom Leben und vom Überleben auf der Straße; Berlin, 1982, 179–190, 211–222, 269–274.

## Kunsttherapie

K ist ein Behandlungsverfahren im rehabilitativen, klinisch-psychologischen und psychotherapeutischen Bereich; kunsttherapeutische Methoden werden auch im Rahmen kunstdidaktischer und gestaltungspädagogischer Verfahrensweisen angewandt und sind im Raum sozial- und heilpädagogischen Handelns zu finden.

K meint i. e. S. ‚Therapie mit bildnerischen Mitteln', also Therapie mit den Mitteln der Zeichnung, der Graphik, der Malerei, der Plastik, der Drucktechnik, der Photographie; i. w. S. bezieht sie musisch-kreative Tätigkeiten wie Bewegung, Tanz, Psychodrama, Theater- und Puppenspiel, Poesie und Musik in ihre therapeutische Absicht ein. Entsprechend dem weiten Begriffsgebrauch von K wird diese zuweilen gleichbedeutend und synonym auch als Kreativitäts- oder Gestaltungstherapie bezeichnet. In solcher Verwendung akzentuiert der Begriff einen innerpsychischen Formbildungs- und Gestaltungsvorgang, der sich im sozialen Kontext einer individuellen Leidensproblematik die musischbildnerische Formdynamik des ästhetischen Mediums nutzbar macht zu Zwecken einer individual-psychischen und psychosozialen Umstrukturierung eines Konflikts. K will die Formen eines gehemmten, gestörten soziokulturellen Austauschs wieder vermitteln. In den Weisen unterschiedlichster musischbildnerischer Produktion und Rezeption stellt sie die behinderten, die gestörten, die krank gewordenen Äußerungen des Lebens in den Mittelpunkt ihres Interesses.

Fünf Ansätze von K lassen sich differenzieren: ein Ansatz im Übergang von ästhetischer Theorie zu ästhetischer Psychologie (1); ein kunstpädagogischer/-didaktischer Ansatz (2); ein arbeits-, ergo-, beschäftigungstherapeutischer und – diesem verwandt – heilpädagogischer Ansatz (3); ein kreativ- und gestaltungstherapeutischer Ansatz (4); und ein spezifisch tiefenpsychologischer und psychotherapeutischer Ansatz (5).

1. Die ästhetische Psychologie wie die Kunstpsychologie befassen sich seit ihren Anfängen mit den rezeptiven, reproduktiven und produktiven Äußerungsformen des künstlerischen Vorgangs, insoweit diese auf ein psychisches Korrelat der Empfindung oder des Gefühls (→ Emotionen), also auf die Organisierung von Bewußtseinsprozessen verweisen. Seit der aufklärerischen Verwissenschaftlichung der Erfahrung, die nach Kant einen sinnes-, verstandes- und einbildungskräftigen Aspekt an sich hat, und seit dem Versuch, die spezifisch einbildungskräftige Erfahrung bildhafter, plastischer oder musikalischer Art in ihrer subjektiv-innersinnlichen Gefühlshaftigkeit dem jeweils objektiv-sinnlichen Empfinden gemäß zu korrelieren – seitdem hat die ästhetisch-theoretische Zusammenschau des sensualistischen Empfindens (J. Locke) und des intelligiblen Vorstellens (G. W. Leibniz) im ästhetisch-anschaulichen Wahrnehmungs- und Vorstellungsakt eine experimentalpsychologisch verwendbare Fundierung. Im Übergang von ästhetischer Theorie zur → Psychologie steht ein Bewußtseinsverständnis, das den „ästhetischen Sinn" (W. v. Humboldt) kunstpsychologisch und -didaktisch auszubilden auffordert: „die ästhetische Darstellung der Welt", so → J. F. Herbart (1804), soll zum „Hauptgeschäft der Erziehung" werden.

2. Ein kunstpädagogischer und -didaktischer Ansatz der zunächst erzieherischen, dann ansatzweise therapeutischen Arbeit mit musisch-bildnerischen Mitteln ist seit den Zeiten der → Aufklärung zu verzeichnen: Wo zunächst die „Kunstkräfte" des Kindes (→ Pestalozzi)

zitiert werden, zielt eine ästhetische Erziehung bald auf eine „Kunsthinsicht" (Schiller), mittels derer sich der heranwachsende Mensch spielerisch-ganzheitlich zu organisieren habe; das Kind soll schließlich „kunstgemäß" im Prozeß der →Erziehung erregt werden (→Fröbel), um über die Darbietung ästhetischer Gegenstände eine Veredelung seiner Gemütsbestimmungen und Geschmacksurteile zu erfahren (Herbart). Harmonistisch-klassizistische Vorstellungen, was menschliche Natur ist (Goethe) oder sein soll (Schiller), geben ein Bild des Kindes vor, das in die humanistischen und dann neuhumanistischen Erziehungskonzepte bspw. von C. G. Carus und F. I. Niethammer eingeht. In der Erziehungsgeschichte des kindlich-ästhetischen Formvermögens setzt sich dieses Bild, wie ein Kind humanistisch- oder neuhumanistisch-vorbildlich sein soll, durch. Ganz in diesem Sinne wird die Kunst-, genauer die Mal- und Zeichenpädagogik in Dienst gestellt.

Eine breit angelegte ästhetische Erziehung wird institutionalisiert: Von den Anmutungs-, Anstands- und Leibesübungen der Zeit um 1800 (→Campe, Lenz; →Jahn), die ästhetisch-moralisch sich an einer vorbildlichen Natur orientieren, bis dahin, daß ästhetisch-didaktische Erziehung im Kunstunterricht „die Bewegungen der Seele ausdrücken" soll (Viollet-le-Duc); Kunst-, Mal- und Zeichenpädagogik werden zum Erziehungs- und dann auch „notwendigen Heilmittel" (Deinhardt und Georgens; →Heilpflege- und Erziehungsinstitut). Die Empfindungen, die Gefühle des heranwachsenden Kindes sollen zeichnerisch, malerisch sichtbar sein; das Kind soll ein „Gefühl für die Übergänge" des Seelischen (Ruskin) in diesem Vorgang organisieren und seine „Erlebnisse ... zu ... wirksameren Formen der Darstellung" erheben. Eine experimentell ausgerichtete psycho-physische Analyse des Erlebens fragt danach, wie ästhetisch wirkende physikalische Gegebenheiten und psychische Erfahrung korrelieren (G. Th. Fechner). Anschauung als „verkörpertes Gefühl" (J. E. Erdmann) wird pädagogisch-moralisch ausrichtbar; Einfühlung und Nacherleben ästhetischer Zustände werden rechercherit (Th. Lipps) und in ihren Wegen als lenk- und richtbar erkannt (R. Schulze): Die „Hingabe an ästhetisch wirkende Dinge" erhält einen Stellenwert im Prozeß der Erziehung (W. A. Lay) und ist allgemein daraufhin orientiert, die Zerissenheitserfahrung des zu Bewußtsein gelangenden →Bürgertums formal- und materialästhetisch zu versöhnen.

3. Ein arbeits-, ergo-, beschäftigungstherapeutischer und heilpädagogischer Ansatz musisch-bildnerischer Einflußnahme ist seit dem frühen 19.Jh. zu vermerken: „Industriosität", d.h. Arbeit- und Tugendsamkeit des Heranwachsenden stehen auf dem Plan (→Arbeitstherapie; →Heilpädagogik). Der philantropische Tugendkatalog (→Philantropismus) will den Funktionserfordernissen einer sich ausweitenden Manufaktur zur sog. großen Maschinerie angemessen sein. Der arbeitende Mensch wird zunehmend im Hinblick auf diese funktionellen Anforderungen bewertet. Die Geschichte der Arbeits-, Ergo-, Werk- und Beschäftigungstherapien weiß sich von ihrem Beginn her darin eins, körper- und geistesfunktionsbezogen und arbeitsvermögend-restitutiv zu sein; die Geschichte dieser Therapieformen weist den künstlerischen Beschäftigungsformen hierbei ihren Platz: Die erste heilpädagogische Werkstätte von Deinhardt und Georgens (1861) wie auch die erste Schule für Beschäftigungstherapie, die „School of Civics and Philanthropy" (1908), suchen die Wiederherstellung ausgefallener Funktionen des arbeitenden Menschen mit künstlerisch-gestalterischen Mitteln zu erreichen.

Zeichnen, Malen und Gestalten – bei →Johann Christoph Reil werden sie unter die drei Gruppen von psychischen Heilmitteln gezählt. Und bei Peter Josef Schneider (1824) ist mit den „Cur-Mitteln" eine Art von Beschäftigungstherapie gemeint: „Anfangs beschäftigt man bloß den Körper, nachher auch die Seele. Man schreitet von Handarbeiten zu Kunstarbeiten und von da zu Geistesarbeiten fort" (Reil 1803). Wo zu Beginn des 19.Jh. bei Pinel (1801) noch Atelier-Werkstattarbeit (hier speziell: die Malerei) benutzt wird, um in der Beschäftigung mit den sog. schönen Künsten die Leidenschaften durch moralische Maximen zu überwinden, da wird in der Folge eher ein handwerklicher Aspekt von Beschäftigungstherapie hervorgekehrt; künstlerische Tätigkeiten von Patienten fallen unter die vergleichsweise „handwerksmäßigen ... Beschäftigungen" (Griesinger 1871). Im Sinne einer industriösen Erziehung sind sie zwar nicht immer direkt nutzbringend (Tuke 1813), aber immerhin zerstreuend, erholsam (Schneider 1824) und produktiv-körperliche Arbeit kompensierend (Griesinger 1867). (Vgl. Günter 1989.)

In den entstehenden künstlerischen Werkstätten im psychiatrischen Bereich entwickelt sich vor dem 1. Weltkrieg eine Form der Beschäftigungstherapie, die die künstlerische Tätigkeit in der Regel zum „Cur-Mittel" erklärt. In dem Maße, wie sich Arbeits- und Beschäftigungstherapien voneinander trennen im Laufe des 20. Jh., kommen den künstlerischen Tätigkeiten spezifische Aufgaben zu: Sie erhalten eher schöpferisch-musische, individualitätsangemessene und selbstzweckorientierte Aufgabenstellung im Rahmen der Behandlung; wohingegen die arbeitstherapeutischen Maßnahmen produktions-, leistungs- und zweckorientiert erscheinen (vgl. Menzen 1988). Eine künstlerische oder kunsthandwerkliche Betätigung – in der Regel gedacht für die Patienten der gehobenen Stände und auf deren Zerstreuung aus (vgl. Günter 1989) – wird zunehmend von handwerklich-arbeitsprozeßorientierten Betätigung geschieden, die der Wiedereingliederung von Patienten unterer Stände dient.

Die Trennung von Arbeits- und Beschäftigungstherapie und mit ihr die Spezifizierung der K erhalten im Verlauf des 20.Jh. in den rehabilitativen und klinischen Einrichtungen ihre jeweils institutionalisierte Variante: Als Arbeitstherapie (AT; Ergotherapie, Industrial Therapy; L'ergotherapie où therapeutique par le travail) sollen die kunsthandwerklichen Formen zweckgebunden und produktionsorientiert, zumindest arbeits- und sozial-integrativ sein; als Beschäftigungstherapie (BT; Occupational Therapy; Les therapeutiques occupationelles) fällt der kunsthandwerklichen Tätigkeit eher die Aufgabe zu, selbstzweckorientiert im Sinne der individuellen Kur zu sein.

In der Folge spezifizieren sich AT und BT nach Rehabilitationsinteressen: BT ist zunehmend rehabilitativen, d. h. orthopädischen, unfallchirurgischen, neurologisch-rekonstruktiven, rheumatologischen und geriatrischen Maßnahmen zugewandt, während die AT und mit ihr die →Heilpädagogik auf die teilweise →Rehabilitation, die Wiederherstellung des Arbeits- und Leistungsvermögens orientiert ist; schon in den 30er Jahren forderte Milan Morgenstern, daß der heilpädagogisch zu Behandelnde „Werkzeuggeschicklichkeit und rasche Materialassoziation" beherrsche. Gestaltungstherapien werden zunehmend darin frei, jenen Raum der Kur-, Rehabilitations- und Behandlungsmaßnahmen einzunehmen, der von den unmittelbaren Zwängen der arbeits- und zweckorientierten Tätigkeiten frei bleibt. Gleichermaßen finden künstlerische Therapieformen im Rahmen der Arbeits-, Werk- und Beschäftigungstherapien ihren Platz: in eher kunstpädagogischer Hinsicht sind sie auf Erhöhung und Ausweitung von ästhetischen und mit diesen korrelierenden sozialpraktischen Kompetenzen aus; in eher gestaltungstherapeutischer Hinsicht suchen sie das individualpsychische Verarbeitungsrepertoire auszuweiten, d. h. den Betroffenen wieder verfügbar zu machen. Unter hier kunstpädagogischer, da gestaltungstherapeutischer Hinsicht haben die Behandlungsformen mit bildnerischen Mitteln die Aufsplittung in Ergo- und Beschäftigungstherapien innerhalb ihres Faches nachvollzogen: Sie implizieren sowohl material- und arbeitsam-zweckgebundene wie gestaltungsorientierte und eher psychisch-individuell orientierte Zielsetzungen.

4. Ein kreativ- und gestaltungstherapeutischer Ansatz hat sich im Laufe unseres Jahrhunderts hervorgetan; er hat eine ähnliche zweckfreie bzw. -gebundene Orientierung erfahren, wie wir dies im Falle der Beschäftigungstherapie gesehen haben. Tardieu (1872), Lombroso und Du Camp (1880), Morcelli (1881), Simon (1888), Kiernan (1892), Hospital (1893), Mohr (1906), Réja (1907), Morgenthaler (1918; 1919; 1921), Prinzhorn (1919; 1922; 1927), Bürger-Prinz (1932), Dubuffet (1949), Binswanger (1955), neuerdings zusammenfassend Bader (1975), Navratil (1965; 1969; 1979; 1983), Benedetti (1984) und Gorsen (1980; 1984) haben sich in den letzten 100 Jahren einer Denktradition angenommen, welche sich in zwei entgegengesetzten Positionen formulieren läßt:

Die einen behaupten, daß Kinder, Wilde, Irre, Geisteskranke und Genies sich in einem originalen, zivilisatorisch unverstellten und unbeeinflußten Gestaltungsdrang unmittelbar, zweckfrei elementar-kreativ und triebhaft auszudrücken vermögen; in deren Gestaltungsausdrücken erscheine unbewußt Vorgebildetes, das unbeeinflußt von aller → Kultur sei und sich triebhaft entäußere. (Diese Position wird von Surrealisten wie Max Ernst, Paul Klee, André Breton, Kubin und anderen geteilt: Die Kunst der Primitiven erscheint den surrealistischen Malern als eine besondere Kulturform, in der sich eine der wesentlichsten kreativen Äußerungen des unzensierten und vielgestaltigen Ich naturhaft entäußert, sich aller modischen Kunstrichtungen begibt; seit Dubuffet wird solch künstlerische Ausdrucksform unter dem Stichwort „Art brut" behandelt.) Die kritischen Gegenstimmen wissen bildnerischen Betätigungsdrang –

bspw. des psychotisch betroffenen Menschen – und künstlerisch kompetente Verfügung zu scheiden: Sie verweisen darauf, daß solche Ursprungs- und Naturmythologie apologetisch gegen derzeitig entfremdete Verhältnisse stünden (vgl. Günter 1989), ferner daß psychotische Kunst kaum „das richtige Abbild einer ganzen falschen Zivilisation" sein könne, wohl aber die pathologischen Formen neuzeitlicher Subjektzerstörung zu demonstrieren in der Lage sei. Künstler der Moderne wie Joseph Beuys in seiner Rauminstallation „Das Ende des 20. Jahrhunderts" (1983) oder in seiner Zeichnung „selbst im Gestein" (1955), oder Walter Dahn in seinem Bild „Selbst doppelt" (1982) bestätigen: Die Spaltung, Zerrissenheit, Exkorporalisierung des Menschen der Moderne ist allenfalls in ihrer Nicht-Versöhnbarkeit zu illustrieren (vgl. Menzen 1990). Die ursprungsmythologische Tendenz, Kunst- und Naturausdruck des Menschen gleichzusetzen, wird da denunziert, wo künstlerischer und naturhaftgestalterischer Ausdruck verschmelzen und die Eigenständigkeit des Kulturellen, spezifisch Künstlerischen vernichtet ist.

Ungeachtet dieser geschichtsvernachlässigenden Position natur- und ursprungsmythologisierender Ausdrucksverfahren hat sich seit den 60er Jahren dieses Jh. eine Version tiefenpsychologisch und analytisch orientierter Gestaltungstherapie aufgetan (Ehrenzweig 1974; Kramer 1975; Franzke 1977; Schrode 1978, 1979, 1981, 1983; Biniek 1982; Janssen 1982; Rech 1973; Schottenloher 1989; Wellendorf 1984; Petzold 1987). Im Anschluß an die Umstrukturierungs-, Neuzentrierungs-Theorie der psychoanalytischen Praxis und Forschung (A. Freud 1979), aber sich unterscheidend von den Kreativitätskonzepten konventioneller psychologischer Intelligenzkonzeption (Guilford 1950), der es im wesentlichen um praktisch-verhaltenstechnologische Innovationen geht (Floßdorf 1978), versteht sich solche Gestaltungstherapie „als Therapie mit bildnerischen Mitteln auf tiefenpsychologischer Grundlage"

(Schrode 1989) und hat v. a. Eingang gefunden in die klinisch-stationäre Gruppenpsychotherapie. (vgl. Petzold 1987). Gestaltungstherapie solcher Art versteht sich als Ergänzung verbal orientierter Psychotherapie durch den bildnerischen Ausdruck. Sie beabsichtigt die spontane Ausdrucksgestalt als eine Synthese zwischen Innerem und Äußerem, und sie intendiert die Vermittlung des Bewußten und Unbewußten in der symbolisch sich entwickelnden Äußerung (vgl. C. G. Jung 1916). Gestaltungstherapeutische Verfahren werden bei Menschen mit Borderline-Zuständen, mit psychoneurotischen und psychovegetativen Neurosen angewandt, sowohl in privater wie in klinisch-stationärer Praxis, besonders der → Psychiatrie (vgl. Herzog, 1990).

5. Ein spezifisch tiefenpsychologischer und psychotherapeutischer Ansatz der K geht mit dem zuletzt beschriebenen teilweise überein: → Freuds These, daß im jeweiligen symbolischen Ausdruck sich das einzelne menschlich-natürliche Triebschicksal offenbare; → Jungs Antwort, daß dies allzu leicht reduktiv-konkretistisch auf kindliche Triebgeschichte ist und in seiner Komplexität zu weiten wäre; daß der Sinn des Symbols darin bestehe, ein Versuch zu sein, das noch gänzlich Unbekannte und Werdende analogisch zu verdeutlichen – solche kontroversen Setzungen leiteten an. Beider Erkenntnis war, daß sich im Vorgang des Symbolisierens seelisch-konflikthafte Sachverhalte ästhetisch-bildnerisch dokumentieren könnten; daß hinter dieser Stellvertretung ein affektbeladener, verhinderter seelischer Vorgang sich verberge, der eine andere Entladung (Konversion), eine Umleitung der Erregung suche. Der symbolisch angedeutete Sinnzusammenhang weise auf einen ursprünglich intendierten, aber nur anders ermöglichten und in der Folge abgewehrten Ausdruck zurück. Und das Unbewußte, so C. G. Jung, entwerfe im Symbol eine Vorstellung dessen, was eigentlich gemeint sei und was nach Bewußtwerdung, nach Gestaltung dränge (vgl. Dieckmann 1972).

Freudsche und Jungianische Positionen haben dieses Dokument des Unbewußten unterschiedlich diskutiert: Hier semantisch-zeichenhaft und kausal auf frühe Triebgeschichte hin diskutierend (Freud); dort symbolisch-nichtzeichenhaft und synthetisch auf den Sinnverlauf jeweiliger Individuation abhebend (Jung). In der Nachfolgediskussion sind entsprechend die Ziele des ästhetischen Produzierens unterschiedlich gesetzt: Es soll zur Regression anregen, auf eine unzensiertere, emotionalere Stufe zurückzugehen ermöglichen (Kris 1952); es soll zur Entdifferenzierung der ichhaften Denk- und Bewußtseinsstrukturen führen (Müller-Braunschweig 1974; Ehrenzweig 1975); es soll verdrängte Affekte freisetzen (Mass 1964); es soll eine Bewältigung von Konfliktspannungen auf dem Wege der Reduktion und der Abfuhr von Triebenergie (Katharsis) in die Wege leiten und solchermaßen eine libidinöse Entlastung bedeuten (Müller-Braunschweig 1974); es soll angstbesetzte Vorstellungen in eine äußere bildnerische Realität überführen (Fenichel 1974); es ist initiiert, um den Austausch des Triebobjekts bei Beibehaltung der Triebziele zu bewirken (Sublimation) und um dadurch zu helfen, nicht-sozialisierte Impulse zu bewältigen (Ulman 1975); es soll im Sinn narzißtischer Regulation zum affektiven Selbstgleichgewicht, zur Erweiterung der Ich-Grenzen beitragen (Henseler 1974; Benedetti 1979); und es soll u. U. ein Probehandeln sein, um das, was sonst nicht möglich, nicht erlaubt ist, zu agieren (Müller-Braunschweig 1974). (Vgl. Menzen 1984.) Der umschriebene tiefenpsychologische und/oder psychotherapeutische Ansatz der K wird in privater und klinischer Praxis verwandt.

Zusammenfassend gilt: Seit Beginn der K und Gestaltungstherapie haben sich unterschiedlichste Ansätze herauskristallisiert. Heilpädagogisch-rehabilitative, sozialpädagogisch-gestalterische, tiefenpsychologisch- sowie psychotherapeutisch-gestaltungstherapeutische Verfahren haben sich nach den Anfängen ästhetischer Psychologie, kunstpsychologisch-didaktischer und arbeits- bzw. beschäftigungstherapeutischer Ansätze herausgebildet. Die Verfahrensweisen veränderten sich in dem Maße, wie sich die Grundlagenforschung und die praktische Erfahrung fortschrieben. Die heilpädagogisch angewandten Verfahren waren bspw. zunehmend teilleistungs- und neuropsychologisch-orientiert; die klinisch-psychosomatisch angewandten Verfahren veränderten sich entsprechend der Erkenntnisse in den Bereichen psychoneurotischer/-vegetativer Störung. Die methodischen Fortschreibungen der K wurden jeweils auf den Kongressen präsent, die die Deutsche Gesellschaft für Kunsttherapie und Therapie mit kreativen Medien (DGKT e.V.) und die Internationale Gesellschaft für Kunst, Gestaltung und Therapie (IAACT) betrieben.

L.: Günter, M.: Gestaltungstherapie. Zur Geschichte der Malateliers in Psychiatrischen Kliniken; Bern, 1989. Hartwig, H./Menzen, K.-H.: K; Berlin, 1984. Menzen, K.-H., Kunsttherapeutische Ausbildung im Vergleich. Eine kritische Bestandsaufnahme; in: Kunst + Unterricht 99, 1986, 6ff. Ders.: Vom Umgang mit Bildern. Wie ästhetische Erfahrung pädagogisch und therapeutisch nutzbar wurde; Köln, 1990.

Karl-Heinz Menzen

**Kuratli, Johannes**
K wurde von der Kommission zur Bildung von Armenlehrern, die von der Schweizerischen Gemeinnützigen Gesellschaft eingesetzt worden war, eigens nach Hamburg entsandt, um sich bei →Johann Hinrich Wichern zum „Rauhäusler" ausbilden zu lassen. Die von der Kommission angeregte und von K ausgeführte Gründung der „Schweizerischen Rettungsanstalt für Knaben in der Bächtelen" orientierte sich am Vorbild des Wichernschen Rauhen Hauses. Ihr wurde, ähnlich der Brüderanstalt des Rauhen Hauses, 1862 ein Armenlehrerseminar angegliedert. Dieses mußte nach 10jähriger Arbeit wieder geschlossen werden, als es wegen eines gegen K erhobenen Vorwurfes homosexueller Verfehlungen in eine Krise geriet. K selbst wanderte aus.

L.: Rickenbach, W.: Geschichte der Schweizerischen Gemeinnützigen Gesellschaft 1810–1960; Zürich, 1960.

**Kuren**
Heilverfahren mit ärztlich verordneter, planmäßiger Anwendung besonders zusammengestellter Heilmittel und Maßnahmen (z.B. →autogenes Training, →Bäder, →Krankengymnastik), um die Folgen einer Krankheit ‚auszukurieren' (→Rehabilitation), einen Genesungsprozeß zu begünstigen oder einem drohenden Gesundheitsschaden vorzubeugen (→Prävention). K werden in eigens dazu eingerichteten →Heimen (Kurheime) durchgeführt, die sich i.d.R. in medizinisch besonders geeigneten, staatlich anerkannten Orten befinden (Kurorte). Die Teilnahme an K wird durch die →Krankenversicherung oder die →Gesetzliche Rentenversicherung bzw. im Rahmen des →Bundessozialhilfegesetzes („Erholungskuren") finanziert.

**KV**
= Kassenärztliche Vereinigung; →Ärztliche Berufsverbände

**KZ**
= Konzentrationslager; →Schutzhaft

## LÄK

= Landesärztekammer; →Ärztliche Berufsverbände

## Ländliche Wohlfahrtspflege

Der Begriff „L" war etwa vom ausgehenden 19.Jh. bis in die 30er Jahre in Gebrauch und bezeichnete eine Reihe von volkswirtschaftlich-ökonomischen, sozialreformerischen, gemeinnützigen und sozialpädagogischen Aufgaben auf dem Lande. Den Ausgangspunkt der L bildete die Agrarkrise im ausgehenden 19.Jh.: Die Mängel und Unzulänglichkeiten der preuß. Agrarreform hatte man kaum oder doch nur zögernd zu beseitigen versucht; die große Masse der Gutsbesitzer und größeren Bauern zeigte als Arbeitgeber wenig soziales Verständnis. Die brennenden →sozialen Probleme in den Städten (→Stadt), die →Arbeiterfrage und die zunehmende Bedeutung der sozialistischen und sozialdemokratischen →Arbeiterbewegung führten dazu, daß die sozialen Probleme auf dem Lande eher im Schatten der öffentlichen Aufmerksamkeit lagen.

1896 wurde allerdings im Anschluß an die Zentralstelle für Arbeiter-Wohlfahrtspflege auch ein „Ausschuß für Wohlfahrtspflege auf dem Lande" gegründet, der sich die Besserung der ländlichen Verhältnisse auf wirtschaftlichem, sozialem und kulturellem Gebiet zum Ziel setzte. Dieser Ausschuß nahm 1903 den Namen „Deutscher Verein für ländliche Wohlfahrts- und Heimatpflege" an und erhielt 1909 die Rechtsform einer öffentlich-rechtlichen Körperschaft. In Verbindung mit diesem Verein entstanden in den preuß. Provinzen und auch in den übrigen dt. Ländern analog verfaßte →Vereine. 1933 wurden der Verein und die ihm angeschlossenen Landesvereine dem nationalsozialistischen „Reichsbund Volkstum und Heimat" eingegliedert.

Um der zunehmenden Landflucht und dem durch Landarbeitermangel mit verursachten wirtschaftlichen Verfall zu begegnen, wurde im ausgehenden 19.Jh. das Konzept der inneren Kolonisation entwickelt, das zur Urbarmachung des Landes, zur Besiedelung und zur Reorganisation des ländlichen Raums, aber auch zur Entlastung der Städte beitragen sollte. Es war vor allem Heinrich Sohnrey (1859–1948), Lehrer, Schriftsteller und Journalist, der die Bekämpfung der Landflucht und, damit zusammenhängend, den Aufbau einer L ins Gespräch gebracht hat.

Sohnrey, der zentrale Protagonist des deutschen Vereins für ländliche Wohlfahrts- und Heimatpflege, zählte eine Vielfalt von Aufgaben zur L: die Bekämpfung des Wuchers und des unreellen Handelns, den Aufbau von →Genossenschaften und die Förderung von →Sparkassen sowie des Versicherungswesens (→Versicherung); die Verbesserung der Situation der Landarbeiter, die Bekämpfung der Trunksucht, Rechtsschutz und Rechtsauskunft, die Hebung des Erziehungs-und Unterrichtswesens; v.a. auch die Pflege des Volkstums, die Erhaltung des natürlichen Landschaftsbildes sowie die Denkmalpflege und die Volkskunst. In einer Fülle von Schriftenreihen, Vortragssammlungen und praktischen Anleitungen wurde das Konzept der L verbreitet. Zu den wichtigsten Zeitschriften, die vom Deutschen Verein für ländliche Wohlfahrts- und Heimatpflege herausgegeben wurden, zählten „Das Land" (1893–1934), „Die Landjugend", die „Deutsche Dorfzeitung" sowie das „Archiv für innere Kolonisation".

Die L folgte zwei Zielen: Zum einen war sie ökonomisch motiviert; Produktionssteigerung der Landwirtschaft, Verbesserung der Produktionsbedingungen und schließlich auch die Produktion von „Arbeitskräften" für die städtische Industrie sollten organisiert und strukturiert werden. Das zweite Ziel war ein kulturkritisch-sozialpädagogisches.

Orientiert an den ländlichen Traditionen, sollte eine neue Gemeinschaftsbildung (→Gemeinschaft) auf dem Lande und in den Dörfern entwickelt werden. Dies geschah aus einer konservativen Mentalität heraus, die an einem quasi naturwüchsigen Stadt/Land-Gegensatz festhielt, die Ursprünglichkeit des ländlichen Lebens betonte und die Menschen zu neuer Bodenständigkeit führen wollte. In dieser Doppelung der Motive trafen sich romantisierend-kulturkritische Absichten mit modernisierend-rationalistischen Ansätzen.

Die L geschah „von oben herab". Die Landlehrer und Landpfarrer, die in diesen Vereinen hauptsächlich tätig waren, sowie der Deutsche Verein für ländliche Wohlfahrts- und Heimatpflege waren fest in die herrschenden Strukturen integriert. Sie rührten so gut wie nie an den realen politischen Verhältnissen. Diese Ambivalenz zeigte sich sowohl konzeptionell wie auch praktisch darin, daß sich die L sehr selektiv auf eine bestimmte Lebensweise des ländlichen Raumes beschränkte. Die damit gleichzeitig gegebene Orientierung an der Stadt und der romantisierenden Abgrenzung zu ihr machte es unmöglich, daß eine autonome, eigenständige Entwicklung ländlicher Lebensweisen in Angriff genommen wurde. Eine eigene Perspektive, die sich nicht auf einen Gegensatz Stadt/Land berief, blieb ein Postulat. Dies zeigte sich bereits in den ausgehenden 20er Jahren, als die Mitgliederzahl stetig abnahm. Die L als Sammelsurium verschiedenster ökonomischer, sozialer und kultureller Aktivitäten hatte sich beinahe überlebt und war lediglich noch auf der Ebene einer allg. Kulturkritik an der Stadt lebendig.

L.: Gängler, H.: Sozialpädagogische Hilfen in ländlichen Regionen; Tübingen (unv. Diss., 1989). Sohnrey, H.: Die Wohlfahrtspflege auf dem Lande; Berlin, 1896 (2. Auflage 1901; 3. Auflage 1909; 4. Auflage 1930). Ders.: Wesen und Entwicklung der L in Deutschland; Tübingen, 1922 (unv. Diss.). Wendt, W. R., Bildungs- und Heimatpflege von oben herab: Wohlfahrt für das Land in der guten alten Zeit; in: Klemm, U./ Seitz, K. (Hg.), Das Provinzbuch. Kultur und Bildung auf dem Lande; Bremen, 1989, 107–129.

Hans Gängler

## Lagerpädagogik
→ Arbeitslager, → Ferienlager

## Laien
Kennzeichnung von Personen, die ohne spezifische Fachqualifikation Aufgaben erledigen, die ebenso, z. T. sogar „im Normalfall" von Personen im Rahmen eines Berufes oder einer Profession durchgeführt werden. Der Begriff L wird daher auch als Kontrast zum Begriff Professionelle (→ Professionalisierung) verwendet. Dadurch ergibt sich vielfach eine negative Bewertung von L – im Sinne von unprofessionell, inkompetent oder dilettantisch.

Es wird jedoch seit einigen Jahren versucht, L positiv zu beschreiben und dabei ihre besonderen Fähigkeiten hervorzuheben: ihr Alltagswissen und ihre oft sehr praktischen Erfahrungen mit bestimmten Aufgaben. Dies gilt insb. für sozial- und gesundheitspflegerische Tätigkeiten. Bezugspunkte für die dabei entwickelte →L-kompetenz sind u. a. eigene Betroffenheit (z. B. eine chronische Erkrankung und ihre alltägliche Bewältigung) oder praktische Hilfen und Unterstützung für Verwandte und Bekannte.

Den L werden inzwischen z. T. auch formell beschreibbare Rollen zugewiesen – so z. B. als L-helfer, als →Zivildienstleistende, als ehrenamtliche Helfer (→Ehrenamt, →Freiwilligenarbeit) usw. Da diese Rollen von Professionellen festgelegt werden, kommen Aspekte der L-kompetenz in der Regel nicht (hinreichend) zur Geltung. L-helfer sind als „Hilfspersonal mit minimaler professioneller Kompetenz" eingestuft. Voraussetzung ist meist eine Teilnahme an einem oder mehreren Schulungskursen, die auf die durchzuführenden Tätigkeiten vorbereiten.

Eine *quantitative* Abschätzung der hilfeleistenden L ist schwierig. Von den →Wohlfahrtsverbänden werden ca. 1,5 ehrenamtliche Helfer eingesetzt. Die Schätzungen für →Selbsthilfegruppen/ Helfergruppen liegen zwischen 25000 und 50000 Gruppen.

L.: Klingemann, H. (Hg.): Selbsthilfe und Laienhilfe. Alternativen einer Gesundheitspolitik der Zukunft?; Lausanne, 1986.

Dieter Grunow

## Laienhelfergruppen
→Laien, →Laienkompetenz, →Selbsthilfegruppen

## Laienhilfe
→Ehrenamt, →Feiwilligenarbeit

## Laienkompetenz

Von L spricht man üblicherweise in Abgrenzung von der Fachkompetenz Professioneller (z. B. der Ärzte oder der Psychologen; →Professionalisierung). Ursprünglich wurde der Begriff „Laie" dem (geistlichen) Priesterstand gegenübergestellt, etwa im Sprachgebrauch der Kirchenväter und bei Luther. Goethe verwendet bereits die verallgemeinerte Wortbedeutung und stellt sie dem „Meister" gegenüber. Heute schließt der Bedeutungsgehalt von „Laie" als Nichtfachmann keineswegs aus, daß die betreffende Person in einem anderen aus dem zur Rede stehenden Gebiet fachliche Kompetenzen besitzt; der Begriff meint also nicht generelle Unbildung oder Inkompetenz.

Im Gesundheits- und psychosozialen Bereich übernehmen Laiensysteme in quantitativer Hinsicht einen erheblichen Teil der Versorgungsleistung. →Familienhaushalte bilden weltweit den größten Pflege„betrieb". Selbst in der BR mit ihrer vergleichsweise gut entwickelten →sozialen Infrastruktur werden nur etwa 10% aller pflegebedürftigen Personen in →Heimen betreut. Im Falle einer altersbedingten →Pflegebedürftigkeit beträgt die Pflegedauer im Durchschnitt 6 Jahre. Auch sog. Bagatellerkrankungen, die den Hauptteil vorübergehender Angewiesenheit auf Pflege ausmachen, werden meist ohne professionelle Hilfe, hingegen durch die Arbeitsleistung, die Kenntnisse und die Zuwendung von →Laien – d. h. der Frauen aus der (familiären) Primärgruppe – auskuriert. Ähnliches gilt auch für die Verhältnisse im psychosozialen und pädagogischen Sektor. Die wichtige frühkindliche Entwicklungsphase bis zum Schuleintritt wird überwiegend von pädagogischen Laien gefördert; in der späteren →Kindheit und →Jugend nimmt zwar der Einfluß professioneller Erzieher zu, die →Erziehung und →Sozialisation durch Laien bleibt aber weiterhin einflußreich. Über die Verbreitung von Hilfeleistungen bei psychischen Krisen oder bei Unterstützungsbedürftigkeit durch Zuspruch, Beratung, Trost, Information, Aktivierung oder (Re-)Integration können nur Vermutungen angestellt werden. Auch hier dürfte die Laienhilfe im Vergleich zur Hilfe durch die relativ jungen (Semi-)Professionen wie Psychologen oder Sozialarbeiter überwiegen (→Ehrenamt, →Freiwilligenarbeit).

Neben dem Aspekt der Quantitäten ist auch die Qualität der Hilfe zu betrachten, d.h. die Kompetenz bzw. Fähigkeit der Laien für die pflegerischen, erzieherischen, sozialen oder therapeutischen Aufgaben. Hierzu liegen Vergleichsuntersuchungen vor, die sich v.a. auf die Effektivität von Hilfe durch Laien bzw. durch Professionelle im psychosozialen Bereich beziehen. 1979 veröffentlichte Durlak ein Sammelreferat bzw. eine Metaanalyse von 42 empirischen Untersuchungen und formulierte die Gesamttendenz dieser unabhängig voreinander erhobenen Befunde: „Die klinischen Erfolge, die Laienhelfer erreichen, sind gleichwertig oder signifikant besser als die, die Professionelle erzielen ... Professionelle verfügen nicht über erkennbar überlegene Therapiefertigkeiten im Vergleich zu Paraprofessionellen. Und darüber hinaus sind Ausbildung, Training und Erfahrung im psychosozialen Bereich keine notwendigen Voraussetzungen für eine effektive Helferpersönlichkeit" (Durlak 1979, 85). Selbst Durlaks Kritiker, die seine Metaanalyse mit anderen, teils genaueren Methoden kontrollierten, kamen zu etwa gleichen Ergebnissen.

Folgende Einzelergebnisse dürfen als weitgehend gesichert angesehen werden: 1. Am Ende der Therapie fühlen sich Klienten, die von einem Laienhelfer „behandelt" wurden, mehrheitlich besser als Personen, denen professionelle Hilfe zuteil wurde; 2. eine Unterstützung der Laienhelfer durch Professionelle bewirkt nur eine geringe Steigerung der Effektivität; 3. von den Angehörigen →helfender Berufe (z. B. Psychiater, Psychologen, Berater, Sozialarbeiter usw.) leisten fortgeschrittene Studenten die effektivste Hilfe, nicht etwa erfahrene Praktiker oder Supervisoren; 4. je nach Kriterium, das für den Erfolg herangezogen wird (z. B. psychologische Tests, Selbsteinschätzung des Klienten, Verhaltensbeobachtungen, Schätzung des Supervisors usw.), differieren die Ergebnisse: Wenn Klienten selbst den Erfolg einschätzen, ist die Differenz zwischen Laien und Professionellen am größten; keine Differenzen zwischen Laien und Professionellen werden gefunden, wenn Verhaltensmessungen durchgeführt werden; 5. das Ergebnis ist unabhängig davon, ob die Laien nach einem Auswahlverfahren (z. B. Tests) eingestellt wurden oder ob die freiwilligen Helfer aufgrund ihrer eigenen Entscheidung arbeiten.

Ein weiteres Sammelreferat zum Effektivitätsvergleich (Carkhuff 1969), das sich auf 30 empirische, unabhängige Einzeluntersuchungen stützt, tendiert in die gleiche Richtung. Carkhuff: „Wir können uns nicht länger den Luxus erlauben, auf Kosten unserer Klienten eine Effektivität professioneller Behandlung zu unterstellen" (S. 122). In der Folge der beiden genannten Übersichtsreferate wurde die Tendenz der Ergebnisse vielfach bestätigt. Bspw. ist man bei der Auswahl von Pflegefamilien (→Pflegekinderwesen) für emotional gestörte Kinder aufgrund derartiger Erfahrungen mancherorts davon abgerückt, pädagogisch ausgebildete Eltern zu bevorzugen. Wenn aber die fachliche pädagogische Ausbildung nur geringe bzw. sogar negative Auswirkungen auf die Qualität der Familienerziehung hat, stellt sich die Frage, welche Faktoren es sind, die pädagogische Laien dazu befähigen, erfolgreich zu erziehen. Vermittlungsstellen aus verschiedenen europäischen Ländern kommen – zusammengefaßt – zu folgenden Ergebnissen: Es sind die Fähigkeiten, durchzuhalten in allen Krisen, tolerant zu sein, Geduld zu haben, nicht alles zu problematisieren; engagiert, verläßlich, warmherzig und unpathetisch zu sein; Humor zu haben. Man sollte wohl hinzusetzen: über *Intuition* zu verfügen.

Dieser heikle und wenig geklärte Begriff führt zum semiotischen Paradigma des Erkennens, das Licht ins Dunkel der Unterscheidung zwischen den Wissensarten und Wissensbeständen von Nichtprofessionellen gegenüber Professionellen geben könnte. Das konjekturale Wissen, in dem Erfahrungen und Interpretationen komplexer Situationen gespeichert sind, unterscheidet sich von der Systematik und Regelhaftigkeit digitalisierten, verschrifteten (wissenschaftlichen) Wissens. Das Erkennen und Einschätzen komplexer Situationen im →Alltag geschieht auf breiter Wahrnehmungsgrundlage, unter Einschluß von (vielleicht bedeutsamen) Nebensächlichkeiten, ohne explizierbare Regelsysteme und eingebettet in individuelle und kollektive (vermittelte) Erfahrungsstrukturen.

Die Feinheiten in der Wahrnehmung und der Interpretation unscheinbarster Details durch bspw. Verkaufsexperten, Liebende, Kunstkenner oder Feinschmecker unterscheiden sich vom Vorgehen wissenschaftlichen (galileischen) Typs. Die Isolierung einzelner Variablen, die Identifikation von Ursachen und das regelhafte schlußfolgernde Denken sind „zu penibel" für den Umgang mit der Reichhaltigkeit des Lebens in seinen alltäglichen und außergewöhnlichen Formen. Den meisten Wissenschaften ist es nicht gelungen, die Kenntnisse des konjekturalen Wissens zu integrieren, weil sie nicht in die „Zwangsjacke terminologischer Präzision" zu stecken sind (vgl. C. Ginzburg 1985, 153). Ausnahmen sind wohl in der Medizin anzutreffen, wenn es um die Diagnoseerstellung anhand subtiler Symptome geht, in der Geburtshilfe (→ Hebamme), in der → Kriminalistik und in künstlerischen Disziplinen. Einige Richtungen in den Humanwissenschaften haben das konjekturale Wissen programmatisch ausgeklammert (z. B. Behaviorismus, experimentelle Psychologie). Vermutlich setzen sich jedoch in den Situationen angewandter Wissenschaft (wie z. B. → Beratung, → Therapie) Fragmente des konjekturalen Wissens „subversiv" durch. Je nach wissenschaftlich-akademischer Rigorosität des Anspruchs an die eigene Berufstätigkeit können diese Divergenzen zu einer „kognitiven Dissonanz" führen. Laien dagegen sind dieser Konkurrenz von Denkstilen (die vereinfacht und modellhaft gesprochen links- bzw. rechtshemisphärischen Ursprungs sind) nicht oder weniger ausgesetzt.

Neben der unterschiedlichen Wissens- und Könnensstruktur von Laien und Professionellen im psychosozialen Bereich spielt die Verschiedenartigkeit ihrer Handlungsbedingungen eine folgenreiche Rolle für die Klienten. Während Laienhelfer in der Regel nur einen bzw. wenige Klienten zu betreuen haben, wird von Professionellen eine kontinuierliche, oft auf zahlreiche Personen gerichtete Hilfeleistung erwartet. Aus der Forschung um das → Burnout-Syndrom ist bekannt, mit welchen Gefahren für eine positiv engagierte Berufstätigkeit diese Dauerbelastung verbunden ist.

Es ist noch unentschieden, ob geänderte Formen der akademischen Ausbildung, in denen z. B. Wert darauf gelegt wird, die Bestände eigener Erfahrung zu reflektieren und für aufgeklärtes Handeln fruchtbar zu machen, zu Kompetenzen führen kann, die der Aufgabe der Profession gerechter werden.

L.: Carkhuff, R. R., Differential Functioning of Lay and Professional Helpers; in: Journal of Counseling Psychology 1968/2, 117–126. Durlak, J. A., Comparative Effectiveness of Paraprofessional and Professional Helpers; in: Psychological Bulletin 1979/86 (1), 80–92. Ginzburg, C., Indizien: Morelli, Freud und Sherlock Holmes; in: Eco, U. u. a. (Hg.): Der Zirkel oder im Zeichen der Drei; München, 1985, 125–179. Müller/Rauschenbach: Das soziale Ehrenamt; München, 1988.

Hildegard Müller-Kohlenberg

## Lammers, August
1831–1892; Studium der Philosophie und Geschichte; seit 1852 Mitbegründer und Redakteur nationalliberaler Zeitungen; 1858 Mitbegründer des Volkswirtschaftlichen Congresses; 1859–61 Redakteur der Bremer Weser-Zeitung; 1864–66 Elberfelder Zeitung; ab 1866 Bremer Handelsblatt; Mitbegründer des Deutschen Vereins für Armenpflege und Wohltätigkeit (→ Deutscher Verein für öffentliche und private Fürsorge); Mitglied des preuß. Abgeordnetenhauses; Mitbegründer des dt. Sparkassentages (→ Sparkassen) und des Vereins gegen den Mißbrauch geistiger Getränke.

## Landerziehungsheime
Die ersten L (→ Heime) in Dt. entstanden nach englischem Vorbild in Ilsenburg (1898), Haubinda (1901) und Bieberstein (1904). Gründer war → Hermann Lietz.

L.: Bauer, H.: Zur Theorie und Praxis der ersten deutschen L; Berlin, 1961.

## Landesärztekammern (LÄK)
→ Ärztliche Berufsverbände

## Landesgewerbearzt
Ärzte waren schon 1845 in den Lokalkommissionen vertreten, die in Preußen

die Durchführung der ersten →Gewerbeordnung überwachen sollten. Später, v. a. nach dem Gesetz vom 16.9.1899, waren die Kreisärzte für Konzessionen und Revisionen zuständig. Die Gewerbeaufsichtsbeamten sollten sich in gesundheitlichen Fragen an die Kreisärzte wenden. Im Zuge der sozialreformerischen Bestrebungen zu Beginn der 1890er Jahre mehrten sich die Rufe nach dem →Arzt in der Gewerbeaufsicht. Ein wenig klang da noch der hohe gesellschaftspolitische Anspruch nach, den Ärzte in der bürgerlichen Revolution 1848/49 erhoben hatten, als der junge →Rudolf Virchow „die Medicin" als „eine sociale Wissenschaft" sah und „die Politik" als „weiter nichts, als eine Medicin im Großen". Nunmehr forderten sozialpolitisch engagierte Ärzte ein neues Betätigungsfeld, das zugleich die Fähigkeit zur Befriedung und/oder Integration der Arbeiterschaft unterstreichen würde. Im dt. Reichstag forderten Sozialdemokraten, im preußischen Landtag forderten Zentrum und freisinnige Volksvereinigung nach der Jahrhundertwende die Anstellung von Ärzten neben den Technikern.

Der erste L begann dann, aufgrund besonders engagierter Hygieniker und Standesvertreter, 1909 in München seinen Dienst. 1920 folgte Sachsen mit einem, 1921 Preußen mit fünf staatlichen Gewerbeärzten. Sie erhielten das Recht der jederzeitigen Besichtigung, hatten allerdings keinerlei polizeiliche Befugnisse. Bei nur einem kleinen Intermezzo als Referent im Reichsarbeitsministerium in Berlin 1921/1922 blieb der bayerische L Franz Koelsch während des Kaiserreiches, der Münchner Räterepublik, der Weimarer Republik, des Nationalsozialismus, der Besatzung und der BR bis 1950 im Dienst. Auch danach nahm er, wo immer es ging, Einfluß auf die Einrichtung der Instituion, die er als erster Arzt in der Gewerbeaufsicht so geprägt hatte. Als er am 30.11.1970 in Erlangen im Alter von 94 Jahren starb, fanden jedoch seine immer wiederholten Bemühungen um eine effektive Behörde an der Schnittstelle von medizinischer Wissenschaft, staatlicher Gewerbeaufsicht, betrieblichen Interessen und den Gesundheitsbedürfnissen der Arbeitnehmer immer weniger Resonanz.

Die L, das kann man rückblickend sagen, haben während der Weimarer Republik ihre Aufgaben mit großem Engagement und auf einem international hohen Niveau angegangen. Die erste Ärztin wurde 1922 als Gewerbereferendarin in den sächsischen Gewerbeaufsichtsdienst aufgenommen. 1925 erfolgte die formale Aufnahme, und 1926 wurde Elisabeth Krüger zum Regierungsgewerberat (Gewerbemedizinalrätin) ernannt. Sie arbeitete bis 1945 in Chemnitz, ging dann als Fachärztin für Dermatologie nach Heidelberg und war noch 1950–1957 beim staatlichen Gewerbearzt in Bochum tätig. Sie starb am 9.3.1965 in München. Einen größeren Wirkungsgrad erreichte Erika Rosenthal-Deussen, die 1928 als erste verantwortliche Gewerbemedizinalrätin in Magdeburg eingestellt und 1933 von den Nazis aus Dt. vertrieben wurde.

Im September 1926 organisierte der Düsseldorfer L Ludwig Teleky für die Arbeitsgemeinschaft deutscher Gewerbeärzte die I. Internationale Tagung der Gewerbeärzte. Dort wurde der internationale Stand verglichen: Für den Aufbau der Gewerbeaufsicht allüberall stand die englische Fabrikinspektion Pate, in der Ärzte immer schon eine bedeutende Rolle spielten. Mitte der 1920er Jahre gab es gleichwohl nur in Belgien, England, Dt., Holland, Italien, Österreich und Rußland Ärzte in der Gewerbeaufsicht, nicht aber in Frankreich oder der Tschechoslowakei (auch die Schweiz hatte keinen Nachfolger für Fridolin Schuler, den 1867 als ersten Arzt eingestellten Fabrikinspektor). Die Konferenz einigte sich auf folgende, heute noch zu beherzigenden Leitsätze:

*I. Grundsätze, auf denen die Organisation der ärztlichen Gewerbeaufsicht in allen Ländern beruhen muß.* 1. Vollste, durch nichts eingeschränkte Freiheit des

Zutritts zu allen Arbeitsstätten. Vollste Freiheit in der Vornahme von Erhebungen mit allen Mitteln: Befragung, Untersuchung der Arbeiterschaft, Entnahme von Proben, usw. 2. Möglichkeit für den Arzt, seine Meinung der obersten verantwortlichen Stelle (Minister) frei zu äußern, ohne dabei der Zensur irgendwelcher anderer als ärztlicher Zwischenstellen zu unterliegen. 3. Verpflichtung für alle Behörden, den Gewerbearzt in allen Angelegenheiten, die sich auf die Gesundheit des Arbeiters beziehen, heranzuziehen und um Rat zu fragen.

*II. Verwaltungsorganisation.* 1. Es ist wünschenswert, daß die Gewerbeärzte eine behördliche Organisation für sich bilden, unabhängig von anderen ähnlichen Verwaltungsorganisationen. 2. Die Gewerbeärzte müssen über genügende Vollmachten verfügen, um die Durchführung der gesetzlichen Vorschriften, die sich auf den Gesundheitszustand der Arbeiter beziehen, sicherzustellen. 3. Der Gewerbearzt hat das Recht und die Pflicht, Vorschläge über gesetzliche Anordnungen zu machen, die sich im besonderen auf die →Hygiene des Arbeiters bei seiner Arbeit beziehen. 4. Es müssen Bestimmungen getroffen werden, um die Zusammenarbeit des Gewerbearztes mit allen anderen in der Gewerbeaufsicht tätigen Stellen zu sichern. Diese Zusammenarbeit muß auf dem Grundsatz vollster Gleichberechtigung aller Zweige der Gewerbeaufsicht beruhen. (Zur Entwicklung nach dem 1. Weltkrieg, Nationalsozialismus und dem 2. Weltkrieg siehe →Gewerbeärztlicher Dienst.)

L.: →Gewerbeärztlicher Dienst

Dietrich Milles

**Landesvereine zur Pflege im Felde verwundeter und erkrankter Krieger**
→Deutsches Rotes Kreuz 1.

**Landesversicherungsanstalten**
→Sozialversicherung 6.b

**Landeswohlfahrtsverbände**
L sind →überörtliche Träger der Sozialhilfe (→Bundessozialhilfegesetz) in den Bundesländern Baden-Württemberg und Hessen. Sie nehmen die Aufgaben als Selbstverwaltungsangelegenheiten wahr. Trotz der Namensgleichheit mit den →Wohlfahrtsverbänden handelt es sich bei ihnen um öffentliche, bei jenen um freigemeinnützige Träger (→Gemeinnützigkeit).

Manfred Fuchs

**Landfahrer**
= Sammelbegriff für alle „fahrenden Leute" bzw. „Fahrenden" (F), die – häufig in Familienverbänden – das Land bereisen und sich traditionelle Erwerbsquellen erschließen. Zu den F früherer Zeiten zählten Bettler, Spielleute, vagabundierende Studenten, →Zigeuner, Gaukler, Bärenführer, Akrobaten, Musiker usw. Viele gehörten unfreiwillig den F an, einige, weil die zeitlich begrenzte Wohnsitzlosigkeit gesellschaftlich oder beruflich vorgeschrieben oder erwünscht war. Wir unterscheiden daher die gesellschaftlich legitimierte „fahrende" Lebensweise (etwa der Bettelmönche [→Orden 2], fahrenden Schüler und Studenten des MA, der Wandergesellen und Saisonarbeiter, die bis ins 20. Jh. in Erscheinung traten) von jener Gruppe F, deren Erwerb ausschließlich durch Umherziehen erzielt wurde. I. w. S. gehören hierzu auch die Bettler früherer und die sog. →Nichtseßhaften unserer Tage.

Die F des MA galten als rechtlos, häufig auch als „vogelfrei". Im 13. und 14. Jh. stießen viele Kleriker ohne Amt zu den F und verdienten ihren Lebensunterhalt als Spielleute, Possenreißer und Spruchdichter. Zu den F sind auch die Spielleute im Adelsstand (z. B. Wolfram von Eschenbach, Walther von der Vogelweide, Gottfried von Straßburg) zu zählen, die von Hof zu Hof zogen und in materieller und sozialer Abhängigkeit zu den Herrschenden standen. Spielleute, die bürgerliches Publikum suchten, unterwarfen sich in der Regel einer Überprüfung ihrer Rechtschaffenheit und ihres Könnens durch den Magistrat der Städte (→Stadt), der sie gegen eine Gebühr mit dem Privileg zum Musizieren und zur Schaustellerei ausstattete.

Erst im 15. Jh. bessert sich die soziale Stellung der F; allerdings entsteht unter ihnen ein drückender Konkurrenzkampf, so daß das angeblich „goldene Zeitalter der Bettelei" (Hampe) seine Schattenseiten zeigt. Zu den Pilgern, Büßern, Wandermönchen, Gauklern, Schaustellern usw. stoßen nun Zeitungsschreier und Jahrmarktsänger. Im 17. und 18. Jh. setzen grausame Verfolgungen nahezu aller Gruppierungen unter den fahrenden Leuten ein. Sie werden unnachgiebig verfolgt, festgesetzt, erschlagen oder erstochen bzw. in aller Öffentlichkeit und vor zahlendem Publikum gehenkt. Bezahlte Schutztruppen schwärmen von Zeit zu Zeit aus, um alle in weiterem Umkreis anzutreffenden F gnadenlos zu töten. Die →Polizei arbeitet bereits mit Fahndungslisten und Steckbriefen, um den „Streifenkommissionen" ihre Suche nach mißliebigen →Fremden zu erleichtern. Noch im 18. Jh. werden die F verantwortlich gemacht für Mißernten, Wühlmausplagen, epidemische Krankheiten, und immer wieder wirft man ihnen Zauberei und Schwarze Magie vor. Innerhalb der Banden und Haufen reagiert man nicht allein mit der Pflege der Geheimsprache, sondern man verständigt sich und warnt einander mit Zinken (Zeichen), schafft sich eine eigene Hierarchie mit Titeln und Privilegien („Räuberhauptmann") und entwickelt eine Art „Gegenrecht" zu dem der Herrschenden.

Die Herausbildung der Nationalstaaten im 19. Jh. bricht die einzelnen Gruppierungen der F erstmals in ihrer sozialen und ökonomischen Autonomie auf, indem jetzt einheitliche Verordnungen, Erlasse und Gesetze entstehen. Erfindungen wie Telegraph, Photographie und Daktyloskopie (Fingerabdruckverfahren) werden dazu benützt, L zu registrieren und ihre Wanderbewegungen ständigen Kontrollen zu unterstellen. Nicht selten werden nun Angehörige von L-familien in →Arbeitshäusern „erzogen", werden Kinder und Jugendliche zwangsweise in Erziehungsanstalten verbracht, um aus ihnen „rechtschaffene", d. h. seßhafte, an Arbeit gewöhnte Menschen zu machen. Wie bereits in den vergangenen Jh. treten neue Gruppierungen zu den bisherigen L hinzu: verarmte Handwerksburschen, Studenten, v. a. aber besitzlose Land- und Industriearbeiter, teils mit ihren Familien, abgemusterte Soldaten, →Behinderte, Arme.

Nach dem 1. Weltkrieg halten sich mehr denn je verarmte und heimatlos gewordene Menschen auf der Landstraße auf – Schätzungen zufolge mehr als zwei Millionen Menschen, die das Erlebnis des modernen Krieges entwurzelt hat. Vor allem an den Peripherien der Großstädte entstehen Elendsquartiere, in denen die überlebenden Opfer des Weltkrieges hausen. In den frühen 20er Jahren entsteht die →„Kunden"-Bewegung: Es handelt sich um den losen Zusammenschluß politisierter fahrender Leute, die – vielleicht zum ersten Mal in der Geschichte des L-wesens – ein kritisches Selbstbewußtsein entwickeln und ihm publizistisch und künstlerisch Ausdruck verleihen. Diese „Kultur der Landstraße" macht durch Künstlerausstellungen, „Kongresse", durch Zeitschriften („Der Kunde", „Der Vagabund") und durch das Medium Film („Der Vagabund") von sich reden. In Erinnerung an die →Bruderschaften der F des MA ruft einer der Wortführer der Bewegung, Gregor Gog, die „Bruderschaft der Vagabunden" ins Leben. Es entstehen Kontakte z. B. zu Schaustellern, Zigeunern, Fürsorgeempfängern, →Obdachlosen, auch zur Sozialdemokratie und KPD. Die Situation der F ist nach dem Jahre 1933 geprägt durch die pseudowissenschaftliche Rassen- und Bevölkerungsbiologie (→Biologismus) des faschistischen Staates, der die „nichtseßhaften" Menschen der Landstraße zu seinen Feinden erklärt. Nur der „echt arbeitsuchende" Wandersmann soll fortan – unter strengen Kontrollen – seine Lebensweise fortsetzen dürfen. Bei der großen Mehrzahl der L versucht man nachzuweisen, daß geistige Störungen und vererbte Defekte zur „Entwurzelung" geführt haben, so daß die L insgesamt als „eine Gefahr für die Volksgesundheit" angesehen werden, wie es 1938 in dem Sammelwerk „Der nichtseßhafte Mensch" heißt. Die Verhinderung der fahrenden Lebensform und die auf verschiedene Weise betriebene Ausmerzung der einzelnen Gruppierungen der L war als Beitrag zu einer „Neugestaltung der Raum- und Menschenordnung im Großdeutschen Reich" geplant. Zigeuner und Jenische konzentrierte man teils in Lagern, teils sterilisierte man sie, um ihren „Bestand auszutrocknen", wie es gnadenlos-behördlich hieß. Zehntausende kamen in Vernichtungslagern (→Schutzhaft) oder durch Erschießungskommandos ums Leben. Jugendliche und junge „Wanderer" unter den L gerieten häufig in die Mühlen von →Psychiatrischen Anstalten und wurden – degradiert zu →„lebensunwertem Leben" – dem →„Euthanasie"-Programm des Faschismus überstellt. Ihre Spur verliert sich in den Registern der Tötungsanstalten. Andere, die als arbeitsfähig galten, kamen in Arbeitshäuser und -lager. Der faschistische Staat beabsichtigte, ihre „brachliegende Arbeitskraft" der „Verwertung" zuzuführen, wie es hieß. Die Zahl derer, die – als Angehörige der Klasse der F und L – im Faschismus ihre Gesundheit einbüßten bzw. ums Leben kamen, ist nicht annähernd zu schätzen. Allein die Verfolgungsmaßnahmen, denen Zigeuner und Jenische zum Opfer fielen, gehen vermutlich in die Zehntausende; andere Zahlen beziffern die ermordeten Zigeuner auf ca. eine halbe Million. Nazi-Wissenschaftler ebneten mit ihren „Forschungen" den Boden für diese weitreichenden Verfolgungs- und Vernichtungsmaßnahmen. Sie behaupteten z. B., daß bei L geistige Störungen und Schwachsinn häufiger als bei anderen Menschen vorkommen und „hemmungslos weitervererbt" würden. Da sich Mitglieder der „L-geschlechter" auch mit seßhaften Personen „vermischen" würden, sei die Gefahr groß, daß „ungesundes Erbgut" vermehrt werde und nach und nach in „gesundes einsickere". Ein Indiz für die Gefährlichkeit der L sah man in deren Vorstrafen, also in ihrer →„Kriminalität', ohne jedoch zu berücksichtigen, daß es angesichts der immer neu verschärften Gesetze kaum möglich war, ein Leben auf der Landstraße ohne behördliche Sanktionen zu führen. In der BR der 50er Jahre arbeiteten Polizeiexperten neue „L-ordnungen" aus, die sich an den überkommenen Ordnungen weitgehend orientierten. In Fachzeitschriften der Polizei wurde offen über die „Bekämpfung des L-unwesens" publiziert. Das L-problem unserer Tage zeigt ein anderes Bild. Die Zahl der „Wanderer", in der Sprache der Behörden als →„Nichtseßhafte" eingestuft, nimmt seit einigen Jahren rapide zu. Die meist im Familienverband lebenden übrigen F (Zigeuner, Jenische, Schausteller, Zirkusleute usw.) führen einen zähen Existenzkampf, der um so härter wird, als ihnen staatliche Hilfen und Zuschüsse zur Lebensführung nur ausnahmsweise gewährt werden und es kaum Möglichkeiten gibt, den L-kindern unter Wahrung ihrer Identität neue Lebensperspektiven zu eröffnen.

L.: Hohmann, Joachim S., „Hetze weiter, von Land zu Land". Fahrende Leute einst und jetzt; in: Marginalien, Heft 4; Berlin (DDR) 1988, 26–53. Kopecny, Angelika: F und Vagabunden. Ihre Geschichte, Überlebenskünste, Zeichen und Straßen; Berlin, 1980. Lutz, Ronald (Hg.): Heimatlose Gesellen. Ein Buch über „nichtseßhafte" Männer; Darmstadt, 1980. Trappmann, Klaus (Hg.): Landstraße – Kunden – Vagabunden. Gregor Gogs Liga der Heimatlosen; Berlin, 1980.

Joachim S. Hohmann

**Landjugend**
→Ländliche Wohlfahrtspflege

**Landkommunen**
→Kommune

## Landschaftsverbände

L sind (wie die →Landeswohlfahrtsverbände) →überörtliche Träger der Sozial- und Jugendhilfe in Nordrhein-Westfalen. Die beiden L Rheinland und Westfalen erfüllen als gemeindliche Selbstverwaltungskörperschaften daneben auch andere Aufgaben.

Manfred Fuchs

## Landstreicher

→Landfahrer, →Nichtseßhafte

## Lange, Helene

L (geb. 1848 in Oldenburg; gest. 1930 in Berlin) gilt – neben →Gertrud Bäumer – als eine der führenden Gestalten der →Frauenbewegung des 19. Jh. Auf sie geht die Gründung der Zeitschrift „Die Frau" (1893 ff.) und des →Bundes Deutscher Frauenvereine (1894) zurück. Sie publizierte Bücher und veröffentlichte in der Zeitschrift „Die Frau" zahlreiche ihrer Aufsätze, u. a. zum Mädchenschulwesen und zur Lehrerinnenbildung.

W.: Die Frauenbewegung in ihren modernen Problemen; 1909 (2. Aufl., 1924). Lebenserinnerungen; 1921.

L.: Bäumer, Gertrud: L zum 100. Geburtstag; 1948. Beckmann, E.: L; 1931. Hildebrandt, Irma: Zwischen Suppenküche und Salon; München 1987.

## Langstein, Leopold

L (1876–1933), Dr. med. (1899), Dr. phil. (1901), Dr. habil. (1908) und Prof. für Kinderheilkunde an der Universität Berlin (seit 1909), war Mitbegründer des →Deutschen Paritätischen Wohlfahrtsverbandes und bis zu seinem Tod dessen Präsident. Er gehörte den Vorständen zahlreicher gesundheitspolitischer Vereinigungen an und war Mitglied des Reichsgesundheitsrates.

## Langzeitarbeitslosigkeit

L gehört zu den gravierendsten Problemstrukturen, die sich im Zuge der seit den 80er Jahren auf einem hohen Niveau verfestigten Massenarbeitslosigkeit herausgebildet haben. Arbeitslosigkeit stellt kein gleichverteiltes Risiko dar, sondern konzentriert sich in Formen der Mehrfacharbeitslosigkeit und v. a. der L auf einen spezifischen Betroffenenkreis. In der offiziellen Terminologie der →Bundesanstalt für Arbeit (BA) gilt als Langzeitarbeitsloser, wer länger als ein Jahr arbeitslos registriert ist und dem →Arbeitsmarkt zur Verfügung steht. Seit dem Ende der 70er Jahre hat sich der Anteil der L mehr als verdoppelt und belief sich im September 1988 auf 685 000 offiziell registrierte Personen. Auf der empirisch gesicherten Basis von Jahresdaten der BA ist ein kontinuierlicher Anstieg der L auf mittlerweile *ein Drittel der registrierten Arbeitslosigkeit* zu konstatieren. Analysiert man diesen hohen Anteil genauer, ist festzustellen, daß die Hälfte aller Langzeitarbeitslosen mehr als 2 Jahre und ca. 20 % im Jahr 1988 sogar mehr als 4 Jahre aus dem Arbeitsmarkt ausgegrenzt sind.

Als globale Merkmale der Population der Langzeitarbeitslosen lassen sich Personen höheren Alters, Erwerbspersonen ohne Berufsausbildung bzw. ohne Facharbeiterstatus und teilweise Menschen mit gesundheitlichen Einschränkungen feststellen. Jedoch finden sich mit signifikanten Anteilen auch jüngere, v. a. Berufsanfänger und Personen mit hohen formalen Ausbildungsabschlüssen, wie z. B. Fach- und Hochschulabsolventen, denen die Integration in die Arbeitswelt nicht oder – so die vorhandenen Statistiken – erst nach relativ langer Arbeitslosigkeit gelingt. Die besondere arbeitsmarktpolitische Brisanz dieser Strukturentwicklung liegt v. a. in den sinkenden Vermittlungschancen der Betroffenen in reguläre Arbeitsverhältnisse, nicht zuletzt aufgrund von Vorbehalten der Arbeitgeber gegen Personen, denen der Verlust von Qualifikationen zugeschrieben wird, und der Selektionsprozesse in der Entwicklung des Arbeitsmarktes und der Arbeitslosigkeit. In der Tat ist der drohende Verlust von Arbeitsmarktqualifikationen im Laufe dauerhafter Arbeitslosigkeit eines der zentralen Probleme, die noch von einer ganzen Fülle von Schwierigkeiten und Prozessen auf der sozialpolitischen Ebene begleitet werden.

Fundamentale materielle Probleme als Folge der im Zeitverlauf der Arbeitslosigkeit sinkenden Absicherung im System der →Arbeitslosenversicherung, der hohe Grad von Verschuldung bei dieser Personengruppe oder das Angewiesensein auf Sozialhilfeleistungen sowie massive soziale und psychische Problemlagen verweisen auf einen besonderen Handlungsbedarf. Umfangreiche Forschungen haben belegen können, wie sehr mit Verfestigung von L ein Prozeß des sozialen Ausgegrenztseins, des Abstiegs in →Neue Armut und der dauerhaften Nichtintegration in die →Wohlstandsgesellschaft verbunden ist.

Klaus-Bernhard Roy

## Lassalle, Ferdinand

L (1825–1864) ist als einer der rhetorisch begabtesten und profiliertesten sozialistischen Arbeiterführer im 19. Jh. anzusehen. Ihm gebührt das Verdienst, die dt. →Arbeiterbewegung nach dem Scheitern der Revolution von 1848/49 und einer länger währenden Restaurationszeit sowohl wieder ins Leben gerufen als auch ihr den Weg zu einer Massenbewegung bereitet zu haben. Zu einer eigenständigen politischen Kraft organisierte er die Arbeiterschaft, indem er ihre Trennung von der „Deutschen Fortschrittspartei" bzw. dem Liberalismus vollzog. Bis zu seinem frühen Tod leitet er den 1863 in Leipzig gegründeten „Allgemeinen Deutschen Arbeiterverein" (ADAV), einen partiellen Vorläufer der späteren „Sozialistischen Arbeiterpartei Deutschlands". Wichtigste Ziele des L'schen →Sozialismus sind das allgemeine und gleiche Wahlrecht sowie die Bildung von Produktivgenossenschaften (→Genossenschaft), die mit Staatshilfe gefördert werden sollen. – Neben den politisch-praktischen Pionierleistungen für die →Emanzipation der →Arbeiterklasse erwarb L Ansehen als Wissenschaftler und sozialistischer Theoretiker, der durch philosophische, ökonomische, sozialpolitische, juristische und literarische Arbeiten hervortrat.

L wurde am 13.4.1825 als zweites Kind eines jüdischen Seidenhändlers in Breslau geboren. Er wächst in einem geistig offenen Elternhaus auf. Seine schulische Sozialisation verläuft konfliktreich. Er begehrt gegen die Schulordnung auf und politisiert den Unterricht. Vorzeitig muß er das heimatliche Gymnasium verlassen und wechselt zur Handelsschule nach Leipzig. Trotz der Wohlhabenheit seiner Eltern fühlt er sich wegen seiner jüdischen Herkunft in der preußischen Monarchie benachteiligt. Ein Studium (1843–1846) der Philosophie, Geschichte und klassischen Philologie erfolgt an den Universitäten Breslau und Berlin. L setzt sich mit dem Werk Hegels auseinander. Hierdurch wird er grundlegend beeinflußt.

In Berlin lernt L die Gräfin Sophie von Hatzfeldt kennen, deren autodidaktischer Rechtsbeistand er in einem langjährigen Ehescheidungsprozeß wird. Seine in diesem Zusammenhang gehaltenen Gerichtsreden legt er als propagandistisch zugespitzte Gesellschaftskritik an. Bei Ausbruch der Revolution 1848 ist L durch den Hatzfeld-Prozeß absorbiert und sitzt wegen des Vorwurfs eines Beweisstückdiebstahls in Untersuchungshaft; jedoch kann er noch aktiv werden im Sinne der „Neuen Rheinischen Zeitung" des Karl Marx.

Obwohl zwischen L und →Marx ab 1848 ein überwiegend freundschaftlicher Kontakt beginnt und L hierdurch in seiner politisch-revolutionären Entwicklung gefördert wird, führen ihre Ansichten in der wissenschaftlichen Begründung des Sozialismus auseinander. Während Marx von einer dialektisch-materialistischen Position ausging, verfolgt L eine dialektisch-idealistische Linie. Für L war die →Revolution ein vorrangig geistiger Prozeß, der vom Reifegrad der ökonomischen Gesellschaftsentwicklung zwar nicht unabhängig ist, letztlich jedoch in der Herausbildung eines neuen Gedankenprinzips gründet. Nach seinem hegelianischen Philosophieverständnis hatte sich seit der Revolution

1848 die „Idee des Arbeiterstandes" herausgeschält, und dieses Prinzip drängte nun auf seine Verwirklichung in der gesellschaftlichen Praxis: Die Arbeiter sind berufen, ein sittlich geordnetes Gemeinwesen aufzubauen und eine privilegienfreie, auf „Solidarität der Interessen" beruhende „Kulturentwicklung der Nation" voranzutreiben ("Arbeiterprogramm", 1862). Damit die Arbeiterklasse dieser historischen Mission auch bewußtseinsmäßig entsprechen könne, betrieb L die Verbreitung sozialistischer Ideen und die Schulung von Kadern.

Die theoriestrategischen Differenzen gegenüber Marx äußern sich am deutlichsten in der Einschätzung des →Staats und der damit verbundenen Frage, ob eine revolutionäre oder eine reformistische Überwindung der anatagonistischen Gesellschaftsverhältnisse zu favorisieren sei. Während bei Marx der Staat ein Instrument der herrschenden Klasse ist und daher nur eine revolutionäre Transformationsstrategie angebracht erscheint, billigt L dem Staat eine überparteiliche, wohlfahrtsstaatliche Interventionskompetenz zu. Nach L soll der nationale Staat ein Gegengewicht zur sozialen Ungerechtigkeit des aufkommenden Kapitalismus bilden. „Der Zweck des Staates ist somit der, das menschliche Wesen zur positiven Entfaltung und fortschreitenden Entwicklung zu bringen, mit anderen Worten, die menschliche Bestimmung, d.h. die Kultur, deren das Menschengeschlecht fähig ist, zum wirklichen Dasein zu gestalten; er ist die Erziehung und Entwicklung des Menschengeschlechts zur Freiheit" („Arbeiterprogramm").

In der Verwirklichung des allgemeinen und gleichen Wahlrechts erblickte L den strategischen Hebel, über den die Arbeiterklasse die Institution „Staat" erobern kann. Sein reformerischer und taktischer Optimismus gipfelte in der Forderung nach einem „sozialen Königtum", welches die berechtigten Anliegen des Proletariats – neben dem Wahlrecht v.a. die staatliche Subventionierung von produktiven Arbeiterassoziationen – gegenüber der Bourgoisie durchsetzen helfen könne.

In den letzten beiden Lebensjahren widmet sich L ausschließlich der Arbeiterbewegung. Am 12.4.1862 hält er in einem Handwerkerverein vor Berliner Maschinenbauern den programmatischen Vortrag „Über den besonderen Zusammenhang der gegenwärtigen Geschichtsperiode mit der Idee des Arbeiterstandes". Dieser wird veröffentlicht und unter dem Kürzel „Arbeiterprogramm" bekannt. Im Mai 1863 übernimmt L die Leitung des ADAV. Dieser hat bei seinem Tod, der am 31.8.1864 durch die Folgen eines Duells eintritt, rund 5000 Mitglieder.

Als Person blieb L innerhalb der sozialistischen Arbeiterbewegung nicht unkritisiert. Sein extravaganter Lebensstil, das große Engagement im Hatzfeldt-Prozeß, sein Sendungsbewußtsein, der abgehobene Führungsstil im ADAV und schließlich die taktischen Alleingänge (Annäherung an →Bismarck) irritierten seine Mitstreiter.

Das historische und politische Erbe von L erschöpft sich nicht in einem organisationspolitischen Werk und einer zeitgenössischen Bewußtseinsarbeit für den Sozialismus; seine Bedeutung ist gerade auch im Hinblick auf die Impulse und die evolutionäre Perspektive zu veranschlagen, die er der künftigen Arbeiterbewegung in der Gestalt des demokratischen Sozialismus gab. L beschäftigt weiterhin die sozialdemokratische Reflexion und Selbstvergewisserung in den Jahrzehnten nach seinem Tod. Dies dokumentiert eine Vielzahl von Auseinandersetzungen mit seinem Schaffen. Beispielsweise ist die Kulturgemeinschaftsthese und Kulturstaatsidee bei dem Weimarer Staatsrechtler und Arbeiterbildner Hermann Heller (1891–1933) durch L entscheidend beeinflußt. Auch heute findet L über seine historische Relevanz hinaus immer noch Beachtung, v.a. angesichts eines wiedererwachenden In-

teresses am Genossenschaftsgedanken (→Genossenschaftsbewegung).
L.: Bernstein, Eduard: L und seine Bedeutung für die Arbeiterklasse; Berlin (1904), 1919². Friederici, Hans Jürgen: L – Eine politische Biographie; Berlin/DDR, 1985. Na'aman, Shlomo: L; Hannover, 1970.

Rainer Brödel

## Lebensborn

Die Organisation „L" wurde von der →SS auf der Basis eines eingeschriebenen →Vereins seit 1936 betrieben. Ihre Gründung hängt eng mit der NS-Rassenideologie (→Biologismus) zusammen, deren Verbreitung mit zu den Hauptaufgaben der SS gehörte. Der Verein „L e. V." wurde vom „Reichsführer SS", Himmler, geführt und hatte folgende Zielsetzungen: 1. Unterstützung kinderreicher Familien, die für „rassisch und erbbiologisch wertvoll" erachtet wurden; 2. Unterbringung und Betreuung werdender Mütter, die – wie die Väter – einer erbbiologischen Prüfung unterzogen und als „wertvoll" eingestuft wurden; 3. weiterführende Sorge für deren Kinder; 4. Sorge für die Mütter. Diese Aufgabenstellung gehörte zum Katalog der bevölkerungspolitischen Maßnahmen, die die SS seit dem Heiratsbefehl vom 31.12.1931 verfolgte: Auslese und Pflege rassisch und erbbiologisch wertvollen ‚nordischen' Nachwuchses. Jeder hauptamtliche SS-Führer war ex officio Mitglied im Verein L. Dessen Hauptaufgabe lag in der Führung der Heime, die den Charakter von Entbindungsheimen hatten. Sie wurden finanziert durch Mitgliedsbeiträge, Spenden und Eigenbeteiligung der betroffenen Frauen. Überwiegend sollten sie ledigen Müttern zugute kommen.

Bis Kriegsbeginn wurden die teils gekauften oder angemieteten, teils konfiszierten Heime relativ wenig frequentiert: Zahlenangaben aus 1938 sprechen von 1436 aufgenommenen Müttern, davon 823 ledigen. Letzteren wurde der Weg zurück in Arbeitsleben und Gesellschaft weitgehend geebnet durch Vermittlung von Pflege- oder Adoptionsstellen, durch Arbeitsvermittlung und ein hauseigenes Standes- und Meldeamt, das eine gewisse Anonymität sicherte. Es bleibt aber fraglich, ob die bevölkerungspolitische Maßnahme zur Erhöhung der Geburtenziffer und zur rassischen Auslese Wirkung zeitigte. Nach einer Zählung von 1939 verfügten 22,1% der Frauen in den L-Heimen über ein Staatsexamen (im Reichsdurchschnitt nur 0,5%); 26,5% waren berufslos; 30,1% kamen aus kaufmännischen Berufen; demgegenüber waren Arbeiterinnen mit 6,7% vergleichsweise gering vertreten. Weniger die Anfälligkeit für die NS-Ideologie spricht aus diesen Zahlen, als die schichtenspezifisch unterschiedlichen Möglichkeiten, die L-Einrichtungen zu nutzen – angesichts sehr verschärfter strafrechtlicher Bestimmungen im Zusammenhang der Abtreibung.

Mit Kriegsbeginn wurde der „rassenpflegerische" Aspekt des Vereins L noch mehr hervorgehoben: In SS und nachgeordneten Verbänden, auch in der →Polizei, wurde ein regelrechter Werbefeldzug für die Erzeugung rassisch „wertvoller" unehelicher Kinder geführt. Auch die Verschleppung von Kindern aus besetzten Gebieten zur „Aufzucht" in Heimen und deutschen Familien („Germanisierungs-Aktion") geht auf das Konto der SS und des Vereins L.

L.: Hillel, Marc/Henry, Clarissa: L e. V. – im Namen der Rasse; Wien, Hamburg, 1975.

Elisabeth Dickmann

## Lebensgemeinschaften
→Eheähnliche Gemeinschaften, →Jugendwohngemeinschaften, →Kibbuzzim (→Genossenschaft), →Nichteheliche Lebensgemeinschaft

## Lebenshilfe für geistig Behinderte
→Bundesvereinigung Lebenshilfe für geistig Behinderte e. V.

## Lebenslage
Die L-Forschung wurde von →Engels und der Marxschen Politischen Ökonomie (→Marx) inspiriert. ‚L-Kataster'

und ‚Lebensstimmungsrelief' erfassen für O. Neurath in der zentral gelenkten Naturalwirtschaft die L-Gesamtheit einer Bevölkerung. K. Grelling nutzte das L-Konzept in seiner praktischen Sozialphilosophie. Nach → G. Weisser werden Maßnahmen, die ihrem Ziele nach die L von sozial Schwachen und Gefährdeten verbessern sollen, als → Sozialpolitik bezeichnet. Aus ihrer Interdependenz seien alle Aspekte der sozialen Existenz im Terminus L zusammengefaßt. Weisser entwickelte das L-Konzept zur integrierenden Zusammenschau von sozialwiss. Analyse und sozialpolit. Handeln: als L gilt der Spielraum, den die äußeren Umstände dem Menschen für die Erfüllung der Grundanliegen bieten, die ihn bei der Gestaltung seines Lebens leiten oder bei möglichst freier und tiefer Selbstbesinnung und bei zu konsequentem Verhalten hinreichender Willensstärke leiten würden. Mit einem Interessenkatalog sollen L-Merkmale beschrieben und sozialstrukturelle Tatbestände für das Handlungsfeld des einzelnen und von → Gruppen erfaßt werden. Nach G. Weisser werden L mit materiellen und immateriellen Merkmalen verteilt; die Bildung von L-Typen ermöglicht die Untersuchung von Ungleichheiten in der sozialen Wirklichkeit. Der Begriff „L" bleibt inhaltsarm, wenn nicht die konkreten → Bedürfnisse aus dem Interessengesamt möglichst präzise angegeben werden. Die Sozial- und Wirtschaftsindikatorenforschung (→ Indikatoren) versucht, diese Daten als Entscheidungshilfe für politische Maßnahmenplanung zu ermitteln. L als Fundament sozialpolitischer Theorienbildung (→ Theorie der Sozialpolitik) fördert auch die Sozialarbeitsanalyse, die Lebenslaufforschung und die → Sozialpädagogik. Eine ausgebaute L-Forschung auf der Grundlage zeitgemäßer Theorien der Güter, → Bedürfnisse und Umweltbeziehungen (→ Umwelt) ist geboten.

L.: Amann, A.: L und Sozialarbeit; Berlin, 1983. Engelhardt, Werner W., Einleitung in eine „Entwicklungstheorie" der Sozialpolitik. Institutionelle und L-Analysen als Grundlage der Sozialpolitik und Sozialpolitiklehre; in: Thiemeyer T. (Hg.), Grundlagen der Sozialpolitiktheorie II; Berlin, 1990. Weisser, Gerhard, Distributionspolitik. Grundsätze der Verteilungspolitik; in: Ders., Beiträge zur Gesellschaftspolitik; Göttingen, 1978.

Heinrich Henkel

**Lebensmittelhygiene**
→ Ernährungshygiene

**Lebensmittelrecht**

1. *Einführung.* Mit dem → Umweltschutz- und → Rehabilitationsrecht gehört das L zu den unübersichtlichsten und schwierigsten Rechtsmaterien. Dies liegt einmal daran, daß das nationale Recht in weitesten Bereichen durch das Recht der → Europäischen Gemeinschaften (EG) überlagert bzw. außer Kraft gesetzt wird. Selbst schlichte Richtlinien der EG-Kommission haben vor nationalem Recht – selbst Gesetzen! – Vorrang; der Begriff ‚Richtlinie' ist insofern irreführend, und der französische/englische Ausdruck ‚directive' drückt den Sachverhalt genauer aus. Nach der Rechtsprechung des Europäischen Gerichtshofs (EuGH) ist dies ständige Übung, und zwar auch dann, wenn die Rechtsgüter des EWG-Vertrags durch nationale Bestimmungen höher geschützt werden; Richtlinien, die auch der Rat erlassen kann, haben dann zumindest einen ‚effet utile' (eine nützliche Wirkung, für die europäische Integration nämlich). Der nicht einmal mehr annähernd durchschaubare EG-Agrarmarkt und dessen Verwaltung ist durch die Tendenz zu kennzeichnen, daß im Interesse von Mengen oder Subventionen oder beidem durchweg Lebensmittel zweiter Güte an die Verbraucher gelangen, da erstklassige Produkte im Inland bzw. dem EG-Binnenmarkt (ab 1993) unverhältnismäßig teuer werden würden und andererseits Drittländer durch Handels- und Wettbewerbsbeschränkungen behindert werden. Zwar ist ein entwicklungsfähiger Markt für wenigstens gesundheitlich

Hochwertiges in Expansion begriffen; doch macht der Verkauf von Lebensmitteln aus „biologisch-dynamischem Anbau" noch nicht einmal 5% der gesamten produzierten Menge aus. Unter diesem Etikett wird übrigens fünfmal mehr verkauft als überhaupt angebaut wird, und der Begriff „biologisch" in Verbindung mit irgendwelchen weiteren Zusätzen ist rechtlich gar nicht geschützt.

*2. Das Lebensmittel-(...)Gesetz.* Herzstück des L ist das Lebensmittel- und Bedarfsgegenstände-Gesetz (LMBG), das sich außer auf Lebensmittel auch auf Kosmetika, Tabakwaren und Tierfutter bezieht. Es wird durch zahlreiche Rechtsverordnungen (auch der Länder) ergänzt, sowie durch unüberschaubar viele technische und Verwaltungsvorschriften, z. B. wegen der Zulässigkeit von Schadstoff-Höchstmengen. – Die lebensmittelrechtliche Überwachung ist am ehesten beim Produzenten durchzuführen, weniger bei den Händlern, und beim Konsumenten schon gar nicht.

§ 1 LMBG lautet: „Lebensmittel im Sinne dieses Gesetzes sind Stoffe, die dazu bestimmt sind, in unverändertem, zubereitetem oder verarbeitetem Zustand von Menschen verzehrt zu werden; ausgenommen sind Stoffe, die überwiegend dazu bestimmt sind, zu anderen Zwecken als zur Ernährung oder zum Genuß verzehrt zu werden. Den Lebensmitteln stehen gleich ihre Umhüllungen, Überzüge oder sonstigen Umschließungen, die dazu bestimmt sind, mit verzehrt zu werden, oder bei denen der Mitverzehr vorauszusehen ist."

Mit unbewaffnetem Auge läßt sich schon erkennen, daß es sich hier nicht um ein Gesetz handelt, bei dem der *Verbraucherschutz* an erster Stelle steht. Andernfalls wären Suchtgifte wie Tabakerzeugnisse gar nicht erwähnt worden. Und andernfalls hätten „Umhüllungen, Überzüge oder sonstige Umschließungen", die mitgefuttert werden, nicht den Lebensmitteln ‚gleichgestellt' werden dürfen. An den *Genuß* werden gar keine, an den Ernährungszweck minimale Anforderungen gestellt. Nähren und gut schmecken *dürfen* Lebensmittel, gefordert wird es nicht.

*3. Kritik.* Das Minimum darf freilich nicht unterschritten werden, deshalb gibt es Hunderte Ergänzungsverordnungen und Richtlinien, deren eine zitiert wird: Nach der 17. Durchführungsverordnung zur dritten Verordnung zum Getreidegesetz von 1961 bedeutet die Bezeichnung „aus dem vollen Korn" *nicht,* was der Verbraucher landläufig darunter erwartet, der da an völlig naturbelassene Körner denkt, die ausschließlich gemahlen und vom Bäcker zu Brot verbacken werden. Es würde schon beim Knetvorgang bröseln und beim Backen zerfallen. Gemeint ist hingegen ein sehr hoher Grad der Ausmahlung; das Brot muß überwiegend „aus dem vollen Korn" *stammen!* Die Bezeichnung ist rechtlich zulässig und stellt keine Irreführung des *Verbrauchers* dar – wohl aber das Anpreisen einer Apfelsine mit dem Zusatz „besonders Vitamin-C-haltig!". Denn dieser besonders hohe Vitamingehalt ist gattungstypisch.

Von der Urproduktion angefangen bis zum Endverbrauch sind viele Interessen im Spiel; alle will das Gesetz schützen, zuletzt *auch* den Verbraucher. Schützenswerte Interessen haben zunächst einmal die Futter- und Düngemittel-Industrie, dann die Urproduzenten (Erzeuger), dann die Produzenten (Verarbeiter), dann die Lieferanten (Großhändler), ferner der Einzelhandelskaufmann und zuletzt der Kunde (Verbraucher). Da braucht sich niemand zu wundern, wenn 6 Tage alte pasteurisierte Milch nach der Rechtsprechung als „Frischmilch" durchgeht; Tomaten der Handelsklasse I müssen u. a. dem Druck von 11 kg standhalten. Wenn sie objektiv wie Wellpappe schmecken, ist dies *kein* Qualitätsmangel. Nur gesundheitsschädliche, verdorbene oder ekelerregende Waren müssen aus dem Verkehr genommen werden. Selbst da, wo der Verbraucher als Angehöriger einer Risikogruppe

1285

höchste gesundheitliche Qualität erwartet – bei der Anwendung der Diätverordnung z. B. –, kann er in der Regel nur darauf vertrauen, daß die Produkte vorschriftengemäß beschaffen sind, nicht aber, daß sie seinen Vorstellungen entsprechen müssen: wer z. B. mit Fertigmahlzeiten abnehmen will, findet in zahlreichen Fertigprodukten minderwertige Anteile von Speiseölen und Teigwaren, freilich quantitativ wenig davon.

*4. Überwachungsproblematik.* Zweifelsfragen des L werden nach herrschender Auffassung gemäß „Verkaufsauffassung und Verbrauchererwartung" entschieden. Das ist natürlich nicht sachgerecht, weil die Qualität von Lebensmitteln schwerlich davon abhängen kann, was die am Warenverkehr beteiligten Kreise darüber denken und wissen oder der Verbraucher, der ohnehin meist recht unbedarft ist, erwartet. Auch werden diese Auffassungen, die ja durchaus, z. B. von der Werbung, beeinflußt werden können, im Einzelfall schwer zu ermitteln sein. Letzten Endes läuft es darauf hinaus, was der streitentscheidende Richter als Verbraucher sich so denkt. Man sollte hoffen, daß die Experten in den Überwachungsbehörden des Bundes und der Länder mit hohem Sachverstand begabt sind. Doch wird ihre Leistungsfähigkeit in der Praxis auf harte Proben gestellt, weil beim Aufbau und Vollzug der Überwachung die verschiedensten Stellen tätig werden und die Behörden vor Ort personell unterbesetzt sind. So ist z. B. 1989 als Oberste Bundesbehörde der Bundesminister für Jugend, Familie, Frauen und Gesundheit (BMJFFG) für die Lebensmittelüberwachung zuständig, dies jedoch nur bei der Rahmengesetzgebung, der Koordinierungsarbeit zwischen Bund und Ländern und in Vertretung der BR gegenüber der EG. Für den Vollzug der Überwachung sind ausschließlich die Länder zuständig, deren jedes wiederum einen anderen Verwaltungsaufbau hat; in der Regel werden bis zu einem halben Dutzend Fachministerien beteiligt sein. Auf Bezirks- und Kreisebene sind zwar in der Regel einheitliche Behörden zuständig, dort aber verschiedene Dezernate bzw. nachgeordnete Dienststellen.

Da sich hier erfahrungsgemäß wenig ändern lassen wird, gewinnen Aufklärung (→ Aufklärungskampagnen) und → Verbraucherberatung zunehmend Bedeutung. Schließlich ist falsche Ernährung (zu viel, zu fett, zu süß, zu salzig) der für die Kostenexplosion im Gesundheitswesen größte kostentreibende Faktor mit etwa 50 Milliarden DM pro Jahr!

L.: Hummel-Liljegren, Hermann (Redaktor): L-Handbuch; 1989. Zipfel, Walter: L, Loseblattkommentar der gesamten lebensmittelrechtlichen Vorschriften, 3. Aufl.; 1985 ff. Ders. (Hg.): L. Bundesgesetze und Verordnungen sowie EG-Recht, Loseblattsammlung in 2 Bänden, 11. Aufl.; 1985 ff.

Lutz Dietze

**Lebensphilosophie**
Der Begriff L läßt sich bis zur dt. Romantik zurückverfolgen. Friedrich Schlegel hielt 1827 seine „Vorlesungen über die Philosophie des Lebens", wobei er gegen jede Art der philosophischen Systematik polemisierte. Charakteristisch für diese philosophische Strömung ist ihr antirationalistischer Grundzug, der an die Stelle des Beweisens das intuitive Erleben und Erfahren der Wahrheit stellen will. Ihre Blüte erlebte die L jedoch an der Wende vom 19. zum 20. Jh., als „Leben" zu einem Oppositionsbegriff gegenüber dem Rationalismus der → Aufklärung hochstilisiert wurde. Methodologisch ist die Stoßrichtung der L gegen alle großen philosophischen Theoriesystematiken und Weltentwürfe gerichtet, wie wir sie in der Philosophie Hegels und im hegelianisierenden Marxismus vorfinden.

Hauptrepräsentanten der L sind Friedrich Nietzsche, Georg Simmel, Oswald Spengler, Henri Bergson und Ludwig Klages. Deren L ist in ihrer Tendenz gegen eine philosophische Tradition gerichtet, die ihre problemerschließenden Schlüsselbegriffe in Ratio, Vernunft und

Geist gefunden hat. L versteht sich dabei vorrangig als Kulturkritik und bezieht sich auf die durch die gesellschaftliche, ökonomische und politische →Modernisierung eingetretenen Umbrüche, Unsicherheiten und Unübersichtlichkeiten in der je individuellen Lebensgestaltung. Ihr kulturkritischer Impuls wendet sich gegen die Intellektualisierung, Rationalisierung und Technisierung der Welt, gegen die Auflösung von kollektiven Traditionen und Sicherheiten wie auch gegen alle Schattierungen von →Entfremdung. „Leben" wird zu einem kulturellen Kampfbegriff und zu einer Parole, die den Aufbruch zu neuen philosophischen Ufern signalisieren soll.

Fast durchgängig zeigt sich in der L ein Denken in Dualismen. Im Zeichen des ‚Lebens' geht es gegen das Tote und Erstarrte, gegen eine in Konventionen gefesselte und von Vermassung, Uniformierung und →Bürokratisierung geprägte →Gesellschaft. Man kann die L geradezu dadurch definieren, daß in ihr der Dualismus von →Gesundheit und →Krankheit das Denken dominiert.

Die lebensphilosophischen Entwürfe neigen deshalb häufig zur Verherrlichung des Gesunden und Starken, der Macht, und postulieren in ihrem →Menschenbild das „Raubtier Mensch". Dies wird in paradigmatischer Weise besonders bei Nietzsche deutlich. Nietzsches Modernitätskritik kulminiert in der Vorstellung, daß die bisherige Geschichte einen Zerfallsprozeß des Lebens darstellt. Der Ausgangspunkt dieses Zerfallsprozesses beginnt vor 2000 Jahren mit der Inthronisierung der christlichen Werte. Das Christentum stellt für Nietzsche die Rache und das Ressentiment der schwachen gegen die starken Naturen dar. „Der Sklavenaufstand in der Moral" habe zur Folge, daß die starken Naturen in ihrem Lebenswillen zurückgedrängt würden und die schwachen Naturen die Herrschaft übernähmen. Die moderne Demokratie, der Parlamentarismus und sozialistische Gesellschaftsvorstellungen seien Ausdruck für das Schwache und

Lebensfeindliche. Es sind v. a. diese Denkmotive, die in der nationalsozialistischen Ideologie ihren Niederschlag gefunden haben. Sicherlich ist die L nicht für die NS-Diktatur verantwortlich zu machen. Dennoch zeigt sich, daß sich wesentliche Denkmotive der L bruchlos in die NS-Ideologie integrieren ließen.

Eine Art Renaissance erfährt die L in den modernen Alternativkulturen (→Alternativbewegung), wenngleich die Akzentsetzung eine andere ist. Die L wird hier im Sinne von →Ganzheitlichkeit, als Sehnsucht nach authentischen Sozialbeziehungen sowie als Ökologisierung des Lebens begriffen.

L.: Kluge, Thomas, Noch ein Untergang des Abendlandes? Leben und Tod – Die unbewußte Renaissance der L in der Ökologiebewegung; in: PVS, 24, 1983, 428–449. Lieber, Hans-Joachim: Kulturkritik und L. Studien zur Deutschen Philosophie der Jahrhundertwende; Darmstadt, 1974. Rickert, Heinrich: Die Philosophie des Lebens. Darstellung und Kritik der philosophischen Modeströmungen unserer Zeit; Tübingen, 1920. Schnädelbach, Herbert: Philosophie in Deutschland 1831–1933; Frankfurt/M., 1983.

Roland Popp

**Lebensreformbewegung**

Die L breitete sich in Dt. seit Mitte des 19. Jh. als vegetarische Bewegung aus, deren zivilisationskritisch motiviertes Ziel (→Lebensphilosophie) die Erneuerung der gesamten menschlichen Lebensführung war, insb. auf den Gebieten der Ernährung, der Kleidung, des Wohnens und der Gesundheitspflege (→Naturheilverfahren). Institutionalisiert ist die L in der „Deutschen Volksgesundheits-Bewegung e. V. (DVB)" bzw. in den Reformhaus-Geschäften.

A.: DVB, Am Wiesenhäuschen 2, 5060 Bergisch-Gladbach 1.

**Lebensstandardsicherung**

Die Systeme der →Altersvorsorge in der BR sind nach dem Prinzip der L konstruiert. Dadurch soll die relative Lebensstandardposition von Transferempfängern im Vergleich zu ihrer Position während des Erwerbslebens erhalten bleiben. Dieses Ziel wird natürlich niemals perfekt erreicht, da z. B. selbst bei einer sehr einfachen Definition des Lebensstandards bereits eine unterschiedlich große Kinderzahl den Nutzen eines bestimmten Einkommens und dadurch den Lebensstandard unterschiedlich groß ausfallen läßt. Versicherungssysteme, die nicht jeden Einzelfall berücksichtigen können, sondern immer in mehr oder minder pauschaler Art und Weise Vorsorge betreiben, werden deswegen das Prinzip der Lebensstandardsicherung nur unvollkommen erreichen. Alle anderen kollektiven Versorgungs- oder Fürsorgesysteme sind natürlich auch nicht auf jeden Einzelfall zugeschnitten, sondern pauschalieren ihre Leistungen ebenfalls (→ Basiseinkommen, → Grundrente).

Den Befürwortern der L kommt es aber auch gar nicht so sehr auf die perfekte L an, sondern es soll in erster Linie vermieden werden, daß eine offenkundig zu geringe Vorsorge stattfindet. Für Bezieher kleiner und mittlerer Einkommen kann nach allen vorliegenden historischen wie internationalen Erfahrungen zu Recht vermutet werden, daß sie ohne ein Pflichtversicherungssystem – gemessen an ihrem zu erwartenden Bedarf – keine oder eine zu geringe Vorsorge betreiben würden.

Als Instrument zur Erreichung des L wurde in der BR das Prinzip der „Lohnbezogenheit der Rente" gewählt (→ Lohnarbeitszentrierung). Unter der Voraussetzung, daß Bezieher niedriger und mittlerer Einkommen Arbeitnehmer seien, die alle gleich lang erwerbstätig sind, ist es zur Erreichung der L offenkundig sinnvoll, daß alle Arbeitnehmer einen gleichen Anteil ihres Arbeitseinkommens für die → Altersvorsorge verwenden. Wenn – wie dies in der BR der Fall ist – die spätere Rente aus diesen Betragszahlungen in gleicher Weise ab-

geleitet wird, bleibt die relative Einkommensposition, die eine Person während des Erwerbslebens innehatte, auch während des Ruhestandes erhalten.

Um im höheren Einkommensbereich eine stärker individuell zugeschnittene Altersvorsorge zu ermöglichen, ist das Instrument der Beitragsbemessungsgrenze eingeführt worden; dadurch wird in die Pflichtversicherung nur ein begrenzter Einkommensbetrag einbezogen. Dieser beträgt in der →gesetzlichen Rentenversicherung – in Abhängigkeit von der Einkommensentwicklung – ungefähr das 1,7fache des Durchschnittseinkommens aller Versicherten. Wer mehr verdient, muß das darüber hinausgehende Erwerbseinkommen durch private Vorsorge für das Alter absichern.

Die L wird durch das Instrument der Lohnbezogenheit der Rente dann verfehlt, wenn in einer Gesellschaft ein nennenswerter Teil der Erwerbstätigen selbständig tätig ist, der nur niedrige oder mittlere Einkommen erzielt. Auch bei häufigeren Erwerbsunterbrechungen von Arbeitnehmern wird durch die einfache Lohnbezogenheit die L verfehlt werden. Die Alternative zur Lohnbezogenheit der Rente ist aber nicht automatisch eine →Grundrente, die das Ziel der L aufgibt und einseitig die →Bedarfsgerechtigkeit im untersten Einkommensbereich betont, sondern es ist auch eine Versicherungspflicht für alle Wohnbürger denkbar, um L zu erreichen. Die L könnte auch durch eine Ergänzung der lohnbezogenen Rente durch bedarfsabhängige Zuschläge erreicht werden (→ bedarfsabhängige Grundsicherung). Bei der Entscheidung für das eine oder andere Modell spielt ein zweites wichtiges Element der Altersvorsorge, die → Leistungsgerechtigkeit, eine entscheidende Rolle.

In der Schweiz und Großbritannien sind z. B. auch alle Selbständigen in die →Sozialversicherung einbezogen. Mit dem → Voll Eigenständigen System liegt für die BR ein Reformvorschlag vor, der durch eine Versicherungspflicht für alle

Wohnbürger die L besser erreichen könnte als das gegenwärtige Instrument der reinen Lohnbezogenheit der Rente. L.: Helberger, C., Ziele von Alterssicherungssystemen; in: Helberger/Rolf (Hg.), Gleichstellung von Mann und Frau in der Alterssicherung; Frankfurt, New York, 93-134. Holzmann, Robert: Internationaler Vergleich von Alterssicherungssystemen, Forschungsbericht 8905 des Ludwig Boltzmann Instituts für ökonomische Analysen wirtschaftspolitischer Aktivitäten; Wien, 1989. Zöllner, D., Ziele von Alterssicherungssystemen; in: Helberger/Rolf (Hg.), Gleichstellung von Mann und Frau in der Alterssicherung; Frankfurt, New York, 135-140.

Gert Wagner

## Lebensunwertes Leben

Im Zusammenhang mit den Wandlungen des Begriffs der →Euthanasie und den Entwicklungen der Euthanasie-Diskussion seit dem Ende des 19.Jh. (von der Sterbeerleichterung zur →Sterbehilfe) bildet sich der Begriff „L" heraus. Verwandte Begriffe sind „minderwertiges Leben", „Ballastexistenzen" u.a.

Die Diskussion nimmt ihren Ausgang von der 1895 erschienenen Streitschrift „Das Recht auf den Tod" von Adolf Jost. Darin wird nicht nur erstmals die Forderung nach Freigabe der Tötung auf Verlangen bei unheilbarer Krankheit erhoben, sondern darüber hinaus auch die Tötung sog. unheilbar Geisteskranker – auch unter →Zwang. In den folgenden Jahren wird die Argumentation im Zeichen des Sozialdarwinismus (→Biologismus), des Monismus (Haeckel) und der Rassenhygiene (→Eugenik) ausgebaut. 1920 erscheint die Schrift „Die Freigabe der Vernichtung lebensunwerten Lebens" von Karl Binding, einem bedeutenden Strafrechtslehrer, und →Alfred E. Hoche, einem Freiburger Neuropathologen; darin wird die Legalisierung der Euthanasie gefordert. Die Daseinsberechtigung eines Menschenlebens bemesse sich allein an seinem Wert für die →Gesellschaft. Wie in der parallel laufenden Diskussion zur Eugenik und Rassenhygiene, wird dieser Wert v.a. nach volkswirtschaftlichen Gesichtspunkten bestimmt. In der intensiven Debatte, die diese Schrift in Kreisen der Justiz, Medizin, Theologie und →Wohlfahrtspflege auslöste, werden die Argumente zwar überwiegend gebilligt, die Forderung nach Legalisierung der Tötung sog. unheilbar Geisteskranker, Geistesschwacher, „Blödsinniger" und verkrüppelter Kinder wird allerdings größtenteils mit Zurückhaltung und Ablehnung aufgenommen. – Ab 1938/39 beginnen die Nationalsozialisten mit der planmäßigen Ermordung sog. L im Rahmen verschiedener Euthanasieaktionen („Aktion →T4", Kindereuthanasie, „Sonderaktionen").

In den gegenwärtigen Diskussionen und Kontroversen um L und Euthanasie in der BR spielen die Thesen des Australiers Peter Singer eine große Rolle, wonach schwerstbehinderte Säuglinge in ihrem ersten Lebensmonat nicht als Menschen mit einem Recht auf Leben zu betrachten seien und deren Tötung erlaubt sein müsse. Ein Vergleich der Thesen und Forderungen Singers mit denen von Binding und Hoche aus dem Jahre 1920 weist vielfältige Übereinstimmungen auf.

Jürgen Reyer

## Lebensqualität

L zählt zu den wichtigen →Indikatoren der Sozialforschung zur Erfassung, Beschreibung und Erklärung gesellschaftlicher Strukturen und →sozialen Wandels. Der Terminus repräsentiert ein wissenschaftliches Konstrukt, in dem objektive Faktoren und subjektive, individuelle Interpretationen aus Sozialstrukturanalysen und Repräsentativbefragungen kombiniert werden. Der vielschichtige Begriff der L wird dabei im Rahmen der Sozialindikatorenforschung (→Sozialindikatoren) und der →Wohlfahrtssurveys präzisiert als persönliche Wohlfahrt, als individuelle Konstellation von objektiven Lebensbedingungen und subjektivem Wohlbefinden. Dieser konzeptionelle Zugriff weist Berührungspunkte und Parallelen zum Theoriekonzept der → *Lebenslage* nach → *Gerhard Weisser* auf und bildet, im Kontext mit anderen Begriffen wie → *Wohlstand,* den Kernbereich moderner Wohlfahrtsmessung auf nationaler wie internationaler Ebene (etwa im Rahmen von OECD-Studien).

Der spezifische Gehalt und erkenntnisleitende Anspruch der auf mehreren Indikatorebenen operationalisierten Begrifflichkeit der L liegt in der methodisch anspruchsvollen Kombination materieller sowie immaterieller Aspekte sozialer Entwicklungen. Auf dieser Basis werden nicht nur Relationen innerhalb eines Sozialgefüges, Strukturen und Entwicklungen von *Sozialer Ungleichheit* in einer → *Gesellschaft,* sondern neben Aspekten wie Wohnraum- und Gesundheitsversorgung auch Einstellungswandel sowie Problemwahrnehmungen und -interpretationen transparenter. Dabei haben die Art und das Ausmaß des Korrespondierens von materiellen Lebensbedingungen und wahrgenommenen individuellen Handlungsspielräumen über den Bereich des Empirischen hinaus hohe Relevanz für die wissenschaftliche Theoriebildung in der Soziologie und Politikwissenschaft. L kann aber auch Orientierungspunkt konkreten politischen Handelns sein.

Die Erfassung von L ist mit Problemen konfrontiert, die zu den generellen Methodenrestriktionen der → empirischen Sozialforschung zählen. Sie liegen z. B. auf den Feldern der Indikatorenauswahl- und -gewichtung, insb. bei der Quantifizierung von primär subjektiv strukturierten Sozialtatbeständen wie „Zufriedenheit", sowie in den Schwierigkeiten der Generalisierung solcher Daten und Interpretationen. Dennoch kann dieser wissenschaftlich operationalisierte Begriff einen wichtigen Beitrag zur Beschreibung und Erklärung der komplexen Strukturen moderner → *Wohlstandsgesellschaften* und ihrer Probleme leisten.

Klaus-Bernhard Roy

### Lebenswelt

Vor allem im letzten Jahrzehnt hat das Konzept der L verstärkt die Diskurse über die gesellschaftliche Relevanz von Subjektivität bestimmt. Es reicht für die an konkreten Lebenszusammenhängen von Individuen interessierten Wissenschaften nicht mehr aus, → Gesellschaft als gegebene, objektive Wirklichkeit zu betrachten, sondern sie müssen, soll der gesamte menschliche Lebensprozeß erschlossen werden, gesellschaftliche Verhältnisse auch als subjektive Wirklichkeit sehen. In der → Sozialpädagogik, → Sozialpsychiatrie und → Sozialmedizin haben allerdings Begriffe der L-Forschung (wie Erfahrung, → Bedürfnis, Intentionalität, Sinnfindung, Sinnhorizont, Befindlichkeit) bislang kaum eine systematische Verwendung gefunden. Einige phänomenologische Studien versuchen zwar, die subjektive Seite psychischer Abweichung zu ergründen, doch die L als Inbegriff einer Wirklichkeit, die sinnhaft konstruiert, erlebt, erfahren und erlitten wird, wo die soziale Welt als Mikrokosmos präsent ist, ist nicht Forschungsgegenstand geworden. In dieser Literatur wird zudem die psychische Abweichung a priori als Defizitkategorie bewertet, und die Biographie des Betroffenen wird als eine ausschließlich vom Experten rekonstruier- und verstehbare Entwicklung betrachtet.

In der L-Analyse geht es hingegen darum, die Perspektive des Subjekts aufgrund seiner spezifischen Erfahrungen, die es in den Sinnwelten des → Alltags, der Phantasie, der theoretischen Reflexion gemacht hat, zu rekonstruieren und verstehbar zu machen. Im Laufe der Verarbeitung seiner Erfahrung bildet sich bei dem einzelnen ein Wissensvorrat von subjektiver Plausibilität, der eine Bewußtseinsleistung darstellt und dessen Aussagezusammenhänge in einem bestimmten lebensweltlichen Kontext Geltung für die Interpretation des sozialen Schicksals beanspruchen dürfen. Gebunden an seine L, synthetisiert der Betroffene mehr oder weniger theoretisch den Prozeß seiner Abweichung bzw. seiner Abseitsstellung. Er sucht nach Erklärungen, Deutungen, Verständnis, Begründungen. Der Betroffene macht sich also einen „Reim" auf sein soziales Schicksal. Es scheint angebracht, für diesen Prozeß die Bezeichnung „*Betroffenensynthese*" einzuführen. In diesem Zusammenhang ist auf eine verbreitete Fehlinterpretation hinzuweisen, nämlich die Ansicht, daß sich in der L lediglich vortheoretische Erfahrung konstituiere. Das ist erkenntnistheoretisch nicht begründbar. Diese Ansicht unterstellt, daß die Betroffenensynthese einen monadenhaften und privaten Charakter habe, nicht diskursfähig sei. So ist es auch tatsächlich im klinischen Fall: Dem Betroffenen wird eine ernsthafte Diskussion über seine Erfahrung verweigert; die Auseinandersetzung über sein soziales Schicksal findet ohne ihn zwischen Experten statt.

Demgegenüber versucht die L-Analyse die Erfahrung des Betroffenen zu erschließen und ihn als Theoretiker und Experten seiner Existenz zu würdigen. Der Grad theoretischer Reflexion, der jeder Betroffenensynthese innewohnt, hängt allerdings davon ab, inwieweit der Betroffene aus seiner gewöhnlich unreflektierten Existentiallage herauszutreten vermag. Die Betroffenensynthese ist das Herzstück der L-Analyse: zunächst ihre Hervorbringung bzw. Hervorlokkung, dann ihre Dechiffrierung, die mit detaillierter hermeneutischer Interpretationsarbeit verbunden ist. Die hermeneutische Restitution zielt auf die immanente Logik einer Lebensgeschichte, die methodische Rekonstruktion darauf, die „transzendenten" Ressourcen und Potentiale der Veränderung zu erkennen. Eine solche Analyse der Wirklichkeitserfahrung kann den Möglichkeitssinn für das Veränderbare schärfen.

L.: Berger, D./Luckmann, T.: Die gesellschaftliche Konstruktion der Wirklichkeit; Frankfurt a.M., 1971. Böhme, G./Engelhardt, M. v., Zur Kritik des Lebensweltbegriffs; in: G. Böhme/M. v. Engelhardt (Hg.): Entfremdete Wissenschaft; Frankfurt a.M., 1980. Grathoff, R.: Milieu und L. Einführung in die phänomenologische Soziologie und die sozialphänomenologische Forschung; Frankfurt a.M., 1989. Hitzler; R./Honer, A., Der lebensweltliche Forschungsansatz; in: Neue Praxis, 39. Jg. (1988), Nr. 5, 496–501. Husserl, E., Die Krise der europäischen Wissenschaften und die transzendentale Phänomenologie; in: Philosophia; Beograd, 1936. Legewie, H., Gemeindepsychologische Lebensweltanalysen; in: Kommer, D./Röhrle (Hg.), Gemeindepsychologische Perspektiven (= 3. Ökologie und Lebenslagen, DGVT-Sonderreihe); Tübingen, 1983. Schütz, A.: Der sinnhafte Aufbau der sozialen Welt; Frankfurt a.M., 1974. Ders./Luckmann, T.: Strukturen der L, Bd. 1 u. Bd. 2; Frankfurt a.M., 1979. Schütz, F., Biographieforschung und narrative Interviews; in: Neue Praxis, Jg. 1983, Nr. 3, 283–213.

Max Wambach

**Leibeserziehung**
→ Sport

**Leibesübungen**
→ Jahn, → Sport

**Leihhaus**
→ Pfandleihe

**Leihmutterschaft**
→ Reproduktionsmedizin

**Leistungsgerechtigkeit**
Sozialpolitik wird betrieben, um reine Marktergebnisse zu vermeiden oder zu korrigieren. Die sozialpolitischen Ziele orientieren sich dabei an allgemeinen Vorstellungen einer → Bedarfsgerechtigkeit, die in der BR mit dem Prinzip der → Lebensstandardsicherung konkretisiert werden. Daneben müssen aber auch allgemeine Vorstellungen einer L berücksichtigt werden, um die ökonomische Basis zur → Sozialpolitik nicht zu zerstören.

L wird in der bundesdeutschen Sozialpolitik meist anhand der sog. versicherungstechnischen Äquivalenz (Äquivalenzprinzip) gemessen, die in der Literatur meist mit lehrbuchhaften Vorstellungen von privatwirtschaftlichen Versicherungsmärkten gleichgesetzt wird (vgl. Schmähl 1985). Die versicherungstechnische Äquivalenz geht von der Idee aus, daß im Rahmen einer →Versicherung die Beiträge eines jeden einzelnen so kalkuliert sein sollten, daß sie erwartungsgemäß den späteren Versicherungsleistungen entsprechen. Dies bedeutet, daß einerseits das Gruppen-Risiko, zu dem ein einzelner Versicherter gehört, dem Versicherer bekannt ist und dieses →Risiko nicht beeinflußbar ist; die Realisierung eines Versicherungsfalles also innerhalb einer geeignet abgegrenzten „Gruppe gleichen Risikos" zufällig ist.

Sozialversicherungssysteme weichen von diesem Konzept offenkundig ab: Meist werden die Versicherten nicht in Gruppen gleichen Risikos unterschieden, sondern es gilt ein Einheitsbeitrag, und die zu zahlenden Leistungen werden nicht im vorhinein kalkuliert, sondern im Zuge einer Umlage werden die laufenden Kosten auf die Versicherten verteilt. In der Literatur wird deswegen von *Umverteilung* durch die →Sozialversicherungen gesprochen, die im Gegensatz zum Prinzip der L stehen.

Es gibt aber zunehmend Stimmen in der Literatur (vgl. dazu viele Beiträge in: Rolf/Spahn/Wagner 1988), die darauf hinweisen, daß einheitliche Beitragssätze und Ex-post-Umverteilungen keineswegs unmittelbar mit gezielter Umverteilung identisch sein müssen; anders formuliert: einheitliche Beitragssätze und das Umlageverfahren müssen durchaus nicht den allgemeinen Vorstellungen von „L" widersprechen. Dies liegt daran, daß es im Gegensatz zur versicherungsmathematischen Theorie in der Realität meist schwer ist, ein Risiko exakt zu berechnen. Auch viele private Versicherungen – wenn nicht die meisten – werden abgeschlossen, um sich gegen Ungewißheit abzusichern, die nicht oder nur begrenzt kalkulierbar ist. In einer Situation der Ungewißheit ist es ökonomisch vernünftig, eine Umlagefinanzierung zu vereinbaren, d.h., daß alle Versicherten die Verpflichtung eingehen, im Schadensfalle für die Versicherungsleistung aufzukommen.

Viele, wenn nicht die meisten privaten Versicherungen sind als Umlagesysteme konstruiert. Klassische Beispiele sind Sachversicherungen für Großrisiken (wie z.B. Flugzeugabstürze). Andere private Versicherungsverträge beinhalten Prämienanpassungsklauseln, welche nichts anderes bedeuten als eine etwas verzögerte Umlage gestiegener Kosten (z.B. bei Haftpflichtversicherungen). Auch die privaten Krankenversicherungen folgen bei genauer Betrachtung ihres Verhaltens dem Umlageprinzip. Im Gegensatz zur Lehrbuchdarstellung und den Marketing-Strategien privater Lebensversicherer gilt die Umlagefinanzierung faktisch auch für private Rentenversicherung, da Lebensversicherungsunternehmen nur eine relativ niedrige Verzinsung des angesparten Kapitals garantieren (z.Z. in der BR 3,5% p.a.) und die ausgezahlte Versicherungsleistung zu einem großen Teil von der Gewinnbeteiligung abhängt, die nichts anderes darstellt als eine per Umlageschlüssel ausgeschüttete Gewinnsumme, die natürlich nicht im vorhinein kalkulierbar war, sondern von der allgemeinen wirtschaftlichen Entwicklung und dem Anlageverhalten des Lebensversicherungsunternehmens abhängt (vgl. Hauser 1988).

Was für das Gesamtrisiko gilt, gilt für die Berechnung von Risiken für einzelne Gruppen um so mehr: Es ist in der Realität schwierig, Gruppen gleichen Risikos sauber voneinander abzugrenzen. Viele private Versicherungen arbeiten – im Gegensatz zum von ihnen in ihrer Werbung herausgestellten Verhalten – mit nur sehr groben Differenzierungen der Prämien. Bei privaten Lebensversicherungen gibt es – vom Lebensalter abgesehen – so gut wie keine Prämiendifferenzierung; die Lebensversicherungsunternehmen bestehen nur bei sehr großen Versicherungssummen auf ernsthaften

Gesundheitsprüfungen. Auch private →Krankenversicherungen berücksichtigen nur besonders schwere Vorerkrankungen. Durch die vielzitierte Selbstbeteiligung an den Krankheitskosten werden von privaten Krankenversicherern faktisch nur Bagatellfälle aus den Versicherungsleistungen ausgeschlossen, deren Verwaltungskosten überproportional hoch wären. Letztlich steigen weltweit die von privaten Krankenversicherungen abgesicherten Krankheitskosten genauso wie die von den gesetzlichen Krankenversicherungen abgedeckten Krankheitskosten (vgl. Bundesminister für Arbeit und Sozialordnung 1990).

Es soll nicht behauptet werden, daß die Sozialversicherungen keinerlei Umverteilung vornehmen, aber man muß deutlich festhalten, daß im Rahmen von Versicherungen L nicht mit einer absoluten Äquivalenz von – genaugenommen nur ex post ermittelbaren – Beträgen und Leistungen gleichgesetzt werden kann. Die Vermeidung des Mißbrauchs von Versicherungen (moral hazard) ist ein Problem, das sich gleichermaßen privaten wie öffentlichen Versicherern stellt. Eine staatliche Versicherung kann u. U. schwierig zu versichernde Risiken abdecken, weil der Staat bereit ist, höhere Risiken zu tragen. Durch das Instrument der Zwangsversicherung zu Einheitsbeiträgen kann eine staatliche Versicherung auch versicherungstechnische Risiken verkleinern, die auftreten, wenn sich nur „schlechte Risiken" freiwillig versichern würden (adverse Selektion).

Abschließend muß betont werden, daß in Umlagesystemen durchaus eine sog. strukturelle Beitragsäquivalenz möglich ist, die die Umlagelasten anhand der für jeden Versicherten zu erwartenden relativen Versicherungsleistung aufteilt. Wer also im Altersvorsorgesystem aufgrund des →Lebensstandardprinzips eine höhere Rente zu erwarten hat, zahlt entsprechend mehr Beitrag. Aufgrund der oben ausgeführten Probleme bei der Festlegung der erwartungsgemäßen Leistungen kann sich aber auch eine strukturelle Beitragsäquivalenz nur an eher groben Merkmalen orientieren. In der ökonomischen Theorie geht man aber davon aus, daß durch die strukturelle Äquivalenz die Abgabewiderstände geringer sind als bei einer steuerfinanzierten Versorgung. Entsprechende Befragungsergebnisse bestätigen diese Akzeptanzüberlegung für die BR (vgl. Mackscheidt; in: Schmähl 1985).

L.: Bundesminister für Arbeit und Sozialordnung (Hg.): Gesundheitssysteme im internationalen Vergleich, 2. Auflage; Bonn. Hauser, R., Zum Problem der staatlichen Produktion von Verläßlichkeit bei langen Zeiträumen; in: Rolf/Spahn/Wagner (Hg.), Sozialvertrag und Sicherung – Zur ökonomischen Theorie staatlicher Versicherungs- und Umverteilungssysteme; Frankfurt, New York, 1988, 147–193. Schmähl, W.: Versicherungsprinzip und soziale Sicherung; Tübingen, 1988.

Gert Wagner

**Lemke, Lotte**

L, Sozialarbeiterin (geb. 28.1.1903, gest. 1988), stammte aus einer ostpreußischen Handwerker-Familie, besuchte das Wohlfahrtsseminar der Deutschen Hochschule für Politik in Berlin und wurde Fürsorgerin im Landkreis Calau. →Marie Juchacz holte sie zum Hauptausschuß für →Arbeiterwohlfahrt, dessen Geschäftsführerin sie 1930 wurde.

In den Jahren nationalsozialistischer Herrschaft erhielt sie Berufsverbot. 1946 holte sie Kurt Schumacher nach Hannover, um den Wiederaufbau der während der NS-Zeit verbotenen Arbeiterwohlfahrt anzuleiten und zu koordinieren. 1951 wurde sie zur stellvertretenden Vorsitzenden gewählt, 1965–1971 war sie Vorsitzende, danach Ehrenvorsitzende.

L gehört zu den vielen herausragenden Frauen sozialdemokratischer Sozialpolitik und Sozialer Arbeit. Sie verband Methodenkenntnis, Verwaltungshandeln und politisches Management. Unter ihrer Anleitung entwickelte sich die – dezentral organisierte – Arbeiterwohlfahrt zu einem der anerkannten →Wohlfahrtsverbände mit 600000 Mitgliedern, 80000 ehrenamtlichen Mitarbeitern und 50000 hauptberuflichen Angestellten. Bei aller Anpassung an die sich verändernden Rahmenbedingungen des →Sozialstaates der BR hielt sie am Prinzip sozialistischer Solidarität – im Gegensatz zur christlichen →Caritas – fest. „In der Arbeiterwohlfahrt kennt die helfende Beziehung naturgemäß keine Opfer und Almosen, kein Von-oben-Geben und Von-unten-Empfangen, sondern die gleiche Ebene menschlicher Solidarität, die zutiefst begründet ist in der Überzeugung von der Bruderschaft aller Menschen" (1953).

C. Wolfgang Müller

### Lent, Eduard
1831–1911; Medizinstudium, Promotion und Staatsprüfung; 1856 Arzt in Köln; 1864 Flugschrift „Wie schützt man sich vor Cholera?" und Gründung des „Komitees für öffentliche Gesundheitspflege"; 1866 Stabsarzt im preuß.-österr. Krieg; 1869 Mitbegründer des „Niederrheinischen Vereins für öffentliche Gesundheitspflege"; Vorstand in mehreren ärztlichen Berufsorganisationen.

L.: Limper, Werner: Leben und Werk L's; Köln (Diss.), 1940.

### Lenz, Fritz
Geb. am 9.3.1887 in Pflugrade, gest. am 6.7.1976 in Göttingen; Dr. med.; Prof. für Rassenhygiene/menschliche Erblehre.

L studierte Medizin in Berlin und Freiburg, wo er 1912 über ein rassenhygienisches Thema promovierte. In München erhielt er nach seiner Habilitation in →Hygiene (1919) im Jahre 1923 den ersten dt. Lehrstuhl für Rassenhygiene (→Eugenik). Bereits während seines Medizinstudiums hatte L sich der dt. rassenhygienischen Bewegung angeschlossen und wurde 1913 Schriftleiter und regelmäßiger Autor der wichtigsten rassehygienischen dt. Zeitschrift, dem von →Alfred Ploetz gegründeten „Archiv für Rassen- und Gesellschaftsbiologie". Als Mitherausgeber und -autor des 1921 erstmals erschienenen und bis 1940 mehrfach neu aufgelegten Standardwerkes von *Baur/Fischer/Lenz (Grundriß der menschlichen Erblichkeitslehre und Rassenhygiene)* – L war Mitautor des ersten Bandes und Alleinautor des zweiten Bandes mit dem Titel „Menschliche Auslese und Rassenhygiene" – wurde er rasch bekannt. 1933 folgte seine Ernennung zum Prof. für Rassenhygiene in Berlin und zum Leiter der Abteilung für Rassenhygiene am dortigen *Kaiser Wilhelm-Institut für Anthropologie, menschliche Erblehre und Eugenik.*

L sah im Nationalsozialismus den Hoffnungsträger für die Verwirklichung einer rigorosen rassen- und sozialbiologischen „Sanierung" der Bevölkerung und wurde zu einem wesentlichen Architekten der nationalsozialistischen Bevölkerungspolitik: Als Mitglied des →Sachverständigenbeirates für Bevölkerungs- und Rassenpolitik war er u.a. beteiligt an der Abfassung des →Gesetzes zur Verhütung erbkranken Nachwuchses; 1937 half er bei der Vorbereitung einer Geheimaktion, in deren Verlauf ca. 400 Mischlingskinder aus der Besatzungszeit, die sog. „Rheinlandbastarde", zwangsweise sterilisiert wurden. L vertrat die Auffassung, die Rassenhygiene dürfe sich nicht auf die Erbpathologie beschränken, sondern müsse zu sämtlichen sozialpolitischen Maßnahmen des NS-Regimes Stellung beziehen. Dementsprechend nahm er 1940 an Beratungen für ein „Euthanasie"-Gesetz teil (→Euthanasie), das den Patientenmord an unheilbar Kranken legalisieren sollte, und befürwortete in seiner Stellungnahme u.a. den Mord an Krebskranken und Schwerbehinderten („nutzlose Esser"). 1940/41 verfaßte er zwei Denkschriften zur Ostkolonisation für das Rasse- und Siedlungs-Hauptamt der →SS, in denen er die Säuberung der besetzten Ostgebiete von Juden (→Judenfrage) und Slawen als wichtigste Aufgabe einer „weitblickenden Rassenpolitik" benannte.

Wie die meisten seiner Kollegen wurde auch L nach Kriegsende nicht vor Gericht gestellt, sondern blieb akademischer Lehrer. Bereits 1946 wurde er in Göttingen auf den Lehrstuhl für menschliche Erblehre berufen, den er bis zu seiner Emeritierung im Jahre 1955 innehatte.

L.: Rissom, Renate: L und die Rassenhygiene; Husum, 1983. Proctor, Robert, „Neutral Racism": The Case of L; in: Ders., Racial Hygiene. Medicine under the Nazis; Cambridge/Mass., London, 1988, 46–63.

Ludger Weß

## Lernbehinderte

Als L gelten Schüler, die den Leistungsanforderungen der sog. Regelschulen (insb. Grundschule u. Sekundarstufe I) nicht gerecht zu werden vermögen und in eine Sonderschule für Lernbehinderte (SfL; →Lernbehindertenschule) überwiesen werden. Dieser Vorgang findet eine Legitimation in der Durchführung von „Melde- u. Überprüfungsverfahren", die meist einen Intelligenztest einschließen (IQ-Grenze ungef. 75). L sind überwiegend Kinder aus sozio-ökonomisch benachteiligten Familien. Es wird vorgegeben, dem erhöhten Förderbedarf dieser Schüler in der SfL besser zu entsprechen, was vorliegenden Untersuchungen folgend nicht verifiziert werden kann. Die materialistische →Behindertenpädagogik geht davon aus, daß der aktuelle Stand der Persönlichkeits- und Tätigkeitsentwicklung eines jeden Individuums immer das Resultat vorausgegangener Lernerfahrungen in den jeweiligen Sozialisationsfeldern ist. Negative Auswirkungen von sozialen und ökonomischen Verhältnissen, die eine Persönlichkeitsentwicklung hemmen und brechen, werden als Störungen von Lernbereitschaft, Lernfähigkeit und des Sozialverhaltens bewertet, dem dann als lernbehindert geltenden als „Charaktereigenschaften" zugeschrieben und mit seiner „Selektion" und „Segregierung" beantwortet. Sie ist sozial mit der Etikettierung, Diskreditierung und Deklassierung des Betroffenen verbunden, die oft weit ins Erwachsenenleben hinein nachwirkt.

Traditionell heißt es: „Lernbehindert ist, wer die Schule für L besucht" (Bundschuh 1979, 431; Bleidick 1983). Damit werden Schülern die Gründe für ihr Schulversagen verschleiert und nicht als Versagen von →Gesellschaft und →Schule an diesen Kindern offengelegt. Was ihnen widerfährt, eignen sie sich in ihrer Ich-Entwicklung an; sie halten sich schließlich selbst dafür, wofür sie von außen gehalten werden.

Von vielen Autoren wird beschrieben, daß es für L keine gültigen medizinischen, pädagogisch-psychologischen und sozialen Bestimmungsmerkmale gibt. Bestimmend für eine Zuschreibung von Lernbehinderung war in der Vergangenheit die Verwertbarkeit entsprechend wirtschaftlicher Erfordernisse. Zu Zeiten der Hochkonjunktur konnten L in vielen Berufen Ausbildungs- und Arbeitsplätze finden (industrielle Reservearmee). Im Gegensatz dazu sind L seit Beginn der 80er Jahre, aufgrund des angespannten →Arbeitsmarktes, zunehmend auch in →Werkstätten für Behinderte (ohne Ausbildung u. tarifliche Entlohnung) zu finden. Offene Unterrichtsformen, Projektunterricht, innere Differenzierung und Individualisierung im Unterricht der Regelschule könnte i. S. einer basalen, kindzentrierten allgemeinen Pädagogik nach Feuser/Meyer (→Integration Behinderter) die Selektion und Segregierung wie insg. die Zuschreibung einer Lernbehinderung auch für sozio-ökonomisch benachteiligte Kinder und für solche mit leichten (frühkindlichen) Hirnschädigungen überwinden.

L.: Bleidick, U.: Pädagogik der Behinderten; Berlin, 1983. Bundschuh, K., Ursachen und Erscheinungsformen von Lernbeeinträchtigungen bei L; in: Demmerlein/Schramm (Hg.), Handbuch der Behindertenpädagogik; München, 1979. Jantzen, W. (Hg.): Soziologie der Sonderschule; Weinheim, Basel, 1981. Trabandt, H.: Wem hilft die Sonderschule; Königstein/Ts., 1979.

Georg Feuser, Gabi Daum

## Lernbehindertenschulen

Die Gründung der Institution L erfolgte im letzten Drittel des 19. Jahrhunderts unter der Bezeichnung →,,Hilfsschule". Als Bedingungsfaktoren für die Gründung dieser neuen Schulform sind nach Altstaedt (1977, 68) zu nennen: Entlastung der Volksschulen; Vermeidung späterer Fürsorgelasten; Ausbildung und Erziehung zu untergeordneten Tätigkeiten in der Produktion. Die Institution L war für eine als schwachsinnig bezeichnete Kinderpopulation bestimmt; Selektionskriterium war der Aufwand, der für die Förderung langsam lernender Kinder geleistet oder eben nicht geleistet wurde. Diese Praxis ist im wesentlichen während der gesamten Zeit des Bestehens dieser Einrichtung (unter den Bezeichnungen: Hilfsschule, L, Förderschule) gleich geblieben, wobei die Grenzen sog. Sonderschulbedürftigkeit sich immer wieder verschieben. Die Abgrenzung der sog. Regelschulen nach unten ist nicht nur von Bedingungen wie Jahrgangsstärke und Sozialstruktur eines Einzugsbereichs, sondern auch und v. a. von arbeitsmarktpolitischen Erfordernissen abhängig, was sich immer auf die Population der L auswirkt. Mit dem Begriff der ,,Brauchbarkeit" wurde und wird gekennzeichnet, daß die Bemühungen dieser Schule an der voraussichtlichen Verwertbarkeit ihrer Absolventen orientiert sind, was in Zeiten hohen Arbeitskräftemangels zur Anhebung der Anforderungen an die Schüler und zur schärferen Abgrenzung nach unten führt (vgl. Berner 1985, 9–11).

Dieser Sachverhalt wird von Hofmann als ,,Strukturwandel der Hilfsschule" beschrieben bzw. verschleiert (1959, 248). Während der NS-Zeit führte gerade dieser ,,Strukturwandel" (hin zur ,,Leistungsschule") dazu, daß aus der Hilfsschule ausgeschlossene geistigbehinderte Kinder schutzlos der Vernichtung →,,lebensunwerten Lebens" ausgeliefert waren – eben weil sie dem Brauchbarkeitskriterium nicht genügten (→Geistigbehinderte). Dadurch und durch ihre Mitwirkung an Zwangssterilisationen ihrer Schüler während der NS-Zeit war die Hilfsschule später derart diskreditiert, daß ihre Umbenennung in L erfolgte. Eine Veränderung des Selbstverständnisses dieser Schulform ging mit dem Namenswechsel nicht einher (→Lernbehindertenpädagogik).

Daß eine eigenständige Institution zur Förderung sog. →Lernbehinderter überhaupt noch existiert, ist insofern ein Anachronismus, als es sich im In- und Ausland längst erwiesen hat, daß eine integrative schulische Förderung behinderter und nichtbehinderter Kinder, selbst bei Vorliegen schwerer Beeinträchtigungen, möglich ist (→Integration Behinderter), so daß nach heutigem Erkenntnisstand auf Aussonderung von Kindern aus sog. Regelschulen ganz zu verzichten ist.

L.: Altstaedt, Ingeborg: Lernbehinderte – Kritische Entwicklungsgeschichte eines Notstandes: Sonderpädagogik in Deutschland und Schweden; Reinbek, 1977. Berner, Hp., Behindertenpädagogik und Faschismus – Aspekte der Fachgeschichte und der Verbandsgeschichte (VdHD, NSLB, VDH, UDS); in: Z. Behindertenpädagogik. Teil 1, 23(1984)4, Teil 2, 24(1985)1, 2–37. Hofmann, W., Zum Problem der heilpädagogischen Betreuung schwachsinniger Kinder; in: Z. Heilpäd. 10 (1959), 248–250.

Hanspeter Berner, Georg Feuser

## Lesben

→ Homosexuelle

## Lesegesellschaften

L gehören zu den späten Produkten der aufklärerischen Sozietätsbewegung in Dt. Beginnend mit den gelehrt-literarischen Sozietäten des 17.Jh. als Vorläufern, hatte sich mit der Entstehung eines neuen, mit dem Personalbedarf des frühmodernen Territorialstaats gewachsenen →Bürgertums aus Staats- und Kirchenbeamten, Publizisten, Ärzten,

Gelehrten, Technikern und Militärs eine anhaltende Tendenz zur Gesellschaftsbildung und zur Überwindung ständischer Umgangsformen im freiwilligen Zusammenschluß ergeben, die mit ihren Ausläufern bis an die frühen Vereinsbildungen im 19. Jh. heranreicht und in ihrer Bedeutung für die spätere Entstehung politischer Parteien kaum zu überschätzen ist. Schon die Beschreibung der sozialen Trägerschicht deutet darauf hin, daß es sich zwar noch um einen auf den Hof und auf die Residenz bezogenen, in seinem Wirkungsbereich aber nicht mehr auf die unmittelbare Umgebung des Landesherrn und seiner Regierung beschränkten Emanzipationsprozeß handelte, der seine historische Besonderheit darin besitzt, daß er mit der absolutistischen Verwaltung in die Fläche der dt. Territorien vordrang und parallel zum Staatsbildungsprozeß die traditionale Öffentlichkeit teils umbildete, teils durch moderne Formen „bürgerlicher" Öffentlichkeit ersetzte (→ öffentlich).

Sieht man von den humanistischen Sodalitäten oder den Sprach- und Tugendgesellschaften des 17. Jh. ab, dann sind als zeitlich weitgehend parallele Hauptformen aufklärerischer Geselligkeit für die 1., bis etwa zum Siebenjährigen Krieg reichende Phase die gelehrten Gesellschaften und die literarischen Gesellschaften zu nennen. Während sich die gelehrten Gesellschaften, die Leibniz (1646–1716) zu ihren prominentesten Mitgliedern und Initiatoren zählten, in die europäische Akademiebewegung einordnen lassen und den Schwerpunkt ihrer Beschäftigung im Bereich philosophisch-mathematischen und historisch-philologischen Wissens fanden, richteten sich die Bemühungen der literarischen Gesellschaften, für die der Dichter Gottsched (1700–1766) eine ähnliche Rolle spielte wie Leibniz für die gelehrten Vereinigungen, auf das Ziel der Kultivierung einer dt. Hochsprache und der zentralen bürgerlichen Tugenden (→ Bürgerlichkeit).

In der 2. Phase, die um die Jahrhundertmitte einsetzte und bis ins 19. Jh. hineinreichte, traten die Freimaurerlogen, die patriotisch-gemeinnützigen Gesellschaften und die L in der Bedeutung für die Sozietätsbewegung an die Stelle der früheren Verbindungen. Mit geschätzten 15000 bis 20000 Mitgliedern ist die Bewegung der Freimaurer unter den Bedingungen ihrer Zeit bereits durchaus als Breitenbewegung anzusprechen. Das entscheidend Neue an den Logen der Freimaurer, deren erste im deutschsprachigen Raum 1737 mit dem Namen „Absalom" von England aus in Hamburg gegründet wurde, waren die moderne Form der Assoziation, des freiwilligen, nichtkorporativen (von der ständischen „Qualität" der Person unabhängigen), zweckgerichteten Zusammenschlusses mit dem Ziel einer ständeübergreifenden Kommunikation, sowie die Überschreitung der bisherigen, auf bloße intellektuelle und moralische Bildung ihrer Mitglieder gerichteten Themen- und Zielsetzungen. Praktische Reformen des absolutistischen Staatswesens standen nun im Vordergrund für den nicht mehr im Kreis der Gelehrten, sondern v. a. in dem der Beamten und Adligen rekrutierten Zusammenschluß. Wurde auf dieses Ziel hin in den zumindest formal nach außen streng abgeschotteten Zirkeln der Freimaurer zunächst nur durch die in der Loge praktizierte Einübung in Gleichheit und Brüderlichkeit unter den Mitgliedern gearbeitet, so führten die in den 60er bis 90er Jahren des 18. Jh. ins Leben gerufenen patriotisch-gemeinnützigen Gesellschaften von vornherein ein in der Öffentlichkeit und für die öffentliche Wirksamkeit ausgelegtes Dasein. Die interne Geselligkeit des Kreises trat als Mittel hinter das im Begriff des „Patriotismus" reflektierte Ziel der Steigerung der Wohlfahrt („Glückseligkeit") des jeweiligen – noch nicht als nationaler Lebensraum eines homogenen Volkes im Sinne des 19. Jh. verstandenen – Territoriums. Die Absicht der Verbreitung nützlichen Wissens und die Entwicklung einer von der

Vorstellung einer Balance der göttlichen Ökonomie der Welt und des Menschen inspirierten, allgemeinen Infrastruktur (Handel und Verkehr, Statistik, →Versicherungen, →Sparkassen, Armenfürsorge, Schulen) mobilisierten, von Norden nach Süden fortschreitend, den Kreis der das eigentliche „öffentliche Leben" der 2. Hälfte des 18. Jh. bestimmenden Beamten, Geistlichen und Kaufleute.

Mit den L, die in den Territorien des dt. Reiches – als des Raumes mit der wahrscheinlich größten Zeitungsdichte auf dem europäischen Kontinent vor der Frz. Revolution – bes. gute Entstehungsbedingungen vorfanden, entwickelte die Emanzipations- und Reformbewegung der aufklärerischen Assoziationen ihre populäre Form. Die bisher bekannten 430 L zu Ende des 18. Jh. stellen mit Sicherheit nur den geringeren Teil jener durch gegenseitige Anregung wie durch zahlreiche publizierte Anleitungen für kürzere oder längere Zeit ins Leben gerufenen Vereinigungen dar, die einen weit größeren Personenkreis als andere Aufklärungsgesellschaften erreichten. Schwerpunktgebiete dieses Typs von Gesellschaften lagen in den – überwiegend, aber durchaus nicht ausschließlich protestantischen – Hochburgen der →Aufklärung, in Norddeutschland, im sächsisch-thüringischen Raum und im Rheinland, wohingegen Württemberg, Bayern und Österreich eine erheblich geringere Resonanz aufwiesen.

Die im Vergleich mit den anderen Sozietätsarten geringere Amtsnähe der L – so gab es etwa auch im Grenzbereich zu den gewerblichen Leihbibliotheken zahlreiche Berührungspunkte – ermöglichte eine größere Formenvielfalt. Man unterscheidet aus heutiger Sicht (a) das Gemeinschaftsabonnement von Zeitschriften als Vorform einer L, (b) den Lesezirkel mit gemeinsamer Bücheranschaffung und einem Bücherumlauf, aber ohne eigene Räume, dann (c) die Lesebibliotheken mit zentraler Aufstellung des Buchbesitzes und schließlich (d) die Lesekabinette, die auch Räume zur Lektüre und Unterhaltung für die Mitglieder und ihre Gäste vorhielten. Allen Formen der L ist gemein, daß sie neben der Befriedigung eines Bedürfnisses nach aufklärerischer Geselligkeit, wie es sich z. B. auch in dem breite bürgerliche Schichten integrierenden Bäderwesen (mit Pyrmont als seinem Bezugspunkt) Ausdruck verschaffte, ihren Mitgliedern den ökonomischen Vorteil einer verbilligten Lektüre durch den gemeinsamen Buchbesitz boten. Die L sind damit auch im Zusammenhang mit dem im Zuge der dramatischen Ausweitung des dt. Buchmarktes nach 1750 angewachsenen privaten Bücherumsatz – durch Weitergabe und Tausch sowie durch unzählige große und kleine Auktionen – zu sehen, der nach Art und Umfang – ebenso wie der über die in allen Territorien existierenden Anzeigenblätter („Intelligenzblätter") vermittelte Kleinhandel mit Büchern – bislang erst in Ansätzen erforscht ist.

Fundamental für die Konstitution der L wurde die im Unterschied zur umgebenden Gesellschaft postulierte Gleichheit und Gleichberechtigung aller Mitglieder. Von ähnlich großer Bedeutung für den Stellenwert der L bei der Herausbildung demokratischer politischer Traditionen war die Festlegung der grundlegenden Organisationsmerkmale der jeweiligen Gesellschaft in einer Satzung. Darin wurden in der Regel der Zweck des Zusammenschlusses, die Aufnahme von Mitgliedern, der Umgang mit der Lektüre, Versammlungen und Entscheidungsverfahren in den Angelegenheiten der Gesellschaft wie auch etwaige Einzelheiten der Geschäftsführung geregelt. Wenn sich auch viele der besser bekannten städtischen L – bei allem Bemühen um ein Überschreiten von Standesschranken – ebenso wie alle anderen Aufklärungssozietäten strikt nach unten, gegen den „Pöbel", abschlossen, sind sie nach ihrer Verfassung (mit der Gleichberechtigung der Mitglieder, der Entscheidung grundlegender Sachverhalte durch Versammlungen und durch die satzungsmäßige Festlegung der Vereinsgrundlagen) in die Frühgeschichte des Vereinswesens (→ Verein) in Dt. einzuordnen. Gleiches gilt für das Lektüreprogramm der meisten L: Abgelehnt wurde in der Regel jede Form von Belletristik, die – im Zeichen der Polemik gegen die „Lesewut" – dem Verdikt der unnützen Zerstreuung unterlag. Als Einrichtungen der Vermittlung und des Diskurses über Sachliteratur, die z. T. auch die Form von Fachgesellschaften (Medizinische L, Juristische L etc.) annahmen und v. a. im ländlichen Bereich durch das Lektüreprogramm der Volksaufklärung auch auf ein breites Spektrum popularisierten Fachwissens zurückgreifen konnten, bilden die L daher ein wichtiges Stadium der Entwicklung eines Fachvereinswesens wie auch des → Genossenschaftswesens.

Schließlich ergibt sich auch im Bereich der Geselligkeit, die als Vereinszweck in den L des 19. Jh. stark in den Vordergrund tritt, eine in das Vereinswesen hinein fortwirkende Traditionslinie. Hier bilden die „Museum", „Harmonie", „Casino" oder „Ressource" genannten Vereinigungen, die nach 1815 in großer Zahl entstanden und die als (vornehmlich oder mindestens gleichgewichtig neben der Lektüre und → Bildung) auch der Unterhaltung dienende Einrichtungen das Bild der Sozietäten der 1. Hälfte des 19. Jh. bestimmten, das verbindende Glied. Strittig muß bislang bleiben, ob diese Entwicklung eher auf den entpolitisierenden Effekt der Spätphase der Frz. Revolution, die napoleonische Expansionspolitik in Europa und die nachfolgende Restauration, oder auf geänderte Zeitbedürfnisse, ein mit sozialstrukturellen Verschiebungen zusammenhängendes größeres Bedürfnis nach gemeinschaftlicher Zerstreuung, zurückzuführen ist.

L.: Dann, Otto (Hg.): L und bürgerliche Emanzipation. Ein europäischer Vergleich; München, 1981. Dülmen, Richard van: Die Gesellschaft der Aufklärer. Zur bürgerlichen Emanzipation und aufklärerischen Kultur in Deutschland.

Frankfurt a. M. 1986. Im Hof, Ulrich: Das gesellige Jahrhundert. Gesellschaft und Gesellschaften im Zeitalter der Aufklärung; München, 1982. Jentsch, Irene: Zur Geschichte des Zeitungslesens in Deutschland am Ende des 18. Jh. Mit besonderer Berücksichtigung der gesellschaftlichen Formen des Zeitungslesens; Diss. Leipzig, 1929. Prüsener, Marlies, L im 18. Jh. Ein Beitrag zur Lesergeschichte; in: Archiv für Geschichte des Buchwesens 13/1972, Sp. 369–594.

Karl-Heinz Ziessow

**Lesemann, Gustav**
L (* 1989) war als Lehrer, Hilfsschulrektor und Heimleiter in Hannover tätig. 1929 wurde er Vorsitzender des Verbands der → Hilfsschulen Deutschlands (VdHD); dieses Amt behielt er bis 1933. Von 1949 bis 1967 war L Schriftleiter der „Zeitschrift für → Heilpädagogik", herausgegeben vom Verband Deutscher Sonderschulen (VDS; bis 1955: VDH). Als Leitfigur des Verbands wurde er 1954 Ehrenvorsitzender; er verlieh den nach ihm benannten „Gustav-Lesemann-Preis". Auch zahlreiche Sonderschulen wurden nach ihm benannt, teilweise bereits vor seinem Tod im Jahre 1973.

L verkörpert Tradition und Kontinuität der „klassischen" dt. Heilpädagogik (→ Behindertenpädagogik), u. a. dadurch, daß er die nationalsozialistische Rassenpolitik nicht nur mittrug, sondern auch bereits während der 20er Jahre propagandistisch vorbereitete. Wie viele seiner Verbandskollegen war L kein NSDAP-Mitglied, brachte aber die Positionen der „Rassenhygiene" (→ Eugenik) in die Fachdiskussion und Verbandspolitik ein, wodurch die Mitarbeit von Hilfsschulen und ihrer Lehrer an der Durchführung des → Gesetzes zur Verhütung erbkranken Nachwuchses (GzVeN) nicht nur widerstandslos durchsetzbar war, sondern sogar ohne staatlichen Zwang von Hilfsschullehrern selbst initiiert wurde, etwa in Form der Denunziation „Schwachsinniger" bei den Behörden. Daß L nach 1934 das

GzVeN nicht nur offen befürwortete, sondern darüber hinaus einer großzügigen Auslegung das Wort redete, wurde erst 1985 bekannt und hatte zur Folge, daß „L-Schulen", etwa in Dortmund, der Name entzogen wurde.

L.: Berner, Hanspeter, Behindertenpädagogik und Faschismus – Aspekte der Fachgeschichte und der Verbandsgeschichte; in: Behindertenpädagogik 23 (1984) 4, 306–332 (Teil 1), und Behindertenpädagogik 24 (1985) 1, 2–37 (Teil 2).

Hanspeter Berner

## Lette-Verein

Der L wurde 1866 als „Verein zur Förderung der Erwerbsfähigkeit des weiblichen Geschlechts" in Berlin gegründet. Seine Bezeichnung geht auf den Namen des Gründers, Wilhelm Adolf Lette (1799 – 1868), zurück, der zuvor im Rahmen des →Zentralvereins für das Wohl der arbeitenden Klassen hervorgetreten war. Der L gründete Lehranstalten, Werkstätten sowie Einrichtungen zur Berufsberatung und Stellenvermittlung von Frauen (→Frauenbewegung).

## Ley, Robert

1933 bis 1945 Leiter der →Deutschen Arbeitsfront (DAF). L wurde am 15.2.1890 als Sohn eines Bauern in Niederbreidenbach im Rheinland geboren. Nach dem Besuch der Oberrealschule in Elberfeld studierte er Chemie an den Universitäten in Jena, Bonn und Münster. Noch vor Abschluß seines Studiums meldete er sich im August 1914 als Kriegsfreiwilliger. Nach Einsätzen an der West- wie Ostfront erhielt er eine Ausbildung als Flieger, wurde im Juli 1917 abgeschossen und geriet, mit schweren Kopf- und Beinverletzungen, in frz. Gefangenschaft. Im Januar 1920 entlassen, beendete er sein Studium als staatlich geprüfter Nahrungsmittelchemiker, promovierte zum Dr. phil. und fand 1921 eine Anstellung bei der IG-Farben in Leverkusen. Im März 1924 schloß sich L der während des Verbotes der NSDAP bestehenden „Nationalsozialistischen Freiheitsbewegung" an. Bereits im Juni 1925 wurde er Leiter des NSDAP-Gaues Rheinland-Süd, 1928 zog er für die NSDAP in den Preußischen Landtag und 1930 in den Reichstag ein. Im Rahmen seines politischen Aktionismus begangene Tätlichkeiten sowie sein beleidigendes Auftreten brachten ihm mehrmalige Verhaftungen ein. Das von ihm herausgegebene NS-Blatt „Westdeutscher Beobachter" wurde selbst NSDAP-intern als „antisemitisches Radaublatt" bewertet. Infolge seiner politischen Aktivitäten verlor er 1928 seine berufliche Stellung und war fortan hauptamtlich für die NSDAP tätig. Im Oktober 1931 erhielt er die Stellung eines Reichsorganisations-Inspekteurs, ein Jahr später, am 6.11.1931, löste er Gregor Straßer als NSDAP-Reichsorganisationsleiter ab. Mit der Machtübernahme der Nationalsozialisten wurde L zusätzlich Leiter der DAF, der größten NS-Massenorganisation. Sein Ehrgeiz, die DAF zur führenden sozialpolitischen NS-Organisation auszubauen, schlug jedoch fehl. Der Plan, sich mittels eines „Sozialwerkes des Deutschen Volkes" Zuständigkeiten in den Bereichen Lohnpolitik, Alters- und Gesundheitsversorgung sowie im Wohnungsbau anzueignen, blieb zwischen Parteiorganisationen und den Reichsressorts umstritten und wurde im wesentlichen letztlich auf die Nachkriegszeit vertagt. L vermochte sich allerdings Kompetenzen im Wohnungsbau zu verschaffen. 1940 wurde er „Reichskommissar für den sozialen Wohnungsbau", 1942 kontrollierte er als „Reichswohnungskommissar" den gesamten staatlichen Wohnungsbau. Durch seine Machtambitionen, Skandale, Unbeherrschtheiten sowie aufgrund seines exzessiven Alkoholgenusses, der ihm den Spitznamen „Reichstrunkenbold" einbrachte, machte er sich eine Reihe von Gegnern innerhalb der NS-Führungsriege, wurde aber von Hitler nie fallengelassen. Am 15.5.1945 wurde L von den Amerikanern in Süddeutschland gefangengenommen. Der Prozeß konnte ihm nicht mehr gemacht werden – er beging am

25.10.1945 im Nürnberger Gefängnis Selbstmord.

L.: Smelser, Ronald: L. Hitler's Labor Front Leader; Oxford u.a., 1988. Wistrich, Robert: Wer war wer im Dritten Reich; München, 1983, 173 f.

Eckhard Hansen

## Liberalismus

Der L als sozialphilosophische Bewegung steht in der Tradition der →Aufklärung und des Humanismus. Er formuliert die Notwendigkeit des „Gesetzesstaates", wonach Regierung und Verwaltung sich selbst den Gesetzen unterwerfen und sich legitimieren müssen.

Als politische Bewegung reklamierte er die Rechte des erstarkenden →Bürgertums gegenüber dem staatlichen Absolutismus. Die freie Entfaltung des Individuums und die Zurückdrängung obrigkeitsstaatlicher Gesetze und Maßnahmen gehören zu seinem Credo. Neben der Religions-, Meinungs- und Pressefreiheit akzentuierte der L v. a. die freie wirtschaftliche Betätigung. Seine wirtschaftspolitische Grundvorstellung lautet, daß die Verfolgung von egoistisch-wirtschaftlichen Interessen quasi-automatisch zur Steigerung des Gemeinwohls für alle führt. Da der L als Geisteshaltung die Entfaltung individueller Entscheidungsfreiheit in allen Lebensbereichen zum Programm erhebt, zeigt er sich tolerant gegenüber →Minderheiten. Hingegen hat sich der parteipolitische L des 19. und 20. Jh. oft loyal gegenüber der staatlichen Herrschaft verhalten. In den westlichen Demokratien plädiert der L für die Zurückdrängung der Staatsbürokratie und für die →Privatisierung staatlicher →Dienstleistungen. Im Gegensatz zum Konservatismus lehnt er autoritäre Maßnahmen ab (z. B. in der Abtreibungsfrage und im →Asylrecht). Verglichen mit der sozialistischen und sozialdemokratischen →Gesellschaftspolitik, wendet er sich gegen eine „Demokratisierung" aller Lebensbereiche und ebenso gegen genuin gewerkschaftliche Forderungen.

L.: Becker, W.: Freiheit, die wir meinen. Entscheidungen für die liberale Demokratie; München, 1984. Dahrendorf, R.: Fragmente eines neuen L; Stuttgart, 1990. Gall, L.: L; Königstein, 1980. Sontheimer, K.: Möglichkeiten und Grenzen liberaler Politik; Düsseldorf, 1975.

Roland Popp

## Liebknecht, Karl

Geb. am 13.8.1871 in Borsdorf bei Leipzig als einer von drei Söhnen des Mitbegründers der dt. Sozialdemokratie, →Wilhelm Liebknecht.

L studierte ab 1890 Rechtswissenschaften und Nationalökonomie in Leipzig. Nachdem sein Vater zum Chefredakteur des „Vorwärts" berufen wurde, siedelte die Familie nach Berlin um. L beendete dort 1893 sein Studium mit dem Referendarexamen. 1893/94 leistete er seinen einjährigen Militärdienst bei den Gardepionieren in Berlin. Das politische Engagement des Vaters in der SPD führte dazu, daß L erfolglos eine Referendarstelle suchte. Erst der als liberal bekannte Kultusminister Falk ermöglichte L in Arnsberg und Paderborn ein Referendariat.

Nach bestandener Assessorprüfung am 5.4.1899 eröffnet er mit seinem älteren Bruder Theodor eine Anwaltskanzlei in Berlin. L wurde schnell als politischer Anwalt bekannt, nicht zuletzt im „Königsberger Prozeß" durch sein Auftreten als Verteidiger von neun dt. Sozialdemokraten, die wegen Unterstützung der russischen Arbeiterbewegung des Landesverrats angeklagt wurden.

1902 wurde L sozialdemokratischer Stadtverordneter in Berlin, 1907 erstmals Mitglied im Preußischen Abgeordnetenhaus. 1912 wurde er in den Deutschen Reichstag gewählt. In wesentlichen Fragen zählte er sich zum linken Flügel der SPD. So kritisierte er den Immobilismus und Fatalismus der Parteibürokratie, befürwortete den Massenstreik als politisches Kampfmittel und forderte die anti-militaristische Erziehung der Jugend. Die staatliche Jugendpflege und -erziehung (→Jugendarbeit) prangerte er wiederholt an, weil diese in seinen Augen die Kinder und Jugendlichen körperlich und geistig auf den Krieg vorbereitete.

Wegen seiner 1907 veröffentlichten Schrift „Militarismus und Antimilitarismus" wurde L des Hochverrats angeklagt. Die kaiserliche Justiz verurteilte ihn zu anderthalb Jahren Festungshaft. Seine 1913 im Reichstag dargelegten Enthüllungen der dt. Kriegsmaschinerie und über die Bestechungspraktiken des Kruppkonzerns und anderer Firmen der Rüstungsindustrie machten ihn auch im Ausland bekannt, trugen ihm in Dt. aber den Ruf des „vaterlandslosen Gesellen" ein.

Bei der Abstimmung im Deutschen Reichstag über die Kriegskredite am 14.8.1914 stimmte L aus Gründen der Fraktionsdisziplin noch für diese. Als einziger Reichstagsabgeordneter lehnte er die Kriegskredite bei der erneuten Behandlung am 2.12.1914 ab. Die SPD-Reichstagsfraktion schloß ihn daraufhin mit 60:25 Stimmen aus.

Im Februar 1915 wurde L als Armierungssoldat eingezogen. Da er nun der Militärgesetzgebung unterstand, war ihm jegliche politische Betätigung untersagt. Nur für die Sitzungen des Reichstags wurde er beurlaubt. Nach einer Anti-Kriegs-Demonstration am 1.5.1916 wurde L erneut verhaftet und zu vier Jahren Zuchthaus verurteilt. Nach Beendigung des Krieges wurde er am 23.10.1918 freigelassen. Zusammen mit →Rosa Luxemburg initiierte er die Gründung der KPD (30.12.1918). Im Kampf gegen die Ebert-Scheidemann-Regierung suchte er die bürgerliche Revolution zur sozialistischen weiterzutreiben. Nach den Januaraufständen und der Verfolgung der politischen „Linken" durch die Ebert-Scheidemann-Regierung mußte L sich versteckt halten. Am Abend des 15.1.1919 wurde er zusammen mit Rosa Luxemburg entdeckt und von rechtsgerichteten Freikorpsangehörigen ermordet.

L.: Flechtheim, Ossip K.: L zur Einführung; Hamburg, 1986. Trotnow, Helmut: L – eine politische Biographie; Köln, 1980.

Roland Popp

### Liebknecht, Wilhelm

1826–1900; Studium der Philosophie und Philologie in Gießen, Berlin und Marburg; 1847 politische Emigration in die Schweiz, Lehrer an einer Züricher Musterschule; Teilnahme an der 1848er Revolution im Badischen, Emigration nach London; Anschluß an den Bund der Kommunisten; 1862 Rückkehr nach Dt. und Mitbegründer der Sozialdemokratischen Partei; Kritiker der dt. Schulverhältnisse.

L.: Brumme, H., L; in: Pädagogische Enzyklopädie, Bd. II; Berlin, 1963.

### Lietz, Hermann

L (1868–1919) gilt als Reformpädagoge; er gründete nach englischem Vorbild die ersten →Landerziehungsheime.

L.: Bauer, H.: Zur Theorie und Praxis der ersten deutschen Landerziehungsheime; Berlin, 1961.

### Liga der freien Wohlfahrtspflege

In der am 22.12.1924 – nach Verabschiedung des Reichsjugendwohlfahrtsgesetzes (1922) und der →Reichsfürsorgepflichtverordnung (1924) – gegründeten L (auch: Deutsche L) haben sich – mit Ausnahme der →Arbeiterwohlfahrt und der →Arbeitsgemeinschaft sozialpolitischer Organisationen – sämtliche →Wohlfahrtsverbände der Weimarer Republik zusammengeschlossen, um laut Satzung „durch Austausch von Erfahrungen eine zweckmäßige Zusammenarbeit und gegenseitige Unterstützung der Mitglieder (zu) vermitteln, zur wissenschaftlichen Erforschung der Notstände, ihrer Ursachen und der Mittel zu ihrer Abhilfe bei(zu)tragen, an der Gesetzgebung, soweit sie die Wohlfahrtspflege berührt mit(zu)arbeiten, den Kampf gegen Mißbrauch von Formen und Namen der freien Wohlfahrtspflege zu eigennützigen Zwecken (zu) unterstützen und die Stellung der freien

Wohlfahrtspflege im öffentlichen Leben (zu) wahren und dauernd (zu) festigen, insbesondere darauf hin(zu)wirken, daß öffentliche und freie Wohlfahrtspflege in Formen zusammenarbeiten, die der Selbständigkeit beider gerecht werden".

Die L war ein Stützpunkt für die ministerielle Wohlfahrtspolitik, welche die Zusammenarbeit mit den Wohlfahrtsverbänden auf der Grundlage des →Subsidiaritätsprinzips und damit im Sinne der Vertreter der kath. Zentrumspartei im Reichsarbeitsministerium förderte. Um dem seinerzeit erhobenen Vorwurf der „Riesenvertrustung" der freien Wohlfahrtspflege zu begegnen, verzichtete die L auf eine eigene wirtschaftliche Betätigung und beschränkte sich darauf, als Sprachrohr der Spitzenverbände zu wirken. Dazu wurde von der Liga u.a. die Zeitschrift „Freie Wohlfahrtspflege" herausgegeben.

Ende 1933 – nachdem der Zentralwohlfahrtsstelle der Juden (→Jüdische Wohlfahrtspflege) der Status eines Spitzenverbandes aberkannt war, die →Arbeiterwohlfahrt verboten und der →Deutsche Paritätische Wohlfahrtsverband zum korporativen Mitglied des neuen Spitzenverbandes →Nationalsozialistische Volkswohlfahrt (NSV) geworden war – erfolgte eine Umbenennung der L in „Reichsgemeinschaft der freien Wohlfahrtspflege". Ohne diese formell aufzulösen, trat an ihre Stelle am 24.3.1934 die „Arbeitsgemeinschaft der freien Wohlfahrtspflege" mit dem Ziel der „Durchsetzung des nationalsozialistischen Gedankenguts" sowie der „einheitliche(n) und planmäßige(n) Gestaltung der freien Wohlfahrtspflege unter Ausschaltung jeglichen Konkurrenzkampfes". „Führer der Arbeitsgemeinschaft" wurde →Erich Hilgenfeldt. 1940 kündigte die NSV ihre Mitarbeit in der „Arbeitsgemeinschaft" auf, die dadurch bedeutungslos wurde. Seit Bildung der BR setzt die →„Bundesarbeitsgemeinschaft der freien Wohlfahrtspflege" die Tradition der L fort.

## Liga der Rotkreuz- und Rothalbmondgesellschaften

Die L entstand 1919 auf US-amerikanische Initiative und nimmt v.a. Aufgaben der Koordination zwischen den in ihr vertretenen nationalen Gesellschaften wahr. Die der L angeschlossene nationale Gesellschaft der BR ist das →Deutsche Rote Kreuz.

## Linden, Herbert

Dr. med., Arzt, Ministerialdirigent im Reichsministerium des Inneren.
L war in der Abt. IV – Gesundheitswesen und Volkspflege – beim Reichsministerium des Inneren zuständig für die Heil- und Pflegeanstalten und in dieser Funktion einer der maßgeblichen Organisatoren der Anstaltsmorde im Nationalsozialismus. Ab Oktober 1941 auch Reichsbeauftragter für die Heil- und Pflegeanstalten im Hauptamt II der Kanzlei des Führers, sorgte L für die reibungslose Zusammenarbeit zwischen staatlicher Gesundheitsverwaltung, den verdeckt arbeitenden Instanzen in der Kanzlei des Führers und den neu geschaffenen Tarnorganisationen →„T4", die für die Abwicklung der Krankenmorde sorgten.

L war jedoch nicht nur in die Krankenmorde involviert. Beteiligt war er bspw. an der Planung der Fleckfieber-Impfstoff-Versuche im Konzentrationslager Buchenwald; er nahm persönlich an der Vergasung von Juden in Chelmo teil und begutachtete 1942 Arbeitshaus-Insassen in Berlin-Rummelsburg zur möglichen Ermordung. Als Referent für Erb- und Rassenpflege (→Eugenik) setzte er sich für weitgefaßte Sterilisierungsindikationen ein (etwa im Falle von Tuberkulose, Diabetes oder Magenkrankheit). Ferner wirkte er mit an der Formulierung der Nürnberger Rassengesetze. Eine Rekonstruktion seiner Biographie steht noch aus. – L erschoß sich am 27.4.1945.

Ludger Weß

## Lion, Hildegard Gudilla

L wurde am 14.5.1893 in Hamburg geboren und starb am 8.4.1970 in Hindhead/Surrey, Großbritannien. Nach dem Lehrerinnenexamen absolvierte sie ab 1917 die soziale Ausbildung am Sozialpädagogischen Institut Hamburg (unter der Leitung von →Gertrud Bäumer und →Marie Baum). Danach setzte sie das Studium der Wirtschafts- und Sozialwissenschaften an den Universitäten in Freiburg, Hamburg, Berlin fort und promovierte 1924 in Köln (Thema: „Die klassenkämpferische und die katholischkonfessionelle Frauenbewegung").

Hauptarbeitsschwerpunkte ihrer Arbeit lagen in der Aus- und Weiterbildung für den Sozialen Beruf, in der sozialreformerischen →Frauenbewegung und in der →Reformpädagogik der Schulen im Exil nach 1933. Ab 1925 war sie als Leiterin und Lehrerin des Jugendleiterinnen-Seminars des Vereins „Jugendheim" in Berlin-Charlottenburg (unter der Gesamtleitung von →Anna von Gierke). Sie war Dozentin und seit 1929 Direktorin der Deutschen Akademie für soziale und pädagogische Frauenarbeit in Berlin (Salomon 1929, 240ff.). In einer Schriftenreihe der „Deutschen Frauenakademie" ist ihre Dissertation veröffentlicht worden, ebenfalls ein Beitrag „Zur Soziologie der Frauenbewegung" (genaue Quellenangaben fehlen). L war Vorsitzende der Vereinigung der Dozentinnen an sozialpädagogischen Lehranstalten.

Nachdem L 1933 aus „rassischen" Gründen als Direktorin der „Deutschen Frauenakademie" entlassen werden sollte, aber stattdessen der Vorstand unter dem Druck der Nationalsozialisten die Auflösung beschlossen hatte, floh sie zusammen mit ähnlich betroffenen Frauen nach Großbritannien, um dort eine Schule – vorwiegend für Flüchtlingskinder – zu gründen. Die Stoatley Rough School in Haslemere/Surrey wurde 1934 als interkonfessionelle und internationale Schule eröffnet und vom britischen Erziehungsministerium anerkannt. Aufgrund des ebenfalls international gemischten Kollegiums verstand sich die Stoatley Rough School als eine Brücke zwischen den Kulturen, wie auch eine kurzfristig erschienene Schulzeitung, die „Bridge" (Brücke), andeutet. Die Funktion der meisten dieser Schulen im Exil war die Bewahrung und Stabilisierung der von den Flüchtlingskindern mitgebrachten kulturellen Identität, aber auch die Auseinandersetzung mit einer anderen Kultur. Zu den dt. Mitarbeiterinnen – selbst Emigrantinnen – zählten Eleonore Astfalck, Luise Leven, Johanna Nacken und →Emmy Wolff (Feidel-Mertz 1983, 66ff. u. 232ff.) L leitete die Schule bis 1960 und starb 1970 in ihrer neuen Heimat. Die Stoatley Rough School existiert nicht mehr. Inwieweit die von L geprägte sozialpädagogische Konzeption und die praktische Umsetzung dem britischen Schulsystem Impulse gegeben haben, bleibt noch zu untersuchen.

L.: Feidel-Mertz, Hildegard (Hg.): Schulen im Exil – Die verdrängte Pädagogik nach 1933; Reinbek, 1983. Salomon, A., Die deutsche Akademie für soziale und pädagogische Frauenarbeit im Gesamtaufbau des deutschen Bildungswesens; in: Muthesius, Alice Salomon – die Begründerin des sozialen Frauenberufs in Deutschland; Köln, Berlin, 1958. Wieler, J., Emigrierte Sozialarbeit nach 1933 – Berufskolleginnen und -kollegen als politische Flüchtlinge; in: Otto/Sünker, Soziale Arbeit und Faschismus; Frankfurt/Main, 1989.

Joachim Wieler

### Löhe, Wilhelm
L (1808–1872) wurde 1836 Pfarrer in Neuendettelsau und begründete 1842 die luth. Auswanderer-Mission für Nordamerika und Australien. Auf ihn gehen eine Reihe weiterer Gründungen zurück: eine Missionsanstalt (1853), eine Diakonissenanstalt (1854) sowie Diakonissenhäuser in Rußland.

### Löwenstein, Georg
L (* 1890) war nach dem Medizinstudium, der Promotion und der Approbation (1920) zunächst Kommunalarzt in

Nowawes bei Potsdam (1922–25), dann Dozent der Akademie für ärztliche Fortbildung (1921–33) sowie leitender Stadtarzt in Berlin-Lichtenberg (1925–33). Als Sozialdemokrat wurde er 1933 mit Berufsverbot belegt und emigrierte 1938 in die USA.

L.: Leibfried, S./Tennstedt, F. (Hg.): Kommunale Gesundheitsfürsorge und sozialistische Ärztepolitik zwischen Kaiserreich und Nationalsozialismus. Autobiographische, biographische und gesundheitspolitische Anmerkungen von Dr. L; Bremen, 1980.

## Löwenstein, Kurt
L (1885–1939) war sozialdemokratischer Reichstagsabgeordneter und stand während der Weimarer Zeit an der Spitze der Organisation der →Kinderfreundebewegung. (→Walter Friedländer.)

## Lohnarbeit
→Arbeiter, →Arbeiterfrage, →Erwerbsarbeit

## Lohnarbeitszentrierung
In der BR knüpfen die Systeme der →Sozialversicherung (Gesetzliche Renten- und Krankenversicherung, Arbeitslosenversicherung) an die abhängige Erwerbstätigkeit (→Erwerbsarbeit) an. Deswegen wird von einer L gesprochen.

Die L ist zunehmend ein Problem der Sozialen Sicherung, weil nicht nur abhängig Erwerbstätige sozial schutzbedürftig sind. Neben Nicht-Erwerbstätigen (z. B. Hausfrauen; von Geburt an Behinderte; Erwerbslose ohne vorherige Beitragszahlung in die Sozialversicherungen) sind „kleine Selbständige" zu nennen. Schließlich sind auch sog. geringfügig und gelegentlich Beschäftigte, die 1990 bis zu 470 DM mit einer Wochenarbeitszeit von weniger als 15 Stunden verdienen oder während eines Jahres nur bis zu 50 Tage beschäftigt sind, zu nennen.

Zur Schließung der Sicherungslücken der genannten Personengruppen wird in der Literatur häufig vorgeschlagen, eine →Grund- oder →Mindestversorgung einzuführen, die nicht mehr im Rahmen einer →Versicherung mit vorheriger Beitragszahlung abgewickelt werden würde. In dieser Diskussion wird meist übersehen, daß durch eine Ausweitung der Versicherungspflicht und die Zahlung von Mindestbeiträgen auch im Rahmen der bestehenden →Sozialversicherungen eine Mindestvorsorge erreicht werden kann (→Voll Eigenständiges System). Durch eine Mindestvorsorge im Rahmen der Sozialversicherungen wird das Prinzip der →Lebensstandardsicherung nicht aufgegeben.

L.: Schwarz, J./Wagner, G., Geringfügige Beschäftigung; in: Wirtschaftsdienst, 4/1989, 184–191

Gert Wagner

## Lohnfortzahlung
Arbeitgeber sind gesetzlich verpflichtet, ihren ArbeitnehmerInnen im Krankheitsfall Lohn bzw. Gehalt fortzuzahlen: ArbeiterInnen und Angestellte erhalten für die ersten sechs Wochen einer Arbeitsunfähigkeit ihr normales Bruttogehalt in voller Höhe und ohne Unterbrechung weitergezahlt. ArbeiterInnen mit einer Arbeitszeit von bis zu 10 Wochenstunden haben keinen Anspruch auf L. Wird die Krankheitsdauer von sechs Wochen überschritten, zahlen die →Krankenkassen die versicherungsrechtliche Leistung →Krankengeld.

Die L für sechs Wochen im Krankheitsfall steht ArbeiterInnen seit dem L-gesetz von 1969 zu. Zuvor waren ArbeiterInnen schlechter gestellt als Angestellte, die die L bereits seit 1930 erhalten. Bis 1970 erhielten ArbeiterInnen erst nach 3 Tagen Karenzzeit ein niedriges Krankengeld von den →Krankenkassen. Die Forderung nach einem Abbau dieser Ungleichbehandlung von ArbeiterInnen und Angestellten war 1956/57 Anlaß für einen viermonatigen Streik in der Metallindustrie von Schleswig-Holstein

Die L im Krankheitsfall kann als ein Kernstück der Sozialen Sicherung in der BR angesehen werden, für das sich auch im internationalen Maßstab wenige Vergleiche finden. Allerdings steht die L seit Jahren im Mittelpunkt der sozialpolitischen Diskussion. Die Arbeitgeber verlangen Leistungskürzungen und die Wiedereinführung von Karenztagen, um den Anreiz für das „Krankfeiern" abzuschaffen. Tatsächlich jedoch läßt sich in der BR kein erhöhter Krankenstand feststellen. Er schwankt – je nach Arbeitsmarktlage und konjunktureller Entwicklung – um die Quote von 5 v. H. und liegt damit im internationalen Vergleich auf mittlerem Niveau.

Die L wird durch den jeweiligen Arbeitgeber finanziert. Bei weniger als 20 Beschäftigten werden die Kosten im Umlageverfahren ausgeglichen.

Gerhard Bäcker

**Lokale Beschäftigungsinitiativen**
I.
Auf Anregung der frz. Regierung beschloß die Organisation für wirtschaftliche Zusammenarbeit (OECD) im Jahr 1982 das Programm „Lokale Initiativen zur Schaffung von Arbeitsplätzen", an dem sich neben den 11 Mitgliedstaaten die Kommission der →Europäischen Gemeinschaft (EG) beteiligte. Der Begriff der örtlichen Beschäftigungsinitiativen geht zurück auf eine Entschließung des Rates der Europäischen Kommission aus dem Jahre 1984, in der L als jene Initiativen charakterisiert werden, die auf lokaler Ebene ergriffen werden – häufig in Form einer Zusammenarbeit von Einzelpersonen, Aktionsgruppen, Sozialpartnern sowie örtlichen und regionalen Behörden mit dem erklärten Ziel, Dauerbeschäftigung zu schaffen. Zur Unterstützung von L wurden von der OECD, der EG und verschiedenen nationalen Regierungen (in der BR von verschiedenen Bundesländern) finanzielle Förder- und Komplimentärprogramme aufgestellt sowie Alimentationshilfen über →Arbeitsbeschaffungsmaßnahmen (ABM) u. ä. gewährt.

L werden in dieser „offiziellen" Version ausschließlich unter arbeitsmarktpolitischen Aspekten gesehen. Diese Sichtweise wird in der Praxis von gesellschaftspolitischen Inhalten überlagert, bei denen ökologische Gebrauchswertorientierung, sozial nützliche Dienst- und Produktleistungen und demokratische Arbeitsstrukturen einen ebenso hohen Stellenwert einnehmen, wie die Schaffung von Arbeitsplätzen (→Alternativbewegung).

II.
In der BR sind aufgrund der Massenarbeitslosigkeit seit Ende der 70er/Anfang der 80er Jahre zahlreiche L entstanden. Die Initiatoren und Träger sind ebenso heterogen wie die Gründungsanlässe, Zielvorstellungen und Aufgaben. Vereinfachend können unterschieden werden: Selbsthilfeinitiativen (→Selbsthilfe) und Selbstbeschäftigungsprojekte Arbeitsloser, deren vorrangiges Ziel die Beendigung der eigenen Arbeitslosigkeit ist. Ferner Projekte im Bereich der Selbstverwaltungswirtschaft bzw. Alternativ- und →Selbsthilfeökonomie, die viele Gemeinsamkeiten mit der ersten Gruppe haben, aber größeren Wert auf die Entwicklung von neuen Formen eines gemeinschaftlichen und selbstverwalteten Lebens und Arbeitens legen. Schließlich gibt es die sozialen Bildungs- und Beschäftigungsinitiativen in der Trägerschaft von gemeinnützigen Zweckvereinen, von anderen gemeinnützigen Organisationen (z. B. Kirchen und →Wohlfahrtsverbände) und von Kommunen für solche Arbeitslose, die durch ihre persönliche Situation, ihre schlechten Lebensbedingungen und durch Arbeitsmarktentwicklungen benachteiligt sind.

Zwischen diesen Gruppierungen gibt es fließende Übergänge: L bilden einen *neuen und „zusätzlichen" Arbeitsmarkt* gegenüber dem sog. regulären oder traditionellen →Arbeitsmarkt, d. h. gegenüber dem privatwirtschaftlichen Sektor, der anerkannten Wohlfahrtspflege und dem öffentlichen Dienst. Die Projekte nehmen dabei eine Art Mittelstellung ein: sie erfüllen keine staatlichen Pflichtaufgaben, sind aber gemeinnützig (→Gemeinnützigkeit) bzw. im öffentlichen Interesse und zeitlich befristet in solchen Bereichen tätig, die auch staatlich wahrgenommen werden könnten. Sie werden aus öffentlichen Mitteln während der Anfangsphase oder auch während der gesamten Laufzeit teilweise oder vollständig subventioniert. Manche längerfristig erfolgreichen L integrieren sich in den regulären Arbeitsmarkt, indem sie eine staatliche Dauersubvention zur Absicherung ihrer sozialpolitisch wichtigen Arbeit erreichen (sog. institutionelle Förderung), oder indem sie eigene funktions- und konkurrenzfähige Betriebe im privatwirtschaftlichen Sektor aufbauen (hier finden sich die sog. neuen Selbständigen).

Es wird geschätzt, daß 1990 im Bundesdurchschnitt auf ca. 100 000 Erwerbspersonen ca. 13 Initiativen aus dem Bereich der „sozialen Bildungs- und Beschäftigungsinitiativen" kommen; dazu gehören auch die Ausbildungs- und Beschäftigungsprojekte für arbeitslose Jugendliche und für Langzeitarbeitslose (→ Langzeitarbeitslosigkeit). Das bedeutet bundesweit ca. 3000 Initiativen mit 60 000–80 000 Mitgliedern, von denen ca. 2/3 ihr Einkommen überwiegend aus der Projektarbeit erzielen. Für den Bereich der Arbeitslosen-Selbsthilfeinitiativen und der Alternativprojekte (→ Alternative Projekte) können diese Schätzzahlen vermutlich noch einmal verdoppelt werden. Die L erfüllen gemeinnützige Aufgaben überwiegend im Dienstleistungsbereich. *Bevorzugte Tätigkeitsfelder* sind: → Umweltschutz einschließlich Energieeinsparung, → Stadterneuerung und Wohnumfeldverbesserung, → Kultur und → Bildung und schwerpunktmäßig → Soziale Dienste – wie z. B. soziokulturelle Zentren, Arbeitslosentreffs, → Frauenhäuser, Kindergruppen und -horte, → Jugendwohngemeinschaften und Angebote zur Berufsvorbereitung und Berufsausbildung.

Die ersten Projekte zur Beschäftigung und beruflichen Bildung für arbeitslose Jugendliche begannen Mitte der 70er Jahre. Viele dieser Projekte waren aus schon bestehenden Jugendwohngemeinschaften und Jugendzentren hervorgegangen, die ab Ende der 60er Jahre von der → Studenten- und Sozialarbeiterbewegung als Gegenmodelle zu den hierarchischen Angebotsstrukturen der traditionellen → Sozialarbeit und → Jugendarbeit, insbes. zur → Fürsorgeerziehung, in mehreren Städten initiiert worden waren. Die Projekte wurden mit der anwachsenden → *Jugendarbeitslosigkeit* konfrontiert, wogegen eine rein sozialpädagogische Betreuung und Beratung nichts ausrichten konnte. Deshalb wurden außerschulische, sozialpädagogisch begleitete Ausbildungs- und Beschäftigungsangebote entwickelt, in mehreren Städten auch mit massiver kommunaler Beteiligung und Unterstützung. Andere Jugendprojekte blieben jedoch stärker mit der gesellschaftskritischen Protestbewegung verbunden und versuchten, gleichzeitig gegen die zunehmende Jugendarbeitslosigkeit einerseits und die verschärfte Wohnungsnot junger Menschen andererseits vorzugehen. Dies gilt insb. für die *Kreuzberger Jugendprojekte,* deren Gründung und Entwicklung eng mit den → Bürgerinitiativen, Jugendprotesten und → Hausbesetzungen gegen die spekulative Stadtzerstörung verbunden ist.

Ein zentrales Problem der staatlichen Programme für L ist, daß eine arbeitsmarktpolitisch motivierte Ausweitung von sog. konsumtiven öffentlichen Ausgaben für die Arbeitslosen, von Lohnersatzleistungen bis zu Qualifizierungs- und Beschäftigungsmaßnahmen, im Zielkonflikt steht mit der wirtschaftspolitisch motivierten Ausweitung von sog. produktiven öffentlichen Ausgaben zur Förderung betrieblicher Investitionen. Dieser Zielkonflikt wurde in den letzten Jahren durch Ausgabenkürzungen im bereich der → Arbeitsmarktpolitik zugunsten der Wirtschaftspolitik entschieden.

Darüber hinaus überwiegt bei den gegenwärtig angewandten Instrumenten zur Förderung von L, insbes. für jüngere Arbeitslose, bisher die arbeitsmarktpolitische Zielvorstellung, die knappen öffentlichen Mittel auf möglichst viele Arbeitslose zu verteilen, um diese zu „motivieren" und zu „befähigen", sich in den regulären Arbeitsmarkt zu integrieren. Die Zuwendungsfinanzierung erfolgt als „versteckte Staatstätigkeit" im Infrastrukturbereich bzw. im Kultur- und Sozialbereich, jedoch bisher – verglichen mit den Arbeitsverträgen von festangestellten Beschäftigten – unter diskriminierenden Bedingungen (ungesicherte bzw. zeitlich befristete Arbeitsverhältnisse, Qualifizierungsmaßnahmen „ins Blaue" ohne anschließende Beschäftigungsperspektiven oder positive Beschäftigungschancen).

Dadurch wird das Problem der strukturellen Arbeitslosigkeit als ein individuell zu verarbeitendes bzw. persönliches Problem der Betroffenen definiert. Es wird nicht die sozial- und arbeitsmarktpolitische Schlußfolgerung gezogen, daß infolge der ständigen technologischen Revolutionierung des formellen Wirtschaftssektors eine Reintegration – auch bei Nutzung von allen verfügbaren beruflichen Fortbildungs- und Umschulungsangeboten – für die Mehrheit der Arbeitslosen einschließlich der jüngeren Langzeitarbeitslosen zunehmend schwieriger wird.

Auf lokaler Ebene sollte der Aufbau von Verbundsystemen aus vielen kleinen und spezialisierten Trägern, die Qualifizierungs- und Beschäftigungsmöglichkeiten für Arbeitslose vermitteln und durchführen, stärker durch öffentliche Mittel unterstützt werden. Eine erweiterte interne Differenzierung von Projektaufgaben, insb. die Einbeziehung von Wohnraumversorgung, beschäftigungsintensiven Dienstleistungen und handwerklichen Produktionen, von Ausbildungsmaßnahmen und Kulturaktivitäten könnte die Flexibilität des Handlungsnetzwerkes von L erhöhen und gleichzeitig – soweit dies Bestandteil des Selbstverständnisses der Projektmitglieder ist – auch Ansätze für eine „informelle Ökonomie" zur Befriedigung von alltäglichen Bedürfnissen der Projektmitglieder ohne Einschaltung des Warenmarkts bieten.

L.: Berg/Kück/Makowski (Hg.): Alternative Finanzierungskonzepte. Bestandsaufnahme, Konflikte, Modelle, Perspektiven; Berlin, 1986. Bonß/Heinze (Hg.): Arbeitslosigkeit in der Arbeitsgesellschaft; Frankfurt/M., 1984. Effinger/Sosna/Schlake: Vom Ausstieg zum Umbau. Arbeit und Leistung in L in der Region Bremen. Forschungsbericht an der Hochschule für öffentliche Verwaltung; Bremen, 1988. Kaiser, Manfred, u. a., Qualifizierungs- und Beschäftigungsinitiativen in der Bundesrepublik Deutschland. Herausforderungen an eine lokale Beschäftigungspolitik; in: BBJ Consult INFO Nr. 14/15, 1988, 5–41. Kommission der Europäischen Gemeinschaften (Hg.): Forschungs- und Aktionsprogramm zur Entwicklung des Arbeitsmarktes. Rechtliche, steuerliche, soziale und administrative Hindernisse für örtliche Beschäftigungsinitiativen in 3 Bänden; Luxemburg, 1986. Maier/Wollmann (Hg.): Lokale Beschäftigungspolitik; Basel u. a., 1986. Maier, Frederike: Beschäftigungspolitik vor Ort. Die Politik der kleinen Schritte. Hg. vom Wissenschaftszentrum Berlin für Sozialforschung, Forschungsschwerpunkt Arbeitsmarkt und Beschäftigung; Berlin, 1988. Ministerium für Arbeit, Gesundheit und Soziales des Landes NRW (Hg.): Förderung örtlicher Beschäftigungsinitiativen; Herford, 1986. Gerhard Buck (II.), Torsten Eichler (I.)

**Lokale Instanzen des Zentralstaats**
→ Lokale staatliche Institutionen

**Lokale Politik**
→ Kommune

**Lokale Politikforschung**
→ Lokale Staatliche Institutionen

**Lokale Sozialpolitik**
Nach etwa 100 Jahren expansiver staatlicher → Sozialpolitik, die mit der Schaffung umfassender sozialer Sicherungssysteme verbunden war, wurde seit Beginn

der 80er Jahre die L wiederentdeckt. Ausgangspunkt war einerseits die Kritik an Funktionsfähigkeit und Wirksamkeit staatlicher Sozialpolitik, die mit den Begriffen →Bürokratisierung, →Verrechtlichung, →Professionalisierung verbunden wird; andererseits handelte es sich um die finanzielle Krise des →Sozialstaats (→Staatsfinanzkrise), die durch steigende Kosten und die abnehmende Bereitschaft zu weiteren Beitragssteigerungen etc. entstanden war. Seit Beginn der 80er Jahre sind deshalb erstmals Leistungskürzungen in größerem Stil durchgesetzt worden.

Vor diesem Hintergrund hat die L erneut Beachtung gefunden. Anknüpfungspunkte ergeben sich – historisch – aus dem sozialpolitischen Engagement der Gemeinden und einzelner Bürger(-gruppen; →Bürgerinitiativen), die lange vor den staatlichen Maßnahmen aktiv waren. Formal ergibt sich aus Art. 28 GG das „Recht, alle Angelegenheiten der örtlichen Gemeinschaft im Rahmen der Gesetze in eigener Verantwortung zu regeln". Sowohl grundsätzlich als auch für die L bleibt umstritten, ob von einem qualitativ eigenen, vom →Staat distanzierten Aufgabenbereich der lokalen Politik und Verwaltung gesprochen werden kann. Insofern bleibt der Status einer L weiterhin unbestimmt.

Für die Entwicklung der L bieten sich jedoch einige (eher praktische) Anknüpfungspunkte (Pankoke 1985):
– Die Durchführung staatlicher Sozialpolitik erfolgt in großem Umfang auf der örtlichen Ebene, wobei der „mittelbaren Staatsverwaltung" (Kommunalverwaltung; →kommunale Selbstverwaltung) Ermessungsspielräume zugestanden werden, „sich nach den Besonderheiten des Einzelfalles, vor allem nach der Person des Hilfempfängers, der Art seines Bedarfs und den örtlichen Verhältnissen" zu richten (§ 3 Abs. 1 BSHG).
– Unter dem Aspekt von „Policy", d.h. der Entwicklung einer Programmstruktur für L, kann auf die besondere Problemnähe und die andersartige Wahrnehmung „neuer sozialer Probleme" auf örtlicher Ebene verwiesen werden. Aktuell gewinnen Handlungserfordernisse in den Grauzonen des →Wohlfahrtstaats (z.B. verschämte Armut) und des →Arbeitsmarktes (z.B. Folgeprobleme der →Langzeitarbeitslosigkeit) an Bedeutung.
– Unter dem Aspekt von „Politics" ist zu beachten, daß die wohlfahrtsstaatlichen Arrangements auch auf die Macht- und Willensbildung der lokalen Ebene durchschlagen können. Im Horizont kommunaler Öffentlichkeit entwickeln sich neue Handlungspotentiale und Bewegungskräfte (Bürgerinitiativen, →Selbsthilfegruppen, Modernisierung der Verbände, autonome Projekte etc.), die neue Muster der Einflußnahme und (Mit-)Gestaltung zur Folge haben. Insgesamt geht es auch um eine horizontale Koordination aller Kräfte, die Beiträge zur Bewältigung sozialer und gesundheitlicher Probleme leisten.
– Unter dem Aspekt der „Polity" steht die äußere (formale) Fassung der L zur Diskussion (Kommunalverfassung; Ortsrecht, Verfahrensmuster) sowie ihre Beziehung zum Stil des politischen Umgangs und des örtlichen Selbstverständnisses (kommunale Autonomie). Von besonderer Bedeutung könnte die Schaffung neuer „intermediärer Felder" auf örtlicher Ebene darstellen, in denen sich „Betroffene" und „Verantwortliche" in veränderter Form zur Zusammenarbeit bereitfinden (→Intermediarität).

Vorerst bleiben dies Hinweise und Optionen für eine L. Es ist keineswegs sicher, daß es tatsächlich zu einer Verdichtung sozialpolitischer Aktivitäten und zu einer lokal verankerten Gestaltung sozialpolitischer Funktionen kommt. Die Vielzahl der schon jetzt auf örtlicher Ebene durchgeführten Aufgaben – wie Sozialhilfegewährung, →Sozialarbeit, Gewährung von →Arbeitslosengeld, Arbeitslosenhilfe, →Wohngeld, Beratungsdienste, ambulante und stationäre Pflege, Freizeitangebote für verschiedene Altersgruppen usw. – garantiert noch keine L. Es kann sich um mehr oder weniger unkoordinierte Einzelaufgaben und -aktivitäten verschiedener örtlicher Ämter und Einrichtungen handeln: →Sozialamt, Jugendamt (→Jugendämter), →Wohnungsamt, →Gesundheitsamt, Arbeitsamt (→Arbeitsverwaltung), →Sozialstationen, Tagesstätten, Alten- und Pflegeheime u.v.a.m. Der rasche „Niedergang" einer örtlichen →Sozialplanung (nach intensiven Bemühungen in den 70er Jahren) spricht für eine solche Kennzeichnung der Situation.

Ein weiterer wichtiger Faktor ist der finanzielle Spielraum für eine L. Solange der Sozial*staat* die finanziellen Engpässe *und* ihre Bewältigung auf die kommunale Ebene „verschiebt" (z.B. bei der Sozialhilfe), werden die Möglichkeiten, „freiwillige", besondere Leistungen der L zu entwickeln, an den vorrangig zu erfüllenden Pflichtaufgaben durch Mittelknappheit weiter eingeschränkt. L bleibt dann nur die Funktion einer staatlich induzierten Mangelverwaltung und ggf. eines akuten Krisenmanagements auf örtlicher Ebene.

L.: Heinze, R. G., u.a.: Der neue Sozialstaat; Freiburg, 1988. Hesse/Wollmann (Hg.): Probleme der Stadtpolitik i.d. 80er Jahren; Frankfurt a.M., 1983. Kaufmann, F.X. (Hg.): Bürgernahe Sozialpolitik; Frankfurt a.M., 1979. Krüger/Pankoke, (Hg.): Kommunale Sozialpolitik; München, 1985.

Dieter Grunow

## Lokale Staatliche Institutionen (LSI)

Mit dem Begriff LSI werden sämtliche auf lokaler Ebene angesiedelten staatlichen Institutionen – unabhängig von ihrer formalen Zuordnung zum Zentralstaat (Bund, Länder) oder zu den →Kommunen – zusammengefaßt. Es ist aber zweckmäßig, zwischen den Kommunen (K) selbst und den Lokalen Instanzen des Zentralstaates (LIZ – z.B. lokale Zweigstellen von Sanierungsträgergesellschaften der Länder; Regionalplanungsgremien) zu unterscheiden.

Der Begriff LSI geht zurück auf den von der brit. Sozialwissenschaftlerin Cynthia Cockburn geprägten, aber weniger präzisen, weil unzulässig vereinheitlichenden Begriff ‚lokaler Staat'. Beide Begriffe sind Ausdruck jüngster Bemühungen, die gesellschaftskritische Staatstheorie, die sich bisher fast ausschließlich auf die zentrale Ebene bezog, so zu verfeinern, daß sie der vertikalen und räumlichen Differenzierung des →Staates gerecht wird und somit das Verhältnis der verschiedenen Staatsebenen zueinander präzise erfassen kann. Ihre Verwendung richtet sich auch gegen die rechtsdogmatische Modellvorstellung eines fundamentalen Gegensatzes zwischen ‚autonomen' K als Teil der →Gesellschaft einerseits und dem Staat andererseits. Der hier erstmals verwendete Begriff ‚Lokale Wohlfahrtsstaatliche Institutionen' (LWI) soll jenen Teil der LSI bezeichnen, der vorrangig oder in wesentlichem Maße mit der Sicherung oder Verbesserung der →Lebenslage lokaler sozialer Gruppen oder der lokalen Bevölkerung insgesamt befaßt ist (auf seiten der K sind das z.B. der Sozialausschuß des Rates und das Sozialdezernat der Verwaltung; gegenwärtig wichtigster Teil der LWI des Zentralstaates ist das Arbeitsamt; →Arbeitsverwaltung).

Bereits in den 70er Jahren wurde unter dem Begriff ‚Lokale Politikforschung' der Durchgriff des Zentralstaates auf die lokale Ebene diskutiert. Dies geschah in Reaktion auf die Ausweitung zentralstaatlicher Steuerungsinstrumente bzw. -instanzen seit den 60er Jahren zwecks Koordinierung von Konjunktur-, Struktur- und Regionalpolitik. In den 80er Jahren haben insb. zwei Entwicklungen zu einem neuen Nachdenken über die Beziehungen zwischen den verschiedenen staatlichen Ebenen und damit zur Aktualität des Begriffs LSI geführt: (a) Im Zuge der ökonomischen Stagnations- und Umstrukturierungskrise seit Mitte der 70er Jahre sind die ‚altindustriellen' Regionen vom Niedergang geprägt. Dort stecken die LSI, v.a. die LWI, in der Klemme zwischen einerseits sinkenden eigenen Einnahmen, diese Einnahmenverluste unzureichend kompensierenden Finanzzuweisungen und Kürzungsauflagen seitens des Zentralstaates und andererseits wachsendem sozialen Problemdruck, insb. den Folgen der Arbeitslosigkeit sowie dem wachsenden Anteils alter Leute und ‚unvollständiger Familien', und den vom Zentralstaat zusätzlich aufgebürdeten Aufgaben (z. B. Existenzsicherung vieler Langzeit-Arbeitsloser durch die Sozialhilfe nach dem Entfallen ihres Anspruchs auf Arbeitslosenunterstützung).

(b) In Opposition zur Politik der Zentralregierung stehende politische Initiativen (z. B. für die Ausweitung des →sozialen Wohnungsbaus) und ‚alternative →soziale Bewegungen' (z. B. die Selbsthilfebewegung) betrachten die LSI, genauer meist die LWI, als den für sie adäquaten ‚Brückenkopf im staatlichen Gelände', um finanzielle und organisatorische Unterstützung zu bekommen und verkrustete Strukturen aufzubrechen.

In der Diskussion um die LSI geht es, insb. mit Blick auf die K, um drei Grundfragen: 1. Warum gibt es überhaupt LSI? 2. Haben die LSI eine bestimmte Funktion innerhalb des Gesamtstaates? 3. Wie groß ist der Handlungs- und Entscheidungsspielraum der LSI gegenüber dem Zentralstaat?

Zu 1.: Daß es überhaupt LSI (jedweder) Art gibt, wird damit erklärt, daß die gesellschaftliche Entwicklung in einem Staat immer räumlich ungleich verläuft und daher ein räumlich differenziertes Steuerungssystem erforderlich ist. Damit ist aber noch nicht erklärt, warum es einerseits die K, andererseits die LIZ gibt. Die Klagen über den Verlust ‚kommunaler Autonomie' und die Zunahme zentralstaatlicher Steuerung auf der lokalen Ebene legen die Frage nahe, warum die K nicht schon längst durch LIZ ersetzt worden sind.

Das Fortbestehen der K wird im wesentlichen mit zwei Argumenten begründet: (a) Sie dienen als ‚Puffer- und Filterzone', deren Scheinautonomie geeignet ist, Verantwortlichkeiten für die je konkreten Lebensverhältnisse von der zentralstaatlichen Ebene abzuwälzen und soziale Konflikte zu absorbieren (C. Offe). (b) Die für den Kapitalismus konstitutive, räumlich ungleiche Entwicklung läßt lokal spezifische Interessen und Konflikte entstehen, die in Staaten mit repräsentativer Wahldemokratie Interpretation und Repräsentation bzw. legitimierte Aushandlungsprozeduren erfordern (Duncan/Goodwin).

Das erste Argument kann empirisch z. B. damit belegt werden, daß die Sozialhilfe (→Bundessozialhilfegesetz), für die die K verantwortlich sind, zunehmend die Rolle eines sozialen Auffangnetzes für Langzeit-Arbeitslose spielt. Andererseits ist es unzulässig, von vornherein davon auszugehen, daß die K keinen nennenswerten Handlungs- und Entscheidungsspielraum haben und daß der ‚Puffer- und Filter'-Mechanismus zuverlässig funktioniert. Beide Annahmen müßten erst in räumlich und zeitlich vergleichenden Untersuchungen überprüft werden. Das zweite Argument tendiert eher dazu, die Funktionsfähigkeit der K als Organ lokaler Interessenvertretung sehr hoch einzuschätzen. Es wäre zu untersuchen, inwieweit lokal spezifische Interessen in der Institution der K überhaupt zum Ausdruck kommen bzw. inwieweit die K als Instrument der Durchsetzung zentralstaatlicher Politiken dienen. – Die Frage, warum es die K überhaupt gibt, ist also noch nicht hinreichend beantwortet.

Die Existenz der LIZ wird meist damit erklärt, daß der Zentralstaat Entscheidungen über die Feinsteuerung ökonomisch relevanter Politiken demokratischer Kontrolle entziehen will. Dies trifft oft zu (z. B. bei Regional- und Verkehrsplanungsgremien), allerdings verhalten sich K oft ähnlich (z. B. durch Gründung privatrechtlicher Wirtschaftsförderungsgesellschaften anstelle der Ämter für Wirtschaftsförderung; →Privatisierung). Andererseits sind die Ar-

1311

beitsämter demokratischer Kontrolle relativ zugänglich, obwohl ihre wohlfahrtsstaatlichen Aufgaben z.T. erhebliche wirtschaftspolitische Relevanz besitzen. Die Aussage, die LIZ seien dazu da, Entscheidungen gegen demokratische Kontrolle abzuschotten, muß also relativiert werden.

Zu 2.: Häufig wird das ‚Wesen' der K in der Erfüllung wohlfahrtsstaatlicher Funktionen gesehen; sie werden also faktisch mit den LWI gleichgesetzt. So wird in Dt. die ‚Gemeinde' mit dem von E. Forsthoff geprägten Begriff →‚Daseinsvorsorge' in Verbindung gebracht. In Großbritannien dagegen hat die These Anhänger, die K organisierten vorrangig die ‚soziale' bzw. →Kollektive Konsumtion', deren Funktion in der Reproduktion der Arbeitskraft besteht (Cawson/Saunders); als vorwiegende Funktion des Zentralstaates wird dagegen die Gewährleistung der Kapitalakkumulation betrachtet. Doch muß man zumindest für die BR die Frage nach einer spezifischen Funktion der K verneinen. Einerseits ist der Wohlfahrtsstaat größtenteils auf der zentralen Ebene organisiert (z.B. fast die gesamte soziale Sicherung und die Wohnungsbauförderung), andererseits versuchen die K auf vielfältige Weise, die Kapitalakkumulation zu fördern (z.B. durch Erschließung von Industriegebieten). Es trifft aber zu, daß die K spezifische konkrete Aufgaben haben: traditionell z.B. die →Armenfürsorge, heute Sozialhilfe genannt, und die Bereitstellung bestimmter Einrichtungen (z.B. des öffentlichen Personen-Nahverkehrs). Deren Funktionen für das gesellschaftliche System können aber nur empirisch ermittelt werden.

Aus aktuellen Gründen sind nach Ansicht vieler Beobachter den LWI zwei neue Rollen zugefallen: (a) Weil immer mehr Langzeit-Arbeitslose auf die Sozialhilfe angewiesen sind, spiele der kommunale Teil der LWI die Rolle eines ‚sozialen Mülleimers' in der Arbeitsmarkt-Krise. (b) Unter dem Zwang, in finanzieller Notlage nach neuen Lösungen für die wachsenden Probleme suchen zu müssen, und unter dem Druck oppositioneller Initiativen und alternativer sozialer Bewegungen hätten sich die LWI (nicht nur der kommunale Teil, sondern gerade auch das Arbeitsamt) zu ‚sozialpolitischen Experimentierfeldern' entwickelt. – Beide Diagnosen beschreiben zutreffend gewisse Entwicklungen seit den späten 70er Jahren. Doch charakterisieren sie nicht die Realität aller LWI in allen Regionen.

Zu 3.: Die Charakterisierungen des Handlungs- und Entscheidungsspielraums der K gegenüber dem zentralen Staat reichen von ‚Ausführungsorgan' bis ‚Gegenmacht'. Leider basieren sie regelmäßig auf der Untersuchung lediglich von Teilbereichen bestimmter, in sich keineswegs einheitlicher K. Eine zuverlässige Aussage wird erst dann möglich sein, wenn man verschiedene Teilbereiche von K in verschiedenen Regionen verglichen hat. Hier sollen lediglich einige sehr allgemeine Aussagen über (potentielle) Handlungs- und Entscheidungsspielräume bei den ‚Einnahmen', den ‚Ausgaben' und der ‚qualitativen Gestaltung in Politikfeldern' gemacht werden:

(a) Einnahmen: Gewiß trifft es zu, daß die K nur über begrenzte eigene Einnahmequellen verfügen (im wesentlichen Grund-, Gewerbe- und 15%-Anteil an der Einkommenssteuer; Gebühren), die zudem in Krisenregionen spärlicher fließen. Zwar können die K diese Einnahmequellen (abgesehen vom Einkommenssteuer-Anteil) in Grenzen stärker anzapfen (Erhöhung der Steuerhebesätze und Gebühren), doch wird dies nur nach Maßgabe der zu erwartenden Konflikte mit den Betroffenen und vermuteten ‚Image'-Wirkungen auf die Zuzugswilligkeit von Betrieben und Haushalten tun. Weil die Aufgaben und Belastungen die eigene Finanzmasse weit übersteigen, sind gerade die K in Krisenregionen immer stärker auf Finanzzuweisungen des Zentralstaates angewiesen. Die nicht-zweckgebundenen Zuweisungen werden nach dem Maßstab der Finanzkraft und Belastungen der K verteilt, stellen aber keinesfalls eine vollständige Kompensation dar. Über die Beantragung von mit Auflagen verbundenen zweckgebundenen Zuweisungen haben die K politisch zu entscheiden. Die Tendenz geht aber dahin, die Höhe der Zuschüsse und nicht die Dringlichkeit der Probleme zum Maßstab der Entscheidungen zu machen. – Auf dem Terrain der Finanzzuweisungen ist das Konfliktniveau zwischen den K und dem Zentralstaat hoch.

(b) Ausgaben: Gegenwärtig werden etwa 90% der Ausgaben der K durch Gesetze, Richtlinien und Erlasse des Zentralstaates festgelegt. Dennoch können die K in ihren Etats Ausgabenerhöhungen und -kürzungen in bewußtem Gegensatz zur Politik des Zentralstaates vornehmen (z. B. Auflegen eines eigenen Programms für den Bau von Sozialwohnungen, aber Verzicht auf kostspielige Maßnahmen zur Wirtschaftsförderung). Auch ohne anderweitige Kürzungen können die K durch Schuldenaufnahme ihre Ausgaben stärker erhöhen als ihnen aktuell Einnahmen zufließen. Die Schuldenaufnahme wird die zentralstaatliche Kommunalaufsicht (d. h. das Regierungspräsidium, das den Haushalt zu genehmigen hat) v. a. bei finanzschwachen K dann eindämmen wollen, wenn der Zentralstaat Austeritätspolitik betreibt. Im Gegensatz zu Großbritannien sind in der BR aber bisher keine spektakulären Fälle bekanntgeworden, daß K bewußt gegen die Prioritäten der Ausgabenpolitik des Zentralstaates bzw. gegen dessen Austeritätspolitik gehandelt hätten.

(c) Qualitative Gestaltung von Politikfeldern: Es ist eine politische Entscheidung der K, ob sie z. B. in der Kulturpolitik mehr die ‚alternative‘ oder mehr die ‚etablierte‘ Kultur fördern, in der Wirtschaftsförderung eher auf mittelständische oder eher auf Großbetriebe zielen oder in der Sozialpolitik stärker Selbsthilfegruppen oder traditionelle Klientenbetreuung unterstützen. In dem Maße allerdings, in dem die K in einem Politikfeld auf zweckgebundene Zuweisungen des Zentralstaates (z. B. Zuschüsse für Investitionen in Einrichtungen) angewiesen sind, engt sich ihr Gestaltungsspielraum gegenüber dem Zentralstaat ein, denn die Zuweisungen sind in der Regel mit Gestaltungsauflagen verbunden. Doch selbst bei der Implementation zentralstaatlicher Politiken bestehen z. T. beträchtliche Gestaltungsspielräume (z. B. bei zentralstaatlichen Jugendförderplänen). Gegenwärtig trifft es zwar zu, daß einige K – z. T. der Not gehorchend, z. T. als Ergebnis rot-grüner Ratsmehrheiten – neue Wege in der Sozial- und Kulturpolitik zu gehen versuchen, aber dies geschieht nur in Ausnahmefällen in heftigem Konflikt mit dem Zentralstaat.

Das Fazit der Punkte (a) bis (c) lautet: Die K sind weder reine ‚Ausführungsorgane‘ des Zentralstaates, noch treten sie in breiter Front als ‚Gegenmacht‘ gegen die zentralstaatliche Politik auf. Auf jeden Fall haben die K einen z. T. erheblichen Handlungs- und Entscheidungsspielraum. Ob bzw. wie weit er genutzt wird, hängt letztlich vom Kräfteverhältnis zwischen den in den K und den auf der zentralen Ebene wirksamen Interessen ab.

Über den Handlungs- und Entscheidungsspielraum der LIZ gegenüber dem Zentralstaat selbst lassen sich gegenwärtig kaum Aussagen machen. Sie dürften aber einen nicht unwesentlichen Spielraum bei der Implementation zentralstaatlicher Politiken besitzen und vermutlich sogar (als Rückkoppelungsinstanzen) nicht ohne Einfluß auf die Formulierung dieser Politiken sein.

L.: Blanke/Evers/Wollmann (Hg.): Die zweite Stadt. Neue Formen lokaler Arbeits- und Sozialpolitik; Leviathan-Sonderheft 7; Opladen, 1986. Bullmann/Gitschmann (Hg.): Kommune als Gegenmacht. Alternative Politik in Städten und Gemeinden; Hamburg, 1985. Cawson/Saunders, Corporatism, competetive politics and class struggle; in: King, R., Capital and Politics; London, 1983. Cockburn, Cynthia: The local state. Management of cities and people; London, 1977. Duncan/Goodwin: The local state and uneven development. Behind the Local Government crisis; Oxford, 1988. Duncan/Goodwin/Halford, Politikmuster im lokalen Staat: Ungleiche Entwicklung und lokale soziale Verhältnisse; in: Prokla 1987/68, 8–29. Krämer/Neef (Hg.): Krise und Konflikte in der Großstadt im entwickelten Kapitalismus. Texte zu einer ‚New Urban Sociology'; Basel usw., 1985. Krätke/Schmoll, Der lokale Staat – ‚Ausführungsorgan' oder ‚Gegenmacht'?; in: Prokla 1987/68, 30–72. Krüger/Pankoke (Hg.): Kommunale Sozialpolitik; München, Wien, 1985. Offe, C., Zur Frage der ‚Identität der kommunalen Ebene'; in: Grauhan, R.-R., Lokale Politikforschung 2; Frankfurt, New York, 1975.

Jürgen Krämer

**Lokale wohlfahrtsstaatliche Institutionen**
→ Lokale staatliche Institutionen

**Lokaler Wohlfahrtsstaat**
→ Lokale staatliche Institutionen

**Lotterie**
Die L ist eine seit dem 16. Jh. bekannte Glücksspielvariante, bei der gegen eingezahltes Geld Lose oder Ziffern gezogen werden, die nach einem Zufallsmuster über den Verlust des Einsatzes oder über einen Gewinn in Geld (Geld-L) oder Ware (Waren-L) entscheiden. Bei der sog. Wohltätigkeits-L wird der Erlös für mildtätige und gemeinnützige Zwecke (→Gemeinnützigkeit) abgeführt. Zeitgenössische Spendenaktionen (→Spenden) bedienen sich v. a. der Medien („Fernseh-L"; z. B. „Glücksspirale", „Aktion Sorgenkind").

**Lüders, Marie-Elisabeth**
1878–1966; Leiterin des Frauenreferats beim Preuß. Kriegsministerium (bis 1918); Reichstagsabgeordnete der Deutschen Demokratischen Partei (bis 1932); 1945–53 Magistratsmitglied der FDP in Berlin; 1953–61 Alterspräsidentin des Bundestages; Mitbegründerin und Ehrenpräsidentin des Deutschen Frauenrings.

L.: L: Fürchte Dich nicht; Köln, Opladen, 1963.

# M

**Mädchenarbeit**
→Jugendarbeit, →Jugendverbandsarbeit

**Männerbewegung**
Der Begriff „M" ist problematisch. Nur eine geringe Anzahl von Männern nimmt an Männerselbsterfahrungsgruppen teil; eine verschwindend kleine Zahl engagiert sich in Männerprojekten. Außerdem wird M analog zur →Frauenbewegung gesehen. Es handelt sich aber um zwei, in ihrem Charakter unterschiedliche Phänomene: Während Frauen sich gegen Unterdrückung wehren und von Zwängen emanzipieren, sind die Situation und die Motivation sich verändernder Männer *ambivalent*. Männer haben in erster Linie Privilegien abzugeben (wenn sie auch etwas zu gewinnen haben: vor allem menschlichere Beziehungen zu Frauen, Männern und Kindern). Deswegen kommt es nicht zu einer breiten Mobilisierung, obwohl die Zahl der sich engagierenden Männer seit den 70er Jahren sehr langsam, aber kontinuierlich gestiegen ist.

Seit es Frauenbewegungen gibt, haben einzelne wenige Männer den Kampf der Frauen gegen ihre Diskriminierung und Verfolgung unterstützt. Zumindest in den USA existierten schon am Anfang unseres Jahrhunderts Vereine von Männern, die sich gegen Frauenunterdrükkung wandten. Das historisch Neue der „M", wie wir sie seit den 70er Jahren kennen, ist nicht diese Seite ihres Wirkens, sondern die Veränderung persönlichen Verhaltens und Empfindens. Die ersten Männergruppen entstanden in der Folge und im sozialen Umfeld der neuen Frauenbewegung – zunächst in den USA (1969), andere Länder folgten (die BR 1974). Sie orientierten sich an den Selbsterfahrungsgruppen (consciousness-raising groups; →Selbsterfahrung) der Frauen. Die „M" verbindet (mit Frauen und Schwulen) eine Solidarisierung mit Ideen des „persönlichen Wachstums", die ihre Wurzeln im „Human Potential Movement" haben, das in den 50er Jahren in den USA entstand.

In den 70er Jahren waren die Männergruppen auf die Alternativszene beschränkt, die aus der →Studentenbewegung entstanden war. Sie erschienen als exotische Außenseiter, zumal selbst die Frauen- und die Schwulenbewegung erst langsam akzeptiert wurden. Die Männergruppen der 70er Jahre waren radikaler und experimentierfreudiger als die heutigen. Mit der allgemeinen Verbreitung von Ideen der Frauenbewegung, die von Männern übernommen wurden (vgl. Metz-Göckel/Müller 1985), kam das Thema Veränderung der Männer im Laufe der 80er Jahre in das Bewußtsein vieler Menschen. Deshalb entstanden in der 2. Hälfte der 80er Jahre Projekte der „M", die sich an eine breitere Öffentlichkeit wandten.

Männergruppen, die sich als *antisexistisch* (↔Sexismuus) verstehen, setzen sich persönlich und politisch für die Gleichstellung der →Geschlechter ein. Die Männer versuchen, sich von ihrer Leistungs- und Konkurrenzfixierung zu lösen und sich stärker auf Beziehungen zu Menschen einzulassen. Die Unterdrückung der Schwulen und der schwulen Anteile (→Homosexualität) werden als Element der Abwehr/Anziehungs-Ambivalenz bewußt gemacht; Homophobie verhindert offenere und persönlichere Beziehungen unter Männern, die die Konkurrenz und das männerbündlerische Verhalten aufheben würden. Die Motivation der antisexistisch orientierten Männer ist vielschichtig; oft haben sie einen engagierten politischen Hintergrund. Sie erkennen, daß sie als Mann bei einer tiefergehenden Veränderung Privilegien abzugeben haben. Zugleich sind sie persönlich durch die Gewinne einer nicht-herrschenden Männlichkeit und durch die „Kosten" der herrschenden Männlichkeit motiviert.

1315

Primäre Ziele der *psychologistischen* Tendenz in der „M" sind Selbstverwirklichung, persönliche Entfaltung und „Wachstum" des Individuums. Nach dieser Vorstellung ist der Mann „im Kern" gut, d. h. kooperativ, nicht gewalttätig, etc; lediglich die →Erziehung oder m. a. W. die →Gesellschaft habe ihn zum unterdrückerischen Mann gemacht. In dieser Sicht hat der Mann – der einzelne ebenso wie die Männer in ihrer Gesamtheit – keine Gewinne durch die Unterdrückung von Frauen. Die „Gesellschaft" wird hier zur Leerformel und dient der Entlastung des einzelnen Mannes. Da die Gesellschaft als eine Ansammlung von Individuen betrachtet wird, existieren lediglich Veränderungsprozesse, die am Einzelnen ansetzen in Gestalt von psychischen Veränderungen. Strukturelle Männerherrschaft in allen ihren Facetten und der politische Kampf dagegen werden hierbei übergangen.

Die Schwierigkeiten eines antisexistischen Engagements liegen darin, daß sich Männer (aber nicht nur sie allein) in der politischen Auseinandersetzung tendenziell an die Spielregeln herrschender Männlichkeit anpassen müssen. Diesem Anpassungsdruck wich die „M" bisher weitgehend dadurch aus, daß sie eher im Bereich der Selbsterfahrungsgruppen und der therapeutischen Veränderungsprozesse blieb. Die meisten Männerprojekte hingegen versuchen sich der politischen Aufgabe zu stellen, ohne in den Sog herrschender Politikmännlichkeit zu geraten.

In den USA und in den letzten Jahren auch in der BR kamen mit New Age neue Trends innerhalb der „M" auf, die starke Tendenzen zu einer Restauration herrschender Männlichkeit in sich tragen. Wir finden hier Analogien zu den Diskussionen über Neue Weiblichkeit am Anfang der 80er Jahre. Eine historische Entwicklungslinie führt dabei zurück auf die Archetypenlehre →C. G. Jungs, der die Ergänzung der Männlichkeit durch weibliche Anteile („Anima") und analog die Ergänzung der Weiblichkeit durch männliche Anteile („Animus") anstrebte. Dieser an sich emanzipatorische Ansatz wird durch die Ontologisierung der jeweiligen geschlechtsspezifischen Zuschreibungen konterkariert. Die Rezeption von Märchen durch den Spiritus rector der *mythopoëtischen* „M" in den USA, Robert Bly, knüpft an diese Tradition der Suche nach einer ursprünglichen, in den Archetypen und Träumen verankerten Männlichkeit an. Die Unabhängigkeit von der Mutter/ Weiblichkeit ist dabei ein zentraler Topos. Männlichkeit hat hier ihre geschichtliche Gewordenheit verloren und erscheint als selbstredende Evidenz. Der rationale Diskurs und die politische Veränderung werden zweitrangig.

Die meisten gesellschaftlichen Institutionen (Parteien, Kirchen, etc.) sind von männlichen Interessen geprägt und betreiben die →Modernisierung der Männerherrschaft. Das Spezifische an *maskulistischen* Organisationen ist ihr Impetus, wegen angeblicher Diskriminierung von Männern in bestimmten Bereichen eine Verbesserung des Status von Männern anzustreben. Beispielsweise verstehen sie die frühere →Mortalität oder den höheren Anteil der Männer bei der →Kriminalität als Zeichen ihrer Diskriminierung. Im Unterschied zu den USA sind in der BR antifeministisch-maskulistische Männer nicht als solche organisiert. In den USA hat sich seit dem Ende der 70er Jahre eine „Männerbefreiungsbewegung" um den Psychotherapeuten Herb Goldberg gebildet. Bei ihm zeigt sich die Verknüpfung von treffenden Analysen der persönlichen Veränderungen von Männern mit antifeministischen Zielen. In der BR bildeten sich zwar auch Männervereine, die die Reform des Scheidungsrechts der 70er Jahre rückgängig machen oder das Recht der →elterlichen Sorge bzw. das →Umgangsrecht für Väter erreichen wollten. Sie blieben jedoch beschränkt auf diese spezifischen Zielsetzungen.

Heute ist die „M" durch verschiedene *Projekte* organisiert. Die wichtigste Rolle

spielen die Männerzentren. Die meisten dieser Zentren benutzen den bürokratisch klingenden Begriff „Männerbüro". Sie fungieren als Anlaufstelle unterschiedlicher Aktivitäten interessierter Männer und führen Informations- und Diskussionsveranstaltungen zu den unterschiedlichsten Themen, die mit Männlichkeit und Männerherrschaft zu tun haben, durch. Persönliche Themen (z. B. →Sexualität, Beziehungen) werden ebenso angesprochen wie politische (z. B. § 218, Rechtsradikalismus als Männlichkeitsproblematik). Viele Männerzentren beraten telefonisch und persönlich. Die Anliegen der ratsuchenden Männer ergeben ein weites Spektrum. In der BR bestanden 1989 (je nach Definition) ca. 10 bis 20 Männerzentren. In einigen Städten arbeiten Gruppen, die gewalttätige Männer beraten bzw. therapieren. Weitere Projekte der „M" sind die jährlich stattfindenden „bundesweiten Männertreffen", der „Männerkalender" (er ist Quelle für Adressen der „M"), der „Arbeitskreis antisexistische Männerstudien", der „Rundbrief antisexistischer Männer" und der monatliche Terminkalender „Switchboard".
L.: Carrigan/Connell/Lee, Toward a new Sociology of Masculinity; in: Theory and Society, 1985, Volume 14, No. 5. Metz-Göckel/Müller: Der Mann; Hamburg, 1985.

Georg Brzoska, Gerhard Hafner

## Männerforschung

In den USA wurden in den 80er Jahren an einer Reihe von Universitäten und Colleges „men's studies" (= „M", „Männer-Studien") eingerichtet – eine offensichtliche Parallele zur →Frauenforschung (women's studies). Einer der Vertreter der amerik. M, Harry Brod, formulierte die Aufgabe der neuen Disziplin: „Während die traditionelle Wissenschaft *offensichtlich* von Männern handelt, schließt die Verallgemeinerung von Männern als menschlicher Norm faktisch eine Betrachtung dessen aus, was Männern *als solchen* zu eigen ist. Die Über-Verallgemeinerung der männlichen als allgemein-menschlicher Erfahrung verzerrt nicht nur unser Verständnis, was, wenn überhaupt, menschlich ist; sie schließt auch das Studium von Männlichkeit als *spezifisch männlicher* Erfahrung aus (...). Die allgemeinste Definition von ‚M' ist die, daß sie Männlichkeit und männliche Erfahrung als spezifische und je nach sozial-historisch-kultureller Formation variierende zum Gegenstand hat" (1988, 40).

Umstritten ist, inwiefern der Umgang mit der Differenz, den die M – wie auch die (feministische) Frauenforschung – einfordert, mehr ist als eine systematisierte Form der →Selbsterfahrung. Um die Frage zu beantworten, ob M ein neuer wissenschaftlicher Gegenstandsbereich ist – wie Familienforschung, Berufsforschung etc. –, hilft eine historische Systematisierung der Thematisierung der sozialen Kategorie →„Geschlecht" in den Sozialwissenschaften (vgl. Walby 1988). Die erste Phase ist von einer weitgehenden Ignoranz gegenüber dem „Geschlecht" gekennzeichnet, die nur von wenigen Autoren durchbrochen wird. In einer zweiten Phase wurde dieser Zustand, v.a. von Frauen, kritisiert. In einer dritten Phase wurde Frauenforschung als eine neue Disziplin, als Kompensation für die frühere Vernachlässigung eingefordert und eingerichtet. Dieser dritten, derzeit andauernden Phase entspricht auch die Selbstbewußtwerdung von Männern und die spiegelbildliche Installation von M. Das Problem dieser Konzeption von „Frauenforschung" und „M" ist zum einen ihr Defizitansatz, damit also die Herausnahme der Geschlechterfrage aus der allgemeinen Sozialforschung, und zum anderen, wie dies an der Methodologie-Diskussion in der Frauenforschung abgelesen werden kann, das Verhältnis von Objektivität und Parteilichkeit.

So hob bspw. Ursula Müller als allgemeine Prinzipien einer feministischen Methodologie erstens „die grundlegende und bewußte Parteilichkeit der Forschung für die Sache der Frauen" hervor und zweitens „die Entlarvung des Postulats von ‚Interessensneutralität' und ‚Wertfreiheit' oder auch ‚Objektivität' als Ideologie, die den sexistischen Charakter der traditionellen Methodologie verdecken soll" (1984, 37; →Sexismus). Erkenntnistheoretisch wird dieser Argumentation jedoch zweierlei entgegengehalten: zum einen die begriffliche Gleichsetzung von „Wertfreiheit" und „Objektivität" (Beer 1988; König 1964); zum zweiten ein impliziter →Biologismus, da allein die biologische Besonderheit „Frau" einen Werthorizont zu konstituieren scheine. Es wäre zwar überzogen und hinsichtlich der historischen Diskriminierungserfahrung von Frauen auch ignorant, den →Feminismus als biologistische Ideologie abzutun. Doch die Gefahr des Biologismus, die insb. im separatistischen Ansatz der Frauenforschung enthalten ist, belegt die Notwendigkeit, in die Richtung einer ganzheitlichen →Anthropologie weiterzudenken (→Ganzheitlichkeit).

Vor dem Hintergrund dieser Überlegungen erscheint die Etablierung einer eigenständigen M ambivalent. Versteht man sie als wissenschaftspolitisch normativ aufgeladenes Projekt, wie dies bei den eher pragmatischen Amerikanern jedoch kaum formuliert wird, so liefe sie Gefahr wissenschaftlicher Bedeutungslosigkeit. Betrachtet man M nur als Gegenstandsbereich – als Erforschung der „spezifisch männlichen Erfahrung" (Brod) –, so stellt sich die Frage, ob nicht der Gegenstandsbereich der Frauenforschung – mit seinem breiten Wissen und seinen Traditionen – auf die Erforschung von Männern ausgeweitet werden sollte.

Damit eröffnet sich die Chance einer vierten Phase des Verhältnisses von Geschlecht und sozialer Theorie: der Integration der Geschlechteranalyse in die zentralen Fragen der Sozialwissenschaften selbst. Hierzu ist eine interdisziplinäre Subdisziplin, eine normativ feministische „Geschlechterforschung", zweifellos hilfreich, die Frauen und Männer zur Reflexion des *Verhältnisses* der Geschlechter organisiert (→Partnerschaft).

L.: Beer, U., Objektivität und Parteilichkeit – ein Widerspruch in feministischer Forschung?; in: Dies., Klasse Geschlecht; Bielefeld, 1987. Brod, Harry (Hg.): The Making of Masculinities. The New Men's Studies; Boston u.a., 1987. Hollstein, Walter: Nicht Herrscher, aber kräftig; Hamburg, 1988. Kaufmann, Michael (Hg.): Beyond Patriarchy; Toronto, New York, 1987. Kimmel, Michael S. (Hg.): Changing Men. New Directions in Research on Men and Masculinity; Newbury Park u.a., 1987. König, R., Einige Überlegungen zur Frage der „Werturteilsfreiheit" bei Max Weber; in: KZfSS, 1964/1, 1–29. Metz-Göckel/Müller: Der Mann. Die Brigitte-Studie; Weinheim, Basel, 1986. Müller, U., Gibt es eine „spezielle" Methode in der Frauenforschung?; in: Zentraleinrichtung zur Förderung von Frauenstudien und Frauenforschung an der Freien Universität Berlin, Methoden in der Frauenforschung; Frankfurt, 1984. Opielka, M., Der Wandel im Verhältnis der Geschlechter; in: Bundeszentrale für politische Bildung, Umbrüche in der Industriegesellschaft; Bonn, 1990. Walby, S., Gender Politics and Social Theory; in: Sociology, 1988/2, 215–232.

Michael Opielka

### Mäßigkeitsvereine
Die Entstehung der M geht auf das 19. Jh. zurück. Ihr Ziel ist die Propagierung des mäßigen Genusses bzw. die weitgehende Enthaltsamkeit – jedoch nicht die völlige Abstinenz (→Abstinenzler) – gegenüber alkoholischen Getränken.

### Magdalenenarbeit
→Gefährdung 3

### Magnetismus
→Mesmerismus

### MAK-Werte
„MAK" ist die Abk. für „maximale Arbeitsplatz-Konzentrationen" (Grenzwerte) von gefährlichen Arbeitsstoffen,

die Untersuchungsgegenstand der Arbeitstoxikologie (→Arbeitsmedizin II, 3) sind. Die Festlegung der MAK-Werte erfolgt durch eine Kommission der Deutschen Forschungsgemeinschaft (DFG). Zur Zeit sind etwa 60 000 Arbeitsstoffe auf dem Markt. Die MAK-Werte-Liste umfaßt etwa 400 Stoffe.

Kritisch ist festzustellen: Es existieren sicher keine ungefährlichen Schwellenwerte für allergisierende und krebserzeugende Stoffe. Zur Frage der fruchtschädigenden und erbgutverändernden Potenz von Stoffen liegen nur unzulängliche und lediglich für einige Stoffe Kenntnisse vor. Die unterschiedlichen Empfindlichkeiten der Arbeitenden finden keine Berücksichtigung. Bei der Orientierung an Grenzwerten wird von konkreten Arbeitsumständen, z. B. körperlicher Schwerarbeit (verstärktes Atmen), abstrahiert. MAK-Werte gelten nicht für Gemische und berücksichtigen keine anderen, gleichzeitig einwirkenden Belastungen wie z. B. Lärm.

MAK-Werte stellen empirisch gewonnene Mittelwerte dar. Aus ihnen lassen sich keine ungefährlichen Zeiten und Konzentrationen für kurzfristige Grenzwertüberschreitungen errechnen. Obwohl den Experten die Problematik mehr oder weniger bewußt ist, läßt sich im Arbeitsschutz nicht eine Relativierung, sondern eine Ausweitung der Grenzwertkonzeptionen beobachten. So wurden Grenzwerte für krebserzeugende Arbeitsstoffe, technische Richtkonzentrationen (TRK-Werte) und darauf bezogen Kurzzeitwerte für Überschreitungen festgelegt. Eine Ausweitung der Grenzwertkonzeption geht auch derart vonstatten, daß statt einer Analyse der strukturellen Gefährdungsbedingungen eine Individualisierung in Form des „Biological Monitoring" und der Aufstellung von Biologischen Arbeitsstofftoleranzwerten (BAT-Wert) betrieben wird.

Rainer Müller

**Management in Nonprofit-Organisationen**
→Sozialmanagement

**Mangelernährung**
→Ernährung

**Marburger Bund (mb)**
→Ärztliche Berufsverbände

A.: mb – Verband der angestellten und beamteten Ärzte Deutschlands e. V., Riehler Str. 6, 5000 Köln 1; T. (0221) 73 31 73, 72 46 24.

**Marginalität**

Mit dem Ausdruck M werden in der Soziologie oft recht vage alle möglichen Arten von sozialen Rand-, Grenz- oder Zwischenlagen belegt. Präziser verweist der – aus der amerikanischen Soziologie stammende (R. E. Park; E. V. Stonequist), der Sache nach aber auch schon in der dt. soziologischen ‚Klassik' (z. B. G. Simmel) gedachte – Begriff der M i. e. S. auf ‚soziokulturelle Zwitter', d. h. auf Personen, Sozialkategorien und →Gruppen, die dauerhaft zwei (oder auch mehreren) unterschiedlichen soziokulturellen Einheiten zugleich angehören (wollen, sollen oder müssen). Der Grad der M wächst mit den Differenzen und Gegensätzen zwischen den soziokulturellen Einheiten, die von diesen selbst oder anderen definiert werden, mit den Reaktionen, in denen diese Differenzen und Gegensätze handelnd zum Ausdruck gebracht werden, und mit dem Ausmaß der Diskrepanz von Fremd- und Selbstidentifikation (→Identität).

M als eine Sonderform der ‚Interkulturalität' kann die Betroffenen mit konfligierenden Normen und Erwartungen, mit Anpassungsschwierigkeiten, mit Einschränkungen der sozialen Teilhabe und Anerkennung (‚sozialer Bastard'), mit Status-Inferiorisierungen sowie mit ‚generalisiertem Verdacht', Vorurteilen und →Stigmatisierungen konfrontieren, die – im Extremfall – bis hin zu physischen Beschädigung und Vernichtung reichen (s. z. B. Judenverfolgung; Tötung von Hermaphroditen im Stamm der Pokot in Kenia). Wegen der für sie typischen ‚Entdifferenzierung' von Attributen und Verhaltensweisen, die in

1319

der üblichen Erfahrung nur getrennt vorkommen (z. B. die sächsischen Dialekt sprechende Negerin), werden Marginale in Krisenzeiten nicht selten auch Objekt des ‚Sündenbockmechanismus' (R. Girard). Marginale Lagen werden auch als sozialstrukturelle Prädispositionen für die Entstehung von psychischen Konflikten wie z. B. Desorientierungen, kognitiven Dissonanzen, Identitätsverwirrungen und Statusirritationen sowie von Minderwertigkeitskomplexen und Resentiments angesehen. Deshalb wird bei Marginalen die Neigung zu sozialen Vorurteilen vermutet, mit denen sie sich, um nicht verwechselt zu werden, z. B. von anderen Marginalen abzugrenzen suchen. Klassische M-studien reflektieren vorwiegend interkulturelle Mobilitäts- und Vermischungsprozesse und gelten den ‚Schnittpunktexistenzen' (G. Simmel) der ‚Wanderer' bzw. ‚Auswanderer' und ‚Einwanderer' (insb. der zweiten Generation; →Arbeitsimmigranten), dem jüdischen →Fremden' (→Judenfrage) sowie Personen mit gemischt-rassischem Erbgut (Mestizen, Mulatten). Im Zusammenhang mit aktuellen (sozial-)politischen Problemen (→Asylbewerber, Umsiedler, →Aussiedler usw.; nationalistische Revivals) und im Zuge der Herausbildung einer ‚multikulturellen' Gesellschaft werden die von diesen Studien hervorgebrachten Resultate und Anregungen vermutlich wieder an Bedeutung gewinnen.

M kann aber auch die Folge von Prozessen der – inter- und intragenerationellen – sozialen Mobilität (sozialer Auf- und Abstieg), der →Migration, der →Emanzipation, der Individualisierung sowie der sozialen Öffnung und Schließung konkurrierender Statusgruppen innerhalb einer →Gesellschaft bzw. soziokulturellen Einheit sein. Beispiele wären etwa – in gleicher Reihenfolge wie oben –: der Professor mit Unterschichtsherkunft, also mit mangelnder akademischer ‚Anciennität'; das Kind von Emigranten oder Immigranten (z. B. die in Dt. aufgewachsene gebildete Tochter eines hier zugewanderten marrokanischen Analphabeten); der vom Land in die Stadt oder von der Stadt aufs Land – oder von Berlin nach München – Umgesiedelte (in Süddeutschland: ‚Reigschmeckte'); die Frau in sog. Männerberufen oder ein Schwarzer als Arzt; der religiöse Konvertit; der im öffentlichen Gesundheitswesen um Anerkennung ringende Alternativtherapeut (z. B. Heilpraktiker).

Auch Personen, die – etwa berufsmäßig – mit Außenseitern Kontakte pflegen, sich also sozusagen sozialkulturell ‚kontaminieren' könnten, oder solche, in deren Status-Ensemble ein als negativ oder abweichend definierter (z. B. Neger; Kommunist; ‚Krimineller' mit Gefängniskarriere; ‚Homosexuelle'; früher auch ‚Uneheliche') Status dominiert (als Spezialfall mangelnder ‚Statusintegration', ‚Statuskonsistenz' oder ‚Statuskristallisation'), können als Marginale definiert werden.

Wohl unzulässig generalisierend, wird den Marginalen eine gewisse ‚Anfälligkeit' für die Botschaften sozialer Reform- und Protestbewegungen unterstellt. Allerdings gelten Marginale als nur wenig konflikt- und organisationsfähig. M führt nur selten zur sozialen Gruppenbildung. So sind z. B. die – M hervorbringenden – „vertikalen Bewegungen, die innerhalb einer Gesellschaft vor sich gehen, oft durch einen individualistischen Wettstreit gekennzeichnet, welcher der für die Schaffung eines Gruppenbewußtseins nötigen Solidarität wenig förderlich ist" (P. Heintz).

L.: Heintz, Peter: Einführung in die soziologische Theorie; Stuttgart, 1968, 2. Aufl., bes. Kap. 11. Park, Robert E., Human Migration and the Marginal Man; in: The American Journal of Sociology 33/1928, No. 6, 881–893. Simmel, Georg, Exkurs über den Fremden; in: Ders., Soziologie. Untersuchungen über die Formen der Vergesellschaftung; Leipzig, 1908, 658–691. Stonequist, Everett V.: The Marginal Man. A Study in Personality and Culture Conflict; New York, 1937. Waldmann, Peter, Der Begriff der M in der neueren Soziologie; in: Civitas – Jahrbuch für Sozialwissenschaften 13/1982. 127–148.

Michael N. Ebertz

**Marihuana**
→ Cannabis

**Marketing**
→ Öffentlichkeitsarbeit, → Sozialmarketing

**Marktversagen**
Das Sozial- und Gesundheitswesen (SGW) ist ein Teilbereich des Wirtschaftssystems, das auch in entwickelten Marktwirtschaften – wie etwa in der BR – stark durch ein öffentliches Angebot von Leistungen und durch staatliche Regulierungen privater Anbieter geprägt ist. Dafür gibt es eine Reihe von politischen Gründen, aber auch die ökonomische Theorie liefert in ihrer „Theorie des M" Argumente für die Sinnhaftigkeit eines solchen Arrangements.

M aus der Sicht der Wirtschaftswissenschaft geht davon aus, daß ein freies Marktsystem (theoretisch beschrieben durch das Modell der vollständigen Konkurrenz) im allgemeinen eine optimale Versorgung einer Volkswirtschaft mit Gütern und → Dienstleistungen gewährleistet. Der Optimalitätsbegriff wird in der → Wohlfahrtsökonomie exakt definiert und läuft (vereinfacht gesprochen) darauf hinaus, daß die Konsumenten entsprechend ihren Wünschen und Bedürfnissen versorgt werden, wobei sie unter gegebenen Einkommensrestriktionen durch den Konsum von Gütern und Dienstleistungen ihren Nutzen maximieren.

Unter dem Begriff M werden in der Wirtschaftstheorie all jene Gründe abgehandelt, die dafür verantwortlich sind, daß ein freies Marktsystem das Ziel der optimalen Versorgung verfehlt (M im engeren Sinn). In einem weiteren Sinn werden unter M aber auch jene Situationen beschrieben, bei denen das Ergebnis eines freien Marktprozesses als gesellschaftspolitisch unerwünscht betrachtet wird, obgleich eine „optimale Versorgung" im Sinn der Wohlfahrtsökonomie vorhanden sein mag. Dies gilt z. B. für eine als „gerecht" empfundene Verteilung von Einkommen oder Gütern, insbesondere die Existenz einer Mindestversorgung mit Sozialen Diensten oder Gesundheitsleistungen unabhängig von der Zahlungsfähigkeit jener Individuen, die eine solche Leistung benötigen. Derartige Prinzipien werden durch ein freies Marktsystem im allgemeinen ignoriert.

Im SGW sind für das M i. e. S. vor allem die Problematik der externen Effekte sowie verschiedene Facetten des Phänomens der unvollständigen Information von Relevanz. Am Rande spielen auch die Problemkreise „öffentliche Güter" und „Skalenerträge in der Produktion" eine Rolle.

Externe Effekte liegen vor, wenn die ökonomische Lage eines Wirtschaftssubjekts (z. B. Konsument) durch Handlungen eines anderen Wirtschaftssubjekts positiv oder negativ beeinflußt wird, ohne daß dafür eine Entschädigung erfolgen müßte. Läßt sich z. B. eine Person gegen eine Infektionskrankheit impfen, dann ist sie selbst gegen die Krankheit immun und zieht somit einen Nutzen aus dem Konsum einer Leistung. Aber auch andere Personen, die auf diese Weise von einer Ansteckung abgehalten werden, letztlich die ganze Volkswirtschaft, ziehen Nutzen aus diesem individuellen Konsum – ein klassisches Beispiel für einen positiven externen Effekt. In einem freien Marktsystem würde ein Individuum genau jene Menge an Impfungen konsumieren (und bezahlen), die für das Individuum selbst nutzenoptimal ist. Der positive Nutzen aller anderen Gesellschaftsmitglieder würde ignoriert; im gesamtwirtschaftlichen Sinn würden „zu wenige" Impfungen (gemessen an einer „optimalen" Versorgung) konsumiert.

Ein freies Marktsystem benötigt ein hohes Maß an Information aller Marktteilnehmer. Im Gesundheitswesen ist diese Information zwischen Anbieter und Nachfrager oft ungleich verteilt (asymmetrische Information). Z.B. kann ein →Arzt in einem gewissen Ausmaß mehr Information über den Charakter einer Krankheit und die Notwendigkeit einer Therapie haben als der Patient. In anderen Fällen kann der Patient den Nutzen aus einer Behandlung erst dann beurteilen, wenn er sie auf sich genommen und bezahlt hat („Erfahrungsgüter"). All diese Phänomene lassen die Marktteilnehmer im SGW nicht gleich mächtig sein. Aus der Gefahr einer Übervorteilung der Konsumenten erwächst die Gefahr einer suboptimalen Versorgung.

Eine andere Facette des Informationsproblems folgt aus der allgemeinen Unsicherheit, daß niemand exakt prognostizieren kann, wann und wie sein Gesundheitszustand sich verschlechtern wird und welche ökonomischen Folgen damit verbunden sein werden. Auf der Basis von Eintrittswahrscheinlichkeiten entstehen in einer solchen Situation private Versicherungsmärkte, auf denen z.B. eine →Krankenversicherung angeboten wird. Die Versorgung mit Versicherungsleistungen ist ein wichtiger Bestandteil der „optimalen" Güterversorgung jeder Volkswirtschaft. Doch auch hier sind spezielle Konstellationen des M denkbar. M tritt v.a. auf, wenn versicherte Personen aufgrund ihrer →Versicherung ein Verhalten an den Tag legen, das die Schadenswahrscheinlichkeit erhöht („Moral Hazard"), oder aber wenn Versicherungen nicht im Stande sind, Träger hohen Risikos von Trägern niedrigen Risikos zu unterscheiden, obwohl dem einzelnen Versicherten der Grad seiner Gefährdung klar ist („Adverse Selection"). In all diesen Fällen ist es denkbar, daß sich die Versicherungsprämie am hohen Risiko orientiert, Personen mit niedrigem Risiko daher abgehalten werden, sich zu versichern und letztlich gar keine privaten Versicherungen zu Stande kommen.

Obgleich das M i.e.S. erklären kann, warum ein freies Marktsystem nicht immer eine optimale Versorgung mit Gesundheitsleistungen sicherstellt, spielt in der politischen Praxis das M i.w.S. gerade beim SGW eine noch viel wichtigere Rolle. Bei gegebener Einkommens-, Preis- und Präferenzstruktur würde die freie marktliche Organisation des SGW einen Teil der Bevölkerung vom Konsum der Leistungen de facto ausschließen, was gesellschaftspolitisch meist als unerwünscht angesehen wird. Dies einerseits deshalb, weil auf der politischen Ebene bewußt das Selbstbestimmungskriterium im Gesundheitswesen eingeschränkt wird, mithin Menschen gezwungen werden, bestimmte Leistungen zu konsumieren oder nicht zu konsumieren (Pflichtkrankenversicherung, beschränkter Zugang zu Medikamenten; = Staatseingriffe aus „meritorischen" Gründen). Andererseits wird es aber auch als unerwünscht angesehen, wenn Menschen aufgrund eines zu niedrigen Einkommens Sozial- oder Gesundheitsleistungen nicht konsumieren können.

Die Schlußfolgerungen aus der Existenz von M sind keineswegs so eindeutig, wie dies auf den ersten Blick scheinen mag. Weder die Tatsache einer staatlichen Korrektur dieses M, noch die Form eines allfälligen Staatseingriffs sind unbestritten. So stellt sich die Frage, ob staatliche Institutionen die Ziele der optimalen Versorgung automatisch besser erreichen als Märkte und ob staatliche Interventionen stets eine Verteilung von Gesundheitsleistungen nach allgemein akzeptierten Gerechtigkeitskriterien garantieren (→Staatsversagen).

Wenn staatliche →Intervention im Prinzip bejaht wird, dann kann diese auf unterschiedlichen Ebenen stattfinden: Sie kann sich darauf beschränken, das Verhalten privater Anbieter zu regulieren (z.B. Qualifikationsnachweis für Ärzte, Preisregelungen). Sie kann die Finanzierung von Gesundheitsleistungen oder Sozialen Diensten übernehmen, die Produktion aber Privaten überlassen (z.B. Pflegeversicherung zur Finanzierung von privat angebotenen Hauskrankenpflegeleistungen). Schließlich kann Finanzierung *und* Produktion durch den

Staat erfolgen, sei es als Monopolist oder konkurrenzierend zu privaten Anbietern (z.B. staatlicher Gesundheitsdienst, Gemeindealtersheim). In Summe ergeben all diese Möglichkeiten eine Vielfalt von institutionellen Lösungsmustern, mit denen auf M reagiert werden kann. Ein Vergleich dieser Lösungen erfolgt im Rahmen der Theorie des „Institutional Choice".

L.: Berthold, N., Staatliche Intervention und Organisationsformen Sozialer Sicherung; in: Rolf/Spahn/Wagner (Hg.), Sozialvertrag und Sicherung; Frankfurt, New York, 1988. Culyer, Anthony: The Political Economy of Social Policy; Oxford, 1980. Geigant/Oberender: Marktsteuerung im Gesundheitswesen; Gerlingen, 1985. Nowotny, Ewald: Der öffentliche Sektor; Berlin et. al, 1987. Wolf, Charles, Jr.: Markets or Governments, Choosing between Imperfect Alternatives; Cambridge, London, 1988.

Christoph Badelt

## Marx, Karl

Geb. am 5.5.1818 in Trier; gest. am 14.3.1883 in London. Vater und Mutter entstammten jüdischen Rabbinerfamilien. Um seine Stellung als Rechtsanwalt im Staatsdienst nicht zu verlieren, konvertierte der Vater (später auch die Mutter) zum Protestantismus (→Judenfrage). M wurde mit sechs Jahren protestantisch getauft.

M legt 1835 das Abitur ab und beginnt danach in Bonn, ab 1836 in Berlin das Studium der Jurisprudenz und Philosophie. Von Hegels Philosophie fasziniert, schließt sich M einem Kreis von Linkshegelianern, dem sog. „Doktorclub", an. Dieser bestand vorwiegend aus Privatdozenten, Lehrern und Publizisten, die sich eine Liberalisierung Preußens erhofften und einerseits die staatsverherrlichenden Aspekte in Hegels Philosophie kritisierten. Anderseits akzentuierten sie sowohl Hegels Auffassung von der notwendigen Verwirklichung der Philosophie in der gesellschaftlichen Praxis, als auch das dialektische Prinzip als Motor allen geschichtlichen Geschehens. Später sollten beide Motive bei M in seiner Konzeption von der Verwirklichung (Aufhebung) der Philosophie in der Praxis und in der Konzeption des Klassenkampfs ihren politischen Ausdruck finden.

Während seiner Studienzeit ist M vorrangig an philosophischen Fragen interessiert. 1841 promoviert er mit der Arbeit „Differenz der demokritischen und epikureischen Naturphilosophie". Die Dissertation reicht er aber nicht in Berlin, sondern an der philosophischen Fakultät der Universität Jena ein. Ursprünglich wollte M bei dem Junghegelianer Bruno Bauer promovieren, der aber einen Ruf von Berlin nach Bonn erhalten hatte. In diese Zeit fällt auch die Amtsübernahme von Friedrich Wilhelm IV. und dessen Kultusminister Eichhorn mit der Folge, daß staatskritische und radikaldemokratische Überzeugungen zunehmend verfolgt wurden. Da Bruno Bauer kein Hehl aus seinen atheistischen und radikal-demokratischen Überzeugungen machte, wurd ihm bald die Lehrerlaubnis entzogen. M gelangte zu der Überzeugung, daß aus politischen Gründen auch für ihn eine Universitätslaufbahn nicht mehr möglich sein würde.

Aufgrund der politischen Entwicklung nimmt M im April 1842 das Angebot an, in die Redaktion der „Rheinischen Zeitung" einzutreten, die von einigen liberalen rheinländischen Unternehmern gegründet wurde und publizistisch gegen die politische Vormachtstellung Preußens eingestellt war. M wird im Oktober 1842 zum Chefredakteur bestellt; von da an erhält die Zeitung eine immer dezidiertere revolutionär-demokratische Richtung und kritisiert immer offener insb. die preuß. Einschränkungen der Pressefreiheit. Nicht zuletzt M's Artikel gegen die politische Zensur sowie seine sozialpolitischen Beiträge zu den Gesetzesentwürfen des 6. Rheinischen Landtags zur Ehescheidung und zum Holzdiebstahl waren für die preuß. Behörde Anlaß, die „Rheinische Zeitung" ab Januar 1843 immer stärker der Zensur zu unterwerfen und zum 31.3.1843 schließlich ganz zu verbieten.

Nach dem Verbot der „Rheinischen" reist M nach Paris, wo er zusammen mit Arnold Ruge die Herausgeberschaft der „Deutsch-Französischen Jahrbücher" übernimmt und für den „Vorwärts" schreibt. Die radikalen Artikel von M und anderen Autoren erregen nicht nur beim Publikum, sondern auch bei den preuß. Behörden Aufmerksamkeit. Der preuß. Gesandte erwirkt bei den frz. Behörden die Ausweisung von M und anderen politischen Oppositionellen – unter ihnen Ruge, Heine und Bakunin. Zwar nehmen die frz. Behörden die Ausweisung stillschweigend wieder zurück, doch M entscheidet sich, Frankreich zu verlassen und nach Brüssel überzusiedeln. In dieser Zeit entstehen die „Ökonomisch-Philosophischen Manuskripte" (auch „Pariser Manuskripte" genannt), in denen M eine systematische Reflexion über die Entfremdungsproblematik vornimmt (→ Entfremdung). Da den belgischen Behörden das politische Handeln von M nicht verborgen bleibt, mußte er ein Revers unterschreiben, in dem er sich verpflichtete, nicht in der Tagespolitik aktiv zu werden und sich ausschließlich mit philosophischen Fragen zu beschäftigen.

M hält sich zunächst daran. Zusammen mit → Engels verfaßt er die „Deutsche Ideologie", von der aber nur ein Bruchteil zu Lebzeiten veröffentlicht wird. M und Engels formulieren in dieser Schrift ihre Kritik an den früheren Verbündeten und theoretischen Bezugspersonen, u.a. an den „deutschen Ideologen" Bruno Bauer, Max Stirner und Ludwig Feuerbach. Kritisiert wird dabei die Position des utopischen → Sozialismus, weil er der kapitalistischen Gesellschaft nur wohlmeinende abstrakte Prinzipien entgegenhalte. Der klassischen Nationalökonomie wird vorgeworfen, daß sie unreflektiert Privateigentum, Produktionsverhältnisse, Geld und Kapital etc. als gegeben voraussetzt.

Während seiner Brüsseler Zeit versucht M immer wieder, in die aktuellen tagespolitischen Auseinandersetzungen einzugreifen. Gemeinsam mit Engels nimmt er Kontakt zum „Bund der Gerechten" in London auf, kritisiert aber schon bald den „utopisch-sentimentalen Zug" dieses Bundes, wie er nach Auffassung von M bspw. von → Weitling vertreten wurde. Auf Drängen von M und seinen Anhängern wird der Bund 1847 in „Bund der Kommunisten" umbenannt. M und Engels erhalten den Auftrag, das theoretische und praktische Programm des Bundes auszuarbeiten: so entsteht das „Kommunistische Manifest" – bis heute eines der wirkungsmächtigsten politischen Pamphlete. Darin geben M und Engels eine erste systematische Kritik an den kursierenden Sozialismusvorstellungen ihrer Zeit und formulieren praktische und theoretische Grundsätze einer kommunistischen Weltanschauung.

Die revolutionären Aufstände in Dt. ermutigen M 1848 zu Rückkehr nach Köln, wo er die Gründung der „Neuen Rheinischen Zeitung" betreibt. In seinen Artikeln propagiert er eine taktische Bündnispolitik mit dem fortschrittlichen → Bürgertum und warnt wiederholt vor Aufständen aus bloßem „Aktionismus" (→ Revolutionstheorien). In politischer Hinsicht fordert M die revolutionäre Umgestaltung der dt. Zustände und die Einführung der Volkssouveränität als demokratisches Entscheidungsprinzip. M hielt immer daran fest, daß die Realisierung demokratischer Freiheiten eine Vorbedingung für eine starke → Arbeiterbewegung ist. Im Mai 1849 wird M aus Dt. ausgewiesen. Er geht zunächst nach Paris, wo ihn abermals ein Ausweisungsbefehl der frz. Behörden dazu zwingt, das Land zu verlassen. Daraufhin flieht M nach London.

Die Londoner Jahre (1849–1883) sind gekennzeichnet von ständigen finanziellen Sorgen. Immer wieder muß die Familie Bittgänge bei der Verwandtschaft und bei Freunden machen; wiederholt muß die →Pfandleihe aufgesucht werden. Die miserable finanzielle Lage hält M jedoch nicht davon ab, weiterhin die Radikalisierung der Arbeiterbewegung voranzutreiben und auch die Kapitalismusanalyse ohne jeglichen wissenschaftlichen Opportunismus weiterzuverfolgen.

In politischer Absicht verfolgt M 1864 die Gründung der „1. Internationalen Arbeiter-Assoziation" (IAA), deren politische Führung er quasi als Generalsekretär der dt. Sektion innehatte. Die IAA löste sich aber 1872 wieder auf, als die Auseinandersetzungen zwischen M und der anarchistischen Fraktion um Bakunin (→Anarchismus) heftiger wurden und ein gemeinsames politisches Handeln nicht mehr möglich erschien. Gegenüber den anderen Strömungen der Arbeiterbewegung, v. a. gegenüber der Sozialdemokratie, äußert M immer häufiger Kritik. Die 1869 erfolgte Gründung der „Sozialdemokratischen Arbeiterpartei" durch →Wilhelm Liebknecht und →August Bebel sowie deren Zusammenschluß mit den Anhängern →Ferdinand Lassalles zur „Sozialistischen Arbeiterpartei" 1875 in Gotha lehnte er ab.

Die Londoner Exil-Jahre sind v. a. der Fertigstellung des „Kapitals" gewidmet. M unternimmt mehrere Anläufe, wobei z. B. die für das Verständnis seiner Theorie wichtigen „Grundrisse zur Kritik der politischen Ökonomie" (1857/58) entstehen (zu Lebzeiten von M unveröffentlicht). Der 1. Band von „Das Kapital" erscheint schließlich 1867; der 2. und 3. Band wurde von Engels aus M's Nachlaßskizzen zusammengestellt. Geplant waren von M weiterhin die Analyse von „Grundeigentum, Lohnarbeit, Staat, auswärtiger Handel, Weltmarkt". Das „Kapital" ist insofern nur ein Bruchteil des beabsichtigten Arbeitsprogramms. Mit dem „Kapital" verfolgt M zweierlei: zum einen soll durch eine immanente „Kritik der politischen Ökonomie" – so auch der Untertitel – dargelegt werden, daß sich die Kritik am Kapitalismus nicht als bloße moralische Anklage gegenüber den schlechten Arbeits- und Lebensbedingungen zu artikulieren hat. Vielmehr muß gezeigt werden, daß das kapitalistische Wirtschaftssystem durch seine eigene Marktdynamik immer wieder in die Krise gerät und →Sozialpolitik nur bedingt die Lebensverhältnisse verbessern kann. Der produzierte gesellschaftliche Reichtum (Wohlstand) hat sein Äquivalent in der Produktion der →Armut von Bevölkerungsteilen im Kapitalismus selbst oder in anderen Welt-Regionen. Zum anderen argumentiert M im „Kapital", daß das Überleben des Kapitalismus und die Erreichung eines relativen Wohlstandsniveaus für einen Großteil der Bevölkerung auch davon abhängt, inwieweit es ihm gelingt, den „Krisentendenzen" entgegenzuwirken und sich (in der Weltmarktkonkurrenz mit anderen Nationalökonomien) zu modernisieren. Zwar insistiert M in seiner Argumentation (mit idealtypischen Voraussetzungen) darauf, daß die Klasse der Lohnarbeiter (→Arbeiterklasse) nicht nur Profit, sondern ebenso das gesellschaftliche Kapitalverhältnis und schließlich sich selbst beständig reproduziert.

Gleichwohl hat M in seiner Analyse der „kapitalistischen Bewegungsgesetze" betont, daß die Qualitäten des kapitalistischen Wirtschaftssystems (Lebensstandard, sozialstaatliche Absicherungen, politische Freiheiten etc.) ein „historisch-moralisches Niveau" ausdrücken und von politischen Auseinandersetzungen abhängig sind. Der →Sozialstaat sei insofern ambivalent zu beurteilen: er ist einmal erkämpftes Mittel zur Absicherung von Lebensrisiken und zum anderen die staatliche Instanz, die sicherstellt, daß gesellschaftliche Konflikte befriedet, reguliert und kontrolliert werden.

L.: Euchner, Walter: M; München, 1983. Friedenthal, Richard: M. Sein Leben und seine Zeit; München, Zürich, 1990 (2. Auflage). Raddatz, F. J.: M; Hamburg, 1975.

Roland Popp

## Maßregeln

→ Maßregelvollzug, → Sicherungsverwahrung

### Maßregelvollzug

Unter M wird die Durchführung und Ausgestaltung stationärer Maßregeln der Besserung und Sicherung bezeichnet. Derartige Maßregeln wurden 1934 (als „zweite Spur" neben der Strafe) eingeführt und sind bis heute umstritten. Je nach Art der Maßregel erfolgt die Unterbringung in → Gefängnissen (→ Sicherungsverwahrung nach § 66 StGB) oder in Maßregelkrankenhäusern, zumeist forensisch-psychiatrischen Abteilungen (nach §§ 63, 64 StGB). Die Einführung einer zusätzlichen Maßregel, die Unterbringung in einer → Sozialtherapeutischen Anstalt, ist vom Gesetzgeber letztlich (1984) abgelehnt worden. Der Vollzug dieser Maßregeln war lange Zeit nicht gesetzlich geregelt. Das Strafvollzugsgesetz (1976) enthält genauere Regelungen nur für den Vollzug der Sicherungsverwahrung (§§ 129 ff. StVollzG), während der Vollzug der übrigen stationären Maßregeln nur generalklauselartig geregelt ist (§§ 136–138). Seither haben sämtliche Bundesländer gesetzliche Regelungen (meist in Form von Maßregelvollzugsgesetzen) erlassen. Angesichts der großen Unterschiede, die insoweit zwischen den Bundesländern bestehen, und angesichts offener verfassungsrechtlicher Fragen dürfte letztlich eine bundeseinheitliche Regelung erforderlich sein.

L.: Blau/Kammeier (Hg.): Straftäter in der Psychiatrie; Stuttgart, 1984. Volckart, Bernd: M, 2. Aufl.; Neuwied, 1986. Wagner, Bernd: Effektiver Rechtsschutz im M – § 63 StGB – Unterbringung im psychiatrischen Krankenhaus; Bonn, 1988.

Johannes Feest

### Mediation

M ist ein relativ neuer Gegenstand und eine neuere Methode in der Beratungstätigkeit (→ Beratung), die bspw. in der → Partnerberatung bei Scheidung und bei der Regelung von Scheidungsfolgen zwischen den Beteiligten vermittelt.

### Mediatisierung

Der Begriff der M hat in der Geschichtswissenschaft eine klar umrissene Bedeutung und kennzeichnet „die Unterwerfung bisher Reichsunmittelbarer unter die Landeshoheit anderer Territorien" (Fuchs/Raab 1972: 522). Im Rahmen der → Wohlfahrtsverbände-Forschung dient der Begriff zur inhaltlichen Kennzeichnung der Vermittlungsfunktion, die durch intermediäre Organisationen (→ Intermediarität) geleistet wird.

M besagt, daß direkte (unmittelbare) Beziehungen umgeformt werden zu indirekten (mittelbaren) Beziehungen. D. h. einerseits, daß das intermediäre Hilfe- und Dienstleistungssystem die Subjekte der → informellen Sphäre davon befreit, unmittelbar Objekte von „Staat" und „Markt" und diesen direkt unterworfen zu sein. Gleichzeitig werden andererseits die formellen Sektoren „Staat" und „Markt" durch die intermediäre Zwischeninstanzen davon entlastet, sich unmittelbar legitimieren zu müssen. Das bedeutet auch, daß die intermediären Organisationen, indem sie die Subjekte der informellen Sphäre sich unterwerfen und sie mediatisieren, Funktionen der Sektoren „Staat" und „Markt" ausüben und an deren Macht beteiligt sind bzw. Macht zugewinnen.

Unter bestimmten historischen und gesellschaftlichen Bedingungen hat M zur Folge, daß „die sozialstrukturellen Interessenwidersprüche entschärft werden" (Bauer 1978, 46). Das bedeutet, daß intermediäre Organisationen Partizipation verhindern und Veränderungspotential blockieren. Auch gegenwärtig besteht die Gefahr, daß das intermediäre Hilfe- und Dienstleistungssystem Herrschaft stabilisiert und beiträgt zur Stärkung der offiziellen „(Armen-)Politik der Subsidiarität" und zur sozialen Absicherung der „Zweidrittel-Gesellschaft" (Leibfried/Tennstedt 1985, 18).

L.: Bauer, Rudolph: Wohlfahrtsverbände in der Bundesrepublik; Weinheim, Basel, 1978. Fuchs, K./Raab, H.: Wörterbuch zur Geschichte; Frankfurt/Main, 1987, 6. Aufl. Leibfried, Stephan/Tennstedt, Florian: Politik der Armut oder Die Spaltung des Sozialstaats; Frankfurt/Main, 1985.

## Medicus, Franz Albrecht

1890–1967; Militärdienst, Jurastudium und Teilnahme am 1. Weltkrieg; ab 1921 juristische Beamten- und Ministeriallaufbahn; 1933 Mitglied der →SS; 1934 Ministerialrat; 1938 Ministerialdirigent und SS-Oberscharführer; 1940 Kriegsverwaltungschef beim Militärbefehlshaber in Paris und 1944 in Athen; 1945–48 Kriegsgefangenschaft; 1950–55 Ministerialrat beim Bundesrechnungshof; danach beim Außenamt der Evangelischen Kirche in Dt.

## Medien

Als M bezeichnet man sehr unterschiedliche Formen gesellschaftlicher Kommunikation, die sich jedoch kommunikationstheoretisch beschreiben lassen als Kommunikationsweisen, deren Botschaften durch technische Verfahren übermittelt werden. Während zwischenmenschliche (interpersonale) Kommunikation an die physische Anwesenheit der Kommunikationspartner gebunden ist, kann medial über Raum- und Zeitgrenzen hinweg und zwischen (theoretisch unbegrenzt) vielen Teilnehmern kommuniziert werden.

Die von M benutzten Zeichensysteme (Codes) lassen sich allerdings als Weiterentwicklung der zur interpersonalen Kommunikation gebrauchten Signale verstehen, deren Mitteilungen nicht nur über die (uns fast ausschließlich bewußten) sprachlich-semantischen Laute erfolgen, sondern zugleich über parasprachliche (sprachbegleitende) Laute und über nonverbale (gestische und körperliche) Signale. Akustische M etwa stilisieren semantische (Bedeutung tragende) und parasprachliche Lautzeichen zu einer eigenständigen Formsprache. Visuelle M entwickeln aus den durch Körperbewegung, Körperhaltung und Umgebung vermittelten (kinetischen, proxemischen und kontextuellen) Signalen eine spezifische Bildsprache. Beide haben allerdings vor der Entwicklung kinematographischer und elektronischer Wiedergabetechniken ihre (quasi handwerklichen) Vorläufer im Öffentlichen Erzählen (das wesentlich Hörerlebnis war) und im Theaterspiel (das wie die audiovisuellen M Hör- und Seherlebnis kombinierte). In diesem Sinn ist auch die Schrift als Medium zu bezeichnen, das hörbare sprachliche Laute in lesbare Schriftzeichen kodiert. Mit der schon vor dem Buchdruck (in Manuskripten) üblichen Kombination von Bild und Schrift arbeiten auch heute noch alle ‚Print-M' (Buch, Zeitung, Zeitschrift, Film), die sich entgegen vielen Voraussagen neben den audiovisuellen (Film, Fernsehen, Video), den auditiven M (Rundfunk, Tonträger) und selbst gegenüber moderner Informationstechnologie (Computer, Telefon, Telefax, etc.) erstaunlich gut behaupten.

Mit dem Begriff ‚M' meint der allgemeine Sprachgebrauch aber eher die Kommunikationsapparate, über die mediale Kommunikate produziert und vertrieben werden und die unter sozialen, ökonomischen und politisch-rechtlichen Gesichtspunkten zu betrachten sind.

1. In sozialer Hinsicht stellt sich die Frage, wer Zugang zu medialer Kommunikation hat, wer sich ihrer bedient, wem sie vermittelt wird und wer davon ausgeschlossen bleibt. Während interpersonale Kommunikation jederzeit zwischen Individuen und Gruppen erfolgen kann (sofern sie nicht durch gesellschaftliche Gewalt verhindert wird), daher prinzipiell dialogisch ist, da jeder Teilnehmer im Wechsel Hörer und Sprecher sein kann, wird der Vorteil nahezu unbeschränkter Reichweite medialer Kommunikation durch den Nachteil tendenzieller ‚Einwegkommunikation' (und damit der Beeinträchtigung eines freien gesellschaftlichen Informationsflusses) erkauft. Bereits die Entwicklung der Schrift überantwortet einen Teil der

gesellschaftlichen Selbstverständigung einer speziellen Gruppe, den Schriftkundigen. Vollends wird mit der Entwicklung moderner Nachrichtentechnologien und ihrer Produktionsapparate die →Gesellschaft aufgespalten in eine kleine Gruppe von spezialisierten M-produzenten (Journalisten, Redakteure, Techniker etc.) und eine Masse von M-konsumenten. Mehr als technischen Sachzwängen ist die zunehmende Ausgrenzung des Publikums allerdings sozialen Faktoren zuzuschreiben, denn die technologische Entwicklung selbst erlaubt in den letzten Jahrzehnten eher wachsende Rückkopplung mit dem Konsumenten (fast in allen Bereichen stehen inzwischen Techniken und Geräte zur Verfügung, die leicht zu bedienen sind und dem angelernten Laien ermöglichen, M-produzenten zu werden). Abgesehen von unbedeutenden Ausnahmen (wie Telefondiskussionen oder Hörerwunschsendungen) werden diese Möglichkeiten von den großen M-apparaten infolge politischer und wirtschaftlicher Gründe kaum genutzt. Außerhalb der etablierten M-kommunikation entstanden Einrichtungen wie freie Videowerkstätten, Alternativrundfunk und ähnliche Initiativen, die eine breitere und allgemeinere Beteiligung an der M-kommunikation bezwecken.

2. Die modernen Kommunikationsapparate sind aufgrund komplizierter technischer Verfahren und ihrer arbeitsteiligen Organisation nur unter Einsatz großer Geldmittel zu betreiben, die – jedenfalls solange die Mittel privatwirtschaftlich in Form von Kapital aufgebaucht werden und solange Medienprodukte als Waren auf einem M-markt vertrieben werden – Gewinne bringen müssen, die wiederum nur über einen massenhaften Absatz erwirtschaftet werden können. Unter privatwirtschaftlich-industriellen Bedingungen wurden daher auch ursprünglich handwerkliche Verfahren wie der Buchdruck zu modernen ‚Massen-M' weiterentwickelt. Die von der industriellen Technologie hervorgebrachten M können sich von vornherein nur etablieren, wo sie ein Massenpublikum finden. Insofern sind die Medien heute von vornherein als ‚Massen-M' zu charakterisieren.

3. Allerdings überläßt nun auch keine privatwirtschaftlich strukturierte Gesellschaft die M-produktion ausschließlich den Marktgesetzen. M-kommunikation ist seiner Funktion nach ein Organ gesellschaftlicher Öffentlichkeit und daher zugleich auch immer ein Mittel politischer Herrschaft. Daher wird versucht, die M-herstellung in eine rechtliche Form zu bringen, in der die wirtschaftlichen Interessen der M-industrien mit den Interessen politischer Herrschaft und dem gesellschaftlichen Interesse an umfassender medialer Kommunikation zum Ausgleich gebracht werden. Diese oft divergierenden Interessen haben zu unterschiedlichen Lösungen geführt:

Im marktwirtschaftlichen Modell wird darauf vertraut, daß sich ein funktionsfähiger Informationsfluß über das freie Spiel der Maktkräfte herstelle. Daß dies nicht ganz so einfach ist, zeigen beispielhaft die verschiedenen Formen ‚Freiwilliger Selbstkontrolle', mit denen private M-produzenten in der BR staatlichen Eingriffen zuvorzukommen versuchen.

Wo staatstragende Gruppen und Parteien befürchten müssen, daß sich über den M-markt herrschaftsgefährdende Tendenzen artikulieren, besteht die Tendenz, die M-produktion staatlicher Kontrolle zu unterwerfen (z. B. durch Zensurbehörden) oder in staatlicher Regie zu betreiben (die Rundfunkanstalten im Nationalsozialismus). – Gezielte Eingriffe und Beschränkungen sind außerdem in allen Gesellschaften mehr oder weniger anzutreffen und gesetzlich verankert (etwa das Verbot ‚jugendgefährdender' Produkte in der BR).

Die öffentlich-rechtliche Konstruktion, die für einige M in der BR nach den Erfahrungen mit dem Nationalsozialismus geschaffen wurde, stellt den Versuch dar, Meinungsvielfalt und gesellschaftliche Kontrolle durch die Beteiligung aller gesellschaftlich relevanten Gruppen zu garantieren. Sie stellt eine insgesamt brauchbare Lösung dar, auch wenn sie neue politische Strömungen und soziale Minderheiten behindert, und auch wenn gerade das Prinzip der Ausgewogenheit etablierten politischen und wirtschaftlichen Verbänden Eingriffe in die Meinungsfreiheit ermöglicht.

Als Aufgaben medialer Kommunikation in der Industriegesellschaft lassen sich prinzipiell unterscheiden: (a) Information über alle Vorgänge, die der Wahrnehmung des Individuums entzogen sind, die aber sein Leben direkt oder indirekt beeinflussen und deren Kenntnis erst eine demokratische Willensbildung ermöglicht; (b) Ausbildung und →Weiterbildung, durch die angesichts ständiger Veränderung der Qualifikationsanforderungen und gesellschaftlichen Organisationsweisen die berufliche Grundausbildung erweitert und ergänzt wird, und (c) Unterhaltung und Entspannung, die die einseitige Beanspruchung körperlicher wie geistiger Funktionen in der industriellen Arbeitswelt auszugleichen sucht, indem durch Phantasieangebote die unterdrückten →Bedürfnisse angesprochen, das Individuum dadurch entlastet und im Gleichgewicht gehalten wird. – Gegen diese Unterscheidung (und v. a. ihre Umsetzung in Programmsparten) wäre einzuwenden, daß der Konsument stets mit seiner Gesamtpersönlichkeit rezipiert und massenmediale Wirkungen gerade auf dieser Vermischung der angesprochenen Funktionen beruhen (bspw. zielen die Nachrichten des Fernsehens in ihrer Bildgestaltung eher auf den Unterhaltungswert; noch offensichtlicher ist diese Vermischung etwa bei der Produktwerbung).

Die Wirkung massenmedialer Kommunikate auf den Rezipienten wird von der M-wissenschaft kontrovers diskutiert. Breiten Raum nimmt dabei die Frage der Wirkung von Gewaltdarstellungen ein: Hier steht die Imitationstheorie, die die mögliche Nachahmung medial wahrgenommenen Verhaltens postuliert, diametral der Katharsistheorie gegenüber, die annimmt, die mediale Wahrnehmung diene eher als Abfuhr und verhindere gerade die Nachahmung.

Die Wirkung massenmedialer Kommunikate muß im Verhältnis zur Persönlichkeitsstruktur des Rezipienten sowie den Lebensbedingungen und Lebenseinstellungen seiner sozialen Gruppe diskutiert werden. Dadurch kommen so viele Faktoren ins Spiel, daß allgemeine Antworten kaum gegeben werden können. Die entscheidende Frage dabei lautet, ob der M-konsum neue, außerhalb seiner Persönlichkeit und seiner Lebenswelt liegende Einstellungen und Verhaltensweisen des Rezipienten hervorbringen kann. Die Ergebnisse der Wirkungsforschung deuten eher darauf hin, daß zumindest langfristige Wirkungen hauptsächlich von der stimulierenden Verstärkung bestehender Dispositionen ausgehen. (Zur Verwendung des Begriffs „M" im Kontext der →Systemtheorie siehe auch: →Steuerung, →Steuerungsinstrumente.)

L.: Baacke, Dieter: Kommunikation und Kompetenz; München, 1973. Silbermann, Alphons, Massenkommunikation; in: R. König (Hg.), Handbuch der empirischen Sozialforschung, Band 10, 2. Aufl.; 1977. Silbermann, Alphons (Hg.): Handwörterbuch der Massenkommunikation und Medienforschung, Band 1 und 2; Berlin, 1982.

Johannes Merkel

**Medienpädagogik**
Unter dem etwas unscharfen Begriff der M lassen sich Gebiete wie u. a. Medienerziehung, Mediensozialisation, Medienarbeit, Medienanalyse, Mediendidaktik und Unterrichtstechnologie zu folgenden zwei Gegenstandsbereichen zusammenfassen:

1. Die auf pädagogische Ziele gerichtete Kommunikation zwischen Lehrer (Erzieher, Weiterbildner, Schulungsleiter etc.) und Schüler (Kursteilnehmer etc.) kann durch Medienprodukte ergänzt, sachlich vertieft, differenzierter und anschaulicher gemacht und damit der Lernvorgang von persönlichen Irritationen freigehalten werden. Das durch

wechselnde Sinnesreize wachgehaltene Interesse ermöglicht einen optimierten Lerneffekt. Im Grunde leisten dies prinzipiell schon die Schulbücher, wie sie seit dem Beginn des allgemeinen Schulwesens im Gebrauch sind, die von Anfang an Text und Abbildungen kombinierten. Wo →Medien als unterrichtsbegleitende Lehrmittel eingesetzt werden, bleiben sie eingebettet in die personale Kommunikation mit dem Lehrenden, durch Rückfragen können Wahrnehmungen relativiert und korrigiert werden.

Beim programmierten Unterricht dagegen wird, zumindest der Tendenz nach, der Lehrende selbst durch multimediale Lehrsysteme ersetzt, und alle Lernvorgänge werden durch die Interaktion zwischen Schüler und Lernprogramm hervorgerufen. Indem der Schüler den folgenden Lernschritt erst dann geht, wenn er den vorhergehenden abgeschlossen hat, soll ein individuelles, gruppenunabhängiges Lernen ermöglicht werden.

Obwohl ein breites Angebot unterrichtsstützender Medienprodukte zur Verfügung steht (angeboten von Landesbildstellen, dem Schulfunk und Schulfernsehen der Rundfunkanstalten sowie kommerziellen Produzenten), haben sie nach wie vor geringen Anteil am Schulunterricht. Noch weniger konnte die Unterrichtstechnologie in den Schulen Fuß fassen, trotz massiver Interessen der einschlägigen Industrie. Beides mag z.T. an der Trägheit der Institution →Schule wie auch an fehlenden Finanzmitteln liegen. Entscheidender aber dürfte sein, daß mediendidaktische sowie unterrichtstechnologische Produktionen einen durchschnittlichen Schüler voraussetzen müssen und daher auf wechselnde, individuelle Dispositionen des Schülers nicht eingehen können. Persönliches pädagogisches feed back bleibt aber eine entscheidende Lernbedingung für Kinder im Schulalter.

Der Lernerfolg lernmotivierter Erwachsener hängt weniger von der persönlichen Einstellung zum Lehrenden ab, und wohl deshalb haben sich mediale Unterrichtsmittel und programmierter Unterricht in der außerschulischen Bildung durchgesetzt, insb. in der Berufs- und →Weiterbildung; der programmierte Fremdsprachenunterricht in Sprachlabors hat weite Verbreitung gefunden; Firmen schulen ihre Angestellten mit speziellen, auf die Firmenverhältnisse zugeschnittenen audiovisuellen Lehrprogrammen (von der Verkäufer- bis zur Managerschulung); über Funkkolleg, Telekolleg und ähnliche Sendungen können Erwachsene weiterführende Qualifikationen und sogar regelrechte Studienabschlüsse erwerben (z.B. Fernuniversität in Hagen).

In sozialpädagogischen Bereichen – etwa der außerschulischen Jugendbildung (→Jugendarbeit), in Beratungsstellen oder zur Gesundheitsaufklärung (→Gesundheitserziehung) – werden die Möglichkeiten des Medieneinsatzes noch vergleichsweise wenig genützt, obwohl sie sich dafür sehr eignen. Sicher fehlen hier im Angebot der öffentlichen oder kommerziellen Verleihstellen oft Medienproduktionen, die soziale oder gesundheitliche Probleme thematisieren. Gute Arbeit leisten z.T. freie Videogruppen, die aktuelle politische und soziale Konflikte dokumentieren (etwa Aktionen der Ökologiebewegung) und deren Produkte über informelle Vertriebe zugänglich sind. Die inzwischen recht einfache technische Handhabung (bspw. von Videokameras) ermöglicht es, von und mit Betroffenen Medienproduktionen zu erstellen, die wiederum in anderen Zusammenhängen gezeigt werden können.

2. Pädagogen sind in allen ihren Arbeitsgebieten (Schulpädagogik, →Freizeitpädagogik, →Sozialpädagogik, →Erwachsenenbildung etc.) mit den Wirkungen des Medienkonsums konfrontiert und sollten Medieneinflüsse bei ihrer Arbeit berücksichtigen.

Dafür wurde eine ‚M' entwickelt, die zunächst v.a. auf die kritische Reflexion setzte und die Medieninhalte sprachlich analysierend zu hinterfragen suchte. Medienwirkungen können so zwar rational begriffen und bewußt gemacht werden. Da die Medien (insb. die audiovisuellen) v. a. über die sprachbegleitenden Botschaften emotionale Strebungen ansprechen und prägen, wurde die kritische Medienanalyse durch das Konzept der aktiven Medienarbeit ergänzt, bei der im pädagogischen Zusammenhang ein Medienprodukt hergestellt und damit die spezifische Formsprache des verwendeten Mediums vermittelt wird. Zugleich soll die Fähigkeit erworben werden, eigene Interessen medial zum Ausdruck zu bringen und damit die Interessen, in die kommerzielle oder öffentlichrechtliche Medienprodukte eingebunden sind, zu durchschauen.

So einleuchtend das Konzept auch sein mag, es scheitert oft an den technischen, finanziellen und organisatorischen Anforderungen, die Medien stellen (ganz abgesehen von den oft mangelhaften Qualifikationen der Pädagogen). Die in der Literatur beschriebenen Beispiele fanden meist unter privilegierten Bedingungen statt (Modellprojekte etc.) und lassen sich oft schwer auf alltägliche Arbeitsbedingungen übertragen. Vor allem fehlt es an Konzeptionen, wie strukturell verwandte Medien aufeinander aufbauend erarbeitet werden können (z. B. vom mündlichen Erzählen zur Herstellung eines Hörspiels; von der Fotodokumentation über die Ton-Dia-Schau zur Filmdokumentation etc.).

L.: Baacke, Dieter/Kluth, Theda (Hg.): Praxisfeld Medienarbeit; München, 1980. Issing, Ludwig I. (Hg.): M im Informationszeitalter; Weinheim, 1987. Schell, Fred: Aktive Medienarbeit mit Jugendlichen; Opladen, 1989. Wolf, Werner: Die Medien, das sind wir selbst; Reinbek, 1989.

Johannes Merkel

## Medikalisierung

M bezeichnet den Prozeß der immensen Ausdehnung und Intensivierung professioneller medizinischer →Interventionen, wie er sich in allen hochentwickelten Industriegesellschaften vollzogen hat und noch nicht auf seinem Höhepunkt angelangt zu sein scheint. In erweiterter historisch-soziologischer Perspektive wird M gleichgesetzt mit der ständig expandierenden Medizinkultur, die mit der Moderne eingesetzt hat und als irreversibler zivilisatorischer Prozeß angesehen werden muß.

Der ökonomische Rahmen der Wachstumsdynamik der M ist durch den →medizinisch-industriellen Komplex, der mit den wohlfahrtsstaatlichen Bürokratien verknüpft ist, gegeben. Die Nachfrage nach medizinischen →Dienstleistungen wird zum größten Teil innerhalb dieses Rahmens gesteuert. Mit der Heraufkunft der sog. post-industriellen Leistungsgesellschaft, in der eine noch größere Inanspruchnahme von „Gesundheitsleistungen" erwartet wird, ist ein weiterer Schub der M unvermeidlich.

Die M vollzieht sich als ein Prozeß des Verdrängens, des Verbietens, des Ersetzens von Hilfen und Wissensbeständen, die nicht von der professionellen Medizin erbracht oder angeleitet werden. Mit der völligen Vergegensätzlichung von Laientum (Laienkultur; →Laienkompetenz) und Expertentum (Medizinkultur) ist ein Verhältnis entstanden, das ein gleichberechtigtes Miteinander nicht zuläßt. Selbst eine Evaluierung der Wirksamkeit medizinischer Dienstleistungen durch die Betroffenen (→Nutzerkontrolle) erscheint unter diesen Bedingungen als sinnloses Unterfangen. Zaghafte Versuche verfallen dem Expertenverdikt, auch grundlegendere Erfahrungen der Betroffenen brechen die codierten Wissensmonopole der Mediziner nicht auf. Von dieser Einsicht her sind eine Reihe kritischer Einschätzungen der M und von Kampfansagen an die herrschende Medizin formuliert worden, ohne allerdings die historischen Entwicklungslinien und die derzeitigen Bedingungsfaktoren der M hinreichend in Rechnung zu stellen.

Selbstverständlich war die M verbunden mit dem Aufstieg der Ärzte (→Arzt) zu einer einflußreichen, mit gesellschaftlichen Mandaten und staatlichen Aufträgen versehenen Profession (→Professionalisierung), welche die Auseinandersetzung mit der tradierten Laienkultur des gesunden Lebens und den überkommenen mannigfaltigen Formen der Krankenhilfe mit allen Mitteln und kompromißlos geführt hat (vgl. Ferber). So wie die Medizin im modernen →Sozialstaat monopolistische Institutionen (→Institutionalisierung) hervorgebracht hat, so bilden auch die Ärzte als Inhaber professioneller Monopole eine Funktionselite, die sich zudem als Wertelite versteht und ihre Hegemonie voll zur Geltung bringt.

Es scheint angebracht, auf einzelne soziale Gründe und Folgen der M näher einzugehen, weil nur so verständlich werden kann, in welcher Art und Weise sich dieser gesellschaftliche Prozeß vollzieht und welche Rolle dem Kranken bzw. dem Kranksein hierbei zufällt. Die verlorengegangene kognitive Kompetenz des Kranken und seine sozial hergestellte Unfähigkeit zur →Selbsthilfe korrespondieren mit einem wachsenden psychischen Angewiesensein auf Rat und Tat des medizinischen Experten. Obwohl im Falle von episodischer Erkrankung, auch bei geringer medizinischer Relevanz, die Selbsthilfe, eingebunden in das alltägliche Überleben, oftmals angesagt wäre, wird professionelle →Fremdhilfe angestrebt, weil sie angeblich den Handlungsspielraum der Verarbeitung von →Krankheit und eine schnellere und größere Wirksamkeit verspricht. Freilich sind derartige Überantwortungen und Überlassungen an den Arzt nicht lediglich auf persönliche Nützlichkeitserwägungen zurückzuführen. Schließlich ist die Akzeptanz der Medizin auch eine sozial erzwungene: Diagnosen, Begutachtungen, Krankschreibungen, Krankenrolle und Lohnersatz werden über die Instanzen medizinischer Kontrolle von den Institutionen des →Sozialstaates kanalisiert, finanziert und funktionalisiert. Die Entmündigung des Patienten als Ergebnis allein des Medizinsystems anzuprangern, dürfte deshalb ein Kurzschluß sein: Die autoritäre und präskriptive Komponente des Wohlfahrtsstaates ist für derartige Folgen der M ebenso ursächlich.

Die nahezu uneingeschränkte Akzeptanz der Arztmedizin und ihrer biotechnischen Manipulationen ergibt sich auch daraus, daß sie auf der Subjektebene als garantiertes Dienstleistungssystem zum Zwecke der Anpassung an gesellschaftliche Anforderungen fungiert und hierbei unentbehrliche Funktionen erfüllt. Medizinische Leistungen sind instrumentalisiert für Bedürfnisse, Ziele, Zwecke eines erleichterten, entlasteten, aber auch erfolgreicheren gesellschaftlichen Überlebens. Sinn und Ziel ärztlichen und medizinischen Handelns liegen überwiegend außerhalb des Arzt-Patienten-Verhältnisses. Die Leistungsfähigkeit, die statusschaffend ist, die Konsumfähigkeit, welche die soziokulturelle Teilhabe ermöglicht, setzen eine täglich verfügbare →Gesundheit voraus, die möglichst noch vorzeigbar sein muß. Diesem Erscheinungsbild von Gesundheit oder →Normalität dienen zusätzlich im Umfeld des Medizinsystems eine beträchtliche Anzahl mehr oder weniger medikalisierter Dienste.

Bereits im 19. Jh. standen die Protestbewegungen, die sich gegen die naturwissenschaftliche Medizin und ihre Ansprüche wandten, unter erheblichem Legitimationsdruck, dem in einem Klima des technisch-wissenschaftlichen Fortschritts und der unbestreitbaren Erfolge der Medizin bei der Eindämmung der Volksseuchen (→Sozialhygiene) kaum nachzukommen war. Nunmehr muß auf dem Felde von Krankheit und Gesundheit jede Protestbewegung sich mit der Dynamik der Medizinkultur auseinandersetzen. Für den Sektor der Gesundheitsselbsthilfen und den Bereich der →Prävention ist daraus ein permanenter Konflikt entstanden, dem nur durch Abdriften in Gesundheitszirkel und andere kleine soziale Einheiten entgangen werden kann.

Für die totale M gibt es indessen offensichtlich Grenzen. Wissenschaftliche Untersuchungen haben bewiesen, daß Laienhandeln und Selbsthilfe nach wie vor ein wichtiger Bestandteil der Gesunderhaltung und Krankenversorgung sind, ohne die das bestehende medizinische System überhaupt nicht aufrechterhalten werden könnte.

L.: Ferber, C. von, Zur Soziologie des Laien vor den Ansprüchen der Medizin; in: Ferber/Badura (Hg.), Laienpotential, Patientenaktivierung und Gesundheitsselbsthilfe; München, Wien, 1983, 265–293. Ders., Medizinkultur und Laienkultur, Nebeneinander – gegeneinander – miteinander; in: Marquard/Seidler/Staudinger (Hg.), Medizinische Ethik und soziale Verantwortung; Paderborn, München, o.J., 9–27. Ferber, C. von/Ferber, L. von, Von der Dienstleistungsfunktion des Arztes – Der Primärarzt im Sozialstaat; in: Saladin/Schaufelberger/Schläppi (Hg.), „Medizin" für die Medizin. Arzt und Ärztin zwischen Wissenschaft und Praxis; Basel, Frankfurt a.M., 1989, 283–297. Flöhl, R. (Hg.): Maßlose Medizin. Antworten auf Ivan Illich; Heidelberg, 1979. Freidson, E.: Der Ärztestand. Berufs- und wissenschaftssoziologische Durchleuchtung einer Profession; Stuttgart, 1979. Göckenjan, G.: Kurieren und Staat machen. Gesundheit und Medizin in der bürgerlichen Welt; Frankfurt a.M., 1985. Huerkamp, C.: Die Professionalisierung der Ärzte im 19. Jahrhundert; Göttingen, 1985. McKeown, T.: Die Bedeutung der Medizin. Traum, Trugbild oder Nemesis?; Frankfurt a.M., 1982. Schenda, R., Das Verhalten der Patienten im Schnittpunkt professionalisierter und naiver Gesundheitsversorgung. Historische Entwicklung und aktuelle Problematik; in: Blohmke/Ferber/Schaefer (Hg.), Handbuch der Sozialmedizin, Bd. III; Stuttgart, 1976, 31–45.

Max Wambach

**medis**
⇒ Medizinische Informatik und Systemerforschung

**Medizin**
1. Wissenschaftliches Lehr-, Forschungs- und Studiengebiet (→ ärztliche Ausbildung), das folgende Fachgebiete (mit Fachgebietsnummern) umfaßt: 351 Ärztliche Rechts- und Standeskunde; 352 Allergologie; 353 → Allgemeinmedizin; 354 Anästhesiologie; 355 Anatomie; 356 → Arbeitsmedizin; 357 Bakteriologie; 419 Biochemie; 358 Chirurgie (359 Kieferchirurgie; 360 Neurochirurgie; 361 Plastische Chirurgie); 362 Dermatologie; 424 Diagnostik; 363 Embryologie; 415 → Epidemiologie; 364 → Forensische Medizin; 365 Geburtshilfe (→ Hebamme), Gynäkologie; 366 → Gerontologie; 367 Geschichte der Medizin; 368 Hals-Nasen-Ohrenheilkunde; 369 Histologie; 370 → Hygiene (371 Sozialhygiene; 372 → Umwelthygiene); 373 Immunologie; 374 Innere Medizin (375 Angiologie; 376 Endokrinologie; 377 Gastroenterologie; 378 Hämatologie; 379 Kardiologie; 380 Pulmologie; 381 Rheumatologie); 420 Klinische Medizin; 421 Labormedizin; 382 Medizinische Dokumentation, Informatik, Statistik (→ Gesundheitsstatistik), 383 Mikrobiologie; 384 Naturheilkunde (→ Naturheilverfahren); 385 Neurologie; 417 Nuklearmedizin; 386 Öffentlicher Gesundheitsdienst (→ Sozialamt); 387 Onkologie; 388 Ophthalmologie; 389 Orthopädie; 390 → Pädiatrie; 391 Pathologie; 392 → Pharmakologie; 393 → Pharmazie; 394 Physiologie; 395 Physiologische Chemie; 396 → Psychiatrie; 418 → Psychologie; 397 → Psychosomatik; 423 Psychotherapie; 398 Radiologie; 399 Serologie; 400 Sozialmedizin; 401 Sportmedizin; 402 Therapie (403 Chemische und medikamentöse Therapie; 404 Diätetische Therapie; 405 Physikalische Therapie); 406 Toxikologie; 416 Tropenmedizin; 407 Urologie; 408 Venerologie; 409 Veterinärmedizin; 410 Virologie; 411 Zahnheilkunde (412 Kiefer-

orthopädie; 413 Prothetik; 414 Zahn-, Mund-, Kieferchirurgie).

2. Alltagssprachlich steht der Ausdruck „M" vielfach auch für Medikamente (→ Arzneimittel, → Pharmazie).

**Medizinalbeamte**
(hist.); → Amtsarzt

**Medizinalstatistik**
⇒ Gesundheitsstatistik

**Medizingeschichte**
L.: Artelt, W.: Einführung in die Medizinhistorie; 1949. Leibbrand, Werner: Heilkunde. Eine Problemgeschichte der Medizin; Freiburg i. B., München, 1953. Neuburger, M.: Geschichte der Medizin, 2 Bde.; 1906/11.

**Medizinisch Pharmazeutische Studiengesellschaft e.V. (MPS)**
Die 1961 gegr. MPS gehört neben dem Bundesverband der Pharmazeutischen Industrie e.V. (BPI), Frankfurt/Main, und dem Bundesfachverband der Arzneimittelhersteller e. V. (BAH), Bonn, zu den „maßgeblichen Meinungsbildnern und -multiplikatoren" auf den Gebieten des → Gesundheits- und → Arzneimittelwesens, der Pharmapolitik und der → Öffentlichkeitsarbeit/Public Relations für die forschende Arzneimittelindustrie in der BR. Während der BPI und der BAH sektorenbezogen die Interessen der Branche vertreten, orientiert sich die MPS vorwiegend am Problemhaushalt ihrer Mitglieder, der sieben führenden und in der Forschung aktiven Pharmakonzerne: Bayer AG, Leverkusen; C.H. Boehringer Sohn, Ingelheim; Boehringer Mannheim GmbH, Mannheim; Hoechst AG, Frankfurt; Knoll AG, Ludwigshafen; E. Merck, Darmstadt; Schering AG, Berlin.

Der Vereinszweck ist in der Satzung weit definiert. So soll die MPS das Ziel verfolgen, „Wert und Funktion medizinisch-pharmazeutischer Forschung und Entwicklung für das Gesundheitswesen deutlich zu machen und auf ihre Sicherstellung hinzuwirken". Darüber hinaus ist unveränderter Satzungsauftrag, „in populärer Weise eine breitere Öffentlichkeit über die Bedeutung der Pharmazie sowie über die Beziehung zwischen medizinisch-pharmazeutischer Forschung und Arzneimittelforschung zu unterrichten.

Grundlagenarbeit, projektbezogene Forschungen, Publikationen, Symposien und Forschungsförderung sind darauf ausgerichtet, die Arzneimittelforschung der Unternehmen zu unterstützen, transparent zu gestalten und für die Erhaltung innovationsfreundlicher Rahmenbedingungen einzutreten. Zugleich sollen die existentiell notwendigen Spielräume für die forschende Arzneimittelindustrie und deren Produktionsbeitrag zum Bruttosozialprodukt verdeutlicht werden. Neben vielen Studien zu Einzelproblemen der Pharmakotherapie, der Pharmaforschung, der → Gesundheitsökonomik und der Reformpolitik im Gesundheitswesen ist es Aufgabe der MPS und der 1966 gegründeten Paul-Martini-Stiftung (PMS), durch Vermittlung von Basisinformation das Verständnis für die Arbeit forschender Pharmaunternehmen zu fördern und zu Problemlösungen im Gesundheitswesen beizutragen.

Die MPS verfolgt diese Ziele mit eigenen Untersuchungen, Forschungsaufträgen, Publikationen, durch die Zusammenarbeit mit kooperierenden und beauftragten Forschungsinstituten und Verbänden im In- und Ausland sowie durch Symposien, Workshops und Journalisten-Seminare.

A.: MPS, Dreizehnmorgenweg 44, 5300 Bonn 2.

Harald Clade

**Medizinische Begutachtung**
→ Gutachtermedizin

**Medizinische Dokumentation**
Die M dient dem → Arzt und damit indirekt seinem Ziel einer möglichst guten Krankenbehandlung sowie Erhaltung und Förderung der Gesundheit. Der behandelnde Arzt ist zu ordnungsgemäßer

Dokumentation des Behandlungsverlaufs, z. B. durch Führen einer Krankenakte, eines Krankenblattes oder einer Krankenkartei, verpflichtet. Krankenakten sind in der Regel mindestens zehn Jahre nach Abschluß der Behandlung aufzubewahren, soweit nicht eine längere Aufbewahrung nach ärztlicher Erfahrung oder durch besondere gesetzliche Vorschriften geboten ist (z. B. Strahlenschutzverordnung). Die personenbezogene Dokumentation von Patientendaten unterliegt der ärztlichen Schweigepflicht sowie dem → Datenschutz.

*Nutzen der medizinischen Dokumentation (Beispiele).* Wenn der Patient ein zweites oder wiederholtes Mal den gleichen Arzt aufsucht, so hat dieser die Möglichkeit, sich anhand seiner Aufzeichnungen über die Vorgeschichte und den Krankheitsverlauf zu orientieren und daran sein weiteres Vorgehen auszurichten. Das gleiche gilt bei der zweiten oder wiederholten Aufnahme im gleichen Krankenhaus. Eine ähnliche Situation liegt vor bei wiederholten Vorstellungen von Gesunden im Rahmen der Vorsorgeuntersuchungen (z. B. arbeitsmedizinische Untersuchungen) oder im Rahmen von Früherkennungsprogrammen (z. B. Früherkennung im Kindesalter). Über die Benutzung der Dokumentation zum individuellen Nutzen des medizinisch Betreuten hinaus, kann die Dokumentation zum Nutzen ganzer Kollektive ausgewertet werden. Der Vergleich des medizinischen Vorgehens bei unterschiedlichen Individuen mit gleichen Diagnosen (kasuistisch oder statistisch) kann Hinweise auf die Qualität des ärztlichen Handelns geben und damit – im Rahmen eines planvoll angelegten Vorgehens – der Qualitätssicherung ärztlichen Handelns dienen. Planvoll geführte Dokumentationsunterlagen sind schließlich die Voraussetzung bei wissenschaftlichen Studien, z. B. zur Ermittlung von Häufigkeit, Verbreitung sowie Verursachung von Krankheiten oder zur Wirksamkeitsprüfung von therapeutischen Verfahren.

*Dokumentationsarten.* Man kann folgende Arten innerhalb der M unterscheiden:

– die Datendokumentation (Dokumentation von Einzelbeobachtungen, z. B. Befunden und Diagnosen);

– Literaturdokumentation (Nachweis von medizinisch-wissenschaftlicher Literatur, von Medien, Gesetzen/Verordnungen, Adressen, Projekten usw. mit bibliographischen Angaben, inhaltlicher Erschließung (durch Verschlüsselung, Schlagwörter und ggf. Beigabe einer Kurzfassung), in besonderen Fällen Dokumentation des Volltextes);

– die Faktendokumentation (gegliederte Dokumentation von Informationen zu komplexeren Sachverhalten, z. B. Gefahrstoffdokumentation, Arzneimitteldokumentation, Terminologiedokumentation usw.).

*Besonderheiten der Datendokumentation (Dokumentation von Patientendaten u. ä.).* Man unterscheidet die Basisdokumentation von allgemeinen Patientendaten und Spezialkrankenblätter für die einzelnen medizinischen Fachgebiete; hierbei werden (ggf. spezielle) Ordnungssysteme, z. B. Diagnosenschlüssel (ggf. der einzelnen Fachgebiete), benutzt. Die Dokumentation im klinisch-chemischen Labor dient im besonderen der Qualitätssicherung. Mit Fragen der Freitextanalyse hat sich z. B. die Pathologiedokumentation auseinanderzusetzen. Bei der Dokumentation von bildgebenden Verfahren treten Probleme der Mustererkennung auf. Die EKG-Dokumentation setzt Verfahren der automatischen EKG-Analyse ein. Von der Dokumentation in der Klinik unterscheidet sich die Dokumentation in der Praxis des niedergelassenen Arztes ebenso wie die des Betriebsarztes (→ Betriebsärzte), des Arztes im → Sanitätsdienst, des Schularztes (→ Schulärztlicher Dienst), des Gewerbearztes (→ Gewerbeärztlicher Dienst) usw. Bei präventivmedizinischen (Früherkennungs-)Untersuchungen wird u. U. eine offene Dokumentation bevorzugt, deren Probleme dann gelöst werden müssen. Bei der Dokumentation im Zusammenhang mit der amtlichen Statistik (z. B. Todesursachenstatistik) sind u. a. Fragen der Erhebungsdaten (z. B. Todesbescheinigungen, Interviewbogen des Mikrozensus), der Verschlüsselung (Internationale Klassifikation der Krankheiten: ICD) und der Aggregierung zu lösen. Schwierigkeiten besonderer Art ergeben sich bei der Führung von Registern (z. B. Krebsregister).

*Besonderheiten der Literaturdokumentation.* Bekannte Literaturdatenbanken in der Medizin von internationaler Bedeutung sind z. B. MEDLINE, EMBASE, von eher nationaler Bedeutung z. B. SOMED. Solche Datenbanken werden zur Online-Abfrage von Host-Rechenzentren angeboten, z. B. DATASTAR, DIALOG, DIMDI. Verwandt ist die Bibliotheksdokumentation mit der Aufgabe u. a. der Katalogherstellung. Bei der inhaltlichen Erschließung werden Ordnungssysteme angewandt: Klassifikationen (z. B. Internationale Dezimalklassifikation (DK), NLM-Klassifikation), Thesauri (MESH – Medical Subject Headings) usw.

*Besonderheiten der Faktendokumentation.* Da Angaben in Faktendokumentationen u. U. die Grundlage für Entscheidungen mit weitreichender Bedeutung sein können (z. B. Gefahrstoffkonzentration), muß die Bonität der dokumentierten Daten gewährleistet werden (z. B. durch eine hierzu bestellte Expertenkommission).

*Dokumentationsmethodik.* Die bei der Dokumentation einzusetzenden Methoden richten sich nach dem jeweiligen Ziel; Kriterium für die Methodenauswahl ist damit die Zweckmäßigkeit. Es ist zu entscheiden zwischen freier Dokumentation (als Text) oder einer gegliederten Form mit Positionen, die ihrerseits wiederum in freier Textform ausgefüllt werden (offene Fragen) oder bei denen die zur Ausfüllung erlaubten Antwortalternativen vorgegeben sind (geschlossene Fragen). Eine umfangreichere Liste solcher Antwortalternativen (z. B. Diagnosenverzeichnis) kann in geordneter Form zu einer Klassifikation zusammengefaßt sein. Zur inhaltlichen Aufbereitung einer Dokumentation in Textform ist ein Thesaurus (von griechisch: Speicher) von Bedeutung, der Synonyme auf Vorzugsbenennungen zurückführt und die zwischen diesen bestehenden (hierarchischen) Beziehungen repräsentiert.

Unter den technischen Realisationsmöglichkeiten der Dokumentation ist die *elektronische Datenverarbeitung* das Medium mit zunehmender Verbreitung, erst recht nach der Einführung des Personalcomputers (PC). Dennoch ist die Kartei als konventionelle Dokumentationstechnik bei weitem noch nicht verdrängt (z. B. als Patientenkartei in der Arztpraxis, als Schülerkartei des Schularztes oder z. B. Katalogkartei in der medizinischen Bibliothek).

*Unterschiedliche Auswertungsmethoden* gestatten die Nutzbarmachung der Dokumentation: Methoden des Suchens und Wiederfindens von Einzeldokumenten oder ganzer Gruppen von Dokumenten, Erstellung geordneter Listen oder ganzer Gruppen von Dokumenten, Erstellung geordneter Listen nach vorheriger Sortierung gem. ausgewählter Kriterien (z. B. Adressenverzeichnis, Literaturverzeichnis usw.), Erstellung von Registern (z. B. Personenregister, Schlagwortregister, Ortsregister usw.), quantitative Auswertung unterschiedlichster Arten (z. B. Berechnung von Häufigkeiten oder Mittelwerten für einzelne Variablen oder für mehrere Variablen zugleich, bei elektronischer Datenverarbeitung Einsatz von komplizierteren Verfahren der M), u. a. aber auch (bei elektronischer Verarbeitung): Aufbereitung der gespeicherten Daten zur Steuerung von Arbeitsabläufen (z. B. Ausdruck von Etiketten für Laborproben usw.), Ausgabe von Zeitplänen, Erstellung von Arztbriefen, Durchführung der Kostenabrechnung.

Eine besondere Bedeutung hat die *Datenprüfung*, die bei einer durchdacht formalisierten Dokumentation und insb. bei Einsatz der elektronischen Datenverarbeitung möglich wird. Erhebungen haben gezeigt, daß bis zu 10% der in einem Krankenhaus übermittelten Daten ohne zwischengeschaltete Datenprüfung falsch sein können.

L.: Handbuch der Medizinischen Dokumentation und Datenverarbeitung. Hg. S. Koller und G. Wagner; Stuttgart, New York, 1975. Jahresberichte der Deutschen Gesellschaft für medizinische Dokumentation, Informatik und Statistik (Sitz Köln).

Wolfgang Gerdel

## Medizinische Informatik und Systemforschung (medis)

medis ist eine selbständige Abteilung der aus Bundesmitteln finanzierten Gesellschaft für Strahlen- und Umweltforschung (GSF) und wurde 1979 eingerichtet. Im Vordergrund der medis-Tätigkeit stehen die „sozioökonomische Gesundheitssystemforschung" und die „realitätsbezogene" Beratungspraxis grundsätzlicher und aktueller Fragestellungen.

Folgende Themenkomplexe wurden von medis bearbeitet: Erfassung, Analyse und Trendprognosen und -projektionen von „Routinedaten des Gesundheitswesens" und daraus abgeleitet Informationen für Planung und Evaluierung von Maßnahmen der →Gesundheitspolitik; System von Gesundheitsindikatoren (bevölkerungsspezifische und altersgeschichtete Kenngrößen zur Messung des Gesundheitszustandes der Bevölkerung, z. B. Morbidität, Mortalität, u. a.) sowie Ermittlung von Maßstäben für Erfolg oder Effektivität von Maßnahmen im →Gesundheitswesen; Evaluation: Bewertung, Überprüfung und Kosten-Nutzen-Analysen von Maßnahmen, Einrichtungen und Strukturen im Gesundheitswesen (Wirtschaftlichkeit, Effektivität) sowie Auswirkungen und Folgewirkungen von Steuerungspolitiken; Wirtschafts- und Gesundheitspolitik; Interdependenzen; Gesundheitsplanung und -ökonomie: Management- und Steuerungsprozesse im Gesundheitswesen, Finanzierung; Gesundheitssystemvergleiche und internationale Vergleichsanalysen (insb. Strategienvergleich, Technologie-Bewertung; Transferpolitik).

Das medis-Institut ist Kollaborationszentrum der →Weltgesundheitsorganisation (WHO) für Fragen der Gesundheitsplanung und der Gesundheitssystemforschung. Auftraggeber: Landes- und Bundesministerien, Organe der Selbstverwaltung, Europarat, WHO.

A.: medis, c/o GSF, Ingolstädter Str. 1, 8042 Neuherberg bei München.

Harald Clade

## Medizinischer Baumarkt

Die Baukonzerne in der BR erschlossen sich das →Gesundheitswesen größtenteils erst in den 70er Jahren. Seit der Jahrhundertwende stellte der Staat für Krankenhausbauten (→Krankenhaus) kaum Mittel bereit, und für die nichtstaatlichen Träger fehlte meist der Anreiz zu Neubau und Modernisierung. Die von der gesetzlichen →Krankenversicherung zu zahlenden Pflegesätze (→Pflegesatz) waren auch nach dem 2. Weltkrieg jahrelang konstant und deckten oftmals gerade die Selbstkosten pro Bett. Zum Teil lagen sie sogar unter den Selbstkosten, wodurch viele Krankenhäuser verschuldeten. Neu- und Erweiterungsbauten in den 50er und 60er Jahren konnten sich zunächst nur private Krankenhausträger leisten. Ihre Bautätigkeit wurde wesentlich durch die regionale Konkurrenzsituation bestimmt und v. a. von kleineren Bauunternehmen der Region realisiert.

Das Angebot an Leistungen der stationären Versorgung war in der BR deshalb bis zum Beginn der 70er Jahre weitgehend unbefriedigend. Diese Situation wurde auf Seiten der Nachfrager durch die wachsende Zahl von stationär zu behandelnden Patienten noch verschärft. Da Ende der 60er Jahre das Bedürfnis nach einer besseren medizinischen Versorgung zunehmendes Gewicht gewann

1337

(vgl. Sozialbericht 1976, 26), sah sich die SPD/FDP-Regierung Anfang der 70er Jahre zu einigen Reformen im Gesundheitswesen gezwungen.

Mit dem →Krankenhausfinanzierungsgesetz und der Bundespflegesatzordnung von 1972/73 änderte sich die rechtliche und die ökonomische Lage der Krankenhäuser. Gleichzeitig schufen diese Gesetze die Voraussetzung für eine umfangreichere private Kapitalverwertung im stationären Bereich. Für viele Unternehmen wurden die Krankenhäuser erst mit der dualen Finanzierung attraktiv (vgl. Bundesgesetzblatt, Teil I, 60/1972, 1009 ff.). Das galt auch für den M; von 1971 bis 1975 wurden in der BR über 39000 planmäßige Krankenhausbetten neu geschaffen. Mit 118,4 Betten/10000 Einwohner erreichte der stationäre Versorgungsgrad seinen Höhepunkt.

L.: Beilicke/Erdmann: Das Geschäft mit Gesundheit und Krankheit; Berlin, 1985 (= Medizin und Gesellschaft 28), 95–107. Sozialbericht 1976, hg. vom Bundesminister für Arbeit und Sozialordnung (= Dt. Bundestag, Drs. 7/4953 vom 1.4.1976).

Yvonne Erdmann

**Medizinischer Dienst**
→Vertrauensärztlicher Dienst

**Medizinisch-industrieller Komplex**
Unter dem Aspekt der sozialökonomischen Auswirkung erscheint es aus politisch-ökonomischer Sicht berechtigt, von der Herausbildung eines M zu sprechen, dessen Formierung durch folgende Hauptprozesse gekennzeichnet ist:

1. Es vollzieht sich ein zunehmender Prozeß der „Durchstaatlichung" (Joachim Hirsch) des →Gesundheitswesens. In diesem Prozeß setzt der →Staat nicht nur die allgemeinen sozial- und gesundheitspolitischen Rahmenbedingungen, sondern er wird mehr und mehr zur politischen und ökonomischen Schaltzentrale. Er konzentriert die entscheidenden materiellen, finanziellen und personellen Potenzen zur Gestaltung des Gesundheitswesens. Über den Mechanismus der Bildung, Umverteilung und Absicherung der Fonds →der Sozialversicherung, über den staatlichen Sektor in der Gesundheitsversorgung, der in den Universitätskliniken und Großkrankenhäusern nicht nur den Hauptteil der stationären Versorgung, sondern damit auch den Hauptteil des Forschungs- und Wissenschaftspotentials konzentriert, und über den Mechanismus der staatlichen Organisation der gesamten Ärzteschaft (→Arzt) durch die Zwangsmitgliedschaft in den →Ärztekammern wird der Staat zu einem entscheidenden Macht- und Gestaltungsfaktor im Bereich des Gesundheitswesens. Die →Gesundheitsindustrie, der private und kirchliche Sektor der Gesundheitsversorgung, die ärztlichen Standesorganisationen wie auch die →Gewerkschaften und das Parteiensystem müssen bei der Verfolgung ihrer spezifischen Interessen an der →Gesundheit um Einflußnahme auf diesen Mechanismus konkurrieren. Diese Konkurrenz verschärft sich in besonderem Maße in Perioden krisenhafter Gesamtentwicklung, in Perioden der Destabilisierung des Gesamtsystems, wie das in den 80er Jahren zu beobachten war.

2. Es vollzieht sich eine zunehmende Verflechtung zwischen verschiedenen Gruppen des Industrie- und Bankkapitals mit den Hauptbestandteilen des medizinischen Versorgungssystems unter Mitwirkung des Staates. Es kommt zur Herausbildung eines arbeitsteiligen Systems, in dem a) *verschiedene Produzentengruppen* (Ärzte, Heilberufe, Apotheker, Unternehmen der Gesundheitsindustrie) auf b) *verschiedenen Produktionsstufen* (Arztpraxen, Krankenhäuser, Kureinrichtungen, Pharmaindustrie, Geräteindustrie u.a. Zweige) die Waren in Form von Gütern und Dienstleistungen für c) *verschiedene Produktionsfelder* (Vorsorge, Vorbeugung, Behandlung, Rehabilitation) erbringen.

Die Herausbildung dieses arbeitsteiligen Systems läßt folgende Entwicklungslinien erkennen: (1.) Über die Verflechtung der ökonomischen Interessen der Ärzteschaft mit den Interessen des Kapitals vollzieht sich (2.) eine zunehmende Kapitalisierung sowohl des ambulanten wie des stationären Versorgungsbereichs und (3.) eine zunehmende Unterordnung des medizinischen Wissenschaftspotentials unter die Verwertungsinteressen; das an den Universitätskliniken konzentrierte Forschungspotential ist überwiegend im Auftrage der Industrie tätig, wobei das Bundesministerium für Forschung und Technologie als Vermittlungszentrale fungiert. (4.) Über die personelle Verflechtung zwischen →ärztlichen Berufsverbänden, Bundes- und Landesärztekammern (→Ärztekammern) mit dem Industrie- und Bankkapital, insb. dem Versicherungskapital, wird die Funktionsfähigkeit dieses Systems gewährleistet und abgesichert.

Da weder Ärzte noch Wissenschaftler, noch die Gesundheitsindustrie an einer Publizität dieser Beziehungen interessiert sind, liegen Angaben darüber nur spärlich vor. Bekannte Exponenten dieser Personalunion sind die früheren Präsidenten der Bundesärztekammer, Ernst Fromm (u.a. Aufsichtsrat der Dt. Apotheker- und Ärztebank; Beirat der Colonia-Versicherung AG; Mitbegründer und Beirat von Medico-Invest) und H.J. Sewering (u.a. Beirat der Deutschen Ärzteversicherung), sowie das Mitglied des Präsidiums der Bundesärztekammer und Vorsitzender des →Hartmannbundes, Horst Bourmer (u.a. Aufsichtsrat der Deutschen Apotheker- und Ärztebank; Beirat der Karlsruher Lebensversicherung; Beirat der Colonia Krankenversicherung; Ärztebeirat der Central-Krankenversicherung). Unterhalb der Ämterkonzentration auf der Spitzenebene hat sich ein dichtes Netz der Kooperation zwischen Ärzten und Gesundheitsindustrie herausgebildet. Es ist belegt, daß rd. 15% aller Ärzte und →Apotheker in der BR eine Funktion in der Wirtschaft ausüben. Davon wirken 2%, das sind rd. 2700, als Vorstandsmitglieder oder in der Geschäftsführung von Industrie-, insb. von Pharmaunternehmen und Versicherungsgesellschaften (Akademiker in Deutschland, Hamburg 1980).

Zusammenfassend sei hervorgehoben, daß die Herausbildung des M ein komplizierter, langwieriger und zutiefst widerspruchsvoller Prozeß ist, der von vielschichtigen Interessen überlagert und beherrscht wird.

Yvonne Erdmann

**Medizinsoziologie**

M ist die Anwendung soziologischer Theorien und Methoden auf die Bereiche von →Gesundheit und →Krankheit. Sie befaßt sich mit den gesellschaftlichen Verflechtungen und dem sozialen Wandel der Organisation und Definition von Krankheit, d.h. den Institutionen des →Gesundheitswesens, und den sozialen Rollen in den Bereichen Krankheit, Patient, medizinisches und pflegerisches Personal.

M untersucht die Strukturierung des Gesundheitssystems und dessen sozio-ökonomische Bedingungen und Folgen. Die Geschichte des Gesundheitsversorgungssystems umfaßt bspw. die Herausbildung der Formen der ambulanten (freie Einzelpraxis, Gruppenpraxis, Gesundheitszentrum, Ambulanz, Sozialpsychiatrischer Dienst etc.) und der stationären Versorgung (Krankenhaus, Rehabilitationsklinik etc.) als Hauptträger der gesundheitlichen Versorgung sowie die damit in Wechselbeziehung stehende Entwicklung des Krankenkassenwesens. Neben diesen makrosoziologischen Analysen geht es in der M um die Anwendung organisationssoziologischer Konzepte bei der Analyse der Binnenstrukturierung der Versorgungseinrichtungen und der Hierarchie der im Gesundheitswesen Beschäftigten.

Die historisch orientierte M, die sich mit der Entfaltung medizinischer Kenntnisse befaßt, weist enge Verknüpfungen mit der →Medizingeschichte und der Wissens- bzw. Wissenschaftssoziologie auf. Die mit der Verwissenschaftlichung einhergehende Organisation der Kennt-

1339

nisse zu Professionen und Berufen verbindet die M mit der Berufssoziologie. Dabei geht es sowohl um die Besonderheit ärztlichen Tuns, strukturell wie subjektiv als Profession gefaßt, die Diversifikation in der medizinischen Profession und die Berufsschneidung mit medizinischen Assistenzberufen (MTA, PTA etc.), den Pflege- und Sozialberufen (SozialarbeiterIn, SeelsorgerIn) in der Krankenversorgung (→ Helfende Berufe).

Die mit der Verbreitung des → Krankenhauses einhergehende Entwicklung der empirischen, naturwissenschaftlich fundierten Medizin führte zu verbesserter → Intervention (z. B. Operationen) und brachte so die Notwendigkeit mit sich, den Erfolg medizinischer Arbeit zu sichern durch eine qualifizierte Pflege. Dieses historische Bedürfnis korrespondierte mit den Erwerbsarbeitsinteressen der bürgerlichen (ledigen) Frauen und konstituierte den Beruf der (freien) Krankenschwester (in Abgrenzung zum/r LohnwärterIn des vormodernen Krankenhauses; → Krankenpflegeberufe). Die Arbeitsstruktur der → Krankenpflege wurde in der Berufssoziologie als hausarbeitsnah charakterisiert, da ein Großteil des beruflichen Handelns in der Pflege die unmittelbare, nicht aufschiebbare Reaktion auf leib-seelische Bedürfnisse der Patienten ist und zur Folge hat, daß – wie bei der → Hausarbeit – oft mehrere Handlungsabläufe parallel existieren. Das strukturelle Arrangement der Arbeitskooperation im Krankenhaus zeigt Analogien zur bürgerlichen → Familie; in der „ärztlichen Familie" nimmt der Arzt die väterliche Position, die Schwester die mütterliche und der Patient die kindliche Position ein.

Da medizinische Laien über die Inanspruchnahme medizinischer Dienste entscheiden, sind zentraler Forschungsgegenstand die individuellen und sozialen Verhaltensweisen bezüglich Krankheit und Gesundheit. Die Krankenkarriere umfaßt den Weg von der Symptomwahrnehmung über die Symptominterpretation hin zur Definition, ob eine Behandlungsbedürftigkeit vorliegt, und zur Entscheidung über die Inanspruchnahme paramedizinischer und medizinischer Leistungen. Im Bereich der somatischen Erkrankungen im Erwachsenenalter ist es primär die Selbstwahrnehmung, die diesen Prozeß steuert, während es im Kindesalter und bei psychischen Abweichungen vornehmlich Fremdwahrnehmungen (und Etikettierungen) sind, die die Krankenkarriere einleiten. Letztendlich ist die ärztliche Diagnose die gültige Lizenz für den Krankenstatus, mit der die Krankenrolle übernommen wird.

Während sich die → Sozialepidemiologie als Teilgebiet der M um die Erforschung des Einflusses der gesellschaftlichen Verhältnisse auf Entstehung und Verlauf von Krankheiten sowie um die dabei sichtbaren sozialen Differenzierungen zentriert, fragen medizinsoziologische Untersuchungen zum Gesundheits- und Krankheitsverhalten nach den schichtspezifischen, geschlechtsspezifischen und ethnospezifischen Differenzen in der Selbstwahrnehmung und im Ausdruck der körperlichen Befindlichkeiten. Bei Studien zum schichtspezifischen Krankheitsverhalten wird z. B. sichtbar, daß es eine enge Verknüpfung gibt zwischen den jeweiligen Arbeitsanforderungen und der Einschätzung des körperlichen Unwohlseins als Krankheit. Beschwerden, etwa Gelenkschmerzen, die als Ergebnis von Arbeit codiert werden können, erhalten kaum den Status „Alarmsignal für Krankheit"; dieses Signal ist in den unteren Schichten eng mit der Sichtbarkeit von Blut verknüpft. Hingegen erlangt in den Mittel- und Oberschichten ein breites Spektrum an somatischen und psychischen Mißbefindlichkeiten bereits den Status von Verdachtsindikatoren für Krankheit. Diese differente Codierung, neben sozialen Zugangsbarrieren, führt zu einer selektiven Inanspruchnahme medizinischer Dienstleistungen bei Frühsymptomen und hat Konsequenzen für eine

Chronifizierung der Leiden. Aber nicht nur nach der sozialen Lage differiert die gesundheits- bzw. krankheitsbezogene Selbstwahrnehmung, sondern auch nach dem →Geschlecht; so formt die beziehungsorientierte Lebenspraxis von Frauen eine stärker psychosomatisch orientierte Leidenssensibilität. Mit den Entwicklungen zu einer multikulturellen Gesellschaft werden Forschungen zu kulturell differentem Krankheitsverhalten immer wichtiger werden, um einen den religiösen und kulturellen Sinnsystemen angemessenen Umgang in der Krankheit sicherzustellen und die kulturell bedingten (Schmerz-)Äußerungen angemessen dechiffrieren zu können.

Die M befaßte sich lange Zeit nahezu ausschließlich mit dem von den Professionellen dominierten System des Gesundheitswesens, und so gerieten erst in den letzten 15 Jahren die nicht-institutionalisierten gesundheitsbezogenen Leistungen in den Blick. Dazu gehört die Erkenntnis, daß mehr als die Hälfte aller Krankheitsepisoden im sog. Laiensystem (→Laienkompetenz) mittels Selbstbehandlung durch Hausmittel und Selbstmedikation behandelt werden. Zum anderen machte der Wandel des Krankheitspanoramas und das kurative Primat des professionellen Gesundheitssystems dessen Grenzen sichtbar; es kann oft nicht Heilung, sondern nur Linderung bringen, und die psychosozialen Probleme von Krankheit und →Behinderung liegen nicht in seinem Handlungsfeld. Dies führte zu neuen Organisationsformen, den gesundheitsbezogenen →Selbsthilfegruppen.

Die →Prävention ist ein weiterer wichtiger Bereich der M. Nach Caplan wird Prävention unterschieden in Primärprävention, d. h. Krankheitsverhinderung, Sekundärprävention, d. h. Früherkennung, und Tertiärprävention, d. h. Verhinderung von Wiedererkrankung. Während die Früherkennung in den engeren Bereich der Medizin fällt, sind die Aspekte der Tertiärprävention, die sich mit den gesellschaftlichen Vorurteilen befassen, z. B. gegenüber ehemaligen (psychiatrischen) Patienten, originär soziologisch. Ebenso ist ein soziologisches Forschungsfeld der Bereich der Primärprävention, der strukturell die Frage nach der leidenproduzierenden Organisation der →Gesellschaft stellt.

L.: Foucault, Michel: Die Geburt der Klinik. Eine Archäologie des ärztlichen Blicks; Frankfurt, Berlin, Wien, 1976. Geissler, Brigitte/Thoma, Peter (Hg.): M. Eine Einführung für medizinische und soziale Berufe; Frankfurt, 1979. Göckenjan, Gerd: Kurieren und Staat machen. Gesundheit und Medizin in der bürgerlichen Welt; Frankfurt a. M., 1985. Huppmann, Gernot/Wilker, Friedrich-Wilhelm: Medizinische Psychologie – Medizinische Soziologie; München, Wien, Baltimore, 1988. Jahrbuch Medizinische Soziologie; Frankfurt a. M., seit 1981.

Johanna Beyer

**Medizinstatistik**
⇒ Gesundheitsstatistik

**Medizintechnik**
Unter dem Begriff „M" lassen sich alle technischen Geräte und Ausrüstungen für die medizinische Prophylaxe, Diagnostik und Therapie zusammenfassen. Der grundsätzliche Wandel der M in den zurückliegenden Jahrzehnten hängt mit der veränderten Morbiditätsstruktur, dem wachsenden Gesundheitsbedürfnis und der weiteren Entwicklung der medizinischen Wissenschaft zusammen. Letztere wurde u. a. von der Entwicklung der Technik seit der 2. Hälfte unseres Jh. beeinflußt. Die neuen technologischen Lösungen boten der Medizin bisher ungeahnte Möglichkeiten. So veränderten die Fortschritte in der chirurgischen Operationstechnik und die Einführung von Kunststoffen die traditionelle Therapie. Neben die Wiederherstellung gestörter Funktionen durch Linderung bzw. Beseitigung eines krankhaften Zustands, tritt zunehmend der Ersatz von Organen und Funktionen. Gelenk- und Gefäßchirurgie, Langzeitdia-

lyse, Organtransplantation und Schrittmachertherapie können für viele Patienten die Lebenserwartung verlängern und die Belastung verringern (vgl. Wolff 1983, 33).

Die M reicht heute von den traditionellen medizinischen Instrumenten und Geräten über den Laborbedarf, die OP- und Reinraumtechnik bis zu Röntgengeräten und Anlagen für die elektronische Datenverarbeitung. Dieses Gebiet wird zunehmend zur Kapitalanlage von Unternehmen der verschiedensten Industriezweige. Dazu gehören die Zweige Elektrotechnik/Elektronik, Chemieindustrie, Maschinen- und Werkzeugbau, Glas- und Keramikindustrie, Feinmechanik/Optik und die Textilindustrie (→ Gesundheitsindustrie).

Diese Zweige der M besitzen in der BR keinen eigenen Unternehmerverband; die Interessen auf dem Gebiet der M werden über andere Industrieverbände wahrgenommen. In der Öffentlichkeit treten sie kaum als M-hersteller bzw. als M-industrien in Erscheinung. Die M-industrie ist jedoch weitgehend monopolisiert; dies gilt bes. für die zukunftsträchtigen Bereiche, wie die der EDV-verbundenen medizinischen Großgeräte und die der Diagnostik. Sie werden von internationalen Konzernen – wie bspw. Siemens, Philips und Litton International (alle Elektrotechnik/Elektronik) – kontrolliert. Traditionelle Sparten der M – wie chirurgische Instrumente und Laborbedarf – werden dagegen stärker von spezialisierten nationalen Großunternehmen kontrolliert. Zu ihnen gehören z.B. Braun Melsungen und Heraeus (beide Feinmechanik).

L.: Wolff, H.P., Wie medizinische Entwicklungen die Berufsausübung beeinflussen; in: Deutsches Ärzteblatt, 80. Jg., Nr. 21.

Yvonne Erdmann

**Menschenbild**
Reflexionen über das M lassen sich zwei Positionen zuordnen. Die eine Position spricht dem Menschen unveränderliche anthropologische Eigenschaften zu, die ihm „an sich", unabhängig von gesellschaftlichen Umständen, zukommen. Die Natur des Menschen zeigt z.B. latente Aggressionen, Egoismus, Mitgefühl, Wohltätigkeit etc. Damit die negativen Triebeigenschaften nicht zum „Bürgerkrieg aller gegen alle" (Hobbes) führen, ist staatliche Herrschaft und gesellschaftliche Normierung notwendig. Die andere Position sieht demgegenüber spezifische Ausformungen menschlicher Verhaltensweisen und Triebregungen vorrangig von gesellschaftlichen Umständen geprägt. Menschliche Verhaltensweisen resultieren dieser Auffassung nach wesentlich aus Milieubestimmungen und Klassenzugehörigkeit. Die „Natur" des Menschen ist demnach nicht ein für allemal anthropologisch fundiert, sondern subjektiver Ausdruck von gesellschaftlichen Umständen. (→ Anthropologie.)

Roland Popp

**Menschenökonomie**
M markierte in der Phase der betrieblichen Rationalisierung, u.a. während der Weimarer Republik (ähnlich der ‚Humanisierung der Arbeit' heute), den Versuch, zwei grundlegende Bedingungen gesellschaftspolitischen Denkens und Handelns im ‚Industrialismus' zu verbinden: 1) technisch-wirtschaftliche Sachzwänge und 2) Bevölkerungsentwicklung mitsamt den Anforderungen an den → Arbeitsmarkt und die lebendigen Arbeitskräfte. M versuchte, beide naturwissenschaftlich zu verstehen und mittels der bzw. in Anlehnung an die durch Maschinen vollzogene Beherrschung und Ausbeutung vorfindlicher Ressourcen zu steuern. In diesem Schnittpunkt wirken konkrete Faktoren: v.a. verfügbare Arbeitskräfte, deren Zusammensetzung und regionale Verteilung, Fachwissen und Qualifikationen, Altersaufbau, Mortalität und Morbidität. Neu waren von der Jahrhundertwende an die Bemühungen, das Zusammenwirken der Faktoren zu begreifen und derart zu systematisieren, daß → Steuerung möglich schien.

M ist insofern eine Konzeption, die in der ersten Hälfte des 19.Jh. den industriegesellschaftlichen Umgang mit Problemen der Steuerung und Gestaltung von Arbeit und Technik prägte. Die wohl recht dt. Wortkonstruktion bedeutete im einzelnen: a. den Anspruch der lebendigen Arbeitskraft, im ökonomischen und technischen Geschehen wahrgenommen und ernstgenommen zu werden; b. die wirtschaftliche Überlegung, mit allen verfügbaren Ressourcen pfleglich umzugehen; c. die volkswirtschaftliche Strategie, die menschliche Arbeitskraft in die Optimierungsstrategien einzubauen; d. die sozialpolitische Notwendigkeit, die Schäden des Krieges durch →Rehabilitation und sinnvollen Arbeitseinsatz auszugleichen; e. die rassenhygienische Konsequenz, die Leistungsfähigkeit des Volkes durch verbesserte Auslese zu erhöhen (→Eugenik). Auf M beriefen sich sowohl diejenigen, die mit neuer völkischer Leistungsfähigkeit die Niederlage im 1.Weltkrieg revidieren wollten, als auch diejenigen, die in einer Wirtschaftsdemokratie den Arbeiter an der wachsenden Wohlstandsproduktion teilhaben lassen wollten.

Die erste umfassendere Diskussion über M folgte der Arbeitsintensivierung seit Ende der 1870er Jahre und handelte im Grunde von dem ingenieurmäßig sinnvollen Umgang mit allen in den Produktionsprozeß eingehenden Bestandteilen. Es folgte die Verlagerung des Gewichts von der Schwer- und eisenverarbeitenden zu der Elektro-, Chemie- und zu anderen verarbeitenden Industrien, damit verbunden ein stärkeres Augenmerk auf ineinandergreifende, im einzelnen organisierte Arbeitsvorgänge. Diese Phase der M ist wesentlich noch als einfache Fortsetzung der ‚Disziplinierung' zu sehen (→Sozialdisziplinierung), als besser geplante Anpassung der lebendigen Arbeitskraft an die Technikentwicklung bzw. besser organisierte Unterwerfung der Arbeitskraft unter die in Maschinen verkörperten industriellen Interessen und Sachzwänge.

Die weitere Diskussion über Nutzen und Folgen der Technikentwicklung in Dt. ist mit den Begriffen „Taylorismus", „Fordismus" und „Rationalisierung" verbunden. „Rationalisierung" war kein innerbetriebliches Phänomen, sondern charakterisierte das neue Verhältnis von Wissenschaft, Technik und Politik in der hochindustrialisierten Gesellschaft. Die Übernahme des „Taylorismus" und „Fordismus" in Dt. fußte auf der Weltmarktorientierung des industriellen Kapitalismus. Eine besondere Rolle dabei spielte das um die Jahrhundertwende spürbar werdende allgemeine, insb. wissenschaftliche Interesse an der Entwicklung in den Vereinigten Staaten von Amerika.

1908 wurde der Terminus M von R. Goldscheid benutzt und 1911 grundlegend in Evolutions- und Weltmarktüberlegungen eingebettet. Goldscheid ging es um die „Voraussetzungen der Volksgesundheit und Volkstüchtigkeit". Den Begriff M verstand er als „Ökonomie der Selektion" und diese als „kulturell orientierte Eugenik"; die M „ist somit die Lehre vom organischen Kapital, von jenem Teil des nationalen Besitzes also, den die Bevölkerung selber darstellt". Diese →„Sozialpolitik und Sozialhygiene" bleibe keine „falsche Restitutions- und Kompensationsökonomie" und werde nicht lediglich auf das „Konto der Humanität" gebucht. Sie sei keine Belastung der Produktion, sondern „ein Fortschritt der Technik selber". Der „relativ teure Mensch" fördere die Maschinisierung, die wiederum höhere →Bildung und Qualifikation erfordere, was sozialpolitische Maßnahmen lohnend mache – so die Formel Goldscheids, mit der er modifizierte sozialdarwinistische Theorien in die Diskussionen über nationale Stärke und Wirtschaftskraft in Dt. einbezog.

In biologisch-medizinischen Argumentationslinien wurde behauptet, daß ein vernünftiger Zusammenhang zwischen optimaler Leistung des Arbeitnehmers und gesellschaftlicher Wohlfahrt hergestellt werden könne, wenn die Belastungs- und Leistungsfähigkeit des Menschen durch naturwissenschaftliche Methoden erforscht und zusammen mit den technischen Verbesserungen zur Produktivitätssteigerung genutzt würde. Organisiert werden müsse v. a. die Feststellung der tatsächlichen Fähigkeiten und die entsprechende Verwendung des Soldaten oder Arbeiters am richtigen Ort. Hierauf basierte die Entwicklung der ‚angewandten' oder ‚praktischen' Psychologie, die den größten Anteil an der Definition einer M hatte (→ Arbeitspsychologie). Diese hatte sich kurz vor dem 1. Weltkrieg, beeinflußt durch die Bestrebungen in den USA, auch in Dt. um die „Zeitschrift für angewandte Psychologie" und das Institut für angewandte Psychologie und psychologische Sammelforschung in Berlin-Wilmersdorf formiert. Neben William Stern, später Hugo Münsterberg, spielte Otto Lipmann die entscheidende Rolle. Mit experimentellen Untersuchungen sollten die neuartigen Bedingungen der Subsumtion menschlicher Arbeitskraft studiert und Methoden der Auslese entwikkelt werden.

Die M wurde so bereits vor dem 1. Weltkrieg zu einem Zentrum, um das sich Fragen nach der Ausnutzbarkeit und nach sinnvollem Einsatz der Arbeitskraft sammelten. Ein zentrales Interesse galt den „Grenzen der Arbeitskraft" und deren möglicher Ausdehnung; untersucht werden sollten „die Einflüsse der Arbeitsleistung auf Geist und Körper des Arbeitenden". Hygieniker, Arbeitspsychologen und Betriebswirte wollten ebenso wie die staatlichen Instanzen wissen, „wie die Arbeit in Zukunft nicht nur gewinnbringend für den Arbeitsherrn, sondern auch haushälterisch und ohne Schädigung für den Arbeiter zu gestalten ist" (Albrecht 1915). Insb. das Kaiser-Wilhelm-Institut für Arbeitsphysiologie, 1913 unter der Leitung von Max Rubner, dem Berliner Hygieniker, gegründet und dem Physiologischen Institut der Universität angegliedert, versuchte ein Zentrum naturwissenschaftlich-biologischer Forschungen zu werden. Das Programm des Instituts enthielt ein erstaunlich umfassendes Verständnis von menschlicher Arbeit und Arbeitsleistung. Die Forschungen zu konkreten Fragen (Einfluß von Ernährung, Kleidung, Alter, Klima, Feuchtigkeit usw. auf die Arbeitsleistung) waren „Bausteine zum Ausbau einer neuen, wissenschaftlich gerichteten Arbeitsorganisation, die von der Arbeit ausgeht, dann aber natürlich auch dem Interesse des Wirtschaftslebens und damit der Volkswirtschaft im Sinne der besten Güterversorgung dienstbar zu machen ist". Die Arbeit, das erste volkswirtschaftliche Element, wollte man „unter den denkbar besten Bedingungen wirken ... lassen". (Albrecht 1915)

Akteure der M waren zunächst, neben den Arbeitspsychologen (v. a. → Emil Kraepelin), die Physiologen (Max Rubner) und Sozialwissenschaftler (→ Verein für Sozialpolitik). Mit der Zunahme innerbetrieblicher ‚Auslese und Anpassung' der Arbeitnehmer durch Einstellungs- und Tauglichkeitsuntersuchungen wurden auch Ärzte (→ Arzt) bedeutend. Diese, wie der Freiburger Pathologe Ascher 1921, hielten es im Geist der Zeit für „die Aufgabe des Sozialhygienikers: nicht Menschen, sondern nutzbringende *menschliche Kräfte der Gesellschaft* zu erhalten oder zu schaffen". Betriebswirtschaftliche Rationalisierung und Leistungsverpflichtungen wurden von Ärzten problemlos auf die Volkswirtschaft und den Volkskörper übertragen. Ärztliche Fürsorge fordert von den Arbeitnehmern im Gegenzug, „Seele und Körper zum besten des Volkswohls auch unter Hintenansetzung seines Behagens vor Schäden zu hüten". Aufgabe der Ärzte gegenüber der → Gesellschaft war es in dieser Sichtweise, nicht einzelne Menschen zu erhalten, sondern das Ganze zu fördern. Diese Einbettung und Begründung, die von vielen engagierten Ärzten als Betonung ihrer fürsorglichen Aufgabe begriffen wurde, enthielt jedoch auch umgekehrt die Festlegung, daß nur *der* Schutz zu gewährleisten ist, der dem Volksganzen nützt. Mit der Argumentation über das Volksganze konnte sich die ärztliche Profession aus der Verpflichtung dem einzelnen Patienten gegenüber lösen und das berufliche Handeln aus übergeordneten Gesichtspunkten heraus begründen.

Nach der Niederschlagung der Rätebewegung, spätestens mit der Konsolidierung 1924 (Scheitern nationalistischer und kommunistischer Aufstände, Stabilisierung der Währung, Dawes-Plan zur Regelung der Reparationszahlungen etc.) fanden solche wirtschaftpolitische Überlegungen einen fruchtbaren Boden, die mit M keinerlei sozialpolitische Rücksichtsnahmen, sondern allein Leistungssteigerung verbanden. Während die deutschen Industriellen nach dem Krieg zunächst die Arbeitsbeziehungen eher defensiv gegen die Sieger und gegen revolutionäre Bestrebungen gesichert hatten, ging es ihnen nun um eine offensive Ausgestaltung.

In Dt. wurde diese planmäßige Arbeitspolitik 1923 (J. Winschuh) eingeläutet. Generaldirektor Albert Vögler gab im Jahr 1925, auf einer Sitzung des Vereins Deutscher Eisenhüttenleute in Bonn, die Parole aus, in der →Arbeiterfrage in die Offensive zu gehen. Seitdem beschäftigten sich die Tagungen der Arbeitgeber- und Unternehmerverbände fast regelmäßig mit Fragen der Betriebsform und der menschlichen Betriebsbeziehungen. Wenn der „wichtigste Faktor jedes Produktionsprozesses", Arbeiter und Angestellte, „dem Werk und dem Prozeß im Werke fremd, sogar feindlich gegenübersteht", drohten Modernisierungsmaßnahmen leerzulaufen. Vögler forderte die Industriellen auf, dafür zu sorgen, daß „ein so gewaltiger Faktor wie die Arbeiterschaft" auch „innerlich an ihren Arbeiten teilnimmt". Diese Sorge sollte in der Förderung entspechender wissenschaftlicher Untersuchungen und deren praktischer Umsetzung ihren Niederschlag finden.

Am 24.5.1925 kam es auf dieser Gemeinschaftssitzung der Fachausschüsse des Vereins deutscher Eisenhüttenleute in Bonn zur Bildung des „Deutschen Instituts für technische Arbeitsschulung" (DINTA), in dem es seit 1926 um die „Erziehung des Menschen für die Wirtschaft", um die „Bewirtschaftung des Menschenmaterials" und um eine neuerliche Disziplinierung des Faktors „Arbeit" von außen ging.

Eine dem DINTA verwandte Einrichtung war die „Anstalt für Arbeitskunde" (Afa) in Saarbrücken, die unter A. Friedrich (bekannter Arbeitswissenschaftler) wirkte und später im 3. Reich rigorose Methoden der „Arbeitsausholung" und „Leistungssteigerung" unter der Devise, „den betriebsharten Arbeiter" heranzuzüchten, entwickelte. Wer demgegenüber nicht dem Volksganzen nützt, ist nicht schutzwürdig und wert, unterzugehen bzw. als ‚lebensunwertes Wesen' (→Lebensunwertes Leben) vernichtet zu werden. In diesem dunklen Kapitel deutscher Geschichte verlor auch die ‚M' endgültig ihre sozialpolitische Unschuld.

L.: Beyer, A: M; Berlin, Stuttgart, 1922. Goldscheid, R.: Höherentwicklung und M; Leipzig, 1911. Hoffmann, R.-W.: Wissenschaft und Arbeitskraft; Frankfurt/M., 1985.

Dietrich Milles

**Menschenrechte**

M sollen, im Unterschied zu den von den Staaten ihren Angehörigen verliehenen →Bürgerrechten, allen Menschen als solchen zukommen. Zum ersten Mal wurden sie zur Legitimierung des amerik. Unabhängigkeitskampfes gegen die brit. Krone 1776 in der Virginia Bill of Rights kodifiziert. Kurze Zeit später wurde die Déclaration des droits de l'homme et du citoyen 1789 als juristisch-politisches Manifest der Frz. Revolution kreiert. Nach einer wechselvollen Geschichte ihrer Ausdehnung in Europa wurden die M von einem weltweit engagierten Gremium das erste Mal

1948 durch die UN-Generalversammlung in der Allgemeinen Erklärung der M proklamiert. 1966 verabschiedete die UNO die konkreter ausgestalteten Internationalen Pakte über bürgerliche und politische Rechte bzw. über wirtschaftliche, soziale und kulturelle Rechte, die nach dem Beitritt genügender Staaten 1976 in Kraft traten. Die Tatsache der Aufteilung der M auf zwei Dokumente ist dem Umstand geschuldet, daß sie sich in verschiedenen ‚Generationen' herausgebildet haben und weiterentwikkeln. Den klassischen M als (a) politischen Abwehrrechten folgten die (b) Teilhaberechte an solchen Gütern und →Dienstleistungen (z. B. Arbeit, →Bildung, →Gesundheit), ohne deren Genuß Freiheit illusionär bleibt. Eine dritte Generation von M wird in (c) kollektiven Rechten gesehen wie dem auf Entwicklung, auf Frieden (von der UN-Generalversammlung 1981 bzw. 1983 proklamiert) oder dem auf eine gesunde →Umwelt.

Der jahrhundertelange Streit über den Geltungsgrund von M hat heute an praktischer Bedeutung verloren. Es kann politisch dahingestellt bleiben, ob M als Konkretion präexistenter göttlicher oder Vernunftprinzipien existieren, wie die christliche bzw. frühbürgerliche Naturrechtslehre (→Naturrecht) postuliert, als normative Umsetzung sozioökonomischer Entwicklungen, wie die sozialistische Rechts- und Geschichtstheorie annimmt, oder als Gebot des zuständigen Weltgesetzgebers, nämlich der in der UNO organisierten Völkergemeinschaft, wie der hochbürgerliche Rechtspositivismus meint. Nach dem Beitritt von nunmehr ca. zwei Dritteln der Staaten der Erde zu den UN-Menschenrechtspakten wachsen die M über den Status von Völkervertragsrecht hinaus und werden zum ordre public, zu allseits geltenden Rechtsprinzipien des internationalen Rechts.

Damit stellt sich um so mehr die Frage nach der Durchsetzung der M bzw. der Kontrolle ihrer Einhaltung. Eine institutionell schwächere Form dazu ist die Erörterung von möglichen Menschenrechtsverletzungen in allgemeinen internationalen Gremien wie der UN-Generalversammlung, dem Europarat, der Organisation Amerikanischer bzw. Afrikanischer Staaten. Nicht selten erheben betroffene Länder gegen solche Diskussionen den Einwand der Einmischung anderer in die inneren Angelegenheiten ihres Staates, was gleichfalls als Verstoß gegen das Völkerrecht zu qualifizieren wäre. Eine Synthese zwischen den beiden anerkannten völkerrechtlichen Pflichten, nämlich einerseits der Pflicht zur Verwirklichung der M sowie andererseits der Pflicht zur Achtung der Souveränität der Staaten, könnte darin bestehen, daß einzelne Fälle von außen nicht zu kritisieren sind, weil die faktischen Kenntnisse zu deren Beurteilung eher bei den Autoritäten des betreffenden Landes zu vermuten sind, daß Gesetze, andere Rechtsvorschriften und Verwaltungsanweisungen der Diskussion in bezug auf ihre Vereinbarkeit mit dem internationalen Recht jedoch voll unterliegen, da eine solche normwissenschaftliche Prüfung weitgehend unabhängig von Zeit und Raum immer und überall in gleicher Güte erfolgen kann.

Eine etwas stärkere Form der Kontrolle stellt die Prüfung von periodisch einzureichenden Berichten der Staaten durch ein möglichst unabhängiges Expertengremium dar, das unter Einbeziehung alternativer Informationsquellen dazu mehr oder minder kritische Bemerkungen verfaßt, zu denen die Staaten wiederum Stellung nehmen müssen.

Einen noch wirkungsvolleren Mechanismus der Aufdeckung und Abstellung von Menschenrechtsverletzungen könnten Staatenbeschwerden sein, d. h. die Anschuldigung eines Vertragsstaates einem anderen gegenüber wegen Menschenrechts- und damit Vertragsverletzungen. Erfahrungsgemäß ist dieses Instrument jedoch nicht sehr griffig, da die Staaten eher zur allgemein- und bündnispolitischen Rücksichtnahme neigen und sich insb. als im Gegenzug potentiell gleichfalls Beschuldigte nicht exponieren wollen.

Die effektivste Form einer Garantie der Einhaltung der M ist die Individualbeschwerde von Betroffenen, über die ein internationales Gericht, eventuell nach Vorprüfung und Vermittlungsversuch eines politischen und/oder Expertengremiums, durch Urteil befindet. Die Wirksamkeit des Verfahrens beruht darauf, daß Interessen und Kompetenz zur Klageeinreichung in einer Hand, der des Verletzten, liegen und ein Richterspruch, ohne eigene Interessen am Ausgang des Verfahrens ergehend, höchste moralische Autorität genießt. Offen bleibt auch hier noch die zwangsweise Durchsetzung eines solchen Urteils, falls der betroffene Staat sich weigert, ihm zu entsprechen, doch wären durchaus effektive politische und/oder ökonomische Sanktionen zur Durchsetzung der M auch in einem solchen Fall denkbar.

L.: Die M. Erklärung, Internationale Abkommen und Verfassungsartikel, Hg. v. Wolfgang Heidelmeyer, 3. Aufl.; Paderborn, 1982.

Ulrich Lohmann

**Merton, Wilhelm**

M (1848–1916) übernahm als Sohn eines Frankfurter Metallkaufmanns 1876 das väterliche Unternehmen, das er 1881 in die „Metallgesellschaft AG" umwandelte und zu einem weltweiten Konzern im Bereich des Metallhandels, der Metallproduktion und -verarbeitung ausbaute; 1897 entstand die „Metallurgische Aktiengesellschaft", deren Generaldirektor M war, und 1906 die „Berg- und Metallbank AG".

M war Mitglied im →Verein für Sozialpolitik und im →Deutschen Verein für öffentliche und private Fürsorge. 1890 gründete er das „Institut für Gemeinwohl" (ab 1896 in der Rechtsform einer GmbH) in Frankfurt/Main, das unter der Leitung von →Nathanael Brückner 1891 an der Entstehung der Frankfurter „Gesellschaft für Wohlfahrtseinrichtungen" (zunächst als AG, ab 1900 als GmbH) beteiligt war und in der Folgezeit, zurückgehend auf M's Anregungen, folgende Gründungen mitinitiierte: die „Auskunftstelle für Arbeiterangelegenheiten" (1895), die 1902 zum „Sozialen Museum" ausgebaut wurde; die „Centrale für private Fürsorge e. V." (1899) unter Leitung von →Klumker; die „Gesellschaft für soziale Reform" (1901) unter →Ernst Francke; das Berliner „Büro für Sozialpolitik" (1904); die Akademie für Sozial- und Handelswissenschaften, an der 1912 der erste Lehrstuhl für Fürsorgewesen (→Fürsorgewissenschaft; →Wilhelm Polligkeit) eingerichtet wurde und die als Vorläuferinstitution der Frankfurter Stiftungsuniversität (1914) gilt. M gab 1893 die „Blätter für sociale Praxis" heraus (seit 1895: „Soziale Praxis. Centralblatt für Sozialpolitik").

L.: Sachße, Christoph: Mütterlichkeit als Beruf; Frankfurt/Main, 1986, 86 ff. Ders., Großindustrie und Wohlfahrtspflege. M und das Institut für Gemeinwohl; in: Thränhardt, u. a., Wohlfahrtsverbände zwischen Selbsthilfe und Sozialstaat; Freiburg i. B., 1986, 168–180.

**Mesmerismus**

Der M (oder: Lehre vom tierischen Magnetismus) zehrte von der Faszination der Wirkungen der Elektrizität im 18. Jh. Bestimmend für die Interpretation elektrischer und magnetischer Phänomene war zu dieser Zeit die Vorstellung der Existenz von Fluida: sehr feinen, gewichtslosen, aber ansonsten alle Eigenschaften der normalen Materie aufweisenden Stoffen, deren Ströme oder Fernwirkungen aufeinander die elektrischen oder magnetischen Erscheinungen hervorbrachten und auch in den Körpern von Mensch, Tier und Pflanze wirksam waren. Die Elektrotherapie, das Heilen durch Elektrisieren, wie sie in Dt. z. B. schon seit der Mitte des 18. Jh. von Prokop Divisch (1696–1765) durchgeführt wurde, gelangte zu allgemeinem Ansehen und war schon im vorrevolutionären Frankreich bis in die gelehrten Akademien vorgedrungen.

Der dt. Arzt Franz Anton Mesmer (1734–1815) kam 1778 nach Paris und erzielte mit seinem Verfahren, Krankheiten des Körpers und der Seele durch die Wiederherstellung einer ungehinderten Strömung des magnetischen Fluidums zu heilen, durchschlagenden Erfolg. Nachdem Mesmer die magnetischen Zentren im Körper der Patienten ertastet hatte, wurden diese an die legendären „baquets" – mit Eisenspänen oder mesmerisiertem Wasser angefüllte Flaschen – angeschlossen und durch den ungestörten Strom des Fluidums durch ihren Körper in eine harmonische Verbindung mit dem Weltganzen gebracht. Konvulsionen und Ohnmachten der Mesmerisierten waren dabei sichtbare Zeichen der überwundenen Widerstände.

Mesmer führte mit seiner Lehre das Modell der Übertragung in die Behandlung körperlich-seelischer Leiden ein, das jedoch erst durch den Hypnotismus des engl. Chirurgen James Braid (1795–1860) als subjektiver Vorgang umgedeutet und damit als psychotherapeutische Technik verfügbar wurde. Durch Hippolyte Bernheim (1840–1919) aufgegriffen und weiterentwickelt, wurde der Hypnotismus neben der neurophysiologischen Forschung zum Ausgangspunkt für die Studien →Sigmund Freuds (1856–1939). Freud entwickelte wiederum eine neue Theorie der Übertragung, die nun vom Unbewußten zur bewußten Wahrnehmung verlief, deren konzeptionelle Verbindungen mit der Lehre vom tierischen Magnetismus, wie sie Mesmer vertreten hatte, jedoch spürbar blieben.

Der politische Stellenwert des M ergab sich aus der Tatsache, daß hier mit der Vorstellung eines den gesamten Kosmos durchdringenden Äthers gearbeitet wurde, einer Vorstellung, die von den an der experimentellen Erforschung konkreter Vorgänge und deren Erklärung als Wirkungen eines oder mehrerer Fluida orientierten Gelehrten der Akademien erbittert bekämpft wurde. Eine Möglichkeit, den Streit wissenschaftlich zu entscheiden, gab es allerdings mit den experimentellen Möglichkeiten des 18. Jh. nicht. Die ablehnende Front der Akademien brachte die Mesmeristen vielmehr in die Rolle von Streitern gegen die alte Ordnung. Brissot (1754–1793), Lafayette (1757–1834), Carra (1742–1793) und zahlreiche andere, die später zu prominenten Revolutionären wurden, waren aktive Mesmeristen, und Marat (1744–1793) war mit seinen antinewtonianischen Ideen in einer ähnlichen Opposition zur herrschenden Lehre wie Mesmer. Nicolas Bergasse (1750–1832), der führende frz. Mesmerist zur Zeit der Revolution, betrachtete seine Medizin „als eine Einrichtung, die der Politik genauso angehört wie der Natur" (zit. bei Darnton 1983, 108).

Das positive Verhältnis zwischen dem M und der Umwälzung von Staat und Gesellschaft endete mit dem Beginn der Frz. Revolution: Bergasse wurde zum konservativen Konstitutionalisten; Brissot zum Gegner somnambuler Umtriebe. Einen gewissen Einfluß übte der M zunächst noch über den Cercle Social und die Confédération universelle des amis de la vérité aus. Bereits unter Napoleon, mehr noch nach 1815 nahm der M einen erneuten Aufschwung, der noch bis zur Jahrhundertmitte anhielt. Allerdings wandelte sich die mentale Grundlage, aus der sich die Antriebe zur Anhängerschaft ergaben: an die Stelle der Kosmologie der →Aufklärung mit ihrem Erlebnis der Harmonie des Weltganzen traten verschiedene Spielweisen eines Spiritualismus, der die séances als Verfahren zur Erzeugung mystischer Begegnungen verstand. Gleichwohl wirkten die Lehren des M inspirierend auf die gesellschaftlichen Utopien (→Soziale Utopie) eines Saint-Simon (1760–1825) und eines Robert Owen (1771–1858) ein, wo sich erneut Verbindungen zu den Vorstellungen einer natürlichen Ordnung von Natur und →Gesellschaft ergaben.

L.: Darnton, Robert: Der M und das Ende der Aufklärung in Frankreich; München, Wien, 1983. Meya/Sibum:

Das fünfte Element. Wirkungen und Deutungen der Elektrizität; Reinbek, 1987. Schott, H., Fluidum – Suggestion – Übertragung. Zum Verhältnis von M, Hypnose und Psychoanalyse; in: Clair/Pichler/Pircher (Hg.), Wunderblock. Eine Geschichte der modernen Seele (Katalog); Wien, 1989. Ders. (Hg.): Franz Anton Mesmer und die Geschichte des M; Stuttgart, 1985.

Karl-Heinz Ziessow

## Methadon
→Substitution

## Methoden (der Sozialarbeit)

M der →Sozialarbeit definiert Neuffer (1990, 21) als eine ‚Arbeitsform', „die sich auf ein bestimmtes Klientensystem richtet und aufgrund der Problemstellung bestimmte Hilfsmittel einsetzt und bündelt". In der ‚Übersichtsliteratur' (vgl. Eichhorn 1977; Krauss 1988) werden die M eingeteilt in die sog. „klassischen" oder „primären" M (→Soziale Einzelhilfe; Soziale →Gruppenarbeit; →Gemeinwesenarbeit) und in sog. „sekundäre" M (z.B. →Supervision; →Beratung; →Planung). Die „klassischen" M binden, wie es ihre Namen schon zeigen, ihren Interventionsbereich an soziale Einheiten: Einzelne, →Gruppen, Gemeinwesen. Dabei nimmt die Gemeinwesenarbeit (sofern man sie überhaupt noch als „M" diskutiert) eine Sonderstellung ein, indem sie Einzelhilfe und Gruppenarbeit in ihre Strategien integriert.

Zentraler Gedanke der M ist, daß durch die planmäßige Interaktion zwischen Sozialarbeiter und Klient/Gruppe verändernde, sozialisierende Wirkungen bei diesen zu erzielen sind. Ziel dieser Einflußnahme ist „Hilfe zur Selbsthilfe", d.h. „die Befähigung des Klienten, unabhängig vom Sozialarbeiter und unabhängig vom System staatlicher und privater Hilfsmaßnahmen und deren Leistungen, sein Leben und seine Probleme meistern zu können" (Peter 1982, 10 f.). Die Probleme, um die es dabei geht, werden vorwiegend als psychosoziale Probleme, nicht selten lediglich als Psycho-Probleme definiert und in einem „planmäßig inszenierten Dreischritt" (Krauss 1988, 383) bearbeitet: Erhebung/Anamnese; Diagnose; Behandlung. Dabei sind dies keine notwendig aufeinanderfolgenden und streng von einander geschiedenen Schritte. So wird schon der Anamnese, dem Sprechen über sich, Behandlungswert zugeschrieben.

Ein Blick in die M-geschichte zeigt: Vor dem 2. Weltkrieg gab es in Dt. durchaus entwickelte Ansätze methodischer Sozialarbeit. →Alice Salomon und →Siddy Wronski stehen für die Entwicklung der Einzelhilfe; in der bürgerlichen und proletarischen →Jugendbewegung wurden wesentliche Elemente der sozialen Gruppenarbeit entwickelt, und die Arbeit der Sozialen Arbeitsgemeinschaft Berlin-Ost des Pfarrers Friedrich Siegmund-Schultze kann als ein sehr weit entwickeltes Modell der Gemeinwesenarbeit (GWA) gelten (vgl. Müller 1988; →Nachbarschaftsheimbewegung).

Im Rahmen der Re-education-Bemühungen der Alliierten (→Umerziehung) nach 1945 wurden auch die ‚klassischen' M wieder rezipiert. Zumindest galt das für Einzelhilfe und Gruppenarbeit, die bes. in der →Erziehungsberatung und in der →Jugendarbeit reaktiviert wurden. Frühe Hinweise auf die GWA fanden erst Mitte der 60er Jahre ein Echo (vgl. Hege 1981, 145 ff.).

Ende der 60er, Anfang der 70er Jahre wurden im Zuge der Verwissenschaftlichung und Politisierung der →Sozialpädagogen- / Sozialarbeiter-Ausbildung die M scharfer Kritik unterzogen; zum einen, weil sie wesentliche gesellschaftliche Bedingungsfaktoren unberücksichtigt ließen, zum anderen wegen ihrer ‚Unwissenschaftlichkeit'. Diese Kritik wurde v.a. exemplarisch am Beispiel der Sozialen Einzelfallhilfe geführt. Zentrale Linien der Kritik waren (und sind noch heute): 1. Der Ansatzpunkt methodischer Bemühungen wird zu häufig am

„Fall" von einzelnen Menschen diagnostiziert, statt deren Wechselverhältnis und Sein als gesellschaftliches zu begreifen. Der Begriff →‚sozial' wird auf die Art der Beziehungen zwischen Menschen reduziert. 2. Durch die methodische Ausdifferenzierung (Spezialisierung) in der Sozialarbeit werden sozialarbeiterisches Handeln, Klienten und Klientengruppen und deren Probleme sektorisiert bzw. reduziert auf die pragmatischen Zugriffsmöglichkeiten der jeweiligen M; „es kommt zu einer überhöhten Gewichtung der Mittel gegenüber den Zielen, also zu einer Ziel-Mittel-Verkehrung" (Bader 1987, 145).

Die neueste Entwicklung scheint eher gekennzeichnet zu sein von einer rasant fortschreitenden Differenzierung und Spezialisierung innerhalb von M und Methödchen auf der einen Seite (→Therapeutisierung) und einer Abwendung vom methodischen Handeln im klassischen Sinne unter dem Schlagwort der ‚Alltagsorientierung' (→Alltag) auf der anderen Seite.

Es wird notwendig sein, nicht eine isolierte M-kritik weiterzutreiben, sondern theoretische Konzepte der Sozialarbeit zu entwickeln und zu diskutieren (→Sozialpädagogisches Wissen). Solche Konzepte müssen die folgenden Komplexe einschließen, damit sie Voraussetzungen zu professionellem Handeln liefern können: (a) „Klärung der gesellschaftlichen Funktionen der Sozialarbeit/Sozialpädagogik und ihrer →Institutionen im Feld gesellschaftlicher Widersprüche"; (b) „Klärung der Stellung der Sozialarbeiter/Sozialpädagogen im beruflichen, gewerkschaftlichen und politischen Zusammenhang, besonders im Blick auf mögliche Verhaltensbreiten"; (c) „Klärung der Lebenssituation der von Sozialarbeit/Sozialpädagogik Betroffenen, gesamtgesellschaftlich, aber auch im je besonderen Feld" (Krauß 1988, 387).

Eine solche Problemsicht vermeidet die Segmentierung →sozialer Probleme durch M und ermöglicht es, ganzheitliche und realistische *Strategien* professionellen Handelns in der Sozialen Arbeit zu entwickeln.

L.: Bader, Kurt: Viel Frust und wenig Hilfe. Bd. 1: Die Entmystifizierung Sozialer Arbeit; Weinheim, Basel, 1987[2]. Eichhorn, Günter, Die M der Sozialarbeit; in: Caritas '77. Jahrbuch des Deutschen Caritasverbandes; Freiburg, 1977, 106–128. Hege, Marianne, Die Bedeutung der M in der Sozialarbeit; in: Projektgruppe Soziale Berufe (Hg.), Sozialarbeit: Ausbildung und Qualifikation. Expertisen I; München, 1981, 145–161. Krauss, Ernst-Jürgen, M der Sozialarbeit/Sozialpädagogik; in: Kreft/Mielenz (Hg.), Wörterbuch Soziale Arbeit; Weinheim, Basel, 1988[3], 383–388. Müller, Burkhard: Die Last der großen Hoffnungen. Methodisches Handeln und Selbstkontrolle in sozialen Berufen; Weinheim, München, 1985. Müller, C. Wolfgang: Wie Helfen zum Beruf wurde. Eine M-geschichte der sozialen Arbeit, 2 Bde.; Weinheim, Basel, 1988. Neuffer, Manfred: Die Kunst des Helfens. Geschichte der Sozialen Einzelfallhilfe in Deutschland; Weinheim, Basel, 1990. Peter, Hilmar, Handlungskompetenz in der „klassischen" M-literatur der Sozialarbeit und Perspektive für eine Neuorientierung; in: Müller/Otto/Peter/Sünker (Hg.), Handlungskompetenz in der Sozialarbeit/Sozialpädagogik I. Interventionsmuster und Praxisanalysen; Bielefeld, 1982, 5–31.

Dieter Oelschlägel

**Miete**

Allg.: Bezahlung/Lohn für eine zum Gebrauch überlassene Sache oder →Dienstleistung. Bes.: Entschädigung für die Benutzung eines (Wohn-)Raumes. Die M kommt rechtlich durch einen Vertrag (Mietvertrag) zustande, in dem sich der Besitzer (=Vermieter) einer unbeweglichen (immobilen) oder mobilen Sache bzw. Dienstleistung verpflichtet, dem Nutzer derselben (=Mieter) diese für eine bestimmte Dauer (Mietzeit) gegen Entgelt (Mietzins; auch: M) zu überlassen (§§ 535 ff. BGB). Umgekehrt verpflichtet sich der Nutzer zur Entrichtung des Mietzinses (auch: M). (→Sozialer Wohnungsbau; →Wohnungslosigkeit.)

## Mieterorganisationen
L.: Riese, Horst: M und Wohnungsnot. Geschichte einer sozialen Bewegung; Basel, Boston, Berlin, 1990.

## Migranten
→Arbeitsimmigranten

## Migrantinnen
→Ausländerinnen

## Migration
M („Wanderung") ist der ‚Oberbegriff' für Immigration/Einwanderung (E) und Emigration/Auswanderung (A). E und A bezeichnen zum einen die Situation und den Prozeß, in dem migrierende Menschen sich befinden und dabei ein bestimmtes Selbstverständnis entwickeln. Zum anderen bezeichnen A und E die jeweilige Sichtweise der Ziel- bzw. Herkunftsländer der Migranten und Migrantinnen: in den Ziel- bzw. Herkunftsländern wird ihnen ein sozialer Status zugewiesen. Da es in jedem Fall zunächst um Wanderungsprozesse geht, wird zwischen Arbeitsmigration zum Zweck der Aufnahme einer →Erwerbsarbeit (→Arbeitsimmigranten), Wechselmigration als mehrfacher Prozeß des Wanderns und Remigration als Rückkehr in ein Herkunftsland unterschieden.

Maria-Eleonora Karsten

## Militärfürsoge
→Fürsorge in der Bundeswehr

## Minderheiten
*Definition.* In der Sozialpsychologie werden M (auch: Minoritäten) als →Gruppen definiert, „die sich hinsichtlich besonderer Merkmale, z. B. Höhe des Einkommens, Ausmaß politischen Einflusses, Hautfarbe, Religionszugehörigkeit oder politischer Einstellungen, von der Mehrheit d(ies)er →Gesellschaft unterscheidet, wobei die soziale Distanz innerhalb einer solchen Gruppe gering, nach außen dagegen relativ groß ist" (Schmidt-Mummendey; in: Arnold u. a. 1988, 1384). In einigen Definitionen wird zusätzlich davon ausgegangen, daß M von den Mitgliedern der sie umgebenden Gesellschaft als minderwertig, bedrohlich o. ä. diskriminiert bzw. abgelehnt werden.

Zu den M in unserer Gesellschaft gehören so verschiedene Gruppierungen wie z. B. →Ausländer, →Behinderte, Arbeitslose, aber auch Studenten, Intellektuelle oder Großkapitalbesitzer. V. a. in bezug auf die Letztgenannten wird deutlich, daß M nicht ausschließlich das Objekt gesellschaftlicher Unterdrückung sind, sondern unter bestimmten (zumeist ökonomischen) Voraussetzungen der Machtverteilung den Status von Eliten erhalten. Hierauf hat Hofstätter (1957; neu 1986) schon frühzeitig hingewiesen und zugleich postuliert, daß sich üblicherweise die Majorität von der M distanziert, während im Falle, daß sich M als Elite verstehen und anerkannt werden, diese Abhebung in Richtung Mehrheit geschieht. Daß diese Distinktion nicht unbedingt bewußt vorgenommen wird, sondern als unmittelbare Folge des von der alltäglichen Praxis nahegelegten Lebensstiles dieser Gruppen zu verstehen ist, hat Bourdieu (1987) eindrucksvoll dargelegt.

*Intergruppale Konflikte.* Aus den einführenden Formulierungen kann abgeleitet werden, daß von M dann gesprochen wird, wenn es um Gesellschaftsmitglieder geht, die sich innerhalb der Gesellschaft zu abgrenzbaren Untergruppen bekennen bzw. zu diesem Bekenntnis genötigt werden und sich als solche von den Angehörigen anderer Untergruppen unterscheiden. Dieser Sichtweise gemäß kann die Problematik von M unter das allgemeine Thema der intergruppalen Prozesse subsummiert werden. Damit werden die Besonderheiten einzelner M aber erkennbar als jeweils spezifische Erscheinungsformen, hinter denen sich das Wesen von Intergruppenkonflikten, nämlich die Konkurrenz um den Zugang zu lebenswichtigen bzw. statuserhöhenden Ressourcen, verbirgt.

Nach Maßgabe eines solchen Verständnisses werden M insb. dort zur Zielscheibe von Feindseligkeiten, wo sie als potentielle Rivalen in der Güterverteilung (Wohnung, Bildungszugang, Arbeit, Konsumartikel, Statussymbole u. a.) einer Gesellschaft in Erscheinung treten. So bestätigt sich z. B. in vielen Untersuchungen, daß Vorbehalte gegenüber →Asylbewerbern und Ausländern häufiger von Angehörigen minderprivilegierter als gehobener Schichten – definiert nach Höhe des Einkommens und Ausbildungsgrad – geäußert werden.

*Soziale Identität und Kategorisierung.* Aber auch ohne unmittelbaren Konkurrenzdruck bilden sich gesellschaftlich vermittelte Stereotype als vereinfachende Kategoriensysteme zur Beurteilung von M heraus, die über alle sozialen Schichten (→Sozialstruktur) hinweg latent wirksam sind und in Konfliktsituationen rasch aktualisiert werden können. Als solche erhalten sie den Charakter von Vorurteilen, deren Funktion darin besteht, eine weitgehend stabile Weltsicht zu garantieren und damit das eigene Selbstwertgefühl und darüber hinausgehend die erworbenen Orientierungsmuster abzusichern. Diese Funktion ist von zentraler Bedeutung; denn M stellen allein schon durch ihre Andersartigkeit (in bezug auf äußere Erscheinung, Lebensgewohnheiten und Weltanschauungen) die Selbstverständlichkeiten der sie umgebenden Gesellschaft bzw. der in ihr bestehenden anderen Gruppierungen in Frage. Sie erscheinen mithin als ‚Störfaktor', wirken als ‚Ärgernis' und stehen in der Gefahr, bestenfalls toleriert, schlimmstenfalls (z. B. in der Rolle des für bestehende gesellschaftliche Krisen verantwortlichen „Sündenbockes") eliminiert zu werden.

Angehörige von M erfahren diese Diskriminierungstendenzen täglich in ihrer Wirklichkeit. Die damit verbundene Herabsetzung des Selbstwertgefühls, das Erleben der eigenen Fremdheit (→Fremde) und der wahrgenommene Zwang zur Übernahme der herrschenden, aber für die eigene soziale →Identität womöglich unakzeptablen Verhaltensvorschriften wird als Belastung erlebt – mit all den psychosomatischen Auswirkungen, die aus der Forschung zum Streßgeschehen bekannt sind (Keupp 1988).

Die Reaktionsweise der Mehrheit auf die M ist abhängig von individuellen, aber auch gesellschaftlichen bzw. von privaten, aber auch öffentlich akzeptierten Normvorstellungen. Zwischen beiden gibt es Kongruenzen und Diskrepanzen; denn als Einzelwesen entwickeln wir unsere soziale →Identität aus der Zugehörigkeit zu den Bezugsgruppen, denen wir entstammen oder die wir für uns als verbindlich ansehen (vgl. Tajfel 1982). Die Norm- und Wertsysteme dieser verschiedenen Bezugsgruppen überschneiden sich und geraten zueinander stellenweise in Konflikt.

*Beeinflussung und Macht.* M sind allerdings nicht nur dem Mehrheitswillen ausgeliefert. Sie können ihrerseits unter bestimmten Voraussetzungen auf die Majorität einwirken. Auf diesen Sachverhalt hat der französische Sozialpsychologe Moscovici (1976) in einer Grundsatzstudie hingewiesen. Er postuliert, daß eine M dann sozialen Einfluß ausüben kann, wenn sie die Position, die sie von der Mehrheit unterscheidet, unbeirrbar und in konsistenter Weise vertritt. Der durch diesen Verhaltensstil bei der Mehrheit hervorgerufene Eindruck, daß die M von ihrer Meinung fest überzeugt und sich ihrer selbst sicher ist, kann bewirken, daß die Majorität in ihrer eigenen Position verunsichert wird und in Zweifel gerät, ob der auf die M ausgeübte Konformitätsdruck hinreichend ist, um die Auffassung der M an die der Mehrheit anzugleichen. Die dadurch entstehenden Spannungen führen zur Instabilität des gesamten sozialen Systems und u. U. zur Übernahme der M-Position (s. Maass/West/Clark, 1985).

Die zuletzt andiskutierten Phänomene beziehen sich fast ausschließlich auf M, die sich von den sie umgebenden Mehrheiten (besser gesagt: von den herrschenden Meinungen in diesen Mehrheiten) allein aufgrund ihrer differenten Einstellungen unterscheiden. Die bestätigenden bzw. elaborierenden empirischen Befunde zu den o. a. Hypothesen sind überwiegend in experimentellen Kleingruppen-Untersuchungen gewonnen worden. Insofern ist es fraglich, ob sie auf gesamtgesellschaftliche Prozesse übertragen werden können, in denen als wesentliche Parameter die existentiellen, d. h. auf sozial-ökonomischen Vorteil begründeten Herrschaftsbedingungen im Vordergrund stehen. Vorurteile, Stereotype und soziale Einstellungen gegenüber M erscheinen hier nicht mehr nur als reine Kategorisierungs-, sondern als Probleme der Teilhabe an oder des Ausschlusses von gesellschaftlichen Ressourcen und Machtpositionen.

L.: Arnold/Eysenck/Meili (Hg.): Lexikon der Psychologie, Bd. 2; Freiburg, 1988. Bourdieu, Pierre: Die feinen Unterschiede; Frankfurt, 1987. Hofstätter, Peter R.: Gruppendynamik; Reinbek, 1986. Keupp, Heiner: Riskante Chancen. Das Subjekt zwischen Psychokultur und Selbstorganisation; Heidelberg, 1988. Maass/West/Clark, Soziale Einflüsse von Minoritäten in Gruppen; in: Frey/Irle (Hg.), Theorien der Sozialpsychologie, Bd. II; Stuttgart u. a., 1985. Moscovici, Serge: Social influence and social change; London, 1976. Tajfel, Henri: Gruppenkonflikt und Vorurteil. Entstehung und Funktion sozialer Stereotypen; Stuttgart u. a., 1982.

Diethard Kuhne

**Mindestrente**
Eine M ist ein auf die →Altersvorsorge bezogenes Element bzw. Instrument einer →Mindestversorgung.

Gert Wagner

**Mindestversorgung**
Der Begriff der M ist in der sozialpolitischen Diskussion praktisch ein Synonym für →Grundversorgung. In der Theorie kann man allerdings zwischen einer M auf minimalem kulturellen Niveau (z. B. auf Sozialhilfeniveau) und einer Grundversorgung auf einem höheren Niveau unterscheiden (vgl. →Basiseinkommen).

L.: Klanberg/Prinz, Soziale Grundsicherung – aber wie?; in: Rolf/Spahn/Wagner (Hg.), Sozialvertrag und Sicherung – Zur ökonomischen Theorie staatlicher Versicherungs- und Umverteilungssysteme; Frankfurt, New York, 1981.

Gert Wagner

**Minoritäten**
→Minderheiten

**Misereor e. V.**
L.: M; in: Borgmann-Quade, Rainer (Hg.), Stichwort Spendenwesen; Berlin, 1982, 205 f.

A.: Bischöfliches Hilfswerk M – Aktion gegen Hunger und Krankheit in der Welt, Mozartstr. 9, 5100 Aachen; T. (0241) 4420.

**Missionierung**
*1. Allgemeines.* M (lat. missio = der Gehorsam, die Entsendung) kann allg. als Bemühen um die Verbreitung einer Religion und die Bekehrung von Nichtanhängern bezeichnet werden. Die drei großen Weltreligionen mit Universalanspruch (Buddhismus, Christentum und Islam) hegen relativ weitreichende Ausbreitungsabsichten, wohingegen der klassische Hinduismus (bis gegen Ende des 19. Jh.), der Shintoismus in Japan oder auch eine Vielzahl kleiner Stammesreligionen in Afrika keine M verfolgen.

*2. Geschichte der christlichen M.* Die christlichen Kirchen führen ihren Auftrag zur M unmittelbar auf den sogenannten Missionsbefehl Jesu zurück: „Darum gehet hin und macht euch alle Völker zu Jüngern" (Mt 28,19; Mark 16,15–16; Luk 14,46–49; Apg 1,8). Die zwei Jahrtausende kontinuierlicher Verbreitung des christlichen Glaubens können in folgende Phasen unterteilt werden: (1) *Bis etwa 1500:* Ausgehend von den Aktivitäten der Urgemeinde kam es zu einer – zahlreiche Rückschläge beinhaltenden – Ausbreitung des Christentums in Europa, wobei der Begriff der M weitgehend unbekannt war. (2) *1500 bis gegen Ende der Kolonialzeit:* Parallel zur Kolonialisierung Afrikas, Amerikas und Asiens durch die europäischen Staaten, fanden auch stets Aktivitäten der christlichen Kirchen zur M dieser Länder statt. Zu Beginn dieses Zeitraumes kommt im Jesuitenorden die Verwendung des Missionsbegriffes auf, der demnach in der christlichen Geschichte eng mit dem →Kolonialismus und Imperialismus der europäischen Staaten verknüpft ist. (3) *Seit etwa Mitte dieses Jahrhunderts bis heute:* Die 2. Hälfte unseres Jh. ist durch ein wachsendes Selbstbewußtsein der jungen Kirchen in Afrika, Asien und Lateinamerika geprägt, das nicht zuletzt aus ihrem steigenden zahlenmäßigen Anteil an der Weltkirche resultiert. Hiermit einher geht die immer stärker werdende Erkenntnis in den alten Kirchen Europas, daß die ursprüngliche Form des Überstülpens europäischer Vorstellungen und →Institutionen innerhalb der M auf die Länder der →Dritten Welt verfehlt war. Statt dessen wird heute in einem breiten ökumenischen Konsens die Entwicklung einheimischer Theologien in diesen Ländern und die Achtung und Erhaltung der dortigen →Kulturen gefordert (Inkulturation). Zudem ist durch die Entchristlichung Europas die alte Unterscheidung in äußere M (in nichtchristlichen Gebieten) und innere M (in christlich geprägten Ländern selber; →Wichern) überholt.

*3. Zur sozialen Dimension der M.* Die Geschichte der christlichen M ist niemals reine Verkündigung des Evangeliums gewesen, sondern enthielt auch stets eine weltliche Dimension, die von der weitgehenden Zerstörung fremder Kulturen einerseits bis hin zum bewußten sozialen Handeln für Gerechtigkeit und Friede andererseits reicht. So rechtfertigten dt. Missionskreise überwiegend die dt. →Kolonialpolitik und verlangten verschiedentlich militärische Maßnahmen zur Befriedung bestimmter Gebiete, um hier die M fortsetzen zu können. Bereitwillig ließen sich viele Missionare in Maßnahmen zur Unterdrückung der einheimischen Bevölkerung einspannen. Grohs hat die bis weit in dieses Jh. für Afrika zutreffende These vom „Trauma der Missionserziehung" aufgestellt, die seiner Meinung nach einen „Totalangriff auf die afrikanische Gesellschaft" darstellte und deren kulturelle Traditionen weitgehend ignorierte. Trotzdem wird eine Gleichsetzung von M und Imperialismus der geschichtlichen Realität nicht gerecht. Die zahlreichen, von Missionaren aufgebauten Missionskrankenhäuser etwa trugen in erheblichem Maße zur Steigerung der Lebenserwartung in diesen Ländern bei. Außerdem wuchs im Schoße der ein Bildungsmonopol besitzenden Kirchen in Afrika die Emanzipationsbewegung heran. Deren Führer (z. B. Kaunda, Nkrumah, Nyerere oder Senghor) nahmen ihren Protest gerade auch aus dem Gegensatz zwischen der in der Bibel fixierten Botschaft und dem tatsächlichen Leben der Missionare. Zudem gab es bei der Kolonialisierung Lateinamerikas zumindestens einige Missionare, die sich auf die Seite der Einheimischen und gegen die Eroberer stellten.

L.: Bühlmann, Walter: Wo der Glaube lebt. Einblicke in die Lage der Weltkirche; Freiburg, 1974. Grohs, Gerhard: Stufen afrikanischer Emanzipation. Studien zum Selbstverständnis westafrikanischer Eliten; Stuttgart, Berlin, Köln, Mainz, 1967. Gründer, Horst: Christliche Mission und deutscher Imperialismus; Paderborn, 1982. Müller, Karl: Missionstheologie; Berlin, 1985. Müller/Sundermeier (Hg.): Lexikon missionstheologischer Begriffe; Berlin, 1987.

Michael Heister

**Mitarbeitervertretung**

M ist die Bezeichnung der betrieblichen Interessenvertretung für die Beschäftigten in kirchlichen Verwaltungen, Dienststellen und Einrichtungen des →Diakonischen Werks (DW) und des →Deutschen Caritasverbandes (DCV). Der Begriff weist außerdem darauf hin, daß der staatliche Gesetzgeber den Kirchen hinsichtlich der betrieblichen →Mitbestimmung eine weitreichende Sonderstellung eingeräumt hat (→Kirchenrecht).

Die einschlägigen Mitbestimmungsgesetze finden keine Anwendung auf Religionsgemeinschaften und ihre Einrichtungen. Die Rechtsform ist dabei unerheblich. So erklärt das Betriebsverfassungsgesetz in § 118 Abs. 2 ausdrücklich: „Dieses Gesetz findet keine Anwendung auf Religionsgemeinschaften und ihre karitativen und erzieherischen Einrichtungen unbeschadet ihrer Rechtsform." Diese Formulierung findet sich gleichlautend im Mitbestimmungsgesetz von 1976 (§ 1 Abs. 4 Satz 2). Das Bundespersonalvertretungsgesetz klammert in seinem §112 ebenfalls die Religionsgemeinschaften aus seinem Geltungsbereich aus. Es fügt an obige Formulierung an: „... ihnen bleibt die selbständige Ordnung eines Personalvertretungsrechts überlassen."

Verfassungsmäßige Grundlage für diese Sonderstellung, die auch für das übrige kollektive →Arbeits- und Dienstrecht (Tarifverträge) gilt, sind der Artikel 140 und der Artikel 4 des Grundgesetzes (GG). Durch Art. 140 GG werden die Art. 136, 137, 138, 139 und 141 der Weimarer Verfassung, die das Verhältnis des Staates zu den Religionsgemeinschaften zum Gegenstand haben, zu Bestandteilen des GG. Damit wird den Kirchen und Religionsgemeinschaften das Recht gewährleistet, ihre eigenen Angelegenheiten innerhalb der Schranken des für alle geltenden Gesetzes selbständig zu ordnen und zu verwalten. Die Weimarer Kirchenartikel sind in das Gesamtsystem des GG eingebettet und können nur von daher interpretiert werden. Damit kommt dem Art. 4 GG eine besondere Bedeutung zu. Die Gewährleistung der Religionsfreiheit durch diesen Artikel garantiert nicht nur die individuelle Religionsfreiheit, sondern, so das Bundesverfassungsgericht, auch „die Freiheit des organisatorischen Zusammenschlusses zum Zwecke des gemeinsamen öffentlichen Bekenntnisses" (BVerfGE 19, 206, 220). Aus dem engen Zusammenhang der beiden genannten Artikel des GG folgert die Rechtsprechung, daß die Kirchen als dem →Staat vorgegebene Institutionen anzusehen sind, die ihren geistlichen Auftrag nicht vom Staat ableiten. Das damit garantierte Selbstbestimmungsrecht gibt den Kirchen einen Freiheitsbereich, den sie nach ihrem Verständnis ausfüllen können. Die kirchliche Glaubenslehre und die daraus abgeleiteten organisatorischen und rechtlichen Folgerungen genießen verfassungsrechtlichen Schutz vor staatlichem Einfluß. Aktivitäten der Kirchen im staatlichen Rechtskreis unterliegen der Ordnungsgewalt des Staates.

Nach der skizzierten Rechtslage obliegt es den Kirchen, ob und wie kirchliche Arbeitnehmer an den Entscheidungsprozessen in kirchlichen Einrichtungen beteiligt werden. Allerdings wollten Gesetzgebung und Rechtsprechung keinen rechtsfreien Raum entstehen lassen. Den Kirchen sollte die Möglichkeit gegeben werden, selbst ein an kirchlichen Besonderheiten orientiertes Mitbestimmungsrecht zu schaffen. Die beiden großen christlichen Kirchen haben dieses, sich aus der Freistellung ergebende Gestaltungspotential als eine dem modernen →Sozialstaat gemäße Verpflichtung verstanden und ein eigenes kirchenspezifisches Mitbestimmungsrecht geschaffen. Die Regelungen der entsprechenden Gesetze lehnen sich zwar mehr oder weniger an das Betriebsverfassungs- bzw. Personalvertretungsrecht an, aber schon die Begriffe „Mitarbeitervertretungsrecht" sowie M für das Organ der betrieblichen Interessenvertretung machen den Unterschied zum staatlichen Mitbestimmungsrecht deutlich.

In jeder *katholischen* Diözese besteht eine vom Bischof erlassene M-ordnung. Sie gilt nicht nur für das Bistum sowie

1355

die Kirchengemeinden und Gesamtverbände, sondern auch für den Diözesan-Caritasverband und dessen Gliederungen sowie die sonstigen kirchlichen und karitativen Rechtsträger. Die diözesanen Regelungen entsprechen im wesentlichen der von der Vollversammlung des Verbandes der Diözesen Deutschlands beschlossenen Rahmenordnung für eine M-ordnung.

Im *evangelischen* Bereich ist das M-recht weniger einheitlich gestaltet. Auf landeskirchlicher Ebene besteht jeweils ein M-gesetz, das unmittelbar für die verfaßte Kirche gilt. Für die außerhalb der verfaßten Kirche stehenden Einrichtungen beansprucht es keine Geltung bzw. gilt nur dann, wenn ein Rechtsträger seine Anwendung beschließt. Das DW in den Landeskirchen und die ihnen angeschlossenen Rechtsträger wenden aufgrund bestehender Wahlmöglichkeit entweder das M-gesetz der jeweiligen Landeskirche oder die M-ordnung des DW der Evangelischen Kirche in Deutschland (EKD) an. Für den unmittelbaren Bereich der EKD und ihre Einrichtungen gilt schließlich das M-gesetz von 1972 in der novellierten Fassung von 1985.

In den geltenden Regelungen ist die M Repräsentant der Mitarbeiter und übt als Organ der kirchlichen Arbeitsverfassung die Beteiligungsrechte aus. Sie wird in den Dienststellen gebildet, die mitarbeitervertretungsfähig sind. Die M-ordnung im kath. Bereich kennt die M nur für eine Dienststelle, also keine Gesamtvertretungen für mehrere Dienststellen. Im ev. Bereich kennen das M-gesetz der EKD sowie einige landeskirchliche M-gesetze eine Gesamt-M. Vergleichbar ist sie mit dem Gesamtbetriebsrat des Betriebsverfassungsgesetzes. Wie dieser auch, ist die Gesamt-M ein Organ, das durch Entsendung der einzelbetrieblichen M gebildet wird. Sie nimmt Aufgaben der M wahr, soweit eine Angelegenheit alle Dienststellen betrifft.

Die M hat neben allgemeinen Aufgaben Beteiligungsrechte in sozialen, personellen und organisatorischen Angelegenheiten. Die *Beteiligungsrechte* sind verschieden ausgeprägt. Mitwirkungsrechte gewähren der M lediglich ein Anhörungs- oder Beratungsrecht, also eine Beteiligung am Verfahren, nicht an Entscheidungen. Mitbestimmungsrechte ermöglichen der M ein paritätisches Mitgestaltungs- und Mitbestimmungsrecht.

Zu den *allgemeinen Aufgaben* der M gehört u. a. die Förderung der beruflichen, wirtschaftlichen und sozialen Belange der Mitarbeiter. In ihrer Mitverantwortung für die Aufgaben der Dienststelle soll sie das Verständnis für den Auftrag der Kirche stärken und für eine gute Zusammenarbeit eintreten. Neben der Anregung sinnvoller Maßnahmen für die Dienststelle und ihre Mitarbeiter hat die M dafür einzutreten, daß die arbeits-, sozial- und dienstrechtlichen Gesetze und Verordnungen, Unfallverhütungsvorschriften und Verwaltungsanordnungen durchgeführt werden. Eine Beteiligung in sozialen Angelegenheiten findet u. a. statt bei der Festlegung von Grundsätzen für die Gestaltung von Arbeitsplätzen und die Einführung grundlegend neuer Arbeitsmethoden. Die M ist in Personalangelegenheiten u. a. beteiligt bei Einstellungen, Kündigungen, Versetzungen und Eingruppierungen von Mitarbeitern.

Eine Besonderheit im M-recht der kath. und ev. Kirche ist die Voranstellung einer Präambel, die grundsätzliche Aussagen zum Dienst in der Kirche enthält. Sie wird häufig verstanden als Leitsatz auch für die Tätigkeit der M. Die Präambeln verweisen implizit (kath. M-ordnung) oder explizit (ev. Bereich) auf das Leitbild einer Dienstgemeinschaft, die von allen kirchl. Mitarbeitern aufgrund ihrer gemeinsamen Verantwortung für den Auftrag der Kirche gebildet wird.

Über die verfassungsrechtlichen Grundlagen der M-gesetze, den materiellen Gehalt einzelner Regelungen und ihre Rechtsqualität sowie über faktische Partizipationsmöglichkeiten der M gibt es eine breite Diskussion. In bezug auf die M wird von Seiten der Kirchen die Auffassung vertreten, das geltende M-recht habe sich als besonderes Mitbestimmungsrecht der Kirchen bewährt; von gewerkschaftlicher Seite (→Arbeiterbewegung, →Gewerkschaften) wird eine Benachteiligung kirchlicher Arbeitnehmer bei der Mitbestimmung behauptet. Für den qualitativen Fortgang dieser zumeist juristischen und aufgrund der interessenpolitischen Orientierung von Kirchen und Gewerkschaften auch häufig sehr emotional geführten Debatte dürfte es von Vorteil sein, daß in jüngster Zeit erste Ergebnisse empirischer Untersuchungen zur faktischen Ausgestaltung kirchlicher Arbeitsbeziehungen und damit auch über die Realität der Tätigkeit von M vorliegen.

Insgesamt ist die M, verstanden als Oberbegriff für geltende gesetzliche Regelungen zur Mitbestimmung in kirchlichen Einrichtungen und Betrieben und verstanden als Organ der Interessenvertretung der Beschäftigten, unbeschadet aller unterschiedlichen Kommentierungen, ein Element der sozialen Ordnung (→Soziale Ordnungspolitik) in kirchlichen Arbeitsverhältnissen.

L.: Bietmann, Rolf: Betriebliche Mitbestimmung im kirchlichen Dienst. Arbeitsrechtliche Probleme der kirchlichen Mitarbeitervertretungsordnungen; Königstein/Ts., 1982. Keßler, Rainer: Die Kirchen und das Arbeitsrecht; Darmstadt, 1986. Langnickel, H., Interessenvertretung der bei kirchlichen „freien" Trägern Beschäftigten. Konflikanalyse am Beispiel des Mitarbeitervertretungsrechts der Ev. Kirche im Rheinland, in: Bauer/Dießenbacher (Hg.), Organisierte Nächstenliebe; Opladen, 1984, 90–114. Richardi, Reinhard: Arbeitsrecht in der Kirche. Staatliches Arbeitsrecht und kirchliches Dienstrecht; München, 1984. Wahsner, R., Zum Streikrecht der Beschäftigten des kirchlichen Dienstes; in: Bauer/Dießenbacher (Hg.), Organisierte Nächstenliebe; Opladen, 1984, 209–219.

Walter Fuchs-Stratmann

## Mitbestimmung

*I. Begriff, Idee und institutionelle Form.* Der Begriff M wird in uneinheitlicher Weise verwendet. Grundsätzlich kann zwischen der Idee der M und M als institutioneller Form unterschieden werden. M als Idee ist ein programmatischer Ansatz zur Verbesserung der von abhängiger Beschäftigung geprägten →Lebenslage von Arbeitnehmern durch direkte oder vermittelte Partizipation an den sie betreffenden Entscheidungen im Wirtschaftsleben. Sie entspricht der Forderung nach Demokratisierung des politischen Lebens in Übertragung der dort vertretenen Ideale und Ziele auf den Produktions- und Wirtschaftsbereich.

Allgemein sind Umsetzungen der M-idee in einer Fülle von Differenzierungen hinsichtlich Umfang und Qualität denkbar. Unterscheidbar sind verschiedene Ebenen der M (z. B. Arbeitsplatz, →Betrieb, Unternehmen, Konzern, Region, Gesamtwirtschaft, übernationale Ebenen), unterschiedliche Intensitäten der M (u.a. Information, Mitwirkung, Mitentscheidung) und eine Mehrzahl von Bezugsfragen der M (z. B. soziale, personelle, wirtschaftliche Angelegenheiten). Konkrete Umsetzungen der M-idee sind die institutionellen Formen der M. Hierzu gehören v.a. die gesetzliche M und die tarifvertraglich geregelte M. Grundsätzlich möglich sind aber auch weitere institutionelle Formen der M, z. B. über gesellschaftliche Normen oder individuelle Wertsetzungen institutionalisierte M-formen.

*II. Überblick über die geschichtliche Entwicklung.* M ist v.a. eine von Gewerkschaftsseite (→Gewerkschaften) entwickelte und im 20. Jh. weithin durchgesetzte Forderung. Sie war zunächst der weitergehenden Forderung nach Ablösung des kapitalistischen Produktionssystems und der allgemeinen Einführung von Produktivgenossenschaften (→Genossenschaften) untergeordnet. Erst im Verlauf des 20.Jh. entwickelte sie sich als eigenständiges Programm in der Gewerkschaftspolitik. Daneben standen insb. feudal-paternalistisches, z. T. auch bürgerlich-liberales Denken einiger Unternehmer des späten 19. Jh. und von diesen freiwillig eingeführte, sehr begrenzte Formen betrieblicher Mitwirkung (Arbeiterausschüsse) am Beginn der Entwicklung der M. Die Arbeiterausschüsse, die Ende des 19. Jh. obligatorisch wurden (z. B. Arbeiterschutzgesetz von 1891), waren zumeist mit der Verwaltung betrieblicher Wohlfahrtseinrichtungen betraut. Hierbei konnte auf die Tradition vorindustrieller, selbstverwalteter Unterstützungs- und Versorgungskassen des Handwerks zurückgegriffen werden.

Politische Machtverhältnisse und ökonomische Prosperität bzw. Krisen bestimmten die Entwicklung der Realformen der M im Verlauf des 20. Jh. Die kriegsbedingte Kooperation zwischen Arbeitgebern und Arbeitnehmern im Rahmen des Hilfsdienstgesetzes von 1916 stellt dabei den Beginn einer gesetzlich verankerten M auf betrieblicher Ebene dar. Die Weimarer Republik war geprägt von dem Bemühen um weitergehende betriebliche und überbetriebliche M. Hierzu gehören die Verfassungsvorschriften des Art. 165 der Weimarer Reichsverfassung und das Betriebsrätegesetz von 1920. Doch nur ein geringerer Teil des Vorhaben konnte angesichts der krisenhaften Entwicklung der Weimarer Zeit verwirklicht werden. – Die Zeit des Nationalsozialismus bedeutete hingegen eine Aussetzung jeglicher M-rechte der Arbeitnehmer, eine Unterordnung aller wirtschaftlichen Einheiten unter das „Führerprinzip" bei gleichzeitiger Zerschlagung der Gewerkschaften.

*III. Regelungen in der BR.* In der BR wird der Begriff M weitgehend mit den in Form von Gesetzen institutionalisierten Rechten der Arbeitnehmer und ihrer gewerkschaftlichen Vertretungen in Betrieben und Unternehmen privaten und öffentlichen Rechts, der staatlichen Verwaltung sowie in den von Religionsgruppen unterhaltenen Einrichtungen identifiziert. Im wesentlichen gehören zu diesen Gesetzen das Montanmitbestimmungsgesetz von 1951 (MontanMG), das Betriebsverfassungsgesetz von 1972 bzw. 1952 (BetrVG), das Bundespersonalvertretungsgesetz von 1974 (BPersVG) mit den entsprechenden Landespersonalvertretungsgesetzen, das M-gesetz von 1976 (MitbG) sowie das Kirchengesetz bzw. die Rahmenverordnung über die →Mitarbeitervertretungen in Einrichtungen der ev. Kirche von 1972 bzw. der kath. Kirche von 1977 (M in Tendenzbetrieben).

*1. MontanMG:* Das MontanMG gilt für Unternehmen des Montanbereichs (Kohlebergbau, Eisen- und Stahlerzeugung) mit über 1000 Beschäftigten. Arbeitgeber und Arbeitnehmer sind im Aufsichtsrat gleichgewichtig vertreten; ein weiteres „neutrales" Mitglied wird von beiden Seiten mehrheitlich gewählt. Man spricht von der paritätischen M. Im Vorstand muß ein Mitglied mit den Arbeitnehmer-Stimmen gewählt sein. Dieser „Arbeitsdirektor" nimmt eine Mittlerposition zwischen Unternehmensführung, deren Vollmitglied er ist, und den Arbeitnehmern ein. Die M gemäß MontanMG ist die weitestgehende Regelung der Arbeitnehmerbeteiligung an Leitung und Kontrolle von Großunternehmen. Als Erinnerung an die breite Zustimmung, die Ende des 2. Weltkrieges der Forderung nach weitgehender M galt, ist das MontanMG immer noch Modell, jedoch tatsächlich im Bestand bedroht (div. M-ergänzungs- bzw. -sicherungsgesetze).

*2. BetrVG:* Der M unterliegen gemäß BetrVG soziale Angelegenheiten (z. B. Arbeitszeitregelungen), Fragen der Arbeitsplatzgestaltung, personelle Angelegenheiten (z. B. Kündigungen) und wirtschaftliche Regelungen (z. B. Betriebsverlegung). Die M-rechte liegen im wesentlichen im Bereich der Information und Mitwirkung, z. T. auch der Mitentscheidung. Wichtigstes Organ ist, neben der Betriebsversammlung und dem Wirtschaftsausschuß, der Betriebsrat (Gesamtbetriebsrat, Konzernbetriebsrat), der in Betrieben mit mehr als 5 Beschäftigten gewählt werden kann. Für Betriebe mit mehr als 500 Beschäftigten ist eine Vertretung der Arbeitnehmer im Aufsichtsrat zu einem Drittel („Drittelparität") vorgesehen. Eine Repräsentanz der Arbeitnehmer im Vorstand gibt es nicht.

*3. BPersVG:* Das BPersVG und die LPersVG regeln für die öffentlichen Verwaltungen sowie Körperschaften und Anstalten öffentlichen Rechts die M der im öffentlichen Dienst Beschäftigten in ihren Dienststellen. Entsprechend dem BetrVG ist das wichtigste Organ der Personalrat, dessen M-möglichkeiten dem des Betriebsrats ähnlich sind. Nach herrschender Rechtsprechung ergeben sich jedoch aus dem besonderen dienstrechtlichen Verhältnis im öffentlichen Dienst und der besonderen demokratischen Legitimationsgrundlage der Exekutive im Gefüge der Gewaltenteilung besondere Beschränkungen der M. Dies gilt weniger für den Arbeitsplatzbereich als für die betriebliche Ebene und insb. in bezug auf Mitentscheidungsinteressen der Arbeitnehmer.

*4. MitbG:* Das MitbG schreibt für Unternehmen mit über 2 000 Beschäftigten die gleichzahlige Vertretung von Arbeitnehmer- und Arbeitgeber-Vertretern im Aufsichtsrat vor. Im Gegensatz zum MontanMG ist jedoch nicht ein von beiden Seiten bestellter „Neutraler", sondern der von der Arbeitgeber-Seite gestellte Aufsichtsratsvorsitzende mit einer weiteren, pattauflösenden Stimme versehen. Man spricht von der „unterparitätischen" M. Die Unternehmensgröße bestimmt sowohl die Anzahl der Aufsichtsratssitze (12, 16, 20) als auch das Wahlverfahren (Urwahl, Wahlmännerwahl). Eine Vertretung der einzelnen Arbeitnehmer-Gruppen (Arbeiter, Angestellte, Leit. Angestellte) sowie externer Gewerkschaftsmitglieder auf der Arbeitnehmer-„Bank" im Aufsichtsrat ist garantiert. Eine qualifizierte Vertretung der Arbeitnehmer im Vorstand ist nicht vorgesehen.

*5. M in Tendenzbetrieben:* Die oben erläuterten M-gesetze finden auf Religionsgemeinschaften und von diesen betriebene Einrichtungen (Krankenhäuser, Diakonie, Caritas, Altenpflegeheime etc.; → Wohlfahrtsverbände) keine Anwendung. Art. 140 GG sichert den Kirchen Autonomie zu (→ Kirchenrecht), die nach herrschender Rechtsauslegung auch deren Einrichtungen miteinbeziehen. Statt dessen ist im Rahmen des Kirchenrechts die Beteiligung der Mitarbeiter an sozialen, personellen und organisatorischen Entscheidungen durch Mitarbeitervertretungsgesetze bundeseinheitlich (kath.) oder landeskirchlich (ev.) geregelt. Die Begründung für eine besondere Regelung neben dem BetrVG und den PersVG liegt in dem Gedanken, daß nicht ein Spannungsverhältnis zwischen Arbeitgebern und Arbeitnehmern, sondern eine Dienstgemeinschaft im Geiste des Evangeliums das Arbeitsverhältnis prägt.

*IV. M in der Diskussion.* Umfang und Qualität der M auf den verschiedenen Ebenen des wirtschaftlichen Lebens waren stets Mittelpunkt einer anhaltend geführten Diskussion um die M. Im wesentlichen standen dabei den Forderungen nach Gleichberechtigung von Kapital und Arbeit im Unternehmen (insbes. in Großunternehmen) und nach Demokratisierung des wirtschaftlichen Lebens Befürchtungen um die grundgesetzlich geschützte Eigentumsgarantie, die Entscheidungs- und Handlungsfähigkeit im Unternehmen und die gesamtwirtschaftliche Effizienz entgegen. Die grundsätzliche Entscheidung des Bundesverfassungsgerichts von 1979 erklärte das MitbG für verfassungsgemäß und relativierte einige der vorgetragenen Befürchtungen entscheidend. – Der Stand der M-gesetzgebung kann mittlerweile als konstitutives Element der bundesdeutschen Wirtschafts- und Sozialordnung (Soziale Marktwirtschaft) bezeichnet werden, wobei man sich um eine stete Anpassung an den gesellschaftlichen und technologischen Wandel bemüht.

Im internationalen Vergleich, insb. im Vergleich zu den EG-Ländern, fällt die

1359

bundesdeutsche M-gesetzgebung durch die Regelungen in bezug auf die Unternehmensebene aus dem Rahmen. Daneben ist auch die Form der gesetzlichen →Institutionalisierung durchaus nicht überall üblich. In anderen Ländern überwiegt die tarifvertragliche Regelung oder die freiwillige Vereinbarung. Der der dt. M-gesetzgebung zugrundeliegende Kooperationsgedanke steht in mehr oder weniger ausgeprägtem Widerspruch zu eher klassenkämpferisch oder konfliktorisch ausgerichteten Gewerkschaftsbewegungen in anderen Ländern. Die dt. M befindet sich insofern als eines von drei Modellen in der Diskussion um ein europäisches Gesellschaftsrecht.

L.: Teuteberg, Hans Jürgen: Geschichte der industriellen M in Deutschland; Tübingen, 1961. Wächter, Hartmut: M; München, 1983.

Henner Schellschmidt

## Mittelbewirtschaftung

Mit der Feststellung des Haushaltsplans werden die Haushaltsmittel dem Haushaltsbeauftragten der bewirtschaftenden Stelle zugewiesen. Damit ist eine Bewirtschaftungsbefugnis ebenso wie eine Anordnungsbefugnis an die jeweilige Kasse verbunden, die sich auf Einnahmen und Ausgaben bezieht. M bezeichnet die Art und Weise der Verwaltung vorhandener Mittel, d.h. die Ausführung des beschlossenen Haushaltsplans. Sie ist Bestandteil der Haushaltswirtschaft, die sich umfassend mit der Vorbereitung, Aufstellung und Ausführung des Haushaltsplans, mit der Rechnungslegung und Rechnungsprüfung befaßt. Nach den Haushaltsverordnungen des Bundes, der Länder und Gemeinden sind die durch Haushaltsplan bereitgestellten Mittel so zu verwalten, daß die Erfüllung der Verwaltungsaufgaben jederzeit gesichert ist; dazu zählt folglich eine Ausgabenverwaltung in der Weise, daß die bereitstehenden Finanzmittel während des ganzen Haushaltsjahres (= Regelfall) bereitstehen und nicht schon in einem früheren Zeitraum vergeben sind. Grob eingeteilt kann man deshalb je Monat $^1/_{12}$ der vorhandenen Mittel einsetzen. Auch hier ist der Grundsatz der Sparsamkeit und →Wirtschaftlichkeit zu beachten, zumal die bereitstehenden Finanzmittel letztlich durch den Bürger aufgebracht werden.

Mittel dürfen deshalb erst dann verwendet werden, wenn und soweit es die Aufgabenerfüllung erfordert. Das gilt sowohl für die unmittelbare Wahrnehmung von Aufgaben durch die Verwaltung selbst als auch für Zuwendungen, die im öffentlichen Interesse Dritten (z.B. Freien Trägern der Jugendhilfe/Sozialarbeit) bewilligt werden. So können bspw. Zuschüsse erst dann ausgezahlt werden, wenn alle erforderlichen Unterlagen eingereicht, geprüft und ein Bewilligungsbescheid erlassen worden ist *und* die Auszahlung für den angestrebten Mitteleffekt erforderlich ist; d.h. in der Regel erst dann, wenn die Eigenmittel zuvor verwendet wurden.

Als praktisches Verfahren zur M hat sich die Einführung einer Haushaltsüberwachungsliste (HÜL) bewährt, deren Führung verpflichtend vorgeschrieben ist. Ihr Ziel ist es v.a., Haushaltsüberschreitungen zu verhindern. Sie gibt daher jederzeit Auskunft darüber, wieviele Haushaltsmittel je Haushaltsstelle noch zur Verfügung stehen. Darüber hinaus sind eingegangene Verpflichtungen festzuhalten, die Haushaltsmittel in bestimmbarer Höhe binden, z.B. Bestellungen, Aufträge, Verpflichtungsermächtigungen und Verträge. Erläßt der Kämmerer aufgrund gravierender Entwicklung der Haushaltswirtschaft eine Haushaltssperre in bestimmtem Umfang (z.B. 20% der Ansätze) oder generell für einzelne Haushaltspositionen, so ist diese Sperre ebenfalls im Rahmen der M in der HÜL einzutragen.

Neben der sachlichen Bindung an die Verwendung für den vorgesehenen Zweck hat die M auch die zeitliche Bindung an das Haushaltsjahr zu beachten. Mittel, die bis zum Jahresabschluß nicht für den vorgesehenen Zweck verwendet wurden, gelten als erspart und stehen damit nicht mehr zur Verfügung. Als Folge davon stellen Haushaltsreste in der Haushaltswirtschaft oft ein Problem dar: im Verwaltungshaushalt, d. h. bei laufenden Ausgaben sind sie im allgemeinen nicht auf das folgende Haushaltsjahr übertragbar – mit der Folge, daß immer wieder am Ende von Kalenderjahren unmotivierte, kurzentschlossene Ausgaben getätigt werden, die ursprünglich nicht vorgesehen waren. Hierbei handelt es sich um einen eindeutigen Verstoß gegen die Grundsätze z. B. der Gemeindehaushaltsverordnung. Die allg. übliche Bindung der Mittel an das Haushaltsjahr ist hierfür der Grund. Außerdem wird der Kämmerer unausgeschöpfte Haushaltspositionen bei künftigen Haushaltsberatungen nach unten korrigieren, d. h. niedriger veranschlagen als bisher. Im Vermögenshaushalt dagegen ist die Übertragung von Haushaltsresten ins folgende Jahr für Investitionen weit verbreitet, zumal sich bspw. der Baufortschritt für eine Einrichtung nicht immer exakt prognostizieren läßt und eine Fortführung ohne Verzug im folgenden Jahr sinnvoll, notwendig und wirtschaftlich ist.

L.: Kroglowski, Walter: Das kommunale Haushalts-, Kassen- und Rechnungswesen; Heidelberg, 1984. Stolz, Robert: Steuerung und Vollzug des Landeshaushalts in der Haushaltsverwaltung in Nordrhein-Westfalen, hg. vom Finanzminister NRW, H. 40; Düsseldorf, o. J. Scheel, Werner/Steup, Johannes: Gemeindehaushaltsrecht NW, Kommentar; Köln, 1981.

Wolfgang Gernert

**Mobile Jugendarbeit**
→ Streetwork

**Modernisierung**
M ist ein mehrdeutiger sozialwissenschaftlicher Begriff, der sich erst innerhalb bestimmter Theorien und Verwendungszusammenhänge hinreichend präzisieren läßt. Theorieunspezifisch und problemorientiert betrachtet, bezeichnet M (makro-)sozialen Wandel (→ Sozialer Wandel) und → Innovation in größeren Sozialsystemen, also ganzen → Gesellschaften oder gesellschaftlichen Teilbereichen. Das begriffliche Erkenntnisinteresse liegt in der Erklärung solcher gesellschaftlicher Prozesse, welche eine Kapazitätserweiterung, v. a. in ökonomischer Hinsicht, soziale Differenzierung sowie Steigerung von Lösungsmöglichkeiten und Autonomie bewirken. Im Unterschied etwa zum Fortschrittsbegriff, der Veränderung als einen linear gerichteten Entwicklungszusammenhang von Vergangenheit, Gegenwart und Zukunft faßt, zieht M den Kontinuitätsbruch mit dem Bisherigen in Betracht. Die Veränderung des jeweils Gegebenen gerät zur akzeptierten Norm der faktischen Entwicklung: Zukunft wird als offen und als Raum möglicher Entwicklungsalternativen begriffen.

In einem historisch-epochalen und einem phänomenologischen Aspekt liegen zwei hauptsächliche Bedeutungsrichtungen. M kann damit entweder einen Vorgang benennen, durch den die heutige „moderne" Gesellschaft während eines ersten Prozesses der → Industrialisierung ursprünglich geschaffen wurde, oder M meint die Tatsache sozio-ökonomischer, technologischer, institutionell-politischer und kultureller Veränderungen größeren Ausmaßes in den heutigen, fortgeschrittenen industriellen Gesellschaften.

Eine erste Konjunktur erfuhr M als entwicklungssoziologischer Begriff in den USA während der 60er Jahre. Leitend war die (als ethnozentrisch kritisierbare) Annahme, daß der historisch-epochale Industrialisierungs- und Demokratisierungsprozeß in den westlichen Gesellschaften ein kohärentes und verallgemeinerbares Entwicklungsmuster abgebe, welches auch für die übrige Welt – insb. die Länder der → Dritten Welt – gelten könne. In den 80er Jahren wird M innerhalb wissenschaftlicher, aber auch politischer Verwendungen erneut zu einem wichtigen Begriff. Die staatlich lancierte Industrie- und Technologiepolitik v. a. bedient sich dieses Ausdrucks und fördert damit eine modewortartige Sprachpraxis.

Daneben erhält M in den Kultur- und Sozialwissenschaften wieder Bedeutung, weil dieser Terminus einem zeitdiagnostischen Bedürfnis entsprechen kann. Häufiger wird jetzt die gesellschaftliche Moderne ambivalent gesehen, und es stellt sich die Frage, inwiefern die geistesgeschichtlichen Wurzeln und Postulate der Aufklärungsepoche (Freiheit, Gleichheit, Vernunft; →Aufklärung) im Einklang stehen mit ihren langfristigen gesellschaftlichen Anwendungen in einer sich dynamisierenden gesellschaftlichen Praxis. Ein bis heute geltender Anspruch des okzidentalen Menschen auf rationale Selbst- und Weltgestaltung, etwa die →Institutionalisierung von zweckrationalem Wirtschafts- und Verwaltungshandeln, brachte eine Praxis unbeabsichtigter problematischer Nebenfolgen hervor. M läßt zwar Lebensstandard, individuelle Freiheit, Subjektivierung und Selbstthematisierungsfähigkeit der Gesellschaft zunehmen; mit ihr ist aber auch ein Wachsen von individueller Handlungsunsicherheit, sozialer →Entfremdung oder ökologischer Ausbeutung (→Ökologie) verbunden. Das freigesetzte moderne Subjekt wird in spezifischer Weise mit Problemen der Lebensführung, der lebenslagengemäßen (→Lebenslage) Sicherung von →Identität und der Herstellung biographischer Konsistenz konfrontiert.

Die historische Tendenz arbeitsmarktgesellschaftlicher M erzeugt laufend neue Betroffenheiten von Individualisierung und macht deren Bewältigung zu einer schwieriger werdenden Aufgabe. Mögliche dissoziative Folgewirkungen von M spitzen sich gegenwärtig noch zu, und zwar in dem Maße, wie nunmehr – nach gut 200 Jahren – die Ideen der Moderne bis in die letzten Winkel des →Alltags eindringen und Reste tradierter Kultur- und Lebensformen auflösen (→Kultur). Insofern ist die Unterscheidung von „einfacher" und „reflexiver" M, in die die Zeitdiagnose einer „Risikogesellschaft" (Beck, 1986; →Gesellschaft II.2) mündet, aufschlußreich. Mit ihr soll ein qualitativ neuartiger Charakter gegenwärtiger M in der Gesellschaft der BR angedeutet werden. Während „einfache" M noch im Rahmen industriegesellschaftlicher Arbeits-, Lebens- und Institutionalformen verläuft und durch den Antagonismus von Arbeit und Kapital überformt scheint, wird im zweiten Fall von einer Phase gesamtgesellschaftlicher Veränderungen ausgegangen, die sich in Dialektik zu den bereits bestehenden industriegesellschaftlichen Daseinsformen herausbildet und die auf eine neue „Grammatik" sozialer und kultureller Wirklichkeitskonstruktionen schließen läßt.

Für →Pädagogik und →Sozialarbeit hat M Bedeutung, insofern dieser Terminus der Selbstvergewisserung und der Aufgabenreflexion dienen kann. Das Erziehungssystem ist in einer zwiespältigen Rolle; einerseits ist es Akzelerator, gilt als sekundärer Träger von M und treibt durch →Bildung die Individualisierung der Lebenspraxis weiter voran, andererseits kann es auch als eine kritische Gegensteuerungsinstanz und als ein Bereich fungieren, der die Ungleichzeitigkeiten, die sozialen Folgen und die kulturellen Widersprüche von M-prozessen bearbeiten muß: Auflösung von Vereinzelungserfahrung, Stiftung von →Gemeinschaft und sozialen Zugehörigkeitsgefühlen, →Beratung und →Therapie sowie die Möglichkeit zu lebenslanger Sozialisations- und Bildungshilfe, damit das Individuum einer Vielzahl disparater sozialer Rollen im privaten, beruflichen und öffentlich-politischen Leben kompetent zu entsprechen vermag.

Rainer Brödel

**Montessori, Maria**

M (1870–1952), römische Ärztin, errichtete 1907 das erste Kinderhaus für 3- bis 6jährige Arbeiterkinder. Besonderes Anliegen war die Förderung der Selbsttätigkeit und die Steigerung der Auffassungs-

## Moor, Paul

und Denktätigkeit durch die Schulung der Sinne.

## Moor, Paul

M (geb. 27.7.1899; gest. 16.8.1977) wuchs in Basel auf, studierte dort zunächst Mathematik, Physik und Astronomie. Er promovierte 1924 in diesen Disziplinen. Nach praktischer Lehrtätigkeit als Mittelschullehrer und als Heimleiter nahm er, z.T. parallel laufend, das Studium in Religionsgeschichte, Philosophie und →Pädagogik auf. Darauf promovierte M 1935 in Zürich ein zweites Mal. Seine Dissertation mit dem Titel „Die Verantwortung im heilpädagogischen Helfen" (veröffentl. 1936) bildet (bisher kaum berücksichtigt) m.E. die zentrale Folie für eine kritische Analyse seines Werkes. 1940 wurde M Leiter des Heilpädagogischen Seminars Zürich, 1951 a.o. Professor für →Heilpädagogik an der Universität Zürich, jeweils als Nachfolger von →Hanselmann. Die Hauptwerke M's erscheinen 1951 bzw. 1958 („Heilpädagogische Psychologie", Bd. 1 bzw. 2) und 1965 („Heilpädagogik").

Die wirksamste Aussage M's lautet, „daß Heilpädagogik Pädagogik sei und nichts anderes". Dennoch charakterisierte M den „Heilpädagogen" als einen, der „genauer Bescheid wissen muß". Das Ansehen des M'schen Ansatzes liegt in folgenden Sätzen gebündelt: „Über die Behandlung eingetretener Schäden hinaus kümmert sich die Erziehung um das Ganze. Der Aufbau des Fehlenden ist ihr wichtiger als die Korrektur des Fehlers. Es ist nicht nur der →Behinderte, sondern auch seine Umgebung zu erziehen, und in dieser Umgebung zuerst derjenige, der ihm helfen will; der Erzieher muß für sich selber erwerben, was er den Behinderten lehren will."

M's Theorie und Terminologie vom „inneren Halt", der die „Aufgabe der Erziehung" ausmache, paßte gut in die Restaurationsphase der BR. Es geraten dabei mystifizierende Erkenntniselemente und existentielle Anerkennungshaltungen aneinander.

L.: Blackert, Peter: Erziehen aus Verantwortung. Grundlagen der Heilpädagogik M's; Berlin, 1983. Kobil, Emil E., Subjektivität als Weg zur personalen Existenz des behinderten Kindes. Methologische Überlegungen zu einer Dialogischen Heilpädagogik ausgehend vom Denkansatz M's; in: Ders., Heilpädagogik als Herausforderung; Luzern, 1979.

Christian Mürner

## Moral

Sozialwissenschaftlich wird der Begriff „M" zum einen auf (a) den Grad der Bindung von Mitgliedern an ihre →Gruppe oder →Organisation und den Grad der Teilnahme an deren Zielerreichung bezogen (Arbeits-M, Kampf-M, Betriebs-M); dieses Begriffsverständnis, das ursprünglich von der angelsächsischen Gruppen-, Industrie- und Militärsoziologie ausgearbeitet wurde, wird hier nicht weiter verfolgt. Im folgenden geht es vielmehr um M als (b) System von gesellschaftlichen Maßstäben zur Beurteilung von „gutem" oder „bösem", von „richtigem" oder „falschem" Tun. Solche Systeme können in ihrer Komplexität, Umfänglichkeit und in ihrem inneren Zusammenhang sehr unterschiedlich sein und reichen, je nach Ort und Zeit, von Extremformen des Puritanismus oder Fundamentalismus bis hin zu solchen des Pluralismus mit wechselnden subkulturellen Teil- und Sonder-M (→Gegenkultur, →Subkultur).

Das Verhältnis zwischen relativ abstrakten Verhaltensmaßstäben („Werte" oder „Grundwerte"; z.B. Würde des Menschen, Freiheit, Vaterlandsliebe) und relativ konkreten Maßstäben („Normen"; z.B. körperliche Schlankheit, Geschwindigkeitsbeschränkung auf der Autobahn, Gehorsamspflichten) ist vieldeutig. Einerseits lassen sich aus Werten (W) keine bestimmten Verhaltensnormen eindeutig ableiten. W sind keine genau ausmachbaren Ziele, sondern Orientierungen, sozusagen Himmelsrichtungen, die man zwar – auch auf Umwegen – verfolgen, aber nicht verwirklichen kann. Andererseits lassen sich Normen (N) rechtfertigen oder kritisieren durch schrittweisen Rückgriff auf immer „höhere", allgemeinere W. Es stellt sich also die Frage nach den „letzten W" bzw. nach der Letztbegründung von W. Hier sollen zwei Grundtypen von Letztbegründungen vorgestellt werden. Wir können unterscheiden zwischen (1.) einer Rückführung von W auf eine „letzte Instanz" als Quelle der Geltung und (2.) einer Rückführung von W auf formale Prinzipien der Intersubjektivität.

1. Im biblischen N-verständnis ist die Gesamtheit der N theonom legitimiert, also ein Ausdruck des Willens und der Weisheit Gottes. Die Ewigkeit und Heilsbedeutung der christlichen Wahrheiten und W liegen begründet in der Ewigkeit und Allmacht des Schöpfer-, Richter- und Erlösergottes. Noch heute verstehen sich die Kirchen vielfach als Treuhänder einer heiligen Gebots-M, die nicht selten auch in Form von Tugend- und Sündenkatalogen gefaßt wird. Diese Pflichtenlehre beruft sich letztlich auf den Willen Gottes, wenn sie alle Lebensbereiche der Individuen inhaltlich ziemlich genau festzulegen versucht. – Bei der Begründung von W und N kann auch die „Natur" als letzte Instanz ins Feld geführt werden. Das sind die vielfältigen Versuche, aus dem „Wesen" des Menschen seine „Bestimmungen" und entsprechende Verhaltenspostulate abzulesen (→ Naturrecht). – Schließlich gab und gibt es auch unterschiedliche Versuche, aus geschichtsphilosophischen Rekonstruktionen des Ziels von Geschichte die Richtigkeit von W und Handlungen zu begründen. So gilt etwa im Historischen Materialismus dasjenige als „fortschrittliches", richtiges Handeln, welches mit den geschichtlichen und ökonomischen „Bewegungsgesetzen" in Einklang steht.

Ob nun Gott, die Natur oder die Geschichte als eine letzte Instanz der Wert- und Normbegründungen angesehen wird: Der Wille und die Absicht dieser „letzten Instanz" liegen nicht eindeutig auf der Hand. So ergibt sich mit dem Problem der Interpretation auch ein *Herrschafts*problem. Wer soll den Willen Gottes, die natürliche Bestimmung des Menschen oder die teleologische Absicht der Geschichte jeweils von Situation zu Situation verbindlich interpretieren? In ihren praktischen Konsequenzen lief und läuft die Annahme einer letzten Instanz häufig auf einen Herrschaftsanspruch von Priestern, Philosophen oder Funktionären von Einheitsparteien hinaus.

2. Immanuel Kants kategorischer Imperativ lautet als Grundformel: „Handle so, daß die Maxime deines Willens jederzeit zugleich als Prinzip einer allgemeinen Gesetzgebung gelten könnte." Dieses Entscheidungsprinzip ist zwar insofern überindividuell orientiert, als es Handlungen daraufhin zu beurteilen fordert, ob sie gesetzeswürdig wären. Dennoch bleibt der Entscheidende „einsam"; denn er gelangt zum möglichen Prinzip einer allgemeinen Gesetzgebung nicht durch Kommunikation mit denen, für die das Gesetz gelten könnte, sondern er schöpft es sozusagen monologisierend aus der eigenen Brust. Demgegenüber vertritt die moderne *Kommunikations-* bzw. *Diskursethik* den kategorischen Imperativ in der Form eines Intersubjektivitätsprinzips, das auf die Bedingungen einer „idealen Kommunikationsgemeinschaft" verweist. Echter, untrüglicher Konsens und solidarische Verantwortung können sich nur über Kommunikation ergeben. Kommunikation aber hat unbestreitbare, unwiderlegbare normative Voraussetzungen. Diese stellen überhaupt erst die notwendigen Bedingungen eines sinnvollen und geltungsfähigen Argumentierens und somit des sprachvermittelten Denkens überhaupt dar. Was sind normative Voraussetzungen einer sinnvollen Argumentation, die das Ziel der Verständigung verfolgt? Es sind z. B. Wahrhaftigkeit, „Wahrheitsliebe", der Anspruch an mich und andere, richtig zu handeln, Verständlichkeit, Offenheit für fremde

Argumente, Unvoreingenommenheit, Toleranz, die grundsätzliche Anerkennung von anderen Menschen als wahrheits- und zurechnungsfähig – und vor allem: Gleichberechtigung, vollständige Reziprozität; Macht hieße, anderen nicht zuhören zu müssen. Weiterhin gehört dazu die Anerkennung des prinzipiell uneingeschränkten Zugangs zur Kommunikationsgemeinschaft sowie die grundsätzliche Zulassung aller Themen. Diese Prinzipien der Kommunikationsethik können wir zwar verletzen, aber nicht verneinen, ohne die Bedingung der Möglichkeit der Verständigung mit anderen und mit uns selbst aufzuheben. Wir können sie auch nicht argumentativ bestreiten; denn sobald wir mit dem Anspruch auf Geltung zu streiten begännen, müßten wir sie als gültig unterstellen.

Ziel des Argumentierens in der Kommunikationsgemeinschaft ist die einsichtige Verständigung über das, was als wahr, richtig und gut gelten kann – eine Verständigung, die auch Dissens einzuschließen vermag. Die Ergebnisse solcher Diskurse könnten sehr „kritisch" ausfallen: Die Geltungsansprüche vieler, heute anerkannter Wahrheiten und Gebote könnten sich im herrschaftsfreien Diskurs als nicht einlösbar erweisen – und viele Wahrheiten und N mit einlösbaren Geltungsansprüchen erweisen sich möglicherweise als (noch) nicht existent.

Wie leicht ersichtlich, sind die genannten normativen Voraussetzungen selten bei realen Kommunikationssituationen gegeben. Sie verweisen demgegenüber auf „ideale" Sprechsituationen und eine unbegrenzte „ideale" Kommunikationsgemeinschaft, die es tatsächlich nicht gibt. Diese werden immer nur in der Antizipation „wirklich", nie aber endgültig verwirklicht sein. Sie stellen Maßstäbe zur Beurteilung und Kritik konkreter gesellschaftlicher Organisationsformen heute und in Zukunft bereit und erlauben, reflexive „Gegeninstitutionen" (→ Institutionen) zu denken, in welche die traditionellen Ideen der Wahrheit, Freiheit, Gerechtigkeit und Brüderlichkeit/Schwesterlichkeit konstitutiv eingelassen sind.

L.: Apel, Karl-Otto, u.a. (Hg.): Praktische Philosophie/Ethik 1 (Reader zum Funkkolleg); Frankfurt/M., 1980. Habermas, Jürgen: Theorie des kommunikativen Handelns, 2 Bände; Frankfurt/M., 1981. Höffe, Otfried, u.a. (Hg.): Praktische Philosophie/Ethik 2 (Reader zum Funkkolleg); Frankfurt/M., 1981. Oelmüller, Willi (Hg.): Materialien zur Normendiskussion, 3 Bde.; Paderborn, 1978–1979.

Martin Doehlemann

**Moral Economy**
→ Moralökonomie

**Moralische Sozialisation**

„M" bezeichnet alle Prozesse der Verinnerlichung gesellschaftlicher Normen, sei es im Vollzug des alltäglichen sozialen Lebens, sei es im Kontext von Erziehungs- und Bildungsprogrammen. Wesentlichen Aufschluß über die interkulturell universellen Bedingungen der M verdanken wir Lawrence Kohlberg und seinen Mitarbeitern.

In umfangreichen, langjährigen internationalen Untersuchungen konnten Kohlberg u.a. eine Stufenentwicklung der Struktur des moralischen Bewußtseins nachweisen. Danach läßt sich zwischen einer (a) präkonventionellen, einer (b) konventionellen und einer (c) postkonventionellen moralischen Urteilsfähigkeit unterscheiden, wobei jede dieser Ebenen zwei Stufen aufweist. Wesentliches Merkmal der Ebenen bzw. Stufen ist die jeweilige soziale Perspektive, aus der moralische Entscheidungen beurteilt werden. Der präkonventionellen Stufe entspricht eine egozentrische, der konventionellen eine gruppen- und gesetzeszentrierte und der postkonventionellen eine vertrags- und prinzipienorientierte Perspektive. Aus jeder Perspektive können unterschiedliche inhaltliche moralische Urteile begründet werden. So kann aus egozentrischer Sicht ein Diebstahl bejaht oder abgelehnt werden, je nachdem wie die Kosten/Nutzen-Bilanz dieser Handlung kalkuliert wird. Die inhaltliche Beliebigkeit des moralischen Urteils kann nach Kohlberg verhindert werden, wenn die Vernünftigkeit eines jeden Menschen i.S. der Kategorischen Imperative bzw. der goldenen Regel nicht behindert wird und wenn in einer offenen demokratischen →Gesellschaft der Gesellschaftsvertrag als gerechte Basis aller moralischen Urteile erkannt wird.

Diese inhaltliche Bindung seiner ansonsten analytisch-wertfreien Entwicklungstheorie formuliert Kohlberg in Analogie zur Theorie der Gerechtigkeit von John Rawls, der über die Grundsätze reflektiert, die freie und vernünftige Menschen in einer gedachten Situation der Gleichheit für ihr zukünftiges Zusammenleben vereinbaren würden. In kritischer Auseinandersetzung mit Kohlberg haben Habermas und Apel je mit eigener Begründung eine übergeordnete 7. Stufe empfohlen, die sich auf die Diskursfähigkeit i.S. der Beteiligung an einer idealen Kommunikationsgemeinschaft bezieht, in der die nicht weiter ableitbaren Verbindlichkeiten der sozialen Wechselseitigkeit und der Verantwortung gegenüber den gemeinsamen Lebensgrundlagen zu thematisieren wären.

Die pädagogische Förderung der M setzt nach Kohlberg ein positives moralisches Klima voraus, in welchem Kinder, Jugendliche und Erwachsene ohne →Zwang und →Angst moralische Konflikte erleben und besprechen können, um zu gerechten Lösungen zu gelangen, die dann auch in sozialer Eigen- und Mitverantwortung verwirklicht werden können. Diese Voraussetzungen sind bei weitem nicht in allen pädagogisch relevanten gesellschaftlichen und staatlichen Einrichtungen erfüllt (→Schulen, →Betriebe, Militär, Universitäten, Kirchen etc.). Kohlberg hat mit seinen Mitarbeitern in den USA Modellschulen eingerichtet und erprobt, die sich durch eine hohe Entscheidungs- und Kontrollbeteiligung der Schüler im Sinne einer partizipativen Organisationskultur auszeichnen. Die fördernde Wirkung des positiven moralischen Klimas wird didaktisch durch die Diskussion von sog. Dilemmata ergänzt, die moralische Konflikte zum Inhalt haben und entweder konstruiert oder der gemeinsamen Erfahrungswelt entnommen sind. Dem Pädagogen kommt bei diesen Diskussionen die zurückhaltend ausgeübte Funktion zu, die Adressaten in ihrem gegebenen moralischen Bewußtsein leicht zu überfordern. Die Wirksamkeit dieser Strategie ist umstritten, wie auch nicht alle Unterstellungen der Kohlberg-Theorie kritischen Untersuchungen voll standhalten konnten. Die von Kohlberg selbst mitgetragene kritische Überarbeitung der moralischen Entwicklungstheorie und -pädagogik führte jedoch zu einem weitgehend anerkannten theoretischen und didaktischen Paradigma.

In einzelnen Bundesländern wie Niedersachsen und Nordrhein-Westfalen wird dieser Ansatz systematisch zu nutzen versucht, während er in der Schulpraxis anderer Länder noch weitgehend unbekannt zu sein scheint.

L.: Apel, O.: Diskurs und Verantwortung; Frankfurt, 1988. Edelstein/Nunner-Winkler (Hg.): Zur Bestimmung der Moral; Frankfurt, 1986. Lind/Raschert (Hg.): Moralische Urteilsfähigkeit. Eine Auseinandersetzung mit Lawrence Kohlberg; Weinheim, 1987. Lind/Hartmann/Wakenhut (Hg.): Moralisches Urteilen und soziale Umwelt; Weinheim, 1983. Oser/Fatke/Höffe (Hg.): Transformation und Entwicklung; Frankfurt, 1986. Prim, R., Politik, Moral und Pädagogik; in: Mitteilungsblätter des Forschungsinstituts für Gesellschaftspolitik und beratende Sozialwissenschaft e.V. Göttingen, H.48; 1989, 32–49. Rawls, J.: Eine Theorie der Gerechtigkeit, 4.Aufl.; Frankfurt, 1988. Regenbogen, A. (Hg.): Moral und Politik – Soziales Bewußtsein als Lernprozeß; Köln, 1984.

Rolf Prim

## Moralökonomie

Im Anschluß an die Arbeiten des englischen Sozialhistorikers E. P. Thompson bezeichnet man heute mit dem Begriff M die Artikulation und Durchsetzung von traditionsbestimmten soziokulturellen Normensystemen der Reziprozität, wobei diese für eine →Gruppe, eine →Gemeinschaft oder eine →soziale Bewegung einen weithin geteilten Konsens darüber bestimmen, welche Einschränkungen dieser Reziprozität als legitim oder illegitim angesehen werden. In solch einem Konsens werden damit aber auch alltäglich wirkungsmächtige Gerechtigkeitskonzepte und grundlegende Vorstellungen von einem „guten und richtigen Leben" sichtbar und erfahrbar gemacht. Eine Verletzung dieses moralischen Grundkonsenses durch äußere Eingriffe, aber auch durch einzelne Gruppenmitglieder wird geahndet, sei es durch kollektive und spektakuläre Aktionsformen gegen solche Hegemonieversuche (wie Aufruhr, Unruhen und das gewalttätige „Umdefinieren" allgemein zugänglicher Festlichkeiten), sei es durch öffentliche Anprangerungen der entsprechenden Normbrecher (Charivari).

In den letzten Jahren hat das Thema der M einen zusätzlichen Bedeutungsgewinn erhalten, weil es geradezu zu einer der Chiffren für den Versuch geworden ist, unter dem Druck der gegenwärtigen Modernisierungskrise der Industriegesellschaften die sozialnormativen Voraussetzungen wirtschaftlichen Handelns neu zu diskutieren und das Entstehen sowie die Legitimation neuer sozialer Bewegungen unter der Perspektive einer „Remoralisierung" und der Ausbildung neuer konsensstiftender Wertorientierungen zum Gegenstand zu machen. Diese Blickrichtung auf eine unabweisbare „sozialmoralische Erschöpfung" der gegenwärtigen Gesellschaften und die daraus resultierenden Gegenbewegungen hat zwangsläufig den ursprünglich historischen Entstehungszusammenhang der Frage nach der M, nämlich die Analyse der sozialhistorischen Bedingungen der scheinbar regellosen Lebensmittelunruhen im England des 18.Jh., in den Hintergrund treten lassen. Eine genauere Rekonstruktion der Entstehungsgeschichte des Begriffs der M zeigt jedoch, daß bereits in der Problemstellung durch E. P. Thompson eine solche umfassende gesellschaftstheoretische Perspektiverweiterung angelegt war.

Diese Disposition wird deutlicher, wenn man sich noch einmal das Zentrum der Analyse von Thompson vor Augen führt: sein Interesse an den Konstitutionsprozessen der modernen →Arbeiterklasse als einer sozialkulturellen Formation im historischen Wandel und in der Auseinandersetzung mit anderen Klassen. Im Sinne dieser dynamischen Orientierung wollte er die Aufmerksamkeit – in scharfer Absetzung zu strukturalistischen Sichtweisen – auf den realen Prozeß einer subjektiven Konstitution der Klasse, auf die durch die Produktionsverhältnisse bedingten Klassenerfahrungen lenken, die sich manifestieren in vielfältigen Traditionen, Ideen, Wertsystemen und institutionellen Faktoren, und die in bestimmten Bewußtseinsformen resultieren, die für die erwähnten kollektiven Aktionen im 18.Jh. verantwortlich sind. Nach seinen Analysen der Lebensmittelkrawalle und Preisrevolten besitzen solche Bewußtseinsformen jedoch ihre eigene Rationalität, ihre spezifische „soziale Logik", und sie lassen sich nicht einfach der Vergesellschaftung der sich damals durchsetzenden Marktbeziehungen einpassen, sondern stehen in dauerndem Konflikt dazu. Das Konzept der M bedeutet hier, einen alternativen dynamischen Erklärungsansatz zu liefern und damit auf kulturelle Verwerfungen beim Übergang von „vormodernen" Wirtschaftsformen zur entstehenden kapitalistischen Marktökonomie aufmerksam zu machen. Diese Sichtweise erlaubte aber auch, jene kruden, von Thompson „spasmodisch" genannten Analysen zurückzuweisen, die in ökonomistischer und eindimensionaler Weise „Aufruhr" ausschließlich als unmittelbaren „Response" auf den „Stimulus" des →Hungers bzw. der Not interpretieren wollten. Im Gegensatz dazu lenkt das Argument der M für diese historische Transformationsphase den Blick in der Tat auf den Einfluß einer ganzen →Kultur vorindustrieller Unterschichten und auf deren Normsysteme und Ordnungsvorstellungen – einer „plebejischen Kultur", die sich im „Kraftfeld" einer spezifischen Klassenkonstellation im England des 18. Jh. und der sie begleitenden sozioökonomischen Veränderungen kollektiv artikulierte.

Mit dieser Akzentuierung einer – in Thompsons Worten – Dialektik zwischen „Ökonomie" und „Werten" hat das Konzept der M einen außerordentlich großen Einfluß auch auf die gesamte kontinentale Sozialgeschichtsforschung ausgeübt, was sich in der BR in einer Vielzahl von Studien niedergeschlagen hat, die alle in kritischer Diskussion dieses Konzepts und seiner Implikationen kollektive Aktionsformen untersucht haben (z. B. Puls 1979; Grießinger 1981; Wirtz 1981; Trossbach 1987; Gailus 1990). Ebenso ist die forschungsstrategische Empfehlung Thompsons, sich zur Untersuchung der nicht-ökonomischen Normen der Ergebnisse der →Anthropologie zu versichern, auch in der BR inzwischen auf fruchtbaren Boden gefallen (s. z. B. Berdahl/Lüdtke et al. 1982; Medick/Sabean 1984).

Aber ebenso wie die Thompsonschen Forschungsergebnisse selbst notwendigerweise die Auffassung unterminieren mußten, es gäbe so etwas wie einen linearen Formierungsprozeß des Klassenbewußtseins, so haben auch die Analysen, die durch das Konzept der M angeregt worden waren, zu verschiedenen Akzentverschiebungen und Revisionen in der historischen Argumentation mit der M geführt. So hat z. B. J. Scott die „M der Bauern" gerade als Versuch gedeutet, viel eher die Unberechenbarkeit von Marktbeziehungen so weit wie möglich zu verringern als die Ausbeutung zu beseitigen, und er hat das „Eigensinnige" in den bäuerlichen Ordnungsvorstellungen, wie sie in den kollektiven Aktionen zu Tage traten, damit deutlich relativiert (Scott 1977).

Eine Nachfrage von grundsätzlicherer und zwar gesellschaftstheoretischer Art haben in jüngster Zeit Soziologen und Ethnologen an das Konzept der M gerichtet, indem sie die Argumentation Thompsons durchaus zu Recht in die lange Tradition einer Auseinandersetzung zwischen der Ökonomie und der Soziologie über die normativen Voraussetzungen wirtschaftlichen Handelns stellten. Sie wiesen dabei v. a. auf eine direkte Entsprechung zwischen den Überlegungen Thompsons und den Analysen K. Polanyis hin. Die gleiche historische Periode des 17. und 18. Jh., auf die sich Thompsons empirische Untersuchungen ausschließlich beschränkt hatten, wurde von Polanyi als die Zeit der „Großen Transformation" gekennzeichnet, in der die Handlungen der individuellen und Gruppenakteure noch charakteristisch für eine „eingebettete Ökonomie" waren. Und das bedeutet: symbolische und rituelle Austauschbeziehungen waren noch nicht in reine „Warenbeziehungen" verwandelt – die Interaktionen wurden in maßgeblicher Weise noch durch jene Normen und Verbindlichkeiten gesteuert, die Thompson mit seinem Begriff der M beschreiben wollte. Dieser Transformationsvorgang findet allerdings in Polanyis Analyse seinen letztendlichen Abschluß in einer ausdifferenzierten kapitalistischen Marktökonomie, für die seiner Ansicht nach dann eine soziale „Einbettung" obsolet geworden ist. Es ist genau diese These, daß eine Marktökonomie einer „Einbettung" angeblich nicht mehr bedürfe, die von diesen Kritikern bezweifelt und in eigenen empirischen Analysen in Frage gestellt worden ist (s. Elwert 1985; Kohli 1987).

Ihrer Auffassung nach ist die Ausformung einer M kein historisch vergängliches Übergangsphänomen, das in einem funktionierenden, marktökonomisch organisierten Wirtschaftssystem zwangsläufig seine Bedeutung verlieren müßte. Vielmehr produziert auch der industrielle Kapitalismus seine eigene spezifische „Einbettung" mit den darin ausgedrückten Reziprozitätsnormen, also m. a. W. seine entsprechende M, um das Funktionieren der Marktökonomie abstützen zu können. Solche industrielle M wurde z. B. in verschiedenen industriesoziologischen Untersuchungen gefunden. So konnten empirische Arbeiten über die Bedeutung einer Ausdifferenzierung innerbetrieblicher Arbeitsmärkte z. B. demonstrieren, daß lebenszeitliche Reziprozitätsnormen (wie z. B. selbst relativ diffuse Erwartungen einer Fairneß im Verhältnis von Leistung und Belohnung) entscheidende Dimensionen eines solchen internen Arbeitsmarktes sind. Denn eine Verletzung dieser Art von wechselseitigen Verpflichtungen, wie undeutlich sie auch immer gehalten sein mögen, resultiert in innerbetrieblicher Leistungszurückhaltung oder sogar in offenen Konflikten.

Die generelle theoretische Perspektive, die damit angesprochen wurde, konnte von Elwert sogar noch weiter zugespitzt werden. Seines Erachtens führt eine fehlende „Einbettung" bzw. die Abwesenheit einer M gerade nicht zu einer entwickelten Industriegesellschaft, sondern vielmehr zum Entstehen einer „generalisierten Käuflichkeit", in der nicht nur Güter, sondern auch sämtliche soziale Beziehungen zu Waren werden, die damit aber als vertrauensstiftende →Institutionen zunehmend unsicher und unberechenbar werden, was schließlich die Unterminierung und Selbstdestruktion des marktökonomischen Wirtschaftssystems bewirken würde. In solchen Situationen treten soziale Bewegungen mit religiös-moralischer Programmatik auf, die zwar beanspruchen, solche generalisierte Käuflichkeit in die Schranken zu weisen bzw. sie sogar ganz abzuschaffen, die aber – entgegen ihrer eigenen Absicht – viel eher eine „zweite →Modernisierung" bewirken: durch Beschränkung der Marktökonomie und „Einbettung" in eine M. Mit einem solchen, geradezu ironischen Nachweis einer unfreiwilligen Modernisierungshilfe durch deren erklärte Gegner ordnen sich diese energischen Rehabilitationsversuche des Argumentierens mit der M in die zu Beginn angemerkte Tendenz gegenwärtiger Gesellschaftstheorie ein, sozialmoralischen Orientierungsformen überhaupt einen neuen Stellenwert zu geben.

L.: Berdahl, R./Lüdtke, A.: Klassen und Kultur. Sozialanthropologische Perspektiven in der Geschichtsschreibung; Frankfurt a. M., 1982. Elwert, G., „Märkte, Käuflichkeit und Moralökonomie"; in: B. Lutz (Hg.), Soziologie und gesellschaftliche Entwicklung (Soziologentag Dortmund 1984); Frankfurt/New York 1985, 509–519. Gailus, M.: Straße und Brot. Sozialer Protest in den deutschen Staaten unter besonderer Berücksichtigung Preußens 1847–1849; Göttingen, 1990. Grießinger, A.: Das symbolische Kapital der Ehre. Streikbewegungen und kollektives Bewußtsein deutscher Handwerksgesellen im 18. Jahrhundert; Frankfurt, Berlin, Wien, 1981. Kohli, M., „Ruhestand und M"; in: K. Heinemann (Hg.), Soziologie wirtschaftlichen Handelns; Opladen, 1987, 393–416. Medick, H./Sabean, D. (Hg.): Emotionen und materielle Interessen; Göttingen, 1984. Thompson, E. P.: Plebejische Kultur und moralische Ökonomie – Aufsätze; Frankfurt, Berlin, Wien, 1980. Trossbach, W.: Soziale Bewegung und politische Erfahrung. Bäuerlicher Protest in hessischen Territorien 1648–1806; Weingarten, 1987. Wirtz, R.: „Widersetzlichkeiten, Excesse, Krawalle, Tumulte und Skandale". Soziale Bewegung und gewalthafter sozialer Protest in Baden 1815–1848; Frankfurt, Berlin, Wien, 1981. Puls, D./ Thompson, E. P./u.a.: Wahrnehmungsformen und Protestverhalten. Studien zur Lage der Unterschichten im 18. und 19. Jahrhundert; Frankfurt a. M., 1979. Scott, J.: The Moral Economy of the Peasant; New Haven, 1977 (1. Aufl. 1976).

Hans Joachim von Kondratowitz

## Morbidität

Der Begriff der M bezeichnet das Krankheitsgeschehen innerhalb einer Population und wird beschrieben durch das zahlenmäßige Verhältnis zwischen ‚Kranken' und ‚Gesunden' (Morbiditätsziffer; vgl. →Mortalität).

Die M-struktur (und damit auch die Lebenserwartung) wird von zahlreichen Faktoren beeinflußt, unter denen die Entwicklung des →Gesundheitswesens und des Gesundheitsbewußtseins nur zwei von vielen bilden. Das bestätigt eine Untersuchung der OECD, wonach kein signifikanter Zusammenhang besteht zwischen der durchschnittlichen Lebenserwartung bei der Geburt und wesentlichen Daten der nationalen Gesundheitssysteme (z. B. Arztdichte, Häufigkeit der Arztkonsultationen und Höhe der Arzneimittelausgaben pro Kopf): In den OECD-Mitgliedsstaaten mit den höchsten Arzneimittelausgaben (der BR, Frankreich und Luxemburg) liegt die durchschnittliche Lebenserwartung nur an mittlerer bzw. hinterer Stelle im Vergleich der 24 Länder. Dagegen bewegen sich diese Ausgaben bei einigen, hinsichtlich der Lebenserwartung führenden Ländern (Griechenland, Schweden, den Niederlanden) lediglich um den Durchschnitt der OECD-Länder. Allein für die Schweiz läßt sich eine gleichlaufende Entwicklung bei beiden Parametern feststellen (OECD 1987, 73).

Nationale Untersuchungen in verschiedenen Industriestaaten ergaben signifikante Zusammenhänge zwischen Arbeitslosigkeit bzw. Beschäftigungsverhältnissen mit schlechten Arbeitsbedingungen und niedriger Entlohnung einerseits und einem hohen Gesundheitsrisiko sowie letztlich einer überdurchschnittlichen M- und Sterberate andererseits. Bspw. hatten in den 60er Jahren diejenigen US-amerik. Weißen mit nur 4 Jahren Elementarschulbildung später i. d. R. die schlechtesten Arbeitsverhältnisse und letztlich die höchste Mortalitätsrate innerhalb dieser Bevölkerungsgruppe (Kitagawa 1969, 157). Ähnliche Ergebnisse zeitigte eine brit. Studie über die Lebenserwartung engl. Männer Anfang der 70er Jahre (Levels and Trends of Mortality 1982, 54).

L.: Kitawaga, E. M.: Social and economic differential in the United States, International Population Conference; London, 1969. Department of International Economic Affairs (ed.): Levels and Trends of Mortality since 1950. A joint study by the United Nations and the World Health Organisation; New York, 1982. OECD (ed.): Financing and delivering health care. A comparative analysis of OECD-countries; Paris, 1987.

Yvonne Erdmann

## Morbiditätsstatistik

Das Ziel der M ist die Erfassung der Häufigkeit von →Krankheiten in der Bevölkerung. Für schwere und eindeutige Zustände (Blindheit, Amputationen, angeborene Anomalien, größere operative Eingriffe) existiert eine solche Statistik aus Daten der medizinischen und sozialen Versorgung. Für schwieriger zu definierende Zustände (z. B. Magengeschwür, Venenleiden, psychiatrische Krankheiten) können Daten der medizinischen Versorgung weniger gut herangezogen werden, da sie nur die „behandelte" →Morbidität erfassen. Die Qualität und Quantität der Versorgung bringt jeweils unterschiedliche Prävalenzen (Häufigkeitszahlen) hervor, sowohl als Unter- als auch als Übererfassung.

Eigene statistisch-epidemiologische Routineerhebungen zur Morbidität sind selten. Im Mikrozensus wurde in der BR nach Krankheiten gefragt. Einige Länder (USA, England) besitzen auf Stichproben basierende Erhebungssysteme (mit medizinischer Untersuchung) für Krankheiten. Wegen ihres Aufwandes können diese nur wenige Tests (Blutdruck, biomedizinische, biochemische Werte usw.) enthalten. Eine Besonderheit bildet die staatliche Statistik meldepflichtiger Krankheiten.

Dieter Borgers

## Morgenstern, Lina

M, geb. Bauer (* Breslau 25.11.1830; † Berlin 19.12.1909), stammte aus einer schlesisch-jüdischen Fabrikantenfamilie. Durch die Mutter dazu angeregt, gründete sie bereits als 18jährige einen „Pfennigverein zur Bekleidung armer Schulkinder". Sie heiratete den russischen Kaufmann Theodor Morgenstern und ging mit ihm nach Berlin. Als Mutter von fünf Kindern beschäftigte sie sich mit den Ideen →Fröbels, wurde Vorsitzende des Berliner Kindergartenvereins und war Mitbegründerin des ersten Seminars für Kindergärtnerinnen sowie des Kinderpflegerinnen-Instituts.

1866 gründete sie angesichts der Not der Berliner Arbeiterbevölkerung die *Berliner Volksküchen,* die eine Alternative zu den alten Armenspeisestätten sein sollten (→Rumford). M griff dabei die Idee von →Hermann Schulze-Delitzsch auf, durch Konsumgenossenschaften (→Genossenschaftswesen) die Ausgaben zu verringern. Billige Großeinkäufe und ehrenamtliche Arbeit (→Ehrenamt, →Freiwilligenarbeit) ermöglichten, daß M und ihre Helferinnen die Speisen zu geringen Preisen abgeben konnten, ohne das Essen verschenken zu müssen. Dadurch konnte bei den Volksküchen der Charakter der Armenanstalt vermieden werden. Die Küchen wurden ein so großer Erfolg, daß sie beibehalten und nach ihrem Vorbild ähnliche Küchen in vielen Städten, auch in den USA, gegründet wurden. M, inzwischen als „Suppenlina" bekannt, erregte freilich Anstoß, als sie während des Krieges von 1870/71 die Verpflegung der Soldaten auf den Bahnhöfen übernahm und nicht bereit war, dabei zwischen „Freund und Feind" zu unterscheiden.

1873 gründete sie den Berliner Hausfrauenverein, der u. a. die Stellenvermittlung von Dienstboten (→Gesinde) organisierte. In der „Kochschule" des Vereins hielt sie Vorträge zur Ernährungslehre, und sie redigierte dessen Organ, die *Deutsche Hausfrauenzeitung,* von 1874 bis 1894. Ein von ihr zusammen mit ihrem Mann organisierter →Konsumverein ging infolge des seit den 1880er Jahren zunehmenden →Antisemitismus wieder ein. Solche und ähnliche Erfahrungen veranlaßten M, die sich auch in der →jüdischen Wohlfahrtspflege engagiert hatte, für die Verständigung zwischen Juden und Nicht-Juden einzutreten.

Schon 1869 hatte sie den „Kinderschutzverein" gegründet, um die Überlebenschancen von Säuglingen und Kindern lediger armer Mädchen zu verbessern. Um weibliche Jugendliche vor Mädchenhandel und →Prostitution zu bewahren, gründete sie 1881 einen „Verein zur Erziehung schulentlassener Mädchen für die Hauswirtschaft" in Marienfelde. 1869 gründete sie eine „Akademie zur Fortbildung junger Damen", und zusammen mit *Luise Otto* (→Otto-Peters) einen „Arbeiterinnenbildungsverein", den sie von 1871 bis 1874 leitete. Von 1871 bis 1885 war sie im Vorstand des 1865 gegründeten →*Allgemeinen Deutschen Frauenvereins* aktiv. Sie gilt als eine der Begründerinnen einer neuen Art von Wohlfahrtsarbeit, die von einem *Recht* der Armen auf Hilfe ausging, und daher das bloße Geben von →Almosen zu vermeiden suchte. Sie veröffentlichte zahlreiche Schriften und Aufsätze, u. a. „Frauenvereine für Kinderpflege, Erziehung, Kinderschutz, Haus- und Volkswirtschaft" (in: Plothow, Anna, Das deutsche Frauenbuch, Leipzig 1903, 640–649).

L.: Fassmann, Maya I., „Die Mutter der Volksküchen"; in: Eifert, Christiane/ Rouette, Susanne (Hg.), Unter allen Umständen; Berlin-West, 1986, 34–59. Plothow, Anna: Die Begründerinnen der deutschen Frauenbewegung; Leipzig, 1907. Twellmann, Margrit: Die deutsche Frauenbewegung, 2 Bde; Meisenheim, 1972.

Elisabeth Meyer-Renschhausen

## Mortalität

Angaben über die Sterblichkeit oder M (lat. mortalitas = Sterben) in der BR sind der Todesursachenstatistik zu entnehmen, die auf der Basis von Erhebungen der Todesursachen in den Totenscheinen geführt wird und statistische Aussagen über Todesfälle und ihre Ursachen macht.

L.: Statistisches Bundesamt: Todesursachen 1987, Fachserie 12, Reihe 4; Stuttgart, 1989.

## Mortalitätsziffer

Die M (auch: Sterblichkeitsziffer) bringt das Verhältnis der Zahl der Todesfälle zur Gesamtzahl der berücksichtigten Personen zum Ausdruck. Die M eines Landes ist definiert als das Verhältnis der Anzahl der Sterbefälle innerhalb eines Jahres zum Durchschnittsbestand der Bevölkerung des Landes.

## Moses, Julius

M, geb. 10. 7. 1868 in Posen, gest. 24. 9. 1942 in Theresienstadt, Dr. med., Gesundheitspolitiker und Arzt; von 1920–1932 Mitglied des Reichstags (zunächst USPD, ab 1922 SPD) und gesundheitspolitischer Sprecher seiner Fraktion; Mitglied der Vorstände von USPD und SPD und in der zweiten Hälfte der Weimarer Republik des Reichsgesundheitsrates; von 1924–1933 Herausgeber der in Berlin erscheinenden Zeitschrift „Der Kassenarzt", in der die Grundlinien einer sozial engagierten →Gesundheits- und →Gesellschaftspolitik erläutert wurden.

M, Sohn eines Handwerkers, studierte in Greifswald Medizin und ließ sich nach seiner Promotion (1892 mit einer Dissertation über die Bluterkrankheit) und einer Krankenhaustätigkeit als praktischer Arzt in Berlin nieder. Seine ärztliche Tätigkeit verband er von Anfang an, v. a. in Anknüpfung an den jungen →Rudolf Virchow und die Medizinalreformer von 1848, mit der kämpferischen Vertretung sozialmedizinischer Forderungen. 1899 prangerte er in einem Vortrag in Liegnitz die Gleichgültigkeit der Ärzte gegenüber dem Problem der Säuglingssterblichkeit an. Anstatt das Volk aufzuklären, schlössen sich die Ärzte, „ebenso wie andere gebildete Kreise, vom Volke ab". Nach 1900 unterstützte er die Bestrebungen des Verbandes der Hausarztvereine, indem er die Herausgabe der Verbandszeitschrift „Der Hausarzt" übernahm. Der Verband war bemüht, auch den proletarischen Familien zu günstigen Bedingungen die Inanspruchnahme von Hausärzten ihrer Wahl zu ermöglichen.

Von den Freisinnigen kommend, schloß er sich um 1910 der Sozialdemokratie an. Nach seiner Wahl in den Reichstag, so z. B. in seiner Rede vom 16.3.1921, setzte er sich, wiederum in Anknüpfung an Virchow, für die Schaffung eines selbständigen Reichsministeriums für Volksgesundheit ein. Auf keinem Gebiet sei eine einheitliche Gesetzgebung für das ganze Reich notwendiger als auf dem Gebiet der →öffentlichen Gesundheitspflege.

Der Gedanke der vorbeugenden Gesundheitspflege auf einheitlicher Basis stand Pate, als M gemeinsam mit dem Hauptverband der Deutschen →Krankenkassen die Durchführung einer „Reichsgesundheitswoche" propagierte, die zum ersten Mal vom 18.–25. 4. 1926 in über 3000 Orten Deutschlands stattfand. Bereits vorher hatte sich M an der Aufklärung breitester Bevölkerungsschichten durch die Veröffentlichung einer in größerer Auflage verbreiteten Schrift über die „Gesundheitspflege der arbeitenden Jugend" beteiligt (→Gesundheitserziehung).

Besonderes Interesse widmete M bevölkerungspolitischen Feststellungen. Seine 1912 begonnene Kampagne für einen →„Gebärstreik" löste heftige öffentliche Diskussionen aus. Ein Schwerpunkt seiner Tätigkeit als Reichstagsabgeordneter ab 1920 lag bei den Bemühungen zur Abschaffung bzw. Abänderung des §218 StGB (→Schwangerschaftsabbruch). Viele der in der aktuellen Diskussion vermeintlich neu entwickelten Denkansätze wurden in der Weimarer Zeit vorweggenommen. Ähnliches gilt für den heute wieder diskutierten Zusammenhang zwischen Arbeitslosigkeit und den durch sie verursachten gesundheitlichen Schäden. 1931 veröffentlichte M eine Denkschrift für Regierung und Parlamente zum Thema „Arbeitslosigkeit: ein Problem der Volksgesundheit".

Neben seiner gesundheitspolitischen Tätigkeit war M als Schriftsteller und Parlamentarier auch auf zahlreichen anderen Gebieten aktiv, so z. B. im parlamentarischen Untersuchungsausschuß über die Ursachen des Zusammenbruchs im Jahre 1918 oder im Bereich der Forschungs- und Wissenschaftspolitik. Von 1903 bis 1910 gab er in Berlin als Wochenzeitung den „Generalanzeiger für die gesamten Interessen des Judentums" heraus. Eine vorläufige Bibliographie seiner Veröffentlichungen und Reden umfaßt über 190 Titel.

L.: Nadav, Daniel: M und die Politik der Sozialhygiene in Deutschland; Gerlingen, 1985. Nemitz, Kurt, M – Arzt und Parlamentarier; in: Bulletin des Leo Baeck Instituts 71/1985. Ders., M – Nachlaß und Bibliographie; in: Internationale wissenschaftliche Korrespondenz für die Geschichte der Arbeiterbewegung (IWK), 10.Jg., Juni 1974, Heft 2.

Kurt Nemitz

## MPS
⇒ Medizinisch Pharmazeutische Studiengesellschaft e. V.

## MSHD
= Mobiler Sozialer Hilfsdienst; →Zivildienst

## Müller, Heinrich
M (1896–1945), Dr.jur., war seit 1921 NSDAP-Mitglied und bekleidete neben einer Reihe von Partei- und Verwaltungsämtern (1938–45 Präsident des Rechnungshofes) die Funktion eines Obmanns beim →Sachverständigenbeirat für Bevölkerungs- und Rassenpolitik.

## Müller, Otto
→Volksverein für das katholische Deutschland

## Münsterberg, Emil
M (1855–1911) studierte Rechts- und Staatswissenschaften in Zürich, Leipzig, Göttingen und Berlin. Als Assessor in Berlin war er der Armendirektor für Fragen der Armenstatistik zugeteilt und promovierte 1886 bei →Gustav Schmoller über „Die dt. Armengesetzgebung". Zunächst Amtsrichter, wurde M 1890 Bürgermeister in Iserlohn und – nach der Choleraepidemie 1893 in Hamburg – mit der Neuorganisation des dortigen Armenwesens beauftragt. 1896 übersiedelte M nach Berlin, gründete dort die „Zentralstelle für Wohltätigkeit" (→Deutsches Zentralinstitut für soziale Fragen) und übernahm nach der Wahl zum Stadtrat die Berliner Armendirektion. 1892–1911 war er Schriftführer und Vorstandsmitglied des →Deutschen Vereins für öffentliche und private Fürsorge. M gilt als der bedeutendste Armutswissenschaftler (→Sophie Goetz) und -praktiker im dt. Kaiserreich.

W: Die Armenpflege. Einführung in die praktische Pflegetätigkeit; Berlin, 1897. Das amerikanische Armenwesen; Leipzig, 1906. Armenpflege; in: Conrad, J. (Hg.), Handwörterbuch der Staatswissenschaften, 2. Bd., 3. Aufl.; Jena, 1909, 143 ff.

## Münzenberg, Willi
M (1889–1940) war Generalsekretär der Kommunistischen Jugend-Internationale (→Arbeiterjugendbewegung), Mitglied der ZK der KPD und während der Weimarer Zeit Leiter einer Reihe von Verlagen und Filmunternehmen. 1921 wurde er Herausgeber des „Roten Aufbau", des Organs der Internationalen Arbeiter-Hilfe (IAH; →Arbeitsgemeinschaft sozialpolitischer Organisationen, →Rote Hilfe).

L.: Geisel, Beatrix, M. Gegenöffentlichkeit; in: Publizistik & Kunst 1990, H.6 und 7. M: Die dritte Front. Autobiographische Aufzeichnungen; Berlin, 1931 (Reprint: Frankfurt/Main, 1972). Ders.: Propaganda als Waffe. Ausgewählte Schriften 1919–1940, hg. von Til Schulz; Frankfurt/M., 1972. Surmann, Rolf: Die M-Legende. Zur Publizistik der revolutionären deutschen Arbeiterbewegung 1921–1933; Köln, 1983.

**Mütterberatung**
Aufgabenfeld des →Gesundheitsamtes im Rahmen der Maßnahmen für Säuglinge (→Säuglingsfürsorge), Kleinkinder und Kinder. Schwerpunkte der kostenlos und regelmäßig angebotenen M sind: Still- und →Ernährungsberatung, Rachitis- und Kariesvorsorge sowie Impfprophylaxe (→Prävention, →Präventivmedizin III.1).

**Mütterfrage**
→Frauenfrage

**Müttergenesungswerk**
→Deutsches Müttergenesungswerk

**Mütterzentren**
Die ersten M sind 1980 entstanden als Ergebnis eines Forschungsprojekts des →Deutschen Jugendinstituts (DJI) zum Thema →Elternarbeit. Die Erfahrungen der 3 DJI-Modellzentren wurden in einem Handbuch zusammengefaßt und lösten eine bundesweite M-bewegung aus. (Stand 1989: 160 M und Mütterinitiativen). Die M-bewegung zählt zu den aktivsten und erfolgreichsten Projekten im Bereich der Mütter- und Familienselbsthilfe (→Selbsthilfe).

M sind wohnungsnahe Treffpunkte für Mütter mit kleinen Kindern, die nach dem Laienprinzip (→Laien) arbeiten. Es gilt der Grundsatz: Jede Frau kann irgendetwas, das sie ins Zentrum einbringen kann. Gemeinsam mit den anderen Frauen kann sie überlegen, ob sie zunächst Besucherin sein, ein Angebot wahrnehmen oder aktiv werden will. Jede Frau kann das Leben im M mitgestalten: Kinderbetreuung, Frühstücks-, Mittagstisch- oder Cafédienste übernehmen, zum Plenum gehen, die anliegenden Entscheidungen mit treffen, eigene Ideen verwirklichen. Hierbei können Fähigkeiten aus früherer Berufstätigkeit, aus Hobbykenntnissen, aus Lebens- und Familienerfahrung oder aus neu entdecktem Talent heraus genutzt werden. Aktivitäten im M sind z.B.: Friseurstube, Tischlerei, Second-Hand-Shop, Änderungsschneiderei, Gitarrenunterricht, Gesprächskreise, Beratung über Antragsstellung bei Ämtern, Gesundheits- und Ernährungsfragen. Im M werden Mütter v.a. auf ihre Fähigkeiten angesprochen (im Gegensatz zu vielen Bildungs- und Beratungsangeboten, die eher der Aufarbeitung von Defiziten dienen). Für ihre Dienste und Angebote im M erhalten die Mütter ein Honorar von DM 10.–, in finanziell schlechter gestellten M auch weniger.

Der Erfolg der M beruht auf folgenden Konzeptpunkten: Mütter fühlen sich hier nicht als „Klientel", sondern werden in ihren Kompetenzen angesprochen und ernst genommen; die Honorare machen sichtbar, daß Mütter wichtige gesellschaftliche Arbeit leisten; der offene Betrieb ermöglicht Flexibilität; die Einrichtung richtet sich nach dem Rhythmus von Familien und nicht umgekehrt; Mütter müssen sich nicht an die institutionellen Zeitstrukturen und an die professionelle Kultur anpassen; Mütter sind *mit* ihren Kindern willkommen; dennoch drehen sich die Aktivitäten im M nicht primär um die Kinder, sondern die Mütter ‚stehen im Zentrum': *Sie* können hier andere Aspekte ihrer Persönlichkeit entfalten und werden in ihrem Mütteralltag entlastet. Daneben bieten die M Betreuung und spezielle Dienste für die Kinder an. Diese machen dabei in offenen, altersgemischten Gruppen wichtige soziale Erfahrungen, schließen Freundschaften; v.a. die zahlreichen Einzelkinder lernen etwas ähnliches wie die Großfamilie oder die Geschwistererfahrung kennen. Ferner erleben sie ihre und andere Mütter in verschiedenen als nur der Hausfrauen- und Familienrolle. Väter sind in den M im Rahmen ihrer faktischen Vaterrolle integriert: am Abend und an den Wochenenden.

Im Laufe der Jahre haben sich die M auch als Sprungbrett für die Reintegration von Familienfrauen in die Berufswelt erwiesen. Es zeigt sich, daß es hierbei v.a. auf das Selbstbewußtsein von Frauen ankommt, das in den M entwikkelt werden kann. Probleme bereitet die Forderung der Honorierung der Mütterarbeit. Sachkosten werden i.d.R. öffentlich bezuschußt, Honorare nur nach zähen Verhandlungen gewährt. Bis jetzt ist es erst in Hessen gelungen, die Förderung von M auf der Basis ihrer Konzeption und ihrer Praxis durchzusetzen. Meist versuchen die M über z.T. abenteuerliche Konstruktionen, sich in die gängige Förderungspraxis vor Ort einzupassen und mit unterschiedlichem Erfolg Zuschüsse zu erhalten.

L.: Arbeitsgruppe Elternarbeit: Orientierungsmaterialien für die Elternarbeit mit sozial benachteiligten Familien, Schriftenreihe des BMJFFG; Stuttgart, 1980. Erler, Gisela/Paß-Weingartz, Dorothee (Hg.): Mütter an die Macht!; Reinbek, 1989. Jaeckel/Tüllmann (Hg.): Mütter im Zentrum – M, 2. Aufl.; Weinheim, 1988. Jaeckel/Pettinger: Auswertung einer schriftlichen Befragung der M und M-Initiativen in der BRD im Jahre 1987, DJI Materialien; München, 1988.

Monika Jaeckel

## Multikulturelle Pädagogik
→Interkulturelle Pädagogik

## Munizipalsozialismus
Im Zusammenhang mit der Organisation öffentlicher Einrichtungen der →Kommunen entstand in Dt. um 1900 der teils programmatische, teils polemische Begriff des M. Seine ideologische Herkunft verweist auf die engl. Tradition des dezentral organisierten →Sozialismus („Fabian Society"), der eine →Kommunalisierung der wichtigsten städtischen Versorgungsbetriebe einschloß. Die lokalen Behörden in England, so hieß es, boten die Gewähr für einen freiheitlichen, gleichwohl in Gestalt eines „Lokalpatriotismus" verantwortlichen Individualismus der Bürger und verfügten zusätzlich über einen leistungsfähigen, bürgernahen Verwaltungsapparat.

In Dt. dominierte zunächst im Feld politischer und staatswissenschaftlicher Auseinandersetzungen der Begriff „Staatssozialismus" (Adolph Wagner), wie er seit den 1870er Jahren aus den Diskussionen im →Verein für Sozialpolitik hervorgegangen war. Das Ziel der bürgerlichen →Sozialreform, nämlich die gesellschaftliche Integration der schwächeren sozialen Klassen, sollte auf einem Mittelweg zwischen (individualistischem) Manchesterliberalismus und (kollektivistischem) Marxismus durch massive staatliche →Intervention verwirklicht werden. Mit dem Gegenbegriff des M wurde bei gleichbleibendem Zielhorizont der dezentrale Weg betont (→Dezentralisierung); es existierte bereits ein System von „Gemeindeanstalten" und anderen öffentlichen Einrichtungen, die von den Kommunen eigenverantwortlich betrieben wurden und sich in der Zeit bis zum 1. Weltkrieg weiter entfalteten.

Wer in dieser historischen Phase der kommunalen →Selbstverwaltung von M sprach, bezog sich dabei insbesondere auf die wirtschaftlichen Betriebe der Gas-, Wasser- und Elektrizitätswerke, Kanalisationsanlagen und Schlachthöfe, aber auch auf die ersten öffentlichen Verkehrsbetriebe (Straßenbahnen). Zusätzlich wurden Theater, Museen, Badeanstalten und Parkanlagen hinzugerechnet, ebenso die als Pflichtaufgaben zugewiesenen Bereiche der Schulverwaltung und des Fürsorgewesens (→Fürsorge), bei denen die Kommunen weitreichende Gestaltungsspielräume besaßen. Die Bezeichnung M charakterisiert damit einen bedeutsamen Strukturwandel in der eigenverantwortlichen Wahrnehmung kommunaler Aufgaben. Die bisher überwiegend als freiwillig betrachteten Aufgaben gewannen nun Legitimation und Gewicht, indem sich die systematische Sicherung der Versorgung mit öffentlichen Gütern zu einem wesentlichen Bestandteil der kommunalen Leistungsverwaltung entwickelte (→öffentliche Unternehmen). Zu diesem Zweck wurden auch ehedem private Versorgungsunternehmen (Gas- und Elektrizitätswerke, Straßenbahnen) kommunalisiert. Wichtiges →Steuerungsinstrument zur Durchsetzung einheitlicher Versorgungsniveaus war der Anschluß- und Benutzungszwang für die Einwohner sowie die damit verbundene Erhebung von Abgaben und Gebühren. Mit dem forcierten Ausbau der öffentlichen Betriebe dehnten sich nicht nur die kommunalen Aufgaben aus; es entstanden nach und nach auch neue Auffassungen über die kommunale Selbstverwaltung, die nicht weiterhin eine Domäne des Besitzbürgertums (→Bürgertum) sein konnte, und über eine notwendige →Professionalisierung der Verwaltungstätigkeit. So bildete sich ein Steuerungs- und Machtzuwachs der Kommunen, die jetzt auf die sozialen Verhältnisse der verschiedenen Einwohnergruppen angemessener Rücksicht nehmen und gleichzeitig auf die künftige →Stadtentwicklung einwirken konnten.

Während sich die genannten öffentlichen Einrichtungen in der kommunalen Praxis allgemein durchsetzten, verfing sich die wissenschaftliche und gesellschaftspolitische Kritik am M in wenig fruchtbaren Abgrenzungskämpfen. So setzten die Brüder Alfred und Max Weber auf der Wiener Tagung des Vereins für Sozialpolitik (1909) die Gefahren zunehmender →Bürokratisierung und „Verbeamtung der Bevölkerung" mit dem M in Verbindung – eine freilich gemäßigte Kritik, da sie die grundsätzlichen Nachteile staatssozialistischer Leistungserbringung auf kommunaler Ebene (zu Recht) als relativ geringfügig einschätzten. Als langfristig wirkungsvoller erwies sich aber die Lehre von Hugo Preuß, der die Übernahme des M englischer Prägung befürwortete und insgesamt zu einer Neubestimmung des freiheitlich-genossenschaftlichen Charakters der kommunalen Selbstverwaltung gelangte. In der Folgezeit verloren die meist ideologisch geprägten Gegenpositionen rasch an Boden, zumal der Begriff M im Laufe der 20er Jahre aus der öffentlichen Diskussion verschwand. An seine Stelle trat vielfach der Forsthoffsche Begriff „Daseinsvorsorge", d. h. die Vorstellung von einer sozialen Sicherung und Ordnung mit breiten Teilhabechancen der Bürger. Genau in dieser Funktion war die Auffassung von einer (relativen) gesellschaftlichen Eigenständigkeit der Gemeinden begründet. Die bessere öffentlich-rechtliche Ausgestaltung der kommunalen Betriebe (einschl. einer Enthierarchisierung des Benutzungsverhältnisses) sowie die Möglichkeit des finanziellen Ausgleichs zwischen diesen Betrieben verhalfen den Kommunen zu einer flexiblen, leistungsfähigen Angebotsstruktur. Mit dem gewandelten Verständnis konnte sich der M endgültig von seinen ursprünglich gesundheitspolizeilichen (→Gesundheitspolitik) und vermögenswirtschaftlichen Einbindungen lösen und stattdessen überführt werden in die Anfänge einer aktiven, vorausschauenden Gestaltung wohlfahrtsstaatlicher Politik auf lokaler Ebene (→Lokale Sozialpolitik).

Die historischen Errungenschaften des M sind bis heute als anerkannte Bestandteile des kommunalen Aufgabenspektrums wirksam geblieben. Angesichts der insg. geschwächten Stellung der Gemeinden in einem zentralisierten System staatlicher Aufgaben und eines zweifellos schwindenden „Lokalpatriotismus" besteht allerdings die Gefahr, die Angebote an öffentlichen Einrichtungen lediglich als den selbstverständlichen Standard einer Wohlfahrtsgesellschaft unter rein konsumtiven Erwartungen wahrzunehmen (→Kollektive Konsumtion).

L.: Gröttrup, Hendrik: Die kommunale Leistungsverwaltung; Stuttgart, 1976. Heffter, Heinrich: Die deutsche Selbstverwaltung im 19. Jahrhundert; Stuttgart, 2. Aufl., 1969. Krabbe, Wolfgang R.: Kommunalpolitik und Industrialisierung; Stuttgart, 1985.

Karl-Dieter Keim

**Muthesius, Hans**
Geb. 2.10.1885 in Weimar, gest. 1.2.1977

in Frankfurt/M.; evangelisch; Vater Karl Muthesius, Seminardirektor, Goethekenner, Herausgeber der „Pädagogischen Blätter" und einer der geistigen Führer der damaligen dt. Lehrerschaft. Besuch des humanistischen Gymnasiums in Weimar; dort 1905 Abitur. Studium der Rechtswissenschaften an den Universitäten Grenoble, Berlin und Jena; erste juristische Staatsprüfung an der Universität Jena und 1909 Promotion mit dem Thema: „Das Erfordernis besonderer Genehmigung bei Anlagen nach der Gewerbeordnung". 1914 Zweite Staatsprüfung, dann beim Magistrat von Berlin-Schöneberg als Magistratsassessor beschäftigt. Seit 1914 Kontakte zum →Deutschen Verein für öffentliche und private Fürsorge (DV) und damit Bekanntschaft zu allen maßgeblichen Kräften der dt. Fürsorge. 1917 Wahl zum besoldeten Stadtrat; Wohlfahrtsdezernent des Bezirksamtes Berlin-Schöneberg. 1921 Wahl zum stellvertretenden Bürgermeister des neuen Bezirksamtes Berlin-Schöneberg. Dozent am Sozialpolitischen Seminar der Deutschen Hochschule für Politik in Berlin; seit 1919 außerdem Dozent an der von →Alice Salomon gegründeten →Sozialen Frauenschule in Berlin-Schöneberg; 1925 Mitglied des Vorstandes der Deutschen Akademie für Soziale und Pädagogische Frauenarbeit in Berlin, die aus der Sozialen Frauenschule hervorgegangen war. 1926 Verfasser des Vorberichtes zur Hauptausschußtagung des DV in Hildesheim zum Thema „Sparmaßnahmen unter möglichster Aufrechterhaltung des Gesamtstandes der Fürsorge". 1928/29 Arbeit in der „Kommission zur Überprüfung des materiellen Fürsorgerechts", die gemeinsam vom DV und den →kommunalen Spitzenverbänden eingesetzt worden war; er hielt dort u. a. den einleitenden Vortrag über das →Subsidiaritätsprinzip in der Fürsorge. 1929–1931 Angehöriger des Sachverständigenkreises „Freie Vereinigung für Jugend und Wohlfahrt", der unter dem Vorsitz von →Wilhelm Polligkeit arbeitete. 1929 Teilnahme an der Mitgliederversammlung der „Deutschen Landesgruppe der Internationalen Kriminalistischen Vereinigung".

Seit 1930 für den Reichssparkommissar Friedrich Saemisch tätig; M wurde mit fiskalpolitischen Prüfungen des Fürsorgewesens als Teilgebiet der öffentlichen Verwaltung beauftragt. 1928 und 1932 Teilnahme an den Internationalen Konferenzen für Sozialarbeit in Paris und Frankfurt/M. Mitarbeit in der vom →Deutschen Städtetag (DST) Mitte 1932 eingesetzten „Kommission zur Ausarbeitung der Richtlinien für die Bemessung der Leistungen der öffentlichen Fürsorge", in der viele führende Fürsorgeexperten mitarbeiteten und die dort die von Willi Cuno wesentlich entwickelten und extrem zugespitzten traditionalistischen Fürsorgemaximen der Individualisierung und Subsidiarität plazierten; die Idee richtsatzpolitischer Modernisten, bedarfsorientierte Unterstützungssätze einzuführen, ließ sich nicht durchsetzen. 1933 aus dem Verwaltungsdienst Berlins ausgeschieden; Übernahme einer Referentenstelle in der Geschäftsführung des DV. 1935 Berufung an den Rechnungshof des Deutschen Reichs in Potsdam, dort bis 1939 als Gutachter tätig.

Seit 1936 in der Kommunalabteilung des Reichsministeriums des Innern (RMdI) unter Friedrich Surèn beschäftigt, dort u. a. Zusammenarbeit mit Hans Globke, Wilhelm Loschelder, Carl-Ludwig Krug v. Nidda und Fritz Ruppert. 1940 Leiter des Referates IV W 25 (Jugendwohlfahrt, Gesetzgebung und Allgemeine Angelegenheiten u. a. m.) im RMdI; hier war er Ministerialrat Fritz Ruppert (Leiter der Unterabteilung IV W „Wohlfahrtspflege") unterstellt, mit dem er bis zum Kriegsende eng zusammenarbeitete. Mitglied der →Nationalsozialistischen Volkswohlfahrt (NSV); seit 1936 Mitglied des Luftschutzbundes; Mitglied der NSDAP seit dem 1. 1. 1940 (Mitgl. Nr. 7 369 585). Mitarbeit am Runderlaß über die Unterbringung Minderjähriger in „Jugendschutzlagern" aus dem Jahre 1941 und 1942 (vgl. dazu Guse/Kohrs/Vahsen 1986, 321–344, sowie Hubert 1986, 345–360). Seit 1939 maßgeblich mit dem Entwurf des „Gesetzes über die Behandlung Gemeinschaftsfremder" (→ Bewahrung) befaßt, da das Aufgabengebiet „Maßnahmen gegen Gemeinschaftsfremde" in seinen Zuständigkeitsbereich fiel. Es wurde in enger Zusammenarbeit zwischen der Parteikanzlei der NSDAP, der Reichskanzlei, dem Reichsjustizministerium und nach Aktenlage maßgeblich dem Reichssicherheitshauptamt (Amt V = Reichskriminalpolizeiamt unter Federführung von SS-Standartenführer Werner; dieser war daneben Mitarbeiter des „Persönlichen Stabs des Reichsführers SS (RFSS)" und Verbindungsmann zu den Parteistellen) des RMdI sowie dem → Deutschen Gemeindetag (DGT; dort unter der Federführung von Georg Schlüter) ausgearbeitet (s. dazu die einschlägigen Bestände R 18, 3386 und NS 1055 im Bundesarchiv Koblenz). Mit diesem „Gesetz" wäre der Höhepunkt nationalsozialistischer Durchdringung der Sozialpolitik erreicht worden: Der administrativen und polizeilichen Willkür wären keine Grenzen gesetzt gewesen; Strafen wie z. B. Einlieferung in ein „Lager der Polizei" (was faktisch nichts anderes als Konzentrationslager bedeutete), „Entmannung" und „Vorbeugeunterbringung" waren vorgesehen, wenngleich diese Sanktionen auch „nur" die bestehende Praxis eines bereits zutiefst pervertierten „Rechtes" „legalisierten" (vgl. zu der menschenfeindlichen bis tödlichen Praxis gegenüber den „Gemeinschaftsfremden" vor und parallel zu den Arbeiten an dem Gesetzentwurf: Ayaß 1986). Damit wäre auch das „arische" Dt. rechtlich „zu einem einzigen Konzentrationslager geworden."

Der Entwurf stellte „eine Zusammenfassung der bisher vom Regime verübten Verbrechen dar. In seiner Brutalität und Primitivität ist er eines der abschreckendsten Beispiele für die Zustände in einer totalitären Diktatur" (vorstehende Zitate aus Hirsch/Majer/Meinck 1984, 535; hinter dem „Gesetz" verbarg sich eine Variante des „anderen Holocaust", vgl. ausführlich Giordano 1989, 153 ff. und 200 ff.). Hier sei nur darauf hingewiesen, daß bei dem ersten Entwurf des Gesetzes einige „zusammenfassende Typenbezeichnungen" selbst Adolf Hitler und Joseph Goebbels – wenn auch nur aus öffentlichkeitswirksamen Erwägungen heraus – als Legalbezeichnungen zu kraß waren; in einem Vermerk schrieb M dazu: „Gelegentlich der Tagung der Jugendrichter in Salzungen hat mir Standartenführer Oberst Werner mitgeteilt, daß der Führer dem Entwurf des Gemeinschaftsfremden-Gesetzes grundsätzlich zustimmt, nur angeordnet habe, daß die Typenbezeichnung Nichtsnutz, Schmarotzer usw. aus dem Gesetz zu entfernen sei ... Wir besprachen, daß die Durchführungs VO für die Landesfürsorgeverbände beschleunigt in Angriff zu nehmen seien" (Bundesarchiv R 18, 3386, 1). Unter anderem wegen Verzögerung der Arbeiten am Gesetzentwurf infolge der Zerstörung des RMdI durch Luftangriffe mußte der eigentlich vorgesehene Termin der Gesetzesverabschiedung vom 1.1.1944 auf den 1.1.1945 verschoben werden. Tatsächlich trat das „Gesetz" aber nicht mehr in Kraft.

Enge Zusammenarbeit von M mit Hans Globke und dem „Persönlichen Stab des RFSS" bei den „Geheimhaltungsverfahren" in Sachen der Vater- bzw. Mutterschaft in „Angelegenheiten des → Lebensborns" (vgl. dazu Bundesarchiv R 18, 3267). Nach der „Führerverfügung" betreffend der NSV vom August 1944 arbeitete M intensiv mit dem DGT, dort v. a. mit Georg Schlüter und Oskar Martini, sowie dem Reichssicherheitshauptamt zusammen, um ein weiteres Vorstoßen der NSV in Kernbereiche der öffentlichen Fürsorge zu verhindern, was sie aber z. T. nicht unterbinden konnten.

1947 Übersiedelung von Berlin nach Westdeutschland (Frankfurt/M.) und erneut als Referent beim DV tätig. Hier wiederum enge Zusammenarbeit mit allen maßgeblichen Persönlichkeiten des Fürsorgebereiches, bei denen sich eine eindrucksvolle personelle Kontinuität ausmachen läßt; diese zielte zunächst auf die sachliche und institutionelle Kontinuität des Fürsorgebereiches der Weimarer Präsidialkabinette. 1947–1948 Dozent am Seminar für Soziale Berufsarbeit in Frankfurt/M.; 1948 Wahl in den Vorstand des DV; 1949 Mitbegründer der →Deutschen Krankenhausgesellschaft; 1950 anläßlich seines 65. Geburtstages Verleihung des Professorentitels durch die Landesregierung von Nordrhein-Westfalen. November 1953 Honorarprofessor für Fürsorgerecht, Jugendwohlfahrtsrecht und Recht der Sozialversicherung an der Rechtswissenschaftlichen Fakultät der Universität Frankfurt/M. Oktober 1950–1964 als Nachfolger von →Wilhelm Polligkeit Vorsitzender des DV. 1948–1953 Beigeordneter für Soziales der Hauptgeschäftsstelle beim DST, danach – genau wie →Hans Achinger – „Gastmitgliedschaft" im Sozialausschuß. Mitarbeit am Bundesbewahrungsgesetz. Enge Zusammenarbeit mit Wilhelm Kitz, dem Leiter der Fürsorgeabteilung im Bundesministerium des Innern (BMI), den M schon aus der Zeit der Zusammenarbeit zwischen dem RMdI und dem DGT her kannte.

Erheblichen Anteil an der Herausbildung des Fürsorgerechts in der Nachkriegszeit, bis hin zum →Bundessozialhilfegesetz. Nun „verschreckte" M aber gelegentlich seine traditionalistisch eingestellten Kollegen mit modernistischen Überlegungen (so z.B. die laufenden Fürsorgeleistungen aus der öffentlichen Fürsorge herauszunehmen und diese zu „verstaatlichen"), so daß diese ihn schon einer Nähe zur SPD verdächtigten, was sie bewog, über Wege einer „Neutralisierung" nachzudenken. 1951 Vortrag auf der Hauptversammlung des →Deutschen Städtetages (DST) in München über „Die kommunale Fürsorge im System der sozialen Sicherung" mit „einem herzhaften Bekenntnis zu dem verketzerten Begriff des Wohlfahrtsstaates": „Die Städte sollten, wenn das Wort Wohlfahrtsstaat weiter so denaturiert wird, sich sämtlich zu Wohlfahrtsstädten erklären ... Die soziale Gerechtigkeit kann ich freilich nicht definieren. Ich weiß nur, daß es sie geben muß" (zit. nach Beer 1960, 317). Am 21.2.1952 Berufung in den Beirat für Soziale Neuordnung beim Bundesministerium für Arbeit (BMA). Engagiertes Eintreten für das vom Bundesfinanzministerium entwickelte Sozialreformmodell, bei dem kommunale Bedürftigkeitsprüfungen zentraler Ansatzpunkt für fiskale Einsparungen sein sollten. U. a. auch deshalb Eintreten für die bedarfsorientierte Warenkorbstrategie (→Bedarfsbemessungssystem), da ja eine Bedürftigkeitsprüfung nach sachlich neutralen Mindeststandards durchzuführen gewesen wäre. Mitglied des Arbeitskreises „Aufbau der Richtsätze" beim DV. Bei der Ausarbeitung des ersten Warenkorbes zeigte Heinrich Kraut – der Ernährungsphysiologe –, daß die bisherigen Richtsätze nicht den ernährungsphysiologischen Bedarf abgedeckt hatten; was die Fürsorgeexperten zwar schon wußten, aber erfolgreich verdrängt hatten. Auch nach der Umstellung auf das Warenkorbprinzip wurden in der Praxis vielfältig Methoden angewandt, die ausgewiesenen Richtsätze (→Existenzminimum) zu unterlaufen, wogegen sich seitens der Fürsorgeexperten kein Protest erhob (s. ausführlich Heisig 1990).

Neben Hans Achinger, Joseph Höffner und Ludwig Neundörfer war M Mitverfasser der von Konrad Adenauer angeregten „Rothenfelser-Denkschrift", die im Mai 1955 veröffentlicht wurde (s. Achinger u.a. 1955); in die Sondierungsgespräche, die zur Auswahl der Professoren geführt wurden, schaltete Adenauer auch seinen Staatssekretär Hans Globke ein (Globke und M kannten sich aus der Zeit im RMdI „persönlich und fachlich" gut; Globke „beurteilte ihn höchst positiv"; s. Hockerts 1980, 263 bzw. 280). 1955–1958 Vorsitzender des Unterausschusses des Beirates „Arbeitsausschuß für Fragen der Fürsorge" beim

BMA, der inoffiziell „M-Ausschuß" hieß. September 1955 anläßlich der 75-Jahr-Feier des DV Vortrag zum Thema der Sozialreform: „Die Fürsorge und die Neuordnung der sozialen Hilfen". In den Auseinandersetzungen um die Sozialreform vertrat M auf der kommunalen Ebene gemeinsam mit seinem Freund Karl Theodor Marx nun eher eine modernistische Linie innerhalb des kommunalen Lagers und des DV, weshalb er dann z. B. 1960 den Vorsitz des „Arbeitskreises Richtsätze" an Paul Collmer abgab, der bei der ersten Überarbeitung des Warenkorbes von 1955 infolge der Auseinandersetzungen um das sich herausbildende → Bundessozialhilfegesetz (BSHG) die Gewähr für eine „neutrale" Verhandlungsführung bot (Schellhorn in: NDV 1985, 393). Juli 1950 zusammen mit Wilhelm Polligkeit Teilnahme an der V. Internationalen Konferenz für Sozialarbeit. Im Juli 1951 Vorsitzender des Deutschen Landesausschusses des → International Council on Social Welfare; Mitglied des Permanenten Komitees der Internationalen Konferenz für Sozialarbeit. 1954 Teilnahme an der Internationalen Konferenz für Sozialarbeit in Toronto, 1956 in München und 1958 in Tokio. 1957/1959 Vorsitzender des Fachausschusses „Soziale Berufe" beim DV. 1961 Verleihung der Ehrendoktorwürde durch die Wirtschafts- und Sozialwissenschaftliche Fakultät der Frankfurter Universität. Im selben Jahr Verleihung der Wilhelm-Polligkeit-Plakette des → Deutschen Paritätischen Wohlfahrtsverbandes. 1964 René-Sand-Gedächtnis-Preis der Internationalen Konferenz für Sozialarbeit. Verleihung des Großen Verdienstkreuzes mit Schulterband und Stern der BR.

Das erst in letzter Zeit breiter bekannt gewordene Wirken von M während der NS-Zeit hatte zur Folge, daß die höchste Ehrung des DV – die Hans-Muthesius-Plakette – nicht mehr verliehen wird und eine Umbenennung der gleichfalls nach ihm benannten Geschäftsstelle in Frankfurt/M. geplant ist.

L.: Achinger, H./Höffner, J./Muthesius, H./Neundörfer, L.: Neuordnung der sozialen Leistungen. Denkschrift, erstellt auf Anregung Konrad Adenauers; Köln, 1955. Ayaß, W., Wanderer und Nicht-Seßhafte – „Gemeinschaftsfremde" im Dritten Reich; in: Otto, H.-U./Sünker, H. (Hg.), Soziale Arbeit und Faschismus. Volkspflege und Pädagogik im Nationalsozialismus; Bielefeld, 1986, 361–387. Beer, R. R., M im Deutschen Städtetag; in: NDV, 40 Jg. (1960), Nr. 10, 316 f. Collmer, P.: Neue Wege der Fürsorge. Rechtsgrundlagen, Arbeitsformen und Lebensbilder. Eine Festgabe für Herrn Prof. Dr. M zum 75. Geburtstag; Frankfurt/M., 1960. Giordano, R.: Wenn Hitler den Krieg gewonnen hätte. Die Pläne der Nazis nach dem Endsieg; Hamburg, 1989. Guse, A./Kohrs, A./Vahsen, F., Das Jugendlager Mohringen – Ein Jugendkonzentrationslager; in: Otto, H.-U./Sünker, H. (Hg.), Soziale Arbeit und Faschismus. Volkspflege und Pädagogik im Nationalsozialismus; Bielefeld, 1986, 321–344. Heisig, M.: Armenpolitik im Nachkriegsdeutschland. Die Entwicklung der Fürsorgeunterstützungssätze im Kontext allgemeiner Sozial- und Fürsorgereform; Bremen (Diss.), 1990. Hirsch, M./Majer, D./Meinck, J. (Hg.): Recht, Verwaltung und Justiz im Nationalsozialismus; Köln, 1984. Hockerts, H. G.: Sozialpolitische Entscheidungen im Nachkriegsdeutschland. Alliierte und deutsche Sozialversicherungspolitik 1945 bis 1957; Stuttgart, 1980. Hubert, H., Jugendstrafrecht im Nationalsozialismus; in: Otto, H.-U./Sünker, H. (Hg.), Soziale Arbeit und Faschismus. Volkspflege und Pädagogik im Nationalsozialismus, Bielefeld, 1986, 445–460. Krug von Nidda, C. L., M – Einige Lebensdaten; in: Neue Wege der Fürsorge. Rechtsgrundlagen, Arbeitsformen und Lebensbilder. Eine Festgabe für Herrn Prof. Dr. M zum 75. Geburtstag; Frankfurt/M., 1960, 9–18. NDV, Sonderheft zum 75. Geburtstag von M, Oktober 1960, 40. Jg., Nr. 10 (darin Beiträge von Rudolf Pense, Carl Ludwig Krug von

Nidda, Gotthold Wahl, Maria Molsen, Robert Beer, Anton Oel, Rudolf Prestel, Ludwig Heyde u. a.). NDV, Sonderheft zum 100. Geburtstag von M, Dezember 1985, 65. Jg., Nr. 12 (darin Beiträge von Otto Fichtner, Walter Schellhorn sowie Teresa Bock.

Michael Heisig

**Mutterhäuser**
→ Orden

**Mutter-Kind-Heime**
→ Frauenstrafvollzug

**Mutterkreuz (MK)**
In Anlehnung an das 1934 gestiftete „Ehrenkreuz zur Erinnerung an die unvergänglichen Leistungen des deutschen Volkes im Weltkriege" wurde, vermutlich auf direkte Anregung Hitlers, im Dezember 1938 das „Ehrenkreuz der deutschen Mutter" (kurz MK) gestiftet. 1939 wurde es erstmals am Muttertag in einer großen Propaganda-Veranstaltung an 3 Millionen Mütter verliehen. Mit dem MK sollte Frauen mit vier und mehr Kindern die Anerkennung ihres „Einsatzes von Leib und Leben ..., den sie in gleicher Weise wie Frontsoldaten ... zeigten" (Völkischer Beobachter, Mai 1939) ausgesprochen werden. Das MK stellte ein Hakenkreuz dar, umrahmt mit den Worten „Das Kind adelt die Mutter", und wurde in Bronze für 4–5, in Silber für 6–7, in Gold für 8 und mehr Kinder verliehen.

Elisabeth Dickmann

**Mutterschaftsgeld**
Das M stellt einen Einkommensersatz für die Zeit der im Mutterschutzgesetz festgelegten Schutzfristen und des Mutterschaftsurlaubs dar. Es wird von der → Krankenversicherung bzw. – bei nicht gesetzlich versicherten Frauen – aus Bundesmitteln aufgebracht.

**Mutterschaftshilfe**
Die Maßnahmen der von der → Krankenversicherung und vom Bund zu leistenden M umfassen ärztliche Betreuung und Hilfe, Hebammenhilfe (→ Hebamme), Versorgung mit Arznei-, Verband und Heilmitteln, Entbindungsanstaltspflege, → Haushaltshilfe sowie → Mutterschaftsgeld.

**Mutterschutz**
→ Bund für Mutterschutz

**Mutualismus**
= gegenseitige Selbsthilfe; → Genossenschaftsbewegung

## Nachbarschaft

Das Wort Nachbar besteht aus den Elementen „nah" und „-bauen" und bezeichnet urspr. den nebenan wohnenden Haus-„bauer" und -besitzer bzw. dessen Angehörige. In traditionellen ländlichen und handwerklich geprägten Gesellschaften bedeutet N eine durch Normen geregelte Versorgungs- und Notgemeinschaft.

Sozialwissenschaftlich wird der Begriff N unterschiedlich verwendet. Allg. wird darunter der Raum des unmittelbaren gesellschaftlichen Realkontakts im Wohnumfeld verstanden. I. e. S. sozialer →Gemeinschaft enthält der Begriff mindestens die beiden Elemente räumlicher Nähe und individueller Beziehungen. Dazu kann das Element der Regelung durch Tradition und Recht treten. N wird teilweise auch als (informelle) soziale Primärgruppe – ähnlich wie →Familie – bezeichnet (→informelle Sphäre). Die räumliche Zuordnung des Begriffs reicht vom Bereich der unmittelbar nebeneinander wohnenden Nachbarn über Wohnviertel bis zu ganzen Stadtteilen.

In urbanisierten Industriegesellschaften (→Urbanisierung) hat die Bedeutung der räumlichen Kategorie N abgenommen. Dies kann auf stärkere soziale und räumliche Mobilität, Arbeitsteilung, Trennung von Arbeitsbereich und Wohnbereich sowie soziale Mischung zurückgeführt werden. Wie weit der Bedeutungsverfall geht, ist sozialwissenschaftlich umstritten. Während in der frühen →Stadtsoziologie zumeist der Verlust von N in der „anonymen Großstadt" (→Stadt) beklagt wird, betont die US-amerikanische Gemeindesoziologie (Park, Burgess, McKenzie 1925) seit den 20er Jahren auch gegenläufige Tendenzen: Durch räumliche Gegebenheiten und Prozesse sozialer und ethnischer Sortierung („Segregation") entstehen auch in Großstädten neue Einheiten nachbarlicher →Identität. Auf ähnliche Überlegungen beziehen sich auch Ansätze, in denen N v. a. als Zielvorstellung auftritt: durch städtebauliche und sozialpädagogische Maßnahmen (→Gemeinwesenarbeit) soll neue N geschaffen werden. Anknüpfend an ältere Richtungen („Gartenstadt"), vermischen sich in solchen Modellen konservative Vorstellungen, die die vorindustriellen N-beziehungen romantisch überhöhen, mit sozialreformerischen Gedanken. Besonders in den USA wurden zahlreiche Modelle unter dem Stichwort „neighborhood" praktisch erprobt. Dabei stehen zunächst Modellsiedlungen im Vordergrund, die durch ideale räumliche Gestaltung neue soziale Beziehungen ermöglichen sollen („neighborhood-unit plan"; Perry 1929). Später – verstärkt seit Mitte der 60er Jahre – wurden v. a. Modelle der kleinräumigen Bürgerpartizipation („neighborhood democracy") erprobt, bei denen durch Mitverantwortung zu mehr →Selbsthilfe angeregt sowie ethnische und soziale Differenzen ausgeglichen werden sollen. Die Erfolge der N-modelle werden unterschiedlich beurteilt. Sie erhöhen den Bürgereinfluß in bestimmten Sachbereichen (z. B. in „school boards") oder bei allgemeinen Problemen des Wohnumfelds. Der Ausgleich sozialer und ethnischer Benachteiligung (→ethnische Minderheiten) ist allerdings nur in geringem Umfang gelungen.

Die sozialwissenschaftliche und politische Diskussion um N wurde in Europa zunächst stark von den Theorien und Erfahrungen aus den USA geprägt. Die neuere sozialpolitische Diskussion nimmt das Stichwort N v. a. unter den Aspekten der Subsidiarität (→Subsidiaritätsprinzip), der Selbsthilfe und „kleiner sozialer Netze" (→Netzwerke) auf. N wird als Möglichkeit gesehen, Ressourcen der Selbsthilfe und Solidarität im kleinen, überschaubaren Bereich zu mobilisieren und so den informellen Bereich sozialen Helfens zu stärken.

Dabei sind verschiedene Voraussetzungen von Bedeutung: (a.) Auch in modernen Großstadtgesellschaften kann N als soziale Gemeinschaft erlebt werden. In welchem Maße dies zutrifft, ist jedoch umstritten. An traditionelle N-strukturen kann nur noch in manchen, v. a. ländlichen Gebieten mit Sicherheit angeknüpft werden. (b.) Das Maß, in dem N als Gemeinschaft sozialer Solidarität, aber auch sozialer Kontrolle (→ Sozialkontrolle) noch gewünscht wird, ist unterschiedlich und von orts- und schichtspezifischen Erfahrungen abhängig. (c.) Durch Eingriffe oder → Selbstorganisation neu geschaffene N ist auf jeden Fall vom traditionellen N-begriff zu unterscheiden.

L.: Abrams, P., Social Change, Social Networks and Neighbourhood Care; in: Social Work Service; London, Februar 1980. Bertels, L.: Neue N. Soziale Beziehungen in einer Neubausiedlung als Folge von Initiativarbeit; Frankfurt/M., 1987. Friedrichs, J.: Stadtanalyse. Soziale und räumliche Organisation der Gesellschaft; Reinbek, 1977. Gronemeyer/Bahr (Hg.): N im Neubaublock. Empirische Untersuchungen zur Gemeinwesenarbeit, theoretische Studien zur Wohnsituation; Weinheim, Basel, 1977. Hahn/Schubert/Siewert: Gemeindesoziologie; Mainz, 1979. Hamm, B.: Betrifft N. Verständigung über Bedeutung und Gebrauch eines vieldeutigen Begriffs; Düsseldorf, 1973. Klages, H.: Der N-gedanke und die nachbarliche Wirklichkeit in der Großstadt; Stuttgart, Berlin, Köln, Mainz, 1968 (2. Aufl.). Krüger/Pankoke (Hg.): Kommunale Sozialpolitik; München, Wien, 1985. Taylor, R. B. (Hg.): Urban Neighborhoods. Research and Policy; New York, Westport/Connecticut, London, 1986. Yates, D: Neighborhood Democracy; Lexington, Toronto, London, 1973.

Ulrich Meyer

## Nachbarschaftsheim

Das N ist nach einer Definition der → International Federation of Settlements and Neighbourhood Centers (IFSNC – Internationaler Verband der N) ein soziales Zentrum, das sich um die Entwicklung eines Programms im Bereich der → Bildung, der → Sozialen Dienste und der → Freizeit bemüht, um den Bedürfnissen einer → Nachbarschaft in diesen Bereichen gerecht zu werden, ungeachtet der Nationalität, Rasse oder Weltanschauung des einzelnen. Die in der BR und Berlin mit dem Status eingetragener Vereine autonom arbeitenden und im → Verband für sozialkulturelle Arbeit in Deutschland e. V. zusammengeschlossenen N haben sich in § 1 ihrer Satzung auf folgende Ziele geeinigt: „Die Arbeit in den N und sozialkulturellen Zentren soll ansetzen an den Bedürfnissen und Problemen von Bevölkerungsgruppen ohne Rücksicht auf Zugehörigkeit zu Parteien, Konfessionen, Rassen usw., die aufgrund ihrer ökonomischen Lage gegenüber anderen gesellschaftlichen Gruppen benachteiligt oder deren materielle, physische und/oder psychische Existenz durch gesellschaftliche Strukturen gefährdet oder nicht gesichert sind. Die Arbeit dient dem Ziel, die soziale Situation dieser Bevölkerungsgruppen zu verbessern und sie zu befähigen, ihre Interessen selbst gemeinsam zu vertreten. Durch gemeinsames, partnerschaftliches Planen und Handeln von Trägergremien, Mitarbeitern und Betroffenen soll emanzipatorische pädagogische Arbeit geleistet werden. In diesem Rahmen arbeiten alle Mitgliedseinrichtungen des Verbandes mit Kindern, Jugendlichen, Eltern, älteren Menschen, ausländischen Mitbürgern. Die Arbeit ist stadtteilbezogen."

L.: Agricola, Sigurd: Die N. Berlin, 1967. Oelschlägel, Dieter, Historische Tendenzen heutiger N-arbeit und sozialkultureller Zentren; in: Rundbrief 1/79, 1–25.

Dieter Oelschlägel

## Nachbarschaftsheimbewegung

Die Geschichte der → Sozialarbeit, insb. der → Gemeinwesenarbeit, ist ebenso wie die der → Volksbildung auf unterschiedliche Weise mit der N verbunden.

# Nachbarschaftsheimbewegung

Die Wurzeln der heutigen →Nachbarschaftsheime liegen in den Settlementbewegungen (dt.: N) Englands und der USA begründet.

Die engl. Settlementbewegung war eine Reaktion auf die Auswirkungen der sich entfaltenden industriellen kapitalistischen Produktionsweise, v. a. auf die Entstehung eines städtischen Industrieproletariats und die damit einhergehenden Notlagen, insb. die Wohnungsnot, sowie auf die sich verschärfenden Klassengegensätze. Settler waren zumeist junge Akademiker, die die Klassengegensätze durch ihre Arbeit überwinden wollten. Sie zogen in die Elendsviertel, um dort einerseits die unmittelbare Not zu lindern, um andererseits aber auch Bildungsarbeit zu leisten, da für sie →Bildung die Grundlage sozialer Gerechtigkeit bedeutete. 1884 wurde Toynbee Hall als erstes Settlement gegründet, weitere folgten.

Auch in den USA ist die Gründung von Settlements nach englischem Vorbild durch Stanton Coit und Jane Addams (Hull House in Chicago, 1889) eine Reaktion auf die Folgen der kapitalistischen →Industrialisierung. Die Kapitalkonzentration führte zu schnell wachsenden Ballungszentren mit Elendsquartieren, die sich mit Einwanderern aus aller Herren Länder füllten. Die Settlements sollten die Bewohner der Elendsquartiere unterstützen, ihnen Hilfe zur →Selbsthilfe geben, soziale Mißstände öffentlich machen und dadurch soziale Reformen bewirken.

Zu Beginn des 20. Jh. wurden die Ideen der Settler auch in Dt. aufgegriffen. 1901 gründete Pastor Walter Classen das „Hamburger Volksheim", 1910 Friedrich Siegmund-Schultze, ebenfalls Theologe, die „Soziale Arbeitsgemeinschaft Berlin-Ost (SAG)": „Beide Exponenten der deutschen Settlement-Bewegung versuchten, im begrenzten Bereich von Nachbarschaften, Wohnquartieren und Stadtteilen die Reformwilligkeit und -fähigkeit des →Bürgertums zu beweisen und beispielgebend weiterzuentwickeln: durch persönlichen Einsatz zur Linderung von einzelnen konkreten Mißständen; durch das Angebot von →Kultur, →Bildung und →Erziehung für diejenigen, die bisher keinen Zugang dazu hatten; durch partiellen und zeitlich begrenzten Verzicht auf bürgerliche Privilegien; durch persönliche Begegnung von Menschen aus unterschiedlichen sozialen Klassen und Schichten. So sollte zur Klassenversöhnung und zum Aufbau einer neuen Volksgemeinschaft beigetragen werden, wobei der Stellenwert und die Notwendigkeit von allgemeinen politischen Sozialreformen zur Hebung der Lage der unteren Volksklassen umstritten war" (Buck 1982, 139).

Nach 1920 entstanden im Rahmen der N weitere Arbeitsgemeinschaften und Volksheime in allen Teilen Deutschlands, die sich 1925 zur „Deutschen Vereinigung der Nachbarschaftssiedlungen" zusammenschlossen. Nach der Machtergreifung durch die Nationalsozialisten mußten viele dieser Einrichtungen ihre Arbeit aufgeben, die anderen wurden – wie die SAG 1940 – geschlossen. Ihre führenden Persönlichkeiten (Friedrich Siegmund-Schultze, →Herta Kraus u.a.) wurden in die Emigration gezwungen.

1947 wurden die ersten Nachbarschaftsheime in den Westzonen und Berlin neu gegründet (u.a. der Mittelhof in Berlin; Heime in Köln, Darmstadt, Frankfurt, Ludwigshafen, Bremen und Braunschweig). Engl. und amerik. religiöse Organisationen – vornehmlich die Quäker, aber auch YWCA (Young Women's Christian Association) und Mennoniten – sowie frühere Mitarbeiter der SAG – besonders Herta Kraus und →Magda Kelber – stellten durch ihr Engagement die Kontinuität zur N wieder her. Dies geschah in einer Zeit, als die dringendste Nachkriegsnot noch keineswegs überwunden war. Deshalb war die vordringliche Aufgabe der N in der Nachkriegszeit die Bekämpfung der unmittelbaren materiellen Not. Heute sind die aus der N hervorgegangenen Einrichtungen im →Verband für sozialkulturelle Arbeit in Deutschland e.V. zusammengeschlossen.

L.: Buck, Gerhard: Gemeinwesenarbeit und kommunale Sozialplanung. Untersuchung zur sozialpolitischen Funktion und historischen Entwicklung eines Handlungsfeldes der Sozialarbeit; Berlin, 1982. Dyckerhoff, Kristin, Die Fürsorge in der Nachkriegszeit; in: Landwehr/Baron 1983, 219–250. Landwehr, Rolf/Baron, Rüdiger (Hg.): Geschichte der Sozialarbeit. Hauptlinien ihrer Entwicklung im 19. und 20. Jahrhundert; Weinheim, Basel, 1983. Müller, C. Wolfgang: Wie Helfen zum Beruf wurde. Band 1: Eine Methodengeschichte der Sozialarbeit 1883–1945; Weinheim, Basel, 1988². Band 2: Eine Methodengeschichte der Sozialarbeit 1945–1985; Weinheim, Basel, 1988. Nootbaar, Hans, Sozialarbeit und Sozialpädagogik in der Bundesrepublik 1949–1962; in: Landwehr/Baron 1983, 251–299. Oelschlägel, Dieter: Texte zur N in Deutschland und eine Bibliographie; Duisburg, 1985/86. Oestreich, Gisela: Nachbarschaftsheime gestern, heute und morgen?; München, 1965.

Dieter Oelschlägel

**Nachbarschaftshilfe**
N erfolgt sowohl informell als auch organisiert. Der Begriff der N weist zurück auf traditionale Formen wechselseitigen Helfens. Insb. im bäuerlichen Milieu erfolgte N aus sachlicher Notwendigkeit (wie etwa bei der Brunnengemeinschaft) und einer „Gemeinsamkeit der Interessenlage" (M. Weber). N beruhte auf der Bereitschaft, im Not- und Bedarfsfalle →Hilfen unterschiedlichster Art zu geben; sie war nicht an die Gleichwertigkeit oder Verrechenbarkeit der Leistungen gebunden. Weil die Interessenlage unverändert blieb, konnten die Gegenleistungen auch zu einem späteren Zeitpunkt (wenn sie notwendig waren) erbracht werden. Denen, die zur →Nachbarschaft gehörten, wurde es zudem zur sozialen Verpflichtung, sich gemäß der örtlich gültigen Normen (Bräuche und Sitten) als Nachbarn zu verhalten.

Mit der →Urbanisierung der Lebensformen sowie erhöhter Mobilität verlor die *informelle N* an Verbindlichkeit – auch im ländlichen Bereich. Dort, wo N eine ökonomische und/oder soziale Basis hat, behält sie jedoch unter den Bedingungen moderner →Gesellschaft ihre Bedeutung. An sozialpolitischer Relevanz gewinnt N mit den vielfältigen Hilfen bei der Haushaltsführung, Kinderbetreuung, Alten- und Krankenpflege. Die nahräumlichen Netze (→Netzwerke) sozialer Hilfeleistung kommen jedoch kaum noch allein durch das räumlich definierte Nachbarschaftsverhältnis zustande; ihre Grundlage ist vielmehr soziale – verwandtschaftliche oder freundschaftliche – Verbundenheit. Dies schließt nicht aus, daß der unmittelbare Nachbar gelegentlich mal einspringt, auch wenn man ihm gegenüber ansonsten soziale Distanz wahrt. Dauernde Hilfeleistung (etwa bei der →Pflege) würde zumeist jedoch die Beziehung überfordern. Art und Umfang der N sind nicht nur von baulich-räumlichen Faktoren (räumliche Lage, Bebauungsstruktur) abhängig, sondern v. a. von der Besiedlungsgeschichte und sozialen Faktoren der Zusammensetzung der Quartiersbevölkerung. Wegen der höheren Angewiesenheit auf nahräumliche Kontakte und aus dem Solidaritätsbewußtsein der gemeinsamen sozialen Lage besteht gerade im Außenseitermilieu verelendeter Stadtviertel und in typischen Arbeiterquartieren die Bereitschaft zu wechselseitiger und netzwerkartiger N, die sich jedoch nicht auf haushaltsbezogene Hilfen beschränkt, sondern fester Bestandteil der informellen Ökonomie ist (Autoreparaturen, Hausbau, Wartung technischer Geräte, kleingewerbliche Aktivitäten). Die Immobilität der sog. Unterschichten zeigt sich auch darin, daß bei Heirat insb. die Töchter möglichst in die Nähe der Wohnung ihrer Herkunftsfamilie ziehen und mit den Verwandten ein intensiver sozialer „Austausch" gepflegt wird. Familiale

Beziehungen bilden dann die Grundlage einer weiterreichenden Netzwerkbildung. Schichthomogenität kann sich somit als förderlich für die N erweisen; ob sich auch Altershomogenität günstig auf die N auswirkt, ist dagegen umstritten.

Der Begriff N bezieht sich längst nicht mehr ausschließlich auf das Verhältnis zum unmittelbaren Nachbarn, sondern auch auf Hilfebeziehungen im Handlungsraum von Wohnquartieren, Stadtteilen und kleineren Gemeinden. Dies gilt in besonderem Maße für die *organisierte N*, wie sie von Kirchengemeinden, →Wohlfahrtsverbänden und eigens zum Zweck der N gegründeten Vereinigungen erbracht wird. Viele der organisierten N haben die Rechtsform eines eingetragenen →Vereins; sie haben eine Satzung und einen Vorstand, der Aufgaben der Geschäftsführung und Außendarstellung, zuweilen auch der Koordination wahrnimmt; sie führen Mitgliederversammlungen durch und schließen Verträge. Auch organisierte N umfaßt ein weites Spektrum der Hilfeleistung. Der Schwerpunkt liegt zumeist im Bereich der personen- bzw. haushaltsbezogenen (Dienst-)Leistungen: Der Hilfesuchende wendet sich mit seinem Hilfegesuch an eine zentrale Stelle (Einsatzleitung). Diese vermittelt einen Helfer, der zu einem genau bestimmten Zeitpunkt und mit einem genau definierten Auftrag den Hilfesuchenden kontaktieren wird. Bei den Helfern handelt es sich in der Regel um →Laien (häufig Familienhausfrauen), einige haben eine Ausbildung, die ihren „Aufgaben" in der N entspricht (z. B. in einem pflegerischen Beruf). Die Tätigkeiten reichen von Hilfen bei der hauswirtschaftlichen Versorgung hin zu Aufgaben paramedizinischer Betreuung. Anlaß der Inanspruchnahme ist ein konkretes Problem, das sich aus Störungen im Ablauf alltäglicher Lebens- bzw. Haushaltsführung ergibt; die Leistungserbringung erfolgt in der Wohnung des Hilfesuchenden (z. B. Grundpflege, →Haushaltshilfen, Krankenversorgung, Vorlesen) oder des Helfers (z. B. Kinderbetreuung), hinzu kommen Botengänge und Fahrdienste.

N-vereine führen aber auch Veranstaltungen für bestimmte Zielgruppen (z. B. Neubürger) durch, bieten →Dienstleistungen wie →„Essen auf Rädern" an und betreiben Einrichtungen wie Altentagesstätten, Krabbelstuben, →Mütterzentren. Die organisierte N bewegt sich dabei vielfach im Grenzbereich „zwischen ehrenamtlichem Engagement und unterbezahlter Arbeit" (Braun/Articus 1985). Teilweise arbeiten die Helfer unentgeltlich; insb. bei den personen- bzw. haushaltsbezogenen Leistungen erfolgt jedoch zumeist eine Vergütung. Indem die Leistungen (wenn auch geringfügig) vergütet und mit dem Hilfeempfänger, →Krankenkassen oder anderen Trägern abgerechnet werden, ist eine Formalisierung der Helfer/Hilfeempfänger-Beziehung kaum zu vermeiden. Dies kann auch Vorteile haben, da der Hilfesuchende nicht mit weitreichenden Dankbarkeitsverpflichtungen belastet wird. Als Laienhilfe (→Ehrenamt, →Freiwilligenarbeit, →Laienkompetenz) bleibt die Beziehung im Idealfall als Hilfe „von Mensch zu Mensch" erlebbar. Auch die Möglichkeit der Wechselseitigkeit ist den Beteiligten vielfach noch präsent.

Die größeren N-vereine gliedern sich nach sog. Fachbereichen. Dabei können Spannungen zwischen den mehr selbsthilfe- und den mehr fremdhilfeorientierten Bereichen auftreten. Erstreckt sich das Tätigkeitsfeld der N auf Aufgaben, wie sie ansonsten von →Sozial- und Pflegestationen erbracht werden, muß nicht nur die Hilfeleistung, sondern auch der Organisationsapparat auf Effizienz und Effektivität ausgelegt werden. Es wird dann zum Organisationsproblem, ob die N für neue Themen und Probleme sowie die Bedürfnisse ihrer aktuellen und potentiellen Mitglieder aufgeschlossen bleibt. Wie die informelle, unterliegt auch die organisierte N einem ständigen Formwandel, der sich auf gesellschaftliche Veränderungen zurückführen läßt (u. a. stärkere Erwerbs-

## Nachgehende Hilfe

neigung auch der Familienhausfrauen, gestiegene Selbstverwirklichungsansprüche). Neben den klassischen Motivationen freiwilliger sozialer Arbeit (z. B. bürgerschaftliches Engagement, christliche Nächstenliebe) wird zunehmend die bereits gegebene, zurückliegende oder zukünftige Selbstbetroffenheit als Beteiligungsmotiv an N wirksam. Die Erwartungen richten sich dabei jedoch vielfach auf neue Formen der N (selbsthilfeartige Projekte, Mütterzentren u. ä.).

Im Zusammenhang sozialpolitischer Diskussionen dient der Begriff N zuweilen als Programmformel gemeinschaftlicher Eigenverantwortung. Dies führt leicht zu einer Überschätzung und Überforderung insb. der informellen N. Als Ersatz beruflicher →Sozial- und Pflegearbeit ist N nur selten geeignet, wohl aber kann sie zu einem wesentlichen Bestandteil lebensraumorientierter Konzepte sozialer Arbeit werden.

L.: Braun/Articus, Zwischen ehrenamtlichem Engagement und unterbezahlter Arbeit. Zur Struktur und Funktionsweise „organisierter Nachbarschaftshilfe"; in: Nachrichtendienst des Deutschen Vereins für öffentliche und private Fürsorge 1985, 317–328. Bulmer, Martin: Neighbours. The Work of Philip Abrams; Cambridge, 1986. Nokielski, Hans, Organisierte Nachbarschaftshilfe als „neue" Form sozialen Helfens; in: Sociologia Internationalis 1981, H.1/2, 139–156.

Hans Nokielski

## Nachgehende Hilfe

Sozialhilfe ( →Bundessozialhilfegesetz) soll in Form der N auch nach Beseitigung einer Notlage gewährt werden, wenn dies geboten ist, um die Wirksamkeit der zuvor gewährten Hilfe zu sichern.

Manfred Fuchs

## Nachteilsausgleich
→Rehabilitationsrecht

## NADIS
= Nachrichtendienstliches Informationssystem (des Verfassungsschutzes); →Polizeiliche Informationssysteme

## NAKOS
= Nationale Kontakt- und Informationsstelle zur Anerkennung und Unterstützung von Selbsthilfegruppen; →Kontakt- und Informationsstellen für Selbsthilfegruppen

## Napola
⇒ Nationalpolitische Erziehungsanstalten

## Nationaler Frauendienst
→Kriegswohlfahrtspflege

## Nationalpolitische Erziehungsanstalten/ NAPOLA

= Nationalsozialistische Elite- und Ausleseschulen. Die N standen in der Tradition der zur Ausbildung einer militärischen Führungsschicht dienenden „Kadettenanstalten" des Kaiserreichs, die zwar nach dem Versailler Vertrag 1920 aufzulösen waren, z. T. aber als „Staatliche Erziehungsanstalten" weiterexistierten. Die Gründung der ersten N erfolgte bereits am 20.4.1933. Bis zum Ende des Dritten Reiches bestanden 37 Anstalten sowie 3 in Holland und Flandern errichtete „Reichsschulen", die gleichen Zielen dienten. In lediglich zwei der Schulen fand eine Ausbildung von Mädchen statt. Die Konzeption der Einrichtungen beinhaltete Elemente der Kadettenanstalten, der englischen Public Schools als auch Einflüsse aus der Bündischen Jugend ( →Wandervogel), die nationalsozialistisch umgedeutet und ergänzt wurden.

Allgemeiner Zweck der Ausleseschulen war es, die „Führerauslese durch Kampferprobung" von vor 1933 durch die Schulung von NS-Führungskadern abzulösen. Vorbedingung für die Aufnahme in eine NS-Eliteschule war nicht die Zugehörigkeit zu gehobenen Bevölkerungsschichten, sondern die „rassenhygienische" Wertigkeit ( →Eugenik/ Rassenhygiene), das körperliche Leistungsvermögen sowie die geistige Begabung der Schüler. Ziel der Ausbildung war die Heranbildung des sich seiner „rassischen Überlegenheit" bewußten „politischen Soldaten". Trotz ihrer ideologischen Leitlinien waren die N eine relativ parteiferne Ausbildungseinrichtung. Die Schulen verblieben im Kompetenzbereich des Reichsministeriums für Wissenschaft, Erziehung und Volksbildung und konnten bis zu einem gewissen Punkt eigenverantwortliche Entscheidungen treffen. Versuche verschiedener NSDAP-Machtträger, die Einrichtungen als Rekrutierungsbasis für den jeweils eigenen Nachwuchs zu instrumentalisieren, wurden vom Inspekteur der N, August Heißmeyer, weitgehend abgewehrt, obgleich der Einfluß der →SS bis 1945 beständig zunahm.

Im Unterschied zu den 1937 auf Betreiben von →Ley und →Schirach gegründeten Adolf-Hitler-Schulen, deren Ziel die Ausbildung späterer Parteifunktionäre war, hatten Schüler der N nach dem Abitur im Prinzip die freie Berufswahl. Insoweit waren die N eher der allgemeinen Elitebildung verpflichtete NS-Weltanschauungsschulen als Kaderschmieden der NSDAP.

L.: Scholtz, Harald: NS-Ausleseschulen. Internatsschulen als Herrschaftsmittel des Führerstaates; Göttingen, 1973. Ueberhorst, Horst: Elite für die Diktatur. Die N 1933–1945; Düsseldorf, 1980.

Eckhard Hansen

## Nationalsozialistische Betriebszellen-Organisation (NSBO)

= Arbeitnehmerorganisation der NSDAP. Die NSBO entstand auf der Grundlage von (ab Mitte der 20er Jahre) vor Ort gegründeten völkischen bzw. nationalsozialistischen Betriebszellen. Durch die Unterstützung maßgeblicher Vertreter des sozialrevolutionären Flügels der NSDAP wie Joseph Goebbels und Gregor Straßer wurde die NSBO am 1.1.1931 als Parteiorganisation anerkannt. Sie sollte nach Auffassung Hitlers als „SA der Betriebe" (→SA) v.a. propagandistische Arbeit leisten, nicht jedoch als Konkurrenzeinrichtung zu den als marxistisch verpönten etablierten →Gewerkschaften auftreten. Angesichts der sozialen Folgen der Weltwirtschaftskrise und um in der Arbeitnehmerschaft an Glaubwürdigkeit zu gewinnen, übernahm die NSBO jedoch unter antikapitalistischen Vorzeichen zunehmend gewerkschaftliche Aufgaben wie die Organisation von Streiks, die finanzielle und rechtliche Unterstützung der Mitglieder usw. Verglichen mit den Freien Gewerkschaften blieb die Organisation vor 1933 relativ klein, konnte bis zum November 1933 allerdings einen Angestellte und Arbeiter umfassenden Mitgliederstand von etwa 1,3 Millionen erreichen. NSBO-Funktionäre waren maßgeblich beteiligt an Aktionen gegen die traditionellen Gewerkschaften, die am 2.5.1933 in der Besetzung der Gewerkschaftshäuser sowie der Übernahme der kommissarischen Leitung der Freien Gewerkschaften gipfelten. Die Eigenmächtigkeiten von NSBO-Untergliederungen und ihrer Funktionäre in den Betrieben, die sich auch nach der Machtübernahme eher der „Dynamik der Bewegung" als dem „Führerprinzip" verpflichtet fühlten, beeinträchtigten bald die ökonomisch-militärischen Interessen des Regimes, so daß es zu einer schrittweisen Entmachtung der NSBO kam.

Die Hoffnung, nach der Zerschlagung der Gewerkschaften als NS-Organisation die traditionelle Gewerkschaftsrolle zu übernehmen, mußte 1934 endgültig begraben werden. Bereits nach der Gründung der →Deutschen Arbeitsfront (DAF) im Mai 1933 wurde von der NS-Führung versucht, die NSBO auf Aufgaben der „weltanschaulichen Schulung" zurückzudrängen. Bekleideten NSBO-Funktionäre zunächst noch leitende Funktionen innerhalb der DAF, so wurden die sich daraus ergebenden gewerkschaftlichen Möglichkeiten bald beseitigt. Die in Anlehnung an das Weimarer Gewerkschaftssystem erfolgte Verbandsgliederung der DAF (Arbeiter- und Angestelltenverbände) wurde Ende 1933 aufgehoben zugunsten eines Systems der Einzelmitgliedschaften von Arbeitern, Angestellten und Unterneh-

## Nationalsozialistische Bevölkerungspolitik

mern, so daß von NSBO-Funktionären initiierte einzelgewerkschaftliche Aktionen unmöglich wurden. Im Mai 1933 eingesetzte „Treuhänder der Arbeit" sowie das Gesetz zur „Ordnung der nationalen Arbeit" beseitigten sozialpolitische, v. a. tarifpolitische Funktionen der Arbeitsfront. Nach dem Vorwurf, durch ehemalige SPD- und KPD-Mitglieder „marxistisch unterwandert" zu sein, kam es 1933 zu „Säuberungen" in der NSBO. Ein Jahr darauf wurden im Rahmen der sog. Röhm-Affäre weitere NSBO-Funktionäre ausgeschaltet, so daß die Organisation schließlich institutionell wie personell keine Rolle mehr spielen konnte. Ihre Aufgaben gingen auf die DAF über, die ihrerseits nur noch über marginale gewerkschaftliche Zuständigkeiten verfügte.

L.: Broszat, Martin: Der Staat Hitlers; München, 1981 (9. Aufl.). Kratzenberg, Volker: Arbeiter auf dem Weg zu Hitler? Die NSBO. Ihre Entstehung, ihre Programmatik, ihr Scheitern 1927–1934; Frankfurt a. M., 1987. Mai, G., Die NSBO. Zum Verhältnis von Arbeiterschaft und Nationalsozialismus; in: Vierteljahresheft für Zeitgeschichte 1983, 573–613.

Eckhard Hansen

## Nationalsozialistische Bevölkerungspolitik
→ Sachverständigenbeirat für Bevölkerungs- und Rassenpolitik

## Nationalsozialistische Frauenschaft (NSF)
⇒ NS-Frauenschaft

## Nationalsozialistische Gesundheitspolitik
→ Sachverständigenbeirat für Bevölkerungs- und Rassenpolitik

## Nationalsozialistisches (NS) Jugendstrafrecht (J)

Das NS-Strafrecht orientierte sich beim Aufbau des J v. a. an der Rassentheorie (→ Biologismus, → Eugenik). „Rasse" wurde definiert als biologische, blutmäßige Substanz, die die Völker und Menschen nicht nur physisch bestimme, sondern durch welche diese sich auch in ihren geistigen und seelischen Bereichen grundlegend unterscheiden ließen in minder- und höherwertige, in kulturfähige und kulturlose. Die höchste, beste, weil allein kulturfähige Rasse sei die ‚arische', innerhalb welcher den Germanen, v. a. den Deutschen, ein besonderer Wert zukomme. Die Neugestaltung des J unterlag einem dieser NS-Ideologie angepaßten Strafrechtsdenken sowie den Erneuerungen im allgemeinen Erziehungswesen.

Den Grundgedanken der faschistischen Erziehungslehre, deren Bildungsideal nicht humanistisch, sondern völkisch zu sein hatte, bildete die sozialdarwinistische Erbbiologie und die Rassenlehre. Pädagogische Reformansätze der 20er Jahre liquidierend, wurde systematisch die rassenpolitische → Erziehung beschworen, die – nach ‚völkischer Psychologie' – Lebensbedürfnis des dt. Volkes sei. Fortschrittliche Ansätze der → Kriminologie und Kriminalsoziologie reduzierten sich auf die banalsten Erkenntnisse der Kriminalbiologie. Im Bereich des Strafrechtswesens wurden humanitäre Denkansätze völlig verworfen. Das RJGG 1943 verwirklichte auf einem wesentlichen Teilgebiet des Jugendrechts und des Strafrechts NS-Rechtsdenken.

Die Aufgabe der NS-J-pflege bestand in der Selektion der jugendlichen Rechtsbrecher als strafwürdige und nicht strafwürdige, sowie in der Resozialisierung der besserungsfähigen Täter in die Volksgemeinschaft bzw. in der ‚Unschädlichmachung' der nicht besserungsfähigen. Richter und Erzieher hatten dem Ziel zu dienen, die Jugendlichen zu körperlich und seelisch „gesunden Gliedern der Volksgemeinschaft" heranzubilden. Strafzumessung, Strafverfahrensformen und Strafvollzug wurden im wesentlichen dadurch bestimmt, daß die Strafe Sühne und Schuld zu sein hatte. Die Wiedereinführung der nun auch bei Jugendlichen möglichen Todesstrafe war die konsequente und grausame Folge. Nach Kriegsbeginn 1940 wurden sog. ‚Jugendschutzlager'

1389

(→Schutzhaft) eingerichtet. Hier sollten jugendliche Straftäter ‚typenmäßig' auf ihre Erziehbarkeit hin gesichtet, ‚noch Erziehbare' der Volksgemeinschaft zurückgewonnen und ‚Unerziehbare' bis zur Überführung in Konzentrationslager (oder andere Einrichtungen) unter größtmöglicher Ausnutzung ihrer Arbeitskraft verwahrt werden.

Die vom NS erkannte Tragweite der Bedeutung der →Jugend „als Träger völkischen Erbgutes und damit der deutschen Zukunft überhaupt" brachte eine Reihe von Erneuerungen im NS-J, welche in der ‚Verordnung des Reichsjustizministers über die Vereinfachung und Vereinheitlichung des J' von 1943 ihren Niederschlag fanden. Bis zu Beginn des Krieges 1939 hatte das RJGG von 1923 bereits folgende Veränderungen erfahren: Einschaltung der →Hitler-Jugend; Beteiligung der NSV-Jugendhilfe (→Nationalsozialistische Volkswohlfahrt) an der →Jugendgerichtshilfe; Übertragung der Hoch- und Landesverratssachen an den Volksgerichtshof auch in Jugendsachen (1934). Der ‚Jugendarrest' wurde 1940 eingeführt, die ‚unbestimmte Verurteilung' Jugendlicher 1941. Die ‚polizeiliche Verwarnung' Jugendlicher und das ‚Zuchtmittel der Arbeitsauflage' waren weitere neue Sanktionsformen. Der →Jugendstrafvollzug erhielt eine repressive Grundlage und war Ausdruck einer unheilvollen Allianz zwischen Strafjustiz und →Sozialpädagogik.

L.: Fangmann, Helmut: Recht, Justiz und Faschismus; Köln, 1984. Friedrich, Jörg: Freispruch für die NS-Justiz; Reinbek, 1983. Ders.: Die kalte Amnestie – NS-Täter der BRD; Frankfurt, 1984. Gamm, Hans-Jochen: Führung und Verführung im 3. Reich – Pädagogik des NS; Frankfurt, 1984. Göstrow, Dietrich: Tödlicher Alltag – Strafverteidiger im 3. Reich; Berlin, 1981. Hirsch/Majer/Meinck: Recht, Verwaltung und Justiz im NS; Köln, 1984. Hist. Museum der Stadt Frankfurt (Hg.): Walter – Leben und Lebensbedingungen eines Frankfurter Jungen im 3. Reich; Frankfurt, 1986. Hubert, Harry: Jugendrecht, J und Jugendstrafvollzug im Straf- und Erziehungsdenken des NS; Diplomarbeit Universität Frankfurt, 1977. Jäger, Herbert: Verbrechen unter totalitärer Herrschaft; Frankfurt, 1982. Just-Dahlmann/Just: Die Gehilfen – NS-Verbrechen und die Justiz nach 1945; Frankfurt, 1988. Klönne, Arno: Jugend im 3. Reich; Düsseldorf, Köln, 1982. Kupfer, Heinrich: Der Faschismus und das Menschenbild der deutschen Pädagogik; Frankfurt, 1984. Lingelbach, Karl: Erziehung und Erziehungstheorien im NS-Deutschland; Weinheim, Berlin, Basel, 1970. Müller, Ingo: Furchtbare Juristen; München, 1987. Otto/Sünker (Hg.): Soziale Arbeit und Faschismus; Bielefeld, 1986. Ramm, Thilo: Das NS-Familien- und Jugendrecht; Heidelberg, 1984. Redaktion Kritische Justiz (Hg.): Der Unrechts-Staat I; Frankfurt, 1979. Dies.: Der Unrechts-Staat II; Baden-Baden, 1984. Rehbein, K., Zur Funktion von Strafrecht und Kriminologie im NS-Rechtssystem; in: Monatsschrift für Kriminologie und Strafrechtsreform 1987/Heft 4, 193–210. Reich, Wilhelm: Die Massenpsychologie des Faschismus; Frankfurt, 1974. Reifner, Udo: Das Recht des Unrechtstaates; Frankfurt, New York, 1981. Reifner/Sonnen: Strafjustiz und Polizei im 3. Reich; Frankfurt, New York, 1984. Rudolf, G., Jugendliche Straftäter und Sachverständigentätigkeit im faschistischen Deutschland; in: Kriminalistik und forensische Wissenschaften 1983/Heft 49/50, 141–152. Rüthers, Bernd: Entartetes Recht; München, 1988. Schmink-Gustavus, Christoph: Das Heimweh des Walerjan Wrobel – Ein Sondergerichtsverfahren 1941/42; Berlin, Bonn, 1986. Schumacher, Ulrich: Staatsanwaltschaft und Gericht im 3. Reich; Köln, 1985. Staff, Ilse: Justiz im 3. Reich; Frankfurt, 1978. Wolff, J., Spurensuche; in: Neue Kriminalpolitik 1989/Heft 1, 26–30. Zentner/Bedürftig: Das große Lexikon des 3. Reichs; München, 1985.

Harry Hubert

## Nationalsozialistische (NS) Kinder- und Jugendpolitik (K)

Die Erziehung der Kinder und Jugendlichen in Elternhaus, Schule und Jugendorganisationen hatte sich dem NS-Prinzip der ‚Umerziehung' des Menschen unterzuordnen. Alle Formen der K verfolgten das Ziel, das Individuum nicht seine eigene → Persönlichkeit entfalten zu lassen, sondern sich als Teil eines größeren Ganzen, des ‚Volkskörpers', zu fühlen – als Rädchen im Getriebe. Das verlangte nach Ein- und Unterordnung; die ‚Tugenden' des Gehorsams, der Disziplin, der Hingabefähigkeit sollten sich entwickeln. Damit konnte aber auch ein gesteigertes Selbstwertgefühl verbunden sein, wie sich aus einigen Aufarbeitungen der eigenen Biographie (z. B. Renate Finckh) ergibt.

Der ‚Dienst an der Gemeinschaft' wurde bereits im frühen Kindesalter gefordert. Schon im → Kindergarten wurden Appelle, NS-Lieder und Sprüche eingeübt, nachdem die → Nationalsozialistische Volkswohlfahrt (NSV) die staatlichen Kindergärten übernommen hatte; auch Kindergarten-Uniformen wurden eingeführt. Bereits im ersten Schuljahr waren Fahnenappelle und das Absingen des Horst-Wessel-Liedes an der Tagesordnung. Zur Zeit der Machtergreifung konnte die NSDAP nicht mit eigenen Erziehungskonzepten aufwarten. Sie entwickelte auch im Lauf der Jahre kein originelles Schulsystem, sondern brachte ältere Pläne zur Durchführung. Erst 1940 lagen diese als einheitliche Pläne für das ganze dt. Reich und als einheitliche Bestimmungen für die drei verschiedenen Schultypen vor. Die Aufnahmebedingungen für Mittel-(Real-)schulen und Gymnasien wurden zeitweilig geändert. Letztlich blieb es jedoch sowohl beim dreigliedrigen Schulsystem und der bedingten Schulhoheit der Länder, obwohl das 1934 erlassene „Gesetz zur Neuordnung des Reiches" den Ländern diese Kompetenz abgesprochen hatte. Hart griff die NSDAP (bzw. das „Reichsministerium für Wissenschaft, Erziehung und Volksbildung") gegenüber den jüdischen Schulkinder durch: Bereits lange vor der amtlichen Regelung im „Reichsbürgergesetz" von 1937 und seinen Auswirkungen auf das Schulwesen begann die Verdrängung jüdischer Kinder aus den öffentlichen Schulen – teils durch Zulassungsbeschränkungen für Gymnasien und Hochschulen (1933 wurde die Quote jüdischer Oberschüler und Studenten auf 1,5% gesenkt), teils durch Schikanen und Diskriminierungen. 1942 untersagte ein Erlaß des „Reichssicherheitshauptamts" die „Beschulung der jüdischen Kinder durch besoldete oder unbesoldete Lehrer" – während schon die Deportationswelle rollte.

Durchgreifend wirkten auch die Bestimmungen hinsichtlich des „weltanschaulichen Unterrichts", des Geschichtsunterrichts, der „Rassekunde", die Pflichtfach wurde, und der „Körperertüchtigung". Für Mädchen wurde zeitweilig auch der Zugang zu humanistischen Gymnasien und der Lateinunterricht untersagt (das hatte bis 1938 den Rückgang von Oberschulabsolventinnen um 10% zur Folge). Diese Maßnahme zielte auf die Zulassungsbeschränkungen für Mädchen an den dt. Hochschulen.

Letztlich kam es der NS-Erziehungspolitik, soweit es die Schulen betraf, nicht so sehr auf Veränderungen der pädagogischen Instrumente an, als vielmehr auf die Umerziehung der Jugend im Sinne des NS-Menschenbildes. Komplementär, in gewisser Hinsicht noch bedeutender, erschienen daher die → Hitlerjugend (HJ) sowie der → Reichsarbeitsdienst (RAD) und das Pflichtjahr. In Jugendgruppen aller Art wurde dem ‚klassischen' Autoritätssystem der Schule ein neuartiges, nicht weniger hierarchisch bestimmtes Autoritätssystem der Jugendgruppe, die von Jugendlichen geführt wurde, entgegengestellt. Das hatte eine größere Anziehungskraft für Kinder und Jugendliche zur Folge und erhöhte nicht selten auch deren Selbstbewußtsein gegenüber dem Elternhaus.

Ähnlich wie im Bereich der Schulsysteme, verblieben die immer wieder angekündigten Neufassungen des Jugendrechts Makulatur. Die Formulierung in § 1 der Verordnungen für die annektierten Gebiete 1938/39 wiederholen die von Hitler in ‚Mein Kampf' geäußerten Grundsätze der Jugenderziehung: „Die Erziehung der Jugend im nationalsozialistischen Sinne ist Erziehung zur deutschen Volksgemeinschaft. Ziel der Erziehung ist der körperlich und seelisch gesunde, sittlich gefestigte, geistig entwickelte, beruflich tüchtige deutsche Mensch, der rassebewußt in Blut und Boden wurzelt und Volk und Reich verpflichtet und verbunden ist." (VO über die Jugendwohlfahrt i. d. Ostmark v. 20.3.1940; zit. nach: Handbuch der deutschen Bildungsgeschichte, Bd. 5, 329).

L.: Finck, Renate: Mit uns zieht die neue Zeit; 1978. Handbuch der deutschen Bildungsgeschichte (hg. v. D. Langewiesche u. H.-E. Tenorth), Bd. 5; München, 1989. Klönne, Arno: Hitlerjugend; Hannover, 1960.

Elisabeth Dickmann

**Nationalsozialistische Rassenpolitik**
→ Sachverständigenbeirat für Bevölkerungs- und Rassenpolitik

**Nationalsozialistische Sozialpolitik**
→ Sachverständigenbeirat für Bevölkerungs- und Rassenpolitik

**Nationalsozialistische Volkswohlfahrt (NSV)**
*1. Allgemeines.* Die NSV war das organisatorische Instrument, dessen sich die Nationalsozialisten in Dt. bedienten, um die Wohlfahrtspflege im Deutschen Reich – später im 2. Weltkrieg auch in den okkupierten Gebieten – im Sinne der NS-Diktatur zu gestalten. Die NSV war stark geprägt vom „rassenhygienischen" Gedanken (→ Eugenik/Rassenhygiene). Unter Protektion der Nationalsozialisten zählte sie bis 1943 über 17 Mio. Mitglieder. Damit wurde sie zur zweitgrößten NS-Massenorganisation (nach der → Deutschen Arbeitsfront) und wahrscheinlich zur größten Wohlfahrtsorganisation der Welt.

*2. Entstehungsgeschichte.* Die NSV wurde 1931 von NS-Funktionären in Berlin-Wilmersdorf gegründet. Davor gab es hier und dort wohlfahrtspolitische Initiativen verschiedener NS-Organisationen, diese waren aber schlecht koordiniert und lassen kein grundlegendes Interesse der NS-Führung an der → Wohlfahrtspflege erkennen. Auch die Anfänge der NSV sind relativ obskur. Aus Gründen, die bis heute nicht ganz klar sind, wurde am 15.12.32 im Verordnungsblatt der NSDAP bekanntgegeben, daß die NSV in keinem irgendwie gearteten Zusammenhang mit der NSDAP stehe. Angesichts dieser deutlichen Schlappe nur Wochen vor der sog. „Machtergreifung" ist es umso erstaunlicher, daß es der NSV in kurzer Zeit gelungen ist, sich die Hauptverantwortung für die Wohlfahrtspflege im NS-Regime zu sichern.

Knapp zwei Monate nach Hitlers Aufstieg zum Kanzler übernahm ein NS-Funktionär namens → Erich Hilgenfeldt die Führung der NSV. Obwohl Hilgenfeldt keine besonderen Vorkenntnisse der Wohlfahrtspflege aufzuweisen hatte, brachte er wichtige Voraussetzungen für seine Tätigkeit als Führer der NSV mit; seine Stärke bestand darin, daß er die relativ unwichtige NSV in den bürokratischen Intrigen des Dritten Reiches durchsetzen konnte. Er verstand es, bedeutende Persönlichkeiten der NS-Führung für sich zu gewinnen.

Am 3. Mai 1933 ernannte Hitler die NSV zur „Organisation in der Partei für Deutschland". Magda Goebbels, die sich insgesamt um die Etablierung der NSV im Dritten Reich sehr verdient gemacht hatte, gab am 6.5.33 einen Tee-Empfang im Hotel Kaiserhof. Rund 600 prominente Gäste aus dem dt. öffentlichen Leben kamen zusammen, um sich über die Ziele der NSV informieren zu lassen. Hitler selbst ist bei diesem Empfang aufgetreten, was sicherlich dem Ansehen der NSV nicht geschadet hat.

*3. NSV und private Wohlfahrtspflege.* Auf dem Tee-Empfang vom 6.5.33 gab sich Hilgenfeldt maßvoll und meinte, das private Hilfswesen solle durch die Arbeit der NSV nicht behindert werden. Ab Juli 33 jedoch wurden nur noch vier private →Wohlfahrtsverbände als Spitzenverbände von der Reichsregierung anerkannt: die NSV, Innere Mission (→Diakonisches Werk), der →Deutsche Caritasverband und das →Deutsche Rote Kreuz. Der →Deutsche Paritätische Wohlfahrtsverband ging auf in der NSV; die sozialdemokratische →Arbeiterwohlfahrt wurde aufgelöst, ihr Eigentum wurde weitgehend von der NSV übernommen. Der Verband der →jüdischen Wohlfahrtspflege durfte zwar zunächst weiterbestehen, war jedoch aus der →Liga der Freien Wohlfahrtspflege ausgeschlossen. Im März 34 gelang es der NSV, ihre Kontrolle über die „freie" Wohlfahrtspflege insofern zu verstärken, als Hilgenfeldt den Vorsitz in der neugegründeten „Arbeitsgemeinschaft der freien Wohlfahrtspflege" übernahm.

Im März 35 wurde die NSV von einer Organisation in der Partei zu einem der NSDAP angeschlossenen Verband mit eigener Rechtspersönlichkeit (→Hauptamt für Volkswohlfahrt). Der Aufbau der NSV entsprach dem der NSDAP, und eine fast vollkommene Personalunion herrschte zwischen den beiden Organisationen, was die Führungspositionen in der NSV anbetrifft. Eine enge personelle Verflechtung gab es auch zwischen der NSV und dem →Winterhilfswerk des Deutschen Volkes (WHW).

*4. Die NSV und die öffentliche Fürsorge.* Die NSV bestand darauf, daß ihre Leistungen zusätzlich zu denen der →öffentlichen Fürsorge seien. Diese hatte ihrerseits allerdings ein Interesse daran, die Leistungen der NSV anzurechnen, um dabei ihre eigene finanzielle Last zu vermindern. Eine gewisse Konkurrenz zwischen der NSV und der öffentlichen Fürsorge im Dritten Reich ist kaum zu übersehen. Zwar haben die Nazis gleich nach der Machtergreifung die Verwaltungen gesäubert. Auch in der öffentlichen Fürsorge wurden Kräfte aus politischen und „rassischen" Gründen entlassen. Aber insgesamt entsteht der Eindruck, daß die →„Gleichschaltung" der Fürsorge viel eher durch Anpassung als durch Auswechslung sich vollzogen hat. Versuche, den Einfluß der NSV auch über die öffentliche Fürsorge auszudehnen, scheiterten nicht zuletzt an der institutionellen Trägheit der öffentlichen Verwaltung.

*5. Ideologie der NSV.* Die NSV hat radikal mit dem von christlich-humanistischen Vorstellungen abgeleiteten Prinzip gebrochen, nach dem jeder Person ein menschenwürdiges Dasein zusteht. Die dt. Nationalsozialisten waren keinesfalls isoliert in ihrer Faszination vom biologistischen Ansatz – im Gegenteil: biologistische und rassistische Erklärungsmuster (→Biologismus) waren während des ersten Drittels dieses Jh. außerordentlich weit verbreitet in ernstzunehmenden wissenschaftlichen Kreisen des gesamten euro-amerikanischen Kulturkreises. Es gehört zu der Tragik der NS-Diktatur in Dt., daß die Nationalsozialisten ausgerechnet zu einer Zeit, als sich ein neues Paradigma in den Sozialwissenschaften durchsetzte, das Rassismus und Biologismus stark in Frage stellte, Rassismus und Biologismus in Dt. zu einer Art Staatsdoktrin erhoben haben – und auch konsequent danach handelten.

Das Ergebnis für die Wohlfahrtspflege war verheerend. Die NSV unterschied zwischen „Lebenswerten" und „Minderwertigen" (→lebensunwertes Leben). Es galt, den letzteren zu helfen und die anderen „auszumerzen". Als minderwertig eingestuft waren – je nachdem – sowohl gewisse „Rassen" (v.a. Juden und →Zigeuner) als auch →Behinderte und Verhaltensauffällige. Gleich im ersten Jahr des Dritten Reiches wurde das →„Gesetz zur Verhütung erbkranken Nachwuchses" erlassen, das die legale Grundlage für „Unfruchtbarmachungen" unter bestimmten Bedingungen schuf. Auch ohne gesetzliche Grundlage wurden im Laufe des Dritten Reiches Tausende von fragwürdigen Sterilisierungen vorgenommen. Obwohl in der Ideologie des Dritten Reiches die Biologie ein „objektiver" Tatbestand war, wurde in der Praxis der Wohlfahrtspflege so verfahren, als ob von Verhaltensmerkmalen (→ Prostitution, → Alkoholismus) auf rassische Konstitution Rückschlüsse gezogen werden könnten.

1939 autorisierte Hitler einen Plan, der in die Geschichte als „Euthanasie-Programm" (→ Euthanasie, → T4) eingegangen ist. Ziel des Programms war es, „lebensunwertes Leben" auszumerzen. Obwohl alle Beteiligten zur Geheimhaltung verpflichtet waren, ließ sich das „Euthanasie-Programm" nicht verheimlichen. Da viele Stimmen u. a. aus kirchlichen Kreisen laut wurden, wurde es 1941 offiziell abgeblasen. Die Ausrottung „Minderwertiger" ging jedoch inoffiziell weiter. Die Zahl der Opfer nur dieses Programms werden auf zwischen 50 000 und 300 000 geschätzt.

*6. Arbeitsschwerpunkte der NSV.* Die NSV hatte verschiedene Arbeitsschwerpunkte, die sich im Laufe der Zeit änderten. Ein Teil der Aufgaben war eher traditionell: allgemeine Wohlfahrtspflege, Anstalts- und Sonderfürsorge, Familien- und Wohnungshilfe, NSV-Jugendhilfe, Erholungsfürsorge, Schlichtung von Mietstreitigkeiten, Schwesternwesen. Eine zunehmende Rolle spielte die NSV in der Ausbildung von sozialen Fachkräften, die während des Dritten Reiches zu einer Mangelware wurden. Es gab Untergliederungen der NSV, die eine gewisse fachliche Anerkennung genossen, wie z. B. das Hilfswerk Mutter und Kind (MuK). Ein Netz von Hilfs- und Beratungsstellen des MuK wurde zu dem Zweck aufgebaut, „wertvollen deutschen Familien" Hilfe im Bereich der Familien- und Gesundheitsfürsorge „unbürokratisch" zukommen zu lassen. Bis Ende 1935 waren 25 552 Hilfs- und Beratungsstellen in Betrieb genommen, bis Ende 1939 waren es 32 572. Aber auch in Bereichen, in denen nützliche Hilfen angeboten wurden, waren diese mißbräuchlich in den Dienst der NS-Diktatur gestellt worden.

Die NSV entfaltete allerdings eine Reihe von Aktivitäten, die höchst ungewöhnlich waren. Ein NSV-Ernährungshilfswerk, das 1937 ins Leben gerufen wurde, hatte die Aufgabe, die Fleischversorgung der Bevölkerung dadurch zu verbessern, daß Küchenabfälle gesammelt und zur Schweinemast verwendet wurden. Die ganze Aktion hatte leicht komische Züge und scheint mehr Ärger als Speck erzeugt zu haben. Die NSV wirkte auch mit in juristischen Ermittlungsverfahren des Volksgerichtshofes und in der politischen Agitation.

*7. Die NSV und das Geld.* Das Finanzgebaren der NSV war bewußt undurchsichtig. Aber es kann darüber kein Zweifel bestehen, daß der Organisation erhebliche Mittel zur Verfügung standen. In der Selbstdarstellung hieß es, daß die Finanzmittel der NSV freiwilliger Art waren. Diese Behauptung ist nur mit Vorsicht zu genießen, denn es wurden die vielfältigsten Druckmittel eines diktatorischen Systems eingesetzt, um → „Spenden" an die NSV zu erzwingen. Geschäftsleute (am Anfang des Dritten Reiches selbst jüdische Geschäftsleute) wurden gezwungen, zu spenden und dafür zu sorgen, daß ihre Belegschaften Beiträge zur NSV bzw. zum WHW leisteten. Parteimitglieder, die in der gemeindlichen Politik aktiv waren, wurden verpflichtet, der NSV beizutreten. Auch wurde klargemacht, daß die Ehefrau des Parteimitglieds vorzugsweise in der NSV mitzuarbeiten hatte. Uniformierte SS-Truppen (→ SS) sammelten zugunsten der NSV.

Die NSV pflegte einen sehr lockeren bis unkorrekten Umgang mit Geld. Dies hatte sicherlich teilweise mit der weitverbreiteten Klein- und Individuell-Korruption in der Organisation zu tun, über die es sehr viele Zeugnisse gibt. Allerdings litt darunter das Ansehen der NSV und des Dritten Reiches, und man hat ab und an sogar etwas unternommen, um die Individuell-Korruption in Grenzen zu halten. Viel gravierender war die institutionelle Korruption. Beschlagnahmtes Eigentum anderer, den Nationalsozialisten nicht genehmer Wohlfahrtsorganisationen und das beschlagnahmte Privateigentum von Juden gingen in den Besitz der NSV über. Auch die persönlichen Effekten (z. B. Haar und Brillen) aus den Vernichtungslagern wurden teilweise der NSV und dem WHW übergeben. Auf Betreiben von Hitlers Stellvertreter wurde die NSV jeglicher finanzieller Revision entzogen. Die NSV zeigte sich erkenntlich; es gibt Hinweise darauf, daß finanzielle Mittel in größeren Mengen für NS-Projekte, die wenig bis gar nichts mit Wohlfahrtspflege im herkömmlichen Sinne zu tun hatten, abgezweigt wurden. So wurde z. B. die SS-Organisation →„Lebensborn e. V." – eine bizarre „Zuchtfarm" für „Reinrassige" – überwiegend durch geheime Spenden der NSV unterhalten.

*8. Die NSV während des II. Weltkrieges.*
An der kriegerischen Ausdehnung der NS-Herrschaft beteiligte sich die NSV von vornherein mit großem Enthusiasmus. Gleich am Anfang des Krieges war die NSV mit dabei und verteilte innerhalb der ersten fünf Kriegswochen allein in Warschau 8 103 810 Portionen warmes Essen und 5 056 100 Brotportionen à 500 g. Die Fürsorge der NSV galt v. a. den „Volksdeutschen". In den Ostgebieten wurde der NSV das Eigentum früherer Wohlfahrtseinrichtungen – insb. jener der katholischen Kirche – übereignet. Die NSV profitierte auch mit am Massenmord der europäischen Juden.

Im Verlauf des Krieges wurden sowohl die NSV als auch die öffentliche Fürsorge durch das Ausbleiben des ‚Endsieges' mit neuen und immer weniger lösbaren Aufgaben konfrontiert, die alle verfügbaren Ressourcen in Anspruch nahmen. Die formale Arbeitsteilung zwischen NSV und öffentlicher Fürsorge blieb – zumindest bis Ende 1944 – weitestgehend bestehen, wurde aber für den täglichen Arbeitseinsatz der Fürsorgekräfte teilweise irrelevant. Die Aufgaben der Fürsorge wurden zunehmend von der negativen Kriegsentwicklung bestimmt. Die Zahl der Kriegshinterbliebenen wuchs gewaltig. Alliierte Bombenangriffe zerstörten große Teile vieler dt. Städte und trugen zur allgemeinen Desorganisation und Demoralisierung bei. Die Fürsorge strengte sich an, unmittelbar Betroffenen zu helfen und einen Beitrag dazu zu leisten, daß die öffentliche Ordnung und Disziplin aufrechterhalten wurden. Gegen Ende des Krieges kam das Flüchtlingsproblem hinzu. Die NSV überlebte nicht den Barbarismus, den sie mitverursacht hatte.

L.: Bauer, Rudolph (Hg.): Die liebe Not. Zur historischen Kontinuität der „freien Wohlfahrtspflege"; Weinheim, Basel, 1984. Kramer, David, Das Fürsorgesystem im Dritten Reich; in: Landwehr/Baron (Hg.), Geschichte der Sozialarbeit; Weinheim, Basel, 1983, 173–217. Ders., Das Wohlfahrtswesen in der NS-Zeit; in: Soziale Arbeit 1983/6, 294–319. Nikles, Bruno, Machtergreifung am Bahnhof. Nationalsozialistische Volkswohlfahrt und kirchliche Bahnhofsmission 1933 bis 1945; in: Neue Praxis, 1989/3, 242–261. Mann/Reidegeld, Die nationalsozialistische „Volkswohlfahrtspflege". Dimensionen ihrer Ideologie und Praxis; in: Theorie und Praxis der sozialen Arbeit, 1988/11, 402–422. Otto/Sünker (Hg.): Soziale Arbeit und Faschismus; Bielefeld, 1986. Schoen, Paul: Armenfürsorge im Nationalsozialismus; Weinheim, Basel, 1985. Vorländer, Herwart: NS-Volkswohlfahrt und Winterhilfswerk des deutschen Volkes; in: Vierteljahreshefte für Zeitgeschichte, 1986/3, 341–380. Witt, Th. A.: The Nazi Party and Social Welfare, 1919–1939; Diss., University Microfilms, Ann Arbor, Michigan, 1971.

David Kramer

**Natorp, Paul**
N, geb. 24. 1. 1854 in Düsseldorf, gest. 17. 8. 1924 in Marburg, Privatdozent (seit 1881) sowie außerordentlicher (seit 1883) bzw. ordentlicher (seit 1893) Pro-

fessor für Philosophie und Pädagogik in Marburg, war mit Hermann Cohen und Ernst Cassirer Vertreter der Marburger Schule des Neukantianismus und bemühte sich in kritischer Abgrenzung zu →Herbart um eine philosophisch ausgewiesene Grundlegung der →Pädagogik. N trat als Pestalozzi-Forscher (→Pestalozzi) hervor und unterbreitete 1899 die erste systematische Fassung des mit dem Begriff →‚Sozialpädagogik' umrissenen Anliegens. Obwohl zu Lebzeiten vieldiskutiert und namentlich seitens der sich gegen den Herbartianismus wendenden und auf die soziale Frage (→Arbeiterfrage) Bezug nehmenden Volksschullehrerschaft als ‚neuer Pestalozzi' oder gar als „Führer auf dem Gebiete der Erziehung" (so Saupe 1924, 102) begrüßt, erlangte N keine dauerhafte Geltung. So erfuhr etwa der Begriff der Sozialpädagogik noch in der Weimarer Epoche eine vollständig von N's Absichten absehende Prägung, und auch der von N bevorzugte Neukantianismus wurde obsolet infolge des zunehmenden Bestrebens von Pädagogen, ihre Disziplin aus der Abhängigkeit von philosophischen Systemen zu befreien.

N hatte diese Abhängigkeit noch energisch postuliert. Zwar mag dabei eine Rolle gespielt haben, daß er selbst von Haus aus Philosoph war und sich, abgesehen von einem kurzen und wenig erfolgreichen Intermezzo als pädagogischer Praktiker, erst mit Ende Dreißig näher auf pädagogische Fragen einließ. Immerhin brachte N aber auch einige, von der Sache her überzeugende Argumente dafür ins Spiel, daß die gegen Ende des 19. Jh. von vielen Seiten intendierte Emanzipation der Pädagogik von der Philosophie zumindest verfrüht sein könne. So schien v. a. die Rolle der praktischen Philosophie im Rahmen der Begründung pädagogischen Handelns noch nicht zureichend konzipiert worden zu sein. Dies galt aus N's Sicht beispielhaft für den Herbartianismus. Denn dieses führende pädagogische Paradigma des ausgehenden 19. Jh. schien nicht viel mehr zu sein als ein technizistisches, der Philosophie des Pragmatismus Tribut zollendes Regelsystem für ein die Lehrerbedürfnisse in den Vordergrund stellendes unterrichtliches Handeln. Überhaupt legte die →Schule des 19. Jh., wie N mit einer der reformpädagogischen Kritik (→Reformpädagogik) verwandten Geisteshaltung resümierte, kaum Zeugnis ab für ernsthafte Versuche, die ethischen Ideale der →Aufklärung zu realisieren. Darüber hinausgehend vermochte die Pädagogik bei diesem, so N, insgesamt unbefriedigenden Status der für die Begründung ihres Handelns unverzichtbaren praktischen Philosophie keine Antwort zu geben auf die Problemstellungen, die Ende des 19. Jh. v. a. seitens der für die soziale Frage offenen Kreise der Volksschullehrerschaft aufgeworfen worden waren.

In die sich hier anbahnende Diskussion um das schon um die Jahrhundertmitte verwendete, nun aber erst modisch gewordene Schlagwort „Sozialpädagogik" schaltete sich N mit dem Vorschlag einer eigenständigen Konzeption ein. Ihr zufolge mußte Pestalozzi als der erste Sozialpädagoge gelten, und zwar nicht so sehr, weil er das Armutsklientel (→Armut) in den Mittelpunkt des Interesses der Pädagogik gerückt, sondern weil er die Menschwerdung des Menschen im Kontext menschlicher →Gemeinschaften thematisiert hatte. Indem N die letztgenannte Formel zugleich in den Rang eines Leitmotivs seines Sozialpädagogik-Verständnisses erhob, meinte er feststellen zu können, daß alle bisherige Pädagogik bloße Individualpädagogik gewesen war, die als solche vorzüglich das Verhalten eines einzelnen Erziehers gegenüber einem einzelnen Educanden beachtet hatte.

Die Pädagogik der Zukunft, also die Sozialpädagogik, mußte stattdessen, so N, nicht nur die Moralität des einzelnen Educanden thematisieren, sondern sie hatte auch zu fragen, welche sittliche Qualität die Gemeinschaft, in die der einzelne eingebunden sei, aufweise. Entsprechend suchte N anfangs dann auch, unter Rückgriff auf Platon, zwischen Tugenden des Individuums und solchen der Gemeinschaft zu unterscheiden, um daraus dann neue Aspekte für die Kritik jener Gemeinschaften (Haus, Schule, Leben) zu gewinnen, die bildungswirksam sind oder die in Bildungsabsicht auftreten. Später entwickelte N dann eine äußerst differenzierte, die Krise seiner Epoche aufnehmende Philosophie der Praxis, die an die Stelle der praktischen Philosophie treten sollte. Entsprechend hat sich N dann auch, namentlich infolge des in Reaktion auf den verlorenen Weltkrieg eingetretenen Verfalls tradierter Werte und Gesellungsformen, nicht gescheut, eine weit ausgreifende Utopie (→Soziale Utopie) einer gerechteren, durch bildungswirksame Gemeinschaften gekennzeichneten Gesellschaft vorzulegen, die zugleich die Gewähr dafür gibt, den ‚Krieg aller gegen alle um die soziale Existenz', als den N die soziale Frage ansah, grundlegend zu vermeiden.

Sozialpädagogik bedeutete für N also nicht bloß Sozialerziehung oder Erziehung durch, zur oder für die Gemeinschaft; ebensowenig ging es ihm darum, lediglich Aufträge derart zu formulieren, die Pädagogik habe in Zukunft stärker soziale Bedingungen der →Erziehung zu berücksichtigen oder zu erforschen. Vielmehr zielte N auf den Nachweis, daß die Pädagogik dann nicht zur Wissenschaft werden könne, wenn sie in der Begründung der Erziehungszwecke und Erziehungsmittel die Thematisierung der dem Educanden zu unterstellenden oder zu vermittelnden Einzelmoral unabhängig vornehme von der Frage der Sittlichkeit der Gesellungsformen, in die der einzelne eingebunden sei (→Moral, →moralische Sozialisation).

Der rasche, unmittelbar nach N's Tod einsetzende Niedergang dieses ehrgeizigen Verständnisses der Sozialpädagogik als der allein wissenschaftlichen Konzeption von Pädagogik wurde beschleunigt durch die Krise des Neukantianismus, aber auch durch das Aufkommen neuer philosophischer Strömungen (z. B. →Lebensphilosophie) sowie stärker erfahrungswissenschaftlich ausgerichteter Bemühungen um die Etablierung der Pädagogik als einer – durch Experimentalforschung untermauerten – Einzelwissenschaft. Entscheidend war aber, daß N's sozialwissenschaftlich und präventiv orientiertes und insoweit weniger auf pädagogische Prozesse denn auf Bildungsbedingungen und soziale Strukturen orientierendes Sozialpädagogik-Konzept sich sperrig verhielt gegenüber gerade in der Weimarer Epoche anwachsenden Interessen an pädagogischen Verfahren, die das Verstehen der Bildungsgeschichte des einzelnen ermöglichten. Die Neigung zur Herausbildung neuer Interventionsstrategien, die z. B. auf erziehungsschwierige Educanden zugeschnitten waren, nahm in der Öffentlichkeit ebenso zu wie in der Rechtsprechung, aber mit N ließ sich die in diesem Zusammenhang erforderliche eindeutige Abgrenzung von Handlungsfeldern oder die Herausbildung entsprechender Berufsbilder oder Ausbildungsgänge nicht begründen. In diesem Vakuum gelang es v. a. →Herman Nohl, unter deutlicher Absetzung von N das bis heute weitgehend dominante Verständnis der Sozialpädagogik als einer besonderen Hilfe gegenüber einem verwahrlosten oder von Verwahrlosung bedrohten Klientel – v. a. im Bereich der Jugendhilfe – herauszuarbeiten. Insoweit etablierte sich die Sozialpädagogik als Teildisziplin der Allgemeinen Pädagogik, beansprucht aber nicht mehr, wie noch bei N, deren einzig mögliche Variante zu sein.

Allerdings bleibt festzuhalten, daß dem Ansatz N's in Zukunft verstärkte Bedeutung zukommen dürfte. Denn zum einen hat die seit den 70er Jahren nachweisbare Versozialwissenschaftlichung der Sozialpädagogik beigetragen zur Aufwertung der von N verfolgten Fragestellungen. Zum anderen aber läßt die unverkennbare Krise institutionalisierter und professionalisierter Handlungsformen Ausschau halten nach Alternativen, deren Kern in der – mit N's Konzeption durchaus nicht unvereinbaren – Absicht gründet, dem Verfall tradierter Gemeinschaften qua präventiv orientierter →Intervention vorzubeugen.

L.: N; in: Schmidt, R. (Hg.), Die Philosophie der Gegenwart in Selbstdarstellungen; Leipzig, 1923 (2. Aufl.). Niemeyer, Christian, Zur Systematik und Aktualität der Sozialpädagogik N's vor dem Hintergrund ihrer ideengeschichtlichen Einlagerung; in: Oelkers/Schulz/ Tenorth (Hg.), Neukantianismus. Kulturtheorie, Pädagogik und Philosophie; Weinheim, 1989. Saupe, E.: Deutsche Pädagogen der Neuzeit; Osterwieck, 1924. Trost, F., N als Sozialpädagoge; in: Bildung und Erziehung, 1949.

Christian Niemeyer

## Naturalleistungen

Sachleistungen, im Unterschied zu monetären Leistungen (Geld, Gutscheine).

## Naturfreunde

„N" ist die Kurzbezeichnung für den „Touristenverein ‚Die N', Bundesgruppe Deutschland – Verband für Umweltschutz, sanften Tourismus und Kultur". Rechtsform ist die eines gemeinnützigen eingetragenen Vereins. Die N geben die Verbandszeitung „Wandern und Bergsteigen" heraus (Aufl.: 70000). Die N wurden 1895 in Wien als Naturkunde- und Wandersektion der sozialdemokratischen Partei gegründet und haben heute in der BR 120000 Mitglieder. Der Gruß „Berg frei! Welt frei! Völker frei!" und das Vereinsabzeichen, die verschlungenen Hände der Arbeiterverbrüderung mit drei Alpenrosen, wurden von Karl Renner (N-mitgründer und späterer österreichischer Reichskanzler und Bundespräsident) geschaffen.

Neben der →Arbeiterwohlfahrt (AWO), dem Rad- und Kraftfahrerbund „Solidarität" und dem →Arbeiter-Samaritern-Bund sind die N der einzige, nach 1945 wiedergegründete Verband der Weimarer Arbeiter-Kultur- und -Sportbewegung. Von der Struktur und den Tätigkeitsbereichen her sind die N heute so etwas wie die alte Arbeiterkulturbewegung im kleinen; sie gliedern sich in Referate und Fachgruppen für Umweltschutz, Natur- und Heimatkunde, Bergsteigen, Esperanto, Foto, Touristik/ Camping, Wassersport, Wintersport, Naturfreundehäuser, Kultur und Bildung, Presse und Werbung, Reisen sowie Wandern. Daneben bestehen eigenständige Kinder- und Jugendverbände (→Naturfreundejugend). Mit ihren etwa 500 Naturfreundehäusern, Schutzhütten, Jugend- und Familien-Bildungs- und -Erholungsstätten, Bootshäusern und Jugendzentren sind sie der größte private Träger von →Jugendherbergen. Gemeinsam mit der AWO betreiben sie das sozialtouristische „Familienferienwerk". Sie sind Mitglied im „Deutschen Naturschutzring" und Mitgründer der Arbeitsgemeinschaft „Tourismus mit Einsicht", eines Zusammenschlusses von tourismuskritischen und Alternativreiseorganisationen.

Das Wandern seßhaft gewordener ehemaliger Walzbrüder ist der eigentliche Gründungszweck des N-Vereins und prägend für die Naturerfahrung der Arbeitertouristen. Die sich bereits vor der Jahrhundertwende entwickelnde Diskussion um den Sinn des Wanderns zeigt unterschiedliche Ausprägungen des Naturverständnisses der N: sozialpolitische und naturromantische. Die Vereinsgründung sollte das Reisemonopol des →Bürgertums brechen. Das N-Häuserwerk war der Versuch, den Traum der →Wandervogelbewegung vom freien Leben in der Natur genossenschaftlich zu realisieren (→Genossenschaftsbewegung). Seit 1898 organisierten die N Sonderzugreisen – lange bevor private Touristikunternehmer den Pauschalreisemarkt entdeckten; und lange vor →„Kraft durch Freude" organisierte die Dresdener „Grüne Heimat" mit dem Kabinendampfer „MS Baldur" Schiffserholungsreisen.

Um Urlaub ohne Nepp und Zwang, unter Gleichgesinnten und im Einklang mit der Natur massenhaft anbieten zu können, wurde in der Weimarer Republik das Häuserwerk auf über 200 N-Häuser ausgebaut; in fast allen Großstädten entstehen Reisebüros, Wanderauskunftstellen, Ski- und Bergsteigeschulen. Die N-Einkaufsgenossenschaft „EKA" vertreibt preiswerte Wander-, Sport-, Foto- und Naturkundeausrüstung sowie populärwissenschaftliche Literatur in 20 Filialen. 1926 überschreiten die Übernachtungen in den N-Häusern die Millionengrenze.

Das Wandern und die von den N innerhalb des Arbeitersports betriebenen naturnahen Sportarten (Ski, Bergsteigen und Kanu), denen das satzungsmäßige „Ziel der Naturerkenntnis" zu Grunde liegt, sensibilisierten bereits vor Entstehung des bürgerlichen organisierten Natur- und Heimatschutzes für den → Umweltschutz. In zahllosen Protestaktionen, wie bspw. gegen die Abtragung der Teufelsmauer und des Hohenstoffel, gegen die Neutrassierung von Bahnlinien und Straßen, gegen das Aufstauen der Ruhr, den Torfabbau im Naturschutzgebiet Wildseemoor, sowie durch die Beteiligung am Aufbau der Heidewacht und der Bergwacht und die modellhafte Einrichtung eines ersten Naturparks (Lainzer Tiergarten) entwickelte sich die Einsicht in die Notwendigkeit rechtzeitiger, vorbeugender, landespflegerischer Umweltplanung.

Nach 1945 galt das Hauptengagement der N der Rückerstattung der von den Nazis gestohlenen Häuser. In einer großen Anstrengung wurde bis Ende der 50er Jahre das Häuserwerk auf über 400 Einrichtungen verdoppelt. Unter dem Vorsitz von Fritz Rück (Redakteur der IG Druck und Papier, 1918 Vorsitzender des Stuttgarter Arbeiter- und Soldatenrates und Vorsitzender der württembergischen USPD) versuchten die N, ihre pazifistische und ökologische Tradition in Form von „Kulturkartellen" mit SPD, DGB, Falken, SDS und den wieder entstandenen Arbeiterkulturorganisationen einzubringen, und sie stornierten ihre Mitarbeit in den von ihnen mitgegründeten Landessportbünden und der damals eher heimatschutzorientierten „Arbeitsgemeinschaft Deutscher Heimat-, Wander- und Naturschutzverbände". Der Versuch linker „Kulturkartelle" scheiterte gegenüber dem damaligen, auch sozialdemokratischen Zeitgeist des ungebrochenen Fortschrittsglaubens, der Wachstumsideologie und des sog. Wirtschaftswunders. Der Protest der N gegen die Zerstörung der Alpen durch den Skitourismus (1947), ihre Forderung nach einem „sozialen Wald- und Wiesengürtel um die Städte" (1951), die Rettung des Hörnles in der Schwäbischen Alb (1956), ihr Kampf gegen die Plutoniumtechnologie (seit 1959) oder für Katalysatoren und Tempo 100 („Autokiri"-Aktion 1973) ließ sie den Zeitgenossen als Ewiggestrige und Naturschwärmer erscheinen. Daß die frühen Ökopaxe gerade innerhalb der → Arbeiterbewegung bis in die 80er Jahre wirkungslos blieben, hat u.a. folgende Gründe: ihren ökologischen Rigorismus; ihren arbeiterkulturellen Traditionalismus, als sich die SPD zur Volkspartei wendet; ihre Offenheit gegenüber Kommunisten und Grünen; ihre Mitträgerschaft des Ostermarsches der 60er und des Nachrüstungsprotests der 80er Jahre (→ Friedensbewegung).

Heute stehen praktische Umweltschutzarbeit, der Erhalt und Ausbau des Häuserwerks und sanfter Tourismus (Umbau des Bundesleistungs- und Familienerholungszentrums am Fellhorn zum „Alpenschutzzentrum Kanzelwandhaus"; ökologische Sommerschulen; ökologisch und historisch geführte Reisen; Entwicklung einer alternativen Tourismuspolitik für das Saarland sowie die Ökologisierung der Breitensportangebote und der Lehrwartausbildung im Wasser-, Berg- und Wintersport im Zentrum der N-aktivitäten.

A.: N Deutschland, Großglocknerstraße 28, 7000 Stuttgart 60; T.: 0711-33 76 88/7

L.: Linse, Uli: Ökopax und Anarchie; München, 1986. Zimmer, Jochen (Hg.): Mit uns zieht die neue Zeit. Die N. Zur Geschichte eines alternativen Verbandes

Jochen Zimmer

## Naturfreundebewegung

Als „grüne Rote" oder „ökologisches Frühwarnsystem der Arbeiterbewegung" (Spiegel 3/1985, 41) wird die N bezeichnet. Sie entstand gegen Ende des 19. Jh. z. T. aus lokalen Arbeiter-Wander- und -Bildungsvereinen, als lebensreformerischer und ökologischer Zweig der Sozialdemokratie.

Karl Kautsky sah die „mangelnde Kultur der Massen" darin begründet, daß ihnen der „Zugang zur Natur, dem ewigen Urquell aller Schönheit und allen Schönheitsempfindens", abgeschnitten sei (Vermehrung und Entwicklung in Natur und Gesellschaft; Stuttgart, 1910, 142); → Engels sah das Wesen einer zukünftigen freien Gesellschaft in der „Versöhnung der Menschheit mit der Natur und mit sich selbst" (MEW 1, 505). Diese Solidarität der ausgebeuteten Menschen mit der ausgebeuteten Natur wollten die Initiatoren der N – der Austromarxist Karl Renner (1870–1950) oder der Ökobauer, naturwissenschaftliche Aufklärer und Wegbereiter der brandenburgischen Arbeiterwanderbewegung, Curt Grottewitz (1866–1905) – propagieren und organisieren.

Die N begann als proletarische Familien-Selbsthilfe für den gesamten Freizeitbereich; ihre Schwerpunkte waren zunächst das Wandern, die Liebe zur Natur, „soziales Wandern" (als volks- und heimatkundliche Kundschaft, Walze und Landagitation), die politische und kulturelle Bildung sowie der genossenschaftliche Tourismus. Das umweltschützerische Engagement der N war sozialpolitisch motiviert. Die Arbeiter sollten aus der Enge der Wohnungen, dem Dreck der Fabriken und Städte und dem Alkoholdunst der Kneipen der Natur, der Schönheit und Freude entgegengeführt werden. Deshalb wurden der freie Zugang zur Natur („freies Wegerecht") gefordert und das private Verfügungsrecht über Natur und Landschaft mit ihren katastrophalen, naturzerstörerischen Folgen bekämpft.

Den unterschiedlichen lebensreformerischen und politischen Ansätzen der „Naturfreundeapostel" um die Jahrhundertwende entsprach die Herausbildung politisch, ökologisch und auch regional unterschiedlicher Organisationen. Als große nationale Organisationen bildeten sich: von Österreich ausgehend, der „Touristenverein ‚Die → Naturfreunde'"; der von Berlin ausgehende, revolutionäre und sich in seiner umweltschützerischen und naturkundlichen Arbeit auf Bölsche und Grottewitz berufende „Arbeiter-Wanderbund ‚Naturfreunde'" (genannt „rote N" nach dem Vereinsabzeichen); der „Verband freier bergsportlicher Vereinigungen" (VfbW), der hedonistisch-bergsteigerisch orientiert war und mit seinen Vernichtungen von Gipfelbüchern als Protest gegen die leistungssportliche und touristische Zerstörung der Gebirge in den 20er Jahren populär wurde; sowie die jeweils regional, völkisch-heimatschützerisch, anarchistisch oder bündisch orientierten „Heimatwanderer". Der Touristenverein (TV) „Die Naturfreunde" als der größte Verband der N (1923 ca. 120 000 Mitglieder; Arbeiter-Wanderbund „Naturfreunde" ca. 15 000; VfbV ca. 1500) war selbst stark differenziert. Während der südbayerische und fränkische TV, auf dessen Initiative hin sich die dt. N organisatorisch von der Wiener austromarxistischen TV-Zentrale trennte und 1924 einen eigenen dt. Reichsverband gründete, mehrheitlich sportlich und bürgerlichen Natur- und Heimatschutz orientiert war (Reichsobmann Xaver Steinberger und Reichsgeschäftsführer Loni Burger, beide Nürnberger, waren gleichzeitig im bürgerlichen „Fränkischen Albverein" und machten nach 1933 im gleichgeschalteten NS-Wander- und Heimatschutzwesen Karriere), waren die mitteldeutschen, hessischen, schwäbischen, rheinischen und niederdeutschen TV-Gaue linkspluralistische Kultur- und Umweltschutzverbände, deren führende Intellektuelle (Fritz Rück,

Philipp Pleß, Emil Birkert, Wilhelm Buckpesch, Theodor Hartwig) den linken Kleinparteien SAP, KPO und ISK entstammten und nach 1933 in den Widerstand und die Emigration gingen. Vom kommunistischen Flügel der N, der sich ab 1924 herauszubilden beginnt und aus dem sich seit 1930 (mit dem Ausschluß der sächsischen „Vereinigten Kletterabteilung" aus dem TV wegen Beteiligung am „Reichstreffen der roten Arbeitersportler" der KPO) die „Naturfreunde-Opposition" entwickelt, gehen zahlreiche Gruppen geschlossen in den Widerstand, leisten Grenzarbeit und können im unzugänglichen Gebirge bis 1945 Sender und Druckereien halten.

Nach 1945 entstehen in allen vier Besatzungszonen einheitliche Verbände, die die ganze Spannbreite der alten N abdecken. 1947 haben sich sowohl in der SBZ als auch in der Trizone Naturfreunde-Landes-, -Zonen- bzw. -Interzonenstrukturen herausgebildet, die sich nun einheitlich »Touristenverein „Die Naturfreunde"« nennen. In der BR gerät die N seit den 50er bis in die 80er Jahre in einen umfassenden Dissens zur SPD und den DGB-Gewerkschaften: zentrale Konfliktpunkte sind Wiederbewaffnung, Atomrüstung und Atomenergie, die Haltung gegenüber den antikolonialen Befreiungsbewegungen und der Natur- und Umweltschutz. Als die SPD Beton und Atom zu den Zukunftstechnologien der 50er Jahre erklärt, baut die N Fachgruppen für „Natur und Heimatkunde" und „Naturschutz" als aktionsorientierte Bildungs- und Aufklärungsstrukturen auf; als das Godesberger Programm auf die „atomare Zukunft" setzt, ist die N Mitinitiator und -träger der Ostermärsche (→ Friedensbewegung) und organisiert 1963 die erste bundesweite Demonstration zum →Umweltschutz, gegen Atomkraft, Atomrüstung und Naturzerstörung in Heilbronn. Die N versteht sich dabei als Teil sowohl der →Arbeiterbewegung als auch der außerparlamentarischen Opposition.

In der DDR wurden ab 1949 die naturschützerischen und heimatkundlichen Gruppen der N zu den „Natur- und Heimatfreunden" im „Demokratischen Kulturbund" (später „Gesellschaft für Natur und Umwelt" in Kulturbund) zusammengefaßt. 1957 gründeten bergsportlich und am „sozialen Wandern" orientierte Naturfreunde mit Gruppen aus der Tradition der ehem. Gebirgs- und Wandervereine den „Deutschen Wanderer- und Bergsteigerverband der DDR" (später: „Deutscher Verband für Wandern, Bergsteigen und Orientierungslauf der DDR"). Seit November 1989 konstituierte sich eine eigenständige N in Form eines je autonomen Naturfreunde- und →Naturfreundejugend-Verbandes.

A.: Naturfreunde Internationale, Diefenbachgasse 36, A-1150 Wien; T. 0043-1 85 97 51/-2. Arbeiterkultur und Ökologie, Institut und Archiv, Grüner Weg 34a, D-3507 Baunatal-Großenritte; T. (0 56 01) 8 75 10.

L.: Erdmann/Lorenz/Wiepen/Zimmer (Hg.): Die grünen Roten; Essen, 1990.

Jochen Zimmer

**Naturfreundejugend Deutschland (NFJD)**
Die NFJD ist als altersmäßige Gliederung der →Naturfreunde ein eigenständiger, linkspluralistischer Jugendverband für die Bereiche sanfter Tourismus, Umweltschutz, Freizeit- und Kulturarbeit. Sie ist bei allen obersten Landesbehörden anerkannter Träger der →Jugendhilfe und, seit deren Gründung, Mitglied aller Landesjugendringe und des Deutschen Bundesjugendrings. Im deutschsprachigen Raum bestehen Verbände in der BR (und ehem. DDR), der Schweiz und Österreich. Internationaler Zusammenschluß ist die Naturfreundejugend Internationale (NFJI). Die NFJD hat ca. 500 Gruppen mit 60 000 Mitgliedern; der Altersdurchschnitt liegt bei 15–25 Jahren ohne starre Altersgrenzen. Zentrale Zeitschrift ist seit 1948 der „Schnittpunkt" (Vorgänger: „Wir sind jung").

Das Selbstverständnis der NFJD-arbeit ist das musischer, kultureller und ökologischer Jugendbildungs- und -freizeitarbeit zu sozialer und kultureller Kreativität und Selbstbestimmung; Arbeitsformen sind →Gruppenarbeit, Theater- und Songgruppen, gemeinsames Reisen (Wandern, Skifahren, Kanu, Bergsteigen – wobei praktischer →Umweltschutz jeweils eine erhebliche Rolle spielt), Öko-Camps, Sommerschulen, Bach-Patenschaften und Pflege von Flüssen, Schutzhüttenbau und internationale Begegnungen. Aktuelle Projekte sind „INTERCULTUR" (ein Alternativreisebüro für Einzelaustausch und Gastfreundschaft, das Auslandsaufenthalte zu Gruppen, Kollektiven, Alternativprojekten und Familien vermittelt) und „sanfter Tourismus" (gemeinsam mit dem Deutschen Naturschutzring), ein Versuch, Kriterien und Modelle für praktische Alternativen zum „harten" Kommerztourismus zu finden, zu realisieren und zu popularisieren (Öko-Ski- und -Segelfreizeiten, „Soziale Pedale"-Radtouren, umwelt- und kulturhistorische Spurensuchen als Urlaub- und Klassenfahrten).

Die NFJD bildete sich in den 1910er Jahren in der Illegalität des Reichsvereinsgesetzes; Anfang der 20er Jahre entstehen die ersten Gaue; 1926 konstituiert sich der NFJD-Reichsverband, der Mitglied der sozialistischen und Arbeitersportjugend-Fraktion des Reichsausschusses der dt. Jugendverbände war. Die Attraktivität der NFJD in der Weimarer Republik (um 1925 bereits ca. 60000 Mitglieder) liegt in ihrer Zwitterrolle zwischen bürgerlicher →Lebensreform- und →Arbeiterjugendbewegung. Die in →Selbsthilfe erstellten Naturfreundehütten, Umweltschutzaktionen, FKK, alternativer Sport, Modellprojekte der Jugendhilfe (das „Westendheim" in Frankfurt als offenes Erziehungsheim) ziehen auch überproportional viele Mädchen an. 1933 wird die NFJD zerschlagen; zahlreiche Gruppen arbeiten jedoch im sozialistischen, bündischen oder „wilden" Umfeld nonkonformistisch oder illegal weiter.

Nach 1945 ist die NFJD wieder in einer Scharnierrolle zwischen →Arbeiterbewegung und neuen →sozialen Bewegungen: als „Kofferträger" in der Algeriensolidarität; bei den Besetzungen von Knechtsand oder Helgoland; als Mitträger und -organisatoren des Anti-Atom-Protestes und Ostermarsches der 50er und 60er Jahre (→Friedensbewegung).

A.: NFJD, Bundesjugendleitung, Kalkuhlstraße 24, 5300 Bonn 3; T.: 0228-440061/2. – NFJ-Archiv ARÖK, Grüner Weg 31a, 3507 Baunatal 4.

L.: Hoffmann/Zimmer (Hg.): Wir sind die grüne Garde. Geschichte der Naturfreundejugend; Essen, 1986.

Jochen Zimmer

### Naturheilverfahren

„N" ist kein klar umschriebener Begriff. Weitgehend synonym sind auch: Physiotherapie, Naturheilkunde, Naturheilweise, Naturmedizin, biologische Heilweise u. a. Besonders seit in den 80er Jahren mit dem Durchbruch des ökologischen Denkens das Bedürfnis nach N zugenommen und ein regelrechter Run (mit ökonomischen Aspekten) auf alles „Biologische" eingesetzt hat, werden Begriffsbestimmung und Abgrenzung immer schwieriger. Zum Verständnis ist deshalb die Kenntnis der historischen Entwicklung erforderlich.

„N" ist als Wort und Begriff um 1850 von dem Münchner Militärarzt Lorenz Gleich zuerst benutzt worden. Vorausgegangen war seit 1830 eine stürmische Begeisterung für die Kaltwasserbehandlung, ausgelöst durch die Heilerfolge des schlesischen Bauern und Heilkundigen Vinzenz Prießnitz (1799–1851). Hunderte von Ärzten haben bei ihm hospitiert, u. a. die Leibärzte der Höfe von Wien, Mecklenburg, Anhalt und Bayern. Im Verlauf von 30 Jahren entstanden im dt. Sprachraum mindestens 100 Wasserkuranstalten bzw. Sanatorien, außerdem „hydropathische" oder Naturheilvereine und Fachverbände von Ärzten. Zum kalten Wasser kamen bald andere Naturheilmittel: Wärme, Sonne, Luft, Ernährungsführung, →Fasten, Atmen, aktive und passive Bewegung einschließlich Turnen und Gymnastik, Massage, Ruhe, so daß der umfassende Begriff „N" gerechtfertigt war. Diese Heilfaktoren hat man erkannt als Lebensfaktoren, die den Menschen in seiner Evolution geprägt haben und ihn noch immer täglich prägen.

In der Zivilisationswelt ist der Mensch von diesen Lebensfaktoren teilweise entwöhnt (z. B. Bewegung), oder sie sind in der Qualität verdorben (z. B. Luft und Wasser), oder der Mensch ist ihnen einseitig im Übermaß ausgesetzt (z. B. Nahrung, Stress). Dadurch gestörtes Gleichgewicht des Organismus (= Krankheit) kann wieder in Ordnung gebracht werden, indem man mit dosiertem und gezieltem Einsatz der natürlichen Lebensfaktoren, die dabei zu Heilfaktoren werden, dem Organismus Reize gibt, die sein natürliches Regulationsvermögen anregen. Denn davon gehen N grundsätzlich aus: daß der Mensch wie jedes Lebewesen aufbauende und regulierende Kräfte in sich hat, die ihn nicht nur entstehen lassen, sondern auch erhalten und ihn im Störungs-(=Krankheits-)fall wieder ins Gleichgewicht bringen können.

Ab 1850 verstand man unter N ein Jh. lang den therapeutischen Einsatz dieser natürlichen Lebens- und Heilfaktoren. Die Theorie dieser Therapie und die Praxis ihrer Anwendung ist damals von vielen Ärzten und Laien in zahllosen Veröffentlichungen dargelegt worden. Als →Sebastian Kneipp, der weltbekannte Pfarrer und Heilkundige von Wörishofen, an die Öffentlichkeit trat (ca. 1870, er starb 1897), war alles Wesentliche schon bekannt und gesagt. Von Kneipp wurde die Kräuter- bzw. Pflanzenheilkunde wiederbelebt, die man dann auch zur Naturheilkunde zählte. Seit dem 2. Weltkrieg gehört die Pflanzenheilkunde als Phytotherapie oder Phytopharmakotherapie voll zu den N. Sie wird zunehmend an den Universitäten gelehrt.

Die →Homöopathie (nach →Samuel Hahnemann, 1755–1843) gehört nicht zu den N, obwohl sie gern damit in Verbindung gebracht wird. Sowohl für das Finden der homöopathischen Arzneimittel als auch für deren Anwendung gelten andere Denkprinzipien als für die N. Dasselbe gilt für die Biochemie (nach Schüßler, †1898), die vor und nach dem 1. Weltkrieg 300000 in Vereinen organisierte Anhänger hatte.

Die Anhänger der reinen N waren vorwiegend organisiert im Deutschen Naturheilbund (Prießnitz-Bund), der in den 20er Jahren des 20. Jh. 135000 Mitglieder hatte. Nach dem 2. Weltkrieg wurde er in seiner Bedeutung abgelöst vom Kneipp-Bund, der gegenwärtig einen ähnlichen Mitgliederstand hat.

Lehr- und Ausbildungsmöglichkeiten für N an den Hochschulen wurden immer verlangt. Lorenz Gleich forderte 1848 Lehrstühle für N an allen bayer. Universitäten. In Wien gab es 1865 ein Institut für Hydrotherapie an der Universität. Daraus wurde 1899 eine Lehrkanzel (Winternitz). Berlin erhielt 1901 ein Institut für Hydrotherapie (Brieger). Hier entstand 1920 der erste Lehrstuhl für N durch Dekret der preuß. Regierung (Schönenberger). Er erhielt den Namen Lehrstuhl für natürliche Heil- und Lebensweise, denn die Naturheilkunde bezog von Anfang an die Gesundheitsvorsorge in ihre Lehre ein, und die zahllosen Naturheilvereine taten fast nichts anderes, als ihren Mitgliedern Gesundheitsvorsorge mit N beizubringen. Der Berliner Lehrstuhl, nach der Teilung der Stadt an der ostberliner Humboldt-Universität, bestand weiter, umbenannt in Lehrstuhl für Physiotherapie. Ein zweiter Lehrstuhl, 1924 in Jena von der thüringischen Landesregierung auf Druck der dortigen Naturheilvereine geschaffen, ging 1937 wieder verloren.

In der BR gibt es seit dem Krieg Hunderte von Naturheilsanatorien und Kneippkuranstalten, Abteilungen für N an öffentlichen Krankenhäusern in Berlin, Hamburg und München, und seit 1989 in Berlin an der Freien Universität einen Lehrstuhl für Naturheilkunde (Bühring). Für andere Universitäten gibt es zwar viel Druck von Verbänden und Studenten, auch von Landesregierungen und der Bundesregierung, aber die autonomen Lehrkörper konnten bisher widerstehen und haben nur kleinere Lehraufträge für N und verwandte Heilmethoden zugelassen.

Die bisher genannten N, die mit den elementaren Lebensfaktoren arbeiten, nennt man heute die klassischen N zum Unterschied von modernen Verfahren, die in den letzten Jahrzehnten entstanden oder wiederentdeckt worden sind. Sie zählen sich aus verschiedenen Gründen zu den N: erstens, weil sie als Außenseiter aufgetaucht sind und geistige und organisatorische Heimat suchen; zweitens, weil sie – so sagen ihre Vertreter – sich an das naturheilerische Prinzip halten, indem man dem Regulationsvermögen des Organismus sanfte Anstöße gibt oder indem man Blockaden innerhalb der vegetativen Regulationen beseitigt. Von diesen N i.w.S. seien nur einige genannt, die heute am häufigsten angewendet werden:

– Akupunktur, die in China seit 3000 Jahren bekannt ist und in Europa seit 300 Jahren wenig praktiziert wurde.

– Neuraltherapie oder Heilanästhesie, die 1930 von dem Düsseldorfer Arzt Ferdinand Huneke gefunden wurde; es werden kleine Mengen eines Anästhesiemittels an gewisse Stellen injiziert.

– Elektroakupunktur-Verfahren (EAV), von dem Arzt Reinhold Voll in Plochingen um 1950 erfunden; dabei wird das Meridiansystem der chinesischen Akupunktur mit einem elektrischen Gerät zu diffiziler Widerstandsmessung ausgenutzt.

– Die verschiedenen Formen von Sauerstoff- und Ozontherapie zählen sich ebenfalls zu den N; man versucht, den Sauerstoffgehalt von Blut und Gewebe zu erhöhen, womit eine Erhöhung der Vitalität verbunden sein soll.

– Manuelle Medizin, bekannter als Chirotherapie oder Chiropraktik; es ist der moderne Einsatz der uralten Möglichkeit, mit den Händen funktionelle Behinderungen in den Gelenken und der Wirbelsäule zu beheben.

– Mikrobiologische Therapie. Viele Arten von Mikroorganismen leben in unzählbarer Menge auf Haut und Schleimhäuten in Symbiose mit uns, besonders im Darm. Die Abwehrfähigkeit des Organismus, seine Immunität, ist abhängig von einer guten Symbiose mit diesen Symbionten. Die mikrobiologische Therapie will gestörte Symbiose erkennen und behandeln.

Es gibt noch Dutzende weiterer Verfahren, die sich naturheilkundlich nennen und hier nicht genannt oder gar beschrieben werden können. Nur auf eine Gruppe von Verfahren sei noch zusammenfassend hingewiesen, die sich in einem Bereich zwischen asiatischem Yoga und Zen sowie abendländischer →Psychologie angesiedelt haben. Sie versuchen, Körper, Seele und Geist gleichzeitig in regulierender Weise zu beeinflussen, wobei Rationales und Irrationales schwer zu trennen sind. – Die Frage, ob all diese Therapien den N zugerechnet werden können, läßt sich gegenwärtig nicht abschließend beantworten.

Eine interessante Definition hat der Medizinhistoriker Karl Rothschuh gegeben. Er setzt die drei Begriffe Naturismus, N und Naturheilkunde nebeneinander. Unter Naturismus versteht er den emotionalen weltanschaulichen Grundzug einer Verehrung alles Natürlichen und der Ablehnung alles Unnatürlichen. Dieser Naturismus zieht sich durch die gesamte Geschichte und hat in der Neuzeit einen gewissen Höhepunkt bei J. J. Rousseau. Sie findet philosophischen und künstlerischen Ausdruck in der dt. Romantik, 100 Jahre später im Jugendstil, in der →Jugendbewegung und in der Lebens-Reform (→Lebensreformbewegung). Auf dieser emotionalen Basis, die mehr oder weniger ausgeprägt sein kann, suchen die Naturheilärzte in den

Naturheil*verfahren* ihr therapeutisches Handwerkszeug, das – nach Rothschuh – als Reiz wirkt und Reaktionen auslösen muß; ihr Effekt darf nicht lokalisiert bleiben, sondern muß den ganzen Organismus erregen. In der Naturheil*kunde* finden wir dann die Lehre und Doktrin. Diese Definitionen könnten Klärung in die gegenwärtige Begriffsvielfalt bzw. -verwirrung bringen. Leider gibt es dazu bisher kaum Diskussion, viel weniger Konsens.

Historisches Interesse sollte noch folgende Tatsache finden: Die Entwicklung der modernen Naturheilkunde läuft zeitgleich mit der der modernen Medizin, der sog. Schulmedizin; die Medizin dissoziierte in einen naturheilkundlichen Teil, der in der Tradition von Hippokrates, Paracelsus und Hufeland mit einem ganzheitlichen Menschenbild sich um Gesundheit als harmonisches Spiel natürlicher Kräfte bemüht, und in einen positivistisch-naturwissenschaftlichen Teil mit einem mechanistischen Menschenbild. → Virchow 1845: „Die neueste Medizin hat ihre Anschauungsweise als die mechanische, ihr Ziel als die Feststellung einer Physik des Organismus definiert." Im 20. Jh. haben sich beide Teile einander genähert, aber eine Wiedervereinigung steht noch aus.

L.: Brauchle/Groh: Zur Geschichte der Physiotherapie. Naturheilkunde in ärztlichen Lebensbildern; Heidelberg, 1971. Krauß: Physiotherapie zu Hause; Bern, Stuttgart, 1984. Rothschuh, K.: Naturheilbewegung, Reformbewegung, Alternativbewegung; Stuttgart, 1983. Schimmel (Hg.): Lehrbuch der N; Stuttgart, 1984. Vogler, P.: Lehrbuch der Physiotherapie; Stuttgart, 1964.

Rudolf Wilhelm

## Naturrecht

N setzt darauf, daß die Natur in Ordnung, daß sie entweder vom Höheren geschaffen oder vernünftig entwickelt, jedenfalls aber, daß sie schicksalhaft gerecht und einsichtig sei.

Wer naturrechtliche Positionen bezieht, mißt das von Menschen gesetzte, positive Recht an den außergesellschaftlichen, ewigen Gerechtigkeitskriterien dieser Ordnung. Besteht das Recht den Test, so nimmt es an einer höheren Würde teil und verliert den banal scheinenden Charakter des bloßen, von Menschen für Menschen geschaffenen, zwangbewehrten Regelwerkes. Besteht es den Test nicht, wird bei aller Legalität seine Legitimation dünn, und die Würde überträgt sich auf die auf seine Veränderung hin Arbeitenden.

Die erstaunliche Langlebigkeit des N verdankt sich dem Legitimationsgewinn, den es gewährt, sowie einer außerordentlichen Wandlungs- und Wendefähigkeit seiner Herleitung. Trotz des seine Würde mitbegründenden Anspruchs auf ewige Gültigkeit hat es im Laufe der Geschichte tiefgreifende Argumentationsbrüche erfahren.

Grundschema und -intention aber sind stets dieselben. Um die bestehenden Gewalt- und Machtverhältnisse nicht nackt und roh erscheinen zu lassen, umhüllt sie das legitimierende und Würde verleihende Gewand einer höheren, einer „natürlichen" Ordnung. Diese Ordnung ist in die sich ändernden Grundüberzeugungen eingebettet, deren normative Artikulation gemeinhin nicht jedermann zugänglich ist. Waren Erkenntnis und Einsicht in früheren Zeiten (Rechts-)Philosophen und Priestern vorbehalten, so sind die Priester inzwischen von Natur- und Gesellschaftswissenschaftlern ersetzt worden, während die Philosophen geblieben sind. Das hat seinen Grund in einer tiefgreifenden Perspektivenänderung.

Wenn im antiken Griechenland der Ort unbezweifelter Würde der Olymp und die höchste vorstellbare Ordnung das Leben der Götter waren, die auch die Verantwortung für die Ordnung der Natur trugen, dann wurde das Recht der Natur vorgestellt als zwar unvollkommene, aber doch echte Repräsentation dieser götterlichen Ordnung. Wenn im Christentum der Wille und das Gesetz Gottes höchste und für Menschen selbstverständlich unerforschbare Quelle aller Ordnung waren, so galt die Ordnung der Natur als schwacher, aber in der Orientierung korrekter Reflex dieses Willens und Gesetzes, das allerdings nur denen einsichtig war, die besondere professionelle Beziehungen zu Gott unterhielten. Als die unbezweifelte Autorität des einen katholischen Gottes zu zerrinnen begann, ersetzte das Zeitalter der →Aufklärung ihn durch menschliche Einsicht und Vernunft und nahm an, daß die natürliche Ordnung und Gerechtigkeit das sei, was die besten Köpfe durch genaue Beobachtung der Natur(-gesetzlichkeit) und ihrer intelligenten Interpretation erkennen könnten.

Im modernen Zeitalter der vergötterten Kybernetik und Mikrobiologie destilliert die neueste Variante des N in der von dem Juristen und Gesellschaftswissenschaftler Luhmann verkündeten Form der →Systemtheorie die Richtigkeit des Systems und der Systemerkenntnis aus den jeweils aktuellen Erkenntnissen und Beobachtungen von Kybernetik und Mikrobiologie.

Mit diesen Anpassungen an die waltenden gesellschaftlichen Verhältnisse und den Zeitgeist ist es den jeweiligen Rechtsberatern gelungen, in der Sklavenhaltergesellschaft die Sklaverei als durch die natürliche Ordnung vorgegeben und die Qualifizierung des Sklaven als beweglicher Sache für durch das N gefordert zu erkennen; im Patriarchat wurde die Unterworfenheit der Frau unter Gesetz und Willen des Mannes als von der Natur vorgegeben gerechtfertigt; Kriege galten als gerecht, da der Natur immanent; die Evolution zum Kommunismus galt als Naturgesetz und rechtfertigte die Existenz einer ehernen, zu seiner Vollstreckung bestimmten Staatsmacht; es erstaunt dann auch nicht, wenn heute die Systemtheorie erkennt, daß dezentralisiertes Privateigentum, eine rechtsstaatliche und demokratische Verfassung, ein politisch nicht direkt manipulierbares Bankensystem sowie eine monetaristisch orientierte Zentralbankpolitik richtig sind, da sie der Gesetzlichkeit von Kybernetik und Mikrobiologie entsprechen (vgl. N. Luhmann, Die Wirtschaft der Gesellschaft, 1988).

In Erstaunen könnte versetzen, nicht was jeweils vertreten wird, sondern daß die Behauptung seiner Herleitung aus einer höheren natürlichen Ordnung jeweils wieder auf willige Glaubensbereitschaft auch bei denen stößt, die in ihrer Kindheit das Märchen von des Kaisers neuen Kleidern gehört und gelesen haben. Es ist nur schwer zu verstehen, warum immer wieder eine neue, überhistorische, natürliche Ordnung glaubhaft als den jeweiligen (Macht-)Verhältnissen entsprechend und sie legitimierend präsentiert werden kann, wenn die jeweils vorangegangene ewige Ordnung dem Verdikt seiner Geschichtlichkeit erlegen ist.

Mit der Denunzierung des ewigen N als eines variablen Instruments zur Legitimation der jeweils herrschenden Verhältnisse könnte es sein Bewenden haben, wenn nicht die der Macht Unterworfenen und/oder sie Anzweifelnden ihre Angriffe, Revolten und Revolutionen ebenfalls immer wieder von der Basis naturrechtlicher Argumentation aus geführt hätten, in einer anderen Interpretation derselben Natur als Relais für Gottesbefehle oder Vernunft, um auf diese Weise ihrer Sache einen Anstrich von höherer Würde und Wertigkeit zu geben: Wo die Rechtsberater und Priester der einen Partei die Sklaverei oder Frauenunterdrückung, das ungleich verteilte Privateigentum an Produktionsmitteln oder die Erblichkeit der Monarchie als durch die Ordnung der Natur gedeckt charakterisieren, finden Rechtsberater und Priester der Gegenpartei „N und menschliche Würde" (E. Bloch) vereint zum Kampf für Gleichheit, Brüderlichkeit, Republik und/oder Sozialismus. Wenn heute die ‚Eigenrechte der Natur' reklamiert werden, dann geht es auch um die Suche nach einer neuen gesellschaftlichen Form der Auseinandersetzung mit der Natur; gleichzeitig aber schwingt bewußt oder unbewußt die Mahnung mit, der Mensch solle sich seiner Natürlichkeit besinnen und in die gute Ordnung der Natur einfügen, indem er sie nicht zu dominieren, sondern zu erlauschen versuche.

So scheint das N eine glänzende Zukunft vor sich zu haben. Alle nachgewiesenen Irrtümer, alle Belege der Endlichkeit des Ewigen, alle Aufklärung über die Gesellschaftlichkeit des Natürlichen und die Geschichtlichkeit der vielen angenommenen anthropologischen Konstanten und Triebe – denen zum Krieg, zur Fortpflanzung, zur Kinderliebe, zur Bereicherung, zur Schlechtigkeit, zur Güte – können offensichtlich einem Denkmuster nichts anhaben, das im Beschwören einer höheren Ordnung auch die menschliche Existenz zu erhöhen und sie der angenommenen Banalität von Lust, Interessen und gesellschaftlichen Konflikten zu entrücken scheint.

Der Schein betrügt um die Einsicht in die Geschichtlichkeit der Formen gesellschaftlichen Lebens und in die Zeitlichkeit juristischer, gewaltbewehrter Lösungen von Problemen, die weder im Himmel noch in der Natur, sondern nur in der →Gesellschaft selbst entstehen und gefunden werden können.

L.: Bloch, Ernst: N und menschliche Würde; 1967. Kaufmann, Arthur: Rechtsphilosophie im Wandel, 2. Aufl.; 1984. Welzel, Hans: N und materiale Gerechtigkeit, 4. Aufl.; 1962.

Rolf Knieper

## Negative Einkommensteuer

Die Grundidee einer N ist einfach: Während ökonomisch leistungsfähige Personen Einkommenssteuer zahlen, soll Personen, die weniger Einkommen haben als es einem gesellschaftlich akzeptierten Grundbedarf entspricht, von der Steuerbehörde ein entsprechender Transfer („negative Einkommenssteuer") ausgezahlt werden.

Ein zentrales Argument für eine N ist eine damit angestrebte Verwaltungsvereinfachung, da eine Vielzahl von Spezialtransfers entfallen könnten. Bei realistischer Betrachtung muß allerdings bedacht werden, daß der Bedarf, der von einer N gedeckt werden soll, nicht für alle Personen gleich ist, sondern, daß aufgrund besonderer Lebensumstände (z. B. →Pflegebedürftigkeit, Kindererziehung, Ausbildung) erhöhte Bedarfe auftreten. Wenn diese verschiedenen Lebensumstände von einer N berücksichtigt werden, wird ein solches System rasch ebenso unübersichtlich wie die beobachtbaren Systeme von Spezialtransfers (vgl. zu dieser Kritik: Krupp 1988).

Das Transfervolumen und die dadurch bedingte Abgabenlast einer N werden natürlich letztendlich vom durchschnittlichen Grundbetrag bestimmt, der jeder Person garantiert werden soll. Würde dieser Grundbetrag in etwa auf Sozialhilfeniveau liegen, wäre eine N für die BR durchaus finanzierbar, ohne daß es zu wesentlichen Abgabensteigerungen kommen müßte. Mehrausgaben würden nur insoweit anfallen, als gegenwärtig eine nicht genau bekannte Anzahl von Personen, die Anspruch auf Sozialhilfe haben (→Bundessozialhilfegesetz), diesen nicht ausnutzen, da sie diesen Anspruch nicht kennen oder sich von der Sozialhilfe stigmatisiert fühlen würden. Höhere Grundbeträge als der Sozialhilfeanspruch sind politisch wenig realistisch.

L.: Klanberg/Prinz (Hg.): Perspektiven sozialer Mindestsicherung; Berlin, 1988. Krupp, H.-J., Ein integrierter Steuer-Transfer-Tarif – Eine realistische Möglichkeit zur Lösung des Mindestsicherungsproblems; in: Klanberg/Prinz (Hg.), Perspektiven sozialer Mindestsicherung; Berlin, 1988, 51–57. Mitschke, J., Neuordnung der Grundsicherung im Rahmen eines konsumorientierten Steuer-Transfer-Tarifs; in: Klanberg/Prinz (Hg.), Perspektiven sozialer Mindestsicherung; Berlin, 1988, 25–41 (mit weiteren Erläuterungen durch Prinz, S. 43–49).

Gert Wagner

## Neokorporatismus
→ Korporatismus

## Netzwerke

1. *Zur Rezeption.* Die Rezeption der überwiegend amerikanischen Fachliteratur zu N aus den 70er Jahren hat seit etwa 1980 auch in der BR Forschung und praktische Tätigkeiten im Sozial- und Gesundheitsbereich in Gang gesetzt. Zur gegenwärtigen Hochkonjunktur von „N" tragen mehrere, sich überlagernde Erkenntnisse, Interessen und Hoffnungen bei: die relative Neuheit und mangelnde Eindeutigkeit des Begriffs; die Eignung zur Beschreibung und Analyse menschlicher Sozialbeziehungen; die zunehmende Einsicht in offensichtliche Mängel professioneller → Sozialer Dienstleistungen; der insgesamt wachsende Problemdruck durch gesellschaftliche Veränderungen; der Wunsch von Politikern, die öffentlichen Aufwendungen für soziale Dienstleistungen zu reduzieren; Emanzipationsbestrebungen von Klienten; der optimistische Tenor des N-konzepts, das im Gegensatz zur hierzulande üblichen Defizitorientierung die gesellschaftlichen Aktivposten betont; romantisierende, ungeschichtliche Sehnsüchte nach gewachsenen, ganzheitlichen Lebenszusammenhängen; utopische, quasi-religiöse Zukunftsvisionen. Das N-konzept kommt also sehr verschiedenen Personen und Gruppen entgegen.

2. *Begriff und Forschungsansätze.* Soziale N sind relativ dauerhafte Strukturen sozialer Beziehungen zwischen Individuen; sie umfassen meist auch → Gruppen im sozialpsychologischen Sinn, ohne an deren konstituierende Merkmale (wechselseitige persönliche Bekanntschaft, gemeinsames Zusammengehörigkeitsgefühl, gemeinsame Ziele und Normen) gebunden zu sein. N bilden deshalb – über Gruppengrenzen hinaus – reale Kommunikationsbahnen ab. Die Abgrenzung potentiell fast beliebig umfangreicher N erfolgt aufgrund erkenntnisleitender Interessen. N können durch die Eigenart, Dimensionalität, Intensität, Dichte, Stabilität der Beziehungen, durch Segmente, Herrschaftsstrukturen, Größe und andere Kategorien charakterisiert werden. Solche eher formalen Merkmale und ihre Konfigurationen sind Gegenstand einer der zwei Hauptforschungsrichtungen. Wir beziehen uns hier auf die Ergebnisse der zweiten, der qualitativen N-analyse, weil sie für den Gesundheits- und Sozialbereich unmittelbare Bedeutung hat. Hier steht im Mittelpunkt „die Funktion von N, ihre Qualität und deren Beitrag zur Entstehung, Vermeidung und Überwindung von psychosozialen Problemen" (Keupp 1982, 47). Die qualitative N-analyse wird in der BR zur Zeit unter einer gemeindepsychologischen (H. Keupp u. a.) und einer soziologischen (A. Trojan u. a.) Akzentuierung vorangetrieben. Die beiden Perspektiven ergänzen sich. Die → Gemeindepsychologie konzentriert sich auf persönliche N, d. h. alle Kommunikationsbahnen einer Person, und sucht nach optimalen Konstellationen von N für Unterstützung, um diese in aktuellen Problemsituationen als Leitbilder benutzen zu können, welche die Ergänzung, Rekonstruktion, Stärkung und den Wiederaufbau von defizitären N einer Person ermöglichen. Man sucht also nach modellhaften Abbildungen von N, die starke Unterstützungsleistungen hervorbringen. Die soziologisch orientierten Netzwerkanalytiker erforschen in Gemeinwesen das Ausmaß der Vernetztheit, die Zahl und Qualität von Zusammenschlüssen und Vereinigungen, und sie erwarten davon Aufschluß über den Integrationsgrad der entsprechenden Wohnbevölkerung. Eine große Zahl von Zusammenschlüssen mit einer hohen Dichte multidimensionaler Beziehungen kommt einem hohen Integrationsgrad gleich, der vielfältige informelle Hilfen impliziert und dadurch wichtige präventive Wirkungen entfaltet. Örtliche und regionale N-untersuchungen geben also Aufschluß über eventuelle Defizite, auf die mit N-förderung reagiert werden kann. N-förderung ist eine strukturelle

Maßnahme zur Vermeidung bzw. Minimierung individueller Krisensituationen und zur Bereitstellung informeller Hilfen.

3. *Konkrete Erscheinungsformen.* Als konkrete Formen von N oder N-teilen werden in der Literatur u. a. genannt: →Familie, Verwandte, Freunde, →Nachbarschaft, aber auch →Wohngemeinschaften, →Selbsthilfegruppen, selbstorganisierte und alternative Projekte, verschiedene Formen von →Vereinen und Vereinigungen, Gruppen in Kirchengemeinden. Seltener werden andere alltägliche N bzw. N-teile hervorgehoben, bei denen im Kontext der Erbringung bezahlter →Dienstleistungen dauerhaft oder einmalig psychosoziale Unterstützungsleistungen erbracht werden. So wird im →Gesundheitswesen den Ärzten (→Arzt), →Apothekern und Krankenschwestern (→Krankenpflegeberufe) zentrale Bedeutung für gesundheitsbezogene und psychosoziale Unterstützung attestiert. Ähnlich gelten Pfarrer, Lehrer, verschiedene →helfende Berufe, aber auch Polizisten (→Polizei) als alltägliche psychosoziale Helfer. Darüber hinaus gibt es kontaktintensive Berufe, die nach vorliegenden Untersuchungen durch einen Teil der Berufsausübenden sachliche und emotionale Hilfe in der Form vom Zuhören, Trösten, Beraten (Vorschläge, Vermittlung) geben: z. B. Friseusen, Taxifahrer, Gastwirte, Kioskverkäufer, Tankstellenpächter, Verkäuferinnen in Lebensmittelgeschäften, Barkeeper, Scheidungsanwälte, Masseure.

4. *Weiterführende Fragestellungen durch Systematisierung.* Die Systematisierung von N führt zu weiteren Fragestellungen und Erkenntnissen. Empirische Untersuchungen ermitteln Umfang und Qualität der Unterstützungsleistungen.

Trojan (in: Keupp 1987, 304) legt seiner Systematisierung von Unterstützungssystemen den Organisationsgrad zu Grunde und unterscheidet: (1) persönliche Ressourcen; (2) primäre N, nicht organisiert – z. B. Familie, Verwandte, Freunde; (3) sekundäre N I, geringgradig organisiert – z. B. Selbsthilfegruppen, Nachbarschaftsgruppen; (4) sekundäre N II, höhergradig organisiert – z. B. Vereine, Vereinigungen für Kultur und Freizeit; (5) tertiäre N als durchorganisierte, professionelle →Hilfssysteme. Dieser umfassende Bezugsrahmen bietet die Grundlage, von der aus vielfältige Probleme und Zusammenhänge zwischen verschiedenen Unterstützungssystemen systematisch angegangen werden können; auch sozialpolitische und gesellschaftspolitische Maßnahmen zur Unterstützung von N können aus entsprechenden empirischen Untersuchungen ihre Fundierung erhalten.

Spezifische Unterstützungsprofile von N können gewonnen werden, wenn man sie nach der Besonderheit und Grundlage der Hilfe gruppiert und differenziert, d. h. warum ein bestimmtes Netzwerk Bedeutung hat oder auch verliert. Man kann unterscheiden: (1) N auf der Grundlage persönlicher Bindungen, d. h. primärgruppenhafte N, deren Stärke emotionale Zuwendung, Geborgenheit usw., deren Schwäche soziale Kontrolle (→Sozialkontrolle) und eingeschränkte Selbstbestimmung ist; (2) N, die auf örtlicher Nähe aufbauen, deren Stärke einfache Kommunikation und rasche Verfügbarkeit und deren Schwäche Bedeutungsverlust durch moderne Verkehrsmittel und mangelnde menschliche Verbundenheit ausmacht; (3) N, die sich aus gemeinsamer Betroffenheit bilden, z. B. Selbsthilfegruppen, selbstorganisierte und alternative Projekte, deren Stärke in der individuellen und sozialen Aktivierung und gegebenenfalls partnerschaftlichen, deshalb kreativen Strukturen liegt, deren Schwächen mangelnde Kontinuität und Selektivität durch hohe individuelle Zugangsvoraussetzungen sind; (4) N, die sich auf der Grundlage gemeinsamer religiöser bzw. weltanschaulicher Überzeugungen bilden, z. B. Gruppen innerhalb von Kirchengemeinden oder religiösen Gemeinschaften, deren Stärke in der durch Glauben bedingten Verzahnung individuellen Heilsstrebens und mitmenschlicher Hilfeleistung, deren Bedrohung in fortschreitenden Säkularisierungsprozessen, aber auch in bevormundender Hilfe besteht; (5) N, die durch meist bezahlte Dienstleistungsbeziehungen entstehen und Unterstützung als mitlaufende Nebenleistung erbringen, die Vorzüge durch Einbettung in alltägliche Abläufe, durch Offenheit und Steuerbarkeit der Aushandlungssituationen, aber Grenzen hinsichtlich der Intensität der Problembehandlung und deren Schweregrad aufweisen.

Dabei wird unterstellt, daß Unterstützungsleistungen normalerweise eine Belastung darstellen, die man auf sich nimmt, weil und solange keine oder keine befriedigenden Alternativen bestehen. D. h.: Unterstützungen durch N eignet auch die Qualität einer Zwangssolidarität, die reduziert oder aufgekündigt wird, wenn andere Unterstützungsquellen auftreten und/oder strukturelle Veränderungen die Hilfe erschweren. Für diese Sicht von N-leistungen sprechen Ergebnisse der historischen Familien- und Gemeindesoziologie, die keineswegs idyllische Bilder, sondern konfliktreiche, durch Fremdbestimmung und Überlebensdruck geprägte N charakterisieren. Die →Emanzipation von Familie, Verwandtschaft, Nachbarschaft wurde überwiegend als Befreiung begrüßt. In diesem Zusammenhang gewinnen auch empirische Forschungsergebnisse an Plausibilität, denen zufolge im Interesse der Eigenständigkeit an Verwandte, erst recht an Freunde und Nachbarn möglichst geringe Hilfeerwartungen gerichtet werden. Insofern haben Verwandte, Freunde, Nachbarn in Bezug auf Unterstützungsleistungen einen Funktionsverlust zu verzeichnen.

Zu dieser Entwicklung haben auch die →Professionalisierung und →Institutionalisierung →Sozialer Dienstleistungen wesentlich beigetragen, indem sie auch durch ihr *kontinuierliches* Leistungsvermögen Dienstleistungen an sich gezogen, N entlastet und gleichzeitig funktionsunfähiger gemacht haben. Gleichwohl zeichnet sich ab, daß immer mehr Menschen nicht oder nur unzureichend in der Lage sind, die ihnen zugewachsene Aufgabe zu erfüllen, nämlich ihr persönliches N aktiv und eigenverantwortlich so zu gestalten, daß sie aus ihm wenigstens die für Notlagen erforderliche psychosoziale Unterstützung aktivieren können, die organisatorisch-instrumentell nicht herstellbar ist, aber unter günstigen Rahmenbedingungen weiterhin aus N erwachsen kann. Gegen eine gezielte Rück-Entwicklung zu persönlich verpflichtenden, einschränkenden Formen der Zwangssolidarität sprechen gewichtige, kaum steuerbare gesellschaftliche Entwicklungen und Sachverhalte: die Mobilität und ihre Folgen für Familie, Freundeskreise, Nachbarschaft u. a.; die fortschreitende Segmentierung der Gesellschaft; die ebenso fortschreitende Zerstörung von N durch verfehlte →Kommunalpolitik und Kommunalplanung; der ungebrochene Individualisierungsprozeß.

5. *Maßnahmen*. In dieser Situation geht es gesellschafts- und sozialpolitisch darum, den individuell und strukturell nicht bewältigten Bedrohungen, die in der individuell oft nicht oder nicht genügend geleisteten und strukturell nicht vermittelten Einbindung in soziale N bestehen, durch entsprechende Maßnahmen zu begegnen: a) Auf der individuellen Ebene sind *persönliche* N zu stärken (z. B. durch Netzwerkberatung, Netzwerktherapie) oder neu aufzubauen (z. B. als Wohngemeinschaften), um die Bewältigung aktueller Probleme zu ermöglichen. b) Auf der strukturellen Ebene steht die Unterstützung bestehender N und die Anregung und Förderung neuer N im Mittelpunkt, z. B. durch →Kontakt- und Informationsstellen, finanzielle Förderungsprogramme, Schaffung günstiger Rahmenbedingungen, durch Überlassung von Räumen, Geräten u. a., durch Fortbildungsangebote, durch die Unterstützung von organisierten N, die kleinere, weniger organisierte fördern usw. (→Gemeinwesenarbeit, →Selbsthilfeförderung). c) Auf der ge-

sellschaftlichen Ebene muß zuerst gegen die in Kauf genommene Zerstörung bestehender N v. a. in den →Kommunen angegangen werden. Darüberhinaus müssen Gesetzentwürfe so gestaltet werden, daß sie bestehenden N die Existenz sichern und die Entstehung neuer N begünstigen.

L.: Keupp/Rerrich (Hg.): Psychosoziale Praxis – gemeindepsychologische Perspektiven. Ein Handbuch in Schlüsselbegriffen; München, Wien, Baltimore, 1982. Diess. (Hg.): Soziale N; Frankfurt am Main, New York, 1987. Trojan, Alf (Hg.): Wissen ist Macht. Eigenständig durch Selbsthilfe in Gruppen; Frankfurt am Main, 1986.

Hans Dietrich Engelhardt

## Neue Armut

N zählt zu den aktuellen Entwicklungslinien in der bundesdeutschen Gesellschaft, die deren Charakter als →Wohlstandsgesellschaft verändern und auch das damit verbundene Modell des →Sozialstaats tangieren. Vor allem seit Mitte der 80er Jahre ist eine Parallelität von ökonomischer Prosperität, an der das Gros der Bevölkerung teilhaben kann, und eines Prozeßes der sozialen Ausgrenzung, welcher eine wachsende Minderheit der Bevölkerung in ihren sozialen Chancen einschränkt und an den Rand der Gesellschaft drängt, zu beobachten. In diese Spaltung der Gesellschaft, die oft als „Zweidrittelgesellschaft" diskutiert wird, ist N einzuordnen. N ist dabei ein in der Wissenschaft kaum noch strittiger Tatbestand, in der politischen Debatte jedoch ein sehr kontrovers gehandelter Begriff. Aus diesem Grunde sind zum einen eine sorgfältige Begriffsklärung und Abgrenzung gegenüber der sog. alten oder traditionellen →Armut geboten, zum anderen ist das spezifisch Neue im Ursachengeflecht dieser sozialen Entwicklung zu klären.

Der Begriff der N zielt auf eine qualitative und quantitative Veränderung der Armutspopulation und der Entstehungskontexte für die Armutslebenslagen (→Lebenslage), die eng mit dem Folgeproblem von Arbeitslosigkeit verbunden sind. War für „alte Armut" als globales Kennzeichen feststellbar, daß die Betroffenen arbeitsunfähig, krank und/oder alt waren bzw. aus individuellen Problemkonstellationen heraus nicht in die Erwerbsgesellschaft integriert wurden, so gelten als Globalkriterien der N, daß die Betroffenen arbeitsfähig, arbeitslos und zum großen Teil jung sind. Ihre Zugehörigkeit zur Armutsbevölkerung ist dabei nicht mehr wesentlich über individuelle Problemkonstellationen verursacht, sondern beruht zum großen Teil auf den Auswirkungen verschiedener Ausgrenzungsmechanismen aus der Erwerbsgesellschaft und den sozialstaatlichen Sicherungssystemen. Diese Veränderungen sowie die auf der quantitativen Ebene feststellbare Ausweitung der Betroffenengruppe sind eindeutig belegte empirische Sachverhalte, die sich jedoch erst mittels einer fruchtbaren Begrifflichkeit von Armut sinnvoll diskutieren lassen.

Für entwickelte Industriegesellschaften bietet nur der Begriff und das damit bezeichnete Konzept der *relativen Armut* eine realistische Vorgehensweise. Relative Armut meint die Schlechterstellung eines Bevölkerungsteils in bezug auf den durchschnittlichen Wohlstand in einer →Gesellschaft. Sie umfaßt dabei für die empirische Erfassung und Beschreibung von Armut mehrere materielle und immaterielle Indikatoren und definiert mit Hilfe dieser Dimensionen sog. Armutsgrenzen. Als arm gilt, wer diese Armutsgrenzen – z. B. definiert als bestimmte Einkommenshöhe und prozentualer Größenanteil des Durchschnittseinkommens – unterschreitet. Da Armut definiert werden kann als ein Nichtverfügen über Ressourcen, die ein Leben oberhalb eines soziokulturellen Minimums ermöglichen, wird aus pragmatischen Gründen sehr oft auf den Bereich des Sozialhilfebezugs nach dem BSHG (⇒ Bundessozialhilfegesetz) Bezug genommen. In der Armutsforschung stellt das Konzept der Lebenslage einen weitergehenden Ansatz dar. Unter Lebenslage ist der Spielraum zu verstehen, den die äußeren Umstände dem Menschen für die Erfüllung seiner Grundanliegen bieten. Mit diesem Konzept wird nicht nur das Problem der materiellen Restriktionen in den Lebenslagen Armer erfaßbar, sondern der gesamte Bereich der individuellen und sozialen Teilhabechancen bzw. ihrer Restriktionen rückt mit ins Blickfeld. Eine solche Vorgehensweise birgt zwar eine ganze Reihe von Schwierigkeiten im Bereich der Operationalisierung von Kriterien und Grenzbereichen bei der empirischen Umsetzung, sie führt aber weiter als die traditionelle Armutsforschung.

Analog zum Konzept der Armutsvermeidung durch die Sozialhilfe wird der Sozialhilfebezug oftmals als Armutsgrenze herangezogen. Die Armutsbevölkerung wird dann quantitativ anhand der Empfängerzahlen der auf Sozialhilfeleistungen Angewiesenen, v. a. bei der →„Hilfe zum Lebensunterhalt", bestimmt. Die neuere Forschung hat zeigen können, daß in diesem Falle erhebliche strukturelle Probleme der Untererfassung von Armut vorliegen. Dies äußert sich insbes. als sog. →Dunkelziffer der Armut, wenn Anspruchsberechtigte Sozialhilfeleistungen trotz erheblicher Notlagen etwa aus Scham oder Unkenntnis nicht in Anspruch nehmen. Empirische Untersuchungen gehen davon aus, daß eine Dunkelziffer von 100% bei der realen Sozialhilfepopulation vorliegt.

Diskussionen und Forschungen zur N müssen hierauf Bezug nehmen, zumal sie in weitestgehender Ermangelung anderer empirischer Datenquellen immer noch auf den Indikator „Hilfe zum Lebensunterhalt" im Rahmen der Sozialhilfe angewiesen sind. Gerade wenn zentrale Elemente der N und ihre Entstehungskontexte, also Entwicklungen und Folgewirkungen der Arbeitsmarktprozesse, im Blickpunkt stehen, muß dies mitreflektiert werden. Weil jedoch die Höhe der Regelsätze (→Bedarfsbemessungssystem, →Existenzminimum) in der Transferleistung „Hilfe zum Lebensunterhalt" politisch-administrativ festgesetzt wird, erfaßt diese Armutsgrenze eher nur die Spitze des Problemberges.

Fragt man nach Indikatoren, Entstehungskontexten und dem realen Ausmaß der N, so stechen als signifikanteste Merkmale die kontinuierlich *gestiegenen Anteile Arbeitsloser und v. a. junger Menschen im Sozialhilfebezug* hervor. Obwohl dieser Indikator bereits eine Untererfassung darstellt und obwohl die in der Sozialhilfestatistik abgefragte Kategorie „Verlust des Arbeitsplatzes als Hauptursache der Inanspruchnahme" ebenfalls nicht alle Arbeitslosen erfaßt, nimmt mittlerweile mehr als ein Drittel der gut 3 Mio. Sozialhilfeempfänger (1987/88) aus diesem Grunde Sozialhilfe in Anspruch. Diese Entwicklung entspricht, bezogen auf die Zunahme seit Anfang der 80er Jahre, einer Steigerung um mehr als 100%. Betrachtet man die Altersgruppe der 18–25jährigen im Sozialhilfebezug, so sind mehr als 400% Steigerung zu konstatieren. Empirische Untersuchungen vor Ort haben ein noch genaueres Bild ermittelt. So lagen bereits 1985 in den Städten Salzgitter mit 34,5% und Braunschweig mit 42,2% die registrierten Anteile Arbeitsloser am Sozialhilfebezug deutlich über dem damaligen Bundesdurchschnitt von ca. 26%. Diese Entwicklung hat sich in ähnlichen Relationen fortgesetzt und wird von den Kommunen als massive Belastung ihrer Haushalte durch Sozialhilfeleistungen beklagt und empirisch belegt. Die quantitativen Entwicklungen repräsentieren aber auch eine Strukturveränderung der Armutsbevölkerung, wenn derart viele junge und arbeitssuchende Menschen auf Sozialhilfe angewiesen sind und so zur – unzureichend erfaßten – Armut zählen.

Der Prozeß der Verarmung mit seiner Konzentration auf von Arbeitslosigkeit stark Betroffene muß verstanden werden als ein komplexes Zusammenwirken institutioneller, politischer und sozioökonomischer Rahmenbedingungen mit individuellen Faktoren wie Dauer und Häufigkeit der Arbeitslosigkeit und den sozialen, v. a. familiären Kontexten. Im Mittelpunkt stehen dabei die Erwerbschancen des Einzelnen und der Grad seiner materiellen Absicherung durch die →Arbeitslosenversicherung, wobei insb. Mehrfacharbeitslosigkeit und →Langzeitarbeitslosigkeit zu sozialen Ausgrenzungsprozessen führen. Weiterhin betrifft die Lebenslage der N in einer hohen Anzahl Frauen mit unterbrochenen Erwerbsbiographien, die längere vorhergehende oder noch andauernde Phasen der Kinderbetreuung aufzuweisen haben (→Frauenarmut). Aber es sind auch männliche Arbeitnehmer, deren Berufe auf dem →Arbeitsmarkt generell oder aber in ihrer Region nicht mehr ausreichend nachgefragt werden. Darüber hinaus handelt es sich um Menschen, deren gesundheitliche Einschränkungen sie für den Arbeitsmarkt nur noch bedingt attraktiv erscheinen lassen.

Neben einer solchen quantitativen Betrachtung und einer Vergegenwärtigung, daß ein Leben im Sozialhilfebezug deutlich unter dem Durchschnitt der materiellen Ressourcen und Chancen in der Gesellschaft liegt, ist ein Blick auf die Lebenslagen innerhalb der Armut notwendig. Es zeigte sich in empirischen Untersuchungen, daß massive Restriktionen nicht nur im naheliegenden Versorgungs- und Einkommensbereich gegeben sind, sondern oftmals das gesamte individuelle und soziale Spektrum der Teilhabechancen in der Gesellschaft starken Beschränkungen unterworfen ist. Dabei wird deutlich, daß – ungeachtet der durchgängig als massive Beschränkungen empfundenen Knappheit der materiellen Spielräume und der Belastung durch Erwerbslosigkeit – unterschiedliche Grade der Ausgrenzung aus der Wohlstands- und Arbeitsgesellschaft existieren. Hier hat die Lebenslagenforschung eine differenzierte Binnenschau dieser aktuellen Sozialstaatsproblematik ermöglicht, die dokumentiert, daß oberflächliche Reformansätze wie die Verbesserung der Sozialsicherungssysteme allein nicht genügen. Will eine Gesellschaft die dramatisch gewachsenen Gruppen der sozial Ausgegrenzten wieder integrieren, so sind eine Vielzahl von koordinierten Politikmustern notwendig, welche die soziale Absicherung mit sozialpädagogischer Hilfeleistung, arbeitsmarktadäquater Qualifikation und der Bereitstellung und Garantie von Erwerbschancen verbinden.

N wird von einem relevanten Teil der Bevölkerung nicht wahrgenommen bzw. als solche nicht akzeptiert. Mit dem Argument, gegen Armut spreche in der BR die Existenz einer funktionsfähigen Sozialstaatlichkeit in Form der Institution Sozialhilfe, wird das Problem der N ausgeblendet, wenn nicht gar als „politische Kampfparole" aufgefaßt und so scheinbar neutralisiert. Allerdings weiß jeder Praktiker der →Sozialpolitik, daß im Bereich der kommunalen Institutionen des Sozialstaats (→Lokale Staatliche Institutionen) eine Fülle sozialer Problemstrukturen überdeutlich vorhanden ist und daß u. a. aufgrund der Finanzbelastung der Kommunen (→Kommunalhaushalt) dringend sozialpolitische Handlungsmuster entwickelt und realisiert werden müssen.

L.: Balsen/Nakielski/Rössel: Die neue Armut; Köln, 1984. Lompe, Klaus (Hg.): Die Realität der N; Regensburg, 1987. Lompe/Pollmann/Roy, Langzeitarbeitslosigkeit und Armut – zur Lebenslage arbeitsloser Sozialhilfeempfänger; in: Sozialer Fortschritt, Jg. 37, 1988, H. 5, 91–101.

Klaus-Bernhard Roy

**Neue Beschäftigungsverhältnisse**
→Lokale Beschäftigungsinitiativen

**Neue Soziale Bewegungen**
→Soziale Bewegungen

**Neue Subsidiarität**
Die Forderung nach einer neuen Definition des →Subsidiaritätsprinzips, einer Politik der N, entstand v. a. im Zusammenhang mit der politischen Wende 1982. Auf den Begriff gebracht wurde sie durch den damaligen Bundesminister

für Jugend, Familie und Gesundheit; er forderte, als Ergänzung zum sozialen Netz des →Staates, „ein soziales Netz zu ermöglichen, das Menschen füreinander und miteinander knüpfen: in Familie, Nachbarschaft und Selbsthilfegruppen". (1)

Die Politik der N zielt zunächst auf die Aktivierung von Hilfepotentialen in den Bereichen →Familie, →Selbsthilfegruppen von Betroffenen und ehrenamtliche Mitarbeit (→Ehrenamt, →Freiwilligenarbeit). Die Notwendigkeit wird häufig pädagogisch begründet: „Das Bewußtsein einer moralischen Verpflichtung zur Hilfestellung verkümmerte (bei den Bürgern)" (Heiner Geißler). Bei näherer Analyse der entsprechenden Potentiale in den zu aktivierenden Bereichen stellt sich allerdings häufig heraus, daß dort Bürger schon bis an die Grenze ihrer Möglichkeiten unentgeltliche Hilfe leisten. Das betrifft vor allem die „Sorgearbeit" vieler Frauen. Hilfe im Netzwerk von →Nachbarschaft funktioniert in der Regel gut bei mittelschichtsozialisierten Familien. Mehrfach belastete und unterschichtsozialisierte Familien verfügen jedoch kaum über funktionierte →Netzwerke; dieses Defizit ist Ausdruck ihrer →Armut. Die Rede von N hat mithin repressiven Charakter, wo sie durch eine lediglich begriffliche Operation von vorhandenen quantitativen und qualitativen Defiziten in den →Hilfesystemen ablenkt, indem sie z.B. die Lösung entsprechender Probleme den Betroffenen zur Last legen will.

Wenn N wirkungsvoll werden will, müssen Maßnahmen im Sinne der „Pflicht zum hilfreichen Beistand" organisiert werden, die nicht zum Abbau staatlicher Hilfen führen, sondern zu deren Neustrukturierung i.S. einer besseren Passung an die →Bedürfnisse der Betroffenenkultur. Ziele der Neustrukturierung wären: direkte ideelle und materielle Förderung bestehender Netzwerke im Bedarfsfall; Aufbau ergänzender Netzwerke zur Förderung von Risikogruppen; Ersatz und Unterstützung der Sorgearbeit zur Entlastung ohnehin schon überforderter Familien. Notwendig ist die Entwicklung einer neuen Ehrenamtlichkeit, die von den interessierten Bürgern gesteuert wird und nicht von den Verwertungsinteressen staatlicher und freigemeinnütziger Institutionen (2).

Das Konzept der N ist jenseits von repressiver Praxis dort innovativ, wo es die Inhalte der neuen →sozialen Bewegung artikulieren kann. „In den neuen sozialen Bewegungen opponiert und rebelliert Subjekthaftigkeit gegen Reglementierung, Fremdbestimmung, Technokratie, Entsinnlichung und Sinnverlust" (3). Insofern fordert es auf zu einer radikalen Infragestellung der öffentlichen und freigemeinnützigen Hilfeangebote. Diese Infragestellung führt zu kreativen Vorstellungen, die den bisherigen Anbietermarkt sozialer Hilfen umstrukturieren wollen zu einem weitgehenden Nachfragemarkt (4).

Überlegungen zur N werden auch bestimmt von Konzepten zur Neudefinition von Arbeit. Die zunehmende Reduzierung von →Erwerbsarbeit und die Neubewertung von unentgeltlicher Arbeit (z.B. volle Anerkennung von unentgeltlicher Sorgearbeit in der →Sozialversicherung), das höhere Kontingent an lohnarbeitsfreier Zeit können zu einer „Synergie innerhalb eines auf zwei Pfeiler ruhenden Sozialsystems (führen): der institutionalisierten und zentralisierten Dienste einerseits, der selbstorganisierten, kooperativen und freiwilligen Netze andererseits" (5).

Eine Politik des N findet schließlich ihren Niederschlag auch im Versuch einer Revision des Verhältnisses von Normalsystem und Subsidiärsystem. Dies kann an der Entwicklung der →Jugendberufshilfe erläutert werden. Als Angebot nach KJHG und/oder BSHG (Subsidärsystem) entsorgt die N den →Arbeitsmarkt (Normalsystem) von Problemfällen, d.h. von Jugendlichen und jungen Erwachsenen, die aufgrund ihrer Mehrfachbelastungen schwer (oder gar nicht) im Normalsystem zu plazieren sind (6). In der

Regel konzentrieren sich die entsprechenden Hilfen auf die Bearbeitung der individuellen Verhaltensdefizite bei den Betroffenen. Im Sinne einer aufgeklärten „Pflicht zum hilfreichen Beistand" wird von den Trägern der →Jugendhilfe und der Sozialhilfe in zunehmendem Maße gefordert, nicht besondere Form der Hilfe zu entwickeln, sondern durch unterstützende Interventionen im Normalsystem dort die Voraussetzungen entwickeln zu helfen, daß mehrfachbelastete Jugendliche und Heranwachsende in normale Arbeitszusammenhänge integriert werden können (7).

L.: (1) Geißler, Heiner, Ansprache beim 70. Deutschen Fürsorgetag; in: Soziale Arbeit in den 80er Jahren, Schriften des Deutschen Vereins für öffentliche und private Fürsorge; Frankfurt, 1984, 46. (2) Olk, Thomas, Die Herausforderung; in: Sozialmagazin 3/1989, 31 ff. (3) Wendt, Wolf Rainer: Geschichte der sozialen Arbeit; Stuttgart, 1983, 385. (4) Freier, Dietmar: Soziale Dienstleistungen zwischen Reglementierung und Wettbewerb; in: NDV 11/1990, 369 ff. (5) Gorz, André: Kritik der ökonomischen Vernunft; Berlin, 1989, 207. (6) Strunk, Andreas: Das Dilemma der Jugendberufshilfe als Entsorgungssystem des Arbeitsmarktes; Bremen, 1989 (Hans-Wendt-Stiftung). (7) Dettling, Warnfried: Jugendpolitische Folgerungen aus den Ergebnissen des Kongresses „Jugend und Arbeit"; Berlin, 1987 (BBJ-Consult Materialien 4).

Andreas Strunk

## Neuorganisation Sozialer Dienste
→Sozialverwaltung

## New Age
→Selbsterfahrung, →Postmoderne

## NGO
⇒ Non-governmental Organisation

## Nichteheliche Lebensgemeinschaft

Die Anzahl von N ist seit Anfang der 70er Jahre sprunghaft gestiegen. Unter N wird das auf Dauer angelegte Zusammenleben von Mann und Frau in einem gemeinsamen Haushalt auf der Grundlage einer persönlichen Bindung ohne Eingehen der →Ehe verstanden. Die N wird auch als „Konkubinat", „eheähnliche Lebensgemeinschaft", „wilde Ehe", „Ehe ohne Trauschein" bezeichnet. Die Gründe, unverheiratet zusammenzuleben, sind vielfältig und reichen von der grundsätzlichen Ablehnung der Ehe bis zu rein materiellen Erwägungen (→eheähnliche Gemeinschaft).

Die N als andere, neben der förmlichen Ehe bestehende Form des Zusammenlebens zwischen Mann und Frau ist historisch keinesfalls neu. Unter dem römischen Recht war das Konkubinat, die Verbindung zwischen Rangungleichen, weit verbreitet und anerkannt. Ähnlichkeiten mit dem römisch-rechtlichen Konkubinat wiesen im alten germanischen Recht die neben der Muntehe bestehende Friedelehe, die zunächst vielfach von ranghöheren Frauen eingegangen wurde, als auch die zwischen einem freien Mann und einer unfreien Frau bestehende Kebsehe auf. Die Friedelehe war bis ins späte M weit verbreitet. Derartige Verbindungen Unverheirateter begann die Kirche, die das Konkubinat toleriert hatte, solange es sich um eine monogame Verbindung handelte, seit dem 11. Jh. zu verurteilen. Im 16. Jh. wurde die Ehe von der Kirche als einzige rechtmäßige Form des Zusammenlebens von Mann und Frau bestimmt. Die bürgerliche Zivilehe, wie wir sie kennen, wurde erst 1875 durch das Reichspersonenstandsgesetz festgeschrieben. Mit der Legitimation ausschließlich fester Eheformen durch die Kirche begann die Mißbilligung, moralische Abwertung und Bekämpfung der N sogar durch straf- und polizeirechtliche Maßnahmen (→Sittenpolizei).

Derartigen gesellschaftlichen und rechtlichen Sanktionen ist die N heutzutage nicht mehr ausgesetzt. Seit 1970 werden N auch vom Bundesgerichtshof nicht mehr als unsittlich eingestuft. Bis dahin war die Einstufung als sittenwidrig das bevorzugte zivilrechtliche Mittel, um rechtsgeschäftliche Maßnahmen des Einzelnen zur Absicherung seiner außerehelichen Beziehungen abzuwehren.

Obwohl die N heute gesellschaftlich anerkannt ist, bereitet ihre rechtliche Zuordnung und Behandlung in Rechtsprechung und juristischer Lehre Schwierigkeiten (→ Nichtehelichenrecht).

L.: Landwehr, Götz, (Hg.): Die N; Göttingen, 1978. von Münch, Eva Marie: Zusammenleben ohne Trauschein, 3. Auflage; München, 1988.

Marion Dobner

### Nichtehelichenrecht

Ein N i. S. eines zusammenhängenden, einheitlichen Systems von gesetzlichen Regelungen existiert im geltenden Recht nicht. Die →nichteheliche Lebensgemeinschaft (nL) ist normativ kaum erfaßt, das GG erwähnt sie an keiner Stelle. Nach einhelliger Rechtsmeinung genießt die nL daher nicht den besonderen Schutz des Art. 6 Abs. 1 GG für → Ehe und → Familie. Verfassungsrechtliche Bedenken gegen die nL bestehen jedoch nicht.

Eine ausdrückliche gesetzliche Erwähnung findet die nL im Sozialrecht in § 122 BSHG, der beim Bezug von Sozialhilfe eine Besserstellung von Personen, die in eheähnlicher Gemeinschaft leben, gegenüber Ehegatten verhindern soll (→ Bundessozialhilfegesetz). Ausführlich in Vorschriften des BGB geregelt sind die Rechtsverhältnisse des nichtehelichen Kindes. Dieses wird in allen wichtigen persönlichen Beziehungen in 1. Linie der Mutter zugeordnet. Allerdings bestehen Bestrebungen, die rechtliche Stellung des nichtehelichen Vaters zu stärken (→ Umgangsrecht für Väter). Im übrigen werden bei der rechtlichen Behandlung der nL häufig allgemeine Normen aus sehr unterschiedlichen Regelungsbereichen, z.B. des Vertrags-, Gesellschafts- und Bereicherungsrechts herangezogen, die die nL nicht als eigenes Gebilde erfassen, sondern an die konkrete Position der Lebenspartner, z. B. als Mieter, anknüpfen.

Abgelehnt wird nach einhelliger Rechtsmeinung die Anwendung der Vorschriften des BGB über das Verlöbnis, das Zusammenleben mit Heiratsabsicht, auf die nL. Auch die Vorschriften des Ehe- und →Familien- einschl. des Scheidungsrechts werden weder direkt noch analog auf die nL angewendet. Somit besteht ein Schutz des finanziell Schwächeren (i.d.R. der Frau), wie ihn das derzeitige Scheidungsrecht vorsieht, für die nL nicht.

Anders als in der Ehe, existieren für die Partner einer nL kaum Rechte und Pflichten untereinander. Sie sind einander nicht zur Lebensgemeinschaft verpflichtet, d. h. keiner braucht den anderen zu versorgen oder zu betreuen. Demzufolge gibt es weder während des Zusammenlebens noch nach einer Auflösung der nL eine Unterhaltpflicht des Besserverdienenden (→ Unterhaltspflichtige). Lediglich vor und nach der Geburt des gemeinsamen Kindes hat die nichteheliche Mutter einen zeitlich begrenzten Unterhaltsanspruch gegenüber dem Vater. Eine Beteiligung an der → gesetzlichen Rentenversicherung des Partners ist ebenfalls ausgeschlossen. In der nL gibt es kein gemeinsames Vermögen. Folgedessen findet nach Beendigung der nL grundsätzlich keine juristische Vermögensauseinandersetzung statt. Ein Ausgleich hinsichtlich einzelner gemeinsam geschaffener Vermögensgegenstände wird jedoch bei ausdrücklichem Abschluß eines Gesellschaftsvertrages oder vielfach unter Anwendung von Gesellschaftsrecht vorgenommen, wenn die Partner über das bloße Zusammenleben hinaus die Absicht hatten, mit dem Erwerb des Vermögensgegenstandes einen Wert zu schaffen, der nicht nur von ihnen gemeinsam genutzt werden, sondern ihnen nach ihrer Vorstellung auch gemeinsam gehören sollte.

Während des Zusammenlebens verbrauchtes Geld kann in der Regel nicht zurückverlangt werden. Geleistete Arbeit, z. B. → Hausarbeit, wird im nachhinein nicht finanziell ausgeglichen. Hinsichtlich der Mitarbeit im Geschäft des Partners ist die Rechtsprechung uneinheitlich. An Hausratsgegenständen kann jeder Partner bei Beendigung der nL das mitnehmen, was ihm gehört. Gemeinsam angeschaffter Hausrat ist aufzuteilen. Die Rückgabe von Geschenken kommt unter Anwendung des normalen Schenkungsrechts des BGB nur bei Verarmung des Schenkers oder grobem Undank in Betracht.

Die Partner einer nL können ihre Rechtsbeziehungen im allgemeinen Rahmen der Vertragsfreiheit durch Vereinbarungen anders regeln als es das Gesetz vorsieht. In Betracht kommen insb. Unterhaltsvereinbarungen, Gesellschafts-, Arbeits- und Schenkungsverträge. Auch eine testamentarische oder erbvertragliche Regelung zugunsten des Partners ist möglich und wirksam. Bis ca. 1970 wurden derartige Bestimmungen allerdings von der Rechtsprechung als sittenwidrig und somit unwirksam betrachtet. Heutzutage ist bei einer Begünstigung des Partners darauf zu achten, daß dadurch ein vorhandener Ehegatte oder Kinder nicht schlechter gestellt werden als der Lebenspartner. Gesetzliche Erbansprüche zwischen Partnern einer nL bestehen nicht.

Rechtsprobleme ergeben sich für die nL auch im Verhältnis zu Dritten. Für die Aufnahme des Lebenspartners in die vom anderen bereits gemietete Wohnung ist nach den Bestimmungen des Mietrechts ein sog. berechtigtes Interesse erforderlich, das erst nach Abschluß des Mietvertrages entstanden sein darf. Der Wunsch nach dem Zusammenleben mit dem Partner wird hierfür i.d.R. als ausreichend angesehen, so daß der Vermieter die Aufnahme dulden muß. Im Verhältnis zum getrennt lebenden oder geschiedenen Ehegatten hat das Eingehen einer nL i.d.R. Auswirkungen auf unterhaltsrechtliche Ansprüche. So kann das Zusammenleben in einem Haushalt für den Unterhaltsberechtigten (i.d.R. die Frau) zur Minderung oder gar zum Verlust von Unterhaltsansprüchen gegenüber dem Ehegatten führen.

In bezug auf Ansprüche gegenüber dem Staat werden nL grundsätzlich wie Ledige behandelt. Im Steuerrecht, hinsichtlich der gesetzlichen → Krankenversicherung und der Altersversorgung sind nL folglich schlechter gestellt als Verheiratete. Beim Bezug von → Ausbildungsförderung (BAföG) werden die Einkünfte des unverheirateten Partners nicht angerechnet; allerdings kommen für nL auch nicht die Freibeträge für Ehegatten zur Anwendung. In den Bereichen der Sozialhilfe, des → Arbeitslosen- und des → Wohngeldes soll durch einschlägige Gesetze eine Besserstellung von nL gegenüber Ehegatten verhindert werden.

L.: Strätz, H.-W., Rechtsfragen des Konkubinats im Überblick; in: Zeitschrift für das gesamte Familienrecht 1980, 301 und 434.

Marion Dobner

**Nichtregierungsorganisation**
⇒ Non-governmental Organisation

**Nichtseßhafte**
Umstrittener und veralteter Begriff für alleinstehende → Wohnungslose. Als Verwaltungskategorie und Merkmalszuschreibung ist der Begriff eng mit den Traditionen und Interessen der → Nichtseßhaftenhilfe verknüpft. Allgemeine Verbreitung gewann die Bezeichnung N in der Zeit des Nationalsozialismus als Ersatz für die bis dahin gebräuchlichen Begriffe wie „Wanderer", „Wanderarme" oder „Landstreicher". Von Beginn an war damit ein pathologisierendes Definitionsmuster verbunden, das jahrzehntelang die Ausgangsbasis der Erklärungsversuche von → Nichtseßhaftigkeit geprägt hat.

N sind nach der Definition des → Bundessozialhilfegesetzes (seit 1976) „Personen, die ohne gesicherte wirtschaftliche Lebensgrundlage umherziehen oder die sich zur Vorbereitung auf eine Teilnahme am Leben in der Gemeinschaft oder zur dauernden persönlichen Betreuung in einer Einrichtung für N aufhalten" (§ 4 der DVO zu § 72 BSHG). Sie werden damit von anderen Personengruppen „mit besonderen sozialen Schwierigkeiten" (→ Obdachlosen, → Landfahrern, Strafentlassenen und „verhaltensgestörten" Jugendlichen) abgegrenzt.

Mit der Legaldefinition wird den N zum einen bis heute das „Umherziehen" als abnorme Eigenschaft zugeschrieben, zu deren Bearbeitung es besonderer stationärer Einrichtungen bedürfe. Zum anderen erweist sie sich als bequeme Zuordnungs- und Finanzierungskategorie für diese Einrichtungen, indem sie – per Zirkelschluß – deren Aufnahmepraxis die Definitionsgewalt verleiht. Dies macht auch das (in der Praxis weit verbreitete) Paradox von „seßhaften N" (Personen, die sich auf Dauer in Nichtseßhafteneinrichtungen aufhalten; ortsansäßige Wohnungslose, die auf die Nichtseßhaftenhilfe angewiesen sind) möglich.

Als N werden – nicht zuletzt wegen der Struktur des → Hilfesystems – fast ausschließlich Männer bezeichnet. Einendes Merkmal dieser Personen ist nicht eine gemeinsame Persönlichkeits- oder Verhaltensstruktur (auch nicht ein außergewöhnliches Mobilitätsverhalten), sondern die Unterstützungsabhängigkeit aufgrund von → Wohnungslosigkeit. Die meisten von ihnen sind arbeitslos und verfügen über kein oder zu geringes Einkommen. Sie bilden eine besonders stigmatisierte und diskriminierte Gruppe von Armen (→ Armut, → Stigmatisierung).

Die von Kritikern des Begriffs vorgeschlagene Alternative → „Alleinstehende Wohnungslose" setzt sich nur allmählich auch in der Praxis durch.

L.: John, Wolfgang: Ohne festen Wohnsitz – Ursache und Geschichte der Nichtseßhaftigkeit und die Möglichkeiten der Hilfe; Bielefeld, 1988. Rohrmann, Eckhard: Ohne Arbeit – ohne Wohnung: Wie Arme zu „N" gemacht werden; Heidelberg, 1987.

Volker Busch-Geertsema

**Nichtseßhaftenhilfe**

Hilfe für → alleinstehende Wohnungslose „mit besonderen sozialen Schwierigkeiten" (→ Nichtseßhafte) nach § 72 BSHG (⇒ Bundessozialhilfegesetz), die vorwiegend in → Heimen und Beratungsstellen Freier Träger geleistet wird.

Die traditionelle organisierte N trägt bis heute deutliche Züge ihres historischen Ursprungs in der Wanderarmenhilfe des späten 19. Jh. → Arbeiterkolonien und → Herbergen zur Heimat, die noch heute das Angebot der stationären N dominieren, wurden damals – unter maßgeblichem Einfluß von → Bodelschwingh d. Ä. zu den wesentlichen Einrichtungen der kirchlichen Armenhilfe für in Not geratene und vagierende Arbeitslose aufgebaut und organisatorisch verknüpft. Nach dem ersten Weltkrieg entwickelte sich daraus die Wandererfürsorge, die ab 1945 ihre Arbeit als N weiterführte. Die Trägerschaft von Institutionen der N ist überwiegend in der Domäne kirchlicher → Wohlfahrtsverbände geblieben. Vor allem Organisationen des → Diakonischen Werks, zum kleineren Teil auch des → Deutschen Caritasverbandes verwalten den größten Teil der Einrichtungen (heute mehr als 200 stationäre und teilstationäre Einrichtungen mit über 15 000 Plätzen). Sie sind in einer Bundesarbeitsgemeinschaft und in konfessionellen Fachverbänden zusammengeschlossen. Finanziert wird die N heute allerdings weitestgehend vom Staat bzw. den überörtlichen Trägern der Sozialhilfe.

Auch das Problem- und Hilfeverständnis der N zeugt von einer bemerkenswerten historischen Kontinuität, zumindest bis in die 70er Jahre, teilweise bis in die Gegenwart. Schon in den ersten Jahrzehnten dieses Jh. begann sich eine Problemsicht durchzusetzen, die die Konzepte von → Nichtseßhaftigkeit als Ausdruck und Folge psychischer Schäden und Fehlentwicklungen nachhaltig prägen sollte. Ab den 20er Jahren wurde damit eine Ausgestaltung der Einrichtungen zur „Bewahrungsfürsorge" (→ Bewahrung) für die als pathologisch eingestuften „halben Kräfte" begründet und der Anstaltscharakter der Hilfe festgeschrieben. Diese Aufgabenstellung hat, zusammen mit der ursprünglichen Zielsetzung der Wanderarmenhilfe (Nothilfe für wandernde Arbeits- und Obdachlose verknüpft mit Erziehung zur Arbeit, Kontrolle des Wanderns, Unterdrückung der Bettelei und staatlicher Bestrafung der „Arbeitsscheuen"), – trotz ihrer brutalisierten Fortführung in den Verfolgungs-, und Vernichtungsaktionen gegen Nichtseßhafte unter der faschistischen Herrschaft – auch noch nach 1945 das Selbstverständnis der N lange Zeit beeinflußt.

Professioanlisierungsbestrebungen und optimistischere Rehabilitationskonzepte führten in den 70er Jahren zu einem modernisierten, pädagogisch-therapeutischen Anspruch der Einrichtungen. Neben der „Beheimatung" der als nicht wiedereingliederungsfähig beurteilten Wohnungslosen und der kurzfristigen Versorgung von „Durchwanderern" gilt die → Resozialisierung der Klienten durch die verschiedensten Formen der verhaltens- und persönlichkeitsorientierten → Intervention (Arbeitstherapie, Suchtbehandlung, Verhaltenstraining, Gruppengespräche, Rollenspiele, Fortbildung etc.) als wesentliches Ziel der stationären N.

Nach dem Gesetz (§ 72 BSHG von 1976) soll N →„Hilfe zur Überwindung besonderer sozialer Schwierigkeiten" leisten. Die Hilfe ist gegenüber anderen Leistungsarten des BSHG nachrangig, d. h. sie ist dann verpflichtend zu gewähren, wenn andere Leistungen nicht ausreichen, um das angegebene Ziel zu erreichen. Als Maßnahmen sind in dem Gesetz vorgesehen: Die → Beratung und persönliche Betreuung, Hilfen zur Beschaffung und Erhaltung einer Wohnung, zur Erlangung und Sicherung eines Platzes im Arbeitsleben, zur Ausbildung und zur Gestaltung der Freizeit (§ 7–11 der DVO zu § 72 BSHG). Das Gesetz gilt der Abwendung von Verschlimmerung, der Milderung oder der Behebung von Schwierigkeiten der Betroffenen, um ihre Ausgrenzung aus den verschiedenen sozialen Bereichen zu überwinden.

Die Kritik an der traditionellen N (zum größten Teil innerhalb der eigenen Verbände – ab Mitte der 70er Jahre – entwickelt und vorgebracht) richtete sich allerdings gerade gegen deren Beteiligung an der sozialen Ausgrenzung ihrer Klienten und der Erzeugung sog. nichtseßhaften Verhaltens. Die Einrichtungen trugen die Praktiken der „vertreibenden Hilfe" (befristete Unterstützung, Fahrkarten, Weiterverweisung) mit, sie ließen rechtswidrige Unterversorgung zu, machten die Unterstützungsgewährung von der Beteiligung an therapeutischen Maßnahmen abhängig und interpretierten eigene Mißerfolge bei den Rehabilitationsbemühungen oft nur als Bestätigung ihrer pathologisierenden Definition von „Nichtseßhaften". Kritisiert wurden auch die eher desintegrierende Wirkung des Lebens in stationären Einrichtungen und die Form der Arbeitsangebote (Prämienarbeitsplätze), die – meist als →„Arbeitstherapie" bezeichnet und dem alten Motto Bodelschwinghs (Arbeit statt Almosen) verpflichtet – mit zur dauerhaften Ausgrenzung der dort beschäftigten Klienten aus dem System der →Sozialversicherung führten. In ihrer historischen Formbestimmtheit trug die N zu einer strengen administrativen Scheidung der Wohnungslosen in →Obdachlose (meist Familien und Frauen, v.a. mit Kindern) und → Nichtseßhafte (fast ausschließlich alleinstehende wohnungslose Männer) bei, die z. T. völlig verschiedene Lebensrealitäten bewirkte.

Mit der Entwicklung des sog. Armutsansatzes und dem Aufbau von ambulanten Beratungsstellen für alleinstehende Wohnungslose hat im vergangenen Jahrzehnt auch ein neues Verständnis von

Wohnungslosenhilfe in den Fachkreisen der N Verbreitung gefunden, das die Behebung der grundlegenden materiellen Mängel der alleinstehenden Wohnungslosen (Wohnungslosigkeit, Mittellosigkeit, Arbeitslosigkeit) in den Vordergrund stellt und therapeutische Maßnahmen als zusätzliche Angebote, jedoch nicht als Unterstützungsvoraussetzung vorsieht. Die Durchsetzung von Rechtsansprüchen und die Aufrechterhaltung (bzw. Erzielung) eines größtmöglichen Maßes an „Normalität" in den Lebensumständen der Betroffenen durch bedarfsgerechte und nicht-diskriminierende Hilfen gehören zu den grundlegenden Zielen dieses Konzeptes. Dieses hat – nach Überwindung starker Widerstände – zwar Grundsatzprogramme und Hilfeempfehlungen der Fachöffentlichkeit wesentlich geprägt, seine Umsetzung in die Praxis stößt jedoch auf vielfältige Schwierigkeiten.

Das Schwergewicht der institutionalisierten N liegt nach wie vor auf den stationären Einrichtungen, die nicht zuletzt gewichtige wirtschaftliche Interessen zu vertreten haben. Viele dieser Einrichtungen haben auf einzelne der oben genannten Kritikpunkte reagiert. So wurden einige sozialversicherungspflichtige Lohnarbeitsplätze eingerichtet, Aufnahmebedingungen wurden gelockert, eigene teilstationäre und ambulante Außenstellen aufgebaut, und insb. dem Aspekt der Nachbetreuung wird erhöhte Aufmerksamkeit geschenkt. Für die N insgesamt hat die angeführte Kritik ihre Gültigkeit jedoch bis in die Gegenwart behalten. Auch die ambulanten Beratungsstellen (ihre Zahl liegt noch unter 100; die meisten befinden sich in größeren Städten; sie sind ebenfalls überwiegend in kirchlicher Trägerschaft und weitgehend mit (Sozial-)Pädagogen besetzt; ein flächendeckendes Netz für den ländlichen Raum ist in mehreren Bundesländern im Aufbau) sind mit einem grundlegenden gesellschaftlichen Mangel an erschwinglichem Wohnraum (→ Wohnungsfrage) und Arbeitsplätzen, mit den weitverbreiteten Vorurteilen gegenüber ihrer Klientel und mit behördlichen Einsparungsversuchen und Willküraktcn konfrontiert, die eine wirksame Hilfe für alleinstehende Wohnungslose oft wenig aussichtsreich erscheinen lassen. Wenn Rechtsansprüche nicht durchgesetzt und „normale" Wohnungen und Arbeitsverhältnisse nicht zugänglich gemacht werden können, gerät die „ambulante Hilfe" zudem in Gefahr, entweder durch unbefriedigende Ersatzlösungen selbst Parallelen zur kritisierten Heim- und Anstaltshilfe zu etablieren oder in die Rolle als Zulieferungsagenturen für die bestehenden stationären Einrichtungen gedrängt zu werden.

L.: Albrecht, G., Wohlfahrtsverbände und Nichtseßhaftenhilfe – Ein ungeliebtes Entsorgungsmonopol im Bereich der Sozialen Dienste; in: Gernert u. a. (Hg.): Wohlfahrtsverbände zwischen Selbsthilfe und Sozialstaat; Freiburg i.B., 1986. Bundesarbeitsgemeinschaft für Nichtseßhaftenhilfe (Hg.): Gefährdetenhilfe (Fachzeitschrift, erscheint vierteljährlich); Bielefeld, 1968ff. Bundesarbeitsgemeinschaft für Nichtseßhaftenhilfe (Hg.): Wo + Wie-Verzeichnis der ambulanten und stationären Nichtseßhaftenhilfe; Bielefeld, 1988. Scheffler, Jürgen (Hg.): Bürger und Bettler – Materialien und Dokumente zur Geschichte der Nichtseßhaftenhilfe in der Diakonie, Bd. 1: 1854 bis 1954; Bielefeld 1987.

Volker Busch-Geertsema

### Nichtseßhaftigkeit

Der Begriff N soll sowohl die soziale Situation als auch ein vermeintlich spezifisches Verhalten vieler alleinstehender → Wohnungsloser bzw. der → Nichtseßhaften kennzeichnen. Seit Mitte der 70er Jahre wurde er wiederholt als irreführend und unangemessen kritisiert und wird inzwischen von Fachkreisen weitgehend abgelehnt.

Als Konzept setzt „N" eine spezifische Definition der Problematik von unterstützungsbedürftigen wohnungslosen Alleinstehenden voraus. N wurde bis vor einigen Jahren nahezu ausschließlich als ein Problem →abweichenden Verhaltens angesehen. Die Suche nach den Ursachen hat sich in der Vergangenheit dementsprechend v. a. auf in der →Persönlichkeit der Betroffenen liegende Gründe konzentriert.

Schuldzuweisungen (Arbeitsscheu, Wanderlust, mangelnde Einordnungsbereitschaft) und die Annahme angeborener oder erworbener psychischer Defekte (Wandertrieb, Psychopathie) haben die Erklärungsmuster von N und die Maßnahmen gegenüber „Nichtseßhaften" (Kriminalisierung, Bestrafung, „Bewahrungsfürsorge"; →Bewahrung) bis in die frühen 70er Jahre bestimmt. Erst um diese Zeit wurden die wesentlichen gesetzlichen Grundlagen für staatliche Zwangsmaßnahmen gegen N abgeschafft und N wurde ausschließlich dem Bereich der Sozialhilfe zugeordnet (§ 72 BSHG ⇒ Bundessozialhilfegesetz).

In der Folgezeit wurde die Wirksamkeit von Umwelteinflüssen und Lernprozessen bei der Herausbildung der als für N typisch angesehenen Verhaltensdispositionen hervorgehoben. N wurde als Ausdruck und Folge von Defiziten in der Handlungskompetenz der Betroffenen analysiert, die in erster Linie auf eine fehlerhafte →Sozialisation zurückgeführt wurden. Entsprechende wissenschaftliche Untersuchungen korrespondierten mit dem verstärkten Einsatz pädagogischer und therapeutischer Fachkräfte in der →Nichtseßhaftenhilfe und einer Modernisierung ihres Rehabilitationsanspruchs. Die Begründung von N aus den „Defiziten" der Klienten und entsprechende Programme zur „Behandlung" dieser Defizite prägen bis heute die Praxis vieler Einrichtungen.

Schon in den 70er Jahren wurden wichtige strukturelle Einflußfaktoren auf N (insb. gesellschaftliche Reaktionsformen auf →Armut: →Stigmatisierung, Etikettierung und soziale, materielle und lokale Ausgrenzung, sowie entsprechende Effekte des →Hilfesystems) aufgezeigt. Eine grundlegende Kritik an den verhaltens- und persönlichkeitsorientierten Erklärungsansätzen von N hat sich jedoch erst im vergangenen Jahrzehnt in der Fachöffentlichkeit durchgesetzt. Der Begriff „N" selbst wurde als „Erkenntnisfalle" (Holtmannspötter 1982) in Frage gestellt. Er unterstellt eine dauerhafte Mobilität, die zum einen für einen großen Teil der →Klienten der Nichtseßhaftenhilfe nicht zutrifft. Zum anderen ist das – meist regional begrenzte – Mobilitätsverhalten bei Wohnungslosen, die ihren Wohnsitz durch Ortswechsel verloren haben und/oder tatsächlich relativ häufig den Aufenthaltsort wechseln, v. a. auf den Mangel an Arbeit und erschwinglichen Wohnraum (→Wohnungsfrage) sowie auf die Befristung oder Verweigerung ausreichender und annehmbarer Hilfen zurückzuführen. Mit dem Begriff, wie mit dem gesellschaftlichen Vorurteil über Wohnungslose werden diesen im allgemeinen solche Probleme zugeschrieben (Alkoholabhängigkeit, psychische Probleme, Probleme im Sozialverhalten), die weder für sie typisch noch spezifisch sind. Allerdings treten solche Schwierigkeiten, ebenso wie organische Krankheiten, bei Wohnungslosen relativ häufig auf. Sie belegen nur zu oft die schwerwiegenden Folgen der Lebensbedingungen in Armut und Wohnungslosigkeit sowie die Folgen verfehlter oder ungenügender Hilfeleistungen. Sie zeigen aber auch das besondere Risiko von gesundheitlich Geschädigten und sozial Benachteiligten, wohnungslos zu werden und zu bleiben.

Der sog. Armutsansatz definiert N (soweit von dem Begriff noch Gebrauch gemacht wird) als →Lebenslage, die durch grundlegende materielle Mängel geprägt ist. Wohnungslosigkeit, Arbeitslosigkeit, Mittellosigkeit und soziale Isolation werden als gesellschaftlich verursachte Phänomene aufgefaßt, von denen die „Nichtseßhaften" aus unterschiedlichen Gründen (dazu im einzelnen: →Wohnungslose) besonders betroffen sind und auf die sie individuell unterschiedlich reagieren, die aber als verallgemeinerbare Kennzeichen ihrer Lebenssituation gelten können. Verweigerung rechtmäßiger Hilfen, unzureichende Unterstützung, Mobilitätszwang und Ausgrenzungsmechanismen führen als strukturelle Reaktionsweisen des „Hilfesystems" und der Gesellschaft im allgemeinen auf die Armut der Wohnungslosen (und verstärkt bei wohnungslosen „Ortsfremden") zu einer Verfestigung und Perpetuierung ihrer Mangelsituation und produzieren, fördern und stabilisieren ihrerseits Verhaltensweisen, die als typisch für N interpretiert werden. Gefordert werden daher, neben einer verstärkten sozialpolitischen Einflußnahme, auch in der →Sozialen Einzelhilfe die vorrangige Sicherung der materiellen Lebensgrundlagen (insb. Geld und Wohnung), die Durchsetzung von Rechtsansprüchen sowie bedarfsgerechte und annehmbare Unterstützungsangebote, die zumindest die Grundbedingungen einer menschenwürdigen Existenz und gesellschaftlicher Teilhabe ermöglichen.

L.: Bundesarbeitsgemeinschaft für Nichtseßhaftenhilfe (Hg.): Erscheinungsweisen, Verlaufsform und Ursachen der N, Teil 1 u. 2; Bielefeld-Bethel, 1978/1979. Holtmanspötter, H., Plädoyer zur Trennung von dem Begriff „N"; in : Gefährdetenhilfe 4/82; Freiburg i. B., 1982. John, Wolfgang: Ohne festen Wohnsitz – Ursache und Geschichte der N und die Möglichkeiten der Hilfe; Bielefeld, 1988.

Volker Busch-Geertsema

## Niedergelassene Ärzte
→Ärztliche Niederlassungsfreiheit

## Niederlassungsfreiheit
→Ärztliche Niederlassungsfreiheit

## Niederlassungsfreiheit (in der EG)
→Freizügigkeit in der EG

## Nohl, Herman
N (*1879) war 1920–37 und 1945–49 Prof. der →Pädagogik in Göttingen. N war mitbeteiligt an der Prägung des akademischen Selbstverständnisses der →Sozialpädagogik als geistes- und erziehungswissenschaftliche Disziplin.

## Non-governmental Organisation (NGO)
NGO (auch: Nicht-Regierungsorganisation – NRO) bezeichnet zusammen mit den verwandten Begriffen *freiwillige Vereinigung, gemeinnütziger Verein* und *Organisation ohne Erwerbszweck* einen organisatorischen Grundtypus, wobei unterschiedliche Elemente als konstitutiv angesehen und in den jeweiligen Termini hervorgehoben werden: (a) bei den *freiwilligen Organisationen* die Abgrenzung gegenüber den unfreiwilligen Organisationsformen mit zugeschriebener Mitgliedschaft und den Zwangsverbänden; (b) bei den *Organisationen ohne Erwerbszweck* die Abgrenzung gegenüber dem Gewinnmotiv marktwirtschaftlicher Betriebe, und (c) im Fall der *NGO* die Abgrenzung zu Regierungs- und Verwaltungsorganisationen einschließlich der Gebietskörperschaften. Diese drei wesentlichen Formen bauen jeweils auf unterschiedlichen Dichotomien auf: freiwillig – unfreiwillig, gewinnorientiert – nicht-gewinnorientiert und staatlich – nicht-staatlich. In der deutschsprachigen Diskussion werden NGO zunehmend unter dem Begriff →*Dritter Sektor* mit verwandten Organisationsformen zusammengefaßt (Anheier/Seibel 1990).

Viele Autoren haben die „Negativ-Definitionen" von NGO beklagt. Des weiteren entsteht durch die überaus große Bandbreite der Organisationsformen, welche in der Literatur als NGO bezeichnet werden, und durch die zahlreichen hybriden Formen zwischen Staat (z. B. Quasi-NGO oder →Quangos) einerseits und Marktorganisationen (z. B. Wirtschaftsverbände) anderseits die potentielle Indeterminiertheit des Begriffes. So hat es seit der ersten Einführung des Begriffs keinen Mangel an Definitions- und Typologisierungsversuchen gegeben. Es empfiehlt sich, in einem ersten Schritt dem Definitionsvorschlag von James (1987) zu folgen: Demnach

### Non-governmental Organisation (NGO)

sind NGO, ebenso wie → *Nonprofit-Organisationen*, private, freiwillige Organisationen, die öffentliche und halböffentliche Güter und → Dienstleistungen bereitstellen und deren erzielte Überschüsse weder an Mitglieder noch an den Vorstand als Gewinn verteilt werden dürfen. In einem zweiten Schritt ist es angebracht, der pragmatischen Entstehung und Orientierung von NGO Rechnung zu tragen. Dabei wird als NGO eine intermediär (→ Intermediarität) im öffentlichen, zwischenstaatlichen und transnationalen Bereich operierende Organisation verstanden, die einerseits als Service-Institution für Drittparteien und Klientel fungiert oder andererseits als Koalition und Verband die Interessen der Mitglieder vertritt.

In der Literatur werden neben rein auf nationaler Ebene agierenden NGO wiederum zwei wesentliche Organisationsformen angesprochen, die sich aufgrund ihrer Orientierung unterscheiden: NGO im Rahmen internationaler Wirtschafts- und Sozialpolitik innerhalb des Systems der Vereinten Nationen oder der regionalen Gemeinschaften (→ Europäische Gemeinschaften) einerseits und NGO im Gebiet der → Entwicklungspolitik und -hilfe andererseits. Besonders für den Bereich der → Entwicklungszusammenarbeit ist es letztlich sinnvoll, zwischen → Selbsthilfegruppe und NGO zu unterscheiden: NGO sind in der Regel gemeinnützig, während Selbsthilfegruppen zuvorderst an der Maximierung des Gruppennutzens interessiert sind, wohl aber auch in einer Art „*spill-over Effekt*" zum Allgemeinwohl beitragen können.

Aufgrund der pragmatischen Orientierung des Begriffs läßt sich die genaue Entstehung und Datierung der ersten NGO nur schwer festlegen. NGO sind jüngeren Datums als → Stiftungen oder an religiöse Gemeinschaften gebundene → Vereine. Historisch ist die Entstehung von NGO eng mit der Entwicklung des Nationalstaates verbunden und mit der Herauslösung der staatlichen aus der privat-rechtlichen Sphäre. International treten NGO zuerst verstärkt in protestantischen Ländern hervor. Sie entstehen dort in einer Verbindung aus sich verändernder Missionierungs- und Evangelisierungspraxis der protestantischen Kirchen einerseits und einer liberal bürgerlichen Politik, welche die → Institutionalisierung von Partikularinteressen duldete, andererseits. Die Gründung der *Foreign Anti-Slavery Society* 1823 in London sowie der *World's Evangelical Alliance* (1846), der *World Alliance of Young Men's Christian Associations* (1855) und des *Roten Kreuzes* (1863/1880) gelten als erste wichtige Daten in der Entwicklung des internationalen NGO-Sektors. In der zweiten Hälfte des 19. Jh. nehmen die NGO-Gründungen zu. Schätzungen belaufen sich auf etwa 1000 internationale NGO zu Beginn des 2. Weltkrieges. Eine wichtige Rolle in der Organisationsentwicklung spielten in dieser Periode wissenschaftliche und fachliche Kongresse, die sich in der Folge oft zu professionellen Vereinigungen herausbildeten, so z. B. auf dem Gebiet der Medizin.

Obwohl aufgrund von Definitions- und Abgrenzungsproblemen keine genauen Daten vorliegen, so besteht kein Zweifel, daß sich ihre Zahl seit Ende des 2. Weltkrieges kontinuierlich und stark erhöht hat. So listet das *Yearbook of International Organizations* für Ende der 80er Jahre etwa 25 000 international tätige NGO auf, deren Zahl jährlich zwischen 2 und 4% ansteigt. Es zeigen sich dabei Verschiebungen in der relativen Verteilung nach Aufgabengebieten bzw. Aktivitätsfeldern. Waren vor dem 2. Weltkrieg weltanschaulich-religiöse und wissenschaftliche Vereinigungen relativ am häufigsten, so hat in den letzten Jahrzehnten besonders die Zahl der wirtschafts- und sozialpolitischen NGO sowie der Berufsverbände zugenommen. Zu Beginn der 80er Jahre stellten NGO auf dem Gebiet der Wirtschaftpolitik etwa 12,5% aller Neugründungen seit 1945, hingegen nur 3,3% vor 1914. Es kann jedoch nicht von einem Bedeutungsverlust der wissenschaftlichen

NGO gesprochen werden. Vielmehr ist der Fall, daß sich die Wissenschaften der Organisationsform NGO eher bedienten, während sich in anderen Bereichen Organisationsgründungen schwieriger darstellten und erst mit der neuerlichen Stabilisierung der wirtschaftlichen, rechtlichen und politischen Verhältnisse in der Mitte des 20. Jh. an Bedeutung gewinnen konnten.

Die Zahlen zeigen, daß NGO kein neues Phänomen darstellen, sondern – wie bisherige Studien belegen – eng mit der Entwicklung des Systems staatlicher, internationaler und transnationaler Organisationen verbunden sind. Dabei haben NGO nicht nur wesentlichen Einfluß auf die ersten internationalen Völkerrechtskonferenzen zu Beginn des Jh. ausgeübt, sondern sie haben seitdem an vielen internationalen Verträgen mitgewirkt. Die Art der Mitwirkung hat sich jedoch geändert. Der Völkerbund kannte zwar keinen formalen NGO-Status, doch bildete sich ein informeller Arbeitsmodus heraus, der in der Literatur als „Partizipation ohne Stimmrecht" bezeichnet wird. Vertretern von NGO stand Redezeit zu, ebenso wie ihnen erlaubt wurde, Resolutionen einzubringen und informell an Ausschußsitzungen teilzunehmen. Dieses informelle Arrangement gestaltete sich in den letzten Jahren des Völkerbundes zunehmend schwieriger. Dies mag ein Grund dafür gewesen sein, weshalb 1945 die Gründungskonferenz der Vereinten Nationen (UN) in San Francisco den formalen Konsulentenstatus für NGO ermöglichte. Die Präsenz und der Einfluß von 42 US-amerikanischen NGO mit offiziellem Beraterstatus und von etwa 240 anderen amerikanischen NGO als Beobachter bei den Verhandlungen forderten die Kritik der sowjetischen Delegation an der angestrebten NGO-Partizipation heraus, die eine Zurückhaltung der durch NGO vertretenen Partikularinteressen befürwortete. Als Kompromiß wurde Artikel 71 in die Charta der UN aufgenommen, der die Rolle von NGO zwar vom engeren politischen Bereich der Vereinten Nationen, z. B. der Sicherheitspolitik, weg auf die Belange des Wirtschafts- und Sozialrates hin ausrichtet, ihnen aber gleichzeitig eine in der Satzung verankerte konsultative Rolle zugesteht.

Die Rolle der NGO in den UN, obwohl in vielen Belangen am weitesten entwickelt, ist symptomatisch für die Beteiligung von NGO in anderen internationalen und supranationalen Organisationen, wie z. B. der EG oder OECD. Die Rolle im System der internationalen Zusammenarbeit war seit der Gründung der UN ständigem Wandel unterworfen. Standen bis in die 60er Jahre viele sozialistische Länder dem konsultativen Status von NGO und der damit vermeintlich partikularistischen Interessenvertretung kritisch gegenüber, so gesellten sich auch viele der neu entstehenden Staaten der →Dritten Welt zuerst in das Lager der NGO-Kritiker. Erst mit dem Rückgang des amerikanischen Übergewichts in der NGO-Repräsentanz, aufgrund vermehrter Teilnahme europäischer und internationaler NGO und der Interessenformierung der Entwicklungsländer, änderte sich die Haltung vieler afrikanischer, asiatischer und lateinamerikanischer Staaten – eine Entwicklung, welche die derzeitige Popularität der NGO in der Entwicklungszusammenarbeit politisch einleitete.

NGO sind meist den Sonderorganisationen der UN konsultativ zugeordnet. So sind der →Weltgesundheitsorganisation etwa 130 NGO angegliedert, z. B. die →*Liga der Rotkreuzgesellschaften*, das *Internationale Komitee Katholischer Schwestern*, die *Internationale Union für Gesundheitserziehung*, die *Internationale Ergonomiegesellschaft* sowie zahlreiche andere Gesellschaften auf dem Gebiet der Medizin und der Gesundheitsfürsorge. Ähnliche NGO-Komitees bestehen u. a. in der Entwicklungsplanung, der Flüchtlings-, Frauen-, Behinderten- und Menschenrechtspolitik sowie auf den Gebieten Drogenkontrolle, Wissenschaft und Umweltschutz. Über den tatsächlichen Einfluß von NGO liegen wenig verläßliche Angaben vor. Es zeigt sich, daß sie mit den verschiedenen UN-Organisationen ein globales Diskussionsforum bilden, in denen Policies formuliert und Entscheidungen einerseits vorbereitet (z. B. durch die gemeinsame UN-NGO-Konferenz gegen Drogenmißbrauch und illegalen Drogenhandel im Jahre 1987, der ein Jahr später eine UN-Konvention folgte) und andererseits verbreitet werden (z. B. kooperiert die Abteilung für Öffentlichkeitsarbeit der UN mit einigen hundert NGO).

Entwicklungshilfe und -zusammenarbeit stellen den zweiten großen NGO-Bereich dar (→entwicklungspolitische Organisationen). Obwohl sie in den letzten Jahren, bedingt durch die schlechte Bilanz staatlicher Entwicklungsanstrengungen in der Dritten Welt, erheblich an politischem Einfluß und finanziellem Gewicht gewonnen haben, stellen sie in den meisten Ländern der Dritten Welt keineswegs einen neuen Organisationstypus dar. Einerseits gab es vielfältige autochtone und vorkoloniale Formen freiwilliger Vereinigungen, die oft der sozialen Konfliktregulierung dienten und teilweise Vorstufen sozialer Klassenbildung darstellten. Andererseits wurde die →Missionierung Afrikas von zahlreichen, oft untereinander und mit dem Kolonialstaat konkurrierenden, christlichen (und später auch moslemischen) „NGO" vorangetrieben.

Die Funktion der heutigen NGO hat sich weitgehend gewandelt. Sie wird nun weniger in religiösen und erzieherischen Belangen gesehen, wie dies zur Zeit des →Kolonialismus der Fall war, sondern in ihrem Beitrag zur sozialen Entwicklung der Dritten Welt. In der Literatur werden vier komparative Vorteile im Bereich der Entwicklungshilfe gegenüber staatlichen Organisationen hervorgehoben. Erstens wird NGO ein sozial-integrativer Vorteil zugestanden. Danach zielen sie auf die Einbindung und Partizipation jener Bevölkerungsgruppen, die von staatlichen Maßnahmen der Versorgung mit öffentlichen Gütern aus finanziellen oder politischen Gründen nicht erreicht werden. Zweitens wird ihnen ein wirtschaftlicher Vorteil gegenüber staatlichen Maßnahmen zugesprochen, wobei NGO-Entwicklungsprojekte effizienter als staatliche arbeiten, indem sie →Selbsthilfe fördern und auf Eigenleistungen der Bevölkerung zielen. Drittens erscheinen NGO-Entwicklungshilfemaßnahmen weniger der oft instabilen politischen Situation in Ländern der Dritten Welt ausgesetzt zu sein, als dies bei staatlichen Institutionen der Fall ist. Innerhalb der internationalen Entwicklungsfinanzierung, die oft als letztlich wirtschafts- und machtpolitisch motiviert gesehen wird, erscheinen sie als intermediäre Partner, die zwischen den Interessen der Geber- und Nehmerländer vermitteln. Viertens wird angenommen, daß sie, eher als staatliche Institutionen, in die lokale →Kultur von Dritt-Welt-Ländern eingebunden sind. Anders als staatliche Entwicklungsorganisationen, die formal nach westlichem Muster aufgebaut sind, zielen sie auf die Artikulierung von Bedürfnissen und Interessen der Klientel innerhalb der lokalen kulturellen und sozialen Gegebenheiten.

Keine dieser oft pauschal in der Literatur dargestellten komparativen Vorteile wie Freiheit von politischen Zwängen, Innovationsbereitschaft, Flexibilität oder Arbeits- an Stelle von Kapitalintensität konnte bisher breiter empirischer Überprüfung standhalten (Anheier 1987). Es zeigt sich, daß NGO nicht notwendigerweise, sondern nur unter bestimmten Umständen und seltener als angenommen partizipativ, sozial-integrativ, wirtschaftlich effizient, klientelnah, unbürokratisch und kulturelle Eigenständigkeit respektierend arbeiten. So mag es oft die schlechtere Bilanz staatlicher Entwicklungsanstrengungen gewesen sein, die mäßige NGO-Ergebnisse in besserem Licht erscheinen ließ, als dies ihrem eigentlichen Beitrag zur Entwicklung entsprochen hätte. Es fehlt jedoch die empirische Basis, welche eine vergleichende und zusammenfassende

Würdigung ihrer Funktion und ihres Entwicklungsbeitrags in der Dritten Welt erlauben würde.

Bei den theoretischen Erklärungsversuchen zur Entstehung und Existenz von NGO lassen sich einige wesentliche Ansätze unterscheiden, die sich mit Einschränkungen und Modifikationen auch auf die internationale Ebene übertragen lassen. Der mikro-ökonomische Ansatz sieht NGO als Ergebnis von →Markt- oder →Staatsversagen. Hansmann (1987) nimmt an, daß NGO im Gegensatz zu Marktorganisationen einen geringeren Anreiz zur Herabsetzung der Service- und Produktqualität bei solchen Gütern haben, die vom Nachfrager in ihrer Qualität kaum oder nur mit hohen Transaktionskosten verbunden abschätzbar sind. Güter und Dienstleistungen, bei denen typischerweise derartige Informationsasymmetrien bestehen, werden daher eher von nicht-gewinnorientierten Organisationen angeboten, z. B. auf dem Gebiet der Kindererziehung oder der Altenpflege.

Weisbrod (1988) hingegen beleuchtet die Entstehung von NGO vis à vis staatlicher Organisationen. Ausgehend von der Annahme, daß Politiker die Chance ihrer Wiederwahl maximieren wollen, tendieren diese dazu, das Angebot an öffentlichen und halböffentlichen Gütern am Bedarf des Durchschnittswählers auszurichten und Partikular- und Minderheitsnachfragen weniger zu berücksichtigen. NGO entstehen demnach aus dem Opportunitätsverhalten politischer Instanzen und reagieren auf unbefriedigte Nachfrage nach öffentlichen und halböffentlichen Gütern. Entscheidend ist die Heterogenität der Nachfrage und nicht der reine Nachfrageüberhang.

Während mikro-ökonomische Ansätze die Existenz entwickelter Märkte voraussetzen und daher in ihrer Übertragbarkeit begrenzt erscheinen, legt James (1987), von Weisbrods Ansatz ausgehend, eine auf Länder der Dritten Welt ausgerichtete vergleichende Theorie vor. James zeigt für einige Entwicklungsländer, daß die Verbindung zwischen Nachfrageüberhang (z. B. Erziehungswesen) und weltanschaulichem Unternehmertum (z. B. religiöse und politische Unternehmer) auf der Angebotsseite zur Gründung von NGO führen.

Der soziologische Ansatz beleuchtet weniger Angebots- und Nachfragefaktoren als deren sozialpolitische Grundlagen (Jenkins 1987). Die *Disturbance-Theorie* geht davon aus, daß grundlegende gesellschaftliche Wandlungsprozesse zu sozialen Spannungen und neuen politischen Konflikten führen. Im dadurch gestörten institutionellen Gefüge formieren und organisieren sich neue Interessensgruppen, deren Belange sich nicht mehr oder noch nicht im politischen System entsprechend vertreten sehen. NGO werden somit Vorreiter und Bewahrer gesellschaftlicher Interessen im vor- und nach-politischen Bereich. Ein weiterer Ansatz spricht ihnen eine zentrale Rolle in der Entwicklung →sozialer Bewegungen zu. Oft durch charismatische Persönlichkeiten in ihrer Anfangsphase beflügelt, erzielen NGO die notwendige Bündelung individueller Interessenslagen. NGO erscheinen somit als institutionalisierte soziale Bewegungen.

Wie in der Forschung über →Wohlfahrtsverbände jedoch aufgezeigt wurde (Bauer 1978), gilt auch der umgekehrte Fall, wobei sich die Entwicklung von NGO in enger Abstimmung mit staatlichen Institutionen vollzog, um sozialen Bewegungen entgegenzuwirken. Die neuere Forschung weist so zunehmend auf die oft engen finanziellen und sozialpolitischen Zusammenhänge zwischen Staat und NGO hin. Dies gilt besonders für korporatistische Gesellschaftsverfassungen (→Korporatismus). Aber auch in Ländern mit geringer korporatistischer Ausprägung, wie den USA, besteht seit langem die Tendenz, NGO durch Transferzahlungen mit in das öffentliche Dienstleistungs- und Serviceangebot aufzunehmen (Salamon 1987).

Im Gegensatz zur Theorie sozialer Bewegungen betreffen solche Überlegungen den Einfluß des Staates auf NGO, da diese den staatlichen Institutionen erhebliche Entlastungen bringen können. So lassen sich z. B. politisch riskante oder unpopuläre Maßnahmen eher in Form einer NGO denn als staatliche Organisation institutionalisieren. So tragen NGO zur Staatsentlastung und politischen Stabilisierung potentiell instabiler Gesellschaften und internationaler Systeme bei.

Die Stabilisierungs- und Entlastungsthese wird dahingehend kritisiert, daß gerade die dadurch entstehende Vielzahl institutionalisierter und oft nur scheinbar entschärfter Interessenskonflikte weitere Überlastungen politischer Institutionen vorhersehbar mache, die dann zu noch komplexeren politischen Entscheidungsfindungen führen könnten (Offe 1979). Die latente politische Funktion von NGO wird dysfunktional, und einige Autoren weisen darauf hin, wie das dichte Netzwerk privater, als NGO organisierter Interessen rationale politische Entscheidungen erschwert oder gar behindert.

L.: Anheier/Seibel (Hg.): The Third Sector. Comparative Studies of Nonprofit Organizations; Berlin, 1990. Anheier, H., Zur Rolle von Nicht-Regierungsorganisationen in Afrika; in: Internationales Afrikaforum 1987/2, 183–190. Bauer, Rudolph: Wohlfahrtsverbände in der Bundesrepublik; Weinheim, Basel, 1978. Hansmann, H., Economic Theories of Nonprofit Organizations; in: W. Powell, The Nonprofit Sector; New Haven, CT.; 1987. James, E., The Nonprofit Sector in Comparative Perspective; in: W. Powell, The Nonprofit Sector; New Haven, CT., 1987. Jenkins, C.J., Nonprofit Organizations and Policy Advocacy; in: W. Powell, The Nonprofit Sector; New Haven, CT., 1987. Offe, C., Unregierbarkeit – Zur Renaissance konservativer Krisentheorien; in: J. Habermas, Stichworte zur geistigen Situation der Zeit; Frankfurt, 1979. Salamon, L., Partners in Public Service: The Scope and Theory of Government-Nonprofit Relations; in: W. Powell, The Nonprofit Sector; New Haven, CT., 1987. Union of International Associations (Hg.): Yearbook of International Associations, Band 1, 25. Ausgabe; München, 1989. Weisbrod, Burton: The Nonprofit Economy; Cambridge (Mass.), 1988.

Helmut K. Anheier

### Nonprofit-Organisationen

Unter N werden im US-amerik. Sprachgebrauch private Anbieter von Gütern und →Dienstleistungen ohne Erwerbszweck verstanden. Der Begriff spielt auch in der dt. Fachterminologie eine Rolle, u. a. dort, wo es um einen Oberbegriff für die Vielzahl von Dienstleistungsanbietern ohne Erwerbszweck geht, die nicht dem öffentlichen Sektor zuzurechnen sind. In dieser Hinsicht konkurriert „N" mit dem Begriff des →Dritten Sektors. N in diesem Sinne sind in der BR typischerweise private Körperschaften mit Gemeinnützigkeitsstatus (gemeinnützige eingetragene →Vereine, Gesellschaften mit beschränkter Haftung, Aktiengesellschaften, →Genossenschaften, →Stiftungen). Ob Kirchen oder →verselbständigte Verwaltungsträger als Körperschaften und Anstalten des öffentlichen Rechts dazuzuzählen sind, ist strittig. Allgemein gründet sich die Konnotation des „N"-Begriffs mehr auf die Abgrenzung gegenüber dem privatwirtschaftlichen (For-profit-)Sektor als auf die Distanz zum öffentlichen Sektor, die bei der Klassifizierung der verselbständigten Verwaltungsträger ausschlaggebend ist.

Weite Bereiche der für N maßgeblichen Sachverhalte sind mit denen im Dritten Sektor identisch. Für die Auseinandersetzung der wissenschaftlichen Literatur mit N ist jedoch der spezifische mikroökonomische Ansatz kennzeichnend. Diese Theorien lassen sich grob nach ihren Ausgangshypothesen einteilen. Ein Teil befaßt sich mit Vorteilen von N gegenüber dem öffentlichen Sektor, so daß man in diesen Fällen von einer impliziten Hypothese des → *„Staatsversagens"* sprechen kann. Andere Interpretationen konzentrieren sich auf die Vorteile, die N gegenüber erwerbsorientierten (For-Profit-)Organisationen aufweisen. In beiden Erklärungsansätzen finden sich „*supply-side*"- und *demand-side*"- Hypothesen, je nachdem, ob die Motivaton der Anbieter für die Wahl dieser speziellen Organisationsform betrachtet wird oder die Motivation des Konsumenten, Dienstleistungen speziell in der Nonprofit-Form nachzufragen.

Allgemeine Theorien des „Staatsversagens" verweisen auf typische strukturelle Nachteile der staatlichen Bereitstellung öffentlicher Güter: Trennung von Nutzer und Zahler bei öffentlichen Leistungen und insofern fehlende Konsumentenkontrolle; hohe Entscheidungsfindungs- und Allokationskosten; fehlende Anreize und Sanktionen im Verwaltungsapparat; fehlende Zurechenbarkeit der Verantwortung für kostenwirksame Entscheidungen; das administrative Rechnungswesen (Kameralistik); → Bürokratie und staatliches Angebotsmonopol; das Trittbrettfahrer- („„free rider")phänomen etc. „Staatsversagens"-Theorien gewannen seit Mitte der 70er Jahre in den westlichen Industrieländern an Bedeutung, weil sie außer ihrem wissenschaftlichen Wert auch den Vorteil hatten, sich für die Legitimation der „Deregulation" (→ Entrechtlichung) zu eignen, also des Rückzugs des Staates aus zuvor übernommenen wirtschafts- und sozialpolitischen Verantwortlichkeiten.

Im engeren Zusammenhang von Theorien über N lassen sich alle Überlegungen einordnen, die von Leistungs- und Funktionsschwächen des Kernbereichs des öffentlichen Sektors ausgehen und diese als mögliche Ursachen für das Entstehen oder die gezielte Gründung von halbstaatlichen/halbprivaten Organisationen als Träger öffentlicher Aufgaben nennen. In den USA dominieren Theorien über die Entstehung von N, die – im Vergleich mit der dt. und engl., aber auch mit der landeseigenen soziologischen und politischen Literatur – mehr von empirielosem, ökonomischem Modelldenken geprägt sind. Diese Theorien gehen aus von der ‚reinen Theorie' des „Staatsversagens" und fragen ebenfalls nach hypothetischen Vorteilen von N.

So werden etwa gemeinnützige Bürgerinitiativen und N als Antwort auf die von dem Ökonomen *Kenneth Arrow* beschriebene Unmöglichkeit einer praktischen Identität von individuellem und kollektivem Willen interpretiert, ergänzt durch die in der amerik. politikwissenschaftlichen Literatur getroffenen Unterscheidung von unterschiedlichen Intensitäten individueller Präferenzen. In dieser Sicht tragen N nicht allein zu einer institutionellen Differenzierung von Dienstleistungen im Interesse des Konsumenten bei, sie entlasten auch den Staat von materiellen Aufwendungen und von Legitimationserfordernissen. N kommen danach besonders für die Befriedigung solcher Bedürfnisse in Frage, die im staatlich organisierten Willensbildungsprozeß keine Mehrheit gefunden haben, aber von starken Minderheitenpräferenzen gefordert werden, oder die zwar von einer Mehrheitsentscheidung getragen werden, jedoch starke Präferenzen oder sogar Grundrechte von Minderheiten verletzen würden.

Eine verwandte mikroökonomische Interpretation begründet die Existenz von N mit Hilfe von „demand-side"-Hypothesen, also unter Rückgriff auf denkbare Motive von Konsumenten, gezielt Leistungen gerade von N nachzufragen. Nach dieser Theorie bieten N öffentliche Güter in einer spezifischen, individuellen Präferenzen des Konsumenten besser angepaßten Qualität an, als dies von staatlichen Anbietern, die nur die Durchschnittspräferenz berücksichtigen, geleistet wird. Besonders gute Altersheime oder Krankenhäuser, Kindergärten und Schulen mit einem besonderen Lehrangebot, private Trägervereine für Kunsteinrichtungen oder Fremdenverkehrswerbung können als Belege für diese Hypothese dienen.

Eine Kombination aus demokratietheoretischen und mikroökonomischen Interpretationen begründet die Existenz von N mit einer besseren Kontrolle durch den Konsumenten, als dies bei öffentlichen Dienstleistungsanbietern der Fall sei, und mit der relativen Vermeidung der Bürokratisierungseffekte großer (staatlicher) Organisationen. Ein weiterer Vorteil von N wird darin gesehen, daß sie, anders als der Dienstleistungsbetrieb säkularisierter Staatsapparate, oft auf eine besondere ideologische Leistungsmotivation, z. B. religiöser Art, zurückgreifen können.

In Kontrast zu Theorien, die die Existenz von N mit Vorteilen gegenüber Organisationen des öffentlichen Sektors begründen, stehen Theorien, die dies mit Hinweis auf relatives →,,*Marktversagen*", also auf Vorteile von N gegenüber For-Profit-Organisationen tun. Auch hier gibt es „supply-side" und „demand-side"-Argumente. „Supply-side"-Motive für die Gründung können wiederum religiöser oder altruistischer, aber auch egoistisch-nutzenmaximierender Art sein, etwa die besseren Möglichkeiten, Gewinne zu kaschieren. Gründe, die sowohl auf der Angebots-, als auch der Nachfrageseite die Beanspruchung von N beeinflussen können, sind die vorrangige Verortung altruistischen und wohltätigen Verhaltens auf der letztlich wieder egoistisch orientierten individuellen Präferenzskala (also, wenn man das Gefühl hat, es „gehöre" sich, altruistisches Verhalten zu zeigen). Wohltätige N kommen dann, anders als profitorientierte Organisationen, aus der Sicht von potentiellen Anbietern (unter Einschluß von Freiwilligen oder Spendern; →Freiwilligenarbeit, →Spende) dieser Präferenz besonders entgegen.

Eine weitere Theorie führt die Existenz von N zurück auf Marktversagen in Form von „asymmetrischer Information" von Konsument und Anbieter. Gemeint sind Nachfragesituationen, in denen der Käufer einer Dienstleistung nicht der Konsument ist – also wieder typischerweise Kindergärten oder Altersheime – und der Käufer wegen der fehlenden unmittelbaren Kontrolle über die Qualität des gekauften Gutes auf besondere Vertrauenswürdigkeit des Dienstleisters angewiesen ist. Diese Vertrauenswürdigkeit aber, so die Theorie, könne eher bei N statt bei For-profit-Organisationen erwartet werden.

L.: Anheier/Seibel (Eds.): The Third Sector. Comparative Studies of Nonprofit Organizations; Berlin, New York, 1990. Badelt, Christoph: Politische Ökonomie der Freiwilligenarbeit. Theoretische Grundlegung und Anwendung in der Sozialpolitik; Frankfurt a. M., 1985. James, Estelle: The Nonprofit Sector. Studies in Comparative Culture and Policy; in: Dies. (Ed.), The Nonprofit Sector in International Perspective; New York, Oxford, 1989. Powell, Walter W. (Ed.): The Nonprofit Sector. A Research Handbook; New Haven, London, 1987. Rose-Ackerman, Susan (Ed.): The Economics of Nonprofit-Institutions. Studies in Structure and Policy; New York, Oxford, 1986. Weisbrod, Burton: The Nonprofit Economy; Cambridge (Mass.), 1988.

Wolfgang Seibel

**Normalarbeitsverhältnis**
→Sozialversicherung 9

**Normalisierungsarbeit**
Der Ausdruck „N" spricht den Sachverhalt an, daß die psychosozial konstituierte →Identität von Personen im Rahmen bestimmter, historisch neuer Formen der →Institutionalisierung zum Gegenstand und Ziel von Arbeit (→Erwerbsarbeit) wird, sei es in der Form von Stützungs- und Unterstützungsangeboten, sei es mit dem Ziel der Veränderung lebensgeschichtlich erworbener Fehlhaltungen. Dabei muß einerseits die Individualität und Besonderheit von →Lebenslagen und Personen (→Persönlichkeit) berücksichtigt und andererseits im Ergebnis ein Zustand hergestellt wer-

## Normalität

den, der *allgemeinen* Ordnungs- und Wertvorstellungen entspricht.

Regine Gildemeister

## Normalität

Mit dem Begriff „N" wird macht- und interessengeleitet operiert. Im Vordergrund der jeweiligen Operation steht die Beschreibung von Verhaltensweisen, die marktfähig sind im Sinne von möglichst reibungsloser Teilnahme an Produktion und Konsumtion. Als „normal" gelten jene gesellschaftlichen und individuellen Zustände, die eine reibunglose Teilnahme an Produktion und Konsumtion ermöglichen. Mit der Definition dessen, was „normal" ist, wurden und werden Ausgrenzungs- und Behandlungsprozesse organisiert, es wurden und werden spezielle Orte geschaffen, in die ausgegliedert, bewahrt, behandelt, resozialisiert wird.

Eine kritische Normalisierungsstrategie fordert die Auflösung dieser Orte und die Normalisierung des Umganges mit den als „nicht normal" definierten Menschen. Vor allem im Bereich der → Behindertenhilfe und → Psychiatrie gibt es gut dokumentierte Ansätze, z. B. in Nordamerika, in den skandinavischen Ländern und in Italien (1,2). Für die BR überwiegen - v. a. im Psychiatriebereich - kritische Einschätzungen (3). Positiv bewertet wird der Versuch des Mannheimer Modells, die Versorgung psychisch Kranker in einem kommunalen Gesamtsystem (differenzierte Hilfen zwischen stationären und ambulanten Angeboten) zu leisten.

Besondere Probleme wirft die → Normalisierungsarbeit dort auf, wo zur Verhaltensabweichung Merkmale der → Armut (Wohnungsverlust, Mittellosigkeit) hinzutreten. Dies ist z. B. bei → alleinstehenden Wohnungslosen der Fall. Normalisierungsarbeit bedeutet hier, daß zunächst Wohnraum und Geld (Sozialhilfe) beschafft werden müssen (5). Wenn sich die materiellen Lebensbedingungen normalisiert haben, verschwinden in der Regel die sog. Verhaltensauffälligkeiten.

In jüngster Zeit treten kritische Interpretationen des N-begriffes in den Hintergrund. N wird als Hinweis verstanden auf eine „Grundwelt", als „Integrationsmuster", als das „Selbstverständliche, das nicht mehr thematisiert werden muß" (6). Dies führt zur Spaltung des → Sozialstaates („Die Reichen werden reicher, die Armen werden ärmer") sowie zu einer erheblichen physischen und psychischen Belastung der Mitarbeiterinnen und Mitarbeiter in den → Hilfesystemen. Ein Ausweg wird in der → Politisierung der Helfertätigkeit gesehen.

L.: (1) Kugel, R. B./Wolfensberger, W.: Geistig Behinderte – Eingliederung oder Bewahrung; Stuttgart, 1974. (2) Basaglia, Franco: Die negierte Institution; Frankfurt, 1973. (3) Wambach, Manfred (Hg.): Die Museen des Wahnsinns; Frankfurt, 1980. (4) Pörksen, Nils: Kommunale Psychiatrie. Das Mannheimer Modell; Reinbeck, 1974. (5) Strunk, A., Innovation in der Sozialplanung; in: Maelicke, B., Soziale Arbeit als soziale Innovation; Weinheim, 1987. (6) Lothar Böhnisch, „N" – Ein Schlüssel zum Verständnis der gegenwärtigen gesellschaftlichen Situation der Sozialarbeit; in: Neue Praxis 2/84 108 ff. (7) Keup, Heiner, Helfer am Ende? Subjektive und objektive Grenzen psychosozialer Praxis in der ökonomischen Krise; in: Ders., Psychosoziale Praxis im gesellschaftlichen Umbruch; Bonn, 1987.

Andreas Strunk

## Notarzt

→ Notfallmedizin

## Notdienst

Um die medizinische Versorgung außerhalb der üblichen Sprechzeiten sicherzustellen, wird ein Bereitschaftsdienst der niedergelassenen Ärzte (→ Arzt, → ärztliche Niederlassungsfreiheit) als ärztlicher N organisiert.

## Notfallmedizin

Die N ist ein Teilgebiet der → Medizin und dient zur Erkennung, Behandlung und Beseitigung von akuten lebensbedrohlichen Zuständen/Situationen. Sie umfaßt Maßnahmen zur Erstversorgung von Notfallpatienten und wird i.d.R. durch bes. qualifizierte Notärzte (auch: Rettungsdienstärzte) ausgeübt. Grundsätzlich verpflichtet § 323c StGB jede(n) zur Durchführung von Rettungsmaßnahmen (Nothilfe; →Erste Hilfe). Als kontrovers zur N wird die →Katastrophenmedizin diskutiert.

**Notstandsarbeiten**
→Arbeitsbeschaffung

**NS-Frauenschaft (NSF)**
= Nationalsozialistische Frauenorganisation. Als eine der völkisch orientierten Frauengruppen der Weimarer Zeit fand der 1923 von Elsbeth Zander gegründete „Deutsche Frauenorden" ab Mitte der 20er Jahre Anschluß an die NSDAP. Vornehmliche Aufgaben der zunächst noch relativ kleinen Organisation lagen im sozialen Bereich, so u.a. bei der Betreuung von in Straßenkämpfen verwundeten Männern der →SA durch sogenannte „Braune Schwestern". Rivalisierende NS-Frauengruppen, innerparteiliche Kompetenzkonflikte sowie finanzielle Verfehlungen und eine Reihe von dem Ruf der NSDAP abträglichen Skandalen führten schließlich zur Auflösung des Ordens. Anstelle der bisherigen NS-Frauenorganisationen wurde am 1.10.1931 die NSF gegründet und E. Zander als Reichsreferentin für Frauenfragen bei der NSDAP-Reichsleitung in München eingesetzt. Die Führungsquerelen in und um die zentrale NS-Frauenorganisation konnten damit allerdings nicht beseitigt werden. Insbesondere nach der Machtübernahme 1933 war umstritten, ob die im Zuge der →Gleichschaltung nicht aufgelösten Frauenorganisationen, die zumeist auf kulturellem, sportlichem, fürsorgerischem oder hausfraulichem Gebiete tätig waren, unter staatliche oder unter die Aufsicht der NSDAP zu stellen waren. Als neue NS-Dachorganisation entstand im September 1933 das →„Deutsche Frauenwerk" (DFW), dem Frauenvereine als korporative Mitglieder anzugehören hatten, das andererseits aber auch eine relativ parteiferne Einzelmitgliedschaft zuließ. Die anfängliche Unterstellung des DFW unter das Reichsinnenministerium entfiel bald zugunsten der NSF, der als Gliederung der NSDAP die Führung des DFW zukam. Nach mehrfachem Wechsel in der Leitung der NSF fand schließlich im Februar 1934 die Führungskrise in der NS-Frauenorganisation durch die Einsetzung der „Reichsfrauenführerin" →Gertrud Scholtz-Klink und die Bestellung →Erich Hilgenfeldts zum Leiter des „Hauptamtes NS-Frauenschaft" ein vorläufiges Ende.

Innerhalb der NSDAP blieb die NSF relativ einflußlos. Ihre Organisation reichte zwar bis in die Wohnblocks hinein (→Blockwartsystem), ihre Mitgliederstärke blieb jedoch weit hinter der der großen NS-Massenorganisationen zurück. Einschließlich der Mitglieder des DFW waren in ihr Ende 1938 etwa 13,2 Prozent aller Frauen über 20 Jahre erfaßt, die überwiegend nicht der NSDAP angehörten. Viele Frauen waren durch die →Deutsche Arbeitsfront (DAF) oder in der →Nationalsozialistischen Volkswohlfahrt (NSV) organisiert bzw. blieben in der kirchlichen Arbeit engagiert.

Der soziale Aufgabenbereich der NSF wurde nach 1933 u.a. durch die NSV übernommen, die sich zunehmend der Hilfe der NS-Frauenorganisation bediente. Auch eine umfassende Jugendarbeit war nicht möglich, da auf diesem Gebiet die Reichsjugendführung mit der „Jungmädel"-Organisation und dem →„Bund Deutscher Mädel" aktiv war. Ihren Funktionsmangel suchte die NSF, die in ihrem Zuständigkeitsbereich die „geistige Führung" beanspruchte, durch die Übernahme propagandistischer Aufgaben wettzumachen. Neben einer eigenen Abteilung „Presse-Propaganda" bestanden bei der Reichsfrauenführung eingerichtete Hauptabteilungen unter der Bezeichnung „Grenz- und Ausland", „Volkswirtschaft-Hauswirt-

1431

schaft" und „Kultur-Erziehung-Schule", die v. a. für die Verbreitung der NS-Ideologie zuständig waren. Insbesondere der „Reichsmütterdienst" der NSF hatte zur Aufgabe, Frauen in Schulungskursen auf die ihnen im Dritten Reich zugedachte Rolle als „Mutter und Hausfrau" vorzubereiten.

Im Rahmen der Kriegswirtschaftsplanung sowie auch der Soforthilfe im Krieg hatten die NS-Frauenorganisationen aber auch substantiellere Funktionen zu erfüllen. Eine eigens errichtete Hauptabteilung „Hilfsdienst" befaßte sich zentral mit der Organisation von →Nachbarschaftshilfen der freiwilligen →Krankenpflege und Wohlfahrtsdienstleistungen. Eine weitere Zentralabteilung bei der Reichsfrauenführung koordinierte den Aufbau von Kindergruppen für noch nicht durch die NS-Jugendorganisationen erfaßte 6–10jährige, um auf diese Weise im Krieg benötigte weibliche Arbeitskräfte zu gewinnen. Am 10.10.1945 wurde die endgültige Auflösung der NS-Frauenorganisationen durch die Alliierten verfügt.

L.: Klinksiek, Dorothee: Die Frau im NS-Staat; Stuttgart, 1982. Stephenson, Jill: The Nazi Organization of Women; London, 1981.

Eckhard Hansen

**NSBO**
⇒ Nationalsozialistische Betriebszellen-Organisation

**NSV**
⇒ Nationalsozialistische Volkswohlfahrt

**Nürnberger Rassengesetze**
→Antisemitismus, →Gesetz zur Verhütung erbkranken Nachwuchses

**Nutzerkontrolle**
N ist ein Konzept, das erst in Ansätzen in den Sozial- und Gesundheitsbereich Eingang gefunden hat, obwohl es eine Reihe von Bemühungen gibt, in Patientenorganisationen, Klientelisierten-Vereinigungen oder →Selbsthilfegruppen über Fragen des Selbstschutzes und der Selbstverständigung hinauszukommen, um die →Dienstleistung bei ihrer Entstehung, in ihrem Vollzug und hinsichtlich ihrer Wirkung vom Standpunkt ihres Nutzers aus zu evaluieren und zu kontrollieren. – Die Widerstände dagegen sind selbstverständlich erheblich. Expertentum, Wissensmonopole, Professionalität und praktische Zuständigkeit sind Barrieren, die sich nur schwer übersteigen lassen, zumal N eine Selbsthilfe-Basis, eine Betroffenensynthese (→Lebenswelt) über die Wirksamkeit der Hilfe, rechtliche Schützenhilfe und eine kontinuierliche advokatorische Forschung zur Voraussetzung hat.

Wenn man die theoretisch-analytische Perspektive sich ansieht, in die das Konzept der N hineingehört, ergibt sich Folgendes: Ausgangspunkt ist die unbestrittene Bedeutung von gesellschaftlichen Prozessen zur Formierung von Nachfrage und →Hilfe. Diese jedoch als Produkt außerhab der →Institution zu betrachten, ist eine Verkehrung. Die „Formel" für eine realistische Perspektive könnte so lauten: Die institutionelle Organisierung der Interventionsweise bestimmt und formt erst jegliche Nachfrage als soziale Nachfrage. Die Institution greift in der Form von Interaktion mit den →Klienten gestaltend ein und entwickelt bereits die Artikulationsform des Leidens bzw. die Form der Betroffenheit. Nur in der direkten oder indirekten, bspw. nur symbolischen oder antizipierenden Aktion zwischen Institution und Klient gewinnt das, was als sozial negativ definiert wird – etwa die verschiedenen Formen von Devianz –, einen kodifizierten Zusammenhang, innerhalb dessen Handlungen und Verhaltensweisen interpretiert bzw. entziffert werden.

Demgegenüber wird das Denken über den Nutzen von Institutionen von eingeschliffenen Modellen und Maßstäben der Organisationstheorie beherrscht, die die Daseinsberechtigung und die Zweckmäßigkeit nahezu jeder institutionellen Organisation beweisen (→Organisationssoziologie). Die organisationstheoretischen und organisationssoziologischen Interpretationen der Probleme, die im Verhältnis von Klient/Patient und Institution entstehen, gehen stets von einer gegebenen Organisationsform aus, um deren Beziehungen mit der „Außenwelt" der Nutzer in Größen wie Ausmaß und Kosten der Interpretation, funktionale Angemessenheit der Interventionstechnolgie, Adäquatheit des Personaleinsatzes zu bestimmen. Wenn gemäß dieser Auffassung das soziale Mandat der Institution nach den Kriterien formaler Rationalität praktiziert wird, wird der Nutzer tendenziell als Subjekt eliminiert, von ihm bleiben nur parzellierte Nutzungsgrößen übrig. Meldet sich der Klient/Patient mit dem Anspruch zurück, den Nutzen für sich zu kontrollieren, kann ihm die Institution nur mit Unverständnis begegnen.

Noch laufen die Diskurse über → Evaluation und über N (Rerrich 1982) unverbunden nebeneinander; wohingegen eine reflektierte antiinstitutionelle Selbsthilfepraxis diese notwendige Verbindung zu thematisieren beginnt (vgl. Stöckle 1983). In dem Moment, in dem das Verhältnis zwischen der Institution und dem Klienten als ein dynamisches und transformatorisches Beziehungsfeld angesehen wird, kann auch die N als dauerhafter Prozeß begriffen werden. An solche Einsichten knüpfen auch die belangvolleren Interpretationen an, die entscheidende Veränderungen im Status des Klienten/Patienten herbeigeführt haben. Für den Aufbau einer Gegenwehr gegen die Übermacht der Institutionen haben die Klienten und Patientenorganisationen das Konzept der N als entscheidendes Moment ihres Veränderungsanspruchs und ihrer → Emanzipation erkannt (vgl. von Kardorff 1986).

L.: Kardoff, E. von, Klienten; in: Grubitzsch, S./Rexilius, G., Psychologie. Ein Grundkurs; Reinbek, 1986. Rerrich, D., N; in: Keupp, H./Rerrich, D., Psychosoziale Praxis – gemeindepsychologische Perspektiven. Ein Handbuch in Schlüsselbegriffen; München, 1982. Stöckle, T.: Die Irren-Offensive. Erfahrungen einer Selbsthilfe-Organisation von Psychiatrieopfern; Frankfurt a. M., 1983.

Manfred M. Wambach

# O

## Obdachlose

„O" ist ein administrativer und juristischer Terminus und bezeichnet die „wohnungslosen" oder „von → Wohnungslosigkeit bedrohten" Einzelpersonen und Familien, zu denen die kommunalen Ordnungsbehörden in ein *öffentlich-rechtliches Verhältnis* treten. Ihre drohende oder eingetretene „Wohnungslosigkeit" gilt als „Störung der öffentlichen Ordnung" und insofern als →„Obdachlosigkeit". O werden deswegen nach dem allgemeinen Polizei- und Ordnungsrecht in Wohnraum „eingewiesen" und wohnen dort als „Nutzungsberechtigte"; sie bleiben solange in dem öffentlich-rechtlichen Wohnverhältnis, bis wieder ein (privatrechtliches) Mietverhältnis hergestellt ist; bis dahin werden sie administrativ und juristisch als „O" bezeichnet. (Insbesondere männliche →alleinstehende Wohnungslose, v. a. wenn sie als →„Nichtseßhafte" klassifiziert sind, gelten häufig nicht als „O" und sind damit von ordnungsrechtlicher Unterbringung ausgeschlossen.

Die Frage, ob O eine eigene soziale Gruppe bilden, „O" insofern auch ein soziologischer Terminus ist, bräuchte kaum gestellt werden, würden O in normale Wohnungen eingewiesen und könnten sie dort wie reguläre Mieter leben. Dies ist jedoch nur beim kleineren Teil der Fall (sie könnten als „dem Status nach O" bezeichnet werden). Überwiegend jedoch werden auch noch heute O in „Unterkünfte für O", zumeist „Einfachst"-, „Schlicht"- und „Altbauten", eingewiesen; diese sind i. d. R. in einem sichtbar schlechten baulichen Zustand und weisen erhebliche Ausstattungsmängel auf: keine oder schlecht ausgestattete Bäder und Küchen, dünne Wände, schlechte Heizmöglichkeiten etc. Die Wohnungen sind für die sehr häufig kinderreichen „obdachlosen" Familien meist viel zu klein und zum Teil nicht abgeschlossen; Bad und WC befinden sich häufig außerhalb der Wohnung; „Übernützung" und „Überbelegung" sowie schlechte Beheizbarkeit der Räume führen zu Feuchtigkeit und Schimmelbildung. In Städten bilden die „Unterkünfte" oft räumlich abgetrennte „Siedlungen für O". O unterliegen in gemeindeeigenen „Unterkünften" besonderen, verhaltensreglementierenden Benutzungsordnungen, müssen bei mißliebigem Verhalten mit „Umsetzungen" rechnen, haben faktisch nur ein beschränktes Hausrecht etc.

Derartig untergebrachte O weisen also relativ homogene *Wohn- und Lebensbedingungen* auf. Die räumliche Absonderung in besonderen „Siedlungen", Wohnquartieren oder Straßen setzt sie „per Adresse" zugleich einer relativ einheitlichen → Stigmatisierung, sozialen Diskriminierungen und Distanzierungen aus. Diesen materiellen und sozialen Bedingungen nach unterscheiden sie sich von den „dem Status nach O", welche zumindest die Chance haben, normal „unauffällig" zu leben; ebenso von Personen und Familien, die von Wohnungslosigkeit bedroht waren und denen sozialhilferechtlich ( → Bundessozialhilfegesetz) geholfen wurde oder die „aus eigener Kraft" eine Lösung gefunden haben, den ordnungsrechtlichen Status „Obdachlosigkeit" zu vermeiden. Eine Situation eingetretener oder drohender „Wohnungslosigkeit" führt also nicht zwangsläufig zur „Obdachlosigkeit"; welche Personen davon „betroffen" und welche von diesen „der Lage nach O" werden, ist in hohem Grade zufallsbestimmt.

Die (allerdings zu dieser Fragestellung nicht sehr umfangreiche) empirische *Forschung* belegt überzeugend, daß – auf jeden Fall *bis* zur ordnungsrechtlichen Klassifizierung wohnungsloser Personen und Familien als O – keine grundlegenden systematischen Differenzen zu anderen Personen bestehen und zu Familien, denen ebenfalls ein Verlust der

Wohnung droht, die aber nicht „O" werden. Bei allen sind Mietrückstände, denen fristlose Kündigungen und Räumungsklagen folgen, der weitaus überwiegende Anlaß für die Wohnungsgefährdung. Die sozialen und biographischen Merkmale sind weitgehend ähnlich. Doch befinden sich unter den Haushalten, die ordnungsbehördlich „eingewiesen" werden, relativ mehr kinderreiche Haushalte; zum Zeitpunkt der Kündigung sind relativ mehr Haushaltsvorstände arbeitslos und die Haushalte vergleichsweise ärmer; sie haben zuvor in noch kleineren und schlechteren, aber teureren Wohnungen gewohnt als die anderen.

Bei den Personen und Familien, die der Gefahr von Wohnungsverlusten ausgesetzt sind, handelt es sich zumeist um Angehörige der unteren und untersten Schichten der Gesellschaft. Bedroht sind v. a. kinderreiche Familien (mit häufig drei und mehr Kindern), →alleinerziehende Mütter (oft mit zwei und mehr Kindern) und alleinstehende alte Menschen. Die schulische Ausbildung der Haushaltsvorstände ist zumeist niedrig; viele haben keinen Hauptschulabschluß. Ein großer Teil ist ohne berufliche Ausbildung; besteht eine solche, so weniger in industriellen als in veraltenden handwerklichen Berufen. Die männlichen Haushaltsvorstände sind überwiegend un- und angelernte Arbeiter (Lager- und Transportarbeiter, Bauarbeiter etc.); die weiblichen häufig Putzfrauen, Verkäuferinnen, Hilfsarbeiterinnen u. ä. Zum Zeitpunkt der Kündigung ist ein großer Teil erwerbstätig und verfügt über ein zumeist niedriges Lohneinkommen; viele sind jedoch auch erwerbslos. Die Haushaltseinkommen (Lohneinkommen; →Wohngeld; →Kindergeld etc.; →Arbeitslosengeld oder -hilfe; Sozialhilfe etc.) sind gering und liegen häufig unter dem haushaltsspezifischen Sozialhilfesatz, also dem amtlichen →Existenzminimum. Dies zeigt, daß Ansprüche nach dem BSHG (⇒ Bundessozialhilfegesetz) oder vorrangige Ansprüche nicht oder nicht voll geltend gemacht werden. Diese geringen Einkommen sind bei vielen mit erheblichen fixen Ausgaben belastet; insb. der Mietanteil ist hoch. Das liegt v. a. daran, daß gerade Haushalte mit geringem Einkommen in Teilmärkte mit schlechten, doch teuren Wohnungen abgedrängt werden; der Markt billiger Sozialwohnungen (→Sozialer Wohnungsbau) ist ihnen wegen früherer unbezahlter Mietschulden häufig verschlossen. Zudem konnten viele schon einmal oder öfters unter – Zeitdruck – „Obdachlosigkeit" nur durch Anmietung teuren Wohnraums vermeiden. Den anderen, in vielen Fällen recht hohen Anteil fixer Ausgaben bilden Zahlungsverpflichtungen (aus Krediten, Anschaffungen etc.). Diese gehen weniger auf sog. unwirtschaftliches Verhalten zurück – die Ausstattung der meisten Haushalte mit Gebrauchsgütern ist ärmlich –, sie sind vielmehr notwendige Begleiterscheinungen einer finanziellen Situation, in der man sich selbst kleinere Anschaffungen „am Munde absparen" muß. Gleiches gilt für die oftmals beträchtlichen Schulden, die sich durch laufende Anrechnung der Verzugszinsen und Inkassogebühren sehr schnell vervielfachen können.

Zu dem Zeitpunkt der fristlosen Kündigung wegen Mietzahlungsverzugs (nach § 554 BGB) befinden sich die Haushalte in einer kaum lösbaren finanziellen Krisensituation: Vor allem wegen längerer Arbeitslosigkeit oder Arbeitsunfähigkeit ist das Haushaltseinkommen gesunken; es kommt durch Zahlungsverzögerungen der Behörden, durch Sperrung von Überziehungskrediten u. ä. zu Liquiditätsproblemen; es treten unvorhergesehene und/oder unvermeidbare Ausgaben auf. Die Zurückstellung der Mietzahlungen erscheint vielen Haushalten als der wohl am ehesten gangbare Versuch einer Lösung. Kommt es zu Kündigung und Räumungsklage, so versuchen viele Haushalte mit allen Mitteln, doch noch ihre Mietrückstände zu bezahlen. Einem erheblichen Teil gelingt dadurch der Wohnungserhalt; andere können sich eine neue Wohnung besorgen (und ein Teil zieht in eine andere Wohnung, ohne bezahlt zu haben). Wenn auch bei vielen das →Sozialamt die Mietrückstände (nach § 15a BSHG) übernimmt, so gelingt doch sehr vielen die Bezahlung durch eigene Bemühungen, wobei die private Verschuldung bei Verwandten und Freunden die wichtigste Rolle spielt neben Abmachungen mit den Vermietern über Ratenzahlungen, Kreditaufnahmen etc. „O" werden dann diejenigen, die über diese Möglichkeiten – jedenfalls zu diesem Zeitpunkt – nicht verfügen *und* denen sozialhilferechtlich nicht geholfen werden kann.

Ob und wie sich durch längeres Wohnen und Leben in O-unterkünften *Wahrnehmungs-, Denk- und Handlungsmuster* von „Eingewiesenen" im Vergleich zu Nicht-Eingewiesenen verändern, also (strukturelle) Veränderungen des Habitus auftreten, ist wissenschaftlich weitgehend unbeantwortet. Auch wenn weitaus die Mehrzahl der O zwei Jahre und länger, ein großer Teil über fünf, und sehr viele über zehn Jahre in O-unterkünften wohnen, viele verlassen sie ebenso wieder – gewiß oft erst nach mehreren Jahren – oder wohnen dann als reguläre Mieter dort; „Obdachlosigkeit" ist also für viele nur ein Durchgangsstadium. Es fehlen Längsschnittuntersuchungen über die Wirkungen der Obdachlosigkeit nach unterschiedlicher Aufenthaltsdauer in O-unterkünften und zur Feststellung irreversibler Effekte auf Verhalten und Einstellung von O und ehemaligen O.

Offen ist auch weitgehend, ob und inwieweit die „Wirkungen der Obdachlosigkeit" nicht Wirkungen von Formen „unzureichenden" und „gefährdenden" Wohnens und Lebens überhaupt sind. Ferner fehlen vergleichende Untersuchungen zwischen „O" und Personen und Familien, die in regulären Mietverhältnissen vergleichbar schlecht wohnen (in ehemaligen Obdachlosensiedlungen, in Wohnquartieren für „sozial Schwache" etc.). Die meisten Untersuchungen

machen nicht Stellung und Lage der O in ihrem schichtspezifischen Beziehungszusammenhang zum Gegenstand ihres wissenschaftlichen Interesses. Fest steht jedenfalls, daß hier nicht durch eher anonyme ökonomische und soziale Mechanismen, sondern bewußt und vorsätzlich Menschen in eine Situation gebracht werden, in der ihnen und besonders den Kindern elementare Lebens-, Entwicklungs- und Glücksmöglichkeiten vorenthalten sind.

L.: Bauer, Rudolph: Obdachlos in Marioth. Von der Notunterkunft zum „modernen Asyl"; Weinheim, Basel, 1980. Koch, Franz: Ursachen von Obdachlosigkeit; Düsseldorf, 1984 (Hg.: Der Minister für Arbeit, Gesundheit und Soziales des Landes Nordrhein-Westfalen).

Friedrich Gerstenberger

**Obdachlosenhilfe**

Unter „O" sind alle die sozial- und jugendhilferechtlichen, gesundheits- und wohnungsfürsorgerischen Maßnahmen zu verstehen, die für Personen und Familien, die ordnungsbehördlich in „Obdachlosenunterkünfte" und „Obdachlosensiedlungen" „eingewiesen" wurden, *auf Grund* der dortigen Wohn- und Lebensbedingungen ergriffen werden.

Für Personen „ohne ausreichende Unterkunft", zu denen nach § 2 DVO zu § 12 BSHG (→ Bundessozialhilfegesetz) Personen in „Obdachlosen- oder sonstigen Behelfsunterkünften" zählen, sieht § 72 BSHG ein spezielles Hilfeprogramm vor. Doch werden die Möglichkeiten, die dieses Programm an Hilfen für →„Obdachlose" eröffnet, in den meisten Kommunen nicht genutzt; wenn, dann stehen im Vordergrund die Hilfeangebote →„Beratung" und „persönliche →Betreuung" (§ 7 DVO), jedoch nicht die Maßnahmen zur „Beschaffung und Erhaltung einer Wohnung" (§ 8 DVO), zur „Erlangung und Sicherung eines Platzes im Arbeitsleben" (§ 9 DVO) und zur „Ausbildung" (§ 10 DVO).

Die Maßnahmen für „Obdachlose" werden üblicherweise eingeteilt in 1. „situative" Maßnahmen und 2. Maßnahmen zur Beendigung der →„Obdachlosigkeit". (In der Regel werden auch „Präventivmaßnahmen", also Maßnahmen zur „Verhinderung von Obdachlosigkeit", der O zugerechnet; „vorbeugende" O ist systematisch besser den sozialhilferechtlichen →„Wohnungshilfen" zuzuordnen.) (1.) Die „situativen" Maßnahmen bestehen aus a) „objektbezogenen" Maßnahmen, die sich auf Verbesserungen der Wohnsituation, der Wohnumgebung und der Infrastruktur von „Obdachlosensiedlungen" richten, und aus b) „personenbezogenen" Maßnahmen. Diese richten sich zum wesentlichen Teil auf Kinder und haben hier v. a. das Ziel der „Kompensation" „negativer" Einflüsse durch die Wohn- und Lebensbedingungen; durch „Lernhilfen" u. ä. soll insb. schulpflichtigen Kindern geholfen werden. Doch wird inzwischen bezweifelt, ob solche Maßnahmen überhaupt sinnvoll sind, solange die grundlegenden Wohn- und Lebensbedingungen sich nicht geändert haben.

Maßnahmen für Erwachsene haben als wesentliches Ziel eine Förderung der „Bereitschaft" zur →„Integration", zur „Anpassung an die Gesellschaft"; die Methoden sind z. T. die der Konditionierung: „Wohlverhalten", z. B. pünktliche Bezahlung der Nutzungsgebühren, Sauberhalten der Wohnung, wird dadurch belohnt, daß eine „bessere" Notunterkunft zur Verfügung gestellt wird. Darauf beruht das „Drei-Stufen-Modell" des Aufstiegs zur normalen Wohnung.

Die „situativen Hilfen" haben in dreierlei Hinsicht einen absurden Charakter: Zum einen versucht das →Sozialamt, die Wirkungen eines Zustandes zu „kompensieren", der durch eine andere Behörde, die (zuständige) „Obdachlosenpolizeibehörde" (→Polizei- und Ordnungsrecht), verursacht ist. Zum anderen sollen Personen und Familien „reintegriert", „resozialisiert" werden, die unter Bedingungen wohnen und leben, die soziale Ausstoßung und Mißachtung demonstrieren. Zum dritten beruht die Legitimation der „situativen Hilfen" auf der Unfähigkeit der Sozialbehörden, die elementaren Probleme der „Obdachlosen" zu lösen, nämlich eine normale Wohnung, sichere Arbeit und ein ausreichendes Einkommen zu erlangen.

Als O zur Beendigung von „Obdachlosigkeit" sind v. a. Wohnungsbeschaffungsmaßnahmen zu verstehen. Die Umwandlung von Nutzungsverträgen in Mietverträge ist – wenn das Übrige alles gleich bleibt – nur sehr eingeschränkt als „Hilfe" zu bezeichnen. Seit den 70er Jahren haben v. a. größere Kommunen im Zuge von „Barackenräumungsprogrammen" die „Obdachlosenunterkünfte" und „-siedlungen" aufgelöst und saniert. Häufig kamen die bisherigen „Obdachlosen" wieder in schlechte Wohnbestände und segregierte Wohnquartiere, aber nun in regulären Mietverhältnissen. Wenn sie nun in der Regel auch etwas bessere Wohnungen hatten, änderte sich doch die materielle Lage der meisten nicht grundlegend. Höhere Mieten verschärften sie eher bei vielen – v. a., wenn sie in Neubausiedlungen kamen oder in den nun modernisierten Wohnungen ihrer ehemaligen „Obdachlosensiedlungen" wohnen blieben. Damit bleiben sehr viele ehemalige „Obdachlose" im Zirkel schlechten Wohnens, dauernder Mietzahlungsprobleme und damit erneut drohender Wohnungverluste.

L.: Brühl, Albrecht: Sozialhilfe für Betroffene von A–Z; München, 1988.

Friedrich Gerstenberger

**Obdachlosigkeit**

O ist, einer juristischen Worterklärung zufolge, der „Zustand", „kein Dach über dem Kopf zu haben und Tag und Nacht auf der Straße zubringen zu müssen". Warum dies zum Eingreifen ausgerechnet der Polizei- und Ordnungsbehörden und zu einer Behandlung der →„Obdachlosen", die noch heute vielerorts Strafcharakter hat, führen soll, ist nicht einsichtig. Es ist nur zu verstehen, wenn man von dem Sachverhalt ausgeht, daß die Gefahr der O nicht allen

Mitgliedern der Gesellschaft in gleicher Weise droht, sondern v. a. den Angehörigen der unteren und untersten Schichten (ein Zusammenhang, der im Alltagsverständnis der Worte „O" und „Obdachlose" durchaus erhalten ist). Nicht nur in der früheren „Armenpolicey" (→Armenvögte), sondern auch heutzutage wird eine Notlage von Angehörigen dieser Schichten – nämlich „Obdachlos-Sein" – als Verstoß gegen gesellschaftliche Mindestpflichten – sich und der Familie eine Wohnung zu beschaffen – interpretiert und dementspechend geahndet.

Nach den herrschenden Auffassungen in Administration, Rechtsprechung und juristischer Literatur stellt O eine „Störung der öffentlichen Ordnung" dar, und die in dieser Notsituation befindlichen Personen – und nicht etwa kündigende Vermieter – gelten als unmittelbar kausal verantwortliche „Störer" (→Polizei- und Ordnungsrecht). Ausgeklammert aus dem „obdachlosenpolizeirechtlichen" Verhältnis sind häufig →alleinstehende Wohnungslose, insb. wenn sie als →„Nichtseßhafte" klassifiziert sind. Hier wirkt zum einen die traditionelle armenpolizeiliche Sonderbehandlung dieser Personen nach, denn für sie bestehen noch bis 1974 besondere strafrechtliche Bestimmungen (z. B. für „Landstreicherei", „Bettelei", „Arbeitsscheu" etc.), ebenso wie die sozialhilferechtliche Möglichkeit der „Zwangseinweisung" in →Heime und Anstalten. Zum andern gelten auch heute noch Heime und Anstalten als legitimer „Wohnersatz" für diese Personen. – Für eine „Unterkunft" sorgen müssen die Ordnungsbehörden auch dort nicht, wo sozialhilferechtliche oder andere Zuständigkeiten gegeben sind (z. B. wenn alte arme Personen völlig unzureichend wohnen). Insb. Familien oder Ehepaare und auch Frauen werden in der Regel heute nicht mehr in dem Sinne „wohnungslos", daß sie „Tag und Nacht auf der Straße zubringen" müssen. Den meisten Wohnungsverlusten geht ein gerichtliches Räumungsverfahren voraus; oft werden schon beim Eingang der Räumungsklagen die Sozialämter informiert, auf jeden Fall aber wird die Behörde, die für die „Obdachlosenpolizei" zuständig ist (z. B. der Gemeindevorstand, das Ordnungsamt, das →Wohnungsamt, das →Sozialamt) von einer anberaumten Zwangsvollstreckung des Räumungsurteils unterrichtet. Gelingt es den zuständigen Stellen aus zeitlichen Gründen nicht mehr, den Wohnungserhalt zu sichern oder eine neue Wohnung zu vermitteln, halten sie beides nicht für zweckmäßig oder ist geeigneter und bezahlbarer Wohnraum nicht vorhanden, so werden die von Wohnungslosigkeit Bedrohten als →„Obdachlose" klassifiziert. Als solche können und müssen sie untergebracht werden.

Prinzipiell gibt es zwei Möglichkeiten der Unterbringung: zum einen die Unterbringung in gemeindeeigenem, in angemietetem oder in Wohnraum, der durch Belegrechte gesichert ist (es handelt sich zumeist um Belegungsvereinbarungen mit gemeinnützigen Wohnungsbaugesellschaften); zum andern – bei Vorliegen „polizeilichen Notstandes" – durch Inanspruchnahme freier und geeigneter Räume auch gegen den Willen des Eigentümers, sei es als Beschlagnahme leerstehenden Wohnraums, sei es als „Wiedereinweisung" der „Obdachlosen" in die bisherige Wohnung; diese Möglichkeiten werden u. a. wegen der strengen Voraussetzungen, welche hierfür erfüllt sein müssen, nur von relativ wenigen – zumeist größeren – Kommunen in bedeutenderem Umfang genutzt. Werden „Obdachlose" in beschlagnahmten Wohnraum eingewiesen oder in ihre bisherige Wohnung wiedereingewiesen, so ist dies – wenn es gegen den Willen des Eigentümers geschieht – befristet (häufig auf 6 Monate). Die Beschlagnahme „angemessenen" Wohnraums ist unzulässig; die Wiedereinweisung kann auf einen Teil der bisherigen Wohnung beschränkt werden. (Der Eigentümer hat nach den Polizei- und Ordnungsgesetzen einen Entschädigungsanspruch gegenüber der Ordnungsbehörde; die Kommunen müssen also hier bezahlen, was sie sozialhilferechtlich verweigern.) – Das Verhältnis zwischen gemeindeeigenem, angemietetem und belegrechtlich gesichertem Wohnraum ist von Kommune zu Kommune verschieden und schwankt nach „Bedarf" an Wohnraum für Obdachlose und Wohnungslose; doch dominiert wohl in vielen Kommunen die Unterbringung in gemeindeeigenem Wohnraumbestand (wozu auch der Wohnraumbestand kommunaler Wohnungsbaugesellschaften zu zählen ist).

Die „Obdachlosenpolizei"-Behörde ist nicht verpflichtet, Obdachlosen einen „angemessenen" Dauerwohnraum zur Verfügung zu stellen; sie muß nur für ein „Obdach", eine „notdürftige Unterkunft" sorgen. Dieser Grundsatz ist formal aus dem Polizei- und Ordnungsrecht abgeleitet: Die Polizei- und Ordnungsbehörden dürfen nicht mehr tun, als zur Abwendung oder Beseitigung einer Gefahr „unbedingt notwendig" ist; es ist nicht ihre Aufgabe, die →„Wohlfahrt" zu fördern. Die inhaltliche Bestimmung der Anforderungen an Zustand, Ausstattung, Größe und Lage der „Notwohnungen" ist jedoch durch Rechtsprechung, Ländererlasse und die jeweiligen kommunalen Gewohnheiten erfolgt. (Gemeint sind hier v. a. die gemeindeeigenen „Unterkünfte".) Danach muß die Wohnung oder das Zimmer „Schutz vor den Unbilden der Witterung" bieten und „Raum für die notwendigsten Lebensbedürfnisse" lassen; die unterste Grenze für die Zumutbarkeit einer Wohnung oder eines Zimmers stellt die Möglichkeit der Entstehung von „Gesundheitsgefahren" dar. D. h., es gibt faktisch keine klaren Bestimmungen dafür, was „Mindestanforderungen an eine menschenwürdige Unterbringung" sein sollen. Was im einzelnen dazu ausgeführt und häufig genug praktisch verwirklicht, wenn nicht sogar unterschritten ist, kann nur mehr als Ausdruck extremer sozialer Mißachtung von „Obdachlosen", als Indiz strafenden Verhaltens und als Zeichen gedankenloser Inhumanität verstanden werden. –

Der größere Teil der „Obdachlosen" wohnt denn auch in Wohnungen schlechterer und schlechtester Qualität (in „Notunterkünften einfachster Art", „Schlichtbauten", „Altbauwohnungen" etc.); nur ein kleiner Teil hat Wohnungen, die den Standards des heutigen →sozialen Wohnungsbaus entsprechen. Der größte Teil der Wohnungen schlechter Qualität befindet sich zudem in räumlich abgetrennten „Siedlungen für Obdachlose" und in „neuen" „Sozialen Brennpunkten".

Die „Obdachlosen" werden per „Einweisungsverfügung" in ihre Wohnungen oder Räume eingewiesen und müssen, falls sie dieser nicht nachkommen, mit einer zwangsweisen Unterbringung rechnen. Die Einweisung begründet kein privatrechtliches Mietverhältnis, sondern ein besonderes öffentlich-rechtliches Gewaltverhältnis zwischen den „Obdachlosen" und der Ordnungsbehörde. Das öffentlich-rechtliche Wohnverhältnis gesteht den Untergebrachten weder gegen die Ordnungsbehörde, noch gegen einen privaten Hauseigentümer normale Mieterrechte zu. Ob aus dem besonderen Rechtsverhältnis auch Grundrechtsbeschränkungen (→Grundrechte) folgen, z. B. in Hinsicht auf die Unverletzlichkeit der Wohnung, ist inzwischen umstritten. Sind die „Obdachlosen" in gemeindeeigenen Unterkünften untergebracht, so unterliegen sie einseitig von der Behörde aufgestellten Benutzungsordnungen; diese sind heute noch oft sehr restriktiv, aber den Anstaltsordnungen der 50er und 60er Jahre mit ihren strikten Verboten (z. B. der Übernachtung von Besuchern) nicht mehr vergleichbar. Doch sind immer noch „Umsetzungen" innerhalb der „Unterkünfte", auch als Straf- und „Erziehungsmaßnahmen", möglich; ebenso gibt es noch die Praxis des sog. Drei-Stufen-Systems mit seinem „Bewährungsaufstieg" von der „Einfachst-" über die „Schlicht-" zur „Normalwohnung".

Die untergebrachten Personen müssen ein „Nutzungsentgelt" an die zuständige

Ordnungsbehörde zahlen; kommen sie dieser Verpflichtung nicht nach, so können die Forderungen verwaltungsrechtlich „beigetrieben" und als „letztes Mittel" ein Räumungsverfahren eingeleitet werden. Dies ist auch bei Verstößen gegen die Benutzungs- oder Hausordnung möglich. Bei Familien läuft eine Zwangsräumung faktisch auf „Umsetzungen" oder „Umquartierungen" hinaus.

Die herkömmliche Auffassung, eine Notlage – die Wohnungslosigkeit von Angehörigen der unteren Schichten – als „Störung der öffentlichen Ordnung" zu bezeichnen, wird – wie der traditionelle Begriff „Öffentliche Ordnung" selbst – in der neueren juristischen Literatur und Rechtsprechung in Frage gestellt. Die Möglichkeit der ordnungsrechtlichen Unterbringung wird neu dadurch zu begründen versucht, daß „Wohnungslosigkeit" als Gefahr für die „öffentliche Sicherheit", nämlich als Gefährdung der „Individualgüter" Würde, Leben und Gesundheit der wohnungslosen Personen, interpretiert wird. Dieses Verständnis ist jedoch bisher nicht herrschende Meinung; würde dies der Fall, so müßte es u.a. erhebliche Folgen für die Anforderungen, die an „Unterkünfte" zu stellen wären, haben.

In mehreren Kommunen (u.a. in Bremen) wird inzwischen versucht, drohender Wohnungslosigkeit von Angehörigen der unteren Schichten präventiv zu begegnen, u.a. durch extensive Nutzung der Möglichkeit des § 15a BSHG, Mietrückstände zu übernehmen. Gelingt darüber der Wohnungserhalt nicht, so wird zunächst versucht, den Personen und Familien, die nun von „Wohnungslosigkeit" bedroht sind, privatrechtliche Wohnverhältnisse zu vermitteln; dies geschieht v.a. im Wohnungsbestand von gemeinnützigen Wohnungsbaugesellschaften auf der Basis von Vereinbarungen über Belegungsrechte und durch laufende Absprachen mit den Unternehmen. Erst wenn auch dieser Versuch erfolglos ist, wird auf die Möglichkeit der ordnungsbehördlichen Einweisung zurückgegriffen. Das „Obdachlosenpolizeirecht" wird hier also vorwiegend subsidiär gebraucht – mit der Tendenz, seine Handhabung zu „entpolizeilichen", d.h. ihr den Charakter eines hoheitlichen Eingriffs zu nehmen. Vor allem dort, wo das Sozialamt selbst „Obdachlosenpolizeibehörde" ist oder die Zusammenarbeit zwischen beiden Behörden sehr eng ist, wird derart die Möglichkeit der ordnungsrechtlichen Einweisung zu einem – ohne ideologischen Ballast – pragmatisch und differenziert gehandhabten Instrument der Bereitstellung und Beschaffung von normalem Wohnraum. Benutzt werden u.a. die Möglichkeiten, die im Prinzip bei Vorliegen eines „polizeilichen Notstandes" ergriffen werden können: die Möglichkeiten der Einweisung in leerstehenden Wohnraum privater Vermieter zum einen und die der Wiedereinweisung in die bisherige Wohnung zum andern. Beides findet nun allerdings aufgrund von (Belegungs-)Vereinbarungen und Absprachen im Einvernehmen mit den Vermietern, zumeist gemeinnützigen Baugesellschaften, statt.

Auf diese Weise wird u.a. Einzelpersonen und Familien, die nicht mehr oder nur mit Schwierigkeiten in privatrechtliche Wohnverhältnisse zu vermitteln sind, die Möglichkeit eines i.d.R. nicht zeitlich befristeten und weitgehend regulären Wohnens (das „Nutzungsentgelt" kann als „Miete" direkt an den Vermieter gezahlt werden) in normalen Wohnungen gegeben (mit der Option auf einen Mietvertrag nach gewisser Zeit). Es handelt sich v.a. um Personen und Familien, bei denen Wohnungsbaugesellschaften oder andere Vermieter sozialhilferechtlich gegebene Garantien nicht für ausreichend erachten, z.B. wegen früherer unbezahlter Mietschulden oder öfter auftretender Mietrückstände, oder bei denen sozialhilferechtliche Möglichkeiten an ihre immanenten rechtlichen und administrativen Grenzen stoßen, z.B. bei Übernahme von Mietrückständen nach § 15a BSHG, wenn Personen permanent Mietschulden machen. (Männliche →alleinstehende Wohnungslose, insb. als →„Nichtseßhafte" klassifizierte, sind allerdings auch hier überwiegend ausgeschlossen). Für die Vermieter sind solche Formen der (einvernehmlichen) ordnungsbehördlichen Einweisung oder Wiedereinweisung insofern akzeptabel, als sie künftige finanzielle Risiken relativ umfassend absichern. Die Sozialämter bleiben handlungsfähig auch dann, wenn selbst ein extensiv genutztes sozialhilferechtliches Instrumentarium an die Grenzen seiner Anwendbarkeit und/oder Wirksamkeit stößt. Zudem erlauben die Polizei- und Ordnungsgesetze ohne weiteres die Einforderung und verwaltungsrechtliche „Beitreibung" von nichtbezahlten „Nutzungsentgelten" und anderen Kosten. – Die hier skizzierte Möglichkeit der Handhabung der ordnungsbehördlichen Einweisung ist nicht sehr verbreitet; in der Regel stehen eine überwiegend traditionelle „obdachlosenpolizeiliche" Praxis und eine zumeist rudimentäre und selektive sozialhilferechtliche Praxis relativ unverbunden und großenteils widersprüchlich nebeneinander.

Im Gegensatz zu den Versuchen, eine inhumane „obdachlosenpolizeiliche" Praxis zu vermeiden und ineins damit die Verwendung des alltagssprachlich diskriminierenden Ausdrucks „Obdachlose" zu vermeiden, wird in der sozialwissenschaftlichen und -pädagogischen Fachdiskussion der Terminus „O" „entgrenzt" und zu einem Universalausdruck für alle Formen von „Wohnungslosigkeit" sowie „unzureichendem" und „unsicherem Wohnen", um dermaßen das Maximum des Bedarfs an öffentlicher Hilfe zu bezeichnen. Bei einer solchen Ausdehnung geht verloren, daß „O" und „Obdachlose" ordnungsbehördliche Klassifizierungstermini für bestimmte „wohnungslose" Personen und Familien sind und daß eine „Einweisung" in diese Kategorien mit überwiegend sehr negativen Konsequenzen für die Wohn- und Lebensbedingungen verbunden ist.

Nach Erhebungen von Vaskovics/Weins (1983) gab es 1979/80 rd. 200 000 Personen in rd. 60 000 Haushalten, die sich in einem öffentlich-rechtlichen Nutzungsverhältnis befanden, also „Obdachlose" waren. (Nicht eingeschlossen darin sind alleinstehende wohnungslose Männer, sofern sie rechtlich als „Nichtseßhafte" klassifiziert sind und keinen Anspruch auf ordnungsrechtliche Unterbringung haben, also keine „Obdachlosen" sind.) Die überwiegende Zahl der „Obdachlosen" lebt in unzureichenden Wohnverhältnissen; vergleichbar schlechte Wohnbedingungen in regulären Mietverhältnissen haben 500 000–700 000 Personen (z. T. ehemalige „Obdachlose"). Grob geschätzt verfügen also in der BR (1989) mindestens 1 Mill. Menschen nur über „Obdach" oder „Unterkunft".

L.: Brühl, Albrecht: Rechtliche Hilfen für Obdachlose; München, 1977. Der niedersächsische Sozialminister (Hg.): Umfang und Struktur der O in Niedersachsen, Bd. 1; Hannover, 1988. Schmidt-Futterer/Blank: Mietrecht von A–Z; München, 1988. Schuler-Wallner, Gisela: O in der Bundesrepublik Deutschland – ein Beitrag zum Internationalen Jahr der UNO für Menschen in Wohnungsnot 1987; Darmstadt, 1986. Schuler/Sautter: O und soziale Brennpunkte in Hessen. Umfang, Struktur und Entwicklung der O; Darmstadt, 1983. Vaskovics/Weins: Stand der Forschung über Obdachlose und Hilfen für O; Stuttgart, Berlin, Köln, Mainz, 1979. Vaskovics/Weins: Randgruppenbildung im ländlichen Raum/Armut und O; Stuttgart, Berlin, Köln, Mainz, 1983.

Friedrich Gerstenberger

**öffentlich**

Das Adjektiv „ö" tritt vielfach in (polarer oder gegensätzlicher) Verbindung mit den Kennzeichnungen „privat" (p) oder „frei" (f) auf; die Rede ist bspw. von ö und p – oder f – Wohlfahrtspflege, von ö oder f Trägern, von ö oder p Angelegenheiten, von ö-rechtlichen oder p (kommerziellen) Sendern, vom ö und p Raum. Im allg. lassen sich folgende Bedeutungskontexte unterscheiden:

1. Öffentlichkeit ist ein sozialgeschichtlicher Terminus, d.h der Begriff erfährt im Verlauf der historischen Entwicklung einen Bedeutungswandel: Öffentlichkeit unterliegt einem „Strukturwandel" (Habermas). Die Verwendung des Begriffs seit dem 18. und im 19.Jh. war eng verknüpft mit der Entstehung der →bürgerlichen Gesellschaft, ihrer Formen der Publizität (→Lesegesellschaften, →Journalismus), und mit der des →Bürgertums als gesellschaftlicher Klasse. Parallel dazu entwickelte sich an historischen und gesellschaftlichen Bruchstellen auch das Bild einer anderen oder Gegenöffentlichkeit, die als „plebejische" oder „proletarische Öffentlichkeit" bei Revolten (→Moralökonomie), →Arbeitskämpfen, →Revolutionen und Kriegen in Erscheinung trat (Negt/Kluge). Öffentlichkeit i.d.S. ist der – sich geschichtlich verändernde – soziale und politische ‚Ort' in einer Gesellschaft, an dem Interessen und ihre Widersprüche sich manifestieren. Diesem Verständnis zufolge gelten gegenwärtig bspw. das Parlament oder die →Medien – auch die nicht öffentlich-rechtlichen – als ö, d.h. als ‚Orte', an denen Öffentlichkeit als Manifestation von Interessen sich ereignet, real oder symbolisch (→symbolische Politik).

2. Die Bestimmung von Öffentlichkeit als ‚Ort' verweist auf den räumlichen Bezug als eine weitere Bedeutung von „ö" und „p". Die Öffentlichkeit des lokalen Marktes als Ort des Warentausches, der Repräsentation und der politischen Versammlung ebenso wie die Privatheit der →Familie und des Wohnens sind polare soziologische Kategorien, deren Verständnis verbunden ist mit der historischen Entwicklung der →Stadt (→Urbanisierung) und der „städtischen Vergesellschaftung" (Bahrdt; vgl. Dunckelmann).

3. Die Berufung auf Öffentlichkeit ebenso wie die auf Privatheit dient auch zur politischen Legitimation oder Kritik gesellschaftspolitischer Prinzipien: Öffentlichkeit gilt zum einen als demokratischer Grundsatz (vgl. Preuß; Rinken) und ist normative Parteinahme für die „offene Gesellschaft"; umgekehrt postuliert das →Subsidiaritätsprinzip den Vorrang des Privaten, der Familie und der kleineren Gemeinschaft (→informelle Sphäre) gegenüber dem größeren Gemeinwesen und dem →Staat (vgl. Schneider 1983).

4. Vor dem Hintergrund der gesamtgesellschaftlichen und der städtischen Entwicklung sowie angesichts des legitimatorischen bzw. kritischen Charakters von Öffentlichkeit prägt das Begriffspaar „ö" und „p" auch das Verständnis der Sozialcharaktere einer →Gesellschaft und der →Persönlichkeit in der Gesellschaft. Der (sozial-)psychologische Diskurs begreift das Private als das Persönliche/Intime. Mit diesem Verständnis verbindet sich die kultur- und gesellschaftskritische Diskussion über die „Kommerzialisierung der Gefühle" (Hochschild) und die staatlich-hoheitlich verfügte „Ordnung der Familie" (Donzelot) einerseits sowie über „Verfall und Ende des öffentlichen Lebens" durch die „Tyrannei der Intimität" (Sennett) andrerseits.

5. Im 19.Jh. – mit dem Auseinandertreten von Staat und bürgerlicher Gesellschaft, der Bereiche der hoheitlichen →Bürokratie und →Verwaltung auf der einen und des freien (kapitalistischen) Wirtschaftens auf der andren Seite – entwickelten sich die Begriffe „ö" und „p/f" zugleich auch als verfassungstheoretische Formalkategorien, die einen prinzipiellen Gegensatz implizieren: die Dichotomie von Staat und Gesellschaft, Politik und Wirtschaft, staatlichem Gesetzeszwang und individueller Freiheit, ö Verwaltung und f Individuum, ö →Fürsorge und →Privatwohltätigkeit. Dem – in Rechtssprache und -verständnis kodifizierten – Gegensatz (→ö Recht vs. Zivil- oder →Privatrecht) entspricht die „alte obrigkeitsstaatliche Gleichung ‚ö-

rechtlich = staatlich'" (Rinken 1971, 94).

6. Diese formaljuristische Dichotomie bestimmt bis in die Gegenwart das zu Grunde liegende Verständnis, wenn von ö und f Wohlfahrtspflege bzw. von ö und p Trägern derselben die Rede ist. In der verfassungs- und staatstheoretischen Diskussion (vgl. auch Preuß) wurde kritisch hingewiesen auf die Tatsache der „Hilflosigkeit und des Versagens der dualistischen Verortung von ö und f Wohlfahrtspflege und der damit korrespondierenden Dichotomie von ö und p Recht angesichts der heutigen sozialstaatlichen Wirklichkeit" (Rinken 1971, 328). Aber weder in der juristischen Nomenklatur, noch umgangssprachlich wurden aus dem „Ungenügen des überkommenen Begriffsinstrumentariums" (a.a.O, 87) erkennbare Konsequenzen gezogen. Im sozialwissenschaftlichen Kontext empfiehlt es sich dennoch, statt von ö Wohlfahrtspflege, von behördlicher, hoheitlicher oder staatlicher Wohlfahrtspflege zu reden und, statt von f oder p, von verbandlicher oder nichtbehördlicher Wohlfahrtspflege bzw. von intermediären oder verbandlichen Trägern (→Intermediarität, →Non-governmental Organisation, →Nonprofit-Organisationen) bzw. von gewerblichen oder →kommerziellen Trägern.

L.: Bahrdt, Hans Paul: Die moderne Großstadt. Soziologische Überlegungen zum Städtebau; Reinbek, 1961. Donzelot, Jacques: Die Ordnung der Familie; Frankfurt/M., 1980. Dunckelmann, Henning: Lokale Öffentlichkeit. Eine Gemeindesoziologische Untersuchung; Stuttgart, Berlin, Köln, Mainz, 1975. Habermas, Jürgen: Strukturwandel der Öffentlichkeit. Untersuchung zu einer Kategorie der bürgerlichen Gesellschaft; Neuwied, 1962. Hochschild, Arlie Russell: Das gekaufte Herz. Zur Kommerzialisierung der Gefühle; Frankfurt/M., New York, 1990. Negt, Oskar/Kluge Alexander: Öffentlichkeit und Erfahrung. Zur Organisationsanalyse von bürgerlicher und proletarischer Öffentlichkeit; Frankfurt/Main, 1972. Preuß, Ulrich K.: Zum staatsrechtlichen Begriff des Öffentlichen. Untersucht am Beispiel des verfassungsrechtlichen Status kultureller Organisationen; Stuttgart, 1969. Rinken, Alfred: Das Öffentliche als verfassungstheoretisches Problem. Dargestellt am Rechtsstatus der Wohlfahrtsverbände; Berlin, 1971. Schneider, Lothar: Subsidiäre Gesellschaft. Implikative und analoge Aspekte eines Sozialprinzips; Paderborn, München, Wien, Zürich, 1983. Sennett, Richard: Verfall und Ende des öffentlichen Lebens. Die Tyrannei der Intimität; Frankfurt/Main, 1983. Wegener, Roland: Staat und Verbände im Sachbereich Wohlfahrtspflege. Eine Studie zum Verhältnis von Staat, Kirche und Gesellschaft im politischen Gemeinwesen; Berlin, 1978.

**Öffentliche Erziehung**
→Fürsorgeerziehung

**Öffentliche Fürsorge**
Bezeichnung für die, bis zum Inkrafttreten des →Bundessozialhilfegesetzes (BSHG) am 1.6.1962, nach dem →Fürsorgeprinzip gewährten öffentlichen Hilfen (heute: Sozialhilfe). Gesetzliche Grundlagen der Ö waren die →Reichsfürsorgepflichtverordnung und die →Reichsgrundsätze über Voraussetzung, Art und Maß der öffentlichen Fürsorge von 1924.

Manfred Fuchs

**Öffentliche Gesundheitspflege**
Historisch beginnt die Ö mit der Entwicklung großer Städte (→Stadt), als umfassendes Konzept mit dem absolutistischen Staat (Medizinpolizei; →Policey). Systematisch beginnt Ö dort, wo Lebensvoraussetzungen von Einzelnen nicht mehr hergestellt werden können, aber die Notwendigkeit solcher zur Existenz- oder Prosperitätsbedingung eines Kollektivverbandes wird. Die als Ö bezeichneten Maßnahmen, Verfahren, Institutionen sind präventiv-infrastruktureller Art.

Das Trockenlegen von Sümpfen (Malaria), das Errichten von Getreidespeichern zur Vorratshaltung für Notzeiten und bei Mißernten, Maßnahmen zur Identifikation und Ausgrenzung von Kranken (Lepra, Pest), Organisationsregeln, um die Verbreitung von Infektionskrankheiten zu unterbinden (Pestkordon, Markieren und Schließen von Häusern), später die Errichtung von öffentlichen Krankenhäusern (→ Krankenhaus) und die umfangreichen Maßnahmen der Städtesanierung (vom Einreißen der mittelalterlichen Stadtmauern bis zur Organisation von Wasserversorgung, Kanalisation, Abfallbeseitigung; → Hygiene) sind Maßnahmen der Ö. Das Gemeinsame ist, daß hier überall Maßnahmen zur Kontrolle der natürlichen und sozialen Umwelt ergriffen wurden, deren Beeinflussung jenseits der Einflußchancen einzelner liegt.

Da die potentielle Schädigungsumwelt sehr groß ist, ist auch das Feld der Ö potentiell sehr umfassend. Rudolf → Virchow (1821–1902) hat denn auch gemeint, daß nur Ärzte (→ Arzt) dazu in der Lage seien, ein Land angemessen zu regieren, denn nur sie könnten wissen, was die Menschen wirklich brauchen. Ö findet aber immer nur statt als größter gemeinsamer Nenner der vielfältigen und meist stark divergierenden, im öffentlichen Raum agierenden Interessen. Öffentliche Gesundheit ist streng gesehen eher ein Nebenprodukt solcher konfligierender Interessen, nicht aber ein autonomes Handlungsfeld z. B. unabhängiger Experten.

Die Ö ist durch eine Phase der „Verwissenschaftlichung" gegangen, in der ein großer technisch-naturwissenschaftlicher Prüfungs- und Überwachungssektor geschaffen wurde. Dieser wächst mit jeder technischen Innovation und wissenschaftssystemischen Ausdifferenzierung, bzw. mit der Entwicklung der gesellschaftlichen Gefahrenpotentiale. Am Beginn stand die Gründung des kaiserlichen Gesundheitsamtes in Berlin 1876, mit der noch die Hoffnung auf eine aktive Steuerbarkeit gesellschaftlicher Gefahrenpotentiale verknüpft war.

Tatsächlich sind im folgenden alle gesellschaftlichen Handlungsbereiche – jenseits von gesundheitspolitischen → Steuerungen – expandiert, konnten die wichtigsten Gefahrenpotentiale nur retrospektiv „kontrolliert" und ggf. modifiziert werden. Die Entwicklung der Chemisierung und Automobilisierung der → Umwelt und des Kernkraftwesens zeigt die fehlende → Gesundheitspolitik in diesem Bereich, der eigentlich immer noch Ö wäre.

Der andere große Sektor, der zur Ö gezählt wurde, Krankenversorgung und Gesundheitsfürsorge, zeigt zwei divergierende Entwicklungslinien. Die Krankenversorgung ist im Rahmen der Gesetzlichen → Krankenversicherung (zuerst: Arbeiterkrankenversicherung) seit 1883 auf die Finanzierung durch die Versicherten selbst gestellt und schrittweise ausgebaut worden. Bis dahin fand ein großer Teil der Krankenversorgung im Rahmen der → Armenfürsorge statt, d. h. die Finanzierenden (kommunale Steuern) waren nicht die, die die Leistungen bekamen. Mit dem Ausbau der Krankenversicherung, insb. nach 1933, ging eine zunehmende Dominanz ärztlich-kurativer Sichten und Praktiken einher, die es heute nicht mehr gerechtfertigt erscheinen lassen, diesen Bereich als → Gesundheitswesen und die hier stattfindenden Krankenversorgungspolitiken als → Gesundheitspolitik zu deklarieren.

Die Gesundheitsfürsorge ist erst seit etwa 1900 als eigenständiger Handlungsbereich aus der Armenpflege ausgegliedert und entwickelt worden. Einrichtungen der Gesundheitsfürsorge gab es insb. nach 1918 und v. a. in den großen Städten zu einer Vielzahl von Problemlagen. Die wichtigsten waren: → Fürsorge für Tuberkulöse, Schwangere und Säuglinge, bzw. für Mutter und Kind, für „Krüppel", psychisch Kranke, Trinker, Geschlechtskranke, ferner Schulgesundheits- und Wohnungsfürsorge sowie → Sexualberatung.

## Öffentliche Haushalte

Die kommunalen Einrichtungen der Ö hatten zunächst rein beratende sowie – in dem weiten Bereich der persönlichen und sozialen Bedarfslagen – leistende und unterstützende Funktionen. In verschiedenen Bereichen wurde in der weiteren Entwicklung die Abtrennung zur ärztlichen Versorgung aufgegeben, so daß ein breites Spektrum medizinischer bis sozialer ambulanter Gesundheitsdienste bestand. Diese Einrichtungen wurden nach 1933 weitgehend aufgelöst und nach 1945 zugunsten der niedergelassenen Ärzte (→ärztliche Niederlassungsfreiheit) nicht wieder aufgebaut. Der Bereich der Gesundheitsfürsorge war – nach der früheren Abtrennung der öffentlichen Hygiene in die technischen Dienste, und insb. in der Zeit zwischen 1918 und 1933 – der eigentliche Bereich der Ö.

Heute gibt es diesen Sektor, in dem eine personenbezogene Verbindung zwischen →Lebenslagen, sozialer und kommunaler →Umwelt – und damit zwischen individuellem Gesundheitszustand und kollektiven Belastungsstrukturen – hergestellt war, so gut wie nicht mehr. Der Hauptgrund dafür ist die Dominanz der niedergelassenen Ärzte, die in der Lage waren, alle mit →Krankheit assoziierbaren Episoden an sich zu ziehen und deren Behandlung über die Gesetzliche Krankenversicherung finanzieren zu lassen. Diese →Privatisierung öffentlicher Tätigkeit ist zum Teil überhaupt nur möglich geworden durch den gewachsenen gesellschaftlichen Wohlstand und, einhergehend damit, durch die Wandlungen des Krankheitspanoramas (fort von den Infektionskrankheiten), wodurch u.a. der wichtige Bereich der Tuberkulosefürsorge fast ganz entfallen ist. Heute macht sich denn auch das Fehlen integrierter, ambulanter Gesundheitsdienste besonders im chronisch-degenerativen Bereich geltend.

L.: →Gesundheitsbegriff

Gerd Göckenjan

## Öffentliche Haushalte
→Finanzpolitik

## Öffentliche Kleinkindererziehung

Der Ausdruck „Ö" (oder auch: gesellschaftliche/vergesellschaftete Kleinkindererziehung) meint jede Form der →Erziehung von Kleinkindern – etwa ab dem 3. Lebensjahr –, die außerhalb der →Familie stattfindet. Die Träger von Einrichtungen der Ö können sowohl im eigentlichen Sinne öffentlich (d.h. staatlich, öffentlich-rechtlich verfaßt), kirchlich (d.h. nicht-staatlich, öffentlich-rechtlich verfaßt) oder frei (d.h. nicht-staatlich, privatrechtlich verfaßt) sein.

Die Anfänge der Ö reichen in Dt. zurück bis in die Zeit der „Protoindustrialisierung". Schon vor 1800 gab es dauerhafte und auf dem Land auch saisonbedingte Formen der außerfamilialen kollektiven Kinderbetreuung. Doch erst im Gefolge der wirtschaftlichen und sozialen Reformen am Anfang des 19. Jh. und im unmittelbaren Kontext der beginnenden →Industrialisierung entstehen etwa seit 1825 in quantitativ nennenswertem Maße sog. „Kinderbewahranstalten", „Kleinkinderschulen" u.ä. In der Organisation, der materiellen Ausstattung und dem pädagogischen Konzept orientierten sich diese ersten vorschulischen Einrichtungen an Modellen, die damals im industriell fortgeschritteneren England schon verbreitet waren und nun allmählich auch auf dem Kontinent bekannt wurden. Eine wichtige Vermittlerrolle spielte dabei das Handbuch „Über die frühzeitige Erziehung der Kinder und die englischen Klein-Kinderschulen" von Samuel Wilderspin (1792-1866), dem Leiter der zentralen Kinderschule in London, das 1826 in dt. Übersetzung erschienen ist. Das Buch hat die Diskussion über die Ö nachhaltig belebt und mit dazu beigetragen, daß die preuß. Regierung schon 1827 und 1828 die ersten Verfügungen zur Einrichtung von Kleinkinderschulen erließ.

Von Wilderspin war auch der evangelische Pfarrer →Theodor Fliedner (1800-1864) beeinflußt. Er gilt als der Begründer der christlichen Kleinkinderschulen, die damals das Bild der Ö prägten. Das pädagogische Geschehen in diesen Einrichtungen war – jedenfalls dem Programm nach – zeitlich genau und kleinteilig gegliedert und so gut wie lückenlos überwacht. Es herrschte ein strenges Reglement, bei den Beschäftigungen ebenso wie beim Stillsitzen und Zuhören. Die straffe Disziplin ließ keinen Raum für freies Spiel und Selbsttätigkeit. Die Kinder wurden einem rigiden Führungsstil unterworfen, der in erster Linie der religiösen Instruktion und der moralischen Aufrüstung diente. Dazu kamen besondere Sinnesübungen, Sortier- und Legearbeiten, Kleben mit Papier, Weben und Stricken und diverse Verfahren des Buchstaben- und Zahlenlernens. Motorische Aktionen der Kinder waren nicht zugelassen und wurden – wenn überhaupt – nur planmäßig zur Auflockerung eingesetzt. Das Personal dieser Anstalten bestand meist aus „frommen" älteren Frauen der höheren Stände, aber auch aus Männern, die die Aufsicht führten und von jungen weiblichen Hilfskräften unterstützt wurden.

Für die Entstehung der Ö im Zeitalter des Frühindustrialismus gab es ein doppeltes Motiv: Zum einen entlastete die Einrichtung von Bewahranstalten, Kleinkinderschulen und Spielstuben die Eltern, v.a. die Mütter der ärmeren Schichten, der Tagelöhner und Arbeiter, von der Aufgabe der Kinderbetreuung und setzte sie frei zur außerhäuslichen →Erwerbsarbeit. Zum anderen sicherten diese Vorschulinstitutionen als Bestandteil der →Armenfürsorge die körperliche Gesundheit und geistige Loyalität der Heranwachsenden. Sie dienten nach dem Willen ihrer Betreiber der Verwahrlosungsprophylaxe und Unfallverhütung ebenso wie der Vorbereitung der Kinder auf ihr zukünftiges Dasein als Lohnarbeiter und der Immunisierung gegenüber allen Revolutionsverlockungen. Durch Gewöhnung an Ordnung, Gehorsam und Pünktlichkeit sollte der Keim der „sozialen Revolution" (→Revolutionen) frühzeitig erstickt werden. Aus der Sicht der bürgerlichen Familienerziehung (→Bürgertum) mußten diese ersten Formen der Ö als minderwertiger Ersatz erscheinen. Sie erhielten das Stigma des bloßen Notbehelfs, das sie seitdem nie mehr ganz verloren haben. Das negative Image der Bewahranstalt schlägt sich noch heute nieder in dem geringen gesellschaftlichen Prestige des Erzieher- und Erzieherinnenberufs und der damit verbundenen geringen Bezahlung.

Der erste, der das negative Image ändern wollte, war →Friedrich Fröbel (1782–1852). Seine Erfindung, der →Kindergarten, war ausdrücklich gegen die auf Bewahrung und moralisch-sittliche Beeinflussung beschränkte Konzeption der Ö gerichtet. Nicht mehr sozialfürsorgische Betreuung und christliche Unterweisung, sondern allgemeine Menschenbildung war sein Programm. Als Erbe der dt. Klassik und im Gefolge Schillers wertet er, wie sein weniger erfolgreicher jüngerer Zeitgenosse Johann Georg Wirth (1807–1851), das freie Spiel als den wahren Ort der Menschwerdung. Sein pädagogisches Konzept war dann auch im wesentlichen „Spielpflege" (→Spielpädagogik). Im Umgang mit den von ihm nach der Logik des „sphärischen Gesetzes" konstruierten „Spielaufgaben", die vom Ball ausgehend sich über die Walze und Würfel immer weiter differenzierten, sollten sich die Kinder schon im Vorschulalter die Welt selbsttätig aneignen und sich dabei allseitig bilden. Zunächst wollte Fröbel durch die fabrikmäßig hergestellten Spielgaben wie auch später durch die „Mutter- und Koselieder" (1844) eine „Reformation der häuslichen →Erziehung" herbeiführen. Seit 1836 versuchte er als Handlungsreisender mit diesem Argument seine Produkte zu vermarkten, unterstützt von sog. „Spielführern", die den Familien den Gebrauch der „Spielgaben" erläutern sollten. Der Vorläufer des Kindergartens war ursprünglich gedacht als Ausbildungsstätte für solche „Spielführer" und „Spielführerinnen". Daraus wurde dann unter dem wachsenden sozialen Druck eine kurzzeitige Mütterschule und schließlich die familienergänzende Erziehungsanstalt, die den dt. Ausdruck „Kindergarten" international bekannt machte und in mehrere Sprachen einwandern ließ.

Während die Kleinkinderschulen und Bewahranstalten in Übereinstimmung mit ihren fürsorgerischen Gründungsmotiven fast ausschließlich von Kindern aus der Arbeiterschaft und sozial benachteiligten Gruppen besucht wurden, hat die auf allgemeine Förderung bedachte Bildungskonzeption des Kindergartens die Ö auch für bürgerliche Gruppen attraktiv gemacht. Durch das Verbot des Kindergartens von 1851, das bis 1860 in Preußen in Kraft blieb, wurde diese Attraktivität nur noch erhöht. Seitdem stehen die Anhänger der Fröbelschen Kindergartenidee in offener Konkurrenz mit den konfessionellen Vertretern der traditionellen Kleinkinderschulen und Bewahranstalten. Diese Konkurrenz kennzeichnet die Entwicklung in der 2. Hälfte des 19. Jh. Die Fröbelianer monierten an den Kleinkinderschulen den „religiösen Drill" und das fehlende Verständnis für die kindliche Eigenart und Selbsttätigkeit. Und die konfessionellen Träger erhoben umgekehrt gegenüber dem Fröbelschen Konzept den Vorwurf der religiösen Unbestimmtheit und sozialen Privilegierung.

Die Fröbeltradition sprengte dann mit dem Modell des „Volkskindergartens", das Bertha von Marenholtz-Bülow (1811–1893) entwickelt und 1861 zum erstenmal in Berlin realisiert hatte, die Fixierung auf bürgerliche Schichten und übernahm familienfürsorgerische Aufgaben. Die konfessionellen Träger umgekehrt orientierten sich zunehmend am spielpädagogischen Konzept Fröbels oder übernahmen wenigstens die eine oder andere Komponente. Gleichwohl blieb die schichtspezifische Ausrichtung der Ö erhalten. Die Einrichtungen ließen sich auch weiterhin unabhängig vom jeweiligen Träger nach der proletarischen oder bürgerlichen Herkunft ihres Klientels unterscheiden.

Die quantitative Entwicklung der Ö bis zum 1. Weltkrieg verlief – soweit man dies angesichts einer sehr lückenhaften Datenlage überhaupt zuverlässig bewerten kann – zaghaft, aber stetig. Nach vorsichtigen Schätzungen lag die Betreuungsquote der 3- bis 6jährigen im Jahre 1850 im Durchschnitt bei etwa 1% und im Jahre 1910 bei etwa 13% (Erning/Neumann/Reyer 1987). Allerdings gab es von Anfang an starke regionale Schwankungen. Für 1871 rechnet man im Großherzogtum Baden schon mit einem Versorgungsgrad von 12%, in Bayern zur selben Zeit jedoch erst mit einem Versorgungsgrad von 6%. In Preußen dürfte er noch wesentlich niedriger gewesen sein (Erning/Neumann/Reyer 1987). Das Versorgungsgefälle im Bereich der Ö, das sich hier andeutet, ist im Verlauf der späteren Entwicklung nie mehr ganz verschwunden und noch 1975, nach der großen Bildungsreformphase, erkennbar gewesen.

Schon im Kaiserreich hat, nach anfänglicher Zurückhaltung, der → Staat in Reaktion auf die sozialen Folgen der Hochindustrialisierung (→ Industrialisierung) in zunehmendem Maße versucht, durch gesetzliche Regelungen und durch die Aktivierung des vorhandenen Schulaufsichts- und Vereinsrechts, die Entwicklung im Bereich der Ö zu steuern. Aber erst nach dem 1. Weltkrieg ist es im „Reichsjugendwohlfahrtsgesetz" (RJWG), das 1924 in Kraft trat, zu einer umfassenden gesetzlichen Regelung im Bereich der Ö gekommen. In den harten und kontroversen Diskussionen zu diesem Gesetz standen sich zwei Positionen gegenüber: Die eine wollte den Kindergarten als unterste Stufe in das Bildungssystem integrieren und plädierte deshalb für eine Verallgemeinerung des vorschulischen Angebots. Die andere wollte den Kindergarten als familienfürsorgerische Einrichtung erhalten und plädierte deshalb für eine gesetzliche Zuordnung zum Wohlfahrtsbereich. Die zweite Position hat sich durchgesetzt. Nach dem RJWG soll der Kindergarten „grundsätzlich eine Einrichtung der Jugendwohlfahrt" bleiben (→Jugendhilfe 1). Das ist er im wesentlichen auch heute noch.

Die konzeptionelle Entwicklung der Ö in den 20er Jahren war gekennzeichnet durch den Auftritt des „Montessori-Systems" (→Maria Montessori), das der individuellen Sinnesschulung gegenüber dem gemeinsamen Freispiel ein größeres Gewicht zuerkannte und deshalb auch von den Fröbelianern als Angriff auf ihre bewährten Grundsätze wahrgenommen wurde. Außerdem spielten das Konzept der Waldorfpädagogik (→Waldorfschule), die psychoanalytischen Ansätze von Nelly Wolffheim und Vera Schmidt sowie Modelle sozialistischer Erziehung (Kanitz, →Hörnle, →Bernfeld, Benjamin) in der Vorschuldebatte jener Jahre eine wichtige Rolle. Alle diese Ansätze beeinflußten und förderten damals mehr oder weniger die Entwicklung der →Vorschulerziehung, auch wenn sie die in der Alltagspraxis der Einrichtungen dominierende Stellung der Fröbelschen „Spielpflege" nicht gefährden konnten.

Der Nazistaat hat dann die beginnende Entwicklung von konzeptionellen Alternativen gestoppt und die ideologische und organisatorische Vereinheitlichung angestrebt. Die Montessori-Krankenhäuser, die Waldorfkindergärten und alle sozialistischen Erziehungsansätze wurden verboten, die →Wohlfahrtsverbände wurden zum Eintritt in die →„Nationalsozialistische Volkswohlfahrt" (NSV) gedrängt. Die „Berufsorganisation der Kindergärtnerinnen, Hortnerinnen und Jugendleiterinnen" des dt. Fröbelverbandes tat dies schon im Mai 1933, der Fröbelverband selbst 1938. Die völlige →Gleichschaltung der konfessionellen Verbände dagegen ist nicht gelungen. Die Mehrzahl der vorschulischen Einrichtungen blieb in christlicher Trägerschaft und ist der nationalsozialistischen Erziehungspropaganda, der Rassenlehre (→Biologismus, →Eugenik), der Mutterschaftsideologie und dem Führerkult nur partiell gefolgt.

Nach dem Krieg knüpfte die unterbrochene Entwicklung der Ö wieder da an, wo sie 1933 aufgehört hatte. Mit dem Jugendwohlfahrtsgesetz (JWG) von 1953 und dessen Novellierungen von 1961 und 1970 wurde der Kindergarten wieder in das nach dem →„Subsidiaritätsprinzip" organisierte System der →Jugendhilfe eingegliedert. Mit dem Fröbelschen Konzept des freien Spiels und der Pflege des Tätigkeitstriebes gab sich die Ö auch wieder jene traditionelle pädagogische Legitimation. Erst in den 60er Jahren kam Bewegung in die Ö: Im Gefolge des rapiden ökonomischen Aufschwungs und unter dem Eindruck des „Sputnikschocks" rückten die veränderten Qualitätsanforderungen und mit ihnen das gesamte Bildungssystem in den Mittelpunkt der öffentlichen Aufmerksamkeit. Die Diagnose lautete: Bildungsnotstand. Auch die Ö war davon betroffen, und ihre weitere Entwicklung mündete ein in das heutige System der Vorschulerziehung.

L.: →Vorschulerziehung

Michael Parmentier

**Öffentliche Unternehmen**

Ö sind Einzelwirtschaften, deren Eigentümer (Träger) Gebietskörperschaften sind. Abgrenzungsprobleme ergeben sich einerseits gegenüber Unternehmen, an denen neben öffentlichen auch private Eigentümer beteiligt sind (sog. gemischtwirtschaftliche Unternehmen), andererseits ist die Grenze zur Hoheitsverwaltung fließend. Das Spektrum der Ö reicht von den öffentlichen Eigengesellschaften (Ö in privatrechtlicher Rechtsform) über die öffentlich-rechtlichen Anstalten mit eigener Rechtspersönlichkeit bis zu den verselbständigten und reinen Regiebetrieben.

Die Existenz von Ö in einer prinzipiell marktwirtschaftlich-privatwirtschaftlichen Wirtschaftsordnung ist beweispflichtig. Es ist nachzuweisen, daß der privatwirtschaftlich organisierte Markt die Bereitstellung bestimmter wirtschaftlich notwendiger bzw. gesellschaftlich erwünschter Güter nicht leistet und daß öffentliches Wirtschaften anderen Lösungen des Versorgungsproblems überlegen ist. Die Problematik liegt jedoch darin, daß die Aufgaben (der „Sinn") von Ö – in Gesetzen, Satzungen, Verträgen – zumeist nur leerformelhaft vorgegeben sind (z. B. dem „Gemeinwohl", den „Bedürfnissen des allgemeinen Wohls", den „Interessen der dt. Volkswirtschaft zu dienen"). Die ökonomische Theorie hat daher – um die Effizienz von Ö beurteilen zu können – „Zielekataloge" tatsächlicher oder möglicher Ziele von Ö entwickelt. Aus dieser Sicht sind Ö Instrumente staatlicher und kommunaler Wirtschafts-, Fiskal- und →Sozialpolitik.

Bspw. dienen Ö raumordnungspolitischen Zielen (→Raumordnung). Die räumliche „Entballung" wird über einen raumordnungspolitischen Lastenausgleich zugunsten von Randgebieten angestrebt. Demgemäß gilt in der Eisenbahntarifpolitik der Grundsatz, daß für die gleiche tonnenkilometrische Leistung ein einheitlicher Preis berechnet wird, und zwar unabhängig von den Kosten der Trassierung, den effektiven Betriebskosten (z. B. Traktionskosten) und den Kostenunterschieden infolge ungleicher Auslastung der Strecken. Von Bedeutung ist ferner die Entfernungsstaffel (d. h. das Fallen des Preises je Tonnenkilometer mit wachsender Transportweite) und die Wertstaffel (d. h. die relativ stärkere Belastung der hochwertigen Fertigprodukte gegenüber den Rohstoffen und Massengütern mit Frachtkosten). In der Energiewirtschaft bedeutet der Grundsatz der „einheitlichen Tarifierung im Raum", daß, obgleich die Kosten je Einheit Netzlänge sinken und die Versorgung eines abgelegenen Abnehmers – u. a. aufgrund von Netzverlusten – kostenungünstig ist, die Abgabe zu einem einheitlichen Preis erfolgt. Strukturpolitischen Zielen dient das sog. Regionalprinzip der →Sparkassen. Diese sind gehalten, Kredite vornehmlich nur solchen Personen zu gewähren, die ihren Wohnsitz oder eine gewerbliche Niederlassung im Bezirk ihres Gewährträgers (Gemeinden, Gemeindeverbände, Kreise) haben. Zudem erfolgt aufgrund von Regelungen, die die Höhe von Einzelkrediten betreffen, eine Konzentration auf den mittelständischen Kredit. Öffentliche Spezialkreditinstitute vergeben Kredite gezielt zwecks einer Strukturdifferenzierung durch den Aufbau von Ergänzungsindustrien. Z. T. leiten sie auch „durchlaufende" Kredite im Rahmen von Förderungsprogrammen weiter. Der Verbesserung der Eigenkapital/Fremdkapital–Relation bei mittelständischen Unternehmen dient die Übernahme von Beteiligungen durch öffentliche Beteiligungsgesellschaften.

Von Ökonomen ist wiederholt der Einsatz von Ö als Instrument der Wettbewerbspolitik gefordert worden. So ist die öffentliche Trägerschaft als eine Form des Verbraucherschutzes bei technisch bedingten Netzmonopolen in der Verkehrs- und Versorgungswirtschaft sowie im Nachrichtenwesen zu werten. Ö sind in diesen Wirtschaftssektoren gehalten, sich so zu verhalten, „als ob" Konkurrenz bestünde. Umstritten ist, ob Ö ihnen zugeschriebene „Hecht-im-Karpfenteich-Rolle" auf oligopolistischen Märkten tatsächlich ausfüllen können. Es wird argumentiert, daß Ö in einer privatwirtschaftlich-erwerbswirtschaftlichen Ordnung „Fremdkörper" seien und sich hieraus ein unvermeidbarer Trend zur Anpassung ergäbe. Unternehmerischer Erfolg, d. h. Erwirtschaftung eines (maximalen) Gewinns, werde zum Maßstab, an dem die Manager von Ö – für die die Führungskräfte privater Unternehmen selbstverständliche „soziale Bezugsgruppe" seien – ihre unternehmerischen Tätigkeiten und Fähigkeiten messen würden.

Ebenso ist der Einsatz von Ö als Instrument der Konjunkturpolitik intensiv diskutiert worden. Das Stabilitätsgesetz von 1967 hat in § 13 u. a. Bundesbahn und Bundespost in den Bereich konjunkturpolitischer Maßnahmen eingebunden und die Geschäftspolitik auf die Ziele des „Magischen Vierecks" verpflichtet. Allerdings muß die konsequente Durchführung des antizyklischen Prinzips zu einem das Wachstum der übrigen Wirtschaft hemmenden Rückstand der öffentlichen Infrastrukturinvestitionen führen, wenn die Perioden der aufsteigenden Konjunktur und der Hochkonjunktur die Phasen der Rezessionsperioden erheblich übertreffen. Ferner wäre bei Verkehrs- und Versorgungsunternehmen ein Zurückstellen von Erweiterungsinvestitionen unter konjunkturpolitischem Aspekt nicht vereinbar mit ihrer generellen Leistungspflicht: Die Kapazität muß auf die Leistungsspitze abgestellt sein und sich am langfristigen Wachstumstrend orientieren. Empfohlen wird daher eine „überkonjunkturelle Investitionspolitik", die sich an einem langfristigen Investitionsplan ausrichtet. Dabei stehen die gleichmäßige Beschäftigung und die Möglichkeit einer stetigen Expansion der Zulieferer im Vordergrund.

Mit dem Übergang zum Steuerstaat hat die Bedeutung fiskalischer Ziele der Ö abgenommen. Nur bei den Gemeinden spielen Überschüsse ihrer Unternehmen (v. a. Versorgungsunternehmen) noch eine gewisse Rolle. Zudem wird von der Politik auch den öffentlichen Erwerbsunternehmen (sog. fiskalische Unternehmen) ein „Modellcharakter" (hinsichtlich →Umweltschutz, →Innovationen, →Mitbestimmung usw.) zugeschrieben. Ohnehin ist in den 80er Jahren als Ergebnis von Privatisierungsvorhaben die Beteiligung der öffentlichen Hand, zumal des Bundes, an Unternehmen in den Wirtschaftssektoren Industrie, Verkehrs- und Kreditwesen verringert oder gänzlich aufgegeben worden. Weitere →Privatisierungen sind geplant.

Ziel ist es, durch Änderung der Rahmenbedingungen – d. h. Entzug der Investitions-, Preis- und Personalpolitik aus dem Einflußbereich von Politik und Verwaltung – die unternehmerische Eigenverantwortung und Effizienz zu stärken und auf diese Weise die Wettbewerbsfähigkeit dieser Unternehmen im europäischen Binnenmarkt zu sichern. Des weiteren werden auch strengere Maßstäbe bei der Beurteilung des nach dem Haushaltsrecht gebotenen „wichtigen Bundesinteresses" angelegt: In einer prinzipiell marktwirtschaftlich-privatwirtschaftlichen Wirtschaftsordnung gilt der Grundsatz, daß Ö nur insoweit tätig werden sollen als privatwirtschaftlicherwerbswirtschaftliche Unternehmen die jeweiligen Aufgaben – nach politisch herrschender Meinung – nicht ebensogut erfüllen können. Entsprechend diesem „Lückenbüßerprinzip" normiert § 65 Abs. 1 BHO, daß sich der Bund an der Gründung eines Unternehmens oder an einem bestehenden Unternehmen nur beteiligen soll, wenn ein „wichtiges Interesse" des Bundes vorliegt und sich der vom Bund angestrebte Zweck nicht besser und wirtschaftlicher auf andere Weise erreichen läßt. Analoge Bestimmungen finden sich in den Gemeindeordnungen der Bundesländer.

Aus der Perspektive der Lückenbüßertheorie ist die Infrastrukturfunktion von Ö anzuführen: Bahn, Post, Unternehmen der Verkehrs-, Kredit-, Ver- und Entsorgungswirtschaft, i. w. S. auch Einrichtungen des Kultur- und Bildungswesens schaffen erst die Voraussetzungen für die Funktionsfähigkeit des marktwirtschaftlich-privatwirtschaftlichen Systems. Sozialpolitischen Maßnahmen ist insb. die Angebotsseite von Ö zugänglich (bspw. Förderung eines bestimmten Kundenkreises durch eine tarifliche Gleichbehandlung der Kunden trotz unterschiedlicher Kosten der abgegebenen Leistungen, durch eine Preisdifferenzierung unter dem Gesichtspunkt der Leistungsfähikeit der Kunden oder nach Art der Verwendung des Produkts sowie durch eine geplant defizitäre Betriebsführung). Ferner sind den Ö verfassungs- und gesellschaftsordnungspolitische Ziele zugeschrieben worden (Kontrolle privatwirtschaftlicher Macht durch öffentliche Trägerschaft, Schutz vor dem Einfluß ausländischer Investoren).

Wird der wirtschaftspolitische Zweck eines Ö auf die einzelwirtschaftliche Ebene übertragen, dann wird von der „Leistungskonzeption" („Sachziel") des Ö gesprochen. Diese ist i. d. R. dominant gegenüber der „Finanzierungskonzeption" („Formalziel"), die die finanzielle Nebenbedingung (maximale oder limitierte Überschußerzielung, Mindestgewinn, Gesamtkostendeckung einschl. Eigenkapitalverzinsung, geplante Subventionierung des Unternehmens oder besonderer Leistungen) angibt, unter der die Leistung erstellt wird. Ausdruck der gegenüber privaten, erwerbswirtschaftlichen Unternehmen i. d. R. grundsätzlich anderen Ziele von Ö sind die wesenstypischen Besonderheiten ihrer Betriebsprozesse. Diese betreffen u. a. die Beschaffungspolitik (z. B. Lieferantenselektion unter dem Gesichtspunkt der Beschäftigungs-, Raumordnungs- und Mittelstandspolitik), den betrieblichen Kombinationsprozeß (Entscheidung für bestimmte Rohstoffe oder bestimmte Vorprodukte und damit für bestimmte Produktionsverfahren im Rahmen einer Regionalförderungspolitik), die Finanzierung (Gewährträgerhaftung der öffentlichen Hand: Rückgriff auf die öffentlichen Haushalte) sowie die Absatz- und Preispolitik (u. a. Kontrahierungszwänge; Anschluß-, Versorgungs- und Beförderungspflichten; Zulassungsansprüche; interne Subventionierung, d. h. Finanzierung der Defizite eines Teilmarktes durch die Überschüsse eines anderen Teilmarktes des Unternehmens – Beispiele: Kommunaler Querverbund, Deutsche Bundespost –; wie z. B. Gewinnverzichtsregel, Eigenwirtschaftlichkeitsregel, Kostenpreisregel, d. h. Tarifierung entsprechend den durchschnittlichen Stückkosten oder den Grenzkosten – in Abhängigkeit von der Unternehmensaufgabe und der konkreten Situation).

Die „Kontrolle" von Ö ist vielfältig: Sie erfolgt als „externe Aufsicht" durch Bundesbank, staatliche Aufsichtsämter, Kartellbehörden, Wirtschaftsministerien der Länder als (Preis-)Genehmigungsbehörden, Kommunalaufsichtsbehörden usw., sowie als spezifische Kontrolle der →„Wirtschaftlichkeit" durch Innenrevision, Verwaltungs- und Aufsichtsräte, Rechnungshöfe und Gemeindeprüfungsämter. „Kontrolle" bei Ö meint jedoch primär die Überwachung, ob und inwieweit das Unternehmen die politisch vorgegebenen Aufgaben (Ziele) erfüllt. Dies setzt jedoch eine präzise Aufgabenstellung voraus. Erst eine hinreichend konkrete Zielbestimmung ermöglicht, eine rationale Entscheidung zu treffen und den unternehmerischen Erfolg, d. h. den Grad der Zielerreichung, festzustellen. Unter „Kontrolle" wird auch die „Lenkung" der Ö im Hinblick auf den Aufgabenwandel und die Übertragung neuer Aufgabenfelder verstanden. Diskutiert wird eine Verstärkung der politischen Kontrolle von Ö durch spezielle Parlamentsausschüsse, die die Bemerkungen und Anregungen der Rechnungshöfe auswerten und als Kontroll-Kontrolle prüfen sollen, ob die Exekutive die von ihr entsandten oder berufenen Aufsichtspersonen zur Verantwortung anhält. Hervorgehoben wird der besondere Wert einer zusätzlichen Laienkontrolle: Da der Erwerb von Sachkompetenz häufig mit der Internalisierung bestimmter Gruppennormen verbunden sei, könnte Fachleuten der Blick für einzel- und gesellschaftswirtschaftliche Alternativen versperrt sein. Bei einer direkten Repräsentanz der Verbraucherschaft in den Aufsichtsorganen von Ö stellt sich allerdings das Problem der Auswahl und Legitimation der Verbrauchervertreter. Vieles bewirkt auch die Kritik einer interessierten Öffentlichkeit, die die politischen Entscheidungsträger zum Handeln zwingt. „Kontrolle" von Ö wird somit zu einer Frage der demokratischen Mitwirkung (→Mitbestimmung) der Staatsbürger im weitesten Sinne.

L.: Thiemeyer, Theo: Wirtschaftslehre öffentlicher Betriebe; Reinbek bei Hamburg, 1975.

Ulrich Hoppe

## Öffentlicher Gesundheitsdienst
→Öffentliche Gesundheitspflege, →Gesundheitsamt

## Öffentliches Recht
Klassischerweise wird der gesamte Rechtsstoff in Ö und →Privatrecht unterteilt. Zum ersteren gehören Staats-, Verwaltungs-, Straf- und Prozeßrecht, zum zweiten insbesondere das Bürgerliche (→Bürgerliches Gesetzbuch) und das Wirtschaftsrecht. Hinsichtlich der Abgrenzung werden verschiedene Kriterien angeboten. Aus römischer Zeit stammt die Interessentheorie, nach der zum Ö alles gehört, was dem ‚Gemeinwohl', zum Privatrecht, was dem Individualinteresse dient. Eine ältere dt. Unterscheidung stellt auf das Verhältnis der Rechtssubjekte zueinander ab, wobei das Ö durch eine Über-/Unterordnung, das Privatrecht durch die Gleichordnung der Beteiligten gekennzeichnet sein soll. Heute ist die Zuordnungs- oder Subjektstheorie vorherrschend, nach der zum Ö alle die Normen zu zählen sind, die *ausschließlich* einen Träger der öffentlichen Gewalt (wie zuvörderst den →Staat) berechtigen oder verpflichten.

Die Unterscheidungsansätze leiden jedoch allesamt daran, daß die ihnen zugrunde liegende Trennung von →Staat und →Gesellschaft bzw. von *citoyen* und *bourgeois* zunehmend brüchiger geworden ist. Der moderne →Sozialstaat engagiert sich auf breiter Front bei der →Daseinsvor- und -fürsorge seiner Bürger, deren Wohlfahrt *vice versa* immer mehr von öffentlich verbrieften Ansprüchen als von eigenem Besitz abhängt. Bei seinen sozialen Aktivitäten wird der Staat des öfteren auch nicht hoheitlich, sondern in Form von Aushandlungsprozessen und Sekundärmotivierungen tätig. So sind die für diese Entwicklung besonders typischen Bereiche des →Arbeits- und des →Sozialrechts kaum in die überlieferte Dichotomie einzupassen. Als organisatorische Folge davon kann die Errichtung eigener Gerichtsbarkeiten für das Arbeits- und das Sozialversicherungsrecht gesehen werden (→Sozialgerichtsbarkeit).

L.: Schmidt, Detlef: Die Unterscheidung von privatem und öffentlichem Recht; Baden-Baden, 1985.

Ulrich Lohmann

## Öffentlichkeitsarbeit
Ö, oft synonym mit Marketing oder Public Relations gebraucht, wird von praktisch allen Institutionen, von der Bundesregierung bis hin zur kleinsten Sozialeinrichtung, betrieben. Das Ausmaß und der Aufwand dafür nehmen ungebrochen zu; zumindest bei den kleinen Sozialeinrichtungen ist die Berechtigung dafür unbestreitbar. So hat z.B. ein →Frauenhaus nur dann eine Chance, seine Aufgaben und Ziele zu verwirklichen, wenn es neben einer Reihe psychologischer und organisatorischer Leistungen gelingt: (a.) sich selbst bekannt zu machen, um diejenigen, die Hilfe brauchen, auch zu erreichen und die →Dunkelziffer derjenigen zu senken, die von einem Hilfeangebot nicht oder nur ungenügend wissen; (b.) die Bedeutung und die rationelle/rationale Mittelverwendung bei der eigenen Tätigkeit den Finanziers, und letztendlich der – eigentlich finanzierenden – breiten Masse der Bevölkerung, deutlich zu machen.

Im Gegensatz zur reinen ‚Werbung' – und da liegt auch meist der feine Unterschied zum Marketing – ist Ö nicht auf die schlichte Nachfragesteigerung, sondern auf die Betonung der Sinnhaftigkeit des Angebots, der Sozial-, Umwelt-, etc. -Verträglichkeit des eigenen Tuns gerichtet. Von der ‚Werbung' läßt sich Ö noch in weitergehender Hinsicht unterscheiden; will sie sinnvoll und wirksam sein, muß sie nicht nur außengerichtet, sondern auch innengerichtet sein, d. h. sie muß ‚kommunikativ' und ‚partizipativ' sein.

In und mit jeder Darstellung der Arbeit der eigenen Institutionen muß sich jeder Leistungsträger und jeder Mitarbeiter der Institution durchgehend identifizieren können. Ö ist eben nicht nur ‚Pressearbeit' und weitgehend ziellose Informationspolitik. Effektive Ö beachtet gleichzeitig und -wertig die Grundregel, daß eine personale Kommunikation eines unzufriedenen Mitarbeiters potentiell mehr negatives Image schaffen kann, als eine groß angelegte und teure Kampagne an positivem ‚Marketingeffekt' bringen könnte. Ö ist daher nicht nur auf die Zielgruppen der (tatsächlichen und potentiellen) Klientel, der Finanziers etc. gerichtet, sondern auch auf die eigenen Mitarbeiter. Zur Ö gehört aber auch die Aufnahme, Weiterleitung und -verarbeitung der Kommunikation, die von außen an die Institution herangetragen wird – auch um zu wissen, wie ‚außerhalb' über die Institution gedacht, wie sie bewertet wird.

Ö kann also nicht allein massenmedial erfolgen, so wichtig dieses Element ist, um eine große Breitenwirkung für die zu übermittelnden Botschaften zu erzielen. Sie muß gerade im Bereich von Sozialeinrichtungen auch personale Kommunikation sein, zumal diese hinsichtlich ihrer Wirksamkeit nicht nur in der Einstellungsänderung, sondern in der Verhaltensrelevanz höher einzuschätzen ist. Gerade in der personalen Kommunikation liegt die Chance begründet, daß „Ö = Information + Anpassung + Integration" ist (Oeckl 1976, 52). So verstanden sollen diejenigen ausgegrenzten Probleme und Interessen integriert werden, die sich zuvor besten- und allenfalls als ‚Gegenöffentlichkeit' artikulieren konnten. Für Sozialeinrichtungen (noch deutlicher: für jede →Sozialarbeit) muß ein solchermaßen erweitertes Verständnis von Ö unbedingt über das hinausgehen, was für jede öffentliche Einrichtung sowieso an Öffentlichkeitsgebot und Publizitätspflicht vorgeschrieben ist. Ö ist, wie das Bundesverfassungsgericht festgestellt hat, bei öffentlichen und parafiskalischen Institutionen „nicht nur verfassungsrechtlich zulässig, sondern auch notwendig". Wenn sich ein dahingehendes Bewußtsein über die sozialpolitische Funktion von Ö bei allen Mitarbeitern einer Sozialeinrichtung durchgesetzt hat, wird die Ö dieser Einrichtung auch mehr sein als die aalglatte Pyrotechnik an Worthülsen, die kennzeichnend für die Marketingwissenschaft ist. Ö ist dann nicht mehr die Fortsetzung von Werbung auf etwa intelligenterem Niveau, sondern durch die Verbindung von Handlungs- und kommunikativer Kompetenz wird Ö dann zum integralen Bestandteil sozialer Arbeit.

Die potentiellen Instrumente der medialen Strategien sowie die Verhaltensempfehlungen für eine sinnvolle personale Ö sind zu vielfältig (und z. T. auch zu umstritten), um sie hier darzustellen und zu diskutieren. Auch sind die Bedingungen bei den verschiedenen Einrichtungen des Sozial- und Gesundheitswesens zu unterschiedlich. Deshalb ist es besonders wichtig, die laufende Ö einer expliziten →Evaluation zu unterziehen. Bei der Abwägung über Maßnahmen der Ö sollte aber immer der Grundsatz beachtet werden, daß etwas mehr Ö besser ist als zu wenig. Dies gilt zumindest, solange die Grundsätze der Ö, wie sie v. a. für den kommerziellen Bereich formal in den Code d'Athenes 1973 festgelegt wurden, nämlich Wahrheit, Glaubwürdigkeit und Manipulationsverbot, streng beachtet werden.

L.: Haedrich / Barthenheier / Kleinert (Hg.): Ö. Dialog zwischen Institutionen und Gesellschaft. Ein Handbuch; Berlin, New York, 1982. Kotler, Philip: Marketing für Nonprofit Organisationen; Stuttgart, 1978. Oeckl, Albert: PR-Praxis. Der Schlüssel zur Ö; Düsseldorf, Wien, 1976.

Ernst Kistler

## Ökologie

I. Der Begriff „Ö" bezeichnet in einem engeren, traditionellen Sinn die natürlichen Umweltbedingungen (→Umwelt) menschlicher Lebensentfaltung bzw. das Verhältnis der Menschen zur sie umgebenden belebten und unbelebten Natur. Umfassender wird von „Ö" gesprochen, wenn auch die soziopsychischen (→Netzwerke zwischenmenschlicher Beziehungen und Hilfen), die sozioökonomischen (beruflich-wirtschaftliche →Lebenslage) und die gesellschaftsstrukturellen Umweltgegebenheiten (Sozialordnung mit entsprechenden Beteiligungsmöglichkeiten) einbezogen werden.

Für den weiteren Ö-begriff spricht, daß die sog. „primäre Natur" allenthalben soziokulturell, wirtschaftlich und politisch überformt ist und daß ökologische Probleme i.e.S. nicht ohne Folgen für die sog. „sekundäre Natur" der sozialen Verhältnisse gelöst werden können. Ungehinderter wissenschaftlich-technischer Fortschritt und eine primär an unternehmerischer Gewinnmaximierung, nationalem Egoismus, hohem Konsumniveau, Arbeits- und Lebenserleichterung orientierte Produktions- und Wirtschaftsweise haben zur Gefahr der Erschöpfung des Reservoirs natürlicher Produktionsressourcen und der Zerstörung der biologischen Lebensvoraussetzungen geführt, z.B. durch Schadstoffemission, radioaktive Strahlung, Klimaveränderung, Lärm, Energie- und Landverbrauch, exzessive Rodung. Die bereits gegebenen und noch zu erwartenden Schädigungen ließen die „ökologische Krise" zu einem Standardbegriff werden. Entsprechend verbreitet ist die Forderung nach einem →„ökologischen Umbau" der Gesellschaft.

II. Unter Ö als Subdisziplin der Biologie wurde seit Ernst Haeckel „die gesamte Wissenschaft von den Beziehungen des Organismus zur umgebenden Außenwelt" (Haeckel 1866, 286) verstanden. Der Charakter der Ö ist heute interdisziplinär und nicht mehr auf die Biologie beschränkt. Ö ist eine Zusammenhangswissenschaft, eine Systemwissenschaft geworden. Sachgebiete wie Raumplanung, Wasser, Lärm, Luft, Verkehr, Abfall, Landbau, Energie, Naturschutz und Landschaftspflege, Gesundheit oder Umwelterziehung verdeutlichen den gesellschaftlichen Bezug der angewandten Ö auch dort, wo technologische Perspektiven im Mittelpunkt stehen. Sofern die sozialen Prozesse fokussiert werden – z.B. Umweltpolitik, Umweltpsychologie – wird zunehmend der Begriff „Human-" bzw. →„Sozial-Ö" verwendet. Sozialwissenschaftliche und (natur-)philosophische Zugänge zu ökologischen Problemen verhindern einseitige Homologisierungen im Verhältnis Natur/Gesellschaft. Umgekehrt profitieren auch die Sozialwissenschaften von der Ö im Sinne einer ganzheitlichen Wirklichkeitsschau (→Ganzheitlichkeit).

L.: Bick / Hansmeyer / Olschowy / Schmoock: Angewandte Ö – Mensch und Umwelt, 2 Bde.; Stuttgart, New York, 1984. Haeckel, Ernst: Generelle Morphologie der Organismen, 2 Bde.; Berlin, 1988 (1866). Susanne/Hens/Devuyst: Integration of Environmental Education into General University Teaching in Europe; Brüssel, 1989. Trepl, Ludwig: Geschichte der Ö; Frankfurt, 1987.

Michael Opielka (II), Rolf Prim (I)

### Ökologiebewegung

Die Ö entsteht aus der Bürgerinitiativbewegung der 60er und 70er Jahre in den entwickelten westlichen Industriestaaten (→Bürgerinitiativen, →Soziale Bewegungen). Sie hat ihre (dt.) Vorläufer in der →Lebensreformbewegung zu Beginn des 20.Jh. Als ökologische Herausforderungen, auf die die Ö in historischer Abfolge reagierte, lassen sich in einer ersten Phase Probleme der Verkehrs- und Stadtplanung identifizieren; in einer zweiten Phase mit Beginn der 70er Jahre die Opposition gegen den Bau von Kernkraftwerken; mit Ende der 80er und der 90er Jahre die Kritik der →Gen- und Biotechnologien sowie an der Umweltzerstörung in der →„Dritten Welt".

Die in der mehrere Jahrzehnte umfassenden Geschichte der Ö beobachtbaren Auf- und Abschwünge, die Zunahme formalisierter, verbandsähnlicher Strukturen (→Institutionalisierung), die Gründung „grüner" Parteien und die Akkumulation von wissenschaftlicher Kompetenz und professionellem Politikmanagement (z. B. „Greenpace") innerhalb der Ö ließen viele Beobachter ein Ende des „Bewegungs"-Charakters prophezeien. Zahlreiche Autoren (z. B. Alain Touraine, Claus Offe) betonen demgegenüber den Kampf um die Vorherrschaft kultureller Deutungsmuster als ein Kennzeichen der Ö (Naturbegriff, Modernitätskonzeption; →Ökologie, →Ganzheitlichkeit, →Sozialökologie) und zugleich die Notwendigkeit einer (dialektisch) reflexiven Institutionalisierung der Bewegungen; sie argumentieren damit gegen die Exotisierung der Ö und für ihre Einbeziehung in den „normalen" (umweltpolitischen) Prozeß.

L.: Brand/Büsser/Rucht: Aufbruch in eine andere Gesellschaft. Neue soziale Bewegungen in der Bundesrepublik; Frankfurt, New York, ²1984. Franken/Ohler (Hg.): Natürlich Europa. 1992 – Chancen für die Natur? Köln, 1989. Hays, Samuel P.: Beauty, Health and Permanence. Environmental Politics in the United States 1955–1985; Cambridge u. a., 1987. Kretschmer/Rucht, Beispiel Wackersdorf. Die Protestbewegung gegen die Wiederaufbereitungsanlage; in: Roth/Rucht, Neue soziale Bewegungen in der Bundesrepublik Deutschland, Frankfurt, New York, 1987. Linse, Ulrich: Ökopax und Anarchie. Eine Geschichte der ökologischen Bewegungen in Deutschland; München, 1986. Offe, C., Zwischen Bewegung und Partei. Die Grünen in der politischen „Adoleszenzkrise"; in: Kallscheuer, O., Die Grünen – Letzte Wahl?, Berlin, 1986. Touraine, A., Soziale Bewegungen. Spezialgebiet oder zentrales Gebiet soziologischer Analyse?; in: Soziale Welt 1983/2, 143–152.

Michael Opielka

## Ökologischer Umbau

Nachdem ökologische →Soziale Bewegungen und die daraus hervorgegangene Partei Die Grünen eine breite Resonanz und Gefolgschaft gefunden hatten, verpflichteten sich auch die etablierten Parteien ausdrücklich auf die Ziele eines Ö (oder auch: einer „ökologischen Gesellschaftsgestaltung").

Die breite Diskussion über die Voraussetzungen und Nebenfolgen eines entsprechenden Ö zeigte bald, daß die Sicherung der natürlichen Lebensbedingungen für kommende Generationen einen erheblichen Preis bezüglich der Veränderung sekundärer sozialer und gesellschaftlicher Umweltbedingungen haben wird und in Konflikt gerät mit den Prinzipien nationaler und internationaler Gerechtigkeit. Aus der Fülle der Vorschläge hat sich bislang kein national und international konsensfähiger umfassender Ansatz des Ö herausbilden können. Empfohlen wird gedrosseltes und qualitatives statt ungehemmtes und quantitatives Wachstum, v. a. in enger Beziehung zur Einschränkung des Energieverbrauches. Vorgeschlagen wird die Verpflichtung zur schadstoffarmen Produktion von umweltfreundlichen oder wenigstens nicht umweltschädlichen Produkten. Dieses Ziel soll durch Rechts- und Steuerpolitik gewährleistet werden. Die volkswirtschaftliche Gesamtbilanz soll sich nicht mehr in der bisherigen Sozialproduktrechnung erschöpfen, sondern durch eine „Gesamtwohlfahrtsrechnung" ersetzt werden. In dieser Rechnung wären die Umweltschäden und die „Umweltreparaturkosten" vom bisherigen Sozialprodukt abzuziehen. Gefördert werden sollen Investitionen im Bereich der Umweltsanierung und -vorsorge, gekoppelt mit der Etablierung von Umweltberufen. Erfolg verspricht man sich auch von der →Erziehung zur ökologischen Verantwortung in Schulen, Hochschulen und in der Berufsausbildung.

Ein machtpolitischer Zugang wird in der Einschränkung von Kapitalkonzentrationen insb. bei den internationalen Multis gesehen. Dieser Zugang umfaßt auch die →Dezentralisierung wenigstens der ökologisch bedeutsamen ökonomischen und politischen Entscheidungen, insb. durch die Einbeziehung der am ehesten Betroffenen. Wissenschaft soll rechenschaftspflichtig werden, potentiell gefährdende Forschung soll untersagt bzw. einer besonders strengen Genehmigungspflicht unterworfen werden. Das Verursacherprinzip soll so angewendet werden, daß ein potentieller Verursacher den Nachweis der Nichtverursachung zu erbringen hat. Die Abhängigkeit der Menschen von professionellen wirtschaftlichen und →sozialen Dienstleistungen sowie von Marktgütern soll zugunsten eigenwirtschaftlicher und solidarischer dezentraler Versorgungs- und Hilfenetze (→Netzwerke) gemildert werden.

Alle Vorschläge laufen letztlich auf gravierende Änderungen in den Produktionsverhältnissen, in der Produktionsweise, im Konsumverhalten, in politischen Entscheidungsstrukturen, in den sozialen Verkehrsformen und im Bereich gesellschaftlich-ökonomischer und wissenschaftlicher Wertprioritäten hinaus. Zu den potentiellen „Opportunitätskosten" gehören z. B.: Schmälerung der internationalen Konkurrenzfähigkeit; Perpetuierung der strukturellen Arbeitslosigkeit; Vergrößerung des sozioökonomischen Gefälles („Zweidrittelgesellschaft"); Unbequemlichkeiten in der Lebensführung; Mobilitätsverlust; Konsumverzicht; Realeinkommenseinbußen; weitere →Bürokratisierung und →Verrechtlichung. Ungeklärt ist, wie der Ö der Industriegesellschaften ohne gravierende ungerechte Beeinträchtigung der Eigenentwicklung von Ländern der sog. →Dritten Welt erfolgen kann, die auf die Erhöhung ihres Energieverbrauchs und auf die Auswertung ihrer Naturvorkommen angewiesen sind.

Skeptiker bezweifeln, ob angesichts der unsicheren Opportunitätskosten, des verbreiteten Interessenegoismus und der permanenten Auseinandersetzungen um Machterhaltung und Machtgewinn (Parteien, Tarifpartner, Interessenverbände, kurze Legislaturperioden) eine langfristig angelegte, konsequente ökologische Gesellschaftsgestaltung überhaupt reale Chancen hat, zumal damit angesichts der schon weit fortgeschrittenen ökologischen Schäden und Gefahren sehr rasch und mit aller Entschiedenheit begonnen werden müßte.

L.: Beck, U.: Risikogesellschaft; Frankfurt, 1986. Ders.: Gegengifte; Frankfurt, 1988. Capra, F.: Wendezeit; München, 1988. Dürr, H.: Das Netz des Physikers; München, 1988. Flechtheim, O.: Ist die Zukunft noch zu retten?; Hamburg, 1987. Jonas, H.: Das Prinzip Verantwortung; Frankfurt, 1987. Prim, R., Wissenschaft und ökologische Ethik; in: Mitteilungsblätter des Forschungsinstituts für Gesellschaftspolitik und beratende Sozialwissenschaft e. V., H. 46; Göttingen, 1988.

Rolf Prim

### Ökonomische Theorie der Verbände
⇒ Verbandsökonomik 1

### Ökotrophologie
= Ernährungswissenschaft; →Ernährung

### Örtliche Beschäftigungsinitiativen
→Lokale Beschäftigungsinitiativen

### Örtliche Sozialplanung
L.: Deutscher Verein für öffentliche und private Fürsorge (Hg.): Handbuch der Ö; Frankfurt/M., 1986 (= Schriften des DV, Schrift 265).

### Örtliche Träger
Ö der Sozialhilfe (→Bundessozialhilfegesetz) sind die kreisfreien Städte und die Landkreise. Sie führen die Aufgabe als Selbstverwaltungsangelegenheiten durch, d. h. im eigenen Namen und unter eigener Verantwortung (→Selbstverwaltung). Durch gesetzliche Bestimmungen der Länder ist festgelegt, ob und inwieweit Kreise ihre zugehörigen Gemeinden zur Durchführung von Aufgaben heranziehen und ihnen Weisungen erteilen können.

Manfred Fuchs

### Örtliche Zuständigkeit
Die Ö für die Gewährung von Sozialhilfe (→Bundessozialhilfegesetz) richtet sich – von wenigen Ausnahmen abgese-

hen – nach dem tatsächlichen Aufenthalt des Hilfesuchenden, unabhängig davon, ob es sich um einen vorübergehenden oder ständigen Aufenthalt handelt (→ Aufenthaltsprinzip). Der örtlich zuständige Träger ist zwar in den meisten Fällen, aber nicht immer auch der endgültige Träger der Kosten, für die als zuständiger Träger der Ort aufzukommen hat, der als → gewöhnlicher Aufenthalt des Hilfeempfängers gilt. Im Streitfalle wird im Rahmen der → Fürsorgerechtsvereinbarung entschieden.

Manfred Fuchs

**Offene Jugendarbeit**
→ Jugendarbeit

**Offizinpharmazie**
→ Apotheke

**ÖTV**
⇒ Gewerkschaft Öffentliche Dienste, Transport und Verkehr

**Oligophrenien**
→ Idiotie

**Onkologie**
= Lehre von den Geschwulsten; gebräuchlicher: Tumor- oder Krebsmedizin.

Die O versteht sich als eine interdisziplinäre Fachrichtung, welche eine Vielzahl traditioneller Fächer wie Chirurgie, Innere Medizin, Dermatologie, Gynäkologie, Hämatologie, klinische Chemie, Pathologie oder Radiologie berührt, in zunehmendem Maße aber auch Grundlagendisziplinen wie Humangenetik, Immunologie oder Molekularbiologie einbezieht. Noch vor einer Ärztegeneration unvorstellbare Entwicklungen der bildgebenden, endoskopischen und klinisch-immunologischen Diagnose-Verfahren sowie in den letzten zwei Jahrzehnten in rascher Folge entwickelte medikamentöse Tumortherapien haben dazu geführt, daß heute die klinische O de facto zu einer Subspezialität der inneren Medizin – der internistischen O – geworden ist. Dieser Tatsache wurde in den USA durch die Einführung eines Spezialarzttitels Rechnung getragen. In Europa setzt sich das Konzept eines vollzeitlich mit Krebspatienten beschäftigten Spezialisten erst zögernd durch. Abzugrenzen ist die rein experimentelle O.

Für die wachsende Bedeutung der O in unserer Gesellschaft sind mehrere Ursachen verantwortlich. Bösartige Tumore stellen inzwischen nach den Herz- und Kreislauferkrankungen die zweithäufigste Todesursache dar. Jährlich erkranken allein in der BR (1989) etwa 300 000 Menschen mit steigender Tendenz neu an Krebs. Wir leben in einer zunehmend überalternden, umwelt- und schadstoffbelasteten und damit tumoranfälligen Welt. Aber auch die Fortschritte in der O selbst haben dazu geführt, daß durch Heilung auch weit fortgeschrittener Tumoren (zur Zeit etwa 15%) und erhebliche Lebensverlängerungen eines weit höheren Anteiles die Zahl der manifest erkrankten, aber auch nachsorgepflichtigen Patienten stetig steigt. Die Beschäftigung mit Tumorkranken hat damit einen enormen gesundheitspolitischen Stellenwert erlangt (→ Gesundheitspolitik).

Die inzwischen außerordentlich facettenreich gewordene Tumorbehandlung ist in den letzten Jahren dem experimentellen Stadium entwachsen und damit erlernbar geworden. Sie gehört zu den aggressivsten Behandlungsformen in der Humanmedizin überhaupt. Ihre Durchführung verlangt daher neben einer langjährigen speziellen Ausbildung Erfahrung, psychologisches Einfühlungsvermögen und ein hohes Maß an ethischer Verantwortung.

Angesichts der Vielgestaltigkeit onkologischer Krankheitsbilder und der hohen, auch aufgrund der Therapieerfolge stetig wachsenden Zahl von Tumorkranken, welche nicht mehr von wenigen Spezialisten weder in der Diagnostik- und Therapiephase noch in der schwierigen Nachsorgephase und im anspruchsvollen Terminalstadium ge- und begleitet werden können, sind in den meisten Hochschul- und Zentralkrankenhäusern interdisziplinäre Tumorzentren und/oder onkologische Arbeitskreise entstan-

1457

den, die in enger Zusammenarbeit mit den niedergelassenen Onkologen, Fach- und Hausärzten den Tumorkranken ihrer Versorgungsregion die optimalen Möglichkeiten der Erfassung, Behandlung und Nachbetreuung zur Verfügung stellen. Trotz großer Anstrengung besteht in der Bundesrepublik z.Z. noch keine flächendeckende adäquate Versorgung.

Die O differenziert zwischen kurativen und palliativen Behandlungsstrategien, wobei ein kurativer Ansatz zentrumsorientiert unter stationären Bedingungen und ein palliativer Ansatz ambulant bzw. kommunal angestrebt werden sollte.

Die Krebsbehandlung kennt mit den lokalen Therapiemethoden (Chirurgie und Radiotherapie) sowie der internistischen Systembehandlung drei Hauptmethoden. Chirurgie und Radiotherapie richten sich in erster Linie gegen noch lokalisierte Tumoren. Ihr oft erreichtes Ziel ist die Heilung, ihr Nachteil eine häufig bleibende Schädigung von Geweben, Organen oder Gliedmaßen. Mit beiden letztgenannten Methoden lassen sich heute ca. 40% Heilungen erzielen. In den letzten 20 Jahren kam als weitere Therapieform die internistische Systemtherapie hinzu. Sie ist bei primär generalisierten oder nach Lokalbehandlung ausgedehnt rezidivierenden Tumoren indiziert. Verglichen mit den lokalen Therapiemethoden führt sie seltener zu Heilungen (zur Zeit ca. 10–12%). Durch die Weiterentwicklung, Verfeinerung und Vereinheitlichung der Therapiemodalitäten und durch konsequente und differenzierte Anwendung neu entwickelter Substanzen sind innerhalb der letzten zehn Jahre dennoch entscheidende Fortschritte erzielt worden. Zunächst ausschließlich experimentell und nach empirischen Gesichtspunkten eingesetzt, existiert heute für ca. 40% aller generalisierten Tumoren eine Standardtherapie, die vielen Patienten eine sinnvolle Palliation und i.d.R. auch eine verlängerte Überlebenszeit ermöglicht. Für weitere 20–30% ist, wenn auch keine Überlebenszeitverlängerung, so doch eine erhebliche Verbesserung der Lebensqualität erreichbar. Lediglich für 20–30% aller, auch durch Chirurgie und Radiotherapie nicht mehr kurativ zu beeinflussenden Tumoren besteht keine adäquate systemtherapeutische Möglichkeit.

Die internistische Krebstherapie läßt sich in drei Formen unterteilen: Hormontherapie, Immuntherapie und Behandlung von Zytostatika. Einige Tumorarten (z.B. Mamma-, Prostatakarzinome) lassen sich in ihrem Wachstum durch Hormonzufuhr (additiv) und Hormonentzug (in der Regel ablativ) manipulieren. Hormontherapeutische Maßnahmen haben den Vorteil, daß sie selektiv das Tumorgewebe unter Schonung der normalen Organe beeinflußen.

Zytostatika wirken in erster Linie antiproliferativ und zytozid. Durch direkte oder indirekte Hemmung der DNS-Synthese und anderer Makromoleküle hemmen sie die Vorgänge der Zellteilung und/oder lösen Stoffwechselveränderungen aus, die letztlich zum Zelltod führen. Wegen ihrer geringen therapeutischen Breite schädigen diese Substanzen auch normales Gewebe wie z.B. blutbildendes System, Schleimhäute und Haarfollikel. Darüber hinaus bewirken sie weitere substanzspezifische akute oder auch chronische Nebenwirkungen. Die Empfindlichkeit verschiedener Tumorarten auf die zytostatische Therapie variiert stark. Sie reicht von völliger Resistenz bis zu einem praktisch mit Sicherheit voraussagbaren Ansprechen auf die Therapie. Von großer praktischer Bedeutung ist die fast immer zu beobachtende und bisher nicht ausreichend zu erklärende Resistenzentwicklung primär sensibler Tumoren im weiteren Verlauf der Behandlung.

Die Immuntherapie bösartiger Tumoren ist wie die Immundiagnostik ein Gebiet von sehr großer theoretischer, bisher aber nur geringer praktischer Bedeutung. Zur Zeit nimmt die Entwicklung von Substanzen, die als Biomodulatoren oder BRM-Substanzen (‚biological response modifiers') bezeichnet werden, einen besonderen Raum ein. Seit biologische Substanzen gentechnologisch in großen Mengen hergestellt werden (→Gentechnologie), genießen die sog. Zytokine, welche von einer Vielzahl von Zellen gebildet werden, die für Interaktionen zwischen den Zellen des Immunsystems verantwortlich sind, besonderes Interesse. Zu ihnen zählen u. a. die Interferone und Interleukine.

Die Kombination von zwei oder drei Therapiemethoden – die sog. multimodale Behandlung – bietet häufig die besten Resultate. Sie wird simultan oder konsekutiv eingesetzt. So wird zuweilen eine Systemtherapie vor der Operation des Primärtumors durchgeführt oder direkt nach der Primäroperation als sog. adjuvante Behandlung eingesetzt. In bestimmten Situationen kann eine chirurgische Entfernung eine durch vorangehende Systemtherapie erreichte Teilremission in eine Vollremission oder Heilung umwandeln. Auch die Kombination von Systemtherapie und Radiotherapie führt z. B. bei Leukämien oder bösartigen Lymphomen zu immer besseren Behandlungsergebnissen.

Wesentliche Voraussetzung für die Therapieerfolge der letzten zwei Jahrzehnte war neben der Entwicklung neuer Methoden und Medikamente die konsequente Anwendung rigoroser objektiver Kriterien bei der Beurteilung der Behandlungsresultate im Rahmen strenger Therapieprotokolle durch die internistischen Onkologen. Auch die Überprüfung chirurgischer und radiologischer Maßnahmen hat dazu geführt, daß sich bisher in ihrem Wert nicht angezweifelte Verfahren als unwirksam erwiesen haben.

Neben den beschriebenen ‚klassischen' Therapiemethoden hat sich in den letzten 15 Jahren die Knochenmarktransplantation vom Experiment zu einer wichtigen Behandlungsform bei akuten und chronischen Leukämien entwickelt. Dagegen sind die Behandlungsmöglichkeiten mit monoklonalen Antikörpern durch verschiedene tumorinhärente Faktoren z. Z. noch limitiert. Weitere Fortschritte in der O werden u. a. durch die Entwicklung und Verbesserung der supportiven Therapie, der Verringerung der therapiebedingten Toxizität, durch den gezielteren Einsatz bekannter wirksamer Substanzen (z. B. drug-targeting) und Therapiemodalitäten unter Beachtung des Therapiezieles, durch die Bestimmung neuer relevanter prognostischer Kriterien, die Definition weiterer Tumorsubentitäten und durch die zunehmende Berücksichtigung individueller und tumorspezifischer Besonderheiten erwartet.

L.: Brunner / Nagel: Internistische Krebstherapie; Berlin, 1985. Schmoll/Peters/Fink: Kompendium Internistische Onkologen; Berlin, 1987.

Hans-Erik Wander

**Opfer-Täter-Beziehung**
→Täter-Opfer-Ausgleich

**Opiate**
= Betäubungsmittel; →Drogen

**Orden**
1. I. e. S. werden unter (kirchlichen) O feste Zusammenschlüsse gleichartiger Klöster zu einem Rechtsverband verstanden, i. w. S. all jene vielfältigen und vielgestaltigen Lebensgemeinschaften innerhalb des (katholisch-)kirchlichen Sozialgebildes, deren Mitglieder (einerlei Geschlechts) sich mit ihrem – nach institutionalisierter Prüfung vollzogenen – freiwilligen Eintritt durch öffentliche (‚feierliche' oder ‚einfache') Gelübde (O-gelübde) oder andere Formen des Versprechens auf die sog. ‚evangelischen Räte' (der persönlichen Armut, der Keuschheit und des Oberen-Gehorsams) verpflichten und einer gesatzten, kollektiv verbindlichen Ordnung (O-regel; Konstitution) unterwerfen. Ihre Vielfalt (historisch geschätzt werden 4000 O) in den theologischen Akzenten, Zwecken, Leistungen (bis hin zur Erzeugung von Bier und mancherlei anderer Medizin) und in den Sozialformen (‚innerkirchliche

Sekten') gibt einen deutlichen Hinweis auf den – hinsichtlich der katholischen Teiltradition des Christentums – zumeist weit unterschätzten ‚religionsinternen Pluralismus' (G. Lanczkowski).

Das aktuelle katholische →Kirchenrecht (Codex Iuris Canonici 1983) verwendet für die O die Bezeichnung „Institute des geweihten Lebens", umgreift damit allerdings auch die ‚o-ähnlichen Gemeinschaften' der sog. „Säkularinstitute", deren „Mitglieder ein Leben unter den gewöhnlichen Bedingungen der Welt zu führen haben, und zwar ... entweder allein oder jeder in seiner →Familie oder in einer →Gruppe brüderlichen Lebens". „Gesellschaften des apostolischen Lebens" nennt das neueste Kirchenrecht (CIC) kirchliche Lebensgemeinschaften, deren Mitglieder sich dabei aber entweder nicht, nur partiell oder nicht öffentlich (d. h. nicht vor einem „rechtmäßigen Oberen") an die Normen der ‚evangelischen Räte' binden. Viele von ihnen (z. B. die Oratorianer, die Sulpizianer, Lazaristen, die Pallotiner) werden alltagssprachlich jedoch ebenfalls den O zugerechnet. „Das Ordensinstitut", so definiert der CIC 1983 (Can. 607, § 2), „ist eine Vereinigung, in der die Mitglieder nach dem Eigenrecht öffentliche (ewige oder zeitliche) Gelübde, die jedoch nach Ablauf der Zeit zu erneuern sind, ablegen und ein brüderliches Leben in Gemeinschaft führen".

2. Im Hinblick auf ihre jeweilige Sozialform und die Art ihrer Außenkontakte werden in der Regel fünf historisch bedeutsam gewordene Typen von O unterschieden: zum einen (a) das kirchenhistorisch schon früh entstandene Mönchtum (z. B. Benediktiner, Zisterzienser, Kartäuser, Trappisten) mit seinem asketisch-kontemplativen Rückzug (‚Klausur'), wovon gleichwohl auch „soziale Impulse" (R. Nürnberg) ausgehen konnten; (b) die ‚Regularkanoniker' (z. B. die Augustinerchorherren, die Prämonstratenser); sodann (c) die aus der Armutsbewegung das MA erwachsenden ‚Bettel-O' (z. B. Franziskaner, Dominikaner, Augustiner-Emeriten, Karmeliten), welche von der Hilfe durch →Almosen, die sie als städtische Wanderprediger unter anderem propagierten, selbst leben mußten. Aus den O der Franziskaner und Dominikaner und anderen gingen hervor die sog. ‚Dritten O' oder ‚Terziaren' (sie wurden einem männlichen, ersten, oder einem weiblichen, zweiten O zugerechnet), die sich – anfänglich ohne Gelübde und Klausur, aber in Verpflichtung auf eine O-regel – durch ein starkes caritatives Engagement (exemplarisch: Elisabeth v. Thüringen; Katharina von Siena) auszeichneten; außerdem sind zu unterscheiden (d) die ‚Ritter-O', die unter anderem caritative Dienste an Kranken, Verwundeten, Pilgern, Witwen und Waisen übernahmen (z. B. die Templer; die Deutschherren; die Johanniter, jetzt – auf kath. Seite – ‚Malteser-O' genannt, mit der Organisation des Malteser-Hilfsdienstes als Fachverband des →Deutschen Caritasverbandes (DCV), auf ev. Seite ‚Johanniter-O' mit der Johanniterunfallhilfe als Fachverband des →Diakonischen Werkes); schließlich (e) die sog. ‚Regularkleriker-O' (z. B. Jesuiten, Kamillianer, Theatiner), die sich – ohne Klausur – als mobile kirchliche Einsatz- oder „Hilfstruppen" (M. Weber) in erster Linie der (nachreformatorischen) katholischen Verkündigung, der →Erziehung, der →Krankenpflege und der Betreuung Sterbender widmeten. In den beiden zuletzt genannten O-typen manifestiert sich am deutlichsten die historisch außerordentlich folgewirksame kirchliche Instrumentalisierung oder „sekundäre Umdeutung monastischer Askese" (M. Weber).

3. Seit dem 1918 zum erstenmal in Kraft gesetzten Codex Iuris Canonici (CIC) werden zu den O auch die sog. ‚religiösen bzw. Diözesan-Kongregationen', also die – historisch oft erst spät – seitens der Kirchenleitung (päpstlich oder bischöflich) anerkannten Korporationen gemeinsamen Lebens mit einfachem Gelübde, gezählt. Sie bildeten sich seit dem 16. Jh. heraus und orientieren sich z. T.

an Leitbildern der klassischen O. Z.T. ohne Klausur (Vorläufer sind die Beginen) und deshalb flexibler und situativ anpassungsfähiger als die meisten jener, suchten sie dann auch gerade im 19. und 20. Jh. auf die sozialen Folgeprobleme der ‚Industrialisierung durch radikalcaritatives Engagement (z. B. in Waisen- und Greisenhäusern, in der geschlossenen und offenen Armen- und Krankenpflege, in der Fürsorge für Findlinge, für ‚gefallene und gefährdete Mädchen', in Erziehung und Unterricht) zu antworten. Die Zahl sowohl der älteren (z. B. Schulbrüder; Redemptoristen; Katharinenschwestern; Vinzentinerinnen, Ursulinen; Jesuitinnen oder Englische Fräulein), als auch der im 19.Jh. neu entstehenden bzw. neugegründeten ‚caritativen Genossenschaften' ist kaum überschaubar (geschätzt wird sie auf 350). Sie machen heute noch fast alle kirchlichen Pflege- und Erziehungs-O aus und entfalten eine vielfältige soziale Arbeit in zahlreichen Ländern und Erdteilen. In der BR sind sie zu einem großen Teil im DCV repräsentiert.

4. Eine gewisse Analogie zu den sozialcaritativen katholischen O stellen auf protestantischer Seite die Diakonissen dar, die sich, aus der Erweckungsbewegung des 19.Jh. hervorgegangen (→ Pietismus), in der Kranken- und Armenpflege, aber auch im Erziehungs- und Bildungswesen betätigen. Als analoge Sozialformen der kontemplativen O können innerhalb der evangelischen Kirchen die Kommunitäten (z.B. die Kommunität Imshausen bei Bebra; die Communität Casteller Ring; die ökumenischen Marienschwestern in Darmstadt; die Communauté de Taizé) betrachtet werden, die mit jenen auch die inzwischen gewachsene ‚Öffnung zur Welt', d.h. auch die stärkere Verzahnung von ‚Gottes- und Nächstenliebe', von ‚vita contemplativa' und ‚vita activa', teilen. Die Mitglieder sogenannter ‚Bruderschaften', also jener von der Kirchenleitung errichteten → Vereine, welche die Pflege bestimmter Frömmigkeitsübungen oder caritativer Anliegen zum Zweck haben und insb. in der Barockzeit Verbreitung fanden, verpflichten sich nicht auf die ‚evangelischen Räte' und bilden keine Lebensgemeinschaft – also auch keine O i.w.S. Dies gilt auch für andere kirchliche (sozialcaritative) Vereinigungen, z.B. für die 1937 gegründete ‚Caritas-Schwesternschaft', die heute ein Zusammenschluß (auch verheirateter) katholischer Frauen (und Männer!) zu einer – mit den O-gemeinschaften kooperierenden – ‚Berufsgemeinschaft' ohne Gelübde und Lebensgemeinschaft ist.

5. Unverkennbar ist in Europa heute die Krise der O, von der insb. die sog. aktiven oder sozialcaritativen O betroffen sind. Als ehemalige Vorreiter und ‚Monopolisten' im Sozial- und Gesundheits- bzw. Krankenpflegewesen (→ Krankenpflege) haben sie im modernen → Sozialstaat einen empfindlichen Funktions- und Statusverlust hinnehmen müssen, der – zusammen mit dem Wandel der Frauenrolle und der Krise der institutionalisierten Religion – zu einer vielschichtigen und anhaltenden Identitätsdiskussion geführt hat, die sich auch in massiven ordensinternen Fraktionierungen und Konflikten manifestiert. Am deutlichsten läßt sich diese Krise der sozialcaritativen O an der Überalterung bzw. am Nachwuchsmangel ihrer Mitglieder festmachen: Der Bestand der Mitglieder und Novizinnen katholischer caritativer Schwesterngemeinschaften z. B. reduzierte sich im Zeitraum von 1966 (87516 bzw. 1482) bis 1986 (49411 bzw. 371) um ca. 45 bzw. 75%, und nur 15% der Mitglieder sind jünger als 50 Jahre. Dementsprechend ist auch der Anteil von caritativ tätigen O-angehörigen in den katholischen Caritas-Einrichtungen seit Jahren rückläufig, am stärksten in der →Jugendhilfe, gefolgt von der Gesundheitshilfe, etwas schwächer in der → Altenhilfe und in der → Behindertenhilfe. In der Gesundheitshilfe des DCV, wo nicht nur 50% des hauptamtlichen Personals dieses Wohlfahrtsverbandes, sondern auch die meisten caritativ tätigen O-angehörigen beschäftigt

sind, macht der Anteil der letzteren inzwischen nur noch knapp 5% aus.

6. Einen Status- und Funktionszuwachs dagegen scheinen derzeit die O mit kontemplativem Akzent zu erfahren, deren Mitgliedernachwuchs- und Überlebenssorgen sich vergleichsweise in Grenzen halten. Mit ihren offenen Angeboten meditativer und mystischer Art entwikkeln sich jedenfalls einige von ihnen zu geistlichen Zentren in den Nischen des Alltags und übernehmen dabei eine psychohygienische Funktion auf dem modernen Identitätsmanagement- und Sinnstiftungsmarkt (→Identität) für alle ‚Sucher' nach Orientierungsgewißheit, welche unsere →Gesellschaft außerhalb der O kaum mehr zu geben vermag.

L.: Altefrohne, Mediatrix, O und Caritas; in: Handbuch der Caritasarbeit, Paderborn, 1986, 168–173. Bühler, Hans Harro, Altersaufbau, Nachwuchs und Tätigkeitsfelder der katholischen caritativen Schwesterngemeinschaften; in: Caritas '89. Jahrbuch des Deutschen Caritasverbandes, 1988, 32–41. Frank, Suso: Geschichte des christlichen Mönchtums; Darmstadt, 1983, 4. Aufl. Heimbucher, Max: O und Kongregationen der katholischen Kirche; Aalen, 1965 (Nachdruck d. 3. Aufl. 1933). Liese, Wilhelm: Wohlfahrtspflege und Caritas im Deutschen Reich, in Deutsch-Österreich, der Schweiz und Luxemburg; Mönchen-Gladbach, 1914. Nürnberg, Rosemarie: Askese als sozialer Impuls (= Hereditas. Studien zur Alten Kirchengeschichte 2); Bonn, 1988. Ockenfels, Wolfgang, Die Divisionen des Papstes. Strategische Überlegungen zur Lage der O; in: Neue Ordnung 43, H. 4, 1989, 297–306.

Michael N. Ebertz

**Ordnungspolitik**

*1. Das Denken in Ordnungen.* Die Rede von der O verweist darauf, daß die moderne →Gesellschaft verläßliche Rahmenordnungen braucht, innerhalb deren ihre Anpassungsprozesse an die pluralistisch gefaßten Entscheidungen ablaufen; daß diese Rahmenordnungen Wettbewerb als gesellschaftskonstituierendes Prinzip regeln sollen; daß dabei der Wettbewerb selbstaufhebende Kräfte entwickelt und deshalb sorgfältig gepflegt werden muß. Die Maßnahmen insgesamt zur Sicherung von Wettbewerb bezeichnet man als O. – Die dt. Konzeption des Denkens in Ordnungen verbindet dabei Funktionalismus und Sozialethik. Sie verknüpft Theorie (Theorie der Wirtschaftssysteme), Politik (O) sowie Ethik (Ordnungsethik) und gewinnt durch diese Dreidimensionalität einerseits ihre Besonderheit gegenüber anderen Betrachtungsweisen, andererseits Bedeutung für die Praxis.

*2. Erfolge der dualistischen Ordnungstheorie.* Die inzwischen „klassisch" gewordene Ordnungstheorie der Gründungszeit (ca. 1936–1961) war auf zwei grundlegende Systeme bezogen, einerseits auf „Marktwirtschaft", andererseits auf „Zentralverwaltungswirtschaft". Diese dualistische Theorie war ca. 30 Jahre lang außerordentlich erfolgreich. Von 1935 bis 1945 hatten wir es mit einem Übergang von der „Marktwirtschaft" in eine „Zentralverwaltungswirtschaft" zu tun; es folgte 1948 bis 1961 der umgekehrte Vorgang, nämlich von „Zentralverwaltung" in „Marktwirtschaft"; in der Zeit der Koexistenz zwischen westlichen und östlichen Systemen ging es um das Nebeneinander beider Systeme, der „Marktwirtschaft" im Westen und der „Zentralverwaltung" im Osten.

*3. Die Entstehung des Sozialstaates.* Seither ist allerdings im sozialstaatlichen Bereich (→Sozialstaat) eine Vielzahl neuer Systeme entstanden, die mit der dualistischen Ordnungstheorie nicht mehr zu erfassen sind. Sie sind weder marktwirtschaftlich noch in zentraler Verwaltung organisiert, sondern nicht-marktwirtschaftliche, aber dennoch dezentrale Systeme. Insbesondere sind zu nennen: a. das System der dynamischen Rente ab 1957; b. das →Verbandswesen ab Anfang der 60er Jahre; c. die Gesetzliche →Krankenversicherung mit ihrer Kostenexplosion ab 1976; d. expandierende Systeme im Bildungswesen, in den Massenmedien usw.

Benötigt wurde eine Theorie der Rahmenordnungen auch für diese Nicht-Markt-Systeme. Eine entwickelte Ordnungstheorie und O stand zwar für den marktwirtschaftlichen Bereich bereits zur Verfügung; für den Bereich des Sozialstaates (genauer: der „sozialstaatlichen → Institutionen") allerdings gab es eine entsprechende ordnungstheoretische und ordnungspolitische Konzeption zunächst noch nicht. Das fiel lange Zeit nicht ins Gewicht, da andere Fragen, v. a. die der sozialstaatlichen „Umverteilung", im Vordergrund standen. Erst als Mitte der 70er Jahre die sozialstaatlichen Institutionen zunehmend durch Kostenexplosion auffällig wurden, änderte sich das Bild.

*4. Ordnungstheoretischer Nachholbedarf.* Die ordnungstheoretische Durchdringung des Sozialstaates wurde seit ca. 1977 eine vordringliche Aufgabe. Sie erweist sich indes als außerordentlich schwierig, weil der Sozialstaat kein einheitliches System darstellt, sondern eine – in einem langen Entwicklungsprozeß entstandene – Vielzahl von dezentralen Systemen umfaßt (→ Lokale Staatliche Institutionen), die je ihre Eigengesetzlichkeit, ihre Eigendynamik und, wie offensichtlich wird, auch ihre jeweils eigenen Steuerungsdefekte haben (→ Steuerungsprobleme).

Eine Reihe von neuen theoretischen Ansätzen, insb. unter dem Stichwort der „Neuen Politischen Ökonomie", brachte einen wichtigen Grundgedanken, der sich erweiternd, nicht umstürzend auf die Ordnungstheorie auswirkte: Neben Marktwirtschaft und Zentralverwaltung bezog die „Neue Politische Ökonomie" weitere Willensbildungs- und Koordinationssysteme in die Analyse ein (insb. neben den Marktmechanismen die Wahl- und Verhandlungsmechanismen, Kooperationen und Verfassungen der verschiedensten Art). Diese Mechanismen werden als dezentrale (→ Dezentralisierung), dem Marktmechanismus in vielem analog aufgebaute Leistungs/Gegenleistungs-Systeme aufgefaßt. Sie sind einerseits nicht „Markt", andererseits aber auch nicht Zentralverwaltung; sie sind dem „Markt" analog und beruhen wie er auf dem Leistungs/Gegenleistungs-Prinzip. Damit wird aus dem Dualismus (der nur zwei Systeme, nämlich „Marktwirtschaft" und „Zentralverwaltung" kennt) ein Pluralismus: Es gibt viele dezentrale Systeme als Möglichkeiten nebeneinander (→ Systemtheorie). – Dennoch bleibt die Grundfigur des „Denkens in Ordnungen" erhalten.

*5. Soziale O.* Ähnlicher Nachholbedarf ist im ordnungspolitischen Bereich aufgelaufen. Die dualistische Ordnungstheorie hatte auf den Wettbewerb als konstituierendes Prinzip verwiesen und darauf, daß Wettbewerb nur in Marktwirtschaften, dagegen nicht in Zentralverwaltungswirtschaften existieren könne. Daraus ergab sich auf einfache Weise die ordnungspolitische Forderung, staatliche Reglementierung abzubauen und Zentralverwaltung in Marktwirtschaft zu transformieren (→ Privatisierung). Die Forderung „mehr Markt" ist somit notwendige normative Konsequenz aus dem dualistischen Ansatz.

Bei der modernen Systemvielfalt gibt es allerdings viele Systeme sowie Systemvarianten, und es müssen sorgfältige Beurteilungskriterien ausgearbeitet werden; „mehr Mut zu mehr Markt" reicht nicht mehr aus. Notwendig wird eine „Theorie der O", die zeigt, wie im einzelnen steuernd eingegriffen werden kann. Es gilt, die sozialstaatlichen Institutionen wissenschaftlich zu durchdringen, ihre innere Schlüssigkeit bzw. Nicht-Schlüssigkeit aufzuzeigen, ihre Steuerungsprobleme festzustellen und schließlich →Steuerungsinstrumente und -techniken zu entwickeln, mit denen Defizite behoben werden können.

Einzelne Steuerungsdefizite, wenn sie isoliert auftreten, sind zwar oft noch nicht als „kritisch" zu bewerten. Dadurch aber, daß vielfach mehrere Defekte zusammentreffen, entstehen Expansionsprozesse, indem z. B. (a.) die vom Sozialstaat produzierten Ansprüche kumulieren, während es immer weniger gelingt, sie zu befriedigen (= Anspruchsspiralen), und indem (b.) die vom Sozialstaat verursachten Kosten kumulieren, ohne daß mehr Bedürfnisbefriedigung dadurch erzielt werden kann (= Kostenexplosionen).

Typische Phänomene der ‚Unregierbarkeit' werden sichtbar: Sozialstaatliche Institutionen werden unübersichtlich, so daß zielgerichtetes Handeln schließlich unmöglich wird (= Intransparenz). Sie werden in sich widersprüchlich, so daß rationales Handeln sich selbst durchkreuzt (⇒ Rationalitätenfalle). Sie erweisen sich als fehlkonstruiert und nicht mehr in sich stimmig (= Sozialtechnisches Versagen). Sozialstaatliche Institutionen werden so komplex, daß emotionales Handeln unmöglich wird (= Entfremdung), und sie produzieren Ergebnisse, die aus einem übergreifenden Gesichtspunkt nicht mehr tragbar sind (= Legitimationsverlust).

Die ‚Unregierbarkeit' der Expansion des Sozialstaats kann in ihren wichtigsten Erscheinungsformen als institutionelle Krise beschrieben werden. Da Institutionen aber nicht an sich existieren, spiegelt die institutionelle Krise sich im Erleben der Menschen wider. Sie manifestiert sich in Frustration und Überlastung (Ansprüche übersteigen die Leistungsfähigkeit); in Kosten- und Leistungsdruck (auflaufende Kosten können nicht mehr durch Leistungssteigerungen, Rationalisierungen, Kürzungen oder Stelleneinsparungen aufgefangen werden); in Apathie und Hysterie (man übersieht nicht mehr, was sich da immer höher auf einen zuwälzt); schließlich in der zynischen Ausnutzung der fehlkonstruierten Institutionen („Trittbrettfahrertum", „Drückebergerei", Ausnutzen von „Maschen").

L.: Eucken, Walter: Die Grundsätze der Wirtschaftspolitik; Tübingen, Zürich, 1960. Herder-Dorneich/Klages/Schlotter (Hg.): Überwindung der Sozialstaatskrise. Ordnungspolitische Ansätze; Baden-Baden, 1984. Herder-Dorneich, Philipp: Systemdynamik; Baden-Baden, 1988.

Philipp Herder-Dorneich

**Ordnungsrecht**
→ Polizei- und Ordnungsrecht

**Organisation**
Unter den Worten „O" und „Organisieren" werden umgangssprachlich dermaßen viele von vermeintlichen Selbstverständlichkeiten gehandelt, daß es nur mehr mit einiger Mühe gelingen kann, zu einem kommunikationsfähigen Einverständnis darüber zurückzufinden. Denn der inflationäre Gebrauch dieser Termini, der sich in gewissen historischen Schüben nachverfolgen läßt, hat dazu geführt, daß unter der Vorgabe des „Selbstverständlichen" durchaus auch Widersprüchliches, wenn nicht gar Unsinniges, eingebracht wurde, ohne daß solcherart Nachlässigkeit auffallen müßte. Von daher ist es keineswegs als Kuriosum zu betrachten, daß jene Wissenschaften, die dauernd mit O befaßt sind, in jüngerer Zeit wiederholte Anläufe unternehmen, ihre Begrifflichkeit neu zu „organisieren".

Nicht zuletzt bei diesem Versuch hat sich herausgestellt, daß eine unkritische Wissenschaftsterminologie ihrerseits zur Begriffsverwirrung beigetragen hat, indem sie am Gegenstand distanzlos gefesselt blieb. Mit einem relativ einfachen Bild läßt sich das vergegenwärtigen: Im unmittelbaren Verständnis wird das Wort O in Bezug zu irgendwelchen Zwecken und Zielen gesetzt. So verfolgte die nachgerade legendäre „O der Arbeiterklasse" nach der Etablierung einer kapitalistisch ausgerichteten Industrieproduktion das geschichtliche Ziel, die gesellschaftliche Vorherrschaft einer Minderheit von Besitzenden zu durchbrechen. Zum Zwecke der kommunikativen Verbreitung dieses Anspruchs, wie auch als Mittel der Bekräftigung des Arbeiterbewußtseins, was immer auch darunter verstanden worden sein mag, wurden seit der zweiten Hälfte des 19. Jh. vielfältige Gestalten von Assoziationen oder Vereinigungen gebildet, die eben jenem erklärten Ziel zur Verwirklichung verhelfen sollten (→ Arbeiterbewegung).

Nun kann berechtigterweise darüber gestritten werden, ob jene im Nachhall der → Industrialisierung initiierten Assoziationen gemeinsam das gesellschaftliche Potential hätten aufbringen können, den bereits institutionalisierten Kapitalismus aus seinen Angeln zu heben; oder ob sie nicht als reaktive Zusammenschlüsse von vornherein bloß – deshalb das Adjektiv „legendär" – dazu in der Lage waren, in diesen Angeln etwas in Bewegung zu bringen. Im Sinne des sprachlichen Gehalts allenfalls ist von der „O der → Arbeiterklasse" dennoch etwas geblieben und weitervermittelt worden: Das Verständnis von O als einer Assoziation von einzelnen Personen einerseits, und vom Vorgang des Organisierens als dem Gebrauch von Mitteln zum Zwecke der Erreichung eines Zieles zum anderen. Dabei – und dies ist eine weitere, keineswegs nebensächliche Herleitung aus der historischen Reminiszenz – müssen Ziele und Mittel der O keineswegs unbedingt verstandesgemäß abgesichert sein.

Auf eben den Verstand im technischen und wirtschaftlichen Sinne, das rationale Kalkül, aber hat sich – um mit dem historischen Bild fortzufahren – der kapitalistische Widerpart der Arbeiterassoziationen seinerzeit berufen können: auf sein eigenes Verständnis von O als einem mit seiner effizienten Produktivität instrumentell schlüssigem Gebilde. Dessen auf längere Sicht berechenbarem und im Vergleich zur Zusammenfügung von Personen mit ihrem subjektiven Eigeninteresse dauerhafterem Durchsetzungs- und Beharrungsvermögen verdankt das Verständnis von O mithin den zusätzlichen – und mit der Verbreitung der industriellen Produktionsweise zunehmend bevorzugten – Aspekt der verläßlichen Einrichtung. Nicht zufällig deshalb haben sich Wissenschaftstheoreme – im engeren Sinne bloß Lehrmeinungen – etabliert, die schon insofern als unkritische zu bezeichnen sind, als sie die Funktionalität von O zu optimieren trachten, ohne ein Nachdenken um deren Zielsetzung für erforderlich zu erachten (→ Organisationssoziologie).

Solcherart Lehrmeinungen, wie sie vor allem im angelsächsischen Bereich konzipiert wurden, folgten insgesamt weitgehend einem ähnlichen Muster. Zum einen knüpften sie an einer – oder der Verbindung von mehreren – der „klassischen" Sentenzen aus der sozialwissenschaftlichen Theorie der ersten Hälfte dieses Jh. an. Dafür herhalten mußte v. a. Max Weber's These von den „Bürokratisierungsprozessen" (→ Bürokratisierung) der modernen → Gesellschaft; es konnte jedoch ebenso Robert Michels' Entdeckung der „Bildung von Oligarchien" oder Arnod Gehlen's Annahme einer grundsätzlichen „Verinstitutionalisierung gesellschaftlichen Handelns" (→ Institutionalisierung) sein. Zum anderen subsumieren sie alle, aus diesen denkbaren Entwicklungen hervorgegangenen gesellschaftlichen Figurationen – bürokratische Verwaltung, Herrschaftsmonopol, Faktenaußenwelt – unter dieselbe abstrakte Kategorie der O, um (gleichsam aus deren Sicht als „Produktionssystem") gesellschaftliches Arbeitsvermögen in Form einer anonymisierten Produktivkraft zu vereinnahmen.

Gewiß wird sich keine der während der vergangenen Jahrzehnten am Markt konkurrierenden O-theorien in solcher oder ähnlicher Weise schematisiert wiedererkennen wollen, sondern ihre „komplexere Binnendifferenziertheit" herauszustreichen versuchen. Gerade ein solches Argumentationsverfahren aber ist es, was seit kurzem zur nachdringlichen Einforderung einer Neubesinnung des O-begriffs veranlaßt hat: weil nämlich im Sog der anhaltenden Selbstbeschäftigung mit abgelösten Binnenstrukturen arbeitsgeschichtliche und gesellschaftspolitische Momente des Organisierens als Prozeß vernachlässigt oder unterschlagen worden sind.

Davon beeinträchtigt sind v. a. Erwägungen zur Beziehung zwischen dem Innen- und dem Außenverhältnis von O und ihren Mitgliedern. Wird eine O ohne Berücksichtigung der außerhalb ihrer selbst aktuellen sozialen Situation betrieben, dann ist zumindest ihre Legitimität in Frage zu stellen, womit sie ihren Anspruch auf Erhaltung verlieren könnte. Verhängnisvoller jedoch ist eher der umgekehrte Verlauf, bei dem eine O die Vorherrschaft ihrer eigenen Forderungen gegenüber den Eigeninteressen der mit ihr verflochtenen Personen zu demonstrieren beabsichtigt. Im Sinne des Unvermögens, kulturell sozialisierte Differenzierungen wahrzunehmen, hätte sie in autoritärer Gestalt nichts mehr gemein mit einer O als historischem Produkt kooperativ Handelnder.

Selbst ungeachtet dessen, daß zeitgenössische Kritiker von einem „totalitären" Charakter industrieller O und ihrer Verfechter zu reden tendieren, muß die Weise nachdenklich stimmen, in der gegenwärtig der Begriff von O aus dem theoretischen Kontext – und damit zugleich aus der Vorstellung von Veränderbarkeit – herausgenommen zu werden pflegt. Zur Erläuterung dieser Denkwürdigkeit bedarf es nur des Hinweises, daß der nahezu allerorts bemühte Max Weber fast ausschließlich so zitiert wird, als sei er ein Verfechter von Bürokratisierungserscheinungen gewesen, ohne jedwede Skepsis gegenüber denselben. Geschichtliches wird ignoriert, damit sich jede Differenz zu dem leugnen läßt, was als „die Wirklichkeit der O" ausgegeben wird.

Dabei können gerade an der O, einem Schlüsselwort der „Moderne", historische Entwicklungen eindrücklich nachempfunden werden. Das beginnt bereits mit der rapiden Verbreitung des Wortes nach der Wende zum 19. Jh., die eine mehrfache, in sich jedoch kaum völlig trennbare Stoßrichtung vermittelt: Die →Industrialisierung hat den Gedanken von der „Machbarkeit" weithin bekannt werden lassen, ebenso den Gedanken der Herstellung ganz neuartiger Produkte, wie aber auch den der Gestaltbarkeit sozialer Beziehungen. In den Bereichen der Fabrikation und denen der gesellschaftlichen Ordnung wird kooperativ etwas erarbeitet, das sich von dem unterscheidet, was bis dahin als naturwüchsig – oder zumindest durch die Natur in seinen Grenzen bestimmt – erschien: Was vordem „organisch" geworden war, läßt sich nun – scheinbar unbegrenzt – mechanisch „organisieren". (→Organisierte Mütterlichkeit.)

Insofern schwingt im Begriff der O durchaus etwas euphorisches mit, kann sie doch zweierlei bedeuten: Das Vermögen, dem Organischen etwas Ähnliches nachzubilden, oder auch sich von den Fesseln organischer Zwänge zu befreien. →Kultur – als ein anderes Wort für die organisierte Schöpfung von Produkten – setzt Handeln als gesellschaftliches voraus und wirkt wiederum auf die Gesellschaftseinbindung vermittelnd zurück.

Entsprechend findet eine O ihr gesellschaftliches Maß daran, ob sie sich als kulturell verbindende, oder – „naturhaft" – das „Unorganische" ausschließende versteht. So erfuhr das Wort O einsetzend in den 20er Jahren dieses Jh. im deutschsprachigen Bereich erneut eine Hochkonjunktur, bei der dieses Mal martialisch die zweite Version zum Zuge kam: „Dem Deutschen" sollte alles „organisierbar" sein, keine Grenze gesetzt, solange nur der „Volkskörper" funktioniere. – Diese eigentümliche Vermengung von mechanischen und organischen Sprachanteilen mündete in der technischen Vernichtung des Lebens, nicht zuletzt deshalb, weil sie die Lebendigen auseinanderdividieren zu können sich angemaßt hatte. (→Sachverständigenbeirat für Bevölkerungs- und Rassenpolitik.)

Immerhin ist eine dritte Inflation des Wortes O, die sich nicht zuletzt in einer bloßen Umkehrung der Sprachanteile dokumentierte, offenkundig ebenfalls an ihr Ende gelangt: Industrielle Großbetriebe (→ Betrieb) haben während der letzten Jahrzehnte mit der Bezeichnung O zu suggerieren versucht, sie könnten mit technischen Mitteln – v. a. der informationellen Vernetzung – ein organisches Ganzes, „corporation", hervorbringen, das dem einzelnen Mitgliedschaft im nahezu natürlichen Sinne des Wortes versprach. Damit aber versuchte die O, alle Lebensbereiche der ihr Ausgelieferten zu dominieren. Als ein Anzeichen für ein Schwinden des Vertrauens in diesen Anspruch aber kann es gewertet werden, wenn allenthalben eine Fluchtbewegung von der „großen" O in die „kleine", den privaten Freizeitbereich (→ Freizeit), zu konstatieren ist. Aneinandergereiht dokumentieren diese beiden Formen der O dasselbe: Sie bezeichnen die Hilflosigkeit angesichts mangelnder Anerkennung des in die O eingebrachten gesellschaftlichen Arbeitsanspruchs.

Vermittelt wird darin zum Ausdruck gebracht, was mit dem Postulat nach einer Wiedergewinnung des Begriffs gemeint sein müßte: O als Erinnern an die Zusammenarbeit zur Befreiung von Zwängen.

L.: Crozier/Friedberg: Macht und O; Königstein/Ts., 1979. Kern/Schumann: Das Ende der Arbeitsteilung?; München, 1984. Offe, Claus: „Arbeitsgesellschaft": Strukturprobleme und Zukunftsperspektiven; Frankfurt/M., New York, 1984.

Wolfram Burisch

## Organisationsberatung

O vereinigt betriebswirtschaftliche, soziologische und psychologische Erkenntnisse, wie sie auch in die → Organisationssoziologie Eingang finden. Es wird dabei von der → Organisation als sozialem System ausgegangen, bestehend aus Mitgliedern, Aufgaben, Rollen und Beziehungen, rationalen und irrationalen Zielen, Handlungen mit bewußten und unbewußten Anteilen. Betrachtungsgegenstand bzw. Klient der O ist demnach die Organisation, nicht der → Betrieb und nicht das Individuum.

O wird im allgemeinen als Interventionsstrategie (→ Intervention) verstanden, beruhend auf der Annahme, daß ein außenstehender Berater ohne Einbindung in das Interessen- und Beziehungsgeflecht den Blick auf die Organisation als Ganzes wahren kann. O wird von der Betriebswirtschaftslehre als Unternehmensberatung vorwiegend unter dem Gesichtspunkt der Gewinnmaximierung betrieben. Sie ist häufig mit Elementen der (Gruppen-) → Supervision verknüpft, wie sie bei Teamberatungen insbes. des Sozialbereichs Anwendung finden. Familientherapeutische Konzepte (→ Familientherapie), vorwiegend systemische Therapien, können O bereichern, da sie einen von System und Struktur her ähnlichen Untersuchungsgegenstand haben.

Die Übernahme der Begrifflichkeit von O und → Institutionsberatung im Sozialbereich kann einerseits auf Tendenzen der → Professionalisierung und Verwissenschaftlichung zurückgeführt werden, die aus einem theoretischen Nachholbedürfnis der → Sozialarbeit resultieren. Andererseits scheint die „Ökonomisierung" in der Begriffswelt des Sozialbereichs (→ Sozialmanagement) ein weiterer „Blick über den Zaun", nachdem die Phase der →„Therapeutisierung" abgeschlossen ist. Zum dritten besteht Nachholbedarf im Sozialbereich – z. B. bei großen → Institutionen mit Struktur- und Imageproblemen – nach raschen Wachstumsphasen, zur Begleitung oder Initiierung von Entwicklungsprozessen, aber auch bei Initiativen und → alternativen Projekten gegenüber einem zunehmend differenzierten sozialpolitischen Umfeld.

Unter den Beratungsansätzen hat sich der der Organisationsentwicklung herausdifferenziert und durchgesetzt. In der Organisationsentwicklung gilt die Beteiligung der Betroffenen am Veränderungsgeschehen als Kernstück der Arbeit, wobei impliziert wird, daß betriebswirtschaftliche Effizienz und Humanität der Arbeitswelt positiv korrelieren. Organisationsentwicklung als Methode der Humanisierung in den USA kreiert, kann als Reaktion auf den Taylorismus amerikanischer Prägung verstanden werden. Andere Beratungsansätze orientieren sich an je spezifischen Merkmalen, z. B. dem Wissen externer Experten („Gutachterwesen"), an der zeitlichen Begrenzung der Aufgabe („Projektberatung"), am prozeßhaften Charakter der →Beratung bzw. an der Vernetzung hochdifferenzierter System- und Umweltvariablen („systemische Beratung"). Die Ausrichtung ist hier ebenso uneinheitlich, wie es verschiedene, auch konkurrierende institutionelle und freiberufliche Anbieter von O gibt.

L.: Lauterburg, Christoph, Organisationsentwicklung in einer zentralen Dienstleistungsabteilung – Protokoll einer Reorganisation; in: Zeitschrift für Organisationsentwicklung, 4/1982. French, Wendell L./Bell, Cecil H: Organization Developement; New Jersey, 1973 (dt.: Stuttgart/Bern 1982). Maelicke, Bernd, Management in sozialen Organisationen. Ganzheitliche und sozialökologische Organisationsentwicklung für Non-Profit-Unternehmen; in: Blätter der Wohlfahrtspflege 3/1989. Exner, Alexander/Königswieser, Roswita/Titscher, Stefan, Unternehmensberatung. Systemisch-theoretische Annahmen und Interventionen im Vergleich zu anderen Ansätzen; in: Zeitschrift für Organisationsentwicklung 4/1988.

Klaus Hehl

**Organisationssoziologie**
Seit kurzem ist die O unter einigem Mühen damit beschäftigt, sich von der zeitweilig durchaus angestrebten Zuordnung loszumachen, vornehmlich beratende Funktion für Institutionen wahrzunehmen, in denen es um eine möglichst optimale Verknüpfung von technischen Mitteln mit menschlichen Arbeitsverrichtungen geht (→Organisationsberatung). Denn solcherart Einrichtungen – in erster Linie die Industrieproduktion (→Betrieb) und die Verwaltungsbürokratie (→Bürokratie, →Verwaltung) – sind letztlich selbst wiederum nur Produkte eines umfänglichen Prozesses gesellschaftlichen Organisierens, der in der Zielvorstellung seinen Ausgang nahm, sich die eigenen Lebensverhältnisse selbst einzurichten. Insofern allerdings, als es eben diese „großen Organisationen" der Industrie und ihrer Verwaltung waren, auf die sich die O als Disziplin lange bezog und von denen sie zugleich beherrscht wurde, erscheint dieses Abhängigkeitsverhältnis nun als der geeignete Hintergrund für ihr Bemühen, sich zu einer Theorie der organisatorischen Umsetzung gesellschaftlicher Selbstgestaltungsansprüche zu befreien.

Während der 60er Jahre war durch die O eine Tradition sozialer Handlungstheorien aufgenommen und danach vorherrschend fortgeführt worden, die auf denkwürdig verkürzende Weise den von Max Weber zu Beginn dieses Jahrhunderts skizzierten Merkmalen einer formalen →Bürokratisierung verhaftet blieb: Demnach setzt sich in nahezu allen Bereichen gesellschaftlicher Zusammenarbeit – unabhängig von deren Aufgabenstellung – eine abstrakte Form der Verwaltung durch, die als Herrschaftsausübung mit einem eigenen Verständnis von Rationalität jedwede Handlungszusammenhänge unter ihre Interessen zwingt und sie deren Regeln gemäß nivelliert. Die bürokratische Verwaltung erscheint in ihrer Rationalität, die keine andere Art der Artikulation von Interessen gelten zu lassen braucht, als die legitime Form moderner Herrschaftsausübung. Deren Unvermeidbarkeit aber erst einmal unterstellt, kann es im einzelnen Fall nurmehr darauf ankommen, sie mit wirtschaftlichen und technischen Erfordernissen in einer Weise zu verknüpfen, die der gesellschaftlichen Produktivität insgesamt möglichst wenig hinderlich ist. Aufgabe der O hätte es demnach etwa sein können, Strategien der Vermeidung von Kollisionen zwischen Herrschaftsinteressen und sozialen Erwartungen an die Arbeitswelt einzuüben.

Abgesehen davon nun aber, daß es ohnehin ein wissenschaft-methodisch zweifelhaftes Unterfangen ist, einzelne Merkmalsbeschreibungen von ihrem Zusammenhang abgelöst zu verwenden, war der beinahe willkürlich vorgenommene Rückgriff auf die Herrschaftstypologie von Weber von einer zusätzlichen Denkwürdigkeit gekennzeichnet: Weber hatte damit skeptisch auf eine gesellschaftstheoretisch begründet vorstellbare Entwicklung verweisen wollen, die in einen Zustand der „Hörigkeit" gegenüber bürokratischen Herrschaftszwängen – deren „Eigendynamik" – zu münden drohte. Die kapitalistische Rationalität wird zwar immer noch produktiver und effizienter, immer berechnender und expansiver, dabei jedoch ineins zunehmend gleichgültiger gegenüber deren Arbeitsanstrengungen und den daran geknüpften Erwartungen. Will die O jedoch den Menschen und deren gesellschaftlicher Arbeit gerecht werden, dann hat sie die Skepsis von Weber ernst zu nehmen, um der von ihm in ihrer Bedrohlichkeit aufgezeichneten Entwicklung entgegenzuwirken.

Demgemäß konzeptionalisiert sich denn auch die Reorganisation der O, wie sie während der letzten Jahre vorgebracht wurde, als eine Art Rückbesinnung auf die Ausgangslage der Möglichkeiten des Organisierens und der Gestehungsgeschichte des Begriffs der →Organisation zu Beginn der →Industrialisierung vor rund 200 Jahren, und somit weit vor der 1913 verfaßten Bürokratisierungstypologie von Weber. Mit der damals vollzogenen Einsicht in die „Machbarkeit der Dinge", wie sie durch die Technik in die gesellschaftliche Landschaft vordrang, wurden miteinander verschränkt drei Ansatzpunkte sozialen Handelns in ihrer Möglichkeit erkannt: Menschen können sich selbständig zu bestimmten Zwecken zusammenfinden – assoziieren – zum einen; sie haben, zum anderen, ein Entscheidungsvermögen darüber, in welcher Absicht sie – kooperativ – mit den natürlichen Ressourcen umzugehen vorhaben; und sie wirken schließlich in Verknüpfung dieser beiden Handlungsbereiche direkt oder vermittelt an der Gestaltung ihrer eigenen – kulturellen – →Lebenswelt maßgeblich mit.

Wenn die O diese Einsichten wieder vermehrt zur Ausgangslage ihrer eigenen Konzeption gemacht hat, dann erfolgte dies weniger aus professionellen Bestrebungen, denn v. a. aufgrund – oder unter dem Druck – der Folgeerscheinungen einer realen Dominanz industriell-bürokratischer Mechanismen in der gesellschaftlichen Entwicklung insgesamt, die sich schwerlich noch unkritisch abhandeln ließen.

Binnen einer, historisch gesehen, relativ kurzen Zeitspanne war die von Weber beschworene Vorherrschaft der „großen Organisationen", die marktkontrollierende Stellung multinationaler Konzerne mit ihrer zentralisierten Informationsverwaltung, zu einer „sozialen Tatsache" – in der Terminologie von Emile Durkheim – geworden; und die O hatte sich deren Systemcharakter auf eine insofern unbedachte Weise gefügt, als sie allenfalls am Rande notierte, wie zum einen die solchen Organisationen einverleibten „Mitarbeiter" als Bürger entmündigt und zum anderen gesellschaftliche Ansprüche an die Ausgestaltung von Lebensbereichen durch die Expansionsbestrebungen der Konzerne zwanghaft zerstreut wurden. Nahezu ausschließlich damit befaßt, wie sich gesellschaftliche Arbeit als berechenbare Produktivkraft den wirtschaftlichen und technischen Voraussetzungen innerhalb von →Betrieben effizient subsumieren lassen könnte, ließ sie sich allmählich von einer „Unternehmensphilosophie" oder Managementlehre kaum mehr unterscheiden: Eine Ausdifferenzierung sozialer Prozesse und die Beeinträchtigungen subjektiven Handelns waren ihr fremd geworden.

Bei der Neuaufnahme ihrer Problemstellung jedoch kann die O jene Beschädigungen nun nicht mehr ignorieren, die ein sich selbst reproduzierendes Produktionssystem der gesellschaftlichen Entwicklung eingetragen hat. Indem sie sich von einer beschwichtigenden Funktion in Unternehmungen losmacht, um die Organisation wieder als Agenturen sozialen Handelns begreifbar zu machen, muß sie, im Gegenteil, unvermeidlich gerade bei dem ansetzen, was als Hinterlassenschaft von Verkennungen gesellschaftlichen Bestrebens – auch des widerständlichen – auftaucht. Folgenschwer gestörte Kommunikationsbeziehungen, eine in ihren ökosphärischen Auswirkungen nicht absehbare Selbstbezogenheit im Verhältnis zum Umfeld, sowie die verbreitete Unfähigkeit, sich mit Geschichte, →Fremdem und Unerfahrenem, vertraut zu machen, sind solche zentralen Beschädigungen, denen sich die O ihrerseits nicht länger verschließen kann.

Andererseits vermag sie mit der Anknüpfung daran allerdings auch keine Lösungsmuster für das prekäre Verhältnis zwischen gesellschaftlichen Erwartungen und notwendiger Reproduktion – v. a. der verknappten Lebensvoraussetzungen – einzubringen, wie diese wohl nur einer O abverlangt wurden, die als Managementlehre fungieren sollte: Denn jedes Heilsversprechen – das vermeintlich „Positive" – beruhte auf dem verhängnisvollen Mißverständnis, daß sich aus dem realen Geschichtsprozeß mit seinen Verstrickungen gleichsam „herausspringen" ließe. Aber ebensowenig, wie die Kulturlandschaft in so etwas wie einen „Urzustand" zurückversetzt werden könnte, oder wie ein Eigensinn von Subjekten vor deren →Sozialisation auszumachen wäre, lassen sich Formen der Organisation sinnvoll von deren historisch bedingten Zielvorstellungen abstrahieren. Vielmehr ist jede Erscheinungsform von Natur, Subjekt und Organisation als konkrete dergestalt zu begreifen, daß sie immer schon in bestimmten gesellschaftlich organisierten Verflechtungen kultiviert und nur in der ihr dadurch mitgeteilten Prägung dem Verständnis wiederum zuführbar ist. Die O kann in dieser Hinsicht als Geburtshelferin der Erinnerung an Zugänge dienen, über die jene Prozesse gesellschaftlichen Organisierens zu erschließen wären, die durch eine eigenmächtige Produktionsapparatur zeitweilig verschüttet waren.

Dabei geht dieses Erinnern nicht zuletzt darauf, daß Organisationen in sozialen Interaktionen begründete, konsensuelle Beziehungen voraussetzen; ein kommunikatives Einverständnis von Handelnden, deren Eigensinn keineswegs – so Claude-Henri de Saint-Simon 1828 – unbedingt der wirtschaftlich und technisch hegemonial vorgegebenen Rationalität entgegenkommen muß. Die demgemäß konzipierte Vorstellung etwa von einer „klassischen" →Arbeiterbewegung gibt sowohl dafür ein erstes Muster ab, wie zugleich auch – in einem zweiten Zugang – für die Problematik von deren Umsetzung in kooperative Prozesse. Denn auf dieser „mittleren" Ebene des Organisierens – die zur Vermeidung von hierarchischen Projektionen wohl besser „vermittelnde" heißen sollte – wird über die Weise der Transformation der Arbeit in Produktivität, damit aber über die Wertbestimmung von Arbeit überhaupt entschieden; darüber also, ob Arbeit als bloß instrumentelle von vorherrschenden Kapitalverhältnissen subsumiert wird (→Erwerbsarbeit) und damit – entlang der Entfremdungstheorie von →Marx (→Entfremdung) – ihrer gesellschaftlichen Anerkennung verlustig geht, oder ob sie als Kulturschöpfung (→Kultur) sich wiederzufinden vermag. Erst als Gestaltung sowohl der Produktionsbedingungen wie auch der eigenen Lebensumstände – und insofern bindet dieser dritte Zugang des Erinnerns an den ersten zurück – wäre am Organisationsbegriff der Prozeßcharakter verdeutlicht, wie ihn v. a. →Freud verstand: Kulturarbeit als Organisation des Umgangs mit der überformten Natur und den erworbenen sozialen Beziehungen, um beide in ein angemessenes Verhältnis zueinander zu bringen.

Auf eine Neuorientierung der O zurückbezogen hieße dies, daß sie Momente einer Analyse kommunikativen Handelns, einer ökologischen Kulturkritik sowie der Reaktivierung eines am gesellschaftlichen Gebrauchswert orientierten Arbeitsbegriffes ansatzweise verbinden könnte, ohne sich dabei auf trügerische Balancen einzulassen; zumal sie aus Enttäuschungen ihre Impulse bezogen hat. Neue Technologien, wenn sie denn entsprechend beachtet werden, weisen zusehens auf Möglichkeiten dafür hin: So lassen sich auf der vermittelnden Ebene der Produktion „teams" als Organisationen aktiver Teilnahme ausmachen, wie sie Klaus Türk im Begriff der „politischen Arena" aufgenommen hat. Die O ebenfalls, nach ihrer Periode der Blindheit hegemonialer Vereinnahmung, sollte sich in ihrer Reorganisation als eine solche verstehen.

L.: Türk, Klaus: Neuere Entwicklungen in der Organisationsforschung; Stuttgart, 1989.

Wolfram Burisch

**Organisierte Mütterlichkeit**
Um die Wende vom 19. zum 20. Jh. versuchten Frauen in Dt., aber auch in England und Nordamerika, das besondere Anliegen der ersten →Frauenbewegung allgemein mit dem Ausdruck „O" (engl.: organised motherhood) zu umreißen. I. e. S. bezeichnete O das sozialpolitische Engagement der Frauenbewegung. Dieses führte zu diversen Einzelaktionen verschiedener Frauengruppen (ab 1865) zur Gründung der →*Sozialen Frauenschulen* (der späteren →Fachhochschulen für Sozialwesen) und 1918 zu dem anerkannten Ausbildungsberuf des (in der Regel weiblichen) *Sozialarbeiters* (→Sozialpädagogen-/Sozialarbeiter-Ausbildung und -Studium).

Als in der zweiten Hälfte des 19. Jh. in vielen Ländern eine *Frauenbewegung* entstand, war sie Interessenvertretung desjenigen Geschlechts, das in der sog. zivilisierten Welt über Jahrhunderte aus der Öffentlichkeit zunehmend verdrängt worden und das im bildungsgläubigen 19. Jh. zum „Schweigen in der Gemeinde" verurteilt gewesen war. Erst 1908 wurde den Frauen der Zutritt zur Universität und der Beitritt zu politischen Vereinen zugestanden. Im Zuge der Verstaatlichung der Armenfürsorge (→Armenpflege) waren die Frauen im Verlaufe des 19. Jh. sogar aus diesem Bereich verdrängt worden. In dieser Situation brauchte das aus Staatsgeschäften und profitabler Ökonomie verdrängte →Geschlecht ein Bild, mit dem besonders die damaligen Feministinnen (→Feminismus) anzeigen konnten, daß es ihnen um eine Abkehr von der in ihren Augen allzu einseitig nach männlichen Maßstäben eingerichteten Weltordnung ging, also um mehr als nur um „Gleichberechtigung". Dazu war die „Mütterlichkeit" geeignet, da sie – nicht zuletzt auch aufgrund religiöser und philosophischer Traditionen – ein Bild sozialer Beziehungen vermittelte. Demgegenüber reduzierte der Begriff „Weiblichkeit" als reiner Gegenpart zum „Männlichen" die Frau in den Augen der Frauen um 1900 zum bloßen Geschlechtswesen.

Bereits vor der frz. Revolution 1789 hatte eine breite Diskussion der politischen Bedeutung der Mütter als „Erzieherinnen der künftigen Nation" eingesetzt. Sie hatte in Dt. um 1800 besonders durch →Pestalozzi Verbreitung gefunden, der glaubte, daß der sorgfältige Unterricht der „Volksmütter" die Völker endgültig vom Elend der →Armut befreien könne. Im Vorfeld der 1848er Revolution hatte →Fröbel in seinen theoretischen Entwürfen damit begonnen, „Mütterlichkeit" zum Beruf auszurufen: er entdeckte die Frau aufgrund ihrer „mütterlichen Eigenschaften" als ideale „Kindergärtnerin" (→Kindergarten). Frauen wie seine Nichte Henriette Schrader-Breymann, die seine Ideen verwirklichte, später auch selber schrieb, trugen dazu bei, daß seine Ideen weithin bekannt wurden.

Als bürgerliche Frauen in der zweiten Hälfte des 19. Jh. sich dagegen wandten, als lebendige Verbildlichung der gründerzeitlichen Repräsentativkultur zu einem Scheinleben verdammt zu sein, knüpften sie an diese vorrevolutionären Diskurse an. Sie wollten das Einseitige und Inhumane der Männerkultur ihrer Zeit deutlich machen, in der die „Töchter aus gutem Hause" den repräsentativen Bedürfnissen ihrer Väter und Männer, die Arbeiterinnen und Arbeiter dem lebensverneinenden Zeittakt einer lebensweltfeindlichen Ökonomie geopfert wurden. Sie reaktivierten daher die Ideale von Menschlichkeit und „Mütterlichkeit" des 18. Jh. und erweiterten sie zur O, d.h. über den engen Rahmen der →Familie hinaus. Sie verkündeten, daß die Frau aus dem →Bürgertum verpflichtet sei, sich der Armen anzunehmen, und betrachteten die um 1900 noch außerhalb der staatlichen Armenpflege von Frauen geleistete *soziale Arbeit* als Chance, eine neue Qualität in Gemeinde- und Staatsaufgaben zu bringen, insofern sie ein neues Bewußtsein sozialer Verpflichtungen ins Leben riefen. Sie verstanden die O als „weibliche Kulturaufgabe" und gingen davon aus, daß der „weibliche Kultureinfluß" die Einseitigkeiten der bislang nur männlich geprägten →Gesellschaft revidieren könne. Für die Feministinnen um 1900 war insofern auch klar, daß die neue soziale Arbeit eine Art erweiterter →Hausarbeit sei, so wie es in der neuen Frauenbewegung heute wieder diskutiert wird. Daher umfaßten die Lehrpläne der 1908 gegründeten Frauenschulen Fächer, die „der →Weiterbildung junger Mädchen für den Pflichtenkreis der Familie dienen" sollten, da diese von den Frauenrechtlerinnen als Vorbildung zu der i. e. S. sozialen Ausbildung verstanden wurde. Die →Professionalisierung der Sozialarbeit seit Beginn des 20. Jh. wurde folglich als Rückgewinnung eines weiblichen Einflußbereiches gesehen und als Beginn einer gewissermaßen humanistischen Wende in der Politik. (→Geistige Mütterlichkeit.)

L.: Dammers, Susanna: Mütterlichkeit und Frauendienstpflicht; Weinheim, 1988. Meyer-Renschhausen, Elisabeth: Weibliche Kultur und soziale Arbeit; Köln, Wien, 1989. Peters, Dietlinde: Mütterlichkeit im Kaiserreich; Bielefeld, 1984. Riemann, Ilka: Soziale Arbeit als Hausarbeit; Frankfurt, 1985. Sachße, Christoph: Mütterlichkeit als Arbeit; Frankfurt, 1985. Ders.: Mütterlichkeit als Beruf; Frankfurt a. M., 1986. Simmel, Monika: Erziehung zum Weibe; Frankfurt, New York, 1980. Stoehr, Irene, „O"; in: Hausen, Karin (Hg.), Frauen suchen ihre Geschichte; München, 1983, 221–249. Tornieporth, Gerda: Studien zur Frauenbildung; Weinheim, 1979.

Elisabeth Meyer-Renschhausen

**Organisierte Nachbarschaftshilfe**
→Nachbarschaftshilfe

**Organtransplantation**
Die Technik der Entnahme und Verpflanzung von Organen (Niere, Leber, Herz, Darm, Bauchspeicheldrüse) ist verhältnismäßig jung und wirft – neben medizinischen Fragen, welche die O-chirurgie, die Entnahme und die Nachsorge beim lebenden „Spender" wie auch die Einpflanzung und Nachsorge beim Empfänger betreffen – eine Reihe weiterer, insb. ethischer Probleme auf, die mit besonderer Deutlichkeit in der →Dritten Welt zu beobachten sind, wo beim Verkauf von Organen durch Menschen aus der Armutsbevölkerung (→Armut) und im Rahmen des kommerziellen Organhandels eklatante Mißstände auftreten.

**Ortsarmenverbände**
→Unterstützungswohnsitzprinzip

**Ortskrankenkassen**
→Sozialversicherung 6. a.

**Ottilie-Hoffmann-Häuser**
→Hoffmann, Ottilie

**Otto, Berthold**
O (1859–1933) gilt als Reformpädagoge (=Reformpädagogik), der aus den Erfahrungen der Unterrichtsarbeit mit seinen 5 Kindern, die er nicht auf eine öffentliche Schule schickte, eine Haus-

lehrerschule entwickelte. Schon vor deren Gründung gab er ab 1901 die Zeitschrift „Der Hauslehrer. Wochenschrift für den geistigen Verkehr mit Kindern" heraus.

**Otto-Peters, Louise**
O (1819–1895) war mit dem demokratischen Schriftsteller August Peters (alias Elfried von Taura) verlobt, der als Dresdner Barrikadenkämpfer in das Waldheimer Zuchthaus kam. Nach seiner Entlassung (1858) heirateten beide und gaben die „Mitteldeutsche Volkszeitung" heraus. O, deren Mann 1864 an den gesundheitlichen Folgen des Zuchthausaufenthalts starb, setzte sich auf Seiten der →Frauenbewegung für die Gleichberechtigung und für die Ziele der →Arbeiterbewegung ein. Sie gründete zusammen mit Ottilie von Steyber (1809–1870) und →Auguste Schmidt den Frauenbildungsverein in Leipzig. Von diesem ging die Einberufung der ersten dt. Frauenkonferenz 1865 in Leipzig aus, die zur Gründung des →Allgemeinen Deutschen Frauenvereins (ADF) führte.

W.: Das Recht der Frauen auf Erwerb; Hamburg, 1866.